AF663633

# सामाजिक समस्याएं

# सामाजिक समस्याएं

## तृतीय संस्करण

(पूर्णतः संशोधित एवं परिवर्द्धित)

**राम आहूजा**

**रावत पब्लिकेशन्स**

जयपुर • नई दिल्ली • बेंगलुरु • गुवाहाटी • कोलकाता

ISBN 978-81-316-0770-1 (Hardcover)

© Author, 2016

**Reprinted, 2026**

No part of this book may be reproduced or transmitted in any form or by any means, electronic or mechanical, including photocopying, recording or by any information storage and retrieval system, without permission in writing from the publishers.

*Published by*
Prem Rawat for **Rawat Publications**
Satyam Apts, Sector 3, Jawahar Nagar, Jaipur 302 004 (India)
Phone: 0141 265 1748 / 7006
E-mail: info@rawatbooks.com
Website: www.rawatbooks.com

*New Delhi Office*
4858/24, Ansari Road, Daryaganj, New Delhi 110 002
Phone: 011 2326 3290

Printed and bound in India

# विषय सूची

# प्राक्कथन

सभी प्रकार के परिवर्तनों को प्रगति नहीं कहा जा सकता। भारत में पिछले 68 वर्षों में बहुत परिवर्तन हुए हैं, और आज भी हो रहे हैं। परन्तु परिवर्तन की दिशा क्या है? परिवर्तन कितने तर्कसंगत हैं? इन परिवर्तनों से कौन लाभान्वित हो रहा है? जातिवाद बढ़ रहा है। गरीबी और बेरोज़गारी, स्वतन्त्रता पश्चात् सभी सरकारों के वायदों के बावजूद निरन्तर बढ़ रही हैं। महिलाओं, हरिजनों और कमज़ोर वर्गों के विरुद्ध अत्याचारों में कमी नहीं हुई है। युवा अधिकाधिक कुंठित हो रहे हैं और आन्दोलनों का मार्ग अपना रहे हैं। राजनीति का अपराधीकरण हो गया है। विभिन्न स्थानों पर होने वाले विद्रोहों को वश में कर लिया गया है, परन्तु कुछ प्रदेशों में आतंकवाद अधिकाधिक तीव्र और कर्कश हो रहा है। भ्रष्टाचार पर काबू नहीं पाया गया है, यह विभिन्न रूपों में विद्यमान है। किसान, औद्योगिक श्रमिक और राज्य कर्मचारी सन्तुष्ट नहीं हैं। सामाजिक मूल्यों का तेजी से ह्रास हो रहा है। अधिकाधिक व्यक्ति मानसिक रोगों के शिकार हो रहे हैं। अपराध, युवा असन्तोष, नशीले पदार्थों का सेवन, मदिरापान, साम्प्रदायिकता और महिला व बाल-शोषण बढ़ रहे हैं। इन दिनों तो जातिगत व वर्गगत राजनीति का प्रभाव भी बढ़ता जा रहा है। देश अनगिनत सामाजिक समस्याओं से जूझ रहा है।

अब समय आ गया है, इन सामाजिक समस्याओं की प्रकृति और आकार का विश्लेषण हो और इन्हें समझा जाए और सामाजिक-वैज्ञानिक एवं विचारक इन समस्याओं के आकलन के लिए एक सैद्धान्तिक परिप्रेक्ष्य में उपयोग करने का प्रयास करें। यह भी आवश्यक है, कि विद्यमान उप-व्यवस्थाओं, संरचनाओं, संस्थाओं और कानूनों को नियन्त्रित करने के लिए आयोजक और सत्तारूढ़ अभिजन, उपयुक्त उपचारी उपायों द्वारा उन्हें दोषरहित व सुप्रवाहित करने के बारे में विचार करें। इसकी आशंका है कि यदि ऐसा नहीं हुआ तो कहीं एक यथास्थिति और अनियोजन का प्रजातन्त्र मरण और विध्वंस के प्रजातंत्र में परिवर्तित न हो जाए।

प्रस्तुत पुस्तक में भारत की सामयिक सामाजिक समस्याओं का समाजशास्त्रीय परिप्रेक्ष्य में परीक्षण करने हेतु एक विनम्र प्रयास किया गया है। अधिकांश अध्याय मेरे आनुभविक अध्ययनों द्वारा एकत्रित किए गए आंकड़ों व तथ्यों पर आधारित हैं। इसके अतिरिक्त, यह विश्लेषण अनेक विद्वानों और अकादमिक क्षेत्र के व्यक्तियों के चिन्तन और अनुसन्धान पर भी आधारित है। स्पष्टतः प्रत्येक सामाजिक विचारक को व्यक्तिगत रूप से आभार प्रदान करना संभव नहीं है। उनकी रचनाओं की गुणवत्ता इस रचना की प्रेरणा थी। इन सबसे परे मैं उन सब अपरिचित विद्वानों और परिचित मित्रों का आभारी हूं, जिनकी विद्वत्ता और सुयोग्य विचारों ने मुझे भारतीय परिप्रेक्ष्य में विविध सामाजिक समस्याओं के विश्लेषण करने के लिए सैद्धान्तिक अन्तर्दृष्टि प्रदान की।

पुस्तक के अनुवाद में जो मेहनत और सहायता मेरे मित्र श्री आनन्द स्वरूप खुसरिया, भूतपूर्व प्रिंसिपल, गवर्नमेण्ट कॉलेज, अजमेर व संयुक्त निदेशक, कॉलेज शिक्षा, जयपुर ने की, उनका मैं अति आभारी हूं। उनकी अंग्रेजी और हिन्दी भाषाओं में प्रवीणता ने इस पुस्तक को सरल बना दिया है।

**राम आहूजा**

# तृतीय संस्करण का प्राक्कथन

यह इस पुस्तक का तीसरा संस्करण है। विगत कई वर्षों में यह पुस्तक समाज-विज्ञान के क्षेत्र में एक सुस्थापित पाठ्य-पुस्तक का रूप ग्रहण कर चुकी है। इस लोकप्रिय पुस्तक का संशोधित संस्करण ही इस तथ्य को स्पष्ट करता है कि भारत में सामाजिक समस्याओं को समझे जाने के लिए यह क्यों इतनी अधिक महत्वपूर्ण है। सन् 1992 में किए गए इसके सर्वप्रथम प्रकाशन, जो एक प्रभावशाली शैक्षणिक-गुणीजन के द्वारा लिखित सर्वाधिक बिक्री वाली एक पाठ्य-पुस्तक रही, ने स्वयं को न केवल समाज-विज्ञान में स्नातक एवं परास्नातक पाठ्यक्रमों के अध्ययन में रत छात्रों, बल्कि प्रतियोगी परीक्षाओं, विशेषतौर पर विभिन्न लोक सेवा आयोगों के द्वारा संपन्न कराई जाने वाली सिविल सेवा परीक्षाओं की तैयारी में रत हज़ारों आकांक्षियों के बीच एक मानक एवं अधिकृत स्रोत के रूप में स्थापित कर लिया है। अपने सर्वप्रथम प्रकाशन के समय से ही इसे इस क्षेत्र में व्यापक रूप से एक अग्रणी पुस्तक के रूप में मान्यता प्राप्त हो चुकी है क्योंकि यह प्रासंगिक एवं अद्यतन शोध के एक आधिकारिक सिंहावलोकन के साथ-साथ सैद्धांतिक परिशुद्धता को जोड़ती है।

इस नवीन संस्करण के लिए अधिकाधिक सामग्री को समाहित करने के उद्देश्य से इसे 20 से बढ़ाकर 25 अध्यायों तक विस्तारित कर दिया गया है तथा समाज-विज्ञान के क्षेत्र में हुई समस्त नवीनतम घटनाओं को शामिल करते हुए संशोधित व अद्यतन किया गया है। जिसमें कुछ समकालीन समस्याओं पर की गई परिचर्चाओं को भी स्थान प्रदान किया गया है जैसे - *ऑनर किलिंग, एसिड हमले, कृषि-संकट एवं किसानों की आत्महत्या, साइबर अपराध, घरेलू हिंसा, वृद्धावस्था एवं वृद्धों के साथ दुर्व्यवहार, जनजातीय असंतोष,* तथा *वैश्वीकरण एवं उपभोक्तावाद*। हालांकि, वास्तव में यह एक नई पुस्तक है और यह इसके पहले के संस्करणों का अध्ययन कर चुके पुराने पाठकों सहित अन्य सभी लोगों के लिए भी अत्यन्त मूल्यवान सिद्ध होगी।

हमारे स्वर्गीय पिताजी, जिन्होंने इस पुस्तक को लिखा था, की अनुपस्थिति में इसके संशोधन/अद्यतनीकरण के कार्य को प्रकाशक के स्वयं के संपादक-मंडल ने अत्यंत विद्वतापूर्वक संपन्न किया है। हम उन सबके अत्यंत आभारी हैं। पुस्तक में अधिकांश मामलों में, यथासंभव नवीनतम आंकड़ों/सूचनाओं को उपलब्ध करवाया गया है। यद्यपि प्रकाशन में पूर्ण सावधानी बरती गई है फिर भी किसी भी कमी के लिए हम जिम्मेदार हैं। हम आपके आभारी होंगे यदि आप इन कमियों से हमें अवगत करवाते हैं ताकि उन्हें ध्यान में रखते हुए इस महत्वपूर्ण पुस्तक के अगले संस्करण में और अधिक सुधार किए जा सकें।

**मुकेश आहूजा**
**संजय आहूजा**

# 1

# सामाजिक समस्याएं : अवधारणा और उपागम

## Social Problems: Concept and Approaches

आज सामाजिक समस्याओं को समाजशास्त्र का ही एक भाग माना जाता है। समाजशास्त्र का क्षेत्र बहुत व्यापक है, इसमें परिवार का समाजशास्त्र, अपराध और अपचार का समाजशास्त्र, शिक्षा का समाजशास्त्र, पर्यावरण का समाजशास्त्र आदि सम्मिलित हैं। मादक द्रव्यों का सेवन, मद्यपान, आतंकवाद, भ्रष्टाचार, गरीबी, बेरोजगारी, जनसंख्या विस्फोट, एड्स, असमानता, प्रदूषण, पर्यावरण क्षरण, अपराध आदि मात्र व्यक्तिगत समस्याएं ही नहीं हैं, अपितु ये जनसाधारण को सामान्य रूप से प्रभावित करती हैं। व्यक्तिगत समस्या वह है, जो एक व्यक्ति या एक समूह को प्रभावित करती है। उसका समाधान उस व्यक्ति/समूह के निकटतम वातावरण में होता है। इसके विपरीत जन-विषय (public issue) वह है, जिसका पूरे समाज पर या समाज की बड़ी संख्या पर प्रभाव पड़ता है। एक समाजशास्त्री का लक्ष्य यह जानना होता है, कि समाज की संरचनाओं के कार्य-निर्वाह में ये समस्याएं किस प्रकार उत्पन्न होती हैं। वह (समाजशास्त्री) समाज में आपसी संबंधों के विभिन्न संरूपों की कार्यप्रणाली का तथा लोगों पर उनका क्या प्रभाव पड़ता है, का अध्ययन करता है। वह इन समस्याओं के समाधान के लिए यह देखता है, कि सामाजिक संरचनाओं का किस प्रकार पुनर्गठन हो सकता है एवं सामाजिक व्यवस्थाओं की किस प्रकार पुनः संरचना हो सकती है। सिद्धान्त को प्रयोग से जोड़ने के फलस्वरूप समस्या के समाधान के लिए एक वैज्ञानिक परिप्रेक्ष्य मिल जाता है।

### सामाजिक समस्या की अवधारणा (The Concept of Social Problem)

सामाजिक समस्या घटनाओं का समूह या दशा है, जिसे समाज में कुछ लोग अवांछित मानते हैं। समाज के एक वर्ग या समूह के समक्ष उत्पन्न स्थिति, जिसके हानिकारक परिणाम होते हैं और जिससे केवल सामूहिक प्रयासों से ही निबटा जा सकता है, को सामाजिक समस्या के रूप में परिभाषित किया जा सकता है (रोनहार्ट, 1952: 14)। इसलिए कोई एक व्यक्ति या कुछ व्यक्ति सामाजिक रूप से समस्याग्रस्त स्थिति के लिए ज़िम्मेदार नहीं हैं, और इन स्थितियों पर नियंत्रण पाना, किसी एक व्यक्ति या कुछ व्यक्तियों के बस की बात नहीं है। इसकी ज़िम्मेदारी पूरे समाज की है। सामाजिक समस्या को "सामाजिक आदर्श का विचलन माना गया है, जो सामूहिक प्रयत्न से ही ठीक हो सकता है।" (वाल्श और फरफे, 1961: 1)। इस परिभाषा में दो तत्व महत्वपूर्ण हैं : (i) एक स्थिति जो आदर्श से कम है, यानी कि जो अवांछनीय या असाधारण है, और (ii) जो सामूहिक प्रयत्न से ठीक हो सकती है। यद्यपि इसका निर्धारण करना सरल नहीं है कि कौन सी स्थिति आदर्श है और कौन सी नहीं, और ऐसा कोई मापदंड भी नहीं जिसे इसको जांचने के लिए प्रयोग में लाया जा सके, फिर भी यह स्पष्ट है, कि सामाजिक आदर्श कोई मनमाना विचार या मत नहीं है, और 'सामाजिक समस्या' शब्द उसी 'विषय' के लिए उपयोग किया जाता है, जिसे सामाजिक आचार-शास्त्र (जो सामूहिक संबंधों में आचार-व्यवहार को सही और गलत बतलाता है) और समाज (जो सार्वजनिक कल्याण को प्रोत्साहित करता है और सार्वजनिक व्यवस्था को बनाए रखता है) प्रतिकूल समझते हैं। विषय ऐसा भी होना चाहिए जिसका एक

व्यक्ति स्वयं समाधान न कर सके। यदि किसी व्यक्ति को नौकरी चाहिए और उसको पाने के लिए उसे दूसरों के साथ प्रतियोगिता में भाग लेना पड़ता है, तो यह केवल एक व्यक्तिगत समस्या है। इसी प्रकार यदि किसी व्यक्ति को मादक द्रव्यों के सेवन की आदत पड़ गई है और इसे छोड़ने के लिए उसे यदि किसी मनोचिकित्सीय संस्थान अथवा सामुदायिक केन्द्र में भर्ती होना पड़ता है, तो वह भी उसकी व्यक्तिगत समस्या है। दूसरी ओर यदि किसी देश में तीन-चार करोड़ व्यक्ति बेरोज़गार हैं और कोई व्यक्ति अकेला उसके लिए प्रभावी कदम नहीं उठा सकता, तो उसके समाधान के लिए एक संगठित प्रयास की आवश्यकता है। इस प्रकार एक तरह की परिस्थिति में एक समस्या व्यक्तिगत समस्या होती है, तो दूसरी में वही एक सामाजिक समस्या।

परन्तु समय के साथ-साथ सामाजिक समस्याएं बदलती रहती हैं। जो कुछ दशकों पहले सामाजिक समस्या नहीं मानी जाती थी, वह दो दशकों पश्चात् एक नाज़ुक सामाजिक समस्या बन सकती है। उदाहरण के लिए, हमारे देश में बीसवीं शताब्दी के चालीस से पहले के दशकों में जनसंख्या विस्फोट को एक सामाजिक समस्या के रूप में नहीं देखा जाता था, परन्तु पचास के दशक में यह एक नाज़ुक सामाजिक समस्या बन गयी। सामाजिक परिवर्तन नई स्थितियों को जन्म देता है, जिनमें एक घटना एक सामाजिक समस्या बन जाती है। चालीस के दशक में भारत में युवा-असंतोष जैसी कोई समस्या नहीं थी, परन्तु 50 और 60 के दशकों में यह एक समस्या हो गई और 70, 80 और 90 के दशकों में तो यह और गंभीर हो गई और अब नई शताब्दी में भी यही स्थिति है।

'सामाजिक समस्या' की अवधारणा के बारे में कुछ और दृष्टिकोणों पर विचार किया जा सकता है। फुलर और मेयर्स (1941: 320) ने सामाजिक समस्या की परिभाषा देते हुए कहा है कि "यह वह स्थिति है जिसे व्यक्तियों की बड़ी संख्या आकांक्षित सामाजिक मानदंडों से विचलन मानती है।" रेनहार्ट (1952: 14) ने सामाजिक समस्या की यह कहकर व्याख्या की है कि यह "वह स्थिति है जिससे समाज का एक खण्ड या एक बड़ा भाग प्रभावित होता है और जिसके ऐसे हानिकारक परिणाम हो सकते हैं अथवा होते हैं जिनका सामूहिक रूप से समाधान संभव है।" इस प्रकार किसी सामाजिक समस्यात्मक स्थिति के लिए कोई एक या कुछ व्यक्ति उत्तरदायी नहीं होते और इस पर नियंत्रण पाना एक व्यक्ति या कुछ व्यक्तियों के बस की बात नहीं होती। इसका उत्तरदायित्व सामान्य रूप से पूरे समाज पर होता है। मर्टन और निस्बट (1971: 184) का विचार है, कि सामाजिक समस्या "व्यवहार का एक ऐसा रूप है, जिसे समाज का एक बड़ा भाग व्यापक रूप से स्वीकृत एवं अनुमोदित मानदंडों का उल्लंघन मानता है।" यह परिभाषा मद्यपान, भ्रष्टाचार और साम्प्रदायिकता जैसी समस्याओं पर ठीक बैठती है, परन्तु जनसंख्या विस्फोट जैसी समस्याओं पर नहीं। कुछ समस्याएं व्यक्तियों के असाधारण और विचलित व्यवहार से पैदा नहीं होतीं परन्तु साधारण और स्वीकृत व्यवहार से होती हैं। राब और सेल्ज़निक (1959: 32) का कहना है, कि सामाजिक समस्या "मानव संबंधों की वह समस्या है जो समाज को संकट में डालती है या कई लोगों की महत्वपूर्ण आकांक्षाओं को प्राप्त करने में रुकावट पैदा करती है।" कार (1955: 306) के अनुसार "सामाजिक समस्या उस समय उत्पन्न होती है जब हम किसी कठिनाई के प्रति चेतन हो जाते हैं और जब हमारी अभिरुचियों और यथार्थता के बीच खाई आ जाती है।" हर्बर्ट ब्लूमर (1971: 19) लिखते हैं कि "सामाजिक समस्याओं में वे कार्य और व्यवहार के संरूप आते हैं जिन्हें बड़ी संख्या में लोग समाज के प्रति घातक मानते हैं या सामाजिक प्रतिमानों का उल्लंघन समझते हैं और जिन्हें सुधारना वे संभव और वांछनीय मानते हैं।" पॉल लेन्डिस (1959) के विचार में "सामाजिक समस्याएं व्यक्तियों की वे कल्याण सम्बन्धी आकांक्षाएं हैं, जो पूरी नहीं हो पाई हैं।" क्लेरेन्स मार्शल (1976: 310) ने कहा है कि "सामाजिक समस्या एक ऐसी स्थिति को दर्शाती है, जो समाज के सुयोग्य पर्यवेक्षकों (competent observers) की एक बड़ी संख्या को अपनी ओर आकर्षित करती है और उनसे अनुरोध व अपील करती है, कि वे उसका पुनर्व्यवस्थापन करें या किसी न किसी प्रकार की सामाजिक (सामूहिक) कार्यवाही से उसे ठीक करें।"

हॉर्टन और लेस्ले (1970: 4) लिखते हैं कि सामाजिक समस्या "एक स्थिति है जो व्यक्तियों की एक बड़ी संख्या को ऐसे तरीकों से प्रभावित करती है जो अवांछनीय समझे जाते हैं और यह सोचा

जाता है कि सामूहिक सामाजिक क्रिया के द्वारा उसके बारे में कुछ किया जा सकता है।'' यद्यपि यह परिभाषा इस बात पर बल देती है कि सामाजिक समस्या एक ऐसी स्थिति है ''जो व्यक्तियों की एक बड़ी संख्या'' को प्रभावित करती है, परन्तु वह व्यक्तियों की सही संख्या नहीं बतलाती जो उससे प्रभावित होते हैं। वह केवल यह संकेत देती है, कि इससे 'काफी व्यक्ति' प्रभावित होने चाहिए जिससे वह उनके ध्यान को आकर्षित कर लें और वे उसके बारे में बात करना और लिखना प्रारम्भ कर दें। ऐसी स्थिति के बारे में जनता की चिन्ता इससे आंकी जा सकती है, कि उस विषय पर कितने लेख लोकप्रिय पत्रिकाओं में छपे हैं। अस्सी के दशक तक भारत में पर्यावरण प्रदूषण की समस्या को गंभीरता से नहीं लिया गया। इसका यह प्रमाण है, कि उस समय तक इस विषय पर अखबारों और पत्रिकाओं में अधिक लेख प्रकाशित नहीं हुए थे। पिछले नौ या दस वर्षों में इस विषय पर कई लेखों का छपना इस बात का सूचक है कि इस स्थिति ने अब चारों ओर व्यक्तियों का ध्यान आकर्षित कर लिया है और अब यह एक सामाजिक समस्या बन गई है।

हॉर्टन की इस परिभाषा में दूसरा तत्व जो ध्यान आकर्षित करता है वह है ''ऐसे तरीकों से जो अवांछनीय समझे जाते हैं।'' जब तक भारत में लोग सती प्रथा को वांछनीय समझते थे, यह एक सामाजिक समस्या नहीं थी। जब राजा राम मोहन राय ने इस विषय में पहल की और भारी संख्या में लोगों ने उन्हें समर्थन दिया और इस प्रथा को घातक और भयंकर कह कर आलोचना की गई, तभी सती प्रथा एक सामाजिक समस्या बनी। सितम्बर 1987 में जब 21 वर्ष की एक राजपूत कन्या रूपकंवर राजस्थान के सीकर जिले में दिवराला गांव में अपने पति की चिता पर सती हो गई, उसके पश्चात ही इस प्रथा की भर्त्सना की गई और भारत सरकार ने इसके विरुद्ध एक कानून (Sati Prevention Act) बनाया जिसके अन्तर्गत किसी स्त्री को सती होने के लिए विवश करने वाले व्यक्तियों को कड़ी सजा देने का प्रावधान है।

सामाजिक समस्या में एक नैतिक मूल्यांकन होता है, एक ऐसी भावना होती है कि स्थिति हानिकारक है और इसमें परिवर्तन आवश्यक है। बीसवीं शताब्दी के 70, 80 और 90 के दशकों में ही भ्रष्टाचार एक सामाजिक समस्या के रूप में लिया जाने लगा। यद्यपि हमारे देश में यह इससे पहले भी व्याप्त था। पत्नी को पीटना और बाल मज़दूरी व बालकों के साथ दुर्व्यवहार जैसे विवाद-विषय अब भी गंभीर सामाजिक समस्याओं की परिधि में नहीं आते। जबकि ये सामाजिक समस्याओं का रूप लेते जा रहे हैं।

उन स्थितियों को सामाजिक समस्याएं नहीं माना जाता जो बदली नहीं जा सकतीं या जिन्हें टाला नहीं जा सकता। इस प्रकार कुछ वर्ष पूर्व तक अकाल को सामाजिक समस्या नहीं समझा जाता था, क्योंकि लोगों में यह विश्वास व्याप्त था, कि बरसात का कम होना इन्द्र के प्रकोप का परिणाम है। आजकल राजस्थान और गुजरात जैसे राज्यों में अकाल को सामाजिक समस्या के रूप में लिया जाता है और इसका कारण नहरों का आर्थिक साधनों की कमी से पूरा नहीं होना माना जाता है। आन्ध्र प्रदेश, तमिलनाडु, कर्नाटक, राजस्थान, उत्तर प्रदेश, बिहार और मध्य प्रदेश जैसे राज्यों में पीने के पानी की कमी सामाजिक समस्या तब बनी जब लोगों को आभास हुआ कि यह संकट ऐसा नहीं है, जिसको भोगने के अलावा कोई विकल्प नहीं है और इसको हटाने के लिए कुछ उपाय किए जा सकते हैं। इस प्रकार जब लोगों में यह विश्वास जाग्रत हो जाता है, कि उसके रोकने और निवारण की संभावना है, तभी वे उस स्थिति को सामाजिक समस्या मानते हैं।

हॉर्टन और लेस्ले की परिभाषा का अन्तिम भाग है 'सामूहिक क्रिया'। सामाजिक समस्या का समाधान एक व्यक्ति या कुछ व्यक्तियों से नहीं हो सकता। सारी सामाजिक समस्याओं से सामाजिक स्तर पर ही निबटा जा सकता है; यानी कि यह विश्वास किया जाता है कि उनका समाधान जनता की रुचि, वाद-विवाद, जनमत-रचना और दबाव से ही हो सकता है।

वेनबर्ग (1960: 4) के अनुसार सामाजिक समस्याएं ऐसी व्यावहारिक संरूप और स्थितियां होती हैं, जो सामाजिक प्रक्रियाओं से उत्पन्न होती हैं और समाज के कई सदस्य इनको इतना आपत्तिजनक और अवांछनीय मानते हैं कि उन्हें विश्वास हो जाता है कि इनका सामना करने के लिए सुधारक नीतियां, कार्यक्रम और सेवाएं आवश्यक हैं। वेनबर्ग ने सामाजिक समस्याओं की छः विशेषताएं बतलाई हैं :

1. सामाजिक समस्याएं वे हैं जिन्हें समाज के कई सदस्य आपत्तिजनक मानते हैं। इसलिए उन प्रतिकूल स्थितियों को जिन्हें समाज निन्दनीय नहीं मानता सामाजिक समस्या नहीं माना जा सकता। उदाहरण के लिए यदि मदिरापान को समाज आपत्तिजनक नहीं समझता तो वह सामाजिक समस्या नहीं है। परन्तु यदि समाज मदिरा सेवन में अन्तर्निष्ठ समस्याओं के प्रति सजग है और उन पर वाद-विवाद करता है, उसके परिणामों का अध्ययन करता है और उसे नियन्त्रण में रखने के लिए किसी सुधारक कार्य की रूपरेखा बनाता है, तो उसे सामाजिक समस्या का दर्जा प्राप्त हो जाता है, भले ही उसकी मूल स्थिति में कोई परिवर्तन नहीं हुआ हो।
2. सामाजिक समस्याएं बदल जाती हैं यदि उनसे संबंधित व्यवहार के संरूपों की भिन्न-भिन्न रूपों से व्याख्या की जाए। उदाहरण के लिए कुछ दशकों पूर्व तक मानसिक रोग को पागलपन कहा जाता था और इसको इतना लज्जाजनक माना जाता था कि परिवार अपने सदस्य के मानसिक रोग को गुप्त रखते थे। अब मानसिक रोग को एक प्रकार का 'विचलित व्यवहार' (deviant behaviour) माना जाता है; और इसीलिए इसका उपचार अब अधिक वास्तविक और प्रभावी ढंग से किया जाता है।
3. सामाजिक समस्याओं के क्षेत्र और महत्ता के बारे में जागरूकता उत्पन्न करने में जन संचार माध्यम (जैसे अखबार, दूरदर्शन, आकाशवाणी, पत्रिकाएं, सिनेमा) महत्वपूर्ण भूमिका निभाते हैं।
4. सामाजिक समस्याएं समाज के मूल्यों और संस्थाओं के संदर्भ में देखी जानी चाहिए। उदाहरणार्थ, अमेरिका में प्रजातीय प्रतिद्वन्द्विता की समस्या भारत की छुआछूत की समस्या से भिन्न है।
5. सामाजिक समस्याओं का विश्लेषण उन पर सामूहिक प्रतिक्रियाओं और सामाजिक संबंधों से पड़ने वाले प्रभावों को ध्यान में रख कर किया जाना चाहिए।
6. सामाजिक समस्याएं इतिहास के साथ-साथ बदलती रहती हैं। इसीलिए समकालीन समस्याएं आज के समाज के मामले हैं, जैसे कि 1947-48 में शरणार्थियों को बसाने की समस्या 1968 में असम के शरणार्थियों को बसाने की समस्या से भिन्न थी, वैसे ही 1988-89 में श्रीलंका से आए हुए तमिलों की या सितंबर, 1990 में कुवैत और इराक से और जुलाई 2000 में फिज़ी से आए हुए भारतीयों की। इसी प्रकार इंग्लैंड में 1988 में आप्रवासियों की समस्या 1967 और 1947 की समस्याओं से भिन्न थी।

## सामाजिक समस्याओं की विशेषताएं (Characteristics of Social Problems)

उपर्युक्त परिभाषाओं के आधार पर हम सामाजिक समस्याओं की निम्नांकित विशेषताएं पहचान सकते हैं :

- सभी सामाजिक समस्याएं ऐसी स्थितियां हैं, जिनसे समाज के लिए हानिकारक परिणाम प्राप्त होते हैं।
- सभी सामाजिक समस्याएं 'आदर्श' स्थिति से विचलित हैं।
- सभी सामाजिक समस्याओं की उत्पत्ति का कोई समान आधार होता है।
- सभी सामाजिक समस्याएं मूल में सामाजिक हैं।
- सभी सामाजिक समस्याएं अन्तर्संबंधित होती हैं।
- सभी सामाजिक समस्याओं के परिणाम सामाजिक होते हैं, यानी कि वे समाज के सभी खण्डों पर प्रभाव डालती हैं।
- सभी सामाजिक समस्याएं दोषपूर्ण सामाजिक परिस्थितियों की वजह से होती हैं।
- सामाजिक समस्याओं का दायित्व सामाजिक है तथा उनके निवारण के लिए एक सामूहिक उपागम की आवश्यकता होती है।
- सभी सामाजिक समस्याएं सभी समाजों में पाई जाती हैं।

## सामाजिक समस्याओं पर प्रतिक्रियाएं (Reactions to Social Problems)

सामाजिक समस्याओं के प्रति विभिन्न व्यक्तियों की विभिन्न प्रतिक्रियाएं होती हैं। ये भिन्नताएं निम्नलिखित चार कारकों से समझाई जा सकती हैं :

(a) *उदासीनता का रुख* : कई लोग किसी समस्या के प्रति यह सोचकर उदासीन रहते हैं, कि उनको वह प्रभावित नहीं करती। कभी-कभी पारिवारिक तनाव और नौकरी के दबाव जैसी उनकी अपनी समस्याएं उन्हें इतना व्यस्त रखती हैं, कि दूसरों को प्रभावित करने वाली बातों में रुचि लेने के लिए उनके पास समय ही नहीं होता। वे उसी समय उत्तेजित होते हैं और समस्या में रुचि लेना प्रारम्भ करते हैं, जब उनके स्वार्थ फंसते हैं।

(b) *भाग्यवाद (fatalism)*: कुछ व्यक्ति भाग्यवाद में इतना अधिक विश्वास रखते हैं कि वे सब बातों के लिए भाग्य को उत्तरदायी मानते हैं। ग़रीबी और बेरोज़गारी जैसी समस्याओं को वे दुर्भाग्य और पिछले कार्यों का फल मानते हैं। इसलिए वे दुर्भाग्य को चुपचाप सहते रहते हैं और किसी चमत्कार के होने की प्रतीक्षा करते रहते हैं। जैसे धर्म व भाग्य पर निर्भर रहना।

(c) *निहित स्वार्थ* : कुछ व्यक्ति विद्यमान समस्याओं में इसलिए रुचि नहीं दिखाते क्योंकि उनके रहते उनके स्वार्थ सिद्ध होते हैं। वे अपने स्वार्थ से प्रेरित होकर समस्या को हल से परे बताते हैं और उसके निवारण के लिए प्रयत्न करने को समय का अपव्यय कहते हैं। जैसे जातिवाद व वर्गवाद के कारण राजनीति में स्थान बनाना।

(d) *विशेषज्ञ ज्ञान का अभाव* : कुछ व्यक्ति समस्या के प्रति चिन्तित होते हुए भी उसमें यह सोचकर रुचि नहीं लेते कि जब तक लोग अपनी मनोवृत्ति और मूल्यों को नहीं बदलते, तब तक उसका निवारण असंभव है। परिवर्तन करने से पहले दृष्टिकोण में परिवर्तन होना आवश्यक है, क्योंकि वे उस समस्या के हल की वैकल्पिक संभावनाओं को ढूंढ़ने के प्रति उदासीन रहते हैं। दहेज प्रथा हमारे समाज की एक ऐसी ही समस्या है।

कुछ लोगों में सामाजिक समस्याओं के बारे में गलत, अविश्वसनीय और सतही ज्ञान या भ्रामक धारणाएं होती हैं। हम इस प्रकार की आठ भावनाएं बता सकते हैं :

(i) यह सोचना गलत है कि सामाजिक समस्याओं के स्वरूप के बारे में सब लोगों में सहमति है। उदाहरणार्थ, कुछ लोग सोचते हैं कि मादक द्रव्यों का सेवन भारत की एक सामाजिक समस्या है, जबकि कुछ और लोग कहते हैं कि यह सामाजिक समस्या नहीं मानी जा सकती, क्योंकि देश के विभिन्न भागों में किए गए आनुभविक अध्ययन ये बताते हैं, कि मादक द्रव्यों का सेवन बहुत कम है। इसी प्रकार भारत में स्वतंत्रता के बाद हरिजनों की मुक्ति के लिए किए गए उपायों के कारण कुछ व्यक्ति अस्पृश्यता को अब सामाजिक समस्या नहीं मानते जबकि दूसरों की दृष्टि में यह अब भी एक सामाजिक समस्या है। उदाहरणार्थ ग्रामीण क्षेत्रों में वे उन हरिजनों के उत्पीड़न और उनकी पिटाई की बात करते हैं जिन्हें सितंबर, 1988 में राजस्थान के नाथद्वारा मंदिर में प्रवेश से रोका गया था और जिससे क्षुब्ध होकर भारत के पूर्व राष्ट्रपति आर. वैंकटरमन ने घोषणा की थी कि नाथद्वारा मंदिर में प्रवेश के लिए हरिजनों के जत्थे का नेतृत्व करने को वे तैयार हैं। इस प्रकार कुछ समस्याओं की विद्यमानता पर पूर्ण सहमति हो सकती है जबकि दूसरों पर बिल्कुल नहीं।

(ii) यह सोचना भ्रामक है, कि सामाजिक समस्याएं प्रकृति उत्पन्न करती है और वे अपरिहार्य हैं। वास्तव में कोई सामाजिक समस्या आदमी के नियन्त्रण के परे नहीं है, आवश्यकता केवल यह है कि कुछ विशेष सामाजिक व्यवस्थाओं में परिवर्तन कर दिया जाए।

(iii) यह विश्वास मिथ्या है, कि सामाजिक समस्याएं मतलबी, अमानवीय, शोषण करने वाले, एवं उदासीन व्यक्ति पैदा करते हैं या ये कुछ व्यक्तियों की जानबूझ कर की गई दुष्टता का परिणाम हैं। वास्तव में कई समस्याएं अच्छे व्यक्ति पैदा करते हैं क्योंकि या तो वे अपने ही कार्यों में

व्यस्त रहते हैं और या वे कुछ विशेष विषयों के प्रति उदासीन अथवा कठोर-हृदय हो जाते हैं। उदाहरण के लिए, गंदी बस्तियों का विकास अमीर व्यक्तियों और राजनीतिज्ञों की कठोरता व निर्दयता के कारण होता है, जबकि यह माना जाता है कि गंदी बस्तियां पारिवारिक विघटन को बढ़ावा देती हैं और कुछ प्रकार के अपराधों को बढ़ाती हैं। तथापि, इनकी उदासीनता, चिन्तन और व्यवहार के पीछे कोई 'बुरा उद्देश्य' नहीं होता। यह कहा जा सकता है, कि सामाजिक समस्या कुछ सामाजिक परिपाटियों, कार्यप्रणालियों व प्रथाओं की उपज है, ना कि कुछ व्यक्तियां की जानबूझ कर की गई दुष्टता की।

(iv) यह सोचना गलत है कि सामाजिक समस्याएं उनके विषय में बात करने से पैदा होती हैं। समस्याएं इस कारण से उत्पन्न नहीं होती कि उनके बारे में व्यक्ति अनुत्तरदायी ढंग से बात करते हैं और इस प्रकार दूसरों को उत्तेजित करते हैं या अशान्ति उत्पन्न करते हैं, या घृणा की भावना जाग्रत करते हैं, आदि। वास्तव में व्यक्तियों को प्रायः समस्याओं के समाधान के लिए या उन कारकों के विरुद्ध जो उन्हें जीवित रखते हैं, कार्यवाही करने के लिए सक्रिय किया जाता है।

(v) यह मानना गलत है कि सभी लोग सामाजिक समस्याओं के समाधान के पक्षधर होते हैं। उदाहरण के लिए, रूढ़िवादी ब्राह्मण कदाचित अस्पृश्यता की समस्या पर वाद-विवाद करने में कोई रुचि नहीं लेते, या कई अनुसूचित जातियों, जनजातियों और दूसरी पिछड़ी जातियों या वर्गों के सदस्य 'पिछड़े' रहना इसलिए अधिक पसन्द करते हैं, जिससे उन्हें आरक्षण के लाभ मिलते रहें या कई पूंजीवादी संपूर्ण रोज़गार के इस कारण पक्षधर नहीं होते कि उन्हें कम वेतन पर पर्याप्त संख्या में श्रमिक उपलब्ध नहीं होंगे; या कई मकान-मालिक अधिक भवनों के निर्माण में इसलिए रुचि नहीं लेते कि उससे किराये कम हो जाएंगे; या एक कमरे वाले भवनों के मालिक अपने निहित स्वार्थों के कारण गंदी बस्तियों को हटाए जाने में रुचि नहीं दिखाते। इसी प्रकार निहित स्वार्थों के कारण सामाजिक समस्याओं के निदान में रुचि नहीं रखने वाले व्यक्तियों की संख्या बहुत अधिक हो सकती है।

(vi) यह भावना सही नहीं है कि सामाजिक समस्याएं स्वयं ही अपना निवारण कर लेंगी। इस युग में यह मानना कि समय अपने आप सारी समस्याओं का समाधान कर देगा कल्पित, अयथार्थ और अवास्तविक है। यह अकर्मण्यता को केवल भ्रामक रूप से तार्किक बनाना है। वास्तव में यह भावना निर्धनता, प्रदूषण और जनसंख्या जैसी समस्याओं को अधिक विकराल बना सकती है।

(vii) यह भावना भ्रामक है, कि तथ्यों के उजागर करने मात्र से ही समस्या का समाधान हो जाएगा। यद्यपि यह सच है कि पूरे तथ्यों को एकत्रित किए बिना कोई भी समस्या बुद्धिमानी से नहीं समझी जा सकती, परन्तु यह भी सच है कि एकत्रित आंकड़ों की वैज्ञानिक व्याख्या के अभाव में समस्या के समाधान के लिए कोई भी युक्ति नहीं अपनाई जा सकती। उदाहरणार्थ, युवकों में मादक द्रव्यों के सेवन की मात्रा व विस्तार उनके द्वारा उपयोग में लाए जा रहे मादक द्रव्यों के प्रकार, उनके सेवन के तरीके, उनके पाने के स्त्रोत और उनका सेवन छोड़ने से उत्पन्न हुए मानसिक विकार (withdrawal syndrome) के बारे में तथ्यों को केवल मात्र एकत्रित करने से उनके ऊपर नियंत्रण करने के उपायों को सुझाने में अधिक सहायता नहीं मिलेगी, इसके लिए हमें मादक द्रव्यों के सेवन के कारण, मित्र-समूह (peer group) के सदस्यों की भूमिका, और मादक द्रव्यों को नियन्त्रित करने में परिवार की भूमिका जैसे तथ्यों का विश्लेषण और उनकी व्याख्या करनी होगी। आंकड़े अपने आप में तब तक निरर्थक हैं, जब तक उनकी अर्थपूर्ण एवं वस्तुनिष्ठ व्याख्या न की जाए।

(viii) यह सोचना भ्रमपूर्ण व असत्य है कि संस्थागत परिवर्तनों के बिना समस्याओं का समाधान हो सकता है। बिना योजना बनाए, बिना संरचना में परिवर्तन किए, बिना समायोजन और अनुकूलन (adjustment and adaptation) किए, या बिना वर्तमान संस्थाओं और प्रथाओं में परिवर्तन किए समस्याओं का समाधान असंभव है। उदाहरणार्थ, हम भ्रष्टाचार का तब तक उन्मूलन नहीं कर सकते जब तक कि लोग अपने मूल्यों और विश्वासों में परिवर्तन नहीं करते, नए कानून नहीं

बनते, तथा न्यायालय उच्च स्थानों पर कार्यरत भ्रष्ट व्यक्तियों को प्रतिकारी व प्रतिशोधात्मक (retributive) और निवारक व प्रतिरोधात्मक (deterrent) दंड देकर एक उदाहरण नहीं रखते। इन व्यक्तियों में भ्रष्टाचारी राजनीतिज्ञ भी सम्मिलित हैं। कई बार किसी एक समस्या का समाधान करने से कई और नई समस्याएं समाधान के लिए उत्पन्न हो जाती हैं। संस्थाओं और मूल्यों में मन्दगति से परिवर्तन होने के कारण समस्या का समाधान सहज रूप से और शीघ्रता से नहीं होता बल्कि बहुत समय लेता है। कभी हम कुछ स्थितियों को बदलने में सफल हो जाते हैं, जिससे समस्या का आकार (magnitude) और उसकी आवृत्ति (frequency) कम हो जाती है। भले ही हम अपराध का पूर्ण रूप से उन्मूलन नहीं कर पाएं परन्तु समाज में उसकी दर (rate) को अवश्य कम कर सकते हैं। इसके लिए हमें लोगों में फैली निराशाओं को कम करना होगा और ऐसे विकल्प प्रदान करने होंगे, जिससे उनकी एक क्षेत्र में विफलता की क्षतिपूर्ति किसी और क्षेत्र में सफलता से हो जाए। पारिवारिक विघटन को निरस्त करना भले ही संभव न हो परन्तु परिवार में तनावों को कम करने के लिए उपाय अवश्य खोजे जा सकते हैं। इस प्रकार सारी समस्याओं के समाधान ढूंढ़ना संभव न हो तो भी सामाजिक समस्याओं से होने वाली वैयक्तिक वेदना को कम कर पाना सम्भव है।

## सामाजिक समस्याओं के कारण (Causes of Social Problems)

सामाजिक समस्याओं को विकृत (pathological) सामाजिक स्थितियां जन्म देती हैं। ये सभी समाजों में उत्पन्न होती हैं, चाहे वे (समाज) साधारण हों (अर्थात् छोटे, पृथक, समरूप समाज हों जिनमें सामूहिक एकात्मकता (solidarity) की दृढ़ भावना होती है और जिनमें परिवर्तन बहुत धीमी गति से होता है या जटिल हों (जिनमें अवैयक्तिक (impersonal), द्वितीयक (secondary) संबंध, गुमनामी (anonymity), एकाकीपन (loneliness), तीव्र गतिशीलता (high mobility) और अत्यधिक विशेषज्ञता (extreme specialisation) होती हैं और जिनमें परिवर्तन अधिक शीघ्र होता है), अर्थात् जहां कहीं भी और जब भी व्यक्तियों के समूह में रक्त संबंध प्रभावित होते हैं जिससे कुसमायोजन (maladjustments) और संघर्ष उत्पन्न होते हैं।

सामाजिक समस्याओं में कारणात्मक तत्वों को समझने के लिए तीन कारक महत्वपूर्ण हैं :

1. कारणात्मक स्थितियां बड़ी संख्या में होती हैं। मोटे तौर पर हम इनका दो समूहों में वर्गीकरण कर सकते हैं : एक जो व्यक्तियों में पाए जाते हैं और दूसरे जो सामाजिक वातावरण में मिलते हैं।
   सभी समस्याओं में सभी तत्व नहीं होते, अर्थात् प्रत्येक समस्या में कारणात्मक तत्व भिन्न होते हैं।
2. सामाजिक समस्याएं सामान्य कारणात्मक तत्त्वों को सशक्त आधार प्रदान करती हैं।
3. सामाजिक समस्याएं इस अर्थ में परस्पर संबद्ध और एक-दूसरे पर निर्भर रहती हैं कि वे संचित (cumulative) रूप से प्रोत्साहक और उत्तेजक होती हैं, अथवा वे एक-दूसरे को विकसित एवं प्रोत्साहित करती हैं।

रेनहार्ट (1952: 7-12) ने सामाजिक समस्याओं के विकास में तीन तत्वों का उल्लेख किया है :

### *(i) स्वार्थों और क्रियाओं का विभेदीकरण और गुणन (Differentiation and Multiplication of Interests and Functions)*

एक मशीन या जीवित प्राणी में जितने अधिक भाग होते हैं, उतनी ही अधिक उसके भागों में असंतुलन की सम्भावना होती है, यह सिद्धान्त मानव समाजों पर भी लागू होता है जहां विभिन्न व्यक्तियों, समुदायों, संस्थाओं, और व्यवस्थाओं के स्वार्थों में टकराव के अवसर अधिक होते हैं। अस्पृश्यता, साम्प्रदायिक दंगे और राजनीतिक अपराध ऐसी ही सामाजिक समस्याएं हैं, जो विभिन्न जातियों और वर्गों के स्वार्थों के संघर्ष से उत्पन्न होती हैं।

### *(ii) सामाजिक परिवर्तन और सभ्यता के विकास की आवृत्ति को त्वरित करना (Accelerating Frequency of Social Change or Growth of Civilization)*

यह वैज्ञानिक और मशीनी नवाचारों (innovations) के बाहुल्य से सम्भव हुआ है। उदाहरण के लिए, मशीनों के नवाचारों ने रोजगार के कई पुराने ढांचों को समाप्त कर दिया है, जिसके परिणामस्वरूप लाखों लोगों को प्रवास (migration) करना पड़ा और इससे विभिन्न वर्गों में संघर्ष उत्पन्न हुए। इस प्रकार क्रान्तिकारी आविष्कारों से उत्पन्न हुए संरचनात्मक और प्रकार्यात्मक कुसमायोजन (functional maladjustment) कई सामाजिक समस्याओं को जन्म देते हैं।

### *(iii) वैज्ञानिक विश्लेषण करने की मानव की विकसित अन्तर्दृष्टि (Man's Developed Insight to Make a Scientific Analysis)*

जब मानव ने प्रकृति की गतिविधि का अध्ययन करने के लिए सामाजिक अन्तर्दृष्टि विकसित की है तो वे विषय जो पहले साधारण समझे जाते थे, अब कई प्रकार की उन प्राकृतिक स्थितियों के कारणवश आवश्यक समझे जाते हैं, जो मानव और समाज को प्रभावित करते हैं।

## सामाजिक समस्याओं के सैद्धान्तिक उपागम (Theoretical Approaches to Social Problems)

यद्यपि सामाजिक समस्याएं अनिवार्य रूप से व्यक्तिनिष्ठ (subjective) होती हैं, फिर भी उनका वैज्ञानिक रूप से अध्ययन हो सकता है। हम कुछ ऐसे सैद्धान्तिक उपागमों पर विचार करेंगे जो सभी प्रकार की सामाजिक समस्याओं की विश्वव्यापी व्याख्याएं देते हैं।

### *सामाजिक विघटन के उपागम (Social Disorganisation Approach)*

सामाजिक विघटन समाज, समुदाय या समूह की वह स्थिति है, जिसमें सामाजिक नियन्त्रण, सामाजिक व्यवस्था या औपचारिक एवं अनौपचारिक प्रतिमान जो उचित व्यवहार को परिभाषित करते हैं, टूट जाते हैं। आपसी सहयोग, सामान्य मूल्य, एकता, अनुशासन और भविष्दवाणी करने के सामर्थ्य (predictability) की कमियां इसके लक्षण हैं। वारेन (1949: 83-87) ने यह कहकर इसका वर्णन किया है, कि यह वह स्थिति है जिसमें (क) सर्वसम्मति का अभाव (समूह के उद्देश्यों के बारे में मतभेद) (ख) संस्थाओं के एकीकरण (integration) का अभाव और (ग) सामाजिक नियंत्रण के अपर्याप्त साधन अस्तव्यस्तता (confusion) के कारण व्यक्तियों को अपनी वैयक्तिक भूमिका निभाने पर रोक) होते हैं। इलियट और मेरिल (1950: 20) की परिभाषा के अनुसार यह एक प्रक्रिया है, जिससे समूह के सदस्यों के आपसी संबंध विच्छेद या लुप्त हो जाते हैं।

सामाजिक अव्यवस्था (social disorganisation) उस समय उत्पन्न होती है, जब शक्तियों के संतुलन (equilibrium of forces) में परिवर्तन होता है, सामाजिक ढांचे टूट जाते हैं जिससे पुराने संरूप पुनः काम नहीं कर पाते, और सामाजिक नियन्त्रण के स्वीकृत ढांचे प्रभावी रूप से काम नहीं करते हैं। समाज की यह विघटनकारी अवस्था जिसका संकेत मानदंडों के नष्ट होने, भूमिका-संघर्ष, सामाजिक संघर्ष और नैतिक पतन से मिलता है, सामाजिक समस्याओं को बढ़ावा देता है। उदाहरण के लिए बढ़ता हुआ औद्योगीकरण, शिक्षा के प्रसार और स्त्रियों के वैतनिक कार्य (paid work) करने से पति-पत्नी, माता-पिता और बच्चों के बीच संबंध प्रभावित हुए हैं। कई पुराने नियम जो परिवार के सदस्यों और अन्तर परिवारों पर लागू होते थे, टूट चुके हैं। कई व्यक्ति निराश और अप्रसन्न रहते हैं। सामाजिक अव्यवस्था में जीवन की आधारभूत स्थितियों में परिवर्तन आने से परम्परागत प्रतिमान टूट गए हैं और इस कारण असंतोष और मोह-भंग व्याप्त है। दूसरे शब्दों में, परिवर्तन ने पुरानी व्यवहार व्यवस्था को तोड़ दिया है। गंदी बस्तियों के जीवन के सामाजिक विघटन की बात करते हुए वाइट (1955: 268) ने गंदी बस्तियों में विचलन और अस्वीकृत समूह संगठन का उल्लेख किया है।

फिर भी एक विचारधारा के अनुसार सामाजिक विघटन की स्थिति सदैव सामाजिक समस्याओं को उत्पन्न नहीं करती। उदाहरणार्थ, हिटलर के शासनकाल में जर्मनी का समाज विघटित नहीं था और स्टालिन के शासनकाल में रूस में विघटन नहीं था फिर भी इन देशों में कई स्थितियां "सामाजिक आदर्श से परे और स्तब्ध करने वाली "विसामान्यताएं" थीं जिनके विरुद्ध सामाजिक कार्यवाही करना आवश्यक था, यानी कि वहां "सामाजिक समस्याएं" विद्यमान थीं। इस विचारधारा पर प्रतिक्रिया देते हुए कुछ विद्वानों का मत है कि सामाजिक विघटन का सिद्धान्त सभी सामाजिक समस्याओं की व्याख्या नहीं कर सकता फिर भी वह कई सामाजिक समस्याओं को अवश्य स्पष्ट करता है। उदाहरण के लिए, मानसिक रोग सामाजिक विघटन का भले ही लक्षण न हो, परन्तु समाज में व्याप्त भ्रष्टाचार अवश्य संस्थाओं को ठीक से नहीं चलने देता और इससे पूर्ण सर्वसम्मति का अभाव हो जाता है और कुछ नागरिक सामाजिक नियन्त्रण की परिधि से बाहर निकल जाते हैं।

सामाजिक विघटन के उपागम को सामाजिक समस्याओं पर लागू करते समय जिन कारकों को देखा जाता है, वे हैं (हार्टन और लेस्ले, 1970: 33) : पारंपरिक मानदंड और प्रथाएं क्या थे? ऐसे कौनसे प्रमुख परिवर्तन हुए जिन्होंने उन्हें अप्रभावी बना दिया? ऐसे कौन से पुराने नियम हैं जो आंशिक अथवा पूर्ण रूप से टूट गए हैं? सामाजिक परिवर्तन की प्रकृति और दिशा क्या है? असंतुष्ट समूह कौन से हैं और वे कैसे समाधानों की प्रस्तावना करते हैं? कहां तक विभिन्न प्रस्तावित समाधान सामाजिक परिवर्तन की प्रवृत्ति के अनुरूप हैं? भविष्य में कौन से नियम स्वीकार्य होंगे?

## *सांस्कृतिक-विलम्बना उपागम (Cultural-Lag Approach)*

सांस्कृतिक विलम्बना एक ऐसी स्थिति है, जिसमें एक संस्कृति के कुछ भागों में दूसरे सम्बन्धित भागों की अपेक्षा अधिक तीव्र गति से परिवर्तन होने हैं, जिसके परिणामस्वरूप संस्कृति का समाकलन (integration) और संतुलन भंग हो जाता है। उदाहरणार्थ, औद्योगिक समाजों में विज्ञान और प्रौद्योगिकी में तीव्र गति से विकास होने के कारण भौतिक संस्कृति (material culture) में अभौतिक संस्कृति की उपेक्षा तीव्र गति से परिवर्तन होता है (आगबर्न, 1966)। सांस्कृतिक विलम्बना का सिद्धान्त विशेष रूप से यह मानता है कि आधुनिक समाजों में राजनीतिक, शैक्षणिक, पारिवारिक और धार्मिक संस्थाओं में इस प्रकार के परिवर्तन होने की प्रवृत्ति होती है, कि वे प्रौद्योगिकी परिवर्तनों में पिछड़ जाते हैं। इस प्रकार यह आसानी से देखा जा सकता है कि सांस्कृतिक विलम्बना किस प्रकार सामाजिक समस्याएं उत्पन्न कर सकती है। उन्नीसवीं शताब्दी के आखिरी चतुर्थांश और बीसवीं शताब्दी के पहले चतुर्थांश में तेजी से हुए औद्योगीकरण के उपरान्त भी कुछ व्यक्ति जाति व्यवस्था की कट्टर पाबन्दियों से इतने प्रभावित थे कि वे उद्योगों में दूसरी जातियों के सदस्यों के साथ काम करने से मना कर देते थे और उन्हें बेरोज़गार और निर्धन रहना प्रियकर लगता था। इस प्रकार बीसवीं शताब्दी का प्रथम चतुर्थांश सांस्कृतिक विलम्बना का काल रह। कृषि और उद्योग में प्रौद्योगिकी विकास का समावेश करने में एक पीढ़ी से अधिक का समय लगा। इस प्रकार हमारी सामाजिक संस्थाओं में परम्परा की महक रही, जबकि संसार में प्रौद्योगिकी का विकास होता रहा।

जैसा पहले कहा जा चुका है, कि यद्यपि सांस्कृतिक विलम्बना का सिद्धान्त कुछ सामाजिक समस्याओं (जैसे एड्स, जनसंख्या विस्फोट आदि) की व्याख्या करता है परन्तु सभी समस्याओं की नहीं, इसलिए इसे सभी सामाजिक समस्याओं की सार्वलौकिक व्याख्या करने वाला सिद्धान्त नहीं माना जा सकता।

## *मूल्य-संघर्ष उपागम (Value Conflict Approach)*

मूल्य व्यवहार का एक सामान्य नियम है, जिसके प्रति एक समूह के सदस्य दृढ़ भावात्मक एवं वास्तविक वचनबद्धता महसूस करते हैं और जो विशिष्ट कार्यों और लक्ष्यों के आंकने के लिए एक मानदण्ड होता है। समूह के प्रत्येक सदस्य से यह अपेक्षा की जाती है कि वह समूह द्वारा अपनाए गए

मूल्यों के प्रति वचनबद्ध रहेगा। मूल्य इस प्रकार व्यवहार के सामान्य मानदण्डों का कार्य करते हैं। समता, न्याय, स्वतंत्रता, देशभक्ति, गतिशीलता, वैयक्तिकता, समष्टिवाद, समझौता, बलिदान, समायोजन, आदि मूल्यों के उदाहरण हैं। मूल्यों के साथ तीव्र भावनाओं के जुड़े होने के कारण और उनके प्रत्यक्ष लक्ष्यों और क्रियाओं के आंकने के मानदण्ड होने के कारण उन्हें प्रायः स्वयंभू (absolute) समझा जाता है (थिओडोर्सन, 1969: 456)।

विभिन्न समूहों की विभिन्न मूल्य व्यवस्थाएं होती हैं। दो या दो से अधिक समूहों के मूल्यों में असंगति (incompability) व्यक्तियों की अपनी भूमिका-पालन में यदि हस्तक्षेप करती है, तो उसे मूल्य-संघर्ष कहा जाता है। संघर्ष की यह स्थिति कुछ समय के लिए हो सकती है या स्थाई समस्या का रूप धारण कर सकती है। उदाहरण के लिए, श्रमिकों और मालिकों के मूल्यों में संघर्ष के कारण औद्योगिक अशान्ति, हड़ताल, और तालाबंदी होती है; या जमीन के मालिकों और भूमिहीन किसानों के मूल्यों में संघर्ष के कारण कृषि क्षेत्र में अशान्ति रहती है और कृषि श्रमिकों के आन्दोलन होते हैं; या उदार उद्योगपति परिश्रम, मितव्ययता, ईमानदारी और महत्वाकांक्षा को प्रोत्साहित करने में विश्वास रखते हैं और इन गुणों के लिए वित्तीय पारितोषिक प्रदान करते हैं, तो दूसरी ओर रूढ़िवादी इस विचार से गहरा मतभेद रखते हैं और मुनाफे के उद्देश्य और वैयक्तिक पहल (individual initiative) में विश्वास रखते हैं। इस प्रकार उदारवादियों और रूढ़िवादियों में केवल नीतियों के मामलों में ही नहीं अपितु मूल्यों के मामले में भी गंभीर मतभेद होते हैं।

मूल्य-संघर्ष सिद्धान्तवादियों वॉलर, फुलर, क्यूबर और हार्पर का विश्वास है कि सामाजिक समस्याओं की उत्पत्ति और विकास में मूल्यों के संघर्षों का विशेष महत्व होता है। वॉलर (1936: 924) ने संगठनात्मक और मानवीय मूल्यों में संघर्ष का उल्लेख किया है। संगठनात्मक मूल्य निजी सम्पत्ति और व्यक्तिवाद के पक्ष में हैं जबकि मानवीय मूल्य दूसरों के कष्टों के निवारण करने के पक्षधर हैं।

परन्तु यह (मूल्य-संघर्ष) सैद्धान्तिक उपागम बहुत ही अस्पष्ट है। इसके विचारकों ने अपने विचारों का विस्तृत वर्णन नहीं किया है। यह कदाचित सही है, कि हमारे सामाजिक मूल्य पैसे और भौतिक सम्पत्ति पर अत्यधिक बल देते हैं और यह मनोवृत्ति भ्रष्टाचार, तस्करी, मादक द्रव्यों के व्यापार, कालाबाजारी और रिश्वत लेने को प्रोत्साहित कर सकती है परन्तु सफेदपोश अपराध जैसी समस्याओं को मूल्यों के संघर्ष की संज्ञा नहीं दी जा सकती। तलाक की समस्या मूल्य संघर्ष का परिणाम हो सकती है, परन्तु सभी पारिवारिक समस्याएं पति-पत्नी, या माता-पिता और सन्तानों के मतभेदों के कारण नहीं होतीं। परिवार में आपसी संबंधों को सद्भावपूर्ण बनाए रखने में सामान्य मूल्यों पर सहमति सहायक सिद्ध होती है, परन्तु यही एक बात पारिवारिक स्थायित्व या समूह की सफलता के लिए आवश्यक नहीं है। इस प्रकार मूल्य-संघर्ष सिद्धान्त अर्थशास्त्र जैसे क्षेत्रों और सामाजिक समस्याओं के विश्लेषण में लाभदायक हो सकता है परन्तु इसको निस्सन्देह सार्वलौकिक व्याख्या नहीं माना जा सकता।

मूल्य-संघर्ष उपागम को लागू करते समय सामान्यतया यह प्रश्न पूछे जाते हैं (हार्टन और लेस्ले, 1970: 40) : कि कौन से वे मूल्य हैं जिनमें संघर्ष है? मूल्य संघर्ष कितना गहरा है? समाज में कौन से समूह किन संघर्षरत मूल्यों में विश्वास रखते हैं? वे कितने शक्तिशाली हैं? कौन से मूल्य लोकतंत्र और स्वतंत्रता जैसे दूसरे अधिक महत्वपूर्ण मूल्यों के अनुकूल हैं? प्रत्येक समाधान में किन-किन मूल्यों का बलिदान करना होगा? कुछ विशेष असंगत मूल्य-संघर्षों के रहते क्या कुछ समस्याएं अभी असमाधेय (insoluble) हैं?

## *वैयक्तिक विचलन उपागम (Personal Deviation Approach)*

विचलन सामाजिक मानदंडों का अपालन (non-conformity) है। यह असामान्य व्यवहार से भिन्न है, क्योंकि असामान्य व्यवहार मानसिक रोग की ओर संकेत करता है न कि सामाजिक कुसमायोजन (maladjustment) अथवा संघर्ष की ओर। अतः वे लोग जो सामाजिक मानदंडों से विचलन करते हैं, आवश्यक रूप से मानसिक रोग से पीड़ित नहीं होते।

सामाजिक समस्याओं के सामाजिक विघटन उपागम में हम उन नियमों का अध्ययन करते हैं, जो टूट गए हैं और उन परिवर्तनों का, जो इनके टूटने से आए हैं। वैयक्तिक विचलन उपागम में हम विचलित व्यक्तियों की प्रेरणा और व्यवहार का अध्ययन करते हैं, जो समस्याओं को उत्पन्न करने में उपकरण बने हैं। वैयक्तिक विचलन उपागम में दो तत्वों की व्याख्या आवश्यक है : (i) वैयक्तिक विचलन कैसे बढ़ा? (ii) सामाजिक समस्याओं में किस प्रकार के वैयक्तिक विचलन बार-बार आए? वैयक्तिक विचलन दो कारणों से बढ़ता है (i) मान्यता प्राप्त मानदंडों का पालन करने में एक व्यक्ति की असमर्थता, या (ii) सामान्य रूप से मान्यता प्राप्त मानदंडों को मानने में एक व्यक्ति की विफलता। एक व्यक्ति की भावात्मक, सामाजिक या जीव-विज्ञान संबंधी कमजोरी के कारण प्रथम कारक उत्पन्न होता है, अर्थात् कुछ व्यक्ति जैविक, भावात्मक या सामाजिक रूप से इस प्रकार बने होते हैं, कि वे सामान्यतः मान्यता प्राप्त नियमों का सुसंगत रूप से अनुसरण करने में असमर्थ होते हैं। सामाजिक रूप से अपूर्ण व्यक्ति सही अर्थों में मानदंडों को नहीं तोड़ते, बल्कि वे मानदंडों को सीखने और उनका पालन करने में अपनी असमर्थता दिखाते हैं। सामाजिक अपूर्णता जीव-मनोवैज्ञानिक होती है। इन विचलित व्यक्तियों को जो सामाजिक समस्याएं उत्पन्न करते हैं और समस्याओं को बढ़ाने में अपना योगदान देते हैं, अपने उपचार के लिए डॉक्टरी, मनश्चिकित्सीय (psychiatric), पर्यावरण-संबंधित या सामाजिक चिकित्सा की आवश्यकता होती है। दूसरी ओर एक व्यक्ति की सामाजिक मानदंडों की अनुपालना में विफलता का संबंध उसके सामाजीकरण की कमी के कारण होता है। यद्यपि इन व्यक्तियों ने ईमानदारी, सच्चाई, सत्यनिष्ठा, न्याय और सहयोग जैसे मानदंडों और मूल्यों को सीखा है, परन्तु वे उन पर अमल नहीं कर पाते। उनकी अपने स्वार्थ के लिए झूठ बोलने, धोखा देने, शोषण करने, और दूसरों को बदनाम करने की प्रवृत्ति होती है। उनका विचलन उनमें कोई अपराध भावना या लज्जा की भावना भी जाग्रत नहीं करता। अपने स्वार्थ के लिए वे किसी विषय पर अपना रुख भी बिल्कुल बदल सकते हैं। जब तक कोई स्थिति उनके निहित स्वार्थों के लिए हितकारी होती है, उन्हें इसकी तनिक भी चिन्ता नहीं होती कि उसके कारण सामाजिक समस्याएं बनी हुई हैं और उनका समाधान होना संभव नहीं है।

हार्टन और लेस्ले (1970: 35-36) ने तीन प्रकार के वैयक्तिक विचलनों का वर्णन किया है : (i) विचलन जो विभिन्न सन्दर्भ-समूहों (reference groups) के मानदंडों को मानने के फलस्वरूप होते हैं। सांस्कृतिक विभिन्नता के कारण अधिकांश व्यक्ति मानदंडों के ऐसे विभिन्न प्रकारों से प्रभावित होते हैं जिनका आपस में टकराव हो सकता है। उदाहरणार्थ, एक व्यक्ति किसी धर्म या जाति का हो, परन्तु उसकी व्यावसायिक भूमिका उसे अपने धर्म/जाति के मानदंडों से विचलित होने के लिए बाध्य कर सकती है। इसी प्रकार एक बाबू या अधिकारी रिश्वत ले सकता है, क्योंकि यह उसके आर्थिक स्वार्थों की आपूर्ति करता है। (ii) विचलन जो विचलित उपसंस्कृतियों के फलस्वरूप होता है, उदाहरण के लिए, बड़े शहरों की गंदी बस्तियों के आपराधिक मानदंड (criminal norms)। (iii) सामान्यतया मान्यता प्राप्त नियमों का पूर्णतया विचलन। आयकर भरते समय जानबूझ कर अपनी आय को छुपाना इस प्रकार के विचलन का एक अच्छा उदाहरण है।

सामाजिक समस्याओं पर वैयक्तिक विचलन उपागम को लागू करते समय ये प्रश्न पूछे जाते हैं : कौन से विचलित व्यक्ति/समूह इसमें लिप्त हैं? क्या विचलित व्यक्ति स्वयं ही एक समस्या हैं या वे समस्या को उत्पन्न करने में सहायता प्रदान करते हैं? कौनसी विचलित उपसंस्कृतियां उनमें अपनी भूमिका निभाती हैं? विचलित व्यक्तियों से निबटने के लिए कौन-कौन से विकल्प हैं?

## *मानकशून्यता ( एनोमी ) उपागम (Anomie Approach)*

इस उपागम को मर्टन ने प्रस्तुत किया है। मानकशून्यता एक ऐसी स्थिति है, जिसमें समाज अथवा समूह के मानदंड एवं मूल्य तुलनात्मक रूप (relatively) से लोप हो जाते हैं अथवा उनमें दुर्बलता या

अस्तव्यस्तता आ जाती है। एनोमी की परिकल्पना सर्वप्रथम दुर्खीम ने श्रम विभाजन और आत्महत्या को समझाने के लिए विकसित की थी, परन्तु दुर्खीम की पुस्तक 'आत्महत्या' (suicide) के प्रकाशन के 41 वर्ष उपरान्त मर्टन ने (मर्टन, 1938: 672-73) इसका उपयोग समाज में सामाजिक और सांस्कृतिक संरचनाओं के परिचालन (functioning) से उत्पन्न हुए विचलित व्यवहार को समझाने के लिए किया। एनोमी (anomie) की स्थिति में सामाजिक संरचना टूट जाती है और यह विशेष रूप से उस समय होता है, जब सांस्कृतिक मानदंडों और लक्ष्यों में और उनके अनुकूल समूह के सदस्यों की सामाजिक संरचित क्षमताओं में वियोजन (disjunction) उत्पन्न हो जाता है।

एनोमी सामाजिक एकता के विचार का प्रतिरूप है। जिस प्रकार सामाजिक एकता सामूहिक विचारधारा के समाकलन (integration) की स्थिति है, एनोमी (anomie), दुविधा (confusion), असुरक्षा और मानदंडों के लुप्त हो जाने (normlessness) की स्थिति है। मर्टन के अनुसार लक्ष्यों (goals) और साधनों (means) में वियोजन और उसके परिणामस्वरूप उत्पन्न तनाव की स्थिति व्यक्तियों की संस्कृति द्वारा निर्धारित किए गए लक्ष्यों या संस्थात्मक साधनों (institutionalised means) या दोनों के प्रति वचनबद्धता में निर्बलता आ जाने के कारण होती है। यही एनोमी की स्थिति है। मर्टन का मानना है कि व्यक्ति इस वियोजन को सांस्कृतिक लक्ष्यों या संस्थात्मक साधनों या दोनों को अस्वीकार करके मान लेता है। मर्टन विचलित व्यवहार के चार प्रकार (नवाचार, कर्मकाण्डवाद, पलायन और विद्रोह) बताते हैं। मर्टन इस प्रकार व्यक्तियों की विशेषताओं में तनाव के स्रोतों को ढूँढ़ने के बजाय उनको संस्कृति और/या सामाजिक संरचना में ढूंढ़ते हैं। वे कहते हैं कि "सामाजिक समस्या व्यक्तियों की अपनी सामाजिक प्रस्थितियों (statuses) की आवश्यकताओं के अनुरूप आचरण नहीं करने से उत्पन्न नहीं होती है, बल्कि इन सामाजिक प्रस्थितियों को यथोचित सुसंगत सामाजिक व्यवस्था में बांधने के प्रयत्न में दोषपूर्ण संगठन द्वारा होती है।" (मर्टन और निस्बट, 1971: 823)।

फिर भी, मर्टन का सिद्धान्त अधूरा है। सभी सामाजिक समस्याओं को तनावों (stresses) या अनुकूलन और समायोजन (adaptation and adjustment) के ढंगों की प्रतिक्रियाओं (responses) का परिणाम नहीं समझा जा सकता।

## सामाजिक समस्याओं के प्रकार (Types of Social Problems)

समाज जिन सामाजिक समस्याओं का सामना करता है आमतौर पर वे विविध स्वरूपों की होती हैं। इनके लिए ज़िम्मेदार तत्त्वों को निम्नांकित श्रेणियों में वर्गीकृत किया जा सकता है :

(i) *आर्थिक* - आमतौर पर गरीबी, बेरोजगारी आदि के रूप में, (ii) *सांस्कृतिक* - आमतौर पर तलाक, बाल अपराध आदि के रूप में, (iii) *जैविक* - आमतौर पर संक्रामक रोग, आहार-विषाक्तता आदि के रूप में, और (iv) *मनोवैज्ञानिक* - आमतौर पर तंत्रिका रोगों आदि के रूप में।

क्लेरैन्स मार्शल केस ने (1964: 34) सामाजिक समस्याएं उनकी उत्पत्ति के आधार पर चार प्रकार की बतलाई हैं : (i) वे जिनका कारण प्राकृतिक पर्यावरण के किसी पहलू में होता है, (ii) जो सम्बन्धित जनसंख्या की प्रकृति या उसके वितरण में अन्तर्निहित होती हैं; (iii) जो कमजोर सामाजिक संगठन के कारण पैदा होती हैं; और (iv) जो समाज के सांस्कृतिक मूल्यों के टकराव से बनती हैं।

फुलर और मेयर्स (1941: 367) ने तीन प्रकार की समस्याएं बतलाई हैं : (i) *प्राकृतिक समस्याएं* : यद्यपि समाज के लिए ये समस्याएं होती हैं किन्तु उनका कारण मूल्य-संघर्ष पर आधारित नहीं होता; उदाहरणार्थ, बाढ़ और अकाल; (ii) *सुधारात्मक समस्याएं* : इन समस्याओं के दुष्प्रभावों के बारे में आम सहमति है, परन्तु उनके समाधान के बारे में मतभेद हैं; उदाहरण के लिए, अपराध, गरीबी, मादक पदार्थों के सेवन का आदी होना; और (iii) *नैतिक समस्याएं* : इन समस्याओं की प्रकृति और कारणों के बारे में आम सहमति नहीं है; उदाहरणार्थ, जुआ आर तलाक।

## सामाजिक समस्याओं की अध्ययन पद्धतियां (Methods of Studying Social Problems)

सभी विज्ञानों में वैज्ञानिक विधियां मूल रूप से एक जैसी होती हैं, लेकिन वैज्ञानिक प्रविधियां अलग-अलग होती हैं। किसी समस्या विशेष के लिए वैज्ञानिक विधियों में विशेष प्रविधि अपनाई जाती है। इसलिए प्रत्येक विज्ञान में अध्ययन की विषय वस्तु के अनुरूप प्रविधियों की शृंखला विकसित होती है।

सामाजिक समस्याओं के अध्ययन संबंधी समाजशास्त्रीय अनुसंधान की प्रविधियां क्या हैं? सामाजिक समस्याओं के अध्ययन में मुख्यतः तीन पद्धतियां प्रयुक्त की जाती हैं : (i) एकल अध्ययन पद्धति; (ii) सामाजिक सर्वेक्षण पद्धति, और (iii) बहु-कारकवादी पद्धति। प्रत्येक पद्धति में कुछ गुण होते हैं, तो उनकी कुछ सीमाएं भी हैं।

### *एकल/वैयक्तिक अध्ययन पद्धति (Case Study Method)*

एकल अध्ययन किसी घटना, स्थिति या गतिविधि का पूर्ण विस्तृत लेखा-जोखा होता है। यह पद्धति मात्रात्मक होने के बजाय गुणात्मक है। यह उस सामाजिक प्रक्रिया का विश्लेषण करती है, जो किसी सामाजिक समस्या के विकास और उसके कारणात्मक विश्लेषण (causal analysis) से जुड़ी होती है। यह घटनाओं के क्रम (sequence), व्यक्तियों की प्रेरणा (motivation), व्यक्तियों और घटनाओं को प्रभावित करने वाले सामाजिक प्रभावों (social influences), सामाजिक सम्बंधों तथा उपसंस्कृतियों आदि पर बल देती है। (वीटिलहाइम, 1955: 318)। सूचना एकत्रित करने के लिए यह प्राथमिक और द्वितीयक स्रोतों पर निर्भर रहती है, जैसे दस्तावेज़, पत्र, और अखबार (ऑलपोर्ट गौर्डन, 1942)। सामाजिक समस्या की प्रकृति को ध्यान में रख कर एकल अध्ययन पद्धति विचलित व्यक्तियों की उपसंस्कृति के अध्ययन में काम में ली जा सकती है, जैसे कि संगठित अपराधियों, कालाबाजारी करने वाले व्यक्तियों, तस्करों व मादक द्रव्यों का सेवन करने वाले व्यक्तियों की उपसंस्कृति का अध्ययन, या फिर भ्रष्ट राजनीतिज्ञों में सम्बन्धों के संरूपों की उपसंस्कृति का अध्ययन।

एकल अध्ययन की संभवतः सबसे बड़ी उपयोगिता परिकल्पनाएं (hypotheses) सुझाना है, जिनका उनके पश्चात् अन्य विधियों से परीक्षण किया जा सकता है। उदाहरणार्थ, बालग अपराध, महिला अपराध, महिलाओं के प्रति अपराध, बाल अपचार एवं अपराधों के बारे में परिकल्पनाओं के परीक्षणों के आधार पर ही हमारी विश्वसनीय जानकारी विकसित हुई है, जो अपराधियों, अपचारियों और हिंसा-पीड़ितों के वैयक्तिक अध्ययनों से प्राप्त हुई है। इन परिकल्पनाओं का परीक्षण बहुधा वैयक्तिक अध्ययनों के बजाय अन्य विधियों से किया जाता है। सामान्यीकरण किसी एक अध्ययन के आधार पर नहीं किया जा सकता (हार्टन, 1984: 34)। सामान्यीकरण सावधानीपूर्वक जुटाए गए संसाधित आंकड़ों और अनेक वैयक्तिक अध्ययनों पर आधारित होता है। साथ ही अनेक वैयक्तिक अध्ययनों तथा अन्य आंकड़ों को सम्मिलित करना कठिन है, इसलिए परिकल्पना का परीक्षण करने में वैयक्तिक अध्ययन का उपयोग कभी-कभार ही किया जाता है।

सामाजिक समस्या के कारणों का विश्लेषण करने में एकल अध्ययन पद्धति एक गुणात्मक प्रक्रिया (qualitative procedure) है, जो कि समस्या उत्पन्न करने वाले व्यवहार के विकास के विषय में सामान्यीकरणों (generalisations) का निरूपण करती है। मादक द्रव्यों का आदी होने के कारणों का विश्लेषण इसका एक उदाहरण है। कई समस्याओं की एक के बाद एक सर्वांगीण खोज करके और कई गंभीर समस्याओं की तुलना करके लिन्डस्मिथ (1948: 13-15) ने मादक द्रव्यों के आदी व्यक्तियों की उन व्यक्तियों से तुलना की है जो बहुत समय से इन द्रव्यों के सेवन के पश्चात भी आदी नहीं हुए थे। ऐसा करने से वह आदी होने की उन कारणात्मक प्रक्रियाओं (causal processes) को ढूंढ़ सका जो कि आदी नहीं होने वालों में अनुपस्थित थीं।

इस पद्धति में व्यक्तियों के सहयोग और विश्वास प्राप्त करने की क्षमता और गहन एवं सघन निर्दिष्ट साक्षात्कार (intensive guided interview) की कला की आवश्यकता होती है (वाइनबर्ग, 1960: 69)।

## *सामाजिक सर्वेक्षण पद्धति (Social Survey Method)*

समकालीन समाज की सामाजिक समस्याओं के अध्ययन के लिए यह एक बहुमूल्य तकनीक है। यह एक अनुसूची या प्रश्नावली के द्वारा एक निश्चित जनसमुदाय के प्रतिचयनित समूह के सूचनादाताओं के आंकड़े एकत्रित करती है। इस तकनीक को समाजशास्त्र के क्षेत्र में व्यावहारिक और सैद्धान्तिक प्रश्नों के उत्तर देने के लिए प्राथः काम में लिया जाता है। भारत में इस तकनीक द्वारा निम्नांकित समस्याओं के अध्ययन किए गए हैं : भिक्षावृत्ति की समस्या, नशीले पदार्थों का उपयोग, एड्स, मदिरापान, महिलाओं में अपराध की प्रवृत्ति, युवा-अपराध, दहेज, बाल-अपराध और महिलाओं के विरुद्ध हिंसा आदि। इसी पद्धति से किन्से (1948) ने अमेरिका में यौन-आचरण (sex behaviour) का सर्वेक्षण किया। इन सब अध्ययनों ने इस बात का संकेत दिया कि सामाजिक समस्या की उत्पत्ति के लिए दो या दो से अधिक चरों (variables) में आनुभविक संबंध होने चाहिए।

सर्वेक्षण पद्धति आवश्यक रूप से किसी परिकल्पना (hypothesis) को लेकर नहीं चलती। यह (पद्धति) एक परिकल्पना का निर्माण कर सकती है या इसका परिकल्पना से किसी प्रकार का भी संबंध नहीं हो सकता है। जब यह पद्धति प्रश्नों के उत्तर ढूंढ़ती है, तो किसी परिकल्पना का परीक्षण नहीं करती। उदाहरणार्थ, किसी विशेष उद्योग में बालिकाओं के प्रति किस पैमाने पर दुर्व्यवहार हो रहा है, यह एक व्यावहारिक प्रश्न है, जिसका उत्तर सर्वेक्षण के दौरान प्राप्त हुई सूचनाओं से मिल जाएगा। परन्तु सर्वेक्षण किसी परिकल्पना का परीक्षण भी कर सकता है। उदाहरणार्थ, लेखक (राम आहूजा, 1966) ने इस पद्धति को इस परिकल्पना के परीक्षण में अपनाया कि "महिलाओं में अपराध की प्रवृत्ति के लिए पारिवारिक कुसमायोजन (familial maladjustment) सबसे महत्वपूर्ण कारण है", और इस परिकल्पना का भी परीक्षण किया कि "स्त्रियों के विरुद्ध अपराध हिंसा का कारण वे सामाजिक संरचनात्मक स्थितियां हैं, जो ऐसा तनाव पैदा करती हैं, जो व्यक्ति के समायोजन (adjustment), लगाव (attachment) और प्रतिबद्धता (commitment) पर प्रभाव डालती हैं"। "असमायोजन, लगाव विहीनता और अप्रतिबद्धता से कुण्ठाएं व नैराश्य और इनसे सापेक्षिक व तुलनात्मक रूप से वंचित किए जाने (relative deprivations) की भावना उत्पन्न होती हैं, जो पुरुषों के स्त्रियों के प्रति रुख का निर्धारण करती हैं। पुरुष का स्त्री के विरुद्ध हिंसा अपनाना इस पर निर्भर करता है कि उसके व्यक्तित्व की क्या विशेषताएं हैं और स्त्री में प्रतिरोध करने की कितनी अन्तः शक्ति है" (राम आहूजा, 1987)।

प्रश्नावलियां, अनुसूचियां और साक्षात्कार वैज्ञानिक तरीके से नियंत्रित आंकड़े हैं। लेकिन विधियों में कुछ कमियां (pitfalls) भी होती हैं जिनसे समाजशास्त्री हर संभव तरीके से बचते हैं। यह मानते हुए कि इन विधियों में कुछ गलतियों की गुंजाइश भी होती है, फिर भी वह बहुत उपयोगी होती हैं क्योंकि वह अटकलबाजियों से अधिक विश्वसनीय होती हैं।

## *बहु-कारक पद्धति (Multiple-Factor Method)*

यह पद्धति कई कारकों और एक सामाजिक समस्या के मध्य संबंध का निर्धारण करती है। संबंधों की प्रकृति, सामाजिक एवं आर्थिक परिस्थिति, उपसंस्कृति, वैवाहिक परिस्थिति, घरेलू परिवेश, परिवार में सदस्यों के आपसी संबंध, निराशाएं और विरासत से मिले गुण जैसे कारक उस समस्या से सकारात्मक या नकारात्मक रूप से जोड़े जा सकते हैं, जिस पर अनुसन्धान चल रहा है; उदाहरण के लिए, अपराध और निर्धनता के बीच संबंध, या मादक द्रव्यों का व्यसन और मित्र-समूह व ऊंची आर्थिक परिस्थिति के बीच संबंध, या पत्नी को पीटने और हीनभावना एवं मद्यपान या आत्महत्या के बीच संबंध तथा सामाजिक अलगाव की भावना, वैवाहिक स्थिति तथा धर्म के बीच सम्बन्ध।

बहु-कारक उपागम का उपयोग सामाजिक समस्याओं के एक-विषयक अध्ययनों में या अन्तर्विज्ञानीय (interdisciplinary) अध्ययनों में किया जाता है। उदाहरण के लिए, भारत में चिकित्सा वैज्ञानिकों, मनोवैज्ञानिकों, समाजशास्त्रियों और अपराधशास्त्रियों के आपसी सहयोग से मादक द्रव्यों के व्यसन संबंधी अध्ययन (मोहन , 1980)।

## *मूल्यांकन शोध* (Evaluation Research)

किसी सामाजिक समस्या पर नियंत्रण या उससे पीड़ितों की समस्याओं को कम करने या नशीली वस्तुओं के आदी लोगों की लत छुड़ाने के सामाजिक क्रिया कार्यक्रमों के आकलन या विकलांगों के रोजगार प्रशिक्षण तथा ऐसे ही अन्य कार्यों के लिए उठाए गए कदमों की प्रभावकारिता का विश्लेषण मूल्यांकन शोध है। मूल्यांकन शोध में आंकड़े जुटाने की विभिन्न तकनीकों का उपयोग यह जानने के लिए किया जाता है, कि किन कार्यक्रमों को जारी रखना चाहिए और उन्हें कैसे बेहतर बनाया जा सकता है। सिद्धांतः मूल्यांकन शोध का उद्देश्य हालांकि लोगों के लिए शुरू किए गए कार्यक्रमों की 'सफलता' का आकलन करना है, किन्तु व्यावहारिक रूप में इनका उद्देश्य यह पता लगाना होता है, कि अमुक कार्यक्रमों के लिए निधीयन (funding) जारी रखना चाहिए या नहीं।

मूल्यांकन शोध में अनेक चर (variables) को नियंत्रित किया जाता है। अक्सर विभिन्न मूल्यांकन अध्ययनों के नतीजे इतने परस्पर-विरोधी होते हैं कि उनके आधार पर कोई निष्कर्ष नहीं निकाला जा सकता। उदाहरणार्थ, भारत में शिक्षण संस्थाओं में छात्र-आंदोलनों, समाज के कमजोर वर्गों पर अत्याचारों, उद्योगों में हड़तालों, बंधुआ श्रमिकों आदि के बारे में अनेक अध्ययन हो चुके हैं और उनमें यह पाया गया है कि नतीजों में इतना विरोधाभास होता है, कि कोई स्पष्ट निर्णय कर पाना संभव नहीं होता। और यदि विभिन्न अध्ययनों के आधार पर निष्कर्ष तक पहुंचा भी जाता है, तो उन पर विश्वास नहीं कर उनकी उपेक्षा कर दी जाती है। कार्यकारी एजेंसियों के आलोचनात्मक अध्ययनों को चुपके से दबा दिया जाता है और जिनके नतीजे प्रचलित धारणाओं के विपरीत होते हैं, उनकी उपेक्षा की जाती है। इन कठिनाइयों और कूटापगत (pitfalls) के बावजूद सामाजिक समस्याओं पर मूल्यांकन शोध समाजशास्त्रीय शोध के क्षेत्र में बहुत तेजी से बढ़ रहा है।

## सामाजिक समस्या के विकास में विभिन्न चरण (Stages in the Development of a Social Problem)

फुलर और मेयर्स (1941: 320-28) ने उन तीन चरणों का उल्लेख किया है जिनसे होकर समस्याएं परिभाषित होने और उनके निवारण होने की प्रक्रिया से गुजरती हैं :

1. *जागरूकता (awareness)* : पहले चरण में, व्यक्तियों को विश्वास हो जाता है कि समस्या विद्यमान है, स्थिति अवांछनीय है और इसके निवारण के लिए कुछ किया जा सकता है। प्रारम्भ में कुछ ही लोग प्रश्न उठाते हैं, परन्तु शनैः शनैः और लोग भी समस्या के बारे में जान जाते हैं।
2. *नीति निर्धारण (policy determination)* : समाज के बड़े भागों को जैसे-जैसे इस समस्या की जानकारी प्राप्त होती है, वैसे-वैसे उसके सम्भव समाधानों पर बहस छिड़ जाती है; उदाहरणतया, भारत में जनसंख्या विस्फोट और 50, 60, 70, 80 और 90 के दशकों में परिवार नियोजन के विभिन्न उपाय पर छिड़ी बहस। इस प्रकार, दूसरे चरण में क्या करना चाहिए की अपेक्षा इसे कैसे करना चाहिए, अधिक महत्वपूर्ण हो जाता है।
3. *सुधार (reform)* : समाधानों और नीतियों का जैसे ही निर्धारण हो जाता है, कार्यवाही करने का चरण आ जाता है। उदाहरणतया, गंदी बस्तियों को खाली कराने की योजना को ही कार्यबद्ध नहीं किया जाता, अपितु वहां बसे हुए व्यक्तियों को भी अन्यत्र स्थानों पर बसा दिया जाता है। इसलिए कोई आश्चर्य नहीं कि इस चरण को कार्यान्विति की स्थिति कहते हैं, ना कि निर्णय करने का चरण।

हर्बर्ट ब्लूमर (1971: 290-309) ने एक सामाजिक समस्या के निवारण में पांच चरणों का उल्लेख किया है : (1) समस्या का प्रकट होना, (2) समस्या का वैधीकरण (legitimation), (3) कार्यवाही को गतिशील बनाना, (4) सरकारी योजना को प्रतिपादित करना, और (5) सरकारी योजना को कार्यान्वित करना। वे कहते हैं कि एक चरण से दूसरे चरण में पहुंचना स्वतः ही नहीं हो जाता, परन्तु वह कई संयोगों (contingencies) पर निर्भर होता है।

मैल्कम स्पेक्टर और जॉन किट्सयूस (1977: 141-50) ने सामाजिक समस्या के विकसित होने में चार चरणों का उल्लेख किया है :

### (i) *आन्दोलन (Agitation)*

समाज में विद्यमान स्थिति से व्यक्ति असंतुष्ट होते हैं। वे इस दुःखद स्थिति के विरुद्ध आंदोलन करते हैं जिससे : (i) समस्या के विद्यमान होने के विषय पर दूसरों को विश्वास दिलाया जा सके, (ii) स्थितियों को सुधारने के लिए कार्यवाही प्रारम्भ की जा सके, और (iii) दुःखद स्थिति तथा कथित कारण से निबटा जा सके। आंदोलन आवश्यक रूप से पीड़ित लोग ही प्रारम्भ नहीं करते। इसके लिए पीड़ित लोगों की ओर से सामाजिक कार्यकर्ता भी अभियान चला सकते हैं। उदाहरणार्थ, मदिरा निषेध आंदोलन मदिरा व्यसनियों के बजाय सामाजिक कार्यकर्ताओं और सुधारकों द्वारा चलाया जाता है। इस प्रकार आंदोलन का उद्देश्य निजी परेशानियों को जनसाधारण की समस्याओं में बदलना होता है और इसके लिए निजी परेशानियों को हानिकारक, घृणास्पद और अवांछनीय बतलाया जाता है। फिर भी यह आवश्यक नहीं कि उनके प्रयास सफल हों। प्रयास इसलिए विफल होते हैं कि या तो जो दावे (claims) किए जाते हैं वे स्पष्ट नहीं होते या इन प्रयासों से जुड़ा समूह उपेक्षणीय या निर्बल होता है या यह समूह आपसी टकराव वाले स्वार्थ उत्पन्न कर देता है।

### (ii) *तर्कसंगति और सहयोजन (Legitimation and Capitation)*

सत्ता में होने वाला समूह या सत्तारूढ़ व्यक्ति यदि किसी समस्या का होना मान लेते हैं, तो वह समस्या तर्कसंगत बन जाती है। पहले चरण में समस्याओं के दावेदारों को विशिष्ट व्यक्ति समझा जाता है, जबकि इस चरण में उन्हें पीड़ित लोगों का वैध अधिवक्ता माना जाता है। इसलिए उनका सहयोजन वैकल्पिक समाधानों पर बहस करने के लिए कर लिया जाता है। उदाहरण के लिए, कारखानों में या प्रबंधक संस्थाओं में श्रमिकों को और शैक्षिक समितियों में विद्यार्थियों को प्रतिनिधित्व दिया जाता है।

### (iii) *अधिकारीतन्त्र और प्रतिक्रिया (Bureaucratization and Reaction)*

पहले चरण में जहां ध्यान परिवादी-समूह (complaint group) पर केन्द्रित रहता है, तो दूसरे चरण में वह निर्णायकों (decision makers) पर होता है और तीसरे चरण में वह अधिकारियों (bureaucrats) और उनकी कार्यकुशलता पर चला जाता है। एक उपद्रव, आंदोलन (movement) का स्वरूप धारण करेगा या नहीं, यह इस पर निर्भर करता है कि अधिकारी किस सीमा तक समस्या का समाधान ढूंढ़ते हैं और किस सीमा तक वे निहित स्वार्थों को समस्या से अलग रख पाते हैं।

### (iv) *आन्दोलन का पुनः उद्गमन (Re-emergence of the Movement)*

निर्णय करने वालों और अधिकारियों की दोषपूर्ण नीतियां और समस्या के प्रति उदासीनता पीड़ित लोगों और उनके नेताओं की भावनाओं को पुनः जाग्रत करती हैं और वे समस्या के समाधान हेतु सत्ताधारियों को सुधार-संबंधी कार्यवाहियां (ameliorative measures) करने को बाध्य करने के लिए आंदोलन चलाते हैं।

इस प्रकार स्पेक्टर और किट्सयूस (1977: 20) के अनुसार "सामाजिक समस्या विशेषरूप से एक राजनीतिक प्रक्रिया है जिसके द्वारा एक समस्या को सार्वजनिक रूप से मान लिया जाता है और

जिसके द्वारा समस्या के प्रति विशिष्ट संस्थात्मक अनुक्रियाएं (institutional responses) अपना रूप धारण करती हैं और फिर उन्हें बदलती रहती हैं।''

आज मानव जाति को प्रभावित कर रही सामाजिक समस्याओं का अवलोकन यह दर्शाता है, कि इन समस्याओं का स्वरूप नहीं अपितु उनके प्रचलन का स्तर कारण बन जाता है।

## सामाजिक समस्याओं का समाधान (Solving Social Problems)

सामाजिक समस्या का समाधान उन कष्टप्रद सामाजिक स्थितियों के कारणों को पता लगाने पर निर्भर है, जो समस्या को उत्पन्न करते हैं। जैसा कि पहले उल्लेख किया जा चुका है, कि प्रत्येक सामाजिक समस्या अनेक कारणों से होती है फिर भी उसके प्रमुख कारणों, सहायक कारणों और छोटे उत्तेजित करने वाले कारणों का पता लगाना संभव है, जो उस समस्या की उत्पत्ति या विकास के लिए उत्तरदायी हैं। प्रत्येक समस्या संभवतः अनूठी होती है और उसमें संभवतया कुछ ऐसी अपनी विशेषताएं होती हैं जिनसे वह दूसरी समस्याओं से भिन्न लगती हैं। कई बार सामाजिक समस्या की प्रकृति ऐसी होती है कि उस पर नियंत्रण रखना असंभव नहीं तो अत्यन्त कठिन तो होता ही है। यह उस समय होता है जब सामाजिक समस्या सूखे या बाढ़ जैसे प्राकृतिक कारणों से होती है या जब सामाजिक स्वार्थों के टकराव के कारण समस्या में सुधार के लिए बनाई गई योजना क्रियान्वित नहीं हो पाती या जब विद्यमान राजनीतिक अथवा आर्थिक व्यवस्थाओं को बदलने के लिए एक क्रान्ति की आवश्यकता होती है। परन्तु सामाजिक समस्याओं को समझने और उनका मूल्यांकन करने के पश्चात् समाज को प्रभावी कदम उठाने चाहिए, चाहे वे संस्थापित सामाजिक संस्थाओं को परिवर्तित करने का प्रयास हो या ऐसी संस्थाओं को बिना परिवर्तित किए हुए ऐसे उपाय किए जाएं, जिनसे उनमें सुधार आए। इसके अतिरिक्त कार्यवाही संगठित रूप से हो सकती है या व्यक्तिगत रूप से। संगठित रूप से कार्यवाही सामूहिक प्रयास से होती है, जैसे कि एक उद्योग के प्रबन्ध में औद्योगिक श्रमिकों को साझेदारी देना; और व्यक्तिगत रूप से कार्यवाही अपने व्यक्तिगत जीवन से की जाती है, तथा ऊंचे आदर्शों से ओत-प्रोत जीवन का आदर्श दूसरों के सामने रख कर उन्हें प्रभावित करने से होती हैं। गांधीजी ने छुआछूत की समस्या का निवारण करने हेतु यही दूसरा रास्ता अपनाया था। वे हरिजनों के साथ रहे और उन्होंने उनके प्रति सम्वेदना और स्नेह का व्यवहार अपनाया। जब दूसरे व्यक्तियों ने अनके आदर्श को अपनाया और उनके मार्ग का अनुसरण किया तो उसका प्रभाव दिन दूना और रात चौगुना बढता गया जिसके परिणामस्वरूप सरकार को 1955 में एक ऐसा कानून बनाने के लिए बाध्य होना पड़ा, जिसके अनुसार छुआछूत की प्रथा को निषिद्ध किया गया।

इस प्रकार संगठित कार्यवाही, सरकार, कोई राजनीतिक दल, पंचायत, या कोई सरकारी समूह कर सकता है। संगठित कार्यवाही में एक महत्वपूर्ण बात यह है कि उसमें सरकारी एजेन्सियों और उनसे बाहर के व्यक्तियों में काम का ठीक से बंटवारा होना चाहिए। कभी-कभी समस्या का समाधान संगठित और व्यक्तिगत दोनों की मिलीजुली कार्यवाही से हो जाता है।

सामाजिक समस्याओं का निवारण तभी संभव है जब समाज के व्यक्ति निम्नांकित चार भावनाएं रखते हैं : (i) स्थिति सुधारी जा सकती है; (ii) स्थिति को सुधारने के लिए दृढ़ निश्चय; (iii) लोगों में विश्वास और यह धारणा कि उनकी बुद्धिमत्ता और प्रयासों से असीमित उन्नति हो सकती है; और (iv) स्थिति को सुधारने के लिए प्रौद्योगिकी और बुद्धिसंगत ज्ञान और निपुणता के उपयोग की आवश्यकता।

सामाजिक समस्याओं के निवारण के लिए निम्नांकित तीन बिन्दुओं को ध्यान में रखा जाना चाहिए :

1. *बहु-कारकवादी उपागम (Multiple-factor Approach)* : प्रत्येक सामाजिक समस्या कई कारणों से उत्पन्न होती है; उदाहरणतया, अपराध की समस्या को नियन्त्रित करने के लिए उसका आनुवंशिकता, निर्धनता, बेरोज़गारी, सामाजिक गठबंधन, सामाजिक संरचनाओं की कार्यशैली, तनावों और निराशाओं के संदर्भ में सामूहिक रूप से अध्ययन आवश्यक है अन्यथा वह नियन्त्रित नहीं की जा सकती।

2. *पारस्परिक सम्बद्धता (Inter-relatedness)* : किसी भी सामाजिक समस्या को एक अलग-थलग समस्या अथवा परमाणवीय (atomistically) दृष्टि से नहीं समझा जा सकता. प्रत्येक समस्या दूसरी समस्याओं से संबन्धित होती है।
3. *सापेक्षिकता (Relativity)* : प्रत्येक सामाजिक समस्या का समय और स्थान से संबंध होता है। एक समाज की समस्या को हो सकता है दूसरा समाज समस्या ही नहीं स्वीकार करे।

## भारत में सामाजिक समस्याएं और सामाजिक परिवर्तन (Social Problems and Social Change in India)

सामाजिक और सांस्कृतिक परिवर्तनों के कारण समाजों में समस्याएं उत्पन्न होती हैं। सामाजिक परिवर्तन का अर्थ है प्रतिमानित भूमिकाओं (patterned roles) में परिवर्तन, या सामाजिक संबंधों के जाल में परिवर्तन, या समाज की संरचनाओं और संगठन में परिवर्तन। सामाजिक परिवर्तन कभी संपूर्ण नहीं होता, वह सदैव अपूर्ण होता है। वह छोटा अथवा मूलभूत हो सकता है। इसके अतिरिक्त वह स्वतः स्फूर्त या नियोजित हो सकता है। नियोजित परिवर्तन कुछ सामूहिक ध्येय प्राप्त करने के लिए किया जाता है। स्वाधीन होने के बाद भारत ने भी कुछ सामूहिक लक्ष्यों को प्राप्त करने का निश्चय किया था।

हमारे समाज में पिछले छह दशकों में जो महत्वपूर्ण परिवर्तन हुए हैं, वे इस प्रकार हैं : कुछ निश्चित मूल्यों और संस्थाओं में परम्परा के स्थान पर आधुनिकता, प्रदत्त (ascribed) प्रस्थिति के स्थान पर अर्जित (achieved) प्रस्थिति का महत्व, प्राथमिक समूहों की प्रमुखता के स्थान पर द्वितीयक समूहों की प्रमुखता, नियन्त्रण के अनौपचारिक साधनों के स्थान पर औपचारिक साधन, समूहवाद के स्थान पर व्यक्तिवाद, धार्मिक मूल्यों के स्थान पर धर्म-निरपेक्ष मूल्य, लोककथाओं के स्थान पर विज्ञान और युक्तिकरण, एकरूपता के स्थान पर विषमता, और औद्योगीकरण और नगरीकरण की बढ़ती हुई प्रक्रियाएं, समाज के विभिन्न खण्डों में शिक्षा के विस्तार से हुई अधिकारों के प्रति बढ़ती जागरूकता, जाति व्यवस्था में शिथिलता, सुरक्षा के पारम्परिक स्रोतों में शिथिलता, अल्पसंख्यक समूहों में बढ़ती हुई आकांक्षाएं, व्यावसायिक गतिशीलता कई सामाजिक कानूनों का निर्माण और धर्म को राजनीति से जोड़ना।

इस प्रकार यद्यपि हमने निश्चित् सामूहिक लक्ष्यों में से कई लक्ष्य प्राप्त कर लिए हैं, फिर भी हमारी व्यवस्था में कई अन्तर्विरोध उत्पन्न हो गए हैं। उदाहरण के लिए, व्यक्तियों की आकांक्षाएं तो ऊंची हो गई हैं, परन्तु इनको पूरा करने के लिए न्यायसंगत साधन या तो उपलब्ध नहीं हैं या उन्हें प्राप्त नहीं किया जा सकता। हम राष्ट्रीयता का उपदेश तो देते हैं, परन्तु जातिवाद, भाषावाद और संकीर्णता को अपनाते हैं; कई कानून बनाए गए हैं परन्तु इन कानूनों में या तो बचाव के कई रास्ते हैं या फिर इन्हें ठीक से लागू नहीं किया जाता; हम समानतावाद की बात करते हैं, परन्तु पक्षपात करते हैं; हम आदर्शात्मक संस्कृति की अभिलाषा करते हैं परन्तु वास्तव में जिसका उद्‌भव हो रहा है वह है ऐन्द्रियिक (sensate) संस्कृति। इन सब अन्तर्विरोधों से व्यक्तियों में असन्तोष और निराशा की भावनाएं बढ़ी हैं और इनके कारण कई सामाजिक समस्याएं उत्पन्न हो गई हैं। युवा अशान्ति, जनजाति अशान्ति, कृषकों में अशान्ति, औद्योगिक अशान्ति, विद्यार्थियों में अशान्ति, स्त्रियों के विरुद्ध हिंसा, इन सबने आंदोलनों, दंगों, विद्रोहों और आतंकवाद को पनपाया है।

## समाजशास्त्र, समाजशास्त्री और सामाजिक समस्याएं (Sociology, Sociologists and Social Problems)

समाजशास्त्र और सामाजिक समस्याओं के बीच संबंध का विश्लेषण करने से पूर्व हमें इस प्रश्न का उत्तर जानने की आवश्यकता है कि हम समाजशास्त्र में सामाजिक समस्याओं का अध्ययन क्यों करें? महज़ इसलिए नहीं कि अधिकतर लोग इन्हें 'बुरा' मानते हैं और इन्हें समाप्त करने की आवश्यकता है। दरअसल, समाज विज्ञान प्राकृतिक विज्ञान की तरह विषय वस्तु तक निष्पक्ष दृष्टि से पहुंचता है। यदि

हम सामाजिक समस्याओं को बुरा मानकर उनका अध्ययन करेंगे तो हम उनके प्रति निष्पक्ष नहीं रह पाएंगे और उनकी सामाजिक व्याख्या नहीं कर पाएंगे।

समाजशास्त्र और सामाजिक समस्याओं के संबंध के बारे में तीन समस्याएं हैं जिनका विश्लेषण होना चाहिए। ये समस्याएं हैं : (1) समाजशास्त्र, सामाजिक समस्याओं को किस परिप्रेक्ष्य में देखता है? (2) सामाजिक समस्याओं के लिए समाजशास्त्र कौन से समाजशास्त्रीय सिद्धान्त प्रस्तुत करता है? और (3) सामाजिक समस्याओं के बारे में समाजशास्त्रियों की जानकारी किस सीमा तक निष्पक्ष, प्रामाणिक एवं ठोस होती है?

जहां तक समाजशास्त्रियों के संदर्भ के परिप्रेक्ष्य का प्रश्न है, वे सामाजिक समस्याओं को ऐसी समस्याएं मानते हैं जो समाज में व्यवस्थाओं और संरचनाओं की कार्यप्रणाली से उत्पन्न होती हैं या जो समूह के प्रभावों का परिणाम हैं। वे उन सामाजिक संबंधों से भी संबंधित हैं, जो सामाजिक समस्याओं के कारण प्रकट होते हैं या जीवित रहते हैं। इस प्रकार मद्यपान का विश्लेषण करते समय जहां डॉक्टर की रुचि व चिन्ता उसके शरीर पर पड़ने वाले प्रभावों में होगी, एक मनोवैज्ञानिक की उसकी मनोवृत्तियों और व्यवहार पर पड़ने वाले प्रभावों में, एक समाजशास्त्री का सरोकार उसके सामाजिक संबंधों और भूमिकाओं पर पड़ने वाले प्रभावों में, अर्थात् परिवार के सदस्यों के साथ, दफ्तर में सहयोगियों के साथ, और पड़ोसियों और मित्रों के साथ संबंधों में होगा। उसकी दिलचस्पी उसके काम में निपुणता और पद आदि पर पड़ने वाले प्रभावों में भी होगी।

समाजशास्त्र में सामाजिक समस्याओं का अध्ययन ऐसे नियगों को ढूंढ़ने की प्रबल इच्छा रखता है, जो वैध और तर्कसंगत हों तथा जिनसे कुछ समस्याओं में एक क्रमबद्ध सिद्धान्त का निर्माण भी हो सके (आरनोल्ड रॉस, 1957: 189-99)। सामाजिक समस्याओं की समाजशास्त्रीय जानकारी पूर्ण नहीं होती। अपराध और मादक पदार्थों के सेवन जैसी समस्याओं के बारे में हमारे पास बहुत जानकारी है परन्तु दूसरी समस्याओं, जैसे आत्महत्या, युद्ध और मानसिक रोग के बारे में हमारी जानकारी अपर्याप्त है। वैनबर्ग (1960-64) के अनुसार सामाजिक समस्याओं की जानकारी की यह असमानता इसलिए है कि हमारा सामाजिक समस्याओं के प्रति दृष्टिकोण 'सिद्धान्त-केन्द्रित' होने की अपेक्षा अधिकतर 'समस्या-केन्द्रित' होता है। अधिकांश समाजशास्त्री सामाजिक समस्याओं का अध्ययन समाज की व्यावहारिक अभिरुचि के कारण करते हैं, ना कि सिद्धान्त विकसित करने या सैद्धान्तिक कमियों को भरने के दृष्टिकोण से। जहां तक समाजशास्त्रियों की जानकारी में पक्षपात या अभिनति (bias) का प्रश्न है, यद्यपि यह सम्भव है कि उनका अभिमुखीकरण (orientation) और उनके मूल्य उनके सामाजिक समस्याओं के अध्ययन को प्रभावित कर सकते हैं, फिर भी वे तथ्यों की व्याख्या बिना तोड़-मरोड़ कर करने का प्रयास करते हैं (कोल्ब, 1954: 66-67)। उदाहरण के लिए, एक निम्न या मध्यमवर्ग के समाजशास्त्री का रवैया अपने वर्ग के प्रति पक्षपातपूर्ण हो सकता है फिर भी वह उच्चवर्ग में विद्यमान भ्रष्टाचार का विश्लेषण अपनी व्यक्तिगत प्रतिक्रियाओं के आधार पर नहीं करता। वह निष्पक्ष रहता है और उस पर दबाव का कोई प्रभाव नहीं होता। फिर भी यह एक संभावना रहती है, कि वे लोग जो कई सामाजिक समस्याओं से जुड़े होते हैं और नई जानकारी प्राप्त होने पर उसको प्रभावित कर सकते हैं। वास्तव में वे अवश्य ऐसा करते हैं। उदाहरणतया, भारत जैसे समाज में पत्नी को पीटने का समाजशास्त्रीय अध्ययन 'हिमकंदुक पद्धति' (snowball method) से ही हो सकता है क्योंकि इस मामले की शिकायत पुलिस में कभी भी दर्ज नहीं कराई जाती। अध्ययन सामान्यतया यह संकेत देता है कि इसमें निम्न आय वर्ग की स्त्रियां अधिक कष्टभोगी होती हैं। इसलिये उच्च-मध्यम और उच्च आय वर्गों की पिटने वाली स्त्रियों की हमें अधिक जानकारी नहीं है। सभी वर्गों की पिटने वाली स्त्रियों के आंकड़े उपलब्ध नहीं होने के कारण सामाजिक निष्कर्षों और परिकल्पनाओं पर निश्चित रूप से इसका प्रभाव पड़ता है।

इसी प्रकार वेतनभोगी स्त्रियों की भूमिका-समायोजन (role adjustment) का अध्ययन यदि निम्नवर्ग तक ही सीमित रहता है, तो वह बिरले ही पति और पत्नी के अलग होने, परित्याग या तलाक

की स्थितियों की ओर संकेत करता है, परन्तु मध्यम और ऊंचे वर्ग की वेतनभोगी स्त्रियों का अध्ययन ऐसी समस्याओं (अर्थात अलग होने, परित्याग व तलाक) की संभावनाओं को अधिक व्यक्त करेगा।

समाजशास्त्रियों द्वारा सामाजिक समस्याओं के अध्ययन करने में एक और तथ्य सामने आया है, कि समाजशास्त्री सोचते हैं कि उनकी भूमिका केवल एक विश्लेषक की है, अर्थात् कि उन्हें सामाजिक समस्याओं को जानना है परन्तु उनके समाधान में उनकी कोई रुचि नहीं है। दूसरे लोग सोचते हैं कि समाजशास्त्री को सामाजिक समस्याओं के अध्ययन के साथ-साथ उनको समाधान के लिए तरीके और उपाय भी सोचने हैं। जानकारी को पूर्णरूप से सुनियोजित आधार पर किए गए दोषनिवारक कार्य से अलग नहीं किया जा सकता, बल्कि इसको (यानी कि जानकारी को) सामाजिक समस्याओं को कम करने के लिए प्रयुक्त करना चाहिए। साथ ही इस बात को भी याद रखना चाहिए कि समाजशास्त्री स्वयं ही किसी सामाजिक समस्या को नहीं सुलझा सकता। इसमें अफसरों, राजनीतिज्ञों, एजेन्सियों और जनसाधारण की भी बड़ी भूमिका होती है।

समाजशास्त्री का कार्य क्या है? अब समय आ गया है जब व्यापार के प्रबंध और प्रशासन के प्रबंध की भांति 'समाज में परिवर्तन के प्रबंध' (management of change in society) को समाजशास्त्री को अपने हाथ में लेना है। समाजशास्त्र का प्रमुख संबंध व्यवस्था और परिवर्तन से है। परिवर्तन में दिलचस्पी के साथ परिवर्तन की दिशात्मकता (directionality of change) भी जुड़ी है और समाजशास्त्रियों को भारत-ज्ञान (Indology) और प्राचीन इतिहास के माध्यम से पुरातन अतीत का गहन अध्ययन करने और भारतीय सामाजिक वास्तविकता के अध्ययन के लिए उपयुक्त अवधारणाओं और सिद्धान्तों के आधार तत्व बनाने के स्थान पर भविष्य के लिए योजनाएं बनानी चाहिए और समाज में संकट-स्थितियों को पहचानना और उनसे निबटना चाहिए।

एक प्रश्न किया जा सकता है कि क्या समाजशास्त्रियों को सामाजिक समस्याओं के समाधान के लिए अनुप्रयुक्त तथा व्यावहारिक कार्यक्रमों (applied programmes) और ऐसे मूलभूत शोध (basic research) की गतिविधियों में, जो उन कार्यक्रमों में सहायक सिद्ध हों, दिलचस्पी दिखानी चाहिए? मेरा उत्तर सकारात्मक होगा। समाज की समस्याओं की गहनता इसमें भी और अधिक गहन संरचनात्मक और सांस्कृतिक परिवर्तनों पर बल दे सकती है। अब तक समाजशास्त्री संस्थापित प्रथाओं या व्यवहारों के विश्लेषणों एवं व्याख्यायों में जुटे रहते थे, इन्हें चाहिए कि वे नई संरचनाओं और प्रथाओं के विषय में अपने सुझाव दें। ऐसा करने से यह प्रश्न उठता है कि परिवर्तनों संबंधी सुझाव देने के लिए समाजशास्त्रियों के पास कौनसे उपयुक्त तरीके हैं? इससे संबंधित पहला प्रश्न है, कि जन नीति में परिवर्तन लाने के लिए समाजशास्त्री को प्रत्यक्ष रूप से कैसे अपने आप को जोड़ना चाहिए? क्या समाजशास्त्री को निष्पक्ष वैज्ञानिकों की तरह रहना चाहिए और दूसरों के उपयोग के लिए केवल आंकड़े उपलब्ध करा देने चाहिए या क्या उन्हें परिवर्तन के जोशीले समर्थक के रूप में सक्रिय होकर भाग लेना चाहिए? एक मतानुसार समाजशास्त्रियों को जन नीतियों में प्रत्यक्ष रूप से दिलचस्पी लेनी चाहिए। हमें इसी मत का समर्थन करना है। समाजशास्त्र एक विज्ञान है, जिसका अध्ययन, उसके फल प्राप्ति के लिए या उसके लिए किया जिसको करने में वह सक्षम है, करना चाहिए। प्रारम्भिक चरणों में भले ही समाजशास्त्र ने कोई बड़े कार्य नहीं किए हों, परन्तु पिछले सात-आठ दशकों में इस विज्ञान को विकसित करने में जो परिश्रम किया गया है, उसके परिणामस्वरूप इसके फल सुन्दर भले ही ना हों परन्तु उपयोगी बहुत हैं। पूर्व में भले ही हम विभिन्न अवधारणाओं की व्याख्या करने या विभिन्न सामाजिक संस्थाओं और समुदायों के विकास और कार्यप्रणाली का ऐतिहासिक दृष्टिकोण का पता लगाने में फंस गए हों, परन्तु अब हमारे विषय को वर्तमान और भविष्य दोनों के असंतुलनों के प्रश्नों पर गंभीरता से विचार करना है। इसमें शोधों की प्रासंगिकता और प्राथमिकताओं के प्रश्न महत्वपूर्ण हैं। भारत के शीर्षस्थ समाजशास्त्री क्यों उत्तर-पूर्व में विद्रोह, पंजाब में आतंकवाद, असम में भाषाई संगठन, मिजोरम में सांस्कृतिक ध्रुवीकरण, गुजरात, मध्यप्रदेश, आंध्रप्रदेश, दिल्ली उत्तरप्रदेश और बिहार में आरक्षण के विरुद्ध आंदोलन, उत्तर प्रदेश, गुजरात और महाराष्ट्र में साम्प्रदायिक दंगे, बिहार में पुलिस यातना और राजनीति के अपराधीकरण जैसी समस्याओं और नाजुक विषयों के अध्ययन के प्रति

उदासीन रहे हैं। क्या इसका यह कारण है, कि वे सरकार को अपने निष्पक्ष और आलोचनात्मक मूल्यांकन से नाराज़ करने से डरते हैं और परिषदों, समितियों, और आयोगों में अपना स्थान खोना नहीं चाहते या इसका कारण यह है, कि उनके विचार में ये विषय (issue) उनके विशुद्ध दायरे में नहीं आते? इस कथन का तात्पर्य विद्वानों की आलोचना करना नहीं है, केवल इतना कहना है, कि यह आवश्यक है, कि समाजशास्त्री समाज में परिवर्तन के प्रबन्ध में रुचि दिखाएं। यदि समाजशास्त्र और समाजशास्त्री हमारे समाज के तात्कालिक विवाद-विषयों और समस्याओं से विमुख हो जाते हैं तो हमारा विषय और हमारे विद्वान राष्ट्र और मानववाद के लिए अप्रासंगिक हो जाएंगे। अब समय आ गया है जब समाजशास्त्रियों को अपनी भविष्यवाची क्षमताओं को विकसित करना चाहिए और एक व्यापक रूप से विकल्पों को जनता के समक्ष प्रस्तुत करना चाहिए। केवल यही समाज की सामाजिक समस्याओं का प्रभावी रूप से समाधान करने में सहायक सिद्ध होगा।

निष्कर्ष रूप में यही कहा जा सकता है, कि सामाजिक समस्याओं में समाजशास्त्रियों की यही भूमिका है कि वे समस्याओं के प्रति जागरूकता पैदा करें, सामाजिक समस्याओं के कारणों का विश्लेषण करें, सामाजिक समस्याओं के विषय में सिद्धान्तों को विकसित करें, सामाजिक समस्याओं का व्यक्तियों, समूहों और समाज पर प्रभावों के बारे में विचार-विमर्श करें और समस्याओं के समाधान के लिए सुझाई गई वैकल्पिक योजनाओं के परिणामों का परीक्षण करें।

## REFERENCES


Ahuja, Ram, *Female Offenders in India*, Meenakshi Prakashan, Meerut, 1969.

Becker, Howard S., *Social Problems: A Modern Approach*, John Wiley & Sons, New York, 1966.

Blumer, H. and Hruser, O., *Movies, Delinquency and Crime*, The Macmillan Co., New York, 1933.

Bredemeier, H.C. and Toby, J., *Social Problems in America*, John Wiley & Sons Inc., New York, 1960.

Carr, Lowell J., *Analytical Sociology*, Harper, New York, 1955.

Cuber, John F. and Harper, Robert A., *Problems of American Sociology: Values or Conflict*, Holt, New York, 1948.

Elliott, Mabel A. and Merrill, Francis E., *Social Disorganisation*, Harper and Brothers, New York, 1950.

Fuller, Richard C. and Myres, Richard R., "The Natural History of a Social Problem", *American Sociological Review*, Vol. 6, 1941.

Gillin, J.L., Dittmen, C.G., Colbert, R.J. and Kastler, N.M., *Social Problems*, The Times of India Press, Bombay, 1965.

Hermon, Abbon P., *An Approach to Social Problems*, Ginn, Boston, 1949.

Horton, Paul B. and Leslie, Gerald R., *The Sociology and Social Problems* (4th edn), Appleton Century Crofts, New York, 1970.

Landis, Paul H., *Social Problems*, J.B. Lippincott Co., Chicago, 1959.

Laskin, Richard (ed.), *Social Problems*, McGraw Hill Co., New York, 1964.

Lindesmith, Alfred R., *Opiate Addiction*, Principia Press, Bloomington Indiana, 1948.

Merton, R.K., "Social Structure and Anomie", *American Sociological Review*, October, Vol. 3, No. 5, 1938.

Merton, R.K., *Social Theory and Social Structure*, Free Press, Glencoe, New York, 1957.

Merton, Robert K. and Nisbet, Robert A. (eds), *Contemporary Social Problems*, Harcourt Brace, New York, 1971.

Mohan, D., *Drug Abuse in India*, AIIMS, Delhi, 1980.

Neumeyer, M.H., *Social Problems and the Changing Society,* Princeton, New Jersey, 1953.

Phelps, Harold A. and Henderson, David, *Contemporary Social Problems*, Prentice Hall, Englewood Cliffs, New Jersy, 1952.

Raab, Earl and Selznick, G.J., *Major Social Problems*, Row Peterson and Co., Illinois, 1959.

Reinhardt, James M., Meadows, Paul and Gillette, John M., *Social Problems and Social Policy*, American Book Co., New York, 1952.

Rose, Arnold, "Theory for the Study of Social Problems", *Social Problems*, Vol. 4, No. 2, 1957.

Spector, Malcolm and Kitsuse, John, *Constructing Social Problems*, Cumnings, Menlo Park, CA, 1977.

Stark, Rodney, *Social Problems*, Random House, New York, 1975.

Walsh, Maty E. and Furfey, Paul H., *Social Problems and Social Action* (3rd edn), Prentice Hall, Englewood Cliffs, New Jersey, 1961.

Weinberg, Kirson S., *Social Problems in Our Times*, Prentice Hall Inc., Englewood Cliffs, New Jersey, 1960.

# 2

# निर्धनता

## Poverty

बीसवीं शताब्दी में ही निर्धनता और निर्धन व्यक्ति हमारी चिन्ता और कर्तव्य के विषय बने। अंग्रेजों के राज्यकाल में निर्धन व्यक्तियों की उपेक्षा के कारण स्वतंत्र होने के उपरान्त किए गए उपाय दर्शाते हैं कि निर्धनता की ओर ध्यान दिया गया और उसको कम करना एक सामाजिक उत्तरदायित्व माना गया। यह किस प्रकार हुआ? हमने क्या किया? हम कहां तक सफल हुए हैं? इन प्रश्नों का उत्तर देने से पहले हम सर्वप्रथम निर्धनता की अवधारणा का अध्ययन करेंगे।

### अवधारणा (The Concept)

निर्धनता की परिभाषा मायने रखती है, क्योंकि यह कैसे परिभाषित होगी, उससे ही यह निर्धारित होगा कि किस हद तक निर्धनता मानी जाती है। परिभाषा, निर्धनता की व्याख्या और उसके सुझाए गए समाधानों को प्रभावित कर सकती है। रुथ लिस्टर के अनुसार "हम निर्धनता को कैसे परिभाषित करते हैं, उसी अवधारणा पर राजनीतिक, नीतिगत और शास्त्रीय बहस विवेचित होगी। यह समाधानों के निहितार्थों और व्याख्याओं की सीमा में होगी (होलबोर्न एवं हरलाम्बोस, 2008: 214 में उद्धृत)।

निर्धनता एक स्थिति है जो किसी के पास क्या है और उसके पास क्या होना चाहिए, के बीच की विसंगति का बोध कराती है। किसी के पास क्या होना चाहिए यह एक आंतरिक रचना है; इसलिए प्रत्येक व्यक्ति का निर्धनता के संबंध में अनुभव और अनुभूति विशिष्ट और अनन्य होती है, लेकिन 'शक्तिहीनता' और 'संसाधनहीनता' की अनुभूति सभी निर्धन व्यक्तियों में होती है। ऐसी धारणा व मान्यता है।

हेनरी बर्सटीन (1992) ने निर्धनता के निम्न चार आयाम (dimensions) बताए हैं :

1. जीविका रणनीतियों का अभाव
2. संसाधनों (धन, भूमि) की अगम्यता (inaccessibility)
3. असुरक्षा की भावना
4. संसाधनों के अभाव के कारण अन्य व्यक्तियों के साथ सामाजिक सम्बन्ध रखने और विकसित करने की अक्षमता

निर्धनता की परिभाषा करते समय तीन स्थितियों का प्रायः उपयोग किया जाता है : (i) एक व्यक्ति को जीवित रहने के लिए कितना पैसा चाहिए, (ii) निम्नतम जीवन-निर्वाह का स्तर (subsistence level) और एक विशेष समय और स्थान पर प्रचलित जीवन-स्तर (living standard), और (iii) समाज में कुछ व्यक्तियों के समृद्ध होने और अधिकतर के निर्धन होने की दशाओं की तुलना। अन्तिम उपागम निर्धनता को सापेक्षिकता (relativity) और असमानता (inequality) के दृष्टिकोणों से परिभाषित करता है। पहली दो परिभाषाएं जबकि नितांत निर्धनता की आर्थिक अवधारणा का उल्लेख करती हैं, तीसरी उसको एक सामाजिक अवधारणा की तरह देखती है, अर्थात तल (bottom) पर रह रहे व्यक्तियों का पूरी राष्ट्रीय आय में हिस्से के रूप में। हम इन तीनों मतों की अलग-अलग व्याख्या करेंगे।

### प्रथम मत (The First View)

जीवित रहने के लिए न्यूनतम आय के संदर्भ में निर्धनता को इस प्रकार परिभाषित किया गया है कि यह "वह स्थिति है जो शारीरिक आवश्यकताओं की पूर्ति करने में, यानी कि जीवित, सुरक्षित और निश्चिन्त रहने की आवश्यकताओं की पूर्ति करने में असमर्थ है"। ये शारीरिक आवश्यकताएं सामाजिक आवश्यकताओं (अस्मिता/अहं की तुष्टि और स्वाभिमान), स्वायत्तता (autonomy) की आवश्यकता, स्वतंत्रता (independence) की आवश्यकता और आत्मबोध (self-actualization) की आवश्यकता से भिन्न हैं। शारीरिक आवश्यकताओं की पूर्ति के लिए खाना और पोषण, घर तथा स्वास्थ्य की निवारक और संरक्षात्मक-बचाव सुविधाएं न्यूनतम आवश्यकताएं हैं। इसमें न्यूनतम आय (जो प्रत्येक समाज में भिन्न होती है) की आवश्यकता होती है, जिससे आवश्यक वस्तुएं खरीदी जा सकें और सुविधाएं उपलब्ध हो सकें।

यहां 'निर्धनता' को 'निर्धनता-रेखा' के द्वारा देखा जा रहा है, जिसका निर्धारण स्वास्थ्य के लिए आवश्यक प्रचलित स्तर, निपुणता (efficiency), बच्चों के पालन-पोषण, सामाजिक सहभागिता (social participation) और आत्मसम्मान की सुरक्षा द्वारा किया जाता है (हावर्ड बेकर, 1966: 436)। व्यावहारिक रूप से निर्धनता-रेखा कैलोरी ग्रहण (calorie intake) की न्यूनतम वांछनीय पोषण स्तर से निर्धारित की जाती है। भारत में इसका निर्धारण ग्रामीण क्षेत्रों में प्रति व्यक्ति 2,400 कैलोरी और शहरी क्षेत्रों में 2,100 कैलोरी के ग्रहण से किया जाता है। इसके आधार पर प्रतिमाह में प्रति व्यक्ति के खपत-व्यय का हिसाब लगाया जा सकता है। तदनुसार, वर्तमान में ग्रामीण और नगरीय क्षेत्रों में क्रमशः 368 रुपए और 559 रुपए प्रतिमाह आय वालों को गरीबी की रेखा से नीचे माना गया है, जिससे प्रतिदिन 650 ग्राम अनाज ही प्रतिदिन खरीदा जा सकता है।

### द्वितीय मत (The Second View)

इस मत के अनुसार निर्धनता भौतिक वस्तुओं और सम्पत्ति की कमी के तीन पहलू प्रकट करती है : (i) ऐसी चीजें जो शारीरिक पीड़ा से बचाती हैं और जो भूख और पनाह की आवश्यकताओं की पूर्ति के लिए आवश्यक हैं, अर्थात् वे जो जीवित रहने के लिए आवश्यक हैं; (ii) ऐसी वस्तुएं जो स्वास्थ्य के लिए मानव आवश्यकताओं की पूर्ति करती हैं, अर्थात जो पोषण प्रदान करती हैं और बीमारी से बचाती हैं; (iii) ऐसी वस्तुएं जिनकी जीवन निर्वाह के न्यूनतम स्तर को बनाए रखने में आवश्यकता होती है। साधारण शब्दों में यह मत आहार ग्रहण की न्यूनतम मात्रा, पर्याप्त रहने, कपड़े, शिक्षा और स्वास्थ्य की देखभाल पर बल देता है। नवम्बर 1993 के आधार पर ये ग्रामीण क्षेत्रों में प्रति व्यक्ति की 153 रुपए प्रतिमाह और शहरी क्षेत्रों में 193 रुपए प्रतिमाह के व्यय करने की क्षमता का उल्लेख करता है।

ग्रोस और मिलर (1946: 83) ने निर्धनता को तीन कारकों के द्वारा समझाने का प्रयत्न किया है : आय (गुप्त एवं प्रत्यक्ष), परिसम्पत्ति (assets), और सेवाओं (शैक्षणिक, चिकित्सा, मनोरंजन) की उपलब्धता। परन्तु दूसरों ने निर्धनता की अवधारणा इस परिप्रेक्ष्य से हटकर की है। उदाहरणार्थ, अमेरिका में 1960 में निर्धनता स्तर से नीचे रहने वाले व्यक्तियों में से 57.6 प्रतिशत के पास टेलीफोन था, 79.2 प्रतिशत के पास टीवी सेट था और 72.6 प्रतिशत के पास वॉशिंग मशीन थी (बेकर, 1966: 435)। इसलिए निर्धनता बतलाने का आधार परिसम्पत्ति या भौतिकवादी व सांसारिक संपत्ति (materialistic possessions) नहीं हो सकता। इसी प्रकार निर्धनता को 'आय' कारक से नहीं जोड़ा जा सकता। यदि 'दरों के स्तर' बढ़ जाते हैं तो लोग अपने परिवार के सदस्यों के लिए जीवन की आवश्यकता को भी नहीं जुटा पाते। स्पष्टतः फिर निर्धनता को समय और स्थान से जोड़ना पड़ेगा।

### तृतीय मत (The Third View)

इस मत के अनुसार, निर्धनता "प्रत्येक समाज के अनुरूप न्यूनतम जीवन स्तर से भी नीचे होने की स्थिति है"; या "जीवन की आवश्यकताओं की आपूर्ति के लिए पैसा नहीं होना है", या "शारीरिक

आवश्यकताओं (जैसे भुखमरी, पोषणहीनता, बीमारी, और कपड़े, मकान और स्वास्थ्य सुविधाओं का अभाव) का घोर अभाव है''। इस तरह का अभाव समाज के निम्नतम स्तर के व्यक्तियों की जनसंख्या के दूसरे समूहों से तुलना करके आंका जाता है। इस प्रकार यह व्यक्तिपरक (subjective) परिभाषा है न कि वस्तुनिष्ठ (objective) स्थितियों पर आधारित परिभाषा। निर्धनता का निर्धारण समाज में विद्यमान मानदंडों के द्वारा किया जाता है। मिलर और रोबी (1970: 34-37) ने कहा है कि इस उपागम में निर्धनता को सुस्पष्ट रूप से 'असमानता' माना जाता है। समाजशास्त्रीय दृष्टिकोण से यह परिभाषा अधिक महत्वपूर्ण है, क्योंकि यह निर्धनों की जीवन दशा और उनके जीवित रहने की संभावनाओं (life chances) पर आय की असमानता से पड़ने वाले प्रभाव को बतलाती है। अत्यन्त निर्धनता को निर्धन व्यक्तियों के हाथ में पैसा रख कर कम किया या मिटाया जा सकता है परन्तु, असमानता का समाधान व्यक्तियों को एक तुलनात्मक रेखा (relative line) के ऊपर उठाकर नहीं किया जा सकता। जब तक व्यक्ति आयक्रम (income scale) के तल पर रहते हैं, वे किसी न किसी रूप में निर्धन माने जाते हैं। यह स्थिति उस समय तक रहेगी जब तक समाज में स्तरीकरण अर्थात प्रतिष्ठा, प्रभाव, शक्ति, सम्पत्ति तथा सुविधाओं आदि की भिन्नता के आधार पर प्रस्थितियों एवं भूमिकाओं की एक अपेक्षाकृत श्रेणीबद्धता रहेगी।

माइकल हैरिंगटन (1958: 83) ने निर्धनता की परिभाषा वंचना (deprivation) के संदर्भ में की है। उसके अनुसार, निर्धनता खाने, स्वास्थ्य, आवास, शिक्षा और मनोरंजन के उन न्यूनतम स्तरों का वंचन है जो एक विशेष समाज के समकालीन प्रौद्योगिकी, विश्वास और मूल्यों के अनुरूप है। मार्टिन रेन (1968: 116) ने निर्धनता के तीन तत्व बतलाए हैं : भरण-पोषण, असमानता और बहिर्मुखता (externality)। भरण-पोषण जीवित रहने के अर्थ में स्वास्थ्य और कार्य करने की क्षमता के लिए पर्याप्त साधनों के प्रबन्ध और शारीरिक सामर्थ्य को बनाए रखने की क्षमता पर बल देता है। असमानता स्तरित (stratified) आय स्तर के निम्नतम स्थान पर होने वाले व्यक्तियों की स्थिति को उसी समाज में रह रहे अधिक सुविधा-प्राप्त व्यक्तियों की स्थिति में तुलना करती है। उनका वंचन तुलनात्मक होता है। बहिर्मुखता, निर्धनता के समाज के अन्य व्यक्तियों पर होने वाले सामाजिक परिणामों को प्रकाश में लाती है। इसके साथ-साथ वह निर्धनता के निर्धन व्यक्तियों पर पड़ने वाले सभी परिणामों को बतलाती है।

समाजशास्त्रीय दृष्टिकोण से निर्धन व्यक्ति कुचक्र (vicious circle) में फंस जाते हैं। निर्धन होने का अर्थ होता है, कि उन्हें निर्धन बस्तियों में रहना पड़ेगा, जिसका अर्थ होता है कि वे बच्चों को स्कूल नहीं भेज पाएंगे, जिसका अर्थ होता है कि न केवल उनको परन्तु उनके बच्चों को भी कम वेतन वाली नौकरियां मिलेंगी या फिर नौकरियां मिलेंगी ही नहीं, जिसका अर्थ होता है, कि वे सदा-सदा के लिए निर्धन रहेंगे। निर्धन होने का यह भी अर्थ होता है कि वे घटिया खाना खाएंगे, जिसके परिणामस्वरूप उनका स्वास्थ्य अच्छा नहीं रहेगा, वे या तो विकलांग हो जाएंगे या इतने दुर्बल हो जाएंगे कि वे हाथ का भारी काम नहीं कर सकेंगे, परिणामस्वरूप उन्हें अल्प वेतन का काम करना पड़ेगा, इस प्रकार वे सर्वदा निर्धन बने रहेंगे। इस प्रकार प्रत्येक चक्र निर्धनता से आरंभ होकर निर्धनता में ही समाप्त होता है। इसलिए कोई आश्चर्य नहीं कि टौमस ग्लेडविन (1967: 76-77) जैसे समाजशास्त्री 'असमानता' अथवा निर्धनता की सामाजिक अवधारणा को अधिक महत्व देते हैं।

## निर्धनता का मापन (Measurements of Poverty)

शोधकर्ता इस बात को विवादित मानते हैं कि निर्धनता को पूर्ण (absolute) या सापेक्षिक (relative) रूप में मापा जाना चाहिए। संतुलित लेखकों का तर्क है, कि एक साझा न्यूनतम मानक होना चाहिए जिसे सभी समाजों पर लागू किया जाए कि उससे नीचे के स्तर का व्यक्ति निर्धनता की जद में है।

पूर्ण निर्धनता का मापन आमतौर पर जीवन-निर्वाह की धारणा पर आधारित है। दूसरे शब्दों में कहा जा सकता है कि लोग निर्धन हैं, यदि उनके पास मानव जीवन के निर्वाह के लिए संसाधन नहीं हैं।

सापेक्षिक निर्धनता के समर्थक इस धारणा को नकारते हैं। उनका तर्क है कि किसी समाज विशेष के लिए एक विशिष्ट समय के मानकों को निर्धनता की परिभाषा से अवश्य जोड़ा जाना चाहिए। इस दृष्टिकोण के अनुसार, किसी समाज में निर्धनों और अन्य सदस्यों के मध्य एक विभाजक रेखा होगी, जो उस समाज की सम्पन्नता के हिसाब से परिवर्तनशील होगी।

अब प्रश्न उठता है कि निर्धनता के माप क्या हैं? इसके महत्वपूर्ण माप हैं : कुपोषण, अल्प उपभोग व्यय, अल्प आय, असाध्य रोग या खराब स्वास्थ्य, निरक्षरता, बेरोजगारी, या अल्प रोज़गार (underemployment) और घर की अस्वास्थ्यकर दशा। मोटे तौर पर किसी समाज में निर्धनता का उल्लेख उसमें संसाधनों की कमी, कम राष्ट्रीय आय, प्रति व्यक्ति कम आय, आय के बंटवारे में भारी असमानता, कमजोर सुरक्षा आदि से होता है।

कुछ विद्वानों ने यह बताने के लिए कि कैसे परिवारों में व्यक्तियों के निर्धन होने की अधिक संभावनाएं हैं, उन परिवारों की निर्धनता से संबंधित कुछ विशेषताओं का उल्लेख किया है। जैसे-जैसे ये परिवार उन विशेषताओं को अधिक संख्या में प्रदर्शित करते हैं, वैसे-वैसे उनके निर्धन होने की संभावनाएं बढ़ती हैं। इन विशेषताओं में अधिक महत्वपूर्ण ये हैं, परिवार में कमाने वाले व्यक्ति का नहीं होना, परिवार जिनमें 60 वर्ष से अधिक की आयु के व्यक्ति अधिक हैं, परिवार जिनमें महिला मुखिया हो, परिवार जिनमें 6 से अधिक बच्चे 18 वर्ष से कम आयु के हों, परिवार जिनके मुखिया दिहाड़ी पर मजदूरी करते हों, परिवार जिनमें सदस्य प्राथमिक शिक्षा से भी कम पढ़े हों, परिवार जिन्हें किसी कार्य का अनुभव नहीं हो और परिवार जिनके पास अंशकालिक रोज़गार है।

## भारत में निर्धनता (Poverty in India)

भारत विकास में एक द्विभाजक (dichotomy) प्रस्तुत करता है। यूनिडो (UNIDO) की 'ईयरबुक ऑफ स्टेटिस्टिक्स 2010' के अनुसार, भारत विश्व के दस शीर्ष औद्योगिक उत्पादक देशों में से एक के रूप में उभरा है। औद्योगिक उत्पादन में भारत विश्व में नौवें नंबर पर और सकल राष्ट्रीय उत्पाद (GNP) की दृष्टि से दसवें नंबर पर है, फिर भी देश की बहुत बड़ी जनसंख्या अत्यधिक निर्धन है। संयुक्त राष्ट्र का मानव संसाधन विकास सूचकांक (2013) तीन संकेतकों पर आधारित है- जीवन काल प्रत्याशा, शिक्षा तक पहुंच और आय स्तर। इन संकेतकों के आधार पर भारत 186 देशों में 136वें नंबर पर है (*द टाइम्स ऑफ इंडिया,* 15 मार्च, 2013)। हालांकि सन् 1947 में स्वतंत्र होने के पश्चात से अब तक भारत की समग्र विकास दर अर्थपूर्ण रही है और प्रति व्यक्ति आय भी निरंतर बढ़ी है। प्रति व्यक्ति आय 1980-81 में 1680 रुपए थी, जो 1990-91 में 4974 रुपए, 2000-01 में 16,688 रुपए और 2010-11 में 54,835 रुपए हो गई। इसके बावजूद जनसंख्या के बहुत बड़े भाग के जीवन-स्तर में गिरावट आई है।

अंसारी और अख्तर (2012) के अनुसार, नई शताब्दी के प्रारंभ में भारत के 26 करोड़ व्यक्तियों की आय इतनी नहीं थी, कि निर्धनता रेखा को परिभाषित करने वाले उपयोग स्तर तक उनकी पहुंच बन सके। इनमें से 75 प्रतिशत व्यक्ति ग्रामीण क्षेत्रों में रहते हैं। विश्व के निर्धनों में से 22 प्रतिशत भारत में हैं। इतने बड़े पैमाने पर निर्धनता इस तथ्य के दृष्टिगत चिंतनीय है, कि निर्धनता उन्मूलन विकास योजना प्रक्रिया के प्रमुख उद्‌देश्यों में से एक है।

भारतवर्ष में बीसवीं शताब्दी के अंतिम दशक में विकास योजनाओं का केन्द्र बिन्दु वस्तुओं के उत्पादन और सेवाओं तथा उसके परिणामी प्रति व्यक्ति आय में वृद्धि से बदलकर जीवन-निर्वाह स्तर को बढ़ाना हो गया है। जीवन-निर्वाह स्तर का अभिप्राय ही अपने आप में अधिक व्यापक है। इसमें सेवाओं और वस्तुओं के उपयोग को तो सम्मिलित किया ही गया है, साथ ही जनसंख्या के सभी वर्गों और विशेष रूप से निर्धनता की रेखा से नीचे जीवनयापन करने वालों की मूल भौतिक आवश्यकताएं पूरी करने तथा स्वास्थ्य और शिक्षा जैसी आधारभूत सेवाओं तक उनकी पहुंच सुनिश्चित करना भी शामिल है। इस दृष्टिकोण के परिणामस्वरूप निर्धनता घटी है, साथ ही जीवन-स्तर में व्यापक सुधार हु

आ है। वर्ष 1991 में आर्थिक सुधारों की शुरुआत के साथ ही भारत विश्व अर्थव्यवस्था का अंग बन गया, तब से ही अर्थव्यवस्था लगभग 10 प्रतिशत की तेज वार्षिक वृद्धि दर से बढ़ रही है। इस प्रक्रिया में भारत विश्व की चौथी सबसे बड़ी अर्थव्यवस्था बन गया है। पिछले दो दशकों में देश की जनसंख्या के एक बड़े भाग ने आर्थिक विकास का लाभ पाया है। वे वैश्विक अर्थव्यवस्था और बाजार का अंग बन गए हैं, उनका रहन-सहन एक विश्व नागरिक जैसा रूपान्तरित हो गया है, जिसमें सभी प्रकार के सुख साधन और विलासिता सम्मिलित हैं। इसके अतिरिक्त इससे देश का मध्यम वर्ग तो लाभान्वित हुआ ही है, आर्थिक विकास का लाभ निर्धनों के जीवन स्तर को भी हुआ लगता है। राष्ट्रीय प्रतिदर्श सर्वेक्षण संगठन (NSSO) के निष्कर्ष के अनुसार, आर्थिक सुधार लागू होने के बाद से निर्धनता की रेखा से नीचे जीवनयापन कर रहे व्यक्तियों (BPL) की संख्या में प्रभावशाली कमी आई है। 1993-94 में इनकी तादाद 36 प्रतिशत (NSSO के 50वें दौर के अनुसार) से घटकर 1999-2000 में 26 प्रतिशत (NSSO के 55वें दौर के अनुसार) रह गई। योजना आयोग के नवीनतम अनुमानों के अनुसार पांच वर्ष में ग्रामीण बीपीएल जनसंख्या 37.27 प्रतिशत से घटकर 27.09 प्रतिशत और शहरी बीपीएल जनसंख्या 32.36 प्रतिशत से घटकर 23.62 प्रतिशत रह गई है। समग्र रूप से देखें तो बीपीएल जनसंख्या 19 प्रतिशत घटी है। 1993-94 में यह 32.04 करोड़ थी जो 1999-2000 में घटकर 26.30 करोड़ रह गई।

ग्रामीण निर्धन 24.4 करोड़ से घटकर 19.32 करोड़ और शहरी निर्धन घटकर 6.71 करोड़ रह गए हैं। राज्य स्तर पर देखें तो हालांकि उड़ीसा (ओडिशा) में बीपीएल जनसंख्या 48.56 प्रतिशत से घटकर 47.15 प्रतिशत रह गई है, लेकिन सर्वाधिक गरीबी की दृष्टि से बिहार को पीछे छोड़कर ओडिशा सबसे ऊपर पहुंच गया है। अधिक गरीबी वाले अन्य बड़े राज्य मध्यप्रदेश में बीपीएल 37.43 प्रतिशत (पूर्व में 43.52 प्रतिशत), असम में 36.09 प्रतिशत (पूर्व में 40.86 प्रतिशत), उत्तर प्रदेश में 31.15 प्रतिशत (पूर्व में 40.85 प्रतिशत) और पश्चिम बंगाल में 27.02 प्रतिशत (पूर्व में 35.66 प्रतिशत) बीपीएल हैं।

योजना आयोग द्वारा जारी नवीनतम आंकड़ों के अनुसार, हालांकि निर्धनता में भारी गिरावट आई है, फिर भी प्रत्येक पांच में से एक भारतीय आज भी गरीबी की रेखा से नीचे जीवनयापन कर रहा है। बीपीएल जनसंख्या कुल जनसंख्या का 21.9 प्रतिशत है अर्थात् 27 करोड़ लोग बीपीएल हैं (सरकार ने ग्रामीण क्षेत्र में 27.20 रुपए प्रतिदिन और शहरी क्षेत्र में 33.30 रुपए प्रतिदिन से कम आय वालों को बीपीएल माना है)।

निर्धनता के नवीनतम अनुमानों के अनुसार, यह महत्वपूर्ण प्रवृत्ति इस तथ्य के रूप में झलकी है, कि ग्रामीण भारत ने शहरी भारत से अधिक तेजी से तरक्की की है। ग्रामीण क्षेत्रों में बीपीएल जनसंख्या 2004-05 में 42 प्रतिशत थी जो 2011-12 में लगभग 17 प्रतिशत घटकर 25.8 प्रतिशत रह गई। इस अवधि में शहरी क्षेत्रों में बीपीएल जनसंख्या 12 प्रतिशत ही घटी थी। पूरे देश के आंकड़ों पर गौर करें तो वर्ष 2011-12 में ग्रामीण क्षेत्रों में 21.7 करोड़ और शहरी क्षेत्रों में 5.3 करोड़ गरीब रह रहे थे। 2004-05 में उनकी संख्या क्रमशः 32.6 करोड़ और 8.1 करोड़ थी।

राज्यवार देखें तो ओडिशा और बिहार में 2004-05 से 2011-12 की अवधि में निर्धनता स्तर में तीव्रतम गिरावट दर्ज की गई, हालांकि इन राज्यों में निर्धनों का अनुपात राष्ट्रीय औसत से अब भी कहीं अधिक है। ओडिशा में निर्धन कुल जनसंख्या के 57.2 प्रतिशत से घटकर 32.6 प्रतिशत रह गए हैं। इनमें 24.6 प्रतिशत अंकों की गिरावट दर्ज हुई है। बिहार में निर्धन कुल जनसंख्या के 54.4 प्रतिशत से घटकर 33.7 प्रतिशत रह गए हैं। इस तरह वहां 20.7 प्रतिशत अंकों की गिरावट आई है।

'बीमारू' कहे जाने वाले राज्यों में बीपीएल जनसंख्या के मामले में राजस्थान राष्ट्रीय औसत से ऊपर पहुंचने में सफल रहा है। वर्ष 2004-05 में राज्य में 34.4 प्रतिशत जनसंख्या बीपीएल थी जो 2011-12 में घटकर 14.7 प्रतिशत रह गई (*टाइम्स ऑफ इंडिया*, 24 जुलाई, 2013)।

यह आंकड़े तेंदुलकर समिति द्वारा तय किए गए निर्देशचिह्नों पर आधारित हैं। सी. रंगराजन के तहत योजना आयोग द्वारा गणित विशेषज्ञ समिति ने प्रस्तावित किया कि बीपीएल का मानक शहरी क्षेत्र में 47 रुपये तथा ग्रामीण क्षेत्र में 32 रुपये हो।

देशभर में निर्धनों की संख्या घटने के बावजूद निर्धन और धनी व्यक्तियों की आय में अंतर तेजी से बढ़ रहा है। एनएसएसओ द्वारा जारी नए आंकड़े दर्शाते हैं कि सर्वाधिक धनी 5 प्रतिशत लोगों द्वारा उपभोग व व्यय वर्ष 2000 और 2012 के मध्य 60 प्रशित बढ़ा है जबकि निर्धनतम 5 प्रतिशत लोगों के मामले में यह वृद्धि 30 प्रतिशत ही रही है। शहरी क्षेत्रों में सर्वाधिक धनी वर्ग का व्यय 63 प्रतिशत बढ़ा है, जबकि निर्धनतम वर्ग के व्यय में 33 प्रतिशत की ही वृद्धि हुई है। (*टाइम्स ऑफ इंडिया*, 28 जुलाई, 2013)

## निर्धनता के कारण (Causes of Poverty)

दो चरम परिप्रेक्ष्य जिनके आधार पर हम दरिद्रता के कारणों का विश्लेषण कर सकते हैं वे हैं– पुरातन और आधुनिक। निर्धनता के बारे में एक मत यह है कि यह दैवकृत (providential) और व्यक्ति के पूर्व कर्मों और पापों का फल है। दूसरा मत निर्धनता को व्यक्ति के कार्य करने की क्षमताओं की असफलता या उसमें प्रेरणा की कमी के कारण मानता है। धनवान व्यक्ति की अमीरी को उसके सौभाग्य के कारण और निर्धन व्यक्ति की निर्धनता उसमें योग्यताओं की कमी के कारण बतलाना धनवान व्यक्तियों के आर्थिक स्वार्थों की पूर्ति करता है, क्योंकि इससे वे ऊंचे आयकर देने से बच जाते हैं जिसके द्वारा निर्धन व्यक्तियों का उत्थान हो सके। एक आधुनिक मत निर्धनता को उन कारकों से जोड़ता है, जो एक व्यक्ति के नियंत्रण से परे होते हैं, दूसरा, समाज में सामाजिक व्यवस्थाओं की कार्यप्रणाली को निर्धनता का कारण बतलाता है।

डेविड इलेश (1973: 359) ने निर्धनता के तीन कारण बतलाए हैं : व्यक्ति, संस्कृति या उपसंस्कृति और सामाजिक संरचना।

### *व्यक्ति (Individual)*

व्यक्तिवाद का सिद्धान्त निर्धनता के कारण को व्यक्ति में ही देखता है। इसके अनुसार एक व्यक्ति की सफलता और असफलता उसका व्यक्तिगत मामला है। यदि कोई निर्धन हो जाता है, तो यह उसका स्वयं का दोष है, क्योंकि वह आलसी, मन्दबुद्धि, या अनिपुण है या उसमें पहल करने की शक्ति नहीं है। यह सिद्धान्त मानता है कि समाज के लिए निर्धनता एक अच्छी बात है, क्योंकि इस कारण सर्वाधिक योग्यता वाले ही जीवित रह सकेंगे। इस सिद्धान्त का दूसरा दृष्टिकोण प्रोटेस्टेन्ट आचार-संहिता वाला है जिसका वर्णन मेक्स वेबर ने किया है और जो एक व्यक्ति के निजी परिश्रम, सद्‌गुण और ईमानदारी से काम किए जाने से अर्जित वैयक्तिक सफलता पर बल देता है। यदि वह असफल हो जाता है तो वह अपने अतिरिक्त किसी और को दोषी नहीं मान सकता, क्योंकि उसकी असफलता का कारण उसकी अपनी बुराइयां हैं। वह आलसी है और उसमें बुरी आदतें हैं। प्रारुपिक पीड़ित दोषारोपण करने वाला (typical victim-blamer) मध्यम वर्ग का वह व्यक्ति होता है, जिसने यथोचित अच्छी सांसारिक सफलता प्राप्त कर ली है और जिसके पास अच्छी नौकरी और नियमित आय है। वह कहता है, "मुझे ये सब करने के लिए संघर्ष करना पड़ा, निर्धन व्यक्ति क्यों नहीं ऐसा कर सकते? इनमें कोई कमज़ोरी अवश्य है।" स्पेन्सर, कार्नेज़, और लेन इसी सिद्धान्त में विश्वास रखते हैं।

### *निर्धनता की संस्कृति या उपसंस्कृति (Culture or Subculture of Poverty)*

निर्धनता का दूसरा कारण निर्धनता की संस्कृति या दरिद्रों के रहने का तरीका है। इस प्रकार की संस्कृति निर्धनों के मूल्य, मानदण्ड, विश्वास और रहने के रंग-ढंग के बदलने के समाज के सब प्रयासों को

अवरुद्ध कर देती है। 'निर्धनता की संस्कृति' की अवधारणा यह संकेत देती है कि आर्थिक परिवर्तनों के बावजूद दरिद्र अपनी संस्कृति या उपसंस्कृति के कारण ही दरिद्र बने रहे हैं। निर्धनों की संस्कृति उस व्यवहार और उन मूल्यों को बढ़ावा देती है, जो निर्धनता से संबंधित हैं। इसने निर्धन व्यक्तियों को औद्योगिक समाज की मूलधारा से अलग रखा है। आस्कर लेविस ने 1958 में निर्धनता की संस्कृति के विचार को लोकप्रिय बनाया। उसका यह मानना था कि यह एक विशेष प्रकार की संस्कृति है, जो पीढ़ी दर पीढ़ी निर्धनता को हस्तान्तरित करती है। इस रूढ़िवादी अवधारणा ने, जिसमें राजनीतिज्ञ और जनता विश्वास करती है, हमारे समाज को दरिद्रों के लिए नहीं के बराबर अथवा कुछ भी नहीं करने के लिए और निर्धनता को एक समस्या की तरह नहीं मानने के लिए एक बहाना दिया है। इस अवधारणा के समर्थक निम्न-वर्ग की संस्कृति की पहचान बनाते हैं और यह मानते हैं कि दरिद्रों के रहने का ढंग उनकी निरंतर निर्धनता का कारण है। रेयन और चिलमेन इसी विचारधारा में विश्वास रखते हैं।

## *सामाजिक संरचना (Social Structure)*

जबकि रूढ़िवादी 'व्यक्ति' और 'निर्धनता की संस्कृति' को निर्धनता का कारण मानते हैं, उदारवादी (liberals), उग्र-सुधारवादी (radicals) और समाजशास्त्री निर्धनता का संबंध सामाजिक संरचना अथवा दुखद और अन्यायपूर्ण सामाजिक परिस्थितियों से मानते हैं। हमारी सामाजिक संस्थाएं, हमारी आर्थिक व्यवस्था, निम्न शैक्षणिक उपलब्धता, दीर्घकालीन बेरोजगारी या अल्प-बेरोजगारी निर्धनता को पनपाते हैं और इसे बनाए रखते हैं। निहित स्वार्थ सामाजिक और आर्थिक ढांचों में परिवर्तन नहीं आने देते हैं या इसमें बाधा डालते हैं। समाजशास्त्री हर्बर्ट रोन्स ने तीन प्रकार्यात्मक (functional) लाभ तथा आर्थिक, राजनीतिक और सामाजिक बतलाए हैं जो समाज में निर्धन समूह के होने से मध्यम वर्ग को मिलते हैं। ये समाज में गंदा काम करवाने से लेकर अपनी ऊंची स्थिति बनाए रखने और स्वयं को सत्ता में बनाए रखने तक होते हैं। इस प्रकार निर्धनता का दोष उन व्यक्तियों/समूहों का है जो अपने निहित स्वार्थों के कारण सामाजिक ढांचों, मूल्यों और मानदण्डों में परिवर्तन नहीं लाना चाहते।

भारतीय संदर्भ में निर्धनता के कारणों का वर्णन निम्नलिखित बिंदुओं में किया जा सकता है :

(i) *तेजी से बढ़ती जनसंख्या* : गत 45 वर्षों में भारत में जनसंख्या 2.2 प्रतिशत प्रतिवर्ष की दर से बढ़ी है। औसतन प्रतिवर्ष एक करोड़ 70 लाख जनसंख्या बढ़ जाती है, जिससे उपभोक्ता वस्तुओं की मांग बहुत बढ़ती जाती है।

(ii) *कृषि में निम्न उत्पादकता* : कृषि में उत्पादकता का स्तर बहुत कम है। इसके कारण उप विभाजित या विखण्डित जोत, पूंजी की कमी, खेती के पारंपरिक तरीके और निरक्षरता हैं।

(iii) *संसाधनों का न्यून उपयोग* : मानव संसाधनों की प्रच्छन्न बेरोज़गारी या कम रोज़गार और संसाधनों का अपर्याप्त उपयोग कृषि क्षेत्र में कम उत्पादन का कारण है। इससे उनके रहन-सहन के स्तर में भी गिरावट आई है।

(iv) *आर्थिक विकास की न्यून दर* : भारतवर्ष में आर्थिक विकास दर अपेक्षित स्तर से कम है, इसलिए वस्तुओं व सेवाओं की उपलब्धता और आवश्यकता में अंतर बना रहता है। इसका परिणाम है निर्धनता।

(v) *मूल्य वृद्धि* : लगातार और तेजी से बढ़ती महंगाई निर्धनों की दुःख-तकलीफ को और बढ़ा देती है। मूल्य वृद्धि से समाज के कुछ गिने-चुने लोग लाभान्वित होते हैं और निम्न आय वर्ग के लोगों को अपनी न्यूनतम आवश्यकताओं को पूरा करने में कठिनाई होती है।

(vi) *बेरोज़गारी* : बेरोजगारों की लगातार बढ़ती संख्या भी निर्धनता का एक अन्य कारण है। रोज़गार चाहने वालों की संख्या रोज़गार के अवसरों की तुलना में अधिक तेज़ी से बढ़ रही है।

(vii) *पूंजी और समर्थ उद्यमियों की कमी* : पूंजी और समर्थ उद्यमीयता की विकास की गति बढ़ाने में महत्वपूर्ण भूमिका होती है। लेकिन इनकी कमी उत्पादन को तेजी से बढ़ाने को कठिन बना देती है।

(viii) *सामाजिक कारण* : सामाजिक ढांचा अब भी पिछड़ा हुआ है और विकास की गति बढ़ाने में सहायक नहीं है। उत्तराधिकार कानून, जाति व्यवस्था, परम्पराएं और रिवाज़ तीव्र विकास के मार्ग में बाधक बनते हैं तथा निर्धनता की समस्या को और बढ़ाते हैं।

(ix) *राजनीतिक कारण* : अंग्रेजों ने भारत में असन्तुलित विकास प्रारम्भ किया और भारत की अर्थव्यवस्था को उपनिवेशीय राज्य तक सीमित कर दिया। उन्होंने अपने हितों के अनुकूल भारत के प्राकृतिक संसाधनों का दोहन किया और भारत की अर्थव्यवस्था के औद्योगिक आधार को कमजोर किया।

स्वतंत्र भारत में विकास योजनाएं राजनीतिक हितों को ध्यान में रखकर चलाई जाती हैं। इसलिए निर्धनता और बेरोज़गारी की समस्याओं से निबटने में योजनाएं सफल नहीं हुई हैं। (http:/www.preservearticles.com)

निर्धनता के कारणों के विवेचन के निष्कर्ष के रूप में यह कहा जा सकता है कि भारत में निर्धनता को समझने के लिए तीन कारकों की तह में जाना होगा। (i) भारतीय रवैये, विचार, विश्वास और मूल्य अर्थात् व्यक्तियों का विगत से दृढ़ जुड़ाव (ii) मनुष्य के जैविक और मानसिक गुणों के मध्य मूलभूत संबंध और (iii) लोक नीति के अनुकूल भारतीय समाज में परिवर्तन, विशेष रूप से ब्रिटिश शासन से मुक्ति के संघर्ष और स्वतंत्र होने के बाद के दौरान। भारत में निर्धनता बनी रही तो इसके कारणों में ब्रिटिश सरकार की आर्थिक नीतियां, लोगों को प्रोत्साहन की कमी, शिक्षा और तकनीकी ज्ञान का अभाव, अकर्मण्यता, ग्रामीणों का शोषण और निर्दयता तथा परिवार के आकार को सीमित करने में धार्मिक व सामाजिक अवरोध सम्मिलित हैं। स्वतंत्रता के पश्चात् निर्धनता को नियंत्रित करने के प्रयत्न परिवार नियोजन, नई औद्योगिक व कृषि नीतियां, शिक्षा का प्रसार और जरूरतमंद लोगों को अनुदान व प्रशिक्षण के माध्यम से किए जा रहे हैं।

क्या वर्ष 1991 के मध्य में शुरू हुए आर्थिक कार्यक्रम के ढांचागत सुधारों से निर्धनता घटी है? यह दावा किया जाता रहा है, कि औद्योगिक विकास दर धीरे-धीरे बढ़ रही है, मुद्रास्फीति की दर घट रही है, निर्यात बढ़ रहा है और रोज़गार के अधिक अवसर उत्पन्न हो रहे हैं। लेकिन क्या हम सचमुच अपने देश के लोगों को समृद्ध भविष्य के लिए आश्वस्त कर सकते हैं? तथ्य तो यह है कि आर्थिक विकास दर वर्ष 2012-13 में घटकर दशक की न्यूनतम 5 प्रतिशत तक रह गई। मुद्रास्फीति निरंतर बढ़ रही है। निर्यात् वृद्धि बहुत सुस्त गति से हो रही है। रुपया लुढ़ककर सर्वकालिक निचले स्तर तक पहुंच गया है। औद्योगिक उत्पादन की वृद्धि दर घटकर 3.5 प्रतिशत रह गई है। कृषि की विकास दर बढ़ने का कारण पिछले कुछ वर्षों में सभी क्षेत्रों में मानसून का बहुत अच्छा होना रहा है। अपने आप में किसी झटके का सामना करने में सक्षम नहीं होने की संभावना से इनकार नहीं कर सकते।

तथापि निम्नलिखित उपायों का समुच्चय निर्धनता को घटाने में अधिक सहायक सिद्ध हो सकता है : (1) केन्द्र और राज्यों की सरकारें राजकोषीय घाटे (fiscal deficit) को कम करें; (2) आयात पर बंदिशों को हटाया जाए और निर्यात को बढ़ावा दिया जाए; (3) उधार लेने की प्रवृत्ति पर अंकुश लगाया जाए; (4) लगातार घाटे में चल रही सार्वजनिक क्षेत्र की इकाइयों को बेचा जाए; (5) करों की वसूली बढ़ाई जाए; (6) जनकल्याण कार्यों पर व्यय की निगरानी कर लागत प्रभावकारिता को बेहतर बनाया जाए; (7) व्यापार और वाणिज्य क्षेत्र के लिए अतिरिक्त निधि बनाई जाए, बैंक की ब्याज दरों पर नियंत्रण रखने के साथ ही पूंजी के क्षरण पर नियंत्रण के लिए अशोध्य ऋणों (bad debts) की वसूली को सुगम बनाया जाए; (8) समाज के कमजोर वर्गों को रियायती दरों पर ऋण उपलब्ध कराए जा सकते हैं जबकि अनुदान की मात्रा उचित सीमा में रखी जाए; (9) हालांकि लाइसेंसिंग के कई अवरोध हटा लिए गए हैं अब आवश्यकता है शेष लचीला लाइसेंसिंग की समीक्षा की, ताकि भारतीय उद्योगों में प्रतियोगिता तीव्रता और गतिशीलता आए; (10) भारतीय अर्थव्यवस्था को अंतरराष्ट्रीय प्रतियोगितात्मक बनाने के लिए सीमा शुल्क की दरों को घटाया जाए; (11) ऊर्जा, सिंचाई और दूरसंचार जैसे ढांचागत उद्योगों में पूंजी निवेश के अवरोध समाप्त किए जाएं ताकि वे प्रतियोगितात्मक

बाजार ढांचा विकसित कर सकें; (12) अब तक हमारे श्रम कानूनों की बनावट इस तरह की है, जिसमें कामगारों को रोज़गार और वेतन की दृष्टि से अधिकतम सुरक्षा उपलब्ध होती है। अब समय आ गया है, कि श्रम कानूनों को कामगारों के निष्पादन से जोड़ा जाए तथा कामगारों और नियोक्ता दोनों को सुरक्षा उपलब्ध कराई जाए; (13) कृषि अर्थव्यस्था की विकास दर बढ़ाई जानी चाहिए, क्योंकि आज भी दो तिहाई जनसंख्या कृषि पर निर्भर है। उसके लिए कई मोर्चों पर काम करने की आवश्यकता है, जिनमें भूमि काश्तकारी की समस्याओं का समाधान, निवेश के स्तर को बढ़ाना, ऋणों की उपलब्धता बढ़ाना, समुचित मूल्य नीतियां सुनिश्चित करना, उत्पादकता बढ़ाने के लिए नई तकनीकें विकसित करना, कतिपय उर्वरकों की कीमतों का विनियंत्रण तथा कृषि व ग्रामीण विकास में सार्वजनिक निवेश की व्यवस्था; (14) ग्रामीण विकास की विभिन्न योजनाओं को एकीकृत करना; और (15) अनुदान, सरकारी व्यय और सरकारी कर्मचारियों को घटाना।

यदि हम सुधारों को बिना रुके लागू करेंगे तो हम अर्थव्यवस्था के कड़े अवरोधों को हटा सकेंगे, निर्धनता घटा सकेंगे तथा अपनी जनता को समृद्ध भविष्य के लिए आश्वस्त कर सकेंगे।

## ग्रामीण निर्धनता (Rural Poverty)

देश की ग्यारहवीं राष्ट्रीय विकास योजना के अनुसार, भारत में निर्धनों की संख्या तीस करोड़ से अधिक है। देश में निर्धन व्यक्तियों का अनुपात वर्ष 1973 के 55 प्रतिशत से घटकर 2004 में लगभग 27 प्रतिशत तक हुआ है, लेकिन अब भी 1.2 अरब से अधिक जनसंख्या के लगभग एक तिहाई लोग निर्धनता की रेखा से नीचे जीवनयापन कर रहे हैं और निर्धनों में बहुत बड़ी संख्या ऐसे लोगों की है जो ग्रामीण क्षेत्रों में रहते हैं। भारत की ग्रामीण जनसंख्या का लगभग 30 प्रतिशत निर्धनता की जीर्ण स्थिति में है। विगत तीन दशकों से अधिक अवधि में ग्रामीण क्षेत्र से जाकर शहरी क्षेत्र में बसने के कारण ग्रामीण निर्धनता में कुछ सीमा तक कमी आई है।

देश के ग्रामीण क्षेत्रों में अनुसूचित जाति और अनुसूचित जनजाति के व्यक्तियों में निर्धनता बहुत गहन है। वर्ष 2005 में निर्धन ग्रामीणों में इन समूहों के व्यक्ति 80 प्रतिशत थे, हालांकि समूची ग्रामीण जनसंख्या में इनका अनुपात इससे बहुत कम है। भारत में निर्धनता के नक्शे में निर्धनतम क्षेत्रों में राजस्थान, मध्यप्रदेश, उत्तर प्रदेश, बिहार, झारखंड, ओडिशा, छत्तीसगढ़ और पश्चिम बंगाल के कुछ भाग सम्मिलित हैं। बड़ी संख्या में भारत के निर्धनतम व्यक्ति अर्द्ध शुष्क उष्ण कटिबंधीय क्षेत्रों में रहते हैं। इन क्षेत्रों में पानी की किल्लत और बार-बार पड़ने वाला सूखा कृषि के रूपान्तरण में बाधक रहा, जो अन्य क्षेत्रों में हरित क्रान्ति के कारण हो पाया है। पूर्वी उत्तर प्रदेश से असम के मैदानी क्षेत्रों तक और विशेष रूप से उत्तरी बिहार बाढ़ प्रभावित क्षेत्र है, जिनमें निर्धनता बहुत अधिक है।

निर्धनता जनजातियों के व्यक्तियों को वन क्षेत्र में भी प्रभावित करती है, जहां संसाधनों पर अधिकार से वंचित होने के कारण उनकी निर्धनता बढ़ी है। तटवर्ती क्षेत्रों में मत्स्य पालन करने वाले समुदायों के व्यक्तियों की जीवन निर्वाह स्थितियां पर्यावरणीय क्षरण, संचय क्षीणता (stock depletion) और प्राकृतिक आपदाओं की भेद्यता (vulnerability) के कारण बिगड़ रही हैं।

### *ग्रामीण निर्धनता के कारण (Causes of Rural Poverty)*

ग्रामीण क्षेत्रों में निर्धनता के कारणों को निम्नलिखित के रूप में पहचाना जा सकता है :

1. निर्धनता-रोधी कार्यक्रमों का अपर्याप्त एवं अप्रभावी क्रियान्वयन।
2. गैर कृषि पेशों में जनसंख्या के कम प्रतिशत का विनियोजन।
3. सिंचाई सुविधाओं की अनुपलब्धता और कई राज्यों में अनिश्चित वर्षा।
4. खेती की पारंपरिक विधियों पर निर्भरता और आधुनिक खेती के अपर्याप्त ज्ञान के परिणामस्वरूप अल्प कृषि उत्पादकता।
5. अधिकांश ग्रामों में कृषि और औद्योगिक उपयोग के लिए विद्युत की अनुपलब्धता।

6. निम्न कोटि का पशुधन।
7. अधूरा और शोषक साख बाज़ार।
8. संपर्क सड़कों, संचार सुविधाओं और बाजारों (बुनियादी ढांचा) की कमी।
9. शिक्षा का निम्न स्तर देश के ग्रामीण क्षेत्रों में आमतौर पर साक्षरता स्तर निम्न और महिलाओं में अति निम्न।
10. गतिशील सामुदायिक नेतृत्व का अभाव।
11. विकास गतिविधियों में महिलाओं का सहयोग लेने और उन्हें योजना कार्यक्रमों से जोड़ने में विफलता।
12. अंतरजातीय विवाद और प्रतिद्वन्द्विता।
13. विवाहों, मृत्युभोज जैसे सामाजिक समारोहों पर वार्षिक आय का बहुत बड़ा भाग व्यय करना। साथ ही व्यक्तियों में महंगे रीति रिवाजों को छोड़ने की अनिच्छा।

### *ग्रामीण निर्धनता को कम करने के लिए कार्ययोजना (Action Plan for Alleviating Rural Poverty)*

ग्रामीण क्षेत्रों में निर्धनता कम करने के लिए निम्नलिखित कार्ययोजना सुझाई जा सकती है :

1. ऋण वितरण एजेंसियों का सुदृढ़ीकरण।
2. कृषि और औद्योगिक उपयोग के लिए सस्ती दरों पर विद्युत आपूर्ति।
3. घरेलू उद्योगों के उत्पादों की बिक्री के लिए सहकारी समितियों को सक्रिय करना।
4. निर्धनता कम करने के कार्यक्रमों के लिए आवंटन को लचीला बनाना तथा अच्छे परिणाम देने वाले जिला/खण्ड/गांवों को विशेष आवंटन स्वीकृत करना।
5. निर्धनता कम करने के विविध कार्यक्रमों का एक-दो योजनाओं में एकीकरण कर उनसे मिलने वाले लाभों की उपलब्धता का सरलीकरण।
6. शिक्षा, स्वास्थ्य और कौशल विकास कार्यक्रमों पर ध्यान केन्द्रित कर मानव संसाधनों को विकसित करना।
7. निराश्रित और अत्यन्त निर्धनों के लिए दोहरी वितरण प्रणाली आरंभ करना।
8. निर्धनों में बढ़ते ऋणों पर नियंत्रण के लिए उनमें सामाजिक जागरूकता उत्पन्न करना।
9. पशुपालन को बेहतर बनाना तथा डेयरी व मुर्गी पालन को विकसित करना।
10. प्रौढ़ शिक्षा कार्यक्रम, सड़क निर्माण और वृक्षारोपण को चालू रखने की ओर ध्यान केन्द्रित करने के लिए पंचायतों को सक्रिय करना।
11. तालाब खुदवाने, वृक्षारोपण, युवाओं को प्रशिक्षण, महिलाओं को हुनरमंद बनाने, लोगों में सामाजिक जागृति उत्पन्न करने आदि में अहम भूमिका निभाने के लिए गैर सरकारी संगठनों को सक्रिय करना।

### निर्धनों की समस्याएं और निर्धनता की पीड़ा (Problems of the Poor and the Pain of Poverty)

पैंसठ वर्षों की योजनाओं के पश्चात् भी भारत अभी तक विश्व के सबसे अधिक निर्धन देशों में से एक है। कई देशों ने जो भारत से कहीं छोटे हैं, प्रगति की है। संसार के निर्धनों में हर तीसरा व्यक्ति भारतीय है और इस संख्या में निरंतर वृद्धि हो रही है।

कुछ परिवर्तनीय स्थितियां जिनके कारण निर्धन व्यक्ति एक-दूसरे से भिन्न हैं ये हैं : श्रमिक बल में सहभागिता की मात्रा, रोज़गार का प्रकार, परिवार की विशेषताएं, वृहत् समाज के ज्ञान की राजनीतिक जागरूकता, सामाजिक और आर्थिक अधिकारों के प्रति चेतना, और राजनीति, धर्म तथा सामाजिक

रीति-रिवाजों में मूल्य अभिमुखीकरण (value orientations)। रोस्सी और ब्लम (1967: 39-41) ने दृढ़तापूर्वक कहा है कि निर्धन केवल मात्रा में एक-दूसरे से भिन्न हैं न कि स्वरूप में।

हमारे समाज में निर्धन जिन महत्वपूर्ण समस्याओं का सामना करते हैं वे हैं : (1) सामाजिक भेद-भाव और सामाजिक निन्दा, (2) आवास, और (3) निर्धनता की उपसंस्कृति।

## *सामाजिक भेद-भाव (Social Discrimination)*

मालिक-नियोक्ता, अमीर, अधिकारी, और सरकार भी निर्धनों से घृणा करती है। वे आलसी, अकुशल और समाज पर बोझ माने जाते हैं। उनको हर स्तर पर सताया जाता है, अपमानित किया जाता है और उनसे भेद-भाव बरता जाता है। उनका कोई प्रतिनिधित्व नहीं करता और वे शक्तिहीन होते हैं। इस कारण वे सदैव शक्तिशाली व्यक्तियों के आक्रमण और विद्वेष के निशाने बनाए जाते हैं। उन्हें निरक्षरता और सामाजिक पूर्वाग्रह की चुनौतियों का सामना करना पड़ता है। उनमें सामूहिक शक्ति का अभाव होता है और जब कभी वे स्थानीय या लघु स्तर पर समाज के राजनीतिक, आर्थिक और सामाजिक अधिक शक्तिशाली समूहों के विरुद्ध एक होने का प्रयत्न करते हैं तो उन लोगों को लगता है, कि उनके आधिपत्य को खतरा है और इस कारण उन निर्धनों को कुचल दिया जाता है। उन्हें ऋणों पर ऊंची दर पर ब्याज देना पड़ता है। उन पर दोषारोपण किया जाता है और उन्हें अनुशासनहीन, अपरिपक्व, और बहुत कम दूरदर्शिता वाला कहा जाता है। जिन कार्यालयों में वे जाते हैं, वहां उनकी ओर बहुत कम या बिलकुल भी ध्यान नहीं दिया जाता है। पुलिस तो सबसे पहले उन क्षेत्रों में जाती है जहां ग़रीब रहते हैं जैसे कि केवल ग़रीब ही अपराध करते हैं। वे बिरले ही विश्वसनीय, भरोसे के और ईमानदार माने जाते हैं। इस प्रकार समाज के प्रत्येक स्तर पर प्रतिकूल रवैया उनकी आत्मछवि को गिराता है, उनमें हीन-भावना को जन्म देता है, और अपनी सहायता के लिए साधन जुटाने के प्रयत्नों पर उन पर रोक लगाता है।

## *आवास (Housing)*

शहरी क्षेत्रों में आवासहीनता, गंदी बस्तियां और किराये के कानून भीषण समस्याएं हैं। परिवार के आवास की इकाई और पड़ोस जहां पर वह स्थित है, निर्धनता से जुड़ी समस्याओं के महत्वपूर्ण तत्व हैं। ग़रीबों के मकानों में केवल भीड़-भाड़ ही नहीं होती अपितु एकान्त का भी अभाव होता है। परिवार के लिए मकान के नक्शे (design) का महत्व दो ध्रुवीय प्रकार के पारिवारिक मूल्यों की अभिधारणा (postulation) के द्वारा सुझाया जाता है : पारिवारिक (familistic) प्रकार और विमुक्त (emancipated) प्रकार। पहले प्रकार के पारिवारिक मूल्यों की विशेषताएं ये होती हैं : उनमें पारिवारिक कर्तव्यों को निभाने की प्रबल भावनाएं होती हैं; वे परिवार के वृद्ध, निर्बल, और बेरोज़गार सदस्यों को सहारा और सुरक्षा प्रदान करते हैं; वे पारिवारिक परंपराओं से जुड़े होते हैं; पारिवारिक लक्ष्यों की प्राप्ति के लिए उसके सदस्य सामूहिक प्रयास करते हैं; और उन्हें परिवार की प्रस्थिति की चिन्ता होती है। दूसरे प्रकार के पारिवारिक मूल्यों की विशेषताएं ये होती हैं : वे व्यक्तिगत लक्ष्यों के लिए स्वयं प्रयास करते हैं; परिवार के प्रति उनके कर्त्तव्य संकुचित होते हैं; और स्वयं के कल्याण को वे परिवार के कल्याण से ऊपर रखते हैं। परिवार की इन मूल्यों की ध्रुवीय किस्मों के बीच निरंतरता की स्थिति के अलावा पड़ोस भी घर के बाहर सदस्यों के संबंधों पर प्रभाव डालता है। शहर की गंदी बस्तियों में पारिवारिक जीवन का एक बड़ा भाग आवासीय इकाई के बाहर बिताया जाता है। घरों की नीरसता बच्चों को सड़क पर जाने के लिए बाध्य करती है और इससे माता-पिता के सामने बच्चों को नियंत्रण में रखने की समस्या खड़ी होती है। घर में कम जगह में सोने के ठीक प्रबन्ध नहीं हो पाते और इससे एकान्तता पर प्रभाव पड़ता है। पारिवारिक तनावों का उनके व्यक्तित्व और व्यवहार पर भी प्रभाव पड़ता है; स्वाभिमान में कमी आती है और कटु स्वभाव को प्रोत्साहन मिलता है। निर्धनता घटिया

मकानों में रहने के लिए बाध्य करती है और संतोषजनक जीवन की पूर्वापेक्षाओं के लिए कुछ भी नहीं छोड़ती है। छोटे मकान पारिवारिक एकता को कमजोर करने में भी सहायक होते हैं।

## *निर्धनता की उपसंस्कृति* (Subculture of Poverty)

ऑस्कर लुइस के अनुसार, जब निर्धनता पीढ़ी दर पीढ़ी चलती है तो वह एक संस्कृति का रूप धारण कर लेती है। लेविस क्रेगबर्ग (1963: 335-336) ने कहा है कि यद्यपि गरीबों की सदस्यता पीढ़ियों के साथ-साथ महत्वपूर्ण अवस्था में परिवर्तित हो जाती है, फिर भी आने वाली पीढ़ियां अपने व्यवहार और मूल्यों में एक-दूसरे से मिलती हैं और यह उनके निर्धनता के कारण हुए एक से अनुभवों और एक से सामाजिक दबावों के शिकार होने के फलस्वरूप होता है। ग़रीबों के बच्चे हिंसा की उपसंस्कृति को अपनी वसीयत में ग्रहण करते हैं, जिसमें शारीरिक आक्रामक प्रतिक्रियाओं की सब सदस्य या तो अपेक्षा करते हैं या आवश्यकता समझते हैं। इस प्रकार की उपसंस्कृति में हिंसा का उपयोग गैर कानूनी आचरण नहीं समझा जाता है और हिंसा करने वाले में अपने आक्रमण के कारण कोई अपराध की भावना उत्पन्न नहीं होती। हिंसा उनकी जीवनशैली का एक अंग बन जाती है, कठिन समस्याओं को सुलझाने का एक माध्यम बन जाती है और विशेषरूप से उन व्यक्तियों और समूहों के बीच अपनाई जाती है, जो उसी प्रकार के मूल्यों और मानदंडों का अनुमोदन करते हैं और निर्भर रहते हैं। एक ओर तो यह उपसंस्कृति निर्धनता के प्रभाव के रूप में देखी जाती है, अर्थात् यह व्यक्तियों के व्यवहार और सोचने के संरूपों में एकरूपता का उल्लेख करती है और दूसरी ओर उसे निर्धनता का कारण माना जाता है।

स्वतन्त्रता के 68 वर्ष पश्चात् भी प्रति व्यक्ति आय की वृद्धि संतोषजनक नहीं हुई (1.5 प्रतिशत जो 1951-81 के दौरान थी, से बढ़कर 2014 में 7.4 प्रतिशत हो गयी)। कई देशों में यह पांच या छह गुना हो गई है और जापान में यह युद्ध के तुरन्त बाद की आय से पचास गुना है। भारत में निर्धनों और धनवानों में असमानताएं यूरोप या जापान की तुलना में बहुत अधिक हैं। यही नहीं ये कम होने के बजाय बढ़ रही हैं। एक सामान्य भारतीय जीवित रहने से आगे कुछ नहीं सोच सकता और अब तो केवल जीवित रहना भी संदेह के दायरे में है।

आज की व्यवस्था न तो पैसे दिला सकती है और न नौकरी। प्रत्येक पांचवां युवा भारतीय बेरोज़गार है और प्रत्येक चौथा किसान साधनहीन है। क्योंकि पर्याप्त संख्या में नौकरियां नहीं हैं और इस व्यवस्था के रहते कभी भी नहीं होंगी। इस कारण दूसरे पदार्थों की भांति जिनकी कमी है, इन पर भी राशन लगाया जा रहा है। 'मंडलीकरण' नौकरियों की राशन व्यवस्था के अतिरिक्त और कुछ नहीं है।

यद्यपि सरकार ने राजाओं के निजी कोश समाप्त करके दस करोड़ रुपए प्रतिवर्ष बचा लिए किन्तु वह राजनीतिज्ञ महाराजाओं पर सैकड़ों करोड़ रुपए प्रतिवर्ष व्यय कर रही है। आजकल के शासकों की जीवन शैली आलीशान है। परन्तु इन राजनीतिज्ञ महाराजाओं पर आक्रमण करने का कौन साहस कर सकता है; जो हमारे राष्ट्र के नीति निर्धारक होने का दावा करते हैं?

जब देश के उच्च शासकों की नीतियां विहित स्वार्थों, दंभ एवं हठ पर आधारित हैं, जब वे ऐसा सोचते हैं कि इतने विशाल देश में केवल वही व्यक्ति हैं जो 'उत्पीड़ित के प्रति भावनाएं रखते हैं, जब वे जाति बनाम जाति, ग्रामीण बनाम शहरी, उत्तर बनाम दक्षिण, सम्प्रदाय बनाम सम्प्रदाय के आधार पर शासन करते हैं, जब वे देश में 'विभाजक बल' के रूप में प्रमाणित हो चुके हैं, जब पद में रहने हेतु उनके एकनिष्ठ संकल्प रक्तमोक्षण एवं हिंसक कृत्यों को पैदा करते हैं, जब तंत्र उच्च रूप से केन्द्रित और राजनीतिक बन गया है और समस्त राजनीतिक निर्णय लेने वाले, सत्ता के भूखे, अनैतिक एवं भ्रष्ट निर्णय लेने वाले दल हैं, जब राजनेता चुनाव हारने के उपरान्त भी अपने राजनीतिक स्थानों को छोड़ना नहीं चाहते सिर्फ इसलिए कि वे न्यायालयों में मुकदमों से बच सके, जब राजनीतिक आय तीव्र गति से नहीं बढ़ रही, और जब राजनीतिक नेतृत्व दिवालिया है, तब हम यह अपेक्षा कैसे कर सकते हैं कि हमारे देश से निर्धनता में कभी कमी आ पाएगी और निर्धनों के दुःख घटेंगे?

## भारत में निर्धनता घटाने की योजनाएं (Strategies for Alleviating Poverty in India)

भारत में निर्धनता को घटाने हेतु तीन प्रकार की योजनाएं समझी जा सकती हैं (राव, 1996):

(i) मूल रूप से 1950s में, नीति निर्धारकों ने निवेश को गति प्रदान करके उच्चतम आर्थिक वृद्धि पर बल दिया, ऐसा मानकर कि इससे जितने भी लाभ होंगे वे 'क्षीणधारा' (trickle down) की तरह समाज के सभी खण्डों में विसरित हो जायेंगे, परन्तु 1970s में ऐसा प्रतीत हुआ कि कृषि वृद्धि के लाभ गरीबों तक पहुंच नहीं पा रहे हैं।

(ii) इसने जन्म दिया दूसरे प्रस्ताव को जिसका संरचनात्मक मत द्वारा नेतृत्व हुआ। इसने समानतावादी समाज का अभिवचन किया और उपलब्धियों को भू-सुधारों, समुदाय उत्थान कार्यक्रमों, सहकारी कृषि कार्यक्रमों एवं बड़े उद्योगों के राष्ट्रीयकरण द्वारा बांटने का सुझाव दिया। परन्तु यह भी क्रियान्वित नहीं हो पाया।

(iii) उस समय 1980s में एक विचार उत्पन्न हुआ जिसने गरीबी पर प्रहार करने के लिए ग्रामीण उत्थान कार्यक्रमों, जैसे कि IRDP, TRYSEM, NREP एवं RLEGP, जो बाद में JRY कार्यक्रम में विलीन हो गई, का सुझाव दिया। अभी कुछ सालों में, निर्धनता को घटाने के लिए एक ऐतिहासिक योजना, मनरेगा आरंभ की गयी है।

इन निर्धनता विरोधी कार्यक्रमों का आकलन करने से पहले, हमें पंच वर्षीय योजनाओं, राष्ट्रीयकरण एवं बीस-सूत्री कार्यक्रम की भूमिका का निर्धनता घटाने हेतु मूल्यांकन कर लेना चाहिए।

स्वतंत्रता के पश्चात् केन्द्र और राज्य सरकारों ने निर्धनता को हटाने के लिए निम्नांकित कदम उठाये हैं : (1) पंचवर्षीय योजनाएं, (2) राष्ट्रीयकरण, (3) बीस-सूत्री कार्यक्रम, और (4) IRDP, NREP, अंत्योदय और जवाहर रोज़गार योजना कार्यक्रम। हम इन सभी कायक्रमों का एक-एक कर के विश्लेषण करेंगे :

## पंचवर्षीय योजनाएं (The Five Year Plans)

योजना आयोग, जिसका गठन 1950 में हुआ था, देश की आवश्यकताओं एवं साधनों का व्यापक सर्वेक्षण कर के पंचवर्षीय योजनाएं बना रहा है। प्रथम योजना अप्रैल 1951 में आरम्भ हुई और तीसरी योजना मार्च 1966 में समाप्त हुई। इसके पश्चात् अप्रैल 1966 से मार्च 1969 तक तीन एकवर्षीय योजनाएं बनीं। चौथी योजना अप्रैल 1969 में, नवीं योजना 1997 में, दसवीं 2002 तथा ग्यारवीं 2007 में आरम्भ हुई।

*प्रथम पंचवर्षीय योजना* (1951-56) दूसरे विश्वयुद्ध के कारण व 1947 के देश के बंटवारे और अंग्रेजी राज से विरासत में मिली आर्थिक व्यवस्था में गड़बड़ी से हुए असंतुलनों को ठीक करने की दृष्टि से बनाई गई थी। यद्यपि योजना का लक्ष्य चतुर्मुखी संतुलित विकास करना था, परन्तु उसने सबसे अधिक प्राथमिकता कृषि और सिंचाई को दी और इस क्षेत्र पर संपूर्ण योजना बजट का 44.6 प्रतिशत लगाया। ऐसा देश की कृषि संबंधी आयातों को कम करने और विदेशी मुद्रा को बचाने के लिए किया गया। इस योजना में औद्योगिक क्षेत्र को अधिक महत्व नहीं दिया गया और योजना लागत का 5 प्रतिशत से कम उद्योगों पर व्यय किया गया। फिर भी योजना ने विद्युत विकास, ग्रामीण विकास (सामुदायिक विकास परियोजनाएं) और समाज कल्याण कार्यक्रमों को कुछ महत्व दिया। योजना के पूरे बजट (रुपए 2,378 करोड़) में से केवल दो-तिहाई (65.6%) वास्तव में खर्च हुआ। योजना के अन्त में देश की राष्ट्रीय आय में 18 प्रतिशत की वृद्धि हुई और प्रति व्यक्ति आय में 11 प्रतिशत की।

*द्वितीय पंचवर्षीय योजना* (1956-61) का लक्ष्य अर्थव्यवस्था का तीव्र गति से औद्योगीकरण और भारतीय समाज को समाजवादी ढांचे का बनाने के लिए विभिन्न वर्गों में आय और धन में अधिक समता लाना था। योजना ने इस पर बल दिया कि विकास से हुए लाभ समाज के अपेक्षाकृत

कम सुविधा प्राप्त वर्गों को मिलने चाहिए और आमदनी के केन्द्रीयकरण में क्रमिक कमी होनी चाहिए। उसने आधारभूत और बड़े उद्योगों के विकास, रोज़गार के अवसरों के विकास, निजी क्षेत्र के स्थान पर सार्वजनिक क्षेत्र का विकास, और राष्ट्रीय आय में 25 प्रतिशत वृद्धि को अपना केन्द्र-बिन्दु बनाया। इस योजना के दौरान हुआ व्यय (4,672 करोड़ रुपए) प्रथम योजना में हुए व्यय से दुगना था। फिर भी इस योजना का निष्पादन उन आशाओं को जो उससे की गई थी, पूरा नहीं कर पाया। अर्थव्यवस्था के लगभग सभी क्षेत्रों की उपलब्धियां योजना के लक्ष्यों से कम थीं। परिणामस्वरूप, प्रथम योजना के दौरान मूल्य-सूचकांक में 13 प्रतिशत की कमी के स्थान पर दूसरी योजना में मूल्यों के स्तर में 12.5 प्रतिशत वृद्धि हुई।

*तृतीय पंचवर्षीय योजना* (1961-66) का लक्ष्य आत्मनिर्भर विकास की दिशा में एक विशिष्ट प्रगति सुनिश्चित करना था। उसमें पांच लक्ष्यों की एक सूची थी, अर्थात् वार्षिक राष्ट्रीय आय में 5 प्रतिशत की वृद्धि, कृषि में आत्मनिर्भरता, आधारभूत उद्योगों (जैसे स्टील, विद्युत, केमिकल्स) का विकास, मानव शक्ति के साधनों का अधिकतम उपयोग, और आर्थिक शक्ति का विकेन्द्रीकरण। कृषि को पुनः सबसे अधिक प्राथमिकता दी गई और पूरी लागत का 35 प्रतिशत इस क्षेत्र को आवंटित किया गया। इसकी तुलना में उद्योगों को 23 प्रतिशत और परिवहन और संचार को 25 प्रतिशत आवंटित किया गया। योजना का उद्देश्य राष्ट्रीय आय को 30 प्रतिशत बढ़ाना था और प्रति व्यक्ति आय को लगभग 17 प्रतिशत। योजना के दौरान व्यय हुई राशि (12,767 करोड़ रुपए) आवंटित राशि (11,600 करोड़ रुपए) से 9 प्रतिशत अधिक थी।

तृतीय योजना का निष्पादन भी दूसरी योजना की तरह उतना ही हतोत्साहित करने वाला था। पांच वर्ष के काल में राष्ट्रीय आय 5 प्रतिशत के लक्ष्य की तुलना में 2.6 प्रतिशत ही बढ़ी। कृषि के क्षेत्र में भी उत्पादन को धक्का लगा। औद्योगिक उत्पादन भी 11% के लक्ष्य की तुलना में 7.9 प्रतिशत हुआ। 1965-66 का कीमतों का सूचकांक 1960-61 से 32 प्रतिशत ऊंचा था। भारत-पाक युद्ध, भारत-चीन युद्ध, और मानसून की क्रमिक विफलताएं इसके कारक थे जो मनुष्य के नियंत्रण से परे थे। 1965-66 में प्रति व्यक्ति आय वही थी जो 1960-61 में थी। फलस्वरूप अन्तर्राष्ट्रीय बैंक से बहुत सा ऋण लेना पड़ा तथा जून 1966 में रुपए का अवमूल्यन करना पड़ा।

तीसरी योजना के अन्त में अर्थव्यवस्था वस्तुतः इतनी बुरी दशा में थी कि चौथी योजना जिसे मार्च 1966 में प्रारम्भ करना था, का परित्याग करना पड़ा और उसके स्थान पर तीन वार्षिक योजनाएं बनाई गई। 1966 और 1969 के बीच तीन वर्ष के काल, जिसे योजना की छुट्टी का काल कहा जाता है, को उन बुराइयों को ठीक करने में लगाया गया, जिन्होंने तीसरी पंचवर्षीय योजना के चलते योजना की प्रक्रिया को अपंग कर दिया था। तीन वर्षों की वार्षिक योजनाओं का प्रमुख उद्देश्य तीसरी पंचवर्षीय योजना के बचे हुए कार्यों को जारी रखना था।

*चतुर्थ पंचवर्षीय योजना* (1969-74) के लक्ष्य राष्ट्रीय आय में प्रति वर्ष 5.5 प्रतिशत की वृद्धि करना, आर्थिक स्थिरता लाना, आय के वितरण में असमानताओं को कम करना और सामाजिक न्याय को समानता के साथ उपलब्ध करवाना था। पांचवीं योजना के अन्तर्गत कृषि और औद्योगिक क्षेत्रों में समकालिक विकास को पूरी मान्यता प्रदान की गई। यद्यपि इस योजना के दौरान 22,862 करोड़ रुपए की पूर्ण राशि व्यय हुई, उसके उपरान्त भी यह योजना आर्थिक विकास लाने में असफल रही। यह खाद्यान्न में आत्मनिर्भरता प्राप्त नहीं कर पाई और न ही रोज़गार के अवसरों को पैदा करके यह व्याप्त बेरोज़गारी की समस्या को हल करने में कोई उल्लेखनीय कार्य कर पाई। मुद्रास्फीति की स्थिति भी और जटिल हो गई। 1960-61 को आधार मानते हुए, थोक मूल्य-सूचकांक (price index) 1968-69 के 165.4 से बढ़कर 1973-74 के अन्त में 281.7 हो गया, यानी पांच वर्ष के काल में 70 प्रतिशत की वृद्धि हुई।

*पांचवीं पंचवर्षीय योजना* (1974-79) को उस समय सूत्रबद्ध किया गया, जब अर्थव्यवस्था पर स्फीति का अत्यधिक दबाव था। उसका लक्ष्य विशेषरूप से निर्धनता का उन्मूलन करना और आत्मनिर्भरता प्राप्त करना था। उसका लक्ष्य निर्धन व्यक्तियों के खण्डों की बड़ी संख्या को निर्धन रेखा से ऊपर उठाना था और इसके लिए 1972-73 की कीमतों को आधार मानकर 40 रुपए प्रति व्यक्ति प्रतिमाह की न्यूनतम आय को सुनिश्चित करना था। इस योजना के उद्देश्य रोज़गार के अवसरों को बढ़ाना, आत्मनिर्भरता, न्यूनतम मज़दूरी की नीति, क्षेत्रीय असंतुलनों को हटाना, और निर्यात को प्रोत्साहन देना था। इस योजना में राष्ट्रीय आय में 5.5 प्रतिशत के वार्षिक विकास की दर का लक्ष्य था।

इस योजना को 1979 के स्थान पर 1978 में ही जनता दल के शासन काल में समाप्त कर दिया गया और छठी योजना अनवरत योजना (rolling plan) के रूप में आरम्भ की गई। परन्तु 1978 में जब कांग्रेस पुनः सत्ता में आई तो पांचवीं योजना के काल को 1974 से 1979 तक बतलाया गया। पांचवीं योजना एक विलक्षण रूप से अशुभ सिद्ध हुई। यह वास्तव में वार्षिक विकास कार्यक्रमों का एक संग्रह मात्र था। यह किसी भी क्षेत्र में अपने लक्ष्यों को प्राप्त नहीं कर पाई। हां, खाद्यान्न में वृद्धि एक अपवाद था।

*छठी पंचवर्षीय योजना* (1980-85) को योजना के पिछले तीन दशकों में हुई उपलब्धियों और कमियों को ध्यान में रखते हुए प्रतिपादित किया गया। इस योजना का सर्वोपरि उद्देश्य दरिद्रता को समाप्त करना था, यद्यपि यह भी माना गया कि इस उद्देश्य की प्राप्ति पांच वर्ष की छोटी अवधि में नहीं हो सकती थी। आर्थिक विकास, बेरोज़गारी का उन्मूलन, आय के बंटवारे में असमानता को कम करना, प्रौद्योगिकी में आत्मनिर्भरता, समाज के कमज़ोर वर्गों की जीवन-शैली को ऊपर उठाना, सार्वजनिक वितरण प्रणाली में सुधार और बढ़ती हुई जनसंख्या पर नियंत्रण पर बल दिया गया। इस योजना के दौरान 1,58,710 करोड़ रुपए (1990-91 के मूल्य पर 1,09,291.7 करोड़ रुपए) की कुल राशि व्यय हुई।

इस योजना ने अच्छी तरह से विश्वासोत्पादक सफलता अर्जित की। इस योजना में 5.2 प्रतिशत के विकास के लक्ष्य से भी अधिक विकास हुआ। राष्ट्रीय प्रतिदर्श सर्वेक्षण (National Sample Survey) के अनुसार जीवनरेखा से नीचे रह रहे व्यक्तियों का अनुपात जो 1977-78 में 48.3 प्रतिशत था वह 1984-85 में गिर कर 36.9 प्रतिशत हो गया।

*सातवीं पंचवर्षीय योजना* (1985-90) में तीन चीजों को प्राथमिकता दी गई। वे थीं : खाद्यान्न, रोज़गार, और उत्पादकता में वृद्धि। बड़े पैमाने पर उत्पादनकारी रोज़गार को बढ़ाने पर बल देने के साथ-साथ इस योजना का उद्देश्य निर्धनता के प्रभाव-क्षेत्र में उल्लेखनीय कमी करना और दरिद्रों के जीवन में गुणात्मक सुधार लाना था। निर्धनता अनुपात के 37 प्रतिशत से 1990 तक 26 प्रतिशत तक गिरने की आशा थी। इस योजना में 1,80,000 करोड़ रुपए (1989-90 की दरों के अनुसार 3,48,148 करोड़ रुपए) का कुल आवंटन था। तथापि यह योजना भी अपने लक्ष्यों को प्राप्त करने में बिल्कुल असफल रही। कृषि के मोर्चे पर, उत्पादन के क्षेत्र में, रोज़गार बढ़ाने में, और देश के भुगतान के संतुलन की स्थिति इन सबको गहरा धक्का लगा।

*आठवीं पंचवर्षीय योजना* (1992-97) यद्यपि अप्रैल 1990 से आरम्भ होनी थी परन्तु केन्द्रीय स्तर पर राजनीतिक अस्थिरता के कारण इसे अप्रैल 1992 से ही लागू किया गया तथा दो वर्षों (1990-91 और 1991-92) को वार्षिक योजना-काल माना गया। वी.पी. सिंह सरकार के काल में उप-चेयरमैन रामकृष्णन हेगड़े तथा चन्द्रशेखर सरकार के काल में उप-चेयरमैन मोहन धारिया इस योजना को कोई रूप नहीं दे सके। नरसिम्हाराव सरकार के काल में प्रणव मुखर्जी ने मई 1992 को इसे राष्ट्रीय विकास परिषद् (National Development Council) से पास करवाया। 1991-92 की दरों के अनुसार इसका कुल बजट 7,98,000 करोड़ रुपए था। इसका यह अर्थ था कि देश प्रतिवर्ष 66,500 करोड़ रुपए या लगभग 1,385 करोड़ रुपए प्रति सप्ताह खर्च करता। इस राशि का 45 प्रतिशत भाग सरकार और 55 प्रतिशत भाग निजी उद्योग और व्यापार द्वारा खर्च होना था।

इस योजना की दिशा रोज़गार उत्पत्ति की ओर समझी जाती थी। अधिक पूंजी ऐसे छोटे उद्योगों में लगाई जाने वाली थी जिनके गहन कार्य होने की संभावना थी। इस योजना का लक्ष्य 5.5 प्रतिशत से 6.5 प्रतिशत समग्र जी.डी.पी. विकास दर, 5 प्रतिशत कृषि विकास दर, 7.5 प्रतिशत औद्योगिक विकास दर, 8 प्रतिशत से 10 प्रतिशत सेवा क्षेत्र (service sector) में विकास दर, और 10 प्रतिशत निर्यात विकास दर प्राप्त करना था। इस योजना का आकार पिछली योजना से दुगने से कुछ ज्यादा था, परन्तु वास्तव में सभी योजनाएं पिछली योजनाओं के आकार से दुगनी रही हैं। विकास की दर का लक्ष्य 5.5 प्रतिशत था, जो पिछली योजनाओं के लगभग बराबर था। ये भिन्न बात है कि वे प्रथम और सातवीं योजनाओं को छोड़ कर कभी अपने लक्ष्य को प्राप्त नहीं कर सकीं। आठवीं योजना इस प्रकार इससे पहले वाली योजनाओं से भिन्न नहीं थी और इसके परिणाम भी भिन्न नहीं थे।

यह योजना अपने लक्ष्यों को प्राप्त करने में असफल रही। उदाहरण के लिए योजना के अंत में निर्धारित लक्ष्य जो कि 31,000 MW था, उसके विपरीत मात्र 15,000 MW (अथवा 48% लक्ष्य था) की विद्युत शक्ति ही उपलब्ध हुई। राज्यों द्वारा संसाधन का संचारण कहीं दिखाई नहीं दिया। इसके विपरीत बहुत से राज्यों ने योजना के कोष का रोजमर्रा के खर्चों में विचलन कर दिया। विभिन्न परियोजनाओं का कार्यान्वयन इतनी निष्क्रिय और लापरवाही से किया गया कि वित्त विभाग को विलम्बों एवं योजना परियोजनाओं की राशि में बढ़ोतरी हेतु अतिरिक्त 21,000 करोड़ रुपयों का भुगतान करना पड़ा (*हिन्दुस्तान टाइम्स,* 20 जनवरी 1997)।

*नौवीं पंचवर्षीय योजना* (1997-2002), का वर्णन, एक महत्त्वाकांक्षी एवं 'वृद्धि-अनुकूलित' योजना के रूप में किया गया था। योजना के क्षेत्र जिन पर ध्यान आकर्षित किया गया था वे थे : कृषि, रोजगार, निर्धनता एवं मूलसंरचना। कृषि में, सिंचाई को उच्च प्राथमिकता दी जानी थी। GDP की वार्षिक वृद्धि दर का लक्ष्य 7 प्रतिशत् था जिसमें से 4.5 प्रतिशत कृषि से और 9.3 प्रतिशत् उद्योगों से आना था। आठवीं योजना के अन्तर्गत लक्ष्य 5.5 प्रतिशत था और वास्तविक निष्पादन 6.2 प्रतिशत था। नौवीं योजना का उद्देश्य उपयुक्त प्रोत्साहन सहित छोटे पैमाने पर कार्यरत् श्रम उद्योगों का उत्थान था। जन-बचत का लक्ष्य GDP का 26.2 प्रतिशत था जो कि आठवीं योजना के 23.7 प्रतिशत से विपरीत था। कर-संरचना के माध्यम से विकास किया जाना था। नियोजित सुधारों से उपेक्षा थी कि वे अप्रयुक्त प्रौद्योगिकी का उपयोग बंद कर दें और महत्त्वपूर्ण एवं शक्ति सामर्थ्य को प्रारंभ कर देवें। पांच मूलसंरचनात्मक खण्डों - सिंचाई, विद्युतशक्ति, खनन, रेलें, और संचारण की दक्षता और उत्पादकता का सुधार भी उपेक्षित था। योजना को वितरण अनुकूलित (service oriented) वर्णित किया गया था।

*दसवीं पंचवर्षीय योजना* (2002–07) को 21 दिसम्बर 2002 में नेशनल डेवलपमेंट काउन्सिल (NDC) द्वारा घोषित उद्देश्यों का विकास हुआ, जिसमें दस वर्षों में प्रति व्यक्ति आय को दुगुना किया जाता था और प्रति वर्ष वृद्धि दर को (GDP) 8 प्रतिशत अर्जित करना था। चूंकि, आर्थिक वृद्धि ही एकमात्र उदेश्य नहीं था, अपितु, इस योजना का लक्ष्य था वृद्धि के लाभों को विकसित करना ताकि इससे लोगों के जीवन की गुणवत्ता बढ़े। इसके लिए निम्नांकित मूल लक्ष्य निर्धारित किए गए : 2007 तक निर्धनता अनुपात को 26 प्रतिशत से 21 प्रतिशत करना, दशक की जनसंख्या वृद्धि को 1991–2001 में 21.3 प्रतिशत से 2001–11 में 16.2 प्रतिशत घटाना, लाभान्वित रोजगार में वृद्धि, श्रम बल में बराबरी बनाने के लिए, 2003 तक सभी बच्चों को स्कूल तक पहुंचाने और 2007 तक पांच वर्ष की स्कूली शिक्षा प्राप्त करने के लिए, साक्षरता में लिंग भेदों को घटाने और वेतन दरों को 50 प्रतिशत के लिए, साक्षरता दर को 2007 में 75 प्रतिशत बढ़ाने जो कि 1999–2000 में 65 प्रतिशत थी, सभी गांवों को पीने का पानी उपलब्ध करवाना, शिशु मृत्युदर जो 1999–2000 में 72 थी, उसे 2007 में घटाकर 45 प्रतिशत करना, मातृ मृत्यु अनुपात जो 1999–2000 में 4 था उसे घटाकर 2007 में 2 प्रतिशत करना, वन पेड़ों का विस्तार जो 1999–2000 में 19 प्रतिशत था, उसे बढ़ाकर 2007 में 25 प्रतिशत करना और मुख्य प्रदूषित नदियों के फैलाव को स्वच्छ रखना।

*ग्यारहवीं पंचवर्षीय योजना* : सबसे प्रथम भारत के योजना आयोग ने लक्ष्य के रूप में सम्मिलित वृद्धि की बात की शुरुआत की जो 2007 से 2012 तक क्रियान्वित रही। पर जहां हमने पाया कि यह योजना वृद्धिदर को उच्चता प्रदान करने में कामयाब रही, वहीं इसने बहुत बड़ी जनसंख्या को विकास के लाभों से वंचित रखा एवं दरिद्रता की साक्षी बनी। इसका कारण यह था, कि योजनाकर्ताओं का एकमात्र केंद्रबिंदु केवल वृद्धिदर पर रहा न कि वितरण पर, यह मानते हुए कि वृद्धि में बढ़ोतरी होने से सभी लाभान्वित हो जाएंगे। बदकिस्मती से ऐसा न हो पाया। इसके विपरीत असमानताएं अधिक बढ़ गईं।

यद्यपि ग्यारहवीं योजना के दौरान सकल घरेलू उत्पाद (Gross Domestic Product – GDP) में औसत 7.9 प्रतिशत वृद्धि रही – जो कि कभी समय–समय पर 9 प्रतिशत भी रही – इसके बावजूद भारत के मानव विकास सूचकांक (Human Development Index) में गिरावट रही। भारत का 128वां एवं 127वां स्थान जो क्रमशः 2000 व 2005 में था, वह 2009 एवं 2011 में 134 पर पहुंच गया। ऐसे में कुछ लोग जहां लाभों द्वारा करोड़पति क्लबों तक जा पहुंचे, वहीं करोड़ों वंचन और शक्तिहीनता की ओर धकेल दिए गए। इतिहास में पहली बार चार भारतीयों ने प्रथम दस धनवान व्यक्तियों में अपनी जगह बनाई, परन्तु उसी वर्ष संसार में प्रत्येक दस निर्धन व्यक्तियों में से तीन भारतीय थे – एक बहुत ही असामान्य घटना जिसमें छलांगें लगाती बहुतायत के मध्य थी लगातार निर्धनता व न्यूनतमता।

यदि हम अब तक की पूर्ण ग्यारह योजनाओं का मूल्यांकन करें तो हमें ज्ञात होगा कि हम पैंसठ वर्षों को योजनाओं में खत्म कर चुके हैं। हमारी सभी योजनाएं किसी न किसी दिशा में रही हैं – कभी कृषि विकास में आत्मनिर्भरता, कभी रोजगार, कभी उद्योग विकास और इसी प्रकार अन्य। 1950–51 से 2002–03 के दौरान राष्ट्रीय आय 8.7 गुना बढ़ी, 1,32,367 करोड़ रुपये से 11,56,714 करोड़ (1993–94 मूल्यों पर) 4.2 प्रतिशत प्रतिवर्ष वृद्धिदर पर। प्रति व्यक्ति आय तीन गुना बढ़कर 3,687 रुपए से 10,964 रुपए हो गई थी (1993–94 मूल्यों) पर, जिससे संयुक्त वृद्धिदर (compound growth rate) 2.1 प्रतिशत दर्ज हुई – सभी सम्पूर्ण 1993–94 मूल्यों के तत्व मूल्य पर मापी गयी।

**तालिका 1**

*पंचवर्षीय योजना में वृद्धि प्रदर्शन*

| *योजना* | *लक्ष्य* | *वास्तविक* |
|---|---|---|
| पहली योजना (1951-56) | 2.1 | 3.60 |
| दूसरी योजना (1956-61) | 4.5 | 4.21 |
| तीसरी योजना (1961-66) | 5.6 | 2.72 |
| चौथी योजना (1969-74) | 5.7 | 2.05 |
| पांचवीं योजना (1974-79) | 4.4 | 4.85 |
| छठी योजना (1980-85) | 5.2 | 5.54 |
| सातवीं योजना (1985-90) | 5.0 | 6.02 |
| आठवीं योजना (1992-97) | 5.6 | 6.68 |
| नौवीं योजना (1997-2002) | 6.5 | 5.50 |

तालिका 1 सकल घरेलु उत्पाद (GDP) के अनुसार भारतीय अर्थव्यवस्था की वृद्धि को दर्शाती है, जो संबंधित है उन लक्ष्यों के जो विभिन्न योजनाओं में निर्धारित किए गए थे, जबसे योजनाओं को प्रारम्भ किया गया था। पूर्व नौ योजनाओं में से पांच योजनाओं में अर्थव्यवस्था ने लक्ष्य से बेहतर प्रदर्शन किया और दूसरी योजना में भी फासला अधिक नहीं था। जहां तक

तीसरी और चौथी योजनाओं की बात है, कमियों का मुख्य कारण था वर्ष 1965 एवं 1966 का सूखा और 1965 का भारत-पाक। चौथी योजना ने सूखे के लगातार तीन साल अनुभव किए (1971–73) और 1973 के तेल के भावों की प्रथम उच्चता भी। सबसे महत्वपूर्ण रहा कि चौथी योजना से नौवीं योजना तक आर्थिक विकास में नियमित सुधार होता रहा, फिर उसे धक्का लगा। इसलिए साक्ष्य यही सुझाता है, कि भारत में योजना का रिकार्ड ठीक ही रहा और दसवीं योजना के दौरान पहले तीन सालों में औसत GDP की वृद्धि 6.5 प्रतिशत थी और ऐसा माना जा रहा था, कि औसत वृद्धिदर दसवीं योजना के दौरान 7 प्रतिशत से कम रहेगी, जो 8 प्रतिशत के लक्ष्य से कम होगी। ऐसा दिखाया गया था कि वृद्धि 2005–06 में 7.6 प्रतिशत तक बढ़त लेगी और इससे भी अधिक बढ़ेगी यदि उसे गति प्रदान करने हेतु तीव्र गति से सुधारात्मक उपाय किए जाते। निम्न वृद्धिदर का मुख्य कारण यह था, कि जो निवेश हेतु संसाधन उपलब्ध थे, उनके अनुरूप निवेश नहीं बढ़ा और कृषि खण्ड में भी वृद्धि की गति कम रही।

तेल के भाव में ऊंचाई से भी मध्य 2004 में मुद्रास्फीति (inflation) की गंभीर समस्या उत्पन्न हो गयी थी, परन्तु तब से यह नियंत्रण में है। निजी क्षेत्र के निवेश (Private Sector Investment – PSI) बहुत लम्बे समय की निष्क्रियता के बाद उभरा था। दसवीं योजना ने प्रत्यक्ष विदेशी निवेश (Foreign Direct Investment – FDI) के विकास के लिए अनुकूल वातावरण बनाया। बाह्य भुगतान स्थिति, वास्तविक गति द्वारा आराम से हो रही थी। 2004–05 में दसवीं योजना के प्रथम दो वर्षों के शिथिल रिकॉर्ड के उपरान्त उद्योग खण्ड का प्रदर्शन बेहतर हुआ। प्रथम तीन वर्षों का औसत 7 प्रतिशत बेहतर हुआ था जिसमें IT खण्ड के अतिरिक्त निर्माण खण्ड, औषण निर्माण, बायोटेक्नोलॉजी, ऑटोमोबाइल इत्यादि की सफलता सम्मिलित थी (*भारत, 2008*)।

## राष्ट्रीयकरण (Nationalisation)

राष्ट्रीयकरण की नीति को 1969 में अपनाया गया और उसी वर्ष 14 बैंकों का राष्ट्रीयकरण किया गया। इसके बाद कोयले की खानों का 1972 में राष्ट्रीयकरण किया गया। फिर सरकार ने एक बड़ी निजी लोहे और स्टील कंपनी और खाद्यान्न के थोक व्यापार को अपने नियंत्रण में लिया। राष्ट्रीयकरण का उद्देश्य कमज़ोर वर्गों को ऋण देना था। यह सच है कि कृषि, लघु उद्योग, व्यवसायियों, और परिवहन संचालकों के उधार का हिस्सा 1969 में 14 प्रतिशत से तीव्र गति से बढ़कर 1980 में लगभग 33 प्रतिशत और 1998 में 48 प्रतिशत हो गया और बैंकों ने ग्रामीण आर्थिक व्यवस्था के नवीनीकरण में सहायता की, परन्तु राष्ट्रीयकरण के कुछ नकारात्मक गौण परिणाम (side effects) भी हैं। निपुणता, मुनाफे की मात्रा (quantum), सर्वसाधारण को दिये जाने वाली सेवा का स्तर या जमा राशि के संग्रहण के दृष्टिकोण से यदि आंका जाए तो बैंक सरकार के दावे के बावजूद गतिनिर्धारक नहीं रही। केवल दो क्षेत्रों में – शाखाओं के विस्तार और कमज़ोर वर्गों को ऋण देने – में ही बैंकों ने आशा से अधिक कार्य किया है। बैंकों से दिये जाने वाले ऋण वास्तव में दरिद्र व्यक्तियों को न दिये जाकर उन व्यक्तियों को दिये जाते हैं, जिनके पास राजनीतिक सहारा होता है। इन ऋणों में से अधिकांश वे हैं जो कभी वसूल ही नहीं किए जाते। 1990 में जब राष्ट्रीय मोर्चा सरकार सत्ता में आई तो उसने किसानों के 10,000 रुपए से नीचे के ऋण माफ़ करने की नीति की घोषणा की, जबकि केन्द्र और राज्य सरकारों को इसके भार को बांटना था। केवल केन्द्र का ही भार 2,600 करोड़ और 3,000 करोड़ रुपए के बीच सम्भावित था। पूरी खेती-ऋण माफी योजना का राजकोष पर 10,000 करोड़ रुपए का भार पड़ा। कई अर्थशास्त्रियों ने इस नीति को देश के लिए हानिकारक बतलाया।

### *बीस-सूत्री कार्यक्रम (Twenty-Point Programme)*

इंदिरा गांधी ने इस कार्यक्रम को जुलाई 1975 में प्रस्तुत किया। इसका उद्देश्य निर्धनता और आर्थिक शोषण को कम करना और समाज के कमज़ोर तबके को ऊपर उठाना था। इस कार्यक्रम के पांच महत्वपूर्ण लक्ष्य थे : (i) मुद्रास्फीति नियन्त्रण, (ii) उत्पादन प्रोत्साहन, (iii) ग्रामीण जन-कल्याण,

(iv) शहरी मध्यम वर्ग को राहत, और (v) आर्थिक और सामाजिक अपराधों पर रोक। 20 सूत्री कार्यक्रम में ये कार्यक्रम सम्मिलित थे : सिंचाई क्षमता में वृद्धि, ग्रामीण रोज़गार के लिए उत्पादन कार्यक्रम में वृद्धि, अधिशेष भूमि का बंटवारा, खेतिहर मजदूरों को न्यूनतम मजदूरी, बंधुआ मजदूरों का पुनर्वास, अनुसूचित जातियों और जनजातियों का विकास, आवासीय सुविधाओं का विकास, विद्युत उत्पादन में वृद्धि, परिवार नियोजन, वृक्षारोपण, प्राथमिक स्वास्थ्य सुविधाओं का विस्तार, स्त्रियों और बच्चों के लिए कल्याणकारी कार्यक्रम, प्राथमिक शिक्षा का विस्तार, सार्वजनिक वितरण प्रणाली को सशक्त करना, औद्योगिक नीतियों का सरलीकरण, काले धन पर नियंत्रण, पेयजल सुविधाओं में सुधार, और आन्तरिक संसाधनों का विकास।

जब जनता दल मार्च 1977 में केन्द्र में सत्ता दल बना तो सरकार के परिवर्तन के साथ-साथ इस कार्यक्रम को बंद कर दिया गया। फिर जनवरी 1982 में इस कार्यक्रम को संशोधित रूप के साथ पुनः लागू कर दिया गया। दूसरी चीजों के साथ इस संशोधित कार्यक्रम में ग्रामीण विकास में तीव्र गति लाई गई और ग्रामीण निर्धनता पर सीधा प्रहार किया गया। इसके अतिरिक्त अनुसूचित जातियों और जनजातियों को ऊपर उठाने के लिए विशेष योजनाएं बनाई गईं।

छठी योजना (1980-85) के दौरान हुए अनुभवों को मद्देनज़र रखते हुए बीस-सूत्री कार्यक्रम की अगस्त 1986 में पुनःसंरचना की गई और इसमें संशोधन लाया गया। इस पुनर्निर्मित कार्यक्रम के उद्देश्य थे : निर्धनता का उन्मूलन, उत्पादन में वृद्धि, आय की असमानताओं में कमी, सामाजिक और आर्थिक विषमताओं को हटाना, और जीवनस्तर में सुधार। 20 सूत्री कार्यक्रम की 1986 की पुनर्निर्मित योजना में निम्नांकित वचनबद्धताएं हैं : ग्रामीण दरिद्रता पर प्रहार, वर्षा पर आश्रित कृषि के लिए रणनीति, सिंचाई के पानी का और अच्छा उपभोग, और बड़ी फसलें, भूमि सुधारों का प्रवर्तन, ग्रामीण मजदूरों के लिए विशेष कार्यक्रम, शुद्ध पेयजल, सबके लिए स्वास्थ्य लाभ, दो बच्चों का मानदण्ड, शिक्षा का विस्तार, अनुसूचित जातियों और जनजातियों को न्याय, स्त्रियों के लिए समानता, युवाओं के लिए नए अवसर, लोगों के लिए आवास, गंदी बस्तियों का सुधार, वानिकी के लिए नई रणनीति, पर्यावरण की संरक्षा, उपभोक्ता में दिलचस्पी, गांवों के लिए बिजली, और सहानुभूतिपूर्ण प्रशासन। यह तथ्य कि ग्रामीण लोग और शहरी निर्धन आज अधिक असन्तुष्ट और कुण्ठित हैं, इस बात का संकेत देता है कि बीस-सूत्री कार्यक्रम अपनी वचनबद्धताओं को पूरा करने में असफल रहा है।

## निर्धनता उन्मूलन कार्यक्रम (Poverty Alleviation Programmes)

इन निर्धनता उन्मूलन कार्यक्रमों को निम्नलिखित प्रकार से वर्गीकृत किया गया है : (1) स्वरोजगार कार्यक्रम, (2) वेतन रोजगार कार्यक्रम, (3) खाद्य सुरक्षा कार्यक्रम (4) सामाजिक सुरक्षा कार्यक्रम (5) शहरी निर्धनता उन्मूलन कार्यक्रम। यहां हम मुख्यतः उन कार्यक्रमों/योजनाओं की चर्चा करेंगे। जिनका लक्ष्य ग्रामीण क्षेत्र के निर्धनों के लाभों की ओर है।

### *समन्वित ग्रामीण विकास कार्यक्रम (Integrated Rural Development Programme)*

समन्वित ग्रामीण विकास कार्यक्रम (IRDP) के उद्देश्यों, विषय, प्रक्रिया, संरचना, निष्कर्ष एवं प्रभाव को महत्व देते हुए विभिन्न तरीकों द्वारा देखा जा सकता है। इस कार्यक्रम के बारे में सोचा गया क्योंकि छठी पंचवर्षीय योजना के अनुसार, सभी योजनाएं एवं कार्यक्रम क्षेत्र के पूर्ण विकास, स्थानीय जनसंख्या को लाभों के वितरण, मुख्यतः समाज के कमजोर वर्गों के लिए पर्याप्त नहीं थी। इसलिए यह कार्यक्रम आवश्यक था।

स्थानीय निधि, स्थानीय जरूरतों और पर्यावरण संतुलन के अधिकतम उपयोग के लिये विभिन्न कार्यक्रमों का एकीकरण करना जरूरी हो गया था। योजना स्तर पर एकीकरण को समस्त कार्यक्रमों को पूर्ण विकास के लिए एक साथ सम्मिलित करने के लिए सोचा गया।

पूर्णतया विकास की आवश्यकता एकाएक अचानक ही घटित नहीं हुई, क्योंकि इसके पीछे एक लम्बा इतिहास था। सामुदायिक विकास बहुत ही स्फूर्ति से प्रस्तावित हुआ और सभी को यही उपेक्षित था कि यह एक परिवर्तन लेकर आएगा। हालांकि, बलवंतराय मेहता समिति (1957) ने इसे असफल माना और लोगों की भागीदारी बढ़ाने के लिए प्रशासन के त्रि-स्तरीय प्रणाली (Three tier system) का सुझाव दिया।

यद्यपि पंचायतीराज बहुत सारे राज्यों में प्रस्तावित किया गया था, परन्तु वह बहुत मायनों में एक समान नहीं था और उसने तंत्र को बहुत राजनीति की ओर झुका दिया और विशिष्ट वर्ग, उच्च वर्ग के लोगों के लिए प्रबन्ध किया। इस प्रकार का प्रशासन विकास पूर्ण गतिविधियों के क्रियान्वयन के लिए सेहतमंद वातावरण बनाने में असक्षम रहा। निःसन्देह, महाराष्ट्र एवं राजस्थान जैसे राज्यों में पंचायतीराज विकास गतिविधियों का अच्छी प्रकार से क्रियान्वयन कर रहा है।

1970 के आरभ में एक अलग से पंजीकृत संस्था प्रस्तुत की गयी थी, जो विकासात्मक गतिविधियों के प्रशासन में परिवर्तन बिन्दु बनी। प्रशासनिक ढांचे में परिवर्तन का उद्देश्य, कार्य को सक्षम एवं प्रभावी बनाना था। इसके अंतर्गत Small Farmers Development Agency (SFDA) और Marginal Farmers and Agricultural Labourers Agency (MFLA) एवं कुछ अन्य कार्यक्रम इसके हिस्से बने।

छठी योजना में ऐसा कहा गया, कि कोई भी कार्यक्रम सम्पूर्ण राष्ट्र को सम्मिलित नहीं कर पाया था और बहुत सारी एजेंसियों के द्वारा ही ग्रामीण क्षेत्र के निर्धनों के लिए विविध कार्यक्रम संचालित किए जा रहे थे। इसे रोकने की बहुत जरूरत थी और एक अकेले संघठित कार्यक्रम जो पूरे देश में संचालित था, उसे प्रतिस्थापित किए जाने की आवश्यकता थी। ऐसा कार्यक्रम समन्वित ग्रामीण विकास कार्यक्रम (IRDP) कहलाया जाएगा।

इस कार्यक्रम के मुख्य उद्देश्य गरीबी रेखा के नीचे जो परिवार हैं, उन्हें पहचानना एवं उन्हें उत्पादकता के गुण, तकनीकी और कुशलता उपलब्ध कराना, उन्हें गरीबी रेखा को पार करने में सामर्थ्य प्रदान करना, रोजगार के अवसरों को अधिकाधिक करना, ग्रामीण जनता की आय को बढ़ाना और खाद्य उत्पादन को अधिक बढ़ाना है।

1981 की जनगणना के अनुसार, ग्रामीण घरों की कुल संख्या 90.87 करोड़ थी। ऐसा मानते हुए कि 50 प्रतिशत ग्रामीण जनता निर्धन रेखा के नीचे रहती है, ऐसा अनुमानित किया गया था कि 45 करोड़ ग्रामीण जनता गरीबी रेखा से नीचे रह ही थी। छठी योजना के अंत तक IRDP को इस प्रकार बनाया गया था कि वह 15 करोड़ ग्रामीण परिवारों को जो गरीबी रेखा से नीचे रह रहे थे उन्हें सहायता प्रदान करे।

IRDP ने छठी योजना में 3000 परिवारों को एक खंड (block) में सम्मिलित किया, जिनमें से 30 प्रतिशत को अनुसूचित जाति एवं जनजाति परिवार होना था। साथ ही सभी संसाधनों में से कम से कम 30 प्रतिशत सब्सिडी और ऋण अनुसूचित जाति एवं जनजातियों में वितरित हो। समस्त परिवारों में से दो तिहाई को कृषि एवं सम्बद्ध गतिविधियों के अंतर्गत सहायता प्रदान होनी थी और एक तिहाई को द्वितीयक और तृतीयक गतिविधियों की तरफ जाना था।

छोटे किसानों को 25 प्रतिशत सब्सिडी मिलनी थी, जबकि सीमान्त (marginal) किसान, कृषि श्रमिकों, अकृषि श्रमिकों और ग्रामीण शिल्पकारों को 33.3 प्रतिशत आर्थिक सहायता मिलनी थी। जो हिताधिकारी अनुसूचित जातियों से संबंधित थे, उन्हें 50 प्रतिशत आर्थिक सहायता मिलनी थी। अधिकतम आर्थिक सहायता जो अजनजातीय हिताधिकारी को मिलनी थी वो थी, 3000 रुपए, जबकि जनजातीय उच्चतम राशि 5000 रुपए थी।

IRDP की गतिविधियां प्राथमिक, द्वितीयक और तृतीयक खण्डों तक फैली हुई थीं। इन गतिविधियों के अतिरिक्त अन्य कार्यक्रम जैसे रोजगार, प्रशिक्षण, सिंचाई और आय की बढ़त भी प्रशासनिक सुविधा के लिए लाए गए।

विभिन्न गतिविधियों हेतु उपलब्धियों, क्षमताओं एवं तकनीक के संदर्भ में निवेशों का प्रबंध किया गया। इकाई का आकार और व्यापार के हिसाब से आर्थिक मदद 500 रुपए से 9,000 रुपए तय की गई। यह जिला परामर्श समिति (District Consultation Committee) द्वारा निर्धारित की गयी और यह दी गयी मार्गदर्शिका पर आधारित हैं।

छठी योजना के दौरान, 35 लाख रुपए प्रत्येक खण्ड (block) को दिए गए जिसमें राज्य और केन्द्र का बराबर हिस्सा था। खण्ड को ऋण संस्थाओं से 75 लाख का ऋण जुटाना था। पूर्ण रूप से खण्ड ने पांच सालों तक 3000 परिवारों को गरीबी रेखा से ऊंचा उठाने के लिए करीबन 105 लाख रुपए खर्च कर दिए। निर्धनों में से निर्धनतम को सहायता प्रदान करना आवश्यक था।

## *इंदिरा आवास योजना (Indira Awaas Yojana – IAY)*

यह योजना अनुसूचित जनजातियों के सदस्य, आजाद बंधुआ मजदूर और आम ग्रामीण निर्धन जो गरीबी रेखा से नीचे रहते हैं, के घरों के निर्माण के लिए अनुदान उपलब्ध कराने के लिए शुरू की गई थी। यद्यपि यह 1985–86 के दौरान केन्द्र सरकार द्वारा ग्रामीण भूमिहीन रोजगार गारंटी कार्यक्रम (Rural Landless Employment Guarantee Programme – RLEGP) के अंतर्गत प्रारम्भ की गयी थी, परन्तु यह जवाहर रोजगार योजना (JRY) के अंतर्गत उप–योजना बन गयी और जनवरी 1996 से यह एक आत्मनिर्भर योजना बन गयी है।

इस योजना के साक्ष्य (target) समूह के अंतर्गत निम्न लोगों को भी जोड़ा गया : भूतपूर्व सैनिकों, विधवाएं, सैन्य बल के फौजियों के निकटतम संबंधी, पैरामिलिट्री बलों के शहीद। आय को तरीका ना मानते हुए, इन सभी को इस अवस्था पर शामिल किया गया कि वे (अ) ग्रामीण क्षेत्रों में रहते हों, (ब) अब तक किसी अन्य परियोजना में न आते हों, और (स) जिन्हें आश्रय या घर के नवीनीकरण की आवश्यकता हो। अनुसूचित जाति एवं जनजाति वर्गों के लिए 60 प्रतिशत आरक्षण है। प्रत्येक पंचायत के लिए, DRDA अथवा जिला परिषद् से आवंटन सूची प्राप्त करने के बाद हिताधिकारियों की पहचान ग्राम सभा द्वारा की जाती है। जो चुनाव ग्राम पंचायत करती है, उसके लिए पंचायत यूनियन से सहमति लेना जरूरी नहीं है, यदि चुनाव की प्राथमिकता का आदेश IAY योजना के निर्देशों के अनुसार हो।

घरों का आवंटन परिवार की महिला सदस्यों के नाम पर किया जाता है। इसके विपरीत, यह पति एवं पत्नी दोनों के नाम पर भी आवंटित किया जा सकता है। घरों के निर्माण के लिए परिवार के श्रमिक पूरा श्रम लगा देते हैं और IAY मकानों का निर्माण करने के लिए किसी ठेकेदार को अनुमति नहीं दी जाती। दूसरे शब्दों में, हिताधिकारी या अधिभोक्ता बहुत ही कम कुशल श्रमिक को लेकर मकान का निर्माण करते हैं।

निर्माण के लिए कम खर्च व दुरुस्त तकनीक और सामग्री उपयोग में लाई जाती है, जो प्रकृति में पर्यावरण के अनुकूल होनी चाहिए। इस संदर्भ में राज्य सरकार हिताधिकारियों को महत्वपूर्ण सूचना उपलब्ध कराती है। पीने का पानी, ईंधन, कुशल चूल्हे और नालियों की स्वच्छता को पक्का किया जाता है। राज्य सरकारें सामाजिक वानिकी (social forestry) के माध्यम से पर्यावरण सुधारों को निश्चित करती हैं। स्वच्छ शौचालयों एवं धुआंरहित चूल्हों के लिये गैर सरकारी संगठनों की भागीदारी को प्रोत्साहित किया जाता है।

DRDA अथवा अन्य एजेन्सियों द्वारा अपनी-अपनी राज्य सरकारें निरीक्षण एवं आकलन करती हैं। नामी अनुसंधान संस्थाएं आकलन का अध्ययन करके भारत सरकार को सारा ब्यौरा देती हैं। विवेचन के आधार पर जो सुझव दिये जाते हैं, उसकी रिपोर्ट भी केन्द्र सरकार को दी जाती है।

### *प्रधानमंत्री ग्रामोदय योजना - ग्रामीण आवास (Pradhanmantri Gramodaya Yojana – Gramin Awaas)*

विशालता और अतिआवश्यकताओं को देखते हुए, भारत सरकार ने ग्रामीण क्षेत्र के गरीब जो गरीबी रेखा से नीचे रह रहे थे, उनके गृह प्रबंध को आगे बढ़ाने करने के लिए एक व्यापक कार्यक्रम प्रारम्भ किया। हालांकि इंदिरा आवास योजना (IAY) क्रियान्वयन में है, ग्रामीण विकास योजना आश्रय प्रदान करने के लिए एक अतिरिक्त कार्यक्रम है। लक्ष्य समूह, हिताधिकारियों की पहचान, मकानों का आवंटन, प्राथमिकताएं, स्थिति, हिताधिकारियों की भागीदारी, निरीक्षण और आकलन इंदिरा आवास योजना के समान ही हैं।

यह योजना 2000-01 में आरम्भ की गयी थी और प्राथमिक सेहत (primary health), प्राथमिक शिक्षा, ग्रामीण गृह प्रबंधन, पेयजल और पोषण को केन्द्रित करने के लिए 104.79 करोड़ रुपए आवंटित किए गए थे। मुख्य बिन्दु यही है कि इसका विस्तार सिर्फ ग्रामीण क्षेत्रों में ही है।

### *सम्पूर्ण ग्रामीण रोज़गार योजना (Sampoorna Gramin Rozgar Yojana)*

जनसंख्या विस्फोट, मानसून में कमी, प्राकृतिक आपदायें एवं अन्य ऐसे मिलते-जुलते अवयव हैं, जो भारत में, मुख्यतः गांवों में बेरोज़गारी जैसी समस्याओं को जन्म देते हैं। ऐसा देखा गया था कि बेरोज़गारों की संख्या समय के साथ बढ़ती ही जा रही थी, इसलिए भारत सरकार ने रोज़गार के अवसरों के साथ खाद्य सुरक्षा की बहुत सारी योजनायें प्रस्तावित कीं। ऐसा विचार था कि रोजगार के द्वारा उपलब्ध मानव संसाधनों को बहुतायत एवं सक्षम उपयोग किया जा सकता है, जिससे निर्धन्ता घटाई जा सकती है, असमानता कम की जा सकती है और पोषण का स्तर बढ़ाया जा सकता है।

इसी आधार से भारत सरकार ने पहले से चल रही रोजगार आश्वासन योजना (Employment Assurance Scheme – EAS) को जवाहर ग्राम समृद्धि योजना में विलीन करके एक नयी योजना बनाई, जिसे नाम दिया गया सम्पूर्ण ग्रामीण रोजगार योजना (SGRY) जिसे 25 सितम्बर 2001 से लागू किया गया।

SGRY को प्रथम रूप से इसलिए लाया गया था, ताकि वह गांवों में अतिरिक्त आय और रोजगार को आगे बढ़ा सके और इससे वह खाद्य सुरक्षा उपलब्ध करा पाए एवं पोषण स्तर को सुधार सके। इसके अतिरिक्त, गांवों में सामुदायिक, सामाजिक और आर्थिक उपलब्धियों का सृजन और बुनियादी ढांचे का विकास द्वितीयक उद्देश्य हैं।

यह सभी ग्रामीण निर्धनों को, जिन्हें रोज़गार की जरूरत है, फिर चाहे वह अकुशल हो या हस्तचलित, को सम्मिलित करता है। यद्यपि यह केन्द्रीय योजना है, हिस्से का 25 प्रतिशत सम्बन्धित राज्य सरकार वहन करेगी, केंद्र शासित प्रदेशों का सारा अनुदान केन्द्रीय सरकार से प्रोत्साहित होगा। हालांकि इस योजना के लिए उपलब्ध किया गया खाद्य पदार्थ केन्द्रीय सरकार पूर्णतया निःशुल्क प्रदान करेगी। जो लक्ष्य-समूह इस योजना के अन्तर्गत सम्मिलित हुए हैं, वे हैं कृषि श्रमिक, सीमान्त किसान, महिलाएं, अनुसूचित जाति एवं जनजाति, खतरनाक व्यवसायों से हटाये गये श्रमिक, बाल-श्रमिकों के अभिभावक, निःशक्त बच्चों के माता-पिता, इत्यादि।

यह योजना पंचायतराज संस्थाओं के माध्यम से क्रियान्वित की गयी है और महिलाओं तथा कमज़ोर वर्गों को विशिष्ट सुरक्षा उपलब्ध कराई गई है। महिलाओं को 30 प्रतिशत व अनुसूचित जाति एवं जनजाति वर्गों को 22.5 प्रतिशत् आवंटन दिया गया है। चूंकि खाद्य पदार्थ वेतन का हिस्सा हैं, हिताधिकारी को प्रतिदिन 5 किलो खाद्य पदार्थ मिलना चाहिए।

नकद राशि का भुगतान न्यूनतम मजदूरी अधिनियम (Minimum Wages Act) के अनुसार होना चाहिए और पुरुषों तथा महिलाओं को समान पारिश्रमिक मिलना चाहिए और उन्हें प्रत्येक सप्ताह के निर्धारित दिन पर भुगतान किया जाना चाहिए। योजना का निरीक्षण करने के लिए, जिला, राज्य और

पंचायत यूनियन स्तर पर ध्यान रखने एवं आकलन करने के लिए समिति का गठन किया जाना चाहिए। समय-समय पर विवेचनात्मक अध्ययन का संचालन होना चाहिए और उचित प्रारूप में रिपोर्ट केन्द्र सरकार को भेज देनी चाहिए।

एक विशिष्ट अवयव की भाँति, जो क्षेत्र आपदा से ग्रसित हैं, मुख्यतः उन नुकसानों के लिए जो कृषि को हुए हैं, उन ग्रसित क्षेत्रों में अतिरिक्त वेतन रोज़गार के रूप में, कृषि मंत्रालय द्वारा सूचना एवं सहमति के उपरान्त इस योजना द्वारा उपयुक्त सहायता मिलनी चाहिए। इस के लिए खाद्य पदार्थों के कुछ प्रतिशत को आरक्षित रखने का प्रावधान हैं।

## *अन्त्योदय अन्न योजना (Antyodaya Anna Yojana)*

यह एक केन्द्रीय सौजन्य योजना है, जिसका लक्ष्य निर्धनों को खाद्य पदार्थ प्रदान करके भारत को भूखरहित बनाना है। इस योजना को 2000 में प्रारंभ किया गया था। इसमें विचार किया गया कि एक करोड़ परिवारों की पहचान हो जिसमें 5 करोड़ निर्धनतम में से निर्धन लोगों हो, जिनको प्रति महीने गेहूं 4 रुपए प्रति किलो एवं चावल 3 रुपए प्रति किलो की दर से कुल 25 किलो खाद्य पदार्थ उपलब्ध करना है।

पंचायतराज संस्थानों, स्थानीय संस्थाएं और गैर-सरकारी संगठनों की भागीदारी के साथ, सरकार इस योजना को सार्वजनिक वितरण प्रणाली (Public Distribution System) के साथ पारदर्शिता से क्रियान्वित करना चाहती थी।

## *राष्ट्रीय ग्रामीण रोजगार गारंटी योजना (National Rural Employment Guarantee Scheme)*

राष्ट्रीय ग्रामीण रोजगार गारंटी योजना सभी ग्रामीण बीपीएल परिवारों को लाभ पहुंचाने के लिए योग्य श्रमिकों को रोजगार उपलब्ध कराने हेतु 2004 में आरम्भ की गयी थी। ऐसा अनुमानित किया गया था कि इसमें 3.86 करोड़ परिवार गरीबी रेखा के नीचे रह रहे थे।

इस योजना का विचार आठ वर्गों के काम की गारंटी देना था, जैसे कि जल संरक्षण, जल एकत्रण, सूखे से बचाव, सिंचाई, नहरें व पारम्परिक संस्थाओं का नवीनीकरण, भूमि विकास, बाढ़ नियंत्रण एवं ग्रामीण सड़कों को जोड़ना। इस योजना के लिए कुल अनुमानित लागत 39,372 करोड़ रुपए हैं। इस योजना ने वयस्क श्रमिकों, जो अकुशल और हस्तचालित (manual labour) वर्ग से थे, उनकी 100 दिन वेतन रोजगार की गारंटी दी।

इस योजना ने योग्य श्रमिक जिसने 15 दिन की निर्धारित समय सीमा के अंदर कार्य प्रस्तावित नहीं किया गया, उसे बेरोजगार भत्ता देने की गारंटी दी। यह भत्ता (allowance) वित्तीय वर्ष के प्रथम 30 दिनों के लिए वेतन दर के एक-चौथाई से कम नहीं होना चाहिए और बाद में आने वाले दिनों के लिए वेतन दर के आधे से कम नहीं होना चाहिए।

## *स्वर्ण जयंती ग्राम स्वरोजगार योजना (Swarngayanti Gram Swarozgar Yojana)*

स्वतंत्रता के पचास वर्ष की खुशी के अवसर पर, भारत सरकार ने इस योजना को 1 अप्रैल 1997 को प्रारंभ किया, उन केन्द्रीय योजनाओं को जो पूर्व में विद्यमान थीं, उन्हें भी इसमें सम्मिलित किया गया, जो कि इस प्रकार है :

1. समन्वित ग्रामीण विकास कार्यक्रम (Integrated Rural Development Programme – IRDP)
2. स्वरोजगार के लिए ग्रामीण युवाओं को प्रशिक्षण (Training of Rural Youth for Self-Employment – TRYSEM)
3. ग्रामीण क्षेत्रों में महिलाओं और बच्चों का विकास (Development of Women and Children in Rural Areas – DWCRA)

4. ग्रामीण दस्तकारों के लिए नए उपकरणों की आपूर्ति (Supply of Improved Toolkits to Rural Artisans)
5. गंगा कल्याण योजना (Ganga Kalyan Yojana – GKY)
6. मिलियन वेल्स योजना (Million Wells Scheme – MWS)

अतः ये छः योजनाएं अप्रैल 1999 से अस्तित्व में नही रहीं।

चूंकि यह योजना एक केन्द्रीय कार्यक्रम है, कोष का 75 प्रतिशत केन्द्र देखती है और शेष 25 प्रतिशत संबंधित राज्य सरकारों को देखना होता है। विभिन्न एजेन्सियां जो क्रियान्वयन प्रक्रियाओं से संबंधित हैं, वे हैं बैंक, ग्रामीण बैंक, को-ऑपरेटिव बैंक, पंचायतीराज संस्थान, जिला ग्रामीण विकास एजेंसियां, गैर-सरकारी संगठन और तकनीकी संस्थाएं।

इस योजना के निर्धारित उद्देश्य हैं 'स्वरोजगारियों' की मदद करना, उनके आय के स्तर को तीन वर्षों के भीतर 2,000 रुपए प्रति महीना करना और प्रत्येक पंचायत यूनियन में कम से कम 30 प्रतिशत बीपीएल परिवारों को निर्धनता के चंगुल से पांच वर्षों के भीतर छुड़ाना। निर्बल एवं अतिसंवेदनशील वर्गों के उत्थान के लिए आरक्षण के निम्न प्रावधान हैं – अनुसूचित जाति व जनजातियों के लिए 50 प्रतिशत, 40 प्रतिशत महिलाओं के लिए और निःशक्तजनों के लिए 3 प्रतिशत।

SGSY के अन्तर्गत आर्थिक सहायता परियोजना की लागत के 30 प्रतिशत की दर पर या ज्यादा से ज्यादा 7,500 रुपए दी जाती है। अनुसूचित जाति व जनजातियों के लिए यह सब्सिडी 50 प्रतिशत की दर पर या उच्चतम 10,000 रुपए देय है। स्वरोजगारियों के समूह के लिए यह सब्सिडी परियोजना की लागत का 50 प्रतिशत या प्रति-स्वरोजगारी 10,000 रुपए या 1.25 लाख रुपए जो भी कम हो।

प्रत्येक कार्य के लिए न्यूनतम सक्षमता की आवश्यकता का निर्धारण उन एजेंसियों द्वारा होता है जो इसके लिए बनी हैं। जैसे ही कोई व्यक्ति अथवा व्यक्तियों का समूह सहायता के लिए चिह्नित किया जाता है, उसकी प्रशिक्षण की आवश्यकताओं का भी निर्धारण हो जाता है। जिन स्वरोजगारियों के पास आवश्यक न्यूनतम कुशलताएं होती हैं, उन्हें मूल उन्मुखीकरण (orientation) कार्यक्रमों में लगा दिया जाता है, जैसे कि रिकॉर्ड का रखरखाव करना, विपणन (marketing), उत्पाद की लागत एवं मूल्य निर्धारण करना और वित्तीय संस्थानों से समन्वय करना। उपायकुशल व्यक्तियों में बैंकिंग क्षेत्र के, विकास अधिकारियों (BDOs), लाइन विभाग विपणन क्षेत्र, गैर-सरकारी संगठन और प्रशिक्षित लोग जो इस उद्देश्य के लिए हैं, उन्हें होना चाहिए।

जिन व्यक्तियों को न्यूनतम अथवा अतिरिक्त कुशलताओं की आवश्यकता है, उन्हें सरकारी संस्थाओं, आई.टी.आई., पॉलीटेक्निक, विश्वविद्यालयों, गैर-सरकारी संगठनों द्वारा प्रशिक्षण प्रदान किया जाना चाहिए। यदि प्रशिक्षण की अवधि एक सप्ताह से अधिक है, तो स्वरोजगारियों को वृत्ति का भुगतान किया जाता है और वे योग्य तभी बनते हैं जब यह प्रशिक्षण पूरा कर लेते हैं।

## *स्वयं सहायता समूह (Self Help Groups)*

यह योजना गरीबी रेखा के अधीन परिवारों को स्वयं सहायता समूह का गठन करने का अवसर प्रदान करती है। इस योजना के अन्तर्गत सामूहिक गतिविधियों को प्राथमिकता दी जाती है एवं सामूहिक कार्यों के लिए अधिक कोष आवंटित किया जाता है।

एक समूह के लिए सदस्यता की संख्या 10 से 20 हो सकती है। निःशक्त जन के लिए समूह निम्नतम् 5 की संख्या का भी गठित किया जा सकता है। एक ही परिवार से एक व्यक्ति से अधिक एक समूह में नहीं होना चाहिए और एक व्यक्ति एक से अधिक समूह का सदस्य नहीं होना चाहिए। यह समूह सोसायटी अधिनियम के अन्तर्गत एक पंजीकृत समूह हो सकता है या अनौपचारिक समूह हो सकता है। एक व्यक्ति अथवा समूह के समस्त सदस्य योजना का लाभ उठा सकते हैं।

प्रत्येक जिला परिषद् को विभिन्न समूह, मुख्यतः स्वयं सहायता समूह के गठन के लिए गतिशीलता की प्रक्रिया की पहल करनी चाहिए। अभी तक, इस कार्यक्रम के अन्तर्गत् 1.80 करोड़ ग्रामीण निर्धनों का गठन हुआ है। इनमें से 47 लाख स्वरोजगारों को औसत प्रति व्यक्ति 21,000 रूपये के निवेश की विकास सहायता दी गयी है, जिसमें 7,500 रूपये सब्सिडी के रूप में है। इनमें 21.3 लाख स्वरोजगारी अनुसूचित जाति एवं जनजाति वर्ग के थे।

कुल मिला कर, भारत में नई सहस्त्राब्दी की शुरुआत में 1932 लाख गरीब थे। स्वतंत्रता के पश्चात भारत में विकास की योजना प्रक्रिया का एक बड़ा उद्देश्य निर्धनता उन्मूलन रहा है। अन्तर्राष्ट्रीय उद्देश्य को प्राप्त करने के लिए ग्रामीण क्षेत्रों का विकास व निर्धनता में कमी लाना एक महत्वपूर्ण मुद्दा है। केन्द्र एवं राज्य सरकारें ग्रामीण निर्धनों के कल्याण हेतु सेहत, शिक्षा एवं अन्य सुविधाओं के लिए पर्याप्त प्रावधानों का आवंटन कर रही हैं। निर्धनता रोधी कार्यशैली एवं कार्यक्रम ने सही मायने में ग्रामीण लोगों के लिए रोजगार के अवसर प्रदान किए हैं एवं आय को बढ़ाया है। ग्रामीण क्षेत्रों गरीबी का अनुपात 1993-94 में 37.3 प्रतिशत से घटकर 2000 में 27.1 प्रतिशत रह गया, जो विकास योजनाओं की सफलता का सूचक है। ग्रामीण व शहरी निर्धनता का प्रतिशत 1977-78 में क्रमशः 53.1 एवं 45.2 था, जो घट कर 1999-2000 में क्रमशः 27.1 एवं 23.6 प्रतिशत रह गया था। ग्रामीण निर्धनों की संख्या 1977-78 में 264 करोड़ से घट कर 1999-2000 में 193 करोड़ रह गयी थी।

अब हम निर्धनता रोधी कार्यक्रमों में एक ऐतिहासिक कार्यक्रम की चर्चा करेंगे जिसने भारत में ऐसे कार्यक्रमों के इतिहास में मोड़ ला दिया।

## *महात्मा गांधी राष्ट्रीय ग्रामीण रोजगार गारंटी योजना/महात्मा गांधी राष्ट्रीय ग्रामीण रोजगार गारंटी अधिनियम (MNREGS/MNREGA)*

महात्मा गांधी राष्ट्रीय ग्रामीण रोजगार गारंटी योजना (MNREGS) का लक्ष्य ग्रामीण परिवारों के उन वयस्क सदस्यों, जो अकुशल हस्तचालित कार्य को स्वेच्छा से करना चाहते हैं, को वित्तीय वर्ष में 100 दिनों के वेतन रोजगार की गारंटी देकर आजीविका को सुरक्षा प्रदान करना है। यह समस्त भारत में कल्याणकारी तरीके के साथ 2005 में क्रियान्वित की गयी थी। MNREGA इस तरह का प्रथम अधिनियम है, जो मुख्य रूप से काम की मांग और आजीविका कमाने का अधिकार प्रदान करता है। यह तभी सफल मानी जाएगी, जब वंचित, अनुसूचित जाति व जनजाति वर्ग, महिलाएं और निःशक्तजन जो इस कार्यक्रम में सम्मिलित किए गए हैं, वे लाभ अर्जित कर पाएंगे, जैसा कि संविधान के प्रावधानों में घोषित किया गया है। MGNREGS की सफलता समाज के लिए एक उम्मीद है, जो निर्धन के अधिकारों के लिए लड़ रही है। हालांकि यह एक विकासशील राज्य के लिए एक समीक्षा का विषय होगा, अगर यह अपने लक्ष्यों को अर्जित न कर पाए।

हालांकि वर्तमान समय में इसके क्रियान्वयन के कुछ ही वर्षों में, बहुत से राज्यों मे भ्रष्टाचार के उदाहरण दिखाई दे रहे हैं। वहीं दूसरी ओर, सूचना की पारदर्शिता को बनाये रखने के लिए MGNREGS में नौकरियों को नियमित करने एवं आवंटित राशि पर नजर रखने के लिए नियमित रूप से सामाजिक अंकेक्षण (social audits) का संचालन भी किया जा रहा है। यद्यपि MGNREGS एक मांग संचालित कार्यक्रम है और कार्य की उपलब्धता श्रमिकों की जरूरतों पर निर्भर करती है, परन्तु यह सरकार का कर्त्तव्य है कि वह जागरूकता कार्यक्रमों को इस प्रकार चलाये कि वंचित को अत्यधिक लाभ मिले। यह अधिनियम (Act) ग्रामीण आजीविका के प्राकृतिक संसाधन आधार (natural resource base) को मजबूत करना चाहता है। यह योजना प्रभावी तरीके से क्रियान्वित होने पर निर्धनता को परिवर्तित करने की क्षमता रखती है।

बहुत अरसे से चलती आ रही सामाजिक कार्यकर्ताओं की ''जीने के अधिकार'' का दावा करने वाली इस योजना को बहुत संघर्ष के बाद एक अधिनियम की तरह लागू किया गया। यह अधिनियम 5 सितम्बर 2005 में पारित हुआ और फरवरी 2006 में लागू किया गया। यह अधिनियम भारत के 27

राज्यों में आरंभ किया गया। चुने हुए जिलों/राज्यों में ग्रामीण अर्थव्यवस्था को परिवर्तित करने हेतु सरकार और सामाजिक संस्थाएं, नगरीय समाज संगठन इस कार्यक्रम को एक महत्वपूर्ण अवसर के रूप में देखने लगे, क्योंकि यह प्रति परिवार, 100 दिन का रोजगार प्रदान करने का आश्वासन देती है और बुनियादी ढ़ांचे के सुधार जिसमें गांव की उत्पादक उपलब्धियां (productive assets) निहित हैं, उनके लिए पर्याप्त संसाधन उपलब्ध कराती है। कार्यक्रम के संचालन के शुरुआत के तीन वर्षों में निवेश न केवल प्रक्रियाओं एवं तंत्रों के निर्माण में हुआ है वरन संचालन विवरण के विकास में भी हुआ है। यही नहीं, बहुत से राज्य, गरीब परिवारों के रोजगार उत्पन्न करने हेतु इस कार्यक्रम के प्रभावी क्रियान्वयन के लिए आगे बढ़ें हैं। क्रियान्वयन की प्रक्रिया एवं संचालन में कठिनाइयों के बारे में परिवार/कुटुम्ब, गांव एवं पंचायती स्तर पर मूल-स्तरीय आंकड़े (groudlevel data) उत्पन्न किए गए हैं।

योजना के उद्देश्य निम्न प्रकार हैं–

- जब अन्य रोजगार के विकल्प बहुत ही कम अथवा अपर्याप्त हों, तब रोजगार का स्रोत उपलब्ध कराना, जिससे अतिसंवेदनशील समूहों के लिए मजबूत सामाजिक सुरक्षा की व्यवस्था हो सके।
- उस क्षेत्र में रोजगार प्रदान करना जहां चिरकालिक (chronic) निर्धनता हो, जैसे सूखा, वन-कटाई और भू-क्षरण।
- अधिकारों पर आधारित कानून की प्रक्रियाओं द्वारा ग्रामीण निर्धनों का सशक्तिकरण।
- पारदर्शिता एवं मूलतः प्रजातंत्र के नियमों पर आधारित शासन सुधार के मॉडल के रूप में स्थापित करना।

प्रत्येक ग्रामीण परिवार के वयस्क सदस्यों, जो अनौपचारिक हस्तचालित कार्य स्वेच्छा से करने को तैयार हैं, वे लोग ग्राम पंचायत में पंजीयन करवा सकते हैं। पंजीयन पांच वर्ष तक मान्य होता है तथा इसका नवीनीकरण भी हो सकता है। आवेदन की प्राप्ति के 15 दिन के भीतर पंजीकृत व्यक्ति को रोजगार मिल जाता है। आवेदन न्यूनतम 14 दिनों तक लगातार कार्य करने के लिए होता है। ग्राम पंचायत को मान्य आवेदन पर सहमति करनी होती है और प्राप्तकर्ता को दिनांक की रसीद देनी होती है। जिन आवेदकों को काम दिया जाता है, उन्हें लिखित में सूचित किया जाता है। उन्हें 5 किमी के दायरे में काम उपलब्ध कराया जाता है। अगर काम पांच किमी के दायरे के बाहर होता है, तो श्रमिकों को प्रतिदिन के न्यूनतम वेतन का 10 प्रतिशत अतिरिक्त भुगतान करा जाता है।

2 फरवरी 2006 को पहले चरण में यह अधिनियम 200 जिलों में अधिसूचित हुआ था और और फिर 2007–08 के वित्तीय वर्ष में यह 130 अतिरिक्त जिलों में विस्तृत हुआ। (1 अप्रैल 2007 में 113 जिले अधिसूचित हुए और उत्तर प्रदेश के 17 जिले, 15 मई 2007 में अधिसूचित हुए)। बाकी बचे हुए जिले MGNREGA के अन्तर्गत अप्रैल 2008 से अधिसूचित हुए। इस प्रकार, MGNREGA पूर्णतया समस्त देश को सम्मिलित करता है, सिवाय उन जिलों के जहां शत प्रतिशत शहरी जनसंख्या है। जैसा कि अधिनियम द्वारा निर्धारित है, इस अधिनियम के अन्तर्गत जो योजना है, वह एक केन्द्रीय सौजन्य योजना की तरह क्रियान्वित की जाएगी और राज्य भी इसमें भागीदारी होंगे।

वेतनों का भुगतान प्रत्येक सप्ताह किया जाएगा और पन्द्रह दिनों से ज्यादा देर नहीं की जाएगी। किसी भी प्रकार के विलम्ब में श्रमिकों की क्षतिपूर्ति वेतन भुगतवान अधिनियम के अनुसार की जाएगी। किसी भी प्रकार का लिंग आधार (gender bias) नहीं माना जाएगा। किसी प्रकार की चोट का उपचार व क्षतिपूर्ति, कार्य स्थल पर सुरक्षित पेयजल, छोटे बच्चों की देखभाल, आराम का समय और प्राथमिक उपचार के डिब्बे का प्रावधान होगा। साथ ही ठेकेदारों एवं मशीनों पर रोक। किसी भी योजना के कुल खर्च में से न्यूनतम 60 प्रतिशत वेतन पर होना चाहिए। मूल्यों के संदर्भ में, योजनाओं का 50 प्रतिशत ग्राम पंचायतों के माध्यम से क्रियान्वयन होना चाहिए। ब्लॉक में रोजगार गारंटी कार्यक्रम के क्रियान्वयन की जिम्मेदारी कार्यक्रम के ऑफिसर की होगी।

इस प्रकार, MGNREGS ने सभी वेतन रोजगार कार्यक्रमों से अलग अपनी पहचान बनाई। इसके महत्वपूर्ण पहलू हैं–

यह वेतन रोजगार के लिए अधिकारों पर आधारित ढांचा एवं वेतन रोजगार का कानूनी आश्वासन उपलब्ध कराती है।

कार्यकर्ता को रजिस्ट्रेशन के लिए आवेदन करने का चुनाव, जॉब कार्ड का प्राप्त करना, रोजगार का समय और कार्यकाल (duration), जो वह चाहता है, इन सब पर रोजगार आश्रित होता है। पहले के वेतन रोजगार कार्यक्रम आवंटन आधारित थे, पर MGNREGS मांग संचालित है। MGNREGS में संसाधन स्थानान्तरण, रोजगार के दावे पर आधारित है और यह निर्धनों की रोजगार संबंधी जरूरतों को पूरा करने के लिए राज्यों को प्रोत्साहन प्रदान करती है, जिससे अधिनियम शक्तिशाली हो। इसमें पारदर्शी व सुरक्षात्मक दस्तावेज अन्तः निर्मित हैं– जॉब कार्ड, कार्यकर्ताओं की सुरक्षा में रोजगार के लिए लिखित आवेदन, नामावलियां, मापन आदि, रोजगार आवेदन की सहमति, दिनांक की रसीदों का जारी होना, समय-सीमा कार्य का आवंटन एवं वेतन का भुगतान, कार्यस्थलों पर नागरिक सूचना पट्ट, समय-समय पर ब्लॉक, जिलों और राज्यों का सर्वेक्षण, निरीक्षण और सामाजिक अंकेक्षण। सार्वजनिक वितरण प्रणाली को जवाबदेय बनाया गया है, क्योंकि MGNREGS के परिणाम की वार्षिक रिपोर्ट केन्द्रीय सरकार संसद में प्रस्तुत करती है और राज्य सरकार, राज्य विधायिका को देती है। विशेष रूप से, जो व्यक्ति अधिनियम को क्रियान्वित करने के लिए जिम्मेदार है, वही अधिनियम के अन्तर्गत आश्वासन देने के लिए कानूनी रूप से भी जिम्मेदार है।

सरकारी रिपोर्टों के अनुसार MGNREGS के अन्तर्गत कुछ ही वर्षों के भीतर पूरे देश में 3.12 करोड़ से ज्यादा घरों को रोजगार प्राप्त हुआ। इस कार्यक्रम में 26.14 लाख में से करीबन 122.45 करोड़ मानव-दिन (man-days) उत्पन्न हुए हैं और 7.32 लाख अचल संपत्ति (assets) निर्मित हुए हैं। MGNREGS के नेशनल बुलेटिन के अनुसार कुल मानव-दिन (person-days) के 50 प्रतिशत महिला-श्रमिकों द्वारा अधिकृत हैं।

हालांकि समावेश के संदर्भ में MGNREGS के अन्तर्गत जो आंकड़ा प्रस्तुत हुआ है, वह एक आशावादी चित्र प्रस्तुत करता है, परंतु राज्यों एवं प्रदेशों का आंकड़ा बहुत ही उदास भरी कहानी बयां करता है। इसका कारण है कुछ स्थायी कुप्रथायें जो भारत में विभिन्न राज्यों में इस अधिनियम का सुचारु रूप से क्रियान्वयन नहीं होने देतीं। इसलिए कुछ राज्य समाज के अपेक्षित समूहों का समावेश कर अच्छा प्रदर्शन कर रहे हैं, जबकि बहुत सारे राज्य विभिन्न क्रियान्वयन असफलताओं के कारण पीछे रह गए हैं।

वर्ष 2006–2007 के वित्तीय वर्षों में, MGNREGA का भारत में क्रियान्वयन होने के पश्चात ऐसा देखा गया, कि केन्द्र सरकार द्वारा कुल 8,813 करोड़ रुपए खर्च किए गए हैं। उसी वित्तीय वर्ष में प्रत्येक जिले को कुछ 44.06 करोड़ रुपए आवंटित किए गए। जैसा कि ऊपर चर्चा हुई है, 2006–07 के लिए MGNREGA रोजगार सृजन करीब 90 करोड़ मानव-दिन था। वित्तीय वर्ष 2007–08 में 330 MGNREGA जिलों में संचित (cumulation) खर्च, 31 जनवरी 2008 तक 10,133 करोड़ रुपए हुआ। यह खर्च प्रति परिवार को 35 दिनों का औसत रोजगार देने के लिए पर्याप्त था। इसलिए, यदि हमें 330 जिलों में 100 दिनों का काम ढूंढ़ रहे परिवारों को रोजगार उपलब्ध कराना है, तो करीबन 29,000 करोड़ रुपए खर्च करने होंगे।

इस गारंटी को विस्तृत करते हुए भारत के सभी 604 जिलों को 2008–09 में करीबन 53,000 करोड़ रुपए का खर्च आया। MGNREGA रोजगार, प्रति ग्रामीण परिवार, मानव-दिन के संदर्भ में, एक राज्य से दूसरे राज्य में बदल गया था।

जैसे-जैसे केन्द्र MGNREGA को देश के सभी जिलों में क्रियान्वित करने के लिए सक्रिय हो रहा है, उसके क्रियान्वयन में भ्रष्टाचार एवं अनियमिततायें भी दिखाई देती जा रही हैं, जैसे झूठे जॉब कार्ड, अपूर्ण

नामावली, गायब नाम या हस्ताक्षर। इसके अलावा MGNREGA पर सरकार द्वारा किए गए अध्ययन में विभिन्न राज्यों में कार्यक्रम के क्रियान्वयन में बड़े स्तर पर भ्रष्टाचार एवं अनियमितताएं थीं जिसमें कुछ क्षेत्रों में तो अफसरों ने केंद्र कोष का दुरुपयोग किया और कार्यकर्ताओं को मुंह बंद रखने के लिए कहा गया। कभी-कभार जॉब कार्ड्स को बनाने में धोखाधड़ी सामने आई, तो कभी नामावलियों का अच्छे प्रकार से रख-रखाव नहीं किया गया और जो लोग नौकरी ढूंढ रहे थे, उन्हें भी कार्य उपलब्ध नहीं कराया गया। बहुत बार, कार्यकर्ता ने कार्य एक ही दिन किया, लेकिन उसकी उपस्थिति को 33 दिन दर्शाया गया। श्रमिकों को एक ही दिन का भुगतान किया गया, जबकि 32 दिनों का वेतन उन लोगों द्वारा 'दुरुपयोग' किया गया जो MGNREGA के कार्य संचालन से जुड़े हुए थे। असल में श्रमिकों/कार्यकर्ताओं को इस बारे में मुंह बंद रखने को कहा गया। उनमें से एक ने कहा कि MGNREGA पंचायत पदाधिकारियों के लिए वरदान है, ऐसा एक रिपोर्ट में कहा गया। ग्रामीण विकास मंत्रालय द्वारा अध्ययन की शुरुआत सितंबर 2008 में की गयी। अनुसंधान दल आन्ध्र प्रदेश, बिहार, गुजरात, मध्यप्रदेश, राजस्थान, तमिलनाडु, उत्तर प्रदेश एवं पश्चिम बंगाल पहुंचा। उन्होंने द्वितीयक सामग्री को इकट्ठा किया और क्रियान्वयन एजेन्सियों और कर्मचारियों का साक्षात्कार लेने के साथ-साथ उन्होंने कइ पदाधिकारियों (stakeholder) जैसे 'ग्राम प्रधान' और हिताधिकारी कर्मचारियों से भी जानकारी जुटाई। अध्ययन दल ने मध्यप्रदेश, उत्तर प्रदेश, गुजरात, पश्चिम बंगाल एवं बिहार में पाया कि जॉब कार्ड कर्मचारियों के पास नहीं अपितु सरपंच एवं अन्य पंचायत हिताधिकारियों के पास थे, जबकि बहुत मामलों में जॉब कार्ड झूठे थे और उनमें जाली प्रविष्टियां थीं। यह भी पाया गया कि योजना अधिकारियों, खण्ड विकास अधिकारियों एवं सरपंच में आपसी मनमुटाव के कारण योजना अधिकारियों का प्रदर्शन व उनके सामर्थ्य की कार्यशीलता प्रभावित हुई है।

कुछ स्थानों में, परियोजना अधिकारियों (POs) को परेशान करने के लिए सरपंच राजनीतिक प्रभाव का उपयोग कर रहे थे। कुछ मामलों में खंड विकास अधिकारी इस बात से चिंतित थे कि MGNREGS चैकों पर उनकी हस्ताक्षरकर्त्ता अफसरी छीन ली जाएगी। पंचायत पदाधिकारियों एवं हिताधिकारी श्रमिकों के साथ नागरिक समाज (civil society) के कुछ सदस्यों द्वारा गठित एक निरीक्षण समिति (observation committee) होनी चाहिए।

ऐसे ही मिलते-जुलते विचारों को दिमाग में रखते हुए, MGNREGA के अन्तर्गत किए गए कार्य के वेतन के भुगतान को बैंक अकाउंटों द्वारा दिये जाने का सुझाव आया, जिससे कोषों के गबन को रोका जा सके। यह प्रचलन पहले से ही भारत के बहुत सारे जिलों में शुरू हो चुका है। स्वयं के या परिवार के अन्य सदस्यों द्वारा मदद लेकर वेतन को बैंक द्वारा अर्जित किया जा सकता है। वेतन अर्जित करने वाले को अपने-अपने बैंकों में खाता खुलवाना होगा। वेतन भुगतान में विलम्ब बैंक प्रणाली की एक गंभीर समस्या है। विभिन्न राज्यों की रिपोर्टें जिनमें झारखण्ड, पश्चिम बंगाल, छतीसगढ़, राजस्थान, मध्य प्रदेश, उत्तर प्रदेश सम्मिलित हैं, यही दर्शाती हैं कि MGNREGA रोजगार में भुगतान में विलम्ब एवं घटते ब्याज की समस्या बहुत सारे राज्यों में प्रबल/प्रचलित है। यह एक सु-स्थापित तर्क है, कि ग्रामीण भारत में डाक सेवाएं तथा बैंकों का विस्तार बहुत विषम है और इसके फलस्वरूप जो श्रमिक भारत के दूरगामी दूरस्थ क्षेत्रों में रहते हैं, उनको अपना वेतन प्राप्त करने के लिए लंबा सफर करना पड़ता है, जिससे भुगतान में विलम्ब होता है। यह बहुत रुचिकर है जो उत्तर प्रदेश एवं झारखंड में सर्वे के निष्कर्ष के रूप में सामने आया है कि तकरीबन 90 प्रतिशत श्रमिक बैंक/पोस्ट ऑफिस से 5 किमी से ज्यादा की दूरी पर रहते थे, वह दूरी होने के बावजूद भी नकद की जगह बैंक द्वारा भुगतान को प्राथमिकता देते थे जो इंगित करता है, कि गहरी समस्याएं कहीं और हैं। वेतन भुगतान में गंभीर विलम्बों का महत्वपूर्ण कारण ग्रामीण बैंकों द्वारा बड़े एवं भारी खातों को नियंत्रित करने की संस्थागत असक्षमता है। उन पोस्ट ऑफिसों में जहां खातों को अभिलेख पत्रिकाओं द्वारा हस्तचालित तरीके से नियंत्रित किया जाता है, वहां स्टाफ और तकनीक की बहुत ही कमी है। हालांकि भुगतान में विलम्ब की

समस्या इससे कहीं पेचीदा है। वेतन भुगतान की प्रक्रिया के चरणों में बहुत सारी अड़चनें हैं : नामावली को भरना, काम को मापना और उपस्थिति का मिलान करना, भुगतान आदेशों को तैयार करना, अफसरों द्वारा चैकों को स्वीकृत कराना और अंततः श्रमिकों के बैंक खातों में वेतन को जमा करना। केन्द्र और राज्य के आर्थिक मानदण्ड ज्यादातर राजनीति में फंसे होते हैं, जिससे केन्द्र से राज्य तक कोषों के प्रवाद में बड़े विलम्ब से कर्मचारी बेरोजगार लाभ के लिए कानूनी रूप से हकदार हो जाते हैं, परन्तु क्षतिपूर्ति कभी कभार ही मिल पाती है, जो अधिनियम का उल्लंघन है। सरकार ने इसे स्वीकार किया है और इसे ठीक करना चाहा है। राज्य सरकारों को निर्देश दिए गए हैं कि संस्थागत खातों द्वारा एवं पंद्रह दिनों में वेतन भुगतान का 'ईमानदारी से पालन' करें। बहुत से निर्देशों का पालन हुआ, जैसे कि पंचायत स्तर पर प्रति महीने 'ग्राम रोजगार दिवस' मनाया जाना, जिसमें भुगतान के पिछले संचयों को निबटाया जाए, जिला कार्यक्रम समन्वयक (District Programme Coordinator) द्वारा समय पर वेतन भुगतान की ओर सख्त निगरानी रखी जाए।

सरकार द्वारा जो व्यापार संवाददाता मॉडल (Business Correspondent Model) हाल ही में प्रारम्भ किया गया है, वह एक प्रयास है, जिसके द्वारा भुगतान में विलम्ब की समस्या को संबोधित किया जा सके और यह निश्चित किया जा सके कि ग्रामीण निर्धन को वित्तीय सेवाएं समय पर मिलें। इस मॉडल के अन्तर्गत व्यापार संवाददाता बैंकों की तरफ से अपना कमीशन प्राप्त कर, उपर्युक्त तकनीक जैसे कि हस्तचालित कम्प्यूटर यंत्रों द्वारा, 'ग्राहकों' को वित्तीय सेवाएं प्रदान करें। हालांकि ऐसा मानते हुए कि विलम्ब की समस्या एक संस्थागत पहुंच के सरल मुद्दे से ज्यादा जटिल है, इनका निवारण इस प्रशासनिक 'नवीनता' के कार्यक्षेत्र से परे हो सकता है।

जहां क्रियान्वयन और भुगतान करने वाली एजेन्सियों को पृथक करने से भ्रष्टाचार पर अंकुश लगा है, पर गबन के कुछ प्रकार अभी भी हैं और कुछ नए उत्पन्न हो गए हैं। पहला है 'कपट', जहां अभिकर्ता (क्रियान्वयन एजेंसी) बैंक के कर्मचारियों से दलबंदी करके श्रमिकों के खातों से उनकी जानकारी के बिना पैसा निकाल लेते थे। दूसरा, 'शोषण' द्वारा, जहां निष्कपट श्रमिक अपना वेतन तो स्वयं ही निकालते थे परन्तु दबाव एवं डर के कारण कुछ हिस्सा सरपंच या ठेकेदार को दे देते हैं, जो कि एक पहले से निश्चित 'सौदे' पर आधारित होता है। तीसरे तरीके में श्रमिकों के 'दलबंदी' द्वारा क्रियान्वयन एजेंसी से मिलकर नियमावली में जाली नाम डलवा दिए जाते हैं जिससे वेतन निकाला जाता है। ऐसे भ्रष्टाचार के विरुद्ध सख्त कार्रवाई के लिए सरकार ने तय किया है कि प्रणाली में वेतन भुगतान के अवैध प्रचलन को अधिनियम के Section 25 के अन्तर्गत सजा मिलेगी। जहां एक ओर इस दण्ड धारा को लागू करके 1,000 रु. का जुर्माना कुछ हद तक उत्तरदायित्व सुनिश्चित करेगा, वहीं ऐसी पारदर्शी सुरक्षा को बनाये रखना है, जो अधिनियम में पहले से ही है। वेतनों की जन-संवीक्षण (Public Sculling) जो नियमावलियों के पाठन द्वारा है और जॉब कार्ड की आधुनिकता भी पुनः स्थापित करनी जरूरी है। यह एक शक्तिशाली प्रचलन है, क्योंकि यह श्रमिकों को अपनी उपस्थिति को सत्यापित करने में मदद करती है और वेतन के भुगतान को स्वतः ही निरीक्षण करने देती है, जिससे भ्रष्टाचार कम होता है। बैंक द्वारा भुगतान के बदलाव ने गबन के विरुद्ध महत्वपूर्ण सुरक्षा प्रदान की है और यह एक संकटपूर्ण चरण है, जिससे MGNREGA के अन्तर्गत वेतन के भुगतान का उच्च उत्तरदायित्व प्रदान किया जाता है।

सरकार इन रिपोर्टों से चिंतित होकर जिसमें MGNREGA के अन्तर्गत श्रमिकों को वेतन भुगतान में विलंब होता है, एक प्रस्ताव पर विचार कर रही है, जिसमें हक के वेतन का कुछ हिस्सा सरकार पहले से भुगतान करे। इस अग्रिम भुगतान से श्रमिका का इस योजना से जुड़ाव बना रहेगा। MGNREGA में वेतन भुगतान में चोरी को नियंत्रित करने के लिए बैंकों और पोस्ट ऑफिसों के साथ मिलकर 8 करोड़ से अधिक बचत खाते खोले गए हैं। तब भी वेतन समय पर नहीं मिल पाता क्योंकि वेतन भुगातन के लिए कार्य मापन बहुत समय ले लेते हैं। इस मुद्दे पर विचार किया जा रहा है।

योजना का सफल क्रियान्वयन निम्नलिखित पर निर्भर करता है :

1. स्थानीय सरकार एवं पंचायतों की क्षमता (तकनीक सहित) और स्वेच्छा जिससे कार्यक्रम को प्रभावी बनाने के लिए कार्य की योजना बनाई जाए।
2. कार्यक्रम की निर्देशिका और प्रचार-प्रसार स्थानीय लोगों के लिए जो कार्य को पंजीकृत और मांग करने के लिए इसका उपयोग कर सकें।
3. अभिप्रेरणा (mobilization) ताकि सामाजिक अंकेक्षण बिना किसी दमन के भय से, चल सकें।
4. MGNREGA में उत्तरदायित्व और पारदर्शिता के संदर्भ में बहुत सारे रक्षाकवच हैं। यह प्रत्येक स्तर पर निहित स्वार्थों से रोके जाने चाहिए और निरन्तर स्थानीय अभिप्रेरण (mobilization) द्वारा सुलझाए जाने चाहिए।
5. बहुत सारे औपचारिक एवं अनौपचारिक आकलन यह दर्शाते हैं कि क्रियान्वयन पहले की योजनाओं से अधिक प्रभावी है।
6. खास तौर से, बहुत सारी जगहों पर रिसाव महत्वपूर्ण रूप से कम हुआ है।
7. कृषि वेतन में उछाल उसकी सफलता है।
8. सफलता का मार्ग किसी भी प्रकार से एक समान नहीं है।
9. आर्थिक संकट के दौरान, शहरी निर्धनों को आवश्यक राहत प्रदान करने हेतु, जो ग्रामीण क्षेत्रों को लौट रहे हैं।
10. ग्यारहवीं पंचवर्षीय योजना यही दर्शाती है कि MGNREGS भारत में गरीबी उन्मूलन के लिए एक महत्वपूर्ण कार्यक्रम है।
11. MGNREGS न केवल गरीबों की आजीविका को परिवर्तित करती है वरन् ग्रामीण (अभि) शासन में भी क्रम विकास लाती है।

## *खाद्य सुरक्षा योजना (Food Security Scheme, 2013)*

यह योजना 5 जुलाई 2013 से लागू हुई और पूरे भारत में विस्तृत है। प्राथमिकता परिवारों (priority households) को प्रति व्यक्ति प्रति महीने 5 किलो खाद्य पदार्थ तथा अन्त्योदय परिवारों को प्रति महीने प्रति परिवार 35 किलो मिलना चाहिए। प्राथमिकता एवं अन्त्योदय परिवारों का संयुक्त कवरेज ग्रामीण जनसंख्या का 75 प्रतिशत एवं शहरी जनसंख्या का 50 प्रतिशत तक होगा। सार्वजनिक वितरण प्रणाली (PDS) से निर्धारित मूल्य 3/2/1 रुपए प्रति किलो चावल/गेहूं/बाजरा के लिए होंगे, जो तीन वर्षों बाद संशोधित हो जाएंगे।

इसी तरह योजना के अन्तर्गत 6 महीनों और 14 वर्ष के मध्य बच्चे एवं गर्भवती और दुग्धप्रवण माताओं को निःशुल्क खाना मिलेगा। योजना में योग्य परिवारों की पहचान के लिए, संबंधित अधिनियम में कोई निर्धारित मापदण्ड नहीं है। यह राज्य सरकारों पर छोड़ दिया गया और एक वर्ष में पूरा किया जाना है।

इस अधिनियम में राज्य खाद्य आयोग के स्थापित करने की भी सुझाव है, जिसका लक्ष्य योजना के क्रियान्वयन का निरीक्षण करना है, राज्य सरकारों एवं उनकी एजेन्सियों को सलाह देना है, व हकों के उल्लंघन की जांच करना है। राज्य आयोगों को जिला शिकायत निवारण अधिकारी (District Grievance Redressal Officer – DGRO) के आदेशों के विरुद्ध अपीलें भी सुननी होती हैं। खाद्य आयोगों के पास जुर्माना थोपने की शक्तियां भी होती हैं। यदि DGRO के आदेश को नहीं माना जाता तो संबंधित प्राधिकारी या अफसर पर 5,000 रुपए तक का जुर्माना लग सकता है! राज्य सरकारों को आंतरिक शिकायत निवारण तंत्र भी संचालित करना चाहिए, जिसमें सब सम्मिलित हों।

अनिवार्य पारदर्शी प्रावधान ये हैं : (1) सभी PDS संबंधित ब्यौरों को सार्वजनिक करन; (2) PDS व अन्य कल्याणकारी योजनाओं का समय-समय पर सामाजिक अंकक्षेण; (3) सभी स्तरों पर लेन-देन की

पारदर्शी रिकॉर्डिंग के लिए सूचना एवं प्रसारण तकनीक का उपयोग करना; और (4) अधिनियम के अन्तर्गत सभी योजनाओं को हर स्तर पर निरीक्षण करने के लिए सतर्कता समिति स्थापित करना।

## गरीबी उन्मूलन के प्रभावी उपाय (Effective Measures for Poverty Alleviation)

परिवर्तन के लिए तीव्र गतिशीलता और निर्धनता में कमी को साथ-साथ चलना चाहिए। योजना आयोग के एक पूर्व सदस्य ने भारत के आर्थिक परिवर्तन के लिए निम्नलिखित उपायों का सुझाव दिया (*संडे*, नवंबर-दिसंबर 1995: 67–69):

1. **आय का वितरण :** सरकार द्वारा आर्थिक वृद्धि की प्रेरक नीतियों से न केवल आय को ही बढ़ाना चाहिए (जिसका मतलब है, उत्पादन की वृद्धि और रोजगार) वरन भारत में आय के वितरण को भी महत्व देना अतिआवश्यक है।
2. **निजी निवेश को प्रोत्साहन :** भारत में निजी उद्योगों में पूंजी का निवेश काफी पिछड़ गया है। यह सुधर सकता है यदि ऐसा माना जाए कि लंबे समय में लाभ बढ़ते जाएंगे। उदारता अपनाने से निजी निवेश को प्रोत्साहन मिलता है।
3. **संसाधन में बढ़त और खर्चों की योजना :** जब तक निजी निवेश बढ़े, तब तक महत्वपूर्ण रूप से बुनियादी ढ़ांचे में सार्वजनिक निवेश होना चाहिए। इसके लिए संसाधनों में बढ़त एवं खर्चों की योजना होनी चाहिए। खर्चों में कमी या गैर-जरूरी खर्चों पर रोक तथा आमदनी को बढ़ाने पर ध्यान देना चाहिए। आमदनी मात्र कर को बढ़ाने से नहीं बढ़ती वरन् सुचारू रूप से कर एकत्रित करने से बढ़ती है। वर्तमान में बहुत कम संख्या में लोग आयकर का भुगतान करते हैं। हमें आज जो है, उसकी तुलना में उन लोगों की संख्या को दोगुना करना होगा, जिन्हें कर (Tax) देना होगा।
4. **मुद्रास्फीति पर नियंत्रण :** उत्पादन को बढ़ाने से मुद्रास्फीति को नियंत्रित किया जा सकता है।
5. **स्वतन्त्र बैंकिंग संस्थाएं बनाना :** बाजार आधारित प्रणाली में, हमारे पास ऐसी संस्थाएं होनी चाहिए जो स्वतन्त्र हों। हमें, इसलिए, रिजर्व बैंक की ज्यादा स्वायत्तता (automony) के लिए कार्य करना चाहिए। परन्तु ब्याज दरें एवं विदेशी विनिमय दर पूरी तरह से अनियन्त्रित नहीं होनी चाहिए। मूलभूत दरें स्थायी होनी चाहिए।
6. **विनिवेश (disinvestment) नीति का पुनर्गठन :** सार्वजनिक क्षेत्र में विनिवेश की जो नीति है, उसे, इस प्रकार से गठित किया जाना चाहिए कि यदि इकाई को हानियां हो रही हों, तो सरकार को बाहर निकल जाना चाहिए। हमारे पास निकास (exit) नीति होनी ही चाहिए। फिर, ऐसी भी इकाइयां हैं, जिनका सुधार होना चाहिए। सरकार अपने हिस्से (shares) का विक्रय कर रुपयों को सुधार में उपयोग कर सकती है। परन्तु ऐसी इकाइयां हैं, जो ऊंचे लाभ बना रही हैं। ऐसी इकाइयों के हिस्से (shares) बेचना एक तरह से उपलब्धियों को बेचने के समान है। यह एक गलत नीति है।

वामपंथी सोचते हैं कि देश में मिश्रित अर्थव्यवस्था निर्धनता को कम करने में बाधक है। न्यूनतम वेतन नीति के नहीं होने से मजदूरों में असंतोष बढ़ा है और वे उत्पादन बढ़ाने से अधिक हड़तालों में दिलचस्पी दिखाते हैं। पूंजीपति सोचते हैं कि स्वतंत्र लाइसेंस नीति नहीं होने से औद्योगिक विकास में बाधा आई है। समाजवादी सोचते हैं, कि निर्मित माल की कीमतों पर कंट्रोल, उद्योगपतियों के लाभ के हिस्से को निश्चित करना, काले धन के विरुद्ध कार्यवाही और शहरी सम्पत्ति पर नियंत्रण जैसे उपाय देश में निर्धनता का निवारण कर सकते हैं। बुद्धिजीवी और कुछ अर्थशास्त्री विश्वास करते हैं, कि कर के ढांचे में परिवर्तन, दर्शकीय उपभोग पर नियंत्रण, प्रशासनिक व्यय में कमी, वितरण प्रणाली में परिवर्तन, और मध्यम वर्ग के उद्यमियों को अधिक प्रोत्साहन राशि से निर्धनता कम होगी।

मोटे तौर पर, निर्धनता के निवारण के उपायों को चार समूहों में वर्गीकृत किया जा सकता है : (1) जो मजदूरों की मांग को प्रभावित करते हैं, (2) जो श्रमिकों की निपुणता की पूर्ति पर प्रभाव डालते

हैं, (3) जो आय के स्थानान्तरण पर प्रभाव डालते हैं, और (4) जो विद्यमान सामाजिक व्यवस्था के परिवर्तन पर प्रभाव डालते हैं। इन सब के कारण यह आवश्यक है, कि निर्धनता के उन्मूलन के लिए या कम से कम उसे काफी कम करने के लिए निम्नांकित उपाय किए जाने चाहिए।

## *रोज़गार उत्पन्न करना (Creating Employment)*

अब तक का अनुभव बताता है, कि कुछ विशेष रूप की आर्थिक गतिविधियों से रोज़गार उत्पन्न नहीं होते। इस समूह में वे सभी बड़े उद्योग आते हैं, वे सभी उद्योग जिसमें पूंजी की बड़ी राशि लगती है और वे सभी उद्योग जिनके लिए मशीनरी के पुर्जों और कच्चे माल का आयात करना होता है। ये उद्योग केवल वही माल बनाते हैं जिसमें उच्च और उच्च-मध्यम वर्गों का ही भला होता है। वे कम रोज़गार उत्पन्न करते हैं, जिस पर निर्धन निर्भर होते हैं। इसलिए छोटे और कुटीर उद्योगों और कृषि को रोज़गार उत्पत्ति के स्रोत मानकर उपेक्षित क्षेत्रों में शुरू करना चाहिए और ऋण और टैक्स के क्षेत्रों में प्रोत्साहन देना चाहिए।

MNREGS के माध्यम से रोजगार उत्पन्न करना पर्याप्त नहीं है। अब आर्थिक राजनीति में पहल करना जरूरी है। यदि 200 लाख लोग जो बेरोजगार हैं और अनुत्पादनकारी हैं, तो रोजगार मिलने से वे उत्पादनकारी हो जाएंगे तथा समुदाय के लिए विशाल उत्पादनकारी सम्पत्ति बन जाएंगे। गांवों में कार्य उत्पन्न करने एवं निर्धन लोगों की आय बढ़ाने के लिए कुछ नई योजनाएं हो सकती हैं (i) कृषकों में आर्थिक-तकनिकी ज्ञान का प्रसार; (ii) अनुपयोगी भूमि उपयोग, वृक्षारोपण एवं उद्यानकृषि में प्रशिक्षण; (iii) गांवों में शिल्पकारी इकाइयां बनाना (iv) महिलाओं के लिए लघु उद्योग को स्थापित करना; (v) सामुदायिक सुविधा केन्द्रों को स्थापित करना; (vi) और गांवों में NGOs की भूमिका को गतिशील करना।

## *वितरणात्मक न्याय (Distributive Justice)*

निर्धनता की समस्या केवल GNP विकास की ही समस्या नहीं है, अपितु वितरण की भी है। यह सही है कि धन को पहले उत्पन्न करना आवश्यक है, उसके बाद ही वह समाज के विभिन्न वर्गों में ठीक से बांटा जा सकता है। परन्तु विकास की रूपात्मकता और सीमा भी लाभों के स्तर का निर्धारण करती हैं, जब ये लाभ उन निर्धनों तक पहुंचेंगे जो समाज के बेरोमीटर हैं। इसलिए प्राथमिकताओं को बदलने की आवश्यकता है, जिससे कि धनी और निर्धनों के बीच बढ़ती असमानता को समाप्त किया जा सके। आय और संपत्ति में पूर्ण समानतावाद कदाचित संभव न हो परन्तु कम से कम ऐसे कानून तो बनाए जा सकते हैं और उन्हें क्रियान्वित भी किया जा सकता है, जिनसे धनी व्यक्ति कर की अदायगी से नहीं बच सकें और गांवों में भूमि को बेनामी स्थानान्तरणों और सौदों से बचाया जा सके।

## *मानव-भूमि अनुपात (Man-Land Ratio)*

यह सही है कि भूमि को नहीं बढ़ाया जा सकता, परन्तु उत्पादन को विकसित प्रौद्योगिकी से बढ़ाया जा सकता है। छोटे खेतों को भी उचित सिंचाई सुविधाओं, आधुनिक तकनीकों के उपयोग और विविधता से लाभप्रद बनाया जा सकता है। भारत में आदमी-भूमि अनुपात 1965 में 0.15 हेक्टेयर प्रति व्यक्ति से गिरकर 1975 में 0.13 हेक्टेयर प्रति व्यक्ति और 1995 में 0.12 हेक्टेयर प्रति व्यक्ति हो गया, परन्तु भूमि पर निर्भरता 1970 में 60 प्रतिशत से बढ़कर 1996 में 70 प्रतिशत हो गई। इसलिए यदि देश को समृद्ध (prosperous) बनाना है, तो उद्योग में अधिक कार्यशील व्यक्तियों को लगाना पड़ेगा। अमेरिका में राष्ट्रीय आय में कृषि का हिस्सा 1839 में 69 प्रतिशत से गिरकर 1928 में 12 प्रतिशत और 1992 में 4 प्रतिशत हो गया और वर्तमान में 3 प्रतिशत है। अधिकांश विकसित देशों में यही प्रतिमान रहा है।

### *जनसंख्या विकास नियंत्रण (Controlling Population Growth)*

यदि भारत की जनसंख्या किसी चमत्कार से 1947 के स्तर पर (30 करोड़) स्थिर हो जाती, तो अब तक हुआ विकास निर्धनता का पूर्णतया उन्मूलन कर देता। लोगों में आधुनिक दृष्टिकोण के अभाव के कारण निर्धनता बढ़ी है। इसका एक प्रमाण है रूढ़िवाद और प्रान्तीयता का बढ़ना, जो कि देश के कल्याण, एकीकरण और उन्नति के लिए एक खतरा बन गया है। इसलिए जनसंख्या पर नियंत्रण रखना प्रमुख कार्य होना चाहिए, चाहे वह समझाने से हो अथवा जबर्दस्ती से। जनसंख्या नियंत्रण पर एक राजनीतिक सर्वसम्मति बनाने का भी समय आ गया है। दो से अधिक बच्चों के होने पर दण्डात्मक कार्यवाही से भी व्यक्तियों के दृष्टिकोण को परिवर्तित करने में सहायता मिलेगी जो कि जनसंख्या को नियंत्रित करने के लिए आवश्यक है।

### *काले धन को समाप्त करना (Elimination of Black Money)*

बेहिसाब पैसा, कर चोरी, छिपी हुई आय एवं अघोषित धन ही कालाधन है। उद्योगपतियों, फिल्म उद्योग, व्यापारियों और निगम-क्षेत्रों द्वारा कर-अधिकारी को निरन्तर धोखा देने के लिए कई तरीके अपनाए जाते हैं। इस पैसों को प्रायः दर्शकीय उपभोग (couspicuous cousumption) और ऐसे भ्रष्ट कार्यों में खर्च किया जाता है, जिससे और अधिक आय एवं धन उत्पन्न हो। इस समस्या की छानबीन के लिए 1970 में केन्द्र सरकार ने वांचू कमेटी नियुक्त की। उसका मत था, कि कर की चोरी और कालाधन हमारे देश में ऐसे चरण पर पहुंच गए हैं कि उनसे हमारी अर्थव्यवस्था को खतरा पैदा हो गया है और वे वितरणात्मक न्याय और समानतावादी समाज के सृजन के स्वीकृत उद्देश्यों की पूर्ति के लिए एक चुनौती हो गए हैं। काले धन पर नवीनतम रिपोर्ट 1993 में राजा जे. चलैया की अध्यक्षता में राष्ट्रीय सार्वजनिक वित्त संस्थान (National Institute of Public Finance) ने तैयार की थी। यह अनुमान लगाया जाता है, कि आज काला धन पचास हजार करोड़ रुपए से साठ हजार करोड़ रुपए तक प्रतिवर्ष उत्पन्न होता है। इस रिपोर्ट के अनुसार भी कर की ऊंची दरों का वर्तमान ढांचा और आर्थिक गतिविधियों के नियन्त्रण का क्षेत्र और पेचीदगी कर की चोरी वाली आय को उत्पन्न करती है।

### *योजना का विकेन्द्रीकरण और उसका कार्यान्वयन (Decentralising Planning and its Execution)*

ग्रामीण क्षेत्रों में IRDP, NREP, RLEGP, जवाहर योजना और अन्त्योदय जैसी परियोजनाओं की सफलता के लिए यह आवश्यक है कि उनकी योजना ग्रामीण पंचायतें बनाएं। जब तक योजना और उसके कार्यान्वयन का विकेन्द्रीकरण नहीं होगा, जब तक प्रत्येक ग्राम पंचायत निर्धन परिवारों की पहचान का कार्य स्थानीय स्तर पर नहीं करेगी, ये परियोजनाएं उन लोगों को लाभ नहीं पहुंचा पाएंगी, जिनके लिए वे बनाई गई थीं। शहरी क्षेत्रों में भी नगर परिषदों को स्वरोज़गार कार्यक्रम बनाने चाहिए, जो स्थानीय संसाधनों और गंदी बस्तियों में रह रहे लोगों की कारीगरी पर आधारित हों। केवल विकेन्द्रित योजनाएं ही निर्धनता को कम करने में और उससे हमें मुक्ति दिलाने में सहायक हो सकती हैं।

### *अन्य उपाय (Other Measures)*

उपरोक्त छः उपायों के अतिरिक्त निम्न उपाय भी निर्धनता निवारण में योग दे सकते हैं : (1) समयबद्ध परिणामोन्मुखी कार्य योजना बनाना। औद्योगिक क्षेत्र में विनियोजन लाखों व्यक्तियों को रोज़गार देगा, (2) उत्पन्न विश्व बाज़ारों में भागीदारी करना, (3) अनावश्यक सरकारी ख़र्च को रोकने के लिए अत्यधिक बजट परिव्यय में परिवर्तन करना, (4) बिजली उत्पादन व वितरण में बढ़ोतरी पर बल तथा वितरण हानि में सुधार करना, (5) अवधि ऋणदायी संस्थाओं को प्रोत्साहित करना, (6) सार्वजनिक

प्रायोजित कार्यक्रम के द्वारा स्वयंसेवी संगठनों को आरम्भिक धन (seed money) देने का प्रावधान करना, (7) एशिया विकास बैंक की सहायता से बड़े शहरों में जन त्वरित पारगमन प्रणाली विकसित करना, (8) युवकों को कम्प्यूटर, इलेक्ट्रोनिक व्यापार व छोटे उद्योगों में प्रशिक्षण देने के लिए सहायता प्राप्त प्रशिक्षण केन्द्रों की स्थापना करना, (9) सुनियोजित कार्यक्रम द्वारा महिलाओं को आत्म-निर्भर बनाने में सहायता करना, (10) प्रत्येक राज्य में अधिकारियों (bureaucrats) और तकनीकज्ञों (technocrats) की प्रतिबद्ध समर्पित टीम स्थापित करना जो कार्योन्मुखी (job-oriented) प्रोग्रामों को नियोजित, कार्यान्वित व संतुलित करती रहे, (11) विकास परियोजनाओं में लोगों की सहभागिता सुनिश्चित करना, (12) पंचायती राज संस्थानों को शक्तिशाली बनाना ताकि वे ग्रामीण विकास के ज़िला और ब्लॉक दोनों स्तरों पर प्रजातंत्रीय प्रबंध के संस्थान बन सकें। सरकारी अधिकारियों को ज़िला और गांव के स्तरों पर एक ओर तकनीकी, प्रबंधकीय और विपणन सहायता देनी चाहिए और दूसरी ओर निर्धन परिवारों में सामाजिक चेतना जगानी चाहिए और उन्हें कार्य करने के लिये उद्यत करना चाहिए। (13) ग़ैर-सरकारी संस्थाओं की ग्रामीण और शहरी विकास परियोजनाओं की कार्यान्विति के लिए सहायता लेना। इसमें नियमित कर्मचारियों को न्यूनतम संख्या में रखने की आवश्कता पड़ेगी और अंशकालिक या पूरे समय के लिए परामर्शदाताओं के रूप में अनियमित कर्मचारियों की संख्या बढ़ानी पड़ेगी। ये परामर्शदाता शैक्षिक अथवा स्वयंसेवी संस्थाओं से लेने पड़ेंगे। गैर सरकारी संस्थाओं में व्यावसायिक/तकनीकी संस्थाएं, पॉलिटेक्निक संस्थान, कृषि विश्वविद्यालय, विश्वविद्यालय संकाय, प्रबंध संस्थाएं, शोध संस्थाएं, कल्याण/स्वयंसेवी संस्थाएं, व्यापार संस्थाएं और बैंकिंग क्षेत्रों के व्यावसायिक संसाधन सम्मिलित हैं।

इन उपायों के अतिरिक्त, भूमि का पुनर्वितरण, औद्योगिक एकाधिकारों की समाप्ति, राष्ट्रीय अपव्यय पर नियंत्रण, सार्वजनिक क्षेत्र में उद्यमों का कुशल और लोकतांत्रिक प्रबंध, निर्धनता को कम करने में सिद्ध होंगे।

निर्धनता में कमी लाने के लिए ये सभी कार्यक्रम इक्कीसवीं सदी की चुनौतियों से सामना कर सकते हैं। मई 1995 में दिल्ली में आठवें सार्क सम्मेलन (SAARC Summit) ने 1995 को 'गरीबी उन्मूलन वर्ष' (Year for Poverty Eradication) नामित किया एवं कार्य हेतु एक कार्यसूची को अपनाया जिसमें निहित था : (i) संसाधनों की गतिशीलता के लिए योजना; (ii) विकेन्द्रित कृषि विकास की नीति एवं (iii) छोटे पैमाने पर श्रम-प्रधान औद्योगिकीकरण।

निर्धनता पर प्रहार व्यक्तियों, सरकार, स्वयंसेवी संस्थाओं और उद्योगपतियों के बीच एक साझेदारी का आधार बन सकता है। समाज को केवल निर्धनों, वृद्धों, अशक्त व्यक्तियों और नितान्त निराश्रयों जिनके पास जीविका के कोई साधन नहीं हैं, का ही दायित्व नहीं संभालना है, अपितु उसे स्वस्थ निर्धनों और बेरोज़गारों या अल्प-बेरोज़गारों को भी जनसंख्या के एक अभिन्न अंग के रूप में स्वावलंबी बनाने में सहायता प्रदान करनी है। धनी लोग करों और कल्याणकारी योजनाओं को लेकर शिकायत कर सकते हैं, रूढ़िवादी 'बहुत अधिक सरकारी खर्चे' के विषय में बात कर सकते हैं, परन्तु निर्धनता-विरोधी परियोजनाएं अनिवार्य हैं। निर्धनों के प्रति मानवतावादी चिन्ता जितनी आज है पहले कभी नहीं रही।

जब तक हम इस बारे में दोहरी सोच रहेगी, कि कौनसी विकास प्रणाली का मार्ग अपनाएं, हम आर्थिक दृष्टि से असफल रहेंगे। संसाधनों और तकनीकी ज्ञान का अभाव हमारे विकास में बाधक नहीं है, बाधक हैं राजनीतिक नीतियों का अभाव। योजना का आधार यह तथ्य होना चाहिए कि निर्धनता एक कारण नहीं, बल्कि एक परिणाम है। निर्धनता का निवारण केवल आर्थिक उत्थान का ही प्रश्न नहीं है, अपितु यह एक सामाजिक और राजनीतिक विषय है, जिसका संबंध व्यक्तियों की राजनीतिक-सामाजिक चेतना के स्तर से है।

## REFERENCES

Ansari, Iqbal Zafar and Akhtar, Sahail, "Incidence of Poverty in India: Issues and Challenges", *Zenith*, Vol. 2, Issue 3, March, pp. 443–45.

Bagachee, S., "Poverty Alleviation Programmes in Seventh Plan: An Appraisal", *Economic and Political Weekly*, Bombay, January 24, 1987.

Becker, Howard, *Social Problems: A Modern Approach*, John Wiley & Sons Inc., New York, 1966.

Bernstein, Henry, *Rural Livelihoods: Crises and Responses*, Oxford University Press, Oxford, 1992.

Centre for Policy Research, *Population, Poverty and Hope*, Utpal Publishing House, New Delhi, 1983.

Chand, Attar, *Poverty and Underdevelopment: New Challenges*, Gian Publishing House, Delhi, 1987.

Dantwala, M.L., "Garibi Hatao: Strategy Options", *Economic and Political Weekly*, March 16, 1985.

Elesh, David "Poverty Theories and Income Maintenance: Validity and Policy Relevance", *Social Science Quarterly*, Vol. 26, 1973.

Ghate, P., *Direct Attacks on Rural Poverty*, Concept, New Delhi, 1984.

Gladwin, Thomas, *Poverty*, Little Brown, Boston, 1967.

Holborn, Martin and Haralambos, Mike, *Sociology: Themes and Perspectives* (7th edn), Harper Collins, London, 2008.

Kriesberg, Louis, "The Relationship between Socio-Economic Rank and Behaviour", *Social Problems*, Vol. 10, 1963.

Miller, S.M. and Roby, Pamela, *The Future of Inequality*, Basic Books, New York, 1970.

Ornati, Oscar, "Poverty in America", *Social Problems*, Vol. 14, 1964.

Rein, Martin, "Problems in the Definition and Measurement of Poverty", in L.A. Ferman, J.L. Kornbluh and Alan Haber (eds), *Poverty in America*, University of Michigan Press, Michigan, 1968.

Ross, Peter H. and Blum, Zahava D., *Class, Status and Poverty*, Basic Books, New York, 1967.

Sagar, Deep, "Rural Development Policies of India: A Historical Analysis", *The Indian Journal of Public Administration*, Delhi, Vol. 36, No. 2, 1990.

# 3

# बेरोज़गारी

## Unemployment

एक व्यक्ति को अपने जीवन में कई भूमिकाएं निभानी पड़ती हैं, जिनमें से उसकी अधिकतम निर्णायक भूमिका कमाने वाले एक सदस्य की है। यह निर्णायक इसलिए नहीं है कि एक व्यक्ति इस भूमिका को निभाने में अपने जीवन का लगभग एक-तिहाई समय लगा देता है, अपितु इसलिए कि यह उसकी आजीविका और प्रस्थिति को निर्धारित करती है तथा उसको अपने परिवार की सहायता और अपने परिवार और समाज के सामाजिक दायित्वों को पूरा करने के योग्य बनाती है। यह उसे शक्तिशाली भी बनाती है। यदि सक्षम और अन्तर्निहित शक्ति रखने वाला व्यक्ति काम करने से इंकार करता है या उसे काम नहीं मिलता है तो न केवल उसे समाज में कोई प्रतिष्ठा मिलती है, अपितु वह अनेक भावनात्मक एवं सामाजिक समस्याओं से ग्रसित भी हो जाता है। उसकी दशा से वही प्रभावित नहीं होता, बल्कि उसका परिवार और समाज भी प्रभावित होते हैं। इसमें कोई आश्चर्य नहीं यदि बेरोज़गारी को समाज की सबसे महत्वपूर्ण समाजशास्त्रीय समस्या कहा गया है। इसलिए ऐसी सब संस्कृतियों में जो अपने को लोकतांत्रिक कहने का दावा करती हैं, रोज़गार के अवसर अवश्य होने चाहिए। रोजगार के समान अवसर ही अर्जित प्रस्थिति को समान रूप में प्राप्त करने के लिए एक पूर्वापेक्षा (prerequisite) है। बेरोज़गारी से निबटने के लिए अभी तक दो दिशा में प्रयत्न हुए हैं। प्रथम, बेरोज़गार की प्रस्थिति का उपशमन (alleviate) करना और द्वितीय, बेरोज़गारी को ही खत्म करना। चूंकि स्थानीय समुदाय इस समस्या को सुलझाने में असमर्थ रहे, अतः केन्द्र एवं राज्य, दोनों सरकारों ने स्वतंत्रता के बाद इस समस्या को अपने हाथों में लिया। फिर भी वे इसे सुलझाने में प्रभावशाली नहीं रहीं और उन व्यक्तियों को जो आत्मनिर्भर नहीं हैं सहायता प्रदान नहीं कर पाईं। सरकार अभी तक बेरोज़गारी को एक सामाजिक तथ्य मानने के बजाय एक आर्थिक घटना ही मानती है।

### बेरोज़गारी की अवधारणा (Concept of Unemployment)

बेरोज़गारी क्या है? यदि एक पी.एच.डी. धारक व्यक्ति किसी दफ्तर में एक छोटे बाबू की तरह काम करता है तो उसे बेरोज़गार व्यक्ति नहीं माना जाएगा। अधिक से अधिक उसे अल्प रोज़गार व्यक्ति (underemployed) कहा जाएगा। एक बेरोज़गार व्यक्ति 'वह है जिसमें कमाने की अन्तर्निहित क्षमता और इच्छा दोनों है फिर भी उसे वैतनिक (remunerative) काम नहीं मिल पाता।' समाजशास्त्रीय दृष्टिकोण से बेरोज़गारी की परिभाषा इस प्रकार की गई है कि 'यह सामान्य कार्यरत बल (working force) के एक सदस्य (यानी 15 - 59 आयु वर्ग का) को सामान्य कार्य काल (working time) में सामान्य वेतन पर और उसकी इच्छा के विरुद्ध वैतनिक कार्य से अलग रखना है।' डी:मैलो (1969: 24) ने परिभाषा देते हुए कहा है कि 'यह वह परिस्थिति है जिसमें एक व्यक्ति इच्छा के बावजूद वैतनिक व्यवसाय की स्थिति में नहीं है।' नाबा गोपाल दास ने बेरोज़गारी को 'अनैच्छिक निष्क्रियता

(involuntary idleness) की स्थिति बतलाया है। भारत के योजना आयोग ने उस व्यक्ति को 'बेरोजगार' कहा है जो एक सप्ताह में एक दिन बग़ैर काम के रहता है। इसके विपरीत अन्तर्राष्ट्रीय श्रम संगठन (आईएलओ) ने उस व्यक्ति को कार्यरत (employed) माना है जिसके पास एक सप्ताह (पांच दिन का) में 15 घंटे (लगभग दो दिन) काम होता है। यह परिभाषा एक विकसित देश में जो बेरोज़गारों को सामाजिक सुरक्षा प्रदान करता है, मानी जा सकती है, परन्तु यह भारत जैसे विकासशील देशों में नहीं मानी जा सकती, जहां कोई बेरोज़गारी बीमा योजना नहीं है।

बेरोज़गारी के तीन तत्व हैं : (i) व्यक्ति में काम करने की क्षमता होनी चाहिए, (ii) व्यक्ति में काम करने की इच्छा होनी चाहिए, और (iii) व्यक्ति को काम ढूँढ़ने के लिए प्रयत्न करना चाहिए। इसके आधार पर एक व्यक्ति जो शारीरिक या मानसिक रूप से अपंग है या जिसे पुरानी बीमारी है और काम नहीं कर सकता, या एक साधु जो मठाधीश होने के कारण काम करना मान मर्यादा से निम्न समझता है, या एक भिखारी जो काम नहीं करना चाहता, ये सभी 'पूर्ण बेरोज़गारी की स्थिति' में तभी कहे जा सकते हैं जबकि उनकी मजबूरन निष्क्रियता की अवधि न्यूनतम हो। पूर्ण रोज़गारी वाले समाज की चार विशेषताएं होती हैं : (i) व्यक्ति को अपनी क्षमताओं और योग्यताओं के अनुरूप वैतनिक कार्य ढूँढ़ने में बहुत कम समय लगता है, (ii) उसको वैतनिक काम मिलने का पक्का विश्वास होता है, (iii) समाज में काम के खाली स्थानों की संख्या काम ढूंढ़ने वालों की संख्या से अधिक होती है, और (iv) काम 'पर्याप्त वेतन' पर उपलब्ध होता है।

## आकार (Magnitude)

यद्यपि यह बार-बार कहा जाता है कि स्वतंत्रता के पश्चात हमारे देश में बेरोज़गारी की चौंकाने वाली वृद्धि हुई है परन्तु बेरोज़गार व्यक्तियों की सही संख्या अभी तक मालूम नहीं है क्योंकि योजना आयोग या राष्ट्रीय प्रतिदर्श संगठन (National Sample Survey Organisation - NSSO) ने इसका सर्वेक्षण नहीं किया है। इसलिए जो आंकड़े उपलब्ध हैं, वे अनुमानित ही हैं। ये अनुमान केवल रोज़गार कार्यालयों में पंजीकृत व्यक्तियों की ही संख्या को ध्यान में रख कर बनाए जाते हैं और ये रोज़गार कार्यालय विशेषतया शहरी क्षेत्रों का ही विवरण देते हैं। रोज़गार कार्यालयों में क्योंकि पंजीकरण स्वैच्छिक होता है, इसलिए सभी बेरोज़गार इन कार्यालयों में अपना नाम पंजीकृत नहीं करवाते। इसके अतिरिक्त पंजीकृत व्यक्तियों में से कुछ पहले से ही सेवायुक्त होते हैं, परन्तु और अच्छा काम ढूंढ़ने के लिए पंजीकरण करवा लेते हैं। फिर भी सामाजिक वैज्ञानिकों में से अधिकांश इस मत के हैं कि कार्यरत जनसंख्या (working population) का एक बड़ा अनुपात अपने देश में नियमित रूप से सेवायुक्त (employed) नहीं है और यह कि इन बेरोज़गारों और सेवायुक्त व्यक्तियों और उनके परिवारों को अपनी महत्वपूर्ण आवश्यकताओं के लिए भी अपने परिवार के सदस्यों या रिश्तेदारों पर निर्भर रहना पड़ता है।

देश में जबकि 1952 में लगभग 850 रोज़गार कार्यालयों में पंजीकृत बेकार व्यक्तियों की संख्या 4.37 लाख थी, 1967 में यह बढ़ कर 27.40 लाख, 1971 में 50.99 लाख, 1976 में 93.26 लाख (*सूर्या*, जनवरी, 1979: 50-51), 1981 में 178.3 लाख, 1983 में 219.5 लाख, 1985 में 262.7 लाख, 1987 में 302.4, 1990 में 346.3 लाख, और 1991 में 363.0 लाख हो गई (*इन्डिया 1992*, 296)। भारत सरकार के श्रम एवं रोजगार मंत्रालय द्वारा उपलब्ध कराई गई नवीनतम सूचना के अनुसार रोजगार चाहने वाले ऐसे शिक्षितों एवं अशिक्षितों, जो ग्रामीण तथा शहरी दोनों ही क्षेत्रों में निवास कर रहे हैं तथा जिनका पंजीकरण रोजगार कार्यालयों में 31 दिसम्बर, 2009 तक किया जा चुका था, की कुल संख्या 381.52 लाख है।

राष्ट्रीय प्रतिदर्श सर्वेक्षण संगठन (NSSO) के निष्कर्षों, जो इस श्रृंखला में नवीनतम हैं, के अनुसार भारत में बेरोजगारी की दर में जुलाई 2011 से जून 2012 के मध्य वृद्धि हुई है। ग्रामीण क्षेत्रों में यह वृद्धि दर 2 प्रतिशत तथा शहरी भारत में 3 प्रतिशत रही है। प्रत्येक 1,000 की

जनसंख्या पर बेरोजगारी का आंकड़ा 27 का है, जबकि दो वर्षों पूर्व यह संख्या 25 पर थी। 1 जनवरी, 2010 के दिन बेरोजगार लोगों की कुल संख्या 98 लाख थी। 1 जनवरी, 2012 तक यह बढ़कर 1.08 करोड़ हो चुकी थी। ग्रामीण क्षेत्रों में, पुरुषों तथा महिलाओं दोनों के ही लिए बेरोजगारी की दर लगभग समान स्तर अर्थात् 2 प्रतिशत पर है। किन्तु, शहरी क्षेत्रों में पुरुषों की अपेक्षा महिलाएं अधिक बेरोजगार हैं। महिलाओं के लिए यह दर 5 प्रतिशत है तथा पुरुषों के लिए 2 प्रतिशत (*टाइम्स ऑफ इंडिया,* 23 जून, 2013)।

कुल मिलाकर, गत दशक के दौरान सभी श्रेणियों में बेरोजगारी की दर में कमी आई है। ग्रामीण महिलाओं के मामले में वर्ष 2004-05 के बाद से इसमें अधिक तीव्र गति से कमी आई है क्योंकि ग्रामीण महिलाओं की उत्तरोत्तर कम होती संख्या के द्वारा ही रोजगार की मांग की गई। शहरी पुरुषों के मामले में, वर्ष 2004-05 की 7.5 प्रतिशत की बेरोजगारी दर की तुलना में वर्ष 2009-10 में गिरावट आई और यह 5.1 प्रतिशत रही तथा वर्ष 2011-12 में यह और कम होकर 4.9 प्रतिशत पर आ गई। वर्ष 2009-10 के दौरान शहरी पुरुषों के द्वारा श्रम-शक्ति में हिस्सेदारी में मामूली गिरावट दर्ज की गई और फिर वर्ष 2011-12 में इसमें वृद्धि हो गई। यह इसलिए महत्वपूर्ण है, क्योंकि जब हिस्सेदारी की दर में वृद्धि होती है, तो बेरोजगारी भी बढ़ सकती है जिसका कारण और अधिक लोगों के द्वारा रोजगार ढूंढा जाना होता है। परंतु इस मामले में बेरोजगारी में कमी आई है। ग्रामीण पुरुषों के मामले में वर्ष 2004-05 के दौरान बेरोजगारी की दर में वृद्धि हुई किन्तु उसके बाद से इसमें निरंतर कमी आती रही है और वर्ष 2011-12 में यह 5.5 प्रतिशत पर थी। शहरी क्षेत्रों में महिलाओं के लिए बेरोजगारी दर वर्ष 1999-2000 के बाद से अन्य सभी श्रेणियों की तुलना में अधिक ऊपर रही है। वर्ष 2011-12 में रोजगार चाहने वाली शहरी महिलाओं के अनुपात में हुई एक मामूली वृद्धि तथा शहरी महिला श्रमिकों की संख्या में हुई एक मामूली वृद्धि के पश्चात् बेरोजगारी की दर में मामूली गिरावट आई थी, जिसका अर्थ यह होता है कि उनमें से अनेक महिलाओं को रोजगार मिल गए थे (*ईपीडब्ल्यू,* 19 अक्टूबर, 2013)।

इसी प्रकार से, राज्यवार, बड़े राज्यों के बीच केरल में बेरोजगारी की दर सर्वोच्च थी, जो 10 प्रतिशत के आसपास थी, जिसके पश्चात् पश्चिम बंगाल (4.5%) तथा असम (4.3%) का स्थान था। छोटे राज्यों में नगालैंड के पास चौंकाने वाली 27 प्रतिशत की बेरोजगारी दर थी जिसके बाद त्रिपुरा (15%) का नंबर था।

भारत सरकार के सांख्यिकी एवं कार्यक्रम क्रियान्वयन मंत्रालय के द्वारा संग्रहीत किए गए आंकड़ों के अनुसार वर्ष 2010 से 2012 के बीच देश में 1.39 करोड़ नए रोजगार सृजन किए जाने के बावजूद बेरोजगारी में वृद्धि हुई क्योंकि देश का श्रमिक बल 45.9 करोड़ से बढ़कर 47.29 करोड़ हो गया।

## बेरोज़गारी के प्रकार (Types of Unemployment)

बेरोज़गारी को ग्रामीण और नगरीय कहकर या मौसमी, चक्रीय, और प्रौद्योगिक कह कर वर्गीकृत किया जा सकता है। नगरीय बेरोज़गारी को शैक्षिक और औद्योगिक बताकर उपवर्गीकृत किया जाता है।

*मौसमी (seasonal) बेरोज़गारी* कृषि क्षेत्र और कुछ विशेष उत्पादन इकाइयों जैसे शक्कर और बर्फ के कारखानों में मिलती है। एक शक्कर या बर्फ के कारखाने में काम की प्रकृति ऐसी है कि श्रमिकों को एक वर्ष में छह महीने बेकार रहना पड़ता है।

*कृषि (agricultural) बेरोज़गारी* कई कारकों के कारण होती है। प्रथम, खेत इतने छोटे होते हैं कि परिवार के कार्य योग्य आयु वर्ग (working age) के सदस्यों को वे काम उपलब्ध नहीं करा पाते। द्वितीय, काम की प्रकृति मौसमी है। मोटे तौर पर भारत में किसान एक वर्ष में लगभग चार से छह महीने बेकार रहता है। बंगाल में नियुक्त एक भूमि राजस्व आयोग (Land Revenue Commission) के अनुसार एक किसान (बंगाल में) एक वर्ष में लगभग छह महीने बेकार रहता

है। कीटिंग्ज़ ''*रूरल इकॉनोमी ऑफ बॉम्बे डेकन*'' में कहता है कि महाराष्ट्र में किसान एक वर्ष में 180 से 190 दिन काम करता है। केल्वर्ट का मत है कि पंजाब में किसान एक वर्ष में 150 दिन से अधिक काम नहीं करता। आर.के.मुकर्जी ने ''रूरल इकॉनोमी ऑफ इण्डिया'' में कहा है कि उत्तर भारत में एक औसत किसान एक वर्ष में 200 दिन से अधिक व्यस्त नहीं रहता। स्लेटर का ''*सम साउथ इण्डियन विलेजेज*'' में मानना है कि दक्षिण भारत में किसान एक वर्ष में केवल साढ़े पांच महीने व्यस्त रहते हैं। जैक ''*इकॉनोमिक लाइफ ऑफ ए बंगाल डिस्ट्रिक्ट*'' में कहता है कि एक वर्ष में जूट श्रमिक नौ महीने और चावल-निर्माता साढ़े सात महीने बेकार रहते हैं। ये सब मौसमी बेरोज़गारी के उदाहरण हैं जो कि काम की प्रकृति के कारण होती हैं। ग्रामीण क्षेत्रों की कुल जनसंख्या के केवल 24.9 प्रतिशत आत्मनिर्भर हैं, 59 प्रतिशत बगैर कमाई करने वाले आश्रित हैं, और 11.6 प्रतिशत कमाने वाले आश्रित हैं। इसका अर्थ यह होता है कि 29.4 प्रतिशत व्यक्ति न केवल अपना भरण-पोषण करते हैं, परन्तु बाकी के 70.6 प्रतिशत व्यक्तियों को भी रोटी देते हैं।

*चक्रीय (Cyclical) बेरोज़गारी* व्यापार और व्यवसाय में उतार-चढ़ाव आने के कारण होती है। जब व्यापारियों को ऊंचे मुनाफे प्राप्त होते हैं तो वे उनका निवेश व्यापार में कर देते हैं, जिससे रोज़गारी बढ़ जाती है, परन्तु जब उन्हें कम मुनाफा होता है या हानि हो जाती है या उनका माल नहीं बिकता और जमा हो जाता है तो वे अपने उद्योगों में श्रमिकों की संख्या कम कर देते हैं, जिसके कारण बेरोज़गारी होती है। जब निवेश बचत से अधिक होता है तो बाज़ार में तेजी आ जाती है और जब बचत निवेश से अधिक होती है तो मन्दी आ जाती है। कदाचित यह चक्रीय बेरोज़गारी की अवधारणा का अति-सरलीकरण है, परन्तु फिर भी मूलतः यह सही है।

*औद्योगिक (Industrial) बेरोज़गारी* के कारण हैं, व्यक्तियों का एक बड़े पैमाने पर ग्रामीण क्षेत्रों से शहरी क्षेत्रों में स्थानान्तरण, उद्योगों में हानियां, उद्योगों का कम गति से विकास, विदेशी उद्योगों के साथ प्रतिस्पर्धा, अनियोजित औद्योगीकरण, दोषपूर्ण औद्योगिक नीतियां, श्रमिकों की हड़तालें या मालिकों की तालाबन्दी, वैज्ञानिक पुनर्गठन (rationalization) आदि।

*प्रौद्योगिकी (Technological) बेरोज़गारी* स्वचलन (automation) को अपनाने या उद्योगों या दूसरे कार्य-स्थलों पर दूसरे तकनीकी परिवर्तनों के कारण से होती है। यह एक निर्मित वस्तु के उत्पादन के लिए आवश्यक मानव-शक्ति को घटाने के कारण भी होती है। आर्थिक विकास की पूरी अवधि में, विशेषतया औद्योगिक क्रांति से, आदमी को बाध्य होकर यंत्रीकरण की प्रक्रिया के साथ समन्वय स्थापित करना पड़ा है। यान्त्रिकी निपुणताओं के लाभ और हानि दोनों होते हैं। मशीन उत्पादन ने साधारण आदमी के द्वारा उपभोग की जाने वाली वस्तुओं की संख्या बढ़ा दी है। इसके फलस्वरूप भौतिक सुख के स्तर में निरन्तर वृद्धि हुई है और इसके साथ-साथ सुख-साधनों के उपभोग में भी वृद्धि हुई है। कुछ विशेष वस्तुओं जो व्यक्तियों के एक ही वर्ग के लिए विलास-वस्तुएं समझी जाती थीं, वे उनके लिए अब अनिवार्य बन गई हैं। दूसरी ओर, उद्योग ने साधारण आदमी की आर्थिक सुरक्षा को कम कर दिया है क्योंकि प्रौद्योगिकी का प्रत्येक विकास श्रमिकों को विस्थापित कर देता है। वास्तव में नए आविष्कार श्रमिकों को विस्थापित करने के अलावा भी कुछ और करते हैं। वे निर्धनता को जन्म देते हैं जो पुराने निवेशों के विध्वंस होने के परिणामस्वरूप होती हैं और इस प्रकार नए उत्पादनों की मण्डी को प्रतिबंधित कर देते हैं। इस प्रकार एक दूषित चक्र उत्पन्न हो जाता है। अन्त में, यह सत्य है कि प्रौद्योगिकी में सुधार सम्बद्ध सहायक उद्योगों में रोज़गार बढ़ा सकते हैं (ईलियट और मेरिल, 1950: 607-8), फिर भी यान्त्रिकी साधनों में निरन्तर सुधारों का अर्थ होता है कि रोज़गार के अवसरों में उनके अनुपात में वृद्धि होनी चाहिए, अन्यथा बेरोज़गारी के बढ़े हुए अवशेष (added residue) उत्पन्न हो जाएंगे।

*शैक्षिक (Educational) बेरोज़गारी* इसलिए होती है कि शिक्षा अधिकांशतया जीवन से जुड़ी हुई नहीं होती। वास्तव में विश्वविद्यालय अनुदान आयोग (U.G.C.) ने अपने वार्षिक प्रतिवेदनों में स्पष्ट रूप से

कहा है कि वर्तमान शिक्षा प्रणाली बहुत तबाही और गतिहीनता उत्पन्न कर रही है। शिक्षा प्रणाली अप्रासंगिक है क्योंकि यह उच्च शिक्षा पर बल देती है जो कि केवल एक छोटे अल्प वर्ग को ही दी जा सकती है जिनमें से भी अधिकांश जब स्नातक हो जाएंगे तो वे बहरहाल या तो बेरोज़गार रहेंगे या रोज़गार के योग्य नहीं। शिक्षा की राष्ट्र की आवश्यकताओं के लिए कोई प्रासंगिकता नहीं है। कोठारी कमीशन (1964-66) ने भी यह स्वीकार किया था कि वर्तमान शिक्षा के विषयों और राष्ट्रीय विकास के लक्ष्यों और महत्वपूर्ण विषयों के बीच एक चौड़ी खाई है। विश्वविद्यालय अनुदान आयोग के 1977 में किए गए एक अध्ययन के अनुसार विश्वविद्यालय में पढ़ाए जा रहे पाठ्यक्रमों में से अधिकांश में पिछले तीस साल से संशोधन नहीं हुआ है और इसलिए वे पुराने हो चुके हैं। बीसियों विशेषज्ञ समितियां–दरअसल 50 से भी अधिक पैनल–स्वतंत्रता के बाद नियुक्त हो चुके हैं, जिन्होंने समस्याओं का हल निकालने का प्रयत्न किया है और टनों में आडम्बरपूर्ण प्रतिवेदन (pompous reports) और ज्ञापन (memoranda) निकाले हैं परन्तु इसके उपरान्त भी कहीं कोई परिवर्तन हुआ नहीं लगता है।

उच्च शिक्षा के पाठ्यक्रम के आमूल सुधार में सबसे बड़ी बाधा विश्वविद्यालय के प्राध्यापक हैं। इस प्रकार के परिवर्तनों से यह आवश्यक हो जाएगा कि प्राध्यापक अपने ज्ञान में निरन्तर वृद्धि कर ज्ञान प्राप्त करें और अपने-अपने क्षेत्रों के आधुनिकतम विकासों से परिचित रहें। प्राध्यापकों की एक बड़ी संख्या अध्ययन के प्रति उदासीन रहती है और ट्यूशन, अंशकालिक व्यापार, और विश्वविद्यालय/कॉलेज की राजनीति के दलदल में इतनी फंसी रहती है कि उनके लिए शिक्षा एक पेशा न होकर एक व्यापार बन जाता है।

मजूमदार एवं मुखर्जी (2013) के अनुसार, यदि हम हाईस्कूल स्तर तक के शिक्षायुक्त युवाओं को शिक्षित मान लें तो एक भयावह दृश्य प्रकट होता है क्योंकि इन समूहों के बीच बेरोजगारी अत्यधिक सुस्पष्ट है। जहां युवाओं के बीच बेरोजगारी की औसत दर 6.8 प्रतिशत है, वहीं स्कूल उत्तीर्ण कर चुके लोगों के बीच यह 12.1 प्रतिशत है। भारतीय स्नातकों तथा परास्नातकों में से से 11 प्रतिशत से भी अधिक रोजगारहीन हैं। स्कूल से उत्तीर्ण हो चुके लोगों में से दो-तिहाई स्व-नियोजित हैं जबकि स्नातकों एवं परास्नातकों में से लगभग आधे लोग आकस्मिक श्रमिक बन चुके हैं। सापेक्षिक आकार के अर्थों में भी बेरोजगार लोगों में शिक्षित लोगों की संख्या अधिक शक्तिशाली है। जहां हमारे कार्यरत् लोगों में से आधे से भी कम लोग स्कूल उत्तीर्ण हैं, वहीं कुल बेरोजगार युवाओं का लगभग दो-तिहाई भाग माध्यमिक अथवा उच्चस्तरीय शिक्षा प्राप्त है। इस प्रकार, भारत में शिक्षित युवाओं के रोजगार की स्थिति दूसरे देशों की तुलना में बहुत खराब है।

एक निश्चित स्तर तक के तकनीकी प्रशिक्षण प्राप्त कर चुके लोगों की स्थिति अपेक्षाकृत और अधिक खराब है। यद्यपि देश में ऐसे तकनीकी प्रशिक्षण/शिक्षा की काफी माँग है और ऐसा माना जाता है कि ये अभ्यर्थियों को बाजार के लिए तैयार अनुप्रयुक्त कौशल उपलब्ध कराते हैं, तथापि तकनीकी डिग्री धारकों के बीच बेरोजगारी 13 प्रतिशत के आसपास है जबकि डिप्लोमा धारकों के बीच यह 26 प्रतिशत के लगभग है। इसके परिणामस्वरूप, आशाओं के विपरीत, तकनीकी प्रशिक्षण प्राप्त युवाओं का एक-चौथाई से भी बड़ा भाग बिना किसी लाभदायक रोजगार के है।

युवाओं को हम उनके कौशल के स्तरों के अनुसार भी वर्गीकृत कर सकते हैं, जैसे उनकी सामान्य, व्यावसायिक तथा तकनीकी शिक्षा के एक संयोजन के रूप में। सामान्य शिक्षा के न्यूनतम माध्यमिक स्तर तथा कुछ व्यावसायिक/तकनीकी प्रशिक्षण युक्त युवाओं को हम *मामूली* कुशल तथा शिक्षा में न्यूनतम स्नातक स्तर के साथ कुछ व्यावसायिक/तकनीकी प्रशिक्षण प्राप्त युवाओं को *अधिक कुशल* के रूप में मान सकते हैं। हम पाते हैं कि मामूली कुशल युवाओं के बीच बेरोजगारी 27 प्रतिशत है जबकि अधिक कुशल युवाओं में यह 20 प्रतिशत के आसपास है। कुल मिलाकर कुशल युवकों में से लगभग एक-चौथाई रोजगारहीन हैं। पुरुषों की तुलना में महिलाओं के बीच कुशलतायुक्त बेरोजगारी के मामले अधिक हैं तथा शहरी क्षेत्रों के सापेक्ष गाँवों में ऐसा अधिक है। इसके विपरीत, अकुशल

युवाओं, जिन्होंने 10 वर्षों तक की भी स्कूली शिक्षा नहीं प्राप्त की है अथवा जिनके पास कोई भी व्यावसायिक/तकनीकी प्रशिक्षण नहीं है, के बीच बेरोजगारी मात्र लगभग 6 प्रतिशत है। इस प्रकार से यह स्पष्ट हो जाता है कि भारत में शिक्षित युवाओं के बीच बेरोजगारी एक गंभीर समस्या है। इसका एक क्षेत्रीय स्वरूप भी है क्योंकि केरल, ओडिशा, झारखंड, असम, बंगाल तथा जम्मू एवं कश्मीर जैसे राज्यों में बेरोजगार शिक्षित युवाओं की संख्या का स्तर राष्ट्रीय औसत की तुलना में निरंतर रूप से ऊँचा बना हुआ है। दूसरी ओर, गुजरात, मध्यप्रदेश, महाराष्ट्र, छत्तीसगढ़ तथा कर्नाटक जैसे राज्यों में शिक्षित युवाओं के बीच बेरोजगारी का स्तर राष्ट्रीय औसत से सापेक्षिक रूप से कम है।

दूसरी ओर शिक्षित युवाओं में बेरोज़गारी दूसरी समस्याओं को खड़ा करती है। वह युवाओं को इतना क्रोधित और कुण्ठित कर देती है कि वे आतंकवादी, बाग़ी, और देश की अखंडता के लिए ख़तरा बन जाते हैं। अगस्त-सितम्बर 1990 में मंडल कमीशन की सिफारिशों के मानने की घोषणा के उपरान्त हुए व्यापक और वीभत्स आंदोलन इस बात के साक्षी हैं कि रोज़गार का प्रश्न युवाओं में कितनी गहरी भावनाओं को भड़का देता है।

## बेरोज़गारी के कारण (Causes of Unemployment)

अर्थशास्त्रियों ने बेरोज़गारी की पूंजी के अभाव, निवेश के अभाव, और अधिक उत्पादकता के संदर्भ में व्याख्या की है। कुछ अर्थशास्त्री विश्वास करते हैं कि बेरोज़गारी की जड़ें औद्योगिक समृद्धि के बाद व्यापार चक्र में आई मंदी में हैं। कुछ का कहना है कि उद्योगों में अव्यवस्थाएं और मंदी के बारे में भविष्यवाणी करने में असमर्थता ने व्यक्तियों के बहुत बड़े अंश को बेरोज़गार कर दिया है। कुछ और लोगों का मत है कि अचानक आर्थिक अपस्फीती (deflation) और आर्थिक प्रतिस्पर्धा की अवैयक्तिक शक्तियों के फलस्वरूप रोज़गार में कमी आ जाती है। मशीन प्रौद्योगिकी में सुधार, अत्यधिक उत्पादन, कृत्रिम रूप से प्रोत्साहित सट्टेबाज़ी, आर्थिक सफलता का सामाजिक महत्व और अपरिहार्य मन्दियां-ये सब मज़दूरों की मांग में कमी करने वाले रोड़ा खड़ा कर देते हैं।

क्लासिकल विचारधारा 'मज़दूरों की मज़दूरी' (Wage Fund Theory) को बेरोज़गारी का मूलभूत कारण मानती है, जिसके अनुसार मज़दूरों की मज़दूरी पहले से ही निर्धारित कर दी जाती है परन्तु पूंजी के अभाव के कारण निर्माता बहुत कम मज़दूरों को नौकरी पर रखता है जिसके कारण बेरोज़गारी बढ़ती है। कुछ लोगों का कहना है कि बेरोजगारी का उपचार मजदूरी की दर को कम कर दिए जाने में निहित है। किन्तु मजदूरी की दरों को किस सीमा तक कम किया जा सकता है? क्या श्रमिकों को उस न्यूनतम जीवन स्तर से भी वंचित किया जा सकता है जिसके वे आदी हो चुके हैं और जो वास्तव में उनका अधिकार भी है? यदि ऐसा किया जाता है तो क्या इससे भारी कष्ट एवं दुःख उत्पन्न नहीं हो जाएगा? इन सभी तथ्यों ने कैम्ब्रिज के प्रोफेसर जॉन मायनार्ड कीन्स को सन् 1936 में अपनी पुस्तक *जनरल थ्योरी ऑफ एप्लॉयमेंट, मनी एंड इंटरेस्ट* में एक सिद्धांत प्रतिपादित करने का आधार प्रदान किया जिसमें उल्लेख किया गया है कि राष्ट्रीय उत्पादन, प्रभावी माँग, तथा रोजगार परस्पर सम्बन्धित हैं तथा किसी भी नियत समय पर किसी अर्थव्यवस्था में रोजगार की कुल संख्या प्रभावी माँग के स्तर पर निर्भर करती है जिसका अर्थ होता है देश में वस्तुओं एवं सेवाओं के उत्पादन की कुल मात्रा। यदि राष्ट्रीय उत्पादन में सतत् आधार पर वृद्धि हो रही है तो इसी आधार पर रोजगार में भी वृद्धि होगी। हालांकि, कई बार इस ढाँचे में कुछ विकृतियाँ उत्पन्न हो सकती हैं। यदि निवेश की तुलना में बचत अधिक हो जाती है तो वस्तुओं एवं सेवाओं की माँग कम हो जाएगी और इसके परिणामस्वरूप श्रम की माँग में भी कमी आ जाएगी। इसका परिणाम सीमित मात्रा में बेरोजगारी उत्पन्न होना होगा। हालांकि, इसका उपचार संभव है, अतः कीन्स का सिद्धांत इसी तथ्य पर आगे बढ़ता है कि घाटे का बजट प्रस्तुत किए जाने के द्वारा अपनाए गए समुचित राजकोषीय उपायों के माध्यम से राजकीय हस्तक्षेप तथा निवेश का उद्दीपन किया जाए ताकि बाजार में नई क्रय शक्ति डाले जाने के द्वारा उपभोग के स्तर में वृद्धि की जा सके। इसके उपरांत, जब द्वितीय विश्व युद्ध के पश्चात् संपूर्ण रोजगार को

सरकारों के द्वारा चलाई जाने वाली मौद्रिक नीतियों के लक्ष्य के रूप में स्वीकार किया जाने लगा, बजट घाटों को 'सामाजिक अभियांत्रिकी' के लिए न केवल एक वैध बल्कि सर्वाधिक वांछनीय औजार के रूप में देखा जाने लगा। हालांकि, यह और कुछ भी नहीं वरन् कीन्स के सिद्धांत का एक विकृत स्वरूप भर था, जिसने विकसित तथा विकासशील अर्थव्यवस्थाओं दोनों में ही मुद्रास्फीति को एक चिरस्थाई विशेषता में परिवर्तित कर दिया।

नई क्लासिकल विचारधारा के अनुसार, बेरोज़गारी 'अति-उत्पादन' के कारण उत्पन्न होती है। अति-उत्पादन वस्तुओं की कीमतों को घटा देता है, जिससे मज़दूरों को घटाना आवश्यक हो जाता है। यह क्रम बेरोज़गारी को बढ़ाता है। कीन्स (Keynes 1952: 18-22) ने 'बचत की इच्छा' (desire for saving) को बेरोज़गारी का कारण बताया है। व्यक्ति निवेश कम करते हैं क्योंकि वे ज्यादा बचाना चाहते हैं। कम निवेश से उत्पादन कम होता है जो बेरोज़गारी का कारण बनता है।

कुछ अर्थशास्त्रियों ने मांग और आपूर्ति में असंतुलन को बेरोज़गारी का कारण बतलाया है। जब उद्योगों के माल की प्रभावी मांग कम हो जाती है तो कीमतें गिरने लगती हैं, कारखाने बंद हो जाते हैं, मज़दूरी मिलना बंद हो जाती है, और व्यक्ति बग़ैर अपनी किसी ग़लती के नियोजित से अनियोजित श्रेणी में चले जाते हैं। मांग की कमी के कारण हैं : प्रारंभिक वर्षों में विकास की धीमी गति या व्यापार और वाणिज्य में मंदी के कारण निवेश को स्थगित करना, और/या (निवेश का) स्थानान्तरण औद्योगिक से अनौद्योगिक क्षेत्र में करना। लायनील ऐडी (1926: 422) के मतानुसार, बेरोज़गारी आर्थिक ढांचे के विघटन के कारण होती है। इलियट और मेरिल (1950: 606) ने कहा है कि बेरोज़गारी विशेषरूप से व्यापारचक्र (business cycle) में मंदी जो औद्योगिक समृद्धि के काल के पश्चात आती है, का परिणाम है। तकनीकी निपुणताओं का विकास और श्रमिकों का उत्कृष्ट रूप से विशेषीकृत विभाजन भी हृष्ट-पुष्ट और योग्य व्यक्तियों के नौकरी प्राप्त करने को असंभव बना देता है। बार्टलेट (1949: 6-9) ने कहा है कि असल में एकाधिकारी उद्योग जैसे लोहे और स्टील का उद्योग भी मंदियां लाने के प्रमुख कारक रहे हैं। उसने आरोप लगाया है कि ये उद्योग अपने उत्पादन को बनाए रखने के लिये उस अवधि में भी अपनी कीमतों को काफी नहीं गिराते हैं जबकि दूसरे उद्योगों की कीमतों के स्तर में गिरावट आती है।

## *सामाजिक कारक (Social Factors)*

कई विद्वानों की मान्यता है कि बेरोज़गारी के लिए केवल आर्थिक कारकों को ही उत्तरदायी नहीं ठहराया जा सकता है। सामाजिक और वैयक्तिक कारक भी बेरोज़गारी में बराबर सहायक होते हैं। समाजशास्त्रीय शब्दों में बेरोज़गारी को अनेक सामाजिक कारकों जैसे अपमानजनक (degrading) सामाजिक प्रस्थिति, भौगोलिक गतिहीनता, जनसंख्या का तीव्र विकास, तथा दोषपूर्ण शैक्षणिक प्रणाली; और वैयक्तिक कारक, जैसे अनुभवहीनता, व्यावसायिक अयोग्यता, बीमारी, तथा असमर्थता के सम्मिश्रण की उपज कहा जा सकता है।

*अपमानजनक सामाजिक और कार्य* प्रस्थिति बेरोज़गारी इस अर्थ में पैदा करती है कि कुछ व्यक्ति कुछ विशेष कार्यों को करना अपनी मान-मर्यादा के प्रतिकूल मानते हैं। उदाहरणार्थ, युवा आई.ए.एस., आई.पी.एस. और विश्वविद्यालय में शोध व अध्यापन को गौरवपूर्ण कार्य मानते हैं, और स्कूलों में अध्यापन, विक्रय कला (salesmanship) और टाइप करने जैसे कार्यों को नीचे दर्जे का और निम्न श्रेणी का मानते हैं। वे इन कार्यों को करने के बजाय बेकार रहना अधिक अच्छा मानते हैं। कई विद्यार्थी यद्यपि शोध में रुचि नहीं रखते, फिर भी पी.एच.डी. की डिग्री के लिए काम करते हैं और दो और तीन वर्षों तक 400, 600 या 800 रुपए के मासिक वज़ीफे लेने पर राज़ी हो जाते हैं। वे क्लर्क या टाइपिस्ट की नौकरी नहीं करना चाहते क्योंकि शोध करना उन्हें सामाजिक स्वीकृति प्रदान करता है और उन्हें 'रिसर्च स्कॉलर' का दर्जा देता है। वे अपने मित्रों और संबंधियों को यह कहकर टालते रहते हैं कि

वे प्रतियोगी परीक्षाओं के लिए तैयारी कर रहे हैं। यद्यपि वे भलीभांति यह जानते हैं कि उनमें ऐसी परीक्षाओं में भाग लेने की न तो आवश्यक क्षमता है और न ही रुचि। कभी-कभी युवा कुछ कार्यों को स्वीकार करने से इसलिए मना करते हैं क्योंकि वे सोचते हैं कि जो कार्य उन्हें दिया जा रहा है उससे उनके परिवार का स्तर ऊंचा है। चार महानगरों (दिल्ली, बम्बई, कोलकाता और मद्रास) में युवाओं में व्यावसायिक आकांक्षाओं पर कराए गए जनमत सर्वेक्षण में 52 प्रतिशत सूचनादाताओं ने सरकारी नौकरियों और कॉलेज के प्राध्यापकों के पदों के लिए अपनी अभिरुचि व्यक्ति की (*कॅरिअर अस्पाइरेशंसः द कानफ्लिक्ट विथ रीअलिटीज़,* खण्ड 14, संख्या 1, अक्टूबर 1968, 14-15)। ऊंची आकांक्षाएं रखना और ऊंचे स्तर के जीवन की बढ़ती अभिलाषा अच्छी बात है, परन्तु अनुकल्प हितों (substitute interests) और अभिरुचियों को स्वीकार करने से मना करना बुद्धिमत्ता नहीं है।

जन्म दर में उमड़ या जनसंख्या में तीव्र वृद्धि एक वह कारक है जो काम की उपलब्धता को बहुत अधिक प्रभावित करता है। गुनार मिर्डल (1940), जो स्वीडिन का प्रसिद्ध समाजशास्त्री और जनसंख्या विशेषज्ञ था, ने जनसंख्या की समस्या का लोकतांत्रिक राष्ट्रों के कल्याण के दृष्टिकोण से अध्ययन किया और कहा "मेरी समझ में कोई दूसरा कारक – शान्ति और युद्ध भी नहीं – लोकतंत्रों की दीर्घकालीन नियतों (destinies) के लिए इतना अधिक घातक नहीं है जितना कि जनसंख्या का कारक। लोकतंत्र को, न केवल राजनीतिक रूप में अपितु उसके नागरिक आदर्शों और मानव जीवन की सम्पूर्ण अंतर्वस्तु (content) के साथ, इस समस्या का समाधान करना चाहिए अन्यथा वह नष्ट हो जाएगा।" परिवार में बेरोज़गार बच्चों की संख्या जितनी अधिक होगी, उतनी ही अधिक माता-पिता पर निर्भरता होगी। समाज में बेरोज़गार व्यक्तियों की जितनी अधिक संख्या होगी, उतना ही अधिक सरकार का दायित्व होगा। कई कारणों से संयुक्त परिवार प्रणाली द्वारा उठाए जा रहे दायित्वों के प्रतिमानों/संरूपों में परिवर्तन आ रहा है। एकाकी परिवारों में से अधिकांश परिवारों के लिए बेरोज़गार आश्रितों का भरण-पोषण करना आर्थिक दृष्टि से संभव नहीं है। यह अनासक्ति (detachment) न केवल परिवार के संबंधों को कमज़ोर करती है अपितु समाज के लिए कई समस्याएं उत्पन्न कर देती है। इस प्रकार जनसंख्या के अनियंत्रित विकास के कारण बढ़ती हुई बेरोज़गारी न केवल समाज के दायित्वों को बढ़ाती है, अपितु बेरोज़गार व्यक्ति की प्रतिष्ठा को भी गिराती है और समाज में उसके सम्मान को नष्ट करती है।

*भौगोलिक गतिहीनता* भी बेरोज़गारी को उत्पन्न करती है। जब व्यक्ति एक क्षेत्र से दूसरे क्षेत्र में जाने से मना करते हैं तो एक स्थान पर अधिशेष (surplus) श्रमिक हो जाते हैं और दूसरे स्थान पर श्रमिकों की संख्या अपर्याप्त हो जाती है। गतिहीनता के कारण दूसरे शहरों में नौकरियों की उपलब्धता के बारे में सूचना का अभाव या भाषा की समस्या या पारिवारिक दायित्व भी हो सकते हैं।

अन्त में, बेरोज़गारी *दोषपूर्ण शिक्षा प्रणाली* का भी परिणाम है। यह शिक्षा प्रणाली जो अंग्रेजों ने 160 वर्षों से भी अधिक समय पूर्व अपनी बढ़ती नौकरशाही के लिए बाबुओं को प्रशिक्षित करने के लिए चलाई थी, उसको अब 'अर्थपूर्ण' नहीं कहा जा सकता। यह शिक्षा प्रणाली अपर्याप्त है क्योंकि यह प्राथमिक शिक्षा को सही प्राथमिकता नहीं देती और यह उच्चस्तर पर राजकोष पर भारी कीमत के बाद जो शिक्षा प्रदान करती है, वह उन मनोवृत्तियों को पैदा नहीं करती जो राष्ट्र निर्माण के लिए आवश्यक हैं। शिक्षा उद्योग सही मायने में अतिविशाल है। उसका वार्षिक बजट (पूरे वर्ष के बजट का लगभग 5%) सुरक्षा के बजट के बाद ही आता है। शिक्षा का लाभ मध्यम और ऊंची आय के छोटे समूह तक सीमित है और वह युवा व्यक्तियों को रोज़गार दिलवाने में सहायक नहीं हो सका है। विडम्बना यह है कि कदाचित वह उनके दिमाग में पाठ्य पुस्तक के ऐसे सिद्धान्तों, जो पुराने हो चुके हैं और जो भारत के विकास के लिए असंगत (inappropriate) हैं, को कूट-कूट कर भर देते हैं। परिणामतः उनका दिमाग एक यात्रा पर ले जाने वाला एक कपड़ों के थैले जैसा हो जाता है, और इस कारण वे नौकरी के योग्य ही नहीं रहते।

जहां तक वैयक्तिक कारकों का प्रश्न है वे हैं : व्यक्ति (नौकरी ढूंढ़ने वाले) की युवा अवस्था के कारण उसमें अनुभव का अभाव, वृद्धावस्था जो व्यक्ति की काम करने की क्षमता को प्रभावित करती है, व्यावसायिक प्रशिक्षण का अभाव, शारीरिक असमर्थताएं, रोग-ये सभी कारक बेरोज़गारों और रोज़गार के लिए अयोग्य व्यक्ति के प्रतिकूल हैं।

## बेरोज़गारी के परिणाम (Consequences of Unemployment)

बेरोज़गारी परिवार और समाज को प्रभावित करती है, या यह कहा जा सकता है कि बेरोज़गारी के कारण वैयक्तिक विघटन, पारिवारिक विघटन, और सामाजिक विघटन होते हैं।

*वैयक्तिक विघटन* के दृष्टिकोण से बेरोज़गार व्यक्ति का मोहभंग (disillusionment) हो जाता है और उसमें सनकपन (cynicism) आ जाता है। अपनी उदासी (depression) से मुक्त होने के लिए किसी निकास (outlet) के अभाव में युवा व्यक्ति अपनी रचनात्मक शक्तियों को ग़लत मार्गों पर लगा देते हैं और इसी कारण डकैतियों, राष्ट्रीय मार्गों पर लूट और बैंकों के लूटने में लिप्त युवाओं की संख्या में वृद्धि हो रही है। ये असामाजिक गतिविधियां अनुशासनहीन और दुर्दान्त युवाओं को जीविका ऐंठने का अवसर प्रदान करती हैं। अधिकांश अपराधी निःसंदेह ऐसे लड़कों में से भर्ती किए जाते हैं जिनका बचपन में अपराध करने का इतिहास होता है। इस प्रकार कार्य के अवसरों में कमी आने के कारण दुःसाहसी अपराधियों की संख्या में वृद्धि हुई है। दूसरी ओर कमाने वाले व्यक्ति, जिसकी नौकरी छूट जाती है उनकी भी दशा बुरी है। भूतपूर्व कमाने वालों में शारीरिक रोग और तनाव होने और आत्महत्या तथा अपराध करने की संभावना अधिक होती है क्योंकि काम करने के अवसरों के अभाव में उनके अपने आश्रितों को सहारा देना असंभव हो जाता है। उनका अपना दूसरों पर आश्रित रहना बहुधा उन्हें नैतिक रूप से दुर्बल बना देता है क्योंकि यह उन्हें अपमानजनक लगता है। इस देश में कई व्यक्ति यथार्थ का सामना करने के बजाय तस्कर और मादक पदार्थों के व्यापार जैसे अवैध धंधे करने में लगे हैं। आर्थिक मंदियों के दौरान वेतन का घटना और अंशकालिक नौकरियों का बढ़ना व्यक्तियों को और अधिक कुण्ठित करता है। नौकरियों में प्रतिस्पर्धा के कारण वेतन प्रायः अविश्वसनीय रूप से कम हो जाते हैं और बेरोज़गारी के बढ़ जाने के कारण नौकरी के मिलने की संभावना और भी कम हो जाती है और वेतन भी कम हो जाते हैं। अल्प सेवायुक्त (underemployment) और अल्प वैतनिक (underpaid) को भी इतने ही कठिन सामंजस्य (adjustments) करने पड़ते हैं, जितने कि बेरोज़गारों को (वाइट बेक, 1940)।

बेरोज़गारी के कारण हुए *पारिवारिक विघटन* को मापना अधिक सरल है। बेरोज़गारी परिवार के सदस्यों के हितों की एकता को प्रभावित करती है और वैयक्तिक मनोकांक्षाओं की एकता को भी। सदस्यों की अव्यवस्थित कार्य प्रणाली परिवार में मनमुटाव पैदा करती है जिसके फलस्वरूप न केवल बेरोज़गार पति और उसकी पत्नी के बीच तनाव उत्पन्न हो जाते हैं, अपितु माता-पिता और बच्चों के बीच में भी झगड़े होने लगते हैं। कभी-कभी बेरोज़गार पति की पत्नी नौकरी करना चाहती है, परन्तु पत्नी के नौकरी करने का विचार ही उसके पारंपरिक और रूढ़िवादी मूल्यों वाले पति को इतना उत्तेजित कर देता है कि घर में भयंकर झगड़ा हो जाता है। कई पति अपनी पत्नियों द्वारा उन क्षेत्रों में जो वे (पति) परंपरागत रूप से अपने समझते हैं, महत्वपूर्ण सत्ताधारण करने पर आपत्ति करते हैं। दूसरी ओर पति और पत्नी के बीच उस समय भी झगड़ा हो सकता है जबकि बेरोज़गार पति अपनी पत्नी को नौकरी करने को कहे और पत्नी घर में छोटे बच्चे होने के कारण इसके लिए अपनी अनिच्छा व्यक्त करें।

बेरोज़गारी के कारण हुए *सामाजिक विघटन* को मापना अधिक कठिन है। सामाजिक विघटन सामाजिक ढांचे का टूटना है या परिवर्तन है, जिसके कारण सामाजिक नियंत्रण के पुराने स्वरूप प्रभावी ढंग से काम नहीं कर पाते या यह एक ऐसी प्रक्रिया है जिसके द्वारा एक समूह के सदस्यों के सामाजिक संबंध टूट जाते हैं अथवा लुप्त हो जाते हैं। बेरोज़गारों की गतिविधियां इतनी सीमित हो जाती हैं और

उनके विचार इतने कटु हो जाते हैं कि वे काम करने की अपनी इच्छा ही खो बैठते हैं और ऐसी स्थिति में उनकी दक्षता में गिरावट आ सकती है जिससे सारे समुदाय को हानि हो सकती है (जोना कॉलकोर्ड, 1941)। परिवार की लघु बचत और/या नकद या माल के रूप में ऋण लेकर चलाने के साहसी प्रयत्न के कई परिवार भोजन और जीवन की दूसरी आवश्यकताओं में इतनी अविश्वसनीय कमी करते हैं कि वे मन्द भूख (slow starvation) से पीड़ित हो जाते हैं।

## भारत में बेरोज़गारी को नियन्त्रित करने के लिए किए गए उपाय (Measures Taken to Control Unemployment in India)

बेरोजगारी को नियंत्रित करने के लिए अपनाया गया पहला उपाय था वर्ष 1972-73 (चौथी पंचवर्षीय योजना के दौरान) में प्रधानमंत्री का नकदी कार्यक्रम लागू किया जाना। सन् 1970 तथा 1980 के दशकों में विभिन्न मजदूरी रोजगार कार्यक्रमों जैसे 1977-78 में *काम के बदले अनाज* कार्यक्रम, 1978-79 में एकीकृत ग्राम विकास कार्यक्रम (IRDP), सन् 1980-81 में राष्ट्रीय ग्रामीण रोजगार कार्यक्रम (NREP), सन् 1983 में ग्रामीण श्रम रोजगार गारंटी कार्यक्रम (RELGP) तथा अप्रैल 1989 में जवाहर रोजगार योजना (JRY) आदि कार्यक्रम ग्रामीण बेरोजगारी से निपटने में अत्यंत महत्वपूर्ण थे। नरसिम्हा राव सरकार की प्रधानमंत्री रोजगार योजना का शुभारंभ 1993-94 में किया गया था।

हमारे नीति-निर्माताओं के द्वारा अन्य मानकों को इस प्रकार से निर्धारित किए जाते हुए रोजगार सृजन को आठवीं पंचवर्षीय योजना के दौरान ध्यान के केन्द्र में रखा गया ताकि रोजगार में 3 प्रतिशत प्रतिवर्ष की वृद्धि दर अर्जित की जा सके। सातवीं पंचवर्षीय योजना (1985-90) के दौरान कुल 4.858 करोड़ रोजगारों के सृजन किए जाने का अनुमान लगाया गया था, जिसमे योजना के प्रारंभ होते समय पहले के शेष रहे 92 लाख के आंकड़े को भी शामिल किया गया था। योजना में कल्पना की गई थी कि इस पंचवर्षीय योजना अवधि में कुल रोजगार में 3.99 प्रतिशत की वृद्धि हो सकेगी। इस योजना के द्वारा विशेषतौर पर यह कल्पना की गई थी कि NREP, RLEGP तथा JRY जैसे विशिष्ट रोजगार कार्यक्रमों के द्वारा वर्ष 1989-90 के दौरान कुल 22.60 लाख कार्य-दिवसों का सृजन किया जाएगा। इसी प्रकार से, मुख्यतः कृषि पर ध्यान केन्द्रित किए जाने के साथ ही IRDP के द्वारा 30 लाख कार्य-दिवसों के सृजन की कल्पना की गई थी। हालांकि, जेआरवाई के द्वारा वर्ष 1992-93 के दौरान मात्र 7821.02 लाख, 1993-94 के दौरान 10258.40 लाख, 1994-95 के दौरान 9517.09 लाख तथा 1995-96 के दौरान 3616.86 लाख कार्य-दिवसों का ही सृजन किया जा सका। प्रधानमंत्री रोजगार योजना के द्वारा वर्ष 1993-94 में मात्र 45 हजार, 1994-95 में 1.25 करोड़ तथा 1995-96 में 1.45 करोड़ कार्य-दिवसों का ही सृजन किया जा सका (*राजस्थान पत्रिका,* 16 जून, 1996)।

सन् 1999 में देश की स्वतंत्रता की 50वीं वर्षगाँठ मनाए जाने के अवसर पर भारत सरकार ने स्वर्ण जयंती ग्राम स्वरोजगार योजना का शुभारंभ किया, जिसमें पहले से ही विद्यमान 6 योजनाओं अर्थात् एकीकृत ग्राम विकास योजना (IRDP), स्वरोजगार हेतु ग्रामीण युवाओं का प्रशिक्षण (टीआरवाईएसईएम), ग्रामीण क्षेत्रों में महिलाओं एवं बच्चों का विकास (DWUCRA), ग्रामीण कलाकारों को उपकरण किट की आपूर्ति (SITRA), ग्रामीण कौशल्य योजना (GKY) तथा लाख कुएं योजना (MWS) को एक साथ मिला दिया गया। तदुपरांत, अतिरिक्त मजदूरी हेतु रोजगार एवं खाद्य सुरक्षा उपलब्ध कराए जाने तथा साथ ही ग्रामीण क्षेत्रों में टिकाऊ परिसंपत्तियों के निर्माण के उद्देश्य से सन् 2001 में रोजगार आश्वासन योजना (EAS) तथा जवाहर ग्राम समृद्धि योजना (JGSY) का विलय करते हुए संपूर्ण ग्रामीण रोजगार योजना को लागू किया गया।

स्वतंत्र भारत के इतिहास में बेरोजगारी को नियंत्रित करने के लिए, विशेषतौर पर ग्रामीण क्षेत्रों में, भारत सरकार के द्वारा प्रारंभ की गई एक महत्वपूर्ण योजना है महात्मा गाँधी राष्ट्रीय ग्रामीण रोजगार गारंटी योजना (मनरेगा) जिसका लक्ष्य ग्रामीण क्षेत्र में निवास कर रहे लोगों की आजीविका में वृद्धि करने के लिए प्रत्येक

वित्त वर्ष के दौरान उन्हें मजदूरी सहित न्यूनतम 100 दिनों का रोजगार दिए जाने की गारंटी प्रदान करना है। सन् 2006 से इसे संपूर्ण देश में लागू कर दिया गया है और इसकी प्रकृति अत्यंत व्यापक है।

देश में बेरोजगारी को नियंत्रित किए जाने हेतु अपनाए गए उपायों का मूल्यांकन करते हुए यह उल्लेख किया जा सकता है कि बेरोजगारी सत्ता में रह चुके दलों का प्रमुख चुनावी मुद्दा रह चुकी है किन्तु इसका कोई भी संतोषजनक समाधान अभी भी हमारे नीति-निर्माताओं से कोसों दूर है। महत्वपूर्ण कारण यह है कि अधिकांश मामलों में रोजगार सृजन सम्बन्धी योजनाओं को पर्याप्त संसाधनों द्वारा समर्थन नहीं प्राप्त हो सका है।

स्वतंत्रता प्राप्ति के उपरांत नीति-निर्माताओं के द्वारा ऐसा विश्वास किया जाने लगा था कि बेरोजगारी को मात्र राजकीय हस्तक्षेप के द्वारा ही कम किया जा सकता है। सन् 1991 तक यह धारणा प्रचलित रही, जब सरकार ने अपनी आर्थिक नीति एवं नियोजन सम्बन्धी रणनीति में एक यू-टर्न ले लिया। रोजगार सृजन सम्बन्धी नए उपायों के लक्ष्य थे : (1) उदारीकरण, (2) नियंत्रण एवं विनियमन की समाप्ति, (3) निजी क्षेत्र में संसाधनों का जुटाया जाना, तथा (4) एकाधिकारी क्षेत्रों में प्रतिस्पर्धा को प्रोत्साहन प्रदान करना। आर्थिक सुधार मात्र औद्योगिक क्षेत्र तक ही सीमित नहीं रहे। कृषि के क्षेत्र में सतत् विकास की भी उपेक्षा नहीं की गई। आठवीं पंचवर्षीय योजना के द्वारा ग्रामीण क्षेत्रों में रोजगार पर विशेष ध्यान दिया गया। और हाल ही के समय में अत्यधिक धूमधाम एवं प्रदर्शन के साथ मनरेगा। किन्तु क्या ये उपाय वास्तव में सफल हो सके हैं?

परंतु, यदि हम विगत दो दशकों के दौरान रोजगार में हुई वृद्धि का आकलन करेंगे तो हम पायेंगे कि ऊपर वर्णित रोजगार सृजन सम्बन्धी योजनाओं में से अधिकांश अपने उद्देश्य को हासिल कर पाने में सफल नहीं रही हैं। यहाँ तक कि राष्ट्रीय प्रतिदर्श सर्वेक्षण संगठन (NSSO) के द्वारा बेरोजगारी पर हाल ही में जारी किए गए आँकड़े (68वां चक्र) द्वारा यह प्रदर्शित होता है कि देश में बेरोजगारी का बढ़ना जारी है – बेरोजगारों की संख्या सन् 2010 से 2012 की दो वर्षों की अवधि में 98 लाख से बढ़कर 1.08 करोड़ हो चुकी है।

## ग्रामीण बेरोज़गारी (Rural Unemployment)

ग्रामीण बेरोज़गारी के प्रश्न को लें। कई वर्षों से राज्य सरकारों ने कई रोज़गार गारंटी परियोजनाओं की घोषणा की और उनको निर्धनता को कम करने की रणनीतियां माना। काम के बदले अनाज परियोजना शुरू हुई जिसका नाम बदल कर राष्ट्रीय ग्रामीण रोज़गार परियोजना (NREP) रखा गया। फिर ग्रामीण भूमिहीन रोज़गार गारंटी परियोजना (RLEGP) और जवाहर रोज़गार योजना आई। इसके प्रश्चात राष्ट्रीय मोर्चा सरकार ने मार्च 1990 में एक नई परियोजना 'रोज़गार गारंटी परियोजना' को जोड़ दिया, परन्तु यह परियोजना चली ही नहीं। यद्यपि समय-समय पर यह घोषणा होती रही कि इसमें महाराष्ट्र के मॉडल को अपनाया जा रहा है जो कि अच्छे रूप से चल रहा है।

इन परियोजनाओं की असफलताओं का क्या कारण है? हम आरएलईजीपी (RLEGP) को लें जो 1983 में प्रारम्भ हुई और जिसका पूरा पैसा केन्द्र सरकार ने दिया। इस परियोजना का मूल उद्देश्य था ग्रामीण क्षेत्रों में भूमिहीन मजदूरों के लिए रोज़गार के अवसरों का विस्तार करना और एक ग्रामीण भूमिहीन परिवार के कम से कम एक सदस्य को एक वर्ष में कम से कम 100 दिन के रोज़गार की गारंटी देना। 1989 से इस परियोजना का जवाहर रोज़गार योजना में विलय हो गया। भारत के कम्प्ट्रोलर (Comptroller) और ऑडिटर जनरल (CAG) ने अपने परख ऑडिट (test audit) के दौरान पाया कि जिस सीमा तक रोज़गार गारंटी की कल्पना की गई थी, उसके लिए चार हज़ार करोड़ रुपए की निर्धारित वार्षिक आवश्यकता के स्थान पर सात वर्षों (1983 से 1989) के बीच वार्षिक उपलब्ध राशि 5 प्रतिशत ही थी। इससे भी और बुरा जो मालूम हुआ वह यह था कि 1983 से 1989 तक जो 3,000 करोड़ रुपए राशि का कुल आवंटन हुआ वह एक वर्ष की आवश्यकता से भी

कम था और इसमें से भी केवल 74 प्रतिशत का उपयोग हुआ। इस प्रकार न केवल आवश्यक राशि का भुगतान नहीं हुआ परन्तु जो थोड़ी सी राशि उपलब्ध कराई गई थी, उसका भी पूरी तरह उपयोग नहीं हुआ। रिपोर्ट में कुछ चौंकाने वाले तथ्य प्रस्तुत किए हैं। उपलब्ध निधि (funds) में से लगभग 26.50 करोड़ रुपए दूसरी परियोजन्राओं पर लगा दिए गए और यहां तक कि उसे कारों, जीपों, वातानुकूलित यंत्रों (air-conditioners), वीडियो कैमरों, मियादी जमाओं और राष्ट्रीय बचत योजनाओं में निवेश के लिए खर्च किया गया। खाद्यान्न जो RLEGP के अन्तर्गत वितरित किए जाने थे, वे जन वितरण एजेन्सियों और संगठनों के पास पहुंच गए। परन्तु आश्चर्य यह है कि इन सब कमियों के बावजूद इस परियोजना ने सात वर्ष (1983-89) की अवधि में जो मानव दिन (14,720 लाख) उत्पन्न किए, वे सरकारी लक्ष्य द्वारा निर्धारित मानव दिनों (13,310) से 10 प्रतिशत अधिक थे। कैग (CAG) ने इन आंकड़ों को प्रामाणिक और विश्वसनीय नहीं माना। उसने मानव-दिनों की गणना करने के तरीके को गलत बताया। हाज़िरी रजिस्टर के आधार पर उत्पादित मानव-दिनों को संकलित करने के बजाय कुछ राज्य (जैसे आंध्रप्रदेश, बिहार, केरल, कर्नाटक, मध्यप्रदेश, पंजाब, नगालैंड और पश्चिम बंगाल) रोज़गार उत्पादन आंकड़ों का संकलन काल्पनिक आधार पर कर रहे थे। वे कुल लागत की मज़दूरी के घटक को निर्धारित न्यूनतम दैनिक मजदूरी की दर से भाग देकर आंकड़ों का संकलन कर रहे थे। महाराष्ट्र के एक ज़िले में यह पाया गया कि वहां मानव-दिनों के आंकड़े वास्तविक लागत (जिसमें गैर-मज़दूरी का घटक भी सम्मिलित था) को न्यूनतम दैनिक मज़दूरी से भाग देकर निकाले जा रहे थे और इस प्रकार आंकड़े बढ़ाए जा रहे थे।

इतना ही नहीं, मनरेगा पर लगातार ही धनराशियों के दुरुपयोग तथा भ्रष्टाचार के आरोप लगाए जा रहे हैं। वर्ष 2012-13 के दौरान इस योजना के अंतर्गत प्रदान किए जा रहे रोजगार के दिवसों की संख्या घटकर मात्र 39 रह गई है। सर्वाधिक गरीब राज्यों में सबसे अधिक कमी दर्ज की गई है। इसी प्रकार से, केन्द्रीय स्तर पर बजट आबंटन में भी वर्ष 2013-14 के दौरान 7,000 करोड़ रुपयों तक की कटौती कर दी गई है। इसके परिणामस्वरूप मनरेगा पर किए जाने वाला व्यय, जो वर्ष 2008-09 के सकल घरेलू उत्पाद (GDP) का लगभग 1 प्रतिशत था, वर्ष 2012-13 में घटकर पात्र 0.3 प्रतिशत रह गया है।

यदि यह तथ्य ग्रामीण रोज़गार परियोजनाओं का निदर्शी (illustrative) है तो कोई आश्चर्य नहीं कि स्वतंत्रता के छह दशकों के बाद भी देश जनसंख्या के ऐसे 37.2 प्रतिशत (1993-94 में) का भार अब भी उठा रहा है जो निर्धन रेखा से नीचे है।

हमारी कृषि नीति क्या है और हमारे लक्ष्य क्या हैं? क्या हमारा लक्ष्य कृषि उत्पादन की वृद्धि दर को गति प्रदान करना है, अथवा राष्ट्रीय खाद्य आत्मनिर्भरता को हासिल करना है, अथवा क्रय एवं समर्थन मूल्यों में आवधिक वृद्धि किए जाने के साथ ही बड़े किसानों को समृद्ध बनाए रखना है, अथवा गाँवों में सभी किसानों को कार्य उपलब्ध करवाना है? अभी तक, हमारा जोर खाद्यान्नों के उत्पादन को सर्वोच्च प्राथमिकता प्रदान करने पर रहा है। किन्तु, विगत दो दशकों के दौरान खाद्यान्न उत्पादन करने वाले कृषि क्षेत्रों में गिरावट आई है। खाद्यान्न उत्पादन करने वाला सकल फसल क्षेत्र, जो वर्ष 2003-04 के दौरान 8.4 प्रतिशत था, वर्ष 2004-05 में घटकर नकारात्मक (-) 2.7 प्रतिशत हो चुका है (*भारत 2008*)। हालांकि, व्यावसायिक फसलों जैसे तिलहन, कपास, गन्ना इत्यादि के अधीन आने वाले कृषि क्षेत्र में महत्वपूर्ण रूप से वृद्धि हुई है। इसका परिणाम कुल खाद्यान्न उत्पादन में कमी के रूप में सामने आया है। घरेलू बाजारों में आई कमी को गेहूँ का आयात किए जाने के द्वारा पूरा कर लिया जाता है जो निश्चित रूप से भारतीय व्यापारियों को आबंटित की गई दरों की तुलना में ऊँची दरों पर किया जाता है। इससे यह मौलिक प्रश्न खड़ा होता है कि ग्रामीण लोगों के लिए हमें कार्य के ऐसे वैकल्पिक संसाधनों को खोजना चाहिए जो ग्रामीण गरीबी तथा बेरोजगारी की जुड़वां समस्या का समाधान कर सकें। जब तक कि ग्रामीण क्षेत्रों में संरचनात्मक समायोजन तथा बुनियादी ढाँचे सम्बन्धी विकास के कार्यक्रमों एवं सुधारों को प्रारंभ नहीं

किया जाता, लक्षित आर्थिक एवं सामाजिक उद्देश्यों को प्राप्त नहीं किया जा सकेगा। क्या कृषि को सरकारी नियंत्रण एवं सब्सिडियों के शिकंजे से मुक्त किया जाना एक समाधान हो सकता है? क्या ऐसा कोई भी कदम कृषि क्षेत्र को वर्तमान समय की तुलना में रोजगार के अधिक अवसर उत्पन्न करने की छूट प्रदान करेगा? अथवा क्या यह कदम छोटे एवं सीमान्त किसानों, खाद्य-कीमतों तथा खाद्यान्न-घाटे वाले राज्यों को प्रभावित करेगा? प्रश्न वास्तव में बहस किए जाने के योग्य है।

शिक्षित बेरोजगारों के लिए भारत सरकार के द्वारा प्रधानमंत्री रोजगार योजना (PMRY) नामक एक स्व-रोजगार योजना को भी सन् 1993 में प्रारंभ किया गया था ताकि स्व-रोजगार के लिए बैंकों के माध्यम से ऋण उपलब्ध करवाए जा सकें। केन्द्र सरकार इस प्रयोजन के लिए सब्सिडी उपलब्ध कराती है और इसे भारतीय रिजर्व बैंक के माध्यम से प्रदान करती है। वर्ष 1994-95 से वर्तमान शिक्षित बेरोजगार युवाओं हेतु स्व-रोजगार योजना (SEEUY) को प्रधानमंत्री रोजगार योजना (PMRY) में सम्मिलित कर लिया गया है। किन्तु, अन्य ग्रामीण रोजगार योजनाओं के समान ही प्रधानमंत्री रोजगार योजना कुछ खास कार्य नहीं कर सकी है। ऋण प्राप्त करने वाले शिक्षित लोगों की संख्या में निरंतर गिरावट आ रही है, और यही हाल केन्द्र सरकार के द्वारा जारी की जाने वाली सब्सिडी का भी है। इस योजना के लिए निर्धारित किए गए वार्षिक लक्ष्यों को हासिल किए जाने में भी क्रमिक रूप से गिरावट दर्ज की जा रही है। उदाहरण के लिए, जहाँ वर्ष 2000-01 के दौरान लक्षित युवकों में से 70 प्रतिशत को ऋण स्वीकृत किए गए थे, वहीं वर्ष 2002-03 के दौरान यह प्रतिशत घटकर 52 रह गया। इस प्रकार, यदि योजनाएं विफल होती हैं, जैसा की प्रवृत्ति से प्रदर्शित हो रहा है, तो रोजगार से सम्बन्धित गणनाएं अस्त-व्यस्त हो जाएंगी। बढ़ती हुई बेरोजगारी के कारण कानून एवं व्यवस्था सम्बन्धी मशीनरी के अलावा राजनीतिक व्यवस्था भी आने वाले वर्षों के दौरान भारी तनाव के अधीन आ जाएगी।

जनता दल ने 1990 में अपने चुनाव घोषणा पत्र में 'काम का अधिकार' के नए इनाम का वायदा किया। इसका अर्थ था कि सरकार अपनी आर्थिक नीतियों का इस प्रकार निर्धारण करेगी जिससे उन सबके लिए जो यह चाहते हैं कि उत्पादक और लाभदायक नौकरियां उत्पन्न हों और यह सुनिश्चित किया जा सके कि उन सभी को जो काम करना चाहते हैं, काम के अवसर प्राप्त हों। परन्तु इससे पहले कि वह इस चुनौती को स्वीकार करती, इस सरकार को नवम्बर 1990 में सत्ता त्यागनी पड़ी। पी.वी. नरसिम्हा राव के नेतृत्व वाली कांग्रेस सरकार, जो पाँच वर्षों (सन् 1991 से मई, 1996 तक) तक सत्ता में रही, रोजगार उपलब्ध करा पाने अथवा गरीबी को समाप्त कर पाने में पूर्णतः विफल रही। इस अवधि के घटित विभिन्न घोटाले मात्र शासक अभिजात्य वर्ग के इस अवधि के क्रियाकलापों की ओर इशारा करते हैं। एच.डी. देवेगौड़ा की संयुक्त मोर्चा सरकार, जिसने जून 1996 में सत्ता हासिल की, के द्वारा ग्रामीण बेरोजगारी एवं गरीबी को कम किए जाने के दावे किए गए, लेकिन यह कुछ भी कर पाने में सफल नहीं रही क्योंकि इसे अप्रैल 1997 में ही त्यागपत्र देना पड़ गया। यहाँ तक कि, अटल बिहारी बाजपेयी के प्रधानमंत्रित्व काल में भाजपा के नेतृत्व वाली राजग सरकार भी अपने कार्यकाल, जो सन् 1998 से 2004 तक चला, के दौरान देश में व्याप्त बेरोजगारी के परिदृश्य में सुधार कर पाने की दिशा में कुछ खास नहीं कर सकी।

प्रश्न यह है कि हमारे देश की वर्तमान स्थिति में क्या 'काम का अधिकार' (Right to Work) की गारंटी देना संभव है? तटस्थ और पक्के आंकड़ों के साथ क्या रोज़गार उत्पादन परियोजना की एक निश्चित रूपरेखा बनाई जा सकती है या फिर यह भी क्या लोकप्रिय बनने के लिए एक और झूठा नाटक (piece of populism) होगा? मेरे विचार में यह अप्रासंगिक, पलायनवादी, विषयान्तर करने वाला, छिछोरा और हास्यास्पद प्रस्ताव के अतिरिक्त कुछ भी नहीं है। केवल वादा करने से या संविधान में व्यवस्था कराने से किसी को काम मिलने की संभावना नहीं हो जाती, सिवाय राजनीतिज्ञों के जो असंभव वादे करने में प्रवीण होते हैं। व्यापक आर्थिक नीतियों, नवीन रोज़गार के उत्पादन की परियोजनाओं, आर्थिक प्रणाली का दक्ष संगठन और दूसरी व्यावहारिक और परिणाम देने वाली

तकनीकों पर पर्याप्त विचार किए बिना ही वे 'काम का अधिकार' के एक और वादे को जोड़ने को गलत नहीं समझते। भारी निवेश के बिना काम का अधिकार न तो व्यवहार्य है और न ही काम के लायक। यह एक दूर की भ्रान्ति (fantacy) और एक खोखला दकियानूसी विश्वास मात्र है। एक नौकरी उत्पन्न करने में प्रतिवर्ष बड़ी राशि की आवश्यकता होती है। ऐसी स्थिति में चार करोड़ बेरोज़गार व्यक्तियों को नौकरियां देने के लिए इतने संसाधन और अरबों-खरबों रुपए कहां से आएंगे? क्या यह नारा चारों ओर अपरिमित (wholesale) कुण्ठा और मोह-भंग (disillusionment) उत्पन्न नहीं कर देगा? क्या 'काम का अधिकार' नौकरी पाने के लिए अदालत की आज्ञा से और मालिक द्वारा नौकरी की सेवाएं समाप्त करने के अधिकार से, सामूहिक सौदेबाजी आदि से जुड़ा हुआ नहीं है? क्या यह आरक्षण के अधिकार के प्रतिकूल नहीं है? इसलिए क्या हम उन राजनीतिज्ञों, जो जनता को खुश करने के लिए ऐसे नारे देते हैं और वादे करते हैं, के विचारों में कोई विकृत कुतर्क नहीं पाते?

## क्या बेरोजगारी बीमा एक सही नीति होगी? (Will Unemployment Insurance be a Right Policy?)

आज के समय में एक आदर्श देश वह माना जाता है जो एक कल्याणकारी देश हो अर्थात् एक ऐसा देश जो अपने नागरिकों को आवश्यकताओं एवं भय से स्वतंत्र करने का उत्तरदायित्व स्वीकार करता हो। सार्वभौमिक शिक्षा की व्यवस्था, स्वास्थ्य सम्बन्धी देखभाल का प्रावधान, बेरोजगारी के विरुद्ध सुरक्षा, शारीरिक अयोग्यताओं के विरुद्ध संरक्षण, तथा सुरक्षित मजदूरी उपलब्ध करवाया जाना, पर्याप्त विश्राम का समय तथा एक उदार पेंशन आदि को राज्य के अनिवार्य कार्यों के तौर पर जाना जाता है। निःसंदेह, ये सब एक महान प्रयास हैं। अनेक देशों में लोग इसे अपने अधिकार तथा अपने समाज के शिष्टाचार के रूप में देखते हैं। परंतु क्या इस आदर्श में कल्याणकारी कार्यक्रमों की आर्थिक एवं राजकोषीय लागतों की उपेक्षा की जा सकती है? भारत में यदि बेरोजगारी बीमा योजना को लागू किया जाता है तो क्या एक टिकाऊ आधार पर इसका वित्तपोषण किया जा सकता है? बढ़ती हुई बेरोजगारी तथा जीवनयापन की लागतों के साथ हमारी सरकार किस प्रकार से लोगों की बढ़ती हुई अपेक्षाओं को पूरा कर सकती है? आगे, सामाजिक सुरक्षा सम्बन्धी योजनाओं को संचालित कर रहे अनेक विकासशील राष्ट्रों में यह अनुभव किया जाने लगा है कि सामाजिक सुरक्षा प्रणाली वर्तमान समय की बेरोजगारी की उच्च दर का एक अंशदायी कारण है। उदाहरण के लिए बेरोजगारी बीमा के मामले को ही लीजिए। यूरोप तथा अमेरिका के अधिकांश देशों में बेरोजगारी सम्बन्धी लाभ सम्बन्धित व्यक्ति को उसकी पिछली आमदनी के ८० प्रतिशत तक दो अथवा उससे अधिक वर्षों के लिए प्रदान किए जाते हैं। बेल्जियम तथा डेनमार्क में, इस अवधि की कोई सीमा नहीं है। तो फिर काम तलाश करने की आवश्यकता ही क्या है, और किसी भी कम पारिश्रमिक वाले रोजगार के बारे में तो कुछ कहने की आवश्यकता ही नहीं है।

## उपचार (Remedies)

रोजगार के बाजार में नवप्रवेशकर्ताओं के लिए आज रोजगार के कौन-कौन से मार्ग खुले हुए हैं? सन् 1994 में दिल्ली में आयोजित 31वें भारतीय श्रम सम्मेलन (ILC) में देश में सरपट गति से बढ़ रही बेरोजगारी के लिए निम्नलिखित उपाय सुझाए गए थे : (क) स्व-रोजगार को प्रोत्साहित किया जाना, (ख) व्यावसायिक पाठ्यक्रमों का आमूलचूल पुनर्गठन, तथा (ग) औद्योगिक इकाइयों के द्वारा वर्तमान समय के संदर्भ में वांछित आवश्यक कौशलों की पहचान किया जाना, तथा बाजार में मौजूदा माँग वाले इस प्रकार पहचान किए गए कौशलों से प्रासंगिक पाठ्यक्रमों एवं अध्ययन सूचियों को तैयार किया जाना।

स्वरोजगार के लिए न केवल शहरी बल्कि ग्रामीण क्षेत्रों में भी असंख्य अवसरों की खोज की जा सकती है। ग्रामीण क्षेत्रों में इनमें शामिल हैं : आधुनिक वैज्ञानिक ढंग से खेती, लघु-पैमाने के उद्योग,

कृषि-उद्योग, वन-आधारित उद्योग, पशुपालन, मुर्गीपालन, ग्रामीण कलाएं एवं हस्तकलाएं (जैसे हस्तनिर्मित कागज, चीनी-मिट्टी के बर्तन, चमड़े के सामान, वस्त्रों की हाथ द्वारा छपाई एवं रंगाई, कालीन, दरी इत्यादि), छोटे व्यवसाय एवं व्यापार, पौधशालाएं तथा कृषि उपकरणों का किराए पर दिया जाना एवं उनकी मरम्मत सम्बन्धी कार्य।

पहले ही सुझाया जा चुका एक उपाय है उच्चतर शिक्षा का विनियमन किया जाना। स्नातकों एवं तकनीकी लोगों की संख्या में वृद्धि मोटे तौर पर प्रतिवर्ष 10 प्रतिशत की दर से हो रही है। किसी भी एक अकेले रोजगार के लिए लगभग 3 लाख रुपए प्रतिवर्ष की आवश्यकता होती है। इस दर पर तथा देश में बेरोजगारों की कल्पना करते हुए सरकार को 12,00,000 करोड़ रुपयों का व्यय करना होगा। क्या हमारे पास मात्र बेरोजगार लोगों के लिए व्यय कर पाने हेतु इतनी बड़ी धनराशि अलग से उपलब्ध है? फिर, इसीलिए, सरकार उच्चतर शिक्षा को नियंत्रित क्यों नहीं करती? शायद मामले की असलियत यह है कि न केवल सरकार बल्कि राजनीतिज्ञ, शिक्षक, छात्र, जनता—सभी के अपने-अपने निहित स्वार्थ हैं। शिक्षकगण अपने दायित्वहीन पद को पसंद करते हैं। प्रशासकगण एक ऐसी स्थिति चाहते हैं जिसके अंतर्गत बेरोजगारी की काली छाया को अस्थाई तौर पर दरकिनार किया जा सके। समृद्ध अभिजात्य लोग गरीबों के खर्चों पर लाभ के सबसे बड़े भाग को हड़प लेना चाहते हैं। राजनीतिज्ञ निठल्ले एवं कुंठायुक्त तथा कुशिक्षित छात्रों की भीड़ निकालने वाले बड़े-बड़े विश्वविद्यालयों को पसंद करते हैं, क्योंकि यही ऐसे लोग हैं जो उनके राजनीतिक बल को मजबूती प्रदान करते हैं।

रोजगारों में तीव्र गति से वृद्धि न होने का एक अन्य कारण है श्रम सम्बन्धी कानून। भारत में, श्रमिकों की छंटनी किया जाना लगभग असंभव सा है, अतः, व्यवसायीगण प्रायः स्थाई कर्मचारियों की तुलना में संविदा कर्मियों को ही पसंद करते हैं। कोई आश्चर्य की बात नहीं है कि निजी क्षेत्र में नियोजित लोगों की संख्या गत दशक के दौरान 85 लाख के आसपास रहते हुए स्थिर बनी रही है। मात्र सार्वजनिक क्षेत्र के रोजगारों में ही वृद्धि हुई है, लेकिन यहाँ पर भी वृद्धि की दर में मंदी आई है क्योंकि सन् 1999 में इसकी संख्या 194 लाख से कुछ अधिक थी जबकि सन् 2003 में यह 185 लाख से कुछ ही ऊपर रह गई। इसीलिए कानूनों के द्वारा उत्पन्न किए गए रोजगार विरोधी लोकाचारों को सरकार के द्वारा दुरुस्त किए जाने की आवश्यकता है।

कुछ लोग सुझाव देते हैं कि बेरोजगारी से निबटने के लिए सर्वश्रेष्ठ समाधान है आर्थिक विकास। कुछ समय के लिए तो यह सही हो सकता है किन्तु सदैव के लिए नहीं। ऐसा तीन कारणोंवश है : पहला, आर्थिक विकास की अपनी सीमाएं होती हैं। दूसरे, तकनीक में होने वाली उन्नतियाँ पारंपरिक व्यवसायों एवं उद्योगों में कार्यरत् श्रमिकों को विस्थापित करने की प्रवृत्ति से युक्त होती है। तीसरे, ऐसी अर्थव्यवस्थाएं, कई वर्षों के दौरान, संरचनात्मक कठोरताएं विकसित कर लेती हैं जो परिवर्तनशील परिस्थितियों के अनुसार अनुकूलन को रोकती हैं। अधिक विकास दर वाले दशकों में विकसित हुए आर्थिक सम्बन्धों को आर्थिक गतिहीनता की अवधियों के दौरान बनाए नहीं रखा जा सकता है। हालांकि, भारत जैसे एक विकासशील देश को आर्थिक विकास के लिए नीति तथा कार्यक्रम दोनों की आवश्यकता होती है। इसके साथ-साथ, मुक्त व्यापार की नीति भी अनेक की संख्या में रोजगार के अवसर उत्पन्न करेगी और बेरोजगारी को कम करेगी। भारत जैसे विकासशील देशों को उनके विकास कार्यक्रमों में सहायता प्रदान किए जाने हेतु विकसित देशों पर निर्भर किया जाना आज के युग में मूर्खों के स्वर्ग में निवास करने जैसा होगा क्योंकि ऐसे देशों के द्वारा आर्थिक सहायता माँगने वाले देशों पर अपने विचारों एवं विचारधाराओं को थोपा जाना अवश्यंभावी है। भारत को अपने स्वयं के संसाधनों पर निर्भर रहना होगा। निश्चित रूप से, विकास सम्बन्धी परियोजनाओं के लिए रियायती ब्याज दरों पर ऋणों के रूप में कुछ सहायता, कुछ पूँजीगत निवेश, तथा मात्र चुनिंदा क्षेत्रों में कुछ संयुक्त उपक्रम हमारी अर्थव्यवस्था के विकास तथा फैलती हुई बेरोजगारी की समस्या के शमन किए जाने में सहायक हो सकते हैं।

इस प्रकार से यह स्पष्ट किया जा सकता है कि बेरोजगारी को कम करने के लिए उपचारात्मक उपायों के द्वारा आवश्यक रूप से निम्नलिखित पर बल दिया जाना चाहिए : (क) स्वरोजगार के लिए अवसरों का सृजन किया जाना; (ख) कार्यशील गरीबों की उत्पादकता एवं आय के स्तरों में वृद्धि किया जाना; (ग) ग्रामीण क्षेत्रों में राहत प्रदान करने वाले रोजगार पर दिए जाने वाले बल को टिकाऊ उत्पादक परिसंपत्तियों का निर्माण किए जाने पर स्थानान्तरित किया जाना; तथा (घ) किसी सीमा तक संरक्षणवादी नीति की ओर वापसी किए जाने तथा संप्रग-1 सरकार के द्वारा घमंड सहित प्रदर्शित न्यूनतम साझा कार्यक्रम पर बल दिए जाने के स्थान पर नीतियों के उदारीकरण का एक ईमानदारीपूर्ण परीक्षण किया जा सकता है तथा निजीकरण की गति को बढ़ाया जा सकता है।

## REFERENCES

Bartlett, Roland W., *Security for the People*, Wilcox and Follett Co., Chicago, 1949.

Chand, Attar, *Poverty and Underdevelopment*, Gian Publishing House, Delhi, 1987.

D'Mello, Rudolf Gyan, "The Educated Unemployed: The Dispossessed", *Seminar*, Vol. 120, August, 1969.

Douglas, Paul H. and Director, Aaron, *The Problem of Unemployment*, The Macmillan Company, New York, 1931.

Edie, Lionel D., *Economics: Principle and Problems*, Thomas Y. Crowell Co., New York, 1926.

Elliott, Mabel A. and Merrill, Francis E., *Social Disorganization* (3rd Edn.), Harper and Brothers, New York, 1950.

Keynes, John Maynard, "An Economic Analysis of Unemployment" in *Unemployment as a World Problem*, The University of Chicago Press, Chicago, 1932.

Khanna, R.S., "Liberalization and Unemployment in India", *The Indian Journal of Public Administration*, Vol. XLII, July-September, 1996.

Majumdar, Rajarshi and Deepa Mukherjee, "Unemployment among Educated Youth: Implications for India's Demographic Dividend", University of Burdwan, Working Paper, May 2013.

Myrdal, Gunnar, *Population*, Harvard University Press, Cambridge, Massachusetts, 1940.

Naba, Gopal Das, *Employment, Unemployment and Full Employment in India*, 1968.

# 4

# जनसंख्या विस्फोट

## Population Explosion

विगत कुछ दशकों की राजनीतिक अनिश्चितता तथा साम्प्रदायिक उन्माद के मध्य जनसंख्या विस्फोट की समस्या को पृष्ठभूमि में ढकेल दिया गया है। न तो समाज विज्ञानी, न ही राजनीतिक दल अथवा सरकारें उस समस्या पर ध्यान केन्द्रित किए जाने को आवश्यक समझते हुए प्रतीत होते हैं, जो निश्चित रूप से राष्ट्र के समक्ष प्रस्तुत एक अकेली सर्वाधिक महत्वपूर्ण समस्या है। इस तथ्य पर प्रकाश डालने के लिए विद्वानों द्वारा किए गए अध्ययनों एवं विचारों की कोई कमी नहीं है, कि भारत आर्थिक एवं मानवीय विकास की दौड़ में मुख्य रूप से इसलिए पिछड़ रहा है, क्योंकि यह अपनी जनसंख्या की वृद्धि को सीमित कर पाने में बहुत अधिक प्रगति का प्रदर्शन नहीं कर सका है।

### जनसंख्या में वृद्धि (Increase in Population)

लगभग 121 करोड़ (सन् 2011 में) की जनसंख्या के साथ भारत कुल विश्व की जनसंख्या के 17.5 प्रतिशत के बराबर है। यह संपूर्ण विश्व में 134.1 करोड़ (सन् 2010 में) की जनसंख्या वाले देश चीन के बाद मात्र दूसरा सबसे बड़ा देश है। कुल छह देश (19.4% के साथ चीन, 17.5% के साथ भारत, 4.5% के साथ अमेरिका, 3.4% के साथ इंडोनेशिया, 2.8 प्रतिशत के साथ ब्राजील तथा 2% के साथ रूस) संपूर्ण विश्व की कुल जनसंख्या के लगभग आधे भाग (49.6%) का गठन करते हैं। दूसरे शब्दों में, 121 करोड़ पर भारत की जनसंख्या अमेरिका, इंडोनेशिया, ब्राजील, पाकिस्तान, बांग्लादेश तथा जापान की कुल जनसंख्या (इन छह देशों की कुल जनसंख्या का योग 121.4 करोड़ है) के लगभग बराबर है।

जिस पैमाने पर भारत की जनसंख्या बढ़ रही है, वह सहज रूप से दिल को दहलाने वाला है। जहां सन् 1941 में हमारे देश की कुल जनसंख्या 31.86 करोड़ थी, वहीं 1951 में यह बढ़कर 36.10 करोड़, 1961 में 43.92 करोड़, 1971 में 54.81 करोड़, 1981 में 68.33 करोड़, 1991 में 84.64 करोड़, 2001 में 102 करोड़ तथा सन् 2011 में 121 करोड़ (सन् 2011 की जनगणना के अस्थायी आंकड़ों के अनुसार) हो गई। संयुक्त राष्ट्र संघ ने अनुमान लगाया है, कि सन् 2000 से 2010 के बीच विश्व की जनसंख्या में 1.23 प्रतिशत की दर से वृद्धि हुई है। भारत, जिसके द्वारा सन् 2001 से 2011 के दौरान 1.64 प्रतिशत की वार्षिक वृद्धि दर को दर्ज किया गया है, की तुलना में इस अवधि के अंतर्गत चीन के द्वारा कहीं कम वृद्धि दर (0.53%) को दर्ज किया गया है।

20वीं शताब्दी के प्रारंभ होते समय भारत की जनसंख्या 23.80 करोड़ थी, जो 110 वर्षों की अवधि में चार गुने से भी अधिक बढ़ते हुए सन् 2011 में 121 करोड़ तक पहुंच चुकी है। रोचक बात है, कि 20वीं शताब्दी के पूर्वार्द्ध में भारत की जनसंख्या में डेढ़ गुने की वृद्धि हुई थी, जबकि उत्तरार्द्ध में इसके द्वारा एक महत्वपूर्ण तीन-गुना वृद्धि को दर्ज किया गया।

संपूर्ण अर्थों में, भारत की जनसंख्या में वर्ष 2001–2011 के दौरान 18.1 करोड़ की वृद्धि हो चुकी है। यद्यपि प्रत्येक दशक के दौरान जनसंख्या में होने वाली वृद्धि सतत् बनी रही है, तथापि शुद्ध वृद्धि में होने वाले परिवर्तनों ने सन् 1961 के बाद प्रारंभ होने वाले दशकों के दौरान सतत् गिरावट का प्रदर्शन किया है। 1971–1981 के दशक के दौरान 2.79 करोड़ लोग जनसंख्या में जुड़े थे, वहीं 1981–1991 तथा 1991–2001 के बीच यह संख्या कम होकर 1.92 करोड़ तक आ गई। सन् 2011 की जनगणना के अस्थायी आंकड़े दर्शाते हैं, कि 2001 तथा 2011 के बीच हुए विशुद्ध जुड़ाव इसके पिछले दशक के दौरान हुए जुड़ाव से 8.60 लाख से कम थे।

यह नोट किया जाना भी महत्वपूर्ण है, कि 2001–2011 के दौरान प्रतिशत के अर्थों में होने वाली दशकीय वृद्धि के द्वारा स्वतंत्रता प्राप्ति के उपरांत सर्वाधिक तीव्र गिरावट को दर्ज किया गया है : 1981-1991 के 23.87 प्रतिशत से 1991-2001 के लिए 21.54 प्रतिशत, अर्थात्, 2.33 प्रतिशत की कमी। 2001-2011 के लिए, यह 17.64 प्रतिशत हो चुकी है–जो 3.90 प्रतिशत बिन्दुओं की अतिरिक्त गिरावट है। इस प्रकार, जहां 20वीं शताब्दी के पूर्वार्द्ध में जनसंख्या में वृद्धि की दर मामूली रही थी, वहीं इसके उत्तरार्द्ध में यह अधिक तीव्र होने के साथ-साथ चौंकाने वाली भी थी, यद्यपि शुद्ध जुड़ाव के द्वारा इन वर्षों के दौरान सतत् आधार पर एक गिरावट को प्रदर्शित किया गया था।

भारत में तेज गति से बढ़ रही जनसंख्या की महाविपदा की पहचान निम्नलिखित तथ्यों से की जा सकती है :

- वर्तमान समय में, संपूर्ण विश्व के प्रत्येक 6 व्यक्तियों में से 1 से कुछ अधिक व्यक्ति भारत से है।
- भारत के पास विश्व के कुल 13.579 करोड़ वर्ग किलोमीटर सतही क्षेत्र का एक मामूली 2.4 प्रतिशत का भाग उपलब्ध है, जबकि यह विश्व की 17.5 प्रतिशत चुनौतीपूर्ण जनसंख्या को सहयोग एवं पालन-पोषण प्रदान करता है।
- जहां चीन विगत कुछ वर्षों के दौरान अपनी जनसंख्या में निरंतर कम वृद्धि होने का प्रदर्शन करता रहा है, वहीं अब यह अनुमान लगाया गया है, कि पृथ्वी पर सर्वाधिक जनसंख्या वाला देश बन जाने के लिए सन् 2030 तक भारत के चीन से आगे निकल जाने की पूरी संभावना है।
- चार बड़े राज्य राजस्थान, उत्तरप्रदेश, मध्यप्रदेश तथा बिहार देश की कुल जनसंख्या के 40 प्रतिशत भाग का गठन करते हैं, तथा अभी भी इनकी ऊंची सकल प्रजनन दर चौंका देने वाली बनी हुई है।
- प्रजनन योग्य आयु वर्ग से बाहर निकलने वाले लोगों की तुलना में युवा समूह की तीन गुना अधिक प्रजनन दर के साथ ही प्रजनन काल से बाहर निकलने वाले दंपतियों की संख्या की तुलना में इसमें प्रवेश करने वालों की संख्या भी तीन गुने से भी अधिक है।
- वृद्धि की वर्तमान दर पर अधिकांश भारतीय लोगों के लिए जीवन असहनीय बन जाएगा–चिकित्सा सुविधाएं उपलब्ध कराया जाना कठिन हो जाएगा, शिक्षा, आवास इत्यादि पर किए जाने वाले व्यय अत्यधिक हो जाएंगे, तकनीकी तथा व्यावसायिक शिक्षा विशिष्ट व्यक्तियों के अनन्य परमाधिकार बन जाएंगे, तथा खाद्यान्नों की कमी एक बार फिर से देश के आधे से भी अधिक भाग को निर्धनता रेखा के नीचे ढकेल देगी।

इस प्रकार, भारत में जनसंख्या की वृद्धि को सीमित किए जाने पर गंभीर ध्यान केन्द्रित किए जाने की तात्कालिक आवश्यकता है। विश्व में दूसरी सबसे बड़ी जनसंख्या के साथ जब भारत सामाजिक एवं आर्थिक पिछड़ेपन की ऐतिहासिक विरासत पर विजय प्राप्त करने के लिए बहादुरी से संघर्ष कर रहा है, तीव्र गति से होने वाली जनसंख्या वृद्धि न केवल इसकी छोटी-मोटी उपलब्धियों को शून्य बना देती है, बल्कि पहले से ही बोझ तले दबी हुई व्यवस्था पर और अधिक भारी दबाव डाल देती है।

## जनसंख्या वृद्धि के कारण (Causes of Population Growth)

जनसंख्या विस्फोट के लिए हम निम्नलिखित महत्वपूर्ण कारणों की पहचान कर सकते हैं :

### *जन्म और मृत्यु की दरों में बढ़ती हुई दरार (Widening Gap Between Birth and Death Rates)*

भारत में औसत वार्षिक जन्म दर, जो 1951-61 के दौरान 42 प्रति हजार की थी, सन् 2011 में घटकर 24.8 प्रति हजार पर आ चुकी है। मृत्यु दर भी 1951-61 में 27 प्रति हजार से कुछ अधिक से घटकर सन् 2011 में मात्र 8 पर रह गई है (भारत की जनगणना, 2011)। इस प्रकार, चूंकि जन्म दर ने एक मामूली गिरावट का प्रदर्शन किया है, तथा मृत्यु दर भी तेजी से नीचे जा चुकी है, दोनों के बीच की बढ़ती हुई दरार ने हमारी जनसंख्या को तीव्र गति से बढ़ा दिया है। कुल प्रजनन दर (प्रति महिला जन्म दिए गए बच्चों की औसत संख्या) पचास के दशक के समय के लगभग 6 से घटकर सन् 2011 में 3 तक आ चुकी थी। इसके बावजूद, पिछले दस वर्षों के दौरान भारत में औसत परिवारों का आकार शहरों में 4 बच्चों से कम तथा गांवों में 4 अथवा 5 बच्चों के बीच बना हुआ है। यदि हम एक वर्ष में देश में जन्म लेने वालों की अनुमानित संख्या (2010 में 2.05 करोड़) के साथ देश में कराए गए गर्भपातों की संख्या (2010-11 में 6.20 लाख) को जोड़ दें, तो हम दहशत पैदा कर देने वाले इस निष्कर्ष पर पहुंचेंगे कि परिवार नियोजन के इस युग में 15-45 वर्षों के प्रजनन आयु-समूह में किसी भी समय पर प्रत्येक चार में से एक स्त्री गर्भवती होती है।

### *विवाह के समय कम आयु (Low Age at Marriage)*

हमारे देश में बाल विवाह अत्यन्त सामान्य बात है। सन् 1931 की जनगणना के अनुसार भारत में 72 प्रतिशत विवाह 15 वर्ष की आयु के पहले तथा 34 प्रतिशत दस वर्ष की आयु के पहले संपन्न किए गए थे। तब से पुरुषों एवं महिलाओं के बीच विवाह की औसत आयु में सतत् रूप से वृद्धि होती रही है। भारत में वर्तमान समय में पुरुष की औसत आयु 26 वर्ष तथा महिलाओं के लिए 22.2 वर्ष है। विवाह के समय महिलाओं की औसत आयु सन् 1971 के 17.7 वर्ष से बढ़कर सन् 1981 में 18.7 वर्ष हो चुकी थी जो सन् 1991 में 19.3, सन् 2001 में 20.2 तथा सन् 2011 में 22.2 प्रतिशत हो गई। इसके विपरीत, पुरुषों के लिए विवाह की आयु है 22.7, 23.4, 24 तथा 26 वर्ष (मेडइंडिया.नेट)। इस प्रकार, हालांकि विवाह की आयु में निरंतर वृद्धि होती रही है, तथापि आज भी लड़कियों की एक बड़ी संख्या का विवाह एक ऐसी आयु पर कर दिया जाता है, जिस पर वे विवाह के लिए या तो सामाजिक तथा भावनात्मक तौर पर, अथवा शारीरिक तथा कालानुक्रमिक रूप से विवाह के लिए तैयार नहीं होतीं।

शिशु मृत्यु दर (Infant Mortality Rate – IMR) का प्रत्यक्ष सम्बन्ध विवाह के समय महिलाओं की आयु के साथ होता है। भारत सरकार के स्वास्थ्य एवं परिवार कल्याण मंत्रालय के द्वारा प्रकाशित 'भारत में परिवार कल्याण आंकड़े–2011' के अनुसार ग्रामीण क्षेत्रों में शिशु मृत्यु दर सन् 2009 में 55 थी, जबकि शहरी क्षेत्रों में यह 34 थी। यदि हम जनन दरों (प्रति महिला जन्म दिए गए बच्चों की औसत संख्या) का मिलान आयु समूहों के साथ करें तो हम पाते हैं, कि जैसे-जैसे आयु समूह में वृद्धि होती है, प्रजनन दर में कमी आती जाती है। यदि जनसंख्या वृद्धि को नियंत्रित किया जाना है, तो महिलाओं के विवाह (शहरी तथा ग्रामीण दोनों ही क्षेत्रों में) 15-18 अथवा 18-21 वर्ष के आयु समूह की अपेक्षा 21-23 अथवा 23-25 वर्ष के आयु समूहों में किए जाने चाहिए।

### *घोर निरक्षरता (High Illiteracy)*

परिवार नियोजन का महिलाओं की शिक्षा से सीधा सम्बन्ध है, तथा महिलाओं की शिक्षा का सीधा सम्बन्ध विवाह की आयु, महिलाओं की आम प्रतिष्ठा, उनके जनन-क्षमता तथा शिशु मृत्यु दर इत्यादि

से है। सन् 2011 की जनगणना की अस्थायी रिपोर्ट के अनुसार भारत में कुल साक्षरता का प्रतिशत 74.04 रहा है, जो 10 वर्षों पूर्व के 64.83 प्रतिशत की तुलना में अधिक है। पुरुष साक्षरता का प्रतिशत 82.14 है, जबकि महिला साक्षरता का प्रतिशत 65.46 है। शिक्षा किसी भी व्यक्ति को उदार, खुले दिमाग वाला, नए विचारों को ग्रहण करने वाला तथा तार्किक बनाती है। यदि पुरुष तथा महिलाएं दोनों ही शिक्षित होंगे तो वे अपने लिए परिवार नियोजन के तर्क को सरलता से समझ लेंगे, किन्तु यदि उनमें से कोई एक अथवा दोनों ही निरक्षर हों तो अधिक रूढ़िवादी, अतार्किक एवं धार्मिक विचारों वाले होंगे। यह इस तथ्य से स्पष्ट हो जाता है, कि केरल, जहां कुल साक्षरता दर 92.92 प्रतिशत थी, तथा महिला साक्षरता की दर 91.98 प्रतिशत थी (सन् 2009 में) वहां जन्म दर सबसे कम (14.70 प्रति हजार) थी, जबकि राजस्थान में महिलाओं की साक्षरता दर भयावह रूप से कम 52.66 प्रतिशत (सन् 2009 में) थी, जो देश में तीसरी सर्वाधिक जन्म दर (27.20%) को प्रस्तुत करती है, सर्वाधिक जन्म दर को उत्तरप्रदेश में (28.70%) दर्ज किया गया है, जिसके बाद मध्यप्रदेश (27.70%) का स्थान है। ये सांख्यिकीय आंकड़े अन्य राज्यों में से अधिकांश पर भी लागू होते हैं।

## *परिवार नियोजन के प्रति धार्मिक विचार (Religious Attitude Towards Family Planning)*

धार्मिक रूप से परंपरानिष्ठ एवं रूढ़िवादी लोग परिवार नियोजन सम्बन्धी उपायों के प्रयोग में लाए जाने के विरोधी होते हैं। ऐसी महिलाएं देखने को मिलती हैं, जो परिवार नियोजन का पक्ष मात्र इसलिए नहीं लेतीं क्योंकि वे भगवान की इच्छा के विरुद्ध नहीं जा सकतीं। कुछ ऐसी भी महिलाएं हैं, जो यह तर्क देती हैं कि महिलाओं के जीवन का उद्देश्य ही बच्चों को जन्म देना है। अन्य महिलाएं एक निष्क्रिय रुख अपनाती हैं : 'यदि मेरे भाग्य में अधिक बच्चे लिखे हैं, तो वे होंगे। यदि नहीं, तो नहीं होंगे। मैं क्यों इसके बारे में चिन्ता करूं?'

भारतीय मुसलमानों में हिन्दुओं की अपेक्षा अधिक जन्म दर के साथ-साथ जनन-दर भी अधिक है (हिन्दू महिलाओं में 3.3 की जन्म दर की तुलना में मुसलमान महिलाओं में जन्म दर 4 है)। समय-समय पर मुसलमानों के बीच संपन्न किए गए सर्वेक्षणों के अनुसार ऐसा पाया गया है, कि आधुनिक परिवार नियोजन उपायों के प्रति जागरूकता के बावजूद भी अधिकांश उत्तरदाता, महिला एवं पुरुष दोनों, या तो वे धार्मिक कारणों से अथवा इनके सम्बन्ध में पर्याप्त जानकारी के अभाव के कारण इसके उपयोग किए जाने के विरुद्ध थे।

## *दूसरे कारण (Other Causes)*

जनसंख्या वृद्धि के लिए जिम्मेदार अन्य कारणों में से कुछ इस प्रकार हैं : संयुक्त परिवार प्रणाली तथा इन परिवारों में अपने बच्चों के पालन-पोषण के लिए युवा दंपतियों में जिम्मेदारी का अभाव, मनोरंजन सुविधाओं का अभाव, तथा सूचना का अभाव अथवा पुरुष एवं महिला नसबंदी इत्यादि के विपरीत प्रभावों के सम्बन्ध में गलत जानकारी।

अनेक गरीब माता-पिता मात्र इसलिए बच्चे नहीं पैदा करते कि उन्हें ज्ञान नहीं है, बल्कि इसलिए क्योंकि उन्हें बच्चों की आवश्यकता होती है। ऐसा इस बात से स्पष्ट है, कि हमारे देश में कोई 1.30 लाख बाल मजदूर मौजूद हैं। यदि परिवार बच्चों को काम करने से रोक देते हैं, तो उनकी पारिवारिक आय की पूर्ति नहीं हो सकेगी।

गरीब लोगों के द्वारा अधिकाधिक बच्चों को पैदा किया जाना जनसंख्या-गरीबी के सह-सम्बन्ध के विरोधाभासों को प्रकट करता है। गरीबी जनसंख्या वृद्धि का कारण तथा परिणाम दोनों ही है। अपने परिवार की बढ़ती हुई आवश्यकताओं को पूरा करने के लिए अधिक पुत्रों को पैदा किए जाने के बाद माता-पिता अपने परिवार की आय में वृद्धि करने के लिए उन्हें स्कूलों से बाहर रखने के लिए बाध्य

होते हैं। परिणामस्वरूप, निरक्षर एवं अनभिज्ञ बच्चे अपने पिता के तौर-तरीकों को विरासत में प्राप्त करते हैं, और उतने ही पुत्रों को जन्म देने का चयन करते हैं, जितने उनकी उत्तरजीविता के लिए काम करने हेतु आवश्यक हों। दुर्भाग्यवश, परिवार का एक बड़ा आकार ही गरीब व्यक्ति के पास उस गरीबी से लड़ने का एकमात्र तरीका होता है, जो जनसंख्या विस्फोट से उत्पन्न हुई है।

## जनसंख्या विस्फोट के परिणाम (Effects of Population Explosion)

जनसंख्या वृद्धि का लोगों के जीवन-स्तर पर सीधा प्रभाव पड़ता है। यही कारण है कि स्वतंत्रता प्राप्ति के पश्चात् कृषि एवं उद्योग के क्षेत्रों में हमारी अभूतपूर्व प्रगति के बावजूद भी हमारी प्रति-व्यक्ति आमदनी प्रशंसनीय रूप से नहीं बढ़ सकी है।

जनसंख्या में वृद्धि ने भारत को किस प्रकार से प्रभावित किया है? ऐसा अनुमान लगाया गया है, कि लगभग 20 लाख लोग बेघर हैं, 9.70 करोड़ लोगों के पास सुरक्षित पेयजल तक पहुंच उपलब्ध नहीं है, 27.20 करोड़ लोग निरक्षर हैं, पांच वर्ष से कम आयु वाले 43 प्रतिशत बच्चे कम शारीरिक वजन वाले हैं, तथा अंतर्राष्ट्रीय मानव विकास सूचकांक में पूरे देश की स्थिति 136वीं है। हमारे नगरों की विस्मित कर देने वाली भीड़-भाड़ (जो मलिन बस्तियों के प्रसार के साथ ही कैंसर की तरह अनियंत्रित रूप से बढ़ रही है) ने परिवहन, बिजली तथा अन्य सेवाओं को वस्तुतः ध्वस्त कर दिया है। इससे शहरी एवं अर्द्ध-शहरी क्षेत्रों में अपराध और हिंसा में वृद्धि हुई है। यह सब हमारे देश में लगभग 1.60 करोड़ व्यक्तियों के बढ़ जाने का परिणाम है। यदि जनसंख्या में इसी दर से वृद्धि होना जारी रहा, तो अब से कुछ वर्षों बाद हमारे पास बेरोजगार, भूखे एवं निराश व्यक्तियों की एक फौज खड़ी हो जाएगी जो देश की सामाजिक, आर्थिक तथा राजनीतिक प्रणालियों और संस्थाओं की जड़ों को हिला कर रख देगी। सभी क्षेत्रीय मांगों का एक संख्यात्मक आयाम होता है। चाहे वो शिक्षा हो, नियोजन, स्वास्थ्य, आवास, जलापूर्ति अथवा कोई भी अन्य क्षेत्र, चिरस्थायी प्रश्न यह है, कि कितनों के लिए? यहां तक कि आज की 121 करोड़ की जनसंख्या (2011 में) में सबके लिए रोजगार अथवा आवास अथवा स्वास्थ्य कार्यक्रमों के सम्बन्ध में सोचा जाना ही निरर्थक है, विशेषतौर पर जब प्रतिवर्ष इसमें 2 करोड़ लोग और जुड़ जाएंगे, और उन्हें भी समायोजित करना पड़ेगा।

ऐसा अनुमान लगाया गया है, कि हमारे देश में लगभग 10 करोड़ लोगों की प्रत्येक वृद्धि पर हमें 1.50 लाख प्राथमिक एवं माध्यमिक स्कूलों, 10 हजार उच्च-माध्यमिक स्कूलों, 50 लाख प्राथमिक एवं माध्यमिक स्कूली शिक्षकों, 1.50 लाख उच्च-माध्यमिक स्कूली शिक्षकों, 5,000 अस्पतालों तथा औषधालयों, 2,000 प्राथमिक स्वास्थ्य केन्द्रों, अस्पतालों में दो लाख शैयाओं, 50 हजार चिकित्सकों, 25 हजार नर्सों, 2 करोड़ टन अनाज, 25000 मीटर कपड़े तथा 2.50 करोड़ मकानों की आवश्यकता होगी (*इंडिया टुडे*, 16-30 सितम्बर, 1979: 53)।

जीवन की गुणवत्ता पर जनसंख्या वृद्धि के प्रभाव का परीक्षण घरेलू वेदना सूचकांक (HMI), अर्थात् लोगों की वंचनाओं एवं मूलभूत आवश्यकताओं के संदर्भों में किया जा रहा है (देखें बोस, 1996)। HMI सूचकांक के पांच मानदंड हैं : पक्का मकान, सुरक्षित पेयजल, बिजली, सफाई व्यवस्था (शौचालय) तथा खाना पकाने के लिए ईंधन। कुछ विद्वानों ने इसका परीक्षण मानव संसाधनों (साक्षरता, स्वास्थ्य इत्यादि) के संदर्भों में किया है।

वर्तमान समय में भारत में 30 करोड़ लोगों के घरों में बिजली उपलब्ध नहीं है, 1.20 अरब लोगों में से लगभग आधे लोगों के पास शौचालय (फ्लश अथवा अन्य प्रकार के) उपलब्ध नहीं हैं, 48.4 प्रतिशत के पास पक्के आवास नहीं हैं, तथा 9.70 करोड़ लोगों को सुरक्षित पेयजल उपलब्ध नहीं है। एक अन्य संकेत कि भारत को अभी बहुत कुछ करना बाकी है, इस बात से लगता है कि संयुक्त राष्ट्रसंघ विकास कार्यक्रम (UNDP) के द्वारा जारी की गई सन् 2013 की मानव विकास रिपोर्ट के द्वारा अपने मानव विकास सूचकांक (Human Development Index – HDI), जो जीवन की प्रत्याशा, शिक्षा तक पहुंच

तथा आय के स्तरों का एक संयुक्त मापन है, में शामिल 186 देशों में से भारत को 136 स्थान पर नीचे रखा गया है। इस रिपोर्ट के द्वारा भारत को उन देशों में लगभग सबसे नीचे रखा गया है, जिनके द्वारा 'मध्यम विकास' किया गया है। गत वर्ष इसके सूचकांक के 0.554 पर रहने के साथ ही भारत को अन्य देशों जैसे नार्वे (पहले स्थान पर) जो 0.955 की एक HDI का दावा करता है, के बराबर आने के लिए मीलों का सफर तय करना होगा (*टाइम्स ऑफ इंडिया,* 15 मार्च, 2013)।

उपर्युक्त वर्णित आंकड़े जीवन की गुणवत्ता पर बढ़ती हुई जनसंख्या के गंभीर प्रभावों को इंगित करते हैं। इसके अलावा, स्वास्थ्य पर किया जाने वाला सार्वजनिक व्यय देश की जी.डी.पी. का मात्र 1.2 प्रतिशत है, जो अमेरिका, ब्रिटेन, ऑस्ट्रेलिया, नार्वे तथा ब्राजील जैसे देशों के 4 प्रतिशत से ऊपर की तुलना में बहुत ही कम है। इस प्रकार से, भारत में शिक्षा पर किया जाने वाला व्यय भी दूसरे देशों की तुलना में बहुत ही कम है। उदाहरण के लिए, सन् 2010 में अमेरिका के द्वारा अन्य ओ.ई.सी.डी. देशों के औसत 6.3 प्रतिशत की तुलना में अपनी GDP का 7.3 प्रतिशत भाग शिक्षा पर व्यय किया गया। डेनमार्क 8 प्रतिशत के साथ इस सूची में सबसे ऊपर था, जबकि भारत ने मात्र 3.3 प्रतिशत का व्यय किया।

ये आंकड़े क्या भविष्यवाणी करते हैं? 21वीं शताब्दी पहले ही प्रारंभ हो चुकी है। हमारे देश को अब या तो विश्व की उच्च-प्रतिस्पर्धापूर्ण अर्थव्यवस्था की शर्तों के साथ समझौता करना होगा अथवा पिछड़ जाना होगा। भारत एक ऐसी नीति सम्बन्धी ढांचे की खोज कर रहा होगा, जो जनसंख्या विस्फोट को गंभीरतापूर्वक सीमित किए जाने के मसले का सामना करने में निर्भीक रूप से सक्षम हो। जब तक भारत ऐसा नहीं करता, इसका भविष्य अंधकारमय है।

## जनसंख्या नीति (Population Policy)

कोई भी 'नीति' "किसी राजनीतिक दल, किसी व्यावसायिक कम्पनी, विशेषतौर पर किसी सरकार इत्यादि के द्वारा बनाई गई कार्यवाही की एक योजना, लक्ष्यों एवं आदर्शों का विवरण" होती है। यह वर्तमान एवं भविष्य में लिए जाने वाले निर्णयों का मार्गदर्शन करती है। संयुक्त राष्ट्रसंघ (1973: 632) के अनुसार, अपने संकुचित अर्थों में 'जनसंख्या नीति' का अर्थ है "जनसंख्या के आकार, संरचना एवं वितरण अथवा विशेषताओं को प्रभावित किए जाने का एक प्रयास"। अपने व्यापक दायरे में यह उन "आर्थिक एवं सामाजिक परिस्थितियों, जिनके जनांकिकी परिणाम होने की संभावनाएं हों, को नियंत्रित करने के प्रयासों को शामिल करती है"। नोर्टमेन (1975: 20) ने संकुचित अर्थों का वर्णन ऐसी 'प्रत्यक्ष नीति' के रूप में किया है, जो जनसंख्या की विशेषताओं पर सीधा प्रभाव डालती है, तथा इसके व्यापक अर्थ को ऐसी 'अप्रत्यक्ष नीति' बताया है, जो विशेषताओं को परोक्ष रूप से प्रभावित करती है, और कभी-कभी तो उनके उद्देश्य भी स्पष्ट नहीं होते।

जनसंख्या नीति सहित कोई भी सार्वजनिक नीति भविष्य की दिशा में उठाया गया एक कदम तथा इच्छित लक्ष्यों की प्राप्ति के लिए किया गया एक प्रयास होता है। इसीलिए, इन्हें लक्ष्यों, इन लक्ष्यों को हासिल करने की दिशा में विगत एवं वर्तमान प्रवृत्तियों, इन प्रवृत्तियों की दिशा एवं तीव्रता हेतु उत्तरदायी सामाजिक परिस्थितियों, संभावित भविष्य की रूप-रेखाओं तथा इच्छित लक्ष्यों में से सर्वाधिक को हासिल किए जा सकने वाले संभावित विकल्पों आदि के संदर्भों में निर्धारित किया जाना होगा। इसका अर्थ यह है, कि नीति (जनसंख्या) को सहभागियों, मूल्यों अथवा लक्ष्यों, संस्थाओं तथा संसाधनों के साथ सम्बद्ध किया जाना चाहिए।

दो प्रकार की जनसंख्या नीतियों के सुझाव प्रस्तुत किए गए हैं : (क) प्रसव-विरोधी नीति जिसका उद्देश्य जनसंख्या में वृद्धि को निरुत्साहित किया जाना है, तथा (ख) वितरण सम्बन्धी नीति जो जनसंख्या के वितरण सम्बन्धी असंतुलनों से सम्बन्धित है। राष्ट्रीय विज्ञान अकादमी के अनुसार जनसंख्या नीति वह है (क) जो किसी पूर्व निर्धारित उद्देश्य (उदाहरणार्थ लोगों को शहरी से उप-शहरी

क्षेत्रों में बसने के लिए प्रेरित किया जाना) के अनुसार जनांकिकी प्रक्रियाओं को प्रभावित करती है, तथा (ख) जो जनांकिकी प्रक्रियाओं (उदाहरणार्थ, उप-शहरी क्षेत्रों में लोगों को मूलभूत सुविधाएं उपलब्ध करवाया जाना) के द्वारा उत्पन्न की गई मांगों के साथ निबटती हैं।

भारत जैसे विकासशील देश की जनसंख्या नीति को ये लक्ष्य निर्धारित करने होंगे : (1) जन्म दर को घटाना, (2) परिवार में बच्चों की संख्या को 2 तक सीमित किया जाना, (3) मृत्यु दर को कम किया जाना, (4) भयानक ढंग से बढ़ रही जनसंख्या के परिणामों के सम्बन्ध में जनसाधारण के बीच जागरूकता उत्पन्न करना, (5) आवश्यक गर्भनिरोधक साधनों की व्यवस्था करवाना, (6) गर्भपात को वैध करवाए जाने जैसे कानूनों को अधिनियमित किया जाना, (7) प्रोत्साहन तथा निरुत्साहन दिया जाना। दूसरी ओर, इसके ये लक्ष्य भी होने चाहिए : (क) घनी आबादी वाले क्षेत्रों में लोगों के केन्द्रीकरण को नियंत्रित किया जाना, (ख) नए क्षेत्रों में प्रभावी ढंग से लोगों को बसाए जाने हेतु आवश्यक सार्वजनिक सुविधाएं उपलब्ध करवाया जाना, तथा (ग) कार्यालयों को अपेक्षाकृत कम आबादी वाले क्षेत्रों में स्थानान्तरित किया जाना।

यदि एक बार जनसंख्या नीति की आवश्यकता को समझ लिया जाता है, तो अध्ययन एवं परामर्श प्रदान करने तथा विशेषज्ञों के साथ परामर्श करने के लिए विभिन्न समितियों एवं आयोगों को नियुक्त किए जाने के द्वारा निर्धारित किया जाना होगा। तत्पश्चात्, विभिन्न कार्यक्रमों के माध्यम से इसका कार्यान्वयन एवं समय-समय पर मूल्यांकन किया जाना होगा।

भारत की जनसंख्या नीति प्रत्यक्षतः (क) जनसंख्या के पूर्ण आकार, (ख) एक उच्च वृद्धि दर, तथा (ग) ग्रामीण एवं शहरी क्षेत्रों में असमान वितरण की समस्या को ध्यान में रखकर निर्धारित की गई है। चूंकि हमारी नीति का लक्ष्य ''जीवन की गुणवत्ता में वृद्धि किए जाने'' तथा ''व्यक्तियों की सुख-शांति में वृद्धि किए जाने'' का था, अतः इसे व्यक्तियों की व्यक्तिगत सिद्धि एवं सामाजिक प्रगति की प्राप्ति के बड़े उद्देश्य को प्राप्त किए जाने के एक साधन के रूप में कार्य करना था। प्रारंभ में, सन् 1952 में बनाई गई नीति प्रकृति में तदर्थ, लचीली तथा प्रयास एवं भूल पद्धति पर आधारित थी। क्रमशः, इसका स्थान और अधिक वैज्ञानिक नियोजन के द्वारा ले लिया गया।

राष्ट्रीय योजना समिति (सन् 1938 में भारतीय राष्ट्रीय कांग्रेस द्वारा नियुक्त) के द्वारा सन् 1940 में राधा कमल मुखर्जी की अध्यक्षता में जनसंख्या पर नियुक्त की गई उप-समिति के द्वारा आत्म-संयम, संतति-निग्रह के लिए सस्ते एवं सुरक्षित तरीकों की जानकारी का प्रसार किए जाने तथा संतति-निग्रह चिकित्सालयों की स्थापना किए जाने पर बल दिया गया। इसने विवाह की आयु को ऊपर किए जाने, बहु-विवाह को निरुत्साहित किए जाने तथा संचारी रोगों से पीड़ित व्यक्तियों के बंध्याकरण (sterilization) के लिए सुजननिक कार्यक्रम तैयार किए जाने की भी सिफारिश की गई। सरकार द्वारा नियुक्त की गई सन् 1946 की भोर समिति ने आत्म-संयम दृष्टिकोण की आलोचना की तथा ''परिवारों के संकल्पित परिसीमन'' का समर्थन किया।

स्वतंत्रता प्राप्ति के पश्चात्, सन् 1952 में एक जनसंख्या नीति समिति और सन् 1953 में एक परिवार नियोजन अनुसंधान एवं कार्यक्रम समिति का गठन किया गया। सन् 1956 में एक केन्द्रीय परिवार नियोजन परिषद् की स्थापना की गई, जिसने बंध्याकरण (sterilization) पर बल दिया। सन् 1960 के दशक के दौरान एक यथोचित कालावधि में जनसंख्या वृद्धि को स्थिर किए जाने के लिए एक कहीं अधिक सशक्त परिवार नियोजन कार्यक्रम की वकालत की गई। जहां पहले, सरकार के द्वारा ऐसा मान लिया गया था कि परिवार नियोजन कार्यक्रम के द्वारा लोगों के बीच काफी अभिप्रेरणा उत्पन्न कर ली गई है, तथा सरकार को मात्र गर्भनिरोध के लिए सुविधाएं ही उपलब्ध करवानी हैं, वहीं यह महसूस किया गया, कि लोगों को प्रेरित किए जाने की आवश्यकता है और जनसाधारण को शिक्षित किया जाना होगा।

चौथी पंचवर्षीय योजना (1969-74) का प्राथमिक उद्देश्य था, सन् 1974 तक वार्षिक जन्म दर को घटाकर 32 तक किया जाना तथा परिवार नियोजन को उच्च प्राथमिकता प्रदान की गई थी। सन्

1971 में गर्भ का चिकित्सकीय समापन अधिनियम पारित कर दिया गया। पांचवीं पंचवर्षीय योजना के द्वारा परिवार नियोजन कार्यक्रम को माँ एवं शिशु स्वास्थ्य कार्यक्रमों के साथ एकीकृत कर दिया गया।

अप्रैल 1976 में, स्वास्थ्य एवं परिवार नियोजन मंत्री कर्ण सिंह ने संसद के समक्ष राष्ट्रीय जनसंख्या नीति को प्रस्तुत किया, जिसे सरकारी एवं गैर-सरकारी संगठनों, शिक्षा संस्थानों, तथा साथ ही साथ प्रतिष्ठित जनसांख्यिकीयविदों एवं अर्थशास्त्रियों के साथ लंबे समय तक चले एवं गहन परामर्शों के बाद निर्धारित किया गया था। इस नीति के द्वारा विवाहयोग्य आयु में वृद्धि किए जाने, परिवार नियोजन के क्षेत्र में बेहतर प्रदर्शन करने वाले राज्यों के लिए वित्तीय प्रोत्साहनों को लागू किए जाने, महिला साक्षरता में सुधार पर विशेष ध्यान दिए जाने, समस्त उपलब्ध माध्यमों (रेडियो, टेलीविजन, प्रेस एवं सिनेमा) के माध्यम से सार्वजनिक शिक्षा दिए जाने, पुरुष एवं महिला नसबंदी को अपनाए जाने के लिए प्रत्यक्ष मौद्रिक प्रोत्साहनों को लागू किए जाने, तथा प्रजनन जीवविज्ञान एवं गर्भनिरोध में अनुसंधान की दिशा में नया जोर दिए जाने जैसे कार्यक्रमों के एक व्यापक वर्णक्रम को अपने साथ सम्मिलित किया गया था। यद्यपि इस नीति का अनुमोदन संसद के द्वारा कर दिया गया था, तथापि इसे एक ऐसे समय पर नियोजित किया गया था, जब आपातकाल लागू था। जैसा कि पहले भी उल्लेख किया जा चुका है, भारतीय युवा कांग्रेस के अध्यक्ष संजय गांधी के नेतृत्व में चलाए गए नसबंदी अभियान के तहत इतनी अधिक ज्यादतियां की जा चुकी थीं, कि लोगों के द्वारा इसे शत्रुतापूर्ण माना जाने लगा था। भारत के उत्तरी राज्यों में से कुछ में इस कार्यक्रम को इतने अधिक ईर्ष्यापूर्ण तथा असंवेदनशील तरीके से लागू किया गया था, कि आपातकाल के पश्चात् सन् 1977 के चुनावों के दौरान ये ज्यादतियां एक महत्वपूर्ण चुनावी मुद्दा बन गईं और केन्द्र में कांग्रेस चुनाव हार गई। सन् 1980 में जब इंदिरा गांधी पुनः सत्ता में वापस लौटीं तो परिवार नियोजन कार्यक्रमों की समीक्षा किए जाने के अपने वादे के सम्बन्ध में अत्यधिक सतर्क एवं निरुत्साहित बन गईं। तब से ही, राज्यों में लगभग सभी सरकारें तथा केन्द्र सरकार इतनी अधिक एकतरफा हो गई है, कि जनसंख्या वृद्धि की दर, जिसके 1 प्रतिशत से भी नीचे गिर जाने की आशा की गई थी, अभी भी (2011में) 1.64 प्रतिशत पर बनी हुई है।

संक्षेप में, राष्ट्रीय जनसंख्या आयोग के अनुसार, भारत में जनसंख्या नीति के उद्भव में निम्नलिखित मील के पत्थरों को गिना जा सकता है :

- **सन् 1946 :** भोर समिति की रिपोर्ट
- **सन् 1952 :** परिवार नियोजन कार्यक्रम का प्रारंभ किया जाना
- **सन् 1976 :** राष्ट्रीय जनसंख्या नीति का बयान
- **सन् 1977 :** परिवार कल्याण कार्यक्रम पर नीतिगत बयान (दोनों ही बयानों को संसद के पटल पर रखा गया था, किन्तु इन पर कभी भी चर्चा नहीं की गई और न ही इन्हें कभी अपनाया गया)।
- **सन् 1983 :** 1983 की राष्ट्रीय स्वास्थ्य नीति के द्वारा "स्वैच्छिक प्रयासों के माध्यम से तथा जनसंख्या स्थिरीकरण के लक्ष्य की दिशा में अग्रसर होते हुए छोटे परिवार के मानक को हासिल किया जाना"। स्वास्थ्य नीति को अपनाए जाते समय, संसद ने एक पृथक राष्ट्रीय जनसंख्या नीति की आवश्यकता पर बल दिया।
- **सन् 1991 :** राष्ट्रीय विकास परिषद् ने जनसंख्या पर श्री करुणाकरण की अध्यक्षता में एक समिति को नियुक्त किया। करुणाकरण रिपोर्ट (राष्ट्रीय विकास परिषद् की रिपोर्ट – जनसंख्या पर एन.डी.सी. समिति), जिसका सन् 1993 में एन.डी.सी. के द्वारा अनुमोदन किया गया था, के द्वारा "विकास, जनसंख्या वृद्धि तथा पर्यावरण संरक्षण के एक दीर्घकालीन समग्र विचार" को अपनाए जाने तथा "कार्यक्रमों के निर्धारण के लिए नीतियों एवं मार्गदर्शन सुझाने" एवं "अल्प, मध्यम एवं दीर्घकालीन दृष्टिकोणों तथा लक्ष्यों" को अपनाए जाने के लिए एक राष्ट्रीय जनसंख्या नीति को निर्धारित किए जाने का प्रस्ताव प्रस्तुत किया गया। यह तर्क दिया गया, कि सन् 1976 एवं 1977 के पहले वाले नीतिगत बयानों को पटल पर रखा गया था, हालांकि, संसद के द्वारा

कभी न तो उन पर चर्चा की गई और न ही उन्हें अपनाया गया। विशेषतौर पर, यह सिफाशि की गई थी, कि "जनसंख्या पर एक राष्ट्रीय नीति को सरकार के द्वारा निर्धारित किया जाना चाहिए तथा संसद के द्वारा उसे अपनाया जाना चाहिए"।

- **सन् 1993 :** एम.एस. स्वामीनाथन की अध्यक्षता में एक विशेषज्ञ समूह को एक राष्ट्रीय जनसंख्या नीति का मसौदा तैयार करने के लिए कहा गया था जिस पर पहले मंत्रिमंडल और फिर संसद के द्वारा चर्चा की जानी थी।
- **सन् 1994 :** एम.एस. स्वामीनाथन की अध्यक्षता वाले एक विशेषज्ञ समूह के द्वारा एक रिपोर्ट प्रस्तुत की गई। इस रिपोर्ट को संसद के सदस्यों के बीच प्रचारित किया गया और केन्द्रीय तथा प्रांतीय एजेन्सियों से टिप्पणियों को आमंत्रित किया गया था। यह आशा की गई थी, कि NDC तथा संसद द्वारा स्वीकृत एक राष्ट्रीय जनसंख्या नीति एक व्यापक राजनीतिक सहमति प्राप्त किए जाने में सहायक होगी।

स्वामीनाथन समिति (1994) के द्वारा प्रस्तुत मसौदा नीति के द्वारा स्वास्थ्य के प्रति एक समग्र दृष्टिकोण तथा नीति को लागू किए जाने के लिए कुछ ढांचागत परिवर्तनों का सुझाव दिया गया था। इस समिति के द्वारा सुझाए गए महत्वपूर्ण उपाय इस प्रकार थे : (1) सन् 2010 तक 2.1 की कुल प्रजनन क्षमता दर को प्राप्त किए जाने के द्वारा जनसंख्या को स्थिर करना। (2) तीव्र तथा न्यूनतम आवश्यकताओं को पूरा करने सम्बन्धी कार्यक्रम को लागू किया जाना। (3) उर्ध्वाकार संरचनायुक्त वर्तमान परिवार कल्याण कार्यक्रमों के स्थान पर पंचायतों, नगर पालिकाओं तथा राज्यों की विधायिकाओं के माध्यम से किए गए विकेन्द्रीकृत लोकतांत्रिक नियोजन को लागू किया जाना। (4) सभी एजेन्सियों को जनसंख्या नियंत्रण उपायों में संलिप्त किया जाना। (5) प्रजनन क्षमता दर के राष्ट्रीय औसत को हासिल किए जाने के लक्ष्य को छोड़कर विशिष्ट गर्भ-निरोधक विधियों के उपयोग के लिए केन्द्र एवं राज्य सरकारों के द्वारा लक्ष्यों को निर्धारित किए जाने के विचार का परित्याग किया जाना। (6) गर्भ-निरोधकों के उपयोगकर्ताओं एवं अभिप्रेरकों को नकद अथवा वस्तु के रूप में प्रोत्साहन दिए जाने को बंद किया जाना। इसके स्थान पर, एक जनसंख्या एवं सामाजिक विकास निधि की स्थापना सरकार एवं अंतर्राष्ट्रीय दानकर्ता एजेन्सियों से उपलब्ध होने वाले धन में से की जा सकती है। इस निधि का उपयोग गांव, कस्बे, जिला एवं राज्य स्तरीय सामाजिक-जनसांख्यिकीय मांगों के प्रभावी कार्यान्वयन में विद्यमान अंतरालों को दूर करने के लिए किया जाएगा। (7) देश की जनसंख्या नीति को नियोजित, क्रियान्वित एवं उसकी निगरानी किए जाने के लिए एक प्रांतीय जनसंख्या एवं सामाजिक विकास आयोग की नियुक्ति किया जाना। PSDC की उपसमितियों की भी स्थापना राज्य, जिला एवं पंचायत स्तरों पर की जाएगी जिसमें विभिन्न राजनीतिक दलों, पेशेवर लोगों, गैर-सरकारी संगठनों तथा महिलाओं एवं युवाओं के संगठनों से निर्वाचित प्रतिनिधि शामिल किए जाएंगें। (8) परिवार नियोजन मात्र महिलाओं की ही जिम्मेदारी बन कर रह गई है। इसीलिए परिवार को सीमित किए जाने का संपूर्ण उत्तरदायित्व महिलाओं पर डाले जाने की प्रवृत्ति पर रोक लगाए जाने की आवश्यकता है।

जनसंख्या कल्याण के क्षेत्र में राष्ट्रीय जनसंख्या नीति को एक अनिवार्य अंग बनाए जाने के लिए समिति के द्वारा निर्धारित किए गए कुछ सामाजिक-आर्थिक एवं चिकित्सा सम्बन्धी लक्ष्य इस प्रकार से थे : (1) 18 वर्ष से कम आयु वाली बालिकाओं के विवाह की घटनाओं को शून्य तक कम किया जाना; (2) प्रशिक्षित कर्मियों के द्वारा संपन्न कराए जाने वाले प्रसव को 100 प्रतिशत तक बढ़ाया जाना; (3) शिशु एवं मातृत्व मृत्यु-दरों को कम किया जाना; (4) क्षयरोग, पोलियो, डिप्थीरिया, काली-खांसी, टिटेनस एवं खसरे के विरुद्ध बच्चों का सार्वभौमिक टीकाकरण किया जाना; (5) सभी के लिए प्राथमिक स्वास्थ्य देखभाल का प्रबंध किया जाना; (6) जन्म को सीमित किए जाने पर सभी व्यक्तियों को जानकारी प्रदान किया जाना ताकि वे

अपने परिवारों को नियोजित करने के लिए सर्वोत्तम विकल्प प्राप्त कर सकें; (7) गुणवत्तायुक्त गर्भ-निरोधक सेवाओं को सार्वभौमिक आधार पर उपलब्ध करवाया जाना तथा उन तक पहुंच प्रदान किया जाना; तथा (8) प्राथमिक शिक्षा का सार्वभौमिकरण।

किन्तु, विशेषज्ञों ने इस समिति की सिफारिशों की आलोचना की है और सुझाव दिया है, कि उन्हें सिरे से अस्वीकार कर दिया जाना चाहिए। उनके प्रमुख तर्क हैं : (1) रिपोर्ट में गहन विश्लेषण, औचित्य तथा तात्कालिकता का अभाव है। सुझाया गया दृष्टिकोण विशुद्ध रूप से प्रबन्धात्मक है तथा स्पष्ट की गई रणनीतियां पहले विफल हो चुके इस सूत्र की पुनरावृत्ति मात्र हैं कि ''विकास सबसे अच्छा गर्भ-निरोधक है''। (2) न्यूनतम आवश्यकताओं का जनसंख्या नियंत्रण के साथ कोई सम्बन्ध नहीं है। वे सभी लक्ष्य जो अनेक राजनीतिक वायदों के साथ आठ पंचवर्षीय योजनाओं तथा ग्यारह आम चुनावों के साथ विगत चार दशकों से भी अधिक समय के दौरान हासिल नहीं किए जा सके, को सन् 2010 के बाद किस प्रकार से प्राप्त किया जा सकेगा और वह भी तब जब हमारी जनसंख्या पहले ही 97.5 करोड़ (सन् 1996 में) के आंकड़े को पार कर चुकी है, जिसमें से लगभग 32 करोड़ लोग अभी भी गरीबी रेखा के नीचे हैं? (3) कोई भी राजनीति प्रेरित जनसंख्या आयोग अप्रभावी रहेगा। (4) समिति ने ऐसे लोगों के लिए किसी भी हतोत्साहन की सिफारिश नहीं की है, जिन्होंने परिवार नियोजन के प्रतिमानों का उल्लंघन किया है। करुणाकरण समिति ने अलोकप्रिय होते हुए भी हतोत्साहनों को लागू किए जाने को प्रस्तावित किया था, ताकि परिवार नियोजन कार्यक्रमों को और अधिक प्रभावकारी एवं तीव्रता से कार्य करने वाला बनाया जा सके। ऐसा ही एक कार्यक्रम राजस्थान सरकार के द्वारा लागू किया गया था, जिसके अनुसार कोई भी ऐसा व्यक्ति, जिसके तीन से अधिक संतानें हों, कोई भी चुनाव नहीं लड़ सकता। हालांकि, यह कार्यक्रम मात्र कागजों में सिमट कर रह गया है। व्यवहार में इसे लागू किया जाना अभी भी शेष है। (5) रिपोर्ट यह भी स्पष्ट नहीं करती, कि तीव्र गति से होने वाली जनसंख्या वृद्धि को नियंत्रित कर पाने में हम क्यों विफल रहे हैं, यद्यपि भारत में सन् 1951 से ही जनसंख्या कार्यक्रम अबाधित रूप से चलाए जाते रहे हैं। क्या यह विफलता प्रशासनिक व्यवस्था में कमी के कारण हुई है, अथवा गलत नीतियों अथवा दोषपूर्ण क्रियान्वयन के कारण? यह एक मौलिक प्रश्न है, जिसकी रिपोर्ट के द्वारा उपेक्षा की गई है। इस विश्लेषण के बिना वे ढांचागत परिवर्तन, जिन्हें रिपोर्ट में प्रस्तावित किया गया है, पूरी तरह से असंगत हो सकते हैं। (6) भारत में जनसंख्या नियंत्रण की सफलता की राह में सबसे बड़ी बाधा है, राजनीतिक उदासीनता, किन्तु समिति के द्वारा इस पहलू को कोई महत्व नहीं दिया गया है। राजनीतिक नेताओं को ऐसे विधायी उपायों को अधिनियमित करवाए जाने के लिए दृढ़ होना होगा जो इस मुद्दे की तात्कालिकता पर केन्द्रित हों। ऐसे लोगों को, जो दो बच्चों वाले छोटे परिवार के मानकों का पालन नहीं करते, पदोन्नतियों से इंकार किया जाना, किसी निर्वाचित पद को धारण किए जाने से वंचित किया जाना, आरक्षण के लाभों को न प्रदान किया जाना, बैंक से ऋण प्रदान किए जाने से इंकार किया जाना, इत्यादि उपाय कानून के द्वारा लागू किए जा सकने योग्य कुछ हतोत्साहन हो सकते हैं।

- **सन् 1997 :** भारत की स्वतंत्रता की 50वीं वर्षगांठ पर तत्कालीन प्रधानमंत्री ने निकट भविष्य में एक राष्ट्रीय जनसंख्या नीति घोषित किए जाने का वादा किया था। नवम्बर 1997 में केन्द्रीय मंत्रिमंडल ने राष्ट्रीय जनसंख्या नीति के मसौदे को इस निर्देश के साथ मंजूरी प्रदान कर दी थी, कि इसे संसद के समक्ष प्रस्तुत किया जाए। हालांकि, यह दस्तावेज संसद के किसी भी सदन के समक्ष प्रस्तुत नहीं किया जा सका, क्योंकि लोकसभा के भंग हो जाने के कारण दोनों ही सदन स्थगित हो चुके थे।
- **सन् 1999 :** सन् 1998 के दौरान विचार-विमर्शों का एक और चक्र संपन्न किया गया, और एक अन्य राष्ट्रीय जनसंख्या नीति के मसौदे को अंतिम रूप प्रदान किया गया था, मार्च 1999 में इसे

मंत्रिमंडल के समक्ष रखा गया। मंत्रिमंडल ने मसौदा नीति का परीक्षण किए जाने के लिए मंत्रियों के एक समूह (जिसकी अध्यक्षता योजना आयोग के उपाध्यक्ष के द्वारा की जानी थी) की नियुक्ति कर दी। मंत्रियों के समूह ने अनेक बार बैठकें कीं और जनसंख्या नीति के सूक्ष्म अंतरों पर विचार-विमर्श किया। प्रोत्साहनों एवं हतोत्साहनों को शामिल/बहिष्कार किए जाने के सम्बन्ध में किसी विचार को अंतिम रूप प्रदान करने के उद्देश्य से मंत्रियों के समूह ने शिक्षा जगत, सार्वजनिक स्वास्थ्य में पेशेवर लोगों, जनसांख्यिकीयविदों, समाज विज्ञानियों, तथा महिलाओं के प्रतिनिधियों जैसे सभी क्षेत्र के लोगों को आमंत्रित किया। मंत्रियों के समूह ने जनसंख्या नीति के मसौदे को अंतिम रूप दे दिया और उसे मंत्रिमंडल के समक्ष प्रस्तुत कर दिया। 19 नवम्बर, 1999 को मंत्रिमंडल में इस पर चर्चा की गई। इस विचार-विमर्श के दौरान अनेक सुझाव प्रस्तुत किए गए। उन्हीं आधारों पर मंत्रिमंडल के समक्ष एक नया मसौदा प्रस्तुत किया गया।

- **सन् 2000 :** राष्ट्रीय जनसंख्या नीति क द्वारा आगामी दशकों के दौरान भारत के लोगों की प्रजनन एवं बाल स्वास्थ्य सम्बन्धी आवश्यकताओं की पूर्ति किए जाने के लिए लक्ष्यों को आगे बढ़ाए जाने तथा रणनीतियों को स्थगित किए जाने के लिए एक नीतिगत रूपरेखा उपलब्ध कराई गई। इस नीति के द्वारा उल्लेख किया गया, कि आर्थिक एवं सामाजिक विकास का उद्देश्य लोगों के जीवन की गुणवत्ता में सुधार तथा उनके कल्याण में वृद्धि किया जाना है और समाज में उत्पादक संपत्ति बनने के लिए उन्हें अवसरों एवं विकल्पों को उपलब्ध करवाया जाना है। इस नई नीति का तात्कालिक उद्देश्य था गर्भ-निरोध, स्वास्थ्य सम्बन्धी बुनियादी ढांचे, स्वास्थ्य कर्मियों की पूरी न की गई आवश्यकताओं को पूरा किया जाना तथा आधारभूत प्रजनन एवं बाल स्वास्थ्य देखभाल के लिए एकीकृत सेवा सुपुर्दगी को उपलब्ध करवाया जाना। दीर्घकालीन लक्ष्य है, सन् 2045 तक एक स्थिर जनसंख्या को हासिल किया जाना। इन उद्देश्यों के अनुसरण किए जाने में सन् 2010 तक प्राप्त किए जाने के लिए अनेक सामाजिक-जनसांख्यिकीय लक्ष्यों को निर्धारित किया गया था। ये थे :

  (क) स्कूली शिक्षा को अनिवार्य बनाया जाना तथा स्कूल छोड़े जाने में कमी लाया जाना।
  (ख) शिशु मृत्यु-दर (IMR) को 30/प्रति हजार तक कम किया जाना।
  (ग) मातृत्व मृत्यु-दर (MMR) को 100/1,00,000 जीवित जन्म से नीचे तक कम किया जाना।
  (घ) लड़कियों के विवाह देरी से किए जाने को प्रोत्साहित किया जाना।
  (ङ) न्यूनतम 80 प्रतिशत तक संस्थागत प्रसवों को प्राप्त किया जाना।
  (च) संचारणीय रोगों की रोकथाम एवं नियंत्रण किया जाना।
  (छ) कुल प्रजनन-क्षमता (TFR) के प्रतिस्थापन स्तरों को प्राप्त करने के लिए छोटे परिवार के मानकों को जोरदार तरीके से प्रोत्साहित किया जाना।

  इस नीति के द्वारा छोटे परिवार के मानकों को अपनाए जाने को प्रोत्साहित किए जाने के लिए कुछ प्रोत्साहनपूर्ण एवं अभिप्रेरणात्मक उपायों का सुझाव भी दिया गया। ये थे :

  (क) छोटे परिवार के मानकों को प्रोत्साहित करने के लिए PRY को पुरस्कृत किया जाना।
  (ख) दो बच्चों के मानक को अपनाए जाने के लिए प्रोत्साहन दिया जाना।
  (ग) गरीबी रेखा के नीचे रहने वाले दंपतियों, जो अधिकतम दो जीवित बच्चों के साथ बंध्याकरण करवा चुके हों, स्वास्थ्य बीमा योजना के पात्र होंगे।
  (घ) गर्भपात सुविधा योजना को और अधिक सशक्त बनाया जाना।

## परिवार नियोजन (Family Planning)

भारत ऐसा पहला देश था, जिसने सन् 1950 के दशक में एक सरकार-समर्थित परिवार नियोजन कार्यक्रम को विकसित किया था। इंडोनेशिया, थाईलैंड तथा दक्षिण कोरिया जैसे विकासशील देशों,

जिन्होंने इसका अनुसरण किया, के द्वारा सफलतापूर्वक अपनी जनसंख्या को स्थिर कर लिया गया है, किन्तु 63 वर्षों के बाद भारत अभी भी सबसे पीछे चल रहा है। केन्द्र में रही इंदिरा गांधी की सरकार के द्वारा एक बलात् बंध्याकरण कार्यक्रम को लागू किया गया था। सन् 1966 में केन्द्रीय स्वास्थ्य मंत्रालय के अधीन एक पृथक परिवार नियोजन विभाग का सृजन किया गया था। सन् 1975 से 1977 के कुख्यात आपातकालीन शासन के दौरान केन्द्र में सत्ताधारी इंदिरा गांधी सरकार ने लोगों की इच्छाओं के खिलाफ़ एक बलात् बंध्याकरण कार्यक्रम को लागू कर दिया और यहां तक कि ऐसे कठोर तथा बलपूर्वक लागू किए जाने वाले उपायों का उपयोग किया, कि आज तक कोई भी व्यक्ति जनता के समक्ष परिवार नियोजन के बारे में बात करने में हिचकिचाहट का अनुभव करता है। इस कार्यक्रम की आज भी आलोचना की जाती है, और इस पर परिवार नियोजन के प्रति एक सार्वजनिक घृणा उत्पन्न करने का आरोप लगाया जाता है, जिससे दशकों के लिए सरकारी कार्यक्रम बाधित हो चुके हैं। वास्तव में, समस्त राजनीतिक प्रयोजनों के लिए, देश के पास बढ़ रही जनसंख्या को सीमित कर पाने के लिए कोई भी प्रभावकारी कार्यक्रम उपलब्ध नहीं है। राजनीतिक दल इस विषय पर सावधानी से किनारा कर जाते हैं, तथा चुनावी अभियानों को इसके सम्बन्ध में एक भी शब्द बोले बिना ही संपन्न किया जाता है। जो कुछ भी किसी समय पर एक अत्यधिक नाटकीय राजनीतिक मुद्दा था, आज अचानक ही एक वर्जना बन चुका है।

सन् 1977 में जनता पार्टी की सरकार ने बाध्यता को समाप्त करते हुए एक नई जनसंख्या नीति का सूत्रपात किया। कार्यक्रम की स्वीकार्यता पूरी तरह से स्वैच्छिक बना दी गई। परिवार नियोजन विभाग का नाम बदल कर परिवार कल्याण विभाग कर दिया गया, और ऐसे कार्य, जो उसकी सामर्थ्य के बाहर थे, जैसे परिवार कल्याण के समस्त पहलुओं, जिनमें महिलाओं के शैक्षिक स्तर में सुधार किया जाना शामिल था, को भी इसमें सम्मिलित कर दिया गया। परिवार नियोजन के अपने जागरूकता अभियान में भारत सरकार ने संयुक्त राष्ट्रसंघ परिवार नियोजन (UNDP) के दिशा-निर्देशों को अपना लिया जिसके अनुसार पहले बच्चे में देरी तथा बाद में जन्म लेने वाले बच्चों के बीच अंतराल करना होता है।

परिवार नियोजन में अपनाए जाने वाले तरीके हैं : नसबंदी, लूप, गोलियाँ, प्रत्याहार (विद्ड्रॉल), रिदम, शीथ तथा डॉयफ्राम। कंडोम तथा गोलियां उच्च सामाजिक-आर्थिक समूहों के बीच सर्वाधिक लोकप्रिय प्रतीत होती हैं, तथा निम्न सामाजिक स्तर से सम्बन्ध रखने वाले लोगों के द्वारा नसबंदी को अधिक प्राथमिकता दी जाती है। परिवार नियोजन के लिए शल्य-चिकित्सा सामाजिक रूप से सुस्थापित लोगों के बीच बहुत अधिक लोकप्रिय नहीं है, क्योंकि यह समूह संतति-निग्रह के अन्य तरीकों से अधिक परिचित है। महिलाओं की एक बड़ी संख्या एक से अधिक विधियों का उपयोग करती है, जो परिस्थितियों, उपलब्धता तथा समय की मनःस्थिति पर निर्भर करता है।

सन् 1951 में आधिकारिक तौर पर प्रारंभ किए जाने के बाद प्रथम पंचवर्षीय योजना अवधि (1951-56) के दौरान मात्र 147 परिवार नियोजन चिकित्सालयों की स्थापना की गई थी। तब से, सामुदायिक स्वास्थ्य केन्द्रों (CHC), प्राथमिक स्वास्थ्य केन्द्रों (PHC) तथा उप-केन्द्रों के एक संजाल को निर्मित किया जा चुका है ताकि शत्-प्रतिशत केन्द्रीय सहायता के साथ राज्य सरकारों के माध्यम से परिवार नियोजन कार्यक्रम को लागू किया जा सके। प्रत्येक पंचवर्षीय योजना में ग्रामीण क्षेत्रों में 50,000 के लगभग केन्द्रों एवं उप-केन्द्रों की स्थापना की जा रही है। मार्च 2010 तक ऐसे 1,47,069 उप-केन्द्र, 23,673 प्राथमिक स्वास्थ्य केन्द्र, तथा 4,535 सामुदायिक स्वास्थ्य केन्द्र देश में स्थापित हो चुके थे। परिवार नियोजन कार्यक्रमों में संलिप्त प्राथमिक स्वास्थ्य केन्द्र दो विशिष्ट प्रकार के कार्यों का निष्पादन करते हैं : लोगों को सेवाएं प्रदान करना तथा इन सेवाओं के सम्बन्ध में एक प्रभावी तरीके से सूचनाओं का प्रसार करना ताकि लोगों को परिवार नियोजन अपनाने को स्वीकार किए जाने लिए प्रेरित किया जा सके। 5 लाख अंशकालिक ग्रामीण स्वास्थ्य मार्गदर्शकों के अलावा 5 लाख के लगभग चिकित्सा एवं उप-चिकित्साकर्मी इन कार्यक्रमों में संलिप्त थे।

## परिवार कल्याण कार्यक्रम (Family Welfare Programme)

यह केन्द्र द्वारा प्रायोजित एक कार्यक्रम है। इसके लिए, राज्यों को केन्द्र सरकार से शत्-प्रतिशत सहायता प्राप्त होती है। वर्तमान नीति है, संपूर्ण सामुदायिक सहभागिता के साथ स्वैच्छिक एवं सूचित स्वीकार्यता के आधार पर परिवार नियोजन को प्रोत्साहित किया जाना। जोर दो-बच्चों वाले परिवार पर दिया जा रहा है। अंतराल सम्बन्धी विधियों के साथ-साथ गर्भ-समाप्ति की विधियों पर भी जोर दिया जा रहा है। दरवाजे-दरवाजे सेवाएं पहुंचाई जा रही हैं, ताकि परिवारों को छोटे परिवार के मानक को स्वीकार करने के लिए प्रेरित किया जा सके।

कार्यक्रम के द्वारा सन् 2000 तक प्राप्त किए जाने वाले निम्नलिखित लक्ष्यों को निर्धारित किया गया था :

1. जन्म दर को 29 प्रति 1000 (1992 में) से घटाकर 21 किया जाना।
2. मृत्यु दर को 10 प्रति 1000 (1992 में) से घटाकर 9 किया जाना।
3. दंपती संरक्षण दर को 43.3 प्रतिशत (1990 में) से बढ़ाकर 60 प्रतिशत किया जाना।
4. औसत परिवार के आकार को 4.2 (1990 में) से घटाकर 2.3 किया जाना।
5. शिशु मृत्यु दर को 79 (1992 में) से घटाकर प्रतिजीवित 1,000 जन्मों में 60 से कम किया जाना।
6. निबल प्रजनन दर को 1.48 (1981 में) से घटाकर 1 किया जाना।

कार्यक्रम की प्रमुख रणनीतियां इस प्रकार हैं :

(i) *स्वास्थ्य सेवाओं के साथ एकीकरण :* इस कार्यक्रम को एक पृथक सेवा बनाए जाने के स्थान पर अन्य स्वास्थ्य सेवाओं के साथ एकीकृत दिया गया है।

(ii) *माँ एवं शिशु स्वास्थ्य के साथ एकीकरण :* इस कार्यक्रम को माँ एवं शिशु स्वास्थ्य (MCH) के साथ एकीकृत कर दिया गया है। जनता को प्रसव उपरांत नसबंदी, गर्भपात तथा गर्भ-निरोधकों के उपयोग हेतु प्रेरित किया जाता है।

(iii) *ग्रामीण क्षेत्रों में संकेन्द्रण :* यह कार्यक्रम ग्रामीण क्षेत्रों में उप-केन्द्रों तथा प्राथमिक स्वास्थ्य केन्द्रों के स्तर पर अधिक केन्द्रित है। यह जिला, राज्य एवं केन्द्र के स्तरों पर मौजूद अस्पतालों के अलावा है।

(iv) *साक्षरता :* साक्षरता तथा प्रजनन के बीच एक सीधा सह-सम्बन्ध है। अतः, कन्या शिक्षा के लिए जोर एवं प्राथमिकता प्रदान की जाती है। शिक्षित महिलाओं के बीच प्रजनन दर कम है।

(v) *स्तनपान :* स्तनपान को प्रोत्साहित किया जाता है। ऐसा अनुमान लगाया गया है कि प्रत्येक वर्ष लगभग 50 लाख जन्मों को स्तनपान कराए जाने के द्वारा रोका जा सकता है।

(vi) *विवाह की आयु को ऊपर किया जाना :* बाल विवाह निरोधक अधिनियम, 1978 के अंतर्गत विवाह की आयु को बढ़ाकर पुरुषों के लिए 21 वर्ष तथा महिलाओं के लिए 18 वर्ष कर दिया गया है। इससे प्रजनन पर कुछ प्रभाव पड़ा है।

(vii) *न्यूनतम आवश्यकता कार्यक्रम :* इसे आर्थिक स्तरों को ऊपर उठाए जाने के उद्देश्य के साथ पांचवीं पंचवर्षीय योजना में प्रारंभ किया गया था। उच्च आयवर्ग के लोगों के बीच जनन की दर कम है। अतः, आर्थिक स्तरों में वृद्धि किए जाने के द्वारा जनन दर को कम किया जा सकता है।

(viii) *प्रोत्साहन :* परिवार नियोजन कार्यक्रमों में मौद्रिक प्रोत्साहन प्रदान किए गए हैं, विशेष तौर पर गरीब वर्गों के लिए। किन्तु ये प्रोत्साहन बहुत अधिक प्रभावकारी सिद्ध नहीं हुए हैं। अतः, कार्यक्रम को अवश्य ही स्वेच्छा पर आधारित होना चाहिए।

(ix) *मॉस मीडिया :* रेडियो, टेलीविजन, सिनेमा, समाचारपत्रों, कठपुतली प्रदर्शनों तथा लोक-नृत्यों के माध्यम से प्रेरित किया जाना इस कार्यक्रम का एक महत्वपूर्ण पहलू है।

## एक नया दृष्टिकोण (A New Approach)

जनसंख्या स्थिरीकरण के प्रति एक नए एकीकृत दृष्टिकोण से युक्त एक सामाजिक नीति को अब अपनाया जा चुका है। इस नवीन दृष्टिकोण के घटक निम्नवत् हैं :

### *लक्ष्य-मुक्त कार्यक्रम (Target-free Programme)*

परिवार नियोजन कार्यक्रम में किया जाने वाला एक महत्वपूर्ण परिवर्तन है अप्रैल 1996 से लक्ष्य-मुक्त कार्यक्रम को प्रारंभ किया जाना। हमारे परिवार नियोजन कार्यक्रम में ऐसे लक्ष्य प्रमुख बाधा थे, जिसके अंतर्गत गांव के पटवारीगणों, स्कूलों के शिक्षकों तथा सरकारी कर्मचारियों को नसबंदी तथा अन्य उपायों के न्यूनतम लक्ष्यों को प्राप्त किया जाना अनिवार्य होता था। कर्मचारियों की नियुक्तियां, पदोन्नतियां तथा स्थानान्तरण लक्ष्यों को पूरे किए जाने पर निर्भर हो गए थे। एक लक्ष्य-मुक्त दृष्टिकोण वास्तव में एक स्वागतयोग्य परिवर्तन है। परंतु मात्र समय ही उस सीमा को प्रदर्शित कर सकेगा जिस तक परिवार नियोजन सम्बन्धी गतिविधियों में संलिप्त ढ़ाई लाख कर्मचारी निर्धारित किए गए लक्ष्यों को हासिल किए जाने पर जोर दिए जाए बिना ही प्रजनन एवं बाल स्वास्थ्य (RCH) के नए पैकेज के माध्यम से सफलता अर्जित कर सकेंगे।

### *बॉटम-अप दृष्टिकोण अथवा विकेन्द्रीकृत नियोजन (Bottom-up Approach or Decentralized Participatory Planning)*

अभी तक, नियोजन शीर्ष स्तर पर किया जाता था, तथा क्रियान्वयन के लिए उसे निम्नतम स्तर तक प्रसारित किया जाता था। अब, कार्यक्रम को उप-केन्द्रों तथा प्राथमिक स्वास्थ्य केन्द्रों के स्वास्थ्य कार्यकर्ताओं, अर्थात् पुरुष एवं महिला कर्मचारियों (ANM), पंचायत के सदस्यों तथा सक्रिय व्यक्तियों के साथ विचार-विमर्श के द्वारा ग्राम स्तर पर ही निर्धारित किया जाना होता है। जिले के लिए किए जाने वाले नियोजन को प्राथमिक स्वास्थ्य केन्द्रों के समेकन तथा साथ ही जिला अस्पतालों की आवश्यकताओं को ध्यान में रखते हुए पूरा किया जाता है। जिलों की ये योजनाएं एक साथ मिलकर राज्य की योजना निर्धारित करती हैं तथा राज्यों की योजनाएं एक साथ मिलकर राष्ट्रीय योजना को तैयार करती हैं।

### *राज्य-विशिष्ट प्रजनन एवं बाल स्वास्थ्य ( आर.सी.एच. ) रणनीति (State-specific Reproductive and Child Health (RCH) Strategy)*

चूंकि राज्यों के द्वारा स्वास्थ्य के मानकों, जैसे शिशु मृत्यु-दरें, मातृत्व मृत्यु-दरें, जन्म दरें इत्यादि में व्यापक विविधता का प्रदर्शन किया जाता है, अतः क्षेत्र विशिष्ट प्रजनन एवं बाल स्वास्थ्य रणनीति के दृष्टिकोण को राज्यों के तीन समूहों के लिए अलग-अलग निर्धारित किया गया है, जिसके साथ विशिष्ट श्रेणी वाले वे राज्य भी हैं जहां भारी मात्रा में बुनियादी ढांचे सम्बन्धी आगतों को राज्य की स्वास्थ्य प्रणाली सम्बन्धी परियोजनाओं से प्राप्त किया जाता है।

### *एकीकृत आर.सी.एच. पैकेज (Integrated RCH Package)*

यह जिले की विभिन्न प्रजनन सम्बन्धी स्वास्थ्य सेवाओं, जैसे उप-केन्द्र, प्राथमिक स्वास्थ्य केन्द्र तथा जिला अस्पतालों के लिए एक न्यूनतम मॉडल रूपरेखा उपलब्ध कराता है। इन सेवाओं का सम्बन्ध अवांछित गर्भ धारण किए जाने की रोकथाम एवं प्रबंधन, मातृत्व देखभाल, नवजातों एवं शिशुओं के लिए सेवाओं तथा यौन संक्रमणकारी रोगों के प्रबंधन के साथ है।

### *व्यापक एकीकृत प्रशिक्षण (Comprehensive Integrated Training)*

हस्तक्षेपों की दक्षता, पारस्परिक संवाद, तथा प्रबंधन में सुधार करने के लिए कर्मचारियों के प्रशिक्षण पर बल प्रदान किया जाएगा। प्रशिक्षण का उत्तरदायित्व किसी भी जिले पर होगा। केन्द्र तथा राज्य सरकारें

प्रशिक्षण सामग्री उपलब्ध कराए जाने तथा आवधिक मूल्यांकन के द्वारा प्रशिक्षुओं के प्रशिक्षण में जिलों को सहायता प्रदान करेंगी।

### *गैर-सरकारी संगठनों की बढ़ी हुई संलिप्तता (Increased Involvement of NGOs)*

बड़ी संख्या में गैर-सरकारी संगठनों को चिकित्सालय-आधारित हस्तक्षेपों, परियोजना सम्बन्धी गतिविधियों के क्रियान्वयन में सामुदायिक सहभागिता को सशक्त बनाए जाने, तथा तकनीकी कौशलों के लिए प्रशिक्षणदाताओं के प्रशिक्षण में संलिप्त किया जाएगा। देशी औषधियों की प्रणाली से इलाज करने वालों सहित निजी ग्रामीण चिकित्सकों को भी इन योजनाओं में शामिल किया जाएगा।

### *कार्यक्रम का स्वतंत्र मूल्यांकन (Independent Evaluation of Programme)*

गुणात्मक प्रदर्शन के लिए इस कार्यक्रम की निगरानी एवं मूल्यांकन किया जाएगा। 18 जनसंख्या संसाधन केन्द्रों (PRC) की स्थापना की जा चुकी है जो वर्तमान समय में वार्षिक सर्वेक्षणों के लिए प्रारूपों को तैयार करने में संलिप्त हैं। सरकार के द्वारा गतिविधियों की दोबारा जांच किए जाने के लिए 8 क्षेत्रीय दलों का गठन भी कर लिया गया है।

## परिवार नियोजन/कल्याण कार्यक्रम का प्रभाव (Impact of Family Planning/Welfare Programme)

भारत ने सन् 1952 में एक राष्ट्रव्यापी परिवार नियोजन कार्यक्रम को प्रारंभ किया था, जिसका विस्तार बाद में माँ एवं बच्चे के स्वास्थ्य, परिवार कल्याण तथा पोषण को इसके साथ शामिल किए जाने के लिए कर दिया गया था। कार्यक्रम को क्रियान्वित किए जाने में सरकार के द्वारा किए गए प्रयासों का देश में महत्वपूर्ण प्रभाव पड़ा है। परिवार कल्याण की विभिन्न गतिविधियों ने लोगों को गर्भ-निरोध तथा इसके गुणों के सम्बन्ध में अवगत कराए जाने में लंबी दूरी तय कर ली है।

- 15 से 49 वर्ष के आयु समूह में लगभग 98 प्रतिशत महिलाओं तथा 99 प्रतिशत पुरुषों को गर्भ-निरोध के लिए एक अथवा एक से अधिक तरीकों के सम्बन्ध में अच्छा ज्ञान है। किशोर लोग भी गर्भ-निरोध के आधुनिक तरीकों से भली-भांति अवगत प्रतीत होते हैं।
- 97 प्रतिशत से अधिक महिलाएं तथा 95 प्रतिशत से अधिक पुरुष महिला नसबंदी का ज्ञान रखते हैं, जो परिवार नियोजन की सर्वाधिक लोकप्रिय आधुनिक स्थायी विधि है। वहीं 79 प्रतिशत महिलाओं तथा 80 प्रतिशत पुरुषों ने पुरुष नसबंदी के सम्बन्ध में सुन रखा है।
- 93 प्रतिशत पुरुषों को कंडोम के उपयोग के सम्बन्ध में ज्ञान है, जबकि मात्र 74 प्रतिशत महिलाएं ही इससे अवगत हैं।
- 80 प्रतिशत के आसपास पुरुषों तथा महिलाओं को गर्भ-निरोधक गोलियों के बारे में पर्याप्त ज्ञान है।

भारत में परिवार कल्याण के आंकड़े (2011) तथा भारत की जनगणना के अनुसार, वर्ष 2009-10 के 3.56 करोड़ परिवार नियोजन स्वीकारकर्ताओं की तुलना में वर्ष 2010-11 का समापन राष्ट्रीय स्तर पर 3.49 करोड़ परिवार नियोजन स्वीकारकर्ताओं के साथ हुआ, जिसमें 50 लाख नसबंदियाँ, 56 लाख अंतर्गर्भाशयी उपकरण (IUD) प्रविष्टियाँ, 1.60 लाख कंडोम उपयोगकर्ता तथा 83 लाख मुख से खाई जाने वाली गोलियों के उपयोगकर्ता शामिल थे।

विगत कई दशकों से भारत में गर्भ-निरोधकों के उपयोग में पर्याप्त वृद्धि हो चुकी है। उदाहरण के लिए, वर्ष 2009-10 के 57 लाख की तुलना में वर्ष 2010-11 के दौरान 56 लाख अंतर्गर्भाशयी उपकरण (IUD) प्रविष्टियों को सूचित किया गया था। इसी प्रकार से, वर्ष 2010-11 के दौरान कंडोम के 1.60 करोड़ बराबरी के उपयोगकर्ता थे तथा मुँह से खाई जाने वाली गोलियों के 8.307 करोड़ उपयोगकर्ता थे। विभिन्न परिवार नियोजन उपायों के क्रियान्वयन ने वर्ष 2010-11 के दौरान

देश में 1.60 करोड़ जन्मों को रोका। वर्ष 2010-11 तक देश में रोके जा चुके जन्मों की कुल संचयी संख्या 44.20 करोड़ से भी अधिक हो चुकी थी।

जनसंख्या वृद्धि को सीमित किए जाने में होने वाली प्रगति अत्यंत ही मंद रही है जैसा कि तब स्पष्ट हो जाता है जब हम इसकी तुलना चीन के साथ करते हैं जिसने, एक अनुमान के अनुसार, सन् 1979 से 2011 के बीच एक जोरदार परिवार नियोजन कार्यक्रम के द्वारा 40 करोड़ से भी अधिक जन्मों को रोक दिया तथा जनन-दर को 5.82 (1971 में) की तुलना में 1.6 (2010 में) तक नीचे ला दिया। चीन ने शहरी क्षेत्रों में प्रति दंपती एक बच्चा तथा ग्रामीण क्षेत्रों में दो बच्चों की अधिकतम सीमा के मानक को अपना लिया, जिसके साथ नियोजित बच्चे तथा माता-पिता के लिए अनेक प्रोत्साहन भी जुड़े हुए थे। जिन लोगों ने इन नियमों का उल्लंघन किया वे दंडित किए गए। नियोजित बच्चों को 14 वर्ष की आयु तक शिक्षा एवं पालन-पोषण के लिए विशिष्ट भत्ते प्रदान किए गए, तथा दंपती को एक घर का निर्माण करने अथवा कृषि की मशीनरी के लिए भूमि प्रदान की गई। चीन के कार्यक्रम का एक प्रमुख घटक था देरी से विवाह किए जाने तथा देरी से बच्चा पैदा किए जाने को प्रोत्साहित किया जाना।

वर्ष 2005-06 में संपन्न किए गए राष्ट्रीय परिवार स्वास्थ्य सर्वेक्षण-3 (NFHS) के अनुसार :

- 20 से 24 वर्ष की आयु वाली 47 प्रतिशत महिलाओं (शहरी 29.3%; ग्रामीण 56.2%) का विवाह 18 वर्ष से कम आयु में ही कर दिया गया था।
- TFR अर्थात् प्रति महिला बच्चे की दर 2.7 (शहरी 2.1; ग्रामीण 3) है। 25 से 49 वर्षों के बीच आयु वाली महिलाओं के द्वारा पहला जन्म दिए जाने की औसत आयु 19.8 (शहरी 20.9; ग्रामीण 19.3) है।
- वर्तमान समय में 15 से 49 वर्षों की आयु वाली विवाहित महिलाओं का 56.3 प्रतिशत (शहरी 64%; ग्रामीण 53%) भाग परिवार नियोजन की विधियों का उपयोग कर रहा है।
- कुल जन्मों में से मात्र 40.8 प्रतिशत (शहरी 69.4%; ग्रामीण 31.1%) संस्थागत जन्म हैं।
- 12 से 23 महीनों की आयु वाले शिशुओं में से मात्र 43.5 प्रतिशत (शहरी 57.6%; ग्रामीण 38.6%) का ही संपूर्ण टीकाकरण किया जा सका है।
- 0 से 5 महीनों की आयु वाले शिशुओं में से मात्र 46.3 प्रतिशत (शहरी 40.3%; ग्रामीण 48.3%) को ही मात्र स्तनपान पर रखा गया है।
- 15 से 49 वर्षों की आयु वाली गर्भवती महिलाओं का 57.9 प्रतिशत (शहरी 54.6%; ग्रामीण 59%) रक्ताल्पता का शिकार है।

## कार्यक्रम का मूल्यांकन (Evaluation of the Programme)

वर्ष 2010-11 के दौरान 2.83 करोड़ महिलाओं ने स्वयं को प्रसव-पूर्व जांच के लिए पंजीकृत करवाया तथा 2 करोड़ से भी अधिक ने अपनी गर्भावस्था के दौरान तीन बार जांच करवाई। कुल प्रसवों (संस्थागत तथा घर में प्रसव के योग) की तुलना में संस्थागत प्रसव की वर्ष 2006-07 की 57.6 प्रतिशत संख्या वर्ष 2010-11 में बढ़कर 78.5 प्रतिशत हो गई। केरल तथा तमिलनाडु (99.8%) वर्ष 2010-11 के दौरान देश में सर्वश्रेष्ठ प्रदर्शन करने वाले राज्य रहे।

वर्ष 2010-11 के दौरान, 6,20,472 चिकित्सकीय गर्भ समापनों को देश के 12,510 मान्यता प्राप्त संस्थानों के द्वारा निष्पादित किया गया। वर्ष 2010-11 के दौरान 576 मान्यता प्राप्त संस्थानों के साथ उत्तर प्रदेश ने देश में चिकित्सकीय गर्भ समापनों की सबसे बड़ी संख्या (81,420) को निष्पादित किया, जिसके बाद महाराष्ट्र (78,047) का स्थान था। वर्ष 2010-11 में देश में चिकित्सकीय गर्भ समापन के लगभग 60 प्रतिशत भाग को 6 राज्यों में संपन्न किया गया जैसे असम, महाराष्ट्र, पश्चिम बंगाल, तमिलनाडु, उत्तर प्रदेश तथा हरियाणा।

देश में परिवार नियोजन कार्यक्रम को लागू किए जाने में सरकार के प्रयासों के महत्वपूर्ण प्रभाव रहे हैं जैसा कि निम्नांकित बिंदुओं से स्पष्ट है :

- गर्भनिरोध का ज्ञान लगभग सभी को है : 15 से 49 वर्ष की आयु वाली 98 प्रतिशत महिलाएं तथा 99 प्रतिशत पुरुष गर्भनिरोध के एक अथवा अधिक तरीकों की जानकारी रखते हैं।
- स्थायी परिवार नियोजन की विधियों में से महिला नसबंदी सर्वाधिक लोकप्रिय थी। 97 प्रतिशत से अधिक महिलाएं तथा 95 प्रतिशत से अधिक पुरुष महिला नसबंदी के सम्बन्ध में जानकारी रखते थे। इसके विपरीत, पुरुष नसबंदी का ज्ञान मात्र 79 प्रतिशत महिलाओं तथा 87 प्रतिशत पुरुषों को ही था।
- 74 प्रतिशत महिलाओं की तुलना में 93 प्रतिशत पुरुषों को कंडोम के सम्बन्ध में जानकारी थी।
- 80 प्रतिशत से अधिक महिलाओं एवं पुरुष गर्भ-निरोधक गोलियों के सम्बन्ध में जानकारी रखते थे।
- किशोरों के बीच भी गर्भ-निरोधकों का ज्ञान काफी व्यापक है : युवा महिलाओं के 94 प्रतिशत तथा युवा पुरुषों के 96 प्रतिशत भाग ने गर्भनिरोधकों की आधुनिक विधियों के बारे में सुन रखा था।

वर्ष 2009-10 के 3.56 करोड़ परिवार नियोजन स्वीकारकर्ताओं की तुलना में वर्ष 2010-11 का समापन राष्ट्रीय स्तर पर 3.49 करोड़ परिवार नियोजन स्वीकारकर्ताओं के साथ हुआ, जिसमें 50 लाख नसबंदियाँ, 56 लाख अंतर्गर्भाशयी उपकरण (IUD) प्रविष्टियाँ, 1.60 लाख कंडोम उपयोगकर्ता तथा 83 लाख मुख से खाई जाने वाली गोलियों के उपयोगकर्ता शामिल थे।

देश में वर्ष 2009-10 के 49.98 लाख के आंकड़ों की तुलना में 2010-11 में 50.09 लाख नसबंदियों को संपन्न किया गया। राज्य/संघ शासित क्षेत्र, जैसे, असम, बिहार, गुजरात, झारखंड, मध्य प्रदेश, ओडिशा, पंजाब, अरुणाचल प्रदेश, मणिपुर, मेघालय, नगालैंड, त्रिपुरा, उत्तराखंड, दमन एवं दीव, लक्षद्वीप तथा पुड्डूचेरी के द्वारा वर्ष 2009-10 की तुलना में सुधार प्रदर्शित किया गया है।

कुल नसबंदियों के विरुद्ध महिला नसबंदी की शल्यचिकित्सा का अनुपात, जो वर्ष 2009-10 में 94.6 प्रतिशत था, वर्ष 2010-11 में 95.6 प्रतिशत हो गया। यद्यपि नसबंदी की कुल शल्य चिकित्साओं में पुरुष नसबंदी के अंश में वृद्धि हो रही है, तथापि यह अभी भी बहुत मामूली है।

वर्ष 2010-11 के दौरान 56 लाख अंतर्गर्भाशयी उपकरण (IUD) प्रविष्टियों को सूचित किया गया था, जबकि वर्ष 2009-10 में यह संख्या 57 लाख थी। असम, बिहार, गुजरात, झारखंड, उत्तर प्रदेश, अरुणाचल प्रदेश, दिल्ली, गोवा, मेघालय, मिजोरम, सिक्किम तथा दादरा एवं नागर हवेली के द्वारा वर्ष 2009-10 की तुलना में वर्ष 2010-11 में अधिक बेहतर प्रदर्शन किए जाने को सूचित किया गया। जहां तक कंडोम के उपयोगकर्ताओं तथा मुंह से ली जाने वाली गोलियों के उपयोगकर्ताओं का सम्बन्ध है, वर्ष 2010-11 में 1.60 करोड़ लोगों के द्वारा कंडोम तथा 8.307 करोड़ लोगों के द्वारा मुंह से ली जाने वाली गोलियों का उपयोग किया गया।

विभिन्न परिवार नियोजन उपायों को लागू किए जाने के द्वारा वर्ष 2010-11 में देश में होने वाले 1.6335 करोड़ जन्मों को रोका जा सका, जो वर्ष 2009-10 के 1.6605 करोड़ की तुलना में कुछ कम था। वर्ष 2010-11 तक रोके जा सके जन्मों का संचयी योग 44.275 करोड़ का था।

## परिवार नियोजन के प्रति अभिवृत्तियां (Attitudes Towards Family Planning)

परिवार नियोजन के विचार को औसत भारतीय महिला तक पहुंचाया जा चुका है। परिवार नियोजन के प्रति किसी भी महिला के दृष्टिकोण को अन्य कारकों के साथ-साथ उसकी शिक्षा, आयु, आमदनी की पृष्ठभूमि, पति के पेशे तथा उसकी स्वयं की स्थिति (रोजगार) के द्वारा प्रभावित किया जाता है। आयु के संदर्भ में ऐसा पाया गया है, कि आयु समूह में वृद्धि होने के साथ-साथ परिवार नियोजन को स्वीकार करने वाली महिलाओं का प्रतिशत कम होता जाता है। किन्तु, अधिक आयु वाले समूहों के बीच स्वीकार्यता दो-तिहाई के लगभग है। यह स्पष्ट तौर पर दर्शाता है, कि भारतीय महिलाओं की बहुत बड़ी संख्या परिवार नियोजन का

अनुमोदन करती है, चाहे उनकी आयु कुछ भी क्यों न हो। परिवार नियोजन के प्रति भारतीय महिलाओं की अभिवृत्ति पर खन्ना एवं वर्गिस के द्वारा संपन्न किए गए एक सर्वेक्षण (*इंडियन वूमेन टुडे,* 1978) के द्वारा प्रदर्शित किया गया कि 15 से 24 आयु वर्ग की ऐसी महिलाएं, जो परिवार नियोजन का अनुमोदन नहीं करतीं, 10 प्रतिशत से भी कम थीं। इसमें 45 वर्ष के ऊपर की महिलाओं को शामिल किए जाने पर यह आंकड़ा बढ़कर 36 प्रतिशत तक हो गया। शोधकर्ताओं ने यह भी पाया, कि परंपराओं से आबद्ध महिलाओं ने स्वयं को 'भाग्य' के प्रति समर्पित कर दिया है, मात्र युवा, शिक्षित तथा अधिक सूचित महिलाओं ने ही परिवार के आकार के प्रति गहन चिंता का प्रदर्शन किया।

इस लेखक ने भी सन् 1981 में जयपुर जिले के सात गांवों में "ग्रामीण महिलाओं के बीच अधिकारों के प्रति जागरूकता" विषय पर एक अध्ययन संपन्न किया था। सर्वेक्षण के दौरान, 753 विवाहित महिलाओं (18–50 वर्ष की आयु समूह से सम्बन्ध रखने वाली) तथा 733 पुरुषों से परिवार नियोजन पर प्रश्न पूछे गए थे। किसी भी दंपती के द्वारा परिवार में बच्चों की इष्टतम संख्या से सम्बन्धित प्रश्न के प्रति 7 प्रतिशत महिलाओं ने उत्तर दिया कि उन्हें उतने बच्चे पैदा करने चाहिए जितने की वे इच्छा करती हों, 63.5 प्रतिशत महिलाएं 2 से 3 बच्चों की इच्छा रखती थीं तथा 29.5 प्रतिशत 4 से 5 बच्चों की इच्छा रखती थीं। इसके विरुद्ध, 60.9 प्रतिशत पुरुषों की राय थी, कि किसी भी दंपती को मात्र 2 से 3 बच्चे होने चाहिए, 27.8 प्रतिशत पुरुष 4 से 5 बच्चों के पक्ष में थे, और 11.3 प्रतिशत अपनी इच्छानुसार बच्चों को जन्म देने की इच्छा रखते थे। इस प्रकार, लगभग दो-तिहाई प्रत्युत्तरदाता (66%) मात्र 2 से 3 बच्चों के पक्षधर थे।

किन्तु परिस्थितियां अब बहुत अधिक परिवर्तित हो चुकी हैं। सन् 2011 की जनगणना का एक विश्लेषण यह स्पष्ट करता है, कि "हम दो हमारे दो" का नारा अंततः सच होता प्रतीत हो रहा है, क्योंकि इतिहास में पहली बार शहरी भारत में परिवारों का औसत आकार 4 से कम का हो चुका है। आंकड़ों के अनुसार, शहरी भारत में 56 प्रतिशत परिवारों के पास अब 4 अथवा उससे कम सदस्य हैं। यह सन् 2001 में संपन्न की गई जनगणना के विपरीत होने वाला एक महत्वपूर्ण परिवर्तन है जब शहरी भारत में परिवारों का आकार 4 से 5 के बीच का हुआ करता था। हालांकि, ग्रामीण भारत में, परिवारों का औसत आकार 4 से 5 सदस्यों का ही है, किन्तु यह 4 के अधिक नजदीक है, जैसा कि पहले कभी नहीं था। सन् 2001 में 40 प्रतिशत ग्रामीण परिवारों की तुलना में आज 47.1 प्रतिशत के पास अब 4 अथवा उससे कम सदस्य हैं (*टाइम्स ऑफ इंडिया,* 25 मार्च, 2012)।

आगे, जयपुर जिले में किए गए उपर्युक्त सर्वेक्षण के अंतर्गत 25 प्रतिशत प्रत्युत्तरदाता महिलाएं परिवार नियोजन की विधियों में से किसी का भी उपयोग किए जाने के पक्ष में नहीं थीं, 45 प्रतिशत पूरी तरह से इसके पक्ष में थीं तथा 30 प्रतिशत ने परिवार नियोजन की विधियों को कुछ शर्तों एवं लगाए गए निग्रहों के साथ उपयोग किए जाने का पक्ष लिया। कुल 566 महिलाओं, जो पूरी तरह अथवा आंशिक तौर पर परिवार नियोजन के पक्ष में थीं, में से 43.3 प्रतिशत अपने परिवार के आकार को नियंत्रित किए जाने के लिए वास्तव में किसी न किसी विधि का उपयोग कर रही थीं। शेष 321 (अथवा 56.7%) महिलाओं के द्वारा गर्भनिरोधकों का प्रयोग न किए जाने के लिए प्रस्तुत किए गए कारण इस प्रकार थे : उनके पति किसी भी उपाय का उपयोग किए जाने की अनुमति नहीं देते (42.4%); वे एक या दो बच्चा और चाहती थीं (25.2%); वे बच्चों को जन्म देने की आयु पार कर चुकी थीं (15%); वांछित गर्भ-निरोधक उनके गांवों में उपलब्ध ही नहीं थे (6.5%); गर्भ-निरोधकों के सम्बन्ध में उनके पास पर्याप्त जानकारी नहीं थी (5%); उपयोग किए जाने के पश्चात् गर्भ-निरोधकों का निस्तारण किए जाने के लिए उनके पास कोई साधन उपलब्ध नहीं थे (2.8%); तथा वे पुत्र चाहती थीं, क्योंकि उनके सिर्फ पुत्रियां ही थीं (3.1%)।

यह भी पाया गया कि प्रत्युत्तरदाताओं (महिलाओं) में से 9.4 प्रतिशत गर्भपात के पक्ष में थीं तथा 90.6 प्रतिशत इसके विरुद्ध थीं। एक अन्य 2.7 प्रतिशत महिलाएं तो गर्भपात करवा भी चुकी थीं। ये सभी तथ्य यह प्रदर्शित करते हैं कि महिलाएं अपने प्रजनन को नियंत्रित करना चाहती हैं तथां पुरुष भी

अपने परिवारों को नियोजित करना चाहते हैं। यह भी आवश्यक है, कि ऐसा कर पाने में उन्हें सक्षम बनाए जाने के लिए चिकित्सकीय, उप-चिकित्सकीय, सामाजिक एवं सामुदायिक संस्थाओं एवं कार्यकर्ताओं के माध्यम से आवश्यक जानकारियाँ, शिक्षा एवं साधन उपलब्ध कराए जाएं।

परिवार नियोजन विधियों की आवश्यकताओं का पूर्वानुमान लगाए जाने के लिए परिवार नियोजन प्रबंधकगण प्रायः गर्भनिरोधकों की मांग के मापन से प्राप्त की गई अपूरित आवश्यकताओं पर भरोसा करते हैं। हालांकि, महिला की मंशा तथा परिवार नियोजन विधियों के प्रति उसकी पृष्ठभूमि सम्बन्धी जानकारी पर उतना ध्यान नहीं दिया जाता जितना की परिवार नियोजन के किसी उपाय के द्वारा मांग की जाती है। अतः, परिवार नियोजन की विधियों के उपयोग के सम्बन्ध में महिलाओं की प्रवृत्ति को जानने के लिए तथा उन कारकों, जो इसके उपयोग को बाधित करते हैं, तथा एक वर्ष की अवधि में उपयोग के प्रतिमानों में होने वाले परिवर्तनों की खोज किए जाने के लिए दिल्ली की मलिन बस्तियों में एक अध्ययन संपन्न किया गया था (*काठमांडू विश्वविद्यालय जर्नल,* जुलाई-सितम्बर 2005 में उद्धृत)। परिवार नियोजन की सभी प्रकार की विधियों के अतिरिक्त प्रभाव के रूप में कमजोरी का उल्लेख किया गया था। 70 प्रतिशत से भी अधिक महिलाओं ने मुंह से ली जाने वाली गोलियों के कारण मासिक धर्म का अनियमित होना तथा नसबंदी के कारण स्वास्थ्य के खराब होने का अतिरिक्त प्रभावों के रूप में उल्लेख किया। और अधिक बच्चों की मांगें तथा पुत्रों की प्राथमिकताएं किसी भी विधि का उपयोग न किए जाने के प्रमुख कारणों में से थीं, जिसके बाद अतिरिक्त प्रभावों तथा स्वास्थ्य सम्बन्धी भय का स्थान था। अध्ययन की अवधि के दौरान परिवार नियोजन की विधियों के उपयोग में होने वाले परिवर्तन नगण्य थे।

सन् 1988 में राजस्थान में देवेन्द्र कोठारी (1989: 71) के द्वारा किए गए एक सर्वेक्षण में यह पाया गया था, कि अध्ययन किए गए कुल लोगों में से 88.1 प्रतिशत परिवार नियोजन के पक्ष में थे तथा 11.9 प्रतिशत इसके विरोधी थे। कोठारी (मार्च 1994) के द्वारा यह भी पाया गया कि राष्ट्रीय परिवार कल्याण सर्वेक्षण, जिसे सन् 1993 में राजस्थान में संपन्न किया गया था, में 13 से 49 वर्ष आयु समूह में विवाहित महिलाओं में से 90 प्रतिशत परिवार नियोजन की किसी न किसी विधि का ज्ञान रखती थीं, तथा 76.2 प्रतिशत वांछित गर्भ-निरोधकों को प्राप्त किए जाने के किसी न किसी स्रोत से परिचित थीं, हालांकि मात्र 31.8 प्रतिशत ही वास्तव में गर्भ-निरोधकों का उपयोग कर रही थीं।

सन् 1970 में तमिलनाडु के वेल्लोर शहर तथा इसके आसपास के गांवों में रॉव तथा इनबाराज के द्वारा परिवार नियोजन के प्रति अभिवृत्ति पर एक सर्वेक्षण संपन्न किया गया था। कुल मिलाकर 2,426 व्यक्तियों का साक्षात्कार यह खोज किए जाने की मंशा के साथ किया गया था, कि क्या बच्चों की संख्या को नियंत्रित किए जाने की बात को दंपती के अधिकारों के अंदर होना मानते हैं अथवा नहीं। 37 प्रतिशत के आसपास लोगों ने सकारात्मक उत्तर दिए, जबकि 41 प्रतिशत के उत्तर नकारात्मक थे। उन 899 व्यक्तियों, जो इसे संभव मानते थे, में से 46.6 प्रतिशत ने इसे परिवार नियोजन उपायों के द्वारा संभव किए जा सकने को माना, 37.5 प्रतिशत ने आत्मसंयम के द्वारा, जबकि 15.9 प्रतिशत ने किसी भी विधि विशेष की ओर इशारा नहीं किया। जब उनसे यह पूछा गया, कि क्या वे परिवार नियोजन के पक्ष में हैं अथवा नहीं, 64.6 प्रतिशत ने कहा 'हाँ' तथा 25.4 प्रतिशन ने 'न' कहा। परिवार नियोजन की विधियों के प्रति विरोध के लिए दिए गए कारण थे : यह महिलाओं के लिए हानिकारक है, यह परिवार की अर्थव्यवस्था के खिलाफ़ जाता है, यह ईश्वर की इच्छा के विरुद्ध है, और इससे अप्राकृतिक व्यवहार को जन्म मिलता है। हालांकि, चूंकि प्रत्येक 10 में से 7 व्यक्ति परिवार नियोजन के पक्ष में थे, अतः यह इस तथ्य की ओर इशारा करता है, कि आज लोग अपने विश्वासों एवं मूल्यों में बहुत अधिक पारंपरिक नहीं रह गए हैं।

राष्ट्रीय सामुदायिक विकास संस्थान के द्वारा 16 राज्यों एवं 43 जिलों तथा 7,224 प्रत्युत्तरदाताओं को शामिल करते हुए 365 गांवों में किए गए एक अध्ययन के द्वारा भी यह स्पष्ट किया गया है, कि 51.6 प्रतिशत लोग परिवार नियोजन के पक्ष में थे जबकि 23.7 प्रतिशत इसके विरोधी थे।

खन्ना एवं वर्गिस के सर्वेक्षण ने यह प्रदर्शित कर दिया था कि परिवार नियोजन की स्वीकार्यता का सीधा सम्बन्ध शिक्षा के साथ है। प्राथमिक स्कूली शिक्षा अथवा उसके नीचे शिक्षित 40 प्रतिशत महिलाएं परिवार नियोजन के पक्ष में नहीं थीं। यदि शिक्षा के स्तर को मात्र माध्यमिक स्कूल स्तर तक बढ़ा दिया जाए, तो यह प्रतिशत नीचे गिरकर 14 तक हो जाता है। इससे यह प्रदर्शित होता है, कि शिक्षा परिवार नियोजन के प्रति अभिवृत्ति में बड़ा परिवर्तन लाती है। यदि महिला परिवार नियोजन की विधियों से अपरिचित रहती है, तो वह रूढ़िवादी बनी रहना जारी रखती है और अंधविश्वासों तथा भय से घिरी रहती है।

अनौपचारिक शिक्षा भी परिवार नियोजन की विधियों को व्यवहार में लाए जाने को दुष्प्रभावित करती है। अनेक युवा महिलाएं परिवार नियोजन के पक्ष में तो हैं, किन्तु वे इसके उपयोग के सम्बन्ध में अनभिज्ञ हैं। पति की निरक्षरता भी एक बाधा के रूप में कार्य करती है, क्योंकि वे परिवार के नियोजन के सम्बन्ध में उदासीन बने रहते हैं।

चूंकि हमारे समाज के गरीब वर्ग के बीच निरक्षरता अधिक पाई जाती है, अतः ऐसा देखा गया है कि निम्न स्तरीय समाज में कम शिक्षित महिलाएं परिवार नियोजन की विधियों को अपनाने में हिचकिचाहट का अनुभव करती हैं। उनका तर्क यह है, कि चूंकि जीवनयापन के लिए उनके पास धन नहीं है, अतः उत्तरजीविता के लिए उनकी एकमात्र आशा उनके बच्चों के द्वारा अर्जित की जाने वाली आमदनी है। एक औसत गरीब भारतीय दंपती दो अथवा तीन से कम बच्चों से संतुष्ट नहीं हैं। अनेक बार और पुनः देश के विभिन्न भागों में किए गए अध्ययनों ने इस तथ्य को स्पष्ट कर दिया है। लगभग एक दशक पूर्व, स्वास्थ्य एवं परिवार कल्याण मंत्रालय के द्वारा प्रायोजित 32,000 के आसपास प्रत्युत्तरदाताओं को समाहित करने वाले एक बड़े पैमाने के सर्वेक्षण से यह निष्कर्ष प्राप्त किया गया था, कि अधिकांश दंपती न केवल तीन अथवा उससे अधिक बच्चों की इच्छा रखते हैं बल्कि यह भी चाहते हैं, कि उनमें से कम से कम दो पुत्र हों (*हिन्दुस्तान टाइम्स,* 5 नवम्बर, 1987)।

सन् 1991 में फैमिली प्लानिंग फाउंडेशन, दिल्ली के द्वारा ऑपरेशन रिसर्च ग्रुप, दिल्ली के सहयोग से "जनसंख्या के सम्बन्ध में भारतीय युवाओं का सामाजीकरण" विषय पर एक सर्वेक्षण संपन्न किया गया था। इस सर्वेक्षण के द्वारा उत्तर प्रदेश, राजस्थान, हरियाणा तथा दिल्ली के 22 जिलों के शहरी एवं ग्रामीण क्षेत्रों के 251 स्कूलों से चुने गए 17,185 पुरुष एवं महिला बच्चों की अभिवृत्तियों का अध्ययन किया गया था। प्रत्युत्तरदाताओं की एक बड़ी संख्या दो बच्चों वाले परिवार के पक्ष में थी। हालांकि, 90 प्रतिशत के लगभग बच्चों ने एक पुत्र तथा एक पुत्री होने को प्राथमिकता दी किन्तु 73 प्रतिशत बच्चों के लिंग को महत्व प्रदान किए जाने के सम्बन्ध में बहुत अधिक इच्छुक नहीं थे। प्रत्युत्तरदाताओं की एक बड़ी संख्या ने लड़कों एवं लड़कियों के लिए 22 वर्ष से नीचे की विवाह-आयु को सही नहीं माना। उनकी एक अच्छी-खासी संख्या को गर्भ-निरोधकों के बारे में जानकारी थी, किन्तु वे इसके सम्बन्ध में बहुत अधिक स्पष्ट नहीं थे। उनकी एक बड़ी संख्या ने इन जानकारियों को टेलीविजन के माध्यम से प्राप्त किया था (*द हिन्दुस्तान टाइम्स,* 15 मार्च, 1992)।

उत्साहजनक विशेष बात यह है, कि यद्यपि पुरानी पीढ़ी का झुकाव निष्क्रिय विवशता की ओर है, किन्तु वे अपनी पुत्रियों से अपेक्षाकृत कम बच्चों को जन्म दिए जाने तथा गर्भ-नियंत्रण विधियों को अपनाए जाने की अपेक्षा करते हैं। ग्रामीण क्षेत्रों में ऐसा पाया गया है, कि अब तक 6 बच्चों को जन्म दे चुकी महिला अपनी विवाहित पुत्री को उसके तीसरे प्रसव के पश्चात् बच्चों को जन्म दिए जाने पर रोक लगाए जाने के लिए शल्य चिकित्सा करवा लेने के लिए बाध्य करती है। शहरी क्षेत्रों में, विशेषतौर पर संयुक्त परिवार प्रथा के भंग होने के साथ ही, पृथक रहने वाले परिवारों में अनेक महिलाएं अपने बच्चों के पालन-पोषण में कठिनाइयों का सामना कर रही हैं। नौकरों का मिलना एक समस्या है और ससुराल वालों अथवा किसी एक की मां से भी किसी प्रकार की सहायता उपलब्ध नहीं हो पाती। आवास प्रायः ही एक समस्या बना रहता है, तथा सामाग्रियों का अभाव रहता है। कोई आश्चर्य नहीं है,

कि युवा आयु वर्ग वाली शहरी महिलाएं परिवार नियोजन की ऐसी विधियों के पक्ष में रहती हैं, जो उन्हें अपने ध्यान को अपने रोजी-रोजगार के प्रति समर्पित करने की सुविधा प्रदान करती हैं।

यद्यपि महिलाओं की एक बड़ी संख्या परिवार नियोजन को स्वीकार करती है, तथापि उनमें से आधी संख्या ही वास्तव में इसका उपयोग करती है। खन्ना एवं वर्गिस के सर्वेक्षण द्वारा यह स्पष्ट किया गया था कि सामाजिक संस्तर जितना अधिक निम्न होगा, उतना ही महिला परिवार नियोजन की विधियों से अनभिज्ञ होगी। जहां उनके सर्वेक्षण में उच्च सामाजिक-आर्थिक संस्तर वाले लोगों में 75 प्रतिशत से अधिक के द्वारा गर्भ-निरोधकों का उपयोग किया जा रहा था, वहीं मध्यम संस्तर में यह नीचे गिरकर 56 प्रतिशत तथा निम्न सामाजिक-आर्थिक समूह में 19.5 प्रतिशत तक आ गया। संदेश ज़ोरदार एवं स्पष्ट है : परिवार नियोजन विधियों के द्वारा आर्थिक रूप से बेहतर महिलाओं की जगह निम्न एवं मध्यम संस्तर की महिलाओं को अपने साथ और प्रभावी रूप से सम्मिलित किए जाने की आवश्यकता है।

## जनसंख्या विस्फोट को नियंत्रित करने के लिए सुझाए गए उपाय (Measures Suggested to Contain Population Explosion)

हमारे देश में जारी रहने वाला जनसंख्या विस्फोट कुछ आत्मचिंतन किए जाने का आह्वान करता है। सरकार समस्या की विशालता से अवगत है, और चौंकाने वाली जनसंख्या वृद्धि को राष्ट्र के साथ-ही-साथ सरकार के सामने सबसे बड़ी समस्या मानती है। परंतु, सरकार के द्वारा सन् 1976-77 में परिवार नियोजन के क्षेत्र में निर्धारित किए गए लक्ष्यों को हासिल किए जाने के लिए अपनाए गए विभिन्न कठोर उपायों को लागू किए जाने पर प्राप्त किए गए अनुभव ने अनुगामी सरकारों को अत्यधिक सतर्क कर दिया है। हालांकि, कार्यवाही करने के लिए समय अभी भी उपलब्ध है। जनसंख्या वृद्धि को रोके जाने के लिए निम्नलिखित उपायों को सुझाया जा सकता है :

### *प्रोत्साहन बनाम हतोत्साहन (Incentives vs Disincentives)*

कुछ विचारकों के द्वारा अब जनसंख्या नीति से सम्बन्धित एक महत्वपूर्ण प्रश्न उठाया गया है–जो है सहयोग बनाम जबरदस्ती, अथवा प्रोत्साहन बनाम हतोत्साहन, अथवा केरल मॉडल बनाम चीनी मॉडल? कुछ विचारक ऐसे हैं, जो सहयोग का समर्थन करते हैं जबकि कुछ ऐसे हैं, जो दबाव के समर्थक हैं। अगस्त 1955 में दिल्ली में प्रतिष्ठित जे.आर.डी. टाटा स्मारक व्याख्यान, जो "जनसंख्या स्थिरीकरण कार्यक्रम" विषय पर आधारित था, में नोबल पुरस्कार से सम्मानित प्रोफेसर अमृत्य सेन ने 'सहयोग' के दृष्टिकोण का पक्ष लिया तथा फ्रांस के कॉन्डोरसेट एवं ब्रिटेन के माल्थस के दो प्रसिद्ध सिद्धांतों को लागू करते हुए दबाव के उपयोग किए जाने की भर्त्सना की। उन्होंने कॉन्डोरसेट के जनसंख्या के प्रति उस दृष्टिकोण का समर्थन किया जो "कारण की प्रगति" पर आधारित छोटे परिवार के आकार के नए मानकों के सृजन किए जाने की बात करता है। कॉन्डोरसेट का विश्वास था कि महिला शिक्षा लोगों को स्वैच्छिक आधार पर अपेक्षाकृत छोटे परिवारों का चयन करने के लिए प्रेरित करेगी और जनन-दरों को कम कर देगी। हालांकि, माल्थस "परिवार नियोजन की स्वैच्छिक स्वीकार्यता" के इस विचार के सम्बन्ध में संदिग्ध थे। उनकी राय में, "सकारात्मक प्रतिबंधों" जैसे आर्थिक दारिद्रय अथवा मृत्यु दर में वृद्धि अंततः लोगों को जनसंख्या वृद्धि की दर को कम किए जाने के लिए बाध्य कर देगी। सेन ने कॉन्डोरसेट के सहयोग के मार्ग को निःसंदेहात्मक रूप से सही तथा माल्थस के दबाव के मार्ग को अवांछनीय तथा यहां तक कि जनसंख्या वृद्धि को रोके जाने के प्रतिकूल बताया। अपने दृष्टिकोण के समर्थन में उन्होंने केरल का उदाहरण दिया और "जनसांख्यिकीय संचरण की केरल परिकल्पना" कही जाने वाली एक अवधारणा को विकसित किया। इस अवधारणा में, साक्षरता तथा प्राथमिक स्वास्थ्य देखभाल में वृद्धि को जनसंख्या नियंत्रण के दो महत्वपूर्ण कारकों के रूप वर्णित किया गया है। किन्तु, अपनी इस अवधारणा का समर्थन करते समय सेन ने केरल से सम्बन्धित आंकड़ों की उपेक्षा कर दी है। ऐसे तथ्यों की उपेक्षा किया जाना अवधारणा को असमर्थनीय बना देता है।

जनसंख्या नियंत्रण में दबाव के "केरल मॉडल" के विपरीत है "चीनी मॉडल"। हमारे जनसंख्या परिदृश्य की लगभग अनर्थकारी स्थिति को देखते हुए विचारकगण इस "दबावकारी मॉडल" का समर्थन जनसंख्या समस्या के एकमात्र प्रभावी समाधान के रूप में करते हैं। ये विचारकगण उन निहित राजनीतिक स्वार्थों को भी स्पष्ट करते हैं जो देश के लिए हानिकारक अनेक वोट बैंकों के लिए जनसंख्या वृद्धि दर को प्रोत्साहित कर रहे हैं। हालांकि, कुछ विचारक भारत की जनसंख्या वृद्धि पर रोक लगाए जाने के लिए सहयोग तथा दबाव अथवा प्रोत्साहन एवं हतोत्साहनों के मिले-जुले रूप के बारे में बातें तो करते हैं किन्तु हतोत्साहनों की प्रकृति की अभी तक पहचान नहीं कर सके हैं। क्या दो से अधिक बच्चों वाले लोगों को "आरक्षण के लाभ" से वंचित रखा जाना एक हतोत्साहन सिद्ध हो सकेगा? क्या पदोन्नति अथवा प्रवेश अथवा मताधिकार अथवा चुनाव लड़ने का अधिकार न प्रदान किया जाना हतोत्साहन हो सकता है? क्या इस प्रकार के निषेध मौलिक अधिकारों के हनन नहीं होंगे? भारत में वर्तमान समय में विद्यमान सामाजिक-राजनीतिक स्थिति के अंतर्गत हतोत्साहनों को लागू किए जाने हेतु तंत्र का निर्धारण सहज नहीं होगा, विशेषतौर पर जब "सामाजिक न्याय तथा आरक्षण के मुद्दे" पर अलग-अलग विचारधाराओं वाले राष्ट्र के तेरह दल केन्द्र में संप्रग सरकार का गठन करने के लिए एकजुट हो सकते हों।

## *अंचलों एवं क्षेत्रों में विभाजन* (Division into Zones and Regions)

फरवरी 1990 में बड़ौदा में ऑपरेशन रिसर्च ग्रुप के दो जनसंख्या विशेषज्ञों के द्वारा संपन्न किए गए एक अध्ययन के द्वारा यह प्रदर्शित किया गया है, कि इस समस्या के साथ किस प्रकार निबटा जा सकता है। जनन प्रतिमान के आधार पर उन्होंने देश के 350 जिलों को 16 अंचलों तथा 4 क्षेत्रों में विभाजित कर दिया। उन्होंने ऐसे जिलों तथा अंचलों, जो जनन दर पर पड़ने वाले परिवार नियोजन के सकारात्मक प्रभावों को प्रतिबिंबित करते हैं, ऐसे क्षेत्रों जहां जनन दरें बिना किसी परिवार नियोजन के लिए किए गए प्रयासों के ही नीचे बनी रही हैं, तथा ऐसे क्षेत्रों की भी जिनके कट्टर विरोधी होने के कारण वहां अधिकतम प्रयास किए जाने की आवश्यकता है, की पहचान की है। सन् 1990 के सर्वेक्षण के द्वारा यह स्पष्ट किया गया है, कि उच्च प्रजनन वाले क्षेत्र हैं, अरुणाचल प्रदेश, बिहार, हरियाणा, मध्य प्रदेश, उत्तर प्रदेश तथा राजस्थान (जहां सन् 1990 के दौरान जन्म दरें 34% तथा 3.7.7% और सन् 1995 में 32% से 35% के बीच रही हैं)। इस क्षेत्र-वार दृष्टिकोण से परिवार नियोजन कार्यक्रम के क्रियान्वयन में व्याप्त कमियों को दूर किए जाने में सहायता प्राप्त होने की आशा है।

## *नए गर्भ-निरोधकों की तलाश* (Searching for New Contraceptives)

नए, सस्ते, उपयोग में आसान तथा अहानिकर गर्भ-निरोधक की तलाश में अभी तक विशेष सफलता नहीं प्राप्त हो सकी है। यद्यपि गोलियों को बड़े पैमाने पर स्वीकार किया जाने लगा है, और इस विधि का अपनाया जाना हरियाणा, मध्य प्रदेश, पंजाब, पश्चिम बंगाल, गुजरात तथा ओडिशा में तेजी पकड़ रहा है, तथापि यह आवश्यक है, कि भारतीय जड़ी-बूटियों का उनके प्रभावों के लिए गहन अनुसंधान किया जाए। अंडमान एवं निकोबार द्वीप समूहों के कुछ जनजातीय लोगों, जिनमें से कुछ के बीच प्रजनन दर को अत्यधिक कम पाया गया है, के स्वास्थ्य की स्थितियों एवं आहार-सम्बन्धी आदतों के सशक्त अनुसंधान के द्वारा अपेक्षित समाधान को उपलब्ध करवाया जा सकता है।

## *विवाह योग्य आयु में वृद्धि किया जाना* (Increase in Marriage Age)

विवाह की आयु, परिवार का आकार तथा परिवार नियोजन के प्रति अभिवृत्ति के बीच एक सीधा सम्बन्ध है। अनेक विद्वानों ने केरल में घटित इस अभूतपूर्व घटना को स्पष्ट करने के लिए अपने ध्यान को समर्पित कर दिया है। सन् 1950 के दशक के दौरान राज्य में जनसंख्या वृद्धि की दर देश में

सर्वाधिक थी। हालांकि, सन् 1970 के दशक तक इसमें महत्वपूर्ण रूप से गिरावट आनी शुरू हो गई और बाद में यह भारतीय राज्यों में सबसे नीचे हो गई। सन् 1981 से 1991 के दौरान वृद्धि दर गिरकर 14.3 प्रतिशत तक आ गई और अगले दशक में यह और नीचे गिरकर 9.4 प्रतिशत पहुंच गई, जबकि शेष भारत में समरूपी दर क्रमशः 23.9 प्रतिशत तथा 21.3 प्रतिशत थी। ऐसा सब कुछ विवाह की आयु में वृद्धि किए जाने तथा गर्भ-निरोधकों के उच्च-स्तरीय उपयोग से संभव हो सका। सामाजिक तौर पर, केरल में जन्म दर में इस नाटकीय गिरावट का यह एक महत्वपूर्ण कारण है। इस प्रकार, विवाह की आयु में वृद्धि किए जाने से अन्य राज्यों में भी परिवार के आकार को कम किया जाना अवश्यंभावी है। सार्वजनिक जागरूकता उत्पन्न किए जाने के लिए यह गंभीरतापूर्वक एवं पूरे दिल से किए जाने वाले प्रयासों का आह्वान करता है।

## *आर्थिक विकास (Economic Development)*

आर्थिक विकास एक उत्कृष्ट गर्भ-निरोधक सिद्ध हो सकता है। हमें मांग एवं आपूर्ति के विशुद्ध आर्थिक सिद्धांतों के आधार पर किसी भी कीमत पर जनसंख्या नियंत्रण के लिए तीव्रतापूर्वक आगे बढ़ना होगा। किसी भी आर्थिक समीकरण को संतुलित करने के लिए हम या तो आपूर्ति को बढ़ा सकते हैं, जो वित्तीय एवं भौतिक संसाधनों पर निर्भर करता है, अथवा मांग में कमी कर सकते हैं, जो विभिन्न सेवाओं एवं सामग्रियों की मांग करने वाले लोगों की संख्या पर निर्भर करता है। उदाहरण के लिए, मात्र आवासन के क्षेत्र में ही, आपूर्ति के दृष्टिकोण से देश की जनसंख्या में प्रतिवर्ष जुड़ जाने वाले 1.60 करोड़ लोगों के लिए, यह मानते हुए कि हमें एक छोटे से मकान के निर्माण के लिए मात्र 2.50 लाख रुपयों की आवश्यकता होगी, मकानों के निर्माण कराए जाने के लिए 10,000 करोड़ रुपयों के वार्षिक आबंटन की आवश्यकता होगी। किन्तु यदि हम इसी समस्या के साथ मांग के दृष्टिकोण से निबटने का प्रयास करते हैं, और एक प्रभावी जनसंख्या नियंत्रण रणनीति के द्वारा जनसंख्या में 1.60 करोड़ की वार्षिक वृद्धि को रोक पाते हैं, तो 30 लाख घरों की मांग अथवा मकानों का निर्माण कराए जाने के लिए प्रतिवर्ष की 10,000 करोड़ रुपयों की आवश्यकता समाप्त हो जाएगी। इस प्रकार, मांग को रोका जाना उतना ही बेहतर है, जितना की आपूर्ति की वृद्धि किया जाना। यह बिना किसी लागत के आपूर्ति एवं मांग में संतुलन स्थापित करना होगा। और, यह ऐसा लागत-हीन समाधान है, जिसकी हम तलाश कर रहे हैं। जो कुछ भी आवासन पर लागू होता है, वहीं शिक्षा, रोजगार, परिवहन तथा स्वास्थ्य के क्षेत्रों में भी लागू होता है। प्रत्येक समस्या को मांग के दृष्टिकोण से निबटाया जाना अत्यधिक लाभदायक होगा।

इस उपागम का एक अन्य महत्वपूर्ण आयाम है। यदि हम आपूर्ति के दृष्टिकोण से इस समस्या को देखते हैं, तो यह अपने साथ-साथ दूसरे क्षेत्रों की मांग में भी वृद्धि कर देगी। उदाहरणार्थ, यदि हम मकानों की संख्या में वृद्धि करते हैं तो इसके परिणामस्वरूप सीमेंट, ईंटों, लकड़ी के माल तथा बिजली के सामानों की मांग भी बढ़ जाएगी। परंतु यदि इस समस्या का उपागम मांग के दृष्टिकोण से होता है और आवश्यकता वाले घरों की संख्या में कमी आ जाती है, तो सभी क्षेत्रों पर पड़ने वाला दबाव कम हो जाएगा। 29 जन्म प्रति मिनट अथवा लगभग 1.60 करोड़ जन्म प्रतिवर्ष के साथ शिक्षा, परिवहन एवं कल्याण जैसे क्षेत्रों में धन तथा सामग्रियों की मांग इस कदर बढ़ जाएगी कि आगामी दस वर्षों में स्थिति हाथ से निकल जाएगी एवं देश तथा इसकी अर्थव्यवस्था को अगणनीय एवं असुधार्य क्षति पहुंच चुकी होगी।

5–13 सितम्बर, 1994 के मध्य आयोजित किए गए तीसरे अंतर्राष्ट्रीय जनसंख्या तथा विकास सम्मेलन द्वारा घोषित मुख्य विषय भी जनसंख्या सम्बन्धी मुद्दों, आर्थिक विकास एवं सतत् विकास के बीच परस्पर सम्बन्धों की स्थापना किए जाने थे। हालांकि, दस में से छह दिनों तक सम्मेलन जनसंख्या नियंत्रण के एक उपकरण के रूप में 'गर्भपात' की वैधता के प्रश्न पर ही अटका रहा। गरीबी उन्मूलन, निरक्षरता,

रोजगार, ग्रामीण उत्थान, अथवा तीसरी दुनिया के निर्यातकों की बाजार तक स्वतंत्र पहुंच, जैसे महत्वपूर्ण मुद्दों पर किसी प्रकार का विचार-विमर्श अथवा बहस नहीं की गई। सन् 1974 तथा 1984 में संपन्न पहले के दो सम्मेलनों में यह तर्क प्रस्तुत किया गया था, कि बड़े परिवार गरीबी का एक परिणाम होते हैं, न कि इसका एक कारण। इसीलिए जोर गरीबी के उन्मूलन किए जाने पर दिया गया था। "गरीबी मिटाइए और आप बड़े परिवारों की आवश्यकता को समाप्त कर देंगे"। हालांकि, तीसरे सम्मेलन ने इस मुद्दे को बहुत अधिक महत्व प्रदान नहीं किया। विकसित देशों के अनुभव रहे हैं, कि उच्च पारिवारिक आय तथा उन्नत सेवाओं का अर्थ यह होता है, कि कम बच्चों को जन्म दिया जाता है। इसीलिए, वे सुझाव देते हैं कि तीसरी दुनिया को भी इसी मार्ग का अनुसरण करने की अनुमति प्रदान की जानी चाहिए। एक विस्तारित परिवार नियोजन कार्यक्रम की प्रशंसा करते हुए ब्रॉड्ट रिपोर्ट ने यह भी पाया कि, परिवार नियोजन कार्यक्रम मात्र तभी प्रभावकारी होते हैं, जब वे आर्थिक एवं सामाजिक प्रगति के साथ कदम मिलाकर चलते हैं। इस प्रकार से यह स्वीकार किया गया कि अकेला विकास ही देश की जनसंख्या को स्थिर किए जाने के लिए सर्वाधिक अनुकूल वातावरण प्रदान करेगा।

जहां जनसंख्या तथा विकास के बीच के इस सम्बन्ध को भली-भांति स्वीकार कर लिया गया है, वहीं 'विकास' की प्रकृति अथवा प्रणाली अपने आप में ही कुछ हद तक एक बहस योग्य प्रश्न बनी रही है। तीसरी दुनिया के कुछ ऐसे अग्रणी विश्लेषक हैं, जो यह तर्क देते हैं कि 'विकास' (उच्च-तकनीक, बड़ी मात्रा में उत्पादन, तथा प्रेरित उपभोक्तावाद के माध्यम से), जैसा कि प्रभावशाली देशों के द्वारा प्रस्तुत किया गया है तथा तीसरी दुनिया को बेचा गया है, जनसंख्या की समस्या को और अधिक खराब करने की प्रवृत्ति रखता है। अतः, इस तकनीक के सम्बन्ध में वार्ता को जारी रखा जाना तथा इसे लागू किया जाना यह संकेत प्रदान करता है, कि लोगों ने इस समस्या के बारे में कितना कम विचार किया है। इस दृष्टिकोण का जो कुछ भी तात्पर्य है वह यह कि आधुनिक तकनीक एक बहुत अधिक लाभ-प्रेरित अभिजात्य वर्ग तथा उद्योग को जन्म देती है, जिनका सम्बन्ध मात्र निजी स्वार्थों के साथ होता है तथा गरीबी एवं श्रमिकों के दुःखों से इसका कुछ लेना-देना नहीं होता। इसका परिणाम होता है एक ऐसे आर्थिक एवं जनसांख्यिकीय परिदृश्य का निर्माण जो शीर्ष (बढ़ती हुई संपदा के कारण) तथा सर्वाधिक निचले स्तर (जनसाधारण की बढ़ती हुई गरीबी) दोनों के लिए विस्फोटक बनता जा रहा है। अतः, भावना यह बन चुकी है, कि जनसंख्या की समस्या को सामाजिक संदर्भ के बाहर नहीं देखा जाना चाहिए। अकेला विकास, जिसका उद्देश्य वितरण एवं समानता हो, ही गरीबी को दूर एवं जनसंख्या को सीमित कर सकता है।

## गैर-सरकारी संगठनों की भूमिका (Role of NGOs)

किसी भी कार्यक्रम की सफलता जनता के द्वारा इसकी स्वीकार्यता पर निर्भर करती है। जब तक कार्यक्रम में समुदाय को पूरी तरह से संलिप्त न किया गया हो, तथा इसके द्वारा इसे अपना कार्यक्रम न समझ लिया गया हो, वांछित परिणामों को प्राप्त किया जाना संभव नहीं हो सकता है। इसे गैर-सरकारी संगठनों के द्वारा एक बेहतर तरीके से हासिल किया जा सकता है, क्योंकि जनता के साथ उनका अंतरंग सम्बन्ध होता है। बड़े परिवारों तथा लड़कों को जन्म दिए जाने के पक्षधर विश्वास की गहरी जड़ों को नष्ट किए जाने, महिला साक्षरता में सुधार किए जाने, बालिकाओं के विवाह की आयु में वृद्धि किए जाने, अनिवार्य नवजात देखभाल, जन्म-अंतराल इत्यादि में उनकी भूमिका अत्यन्त महत्वपूर्ण हो सकती है। ऐसे संगठनों के पास न केवल दूरस्थ क्षेत्रों तक पहुंच पाने की क्षमता विद्यमान रहती है बल्कि उनकी गतिविधियां लागत-प्रभावी भी होती हैं। परिवार कल्याण विभाग ने विगत कई वर्षों के दौरान परिवार कल्याण कार्यक्रमों में गैर-सरकारी संगठनों की बेहतर सहभागिता को सुनिश्चित किए जाने के लिए अनेक योजनाओं को प्रारंभ किया है। इनमें से कुछ योजनाएं इस प्रकार हैं : (1) छोटे परिवार के मानक तथा जनसंख्या नियंत्रण योजनाओं को प्रोत्साहित करने वाली परियोजनाओं की लागत के 90

प्रतिशत तक के लिए गैर-सरकारी संगठनों को सहायता प्रदान किया जाना। (2) इन योजनाओं को अपनाए जाने के लिए स्वैच्छिक संगठनों को आगे आने हेतु सूचित किए जाने के लिए सरकार द्वारा व्यापक प्रचार-प्रसार किया जाना। (3) गैर-सरकारी संगठनों की संलिप्तता में वृद्धि किए जाने के लिए विगत चार से पांच वर्षों के दौरान बड़ी संख्या में क्षेत्रीय सम्मेलनों का आयोजन किया जाना। (4) दिल्ली, मुम्बई, कोलकाता, चेन्नई तथा लखनऊ में अपेक्षाकृत बड़े संगठनों को पोषक इकाइयों के रूप में मान्यता प्रदान किया जाना, ताकि वे अपने-अपने क्षेत्रों में छोटे गैर-सरकारी संगठनों की पहचान कर सकें तथा अनुमोदित योजनाओं के लिए उन्हें अनुदान प्रदान कर सकें। (5) 10 लाख रुपए प्रति परियोजना तक स्वीकृत कर सकने के अधिकार के साथ परिवार कल्याण सचिव की अध्यक्षता के अधीन स्वैच्छिक कार्यवाही पर स्थायी समिति का गठन किया जाना। (6) स्वास्थ्य कार्यकर्ताओं को प्रशिक्षण प्रदान किए जाने के उद्देश्य से गैर-सरकारी संगठन क्षेत्र में एक संस्था की पहचान किए जाने के लिए राज्यों को कहा जाना। (7) कमजोर सामुदायिक संहभागिता वाले राज्यों के द्वारा गैर-सरकारी संगठनों के लिए बेहतर प्रदर्शन करने वाले राज्यों में अध्ययन-भ्रमण की व्यवस्था किया जाना।

## निष्कर्ष (Conclusion)

हमारी सरकार की जनसंख्या नीति का उद्देश्य न केवल व्यक्तियों की संख्या की अनियंत्रित वृद्धि (जनसंख्या विस्फोट) पर अंकुश लगाना होना चाहिए, अपितु जनसंख्या के अनियंत्रित आवागमन को रोका जाना, तथा शहरी क्षेत्रों में लोगों के बढ़ते हुए केन्द्रीयकरण (जनसंख्या अन्तःस्फोट) को रोका जाना, तथा जनता के पंचमेल मिश्रण के लिए पर्याप्त आवास स्थान एवं आकर्षक पर्यावरण भी उपलब्ध करवाया जाना होना चाहिए। इन लक्ष्यों को ऐसी नीतियों, जिनका उद्देश्य जनसंख्या को नियंत्रित करना तथा प्राकृतिक एवं मानवीय संसाधनों दोनों को लाभप्रद कार्यों में लगाए जाने की योजना बनाना है, के सृजन एवं क्रियान्वयन के साथ संयुक्त रूप से जोड़ देना होगा। इस प्रकार जनसंख्या वृद्धि अपने आप में भले ही एक समस्या न लगे परंतु संसाधनों की उपलब्धता के साथ इसके सम्बन्धों को बड़ी चिंता के साथ देखा जा सकता है (मिश्रा, 1980: 272-73)।

परिवार नियोजन को उस दलदल से बाहर निकाले जाने की आवश्यकता है, जिसमें यह फंस चुका है। इसके लिए, कार्यक्रम को अंदर से देखा जाना होगा तथा इसे स्वयं को अपने अधिकार के अंतर्गत विकास का एक निवेश मानना होगा। वास्तव में, जनसंख्या वृद्धि को नियंत्रित करने के लिए विकास सर्वश्रेष्ठ तरीका है, हालांकि इसका उलटा भी सही ही है कि तीव्र जनसंख्या वृद्धि यदि नकारात्मक नहीं तो भी एक मंद विकास का एक अचूक नुस्खा है। परिवार नियोजन अभियान को पुनः उसके पैरों पर खड़ा किए जाने के लिए अनेक प्रकार के उपायों को लागू करना होगा। ज़बरदस्ती से काम नहीं चलेगा; मात्र समझाने-बुझाने से ही सफलता प्राप्त हो सकेगी। कानूनी उपाय सहायक हो सकते हैं, किन्तु जिस बात की तात्कालिक आवश्यकता है, वह है, उत्तरदायित्वपूर्ण पितृत्व उत्पन्न किए जाने हेतु सामाजिक जागरूकता तथा संलिप्तता।

आनुपातिक जनसांख्यिकीय परिणामों को प्राप्त किए जाने के लिए जिस बात पर सर्वाधिक जोर दिए जाने की आवश्यकता है, वह है, परिवार नियोजन कार्यक्रम में नसबंदी पर आवश्यकता के स्थान पर अंतरालन पद्धति को प्रोत्साहित किया जाना। हमारे देश में विवाहित महिलाएं तीन-पंचमांश (57.1%) के लगभग 22 वर्ष से कम आयु की हैं तथा पहले ही दो अथवा अधिक बच्चों की माँ बन चुकी हैं। हमें "बच्चे बच्चों को जन्म दे रहे हैं" की प्रवृत्ति को रोकना होगा। इसे मात्र अंतरालन पद्धति को प्रोत्साहित किए जाने तथा बालिकाओं की विवाह की आयु को 21 वर्ष तक बढ़ाए जाने के द्वारा ही हासिल किया जा सकता है।

जनसंख्या विस्फोट को रोके जाने में अपनी महत्वपूर्ण भूमिका निभाए जाने के अलावा परिवार नियोजन महिलाओं की सामान्य स्थिति को सुधारने में भी सहायता प्रदान करेगा। कोई भी महिला,

जिसके पास पालन-पोषण के लिए कई बच्चे हैं, और जो बार-बार प्रसव से होकर गुजर चुकी होती है, एक माँ तथा पत्नी के रूप में ही अपना अधिकांश जीवन व्यतीत करती है, और अपने घर की चारदीवारी में कैद रहती है। वह तब तक अपने समुदाय तथा समाज में कोई भूमिका नहीं निभा सकती, जब तक वह अपने परिवार को एक उचित आकार तक सीमित कर पाने में समर्थ न हो जाए। परिवार नियोजन न केवल परिवार कल्याण को सुदृढ़ बनाएगा अपितु सामाजिक समृद्धि तथा व्यक्तिगत सुख-शांति को प्राप्त करने में भी योगदान करेगा।

## REFERENCES

Banerjee, D., *Family Planning in India: A Critique and a Perspective*, People's Publishing House, New Delhi, 1971.

Bose, Ashish, *Meeting India's Best Needs: The Human Development Index*, Census of India, Delhi, 1996.

Chandrashekhar, S., *India's Population: Fact and Policy*, Indian Institute for Population Studies, Annamalai University, Chidambaram, 1950.

Doron, Harold F., "World Population Growth", in Philip Houser (ed.), *The Population Dilemma*, Columbia University, New York, 1963.

*Handbook of Social Welfare Statistics*, Ministry of Social Welfare, New Delhi, 1981.

Kothari, Devendra, *Family Welfare Programme in Rajasthan*, IIHMR, Jaipur, 1989.

Misra, B.D., *Introduction to the Study of Population*, South Asian Publishers, New Delhi, 1980.

Mukherjee, R.K., *Family and Planning in India*, Orient Longmans, Calcutta, 1976.

Nortman, Dorothy L., "A Longitudinal Analysis of Population Policies in Developing Countries", in R.K. Godwin (ed.), *Comparative Policy Analysis*, D.C. Heath, Lexington, 1975.

Rao, P.S.S. and Inbaraj, S.C., *Journal of Family Welfare*, Vol. XVII, Family Planning Association of India, Mumbai, June 1970.

United Nations, *Determinants and Consequences of Population Trends*, Vol. 1, New York, 1973.

# 5

# वृद्धावस्था और वृद्धों से दुर्व्यवहार

# Ageing and Elder Abuse

## वृद्धावस्था (Ageing)

वृद्धावस्था उम्र बढ़ने की एक जैविक प्रक्रिया है, जिससे कोई भी इंसान बच नहीं सकता। इसकी शुरुआत जन्म लेते और अधिक यथार्थ रूप में तो गर्भ में आते ही हो जाती है, जो मृत्यु के साथ समाप्त हो जाती है। अन्य शब्दों में कहें तो एक समाज की उम्र वृद्धों की जनसंख्या की बढ़ोतरी के साथ बढ़ती है और शेष जनसंख्या के घटने पर घटती जाती है। यह जनसांख्यिकी संक्रमण का परिणाम है, जिसके अन्तर्गत जनसंख्या ऊंचे से नीचे प्रजनन और मृत्यु दरों में भ्रमण करती रहती है। यह अपरिहार्य और अपरिवर्तनीय प्रक्रिया एक व्यक्ति पर शारीरिक एवं मनोवैज्ञानिक प्रभाव डालती है। इसके अलावा यह कहा जाता है कि सामाजिक, आर्थिक और सांस्कृतिक निहितार्थ भी है। अतएव वृद्धावस्था पर किए जा रहे अध्ययन यह दर्शाते हैं, कि वरिष्ठों की देखभाल की समस्याओं को समझा जा रहा है, जो 21वीं शताब्दी की सबसे बड़ी जरूरत है।

### वृद्धावस्था/बुढ़ापे की परिभाषा (Defining Ageing/Old Age)

यद्यपि वृद्धावस्था क्या है, ये सभी जानते हैं तथापि इसे परिभाषित करना सरल नहीं है। मनुष्य के औसत जीवन चक्र में वृद्धावस्था या बढ़ती उम्र, सभी समाजों में श्रेष्ठ मानी जाती है। पर बुढ़ापे की सामान्य परिभाषाओं के बावजूद किस उम्र का व्यक्ति बूढ़ा माना जाए, इस पर एक राय नहीं है। दुनिया के अधिकांश विकसित देशों में वृद्ध और बुजुर्ग व्यक्ति की पाश्चात्य अवधारणा के अन्तर्गत काल के क्रमानुसार 65 वर्ष की आयु को स्वीकार कर लिया गया है। हालांकि विकासशील और अविकसित देशों में ये स्थिति अनुकूल नहीं है और संयुक्त राष्ट्र का भी कोई मानक निर्धारित नहीं किया गया पर सामान्य तौर पर 60+ की उम्र को वृद्धावस्था की जनसंख्या के तौर पर माना जाता है।

एक सर्वमान्य स्वीकृत परिभाषा के अभाव में, कई सारे मामलों में, जिस उम्र में व्यक्ति सेवानिवृत्त होता है, पेंशन प्राप्त करता है, वही उम्र बुढ़ापे की मानी जाती है, यह सर्वमान्य परिभाषा है। गोरमैन (2000) के अनुसार, 'बुढ़ापे की प्रक्रिया एक जैविक वास्तविकता है। जिसकी अपनी क्रियाशीलता/गतिशीलता काफी हद तक मानवीय नियंत्रण से बाहर है। जो भी हो, यह निर्माण का विषय है जिसमें हर समाज का वृद्धावस्था का अपना आशय है। विकसित दुनिया में, कालक्रम के अनुसार समय एक सर्वोपरि भूमिका निभाता है।

विकसित देशों में बुढ़ापे (वृद्धावस्था) की शुरुआत सेवानिवृत्ति की उम्र, लगभग 60 या 65 वर्ष मानी जाती है। विकसित दुनिया के अधिकांश हिस्सों में वृद्धावस्था की उम्र के सम्बन्ध में कालानुक्रमिक उम्र का थोड़ा बहुत या बिल्कुल भी लेना-देना नहीं है। उसके मामले में सामाजिक रूप से स्थापित अन्य परिभाषाएं/अर्थ अधिक महत्वपूर्ण हैं, जो अधिक उम्र को कार्य की भूमिकाएं

सौंपनी कम कर देती है। अतएव विकसित दुनिया में कालानुक्रमिक उम्र के पड़ावों के विपरीत जो जीवन क्रम को दिखाती है, विभिन्न विकसित देशों में वृद्धावस्था की शुरुआत तब होती है, जब उनका सक्रिय योगदान असंभव होने लगे।

जब विभिन्न विकासशील देशों का ध्यान वृद्ध जनसंख्या पर गया, तब वृद्धावस्था की परिभाषा का मार्ग विभिन्न विकसित देशों के जैसे ही था, सरकार द्वारा सेवानिवृत्ति की आयु की शुरुआत को वृद्धावस्था मानना। बाद में 1970 के दशक में अफ्रीका में आयोजित एक अन्तर्राष्ट्रीय मानवशास्त्रीय अध्ययन के परिणामों को विकासशील देशों (ग्लासकॉक एवं फिनमैन) में बुढ़ापे की परिभाषा के लिए एक आधार माना गया। परिभाषा की मुख्यतया तीन श्रेणियां हैं। ये हैं – (1) कालक्रम (chronology), (2) सामाजिक भूमिका में परिवर्तन (कार्य की प्रकृति में परिवर्तन, बच्चों की वयस्क स्थिति और रजोनिवृत्ति (menopause) की उम्र) और (3) क्षमताओं में परिवर्तन (असामान्य स्थिति, शारीरिक क्षमता में परिवर्तन)। बढ़ती उम्र के इस सांस्कृतिक विश्लेषण का परिणाम ये सुझाव देता है, कि सामाजिक भूमिका में परिवर्तन बुढ़ापे को परिभाषित करने का प्रमुख साधन है। जब कालानुक्रमिक परिभाषा को वरीयता दी जाती है, तो यह अतिरिक्त परिभाषा के रूप में सदा साथ समाहित होती है।

ये परिभाषा उन हालिया अध्ययन शोध से थोड़ी अलग है, जो नाइजीरिया में किए गए शोध अधययन निष्कर्ष के अन्तर्गत वृद्धावस्था की शुरुआत सम्बन्धी धारणाओं को प्रतिपादित करते हैं (टोगनू-बेकरस्टेथ, 1987 एवं 1988)। कम और अधिक उम्र समूहों की कालक्रम के अनुसार वृद्धावस्था पर समान प्रतिक्रिया थी, जो पुरुष व महिलाओं में भिन्नता के साथ थी। परिणाम ये सुझाव प्रेषित करते थे, कि वृद्धावस्था की सर्वमान्य परिभाषा पाश्चात्य परिभाषा के समान है। बहरहाल यह एक अद्वितीय समुदाय है, जो संस्कृति के मानदण्डों के साथ बड़ी उम्र के विशेषाधिकारों एवं लाभों की चाहत रखता है। बुढ़ापे की आत्म परिभाषा मानती है, कि बड़ी उम्र में प्रवेश करते हुए उनकी बहुमुखी स्वरूपता में ह्रास और स्वास्थ्य सम्बन्धित चिन्ताओं में वृद्धि होती है (ब्रूबेकर एवं पॉवर्स 1976, जॉनसन 1976, फ्रॉड एवं स्मिथ 1977)।

एक मात्र परिभाषा जैसे कालानुक्रमिक उम्र, सामाजिक/सांस्कृतिक/कार्यात्मक चिह्नों सहित सामान्यत: जनसांख्यिकी, समाजशास्त्रियों, मानवविज्ञानी, अर्थशास्त्री और शोधकर्ताओं द्वारा अधिक प्रयोग में लाई जाती है। यह अधिक उपयुक्त प्रतीत होता है, कि कालानुक्रमिक, कार्यात्मक और सामाजिक परिभाषाओं का सम्मिलित रूप प्रयोग में लाया जाए। बहरहाल पेंशन युग में एक उपयुक्त बहुआयामी परिभाषा की अवधारणा चुनौती बनी हुई है।

बहरहाल इन सभी समस्याओं के बावजूद वृद्धावस्था पर कई सामान्य परिभाषाएं उपयोग में लायी जा रही हैं। विकिपीडिया के अनुसार, उम्र बढ़ने के समय एक जीव में परिवर्तन निश्चित है, यह शारीरिक, मनोवैज्ञानिक और सामाजिक परिवर्तन एक बहुआयामी प्रक्रिया को दर्शाता है (हुल्ट्ज एवं डेवेस द्वारा पारेख 2011 में उद्धृत)। जब बड़े होते हैं, तो समय के साथ उम्र बढ़ने के कुछ आयामों में विस्तार होता है और कुछ में कमी हो जाती है। उदाहरणत: प्रतिक्रिया देने को समय धीमा होता है और विश्वघटनाक्रम का ज्ञान और बुद्धिमानी में बढ़ोतरी हो जाती है (शाई द्वारा पारेख 2011 में उद्धृत)। यह शोध बतलाता है, कि बूढ़े होते हैं, जैविक बदलाव होता है। उम्र जीवन क्षमता में परिवर्तन दर्शाती है। शारीरिक, मानसिक, सामाजिक बदलाव का पता चलता है। लेकिन यह सांस्कृतिक व सामाजिक प्रतिबिम्ब भी है और मानव समाज का एक महत्वपूर्ण हिस्सा भी। उम्र आमतौर पर वर्ष और छोटे बच्चों की महीनों में मापी जाती है। एक व्यक्ति का जन्मदिन अक्सर एक महत्वपूर्ण घटना है।

*कालानुक्रमिक उम्र (chronological ageing)*, बतलाती है, कि एक व्यक्ति उम्र में कितना बड़ा हो गया। यह यकीनन उम्र बढ़ने की सबसे सरल परिभाषा है। जो सामाजिक उम्र (बड़े होने पर कैसे व्यवहार करें, इसकी सामाजिक अपेक्षाएं) जैविक बुढ़ापे (एक व्यक्ति की शारीरिक स्थिति) के बीच प्रतिष्ठित करती है।

भाटिया ने (1983 सलूजा 2011 में उद्धृत) वृद्धावस्था को तीन दृष्टिकोण से परिभाषित किया। जैविक, मनोवैज्ञानिक और सामाजिक-सांस्कृतिक। *जैविक बुढ़ापे (biological ageing)* में बालों में सफेदी, दांतों की हानि और दृष्टि की स्पष्टता का ह्रास शामिल है। यह एक व्यक्ति के बाद के हिस्से में होने वाले शारीरिक परिवर्तनों को दर्शाता है। *मनोवैज्ञानिक उम्र (psychological ageing)* बढ़ने के संदर्भ में तंत्रिका तन्त्र का अध्ययन किया जाता है। इसमें मानसिक क्षमताओं में गिरावट, उनके प्रति दूसरों के दृष्टिकोण और व्यवहार शामिल हैं। *सामाजिक-सांस्कृतिक दृष्टिकोण उम्र (socio-cultural ageing)*, परिवार, समुदाय और समाज के एक सदस्य के रूप में व्यक्ति में परिवर्तन और बदलती परिस्थितियों को दर्शाता है। इन परिवर्तनों को समर्थन के लिए माता-पिता की भूमिका, काम से सेवानिवृत्ति, कम आय, रोग, विकलांगता और जरूरत शामिल है।

मुखर्जी (1972 सलूजा 2011 में उद्धृत) ने उम्र बढ़ने को परिभाषित करते हुए जैविक, सामाजिक और मनोवैज्ञानिक दृष्टिकोण से उम्र को मापते हुए कहा है कि जैविक रूप से एक व्यक्ति उम्रदराज है, पर अगर वह सामाजिक और मनोवैज्ञानिक तौर पर युवा मानसिकता रखता है, तो उसे युवा पीढ़ी में शामिल माना जाना चाहिए।

टिबिट्टिस के अनुसार (1960 सलूजा 2011 में उद्धृत), वृद्धावस्था को एक ऐसे सर्वश्रेष्ठ तरीके से परिभाषित किया जा सकता है, कि उम्र बढ़ने के साथ व्यक्ति ने अपनी पारम्परिक वयस्क भूमिका को पूरा कर लिया है यथा बच्चों का पालन-पोषण, अपने कार्यों को पूरा करना। यह जीवन के विस्तार का प्रतिनिधित्व है। यह भी कहा जाता है, कि बढ़ती उम्र के लोग अपने ज्ञान और अनुभव से युवाओं की कई तरीके से मदद कर सकते हैं। भारतीय संदर्भ में, वृद्धजनों पर राष्ट्रीय नीति 1999 के अनुसार वरिष्ठ नागरिक की उम्र 60 वर्ष या अधिक की है, वह एक व्यक्ति को 'बुजुर्ग' के रूप में परिभाषित करता है।

संक्षेप में उम्र बढ़ने का मतलब जैविक और मनोवैज्ञानिक परिवर्तन हैं, जो आनुवंशिक रूप से परिपक्व जीव में पाएं जाते हैं। दरअसल ये परिवर्तन अपरिवर्तनीय हैं और जीव के अस्तित्व के लिए जरूरी क्षमता का कमजोर होना अंततः उसकी मृत्यु का कारण बनता है।

## वृद्धावस्था की समस्याएं (Problems Faced by the Aged)

सामान्यतः एक बुजुर्ग व्यक्ति अग्रांकित समस्याओं से रूबरू होता है :

(i) *स्वास्थ्य में गिरावट :* यह ठीक ही कहा गया है, कि 'हम जिस दिन जन्म लेते हैं, उसी दिन मरना शुरू कर देते हैं।' उम्र बढ़ने की प्रक्रिया स्वास्थ्य गिरने का पर्याय बनने लगती है। भारत जैसे देशों में युवा लोगों की मौत संक्रामक रोगों की वजह से है और वृद्ध गैर संचारी रोगों की चपेट में हैं। अधिक उम्र में स्वास्थ्य में गिरावट अच्छी गुणवत्ता, उम्र के प्रति संवेदनशीलता, स्वास्थ्य देखभाल का अभाव, स्थिति को अधिक जटिल कर देता है। इसके अलावा गरीब तक सुविधायें पहुचने का अभाव, सूचना, ज्ञान और रोग प्रबंधन की उच्च लागत होने की कमी के चलते, वे गरीब, वृद्ध व्यक्ति वंचित हो रहे हैं, जिन्हें विशेष रूप से देखभाल चाहिए।

स्वास्थ्य की गिरावट के मुद्दे के समाधान के लिये संवेदनशील ढंग से गुणवत्तापूर्ण स्वास्थ्य देखभाल बुजुर्गों के लिए उपलब्ध कराई जानी जरूरी है। स्वास्थ्य सेवायें संभावित रोगों को आने से रोकथाम के लिए कारगर सिद्ध हों। इसके अलावा प्रभावी देखभाल और सहायता, प्राथमिक, द्वितीय और तृतीयक स्वास्थ्य देखभाल प्रणाली के माध्यम से विभिन्न रोगों की पीड़ा से बुजुर्गों को यथासम्भव दूर रखना है। स्वास्थ्य की (प्रभावित बुजुर्ग या परिवार के लिए) लागत को देखना है, जहां वित्तीय कमी के चलते किसी बुजुर्ग को स्वास्थ्य सेवाओं के वंचित न होना पड़े। पुनर्वास, समुदाय या परिवार द्वारा विकलांगता सहायता और मृत्यु आने तक जीवन का ध्यान, वहां उपलब्ध कराई जानी चाहिए, जहां इसकी जरूरत है।

(ii) *आर्थिक असुरक्षा :* आर्थिक सुरक्षा की समस्या वृद्धों को तब होती है, जब वे स्वयं को आर्थिक रूप से मजबूत नहीं पाते। कई वृद्ध व्यक्तियों को या तो अवसर की कमी है या क्षमता की जिससे वे उत्पादक नहीं बन पाते जैसे पहले थे। युवाओं से प्रतिस्पर्धा बढ़ना, व्यक्ति, परिवार व समाज की मानसिकता, स्थायी कुपोषण, सीमित पहुंच और शारीरिक, मानसिक संसाधनों, अधिकारों में जागरूकता की कमी जैसे कारण महत्वपूर्ण भूमिका निभाते हैं। फलस्वरूप उनकी योग्यता के अभाव के कारण आर्थिक उत्पादकता और स्वतंत्रता पर बुरा असर पड़ता है।

आर्थिक सुरक्षा एक बुजुर्ग के लिए उतनी ही आवश्यक है, जितनी किसी अन्य उम्र समूह के लिए। वे, जो आवश्यक आय उत्पादन नहीं कर पाते हैं, उन्हें सुविधायें दी जानी चाहिए। जितना हो सके, उन बुजुर्गों को प्रोत्साहन दिया जाना चाहिए जो आय अर्जित कर रहे हैं। और अधिक समर्थन के रूप में आर्थिक तरीके से उत्पादक रूप में साथ देना चाहिए। जो आर्थिक रूप से काबिल नहीं हैं, उनकी बुनियादी जरूरतों को पूरा करने के लिये समाज कल्याण अनुदान आंशिक या पूर्ण मदद के साथ प्रदान किया जाना चाहिए।

परिवारों व समुदायों और स्थानीय स्वशासन के परामर्श के माध्यम से उनके साथ रहने वाले बुजुर्गों का समर्थन करने के लिए प्रोत्साहित किया जा रहा है।

(iii) *पृथकता/अलगाव :* पृथक रहना या अकेलेपन की त्रासदी की भावना बुजुर्गों की आम शिकायत है। या तो वे इसे खुद पर थोपते हैं या सबसे अधिक बार परिवारों/समुदाय के बुजुर्गों को जानबूझकर या अनजाने में लगाया जाता है। अलगपन से सम्बन्धित जीवन की गुणवत्ता एक दुखद गिरावट की ओर जाती हुई बेहद भयानक लगती है।

यह बहुत महत्वपूर्ण है, कि बुजुर्ग अपने आसपास के घटना क्रम में शामिल रहें, परिवार व समाज से जुड़े रहें। जो वृद्धावस्था की देखभाल कर रहे हैं विशेषकर एन.जी.ओ. (गैर-सरकारी संगठन) व्यक्ति के परामर्श, समुदाय के नेताओं को संवेदनशील बनाने और समूह जागरूकता या समूह परामर्श सत्र के माध्यम से इसे सुविधाजनक बनाने में एक महत्वपूर्ण भूमिका निभा सकते हैं। गतिविधियां जो बुजुर्गों पर केन्द्रित हों और जिसमें उनका समय और कौशल उपयोग में लाया जाये तो यह उनके भीतर अपनाये जाने की भावना पैदा करते हैं। इनमें से कुछ परिवारों और समुदायों के लिए भी सीधे तौर पर उपयोगी हो सकता है।

(iv) *उपेक्षा :* खासकर वे बुजुर्ग जो कमजोर और निर्भर रहे हैं, उन्हें शारीरिक, मानसिक और भावनात्मक देखभाल और सहायता की आवश्यकता होती है, नहीं मिलती तो वे खुद को ऐसा उपेक्षित व्यक्ति मानने लगते हैं, जिसे सूना छोड़ दिया गया है। और ये अक्सर अलगाव के साथ जुड़ा है। टेलीविजन के रूप, बदलती जीवन शैली और मूल्यों, रोजगार की मांग, बिखरे परिवार मूल्य, प्राथमिकताओं को नये सिरे से परिभाषित करते जीवन मूल्यों से परिवारों व समुदायों में बुजुर्गों की उपेक्षा हुई है। बुजुर्ग आयु वर्ग द्वारा अन्य लोगों के समूह की तुलना में ध्यान देने की कम मांग रखने के कारण यह स्थिति और खराब हो जाती है।

बुजुर्गों के प्रति उपेक्षित भाव दूर करने का सबसे प्रभावी तरीका है, कि परिवारों को परामर्श दिया जाए, समुदाय के नेताओं को संवेदनशील बनाया जाये और प्रिंट, दृश्य-श्रव्य मीडिया सहित विभिन्न मंचों पर सभी स्तरों पर इस मुद्दे को उठाया जाये। स्कूल और कार्यस्थलों पर युवा पीढ़ी को अवसर दिये जायें जो ऐसे समूहों को सम्बोधित करें। सरकारी व गैर-सरकारी संगठन इस मुद्दे को सभी स्तरों पर गंभीरता से लें। चरम स्थितियों में कानूनी कार्यवाही और पुनर्वास समस्या के गंभीर परिणाम को रोकने के लिए आवश्यक है।

(v) *दुर्व्यवहार :* बुजुर्ग दुर्व्यवहार से बेहद आहत होते हैं। उनसे दुर्व्यवहार उनका नजदीकी या परिवार का ही कोई व्यक्ति करता है, ये जोखिम अधिक है। जानबूझकर या अनजाने में नुकसान पहुंचाया जा सकता है। यह बहुत महत्वपूर्ण है, कि इस हेतु कदम उठाए जाएं

ताकि दुर्व्यवहार रोके जा सकें। और बुजुर्गों की रक्षा की जा सके। तुलनात्मक रूप से कमजोर होने के कारण बुजुर्गों को शारीरिक शोषण झेलना पड़ता है। उनके स्रोत विशेषकर आर्थिक, अक्सर दुरुपयोग में लाये जाते हैं। इसके अलावा बुजुर्ग विभिन्न कारणों से अलग-अलग तरीकों से भावनात्मक और मानसिक शोषण से पीड़ित हो सकता है। दुरुपयोग के प्रमुख रूपों के अध्याय के उत्तरार्ध में विशेष रूप से विस्तार के साथ चर्चा की जाएगी, जो शारीरिक, यौन, मनोवैज्ञानिक और आर्थिक रही है।

दुरुपयोग से सुरक्षा का सबसे अच्छा तरीका इसे होने से रोकना है। पीढ़ियों के माध्यम से परिवार व समुदायों में जागरूकता फैला कर इसे बाहर करना चाहिए। ज्यादातर मामलों में दुर्व्यवहार, अवसाद और दूसरों को दुख, दर्द और दण्ड देने की प्रकृति के कारण है। यह अधिकार जताने के लिए भी किया जाता है। सूचना और शिक्षा के द्वारा युवा लोगों के समूह को प्रशिक्षित करके दुर्व्यवहार की रोकथाम की जा सकती है। इस संबंध में बुजुर्गों को अपने अधिकारों के प्रति जागरूक करना आवश्यक है।

जहां आवश्यक हो वहां कानूनी कार्यवाही की जानी चाहिए। ऐसे व्यक्तियों से परामर्श व साथ ही पुनर्वास के उपाय किये जाने चाहिए।

जिन बुजुर्गों के साथ दुर्व्यवहार हुआ है, उन्हें सलाह दी जानी चाहिए और अगर आवश्यकता हो तो पुनर्वास भी सुनिश्चित किया जाये ताकि वे कम से कम नकारात्मक प्रभाव से ठीक होने में सक्षम हों।

(vi) *भय :* कई वृद्ध व्यक्ति भय में जीते हैं। तर्कसंगत या तर्कहीन, जो भी हो, यह समस्या जो बुजुर्ग झेलते हैं, उन्हें ध्यानपूर्वक प्रभावी ढंग से सम्बोधित करना आवश्यक है। भय से पीड़ित बुजुर्ग को आश्वस्त करना जरूरी है। उनकी आवश्यकताओं के अनुसार, उसी रूप में इलाज करना चाहिए। डर का तर्कहीन आधार होने पर अथवा तर्कसंगत असल रूप में भय होने पर इसकी रोकथाम, उपाय और उचित कार्यवाही कब और कहाँ संभव है ये पहचान करने की जरूरत है।

(vii) *बोरियत (आलस्य) :* बोरियत परिणाम है उपयोगी का उत्पादक न होने का। एक व्यक्ति उसके समय के साथ सार्थक करने को तैयार नहीं हो या असमर्थ हो। व्यक्तिगत लक्ष्यों की कमी, निष्क्रियता की समस्या की वजह, मजबूरी भी इसका कारण होता है। एक व्यक्ति जो शारीरिक और मानसिक रूप से मशगूल या काम में नहीं लगा हुआ है, तो बदले में यह नकारात्मक, भावनात्मक प्रभाव डालता है। इसमें ज्यादातर व्यक्ति वे होते हैं, जो 60 वर्ष या इससे अधिक उम्र के हो चुके हैं और जिन्होंने पहले कर्मठ जीवन का नेतृत्व किया है और अपने जीवन में कार्य करने के दौरान कई कौशल अर्जित किये हैं। इनके कौशल की पहचान करना अपेक्षाकृत आसान नहीं है। उन्हें प्रेरित करने के लिए इन कौशल का उपयोग करने के लिए सक्षम बनाने के लिए दृढ़ संकल्प और प्रभावित लोगों के लिए समर्पित लोगों को लगातार प्रयास और वातावरण बनाने की आवश्यकता है, यह कहीं अधिक चुनौतीपूर्ण प्रक्रिया है। कई बुजुर्गों को उत्पादक गतिविधियों के लिए प्रशिक्षित किया जा सकता है, जिससे उनके परिवारों, समुदायों या पर्यावरण को लाभ मिलेगा, जिन्हें करने में दूसरे असमर्थ हैं या तैयार भी हैं। सार्थक रूप से किसी उत्पादक गतिविधि से जुड़े रहने से उनकी बोरियत दूर होगी। दूसरों के लिए मनोरंजक गतिविधियों को प्रोत्साहित किया जा सकता है, जो न्यूनतम या बिना किसी लागत की हो।

(viii) *आत्म सम्मान की कमी :* वृद्ध व्यक्तियों के बीच में आत्मसम्मान की कमी परिवार या समाज के अलगाव, उपेक्षा, कम जिम्मेदारियां, मूल्य में कमी या क्षमता होना एक जटिल हेतु विज्ञान है।

आत्मविश्वास पुनः लौटाने के लिए खुद की पहचान करने की जरूरत है। उन कारणों को दूर किया जाए, जिनके फलस्वरूप आत्मविश्वास कम होता है। अलगाव और उपेक्षा की ऊपर चर्चा की जा चुकी है। स्वयं की क्षमता, मूल्य और कौशल का उपयोग करने के

लिए सीखो, गतिविधियों में भाग लेने, बुजुर्गों को प्रोत्साहन देने, नए लोगों के विकास या खुद की उत्पादकता बनाए रखने से सुधार किया जा सकता है। गंभीर स्थितियों में व्यक्तियों और उनके परिवारों से परामर्श/उपचार की आवश्यकता होती है।

(ix) *नियंत्रण में कमी :* वृद्ध व्यक्तियों की इस समस्या के कई पहलू हैं। यद्यपि कुछ आत्म साक्षात्कार और स्थिति की वास्तविकता को स्वीकार करते हैं, तथापि दूसरे अपने संसाधनों शारीरिक शक्ति, शरीर प्रणाली, वित्त (आय) सामाजिक या नामित स्थिति और निर्णय लेने का नियंत्रण खोने लगते हैं।

शीघ्र हस्तक्षेप, शिक्षा और जागरूकता के माध्यम से नियंत्रण की कमी को, नकारात्मक सोच को रोकने की जरूरत है। यह समाज के लिए भी महत्वपूर्ण है और व्यक्तियों के लिए भी, कि ये लोग क्या हैं इस बात का सम्मान करना सीखें बजाय इसके कि वे कौन हैं और उनकी क्या अहमियत है। जब ये भावना गम्भीर हो, तो व्यक्तियों और उनके परिवारों को स्थितियों के निबटने की सलाह दी जा सकती है। बुजुर्गों के स्वास्थ्य में विभिन्न स्वास्थ्य देखभाल कार्यक्रम द्वारा सुधार किया जा सकता है। और अंत में बुजुर्गों को प्रोत्साहित करके उनके कौशल का उपयोग और प्रशिक्षण द्वारा उन्हें उत्पादक बनाने से सम्मान और प्रशंसा प्राप्त करने में सहायता मिल सकती है।

(x) *वृद्धावस्था के लिए (मुस्तैदी) तैयारी में कमी :* बहुत कम लोग या बिल्कुल नहीं के बराबर वृद्धावस्था में इस जागरूकता के साथ कदम रखते हैं। जनसंख्या की दृष्टि से हर एक व्यक्ति जो 60 वर्ष की आयु प्राप्त कर लेता है, वृद्ध माना जाता है। व्यक्ति के लिए अलग से कोई स्पष्ट संकेत नहीं है। प्रत्येक व्यक्ति यह मनोवैज्ञानिक या कार्यात्मक रूप से वृद्ध होना महसूस करता है। जो जीवन का एक नया मोड़/पड़ाव है। इस घटना को 60 की उम्र से पहले या बाद में कभी भी महसूस कर सकता है। दुर्भाग्य से भारत में कोई भी उच्च स्तर की संस्था या संगठन औपचारिक जागरूकता के कार्यक्रम से लोगों को बुढ़ापे से अवगत करने के लिए तैयार नहीं करती। ज्यादातर लोग बुढ़ापे में चुपचाप, पर अचानक प्रवेश करते हैं। कुछ इस मुद्दे पर तैयारी के साथ उतरते हैं। ज्यादातर लोग युवा और अधेड़ उम्र में व्यस्त रहते हुए अपनी वृद्धावस्था की उम्र की सच्चाई को महसूस नहीं कर पाते। ज्यादातर भारतीय वृद्ध व्यक्तियों के अधिकारों और हकों से अनजान हैं।

बुढ़ापे की ओर तैयार होने की समस्या को रोका जा सकता है। मानव संसाधन विभाग के सहयोग व कार्यस्थल के माध्यम से पीढ़ियों में जागरूकता फैलायी जा सकती है, जो सेवानिवृत्त की ओर अग्रसर कर्मचारी को बुढ़ापे के मुद्दों का सामना करने के लिए तैयार कर, एक सक्रिय भूमिका की शुरुआत कर सकती है। अनियमित व्यवसायों जो अधिकार स्वरोजगार, किसानों सहित में लगे हुए हैं, उन लोगों के लिए मीडिया माध्यम से और भी क्षेत्र में सरकारी गैर सरकारी संगठनों के माध्यम से जागरूकता उत्पन्न की जा सकती है। बुढ़ापे से निबटने में मदद करने के लिए विभिन्न मंचों पर समूहों को संबोधित किया जा सकता है।

## भारतीय परिदृश्य (Indian Scenario)

बुजुर्गों की आबादी दुनिया में हर जगह बढ़ रही है। पिछली सदी में जनसंख्या के ऊपर 60 वर्ष की आयु वर्ग के अनुपात में दुनिया के लगभग सभी देशों में वृद्धि हुई है। एक अनुमान के अनुसार दुनियाभर में लगभग 600 लाख लोग नई सहस्त्राब्दी के मोड़ पर 60 या उससे अधिक आयु वर्ग के थे और उनकी संख्या में वृद्धि होने की संभावना है। इनके जीवन में पर्याप्त सुधार करने के लिए कदम उठाने की जरूरत है। सार्वजनिक स्वास्थ्य और कई घातक महामारी रोगों की रोकथाम की चिकित्सा पद्धति में सुधार से वृद्धों की आयु बढ़ रही है।

बुजुर्ग आबादी की भारी वृद्धि औद्योगिक या विकसित समाजों के लिए अद्वितीय नहीं है। यूरोपीय और एशियाई औद्योगिक देशों में आयु समूह के 65 से ऊपर के लोग अपनी आबादी

का कम से कम 15 से 20 प्रतिशत है। 2025 तक दुनिया के 60 की उम्र से अधिक के लोगों की आबादी 1.2 अरब तक पहुँचने की संभावना है। अधिकांश देशों में वृद्धों की आबादी दूसरी आबादी की तुलना में तेजी से बढ़ रही है।

भारत भी दुनिया के अन्य विकसित देशों की तरह समान जनसांख्यिकी पैटर्न (यानी कम जन्म दर और कम मृत्यु दर) की ओर बढ़ रहा है। भारत में 2001 की जनसंख्या के अनुसार, बुजुर्ग या वरिष्ठ नागरिकों (आयु वर्ग 60 या उससे अधिक) 76.7 अरब गिने गये। (जिसमें 37.8 अरब पुरुष और 38.8 अरब महिलाएं शामिल हैं) 1991 की जनसंख्या की तुलना में इसमें 19.9 अरब लोगों की वृद्धि हुई है। 1991 की जनसंख्या में बुजुर्गों की हिस्सेदारी 6.8 प्रतिशत थी। जो 2001 में 7.4 प्रतिशत बढ़ गयी। 2021 में 10 प्रतिशत से अधिक की वृद्धि की उम्मीद है। भविष्य में पुरूषों के लिए यह संख्या 7.1 प्रतिशत से मामूली कम और महिलाओं में यह संख्या 7.8 होने की आशा है। इसके अलावा 'सुपर वरिष्ठ नागरिक' जो 80 वर्ष की उम्र के लोगों को कहा जाता है, 8 लाख नागरिक (2011) हैं (जिसमें 3.9 अरब पुरुष और 4.1 अरब महिलाएं शामिल हैं) 2011 की जनगणना में देश में ये आबादी इसी अनुसार होने का अनुमान है।

अग्रांकित तालिका भारत की आबादी में बुजुर्गों की आबादी की हिस्सेदारी का प्रतिशत दर्शाती है :

**तालिका 1**

*कुल जनसंख्या में बुजुर्गों (60+) की जनसंख्या का प्रतिशत*

| *स्रोत* | *व्यक्ति* | *महिला* | *पुरूष* |
|---|---|---|---|
| जनगणना 1961 | 5.6 | 5.8 | 5.5 |
| जनगणना 1971 | 6.0 | 6.0 | 5.9 |
| जनगणना 1981 | 6.5 | 6.6 | 6.4 |
| जनगणना 1991 | 6.8 | 6.8 | 6.7 |
| जनगणना 2001 | 7.4 | 7.1 | 7.1 |
| जनगणना 2011 | 8.0 | 7.7 | 8.4 |

बुजुर्गों की संख्या में लगातार वृद्धि के अलावा इन लोगों की पारम्परिक भूमिका में परिवार के भीतर आधुनिकीकरण, शहरीकरण, औद्योगिकीकरण इत्यादि से बदलाव आया है। भारत में परम्परागत रूप से इस आयु वर्ग को परिवार और समाज में सम्मान, वैध अधिकार और आनंद मिला है, पर आधुनिक समय में युवा पीढ़ी ने इस स्तर को बदल दिया है और उन्हें बेसहारा और कमजोर स्थिति में ला खड़ा किया है। आज वे बड़ी संख्या में गैर उत्पादक और आश्रित हैं। इसीलिए सरकार को अपेक्षित उपयुक्त कार्यक्रमों और नीतिगत हस्तक्षेप से वरिष्ठ नागरिकों के जीवन और गरिमा को सुनिश्चित करने की ओर कदम उठाने की आवश्यकता है।

## बुजुर्ग कल्याण के लिए नीति और कार्यक्रम की पहल (Policy and Programme Initiatives for Elderly Welfare)

इस उद्देश्य के लिए सामाजिक न्याय और अधिकारिता मंत्रालय जो नोडल एजेन्सी है, वह राज्य सरकारों, गैर सरकारी संगठनों और नागरिक समाज के साथ निकट सहयोग के द्वारा वरिष्ठ नागरिकों के लिए नीतियों और कार्यक्रमों पर केन्द्रित है, प्रयास कर रहा है। इन कार्यक्रमों का मुख्य विशेष रूप से गरीब वरिष्ठ नागरिकों के लिए वृद्धाश्रम, डे केयर सेंटर, मोबाइल चिकित्सा इकाइयों द्वारा उनका समर्थन करना है।

## *संवैधानिक प्रावधान* (*Constitutional Provisions*)

संविधान के अनुच्छेद 41 में यह प्रावधान है कि राज्य को अपनी आर्थिक क्षमता और विकास की सीमाओं के भीतर शिक्षा और बेरोजगारी, बुढ़ापा, बीमारी और विकलांगता के मामलों में सार्वजनिक सहायता करने के लिए, काम करने का अधिकार हासिल करने के लिए और अन्य अभाव के मामलों में प्रभावी प्रावधान करना होगा।

इसके अलावा अनुच्छेद 47 यह प्रावधान करता है, कि राज्य पोषण के स्तर, अपने लोगों के जीवन स्तर और सार्वजनिक स्वास्थ्य सुधार के अपने प्राथमिक कर्तव्यों को भली भांति वहन करेगा।

## *कानून* (*Legislations*)

विगत वर्षों में स्वास्थ्य देखभाल सुविधाओं में सुधार वरिष्ठ नागरिकों की आबादी के अनुपात में वृद्धि के मुख्य कारकों में से एक है। वे लंबे समय तक जीये लेकिन एक सुरक्षित गरिमा मय और उत्पादक जीवन के जरिये ये सुनिश्चित करना एक बड़ी चुनौती थी। भारत सरकार ने 2007 में वरिष्ठ नागरिकों व माता-पिता के रख-रखाव व कल्याण का अधिनियम पारित किया है जिसके अन्तर्गत संविधान के तहत इस बात की गारण्टी है, कि वरिष्ठ नागरिक/माता-पिता के रखरखाव व कल्याण के लिए प्रभावी प्रावधान लागू होंगे। संक्षेप में यह कानून अग्रांकित प्रावधान प्रदान करता है :

- न्यायाधिकरण के माध्यम से वरिष्ठ नागरिकों/माता-पिता का रखरखाव बच्चों/रिश्तेदारों के माध्यम से अनिवार्य व न्यायोचित बनाना।
- रिश्तेदारों द्वारा लापरवाही करने के मामले में वरिष्ठ नागरिकों द्वारा सम्पत्ति के हस्तान्तरण को रद्द करना।
- वरिष्ठ नागरिकों के परित्याग के लिए दंडात्मक प्रावधान।
- गरीब वरिष्ठ नागरिकों के लिए वृद्धाश्रम की स्थापना और
- वरिष्ठ नागरिकों को पर्याप्त चिकित्सा सुविधाओं और सुरक्षा प्रदान करना।

अधिनियम की धारा 19 में भी देश के हर जिले में कम से कम 150 व्यक्तियों की क्षमता वाले वृद्धाश्रम की परिकल्पना की गई है। अधिनियम राज्य सरकार द्वारा लागू किया जाना है। फरवरी 2010 को 22 राज्यों और सभी केन्द्र शासित प्रदेशों को कानून द्वारा अधिसूचित किया गया था।

हिमाचल प्रदेश भी इसके दायरे में आ जाये, जबकि जम्मू कश्मीर राज्य में यह लागू नहीं है। विदेश में रहने वाले भारतीयों के लिए वहीं के कानून लागू होंगे।

राजस्थान उन प्रथम राज्यों में से है, जिन्होंने माता-पिता और वरिष्ठ नागरिक रखरखाव और कल्याण अधिनियम 2007 को अपने यहां लागू किया। और यह राजस्थान माता-पिता/वरिष्ठ नागरिक रखरखाव और कल्याण अधिनियम 2010 कहलाता है। इसके अनुसार जो माता-पिता, दादा-दादी, वरिष्ठ नागरिक अपनी संपत्ति व आय के पर्याप्त साधन से खुद के रखरखाव में असमर्थ हैं, वे अपने बच्चों और निर्दिष्ट रिश्तेदारों से रखरखाव की मांग रखने के हकदार हैं। रखरखाव में भोजन, वस्त्र, आवास, चिकित्सा उपस्थिति और उपचार के प्रावधान शामिल हैं। इसके अन्तर्गत अधिकतम राशि 10,000 रुपए निर्धारित की गई है।

राजस्थान सरकार ने इस हेतु वार्ड स्तर पर ट्रिब्यूनल स्थापित किये हैं जिसमें एक उप मंडल अधिकारी के साथ उप प्रभागीय पर अदालत द्वारा अपील की सुनवाई की जायेगी। प्रत्येक जिले में एक अपीलीय प्राधिकरण का गठन किया गया है। संबंधित जिले के जिला मजिस्ट्रेट अपीलीय न्यायाधिकरण के पीठासीन अधिकारी होंगे। समाज कल्याण एवं अधिकारिता विभाग के जिला समाज कल्याण अधिकारी को रखरखाव अधिकारी (*हिन्दू*, 11 जून 2010) के रूप में नामित किया गया है।

## *वृद्धजनों पर राष्ट्रीय नीति 1999* (National Policy on Older Persons – NPOP)

वृद्धजनों पर राष्ट्रीय नीति (NPOP) जनवरी 1999 में वृद्धजनों के कल्याण और प्रतिबद्धता सुनिश्चित करने के लिए घोषित की गई थी। यह नीति उनके जीवन की गुणवत्ता में सुधार करने के लिए, वित्तीय और खाद्य सुरक्षा, स्वास्थ्य देखभाल, आश्रय और वृद्ध व्यक्तियों के विकास में समान हिस्सेदारी, दुर्व्यवहार और शोषण, सेवाओं की उपलब्धता के खिलाफ संरक्षण व अन्य जरूरतों को सुनिश्चित करने के लिए की गई। प्राथमिक उद्देश्य इस प्रकार हैं :

- अपने स्वयं के तथा अपने साथी के बुढ़ापे के लिए प्रावधान रखने को प्रोत्साहित करना।
- परिवारों को अपने बुजुर्ग सदस्यों की देखभाल करने के लिए प्रोत्साहित करना।
- स्वैच्छिक और गैर सरकारी संगठनों को परिवार जैसी देखभाल के लिए पूरक के रूप में सक्षम बनाना और समर्थन देना।
- पीड़ित बुजुर्गों की देखभाल और संरक्षण।
- बुजुर्गों के लिए पर्याप्त स्वास्थ्य सुविधा उपलब्ध कराने के लिए।
- बुढ़ापे की देखभाल करने सम्बन्धी अनुसंधान व प्रशिक्षण सुविधाओं को बढ़ावा देने के लिए और
- बुजुर्गों का उत्पादक नेतृत्व क्षमता में जागरूकता पैदा करने के लिए।
- स्वतन्त्र जीवन के लिए।

राष्ट्रीय नीति के संचालन के लिए कार्यान्वयन रणनीति की परिकल्पना की गई है, ये हैं:

- राष्ट्रीय नीति के संचालन के लिए कार्य योजना और तैयार करना।
- सामाजिक न्याय एवं अधिकारिता मंत्रालय में वृद्ध व्यक्तियों के लिए अलग ब्यूरो की स्थापना।
- वृद्ध व्यक्तियों के लिए राज्य में निदेशालय की स्थापना।
- नीति के क्रियान्वयन की तीन वर्षीय लोक समीक्षा।
- केन्द्रीय मंत्रालय की ओर से सामाजिक न्याय व अधिकारिता मंत्रालय की अध्यक्षता में एक राष्ट्रीय परिषद की स्थापना जिसमें गैर सरकारी संगठनों, शैक्षिक निकायों, मीडिया विशेषज्ञों को सदस्यों के रूप प्रतिनिधित्व मिलेगा। इसमें ये सभी और गैर सरकारी सदस्य हैं।
- बुजुर्गों के लिए एक स्वायत्त नेशनल एसोसिएशन की स्थापना।
- स्थानीय स्वशासन की भागीदारी को प्रोत्साहन देना।

## *वृद्ध व्यक्तियों हेतु राष्ट्रीय परिषद्* (National Council for Older Persons – NCOP)

सामाजिक न्याय एवं अधिकारिता मंत्री की अध्यक्षता में वर्ष 1999 में NPOP के क्रियान्वयन की निगरानी हेतु NCOP वृद्ध व्यक्तियों के लिए राष्ट्रीय परिषद् का गठन किया गया। NPOP वृद्ध आयु वर्ग के लिए नीति तैयार करने और कार्यक्रमों के क्रियान्वयन में सरकार को सलाह देने के लिए, सर्वोच्च संस्था है। वर्ष 2005 में परिषद में केन्द्रीय और राज्य सरकारों को शामिल कर फिर से गठित किया गया। इसके सदस्यों में गैर सरकारी संगठनों के प्रतिनिधियों, नागरिक समूहों, सेवानिवृत्त व्यक्तियों, संघों और कानून समाज कल्याण और चिकित्सा के क्षेत्र में विशेषज्ञों को सदस्य रूप में शामिल किया गया है।

## *वृद्धों पर अंतर-मंत्रालीय समिति* (Inter-Ministerial Committee on Older Persons)

वृद्धजनों पर एक अंतर मंत्रालीय समिति सामाजिक न्याय एवं अधिकारिता मंत्रालय के सचिव की अध्यक्षता में 22 मंत्रालयों/विभागों से तालमेल करते हुए NPOP के कार्यान्वयन को समन्वय प्रदान करने के लिए गठित की गई। यह बढ़ती उम्र के मुद्दों पर संबंधित मंत्रालयों/विभागों द्वारा कार्यान्वयन के लिए योजना है।

## वृद्ध व्यक्तियों के लिए केन्द्रीय क्षेत्र की एकीकृत कार्यक्रम योजना (Central Sector Scheme of Integrated Programme for Older Persons)

वृद्ध व्यक्तियों को आवास, भोजन, चिकित्सा देखभाल और मनोरंजन के अवसर जैसी बुनियादी सुविधाएं उपलब्ध कराने के लिए तथा वरिष्ठ नागरिकों के जीवन की गुणवत्ता में सुधार लाने के उद्देश्य से, उम्र बढ़ने पर उत्पादक और सक्रिय जीवन को बढ़ावा व समर्थन प्रदान करने हेतु 1992 के बाद से एकीकृत कार्यक्रम (IPOP) लागू किया जा रहा है। जिसके माध्यम से सरकारी/गैर सरकारी संगठनों/पंचायती राज संस्थाओं/ स्थानीय निकायों, समुदाय के द्वारा बड़े पैमाने पर क्षमता निर्माण किया जायेगा। इस योजना के तहत गैर सरकारी संगठनों को वृद्धाश्रम, डे केयर सेंटर और मोबाइल चिकित्सा इकाइयों की स्थापना के लिए परियोजना लागत की 90 प्रतिशत तक वित्तीय सहायता प्रदान की जाती है। इस योजना को वृद्ध व्यक्तियों की विभिन्न आवश्यकताओं को पूरा करने के लिए लचीला बनाया गया है, बढ़ापे के लिए तैयारी की अवधारणा उत्पादक उम्र बढ़ाना, परिवार का सुदृढ़ीकरण, पीढ़ियों में जागरूकता, बुढ़ापे से संबंधित मुद्दों को लोकप्रिय बनाना, वृद्ध व्यक्तियों के लिए आजीवन सुविधाजनक बनाना आदि इसमें शामिल हैं।

अप्रैल 2008 में इस योजना को संशोधित किया गया जिसमें मौजूदा परियोजना के लिए वित्तीय सहायता की राशि में वृद्धि के अतिरिक्त नवीन परियोजनाएं सहायता हेतु पात्र होने के रूप में जोड़ी गई।

इनमें से कुछ इस प्रकार हैं :

1. राहत देखभाल घर और सतत देखभाल घर का रखरखाव,
2. अलजीमर/मनोभ्रंश रोगियों के लिए डे केयर सेंटर चलाना
3. वृद्ध व्यक्तियों के लिये फीजियोथैरेपी क्लीनिक,
4. वृद्ध व्यक्तियों के लिए हेल्पलाइन और परामर्श केन्द्र,
5. विद्यालयों और महाविद्यालयों (स्कूल एवं कॉलेज) में पढ़ने वाले विद्यार्थियों के लिए संवेदनशील कार्यक्रम
6. वृद्ध व्यक्तियों की देखभाल करने वालों के लिए क्षेत्रीय संसाधन एवं प्रशिक्षण केन्द्र
7. वृद्ध व्यक्ति और देखभाल करने वालों के लिए पीढ़ियों को जागरूक करने के कार्यक्रम, वरिष्ठ नागरिक संघों का गठन इत्यादि।

वर्ष 2007-08 के दौरान सरकार ने देशभर के पचास हजार के आसपास लाभार्थियों को 660 कार्यक्रमों की सहायता से 16 करोड़ रु. खर्च कर, लाभान्वित किया है। इसके अलावा विभिन्न केन्द्रीय मंत्रालयों यथा स्वास्थ्य एवं परिवार कल्याण, ग्रामीण विकास, रेलवे, वित्त, नगर विमानन, पेंशन और पेंशनभोगी शिकायत इत्यादि विभागों ने अपने सेवानिवृत्त कर्मचारियों के लाभ के लिए स्वयं विभिन्न योजनाएं शुरू की है।

उदाहरण के लिए भारतीय रेलवे वरिष्ठ नागरिक पुरुष (60+) व महिलाओं (58+) को क्रमश: 40 प्रतिशत और 50 प्रतिशत यात्रा छूट प्रदान करता है। एयर इंडिया, 65 वर्ष से ऊपर के वरिष्ठ पुरुष नागरिक व 63 वर्ष से ऊपर की वरिष्ठ महिला नागरिकों को अपने किराये में 50 प्रतिशत तक छूट प्रदान करता है।

निष्कर्ष रूप में भारत में वृद्धावस्था के कई दूरगामी प्रभाव हैं। यह संख्या में बढ़ रही है। पर संसाधन सीमित हैं और प्राथमिकताएं सब जगह हैं। इसलिए इस सामाजिक समस्या का जवाब (समाधान) बहुक्षेत्रीय और व्यवस्थित योजना पर आधारित होना चाहिए। पहला कदम नीति निर्माताओं द्वारा उम्र के संबंधित मुद्दों पर जागरूकता बढ़ाने की पैरवी करना है। राजनेताओं स्वैच्छिक कार्यकर्ताओं, गैर सरकारी संगठनों, पेशेवर और आम जनता को इस योग्य कारण के लिए आगे आना चाहिए।

## बुजुर्गों से दुराचार (Elder Abuse)

हमारे समाज में बुजुर्गों से दुराचार एक गंभीर समस्या के रूप में पहचाना जा रहा है। विश्व स्वास्थ्य संगठन (WHO) के अनुसार, यह मानव अधिकारों का उल्लंघन है और बीमारी, चोट, नुकसान, उत्पादकता, अलगाव और निराशा का एक महत्वपूर्ण कारण है। प्रतिवर्ष सैकड़ों, हजारों 60 साल की उम्र से अधिक बुजुर्गों के साथ दुर्व्यवहार, उपेक्षा, आर्थिक रूप से शोषण हो रहा है। अकेले भारत में विभिन्न स्रोतों पर बुजुर्गों के साथ उपेक्षित या दुर्व्यवहार किया जाता है। पीड़ितों के यह आंकड़े कम हैं, क्योंकि वे हिंसा के बारे में पुलिस, परिवार या दोस्तों को बताने में असमर्थ हैं। विश्व के दूसरे हिस्सों में भी दुर्व्यवहार थोड़ी प्रतिक्रिया के साथ होता है। अभी हाल तक इस गंभीर सामाजिक समस्या का सार्वजनिक पहलू छिपा हुआ था और इसे ज्यादातर एक निजी मामला माना जाता था। यह विकसित और विकासशील दोनों देशों में मौजूद है। हालांकि अभी तक यह विश्व स्तर पर महत्वपूर्ण मुद्दा नहीं बना है। इस प्रकार आज के दुर्व्यवहार को कम करके आंका है।

यह विकासशील और विकसित दोनों देशों में मौजूद है, हालांकि आमतौर पर यह अभी तक विश्व स्तर पर रिपोर्ट और आँकड़ों में नहीं है। आज भी दुनियाभर में बुजुर्गों से दुराचार हो रहा है और इस क्षेत्र की ओर कम ध्यान दिया जा रहा है। बावजूद इसके, इसका सामाजिक और नैतिक महत्व स्पष्ट रूप से है। जैसे, यह वृद्ध व्यक्तियों के अधिकारों की रक्षा करने की माँग है, जिसकी एक बहुपक्षीय वैश्विक प्रतिक्रिया की आवश्यकता है।

### परिभाषाएं (Definitions)

वृद्धावस्था की तरह बुजुर्गों से दुराचार की कोई सुसंगत सर्वमान्य परिभाषा नहीं है। आमतौर पर इसे गलत तरीके से परिभाषित किया गया है, विशेष रूप से विशिष्ट स्थान (यथा राज्य, शहर) या शोध के परिणाम के रूप में प्रतिबन्धित हुआ है। नतीजतन कोई स्वीकार्य सार्वभौमिक परिभाषा का सर्वथा अभाव है। हालांकि अमेरिका से जॉनसन (1986) और कनाडा से स्टोंस (1991) सहित विद्वानों ने इसे परिभाषित करने का प्रयास किया है।

उदाहरण के लिए कनेडियन फ्रेमवर्क में दुराचार और उपेक्षा को परिभाषित करने के लिए 9 श्रेणियों में 71 तरीके बताए गए हैं, जिसमें शारीरिक हमला, अत्यधिक जोखिम (excessive restraint), स्वास्थ्य को जोखिम में डालना, किसी भुगतान प्राप्त अथवा अवैतनिक केयर टेकर के द्वारा देखभाल मिलने में विफलता, अपमानजनक व्यवहार, भौतिक (वित्तीय) चीजों के लिए दुराचार और मौखिक दुराचरण (स्टोंस, 1995)।

वास्तव में बुढ़ापे में दुराचार और उपेक्षा की अवधारणा कालानुक्रमिक उम्र के आधार, पर एक समरूप समूह के रूप में पहचानी गई है, जब एक युग में, समाज में उनकी भूमिका और बाजार से उनका बहिष्कार की धारणा के साथ विकसित की गयी (न्यूगरटेन, 1967)।

रोग नियंत्रण एवं रोकथाम केन्द्र (Centre for Disease Control and Prevention – CDC) के अनुसार, वृद्धावस्था में दुराचार और उपेक्षा से आशय 60 या इसके अधिक उम्र के व्यक्ति की उसके देखभाल करने वाले अथवा किसी सम्बन्धी द्वारा उसका विश्वास तोड़ना है। WHO के अनुसार 'वृद्ध व्यक्तियों को जहाँ किसी भी रिश्ते में विश्वास की उम्मीद है वहाँ भीतर नुकसान या संकट का कारण बनता, अथवा होना और इसके लिए किसी उचित कार्यवाही की कमी होना। यह शारीरिक, मानसिक, भावनात्मक, लैंगिक और वित्तीय, कोई भी दुरुपयोग हो सकता है।

1987 में वैज्ञानिक मामलों में अमेरिकन मेडिकल एसोसिएशन की परिषद् में यह परिभाषित है कि एक बुजुर्ग व्यक्ति के स्वास्थ्य या कल्याण को नुकसान पहुंचाना संकट पैदा करना, बुजुर्गों से दुराचार श्रेणी में आता है।

संक्षेप में, कहा जा सकता है कि समय के साथ निरंतर बदलती घटनाओं और प्रवृत्तियों पर नजर रखते हुए जांच करने की जरूरत है। यह समस्या की भयावहता को रोकथाम करने में मदद करेगा और स्थानों को निर्धारित करने में भी तुलना करने, हस्तक्षेप के प्रयासों को सक्षम बनायेगा। इसके अतिरिक्त परिभाषायें दुरुपयोग या दुराचार को सांस्कृतिक संदर्भ में देखती हैं। उदाहरण के तौर पर कुछ परम्परागत समाजों में बड़ी उम्र की विधवाओं को जबरन विवाह और कुछ को जादू-टोना में लगाया जाता है, उसी समान स्वास्थ्य और सामाजिक सेवा क्षेत्रों को ऐसी समस्याओं की पहचान करने और उससे पूर्णतः निबटने के लिए सक्षम होना आवश्यक है। जब तक इसे पहचाना नहीं जाता, यह जारी रहेगा।

## प्रकार (Forms)

60 वर्ष या उससे अधिक आयु के लोगों के बीच घटित दुराचार छः प्रकार के होते हैं :

- जब *शारीरिक शोषण (physical abuse)* होता है (उदाहरण के लिए खरोंच, काट लिया, थप्पड़ मारा, धक्का दे दिया, मारा, जलाया आदि) या बड़ी चोट हमला, हथियार से वार (चाकू, बंदूक या अन्य वस्तु), धमकी देना।
- *यौन शोषण (sexual abuse)* या अपमानजनक यौन संपर्क। बड़े बुजुर्ग की मर्जी के खिलाफ जानबूझकर छू कर (या तो सीधे या जननांग, गुदा, कमर, स्तन, मुंह, जांघ, नितंबों को छू कर)
- धमकी का कार्य, आक्रामक रणनीति, आघात का अनुभव, *मानसिक, भावनात्मक शोषण (psychological and emotional abuse)*। अपमान या शर्मिंदगी, व्यवहार नियंत्रित करना (परिवहन, टेलीफोन, पैसा या अन्य संसाधनों के उपयोग पर सीमा या रोक लगाने), सामाजिक अलगाव, अपमान, आवश्यकताओं पर रोक, संपत्ति को हानि पहुंचाना या नष्ट करना।
- एक बूढ़े व्यक्ति की शारीरिक-भावनात्मक या सामाजिक जरूरतों को पूरा करने के लिए देखभाल करने वाले या अन्य जिम्मेदार व्यक्ति की विफलता या इनकार (neglect) भी उपेक्षा के अन्तर्गत आती है। उदाहरण के तौर पर पर्याप्त पोषण, स्वच्छता, वस्त्र, आवास या आवश्यक स्वास्थ्य देखभाल या असुरक्षित वातावरण व गतिविधियों को रोकने के प्रयास। कुछ विद्वानों ने इसे स्वयं उपेक्षा करने से जोड़ा है।
- *परित्याग (abandanment)*: देखभालकर्ता या अन्य जिम्मेदार व्यक्ति द्वारा एक बुजुर्ग व्यक्ति का जानबूझकर परित्याग करना।
- *वित्तीय शोषण (financial abuse)*, मौद्रिक दुरुपयोग, व्यक्तिगत लाभ के लिए संसाधनों का अनुचित अनधिकृत दुरुपयोग। उदाहरण के लिए जालसाजी, पैसे या सम्पत्ति की चोरी, वित्त या सम्पत्ति के आत्मसमर्पण कराने के लिए बलात्कार या धोखे का उपयोग, संरक्षणकर्ता या वकीलों की शक्ति का अनुचित उपयोग।

## भारतीय परिदृश्य (Indian Scenario)

एक अनुमान के अनुसार, आज भारत में 98 लाख वरिष्ठ नागरिक हैं और उनकी संख्या 2050 तक 315 अरब तक होने की संभावना है।

वर्तमान में देश में बुजुर्गों से दुराचार से सम्बन्धित कोई आधिकारिक आंकड़े उपलब्ध नहीं हैं। हालांकि ये कहा जाता है, कि प्रत्येक 3 में से एक बुजुर्ग उपेक्षित है। या उसके करीबी रिश्तेदार द्वारा इलाज में कोताही बरती जाती है।

हाल ही में हैल्पएज की सर्वेक्षण रिपोर्ट 2013 भी है, जो बताती है कि भारतभर में बुजुर्गों में 23 प्रतिशत यानी हर पांचवें बुजुर्ग के साथ घर पर दुर्व्यवहार होता है और परिवार के भीतर ही मुख्य अपराधी होता है। और यह भी पता चला कि बहुएं भी बेटों के समान इस दुर्व्यवहार की दोषी हैं। (39 प्रतिशत और 38 प्रतिशत) (*हिन्दुस्तान टाइम्स* 15 जून 2013)। यह निष्कर्ष उस आम धारणा का विरोध करता है, जिसके अनुसार अधिकांश मामलों में पुरुष अपराधी माना जाता है।

2012 में हैल्पएज इंडिया ने देश भर के 20 शहरों में इसका सर्वेक्षण किया।

रिपोर्ट के मुख्य निष्कर्ष :

- वृद्ध व्यक्तियों में से 31 प्रतिशत ने दुर्व्यवहार की सूचना दी।
- उनमें से आधे विगत 4 वर्षों से कई रूपों में दुराचार/दुर्व्यवहार सह रहे थे।
- 24 प्रतिशत बुजुर्गों को प्रतिदिन दुर्व्यवहार/दुराचार सहना पड़ता था।
- जिन्हें दुर्व्यवहार का सामना करना पड़ा, उसमें से 75 प्रतिशत अपने परिवार के साथ रहते थे और इसमें 69 प्रतिशत वे थे, जो घर के मालिक थे।
- दुर्व्यवहार/दुराचार मामले में प्रताड़ित करने वाले मामलों में 56 फीसदी में बेटा था व 23 फीसदी में बहुएं हैं।
- 50 फीसदी से अधिक को 5 से अधिक वर्षों से दुर्व्यवहार का सामना करना पड़ रहा था। 33 फीसदी 3 साल से इस स्थिति का सामना कर रहे थे और 1 प्रतिशत साल भर से इस स्थिति में थे।
- दुर्व्यवहार के शिकार हुए 55 प्रतिशत बुजुर्गों ने रिपोर्ट नहीं की। इनमें से 80 प्रतिशत ने परिवार का सम्मान बनाये रखने के लिए रिपोर्ट नहीं की।
- 62 प्रतिशत बुजुर्गों को पीढ़ियों में संबंध मजबूत बनाने और बच्चों को संवेदनशील बनाने और 38 प्रतिशत को आर्थिक आजादी के लिए प्रयास करने की सलाह दी गई।
- 18 प्रतिशत वृद्ध व्यक्तियों को वर्तमान में उपलब्ध किसी निवारण तंत्र की जानकारी नहीं थी। और 36 प्रतिशत को केवल एक के बारे में जानकारी थी और 46 प्रतिशत दो या तीन विकल्पों को जानते थे।
- वृद्ध व्यक्तियों ने अनादर, उपेक्षा और मौखिक, दुर्व्यवहार को दुराचार माना।
- 6 प्रतिशत व्यक्तियों को दुर्व्यवहार/दुराचार के लिए कानूनी कदम का ज्ञान नहीं था।
- 81 प्रतिशत बुजुर्ग ये मानते थे कि दुर्व्यवहार हमारे समाज में प्रचलित है।
- केवल 22 प्रतिशत वृद्ध व्यक्तियों ने समाज में दुराचार को व्यापक माना।
- 56 प्रतिशत की नजर में यह मध्यम था।
- वृद्ध व्यक्तियों में से अधिकांश ने अनादर, उपेक्षा, मौखिक दुराचार का अनुभव किया।
- वृद्ध व्यक्तियों में से 50 प्रतिशत ने अपने परिवेश में दुर्व्यवहार के मामलों को देखा था।
- 49 प्रतिशत ने दुर्व्यवहार की शिकायत परिवार के एक सदस्य के माध्यम से की।
- पुलिस हैल्पलाइन और सेवाओं के बारे में ज्यादातर लोग जानते थे, पर विश्वास की कमी और परिवार में सम्मान बनाए रखने के लिए इसका इस्तेमाल कभी नहीं किया गया।
- दिल्ली/राष्ट्रीय राजधानी क्षेत्र में एक साल पहले 12 प्रतिशत की तुलना में 29.82 प्रतिशत के साथ दुर्व्यवहार और गाली गलौज में वृद्धि पायी गई। महाराष्ट्र में 29.46 प्रतिशत संख्या ने दिल्ली का पीछा किया।
- भोपाल (मध्य प्रदेश) 77.12 प्रतिशत, लखनऊ (उत्तर प्रदेश) 52 प्रतिशत और गुवाहाटी (असम) में 60.55 प्रतिशत बुजुर्गों को दुर्व्यवहार का सामना करना पड़ा।
- 23.31 भुवनेश्वर (उड़ीसा), 60.55 गुवाहाटी (असम) एवं 40.93 कोलकाता में बुजुर्गों के प्रति दुर्व्यवहार का प्रतिशत रहा।
- बड़ी उम्र की महिलाओं में 11 प्रतिशत और 6 प्रतिशत बूढ़े लोगों को वर्तमान में उपलब्ध रिपोर्टिंग और निवारण तन्त्र का ज्ञान नहीं था। उत्तरदाताओं में से कोई भी सभी उपलब्ध तन्त्रों के बारे में नहीं जानता था।
- 17 प्रतिशत पुरुषों की तुलना में 19 प्रतिशत महिलाएं केवल एक और 25 प्रतिशत पुरुषों की तुलना में 21 प्रतिशत महिलाएं 2–3 निवारण तन्त्रों की जानकारी रखती थीं।

निम्न तालिका में भारत में बुजुर्गों के प्रति दुर्व्यवहार के अस्तित्व का शहरों में तुलनात्मक अध्ययन से पता चलता है।

**तालिका 2**

*भारत में बुजुर्गों के प्रति दुर्व्यवहार के अस्तित्व की अंतर राज्यीय तुलना (2012)*

(प्रतिशत में)

| | | | |
|---|---|---|---|
| मध्य प्रदेश | 77.12 | महाराष्ट्र | 29.46 |
| असम | 60.55 | तमिलनाडु | 27.56 |
| उत्तर प्रदेश | 52.00 | बिहार | 25.65 |
| गुजरात | 42.97 | उड़ीसा | 23.31 |
| आन्ध्र प्रदेश | 42.86 | पुड्डुचेरी | 18.62 |
| पश्चिम बंगाल | 40.93 | उत्तराखण्ड | 13.31 |
| कर्नाटक | 37.14 | गोवा | 11.39 |
| जम्मू कश्मीर | 33.50 | केरल | 10.98 |
| चण्डीगढ़ (UT) | 32.17 | हिमाचल प्रदेश | 2.99 |
| दिल्ली (UT) | 29.82 | राजस्थान | 1.67 |
| भारत | 31.13 | | |

*स्रोतः* हैल्पऐेज, 2012 सर्वेक्षण।

## निवारक उपाय (Preventive Measures)

15 जून को आधिकारिक तौर पर 'संयुक्त राष्ट्र विश्व बुजुर्ग दुर्व्यवहार जागरूकता दिवस' के रूप में मान्यता प्रदान की गई है। दुनिया भर के लाखों लोगों को इस समस्या के बारे में जागरूकता बढ़ाने के लिए वैश्विक कार्यक्रमों का आयोजन किया जाता है। Richerd Blewill (हैल्पएज के एक प्रमुख अधिकारी रिचर्ड ब्लिबिल ने कहा 'हम जैसे बड़े होते हैं, हमारे अधिकार नहीं बदलते। अफसोस की बात है, कि बड़ी उम्र की महिलाओं और पुरुषों को स्वाभाविक रूप से समाज के लिए कम मूल्यवान माना जाता है।'

जैसा कि कहा गया था, बुजुर्गों के प्रति दुर्व्यवहार सब जगह है। बड़ों की उपेक्षा जो बुनियादी जरूरतों के लिए दूसरों पर निर्भर है, शारीरिक हिंसा है। इस सामाजिक समस्या के प्रति सरकारों द्वारा ध्यान देने की कमी हमेशा से रही है। दरअसल बड़े लोगों के अधिकार अंतरराष्ट्रीय मानवाधिकार कानून के तहत संरक्षित हैं, पर सरकारों में उनके प्रति प्रतिबद्धता का कानूनी दायित्व नहीं है। अधिकांश सरकारें जिम्मेदारियों और अधिकारों के साथ बुजुर्गों को कल्याण प्राप्तकर्ता के रूप में नहीं देख रहीं। ये रवैया बदलने की जरूरत है। बड़े लोगों के अधिकारों पर परिवर्तन लाने के लिए एक नया संयुक्त राष्ट्र कन्वेंशन लाने की जरूरत है, जो कानूनी ढांचे, सरकारों को मार्गदर्शन व बड़े लोगों के अधिकारों की रक्षा करने का समर्थन करेगी।

यद्यपि वर्तमान में बुजुर्गों के प्रति दुर्व्यवहार केवल कुछ ही लोगों की जानकारी में है। वर्तमान साहित्य और भारतीय बुजुर्गों के द्वारा उनके परिवारों को सुझाव दिया जा रहा है, कि ये समस्या गंभीर और व्यापक है। पिछले कुछ वर्षों से देश भर में केन्द्रीय और राज्य सरकारों द्वारा दुर्व्यवहार इसकी पुनरावृत्ति को रोकने के लिए अभिनीत कानूनों के अलावा नीतियां एवं कार्यक्रम तैयार किये जाते हैं। इसकी पहले से ही बुजुर्ग अनुभाग में ऊपर चर्चा की गई है। इसके अलावा नागरिक समाज बुजुर्गों के प्रति दुराचार रोकने के लिए महत्वपूर्ण भूमिका निभा सकते हैं।

कार्यक्रम, जिनके द्वारा बुजुर्ग व्यक्ति स्वयं के प्रति दुर्व्यवहार रोकने में एक प्रमुख भूमिका निभाते हैं :

- दुर्व्यवहार से पीड़ित लोगों की सेवा करने के लिए बुजुर्गों को प्रशिक्षण।
- पीड़ितों के लिए सहायता समूहों का निर्माण।
- सामाजिक संपर्क और बुजुर्गों के बीच भागीदारी को प्रोत्साहित करने के लिए समुदाय के कार्यक्रमों की स्थापना।
- गांवों, पड़ोस या आवासीय इकाइयों में बड़े लोगों की इमारत या सामाजिक नेटवर्क।
- बड़े लोगों को उत्पादक या सक्षम बनाने के लिए स्वयं सहायता कार्यक्रम।
- नौकरी व शिक्षा प्रदान करना।
- संघर्ष को हल करने के नये तरीके खोजना।
- संस्थागत स्तर पर व्यापक देखभाल।
- कर्मचारियों के लिए प्रशिक्षण।
- नीतियों और कर्मचारियों के बीच काम से संबंधित तनाव को संबोधित करना।

सबसे बुनियादी स्तर पर अधिक से अधिक महत्व प्राथमिक रोकथाम को दिया जाना चाहिए। एक समाज के निर्माण के लिए बड़े बुजुर्गों को पर्याप्त सम्मान, जीवन जीने का हक, जीवन की आवश्यकताओं के साथ आत्म पूर्ति को वास्तविक अवसरों को प्रदान करना है। यह उन समाजों के लिए भारी चुनौती है जो गरीब हैं। रोकथाम, जागरूकता के साथ शुरू होती है। सार्वजनिक शिक्षा और प्रशिक्षण जागरूकता बढ़ाने का एक महत्वपूर्ण तरीका है। समुदाय और संस्थागत सभी स्तरों पर स्वास्थ्य देखभाल और सामाजिक सेवाओं का बुनियादी प्रशिक्षण दिया जाना चाहिए। मीडिया, जनता के साथ-साथ अधिकारियों के बीच समस्या और उसके समाधान संभव करने के प्रति जागरूकता पैदा करने के लिए शक्तिशाली उपकरण हैं।

हम जे रेंडल और टी जर्मन के शब्दों से इस अध्याय को समाप्त करते हैं- 'वृद्ध व्यक्तियों को भोजन, आवास, सुरक्षा, स्वास्थ्य देखभाल, उपयोग के लिए आवश्यक आवश्यकताएं नहीं मिलें, तो बढ़ती उम्र के दुर्व्यवहार की समस्या को नजर अन्दाज नहीं किया जा सकता।' दुनिया भर में सभी जातियों को उम्र बढ़ने और पुराने लोगों को गरिमा से युक्त शोषण से मुक्त जीवन जीने का अधिकार दिया जाना चाहिए। उम्र बढ़ने को जीवन चक्र का एक स्वाभाविक हिस्से के रूप में स्वीकार करने का माहौल बनाना होगा और शैक्षिक, सांस्कृतिक, आध्यात्मिक और आर्थिक गतिविधियों में पूरी तरह से भाग लेने के अवसर दिये जाने चाहिए।

## REFERENCES

Baumann, E.A., "Research Rhetoric and the Social Construction of Elder Abuse", in J. Best (ed.), *Images of Issues: Typifying Contemporary Social Problems*, Aldine de Gruyter, New York, 1989.

Brubaker, T.H. and Powers, E.A., "The Stereotype of 'Old': A Review and Alternative Approach", *Journal of Gerontology*, Vol. 31, No. 4, 1976, pp. 441–47.

Freund, A.M. and Smith, J., "Self-definition in Old Age (German Abstract)", *Zeitschrift fur Sozialpsychologie*, Vol. 28, Nos 1–2, 1977, pp. 44–59.

Glascock, A.P. and Feinman, S.L., "A Holocultural Analysis of Old Age", *Comparative Social Research*, Vol. 3, 1980, pp. 311–32.

Gorman, M., "Development and the Rights of Older People", in J. Randel et al. (eds), *The Ageing and Development Report: Poverty, Independence and the World's Older People*, Earthscan Publications Ltd., London, 1999, pp. 3–21.

Government of India, *Situation Analysis of the Elderly in India*, Central Statistics Office, Ministry of Statistics & Programme Implementation, 2011.

Hudson, M. and Johnson, T.F., "Elder Abuse and Neglect: A Review of the Literature", *Annual Review of Gerontology and Geriatrics*, Vol. 6, No. 1, 1986, pp. 81–132.

Johnson, M., "Is 65+ Old?", *Social Policy*, November/December, 1976, pp. 9–12.

Leroux, T.G. and Petrunik, M., "The Construction of Elder Abuse and Neglect as a Social Problem: A Canadian Perspective", *International Journal of Health Services*, Vol. 20, No. 4, 1990, pp. 651–63.

McDonald, Lynn and Sharma, K.L., *Ageism and Elder Abuse*, Rawat Publications, Jaipur, 2011, pp. 343–44.

Neugarten, B., "The Aged in American Society", in H. Becker (ed.), *Social Problems: A Modern Approach*, Wiley, New York, 1967.

Parikh, Varsha, "Greying Community of India", in Sarjoo Patel and Veena Gandotra (eds), *Ageing: An Interdisciplinary Approach*, Rawat Publications, Jaipur, 2011, p. 158.

Premi, Mahendra K., *Population of India in the New Millennium: Census 2001*, NBT, New Delhi, 2011, p. 85.

Randal, J. and German, T., *The Ageing and Development Report: Poverty, Independence and the World's People*, HelpAge International, London, 1999.

Saluja, Dimple, "Senile Miseries and Ways for Resolution", in Sarjoo Patel and Veena Gandotra (eds), *Ageing: An Interdisciplinary Approach*, Rawat Publications, Jaipur, 2011, pp. 3–4.

Stones, M., *A Lexicon for Elder Mistreatment*, written for St. John's Provincial Work Committee, Newfoundland, 1991.

— "Portee et definition des mauvais traitements et de la negligence a l'endroit des personnes agees au Canada", in Dans Maclean (ed.), *Mauvais traitements aupres des personnes agees: strategies de changement*, Editions Saint-Martin, Montreal, 1995, pp. 159–74.

Togunu-Bickersteth, F., "Chronological Definitions and Expectations of Old Age among Young Adults in Nigeria", *Journal of Ageing Studies*, Vol. 1, No. 2, 1987, pp. 113–24.

— "Perception of Old Age among Yoruba Aged", *Journal of Comparative Family Studies*, Vol. 19, No. 1, 1988, pp. 113–23.

www.helpageindiaprogramme.org

# 6

# सांप्रदायिकता, धर्म-निरपेक्षता तथा क्षेत्रीयकरण

## Communalism, Secularism and Regionalization

### साम्प्रदायिकता (Communalism)

साम्प्रदायिकता की बढ़ती हुई प्रवृत्ति और उसके साथ जुड़ी हुई हिंसा ने धार्मिक अल्पसंख्यकों और नृजातीय (ethnic) समूहों में असुरक्षा की भावना जाग्रत कर दी है। विशेषरूप से मुसलमान और सिख आने वाले समय में भेदभाव और झगड़े की संभावना से डरते हैं। यह केवल उनका भय ही हो, परन्तु राष्ट्र अपने देश की एक छठी (one-sixth) जनसंख्या को आतंक, संदेह और असुरक्षा का शिकार बनने नहीं दे सकता। 1984 और 2002 के मध्य कश्मीर, पंजाब, उत्तरप्रदेश, बिहार, गुजरात, असम, और आंध्रप्रदेश में हुई घटनाएं साम्प्रदायिक विष के विविध रूपों का प्रचुर प्रमाण देती हैं और उसके विनाशकारी परिणाम का अनुभव कराती हैं। मुसलमानों, सिखों और दूसरे धार्मिक अल्पसंख्यकों को भारत का संविधान संरक्षण प्रदान करता है और उसमें पूर्ण न्याय, सहिष्णुता, समानता और स्वतंत्रता का प्रावधान है। परन्तु इस काल में जब धार्मिक रूढ़िवाद, धर्मान्धता, असहिष्णुता और संकीर्णता की चरम सीमा पर पहुंचने वाला है, तब मुसलमानों द्वारा 'रामराज्य' की परिकल्पना की ग़लत व्याख्या करके यह अर्थ लगाया जाता है, कि यह भगवान राम का राज्य है, अर्थात्, हिन्दू राज्य। आतंकवादियों पर नज़र रखने और उन्हें धार्मिक स्थलों में रहने से रोकने के लिए पुलिस की गुरुद्वारों, दरगाहों, मस्जिदों, या अन्य पुण्य स्थानों (जैसे अमृतसर में 1985 में या श्रीनगर (कश्मीर) में नवम्बर 1993 व मई 1995 में) के पास उपस्थिति को धार्मिक मामलों में हस्तक्षेप माना जाता है। इसलिए राष्ट्र की शांति एवं एकता की क्षति को रोकने के लिए साम्प्रदायिकता और साम्प्रदायिक हिंसा की समस्या का विश्लेषण करना और उस पर विचार करना आवश्यक है। 'सम्प्रदायवाद' की परिभाषा करना आज नितान्त जरूरी है, और यह मालूम करना भी इतना ही संगत है कि 'साम्प्रदायिक' कौन है।

यदि एक हिन्दू अभिमान से कहता है, कि वह हिन्दू है, तो क्या यह साम्प्रदायिकता है? यदि एक मुसलमान कहता है, कि उसे मुसलमान होने का गर्व है और एक अच्छे मुसलमान बने रहने के लिए वह जान भी गंवा देगा, तो क्या वह साम्प्रदायिकता मानी जाएगी? जब एक अल्पसंख्यक समुदाय को लगता है (सही या ग़लत) कि उसका कई दशकों से अन्याय से दमन हुआ है और उसका शोषण और वंचन हो रहा है और वह प्रतिक्रिया दिखाता और तीखा विरोध करता है, कभी हिंसात्मक रूप से भी, तो क्या यह साम्प्रदायिकता कही जा सकती है? यदि ईसाई, बौद्ध, और पारसी अपने व्यक्तिगत और निजी जीवन अपनी इच्छा के अनुसार व्यतीत करते हैं, अपने विश्वासों और धर्म मतों के अनुसार व्यतीत करते हैं, तो क्या वे साम्प्रदायिक हैं? क्या उन हिन्दुओं को सार्वजनिक-उत्तरदायित्व से परे रखा जाए, जो मुसलमानों पर यह आरोप लगाते हैं, कि वे अपने अनाचरण और आचरण के कार्यों द्वारा उनकी

धार्मिक भावनाओं और संवेदनशीलताओं को चोट पहुंचाते हैं? क्या उन्हें यह सोचने की अनुमति दे दी जाए, कि वे केवल संख्या में अधिक होने के कारण सामाजिक नियंत्रण से परे हैं, जबकि वे स्वयं योजनाबद्ध तरीके से मुसलमानों की भावनाओं को ठेस पहुंचाते रहते हैं? क्या उन व्यक्तियों को जो एक विशिष्ट पूजा-स्थल को लेकर लड़ते हैं और हज़ारों मन्दिरों, मस्जिदों, गिरजाघरों, गुरुद्वारों और इसी प्रकार के स्थानों की ओर ध्यान नहीं देते, जो की मरम्मत और रख-रखाव के अभाव में जीर्णशीर्ण अवस्था में हैं, धार्मिक नेता कह कर पुकारा जा सकता है? क्या एक धार्मिक नेता राष्ट्र से बड़ा है? क्या धार्मिक नेताओं को साम्प्रदायिकता की परिभाषा से मुक्त कर दिया जाना चाहिए? ये सब कारक हमें 'साम्प्रदायिक' और 'साम्प्रदायिकता' की सुस्पष्ट परिभाषा को ढूंढ़ने के लिए विवश करते हैं।

## साम्प्रदायिकता की अवधारणा (Concept of Communalism)

साम्प्रदायिकता को एक विचारधारा माना जा सकता है जो कि यह बताती है, कि समाज धार्मिक समुदायों में बंटा हुआ है, जिनके स्वार्थ एक-दूसरे से भिन्न हैं और कभी-कभी उनमें पारस्परिक विरोध भी होता है। एक समुदाय के सदस्य जो दूसरे समुदाय के सदस्यों और धर्म के विरुद्ध प्रतिरोध करते हैं उन्हें 'साम्प्रदायिक' कहा जा सकता है। यह विरोध किसी विशेष समुदाय पर झूठे आरोप लगाना, क्षति पहुंचाना और जानबूझ कर अपमानित करने का रूप लेता है। इससे भी अधिक यह (विरोध) लूटना, असहाय और निर्बल व्यक्तियों के घरों और दुकानों को आग लगाना, उनकी स्त्रियों को अपमानित करना और आदमी-औरतों को जान से मार देने तक का वीभत्स रूप भी धारण कर लेता है।

'साम्प्रदायिक व्यक्ति' वे हैं जो राजनीति को धर्म के माध्यम से चलाते हैं। नेताओं में वे धार्मिक नेता 'साम्प्रदायिक' हैं जो अपने धार्मिक समुदायों को व्यापारिक उद्यम और संस्थाएं मानते हैं। जैसे ही उन्हें लगता है कि उनके पवित्र 'निगम' में चन्दा आना कम हो गया है या उनके नेतृत्व को चुनौती मिलने लगी है या उनकी विचारधारा पर संदेह प्रकट किया जाने लगा है, तो वे 'हिन्दुत्व, इस्लाम या ईसाई धर्म खतरे में है' के नारे लगवाते हैं। इस प्रकार साम्प्रदायिक व्यक्ति एक 'धार्मिक व्यक्ति' नहीं होता अपितु वह ऐसा व्यक्ति होता है जो राजनीति खेलता है, राजनीति को धर्म से जोड़कर। ये सत्ताधारी राजनीतिज्ञ अच्छे हिन्दू या अच्छे मुसलमान या अच्छे सिख या अच्छे ईसाई या अच्छे पारसी या अच्छे बौद्ध नहीं होते। उन्हें खतरनाक राजनीतिक कचरा कहा जा सकता है। उनके लिए भगवान और धर्म उपकरण मात्र हैं, जिनका उपयोग वे समाज के 'शाही पराश्रयी' (king parasites) के रूप में विलासमय जीवन बिताने और अपने राजनीतिक लक्ष्यों की प्राप्ति के लिए करते हैं। (*डे आफ्टर*, जून 1990: 35-36)

साम्प्रदायिकता का आचरण कई प्रकार से किया जाता है; उदाहरण के लिए, राजनीतिक साम्प्रदायिकता, धार्मिक साम्प्रदायिकता और आर्थिक साम्प्रदायिकता। राजनीतिक साम्प्रदायिकता चिरस्थायी या टिकाऊ राजनीतिक स्वार्थपरायणता की उपज है और इसको इस प्रकार विकसित और सुरक्षित (conserve) किया जाता है, कि जिससे अपने कुकर्म छिप जाएं और दूसरे व्यक्तियों का ध्यान इस ओर से हट जाए। इस राजनीतिक खेल योजना के अन्तर्गत कई मनगढ़न्त घटनाओं का 'पर्दाफाश' करने का नाटक रचा जाता है, जिससे ऐसा लगे कि साम्प्रदायिक अपराध के लिए प्रतिद्वन्द्वी ही दोषी है। इस राजनीतिक खेल-योजना में सदैव नेता वह कहते हैं, जो कहना नहीं चाहते और वह नहीं कहते जो कहना चाहते हैं।

टी.के. ऊमन (1989) ने साम्प्रदायिकता के छह आयाम (dimensions) बतलाए हैं: आत्मसातीकरणवादी (assimilationist), कल्याणकारी (welfarist), पलायनवादी (retreatist), प्रतिशोधवादी (retaliatory), अलगाववादी (separatist), और पार्थक्यवादी (secessionist)। *आत्मसातीकरणवादी साम्प्रदायिकता* वह है, जिसमें छोटे धार्मिक समूहों का बड़े धार्मिक समूह में समावेश/एकीकरण (assimilate/integrate) कर लिया जाता है। इस प्रकार की साम्प्रदायिकता यह दावा करती है कि सब जनजातियां हिन्दू हैं और जैन, सिख, और बौद्ध, हिन्दू विवाह अधिनियम, 1955 के अन्तर्गत आते हैं। *कल्याणकारी साम्प्रदायिकता* का लक्ष्य किसी विशेष समुदाय का कल्याण

होता है, जैसे जीवन-स्तर को सुधारना और शिक्षा एवं स्वास्थ्य का प्रबन्ध करना; उदाहरणार्थ, ईसाई संस्थाएं ईसाइयों की उन्नति के लिए काम करती हैं, या पारसी संस्थाएं पारसियों के उत्थान में कार्यरत रहती हैं। इस तरह के सामुदायिक संगठन का उद्देश्य केवल अपने समुदाय के सदस्यों के हित में कार्य करना होता है। *पलायनवादी साम्प्रदायिकता* वह है, जिसमें एक छोटा धार्मिक समुदाय अपने को राजनीति से अलग रखता है; उदाहरण के लिए, बहाई समुदाय जिसने अपने सदस्यों के लिए राजनीति में भाग लेना अवैध घोषित किया हुआ है। *प्रतिशोधपूर्ण साम्प्रदायिकता* दूसरे धार्मिक समुदायों के सदस्यों को हानि और चोट पहुंचाने का प्रयत्न करती हैं। *पृथकतावादी या अलगाववादी साम्प्रदायिकता* वह है, जिसमें एक धार्मिक समुदाय अपनी संस्कृति की विशेषता बनाए रखना चाहता है और देश में एक अलग राज्य की मांग करता है; उदाहरणार्थ, उत्तर-पूर्वी भारत में कुछ मिज़ो और नागाओं की मांग, असम में बोडों की मांग और बिहार में झारखंड की जनजातियों की मांग। अन्त में, *पार्थक्यवादी साम्प्रदायिकता* वह है, जिसमें एक धार्मिक समुदाय अपनी अलग राजनीतिक पहचान चाहता है और एक स्वतंत्र देश की मांग करता है। खालिस्तान की मांग कर रहा सिखों का एक बहुत ही छोटा उग्रवादी (militant) भाग इस प्रकार की साम्प्रदायिकता को अपना रहा है। इन छह प्रकारों की साम्प्रदायिकता में से पिछले तीन रूप समस्याएं खड़ी करते हैं और जिनके कारण आन्दोलन, साम्प्रदायिक झगड़े, आतंकवाद और बगावत उत्पन्न होते हैं।

## भारत में साम्प्रदायिकता (Communalism in India)

भारत के अनेकवादी (pluralistic) समाज में केवल धार्मिक समुदाय ही नहीं हैं जैसे, हिन्दू (80.50%), मुसलमान (13.40%), ईसाई (2.30%), सिख 1.90%), बौद्ध (0.80%), जैन (0.40%), आदि (भारत की जनगणना, 2011) हिन्दू कई संप्रदायों में बंटे हुए हैं, जैसे आर्यसमाजी, शैव, सनातनी, और वैष्णव। इसी प्रकार जहां एक ओर मुसलमान शिया और सुन्नी में बंटे हुए हैं, वहीं दूसरी ओर उनमें अशरफ (कुलीन-aristocrats), अज़लफ (जुलाहे, कसाई, खाती, तेली) और अरज़ल भी सम्मिलित हैं। हिन्दुओं और मुसलमानों के पारस्परिक संबंध एक लंबे अंतराल से तनावपूर्ण रहे हैं, जबकि हिन्दुओं और सिखों ने एक-दूसरों को कुछ वर्षों के लिए (विशेष कर 1984 से 1990 के बीच) संदेह की दृष्टि से देखना शुरू किया था। यद्यपि दक्षिण भारत के एक राज्य में हिन्दुओं और ईसाइयों, और मुसलमानों और ईसाइयों में और अब गुजरात और दक्षिण में दो राज्यों में हिन्दुओं और ईसाइयों के झगड़ों के बारे में सुना जाता है, परन्तु सब मिलाकर भारत में ईसाई यह नहीं सोचते कि दूसरे समुदाय उनका वंचना (deprivation) या शोषण करते हैं। मुसलमानों में शिया और सुन्नी अवश्य एक-दूसरे के प्रति द्वेष की भावना रखते हैं। यहां हम मुख्यतः हिन्दू-मुसलमान संबंधों और संक्षेप में हिन्दू-सिख संबंधों का विश्लेषण करेंगे।

### *हिन्दू-मुसलमान संबन्ध (Hindu-Muslim Relations)*

भारत पर मुसलमानों के आक्रमण दसवीं शताब्दी में आरम्भ हो गए थे, परन्तु मोहम्मद गज़नवी और मोहम्मद गौरी जैसे प्रारम्भिक मुसलमान विजेता धार्मिक आधिपत्य जमाने की अपेक्षा लूटने में अधिक दिलचस्पी रखते थे। उस समय जब कुतुबुद्दीन देहली का पहला सुल्तान बना, तब इस्लाम ने भारत में पैर जमाये। इसके पश्चात मुग़लों ने अपने साम्राज्य को संगठित किया और इस प्रक्रिया में इस्लाम को भी। मुग़ल शासकों द्वारा अपनाई गई नीतियों में से कुछ ने धर्म-परिवर्तन के प्रयत्न और हिन्दू मंदिरों को तोड़ कर उन पर मस्जिद बनाने जैसे कार्यों द्वारा हिन्दू और मुसलमान समुदायों के बीच साम्प्रदायिक झगड़ों को भड़काया। जब अंग्रेजों ने ईस्ट इंडिया कंपनी के माध्यम से भारत पर अपना आधिपत्य जमाया, तो उन्होंने प्रारम्भ में हिन्दुओं को संरक्षण देने की नीति अपनाई, परन्तु 1857 के प्रथम स्वतंत्रता संग्राम के पश्चात जिसमें हिन्दू और मुसलमान कंधे से कंधा मिलाकर लड़े, अंग्रेजों ने 'फूट डालो और राज करो' (divide and rule) की नीति अपनाई, जिसके फलस्वरूप साम्प्रदायिक झगड़ों

को प्रोत्साहन मिला और उनका आधिपत्य कायम रहा। हिन्दुओं और मुसलमानों के संबंध तब और अधिक तनावपूर्ण हो गए, जब स्वतंत्रता संग्राम के दौरान शक्ति-राजनीति (power politics) का प्रयोग होने लगा। इस प्रकार यद्यपि हिन्दुओं और मुसलमानों के बीच पारस्परिक विरोध एक पुराना मामला है, परन्तु भारत में हिन्दू-मुस्लिम साम्प्रदायिकता स्वतंत्रता संग्राम के दौरान अंग्रेजी शासन की विरासत है। साम्प्रदायिकता आज महत्वपूर्ण तरीके से परिवर्तित सामाजिक और राजनीतिक वातावरण में चलती है। अब यह एक ऐसी समस्या समझी जाती है, जो देश के विकास की प्रक्रिया में बाधा और विकार उत्पन्न करती है। हमारे धर्म-निरपेक्ष आदर्शों के लिए जिन पर हमारा संविधान बल देता है, यह अकेला सबसे बड़ा ख़तरा है। साम्प्रदायिक स्वार्थ साम्प्रदायिक द्वेष की आग को भड़काते रहते हैं।

हम हिन्दू-मुस्लिम साम्प्रदायिकता की उत्पत्ति और ऐतिहासिक मूल कारणों का परीक्षण करेंगे, जिससे समकालीन संदर्भ में इस तथ्य के बारे में कुछ जानकारी प्राप्त हो सके। राजनीतिक दलों, जिन्होंने स्वतंत्रता संग्राम में भाग लिया, क्या वे धार्मिक और राजनीतिक विचार और आकांक्षाएं थीं? भारतीय समाज की विविधता को देखते हुए राष्ट्रीय आंदोलन के सभी समूहों के स्वार्थों को समायोजित करना था, जैसे आर्थिक, भाषाई और धार्मिक। राष्ट्रीय अपील को विविध समूहों की एकता के लिए दो महत्वपूर्ण कारकों पर कार्य करना था : प्रथम, उपनिवेशी शासकों के शोषण से मुक्ति, और द्वितीय, समस्त नागरिकों के लिए प्रजातान्त्रिक अधिकार। क्या प्रमुख राजनीतिक दल जैसे कांग्रेस, मुस्लिम लीग, कम्युनिस्ट पार्टी और हिन्दू महासभा इन विचारों से सहमत थे? कदाचित नहीं। कांग्रेस दल की साम्प्रदायिकता और साम्प्रदायिक दलों के प्रति क्या नीति थी? इतिहासकार बिपन चन्द्र के अनुसार (*कम्युनेलिज़म इन मॉडर्न इंडिया*) कांग्रेस ने प्रारम्भ से ही 'चोटी से एकता' (unity from the top) की नीति अपनाई जिसके अन्तर्गत मध्यम वर्ग और उच्च वर्ग के मुसलमानों, जिन्हें मुसलमान समुदाय का नेता माना जाता था, को अपनी ओर करने का प्रयत्न किया गया। हिन्दू और मुसलमान दोनों की जनता की साम्राज्य विरोधी भावनाओं से सीधी अपील करने के बजाय यह उन (मध्यम और उच्च वर्ग के मुसलमान) पर छोड़ दिया गया, कि वे मुसलमान जनता को आन्दोलन में सम्मिलित करें। यह 'चोटी से एकता' उपागम साम्राज्यवाद से लड़ने के लिए हिन्दू-मुस्लिम एकता को प्रोत्साहित नहीं कर पाया। टर्की में अंग्रेज़ों के हस्तक्षेप के विरुद्ध मुस्लिम लीग द्वारा चलाया हुआ खिलाफत आन्दोलन एक धार्मिक मामले से जुड़ा हुआ था। कांग्रेस ने तो इस आन्दोलन को केवल समर्थन दिया था। जितने गंभीर प्रयत्न हिन्दू-मुस्लिम एकता के लिए 1918 और 1922 के मध्य हुए, वे हिन्दू, मुसलमान और सिख समुदायों और कांग्रेस के शीर्षस्थ नेताओं के वार्तालाप के रूप में हुए। कई बार कांग्रेस धर्म-निरपेक्ष राष्ट्रीयता की शक्तियों के एक सक्रिय संगठनकर्ता के रूप में कार्य करने के बजाय विभिन्न साम्प्रदायिक नेताओं में बिचौलिये के रूप में कार्य करती थी (*फ्रन्टलाइन*, 2-15 अप्रैल 1988: 99-104)। इस प्रकार प्रारम्भ में राष्ट्रीय नेतृत्व में यह अप्रत्यक्ष सहमति थी, कि हिन्दू-मुसलमान और सिख पृथक समुदाय हैं, जिनमें केवल राजनीतिक और आर्थिक मामलों में एकता है, परन्तु धार्मिक, सामाजिक और सांस्कृतिक प्रथाओं में नहीं। साम्प्रदायिकता के बीज इस प्रकार बीसवीं शताब्दी के प्रथम चतुर्थांश में बोये गए। फिर भी, मुस्लिम लीग और हिन्दू महासभा, संगठन के रूप में 1936 तक काफी कमज़ोर रहे। 1937 के चुनावों में मुस्लिम लीग ने प्रान्तीय विधान सभाओं में मुसलमानों के लिये कुल आरक्षित सीटों (482) में से केवल 22.0 प्रतिशत सीटें जीतीं। मुस्लिम बहुसंख्यक प्रान्तों में भी उसकी स्थिति ठीक नहीं रही। 1942 के बाद ही मुस्लिम लीग एक सशक्त राजनैतिक दल की तरह उभरी और उसने समस्त मुसलमानों की तरफ से बोलने का दावा किया। एम.ए. जिन्ना ने कांग्रेस को एक 'हिन्दू' संगठन कहा और अंग्रेज़ों ने इस दावे का अनुमोदन किया। कांग्रेस के अन्दर भी मदन मोहन मालवीय, के.एम. मुन्शी, और सरदार पटेल जैसे कुछ नेताओं ने हिन्दू-समर्थक दृष्टिकोण अपनाया। इस प्रकार कांग्रेस अपने में से साम्प्रदायिक तत्वों को निकाल नहीं पाई। पाकिस्तान का नारा मुस्लिम लीग ने लाहौर में सर्वप्रथम 1940 में दिया। मुस्लिम जनता के विभिन्न समूहों में पाकिस्तान के बारे में विभिन्न मत थे।

मुसलमान कृषकों के लिये पाकिस्तान का अर्थ था, हिन्दू ज़मींदार के शोषण से मुक्ति; मुसलमान व्यापारी वर्ग के लिये उसका मतलब था सुव्यवस्थित हिन्दू व्यापारिक तंत्र से छुटकारा; मुसलमान बुद्धिजीवी वर्ग के लिये उसका अर्थ था, बेहतर रोज़गार के अवसर। बाद में जब कांग्रेस नेताओं ने 1946 में विभाजन की स्वीकृति दे दी, तो उससे 1947 में लाखों की संख्या में हिन्दुओं, मुसलमानों और सिखों का रक्तपात और हत्याकाण्ड की वीभत्सता में उनका विस्थापन (displacement) हुआ। लगभग दो लाख व्यक्तियों का 1947 के विभाजन दंगों में मारे जाने का अनुमान है और लगभग 60 लाख मुसलमान और साढ़े चार लाख हिन्दू और सिख शरणार्थी हो गए। विभाजन के बाद भी कांग्रेस साम्प्रदायिकता पर काबू नहीं पा सकी। इसलिये यह कहा जा सकता है, कि भारत में हिन्दू-मुस्लिम साम्प्रदायिकता के राजनीतिक-सामाजिक स्रोत थे और उनमें झगड़े के लिये केवल धर्म ही कारण नहीं था। आर्थिक स्वार्थ और सांस्कृतिक और सामाजिक रीति-रिवाज़ (जैसे त्योहार, सामाजिक प्रथाएं, और जीवन शैलियां) भी कारक थे, जिन्होंने दोनों समुदायों को और विभाजित किया।

आज भारत में मुसलमान दूसरा सबसे बड़ा धार्मिक समुदाय है और विश्व में दूसरे सबसे बड़े मुस्लिम अल्पसंख्यक हैं। लगभग 138 करोड़ मुसलमान हमारे देश के सब भागों में फैले हुए हैं। जम्मू और कश्मीर, असम और पश्चिम बंगाल जैसे कुछ राज्यों में हिन्दू जनसंख्या की तुलना में मुस्लिम अनुपात अधिक है (6: 1)। मुसलमान भी भाषा, संस्कृति और सामाजिक-आर्थिक स्थितियों में इतने ही भिन्न हैं, जितने कि हिन्दू। उत्तरप्रदेश के मुसलमानों और केरल या जम्मू और कश्मीर के मुसलमानों में कोई समानता नहीं है। उनको मिलाने वाला कारक केवल धर्म है, यहां तक कि उनकी भाषा भी एक नहीं है। यद्यपि 13.4 प्रतिशत भारतीय मुसलमान हैं, उनमें से केवल 5.0 प्रतिशत उर्दू बोलते हैं और सब उर्दू बोलने वाले मुसलमान नहीं हैं। सूक्ष्म अवलोकन (closer look) से यह स्पष्ट है, कि 16 शहर जो हिन्दू-मुस्लिम दंगों के लिए अति संवेदनशील (susceptible) हैं वे हैं : उत्तरप्रदेश में मुरादाबाद, मेरठ, अलीगढ़, आगरा और वाराणसी; महाराष्ट्र में औरंगाबाद; गुजरात में अहमदाबाद; आन्ध्र प्रदेश में हैदराबाद; बिहार में जमशेदपुर और पटना; असम में सिलचर और गुवाहाटी, पश्चिम बंगाल में कलकत्ता; मध्यप्रदेश में भोपाल; जम्मू और कश्मीर में श्रीनगर; और उड़ीसा में कटक। इन शहरों में 11 भारत के उत्तरी क्षेत्र में आते हैं, तीन पूर्वी क्षेत्र में और दो दक्षिण के क्षेत्र में। जम्मू और कश्मीर और लक्षद्वीप को छोड़कर जहां मुसलमान नागरिकों की जनसंख्या सर्वाधिक है, असम (30.90%), पश्चिम बंगाल (25.20%), केरल (24.70%), उत्तर प्रदेश (18.50%) तथा बिहार (16.50%) (*भारत की जनगणना,* 2011)। क्या यह माना जा सकता है, कि भारत के दक्षिण में मुसलमान सांस्कृतिक दृष्टि से अधिक मिलेजुले हैं, क्योंकि उनकी व्यापार और वाणिज्य में भागीदारी है, जिससे सब समुदायों के साथ सद्भाव आवश्यक हो जाता है? परन्तु ऐसा तो उत्तरप्रदेश के पांच नगरों में भी है। इसलिए हमें इस तथ्य के लिए कोई दूसरा कारण ढूंढ़ना पड़ेगा।

हिन्दू-मुस्लिम विद्वेष (antagonism) अनेक पेचीदा कारकों के घालमेल (complex set of factors) के कारण हो सकता है। ये कारक हैं : (1) मुस्लिम आक्रमण जिनमें आक्रमणकारी धन लूटते थे और हिन्दू मंदिरों पर/के समीप मस्ज़िदें बनाते थे। (2) अंग्रेजों का अपने शाही शासन के दौरान अपने स्वार्थों के लिए मुस्लिम अलगाववाद को प्रोत्साहन। (3) विभाजन के पश्चात भारत में कुछ मुसलमानों का व्यवहार जिन्होंने क्रिकेट मैच में पाकिस्तान टीम की जीत के बाद पाकिस्तानी झंडा फहराया और कुछ मुसलमानों के आह्वान पर राष्ट्रीय स्वतंत्रता दिवस को 'काले दिन' के रूप में मनाया जाना जिसके परिणामस्वरूप बहुसंख्यक समुदाय में यह भावना उत्पन्न हुई, कि मुसलमान देशभक्त नहीं हैं। मुसलमान की एक रूढ़िबद्ध छवि जो भारतीय मानस में घर किए हुए है, वह एक धर्मान्ध, अंतर्मुखी बाह्य समुदाय की है। इसी प्रकार मुसलमान एक हिन्दू को चालाक और शक्तिशाली अवसरवादी समझता है जो उसे उत्पाड़ित (victimise) करता है और अपने को मुख्यधारा (main stream) से विमुख समझता है। (4) देश में अपना स्थान बनाने के लिए मुस्लिम राजनीतिक दलों में

एक नई आक्रामकता। इसकी कई चर्चाएं हैं, कि कुछ मुसलमान उग्रवादी 'विदेशी पैसा' प्राप्त कर रहे हैं, विदेशी एजेन्ट बने हुए हैं, एक सुव्यवस्थित योजना के द्वारा देश के धर्म-निरपेक्ष आदर्श को कलंकित करने में लगे हुए हैं, और मुसलमानों को भड़काने की कोशिश कर रहे हैं। (5) मुसलमानों में एकता लाने और उनकी समस्याओं को सुलझाने में मुस्लिम नेता कदाचित इस कारण असफल हुए हैं, क्योंकि पश्चिम एशिया और पाकिस्तान में व्याप्त मुस्लिम कट्टरवादिता ने उन्हें प्रभावित किया है और इस कारण उनमें कुण्ठाएं उत्पन्न हो गई हैं। मुस्लिम नेताओं ने मुसलमानों की संख्या (numerical strength) का अनुचित लाभ उठाया है (विशेषरूप से केरल और यू.पी. में), अदला-बदली के सौदे किए हैं, जिससे कि उन्हें लोकसभा और विधानसभा में कुछ सीटें मिल जाएं, और उन्हें और उनके मित्रों को शक्ति और धन की प्राप्ति हो जाए। (6) सरकार भी मुसलमानों की उपेक्षा करने की जिम्मेदार है। इनका बहुत बड़ा भाग अपने को अलग-थलग मानता है और इस कारण वे मतलबी नेताओं के तत्पर शिकार हो जाते हैं। सत्ता प्राप्त अभिजन (elite) केवल धार्मिक मैत्री का पाठ पढ़ाते हैं और उन्हें मुसलमानों की समस्याओं की कोई जानकारी नहीं है। हिन्दू नेतृत्व केवल उन मुसलमान नेताओं से सम्पर्क रखता है, जो कि उनकी बात मानते हैं।

कोई आश्चर्य नहीं कि भारतीय मुसलमान अपने भविष्य को 'हम' बनाम 'वे' ('us' versus 'they') का प्रश्न मानते हैं। जब कभी वे अपनी मांगें सामने रखते हैं, जैसा कि समाज का कोई भी खण्ड अपनी शिकायतों को व्यक्त करने के लिए करेगा तो वह अधिकतर हिन्दू-मुस्लिम हिंसा की ज्यादती के रूप में फट पड़ता है और इसके पश्चात यह आरोप लगाया जाता है, कि इसमें विदेशी हाथ है। मुस्लिम समस्या को क्या केवल साम्प्रदायिक समस्या ही समझा जाए? क्या यह सच नहीं है कि हिन्दू-मुस्लिम मामला तमिलनाडु के ब्राह्मण-विरोधी आंदोलनों का, यू.पी., बिहार और कुछ अन्य राज्यों में अन्तरजातीय झगड़ों, या असम में बंगाली-असमियों के झगड़ों या महाराष्ट्र में मराठी बनाम गैर-मराठी झगड़ों से भिन्न नहीं है? समस्या वास्तव में सामाजिक और आर्थिक परिवर्तन की है।

हिन्दू उग्रवादी यह कहते हैं, कि इस देश में मुसलमानों की ओर अधिक ध्यान दिया जा रहा है। 1992-93 के राम जन्मभूमि-बाबरी मस्जिद के मसले ने साम्प्रदायिक सद्भाव के संतुलन को और भी गड़बड़ा दिया है। कांग्रेस से उम्मीदें छोड़ने के उपरान्त मुसलमानों का जनता दल में विश्वास हो गया था (1990)। परन्तु जनता दल के टूटने से और जनता दल (एस.) के सत्ता में आने से (नवम्बर 1990) और उसके पश्चात राजीव गांधी की हत्या (मई 1991) से और नवम्बर 1993 के चुनाव में भारतीय जनता पार्टी का चार राज्यों (राजस्थान, मध्यप्रदेश, उत्तरप्रदेश व हिमाचल प्रदेश) में और 1999 में केन्द्र में पुनः सत्ता में आने से भ्रांतियां उत्पन्न हुई हैं। मुसलमान अपनी सुरक्षा और बचाव के लिए आज कहीं अधिक चिन्तित हैं।

## *हिन्दू-सिख साम्प्रदायिकता (Hindu-Sikh Communalism)*

सिख भारत की जनसंख्या के 2 प्रतिशत से भी कम (1.9 करोड़) हैं, यद्यपि ये पूरे देश में दूर-दूर तक फैले हुए हैं। उनका सबसे बड़ा केन्द्रीयकरण पंजाब में है, जहां वे बहुमत में हैं। सिख धर्म का आरम्भ हिन्दू धर्म के सिद्धान्तों के विरुद्ध एक सुधार आंदोलन के रूप में हुआ था। दसवें गुरु के बाद सिखों में गुरुओं की परंपरा समाप्त हो गई और ग्रंथ साहब को सर्वाधिक आदर दिया जाने लगा। सिखों के पूजा स्थल सिख महन्तों के नियन्त्रण में रहे हैं, जिनमें से कुछ ने अपने पद का दुरुपयोग किया और निजी सम्पत्ति जोड़ी। बीसवीं शताब्दी के प्रारंभिक वर्षों में कुछ युवा सिखों ने सिख महन्तों के आधिपत्य (monopoly) के विरुद्ध एक आन्दोलन शुरू किया। ये व्यक्ति-जिन्हें अकाली कहा जाता है-चाहते थे कि पूजा स्थलों का प्रबन्ध लोकतांत्रिक ढंग से चुने गए प्रतिनिधियों की संस्था के हाथ में हो। जब सिखों ने गुरुद्वारों को भ्रष्टाचारी महंतों के चंगुल से छुड़ाने के लिए एक कड़ा संघर्ष किया, तो 1925 में एस.जी.पी.सी. (सिख गुरुद्वारा प्रबन्धक कमेटी) का जन्म हुआ। प्रारम्भ से ही एस.जी.पी.सी. अत्यन्त शक्तिशाली रही है। उसके अध्यक्ष श्री तोहड़ा जो 1986 में केवल छह महीने छोड़ कर 18 वर्षों तक इसके अध्यक्ष रहे, ने नवंबर, 1990 में अध्यक्षता

का पद त्याग दिया था, परन्तु पुनः नवम्बर 1991 और फिर नवम्बर 1993 में अध्यक्ष का कार्यभाल संभाल कर 1999 तक सत्ता में रहे। उन्होंने सिखों के मामलों में सदैव एक प्रमुख भूमिका निभाई है। उन्हें पंजाब का मुख्यमंत्री बनाने वाला और हटाने वाला तक कहा जाता था। 1991 तक कोई भी अकाली उनकी मदद के बिना नहीं ठहर सकता था। 1992-93 में मुख्यमन्त्री द्वारा पंजाब में उग्रवादियों व आतंकवाद की समस्या का समाधान करने के पश्चात तोहड़ा की शक्ति अब कम हो गयी है।

एक दूसरे सिख समूह ने, जो निरंकारी कहलाता है, सिख धर्म में घुस आए मतान्धों (dogmas), कर्मकाण्डों (rituals) और परंपराओं के विरुद्ध आन्दोलन शुरू किया। इस प्रकार निरंकारी आन्दोलन एक सुधार आन्दोलन था (विशुद्ध रूप से धार्मिक) जो सिखों की पूजा पद्धति में हिन्दू धर्म की प्रथाओं के प्रवेश के विरुद्ध था। उसने कई देवताओं की पूजा बंद करने पर बल दिया और कर्मकाण्डों और संस्कारों में सादगी, आडंबरहीनता और पवित्रता को पुनः चालू किया। निरंकारी सिख धर्म में 1943 तक रहे, उसके बाद तनाव पैदा हो गया। अविभाजित अकाली दल ने मास्टर तारासिंह के नेतृत्व में 1973 में सिखों द्वारा शासित स्वायत्तशासी (autonomous) पंजाब की मांग की। अक्टूबर 1973 में अकालियों ने एक प्रस्ताव पारित किया, जो अब आनन्दपुर प्रस्ताव के नाम से लोकप्रिय है। उसमें उन्होंने 45 मांगें रखीं। तत्पश्चात अकाली उग्रवादियों और नरमपंथियों में बँट गए। एक उग्रवादी समूह जरनैल सिंह भिंडरावाले के नेतृत्व में अस्सी के दशक के प्रारंभ में एक शक्तिशाली समूह के रूप में उभरा। प्रारम्भ में उसने सिख धर्म को पवित्र करने के उद्देश्य से निरंकारियों के विरुद्ध आन्दोलन चलाया, परन्तु अन्त में उसने सिखों के अलगाववाद का आन्दोलन शुरू किया और खालिस्तान की मांग रखी। यद्यपि सिखों का एक छोटा भाग अभी भी इस मांग के लिए काम कर रहा है, किन्तु अकालियों का बहुमत एक ऐसे राज्य के पक्ष में है, जिसमें केन्द्र का अधिकार केवल सुरक्षा, विदेशों से संबंध, संचार, रेलवे और मुद्रा तक ही सीमित हो।

सिख आंदोलन जो अस्सी के दशक के प्रारम्भ में हुआ और जब एक स्थानीय संपादक की हत्या हुई, श्रीनगर की उड़ानों पर एक वायुयान का अपहरण हुआ और एक कल्पित राष्ट्र, खालिस्तान के लिए पासपोर्ट जारी किए गए, तब से यह आन्दोलन तेजी पकड़ने लगा। हत्याओं और गोलियों की संख्या बढ़ने लगी और सिखों का विरोध संगठित उग्रवादी एवं अधिकाधिक हिंसक हो गया। 1984 में जब अमृतसर के स्वर्ण मन्दिर में उग्रवादी सिखों द्वारा इकट्ठे किए गए हथियारों को ज़ब्त करने और आतंकवादियों को निकालने के लिए पुलिस ने गुरुद्वारे में 'ऑपरेशन ब्लूस्टार' योजना के अन्तर्गत प्रवेश किया तो यह सिखों से सहा नहीं गया और अनेक सिख सरकार (और कुछ हिन्दुओं) के विरुद्ध हो गए। फिर अक्टूबर 1984 में जब इन्दिरा गांधी की हत्या के उपरान्त दिल्ली आदि शहरों में हज़ारों सिखों की हत्या की गयी व उनके मकान व दुकान आदि जलाए गए, तो उनमें इतना आक्रोश पैदा हो गया, कि कुछ आतंकवादी सिखों ने ट्रेन और बसों में यात्रा करने वाले हिन्दुओं को चुन-चुन कर मार डाला। मई 1988 में जब अमृतसर में स्वर्ण मन्दिर में पुनः "ऑपरेशन ब्लैक थन्डर" योजना द्वारा अनेक उग्रवादियों को दस दिन के घेरे के उपरान्त समर्पण करने के लिए मजबूर किया गया, तब सिख उग्रवादियों ने बहुत से शहरों में बम विस्फोट किए। कनाडा से भारत आने वाले एक जहाज़ को बम विस्फोट के द्वारा उड़ा कर सैकड़ों हिन्दुओं को मार डाला गया। बहुत से हिन्दू पंजाब से भाग कर अन्य राज्यों में बस गए।

अतः लगभग नौ-दस वर्ष हिन्दू-सिख समुदायों के सम्बन्धों में अविश्वास/विरोध/ वैमनस्य बना रहा। पर पंजाब में आतंकवाद की समस्या के लगभग समाप्त होने के उपरान्त अब दोनों समुदायों के सम्बन्ध पहले जैसे सामान्य और सौहार्दपूर्ण हो गए हैं।

### *नृजातीय हिंसा (Ethnic Violence)*

हिन्दू-मुस्लिम झगड़ों और हिन्दू-सिख झड़पों और तनाव के अलावा हमें विभिन्न नृजातियों के बीच संबंधों के बारे में क्या लगता है, जैसे सिन्हालियों और तमिलों के बीच या असमियों और गैर-असमियों के बीच सन् 2000 में या फिजी में 44 प्रतिशत भारतीयों और 56 प्रतिशत फिज़ी निवासियों के

बीच? असम में लगभग 150 वर्षों तक राज्य का आर्थिक विकास राज्य के बाहर से लाए हुए मजदूरों और उद्यमियों से हुआ। इस 150 वर्ष के अन्तराल में असम तथा कथित 'बाहर से आए हुए व्यक्तियों' की कई पीढ़ियों का घर बन चुका है। इन व्यक्तियों का असम की धरती के अलावा न कोई घर है और न कोई जमीन। कुछ तो वस्तुतः अमीर हो गए हैं परन्तु अधिकांश अत्यधिक गरीब हैं। असमियों (अहोर्स-Ahors) की जनसंख्या ने अब राष्ट्रीयता का प्रश्न उठाया है। ऑल असम स्टूडेन्ट्स यूनियन (AASU) और ऑल आसाम गण संग्राम परिषद (AGSP) (जिसने एजीपी को राजनीतिक दल के रूप में जन्म दिया) ने भ्रमित होकर बाहर से आए हुए व्यक्तियों को विदेशी कहा (जिनमें बांग्लादेश से आए हुए बंगाली शरणार्थी भी थे)। विदेशी (बाहिरागाट) जो अवैध रूप से घाटी में छिपे हुए थे, उनकी संख्या के काल्पनिक आंकड़े पेश किए गए। एक चरण में इन्हें पचास लाख बतलाया गया तो दूसरे चरण में साठ लाख और फिर एक और चरण में इन्हें सत्तर लाख कहा गया। असम को विदेशियों से मुक्त कराने के मुद्दे ने राज्य को छह वर्ष तक बंदी बना कर रखा - 1979 से असम समझौते तक जो 15 अगस्त 1985 में हुआ। बोडो, बंगालियों, मारवाड़ियों और ग़ैर-असमी मुसलमानों के विरुद्ध नफरत फैलाई गई। इस अलगाववादी आन्दोलन ने हज़ारों निर्दोष व्यक्तियों की जानें लीं। नौगांव जिले के नीली क्षेत्र में और उसके आसपास दस गांवों में 1,383 स्त्रियों, बच्चों और कुछ पुरुषों की हत्या इस नृजातीय हिंसा का एक भाग था। AGSP जो 1985 और 1990 के बीच सत्ता में रही इस नृजातीय तनाव को नहीं रोक पाई।

उल्फा (ULFA) उग्रवादियों ने राज्य में एक आन्दोलन छेड़ा और कोई आश्चर्य नहीं कि चुनाव, जो जनवरी 1991 में होने थे, के बजाय राज्य में नवम्बर, 1990 में राष्ट्रपति शासन लागू कर दिया गया। फौज और सुरक्षा बलों ने विद्रोहियों को पकड़ने और हथियार बरामद करने के लिए एक अभियान आरम्भ किया। राष्ट्रपति शासन 30 जून 1991 में हटा लिया गया, जब राज्य में कांग्रेस (आई) ने सत्ता संभाली। परन्तु उल्फा (ULFA) उग्रवादियों ने नई सरकार के सत्ता संभालने के पहले ही दिन 14 सरकारी कर्मचारियों का जिनमें ओ.एन.जी.सी. के आठ शीर्ष अधिकारी थे, को राज्य के विभिन्न भागों से अपहरण करके झटका दिया। उग्रवादियों के अभी तक समझ में नहीं आया है, कि असम दूसरे अन्य राज्यों की भांति है, और वह भारत के सभी वैध नागरिकों का है, चाहे वे कोई भी भाषा बोलते हों, किसी भी धर्म का पालन करते हों, और किसी भी प्रकार के संस्कारों और कर्मकाण्ड (rituals) में विश्वास रखते हों।

बोडो – एक जनजाति जो सन् 1947 की असम की कुल जनसंख्या के 49 प्रतिशत भाग थे तथा सन् 2011 में मात्र 5.5 प्रतिशत के लगभग रह गए तथा जिन्होंने सन् 1825 तक असम पर शासन किया था – अब स्वायत्तता की मांग कर रहे हैं। यद्यपि 20 फरवरी, 1933 के दिन असम सरकार तथा अखिल बोडो छात्र संघ (ABSU) के प्रतिनिधित्व वाले बोडो नेतृत्व के द्वारा एक समझौते पर हस्ताक्षर कर दिए गए थे, किन्तु अभी तक इस समस्या का समाधान नहीं किया जा सका है। बाद में, फरवरी 2003 में बोडोलैंड स्वायत्तता परिषद् (BSC) के प्रावधान किए जाने के साथ ही एक अन्य समझौते पर भी हस्ताक्षर किए गए, किन्तु बोडो नेता तथा राज्य सरकार सीमा तथा लगभग 3000 गांवों को बोडोलैंड स्वायत्तता परिषद् को सौंपे जाने के मुद्दे पर किसी भी सहमति पर पहुंच पाने में विफल रहे। बोडो स्वदेशी जनजातियों के ऊपर असमी भाषा को थोपा जाना भी नहीं चाहते। सन् 1960, 1970 तथा 1980 के दशकों में बोडो आंदोलन अनियमित अंतरालों पर संचालित किए जाते रहे थे किन्तु आज इसने गति पकड़ ली है। बोडो लोग अब एक संघ शासित क्षेत्र, जिसे 'उदयाचल' कहा जा रहा है, की मांग कर रहे हैं। 30 दिसम्बर, 1996 को असम में ब्रह्मपुत्र मेल में किए गए बम विस्फोट (जिसमें 32 लोग मारे गए थे तथा 49 घायल हुए थे) तथा दिसम्बर 1996 के अंतिम सप्ताह में निचले असम में बोडो विद्रोहियों के द्वारा सड़क एवं रेल पुलों को उड़ा दिए जाने जैसी हिंसक गतिविधियां विद्रोहियों को प्राप्त हो रहीं घरेलू तथा 'विदेशी' सहायता तथा उग्रवादी गतिविधियों को रोके जाने के लिए सरकार के द्वारा कठोर कार्यवाही किए जाने की आवश्यकता की ओर इशारा करती हैं।

गैर-बोडो अदिवासियों पर किए गए हमलों में बोडो उग्रवादी मई 1996 में संथाल जनजातीय लोगों के विरुद्ध किए गए एक जातीय नरसंहार में संलिप्त रहे थे। हिंसा उस समय भड़क उठी थी, जब असम विधान परिषद् के लिए अप्रैल 1996 में कराए जा रहे चुनावों के दौरान एक संथाल कांग्रेसी नेता की कुछ विद्रोहियों के द्वारा हत्या कर दी गई थी और बदले की कार्यवाही में संथालों ने तीन बोडो बालिकाओं को मार डाला था। इसने बोडो लोगों को क्रोधोन्मत्त कर दिया, जिन्होंने अनेक संथाल गांवों को जला कर खाक कर दिया। मरने वालों की संख्या को 50 से ऊपर होना सूचित किया गया था। एक दृष्टिकोण यह था, कि अप्रैल के चुनावों के एक महीने पहले ही असम में कुछ कांग्रेसी प्रत्याशियों के द्वारा झारखंड तथा बिहार से कुछ ऐसे संथाल उग्रवादियों को वहाँ ले आया गया था, जिन्होंने उन बोडो लोगों पर हमले करने प्रारंभ कर दिए थे, जो पीपुल्स डेमोक्रेटिक फ्रंट ऑफ बोडोलैंड (PDFB) के प्रत्याशियों का समर्थन कर रहे थे। बोडो नेताओं ने यह भी दावा किया था, कि कांग्रेस नेता बोडो लोगों के द्वारा की गई राज्य का दर्जा दिए जाने की मांग को प्रभावहीन बनाए जाने के लिए बिहार से संथालों को वहां लाए थे। संथाल जनजाति के इन लोगों ने बोडो लोगों की कृषि भूमियों पर अतिक्रमण करना प्रारंभ कर दिया। बोडो लोगों के द्वारा संथालों पर किए गए हिंसक हमलों के बाद से एक लाख से भी अधिक संथालों एवं बोडो लोगों के द्वारा दो जिलों में अपने गांवों को खाली कर दिए जाने को सूचित किया जा चुका है। सरकार ने 16 राहत शिविरों को स्थापित किया है, ताकि इन दो जनजातीय समूहों के शरणार्थियों की देखभाल की जा सके। इस प्रकार, हिंसा का कारण आंशिक तौर पर राजनीतिक तथा आंशिक तौर पर जातीय था।

बिहार में बेल्ची, पंतनगर, जमशेदपुर, नारायणपुर, दोहिया, पारसबीघा, और यू.पी., और दूसरे राज्यों के गांवों में जाति को लेकर हुए हत्याकांडों को हम कैसे समझाएंगे? सामुदायिक हिंसा की कुछ घटनाएं ऊंची जातियों और निम्न जातियों में तनाव के कारण हुईं, जबकि अन्य ज़मीन के झगड़ों के कारण। हत्या और बलात्कार की ज्यादतियों और मारपीट, लूटने और आगज़नी की घटनाएं कई प्रकार से राजनीतिक नेताओं द्वारा भी अपने स्वार्थवश करवाई जाती हैं।

लिब्रेशन टाइगर्स ऑफ तमिल ईलम (LTTE) जैसे बड़े विद्रोही समूह के नेता वेलूपिल्लई प्रभाकरण की मृत्यु हो जाने के बाद भी श्रीलंका में जातीय हिंसा अभी भी जोर पकड़े हुए है। उत्तर-पूर्वी प्रान्त में तमिल बहुमत के भविष्य के प्रश्न को लेकर एलटीटीई (लिबरेशन टाइगर्स ऑफ तमिल ईलम) सिंहली सरकार और फौज के साथ लड़ रहा है, इंडियन पीस कीपिंग फोर्स (IPKF) के हस्तक्षेप की परवाह नहीं की और उसकी वापसी की मांग कर उन्हें वापस भारत आने पर मज़बूर किया है। अंग्रेज़ उन्नीसवीं शताब्दी में मद्रास के विभिन्न भागों से दस लाख से अधिक तमिल मज़दूरों को रोज़गार की आकर्षक शर्तों का वादा करके चाय और काफी के बग़ीचों में काम करने के लिये श्रीलंका ले गए थे। तमिलों ने श्रीलंका की समृद्धता के लिये एक सौ वर्ष से अधिक श्रम किया, परन्तु 1948-49 में सिन्हलियों की सरकार ने कठोर नागरिकता कानून बनाए, जिन्होंने उन्हें नागरिकता से वंचित कर दिया। पिचहत्तर सदस्यों वाली श्रीलंका की पार्लियामेन्ट में उनका प्रतिनिधित्व घटकर आठ रह गया। इस मामले में तमिलों और सिन्हलियों की सरकार में चर्चा चलती रही और 1964 में भारत और श्रीलंका की सरकारों के बीच एक समझौता हुआ (जिसे श्री मावो-शास्त्री समझौता कहा जाता है) जिसके तहत सवा पांच लाख तमिलों को भारत वापस भेजा जाना था और श्रीलंका को 15 वर्ष के अन्तराल में तीन लाख तमिलों को नागरिकता प्रदान करनी थी। इस सब के बावजूद भी डेढ़ लाख तमिल नागरिकता से वंचित रह जाते थे। कुछ समय बाद दोनों सरकारों के बीच एक और समझौता हुआ, जिसके अन्तर्गत प्रत्येक को 50,000 नागरिकताहीन तमिलों को और लेना था। परन्तु 1976 से श्रीलंका सरकार समझौते में 15 वर्ष की अवधि के प्रावधान को बराबर बढ़ाती रही। भारत ने 1982 में इस अवधि को और बढ़ाने से मना कर दिया। सिन्हलियों के भारतीयों के विरुद्ध विद्रोह और बढ़ती हुई नृजातीय हिंसा ने स्थिति को और अधिक खराब कर दिया। तमिलों का दावा है, कि उनके समुदाय के व्यक्तियों की

सामूहिक हत्याएं हुई हैं, उनके कारखानों, होटलों और दुकानों को आग लगा दी गई और सिन्हली सिपाहियों ने उनको यातनाएं दीं। भारत-श्रीलंका समझौते पर इस परिप्रेक्ष्य में जुलाई, 1987 में हस्ताक्षर हुए और इन्डियन पीस कीपिंग फोर्स (IPKF) को श्रीलंका में शान्ति बनाए रखने को भेजा गया। शांति को पुनः स्थापित करने और श्रीलंका को अस्पतालों, बिजली घरों और स्कूलों को चलाने में सहायता देने में 1,100 भारतीय जवान और अफसर हताहत हुए और 30,000 ज़ख्मी हो गए। तथापि, श्रीलंका के नए राष्ट्रपति ने IPKF की धीरे-धीरे वापसी की मांग की और आईपीकेएफ सभी जवान 1990 में वापस भारत बुला लिये गए। परन्तु तमिलों की अपने अधिकारों के लिये लड़ाई जारी है और नृजातीय हिंसा अभी भी व्यापक है। सन् 2000 में LTTE के साथ लड़ाई रोकने के लिए भारत सरकार ने श्रीलंका में हस्तक्षेप करने से साफ इन्कार किया।

## साम्प्रदायिक हिंसा (Communal Violence)

### अवधारणा (Concept)

साम्प्रदायिक हिंसा की समस्याएं और विशेषताएं विद्यार्थी आंदोलनों, श्रमिकों की हड़तालों, और किसानों के आंदोलनों में हिंसा की समस्याओं और विशेषताओं से भिन्न हैं। अवधारणा के स्तर पर हमें साम्प्रदायिक हिंसा और आंदोलनों (agitations) और आतंकवाद (terrorism) और राज्य प्रतिरोध और विद्रोह (insurgency) में अन्तर करना चाहिए। यह अन्तर छः स्तरों पर देखा गया है : जन संग्रहण (mass mobilization) और हिंसा की मात्रा, सम्बद्धता की मात्रा, आक्रमण का लक्ष्य, दंगों का यकायक भड़क उठना (flare-ups), नेतृत्व और दंगों से पीड़ित व्यक्ति और उसके परिणामों के अनुभव (सिंह, 1990)।

आंदोलनों में जनसंग्रह (mass mobilization) जुलूसों, प्रदर्शनों और घेरावों के रूप में विरोध प्रकट करने और शिकायतों एवं मांगों को प्रस्तुत करने के लिए किया जाता है। साम्प्रदायिक हिंसा में व्यक्तियों का संग्रहण दूसरे समुदाय के विरुद्ध किया जाता है। इसमें आन्दोलनों के बारे में पहले से जानकारी नहीं मिलती (unpredictable), वे अनियंत्रित होते हैं और इनमें एक भावनात्मक रोष और हिंसात्मक अभिव्यक्ति होती है, जो दंगों का रूप धारण कर लेती है।

हिंसा की मात्रा (degree of violence) और हिंसा करने के तरीके भी आंदोलनों और साम्प्रदायिक दंगों में भिन्न होते हैं। आतंकवाद में जनसमर्थन निष्क्रिय, अप्रकट और गुप्त होता है। यह मान कर कि राज्य विद्रोह असंभव है, कुछ ही ऐसे सक्रिय, सशस्त्र उग्रवादी गुट होते हैं, जो योजनाबद्ध तरीके से हिंसा का प्रयोग करते हैं। राज्य विद्रोह में जनसमर्थन राजनीतिक व्यवस्था में परिवर्तन लाने के लिए संगठित किया जाता है। इसके विपरीत साम्प्रदायिक हिंसा में जन समर्थन सामाजिक व्यवस्था के प्रति रोष व्यक्त करने के लिए संगठित किया जाता है। राज्य विद्रोह में प्रशिक्षित गुट भाग लेते हैं, जबकि साम्प्रदायिक दंगों में अप्रशिक्षित लोग लिप्त होते हैं। राज्य विद्रोह में जनता में प्रचार शासन के विरुद्ध होता है, जबकि साम्प्रदायिक दंगों में वह सामाजिक पक्षपात, सामाजिक उपेक्षा और सामाजिक एवं धार्मिक शोषण के विरुद्ध होता है।

सम्बद्धता की मात्रा (degree of cohesion) भी साम्प्रदायिक हिंसा, आन्दोलन, आतंकवाद और राज्य विद्रोह में भिन्न-भिन्न होती है। साम्प्रदायिक दंगे की स्थिति में सम्बद्धता की ऊंची मात्रा शत्रुता, तनाव और जनसंख्या के ध्रुवीकरण के कारण होती है, जबकि आन्दोलनों में वह स्वार्थ के युक्तिकरण पर आधारित है। आतंकवाद और राज्य विद्रोह में संबद्धता सक्रिय कार्यकर्ताओं और उनके नेता के बीच होती है; जनता में यह इसकी तुलना में कम होती है।

राज्य विद्रोह और आतंकवाद में आक्रमण का लक्ष्य सरकार होती है। आन्दोलनों में वह सत्ताधारी समूह होती है और साम्प्रदायिक हिंसा में 'शत्रु' समुदाय के सदस्य उसके लक्ष्य होते हैं। कभी-कभी आंदोलनों और साम्प्रदायिक दंगों में हिंसा का प्रयोग सरकारी सम्पत्ति को लूटने और जलाने में किया

जाता है। असामाजिक तत्वों को आन्दोलनों और साम्प्रदायिक दंगों में खुली छूट मिल जाती है, परन्तु आतंकवाद और राज्य विद्रोह में ऐसा नहीं होता। राज्य विद्रोह और आतंकवाद में जिन शस्त्रों का उपयोग किया जाता है, वे आंदोलनों और साम्प्रदायिक झगड़ों में किए जाने वाले शस्त्रों से अधिक आधुनिक और परिष्कृत (sophisticated) होते हैं।

साम्प्रदायिक दंगों का यकायक भड़क उठना (flare-up) विशेष सामाजिक ढांचे तक सीमित रहता है, जबकि राज्य विद्रोह और आतंकवाद में यह अनियमित और अनिश्चित होता है। आंदोलनों में उपद्रव किन्हीं विशेष ढांचों को लेकर नहीं होते, अपितु विदित वंचनों और व्यक्तियों के संगठन पर आधारित होते हैं।

आतंकवाद राज्य-विद्रोह और आंदोलनों में नेतृत्व आसानी से पहचाना जा सकता है, परन्तु साम्प्रदायिक दंगों में सदैव नहीं। साम्प्रदायिक दंगों में ऐसा कोई नेतृत्व नहीं होता जो दंगे की स्थिति को नियन्त्रित कर सके अथवा उसे रोक सके। दूसरी ओर आंदोलनों, आतंकवाद और राज्य विद्रोह में जो कुछ होता है, वह नेताओं के निर्णय के अनुरूप होता है, और स्थिति पर उनका प्रभावी नियंत्रण रहता है।

अन्त में, साम्प्रदायिक हिंसा के परिणाम (aftermath) होते हैं : तीव्र शत्रुता, पूर्वाग्रह और एक समुदाय के दूसरे के प्रति पारस्परिक शक। आन्दोलनों में मानव हानि तुलनात्मक दृष्टि से कम होती है, यद्यपि सम्पत्ति की कभी-कभी अधिक हानि हो जाती है। जब आंदोलनों में समझौता हो जाता है, तो सरकारी एजेन्सियों के विरुद्ध वैर भाव भी समाप्त हो जाता है और बदले की भावना भी कुछ समय पश्चात चली जाती है। आतंकवाद में पीड़ितों में से अधिकांश निर्दोष होते हैं। वे उग्रवादियों के प्रति निष्क्रिय रहते हैं और निष्क्रिय व्यवहार से वे स्वयं को अधिक सुरक्षित समझते हैं। पीड़ित व्यक्तियों में प्रतिशोध की भावना हो ही नहीं सकती, क्योंकि उग्रवादी गुमनाम होते हैं और संगठित रूप से परिष्कृत शस्त्रों से लैस होते हैं। राज्य-विद्रोहों में पीड़ित व्यक्तियों में अधिकांश सुरक्षा बलों के सदस्य या सरकारी कर्मचारी होते हैं, जो राज्य विद्रोह के लिए प्रत्युपायों (counter-measures) में सहायता करते हैं।

इस प्रकार यह कहा जा सकता है, कि साम्प्रदायिक हिंसा प्रमुख रूप से घृणा, द्वेष और प्रतिशोध पर आधारित है। अब हम साम्प्रदायिक हिंसा की विशेषताओं का अध्ययन करेंगे।

## साम्प्रदायिक दंगों की विशेषताएं (Features of Communal Riots)

पिछले 53 वर्षों में देश में हुए बड़े साम्प्रदायिक दंगों के अध्ययनों ने यह उद्घाटित किया है कि : (1) साम्प्रदायिक दंगे धर्म की तुलना में राजनीति से अधिक प्रेरित होते हैं। मदान कमीशन ने भी, जिसने मई 1970 में महाराष्ट्र में हुए साम्प्रदायिक दंगों की छानबीन की, इस पर बल दिया था कि "साम्प्रदायिक तनावों के वास्तुकार (architects) और निर्माता (builders) सम्प्रदायवादी और राजनीतिज्ञों का एक वर्ग होता है-वे अखिल भारतीय और स्थानीय नेता जो अपनी राजनीतिक स्थिति को सुदृढ़ बनाने, अपनी प्रतिष्ठा को बढ़ाने, और अपनी सार्वजनिक छवि को समृद्ध बनाने के लिए हर अवसर का लाभ उठाना चाहते हैं और इसके लिए वे हर घटना को साम्प्रदायिक रंग देते हैं और इस प्रकार जनता के आगे वे अपने आप को अपने समुदाय के धर्म और अधिकारों के हिमायती के रूप में प्रस्तुत करते हैं"। (2) राजनीतिक स्वार्थों के अलावा आर्थिक स्वार्थ भी साम्प्रदायिक झगड़ों को भड़काने में प्रबल भूमिका अदा करते हैं। (3) साम्प्रदायिक दंगे दक्षिण और पूर्वी भारत की अपेक्षा उत्तर भारत में अधिक आम हैं। (4) ऐसे शहरों, जिनमें साम्प्रदायिक दंगे एक या दो बार हो चुके हैं, में इनके पुनः होने की संभावना ऐसे शहरों की अपेक्षा में जहां कभी दंगे नहीं हुए अधिक प्रबल होती है। (5) अधिकांश साम्प्रदायिक दंगे धार्मिक त्योहारों के अवसर पर होते हैं। (6) दंगों में घातक हथियारों का उपयोग बढ़ रहा है।

## साम्प्रदायिक दंगों का प्रभाव-क्षेत्र (Incidence of Communal Riots)

भारत में साम्प्रदायिक उन्माद 1946-48 के दौरान अपनी पराकाष्ठा पर पहुंच गया था। 1950-1963 के काल को साम्प्रदायिक शांति का काल कहा जा सकता है। देश में राजनीतिक स्थिरता और आर्थिक विकास

ने साम्प्रदायिक स्थिति को सुधारने में अपना योगदान दिया। *आउटलुक* (5 मार्च, 2012) के अनुसार, सन् 1967 के बाद से 47 स्थानों पर 58 बड़े साम्प्रदायिक दंगे हो चुके हैं : 10 दक्षिण भारत में, 12 पूर्वी भारत में, 16 पश्चिमी तथा 20 उत्तरी भारत में। सन् 1964 से अहमदाबाद पांच प्रमुख दंगों का गवाह रहा है तथा हैदराबाद चार का। सन् 1990 के दशक के द्वारा विगत पांच दशकों के दौरान दंगों की सर्वाधिक बड़ी संख्या–23 को देखा गया। सन् 1970 के दशक ने सात दंगों को देखा, सन् 1980 का दशक 14 दंगों का गवाह रहा तथा सन् 2000 का दशक 13 दंगों को देख चुका है, जिसका कुल योग 12,828 का है (दक्षिण 597, पश्चिम 3,426, पूर्व 3,581 तथा उत्तर 5,224)।

यदि हम नवीनतम आंकड़ों पर दृष्टि डालते हैं, जैसा कि पीआरएस लेजिसलेटिव रिसर्च (prsindia.org) के द्वारा स्पष्ट किया गया है, ऐसा पाया गया कि सन् 2005-09 के दौरान हमारे देश में होने वाली साम्प्रदायिक हिंसा की 4,030 घटनाओं में 648 लोग मारे गए तथा 11,278 लोग घायल हुए थे। एक औसत के आधार पर ऐसी हिंसाओं में प्रतिवर्ष 130 लोग मारे गए तथा 2,220 लोग घायल हुए। घटनाओं की सर्वाधिक बड़ी संख्या महाराष्ट्र (700) में घटित हुई, जिसके बाद मध्य प्रदेश (666) तथा उत्तर प्रदेश (645) का स्थान था। हालांकि, उत्तर प्रदेश के द्वारा मौतों की सबसे बड़ी संख्या (176) को दर्ज किया गया था, जिसके बाद मध्य प्रदेश (107) तथा महाराष्ट्र (77) का क्रम था।

'महाराष्ट्र में मुसलमानों की सामाजिक-आर्थिक एवं शैक्षणिक स्थिति (2011)' शीर्षक से पिछले महीने के अंत में जारी की गई एक सरकारी रिपोर्ट के अनुसार, महाराष्ट्र में सन् 1998 से लेकर सन् 2008 तक की 11 वर्षों की अवधि के दौरान 1,192 साम्प्रदायिक टकराव हो चुके थे, जो पूरे देश में सबसे अधिक थे। यही रिपोर्ट सविस्तार सूचित करती है, कि सन् 1998 तथा 2009 के बीच राज्य के समस्त शहरों एवं कस्बों की तुलना में मुम्बई में सबसे अधिक हिन्दू-मुसलमान हिंसा की घटनाएं हुईं। इस 11 वर्ष की संपूर्ण अवधि के दौरान महाराष्ट्र भारत में हुए कुल साम्प्रदायिक दंगों के 23 प्रतिशत में से 10 प्रतिशत का साक्षी रहा। रिपोर्ट कहती है, कि वर्ष 2005-06 के दौरान इसका अंश विशेषतौर पर सबसे अधिक था, जब ऐसी घटनाओं में से 20 प्रतिशत घटनाएं प्रदेश में घटित हुईं। महाराष्ट्र की साम्प्रदायिक हिंसा के आंकड़े, रिपोर्ट के अनुसार, गुजरात से अधिक रहे, हालांकि उत्तरवर्ती के द्वारा सन् 2002 की हिंसा के कारण होने वाली मौतों की सबसे बड़ी संख्या की बदनामी के दाग को अपने सिर लेना पड़ा था। सन् 1998 तथा 2008 के बीच, गुजरात में हुए 823 साम्प्रदायिक दंगों में 1,114 लोग मारे गए, जबकि महाराष्ट्र में हुए 1,192 दंगों में 172 लोगों की जीवनहानि हुई (*टाइम्स आफॅ इंडिया,* 15 अप्रैल, 2011)।

निम्नलिखित तालिका भारत में होने वाले साम्प्रदायिक दंगों के कालानुक्रम को प्रस्तुत करती है :

**तालिका 1**

*भारत में साम्प्रदायिक दंगे, सन् 1967 से 2011*

| *वर्ष* | *स्थान* | *मौतों की संख्या* |
|---|---|---|
| अगस्त '67 | हटिया, राँची | 183 |
| मार्च '68 | करीमगंज, असम | 82 |
| सितम्बर '69 | अहमदाबाद | 512 |
| मई '70 | भिवंडी, महाराष्ट्र | 76 |
| मई '70 | जलगांव, महाराष्ट्र | 100 |
| अक्टूबर '77 | वाराणसी | 5 |

*लगातार ...*

*... लगातार*

| | | |
|---|---|---|
| मार्च '78 | संभल, उ.प्र. | 25 |
| सितम्बर '78 | हैदराबाद | 20 |
| अक्टूबर '78 | अलीगढ़ | 30 |
| अप्रैल '79 | जमशेदपुर | 120 |
| अगस्त '80 | मुरादाबाद | 1,500 |
| अप्रैल '81 | बिहारशरीफ | 80 |
| सितम्बर '82 | मेरठ | 12 |
| दिसम्बर '82 | बड़ौदा | 17 |
| फरवरी '83 | नीली, असम | 1,819 |
| सितम्बर '83 | हैदराबाद | 45 |
| मई '84 | भिवंडी, महाराष्ट्र | 146 |
| अक्टूबर' 84 | दिल्ली | 2,733 |
| अप्रैल '85 | अहमदाबाद | 300 |
| ज़ुलाई '86 | अहमदाबाद | 59 |
| अप्रैल/मई '87 | मेरठ | 70 |
| मार्च '89 | भद्रक, ओडिशा | 17 |
| अक्टूबर '89 | इंदौर | 27 |
| अक्टूबर '89 | भागलपुर | 1,161 |
| अक्टूबर '90 | अहमदाबाद | 41 |
| अक्टूबर '90 | जयपुर | 52 |
| अक्टूबर '90 | जोधपुर | 20 |
| अक्टूबर '90 | लखनऊ | 33 |
| अक्टूबर '90 | चांदनी चौक, दिल्ली | 100 |
| अक्टूबर '90 | हैलाकांडी, असम | 37 |
| अक्टूबर '90 | पटना | 18 |
| अक्टूबर '90 | हैदराबाद | 165 |
| नवम्बर '90 | आगरा | 31 |
| दिसम्बर '90 | हासन, मांड्या, मैसूर | 60 |
| दिसम्बर '90 | हैदराबाद | 200 |
| दिसम्बर '90 | अलीगढ़ | 150 |
| मई '91 | बड़ौदा | 28 |
| मई '91 | मेरठ | 40 |
| अक्टूबर '92 | सीतामढ़ी, बिहार | 44 |
| दिसम्बर '92 | सूरत | 152 |
| दिसम्बर '92 | मालपुरा, आंध्र प्रदेश | 24 |
| दिसम्बर '92 | कानपुर | 254 |
| दिसम्बर '92 | भोपाल | 143 |
| दिसम्बर '92/जनवरी '93 | मुम्बई | 872 |

*लगातार ...*

... लगातार

| | | |
|---|---|---|
| नवम्बर/दिसम्बर '97 | कोयम्बटूर | 20 |
| फरवरी '98 | कोयम्बटूर | 60 |
| दिसम्बर '98 | सूराथकल, कर्नाटक | 12 |
| मार्च '01 | नालंदा, बिहार | 8 |
| मार्च '01 | कानपूर | 14 |
| अक्टूबर '01 | मालेगांव | 13 |
| फरवरी-मई '02 | गुजरात | 1,267 |
| अप्रैल '02 | मराड,केरल | 9 |
| अप्रैल '06 | अलीगढ़ | 6 |
| मई '06 | बड़ौदा | 6 |
| दिसम्बर '07 | काँधामाल | 12 |
| अक्टूबर '08 | भैंसा, आंध्र प्रदेश | 6 |
| सितम्बर '09 | मिराज, कर्नाटक | 5 |
| सितम्बर '11 | भरतपुर, राजस्थान | 10 |

*स्रोत :* नकवी एवं कोप्पिकर (2012)।

ये सभी दंगे देश के लगभग समस्त कोनों में साम्प्रदायिक सौहार्द के कमजोर होने की ओर इशारा करते हैं। किन्तु, सन् 1984 में तत्कालीन प्रधानमंत्री इंदिरा गांधी की दो सिख बॉडीगार्डों के द्वारा की गई हत्या के बाद भड़के दिल्ली के सिख विरोधी दंगों तथा सन् 2002 में हुई गोधरा की घटना के बाद हुए दंगों ने हाल ही के वर्षों में सामुदायिक नफरत की सीमाओं को चिह्नित कर दिया है। इन दोनों ही दंगों में सैकड़ों की संख्या में निर्दोष लोगों की हत्याएं कर दी गई थीं तथा, करोड़ों रुपयों की सम्पत्तियों को नष्ट कर दिया गया था।

## साम्प्रदायिक हिंसा के कारण (Causes of Communal Violence)

विभिन्न विद्वानों ने साम्प्रदायिक हिंसा की समस्या का विभिन्न परिप्रेक्ष्यों से अध्ययन किया है और उसके होने के विभिन्न कारण बताये हैं और उसे रोकने के लिए विभिन्न उपाय सुझाये हैं। मार्क्सवादी विचारधारा साम्प्रदायिकता का संबंध आर्थिक वंचन और बाज़ार की ताकतों पर एकाधिकार नियंत्रण को प्राप्त करने के लिए धनवान और निर्धन के बीच वर्ग-संघर्ष से बतलाती है। कुछ राजनीतिज्ञ इसे सत्ता का संघर्ष मानते हैं। समाजशास्त्री इसे सामाजिक तनावों और सापेक्षिक वंचनों से उत्पन्न हुई घटना कहते हैं। धार्मिक विशेषज्ञ इसे हिंसक कट्टरवादियों और अनुसारकों (conformists) की शक्ति का प्रतीक कहकर पुकारते हैं।

साम्प्रदायिकता के वर्ग विश्लेषण पर कुछ ध्यान दिए जाने की आवश्यकता है। स्पष्टीकरण यह है, कि किसी भी समाज में व्याप्त आर्थिक, सामाजिक एवं राजनीतिक स्थितियां ही लोगों के लिए ऐसी समस्याओं एवं संकटों को जन्म देती हैं, जो यद्यपि कि वे इन संकटों से निबटने का प्रयास करते भी हैं, तो भी ऐसा कर पाने में वे विफल रहते हैं। इस विफलता के वास्तविक कारणों को समझने का प्रयास किए बिना ही वे दूसरे समुदाय (जो उनके स्वयं के समुदाय की तुलना में संख्याबल में कहीं अधिक शक्तिशाली है) को ही अपने दुःखों का कारण होना 'मान' लेते हैं। इस प्रकार से साम्प्रदायिकता एक सामाजिक वास्तविकता है, जो एक विकृत तरीके से उत्पन्न एवं प्रतिबिंबित होती है।

स्वतंत्रता प्राप्ति के उपरांत, यद्यपि हमारी सरकार ने "अर्थव्यवस्था के समाजवादी प्रतिदर्श" का अनुसरण किए जाने का दावा किया था, किन्तु व्यवहार में किया जाने वाला आर्थिक विकास

पूंजीवादी प्रतिदर्श पर कहीं अधिक आधारित था। इस प्रतिदर्श के अंतर्गत, एक ओर तो विकास उस दर पर नहीं किया जा सका, जिस पर इसके द्वारा गरीबी, बेरोजगारी तथा असुरक्षा जैसी समस्याओं का समाधान किया गया हो सकता था तथा जिससे दुर्लभ रोजगारों एवं अन्य आर्थिक सुअवसरों के प्रति कुंठा एवं अस्वास्थ्यकर प्रतिस्पर्धा को रोका जा सकता था, वहीं दूसरी ओर पूंजीवादी विकास ने मात्र कुछ ही सामाजिक संस्तरों में समृद्धता को विकसित होने दिया, जिससे तीव्र गति एवं सुस्पष्ट रूप से उत्पन्न असमानता के साथ-साथ नए सामाजिक दबाव एवं सामाजिक व्यग्रताएं भी उत्पन्न हो गईं। ऐसे लोगों, जो लाभान्वित हुए अथवा जिन्होंने लाभ अर्जित किए, के द्वारा शीघ्र ही अपनी प्रत्याशाओं को और अधिक बढ़ा लिया गया। वे अपनी नवअर्जित समृद्धता के प्रति खतरों का भी अनुभव करते हैं। उनकी सापेक्षिक समृद्धता ऐसे लोगों में सामाजिक ईर्ष्या को जन्म दे देती है, जो प्रगति कर पाने में विफल रहे होते हैं, अथवा ऐसे लोग जो शक्ति अथवा प्रतिष्ठा के मामले में नीचे आ चुके होते हैं। धार्मिक अल्पसंख्यकों की समस्याओं का समाधान किए जाने के लिए सरकार के द्वारा किए जाने वाले प्रयास समुदाय के ऐसे समृद्ध वर्गों में बीच गहन रोष उत्पन्न कर देते हैं, जो संख्या के आधार पर बहुमत में हैं तथा जिन्होंने हेरफेर किए जाने के द्वारा आर्थिक, सामाजिक एवं राजनीतिक शक्ति को अर्जित कर लिया है। वे अनुभव करते हैं, कि अल्पसंख्यक समुदाय के द्वारा सामाजिक पैमाने पर किया गया किसी भी प्रकार का उत्थान उनके सामाजिक प्रभुत्व के लिए खतरा उत्पन्न कर देगा। इस प्रकार, दोनों ही समुदायों की ओर से शंका एवं शत्रुता की भावनाएं सतत् रूप से साम्प्रदायिकता को विकसित करने की तैयारी करती रहती हैं। विशेषतौर पर, यह (साम्प्रदायिकता) शहरी गरीबों एवं ग्रामीण बेरोजगारों, जिनकी संख्या में एकतरफा आर्थिक एवं सामाजिक विकास तथा शहरों की ओर व्यापक पैमाने पर हो चुके प्रवासन के एक परिणाम के रूप में तीव्र गति से वृद्धि हो चुकी है, से तैयार रहने की अपील करती है। इन जड़विहीन एवं गरीब लोगों का सामाजिक आक्रोश एवं कुंठा किसी भी समय पर अवसर प्राप्त होने पर प्रायः ही स्वतःप्रवर्तित हिंसा के रूप में अभिव्यक्त हो जाता है। कोई भी सांप्रदायिक दंगा इसके लिए एक सुअवसर प्रदान कर देता है। किन्तु इस आर्थिक विश्लेषण को अनेक विद्वानों के द्वारा वस्तुपरक नहीं माना जाता।

क्या धर्म साम्प्रदायिकता के लिए उत्तरदायी है? ऐसे बुद्धिजीवी मौजूद हैं, जो यह विश्वास नहीं करते कि इसमें धर्म के पास निभाए जाने के लिए कोई भूमिका है। उदाहरण के लिए, बिपन चन्द्रा (1994) यह मत रखते हैं, कि साम्प्रदायिकता न तो धर्म के द्वारा प्रेरित होती है और न ही धर्म किसी साम्प्रदायिक राजनीति का कोई उद्देश्य होता है, यहां तक कि यद्यपि साम्प्रदायिक लोग अपनी राजनीति को धार्मिक मतभेदों पर आधारित रखते हैं, लोगों को संगठित करने के लिए धार्मिक पहचान का उपयोग करते हैं, तथा साम्प्रदायिकता के व्यापक चरणों में जनसामान्य को एकत्रित करने के लिए धर्म का उपयोग भी करते हैं। धार्मिक मतभेदों का उपयोग गैर-धार्मिक सामाजिक आवश्यकताओं, आकांक्षाओं एवं टकरावों पर 'मुखौटा' डालने के लिए किया जाता है। हालांकि, धार्मिकता, अर्थात् "किसी के भी जीवन में बहुत अधिक धर्म" अथवा निजी विश्वास के क्षेत्रों को छोड़कर अन्य क्षेत्रों में धर्म की घुसपैठ साम्प्रदायिक विचारधारा तथा राजनीति के प्रति एक निश्चित ग्रहणशीलता को जन्म देने की प्रवृत्ति उत्पन्न करती है।

इसके अलावा, अपनी जड़ों की ओर वापसी के नाम पर धार्मिक रूढ़िवादिता, विचारों की संकीर्णता तथा कट्टरता ऐसे लोगों को विभाजित करने की प्रवृत्ति रखती है, जिन्हें जीवन तथा इतिहास ने एकजुट कर रखा है। इस सम्बन्ध में, विभिन्न धर्मों के पास उनकी संरचना, रीति-रिवाजों एवं वैचारिक प्रथाओं के अंतर्गत अलग-अलग तत्व विद्यमान हैं, जो साम्प्रदायिकता से अलग-अलग तरीकों से जुड़े हुए हैं। उनका विश्लेषण एवं उन्मूलन अलग-अलग धर्मों के लिए विशिष्ट होना होता है।

बहुकारक उपागम में दस प्रमुख कारक साम्प्रदायिकता के कारणों के बताये गए हैं (सरोलिया, 1987: 62)। ये हैं : सामाजिक, धार्मिक, राजनीतिक, आर्थिक, कानूनी, मनोवैज्ञानिक, प्रशासनिक, ऐतिहासिक, स्थानीय, और अन्तर्राष्ट्रीय। सामाजिक कारकों में सामाजिक परंपराएं, जाति एवं वर्ग-अहम्

(class ego), असमानता और धर्म पर आधारित सामाजिक स्तरीकरण सम्मिलित है; धार्मिक कारकों में धार्मिक नियमाचारों और धर्म-निरपेक्ष मूल्यों में गिरावट, संकीर्ण और मतान्ध धार्मिक मूल्य, राजनीतिक लाभों के लिए धर्म का उपयोग और धार्मिक नेताओं की साम्प्रदायिक विचारधारा सम्मिलित है; राजनीतिक कारकों में धर्म पर आधारित राजनीति, धर्म-शासित राजनीतिक संस्थाएं, राजनीतिक हस्तक्षेप, साम्प्रदायिक हिंसा का राजनीतिक औचित्य और राजनीतिक नेतृत्व की असफलता सम्मिलित हैं; आर्थिक कारकों में आर्थिक शोषण और पक्षपात, असन्तुलित आर्थिक विकास, प्रतिस्पर्धा का बाज़ार, अप्रसरणशील (non-expanding) आर्थिक व्यवस्था, श्रमिकों का विस्थापन और असमावेशन (non-absorption) और गल्फ से आए हुए पैसे का प्रभाव सम्मिलित है; कानूनी कारकों में सम्मिलित हैं, समान कानून संहिता, संविधान में कुछ समुदायों के लिए विशेष प्रावधान और रियायतें, कुछ राज्यों को (जैसे कश्मीर) विशेष दर्जा, आरक्षण नीति और विभिन्न समुदायों के लिए विशेष कानून; मनोवैज्ञानिक कारकों में सम्मिलित हैं, सामाजिक पूर्वाग्रह, रूढ़िबद्ध अभिवृत्तियां, अविश्वास, दूसरे समुदाय के प्रति विद्वेष और भावशून्यता, अफवाहें, भय का मानस (fear psyche) और जनसंपर्क के साधनों द्वारा ग़लत जानकारी देना/गलत अर्थ लगाना/अयथार्थ रूप प्रस्तुत करना; प्रशासनिक कारकों में शामिल हैं, पुलिस और दूसरी प्रशासनिक इकाइयों में समन्वय का अभाव, कुसज्जित और कुप्रशिक्षित पुलिस कर्मचारी, गुप्तचर विभागों की अकुशल कार्यप्रणाली, पक्षपाती पुलिस के सिपाही, पुलिस की ज्यादतियां और निष्क्रियता और अकुशल पीएसी; ऐतिहासिक कारकों में शामिल हैं, विदेशी आक्रमण, धार्मिक संस्थाओं को क्षति, धर्म परिवर्तन के लिए प्रयत्न, उपनिवेशीय शासकों की फूट डालो और राज करो की नीति, विभाजन का मानसिक आघात पिछले साम्प्रदायिक दंगे, ज़मीन, मंदिर और मस्जिद के पुराने झगड़े; स्थानीय कारकों में सम्मिलित हैं, धार्मिक जुलूस, नारेबाज़ी, अफवाहें, ज़मीन के झगड़े, स्थानीय असामाजिक तत्व और गुटों में प्रतिद्वन्द्विता; और अन्तर्राष्ट्रीय कारकों में सम्मिलित हैं; दूसरे देशों द्वारा दिये जा रहे, प्रशिक्षण और वित्तीय सहायता, भारत की एकता को भंग करने और कमज़ोर बनाने के लिए दूसरे देशों द्वारा षड्यंत्र रचना और फिर साम्प्रदायिक संगठनों को समर्थन देना।

इन उपागमों के विपरीत, हमें एक ऐसे समष्टिपरक (holistic) उपागम की आवश्यकता है, जिसके द्वारा साम्प्रदायिक हिंसा को समझा जा सके। यह उपागम विभिन्न कारकों पर बल देगा और बड़े कारकों और छोटे कारकों में भेद करेगा। सिरिल बर्ट (1944) की तरह हम इन कारकों का चार उपसमूहों में वर्गीकरण कर सकते हैं : अधिकतम स्पष्ट (most conspicuous), प्रमुख सहयोगी (chief cooperating), लघु गंभीर (minor aggravating), और ऊपरी तौर से निष्क्रिय (apparently inoperative)। विशेष रूप से ये कारक हैं : साम्प्रदायिक राजनीति एवं धार्मिक कट्टरवादियों को राजनीतिज्ञों का समर्थन, पूर्वाग्रह (जिसके कारण पक्षपात, परिहार (avoidance), शारीरिक आक्रमण और निर्मूलन होते हैं), साम्प्रदायिक संगठनों का विकास और धर्म परिवर्तन। मोटे तौर पर, हमें अपना ध्यान धर्मान्धों, असामाजिक तत्वों, और उन निहित आर्थिक स्वार्थों, जो प्रतिद्वंद्वी समुदायों में हिंसा भड़काते हैं, पर केन्द्रित करना चाहिए।

मेरी अभिधारणा (thesis) यह है, कि "साम्प्रदायिक हिंसा धार्मिक कट्टरवादियों द्वारा भड़काई जाती है, इसकी पहल असामाजिक तत्वों द्वारा की जाती है, राजनीति में सक्रिय व्यक्ति इसे समर्थन देते हैं, निहित स्वार्थ इसे वित्तीय सहायता प्रदान करते हैं और ये पुलिस और प्रशासकों की निर्दयता के कारण फैलती है"। जबकि साम्प्रदायिक हिंसा प्रत्यक्ष रूप से इन कारणों के कारण होती है, परन्तु वह कारक जो हिंसा को फैलाने में सहायक होता है, वह है एक नगर विशेष का पर्यावरणीय खाका (ecological lay-out) जो दंगाइयों को पकड़ में नहीं आने देता। मेरी अभिधारणा की पुष्टि करते हैं : मध्य भारत के गुजरात में बड़ौदा और अहमदाबाद के साम्प्रदायिक दंगों के एकल अध्ययन (case-studies), उत्तर प्रदेश में मेरठ, अलीगढ़ और मुरादाबाद के दंगे; पश्चिम बंगाल में जमशेदपुर के दंगे, उत्तर भारत में कश्मीर में श्रीनगर में दंगे; दक्षिण भारत में हैदराबाद व केरल में दंगे; और पूर्वी भारत में असम में दंगे।

साम्प्रदायिक हिंसा पर समग्र दृष्टिकोण के अंतर्गत कुछ कारकों के लिए स्पष्टीकरण की आवश्यकता होती है। उनमें से एक है, मुसलमानों के बीच भेदभाव की एक अतार्किक भावना। मुसलमान देश की कुल जनसंख्या का 13.4 प्रतिशत (13.8 करोड़) हैं। भारत सरकार के अल्पसंख्यक मंत्रालय के द्वारा संपन्न किए गए एक अध्ययन के अनुसार, सरकारी सेवाओं में मुसलमानों का अंश मात्र 2.5 प्रतिशत का ही है (*द फ्री प्रेस जर्नल,* 14 अगस्त, 2013)। इस प्रकार वे स्वयं के विरुद्ध भेदभाव किए जाने का अनुभव करते हैं। वास्तविकता यह है कि ऐसे मुसलमानों की संख्या बहुत ही कम है, जो अपने सेवाकाल को पूरा करते हैं। कुल मिलाकर कहा जाए, तो ये बहाने धार्मिक भेदभाव एवं भाई-भतीजावाद के आरोपों को मुश्किल से ही किसी भी प्रकार की वैधता प्रदान करते हैं। मुसलमानों के बीच भेदभाव किए जाने की भावना ऊटपटांग एवं तर्कविहीन है।

दूसरा कारक खाड़ी और दूसरे देशों से भारत में पैसे का प्रवाह है। मुसलमान बड़ी संख्या में अच्छी राशि कमाने और धनी बनने के लिये खाड़ी देशों में प्रवास करते हैं। ये मुसलमान और खाड़ी के शेख मस्जिदें बनाने, मदरसे खोलने और ख़ैराती मुसलमान संस्थाओं को चलाने के लिये मुक्त हस्त से भारत को पैसा भेजते हैं। इस प्रकार यह विश्वास किया जाता है, कि यह धनराशि मुस्लिम कट्टरवादिता को सहायता पहुंचाती है। पाकिस्तान एक ऐसा देश है जिसके शासकों में भारत के प्रति सदैव द्वेष की भावना रही है। 1999 के कारगिल युद्ध के बाद यह भावना और अधिक बढ़ गयी है। मुस्लिम शासक निरन्तर भारत में अस्थिरता उत्पन्न करने में रुचि लेते रहे हैं। अब आधिकारिक रूप से यह सिद्ध हो गया है कि पाकिस्तान मुसलमान और सिख आतंककारियों (जम्मू और कश्मीर और पंजाब के) को प्रशिक्षण और सैन्य सामान देकर उनकी सक्रिय रूप से सहायता कर रहा है। नवम्बर 1993 में श्रीनगर में हज़रतबल दरगाह मामले में भी पाकिस्तान का हाथ साबित हो गया था। पाकिस्तान और दूसरी सरकारों के इन अस्थिरता उत्पन्न करने वाले प्रयत्नों ने हिन्दुओं में मुसलमानों के प्रति दुर्भावना और संदेह पैदा किया है। यही बात भारत में हिन्दू कट्टरवादियों और हिन्दू संगठनों के लिये भी कही जा सकती है, जो मुसलमानों और मुस्लिम संगठनों के विरुद्ध द्वेषपूर्ण भावनाओं को भड़काते हैं। अयोध्या में राम जन्मभूमि-बाबरी मस्जिद का विवाद, मथुरा में कृष्ण जन्मभूमि और उसके समीप मस्जिद के रूप में किया गया परिवर्तन, वाराणसी में काशी विश्वनाथ मन्दिर और उसके बराबर में मस्जिद का विवाद, और संभल में विवादास्पद मस्जिद जिसके लिये यह दावा किया जाता है कि यह पृथ्वीराज चौहान के काल से शिव भगवान का मन्दिर था और शाहबुद्दीन (सं.स.) जैसे मुस्लिम नेताओं को 1987 में मुसलमानों को आह्वान कि वे गणतंत्र दिवस का बहिष्कार करें और 26 जनवरी, 1987 को 'काले दिन' के रूप में मनाएं, ऐसे प्रकरण दोनों समुदायों के बीच दुर्भावना को बढ़ावा देते हैं।

प्रेस और संचार माध्यम भी कभी-कभी अपने तरीके से साम्प्रदायिक तनावों को बढ़ाने में अपना योगदान देते हैं। कई बार अख़बारों में छपी खबरें सुनी सुनाई अफवाहों की ग़लत प्रस्तुति पर आधारित होती हैं। इस प्रकार की ख़बरें आग में घी का काम करती हैं और साम्प्रदायिक भावनाओं को भड़काती हैं। यह अहमदाबाद के 1969 के दंगों में हुआ जब 'सेवक' ने यह खबर छापी कि मुसलमानों ने कई हिन्दू स्त्रियों को निर्वस्त्र किया और उनके साथ बलात्कार किया। यद्यपि इस ख़बर का दूसरे दिन ही खंडन किर दिया गया, परन्तु नुकसान तो हो ही चुका था। इसने हिन्दुओं की भावनाओं को उकसाया और साम्प्रदायिक दंगा करवाया।

कई समस्याओं में से एक जो विगत वर्षों से हिन्दुओं और मुसलमानों को उत्तेजित कर रही है, वह है मुस्लिम व्यक्तिगत कानून (Muslim Personal Law)। सर्वोच्च न्यायालय के द्वारा शाहबानो के पक्ष में दिये गए फैसले ने मुसलमानों में यह डर पैदा कर दिया, कि उनके व्यक्तिगत कानून में दखलंदाजी की जा रही है। राजनीतिज्ञ भी अपने को सत्ता में बनाए रखने के लिए स्थिति का अनुचित लाभ उठाते हैं। भारतीय जनता पार्टी, विश्व हिन्दू परिषद्, शिव सेना और राष्ट्रीय स्वयंसेवक संघ हिन्दुओं के समर्थक होने का दावा करते हैं। उसी प्रकार मुस्लिम लीग, जमाते-इस्लामी, जमायत-उलेमाये-हिन्द, मजलिसे-इत्तिहादुल मुसलमीन और मजलिसे-मुशाबरात अपनी धार्मिक समस्याओं की हिमायत करके

मुसलमानों को अपने वोट बैंकों की तरह उपयोग करते हैं। जम्मू और कश्मीर, आंध्र प्रदेश, गुजरात, केरल, उत्तर प्रदेश, बिहार और मुम्बई की साम्प्रदायिक राजनीति इस प्रकार के आचरण के उदाहरण हैं। राजनीतिज्ञ सामाजिक वातावरण को अपने भड़काने वाले भाषणों, लेखों और प्रचार द्वारा साम्प्रदायिक उन्माद से प्रभावित कर देते हैं। वे मुसलमानों के दिमाग़ में अविश्वास के बीज बो देते हैं और हिन्दुओं में भी विश्वास हो जाता है, कि वे मुसलमानों को आर्थिक, सामाजिक और सांस्कृतिक क्षेत्रों में विशेष रियायतें देने के लिए अनुचित लाभ उठाते हैं और उनकी अपनी प्रथाओं और संस्कारों की विभिन्नताओं को भी उजागर करते हैं। नेतागण व्यक्तियों के मस्तिष्क में भय और संदेह भरने के लिए आर्थिक दलीलों का भी प्रयोग करते हैं और अपने अनुयायियों को थोड़ी सी छेड़-छाड़ पर दंगा शुरू करने के लिए तैयार करते हैं। ऐसा भिवाड़ी, मुरादाबाद, मेरठ, अहमदाबाद, अलीगढ़ और हैदराबाद में हुआ।

सामाजिक कारक, जैसे मुसलमानों द्वारा परिवार नियोजन के उपायों को नहीं अपनाना भी हिन्दुओं में संदेह और दुर्भावना उत्पन्न करते हैं। 1982 में विश्व हिन्दू परिषद ने महाराष्ट्र में पुणे और शोलापुर में पर्चे बांटे जिसमें मुसलमानों द्वारा परिवार नियोजन कार्यक्रम को स्वीकार नहीं करने की और बहुविवाह प्रथा का पालन इस उद्देश्य से करने की कि जिससे उनकी जनसंख्या में कथित रूप से वृद्धि हो जाए और वे भारत में मुस्लिम सरकार बना लें, की निन्दा की गई। यह सब प्रदर्शित करता है, कि किस प्रकार राजनीतिक, आर्थिक, सामाजिक, धार्मिक और प्रशासनिक कारकों का सम्मिश्रण स्थिति को गंभीर बनाता है, जिस कारण साम्प्रदायिक दंगे होते हैं।

## राष्ट्रीय एकता परिषद द्वारा साम्प्रदायिक संघर्षों पर नियन्त्रण (Role of National Integration Council in Containing Communalism)

जून 1962 में राष्ट्रीय एकता परिषद (NIC) की स्थापना की गई थी, जिसने क्षेत्रवाद और साम्प्रदायिकतावाद निवारण के लिए दो समितियां नियुक्त की थीं। परन्तु चीन के आक्रमण ने जिस राष्ट्रीय एकता को बढ़ावा दिया था, उसने राष्ट्रीय एकता परिषद के कार्य को सीमित कर दिया। परन्तु यह एकता एक अल्पकालिक घटना थी और जल्द ही साम्प्रदायिक हिंसा ने पुनः जोर पकड़ा, जिस कारण 1968 में राष्ट्रीय एकता परिषद की पुनर्रचना की गयी। इस बार साम्प्रदायिकतावाद, क्षेत्रवाद व शिक्षण सम्बन्धी समस्याओं के लिए तीन कमेटियां बनाई गयीं। इसके अतिरिक्त एक स्थायी (standing) कमेटी भी बनाई गयी थी। इन कमेटियों ने यद्यपि दिशानिर्देश (guidelines) देने तथा कानून निर्माण व प्रशासनिक कार्यक्रम सम्बन्धी अच्छे सुझाव दिये थे, परन्तु 1970 तक ये कमेटियां निरुपयोगी हो गयी थीं। 1973 में यद्यपि कर्णधार (steering) समिति को पुनरुज्जीवित करने का प्रयास किया गया परन्तु यह निषफल रहा। राष्ट्रीय एकता परिषद को पुनः पहले 1980 में और फिर 1984 में सक्रिय किया गया पर अधिक सफलता नहीं मिली। 1986 में इसे सक्रिय बना कर पंजाब के मामले पर बल दिया गया। सितम्बर 1986 में पांच व्यक्तियों की एक उप-समिति बना कर अल्पसंख्यकों के हितों की रक्षा करने तथा साम्प्रदायिक सद्भाव को बढ़ाने की चेष्टा की गयी। इस उप-समिति की रिपोर्ट पर तीन वर्षों तक चर्चा नहीं की जा सकी। फरवरी 1990 में एक बार फिर राष्ट्रीय एकता परिषद की मीटिंग करके पंजाब, कश्मीर और अयोध्या मसलों पर नए उपाय अपनाने पर वार्ता की गयी, परन्तु इस बार भी परिषद को सफलता नहीं मिली, क्योंकि भारतीय जनता पार्टी ने इसका बहिष्कार किया। नवम्बर 1991 में अयोध्या मसले पर चर्चा करने के लिए एकता परिषद की बैठक बुलायी गयी। दूसरी बैठक दिसम्बर 1991 में कश्मीर और पंजाब के मसले पर की गयी। फिर 18 जुलाई 1993 को बैठक रखी गयी पर ये सब बैठकें निष्फल रहीं तथा साम्प्रदायिक सद्भाव की समस्या का राष्ट्रीय एकता परिषद कोई हल नहीं ढूंढ पायी है।

राष्ट्रीय एकता परिषद् (NIC) का समय-समय पर पुनर्गठन किया जाता रहता है। वर्तमान संप्रग सरकार के अधीन, इसे अगस्त 2005 में पुनगर्ठित किया गया था। अक्टूबर 2008 में प्रधानमंत्री मनमोहन

सिंह के सभापतित्व के अधीन इसकी बैठक संपन्न हुई थी, ताकि देश में ईसाईयत विरोधी हिंसा फैलाए जाने के विरुद्ध इसकी आवाज बुलंद की जा सके। अप्रैल 2010 में राष्ट्रीय एकता परिषद् का दोबारा पुनर्गठन किया गया तथा 10 सितम्बर, 2011 को इसकी 15वीं बैठक आयोजित की गई, जिसमें इसके द्वारा मुख्य रूप से देश की आंतरिक सुरक्षा पर ध्यान केन्द्रित किया गया।

## पुलिस की भूमिका (Role of Police)

साम्प्रदायिक हिंसा में पुलिस की भूमिका दंगा करने वालों को गिरफ्तार करना, दंगाई को जो एक स्थान पर जमा हो गए हैं खदेड़ना, ग़लत अफवाहों को फैलने से रोकना (ग़लत अफवाहें जो दूसरे ज़िलों और राज्यों में विभिन्न समुदायों के व्यक्तियों को भड़काती हैं), और जनता में शान्ति बनाए रखना है। पुलिस कानून और शांति की व्यवस्था बनाए रखने की भूमिका को राजनीतिज्ञों, प्रशासनिक अधिकारियों, न्यायपालिका और कुल मिलाकर जनता के सक्रिय सहयोग के बिना अदा नहीं कर सकती। अधिकांशतया यह देखने में आता है कि हमारे देश में प्रशासनिक अधिकारी कर्मकाण्डी (ritualist) होते हैं, राजनीतिज्ञ निहित स्वार्थों के वशीभूत होकर कार्य करते हैं, न्यायपालिका के मजिस्ट्रेट/जज परंपरावादी होते हैं और जनता को पुलिस में विश्वास नहीं होता। इस प्रकार पुलिस को अपनी अपेक्षित भूमिकाएं निभाने में कई प्रतिबंधों का सामना करना पड़ता है। इसलिए पुलिस द्वारा दंगों पर नियंत्रण रखने और साम्प्रदायिक हिंसा को रोकने का परीक्षण इन प्रतिबंधों के परिप्रेक्ष्य में करना होगा।

साम्प्रदायिक हिंसा को रोकने के लिए दंगाप्रवृत्त क्षेत्रों में तनाव बनने के लक्षणों पर रोक लगाना और तनाव रोकने का प्रबंध करना आवश्यक है। पुलिस को उन राज्यों, ज़िलों और शहरों में जहां साम्प्रदायिक दंगे बहुधा हुआ करते हैं, की दंगा प्रवृत्त संरचनाओं को पहचानना पड़ता है और शहर के खाके में ध्रुवीकरण पर आधारित जनसंख्या के गुच्छ समूहों (clusters) पर निगरानी रखनी पड़ती है। ध्रुवीकरण पर आधारित जनसंख्या के समूह सब एक प्रकार के नहीं होते। एक समूह कट्टरवादी या उदारवादी या उग्र सुधारवादी या मिश्रित हो सकता है। क्लस्टर अपने पेशे में, आचरण के संरूपों में, और नेतृत्व की ओर अपनी प्रतिक्रिया में भिन्न होते हैं। पुलिस के लिए संवेदनशील क्षेत्रों, सामूहिक सभा स्थलों, हिंसा के लक्ष्य, असुरक्षित पट्टियों (belts), छिपने के स्थान और दंगों के समय आश्रय स्थलों को पहचानने के लिए यह अत्यन्त महत्वपूर्ण है, कि वह विभिन्न क्लस्टरों के व्यक्तियों, उनकी उग्रवादी प्रवृत्तियों और कार्य प्रणाली पर नजर रखे।

दंगा प्रवृत्त क्षेत्रों में तनाव-प्रबन्ध (tension management) के लिए अन्तर-गुट झगड़ों से संबंधित सूचकांक तैयार करने की आवश्यकता है। ये सूचकांक हैं : तनाव बनाने वाले विवाद-विषयों की पहचान, सामूहिक चिन्ताओं की जानकारी, विवाद-विषयों का उपचार और भंग हुई प्रतिष्ठा को पुनः प्रतिष्ठित करना, वार्तालाप (negotiation), कार्यरत (functional) गुटों को गतिशील बनाना और अफवाहों को रोकना। अफवाह प्रबन्ध (rumour management) में अफवाह क्षेत्र को अलग करना, प्रति सन्तुलन (counter balance), अफवाह फैलाने वालों को निष्क्रिय करना और लोक प्रशासन को संवेदनशील बनाना है।

## निर्धारणात्मक/आदेशात्मक उपाय (Prescriptive Measures)

साम्प्रदायिक झगड़ों का नासूर सारे भारत में व्याप्त है। कई शहर विगत कई वर्षों से साम्प्रदायिक बारूद के ढेर (powder keg) बने हुए हैं। एक बड़ी संख्या में ऐसे राज्य हैं, जहां साम्प्रदायिकता ने अपनी जड़ें गहरी और स्थायी रूप से जमा ली हैं और साम्प्रदायिक राजनीति चरम सीमा पर है। अस्सी के दशक में लगभग 4000 व्यक्ति साम्प्रदायिक दंगों में मारे गए। सत्तर के दशक की तुलना में यह संख्या लगभग चार गुनी है। सत्तर के दशक में, 1969 के अहमदाबाद के दंगों के बाद जब 1500 व्यक्ति मारे गए थे, तुलनात्मक रूप से शांति रही। पिछले कुछ दशकों में सम्प्रदायवादियों को अधिक समर्थन प्राप्त हुआ है। साम्प्रदायिक संगठनों की संख्या जो 1951 में एक दर्जन से कम थी, वह

1998 में बढ़ कर 500 से भी अधिक हो गई और उनकी सक्रिय सदस्यता कई लाखों में हो गई है। साम्प्रदायिक हिंसा से प्रभावित ज़िलों की संख्या बढ़ी है। कई व्यक्ति जिनके विरुद्ध निश्चित आपराधिक इतिहास है, उन नेताओं को समर्थन दे रहे हैं, जो साम्प्रदायिक दर्शन में विश्वास रखते हैं, और अपने को पुलिस कार्यवाही से बचाने के लिए उन्हें कवच की तरह काम में ले रहे हैं और सम्मान प्राप्त करने के लिए उन्हें अपनी बैसाखी बनाया हुआ है।

साम्प्रदायिकता एवं साम्प्रदायिक हिंसा की चुनौतियों का सामना करने के लिए अपनाए जाने वाले उपाय दो प्रकार के हो सकते हैं : दीर्घकालीन एवं अल्पकालीन (बिपन चंद्रा, *द हिन्दुस्तान टाइम्स,* 15 अगस्त, 1994)। दीर्घकालीन उपचार में निहित हैं : *सर्वप्रथम,* समस्त स्तरों पर लोगों का निःसाम्प्रदायीकरण किए जाने की प्रक्रिया का प्रारंभ किया जाना, अर्थात, उन्हें साम्प्रदायिकता की सामाजिक-आर्थिक एवं राजनीतिक जड़ों के बारे में स्पष्ट करते हुए तथा उन्हें यह बताए जाते हुए कि साम्प्रदायिक लोग जिन बातों को समस्या के रूप में प्रस्तुत करते हैं, वे वास्तव में समस्याएं ही नहीं हैं तथा जो कुछ भी वे उपचार के रूप में सुझाते हैं, वे वास्तविक उपचार भी नहीं हैं, यह समझाया जाना कि साम्प्रदायिक मान्यताएं झूठी हैं। *दूसरे,* राज्य तथा सत्ता में बैठे राजनीतिक अभिजात्यवर्ग के साम्प्रदायीकरण को रोका जाना होगा, क्योंकि यह साम्प्रदायिक हिंसा के विरुद्ध निष्क्रियता की ओर ले जाता है तथा प्रकट अथवा परोक्ष रूप से राज्य के नियंत्रण वाले मीडिया सहित राज्य की मशीनरी के द्वारा साम्प्रदायिकता को राजनीतिक तथा वैचारिक समर्थन प्रदान करता है। *तीसरे,* नागरिक समाज के साम्प्रदायीकरण को भी रोके जाने की आवश्यकता है, क्योंकि ये उन्हें साम्प्रदायिक हिंसा तथा साम्प्रदायिक हिंसा के अन्य स्वरूपों की ओर और अधिक ले जाता है। साम्प्रदायिक विचारों एवं विचारधाराओं से युक्त लोग सरकार पर उन तरीकों से कार्यवाही करने के लिए दबाव डालते हैं, जो धर्मनिरपेक्षता के सिद्धांतों के सदैव ही विपरीत होते हैं। एक धर्म-निरपेक्ष देश, सत्ता में एक धर्म-निरपेक्ष दल तथा धर्म-निरपेक्ष सत्ताधारी अभिजात्य वर्ग कई बार इन साम्प्रदायिक लोगों के दबावों के समक्ष समर्पण कर देता है। यही वह बिन्दु है, जहां बुद्धिजीवीगण, राजनीतिक दल एवं स्वैच्छिक संगठन सर्वाधिक प्रभावशाली हो सकते हैं। *चौथे,* शिक्षा की भूमिका, विशेषतौर पर स्कूलों तथा कॉलेजों/विश्वविद्यालयों दोनों में ही मूल्य-उन्मुख शिक्षा पर जोर दिया जाना साम्प्रदायिक भावनाओं को रोके जाने के प्रति महत्वपूर्ण होता है। पारंपरिक सांस्कृतिक विचारधाराओं पर आधारित शिक्षा युवा लोगों को घृणा के दर्शन एवं विचारधाराओं से सुरक्षा प्रदान कर सकती है। भारतीय संदर्भ में विशेषतौर पर हानिकारक रहा है, इतिहास का शिक्षण प्रदान किए जाने की भूमिका। इतिहास की साम्प्रदायिक व्याख्या, विशेषतौर पर मध्ययुगीन काल की, भारत में साम्प्रदायिक विचारधारा के संस्तर का निर्माण करता है। शिक्षण संस्थाओं में वैज्ञानिक आधार पर इतिहास का शिक्षण प्रदान किए जाने को साम्प्रदायिकता के विरुद्ध किए जाने वाले किसी भी वैचारिक संघर्ष में एक आधारभूत तत्व होना होगा। *पांचवें,* साम्प्रदायिक भावनाओं को रोके जाने में मीडिया भी महत्वपूर्ण सिद्ध हो सकता है। साम्प्रदायिक प्रकाशनों को प्रतिबंधित किया जा सकता है तथा साम्प्रदायिक लेखकों के विरुद्ध कार्यवाहियां की जा सकती हैं। *छठे,* इस विचारधारा, कि आर्थिक विकास, औद्योगीकरण, पूंजीवाद का विकास तथा कार्यशील वर्ग की प्रगति अपने आप ही साम्प्रदायिकता को कमजोर तथा अंततः समाप्त कर देगी, का आवश्यकता से अधिक उपयोग नहीं किया जाना चाहिए। वामपंथी दलों एवं नक्सलवादी संगठनों के समान यह आर्थिक न्यूनीकारक दृष्टिकोण भी साम्प्रदायिकता के विष को मात्र बढ़ाता ही है। यह सुझाव नहीं दिया जा रहा है, कि आधुनिक विकास की हमारे समाज में आवश्यकता ही नहीं है। जो कुछ भी स्पष्ट किया जा रहा है वह यह है, कि अकेले आर्थिक विकास साम्प्रदायिकता को नहीं रोक सकता। यह कोई वर्गों का संघर्ष नहीं है जो साम्प्रदायिकता को समाप्त कर देगा, बल्कि साम्प्रदायिकता निश्चित रूप से वर्ग एकता को चोट पहुंचाती है। साम्प्रदायिक हिंसा अपेक्षाकृत अधिक विकसित राज्यों जैसे महाराष्ट्र, पंजाब तथा गुजरात तथा अधिक विकसित शहरों जैसे मुम्बई, अहमदाबाद, जमशेदपुर एवं कानपुर में ही अधिक प्रचलित है।

साम्प्रदायिकता एवं साम्प्रदायिक दंगों को रोके जाने के लिए आवश्यक तथा तात्कालिक तौर पर अपनाए जा सकने वाले कुछ उपाय हैं : *पहला,* शांति समितियों की स्थापना की जा सकती है, जिसमें

विभिन्न धार्मिक संप्रदायों से सम्बन्ध रखने वाले व्यक्ति दंगाग्रस्त क्षेत्रों में सद्भावना एवं भाईचारे की भावना फैलाए जाने के लिए तथा भय एवं नफरत की भावना को दूर करने के लिए एक साथ मिलकर कार्य कर सकते हैं। ये न केवल साम्प्रदायिक तनावों को समाप्त किए जाने में बल्कि दंगों को भड़कने से रोकने में भी प्रभावकारी होंगे। *दूसरे*, राज्य को साम्प्रदायिक हिंसा के साथ निबटने के लिए नई रणनीतियों की योजना बनानी होगी तथा उसका उपयोग करना होगा। हाल ही के वर्षों के दौरान भारत द्वारा किया गया अनुभव इस कदम की उपयोगिता की पुष्टि करता है। जब कभी भी कठोर एवं धर्म-निरपेक्ष प्रशासकों ने कठोर कदमों का उपयोग किया है अथवा उपयोग किए जाने की धमकी दी है, हिंसा या तो उत्पन्न ही नहीं हुई अथवा बहुत ही कम समय के लिए की गई। उदाहरण के लिए, नवम्बर 1984 में कोलकाता तथा जनवरी 1994 में मुम्बई में शक्तिशाली पुलिस एवं सैनिक हस्तक्षेप ने हिंसा को दोहराए जाने से रोक दिया था। जब निहित स्वार्थ वाले लोगों के साथ-साथ समाज-विरोधी तत्व तथा धार्मिक कट्टरपंथी यह अनुभव कर लेते हैं, कि सरकार निष्पक्ष है तथा पुलिस आदेश के तहत उपलब्ध अपनी संपूर्ण शक्ति के साथ सांप्रदायिक हिंसा का दमन किए जाने के प्रति गंभीर है, वे तुरंत ही साम्प्रदायिक उन्माद फैलाया जाना वापस ले लेते हैं। यही तथ्य कानून-प्रवर्तनकारी एजेन्सियों के गैर-साम्प्रदायीकरण किए जाने का भी आह्वान करता है। मुम्बई, अहमदाबाद, भिवंडी तथा मेरठ में हुए दंगों तथा पंजाब में अमृतसर, जालंधर तथा लुधियाना में हुई हिंसा के अनुभव यह प्रदर्शित करते हैं, कि साम्प्रदायिकता से ग्रस्त अधिकारी प्रायः ही साम्प्रदायिक स्थिति को और अधिक बुरा बना देते हैं। *तीसरे*, मीडिया की भूमिका किसी भी साम्प्रदायिक हिंसा के दौरान बहुत अधिक बढ़ जाती है। समाचारपत्र जलती हुई आग में और घी डाल सकते हैं अथवा भड़कती हुई आग को बुझा भी सकते हैं। भय एवं नफरत पर रोक लगाई जा सकती है, यदि प्रेस, रेडियो तथा टेलीविजन द्वारा घटनाओं को इस प्रकार से सूचित किया जाए जो लोगों के अव्यवस्थित स्नायुओं को राहत पहुंचाए जाने में सहायक हों, बजाय इसके कि वे आग में और अधिक घी डालने वाले हों। मीडिया एक सभ्य तरीके से अफवाहों का खंडन कर सकता है। मारे गए अथवा घायल हुए विभिन्न सम्प्रदाय के लोगों की संख्या को सूचित किए जाने में सावधानीपूर्ण संयम का उपयोग किया जा सकता है। *अंततः*, सत्ता में स्थित सरकार को उग्रवादी साम्प्रदायिक संगठनों को अपने तात्कालिक लक्ष्य के रूप में स्वीकार करना होगा तथा कानून एवं व्यवस्था को बाधित करने की उनकी क्षमता को कमजोर करना होगा। कश्मीर में पार्थक्यवादी (secessionists), पंजाब में उग्रवादी, केरल में इस्लामिक सेवक संघ, उत्तरप्रदेश में बजरंग दल (अब प्रतिबन्धित संगठन) तथा राष्ट्रीय स्वयं सेवक संघ व शिव सेना जैसे संगठनों का सरकार को अपनी अमन चैन व शान्ति स्थापित रखने सम्बन्धी मशीनरी/शासनतन्त्र द्वारा सामना करना होगा। छोटे असुरक्षित समुदाय अपनी रक्षा के लिए सदा सरकार तथा साम्प्रदायिक पार्टियों पर निर्भर रहते हैं। कश्मीर के हिन्दू पंडित, मुम्बई व उत्तरप्रदेश में साम्प्रदायिक हिंसा के अबोध मुस्लिम पीड़ित व्यक्ति, तथा आन्ध्र प्रदेश, केरल, गुजरात, आदि में हिन्दू-मुसलमान दंगों के पीड़ित व्यक्ति अपनी जान और सम्पत्ति के संरक्षण के लिए धर्म-निरपेक्ष सरकार की खोज में हैं।

1980 व 1990 दशक के पहले तीन वर्षों में पायी जाने वाली साम्प्रदायिकता ने धर्म-निरपेक्ष सरकार पर उत्तरदायित्व डाला था, कि वह उभरते हुए साम्प्रदायिक तत्वों का नाश करे। परन्तु अब भी साम्प्रदायिकता धीरे-धीरे बढ़ रही (marching) है, धर्म-निरपेक्षता पीछे जा (retreat) रही है तथा राज्य रक्षणात्मक (defensive) कार्य कर रहा है। ब्लू स्टार ऑपरेशन के बाद की अवस्था में सरकार रक्षणात्मक थी, शाह बानो केस में सरकार पीछे जा रही थी, अयोध्या में मन्दिर-मस्जिद विवाद पर 1992 में और नवम्बर 1993 में कश्मीर में हज़रतबल दरगाह विवाद पर सरकार घेरे से बाहर (under siege) थी। इन सभी परिस्थितियों में सिख, मुस्लिम और हिन्दू सम्प्रदायवादी आक्रमण (offensive) थे। अतः सरकार को अल्पकालीन व दीर्घकालीन रणनीतियों द्वारा हिन्दू, मुस्लिम और सिख साम्प्रदायिकता का सामना करना होगा। वर्तमान में सरकार जन-कार्यों और चुनावों में धर्म पर आधारित राजनीति की उभरती समस्या का भी सामना कर रही है, यद्यपि नवम्बर 1993 और 1998

में कुछ राज्यों में और 1999 में लोकसभा के चुनावों ने यह सिद्ध कर दिया है कि जनता इस प्रकार की राजनीति को स्वीकार नहीं करती।

यदि ऊपर की ओर उठ रहे साम्प्रदायिकता के ज्वार के रुख को पलटा नहीं गया, तो यह पूरे देश को बहा ले जाएगा। स्वतंत्रता प्राप्ति के पूर्व, यह तर्क दिया जाना सरल था, कि साम्प्रदायिक हिंसा ब्रिटिश राज्य की फूट डालो और राज करो की नीति का परिणाम था। अब, वास्तविकता कहीं अधिक जटिल हो चुकी है। धर्म का राजनीतिकरण किया जा चुका है तथा राजनीति का अपराधीकरण। जब तक कि सभी समुदाय अपने आप को एक देश का भाग नहीं समझते, साम्प्रदायिक असंगति को सीमित किया जाना कठिन ही बना रहेगा। एक देश, जो अपनी नीतियों के धर्म-निरपेक्ष चरित्र पर गर्व करता है, को ऐसे राजनीतिज्ञों से सतर्क रहना होगा, जो मात्र अपने ही धार्मिक सम्प्रदाय के लिए बोलते हैं। इसे ऐसे नौकरशाहों को उजागर एवं पृथक करना होगा जो धर्म-निरपेक्षता को मात्र एक सैद्धांतिक संभावना भर मानते हैं। पुलिस भी साम्प्रदायिक मुद्दों को उन तरीकों से फलने-फूलने देना बर्दाश्त नहीं कर सकती जिनमें ये अभी तक फलते-फूलते रहे हैं। साम्प्रदायिक मानसिकता वाले राजनीतिज्ञों को चुनाव लड़ने से रोका जाना एवं उन्हें प्रतिबंधित किया जाना, धार्मिक कट्टरपंथियों को निवारक दंड दिया जाना, पुलिस विभाग को राजनीतिज्ञों के नियंत्रण से मुक्त रखे जाने, पुलिस खुफिया विभाग को शक्तिशाली बनाए जाने, पुलिस बल का पुनर्गठन किए जाने, पुलिस प्रशासन को और अधिक संवेदनशील होने के लिए तैयार किए जाने, तथा पुलिस अधिकारियों के प्रशिक्षण कार्यक्रमों को पुनर्निर्धारित किए जाने तथा उन्हें धर्म-निरपेक्ष दृष्टिकोण अर्जित किए जाने में सक्षम बनाए जाने एवं अपनी विफलताओं के लिए उन्हें उत्तरदायी बनाए जाने जैसे सुधारात्मक उपायों को अपनाया जाना साम्प्रदायिक हिंसा की समस्या से निबटने के लिए प्रभावकारी उपाय सिद्ध हो सकते हैं। एक कुशल पुलिस संगठन, प्रबुद्ध पुलिसकर्मी, सुसज्जित एवं विशेष तौर पर प्रशिक्षित की गई पुलिस शाखा के द्वारा सकारात्मक परिणामों को प्राप्त किया जाना अवश्यंभावी है।

सरकार को भी भेदभाव एवं वंचना की उन भावनाओं को समाप्त करने के लिए उपाय करने होंगे जिनका वास्तव में कोई अस्तित्व ही नहीं है। सन् 1978 में मोरारजी देसाई के प्रधानमंत्री के रूप में कार्यकाल के दौरान गठित किए गए अल्पसंख्यक आयोग को इसकी प्रभावकारिता में वृद्धि किए जाने के विचार के साथ मई 1992 में एक संवैधानिक निकाय के रूप में मान्यता प्रदान कर दी गई थी। इसके पहले तक, चूंकि कानूनी स्वीकृति के अभाव में यह एक दंत-विहीन शेर के रूप में कार्य करता रहा था, यह उपाय सुझाए जाने अथवा सरकार एवं परामर्श प्रदान किए जाने के अलावा और आगे कुछ खास नहीं कर सका था। आयोग की मंशा अल्पसंख्यकों के हितों की सुरक्षा करने की है चाहे वे धर्म अथवा भाषा किसी पर भी आधारित हों। इसका आठ-सूत्रीय उद्देश्य इस प्रकार है :

- संविधान तथा केन्द्र एवं राज्य सरकारों के द्वारा पारित किए गए विभिन्न कानूनों में अल्पसंख्यकों के लिए प्रावधान किए गए विभिन्न सुरक्षा उपायों के कार्यों का मूल्यांकन करना।
- अल्पसंख्यकों से सम्बन्धित कानूनों के क्रियान्वयन के सर्वाधिक प्रभावकारी तरीकों की सिफारिश करना।
- विशिष्ट शिकायतों की जांच करना।
- अल्पसंख्यकों के विरुद्ध भेदभाव से बचने के प्रश्न पर अध्ययन एवं शोध संपन्न करना।
- केन्द्र तथा राज्य सरकार की अल्पसंख्यकों के प्रति नीतियों की समीक्षा करना।
- केन्द्र तथा राज्य सरकारों के द्वारा अपनाए जाने वाले समुचित कानूनी एवं कल्याणकारी उपायों का सुझाव देना।
- समय-समय पर सरकार के समक्ष (अल्पसंख्यकों पर) रिपोर्टें प्रस्तुत करना।
- अल्पसंख्यकों की स्थितियों के सम्बन्ध में सूचनाओं के लिए राष्ट्रीय समाशोधन गृहों के रूप में सेवा प्रदान करना।

इसकी स्थिति ऐसी थी कि किसी ने भी आयोग को गंभीरता से नहीं लिया, क्योंकि केन्द्र तथा राज्य सरकारें दोनों ही इसकी सिफारिशों को मानने के लिए बाध्य नहीं थीं। कई वर्षों तक, अल्पसंख्यकों की दुर्दशा पर आयोग की रिपोर्टें धूल खाती रहीं। किन्तु अब संवैधानिक स्थिति इसकी स्थिति को परिवर्तित कर देगी। इसकी भूमिका मात्र अन्वेषणात्मक नहीं रह जाएगी, बल्कि न्यायिक भी हो जाएगी। ऐसी आशा की जाती है, कि और अधिक अधिकारों के साथ आयोग अब देश में खराब होती हुई साम्प्रदायिक परिस्थितियों से निबटने तथा ऐसे धार्मिक अल्पसंख्यकों के कल्याण को सुनिश्चित किए जाने के मामलों में एक सच्चे प्रभावकारी उपकरण का रूप ले लेगा, जो देश की कुल आबादी के 17 प्रतिशत भाग का गठन करते हैं।

प्रतीकात्मक कार्य (symbolic gestures) पर्याप्त नहीं होंगे। मुसलमानों की वास्तविक समस्याओं, जैसे रोज़गार, साक्षरता, और हर क्षेत्र में उनको न्यायसंगत प्रतिनिधित्व देना, का समाधान करना आवश्यक है। अल्पसंख्यक समुदायों के विकास और उनमें व्यापक निरक्षरता और बेरोज़गारी को हटाने के लिए प्रयत्न करना आवश्यक है। धर्म-निरपेक्ष संरचनाओं को बढ़ावा देना और सुरक्षित रखना चाहिए। उन धार्मिक संस्थाओं पर ज़ोरदार आक्रमण किए जाने चाहिए, जो साम्प्रदायिकता को पनपाती हैं। समुदायों के बीच संदेह की भावना को सख्ती से मिटा दिया जाना चाहिए। एक समान कानून संहिता (common civil code) की आज अत्यन्त आवश्यकता है। विशेष समुदायों के लिए कोई विशेष कानून नहीं होने चाहिए और किसी राज्य को कोई विशेष दर्जा नहीं दिया जाना चाहिए। आरक्षण नीति को हटाना पड़ेगा। राजनीतिक जोड़-तोड़ से भी निबटना पड़ेगा। उन राजनीतिज्ञों – जो पुलिस कार्यवाही में हस्तक्षेप करते हैं और झगड़ा करने वालों की गिरफ्तारी नहीं होने देते – से भी सख्ती से पेश आना होगा। धर्म-निरपेक्षता के मूल्यों को क्रियाशील बनाने के लिए जनमत और जन-चेतना उत्पन्न करनी होगी।

इन उपायों के साथ-साथ दूसरे उपाय जो साम्प्रदायिक हिंसा को रोकने के लिए सरकार को अपनाने चाहिए वे हैं : (1) दंगा-प्रवृत्त क्षेत्रों में धर्म-निरपेक्ष मनोवृत्ति के ज़िला और पुलिस अधिकारियों को लगाना चाहिए, (2) साम्प्रदायिक अपराधों की जांच के लिए विशेष अदालतें अलग से लगाई जानी चाहिए, (3) साम्प्रदायिक दंगों से पीड़ितों के पुनर्निवास के लिए तत्काल सहायता और पर्याप्त वित्तीय सहायता उपलब्ध कराई जानी चाहिए, (4) उन सबके विरुद्ध जो साम्प्रदायिक तनाव भड़काते हैं या हिंसा में भाग लेते हैं, कठोर कार्यवाही होनी चाहिए।

इस प्रकार देश में साम्प्रदायिक तनावों को रोकने के लिए और साम्प्रदायिक सामंजस्य लाने के लिए बहुरूपीय उपायों की आवश्यकता है। हमें न केवल धार्मिक सम्प्रदायवाद से लड़ना है, परन्तु राजनीतिक सम्प्रदायवाद को भी रोकना है, जो अधिक भ्रष्ट करने वाला और ख़तरनाक है। भारत में मुसलमानों और सिखों में से अधिकांश में साम्प्रदायिक हिंसा की प्रवृत्ति नहीं है और अधिकांश हिन्दू भी ऐसे नहीं हैं। मुस्लिम और सिख समुदायों के सदस्य भी निश्चित रूप से मानते हैं, कि बढ़ते हुए तनाव को रोका जा सकता है, यदि किसी प्रकार राजनीतिज्ञों को अपने संकीर्ण स्वार्थों के लिए व्यक्तियों से अनुचित लाभ उठाने से रोक दिया जाए। आम मुसलमान भी धीरे-धीरे राजनीतिज्ञों की शोषण की नीयत को समझ रहा है। धार्मिक नारेबाजी अब उस पर ज्यादा असर नहीं करती। अब उसमें यह छिपी हुई अभिलाषा नहीं है कि आर्थिक क्षतिपूर्ति की मांग वह देश की सीमा की दूसरी ओर से करे। वह यहां बहुत अधिक सुरक्षित महसूस करता है। यदि मुसलमानों और दूसरे अल्पसंख्यकों को यह सोचने के लिए प्रोत्साहित किया जाता है, कि वे स्वतंत्र भारत के बराबर नागरिक न होकर एक कीमती वस्तु हैं, जिनका चुनाव के समय व्यापार किया जाता है, तो उनमें राष्ट्रीय हित के लिए अधिक प्रयास करने के लिए कभी जोश उत्पन्न नहीं होगा। सामाजिक वैज्ञानिकों और बुद्धिजीवियों को गंभीरता से विचार करना होगा कि साम्प्रदायिकता की राष्ट्रीय व्याधि को और इससे जुड़े हुए विषयों जैसे धार्मिक हिंसा, अलगाववाद (separatism), पार्थक्यवाद (secessionism) और आतंकवाद को किस प्रकार नियन्त्रण में रखा जाए।

## साम्प्रदायिक हिंसा के सिद्धान्त (Theories of Communal Violence)

साम्प्रदायिक हिंसा एक सामूहिक हिंसा है। जब समुदाय के लोगों का एक बड़ा भाग अपने सामूहिक लक्ष्यों की प्राप्ति में असफल हो जाता है या यह महसूस करता है, कि उनके विरुद्ध भेदभाव हो रहा है और उन्हें समान अवसरों से वंचित रखा जा रहा है, तो उसमें कुण्ठा और मोहभंग की भावनाएं जाग्रत हो जाती हैं। यह सामूहिक कुण्ठा जिसे फायराबेन्ड्स और नेसवोल्ड 'नियमित कुण्ठा' (Systematic Frustration) कहा है, सामूहिक हिंसा को जन्म देती है। फिर भी समस्त समुदाय हिंसात्मक विरोध प्रदर्शित नहीं करता। दरअसल असंतुष्ट व्यक्ति जो सत्ता में होने वाले समूह या सत्ता में होने वाले अभिजनों (जिनके आचरण के विरुद्ध वे विरोध करते हैं) के विरुद्ध जो कार्यक्रम आयोजित करते हैं, वह प्रायः अहिंसात्मक होता है। वह केवल प्रतिवादियों का एक छोटा सा दल ही होता है, जो अहिंसा को अप्रभावी मानता है और संघर्ष की सफलता के लिए हिंसा को अत्यावश्यक समझता है। यही गुट अपनी विचारधारा की शक्ति की पुष्टि करने के लिए प्रत्येक अविचारित (precipitating) अवसर का हिंसा का प्रयोग करने के लिए उपयोग करता है।

यह उप-समूह, जिसका हिंसात्मक आचरण होता है, समस्त समुदाय या असंतुष्ट व्यक्तियों के समूचे समूह का प्रतिनिधित्व नहीं करता। इस उप-समूह के आचरण का अधिकांशतया समूह के बाकी व्यक्ति साफ-साफ तरीके से समर्थन नहीं करते। इस प्रकार मेरा दावा हिंसात्मक दंगाई आचरण के पुराने सिद्धान्त (riff-raff theory) के बहुत समीप आ जाता है, जिसका मानना है, कि व्यक्तियों में अधिकांश इस उपसमूह के हिंसात्मक विचलित व्यवहार को अस्वीकार करते हैं, उसका विरोध करते हैं और उसे 'दायित्वहीन' आचरण समझते हैं।

प्रश्न यह उठता है कि 'कुछ व्यक्तियों का समूह' किस कारणवश हिंसात्मक हो जाता है? सामूहिक हिंसा पर महत्वपूर्ण सैद्धान्तिक प्रस्तावों (propositions) में से दो ये हैं : (i) यह उत्तेजना के प्रति स्वाभाविक प्रतिक्रिया है, और (ii) यह उन नियमाचारों से सामंजस्य रखता है, जो इसके उपयोग को समर्थन देते हैं। इसके लिए कुछ महत्वपूर्ण प्रचलित सिद्धान्तों का विश्लेषण करना आवश्यक है।

मनो-विकृति सिद्धान्तों को अलग करते हुए (क्योंकि वे आक्रामक की मनोवैज्ञानिक व्यक्तित्व के लक्षणों और रोगात्मक विकारों को हिंसा के प्रमुख निर्धारक मानते हैं और मैं इसे वैयक्तिक हिंसा की व्याख्या करने के लिए महत्वपूर्ण मानता हूं न कि सामूहिक हिंसा की व्याख्या करने के लिए) दूसरे सिद्धान्तों का दो श्रेणियों में वर्गीकरण हो सकता है : (अ) सामाजिक-मनोवैज्ञानिक विश्लेषण के स्तर पर, और (ब) सामाजिक-सांस्कृतिक या समाज वैज्ञानिक विश्लेषण के स्तर पर। पहली श्रेणी में कुण्ठा-आक्रमण (frustration-aggression) सिद्धान्त, विकृति (perversion) सिद्धान्त, अभिप्राय आरोपण (motive-attribution) सिद्धान्त, और आत्ममनोवृत्ति (self-attitude) सिद्धान्त को सम्मिलित किया जा सकता है, जबकि दूसरी श्रेणी में व्यवस्था तनाव (system tension) सिद्धान्त, व्याधिकी (anomie) सिद्धान्त, हिंसा की उपसंस्कृति (Sub-culture of violence) का सिद्धान्त और सामाजिक सीख (social learning) सिद्धान्त को सम्मिलित किया जा सकता है। मेरा मत है, कि ये सब सिद्धान्त साम्प्रदायिक दंगों की सामूहिक हिंसा के तथ्य को समझाने में विफल रहते हैं। मेरा सैद्धान्तिक उपागम जो सामाजिक अवरोध (social barriers) उपागम कहलाता है, सामाजिक संरचनात्मक स्थितियों के समाजवैज्ञानिक विश्लेषण पर केन्द्रित है।

## *सामाजिक अवरोध का सिद्धान्त (Social Barriers Theory)*

जिन परिस्थितियों के कारण सामूहिक साम्प्रदायिक हिंसा होती है वे हैं : तनाव, पद की कुण्ठा (status frustration), और विभिन्न प्रकार की संकट-स्थितियां। मेरी धारणा यह है कि हिंसा का उपयोग आक्रामक (aggressors) इसलिए करते हैं, क्योंकि वे असुरक्षा और चिन्ता से ग्रसित होते हैं। इन भावनाओं और चिन्ताओं की उत्पत्ति उन सामाजिक अवरोधों से होती है, जो दमनात्मक सामाजिक

व्यवस्थाओं और सत्ताधारी अभिजनों (power elite) द्वारा उत्पन्न किए जाते हैं। इनकी (भावनाओं) उत्पत्ति उस व्यक्ति की पृष्ठभूमि और पालन-पोषण से भी होती है, जिसने उस (व्यक्ति) के लिए कठिनाइयां उत्पन्न की हैं और जो उस (व्यक्ति) के सामाजिक प्रतिमानों और सामाजिक संस्थाओं के प्रति असंगत और अवास्तविक मनोवृत्तियों की प्रवृत्ति को और बिगाड़ देती है। मेरा सिद्धान्त आक्रामक के व्यवहार में तीन कारकों को भी ध्यान में रखता है, अर्थात समायोजन (adjustment) (पद में), लगाव (attachment) (अपने समुदाय के प्रति) और वचनबद्धता (commitment) (मूल्यों के प्रति) और साथ में सामाजिक वातावरण (जिसमें व्यक्ति/आक्रामक रहते हैं) और व्यक्तियों (आक्रामकों) का समाजीकृत व्यक्तित्व। मेरा सैद्धान्तिक मॉडल इस प्रकार महत्व देता है सामाजिक व्यवस्था को, आक्रामकों की व्यक्तिगत व्यक्तित्व संरचना को, और समाज के उपसांस्कृतिक संरूपों को जिनमें व्यक्ति हिंसा का उपयोग करते हैं। सामाजिक व्यवस्था में, मैं उन तनावों और कुण्ठाओं को सम्मिलित करता हूं, जो समाज में सामाजिक संरचनाओं (परिवार, मित्र-समूह, समुदाय, आदि) के फलस्वरूप होते हैं। व्यक्तित्व संरचना में, मैं व्यक्तिगत आक्रामकों के समायोजन, लगाव और वचनबद्धता को सम्मिलित करता हूं; और उपसांस्कृतिक संरूपों में मैं उन मूल्यों को सम्मिलित करता हूं जो समाज के नियन्त्रण में एक साधन के रूप में काम करते हैं।

मेरी धारणा है, कि कुसमायोजन (maladjustment), विरक्ति (non-attachment) और अवचनबद्धता (non-commitment) के कारण एक सापेक्षिक वंचना (relative deprivation) की भावना उत्पन्न हो जाती है। सापेक्षिक वंचन का अर्थ है, एक समूह की अपेक्षाओं और उसकी क्षमताओं के बीच अनुभव की गई विसंगति (क्षमताओं का अर्थ है व्यक्तियों/समूहों का यह सोचना कि समान अवसर और न्यायसंगत साधन मिलने की दशा में वे भी अपनी अपेक्षाओं को प्राप्त करने या बनाए रखने में सक्षम हैं)। यहां महत्वपूर्ण शब्द है 'अनुभव की गई' (आक्रामकों के द्वारा); इसलिए आचरण के भिन्न रूपभेद या सापेक्षिक वंचना के कारण सदैव हिंसा नहीं भड़कती।

सापेक्षिक वंचन (एक समूह का) तब होता है, जब (i) अपेक्षाएं बढ़ती हैं, जबकि क्षमताएं वही रहतीं हैं, या उनमें गिरावट आ जाती हैं या (ii) अपेक्षाएं वही रहतीं हैं और सक्षमताओं का ह्रास हो जाता है। क्योंकि अपेक्षाएं और सक्षमताएं बोध (perception) पर निर्भर होती हैं, इसलिए एक समूह के मूल्यों का महत्वपूर्ण संबंध होता है (अ) कि किस तरीके से वह समूह वंचन का अनुभव करेगा, (ब) वह लक्ष्य जिसको वह (सापेक्षिक वंचन) अपना निशाना बनाएगा, और (स) वह रूप जिसमें वह उसे प्रदर्शित करेगा। चूंकि प्रत्येक समूह/व्यक्ति भिन्न-भिन्न शक्तियों से प्रभावित होता है इसलिए प्रत्येक समूह/व्यक्ति हिंसा के प्रति या सामूहिक साम्प्रदायिक हिंसा के प्रति अपनी प्रतिक्रिया भिन्न-भिन्न प्रकार से व्यक्त करेगा।

सामूहिक साम्प्रदायिक हिंसा की अनेक घटनाओं में से (जैसे 1978 में अलीगढ़, 1979 में जमशेदपुर, 1980 में मुरादाबाद, 1981 में हैदराबाद, 1982 और फिर 1987 में मेरठ, 1984 में भिवंडी और देहली, 1985 में अहमदाबाद, 1990 में जयपुर, 1991 में वाराणसी और 1992 में मुम्बई) एक को लें। हम 1985 के अहमदाबाद के दंगों को लेते हैं। अहमदाबाद में हिंसा वंचना (deprivation) की भावना के कारण हुई। प्रमुख समस्या आरक्षण समस्या थी, जिसमें दोनों गुट आरक्षण विरोधी और आरक्षण समर्थक-वंचित और कुण्ठित थे। उनकी कुण्ठा का राजनीतिक दलों ने अपने निहित स्वार्थों के लिये अनुचित लाभ उठाया और आरक्षण के विषय को जाति और धर्म से जोड़ा गया। असामाजिक तत्वों का, जो राजनीतिक बल पर अवैध शराब के धंधे में लगे हुए थे और पनप रहे थे, साम्प्रदायिक अविश्वास फैलाने में उपयोग किया गया। एक छोटी सी शरारत जनसंख्या में आग भड़काने के लिये पर्याप्त थी, क्योंकि वह बहुत बुरी तरह साम्प्रदायिक धाराओं में डूबी हुई थी।

मेरा सामाजिक अवरोध सिद्धान्त आवश्यक रूप से हिंसा का अभिजन-सिद्धान्त नहीं है, जहां कि एक छोटा समूह, जो विचारधारा के संदर्भ में बेहतर है, हिंसा को फैलाने में पहल करता है। यह समूह यह निर्णय भी लेता है, कि उसको किस प्रकार सम्पूर्ण कुण्ठित समूह (जिसका पक्षधर बनकर वह विरोध को हिंसात्मक रूप से मुखर करता है) की भलाई के लिए काम में लाया जाए। इसके अतिरिक्त

यह छोटा समूह कुण्ठित जनता के व्यापक सामूहिक कार्य पर निर्भर नहीं रहता है। इस संदर्भ में मेरी व्याख्या रूढ़िवादी मार्क्सवादी सिद्धान्त के विरुद्ध है क्योंकि मार्क्स ने इस प्रकार के विद्रोह और जनक्रान्ति की परिकल्पना नहीं की थी।

## *ध्रुवीकरण और गुच्छ समूह के प्रभाव का सिद्धान्त (Theory of Polarisation and Cluster Effect)*

लगभग एक दशक पहले एक नई अवधारणात्मक पैराडाइम (conceptual paradigm) का सृजन भारत में अन्तर (inter) और अन्दरूनी (intra) सामुदायिक हिंसा को समझाने के लिए किया गया है। यह उत्तरप्रदेश में साम्प्रदायिक दंगों के आनुभाविक अध्ययन पर आधारित है (सिंह, 1993)। यह पैराडाइम तीन धारणाओं पर आधारित है - ध्रुवता (polarity), फूट (cleavage), और क्लस्टर अथवा गुच्छ समूह (cluster)। ध्रुवता से तात्पर्य "सादृश्यता, संबद्धता, संलग्नता, सरोकार और अभिन्नता के ऐसे भाव से है, जो व्यक्ति किसी विशेष समस्या का सामना करते समय एक-दूसरे के प्रति रखते हैं"। समस्या धार्मिक, सैद्धान्तिक, राजनीतिक या आर्थिक हो सकती है : ध्रुवीकरण (polarization) "अभिन्नता और सम्बद्धता की एक ऐसी तीव्र भावना (heightened sense) है, जिसके फलस्वरूप व्यक्तियों या समूहों में भावात्मक, मानसिक या भौतिक संचालन हो जाता है जिससे एकता उत्पन्न होती है।" फूट एक ऐसी घटना है, जिसके द्वारा एक विशेष स्थान पर जनसंख्या दो विभिन्न ध्रुवों में बँट जाती है, जिनके परस्पर-विरोधी, विषमता वाले या प्रतिकूल सिद्धान्त या प्रवृत्तियां होती हैं। गुच्छ समूह (cluster) एक ध्रुव वाले व्यक्तियों (polarity) के निवास स्थान के संरूप को बतलाता है, जो कि एक विशेष क्षेत्र में एक विशेष समय पर समानता (commonness) प्रदर्शित करते हैं। इस पैराडाइम का सृजन (built up) दंगों से पहले, दंगों के समय, और दंगों के बाद की स्थितियों के तथ्यों के आधार और विभिन्न सामाजिक समूहों (ध्रुवों जो आपस में वैर भाव रखते हैं) के सदस्यों के सामूहिक आचरण के विश्लेषण के आधार पर किया गया है। चूंकि साम्प्रदायिक दंगों में दो विरोधी सामाजिक समूह होते हैं, इसलिए यह आवश्यक है, कि वैर भाव (जो वास्तव में मनोदशा और मन है), संरचनात्मक प्रेरकता (conduciveness) (जो वास्तव में भौतिक स्थिति है) और पूर्वाग्रह का सावधानीपूर्वक विश्लेषण किया जाए।

व्यक्ति अकेलेपन में कमज़ोर और असुरक्षित होता है। शक्ति संग्रहण/सम्मेलन/ जमाव (assembly), सामूहिकता और समूहों में होती है। एक व्यक्ति अपने लाभ और सुरक्षा के लिए उनमें मिल जाता है। समाज में हर समय विभिन्न ध्रुवताएं (polarities) विद्यमान होती हैं। प्रत्येक व्यक्ति के लिए ये ध्रुवताएं अन्तर-व्यक्तिगत सम्बन्धों के विषय में सन्दर्भ (references) का काम करते हैं। ध्रुवताएं दो प्रकार की होती हैं – स्थायी और अस्थायी। पहली श्रेणी में सिद्धान्त, धर्म, भाषा, जाति, क्षेत्र और लिंग आते हैं। ये ध्रुवताएं व्यक्ति की मूल पहचान बताती हैं, जो व्यक्ति के अन्तिम समय तक रहती हैं। दूसरी श्रेणी में व्यवसाय, पेशा, और वे कार्य आते हैं जो निहित स्वार्थों पर आधारित हैं। यद्यपि सामान्यतया ध्रुवताएं आपस में अनन्य (mutually exclusive) नहीं होतीं, परन्तु वे अनन्य उस समय हो जाती हैं, जबकि ध्रुवीकरण के फलस्वरूप समाज में जनसंख्या के विवाद और विभाजन की अनुभूति से फूट पड़ जाती है। तब जनता सामान्यतः एक अकेली ध्रुवता से एक ही प्रकार से जुड़ जाती है, तो वह उस समय पर उस विशेष स्थान पर उस विशेष जनसंख्या की एक प्रमुख ध्रुवता बन जाती है। यह प्रमुख ध्रुवता जनसंख्या के आवास का संरूप निर्धारित करती है, यानी ध्रुवता पर आधारित गुच्छ समूह जनांकिकी आवासीय संरूप (demographic living patterns) को चिह्नित करते हैं। पुराने शहरों और कस्बों में ये गुच्छ समूह धर्म, जाति और सम्प्रदाय पर आधारित होते हैं, परन्तु आधुनिक नगरों में ये वर्गों पर अधिक आधारित होते हैं। जब इस प्रकार के क्लस्टर दो भिन्न ध्रुवताओं के कारण बनते हैं (जैसे धर्म/या धार्मिक संप्रदाय) तो वहां झगड़ा होता है।

**चित्र 1**

*साम्प्रदायिक दंगों के भड़काने की प्रक्रिया*

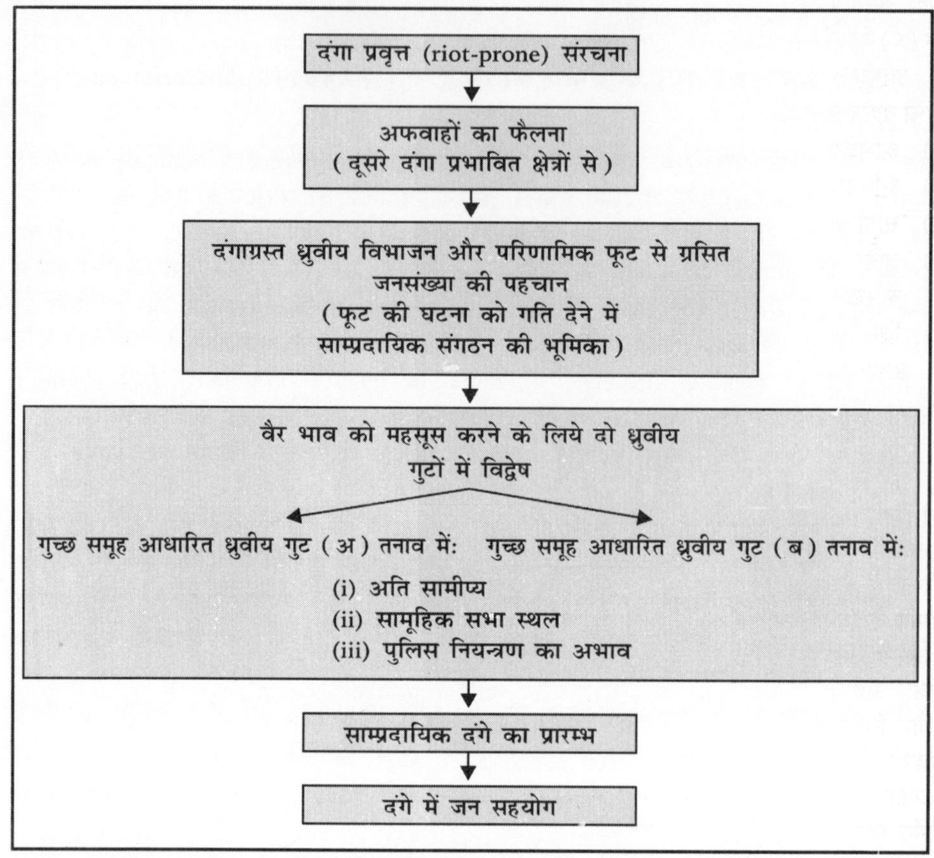


गुच्छ समूह (cluster) में रहने की सामाजिक गतिकी (social dynamics) यह होती है, कि गुच्छ समूह दंगा-प्रवृत्त स्थिति (riot-prone situation) को उभारने में अति प्रेरक सिद्ध होते हैं, क्योंकि अन्तर-व्यक्तिगत सम्बन्ध बिगड़ जाते हैं और ऐसी उत्तेजनाएं (irritants) उत्पन्न हो जाती हैं, जिन्हें एक का दूसरे के प्रति जानबूझ कर किया गया अपमान, वंचना (deprivation) और चोट समझा जाता है। ऐसी घटनाएं गुच्छ समूहों के अधिकांश लोगों को अपनी ही ध्रुवता वाली जनसंख्या में सम्पर्क बनाने के लिए प्रोत्साहित करती हैं और यह जन विद्रोह पैदा करने में मदद करती हैं।

नेतृत्व के स्तर पर दिया जाने वाला साम्प्रदायिक आह्वान (call) भी ध्रुवीकरण की प्रक्रिया में तेजी लाता है। उदाहरणार्थ, मुस्लिम जनसंख्या को मेरठ में 1982 में शाही इमाम बुख़ारी द्वारा दिये गए भड़काने वाले भाषण से हिन्दुओं में तीव्र प्रतिक्रिया हुई और अपने हितों की रक्षा के लिए उनमें मुसलमानों के विरुद्ध ध्रुवीकरण हो गया, जिससे अन्ततः शहर में साम्प्रदायिक दंगा हुआ। उसने इसी प्रकार का भड़काने वाला भाषण 8 अप्रैल 1988 को अनंतनाग, कश्मीर में दिया और कश्मीरी मुसलमानों को यह कह कर भड़काया कि विभाजन के बाद उन्हें गुलाम बना दिया गया है। उसने बलपूर्वक कहा कि केन्द्र ने उनके लिये बेहतर आर्थिक स्थितियां पैदा नहीं की हैं, उनको अपने अधिकारों से वंचित रखा जा रहा है, और उनकी समस्याओं की अनदेखी की जा रही है।

ध्रुवता के प्रभुत्व (polarity dominance) की प्रकृति पांच कारकों पर निर्भर है : (1) समय और स्थान (यानी कालावधि, क्षेत्र, स्थान और स्थिति या भौगोलिक सीमाएं), (2) सामाजिक संरचना (यानी, जाति, समुदाय और सामाजिक समूह) (3) शिक्षा (यानी हित के प्रति जागरूकता), (4) आर्थिक स्वार्थ, और (5) नेतृत्व (यानी भावात्मक भाषण, वायदे और नेताओं की नीतियां)।

उपर्युक्त विश्लेषण के आधार पर वी.पी. सिंह दंगा-प्रवृत्त (साम्प्रदायिक) संरचना का निम्नांकित रूप से वर्णन करते हैं :

(1) अभिज्ञेय (identifiable) गुच्छ समूहों (क्लस्टरों) में द्वि-ध्रुवता (bi-polarity) वाली जनसंख्या;

(2) अति सामीप्य (close proximity);

(3) सामान्य स्वार्थ और उसके फलस्वरूप वैर भाव;

(4) ध्रुवित हुई जनसंख्या की शक्ति (potency); शक्ति संख्यात्मक बल, आर्थिक संपन्नता, हथियारों के रखने की स्थिति, नेतृत्व की किस्म, और कार्यक्रम की शक्ति; और,

(5) ज़िले की पुलिस और सरकारी प्रशासन की प्रशासनिक स्वार्थपरायणता (expediency) और अकुशलता।

साम्प्रदायिक दंगों के भड़कने की प्रक्रिया (flare up) को वी.पी.सिंह ने चित्र 1 के द्वारा समझाया है।

## धर्म-निरपेक्षता (Secularism)

'धर्म-निरपेक्ष' शब्द से आशय ऐसी वस्तुओं से होता है, जो धार्मिक अथवा आध्यात्मिक नहीं होतीं। वास्तव में 'धर्म-निरपेक्ष' की अवधारणा का सबसे पहली बार उपयोग यूरोप में किया गया था, जहां गिरिजाघरों के पास सभी प्रकार की संपत्तियों पर पूर्ण नियंत्रण उपलब्ध था तथा कोई भी गिरिजाघरों की सहमति के बिना किसी संपत्ति का उपयोग नहीं कर सकता था। कुछ बुद्धिजीवियों ने इस प्रथा के विरोध में अपनी आवाज उठाई। ये लोग 'धर्म-निरपेक्ष' के रूप में जाने गए जिसका अर्थ ''गिरिजाघर से पृथक'' अथवा ''गिरिजाघर के विरुद्ध'' होता था। भारत में, स्वतंत्रता प्राप्ति के उपरांत से इस शब्द का उपयोग विभिन्न संदर्भों के अंतर्गत किया गया है। देश के विभाजन के पश्चात् राजनीतिज्ञ अल्पसंख्यक समुदायों, विशेषतौर पर मुसलमानों को इस बात के प्रति आश्वस्त करना चाहते थे, कि उनके साथ किसी भी प्रकार का भेदभाव नहीं किया जाएगा। अतः, नए संविधान में प्रावधान किया गया कि संविधान के अंतर्गत भारत 'धर्म-निरपेक्ष' बना रहेगा, जिसका अर्थ यह होता है कि : (क) प्रत्येक नागरिक को अपने धर्म का पालन करने एवं उसका प्रचार करने की पूर्ण स्वतंत्रता की गारंटी प्राप्त होगी, (ख) देश का अपना कोई धर्म नहीं होगा, तथा (ग) सभी नागरिक, चाहे उनकी धार्मिक आस्थाएं कुछ भी क्यों न हों, एक समान होंगे। इस प्रकार से, यहां तक कि अनीश्वरवादियों को भी ईश्वरवादियों के समान ही अधिकार प्रदान किए गए थे।

यह इंगित करता है, कि एक धर्म-निरपेक्ष राज्य अथवा समाज एक अधार्मिक समाज नहीं होता है। धर्म का अस्तित्व विद्यमान है, उसके विश्वासकर्ता अपने धार्मिक ग्रंथों में उल्लिखित धार्मिक सिद्धांतों में अपने विश्वास एवं पालन को जारी रखते हैं, तथा राज्य सहित कोई भी बाहरी एजेन्सी इन विधिसम्मत धार्मिक मामलों में हस्तक्षेप नहीं करती। दूसरे शब्दों में, एक धर्म-निरपेक्ष समाज के दो महत्वपूर्ण तत्व हैंः (क) राज्य एवं धर्म का पूर्ण पृथक्करण, तथा (ख) सभी धर्मों के अनुयायियों के साथ-साथ नास्तिकों एवं अनीश्वरवादियों को अपनी-अपनी आस्थाओं का अनुसरण करने के लिए पूर्ण स्वतंत्रता।

एक धर्म-निरपेक्ष समाज में, विभिन्न धार्मिक समुदायों के नेतागणों एवं अनुयायियों से अपने धर्म का उपयोग राजनीतिक प्रयोजनों के लिए न किए जाने की आशा की जाती है। हालांकि, व्यवहार में, हिन्दू, मुसलमान, सिख तथा अन्य धार्मिक समुदाय धर्म का उपयोग अपने राजनीतिक उद्देश्यों के लिए करते रहते हैं। प्रत्येक राजनीतिक दल दूसरे राजनीतिक दल पर गैर-धर्म-निरपेक्ष होने का लेबल चिपकाता रहता है। दिसम्बर 1992 में अयोध्या में बाबरी मस्जिद का ढांचा ढहाए जाने के बाद एक न्यायालय के समक्ष भारतीय जनता पार्टी (बीजेपी) के द्वारा संचालित राज्य सरकार को बर्खास्त किए

जाने के लिए एक वाद (जिसे लोकप्रिय रूप से एस.आर. बोम्मई वाद के नाम से जाना जाता है) प्रस्तुत किया गया था। 9 न्यायधीशों वाली एक खंडपीठ के न्यायधीशों ने 'धर्म-निरपेक्षता' शब्द पर विचार किया और दावे के साथ कहा कि हालांकि इस शब्द को संविधान में स्थान दिया गया है, तथापि इसे बुद्धिमत्तापूर्वक अपरिभाषित ही छोड़ दिया गया क्योंकि कोई भी इसकी परिष्कृत परिभाषा प्रस्तुत कर सकने में सक्षम नहीं था। संविधान में धर्म-निरपेक्षता के द्वारा सभी धर्मों के साथ समान व्यवहार किए जाने की गारंटी प्रदान की गई है, तथा राज्य सरकारों को धर्म-निरपेक्षता को लागू किए जाने के उद्देश्य से कानूनों का विनियमन करना था। इस प्रकार से, भाजपा सरकारों को बर्खास्त किए जाने के तर्क पर कानूनी विचार किए जाने की बात को स्वीकार नहीं किया गया। कोई आश्चर्य नहीं है, कि कुछ लोगों का कहना है कि सर्वोच्च न्यायालय में एस.आर. बोम्मई का वाद एक अकेले दल (भाजपा) के विरुद्ध गुटबंदी मात्र थी। महाराष्ट्र के मुख्यमंत्री को संलिप्त करने वाले एक अन्य वाद में सर्वोच्च न्यायालय ने धारित किया कि जनप्रतिनिधित्व अधिनियम के अधीन हिन्दुत्व के लिए की जाने वाली एक अपील अनुमति प्रदान किए जाने योग्य थी। जिस बात पर प्रतिबंध लगाया गया था वह है, अन्य दल के धर्म की आलोचना किया जाना। इस प्रकार, यह कहा जा सकता है कि राजनीतिक दलों के लिए धर्म-निरपेक्षता का निहितार्थ मुसलमानों एवं अनुसूचित जातियों तथा अनुसूचित जनजातियों को शामिल करने वाले वोट बैंक का सृजन किया जाना बन चुका है। मई 1996 के लोकसभा तथा अक्टूबर 1996 के उत्तर प्रदेश विधान सभा के चुनावों के लिए जब भाजपा केन्द्र के साथ-साथ उत्तर प्रदेश में भी एकमात्र अकेले सबसे बड़े दल के रूप में उभर का सामने आई, तब निहित स्वार्थों से युक्त राजनीतिक दलों ने भाजपा को एक साम्प्रदायिक दल के रूप में वर्णित किए जाने के लिए एक-दूसरे से हाथ मिला लिया। साम्प्रदायिकता के विरुद्ध शोर मात्र वोट प्राप्त करने तथा राजनीतिक शक्ति हासिल किए जाने के उद्देश्य से मचाया गया था। केन्द्र में (जून 1996 में) 13 दलों के गठबंधन का आधार कोई भी न्यूनतम साझा स्वीकृतियुक्त कार्यक्रम नहीं था, बल्कि यह मात्र तथाकथित 'हिन्दू दल' को सरकार बनाने से रोकने के एक सूत्रीय कार्यक्रम पर आधारित था।

इस प्रकार से, साम्प्रदायिकता न तो कोई राजनीतिक दर्शन है और न ही विचारधारा, न ही कोई सिद्धांत। इसे राजनीतिक उद्देश्यों के साथ भारतीय समाज पर लाद दिया गया है। साम्प्रदायिक धर्म-निरपेक्ष कार्ड को अब मात्र राजनीतिक उद्देश्य वाली चालों के लिए ही चला जा रहा है। साम्प्रदायिकता के भूत को राष्ट्रीय विघटन को रोकने के लिए बल्कि इस विचार के साथ जिंदा रखा जा रहा है कि अल्पसंख्यक वोट बैंक स्वयं को अधिक व्यापक भारतीय लोकाचारों में छितरा न दे। यहां तक कि वे राजनीतिक नेता, जो अत्यधिक भ्रष्ट हैं तथा जो बड़े पैमाने पर जातिवाद का उपयोग करते हैं, विपक्षी दलों के नेताओं पर साम्प्रदायिक होने का आरोप लगाते रहते हैं। इस प्रकार से सत्ता-लोलुप लोग धर्म-निरपेक्षता का उपयोग अपने पापों को छिपाए जाने के लिए एक ढाल के रूप में करते हैं, और उसके द्वारा यह सुनिश्चित करते हैं, कि लोग धर्म के आधार पर ध्रुवीकृत रहें तथा भारत साम्प्रदायिक बना रहे।

## क्षेत्रीयकरण (Regionalization)

भारत एक अत्यन्त ही विविधतापूर्ण बहुलवादी समाज है, तथा एक ऐसा संघीय देश है जिसकी विगत 65 वर्षों की सामाजिक गत्यात्मकताओं को समझे जाने तथा तर्कसंगत तरीके से विश्लेषित किए जाने की आवश्यकता है। स्वतंत्रता प्राप्ति के समय पर मात्रात्मक तथा गुणात्मक रूप से यह अपेक्षाकृत एक छोटा देश था। तब से इसकी आबादी न केवल 34 करोड़ से बढ़कर 121 करोड़ (सन् 2011 में) हो चुकी है बल्कि आर्थिक, शैक्षणिक, सामाजिक तथा राजनीतिक रूप से भी यह परिपक्व हो चुका है। एक ओर, सन् 1947 के बाद देश राजशाही शासित राज्यों के एकीकरण के द्वारा न केवल बड़ा आकार प्राप्त कर चुका है वहीं दूसरी ओर, प्रशासन में सुधार किए जाने के लिए कुछ राज्यों (जैसे महाराष्ट्र एवं गुजरात का सन् 1960 में तथा पंजाब एवं हरियाणा का सन् 1966 में) का पुनर्गठन भी कर दिया गया था। कुछ नए राज्यों का सृजन स्थानीय आकांक्षाओं एवं स्थानीय स्वायत्तता को स्थान प्रदान करने के लिए कर दिया गया

जैसे आंध्र प्रदेश (1956), नगालैंड (1963), हिमाचल प्रदेश (1971), मणिपुर (1972), मेघालय (1972), त्रिपुरा (1972), अरुणाचल प्रदेश (1987), मिजोरम (1987), छत्तीसगढ़ एवं झारखंड (2000), उत्तराखंड (2006) तथा तेलंगाना (2013), कुछ राज्यों को भारतीय संघ के साथ जोड़ दिया गया, जैसे पुड्डुचेरी, गोवा तथा सिक्किम (1975), जबकि भाषा के संरक्षण तथा सांस्कृतिक पहचानों की रक्षा के लिए कुछ और राज्यों का सृजन किए जाने के लिए मांग में वृद्धि हो रही है (जैसे बोडोलैंड, विदर्भ, गोरखालैंड इत्यादि)। कुछ स्वायत्तशासी क्षेत्रीय परिषदों का गठन (जैसे पश्चिम बंगाल के अंदर ही गोरखालैंड तथा असम के अंदर बोडोलैंड) राज्यों के अंदर ही स्व-निर्धारण के अलग-अलग स्तरों का प्रावधान करने के उद्देश्य से कर दिया गया है।

इस क्षेत्रीयकरण तथा नए राज्यों के सृजन किए जाने के पक्ष तथा विरोध दोनों में ही तर्क प्रस्तुत किए जाते रहे हैं। कुछ वैचारिक समूह इस क्षेत्रीयकरण (निश्चित सीमाओं के साथ भौगोलिक क्षेत्र के विभाजन) में कुछ भी गलत नहीं पाते हैं, क्योंकि यह लोकतांत्रिक आग्रहों को पूरा करता है, राजनीतिक प्रबंधन की सुविधा प्रदान करता है, विकास को सुचारु बनाता है, निर्णयन प्रक्रिया तक अधिक पहुंच तथा उसमें प्रतिभागिता प्रदान करता है, स्थानीय जवाबदेही में वृद्धि करता है तथा राष्ट्रीय एकता को बढ़ाता है। ये वैचारिक समूह कनाडा, बेल्जियम, चेकोस्लोवाकिया, यूगोस्लाविया, रूस तथा पाकिस्तान जैसे देशों में हाल ही में होने वाली घटनाओं को भी संदर्भित करते हैं, जो जनता की क्षेत्रीय मांगों को स्थान न दिए जाने के कारण आधिकाधिक तौर पर अस्थिर होते जा रहे हैं। पाकिस्तान इसीलिए टूट गया, क्योंकि इसने 'बांग्ला' पहचान को स्वीकार किए जाने एवं उसका सम्मान किए जाने से इंकार कर दिया था। आजकल यह तथाकथित मोहाजिर एवं अल्पसंख्यकों की समस्याओं का सामना कर रहा है।

विचारकों का दूसरा समूह क्षेत्रीयकरण को देश के शत्रुतापूर्ण हिस्सों में विभाजन की प्रक्रिया के रूप में वर्णित करता है जो "मराठियों के लिए महाराष्ट्र" अथवा "असम मात्र असमिया लोगों के लिए" जैसे नारों का उठाते हुए लोगों को विभाजित कर देती है, तथा आंदोलनों एवं हिंसा को जन्म देती है। कुछ लोगों को जम्मू एवं कश्मीर जैसे राज्यों के लिए अधिक स्वायत्तता की मांग के सम्बन्ध में चिंता है, जो मानते हैं, कि ऐसी मांगें और अधिक स्वायत्तशासी क्षेत्रों के लिए की जाने वाली मांगों के लिए उत्प्रेरक हो सकती हैं। इस प्रकार से बिखराव की प्रत्येक कार्यवाही को आगे और बिखराव को प्रोत्साहित करने वाले तथ्य के रूप में देखा जा रहा है। प्रश्न यह है : क्या पहले वैचारिक समूह का आशावाद तर्कसंगत है अथवा दूसरे वैचारिक समूह का निराशावाद गलत है? यह सच है, कि कई बार क्षेत्रवाद एवं क्षेत्रीयकरण की भावनाएं इतनी अधिक शक्तिशाली हो जाती हैं कि यहां तक कि राज्य नदी के जल (जैसे कर्नाटक तथा तमिलनाडु के द्वारा कावेरी जल) अथवा बिजली (जैसे पंजाब एवं दिल्ली) को भी अपने पड़ोसी राज्यों के साथ साझा करने की इच्छा नहीं रखते हैं। असम जैसे राज्यों का दावा है, कि राष्ट्रीय आर्थिक प्रगति में तेल एवं जूट के माध्यम से उनके द्वारा अधिक योगदान प्रदान किए जाने के बावजूद भी विकास सम्बन्धी योजनाओं में उनकी पूरी तरह से उपेक्षा की गई है, जबकि जम्मू एवं कश्मीर जैसे राज्यों का मानना है, कि एक मुस्लिम-बहुल राज्य होने के कारण औद्योगिक विकास सम्बन्धी योजनाओं में इसके साथ भेदभाव बरता गया है। जबकि कतिपय क्षेत्रों का आर्थिक पिछड़ापन वहां व्याप्त अशांति की जड़ बना हुआ है (जैसे पश्चिम बंगाल में गोरखालैंड, असम में बोडोलैंड), वहीं कुछ नए राज्यों के लिए की जाने वाली मांग (जैसे उत्तर प्रदेश को विभाजित करते हुए हरित प्रदेश) पूरी तरह से राजनीति से प्रेरित है। सभी स्तरों के लोगों में बढ़ती हुई सामाजिक एवं राजनीतिक जागरूकता के साथ ही यह कठिन नहीं रह गया है कि सूर्य में भी एक स्थान की मांग करने के लिए लोगों को एकत्रित कर लिया जाए।

यदि लोगों के विरोध प्रदर्शनों की उपेक्षा की जाती है तो कानून एवं व्यवस्था सम्बन्धी समस्याओं में वृद्धि होना अनिवार्य है। ऐसी समस्याओं को लंबे समय तक दबाए नहीं रखा जा सकता अथवा न ही उनके साथ कठोरतापूर्वक निबटा जा सकता है। इससे लोग हिंसा का मार्ग अपनाने पर बाध्य हो जाएंगे। "उनके" तथा "हमारे" बीच की खाई को समायोजनों एवं समझौतों के द्वारा पाटा जाना होगा। अनेक राज्यों में बढ़ती हुई जनसंख्या का प्रबंधन किया जाना कठिन होगा। उत्तर प्रदेश, मध्य प्रदेश, बिहार

तथा महाराष्ट्र ऐसे ही कुछ राज्य हैं। सन् 1947 में देश में जहां कुल 300 जिले थे, वहीं आज कुल 671 जिले हैं। अनेक जिले क्षेत्र तथा जनसंख्या के मामले में संयुक्त राष्ट्रसंघ के सदस्य देशों से भी बड़े हैं। अतः, नए अपेक्षाकृत छोटे राज्यों के औचित्य को अनिवार्य रूप से शत्रुतापूर्ण विभाजन अथवा क्षेत्रवाद तथा क्षेत्रीयकरण के विकास के रूप में परिकल्पित नहीं किया जाना चाहिए। यदि राज्यों की संख्या बढ़कर 50 हो जाती है, तथा जिलों की संख्या बढ़कर 750 हो जाती है, तो प्रशासनिक प्रबंधन और अधिक कुशल हो सकता है, जवाबदेही में सुधार हो सकता है, तथा लोकतांत्रिक सहभागिता में वृद्धि हो सकती है, बशर्ते निश्चित रूप से नए राज्य आर्थिक रूप से व्यवहार्य हों। मात्र नई राजनीतिक अथवा प्रशासनिक इकाइयों का गठन किए जाने से राष्ट्रीय अखंडता खतरे में नहीं पड़ जाएगी।

यदि समझदारीपूर्वक संभाला जाए तो क्षेत्रीयकरण भारत को खंडित नहीं करेगा। हालांकि, जातीय भावनाएं तथा भाषायी एकरूपता नए राज्यों के सृजन की मांग करते हुए, उनके मूल्यों के रूप में वांछनीय नहीं हो सकती है। संसाधनों का गंभीर अभाव है। देश के कुछ भागों में आतंकवाद के द्वारा उत्पन्न की गई समस्याएं भी विद्यमान हैं। आंतरिक तथा बाहरी दोनों ही खतरे बहुत अधिक मंडरा रहे हैं।

इसीलिए, नए राज्यों के लिए की जाने वाली मांग को प्रभावी ढंग से निरस्त किया जाना चाहिए तथा उन्हें तभी स्वीकार किया जाना चाहिए, जब आर्थिक विकास तथा प्रशासनिक सुविधा के आधारों पर प्रत्येक मामले का सावधानीपूर्वक परीक्षण कर लिया गया हो।

## REFERENCES

Chandra, Bipan, *Communalism in Modern India*, Vikas, New Delhi, 1984.

——. *Ideology and Politics in Modern India*, Har Anand Publications, Delhi, 1994.

Das, Veena (ed.), *Mirrors of Violence: Communities, Riots and Survivors in South Asia*, Oxford University Press, Delhi, 1990.

Engineer, Asghar Ali (ed.), *Communal Riots in Post-independent India*, Sangam Books, Dclhi, 1984.

Engineer, Asghar Ali, *Meerut Riots: Analysis, Compilation and Documentation*, Ajanta Publications, Delhi, 1988.

*Frontline*, Madras, 2–15 April 1988, pp. 99–104.

Ghosh, S.K., *Riots: Prevention and Control*, Eastern Law House, Calcutta, 1971.

Gopal, Servepalli (ed.), *Anatomy of a Confrontation*, Penguin Books, New Delhi, 1991.

Hasan, Mushirul, *Nationalism and Communal Politics in India*, Manohar Publications, New Delhi, 1991.

Kapur, Rajiv A., *Sikh Separatism: The Politics of Faith*, Vikas Publishing House, Delhi, 1987.

Krishna, Gopal, "Communal Violence in India: A Study of Communal Disturbance in Delhi", *Economic and Political Weekly*, Vol. XX, No. 2, 1985, pp. 61–74.

Naqvi, Saba and Koppikar Smruti, "Gujarat Riots: A Beast Asleep?", Outlook India.com e-magazine, 5 March 2012.

Oommen, T.K., *The Hindustan Times*, Delhi, 8 August 1989.

Surolia, Shankar, *Indian Police: Issues and Perspectives*, Gaurav Publishers, Jaipur, 1987.

Singh, V.V., *Communal Riots*, Rawat Publications, Jaipur, 1993.

*The Hindustan Times*, Delhi, 21 August 1986; 17 March 1988 and 10 June 1996.

# 7

# पिछड़ी जातियां, जनजातियां और वर्ग

## Backward Castes, Tribes and Classes

भारत में अधिकारहीन व्यक्तियों की प्रस्थिति में, विशेषकर जनजातियों और उन जातियों और वर्गों में, जिन्हें जन्म के संयोग से नीचा दर्जा दिया गया है, सुधार लाना किसी भी सरकार का, जो प्रजातन्त्र के प्रति वचनबद्ध है, एक महत्वपूर्ण लक्ष्य होना चाहिए।

भारत का संविधान अनुसूचित जातियों और जनजातियों और दूसरे पिछड़े वर्गों को इस उद्देश्य से संरक्षण और सुरक्षा प्रदान करता है, जिससे उनकी सामाजिक निर्योग्यताएं हटाई जा सकें और उनके विविध अधिकारों को बढ़ावा मिल सके। प्रमुख सुरक्षाएं ये हैं : अस्पृश्यता का उन्मूलन, सामाजिक अन्याय और विभिन्न प्रकार के शोषण से सुरक्षा, धार्मिक संस्थाओं में जाने की सभी समूहों को छूट, दुकानों, रेस्तरां, कुएं, तालाब और सड़कों पर जाने के प्रतिबन्ध को हटाना, स्वतन्त्रता से घूमने और सम्पत्ति प्राप्त करने का अधिकार देना, शिक्षण संस्थाओं में भर्ती होने का अधिकार देना, राजकीय कोष से अनुदान मिलना, नौकरियों में उनके लिए आरक्षण के लिए राज्य की अनुमति, लोकसभा और राज्य की विधानसभाओं में विशेष प्रतिनिधित्व देना, उनके कल्याण को बढ़ावा देने और उनके हितों की रक्षा के लिए अलग से विभाग और परामर्श समितियां स्थापित करना, बेगार का उन्मूलन, और अनुसूचित क्षेत्रों के प्रशासन और नियंत्रण के लिए विशेष व्यवस्था करना आदि।

अनुसूचित जातियों और जनजातियों के हितों की सुरक्षा के लिए एक कमीशन का गठन भी किया गया है। इसका नाम अब "नेशनल कमीशन फॉर शेड्यूल्ड कास्ट्स एन्ड शेड्यूल्ड ट्राइब्स" रख दिया गया है।

वर्तमान समय में अनुसूचित जातियों एवं जनजातियों के लिए दो अलग-अलग आयोग कार्य कर रहे हैं। वास्तव में, सरकार की जानकारी में यह बाद में ही लाया गया था, कि न केवल भौगोलिक बल्कि सांस्कृतिक तौर पर भी अनुसूचित जनजातियां अनुसूचित जातियों से काफी भिन्न थीं, बल्कि उनकी समस्याएं भी अनुसूचित जातियों की समस्याओं से अलग ही थीं। इस सार्वजनिक अवधारणा को मान्यता प्रदान करते हुए अक्टूबर 1999 में जनजातीय मामलों के एक नए मंत्रालय का गठन किया गया, ताकि अनुसूचित जनजातियों के कल्याण एवं विकास पर तेजी से ध्यान केन्द्रित किया जा सके। यह आवश्यक समझा गया, कि जनजातीय मामलों में मंत्रालय अनुसूचित जनजातियों से सम्बन्धित समस्त गतिविधियों के साथ समन्वय करे, क्योंकि सामाजिक न्याय एवं सशक्तीकरण मंत्रालय के लिए प्रशासनिक रूप से इस भूमिका का निर्वहन किया जाना संभव नहीं होगा। यह भी आवश्यक समझा गया, कि अनुसूचित जनजातियों के हितों की और अधिक प्रभावी ढंग से सुरक्षा किए जाने के लिए वर्तमान अनुसूचित जातियों एवं अनुसूचित जनजातियों के राष्ट्रीय आयोग को विभाजित किए जाने के द्वारा एक पृथक *राष्ट्रीय अनुसूचित जनजाति आयोग* (NCST) की स्थापना की जानी चाहिए। NCST इसी अनुभव का परिणाम है, जिसकी स्थापना फरवरी 2004 में अनुसूचित जनजातियों के कल्याण से सम्बन्धित सभी मामलों की निगरानी के उद्देश्य से की गई थी।

अनुसूचित जातियों के कल्याण के लिए *राष्ट्रीय अनुसूचित जाति आयोग* (NCSC) विभिन्न अधिनियमों जैसे नागरिक अधिकार संरक्षण (PCR) अधिनियम, 1955 तथा अनुसूचित जाति एवं जनजाति (अत्याचार निवारण) अधिनियम, 1989 को पूरी तरह से लागू किए जाने के लिए प्रतिबद्ध है। यह इस बात को सुनिश्चित करने का प्रयास करता है कि अनुसूचित जातियों के लिए आर्थिक विकास से सम्बन्धित योजनाओं को दिशा-निर्देशों के अनुसार क्रियान्वित किया जाए तथा सरकार के द्वारा खर्च की जाने वाली प्रत्येक पाई को मात्र उनके लाभ के लिए ही समुचित रूप से व्यय किया जाए। यह इस बात को भी सुनिश्चित करने का प्रयास करता है कि सरकारी नियम एवं कायदों के अनुसार कठोरतापूर्वक प्रत्येक स्तर पर आरक्षण को लागू किया जाए। राष्ट्रीय अनुसूचित जाति आयोग के महत्वपूर्ण कार्य इस प्रकार हैं :

- भारत के संविधान अथवा अधिनियमित किए गए किसी अन्य कानून अथवा सरकार के किसी आदेश के अधीन अनुसूचित जातियों को उपलब्ध कराए गए संरक्षण से सम्बन्धित समस्त मामलों का अन्वेषण एवं निगरानी करना तथा ऐसे सुरक्षा उपायों के कार्यों का मूल्यांकन करना;
- अनुसूचित जातियों को उनके अधिकारों एवं संरक्षण से वंचित किए जाने के सम्बन्ध में विशिष्ट शिकायतों की जांच करना;
- अनुसूचित जातियों के सामाजिक-आर्थिक विकास की नियोजन प्रक्रिया पर परामर्श देना तथा उसमें सहभागिता करना तथा देश एवं राज्यों में उनके विकास की प्रगति का मूल्यांकन करना;
- वार्षिक आधार पर तथा ऐसे समयों पर भी जब आयोग उचित समझे, राष्ट्रपति को उन संरक्षण उपायों के क्रियाकलापों से सूचित करना;
- ऐसे उपायों के लिए ऐसी रिपोर्टों/सिफारिशों को तैयार करना, जिन्हें केन्द्र अथवा राज्य के द्वारा उन संरक्षण उपायों के प्रभावी क्रियान्वयन के लिए अपनाया जाना चाहिए तथा ऐसे अन्य उपाय जो अनुसूचित जातियों के संरक्षण, कल्याण एवं सामाजिक-आर्थिक विकास के लिए हों; तथा
- अनुसूचित जातियों के संरक्षण, कल्याण एवं विकास तथा उत्थान के सम्बन्ध में ऐसे अन्य कार्यों को संपन्न करना जिन्हें राष्ट्रपति संसद के द्वारा बनाए गए किसी कानून के प्रावधानों के अधीन रहते हुए निर्दिष्ट कर सकते हों। राष्ट्रीय अनुसूचित जनजाति आयोग के कार्य लगभग राष्ट्रीय अनुसूचित जाति आयोग के कार्यों के समान ही हैं।

अनुसूचित जातियों, अनुसूचित जनजातियों एवं अन्य पिछड़ी जातियों के कल्याण की देखभाल करने के लिए राज्य सरकारों के अपने पृथक विभाग हैं। उनकी प्रशासनिक व्यवस्था राज्यवार भिन्न-भिन्न है। बड़ी संख्या में स्वैच्छिक संगठन भी *दलितों* तथा जनजातियों के कल्याण को बढ़ावा देते हैं। अखिल भारतीय चरित्र वाले महत्वपूर्ण संगठनों में शामिल हैं हरिजन सेवक संघ, दिल्ली; हिन्दू स्वीपर्स सेवक समाज, नई दिल्ली; तथा भारतीय आदिमजाति सेवक संघ, नई दिल्ली। अनुसूचित जातियों/अनुसूचित जनजातियों/अन्य पिछड़ी जातियों के कल्याण को केन्द्र सरकार के स्तर पर योजना एवं गैर-योजना व्ययों दोनों में ही विशेष ध्यान प्रदान किया गया है, क्योंकि व्यय की जाने वाली राशि की मात्रा में प्रत्येक वर्ष वृद्धि होती रही है। जहां वर्ष 2000-01 में यह 968 करोड़ रुपए थी, वहीं वर्ष 2001-02 में यह बढ़कर 1,093 करोड़ रुपए हो गई और वर्ष 2002-03 में 1,152 करोड़ रुपए, वर्ष 2003-04 में 1,144 करोड़ रुपए, वर्ष 2004-05 में 1,270 करोड़ रुपए तथा वर्ष 2005-06 में 1,508 करोड़ रुपए हो गई (*भारत* 2006-07: 202 *ऑब्जर्वर स्टैस्टिकल हैंडबुक*)। राज्य सरकारें भी *दलितों* एवं जनजातियों के कल्याण पर बड़ी धनराशि को व्यय करती रही हैं।

केन्द्र के तत्वावधान में चलाई जा रही कुछ महत्वपूर्ण परियोजनाएं हैं : (1) अनुसूचित जातियों और जनजातियों के युवकों को विभिन्न प्रतियोगी परीक्षाओं (IAS, IPS, आदि) के लिए तैयार करना और प्रशिक्षण देना जिससे विभिन्न सेवाओं में उनका प्रतिनिधित्व सुधरे, (2) उच्च शिक्षा के लिए वित्तीय सहायता प्रदान करने के लिए पोस्ट मैट्रिक छात्रवृत्ति, (3) स्कूल, कॉलेज और यूनिवर्सिटी में अध्ययन कर रही अनुसूचित जातियों एवं जनजातियों की लड़कियों के लिए आवासीय सुविधाएं प्रदान

करने के लिए छात्रावासों का निर्माण। (4) अनुसूचित जातियों और जनजातियों के विकास और उनकी समस्याओं में शोध के लिए प्रसिद्ध सामाजिक विज्ञान और शोध संस्थाओं को वित्तीय सहायता, (5) मेडिकल और इंजीनियरिंग पाठ्यक्रमों के अनुसूचित जाति एवं जनजाति के विद्यार्थियों को पाठ्य-पुस्तकें उपलब्ध कराना, और (6) भारत से बाहर उच्च शिक्षा के लिए छात्रवृत्तियाँ और यात्रा अनुदान।

उनके शीघ्र विकास के लिए उपर्युक्त उपायों के अतिरिक्त संविधान में विधानसभा के अंगों में विभिन्न स्तरों पर पर्याप्त प्रतिनिधित्व का प्रावधान भी है और नौकरियों और शिक्षण संस्थाओं में आरक्षण है। यह आरक्षण अनुसूचित जातियों के लिए 15.0 प्रतिशत और अनुसूचित जनजातियों के लिए 7.5 प्रतिशत है। कई राज्यों में इसकी सीमा अधिक है। उदाहरणार्थ, कर्नाटक में अनुसूचित जनजातियों का आरक्षण 68.0 प्रतिशत है, तो दूसरी ओर उत्तर-पूर्वी राज्यों में 85.0 प्रतिशत है। उत्तर-पूर्व के कुछ राज्यों में यह प्रतिशत 95.0 तक बढ़ाने का प्रस्ताव है और तमिलनाडु और कर्नाटक में 70 और 80 प्रतिशत तक। इस सम्बन्ध में दूसरे राज्य भी पीछे नहीं हैं।

यद्यपि पृथक निर्वाचन क्षेत्र के सिद्धान्त को नहीं माना गया है, फिर भी समय-समय पर कुछ चुनाव क्षेत्र अलग कर दिये जाते हैं जहां से केवल अनुसूचित जातियों एवं जनजातियों के ही व्यक्ति चुनाव लड़ सकते हैं। आरक्षित स्थानों की संख्या जनसंख्या में उनके अनुपात को प्रतिबिंबित करती है।

सरकारी सेवाओं में उनके लिए विशेष कोटा निर्धारित किया जाता है। आरक्षण केवल भर्तियों तक ही सीमित नहीं है परन्तु वे उच्चस्तर स्थानों पर पदोन्नति तक के लिए भी बढ़ा दिये गए हैं। उन्हें पर्याप्त प्रतिनिधित्व देने के लिए कई छूटें भी दी गई हैं जैसे आयु सीमा में छूट, पात्रता (suitability) के स्तर में छूट, तथा योग्यता और अनुभव में छूट।

## अनुसूचित जनजातियां (The Scheduled Tribes)

### अनुसूचित जनजाति : संख्या शक्ति (The Strength)

देश के 30 राज्यों तथा संघ शासित क्षेत्रों में कुल मिलाकर ऐसे 705 जातीय समूह इत्यादि हैं, जिन्हें अनुसूचित जनजातियों के रूप में अधिसूचित किया गया है। वर्ष 2011 की जनगणना के अनुसार, उनकी कुल आबादी 10.43 करोड़ की है तथा वे देश की कुल आबादी के 8.60 प्रतिशत भाग का गठन करते हैं। कुल जनजातीय आबादी में से 5.24 करोड़ पुरुष हैं तथा 5.19 करोड़ महिलाएं। इसी प्रकार से, जनजातीय लोगों का सबसे बड़ा भाग ग्रामीण क्षेत्रों में निवास करता है, जबकि कुछ (अर्थात् 10%) शहरी क्षेत्रों में भी निवास करते हैं। जहां वर्ष 2001-2011 के दशक के दौरान आबादी की कुल वृद्धि 17.64 प्रतिशत की रही थी, वहीं अनुसूचित जनजातियों के मामले में यह दर 23.70 की थी। ऐसा कहा जाता है कि भारत पूरे विश्व की जनजातीय आबादी के आधे से भी अधिक भाग का घर है।

भारत में जनजातीय लोग पूरे देश के एक से दूसरे सिरे तक फैले हुए हैं। उनकी संख्या शक्ति में कुछ हजार से लेकर लाखों तक होने की भिन्नता भी विद्यमान है। सन् 2011 में राज्यवार आधार पर अनुसूचित जनजाति आबादी का वितरण इस प्रकार था : मध्य प्रदेश : 14.70 प्रतिशत; महाराष्ट्र : 10.10 प्रतिशत; ओडिशा : 9.20 प्रतिशत; राजस्थान : 8.90 प्रतिशत; गुजरात : 8.60 प्रतिशत; झारखंड : 8.30 प्रतिशत; छत्तीसगढ़ : 7.50 प्रतिशत; आंध्र प्रदेश : 5.70 प्रतिशत; पश्चिम बंगाल : 5.10 प्रतिशत; कर्नाटक : 4.10 प्रतिशत; असम : 3.70 प्रतिशत; मेघालय : 2.50 प्रतिशत; तथा शेष : 11.60 प्रतिशत।

अनुसूचित जनजातियों के अनुपात के मामले में शीर्ष पर आने वाले पांच राज्य/संघ शासित प्रदेश हैं : लक्षद्वीप (94.80%), मिजोरम (94.40%), नगालैंड (86.50%), मेघालय (86.10%) तथा अरुणाचल प्रदेश (68.80%)। इसी प्रकार, सबसे निचले स्तर पर आने वाले पांच राज्य/संघ शासित प्रदेश हैं : उत्तर प्रदेश (0.60%), तमिलनाडु (1.10%), बिहार (1.30%), केरल (1.50%) तथा उत्तराखंड (2.90%)।

जनजातियों की कुछ महत्वपूर्ण विशेषताएं ये हैं, कि उनमें से अधिकांश पृथक भूभागों में रहते हैं, उनकी आजीविका के प्रमुख स्रोत कृषि और वन उत्पादनों को एकत्रित करना है, वे लाभ के लिए खेती नहीं करते, वे अभी भी वस्तु-विनिमय (barter) पर निर्भर रहते हैं, वे अपनी आमदनी का अधिक भाग सामाजिक और धार्मिक उत्सवों पर व्यय करते हैं, और बड़ी संख्या में वे निरक्षर हैं और बेईमान जंगल के ठेकेदारों और साहूकारों द्वारा सताये जाते हैं।

## जनजाति शोषण और असंतोष (Tribal Exploitation and Unrest)

सदियों से जनजातियां भारतीय समाज का एक असभ्य भाग समझी जाती हैं। जनजातियों के लोग जंगलों में और पहाड़ियों पर रहते थे और उनका अपने तथाकथित सभ्य और विकसित पड़ोसियों से सम्पर्क आकस्मिक से अधिक नहीं था। चूंकि जनसंख्या के दबाव नहीं थे, इसलिए उनके क्षेत्रों में घुसने का और उन पर बाहरी मूल्य और विश्वास थोपने का कोई प्रयास नहीं किया गया। परन्तु जब अंग्रेजों ने देश में अपनी स्थिति को संगठित किया तो उनकी उपनिवेशीय आकांक्षाओं और प्रशासनिक आवश्यकताओं के लिए आवश्यक हो गया, कि पूरे देश को एक प्रभावी संचार व्यवस्था से जोड़ दिया जाए। अंग्रेजों ने भूस्वामित्व और भूराजस्व की प्रणाली को आरंभ किया। वार्षिक करों को तिगुना कर दिया गया जो कि जनजाति के किसानों की भुगतान क्षमता से परे था। जनसंख्या के बढ़ते दबाव के कारण कई बाहर के व्यक्ति भी जनजाति क्षेत्रों में बसने लगे। अपने पैसे की शक्ति से वे ऋण की सुविधा लोगों को घर बैठे उपलब्ध कराने लगे। प्रारम्भ में इसने जनजातियों को राहत पहुंचाई परन्तु धीर-धीरे यह प्रणाली शोषण करने लगी। कानून की नई-नई खुली कचहरियों ने शोषकों की सहायता की। पहले आर्थिक और बाद में सामाजिक और सांस्कृतिक शोषण ने जनजातियों के नेताओं को उत्तेजित कर दिया और उन्होंने जनजातियों के लोगों को संगठित कर आंदोलन आरंभ किया। वंचना (deprivation) की भावनाओं के बढ़ने से जन आन्दोलन और संघर्ष भी बढ़े। प्रारम्भ में वे शोषण करने वालों और उनके अधिकारों को हड़पने वालों के विरुद्ध थे, परन्तु अन्त में वे सरकार और शासकों के विरुद्ध हो गए।

जनजाति अशान्ति और असंतोष इस प्रकार कई उत्तरदायी कारकों का संचित (cumulative) परिणाम था। इसके प्रमुख कारण थे :

- अकर्मण्यता, उदासीनता और प्रशासकों और अफसरों में जनजाति लोगों की शिकायतों को दूर करने में सहानुभूति का अभाव।
- जंगल के कानूनों और नियमों का कठोरपन।
- जनजाति के लोगों की जमीनों को अजनजाति के व्यक्तियों के कब्ज़े में जाने की रोक के लिए कोई कानून नहीं होना।
- ऋण की सुविधाओं का अभाव।
- जनजाति के लोगों के पुनर्वास के लिए सरकारी कार्यवाही में अकुशलता।
- जनजाति समस्याओं को हल करने में राजनीतिक अभिजनों में अभिरुचि और सक्रियता का अभाव।
- उच्चस्तरीय समितिओं की सिफारिशों को कार्यान्वित करने में विलम्ब।
- सुधारक (reformatory) उपायों की कार्यान्विति में पक्षपात।

संक्षेप में जनजाति अशान्ति के कारणों को आर्थिक, सामाजिक और राजनीतिक कहा जा सकता है।

## जनजाति समस्याएं (Tribal Problems)

जनजाति के व्यक्ति जिन प्रमुख समस्याओं का सामना करते हैं वे हैं :

- उनके पास अलाभकर ज़मीनें होती हैं, जिससे उनकी पैदावार कम होती है और इस कारण वे सदैव कर्ज़े में डूबे रहते हैं।

- जनसंख्या का केवल एक छोटा सा प्रतिशत ही व्यावसायिक गतिविधियों के द्वितीय एवं तृतीय क्षेत्रों में भाग लेता है।
- यद्यपि विगत कई वर्षों में जनजातियों के बीच साक्षरता में पर्याप्त वृद्धि हो चुकी है, तथापि यह सामान्य जनसंख्या की तुलना में अभी भी बहुत ही कम बनी हुई है। वर्ष 2009-10 के लिए राष्ट्रीय प्रतिदर्श सर्वेक्षण संगठन (NSSO) (66वें चक्र) की 15 वर्ष एवं उससे अधिक की आयु वाली आबादी के लिए प्रस्तुत रिपोर्ट के अनुसार ग्रामीण क्षेत्रों में 47 प्रतिशत तथा शहरी क्षेत्रों में 21.8 प्रतिशत लोग निरक्षर थे। इसके अलावा, शहरी क्षेत्रों में जहां 24.2 प्रतिशत लोग प्राथमिक स्तर तक शिक्षित थे, वहीं ग्रामीण क्षेत्रों में इसका समरूपी आंकड़ा 17.1 प्रतिशत का था। इसी प्रकार से जहां ग्रामीण क्षेत्रों में मात्र 1.6 प्रतिशत जनजातीय लोग ही स्नातक तथा उससे ऊपर की शिक्षा प्राप्त कर चुके थे, वहीं शहरी क्षेत्रों में यह प्रतिशत तुलनात्मक रूप से बहुत अधिक ऊंचा 12.6 प्रतिशत का था। इस प्रकार से, जनजातीय लोगों के बीच निम्न साक्षरता की पहचान विकास सम्बन्धी एक बड़ी समस्या के रूप में की गई है।
- आदिवासी क्षेत्रों में ज़मीन का काफी बड़ा हिस्सा कानून के ज़रिये गैर-आदिवासियों को हस्तान्तरित कर दिया गया है। आदिवासियों की मांग है, कि ये ज़मीन उन्हें वापस की जाए। दरअसल आदिवासी जंगल का उपयोग करने और उसके जानवरों का शिकार करने में अधिक स्वतंत्र थे। जंगल उन्हें न केवल मकान बनाने के लिए सामग्री उपलब्ध कराते हैं बल्कि उन्हें ईंधन, बीमारियों को ठीक करने के लिए जड़ी बूटियां, फल, जंगली शिकार इत्यादि भी देते हैं। उनका धर्म उन्हें विश्वास दिलाता है, कि उनकी कई आत्माएं (वन देवता और वन देवी) पेड़ों और जंगलों में रहती हैं। उनकी लोक गाथाओं में मानवों और आत्माओं के संबंधों का प्रायः वर्णन मिलता है। इस प्रकार के वन के प्रति भौतिक और भावनात्मक लगाव के कारण आदिवासियों ने सरकार द्वारा उनके पारंपरिक अधिकारों पर लगाये गए अंकुशों पर गहरी प्रतिक्रिया व्यक्त की है।
- जनजाति विकास कार्यक्रमों ने आदिवासियों के आर्थिक स्तर को उठाने में अधिक सहायता नहीं की। अंग्रेजों की नीतियों ने आदिवासियों का कई प्रकार से भीषण शोषण किया, क्योंकि उसने ज़मींदारों, भूस्वामियों, साहूकारों, जंगल के ठेकेदारों और आबकारी, राजस्व और पुलिस अधिकारियों का पक्ष लिया।
- बैंकिंग सुविधाएं आदिवासी क्षेत्रों में इतनी अपर्याप्त हैं, कि आदिवासियों को प्रमुखतया साहूकारों पर निर्भर रहना पड़ता है। आदिवासियों की इसलिए यह मांग है कि कृषि ऋण राहत कानून बनाए जाएं, जिससे कि उन्हें उनकी गिरवी रखी हुई ज़मीन वापस मिल सके।
- आदिवासियों में से 90 प्रतिशत खेती करते हैं और उनमें से अधिकांश भूमिहीन हैं और स्थान बदल बदल कर स्थानान्तरित कृषि करते हैं। उन्हें खेती के नए तरीके अपनाने में मदद करनी चाहिए।
- बेरोज़गार और अल्प-रोज़गार वाले व्यक्तियों की आय के अनुपूरक स्रोतों का पता लगाने में सहायता की आवश्यकता है, जैसे पशुपालन, मुर्गीपालन, हथकरघा बुनाई और दस्तकारी क्षेत्र का विकास।
- अधिकांश आदिवासी बहुत कम जनसंख्या वाली पहाड़ियों पर रहते हैं और आदिवासी क्षेत्रों में संचार और यातायात बहुत कठिन होते हैं। इसलिए आदिवासियों को कस्बों और शहरों से दूर एकाकी जीवन जीने से रोकने के लिए नई सड़कों का जाल बनाना चाहिए।
- आदिवासियों का ईसाई मिशनरी शोषण करते हैं। कई आदिवासी क्षेत्रों में ब्रिटिश काल में व्यापक धर्म परिवर्तन हुआ था। यद्यपि मिशनरी आदिवासी क्षेत्रों में शिक्षा के क्षेत्र में अग्रगामी रहे हैं और उन्होंने अस्पताल भी खोले हैं परन्तु वे आदिवासियों को अपनी संस्कृति से विमुख करने के भी उत्तरदायी हैं। ईसाई मिशनरियों ने कई बार उन्हें भारत सरकार के विरुद्ध विद्रोह करने के लिए भी भड़काया है।

आदिवासियों और ग़ैर-आदिवासियों के बीच सम्बन्ध बिगड़ रहे हैं और ग़ैर-आदिवासी अपनी सुरक्षा हेतु अधिकाधिक रूप से अर्द्धसैनिक बलों पर निर्भर हो रहे हैं। आदिवासियों के लिए पृथक

राज्यों की मांग ने मिज़ोरम, नगालैण्ड, मेघालय, मणिपुर, अरुणाचल प्रदेश और त्रिपुरा में विद्रोह का रूप ग्रहण कर लिया है। पड़ोसी देश, जो भारत के विरुद्ध हैं, इन भारत विरोधी भावनाओं का अनुचित लाभ उठाने में सक्रिय हैं। इन राज्यों में जो आदिवासी क्षेत्रों से घिरे हुए हैं, विदेशी नागरिकों की घुसपैठ, बन्दूकों की तस्करी, मादक पदार्थों का व्यापार और तस्करी बहुत भीषण समस्याएं हैं।

संक्षेप में, आदिवासियों की प्रमुख समस्याएं हैं : निर्धनता, ऋण, निरक्षरता, बंधुआपन, बीमारी, और बेरोज़गारी।

## जनजाति संघर्ष (Tribal Struggles)

आदिवासियों ने कई विद्रोह किए हैं। इनका पहला विद्रोह 1772 में बिहार में हुआ और उसके बाद कई विद्रोह आन्ध्र प्रदेश, अंडमान और निकोबार द्वीपों, अरुणाचल प्रदेश, असम, मिज़ोरम, और नगालैंड में हुए। अठारहवीं और उन्नीसवीं शताब्दियों में विद्रोह करने में महत्वपूर्ण जनजातियां थीं : मीज़ो (1810), कोल (1795 और 1831), मुंडा (1889), दफलास (1875), खासी और गारो (1829), कचारी (1839), सन्थाल (1853), मुड़िया गौंड (1886), नागा (1844 और 1879), भुइया (1868) और कौंध (1817)।

स्वतंत्रता के पश्चात हुए जनजातियों के संघर्षों को तीन श्रेणियों में वर्गीकृत किया जा सकता है : (1) संघर्ष जो बाहर के व्यक्तियों के द्वारा शोषण से हुए (जैसे कि संथालों और मुंडों के), (2) संघर्ष जो कि आर्थिक वंचन (deprivation) के कारण हुए (जैसे कि मध्य प्रदेश में गौंडों का और आन्ध्र प्रदेश में महरों का), और (3) संघर्ष जो कि अलगाववादी प्रवृत्तियों के कारण हुए (जैसे कि नागाओं और मिज़ो के)।

जनजाति आन्दोलनों को उनकी अभिमुखता (orientation) के आधार पर चार प्रकारों में वर्गीकृत किया जा सकता है : (1) आन्दोलन जो राजनीतिक स्वायत्तता और एक राज्य की रचना चाहते हैं (नागा, मिज़ो और झारखंड), (2) कृषि-संबंधी आन्दोलन, (3) जंगलों पर आधारित आन्दोलन और (4) सामाजिक-धार्मिक या सामाजिक-सांस्कृतिक आन्दोलन (भगत आन्दोलन, दक्षिण गुजरात की जनजातियों का आन्दोलन या संथालों का रघुनाथ मुर्मी का आन्दोलन)।

यदि हम सभी जनजातियों के आन्दोलनों को देखें जिनमें नागाओं की क्रान्ति (जो 1948 में प्रारम्भ हुई और 1972 तक चली जबकि नई चुनी हुई सरकार सत्ता में आई और नागा विद्रोह नियन्त्रित हुआ), मीजोओं के आन्दोलन (गुरिल्ला युद्ध जो अप्रैल 1970 में मेघालय राज्य के बनने के बाद समाप्त हुआ और जिसे 1972 में असम और मिजोरम में से बनाया गया), गौंड (Gond) राज आन्दोलन (मध्यप्रदेश और महाराष्ट्र के गौंडों का जिसे एक अलग राज्य बनाने के लिए 1941 में आरंभ किया गया और जो अपनी चरमसीमा पर 1962-63 में पहुंचा), नक्सलवादी आन्दोलन (बिहार, पश्चिम बंगाल, आन्ध्रप्रदेश और असम की जनजातियों का), कृषि-संबंधी आन्दोलन (मध्य प्रदेश में गौंड और भीलों का), और जंगलों पर आधारित आन्दोलन (गौंड का जंगलों में अपने प्रथागत अधिकारों को प्राप्त करने के लिए), तो यह कहा जा सकता है, कि जनजाति अशान्ति और उसके परिणामस्वरूप होने वाले आन्दोलन प्रमुख रूप से मुक्ति प्राप्त करने के लिए हुए। यह मुक्ति थी (i) अत्याचार और पक्षपात से, (ii) उपेक्षा और पिछड़ेपन से, और (iii) ऐसी सरकार से जो कि जनजातियों की निर्धनता, भूख, बेरोज़गारी और शोषण की दुर्दशा के प्रति कठोर हृदय रखती थी।

जनजाति के शोषण के तीन उदाहरण उनके संघर्षों के कारण पर प्रकाश डालने के लिए दिये जा सकते हैं। स्वतंत्रता के समय एक सरकारी आदेश हुआ करता था, जिसके अन्तर्गत जमीनों के सभी सौदे जनजातियों के पक्ष में ही होते थे। 1974 में तत्कालीन कांग्रेस सरकार ने एक आदेश निकाला जिसने गैर-आदिवासियों को उस क्षेत्र में 15 एकड़ ज़मीन (5 पानी वाली और 10 सूखी) के स्वामित्व की अनुमति दी। इस आदेश के पश्चात गैर-आदिवासी लोगों ने आदिवासी जमीन का एक बड़ा हिस्सा अपने कब्जे में कर लिया। आदिवासी दावा करते हैं कि 30,000 एकड़ जमीन 1974 और 1984

के बीच गैर-आदिवासियों के पास चली गई। इस काल में भूमि विवाद के 2000 मुकदमे कचहरियों में दर्ज हुए और 400 आदिवासियों को सज़ा हो गई। तेलुगूदेशम सरकार ने 1984 में कांग्रेस सरकार के आदेश को रद्द कर दिया, जिसके कारण ग़ैर-आदिवासियों ने प्रतिरक्षात्मक रुख अपना लिया। जनजातियों को कट्टरवादियों ने गैर-आदिवासी सामन्तवर्गों के विरुद्ध संगठित कर दिया। गौंड (आदिवासी) और गैर-आदिवासियों में निरन्तर हिंसक घटनाएं होती रहीं। एक ऐसी घटना में आदिवासी गैर-आदिवासियों की कपास और ज्वार की खड़ी फसल को उठा ले गए। ग़ैर-आदिवासियों ने इस पर लड़ाई की और आदिवासियों की झोपड़ियों को आग लगा दी, उनकी स्त्रियों के साथ बलात्कार किया, कई लोगों को मार डाला और उन्हें दास-श्रम करने के लिए बाध्य किया। एक दूसरी घटना में 40 आदिवासियों को 250 ग़ैर-आदिवासियों ने पकड़ लिया और रातभर पीटने के बाद उन्हें पुलिस के सुपुर्द कर दिया। इसके अलावा एक और घटना में 21 ग़ैर-आदिवासी जंगल से ईंधन की लकड़ी चुराते हुए, आदिवासियों द्वारा पकड़े गए, वे उन्हें अपने गांव ले गए और जब तक पुलिस ने उन्हें नहीं छुड़ाया, उनको बंदी बनाए रखा।

एक दूसरे मामले में 10 मार्च 1984 को गौंड लोगों ने आंध्रप्रदेश के अदिलाबाद ज़िले में कैसलापुर स्थान पर एक मंदिर की छत पर एक झंडा फहराया। कुछ ने उसे धार्मिक झंडा बतलाया और कुछ ने उसे विद्रोह का झंडा माना। पुलिस उस स्थान पर चार जीपों और दो वैनों में पहुंची। जब वह वहां से गई, उस समय तक 40 व्यक्ति जख्मी हो चुके थे और 70 को गिरफ्तार कर लिया गया था। उसका दावा था कि "नक्सलियों के आदेश पर आदिवासियों द्वारा किए गए विद्रोह को दबा दिया गया है।" क्या वास्तव में यह विद्रोह था, या केवल असंतोष का भड़कना?

तीसरा मामला एक जनजाति सम्मेलन का है, जो महाराष्ट्र में नागपुर के पास विदर्भ क्षेत्र में 25-26 फरवरी 1984 को आयोजित किया गया था। सम्मेलन का स्थान एक छोटा गांव कमलपुर था, जिसकी जनसंख्या लगभग 1000 थी। सम्मेलन में 20,000 व्यक्तियों के आने की आशा थी। उसका उद्घाटन नागपुर हाईकोर्ट बार एसोसिएशन के अध्यक्ष को करना था और सभापतित्व विजय तेंदुलकर (उपन्यासकार), तपन बोस (फिल्म निर्देशक) और सुहासिनी (सिने कलाकार) जैसे व्यक्तियों को करना था। सम्मेलन के दो दिन पहले उस स्थान के सारे मार्गों को सील कर दिया गया, 1000 व्यक्तियों को गिरफ्तार कर लिया गया और निषेधाज्ञा जारी कर पांच या उससे अधिक व्यक्तियों के जमा होने पर प्रतिबन्ध लगा दिया। रोचक चीज यह थी, कि जिन व्यक्तियों को गिरफ्तार किया गया था, उन पर इस तरह के आरोप थे, जैसे आपत्तिजनक साहित्य उनके पास होना, जंगलों में पेड़ों को गिराना और वन सम्पदा की चोरी करना (*आउटलुक*, 7 अप्रैल 1984: 29)। स्वागत समिति के अध्यक्ष को वन सम्पदा की चोरी के आरोप में गिरफ्तार कर लिया गया। उसे मजिस्ट्रेट ने रिहा कर दिया, परन्तु तुरन्त बाद उसे किसी दूसरे आरोप में पुनः गिरफ्तार कर लिया गया। दूसरे जो गिरफ्तार किए गए उनमें संगीतज्ञ थे, जिन्हें सम्मेलन में कला प्रदर्शन करना था और मुम्बई, हैदराबाद और मद्रास के विद्यार्थी संगठनों के प्रतिनिधि थे। इस प्रकार से जो एक अहानिकर सम्मेलन के रूप में समाप्त हो जाता, जिसमें अधिकाधिक कुछ जोशीले भाषण हो जाते, उसे एक बड़ी घटना में परिवर्तित कर दिया गया और सभास्थल को एक युद्ध-शिविर का रूप दे दिया गया।

यह सब उदाहरण आदिवासियों की कुण्ठाओं को प्रदर्शित करते हैं। जब कानून उनकी सहायता नहीं करता, सरकार कठोर-हृदय रखती है और पुलिस उन्हें सुरक्षा प्रदान करने में असफल रहती है और उन्हें तंग करती है तो वे शोषकों के विरुद्ध हथियार उठा लेते हैं। ये संघर्ष और आन्दोलन यह इंगित करते हैं, कि आदिवासी अपने लक्ष्यों की प्राप्ति के लिए दो रास्ते अपनाते हैं : (अ) सरकार के साथ समझौता और बातचीत का अहिंसा का रास्ता और बिना हिंसा/क्रान्ति को अपनाए विभिन्न प्रकार के दबाव डालने वाले संघर्ष करना, और (ब) क्रान्ति और जन-संघर्ष का उग्रवादी मार्ग जो कि शोषित/उत्पीड़ित आदिवासियों के स्तर की युद्ध करने की क्षमता के विकास पर निर्भर है। इन दोनों मार्गों के परिणाम भिन्न हैं। पहला ऐसा

संघर्ष है, जो सुधार लाता है जबकि दूसरा समुदाय के ढांचे को परिवर्तित करता है। आदिवासी समस्याओं से ग्रसित चल रहे हैं और अभी भी असन्तुष्ट और वंचित महसूस करते हैं, ये इस बात को दर्शाता है कि दोनों ही मार्गों ने उनकी अपने लक्ष्यों की प्राप्ति में सहायता नहीं की है।

## अनुसूचित जनजातियों के विरुद्ध अपराध (Crime Against Scheduled Tribes)

अनुसूचित जनजातियों के विरुद्ध किए गए अपराधों की संख्या सन् 2012 में 5,992 थी जो सन् 2011 की 5,756 की तुलना में अधिक थी। यह सन् 2011 की तुलना में सन् 2012 के दौरान 2.9 प्रतिशत की वृद्धि को दर्शाता है (*क्राइम इन इंडिया,* 2012: 4)। राजस्थान के द्वारा अपराधों की सबसे बड़ी संख्या (1,351 अथवा 22.8%) को सूचित किया गया, जिसके बाद क्रमशः मध्य प्रदेश (1,218 अथवा 20.57%), ओडिशा (688 अथवा 11.62%) तथा आंध्र प्रदेश (666 अथवा 11.25%) का स्थान था। हालांकि, अपराध की दर केरल में सर्वाधिक 25.6 प्रतिशत की थी, जो राष्ट्रीय स्तर पर मात्र 5.7 प्रतिशत की तुलना में बहुत ऊंची थी। कुल मामलों में से 1,311 का सम्बन्ध अनुसूचित जाति/जनजाति अत्याचार निवारण अधिनियम के साथ था, जबकि 816 का चोट पहुंचाए जाने, 729 का बलात्कारों, 156 का हत्याओं तथा 103 का अपहरण एवं बलात् बंदी बनाए जाने के साथ था। (पूर्वोक्तः 114)

## विकास कार्यक्रम (Development Programmes)

अंग्रेजों ने जनजाति क्षेत्रों में अपने प्रशासनिक संरूप अध्यारोपित (superimpose) किए और जनजातियों को अपने व्यक्तियों से परस्पर अन्तर्क्रिया के परंपरागत तरीकों से वंचित किया। जनजातियों में कोई लिखित कानून नहीं होते हैं, परन्तु समुदाय का दण्ड-विधान इतना शक्तिशाली होता है कि उसका विरोध करने का किसी में साहस नहीं होता। प्रत्येक शारीरिक रूप से योग्य व्यक्ति संकट काल में अपने गांव की सुरक्षा के लिए अपने जीवन की बाजी लगाने को तैयार रहता है। आदिवासी गांव एक स्वायत्तशासी इकाई होती थी और मीजो और खासी पहाड़ियों को छोड़कर जहां कुछ गांवों के प्रशासन का कभी-कभी समन्वय एक प्रधान द्वारा किया जाता था और उसकी सहायता के लिए वयोवृद्धों की एक समिति होती थी, गांव सभी प्रकार से स्वतंत्र होता था। यह पृथक्करण उन्हें अपने सामाजिक संस्थाओं और सामाजिक संरचनाओं के रूप में अधिक शक्ति को सुरक्षित रखने में सहायक होता था।

स्वतंत्रता के पश्चात संविधान सभा ने ए.वी.ठक्कर की अध्यक्षता में एक उप-समिति का गठन किया, जिसकी सिफारिशों के बाद जनजाति क्षेत्रों का विकास समस्त भारतीयों के विकास का एक अभिन्न अंग बन गया।

संविधान के अन्तर्गत जनजाति क्षेत्रों में बंधुआ श्रम पर प्रतिबन्ध लगा दिया गया। परन्तु व्यवहार में ये अधिकांश राज्यों के जनजाति क्षेत्रों में किसी न किसी रूप में विद्यमान हैं। 1976 में जब 'बॉन्डेड लेबर सिस्टम अबोलिशन एक्ट' पास हुआ, तो यह पाया गया कि देश के 80 प्रतिशत बंधुआ मज़दूर अनुसूचित जाति एवं जनजाति के हैं। साहूकारों और महाजनों की आदिवासियों पर गिरफ्त को ढीला करने के लिए सरकार ने 'लार्ज एरिया मल्टीपर्पज सोसायटीज' (LAMPS) गठित की। परन्तु उसके कार्य को संतोषजनक नहीं पाया। बड़ी संख्या में यह पाया कि आदिवासियों को धोखा देकर उनसे बैंक ऋणों पर हस्ताक्षर करवा लिए गए। सहकारी समितियों ने उत्पादन कार्यों के लिए पर्याप्त ऋण नहीं दिये, कृषि और जंगल की छोटी उत्पादित वस्तुएं नहीं खरीदी, और आवश्यक उपभोक्ता वस्तुओं की उचित मूल्य की दुकानें नहीं खोली।

जनजातीय विकास एक द्विआयामी दृष्टिकोण पर आधारित रहा है : (क) जनजातीय लोगों के जीवन स्तर को ऊपर उठाए जाने के उद्देश्य से विकास सम्बन्धी गतिविधियों को प्रोत्साहित किया जाना, तथा (ख) कानूनी एवं प्रशासनिक सहयोग के माध्यम से उनके हितों का संरक्षण किया जाना। पांचवीं पंचवर्षीय योजना (1974-79) के दौरान जनजातीय लोगों की विकास सम्बन्धी परियोजनाओं के लिए जनजातीय उप-योजनाओं (Tribal Sub-Plan – TSP) को विकसित किया गया, तथा आज इनके द्वारा

22 राज्यों एवं दो संघ शासित प्रदेशों एवं लगभग 3.80 करोड़ जनजातीय आबादी को अपने साथ शामिल किया जा रहा है। TSP मुख्य रूप से एक क्षेत्रीय विकास योजना है। इन उप-योजनाओं के लिए वित्तीय संसाधन राज्यों की योजनाओं, विशिष्ट केन्द्रीय सहायता (कल्याण मंत्रालय द्वारा), केन्द्रीय मंत्रालयों के कार्यक्रमों तथा संस्थागत वित्त के माध्यम से प्राप्त किए जाते हैं।

जनजातीय उप-योजनाओं के लिए आबंटित की गई राशि में निरंतर वृद्धि होती रही है जो पांचवीं योजना (1974-79) के दौरान कुल 759 करोड़ रुपयों से आठवीं योजना (1992-97) के दौरान बढ़कर 16,902 करोड़ रुपयों तक पहुंच चुकी थी। आठवीं योजना के दौरान जनजातीय उप-योजना रणनीति के अंतर्गत सामने रखे गए विशिष्ट उद्देश्य थे : (1) कृषि, लघु उद्योगों, बागवानी तथा पशुपालन में उत्पादन में वृद्धि किया जाना, (2) साहूकारी, बंधुआ प्रथा, वनों के उपयोग, शराब की बिक्री इत्यादि में जनजातीय लोगों के शोषण को समाप्त किया जाना, (3) शिक्षा एवं प्रशिक्षण कार्यक्रमों का विकास, (4) जनजातीय क्षेत्रों का विकास, तथा (5) जनजातीय क्षेत्रों के वातावरण का उन्नतिकरण। 20 सूत्रीय कार्यक्रम के द्वारा भी अनुसूचित जनजातियों के विकास पर ही ध्यान केन्द्रित किया गया था जिसमें जनजातीय परिवारों को आर्थिक रूप से सहायता प्रदान किया जाना शामिल था ताकि वे गरीबी रेखा से ऊपर उठने में समर्थ हो सकें। वर्ष 1994-95 तथा 1995-96 के दौरान इस कार्यक्रम के अंतर्गत लगभग 20 लाख अनुसूचित जनजाति परिवारों को गरीबी रेखा से ऊपर उठने के लिए सहायता प्रदान की गई थी।

जनजातीय अनुसंधान संस्थान (TRI) न केवल शोध तथा जनजातीय लोगों के प्रशिक्षण में बल्कि जनजातीय उप-योजनाओं के निर्धारण, परियोजना रिपोर्टों तथा उनके मूल्यांकनों में भी एक उपयोगी भूमिका निभाता है बल्कि वर्तमान समय में ये संस्थान आंध्र प्रदेश, मणिपुर, असम, गुजरात, हिमाचल प्रदेश, कर्नाटक, अंडमान एवं निकोबार द्वीप समूह, छत्तीसगढ़, झारखंड, केरल, मध्य प्रदेश, महाराष्ट्र, ओडिशा, राजस्थान, उत्तर प्रदेश, त्रिपुरा, तमिलनाडु तथा पश्चिम बंगाल सहित 18 राज्यों/संघ शासित प्रदेशों में कार्य कर रहे हैं। जनजातीय लोगों के द्वारा उत्पादित वस्तुओं के विपणन के लिए भारतीय जनजातीय सहकारी विपणन विकास संघ (TRIFED) की स्थापना की जा चुकी है। यह जनजातीय लोगों के शोषण को समाप्त किए जाने तथा बेहतर कीमतों को वसूल किए जाने के लिए भी कार्य करता है।

## अनुसूचित जातियां (Scheduled Castes)

### संख्या शक्ति (The Strength)

देश के 31 राज्यों तथा संघ शासित क्षेत्रों में कुल मिलाकर ऐसे 1,241 जातीय समूह इत्यादि हैं, जिन्हें अनुसूचित जातियों (जिन्हें *दलित* भी कहा जाता है) के रूप में अधिसूचित किया गया है। वर्ष 2011 की जनगणना के अनुसार, उनकी कुल आबादी 20.14 करोड़ की है तथा वे देश की कुल आबादी के 16.60 प्रतिशत भाग का गठन करते हैं। वर्ष 2001-2011 की अवधि में अनुसूचित जाति की आबादी में 20.80 प्रतिशत की वृद्धि हुई जबकि कुल आबादी के द्वारा 121 करोड़ का आंकड़ा स्पर्श किए जाने के लिए दशकीय आधार पर 17.64 प्रतिशत की वृद्धि को दर्ज किया गया।

अनुसूचित जनजातियों के समान ही अनुसूचित जातियां भी पूरे देश में फैली हुई हैं। सन् 2011 में अनुसूचित जातियों का राज्यवार वितरण इस प्रकार था : उत्तर प्रदेश : 20.50 प्रतिशत; पश्चिम बंगाल : 16.70 प्रतिशत; बिहार : 8.20 प्रतिशत; तमिलनाडु : 7.20 प्रतिशत; आंध्र प्रदेश : 6.90 प्रतिशत; महाराष्ट्र : 6.60 प्रतिशत; राजस्थान : 6.10 प्रतिशत; मध्य प्रदेश : 5.20 प्रतिशत; पंजाब : 4.40 प्रतिशत; ओडिशा : 3.60 प्रतिशत; तथा शेष : 15 प्रतिशत।

अनुसूचित जातियों के अनुपात के मामले में शीर्ष पर आने वाले पांच राज्य हैं पंजाब (31.90%), हिमाचल प्रदेश (25.20%), पश्चिम बंगाल (23.50%), उत्तर प्रदेश (20.70%), तथा हरियाणा

(20.20%)। इसी प्रकार से नीचे के पांच राज्य हैं मिजोरम (0.10%), मेघालय (0.60%), गोवा (1.70%), दादरा एवं नागर हवेली (1.80%) तथा दमन एवं द्वीव (2.50%)।

## अनुसूचित जातियों के लिए विकास की रणनीतियां (Development Strategies for the Scheduled Castes)

अनुसूचित जातियों के विकास के लिए छठी पंचवर्षीय योजना (1980-85) में एक व्यापक त्रिकोणीय रणनीति तैयार की गई थी। यह तीन परियोजनाओं का सम्मिश्रण था : (i) केन्द्रीय मंत्रालयों और राज्य सरकारों के विशेष घटक योजनाएं – 'स्पेशल कॉम्पोनेन्ट प्लान्स' (Special Component Plans – SCP), (ii) राज्य की अनुसूचित जातियों के लिए एस.सी.पी.को विशेष केन्द्रीय सहायता, और (iii) राज्यों में अनुसूचित जाति विकास निगम।

'विशिष्ट कॉम्पोनेन्ट योजना' (SCP) विकास की ऐसी परियोजनाओं की पहचान पर विचार करती है, जो अनुसूचित जातियों को लाभ पहुंचायेगी, सभी विभाज्य (divisible) कार्यक्रमों से पैसे का निर्धारण (quantification of fund) करती हैं, और विशेष लक्ष्यों (targets) को मालूम करती हैं, कि इन कार्यक्रमों से कितने परिवारों को लाभ पहुंचेगा। व्यापक उद्देश्य यह है कि अनुसूचित जातियों के परिवारों की आय में भरपूर रूप से वृद्धि हो। मूल सेवाओं और सुविधाओं का प्रावधान और सामाजिक और शैक्षणिक विकास के अवसरों की प्राप्ति भी SCP के दायरे में लानी है। छठी पंचवर्षीय योजना (1980-85) के अन्तर्गत SCP के लिए 4,481 करोड़ रुपए का प्रावधान अलग से किया गया था। 1993 तक केवल आठ केन्द्रीय मंत्रालयों ने अनुसूचित जातियों के लिए SCP का गठन किया था।

'स्पेशल सेन्ट्रल एसिस्टेन्स' (SCA) अनुसूचित जातियों के लिए SCP अनुसूचित जातियों के लिए राज्य योजनाओं और कार्यक्रमों का योगज (additive) है। विशेष परियोजनाओं के लिए वह कोई क्रमबद्ध संरूप (systematic pattern) का पालन नहीं करता। केन्द्र की इस अतिरिक्त सहायता को राज्य अपनी SCP की लागत में सम्मिलित करने के साथ-साथ बड़ी मात्रा में आमदनी उत्पन्न करने वाली आर्थिक विकास परियोजनाओं में भी लगाते हैं, जिससे कि निर्धन रेखा के नीचे रहने वाले अनुसूचित जाति के अधिकतर संख्या के परिवारों को उनके आर्थिक विकास में सहायता दी जा सके।

वर्तमान समय में अनुसूचित जाति उप-योजना (SCSP) के प्रति विशिष्ट केन्द्रीय सहायता (SCA) एक केन्द्रीय योजना है, जिसके अंतर्गत राज्यों/संघ शासित प्रदेशों को उनकी अपनी अनुसूचित जाति उप-योजनाओं के बराबर शत्-प्रतिशत अतिरिक्त अनुदान प्रदान किया जाता है। इसका प्रमुख उद्देश्य है, महत्वपूर्ण कमियों को दूर करने के लिए संसाधनों को उपलब्ध कराया जाना तथा अनुपलब्ध महत्वपूर्ण आगतों को उपलब्ध कराया जाना, ताकि ये योजनाएं और अधिक अर्थपूर्ण बन सकें तथा इनके द्वारा गरीबी रेखा के नीचे जीवनयापन करने वाले अनुसूचित जाति के परिवारों के आर्थिक विकास की परिवारोन्मुख योजनाओं को बल प्रदान किया जा सके। चूंकि अनुसूचित जातियों के लिए योजनाएं/कार्यक्रम स्थानीय पेशेवराना प्रतिदर्शों तथा उपलब्ध आर्थिक गतिविधियों पर निर्भर कर सकते हैं, अतः राज्यों/संघ शासित प्रदेशों को विशिष्ट केन्द्रीय सहायता का उपयोग करने के लिए मात्र एक शर्त के साथ संपूर्ण लचीलापन प्रदान किया गया है, कि इसका उपयोग विशिष्ट केन्द्रीय कार्यक्रमों (SCP) तथा अन्य संसाधनों, जो अन्य स्रोतों जैसे विभिन्न निगमों, वित्तीय संस्थानों इत्यादि से उपलब्ध हों, के साथ किए गए संयोजन के अंतर्गत किया जाना चाहिए। राज्य सरकारों को भी विशिष्ट केन्द्रीय सहायता (SCA) के अंतर्गत लागू की जाने वाली योजनाओं के चयन किए जाने में लचीलापन प्रदान किया गया है। सामाजिक न्याय एवं सशक्तीकरण मंत्रालय, भारत सरकार के अनुसार वर्ष 2007-08 से लेकर 2013-14 तक राज्यों/संघ शासित प्रदेशों को जारी की गई धनराशियों को नीचे प्रदर्शित किया गया है :

| वर्ष | राष्ट्रीय आबंटन | जारी की गई वास्तविक राशि ( लाख रुपयों में ) |
|---|---|---|
| 2007-08 | 47000 | 50139.00 |
| 2008-09 | 48000 | 60159.12 |
| 2009-10 | 48000 | 45896.15 |
| 2010-11 | 60000 | 58727.50 |
| 2011-12 | 77500 | 65639.91 |
| 2012-13 | 120000 | 87204.82 |

राज्यों में आर्थिक विकास की भरोसेमंद योजनाओं के सम्बन्ध में अनुसूचित जाति विकास निगमों (SCDA) की परिकल्पना अनुसूचित जाति के परिवारों तथा वित्तीय संस्थानों के बीच संपर्क सूत्र के रूप में की गई है। निगम इन परिवारों को धन तथा ऋण की सहायता उपलब्ध करवाते हैं, जिसके द्वारा वित्तीय संस्थानों से अनुसूचित जाति के परिवारों की ओर निधियों के प्रवाह में वृद्धि किए जाने में सहायता प्राप्त होती है। वर्तमान समय में, ऐसे निगम 27 राज्यों/संघ शासित प्रदेशों में कार्य कर रहे हैं। केन्द्र सरकार के द्वारा राज्य सरकारों को इन निगमों की अंशपूंजी में निवेश करने के लिए 49:51 के अनुपात में अनुदान प्रदान किए जाते हैं। अनुसूचित जाति विकास निगम आर्थिक गतिविधियों के विभिन्न क्षेत्रों को शामिल करने वाली रोजगारोन्मुख योजनाओं का वित्त उपलब्ध कराते हैं, जिनमें शामिल हैं (1) लघु सिंचाई योजना सहित कृषि एवं उससे सम्बन्धित गतिविधियाँ; (2) लघु पैमाने के उद्योग; (3) परिवहन; तथा (4) व्यापार एवं सेवा क्षेत्र। सामाजिक न्याय एवं सशक्तीकरण मंत्रालय, भारत सरकार के अनुसार विगत पांच वर्षों के दौरान अनुसूचित जाति विकास निगमों को उपलब्ध कराई गई पूंजीगत सहायता तथा उनके लाभार्थियों की संख्या निम्नवत् है :

| वर्ष | योजना आबंटन ( करोड़ रुपयों में ) | जारी अंशपूंजी ( करोड़ रुपयों में ) | लाभार्थी ( लाख में ) |
|---|---|---|---|
| 2008-09 | 20.00 | 19.00 | 5.17 |
| 2009-10 | 20.00 | 15.00 | 7.70 |
| 2010-11 | 20.00 | 20.00 | 4.83 |
| 2011-12 | 20.00 | 20.00 | 12.35 |
| 2012-13 | 20.00 (बीई) 5.00 (आरई) | 5.00 | 2.49 (प्रत्याशित) |

सन् 1989 में भारत सरकार ने कम्पनी अधिनियम, 1956 के अधीन राष्ट्रीय अनुसूचित जाति एवं अनुसूचित जनजाति वित्त एवं विकास निगम (NSFDC) की स्थापना की थी। बाद में भारत सरकार ने एनएसएफडीसी के दो पृथक निगमों में विभाजन किए जाने की घोषणा कर दी (अनुसूचित जाति एवं अनुसूचित जनजाति में से प्रत्येक के लिए एक), किन्तु अप्रैल 2001 से प्रभावी NSFDC मात्र अनुसूचित जातियों के विकास के लिए ही कार्य कर रहा है। NSFDC अन्य स्रोतों से वित्तपोषण किए जाने, सुविधा प्रदान किए जाने एवं धन का संग्रहण किए जाने तथा गरीबी रेखा के दोगुने से भी अधिक निचले स्तर पर जीवनयापन करने वाली अनुसूचित जातियों से सम्बन्धित व्यक्तियों की आर्थिक विकास से सम्बन्धित गतिविधियों को प्रोत्साहित करने वाला शीर्षस्थ संस्थान है। इसके प्रमुख कार्य हैं :

1. राज्य की मार्गप्रदाता एजेन्सियों (state channelizing agencies – SCAs) तथा क्रमिक राज्य/संघ शासित प्रदेशों की सरकारों के द्वारा नामित अन्य मान्यता प्राप्त संस्थानों के माध्यम से अनुसूचित जातियों के लिए आय का सृजन करने वाली योजनाओं का वित्तपोषण किया जाना।
2. SCA के माध्यम से लक्षित समूहों को लघु-ऋण के रूप में धन उपलब्ध कराया जाना।
3. अनुसूचित जाति के पात्र छात्रों को भारत तथा विदेशों में पूर्ण-कालिक पेशेवर/तकनीकी शैक्षणिक पाठ्यक्रमों के लिए शैक्षणिक ऋण उपलब्ध करवाना।
4. SCA के माध्यम से कौशल विकास कार्यक्रमों को अनुदान प्रदान किया जाना।
5. लक्षित समूहों एवं विभिन्न SCA को परामर्श सम्बन्धी सेवाएं प्रदान किया जाना।
6. विभिन्न SCA की कुशलताओं के स्तरों का उन्नयन करना।

## अनुसूचित जातियों के विरुद्ध अपराध (Crimes Against Scheduled Castes)

अनुसूचित जातियों और अनुसूचित जनजातियों के लिए कल्याण मन्त्रालय (Ministry of Welfare) और राष्ट्रीय आयोग (नेशनल कमीशन ऑन शिड्यूल्ड कास्ट्स एन्ड शिड्यूल्ड ट्राइब्स) के प्रतिवेदन निरन्तर अनुसूचित जातियों के विरुद्ध अपराधों की संख्या में वृद्धि का विवरण देते रहे हैं। अनुसूचित जाति की स्त्रियां उच्चजाति के आदमियों के द्वारा बलात्कार की शिकार होती हैं। अनुसूचित जाति के पुरुषों का दूसरी ओर उनकी ज़मीनों को हड़पने, उन्हें कम मज़दूरी देने, उन्हें बंधुआ मज़दूरों की तरह काम में लेने इत्यादि के रूप में उच्च जातियों द्वारा शोषण किया जाता है। इस प्रकार के शोषण को रोकने के लिए केन्द्र सरकार ने व्यापक दिशा-निर्देश बनाए हैं, जिनमें निवारक उपाय भी दिये गए हैं और आवश्यक कार्यवाही के लिए उन्हें राज्यों के पास भेज दिया गया है। राज्यों ने इस सम्बन्ध में जो उपाय किए हैं वे हैं :

- अनुसूचित जातियों से सम्बन्धित ज़मीन और मज़दूरी के झगड़ों के बारे में सरकार को अवगत कराने के लिए सम्बन्धित मशीनरी को कसना।
- अनुसूचित जातियों को उनकी ज़मीन का या उस ज़मीन का जो उन्हें आबंटित हुई है, कब्जा दिलाने में सहायता करना।
- पुलिस अधिकारियों को विशेष आदेश देना कि अनुसूचित जातियों की जमीनों पर अवैध कब्जे के मामलों में वे हस्तक्षेप करें। पुलिस को हिदायत दी गई है, कि अनुसूचित जातियों के विरुद्ध अपराधों को विशेष सूचित मामलों की तरह माना जाए और उनकी शीघ्र सुनवाई और सज़ा का प्रबन्ध किया जाए।
- कृषक श्रमिकों को वैधानिक न्यूनतम मज़दूरी दिलाने में सहायता करना।
- अनुसूचित जातियों के मामलों को (कुछ राज्यों में) शीघ्र निबटाने के लिए विशेष अदालतों का गठन।
- अफसरों को निर्देश दिये गए हैं, कि जब वे दौरे पर हों तो अपना कुछ समय अनुसूचित जातियों के आवासीय क्षेत्रों में बिताएं।
- डी.आई.जी. पुलिस के अधीन विशेष अनुसूचित जाति कक्ष का गठन यह सुनिश्चित करने के लिए किया गया है, कि अनुसूचित जातियों के विरुद्ध अपराध सही तरीके से दर्ज हों, उनकी शीघ्र जांच हो, और उनका शीघ्र फैसला हो।
- राज्य स्तरीय समितियों (राज्यों में) का मुख्यमंत्री की अध्यक्षता में गठन हो जो कि अनुसूचित जातियों के कल्याण से सम्बन्धित विभिन्न पहलुओं पर विचार करे।

अनुसूचित जातियों के विरुद्ध किए जाने वाले अपराधों की संख्या घटनाओं के इस तथ्य से स्पष्ट हो जाती है, कि सन् 1955 में पुलिस के पास पंजीकृत किए गए मात्र 180 मामलों की तुलना में यह संख्या सन् 1960 में बढ़कर 509 हो गई, सन् 1991 में 18,336, सन् 1992 में 24,922, सन् 1993 में 24,973, तथा सन् 1994 में 33,908 तक पहुंच गई (*क्राइम इन इंडिया,* 1994: 247)।

हालांकि, सन् 2012 ने गतवर्ष की तुलना में मामूली सी कमी को देखा। सन् 2011 में दर्ज किए गए 33,719 मामलों की तुलना में सन् 2012 में 33,655 मामले दर्ज किए गए थे।

बलात्कार, आगजनी एवं अत्याचार निवारण अधिनियम को छोड़कर अपराध के सभी शीर्षकों में कमी आती हुई देखी गई। सन् 2012 में इन तीनों ही शीर्षकों के अंतर्गत मामलों में सन् 2011 की तुलना में क्रमशः 1.2 प्रतिशत, 26.6 प्रतिशत तथा 10.9 प्रतिशत की वृद्धि हुई। दूसरी ओर, सन् 2012 के दौरान सन् 2011 की तुलना में हत्या, अपहरण एवं फुसला कर भगा ले जाने, डकैती, लूटपाट, चोट पहुंचाना तथा नागरिक अधिकारों के संरक्षण आदि के मामलों के द्वारा क्रमशः 3.3 प्रतिशत, 20.5 प्रतिशत, 25 प्रतिशत, 25.9 प्रतिशत, 9.2 प्रतिशत तथा 7.5 प्रतिशत तक की कमी को प्रदर्शित किया गया। देश में सूचित किए गए कुल 33,655 मामलों में से उत्तर प्रदेश का योगदान 18.4% (6,202 मामलों) का था, जिसके बाद क्रमशः राजस्थान (16.5% अथवा 5,599 मामले), बिहार (14.3% अथवा 4,821 मामले) तथा आंध्र प्रदेश (9.1% अथवा 3,057 मामले) का स्थान था (*क्राइम इन इंडिया,* 2012: 109)।

वर्ष 2012 के दौरान अनुसूचित जातियों के विरुद्ध अपराध की दर 16.7 प्रतिशत पर दर्ज की गई थी। 16.7 के राष्ट्रीय औसत की तुलना में राजस्थान के द्वारा अपराध की 45.5 की अधिकतम दर सूचित की गई थी, जिसके बाद क्रमशः गोवा (39.3), ओडिशा (31.5), तथा केरल (26.7) का स्थान था।

## कल्याणकारी योजनाओं का मूल्यांकन (Evaluation of Welfare Schemes)

ऐसा विश्वास किया जाता है, कि अनुसूचित जाति के लोगों के कल्याण के लिए बड़ी संख्या में चलाई गई कल्याणकारी योजनाओं के बावजूद विगत 6 दशकों के दौरान बहुत ही कम प्रगति की जा सकी है। इन लोगों के लिए तैयार की गई कल्याण एवं विकास सम्बन्धी अनेक योजनाओं में कर्मकांडीय औपचारिकताओं के गुण ही विद्यमान रहे हैं। वित्तीय प्रोत्साहन तथा शैक्षणिक आरक्षण के द्वारा उन्हें बहुत ही कम लाभ प्रदान किया जा सका है। शिक्षा की गुणवत्ता को उनकी जीवनशैली से असम्बन्धित होने के रूप में वर्णित किया गया है, तथा उस पर प्रश्न खड़े किए जा चुके हैं। उनमें अधिगम के नए लोकाचारों में शामिल किए जाने तथा उनमें मौखिक एवं गैर-मौखिक कौशल, जो शैक्षणिक सफलता के लिए एक पूर्ववर्ती शर्त है, विकसित किए जाने के लिए कोई भी प्रयास नहीं किए गए हैं। स्कूलों एवं कॉलेजों/विश्वविद्यालयों के स्तर पर पढ़ाई का परित्याग किए जाने की दर ने चिंताजनक अनुपात ग्रहण कर लिए हैं। यद्यपि उपस्थिति के मामले में उनका प्रतिशत बहुत ही कम रहता है, तथापि उन्हें परीक्षाओं में भाग लेने की अनुमति प्रदान की गई है, जिसके लिए सरकार को अनिवार्य उपस्थिति की नीति को वापस लिए जाने के लिए धन्यवाद दिया जाना चाहिए। यह कि उनकी शिक्षा की गुणवत्ता कमजोर है, पेशेवर पाठ्यक्रमों के लिए संपन्न की जाने वाली परीक्षाओं में उनके द्वारा किए जाने वाले प्रदर्शनों से स्पष्ट हो जाता है।

# अन्य पिछड़ी जातियां/वर्ग (Other Backward Castes/Classes)

## मण्डल रिपोर्ट (Mandal Report)

अनुसूचित जातियों और जनजातियों के लिए आरक्षण का प्रावधान स्वतंत्रता के पश्चात बनाए गए संविधान में कर दिया गया था, परन्तु सामाजिक और आर्थिक दृष्टि से पिछड़ी जातियों/वर्गों (SEBCs) के लिए केन्द्रीय सरकार की नौकरियों में 27 प्रतिशत आरक्षण की घोषणा जनता सरकार ने 7 अगस्त 1990 को ही की। यह मंडल कमीशन की रिपोर्ट की क्रियान्विति के रूप में किया गया। इस कमीशन ने अपनी रिपोर्ट 31 दिसंबर, 1980 को पेश की थी। इस पर लोकसभा और राज्य सभा दोनों में 1982 में चर्चा हुई और उसके बाद यह मामला पुनः विचार के लिए सचिवों की एक समिति को सौंप

दिया गया था। यह मामला संसद के दोनों सदनों में बार-बार उठाया गया, परन्तु इस पर कोई कार्यवाही नहीं हुई। मंडल कमीशन की सिफारिशों को मानने की एकाएक घोषणा को तत्कालीन प्रधानमंत्री श्री वी.पी. सिंह का राजनीतिक निर्णय कहा गया, जिसको उसके क्रियान्वन से उठने वाले विभिन्न मामलों के गहन अध्ययन किए बिना और जातियों और सूचकों (indicators) के चुनने के औचित्य और वैधता को सत्य प्रमाणित किए बिना अपना लिया गया।

मंडल कमीशन ने एक विशेष जाति/वर्ग को पिछड़ा मानने के लिए जिन मापदंडों का उपयोग किया? जिसमें कमीशन ने तीन सूचकों (indicators) का उपयोग किया था : सामाजिक, शैक्षिक, और आर्थिक (वी.गौरी शंकरः *दि हिन्दुस्तान टाइम्स,* 24 अक्टूबर 1990)। सामाजिक सूचकों के सम्बन्ध में चार मापदंड थे, शैक्षिक सूचकों में तीन, और आर्थिक सूचकों में चार मापदंड थे। इस प्रकार कुल मिलाकर ग्यारह सूचक थे।

चार सामाजिक सूचक थे : (i) जातियां/वर्ग जिन्हें दूसरे व्यक्ति सामाजिक रूप से पिछड़ा मानते हैं, (ii) जातियां/वर्ग जो अपने जीवनयापन के लिए शारीरिक श्रम करते हैं, (iii) जातियां/वर्ग जिनमें राज्य के औसत से अधिक कम से कम 25 प्रतिशत स्त्रियां और 10 प्रतिशत पुरुष 17 वर्ष की आयु के पहले ग्रामीण क्षेत्रों में विवाह कर लेते हैं और कम से कम 10 प्रतिशत स्त्रियां और 5 प्रतिशत पुरुष इस (17 वर्ष) आयु से पहले शहरी क्षेत्रों में विवाह करते हैं, और (iv) जातियां/वर्ग जिनमें स्त्रियों की श्रम में भागीदारी राज्य के औसत से कम से कम 25 प्रतिशत अधिक है।

तीन शैक्षिक सूचक थे : (i) जातियां/वर्ग जिनमें 5-15 वर्ष के आयु-समूह के बच्चे जो कभी स्कूल नहीं गए, राज्य के औसत से कम से कम 25 अधिक हैं, (ii) जातियां/वर्ग जिनमें 5-15 आयु समूह के विद्यार्थियों के स्कूल छोड़ने (drop-outs) की दर राज्य के औसत से कम से कम 25 प्रतिशत अधिक है, और (iii) जातियां/वर्ग जिनमें मैट्रिक/हायर सेकंडरी फेल लोगों का अनुपात राज्य के औसत से कम से कम 25 प्रतिशत अधिक हैं।

चार आर्थिक सूचक थे : (i) जातियां/वर्ग जहां परिवार की सम्पत्ति का औसत मूल्य राज्य के औसत से कम से कम 25 प्रतिशत नीचे है, (ii) जातियां/वर्ग जिनमें कच्चे मकानों में रह रहे परिवारों की संख्या राज्य के औसत से कम से कम 25 प्रतिशत अधिक है, (iii) जातियां/वर्ग जिनमें 50 प्रतिशत परिवारों के पीने के पानी का स्रोत आधे किलोमीटर से अधिक है, और (iv) जातियां और वर्ग जिनके परिवारों में ऋण लेने की संख्या राज्य के औसत से 25 प्रतिशत अधिक है।

प्रत्येक सूचक को जो लाभ (weightage) दिया गया था, वह मनमाना एवं असंगत था। सामाजिक सूचकों को तीन अंश (points) का, शैक्षिक सूचकों को दो अंश का, और आर्थिक सूचकों को एक अंश का लाभ दिया गया। कुल मूल्य 22 अंश का था। जिन जातियों ने 50.0 प्रतिशत अंश (यानी 11 अंश) या उससे अधिक अंश प्राप्त किए उन्हें 'पिछड़ा' बतलाया गया।

मंडल कमीशन की पिछड़ी जातियों के लिए आरक्षण की रिपोर्ट को लागू करने के सरकार के निर्णय का विद्यार्थियों ने व्यापक विरोध किया। सारे देश में स्वतः स्फूर्त आंदोलन भड़क उठे। कई परिवार अपने बच्चों को शिक्षित करने में तकलीफ उठाते हैं और बलिदान करते हैं। हमारे देश में भयंकर बेरोज़गारी के कारण लाभकर रोज़गार पाने की सम्भावना पहले ही कम रहती है। अधिकांश विद्यार्थी बेरोज़गारी अथवा अल्प-रोज़गारी के दुःस्वप्न से पीड़ित रहते हैं। ऐसी स्थिति में सरकार के 'निर्वाचकीय' निर्णय (electoral decision), कि जाति के आधार पर पहले से विद्यमान अनुसूचित जाति और अनुसूचित जनजाति के लिए 22.5 प्रतिश.त के आरक्षण के अलावा 27 प्रतिशत का नौकरियों में और आरक्षण किया जाए, से युवाओं में कुण्ठाएं जाग्रत होना स्वाभाविक था।

इससे पूर्व अल्पसंख्यक आयोग जिसके अध्यक्ष एम.एस.बेग थे, ने अपनी रिपोर्ट में मंडल आयोग की सिफारिशों के अनुसार पिछड़ी जातियों को मान्यता देने के विरुद्ध सचेत किया था। जब जनता दल सरकार ने मंडल रिपोर्ट को लागू करने के अपने निर्णय की घोषणा की तो किसी राजनीतिक दल ने

इसका खुल कर विरोध नहीं किया। सभी दलों ने अस्पष्ट रुख अपनाया, यद्यपि प्रमुख राजनीतिक दलों ने इस शर्त के साथ उसे अस्पष्ट अथवा प्रत्यक्ष समर्थन दिया कि उसका आधार जाति न होकर आर्थिक आवश्यकता होनी चाहिए। केवल नेशनल फ्रन्ट सरकार ही इस पर अडिग रही, कि मंडल रिपोर्ट का किसी भी परिस्थिति में परिवर्तन नहीं किया जाएगा। लोगों में व्याप्त आक्रोश कम करने के लिए उसने मंडल द्वारा प्रस्तावित 27 प्रतिशत आरक्षण के अतिरिक्त सरकारी नौकरियों में 10 प्रतिशत आरक्षण आर्थिक आधार पर भी रखने का प्रस्ताव रखा। तथापि अब यह सर्वविदित तथ्य है, कि मंडल रिपोर्ट के मामले में नेशनल फ्रन्ट में भी आन्तरिक मतभेद थे।

मंडल रिपोर्ट को स्वीकृत करने के सरकार के सही उद्देश्य को चुनौती देते हुए छात्र उग्र व्यवहार करने को तत्पर हो गए और उन्होंने आंदोलन और आत्मदाह किए। 19 सितंबर 1990 (जबकि एक देहली के कॉलेज के तृतीय वर्ष के छात्र के आत्मदाह का प्रथम प्रकरण रिपोर्ट किया गया) और 16 अक्टूबर 1990 के बीच में मंडल कमीशन की सिफारिशों को लागू करने के सरकार के निर्णय के विरुद्ध 160 युवाओं ने आत्महत्या करने का प्रयास किया। वे सब 25 वर्ष की आयु से कम थे और उनमें से अधिकांश स्कूलों और कॉलेजों के विद्यार्थी थे या बेरोज़गार थे (सन्डे, नवंबर 4-10, 1990: 39)। उनमें से बड़ी संख्या ने खुले आम अपने को आग लगाई, जबकि कुछ ने चुपचाप ज़हर खा लिया अथवा आत्मदाह किया। इन छब्बीस दिनों में देहली में 17 आत्मदाह के प्रयासों के मामले हुए और इसी तरह के मामले पंजाब में होशियारपुर, उत्तरप्रदेश में जौनपुर और लखनऊ, राजस्थान में कोटा, और बिहार में पटना जैसे स्थानों में हुए। अधिकांश सभी मामलों के शिकार निम्न-मध्यम वर्ग के परिवारों के थे। उच्च वर्ग के और निर्धन व्यक्ति मंडल-विरोधी लहर से प्रभावित नहीं हुए। सभी मामलों में विद्यार्थियों ने अपने पीछे अतिनाटकीय और अत्यन्त कटु पत्र छोड़े। कई स्थानों पर पुलिस की गोली से कई छात्र मारे गए और हज़ारों गिरफ्तार किए गए। छात्रों ने भी हज़ारों सरकारी वाहनों, निजी बसों, कारों और रेलगाड़ियों को क्षति पहुंचाई। यद्यपि सरकार ने नुकसान के सही आंकड़े नहीं बताये फिर भी करोड़ों रुपए की क्षति का अनुमान लगाया गया। व्यवस्था के प्रति कुण्ठा और रोष था, एक भावना थी, कि व्यवस्था ने उन्हें झूठी आशा बंधाई कि शिक्षा उन्हें नौकरियां उपलब्ध करा देगी।

इसके पहले की हम यह देखें कि नेशनल फ्रन्ट सरकार और चन्द्रशेखर सरकार के उपरान्त 1991 में जब नरसिंह राव की कांग्रेस सरकार सत्ता में आयी, तो उसने किस तरह मंडल कमीशन के सुझावों को 1992 और 1993 में संशोधित करके देश में लागू किया, मन्डल आयोग के सुझावों के पक्ष और विपक्ष में तर्कों का मूल्यांकन करना आवश्यक है।

## *मंडल रिपोर्ट के पक्ष में तर्क* (Arguments in Favour of Mandal Report)

मंडल आयोग की सिफारिशों के पक्ष में निम्नांकित तर्क दिये जाते हैं :

- ये संविधान की अनिवार्य आवश्यकता (mandatory requirement) की पूर्ति करते हैं, जिसमें समाज के उन वर्गों को संतुष्ट करना है, जिनमें कई दशकों से अन्दर ही अन्दर असंतोष उत्पन्न रहा था।
- हमारा यह नैतिक एवं सामाजिक कर्तव्य है, कि यह सुनिश्चित करें कि उत्पीड़ित और दमित (suppressed) व्यक्तियों और धनाढ्य (affluent) व्यक्तियों में समाज में समता हों। शोषित व्यक्तियों में विश्वास की भावना भरे जाने की आवश्यकता है।
- आरक्षण मात्र केन्द्र सरकार की सेवाओं के लिए होगा (राज्य सरकारों के अपने पृथक कानून हैं) तथा देश की कुल आबादी के 1 प्रतिशत से भी कम लोग इन सेवाओं में कार्यरत् हैं। उस 1 प्रतिशत में से 27 प्रतिशत को पिछड़ी जातियों के लिए आरक्षित कर दिया गया है। अतः, आरक्षण व्यापक आधार पर जनता को प्रतिकूल रूप से प्रभावित नहीं करेगा।
- जैसा अधिकांश लोग समझते हैं, सिफारिशें पूर्ण रूप से जाति पर आधारित नहीं हैं। उदाहरण के लिए, बिहार में राजपूत इस सूची में नहीं हैं परन्तु गुजरात में राजपूत इसमें हैं; बिहार में पटेल इस सूची में हैं,

जबकि गुजरात के पटेल इसमें नहीं हैं; और उत्तरप्रदेश और बिहार के यादव इसमें सम्मिलित हैं, परन्तु हरियाणा के नहीं। इस प्रकार आधार प्रत्येक राज्य में किसी जाति विशेष की स्थिति है।

- राष्ट्र की अनुसूचित जाति, अनुसूचित जनजाति और पिछड़े वर्ग की 52 प्रतिशत जनसंख्या का कुल 4 प्रतिशत मात्र का प्रथम श्रेणी सरकारी और राजकीय क्षेत्र में प्रतिनिधित्व है। यह कमज़ोर वर्गों के साथ नितांत अन्याय है, जिसको ठीक करने की आवश्यकता है।
- आरक्षण विरोधियों का आरक्षण के विरोध में एक तर्क 'योग्यता' के प्रश्न पर आधारित है। सामान्यतः यह विश्वास किया जाता है, कि योग्यता उच्च जातियों में ही निवास करती है, इसलिए उपनिवेशीय नीति की तरह उन्हें देश को चलाने, उसकी सेवाओं को करने और निम्न जातियों को सभ्य बनाने के भार को वहन करने की अनुमति दी जानी चाहिए। क्या यह तर्क वैध और न्याय संगत है? क्या इस तर्क का ब्रिटिश सरकार समर्थन नहीं करती थी, जब वह ऊंचे पद अंग्रेजों को देती थी और नीचे पद भारतवासियों को? क्या अंग्रेजों की भारत को स्वराज देने की अनिच्छा इस प्रकार के तर्क पर आधारित नहीं थी? क्या हमने उसे स्वीकार किया? यदि हमने इस तर्क को उस समय भ्रामक बतलाया तो आज इसी तर्क को निम्न जातियों और वर्गों के विरुद्ध कैसे स्वीकार कर सकते हैं? इसके अतिरिक्त यदि यह तर्क दिया जाता है, तो क्या हमने निम्न जातियों को योग्यता प्राप्त करने के ठोस अवसर प्रदान किए हैं? यदि हमारी सरकार एक ओर तो समस्त नागरिकों को समान मानती है, और दूसरी ओर पिछड़े वर्गों को समान अवसर प्रदान नहीं करती तो यह शोषित वर्गों पर प्रभुत्व जमाये रखने के अतिरिक्त कुछ भी नहीं है। इसलिए इन दलित और शोषित व्यक्तियों को आरक्षण देने के लिए हमें बहुत आत्म निरीक्षण की आवश्यकता है, क्योंकि यह एक ऐसा विचार है, जिसका हम में से कई सहज ही विरोध करते हैं।

## *मंडल रिपोर्ट के विरोध में तर्क (Arguments Against the Mandal Report)*

मंडल रिपोर्ट की कई ओर से कई कारणों को लेकर तीखी आलोचना हुई है। उसके विरुद्ध पांच प्रमुख तर्क हैं : (i) अन्य पिछड़ी जातियों/वर्गों की परिभाषा करने में उपयोग किए गए मापदण्ड, (ii) जनसंख्या प्रक्षेपणों (projections) के लिए जनसंख्या विकास की एक कल्पित स्थिर दर (assumed constant rate) के आधार पर बहुत पुराने जनसंख्या के आंकड़ों का उपयोग, (iii) दूसरी पिछड़ी जातियों/वर्गों की पहचान के लिए संबंधित तथ्यों और आंकड़ों में गोलमाल, (iv) प्रतिचयन कार्यप्रणाली (sampling procedure) में वस्तुनिष्ठता का अभाव और एकत्रित किए गए आंकड़ों में कमियां, (v) पारिभाषिक विसंगतियां (discrepancies), विशेषकर 'जाति' और 'वर्ग' शब्दों के उपयोग के सन्दर्भ में। हम इन तर्कों का विस्तार निम्नांकित रूप से कर सकते हैं :

1. 'पिछड़ेपन' की परिभाषा केवल जाति के आधार पर की गई है। इससे घृणास्पद जाति संबंधी पूर्वाग्रह और पक्षपात जो (जाति) व्यवस्था में प्रचलित हैं, बने रहेंगे। कोई भी विशेष प्रावधान समस्त निर्धन व्यक्तियों के लिए बग़ैर जाति का ध्यान किए होना चाहिए और केवल आर्थिक मापदण्डों पर आधारित होना चाहिए। इसके अतिरिक्त दूसरी पिछड़ी जातियों/वर्गों का पता लगाने के लिए केवल 'जाति' के एक मापदण्ड का उपयोग बहुल (multiple) मापदण्डों जैसे धर्म, आय, व्यवसाय और किसी मोहल्ले में मकान (जिन पर कई विद्वानों ने बल दिया है) के महत्व को रेखांकित (underscore) करता है।
2. यद्यपि 'जाति' की परिभाषा करने के लिए बहुत प्रयत्न किए गए, 'वर्ग' की कोई परिभाषा नहीं दी गई और समाजशास्त्रीय दृष्टि से जाति और वर्ग दो पृथक श्रेणियां हैं। इसलिए मंडल रिपोर्ट ने अधिक से अधिक 'अन्य पिछड़ी जातियों' का और न कि 'अन्य पिछड़े वर्गों' का पता लगाया जिसकी आवश्यकता थी।
3. अन्य पिछड़ी जातियां/वर्गों की पहचान करने का मापदण्ड अनियमित, ऊटपटांग और राजनीति से प्रेरित है। वह विशुद्ध वैज्ञानिक विधि पर आधारित नहीं है। मंडल कमीशन को जाति/वर्ग के

सामाजिक, शैक्षिक, और आर्थिक पिछड़ेपन को ज्ञात करने के लिए जो ग्यारह सूचक अपनाए इनमें अच्छे सूचकों की विशेषताओं का अभाव है। उदाहरणार्थ, सामाजिक सूचक जो अल्प आयु में विवाह के मापदण्ड से संबंधित हैं, किसी विशेष जाति या वर्ग में ही नहीं पाया जाता, अपितु यह एक अत्यन्त पुरानी सामाजिक बुराई है, जो साधारणतया सभी जातियों और वर्गों में पाई जाती है। इसलिए इसको जातियों और वर्गों में एक-दूसरे में भेद प्रदर्शित करने के लिए सूचक के रूप में काम में नहीं लिया जाना चाहिए था। इसी प्रकार श्रम में स्त्रियों की भागीदारी वाले सामाजिक सूचक को एक आर्थिक सूचक माना जाना चाहिए, क्योंकि स्त्रियों को अपनी पारिवारिक आय बढ़ाने के लिए काम करना पड़ता है। इसके अतिरिक्त ग्रामीण महिलाओं में अपने परिवार के खेती के कार्यों में सहायता करने की एक आम प्रवृत्ति होती है और यह किसी विशेष जाति अथवा वर्ग से सम्बन्धित नहीं है।

इसी प्रकार एक व्यक्ति को 'शैक्षिक रूप से पिछड़ा' माना जाना था, यदि उसके पिता और दादा ने प्राथमिक स्तर से आगे अध्ययन नहीं किया है। उसको 'सामाजिक दृष्टि से पिछड़ा' माना जाना था, यदि (हिन्दू होने की अवस्था में) वह तीन द्विज वर्णों में नहीं आता था, यानी कि वह ब्राह्मण, क्षत्रिय या वैश्य नहीं था, और/या (गैर-हिन्दू होने की अवस्था में) वह उन हिन्दू जातियों से धर्मान्तरित (convert) था, जिन्हें सामाजिक रूप से पिछड़ा हुआ परिभाषित किया हुआ है या उसके पिता की आय प्रचलित निर्धन रेखा (अर्थात् 107 रुपए प्रति व्यक्ति प्रति माह) से नीचे थी। क्या ये विस्तृत जांच-पड़तालें वास्तव में की गई थीं? प्रमाण इसे नहीं दर्शाता है।

अधिकतम निरुत्साह करने वाला भाग आर्थिक सूचकों का चयन है, जहां प्रति व्यक्ति पारिवारिक आय को बिल्कुल ही छोड़ दिया गया है। पारिवारिक सम्पत्ति और उपभोक्ता ऋण उनके व्यय को बतलाते हैं और यह इस पर निर्भर करता है कि उनके परिवार बड़े या छोटे हैं या वे सामाजिक परंपराओं को अधिक निभाते हैं और अक्सर ऋण लेते रहते हैं।

अन्त में, वह आर्थिक सूचक जिसमें पीने के पानी के स्रोत पर विचार किया गया है एक बहिर्जात (exogenous) कारक से सम्बन्धित है, न कि किसी विशेष जाति या वर्ग से। इस प्रकार जबकि जातियों/वर्गों के पिछड़ेपन की पहचान सही सूचकों पर आधारित नहीं है, तो आरक्षण को बढ़ाने के प्रयत्नों को स्वीकृति नहीं मिल सकती।

4. 'पिछड़े' वर्ग की परिभाषा और पहचान करना अवैज्ञानिक है। जबकि मंडल आयोग ने 3,742 वर्गों को 'पिछड़ा' माना, प्रथम पिछड़े वर्ग कालेलकर समिति ने लगभग 2,000 वर्गों को पिछड़ा माना था। इससे प्रकट होता है कि या तो कालेलकर समिति ने सही पहचान नहीं की या लाभ उठाने के उद्देश्य से दूसरी जातियों की एक बड़ी संख्या ने बाद में अपने को पिछड़ी जातियों में वर्गीकृत कराने के लिए संघर्ष किया। या इसका दूसरा अनुमान यह लगाया जा सकता है कि कई जातियां कालेलकर समिति की रिपोर्ट के पेश होने के बाद 'पिछड़ी' हो गईं। इसलिए पिछड़े वर्गों की पहचान के लिए राज्य सरकारों से विचार-विमर्श करना आवश्यक था। उदाहरण के लिए जब केरल सरकार ने स्वयं ने 79 जातियों को पिछड़ा माना तो भी मंडल आयोग ने 208 के पिछड़े होने की सिफारिश की। इसी प्रकार उड़ीसा ने एक भी जाति को पिछड़ा नहीं बतलाया, परन्तु मंडल आयोग ने 224 को पिछड़ा माना। इस प्रकार मंडल आयोग ने राज्य सरकारों से विचार विमर्श करना आवश्यक नहीं समझा।

5. जातियों के वर्गीकरण का जनसंख्या प्रक्षेपण (projection) 1931 की जनगणना के आंकड़ों के उपयोग पर आधारित था। उस समय भारत का सामाजिक, आर्थिक और जनांकिकी (demographic) नक्शा बिलकुल भिन्न था। 'जाति' को उसके पारंपरिक व्यवसाय से पहचाना जाता था। 1931 के बाद जनगणना प्रक्रियाओं में से जातियों को सूचियों में लिखना बंद कर दिया गया और 1931 और 1990 के बीच औद्योगीकरण, नगरीकरण, शैक्षिक विकास, प्रव्रजन (migration) और गतिशीलता

(mobility) में तेज वृद्धि के कारण कई परिवर्तन आए हैं। इसलिए मंडल आयोग द्वारा 1980 में अपनाया गया पुरानी जनगणना का आधार अपनाए गए मानदण्डों का एक विकृत चित्र प्रस्तुत करता है। स्वतंत्रता के पश्चात किए गए भूमि सुधारों ने विभिन्न जातियों को सामाजिक और शैक्षिक स्थिति में बहुत परिवर्तन कर दिया है और वे ग्रामीण अभिजन का एक महत्वपूर्ण अंग बन गए। बिहार और उत्तरप्रदेश में यादव और कुर्मी इसके सर्वश्रेष्ठ उदाहरण हैं। गूजर, कोयरी और लोधी भी कुछ राज्यों में स्वामित्वधारी किसान हो गए हैं।

शहरी जनसंख्या 1931 में 12 प्रतिशत से बढ़कर 1981 में लगभग 24 प्रतिशत हो गई। शहरी क्षेत्रों में आमदनी और व्यवसाय का स्तर सामाजिक स्थिति को पारम्परिक जाति समाज में स्थिति की तुलना में अधिक प्रभावित करता है। पूर्णतया कृषि-अर्थव्यवस्था से एक ऐसी व्यवस्था में परिवर्तन जिसमें उत्पादन और नौकरी उद्योगों को अधिकाधिक महत्व मिलने लगा, इसके परिणामस्वरूप भी कुछ ग्रामीण व्यवसायों में कमी आई। आयोग ने 1980 में अन्य पिछड़ी जातियों/वर्गों की पूर्ण जनसंख्या का 52 प्रतिशत अनुमान लगाते समय इन सब परिवर्तनों को ध्यान में रखा हो, ऐसा प्रतीत नहीं होता। 1990 में जब सरकार ने मंडल आयोग की रिपोर्ट की स्वीकृति की घोषणा की, उस समय तक शहरीकरण 4 प्रतिशत और अधिक बढ़ गया था और जनसंख्या के व्यावसायिक वितरण में और परिवर्तन आ गए थे, जिससे कि 1931 की जनगणना पर आधारित आंकड़े एवं स्थितियां और अधिक अवास्तविक हो गई थीं।

शहरीकरण और व्यावसायिक परिवर्तनों के अतिरिक्त उच्च शिक्षा में भी भारी विकास हुआ है। विश्वविद्यालयों और महाविद्यालयों में विद्यार्थियों की संख्या 1951 में 3.6 लाख से बढ़कर 1978-79 में 38.2 लाख और 1989-90 में 56.43 लाख हो गई (1997 में यह संख्या 53.73 लाख थी) (*मैनपावर प्रोफाइल*, इन्डिया, 1998: 83)। SC/ST के विद्यार्थियों की संख्या में वृद्धि यह दर्शाती है, कि उच्च शिक्षा का जनसंख्या के पिछड़े वर्गों में विस्तार असाधारण हुआ है, यद्यपि निःसंदेह इसमें छात्रवृत्तियों के अनुदान ने भी मदद की है। एससी/एसटी के उच्चशिक्षा प्राप्त कर रहे विद्यार्थियों की 1987 में कुल संख्या लगभग 3.36 लाख थी, जबकि इसी तुलना में 1950-51 में वह मात्र 4,000 ही थी। 1931 और 1990 के बीच हुए इन परिवर्तनों को कैसे अनदेखा किया जा सकता है।

6. दूसरा गलत अनुमान जो मंडल ने लगाया वह यह था कि ग़ैर-हिन्दुओं में अन्य पिछड़ी जातियों/वर्गों का वही अनुपात था जो हिन्दुओं में था। ग़ैर-हिन्दू अन्य पिछड़ी जाति/वर्गों का अनुपात कुल जनसंख्या का 8.40 प्रतिशत माना गया था या उनकी वास्तविक जनसंख्या का 52 प्रतिशत, परन्तु हिन्दू अन्य पिछड़ी जातियों/वर्गों की उद्भूत संख्या जो इस रिपोर्ट में दी गई है, वह 43.70 प्रतिशत है न कि 52 आती है। 8.40 प्रतिशत और 52 प्रतिशत की दोनों संख्यायें मनमाने ढंग से (arbitrarily) ली गई थीं। यह इस रिपोर्ट की पद्धतिशास्त्रीय एक आधारभूत त्रुटि है।

   43.70 प्रतिशत का आंकड़ा कैसे प्राप्त किया गया? इस आंकड़े को कुल हिन्दुओं की जनसंख्या (83.84%) में से एससी/एसटी की जनसंख्या (22.56%) और अग्रवर्ती (forward) हिन्दू जातियों की जनसंख्या (17.58%) को घटा कर प्राप्त किया गया। इस प्रणाली के अनुसरण से जो आंकड़ा प्राप्त होता है, वह 43.70 प्रतिशत है। यह भी पद्धतिशास्त्रीय दोष (fallacy) है।

7. सामाजिक-शैक्षणिक क्षेत्र के सर्वेक्षण के लिए प्रतिचयन प्रणाली अत्यंत त्रुटिपूर्ण थी। उसमें प्रत्येक जिले से दो गांवों और एक शहरी ब्लॉक का चयन करना था। ऐसा प्रतिदर्श (sample) जो केवल 1 प्रतिशत जनसंख्या को ही सम्मिलित करता हो, अत्यन्त संदेहास्पद है।

8. पिछड़ेपन के मानदण्डों को निर्धारित करते समय, आर्थिक मानदण्डों को दिया गया महत्व बहुत अपर्याप्त था। जातियों/वर्गों के वर्गीकरण के लिए मंडल आयोग द्वारा निर्धारित किए गए 22 अंकों में से केवल चार अंक आर्थिक मानदण्डों को दिये गए। इससे यह स्पष्ट होता है, कि एक वर्ग के

'पिछड़ेपन' को निर्धारित करते समय उसकी आर्थिक स्थिति को अधिक महत्व नहीं दिया गया।

9. भारतीय संविधान ने 'पिछड़े वर्ग' की परिभाषा नहीं की है, परन्तु उसमें 'पिछड़े वर्गों की स्थितियों के अन्वेषण के लिए एक आयोग की नियुक्ति का प्रावधान है। वह इसको अनिवार्य नहीं बनाना कि सरकार आयोग से पिछड़े वर्गों की पहचान करने को कहे। मंडल आयोग के अध्यक्ष ने जो स्वयं एक पिछड़ी जाति के सदस्य थे और जो अपने राजनीतिक जीवन में पक्षपातपूर्ण वक्तव्य देने के लिए प्रसिद्ध रहे, पिछड़ी जातियों/वर्गों को पहचानने के लिए जो सूचक काम में लिए और उन्हें अंक प्रदान किए, उसमें उनकी भूमिका पक्षपातपूर्ण रही। चूंकि गहन अन्वेषण (investigation) और सर्वेक्षण नहीं किया गया और सही मानदण्डों का प्रयोग नहीं किया गया इसलिए जातियों/वर्गों के चयन में मंडल आयोग का आदेश नहीं माना जा सकता। स्वयं आयोग ने स्वीकार किया था, कि वर्गों को सामाजिक और शैक्षिक-रूप में सूचीबद्ध 'कुछ मनमाने ढंग से किया गया है और उसमें समर्थनीय दृष्टिकोण के गुण के अतिरिक्त कुछ भी नहीं है।'

10. जनसंख्या विकास की स्थिर (constant) दर का अनुमान कैसे लगाया गया और प्रतिशतता कैसे अपनाई गई? एक दम से 27 प्रतिशत कैसे निर्धारित की गई? सरकार से आरक्षण की समग्रता पर विचार करने की आशा की जाती है, जिसमें अनुसूचित जातियां, अनुसूचित जनजातियां, विकलांग व्यक्ति, भूतपूर्व सैनिक, विस्थापित व्यक्ति और दूसरी विशेष श्रेणियां सम्मिलित हैं। इन सबको जब मंडल आयोग की सिफारिश किए हुए 27 प्रतिशत से जोड़ देते हैं, तो आरक्षण 59 प्रतिशत से भी अधिक हो जाता है। बची हुई प्रतिशतता इतनी कम रह जाती है, कि इस अनुभाग के विद्यार्थी और युवाओं को प्रतिक्रिया व्यक्त करने और आन्दोलन चलाने के अतिरिक्त कोई विकल्प नहीं रह जाता। अतः आरक्षण लाभकर रोज़गार प्राप्त करने में रुकावट सिद्ध होता है।

11. मंडल आयोग की रिपोर्ट को दस वर्षों तक कोई महत्व नहीं दिया गया। जब किसी रिपोर्ट पर इतने समय बाद विचार किया जाता है, तो उसको अद्यतन (update) बनाना चाहिए और परिवर्तित आवश्यकताओं और उसमें कमियों के बारे में उसका परीक्षण होना चाहिए। फिर यह भी आकलन होना चाहिए कि उसे स्वीकृत करने के क्या परिणाम होंगे। यह एक निश्चित समय में किया जाता है। जिस वी.पी.सिंह सरकार ने मंडल आयोग की रिपोर्ट की स्वीकृति की घोषणा की, उसने इस प्रक्रिया को पूरा करने की चिन्ता ही नहीं की, जिसके फलस्वरूप उसमें कमियों के कारण हिंसा और आन्दोलन हुए।

12. संविधान में यह व्यवस्था दी गई है, कि एक वर्ग जो राज्य की सेवाओं में पर्याप्त प्रतिनिधित्व रखता है, को 'पिछड़ा' वर्गीकृत नहीं किया जा सकता। यह कार्य सरल नहीं है क्योंकि इस पहलू पर सांख्यिकीय आंकड़े उपलब्ध नहीं हैं, केवल भ्रान्ति उत्पन्न करने वाले आंकड़ों का एक पुंज (सेट) है, जिसका आकलन कुछ राज्यों के पिछड़े वर्गों की सूचियों के आधार पर किया गया है।

13. मंडल आयोग की रिपोर्ट की क्रियान्विति का एक परिणाम यह होगा, कि चूंकि मंडल आयोग रिपोर्ट ने 27 प्रतिशत आरक्षण को प्रत्येक पिछड़ी जाति के कोटा के रूप में विभाजित नहीं किया है, इसमें 27 प्रतिशत के आरक्षण का अधिकांश भाग उन थोड़ी सी जातियों द्वारा हथिया लिया जाएगा, जो पिछड़ी जातियों में प्रबल हैं। इन थोड़ी प्रबल जातियों में भी कुछ ही परिवार ऐसे होंगे जो कि अपने पिछड़े भाइयों की कीमत पर समृद्ध बनेंगे। अनुसूचित जातियों और अनुसूचित जनजातियों के लिए आरक्षण नीतियों के पूर्व में हुए क्रियान्वयन से यह अनुभव हो चुका है। मंडल आयोग रिपोर्ट में इसकी कोई सीमा नहीं है, कि एक परिवार के कितने सदस्य आरक्षण का लाभ उठा सकते हैं। और न ही उसमें कोई आर्थिक मापदण्ड हैं जो कि सम्बन्धित जाति के सबसे अधिक समृद्ध व्यक्ति को आरक्षण कोटा से लाभ उठाने से वंचित करें।

यह प्रश्न महत्वपूर्ण है, कि क्या पर्याप्त प्रतिनिधित्व को वर्गीकृत पिछड़े वर्गों में से प्रत्येक वर्ग के संदर्भ में देखना है? यदि पिछड़े वर्गों की संपूर्णता (totality) को लिया जाता है और यह पाया जाता

है, कि केवल कुछ ही वर्गों ने पदों पर इतना एकाधिकार जमा लिया है कि वह पर्याप्त प्रतिनिधित्व से भी आगे निकल जाता है (जैसा कि राजस्थान में मीना जनजाति का उदाहरण है या दक्षिण भारत में कुछ जातियों का है) तो क्या हम उसे सामाजिक न्याय कह सकेंगे? यदि अलग-अलग समूह लिए जाते हैं और जाति चयन का आधार माना जाता है, तो क्या 3,500 जातियों का रोस्टर रखना संभव होगा जो कि सेवाओं में प्रतिनिधित्व के विषय में निरन्तर घटता-बढ़ता रहेगा? सामाजिक न्याय के विषय में बात करने से पहले इन तथ्यों के विषय में निर्णय लेना चाहिए।

मंडल कमीशन रिपोर्ट के विरुद्ध दिये जाने वाले कुछ अन्य तर्क हैं :

1. उसके कार्यान्वयन के तरीके में जल्दबाजी बरती गई। लोगों को उसके कार्यान्वयन के लिए तैयार करना चाहिए था, क्योंकि उससे कुछ खण्डों में वंचन की भावना जाग्रत होने की संभावना थी। उस समय जो जनता दल सरकार सत्ता में थी, उसमें भी इस रिपोर्ट पर कोई चर्चा नहीं हुई थी। जनता दल ने नेशनल फ्रन्ट सरकार के दूसरे घटकों को भी इस विषय में अन्धकार में रखा। इस प्रकार इस रिपोर्ट की कार्यान्विति बिना किसी आम सहमति के हुई।
2. पिछड़ी जातियों का कोटा आरक्षित करते समय कोई आर्थिक काट-बिन्दु (cut off point) निश्चित नहीं किया गया। एक परिवार जिसकी आय एक निश्चित सीमा से ऊपर है, को आरक्षण का पात्र नहीं मानता था।
3. प्रशासनिक कार्यकुशलता पिछड़े वर्गों को रियायतें देने के कारण ख़तरे में पड़ गई है, यद्यपि संविधान यह मानता है, कि आरक्षण प्रशासन की कार्यकुशलता को बनाए रखने में अनुकूल होगा न कि उसका विद्रोही।
4. आरक्षण केवल एक पीढ़ी के लिए वैध होना चाहिए।

इस प्रकार ऐसे अवैज्ञानिक अध्ययन को अत्यधिक सतर्कता से समझने की आश्यकता है, जिसके आधार हैं, अनुमान, भ्रान्तियां (fallacies), संबद्ध आंकड़ों की कमी, जानकारी में बचकर निकलने के रास्ते (loopholes), मनमानापन, व्यक्तिपरकता, असंगतियां (anomalies), उच्चश्रेणी का सामान्यीकरण, और जो विशेषज्ञ सामाजिक वैज्ञानिक की सलाह के विरुद्ध है।

## वर्तमान स्थिति (Present Situation)

मंडल रिपोर्ट की अविवेकपूर्ण स्वीकृति के विरुद्ध राजनीतिक दलों, प्रेस, और लोगों की आलोचना से धक्का लगने पर उस समय की जनता दल सरकार ने संकट-स्थिति को विस्फोटक होने से रोकने के लिए कुछ प्रस्ताव रखे। यह घोषणा की गई (अक्टूबर 1990 में) कि आरक्षण शिक्षा, विज्ञान और सुरक्षा जैसे अत्यावश्यक क्षेत्रों और उच्चतम पदों पर लागू नहीं किया जाएगा। पदोन्नतियों में भी आरक्षण नहीं होंगे। रिपोर्ट उन राज्यों में भी लागू नहीं की जाएगी जिन्होंने मंडल रिपोर्ट को स्वीकृति प्रदान नहीं की (जैसे गुजरात, मध्यप्रदेश, उड़ीसा और पश्चिम बंगाल)। जब कांग्रेस की राव सरकार सत्ता में आयी, तो 25 सितम्बर 1991 को यह प्रस्ताव रखा कि केन्द्र सरकार की 27 प्रतिशत असैनिक नौकरियां जो सामाजिक और शैक्षिक रूप से पिछड़े हुए वर्गों के लिए आरक्षित हैं, उनमें वरीयता ऐसे वर्गों के 'निर्धन वर्गों' को दी जाएगी। इसके अतिरिक्त इन नौकरियों में 10 प्रतिशत आरक्षण 'अन्य आर्थिक रूप से पिछड़े वर्गों' के व्यक्तियों के लिए भी होगा जो कि आज चल रही आरक्षण की परियोजनाओं से लाभान्वित नहीं होते।

उच्चतम न्यायालय ने मंडल आयोग पर अपना निर्णय 15 नवम्बर 1992 को दिया। उसने पिछड़ी जातियों/वर्गों के लिए 27 प्रतिशत आरक्षण की नीति को तो स्वीकार किया, परन्तु इस नीति में परिवर्तन के लिए कुछ निर्देश दिये। पहला निर्देश था, कि सम्पन्न तबके को, यानी कि पिछड़ी जातियों/वर्गों के अभिजन (elite) को, आरक्षण में सम्मिलित नहीं किया जाना चाहिए। दूसरा, विशेषज्ञ सेवाओं में अथवा सैनिक और कुछ संवेदनशील नागरिक पदों (जैसे विश्वविद्यालय के प्रोफेसर,

वैज्ञानिक, विमान-चालक) को आरक्षण से मुक्त रखा जाए। तीसरा, मंडल आयोग ने जब 3,743 पिछड़ी जातियों/वर्गों (OBCs) की पहचान की थी, उच्चतम न्यायालय ने पुरानी राज्य-सूचियों को ही स्वीकार करके मंडल सूची के आधे समूहों को ही मान्यता दी। उसने यह भी निर्देश दिये कि जिन जातियों का सरकार में पर्याप्त प्रतिनिधित्व है, उन्हें सूची से निकाल देना चाहिए। चौथा, मंडल आयोग उन रिक्तियों को जिन्हें भरा नहीं जा सका है आगे ले जाना (carry forward) चाहता था, परन्तु उच्चतम न्यायालय ने इन रिक्तियों को और आगे आरक्षित न रखने का निर्देश दिया। न्यायालय इस प्रकार आरक्षित पदों के भरने में भी "न्यूनतम स्तर" (minimum standard) पर बल देने के पक्ष में था। पांचवां, मंडल आयोग जब पदोन्नति में भी आरक्षण चाहता था, उच्चतम न्यायालय पदोन्नति में आरक्षण के विरुद्ध था। वह केवल आरम्भिक नियुक्तियों में ही आरक्षण के पक्ष में था। छठा, नरसिंह राव सरकार ने उच्च जातियों में भी पिछड़े हुए खण्डों के लिए 10 प्रतिशत पदों के आरक्षण की घोषणा की थी, उच्चतम न्यायालय ने इसे असंवैधानिक बताया। अन्तिम, उच्चतम न्यायालय का निर्देश था कि कुल आरक्षण कोटा 50 प्रतिशत से अधिक नहीं होना चाहिए।

इन निर्देशों के अलावा, सर्वोच्च न्यायालय ने केन्द्र सरकार को निम्नलिखित दिशा-निर्देश जारी किए हैं : (क) भारत सरकार को 4 महीनों के अंदर 'क्रीमीलेयर' के बहिष्करण के आधार को निर्दिष्ट करना चाहिए; (ख) किसी भी जाति अथवा किसी जाति के किसी वर्ग को शामिल किए जाने अथवा बाहर किए जाने की परिवर्तनशील परिस्थितियों के आधार पर आवधिक रूप से समीक्षा की जानी चाहिए; (ग) केन्द्र सरकार के साथ-साथ राज्य सरकारों के द्वारा भी नियमित आधार पर उन मामलों, जो इस प्रश्न के सम्बन्ध में उत्पन्न होते हों, कि क्या किसी जाति विशेष अथवा किसी जाति के वर्ग को सही तरीके से शामिल अथवा बाहर किया गया है, अथवा नहीं, का निर्णय किए जाने के लिए स्थायी आयोगों की नियुक्ति चार महीनों के अंदर-अंदर की जानी चाहिए।

नरसिंह राव सरकार ने उच्चतम न्यायालय के निर्देशों को स्वीकार करते हुए 8 सितम्बर 1993 को लगभग 1,200 पिछड़ी जातियों/वर्गों (OBCs) के लिए केन्द्रीय सरकार में व सार्वजनिक उद्यमों में 27 प्रतिशत आरक्षित कोटा स्वीकार करने की घोषणा की। इस प्रकार पिछड़ी जातियों/वर्गों में 'सम्पन्न तबके' की परिभाषा में उच्च पदों पर लगे हुए व्यक्तियों-जैसे, राष्ट्रपति, उपराष्ट्रपति, सर्वोच्च न्यायालय व उच्चतम न्यायालय के न्यायाधीश, प्रथम वर्ग (Class I) के पदों के अफसर, दूसरे वर्ग के कुछ अफसर, सार्वजनिक उद्यमों के पदाधिकारी, सेना में कर्नल पद से ऊपर के अफसर तथा उच्च श्रेणियों के डॉक्टर, वकील, चार्टर्ड लेखाकार, आयकर सलाहकार, वास्तुविद् और कम्प्यूटर विशेषज्ञ की पहचान की गयी। मोटे रूप से जिन व्यक्तियों की वार्षिक आय एक लाख रुपए से अधिक है, उनको 'सम्पन्न तबके' में माना गया है। परन्तु इसमें राजनीतिज्ञों को, जैसे देश के प्रधानमन्त्री व मन्त्री, राज्य के मुख्यमन्त्री व मन्त्री तथा संसद व विधान सभाओं के सदस्यों को सम्मिलित नहीं किया गया। नरसिंह राव सरकार की घोषणा में 'सम्पन्न तबके' में कुछ और पदों को भी सम्मिलित किया गया है, जैसे, जन-सेवा आयोग के सदस्य, मुख्य चुनाव आयुक्त, भारत का लेखा-नियंत्रक और महालेखा परीक्षक तथा संयुक्त राष्ट्र और विश्व-बैंक जैसे अन्तर्राष्ट्रीय संगठनों में काम करने वाले व्यक्तियों के बच्चे।

केन्द्रीय सरकार द्वारा 22 अक्टूबर 1993 को एक अधिसूचना जारी की गयी, जिसमें यह स्पष्ट किया गया कि अनुसूचित जातियों और जनजातियों को दी जाने वाली रियायतें/सुविधाएं पिछड़ी जातियों/वर्गों के लिए स्वीकरणीय (admissible) नहीं होंगी। ये रियायतें हैं : न्यूनतम स्तर में रियायत, अधिकतम आयु सीमा में छूट, किए जाने वाले प्रयासों की संख्या में ढील, तथा निर्धारित अनुभव में छूट। ये रियायतें न देने के पीछे सरकारी नौकरियों में योग्यता की रक्षा करने की भावना है।

पिछड़ी जातियों/वर्गों के कोटा के अन्तर्गत नौकरी पाने वाले उम्मीदवार को एक राजपत्रित अधिकारी का प्रमाणपत्र भी देना होगा, कि वह "सम्पन्न तबके" से बाहर है। इसके लिए प्रार्थी को एक प्रश्नावली भरनी होगी, जिसमें सम्पन्न तबके के लिए विस्तृत मापदण्ड निर्धारित किया गया है। इस प्रमाणपत्र में उसे (प्रार्थी को) यह घोषणा भी करनी होगी, कि वह उन 1238 पिछड़ी जातियों/वर्गों में

से ही किसी एक का सदस्य है जो केन्द्रीय सरकार द्वारा सूची निर्धारित की गयी है। ये 1238 नाम मंडल रिपोर्ट और 14 राज्यों द्वारा अपनाई गयी सूचियों में समान हैं। परन्तु अक्टूबर 1993 की अधिसूचना में इस बात का प्रावधान रखा गया है कि उपयुक्त प्रार्थी न मिलने पर रिक्तियों को न भर सकने के कारण उन्हें (रिक्तियों को) ''आगे ले जाया'' जाएगा।

बिहार सरकार ने 'क्रीमीलेयर' (creamy layer) को एक रोचक तरीके से परिभाषित किया है। इस परिभाषा के अनुसार, ऐसे लोगों को आरक्षण से बाहर रखा गया है, जो ऐसे उद्योगपतियों की अभिभावकता में हैं, जिनकी इकाई में 10 करोड़ रुपयों अथवा इससे अधिक का निवेश किया गया हो तथा जो विगत पांच वर्षों से संचालित की जा रही हो तथा जिनके पति/पत्नी कम से कम स्नातक हों एवं उनके परिवार के पास न्यूनतम 20 लाख रुपयों की अचल संपत्ति (मकान) का स्वामित्व हो। सरकारी सेवकों के बीच जिन्हें 'क्रीमीलेयर' में शापिल किया गया है, वे ऐसे लोग हैं जिनकी नियुक्ति सीधे प्रथम श्रेणी के अधिकारी के रूप में की गई हो, जो 10,000 रुपए अथवा उससे अधिक का मासिक वेतन प्राप्त कर रहे हों, तथा जिनके पति/पत्नी स्नातक हों तथा जिनके पास शहरी क्षेत्र में किसी मकान का स्वामित्व हो। मात्र ऐसे पेशेवर लोगों, जैसे चिकित्सकों, वकीलों, चार्टर्ड एकाउंटेंटों, कर परामर्शदाताओं, वित्तीय परामर्शदाताओं, वास्तुविदों के पुत्रों एवं पुत्रियों को 'क्रीमीलेयर' में शामिल किया गया है, जिनकी विगत तीन क्रमिक वित्त वर्षों के दौरान 10 लाख रुपए प्रतिवर्ष से कम न रही हो तथा जिनके पति/पत्नी कम से कम स्नातक हों तथा जिनके पास न्यूनतम 10 लाख रुपयों तक की अचल संपत्ति का स्वामित्व हो। सर्वोच्च न्यायालय ने अगस्त 1995 में जारी किए गए अपने निर्णय में बिहार तथा उत्तर प्रदेश जैसे राज्यों के द्वारा दिए गए 'क्रीमीलेयर' के इन मानदंडों को खारिज कर दिया था। केरल की सरकार के द्वारा इस 'क्रीमीलेयर' नियम को अमान्य घोषित किए जाने के लिए उठाया गया कदम भी सर्वोच्च न्यायालय के द्वारा खारिज कर दिया गया था (*इंडिया टुडे*, 30 सितम्बर, 1995: 31)।

उत्तर प्रदेश राज्य के द्वारा सितम्बर से नवम्बर 1994 के बीच आरक्षण विरोधी एक विशिष्ट समस्या का सामना किया गया। राज्य में पर्वतीय क्षेत्रों (टिहरी गढ़वाल) में अन्य पिछड़ी जातियां कुल पर्वतीय आबादी के मात्र 2 प्रतिशत भाग का गठन करती हैं। सन् 1994 में जब राज्य सरकार के द्वारा अन्य पिछड़ी जातियों के लिए 27 प्रतिशत आरक्षण कोटे की घोषणा की गई तो पर्वतीय लोगों ने आंदोलन प्रारंभ कर दिया। मात्र 2 प्रतिशत आबादी के लिए कुल सीटों के 27 प्रतिशत का आरक्षण किस प्रकार से किया जा सकता है? राज्य सरकार का तर्क था कि एक ही राज्य के किसी भाग के लिए कोई विशेष पृथक कानून नहीं हो सकता। इसीलिए सितम्बर 1994 में पर्वतीय लोगों ने उत्तराखंड कहे जाने वाले एक पृथक पर्वतीय प्रदेश के लिए आंदोलन करना प्रारंभ कर दिया। सैकड़ों लोग मारे एवं गिरफ्तार किए गए, शैक्षणिक संस्थान लगभग चार महीनों तक बंद रहे, सरकारी कार्यालयों (पोस्ट ऑफिसों सहित) तथा बैंकों ने एक महीने से भी अधिक समय तक कोई कार्य नहीं किया। राज्य सरकार ने केन्द्र सरकार से एक पृथक पर्वतीय प्रदेश के गठन की सिफारिश कर दी। अंततः, यह आंदोलन भी उसी प्रकार ठंडा पड़ गया जैसे कि अन्य आंदोलन ठंडे हो जाते हैं। हालांकि, तत्कालीन प्रधानमंत्री देवगौड़ा ने अगस्त 1996 में यह घोषणा कर दी कि शीघ्र ही उत्तराखंड राज्य का गठन कर दिया जाएगा; किन्तु अनेक राजनीतिक दलों के द्वारा इस घोषणा की आलोचना की गई और इसे चुनौती दी गई।

केन्द्र सरकार की घोषणा में आरक्षण के लिए कोई भी समय-सीमा (जैसे 10 अथवा 20 वर्ष) निर्धारित नहीं की गई है, क्योंकि इसे अनुसूचित जातियों/अनुसूचित जनजातियों के लिए समय-समय पर निर्धारित किया जाता रहा है। राष्ट्रीय पिछड़ा वर्ग आयोग का गठन 14 अगस्त, 1993 को किया गया। ऐसे आयोगों को मात्र उन राज्यों (जैसे, जम्मू एवं कश्मीर, मिजोरम, त्रिपुरा, मेघालय आदि) को छोड़कर अन्य राज्य सरकारों के द्वारा भी स्थापित किया गया (यद्यपि महाराष्ट्र सरकार ने राज्य अल्पसंख्यक आयोग को जून 1995 में भंग कर दिया) जहां लोगों के किसी भी वर्ग के लिए किसी प्रकार का आरक्षण विद्यमान नहीं था। गरीबी रेखा के नीचे जीवनयापन करने वाले अन्य पिछड़ी जाति

के सदस्यों को ऋण प्रदान करने के लिए 13 जून, 1992 को 2,000 करोड़ रुपयों की अंशपूंजी के साथ राष्ट्रीय पिछड़ा वर्ग वित्त एवं विकास निगम को भी स्थापित कर दिया गया।

आज जो कुछ भी महत्वपूर्ण है, वह है कोटे को निर्धारित किया जाना, जैसा कि सर्वोच्च न्यायालय ने निर्देशित किया है, अनेक राज्य सरकारों ने 50 प्रतिशत की अधिकतम सीमा को भी पार कर लिया है। सन् 1994 में तमिलनाडु ने कोटे को 69 प्रतिशत तक बढ़ा दिया तथा कर्नाटक ने इसे 68 से बढ़ाकर 73 प्रतिशत तक कर दिया। (हालांकि, सर्वोच्च न्यायालय ने कर्नाटक के अक्टूबर 1994 के अधिनियम पर 28 अक्टूबर, 1994 को रोक लगा दी थी)। इन दोनों ही राज्यों की घोषणा ने बिहार एवं आंध्र प्रदेश द्वारा अनुसूचित जातियों/अनुसूचित जनजातियों/अन्य पिछड़ी जातियों के लिए 80 प्रतिशत तक सीटों के आरक्षण की घोषणा किए जाने के लिए उनका हौसला बढ़ा दिया था। उत्तर प्रदेश आरक्षण कोटे को 62 प्रतिशत तक ले जाना चाहता है। आगे, यहां तक कि सर्वोच्च न्यायालय के निर्देशों के विरुद्ध संसद ने मई 1995 में सरकारी नौकरियों में अनुसूचित जातियों/जनजातियों की पदोन्नतियों के लिए आरक्षण सुनिश्चित किए जाने के उद्देश्य से 86वें संविधान संशोधन विधेयक को भी पारित कर दिया। सरकार ने अन्य पिछड़ी जातियों से आने वाले कर्मचारियों के लिए भी 'पदोन्नतियों' में आरक्षण के लिए कानून अधिनियमित करने का वादा कर लिया। यदि इस प्रवृत्ति को इसके तर्कसंगत परिणाम तक ले जाया जाए, तो हम प्रत्येक जाति एवं उपजाति के लिए अलग-अलग कोटों की दिशा में आगे बढ़ रहे हैं।

इस प्रकार से आरक्षण कोटा प्रणाली का दुरुपयोग अनेक प्रकार से किया जा रहा है। उदाहरण के लिए, (1) अनुसूचित जातियों/जनजातियों की सूची को केन्द्र के द्वारा 20 बार विस्तारित किया जा चुका है। (2) कम से कम दो राज्यों ने सर्वोच्च न्यायालय के द्वारा निर्धारित की गई 50 प्रतिशत की कुल सीमा का उल्लंघन किया है, तथा और कई राज्य ऐसा ही करने की धमकी दे रहे हैं। (3) अन्य पिछड़ी जाति आरक्षण के लिए जनादेशित क्रीमीलेयर के नियम की राज्यों के द्वारा उपेक्षा की जा रही है। (4) यहां तक कि आरक्षण को कुछ अगड़ी जातियों तक भी विस्तारित कर दिया गया है (उदाहरण के लिए कर्नाटक में वोक्कालिगाओं एवं लिंगायतों के लिए)। (5) कुछ राज्यों (जैसे मध्य प्रदेश) ने पेशेवर पाठ्यक्रमों में प्रवेश परीक्षाओं में अनुसूचित जाति एवं अनुसूचित जनजातियों के लिए 'कट-आफ' अंकों की व्यवस्था को ही समाप्त कर दिया है। (6) कुछ राज्यों (जैसे उत्तर प्रदेश तथा बिहार) में अधिकारीगण अन्य पिछड़ी जातियों अथवा दलितों के पक्ष में भर्ती की प्रक्रिया में हेराफेरी कर रहे हैं। (7) कुछ बीच में आने वाली जातियों को जनजातियों तथा अनुसूचित जातियों का दर्जा प्रदान कर दिया गया है, ताकि राजनीतिक लाभ प्राप्त किए जा सकें। उदाहरण के लिए राजस्थान में मीणा (जो उत्तर प्रदेश के जाटों के बराबर की श्रेणी में आते हैं) लोगों को सन् 1957 में राजस्थान के मुख्यमंत्री के द्वारा अनुसूचित जनजाति की सूची में उस समय शामिल कर लिया गया, जब उनके चुनाव में 13 मीणा विधान सभा सदस्यों ने पार्टी के नेता के रूप में उन्हें अपना समर्थन प्रदान कर दिया था। इसी प्रकार से, कर्नाटक के एक अगड़े समुदाय बेड्रा ने अपने आप को सन् 1970 के दशक के उत्तरार्द्ध में नायक कहना प्रारंभ कर दिया और सन् 1981 की जनगणना में स्वयं को अनुसूचित जनजाति की सूची में शामिल करवा लिया जिसका परिणाम यह हुआ कि सन् 1971 के आंकड़ों की तुलना में सन् 1981 के आंकड़ों में अनुसूचित जनजाति की आबादी की संख्या में 9 गुने की वृद्धि हो गई। अगस्त 1991 में उन्हें संसद के द्वारा आधिकारिक रूप से अनुसूचित जाति का दर्जा प्रदान कर दिया गया। इस प्रकार से एक गैर-कानूनी कृत्य ने संवैधानिक पवित्रता अर्जित कर ली। (8) जहां अभी तक, आरक्षण जातियों पर आधारित रहा था, वहीं केन्द्र तथा राज्य दोनों के ही स्तरों पर वोटों के भूखे कुछ राजनीतिज्ञों ने अब धार्मिक अल्पसंख्यकता के आधार पर आरक्षण दिए जाने का सुझाव प्रस्तुत कर दिया है, जो हमारे संविधान के प्रावधानों के पूरी तरह से विरुद्ध है। दिसम्बर 1994 में चार राज्यों की विधानसभाओं के चुनावों के समय पर कुछ मुख्यमंत्रियों ने मुसलमानों का वोट हासिल करने के लिए उन्हें आरक्षण दिए जाने का वादा तक कर डाला था। उदाहरण के लिए, उत्तर प्रदेश के मुख्यमंत्री ने

मुस्लिमों के लिए 15 प्रतिशत आरक्षण का वादा कर लिया था, बिहार के मुख्यमंत्री ने 10 प्रतिशत, असम के मुख्यमंत्री ने 24 प्रतिशत तथा आंध्र प्रदेश एवं कर्नाटक के मुख्यमंत्रियों ने 27 प्रतिशत तक का वादा कर लिया था (*इंडिया टुडे*, 30 नवम्बर, 1994: 85)। यद्यपि 12 करोड़ की संख्या वाले शक्तिशाली मुस्लिम समुदाय के कुछ गैर-राजनीतिक वर्गवादी नेताओं ने आरक्षण का समर्थन कर दिया था, तथापि कुछ मुस्लिम सुधारवादियों ने इसे अल्पसंख्यक समुदाय को खुश करने के लिए किए गए मात्र झूठे वादे के रूप में वर्णित किया था। कुछ मुस्लिम बुद्धिजीवियों ने मुसलमानों के लिए आरक्षण के विचार का विरोध किया है। किन्तु इनमें से किसी भी वादे को किसी भी राज्य के द्वारा अभी तक लागू नहीं किया जा सकता है, न केवल अनेक गैर-मुस्लिम नेताओं ने इस मांग का समर्थन नहीं किया है, बल्कि विभिन्न वर्गों के लोगों ने भी ऐसे किसी भी कदम का विरोध किया है, तथा इसे बहुधार्मिक समाज के हितों के विरुद्ध होने के रूप में वर्णित किया है।

इस प्रकार, राजनीतिज्ञों के द्वारा दुरुपयोग किए जाने वाली आरक्षण व्यवस्था विकृत हो चुकी है, तथा प्रायः ही यह उन्हीं लोगों के विरुद्ध जा रही है और उन्हें ही चोट पहुंचा रही है, जिनकी इसके द्वारा मदद किए जाने की मंशा थी।

## आरक्षण नीति (The Reservation Policy)

अगस्त 1990 में मंडल आयोग की सिफारिशों का लागू किया जाना, नवम्बर 1992 में इस मुद्दे पर सर्वोच्च न्यायालय का निर्णय, सन् 1994 में कुछ राज्यों में आरक्षण कोटे को 69 प्रतिशत से बढ़ाकर 80 प्रतिशत तक किया जाना, तथा यहां तक कि 'पदोन्नतियों' तक के मामलों में आरक्षण का विस्तार किए जाने के लिए (सर्वोच्च न्यायालय के निर्देशों के विरुद्ध) मई 1995 में संसद के द्वारा संविधान में संशोधन किया जाना आदि घटनाओं को भविष्य के इतिहासकारों के द्वारा भारत में समतावादी व्यवस्था की स्थापना किए जाने में हुई विफलताओं के रूप में सदैव ही दुख के साथ संदर्भित किया जाता रहेगा। इन सभी उपायों का परिणाम ऐसी परिस्थितियों के रूप में प्रकट हुआ है, जिनके अंतिम परिणामों का विनाशकारी होना अवश्यंभावी है। कुछ महत्वपूर्ण प्रभाव इस प्रकार रहे हैं : (1) जातिवाद को एक नया जीवन प्रदान कर दिया गया है। (2) प्रतिभा एवं योग्यता को सामान्यता के द्वारा प्रतिस्थापित कर दिया गया है। (3) राजनीतिक पदों को इस वर्ग के बाहर छोड़ देने वाली 'क्रीमीलेयर' की राजनीतिज्ञों की परिभाषा तथा अन्य पिछड़ी जातियों की सूची में अधिकाधिक जातियों को शामिल किए जाने के प्रयासों ने सामाजिक एवं आर्थिक परिदृश्य को मान्यता से भी परे कर दिया है। (4) कुछ राज्यों में आरक्षण विरोधी आंदोलनों के प्रति इसके द्वारा उत्पन्न झटकों ने समाज में हिंसा में वृद्धि कर दी है। (5) छात्रों तथा अन्य लोगों के द्वारा ऐसे क्षेत्रों में प्रवासन बढ़ गया है, जहां नौकरी में आरक्षण के लाभों को प्राप्त करने की संभावनाएं अपेक्षाकृत अधिक प्रबल रूप से बढ़ चुकी हैं। (6) अगड़ी जाति के लोगों के मन में असंतोष की भावना में वृद्धि हो चुकी है। आश्चर्यजनक रूप से सर्वोच्च न्यायालय ने भी सरकारी सेवाओं में जाति के आधार पर आरक्षण की विचारधारा को स्वीकार कर लिया है। क्या जाति के आधार पर आरक्षण का विचार हमारे देश के लिए गलत नहीं है? क्या यह देश को अगड़ी एवं पिछड़ी दो प्रकार के लोगों की जातियों में विभाजित करके नहीं छोड़ देगा और पारस्परिक तौर पर विनाशकारी संघर्षों एवं विभाजनकारी शक्तियों के लिए नए मार्ग नहीं खोल देगा तथा पिछड़ेपन को एक निहित स्वार्थ नहीं बना देगा? क्या यह समाज में एक वास्तविक सामाजिक न्याय को सुनिश्चित कर सकेगा? क्या यह एक समतामूलक समाज का सृजन कर सकेगा? क्या यह एक ससंजक एवं एक एकीकृत समाज को विकसित कर सकेगा?

वंचित लोगों के लिए विशेष रियायतों एवं विशेषाधिकारों की मांग अधिकार का मामला है न कि दान अथवा अथवा परोपकार का। ऐसे सभी आयोगों एवं समितियों, जैसे पूर्वकालिक मैसूर राज्य के द्वारा नियुक्त की गई मिल्लर समिति, भारत सरकार के द्वारा नियुक्त की गई केलकर समिति, जिन्होंने इस

मुद्दे का परीक्षण किया है, ने क्षतिपूरक भेदभाव की आवश्यकता को एक सीमा तक के लिए ही स्वीकार किया है। वादों की सुनवाई करने वाले न्यायालयों में से भी कुछ ने इस मुद्दे को सामने लाए जाने पर उनका परीक्षण किया है। एक न्यायाधीश ने स्पष्ट किया था, कि आरक्षण नीति ने आत्म-निंदा की एक ऐसी भावना को उत्पन्न कर दिया है जिसमें प्रत्येक जाति एवं समुदाय स्वयं को दूसरे से अधिक पिछड़ा होने के लिए प्रतिस्पर्धा कर रहा है। एक अन्य मामले में, सर्वोच्च न्यायालय के भूतपूर्व मुख्य न्यायाधीश श्री चंद्रचूड़ ने निर्देश जारी किए थे कि प्रत्येक पांच वर्ष में आरक्षण नीति की समीक्षा की जानी चाहिए ताकि उनमें उत्पन्न विकृतियों को दुरुस्त किया जा सके–पिछड़ी तथा गैर-पिछड़ी दोनों ही जातियां आरक्षण नीति के व्यावहारिक प्रभाव पर की जाने वाली सार्वजनिक बहसों में लोग अपने विचारों को प्रस्तुत कर सकें। अतएव, आज जिस प्रश्न पर चर्चा की जा सकती है वह है : क्या आरक्षण नीति, अथवा संरक्षणात्मक भेदभाव, आर्थिक रूप एवं सामाजिक रूप से शोषित समूहों के लिए न्याय एवं समान अवसर सुनिश्चित करवाने हेतु एक तर्कसंगत एवं उपयोगी रणनीति है?

पहला तर्क यह है कि शिक्षा संस्थाओं और सरकारी नौकरियों में आरक्षण से ही अपने आप में अधिक उपलब्धि नहीं हो सकती। दरअसल यदि इसको जनसंख्या के और बड़े खण्डों पर लागू कर दिया जाए, तो यह प्रति उत्पादक (counter productive) भी हो सकती है (एस.सी. दुबेः सितम्बर 1990)। अधिक से अधिक आरक्षण 'उपशामन' (palliatives) हैं और कोई निर्णायक परिवर्तन तब तक नहीं हो सकते, जब तक कि इस उपाय के साथ-साथ उत्पादन संबंधों में संरचनात्मक परिवर्तन नहीं होते और निर्णायक रूप से जब तक भूमि सुधार एक वास्तविकता नहीं बन जाते और शैक्षिक सहायक पद्धतियों को ऐसा सहारा नहीं मिलता, कि जिससे किन्हीं भी सामाजिक समूहों में से उच्चस्तरीय नौकरियों के लिए अभ्यर्थी उपलब्ध हो सकें।

दूसरा तर्क यह है कि हमारा देश पहले से ही विभिन्न गुटों में बंटा हुआ है। आरक्षण जनसंख्या को कृत्रिम रूप से और भी बांट देगा। पहले आरक्षण विशेष परिस्थितियों में केवल पन्द्रह वर्ष के लिए स्वीकृत किए गए थे परन्तु उन्हें हमेशा के लिए जारी रखने से निहित स्वार्थ और अलगाववाद उत्पन्न हो जाएंगे और इससे जाति युद्ध होंगे और देश के टुकड़े-टुकड़े हो जाएंगे। कुछ समय पूर्व यह आदेश निकाला गया, कि नौकरियों के लिए आवेदन पत्रों में जाति का उल्लेख नहीं किया जाएगा। परन्तु यदि अनुसूचित जातियों, अनुसूचित जनजातियों और अन्य पिछड़ी जातियों/वर्गों के लिए आरक्षण नीति को जारी रखना है, तो आवेदकों को जाति का उल्लेख करना पड़ेगा अन्यथा वे कैसे जाने जा सकेंगे? यह हिन्दू समाज को अन्ततः टुकड़ों में बांट देगा।

तीसरा तर्क है कि स्वतंत्रता के बाद जब आरक्षण नीति का क्रियान्वयन हुआ तो उस समय प्रशासनिक व्यवस्था में कुछ ही अनुसूचित जाति और जनजाति के व्यक्ति थे। बाद में श्री जगजीवनराम जब रेल मंत्री थे, तब उन्होंने पदोन्नतियों में भी आरक्षण कर दिया जिससे कि वरिष्ठ व्यक्तियों के ऊपर उनके मातहत व्यक्तियों को जो SC और ST थे, लगा दिया गया। इससे सरकारी नौकरियों का न केवल राजनीतिकरण हो गया बल्कि, प्रशासन की कार्यकुशलता भी प्रभावित हुई। जिस प्रकार देश के विभाजन के समय प्रशासनिक सेवाओं में कार्यरत मुस्लिम सदस्य पाकिस्तान के पक्ष में काम कर रहे थे और गैर-मुस्लिम भारत के लिए, इसी प्रकार आरक्षण नीति के कारण अफसर अब जाति और धर्म के आधार पर काम कर सकते हैं। यदि यह 10-15 वर्ष भी और चला तो पूर्ण रूप से विघटन हो जाएगा। अब समय आ गया है कि लाभभोगी और समाज आरक्षणों को तलाक दे दें। समाज को तुरन्त उन स्थितियों के लाने के विषय में विचार करना है, जहां सारी नौकरियां और प्रवेश खुली प्रतियोगिता में केवल योग्यता के आधार पर ही मिलें और जिसमें सभी उम्मीदवारों को निष्पक्ष अवसर का विश्वास हो।

चौथा तर्क है कि पिछले 65 वर्षों के अनुभव ने यह बतलाया है, कि आरक्षण नीति ने वांछित परिणाम नहीं दिये हैं। लोकसभा और विधासभाओं में अनुसूचित जाति और जनजातियों के प्रतिनिधियों का छोटा प्रतिशत अपने चुनाव-क्षेत्रों के व्यक्तियों की शिकायतों और मांगों को उपयुक्त रूप से स्पष्ट

नहीं कर पाया है। नौकरियों और शिक्षा संस्थाओं में आरक्षण से कुछ ही जनजातियों (जैसे मीणा) और कुछ जातियों (जैसे बैरवा) को ही लाभ मिला है। आरक्षणों से झगड़े और तनाव उत्पन्न हुए हैं। सत्तर और अस्सी के दशकों और नब्बे के दशक के पहले तीन वर्षों में सारे देश में हिंसक विरोध की लहरें व्याप्त थीं। बजट के आबंटन जो अनुसूचित जातियों और जनजातियों के विकास के लिए अलग से किए गए थे, को ऐसी गैर-आवश्यक परियोजनाओं में गंवा दिया गया, जिनसे कि स्वतः उत्पादन विकास की प्रक्रिया को कोई सहायता नहीं मिली

एक दूसरी विचारधारा है जो आरक्षण के पक्ष में है। इस विचारधारा के समर्थक निश्चय पूर्वक कहते हैं कि उस सामाजिक व्यवस्था जिसका गांधी जी के नेतृत्व वाले एक दल ने भारतवासियों से वादा किया था और जो व्यवस्था स्वतंत्रता के बाद बनी, के बीच एक चौड़ी खाई है। समाज के कमज़ोर वर्ग (जिसमें निम्न और पिछड़ी जातियां और जनजातियां सम्मिलित हैं) का शक्तिशाली (ऊंची जातियां) वर्ग द्वारा दमन समाप्त नहीं हुआ है। दरअसल, वह बढ़ गया है। सामाजिक न्याय और समानता के एक नए युग के सपने को अभी साकार करना है। विकास के लाभ जनसंख्या की चोटी के 20 प्रतिशत व्यक्तियों ने हथिया लिए हैं। शिक्षित मध्यम वर्ग के अंग्रेजी बोलने वाले व्यक्तियों ने राज्य की सत्ता के लीवरों (levers) को अपने नियन्त्रण में ले लिया है और वे ही उनको चलाते हैं। यह वर्ग देश के शासक वर्ग की तरह उभरा है। आरक्षण नीति को स्वीकार करके सरकार एक नई सामाजिक व्यवस्था को स्थापित करने का प्रयास करेगी, जो कि हमारे समाज के शोषित क्षेत्रों को सामाजिक सम्बन्धों में न्याय दिलाएगी और समाज में ऊपर उठने के लिए समान अवसर प्रदान करेगी।

विचारकों का एक ऐसा वर्ग भी है, जो आरक्षण की वकालत तो करता है किन्तु आरक्षण के आधार के रूप में जाति के स्थान पर आर्थिक आवश्यकताओं को आधार बनाना चाहता है। लगभग सभी राजनीतिक दल, मात्र जनता दल को छोड़कर, अप्रत्यक्ष रूप से अथवा खुलकर आर्थिक-आवश्यकता वाले आधार पर आरक्षण के इस विचार का समर्थन कर चुके हैं। उनका मत है, कि इससे सभी वर्गों एवं जातियों के पात्र गरीब लोगों को समाज में आगे बढ़ने में सहायता प्राप्त हो सकेगी। वंचित समूहों को संरक्षण की आवश्यकता अवश्य ही है, किन्तु इसे सार्वजनिक रूप से तथा आने वाले संपूर्ण भविष्य के लिए विस्तारित नहीं किया जा सकता। गरीबों को विशेष प्रभार प्राप्त होना चाहिए किन्तु एक निगरानी सम्बन्धी निकाय को उनकी प्रगति पर निगाह भी रखनी चाहिए। जितना शीघ्र ही यह पाया जाता है, कि उन्हें अब आरक्षण की सहायता की और अधिक आवश्यकता नहीं रह गई है, उतनी ही शीघ्रता से समस्त नौकरियों को सभी के लिए खुली हुई घोषित कर दिया जाना चाहिए।

आरक्षण नीति के विरुद्ध जो कुछ भी सैद्धांतिक तर्क प्रस्तुत किए जाते हों, व्यवहार में आरक्षण नीति को सभी राजनीतिक दलों का समर्थन प्राप्त होना जारी रहेगा, क्योंकि वे इस मुद्दे से अपना चुनावी लाभ प्राप्त करना चाहते हैं। उनके लिए देश के भविष्य की तुलना में अपना वोट बैंक अधिक महत्वपूर्ण है। पूर्वकालिक राजनीतिज्ञों ने ऐसे वोट बैंकों के बारे में कभी भी चिंता नहीं की थी। यहां तक कि बी.आर. अम्बेडकर जैसे बुद्धिजीवी भी जाति आधारित राजनीति के खिलाफ थे। अम्बेडकर के ही शब्दों में, "भाईचारे का अर्थ सभी भारतीय लोगों के बीच साझा भाईचारे की भावना है, सभी भारतीयों के एक होने की। जातियां राष्ट्र-विरोधी हैं। वे सामाजिक जीवन में अलगाव उत्पन्न करती हैं तथा जाति से जाति के बीच ईर्ष्या एवं घृणा पैदा करती हैं। यदि हम वास्तव में एक राष्ट्र होने की इच्छा रखते हैं, तो हमें अवश्य ही जाति की भावनाओं का विरोध करना चाहिए।" काका केलकर ने भी सन् 1955 में राष्ट्रपति को अपना प्रतिवेदन अग्रसरित किए जाते समय एक पत्र लिखा था, "मैं निश्चित रूप से मात्र इस एक साधारण कारण से कि सेवाएं सेवकों के लिए नहीं हैं बल्कि वे संपूर्ण समाज के लिए हैं, सरकारी सेवाओं में किसी भी समुदाय के लिए आरक्षण के विरुद्ध हूं।" इसके बावजूद भी, केलकर की रिपोर्ट में 2,399 जातियों (मंडल के द्वारा सूचीबद्ध की गई 3,743 जातियों कि विरुद्ध) को पिछड़ों के रूप में सूचीबद्ध किया गया और फिर सरकार ने यह कहते हुए, इस सूची को निरस्त कर दिया कि

"यदि संपूर्ण समुदाय को ही पिछड़ा मान लिया गया, तो वास्तविक जरूरतमंदों को मुश्किल से ही कोई विशेष ध्यान अथवा पर्याप्त सहायता प्राप्त हो सकेगी।" पंडित जवाहरलाल नेहरू ने भी 27 जून, 1961 में मुख्यमंत्रियों को एक पत्र लिखते हुए कहा था, "मैं किसी भी प्रकार के आरक्षण को नापसंद करता हूं, अति विशिष्ट तौर पर नौकरियों में क्योंकि यह अकुशलता तथा दूसरे दर्जे के मानकों को जन्म देगा। किसी भी पिछड़े समूह की सहायता किए जाने का एकमात्र तरीका उत्तम शिक्षा के लिए अवसरों को उपलब्ध करवाया जाना है।"

यहां पर केरल की एक अगड़ी जाति की महिला की निराशाजनक कहानी को संदर्भित किया जाना अनुपयुक्त नहीं होगा जिसने, एक मेडिकल कॉलेज में अपने पुत्र को प्रवेश दिलाने के विचार मात्र से, एक मजिस्ट्रेट के समक्ष अपने पति की उपस्थिति में यह शपथ ली कि उसका पुत्र एक हरिजन से पैदा की गई एक अवैध संतान है। ऐसे विचारों तथा कार्यों का परिणाम देश के लिए विनाश के रूप में परिणित होगा। आरक्षण के विरुद्ध सार्वजनिक राय को जाग्रत किए जाने की आवश्यकता है, तथा सरकार एवं राजनेताओं को भी यह अनुभव करवाया जाना होगा कि जाति आधारित कोटा प्रणाली को जारी रखा जाना राष्ट्र के हित में नहीं है। कोई भी राजनीतिक दल कुछ लोकप्रिय नीतियों जैसे जातिगत आरक्षण को आगे बढ़ाकर मात्र कुछ वोट हासिल कर सकता है, किन्तु ऐसी नीतियां समाज में मात्र जातिवाद के जहरीले झाड़-झंखाड़ों के बीजों को दोबारा से बो देंगी जो आने वाले सैकड़ों वर्षों तक देश को हानि पहुंचाते रहेंगे।

अनुसूचित जातियों, अनुसूचित जनजातियों एवं अन्य पिछड़ी जातियों के बीच आरक्षण ने एक ऐसे अभिजात्य वर्ग को जन्म दे दिया है, जो स्वयं के लिए आरक्षण के लाभों को चुराता रहा है तथा स्वयं को अविरत बनाए रखने वाला बन चुका है। समय आ चुका है, कि आरक्षण नीति में कुछ परिवर्तनों को लागू किया जाए। इनमें से कुछ परिवर्तन निम्नवत् हो सकते हैं : (1) 'विपरीत भेदभाव' के सच्चे अर्थों की रक्षा की जाए तथा सिद्धांतों को इस प्रकार से लागू किया जाए कि वास्तविक पात्रों को ही लाभ प्राप्त हो सके तथा अनुसूचित जातियों, अनुसूचित जनजातियों तथा अन्य पिछड़ी जातियों को उनके स्वार्थी नेताओं से सुरक्षा प्रदान की जा सके। (2) किसी भी राज्य को 50 प्रतिशत आरक्षण की सीमा को पार करने की अनुमति न प्रदान की जाए। ऐसे राज्य, जिन्होंने इससे अधिक का कोटा निर्धारित कर रखा है, को दो से तीन वर्षों का समय दिया जाना चाहिए कि वे स्वयं को 50 प्रतिशत की सीमा के अंदर ले आएं। (3) हमें आरक्षण के लाभ को मात्र एक पीढ़ी तक के लिए सीमित किए जाने के सिद्धांत को शामिल करना चाहिए, अर्थात्, यदि किसी एक व्यक्ति ने नौकरी प्राप्त करने में आरक्षण का लाभ प्राप्त कर लिया हो, तो उसके बच्चे आरक्षण का लाभ प्राप्त करने के हकदार नहीं होंगे। (4) 'पदोन्नतियों' में किसी भी प्रकार का आरक्षण नहीं होना चाहिए। इससे आरक्षित वर्ग के कनिष्ठ कर्मचारियों तथा सामान्य वर्ग के वरिष्ठ कर्मचारियों के बीच किसी प्रकार के संघर्ष से बचा जा सकेगा तथा उत्तरवर्ती वर्ग के लोगों में ईर्ष्या एवं हतोत्साहन को रोका जा सकेगा। (5) सभी संस्थानों को सभी स्तरों पर भर्ती के लिए न्यूनतम मानदंडों को अवश्य ही निर्धारित करना चाहिए। किसी भी स्थिति में न्यूनतम मानदंडों के साथ समझौता नहीं किया जाना चाहिए। (6) पिछड़ी जातियों की सूची की आवधिक समीक्षा आज के समय की आवश्यकता है ताकि ऐसी जातियों को सूची से बाहर किया जा सके जो सामान्य तौर पर तथाकथित अगड़ी जातियों के समकक्ष बन चुकी हैं। तमिलनाडु में, 222 पिछड़ी जातियों में से 34 जातियों के द्वारा तीन प्रमुख पेशेवर पाठ्यक्रमों में 75 प्रतिशत के लगभग सीटों पर कब्जा जमा लिया गया है। इसके अलावा, इस 'क्रीमीलेयर' में भी 11 जातियों के एक अभिजात्य वर्ग ने पिछड़ी जातियों के लिए अलग की गई कुल सीटों के दो-तिहाई भाग पर कब्जा कर रखा है। पिछड़ी जातियों के बीच की यह 'क्रीमालेयर' तमिलनाडु की उभरती हुई सामाजिक व्यवस्था में आने वाली 'क्रीमी लेयर' में से भी है (*द हिन्दुस्तान टाइम्स*, 7 जुलाई, 1994)। क्या पिछड़ी जातियों की सूची में ऐसी जातियों को निरंतर आधार पर शामिल रखा जाना अन्य पिछड़ी जातियों के बहुसंख्यक भाग के हितों के लिए हानिकारक नहीं होगा?

भारत के संविधान का निर्माण करते समय अम्बेडकर ने तीन प्रस्तावों का सुझाव प्रस्तुत किया था : (1) सभी नागरिकों के लिए अवसरों की समानता होनी चाहिए; (2) किसी भी वर्ग अथवा समुदाय के लिए किसी भी प्रकार का कोई भी आरक्षण नहीं होना चाहिए, अर्थात्, जहां तक लोक सेवाओं का सम्बन्ध है, समस्त शिक्षित व्यक्तियों को एक समान आधार अथवा समानता पर नियुक्त किया जाना चाहिए; तथा (3) कुछ ऐसे समुदायों के पक्ष में एक सीमित अवधि के लिए आरक्षण की व्यवस्था की जानी चाहिए जो अभी तक प्रशासन के बाहर रहे हों। ये तीनों ही प्रस्ताव हमारे आज के समाज के लिए भी कार्य करने योग्य प्रतीत होते हैं, जिसके लिए सामाजिक न्याय को प्रतिभा की कुछ अनुरूपता के साथ सम्बद्ध किया जा सकता है। यही सही समय है, जबकि हम आरक्षण की समस्याओं के साथ विवेक तथा समझदारी के साथ निबाटें।

फिर युवाओं को क्या करने की आवश्यकता है? भारत में युवाओं को यह महसूस करना होगा, कि अन्य पिछड़ी जातियों का आरक्षण ही संघर्ष अथवा विरोध किए जाने के योग्य एकमात्र गंभीर समस्या नहीं है। भारत के राजनीतिक अभिजात्य वर्ग, जो मात्र निहित स्वार्थों के लिए ही कार्य करते हैं, तथा जिनकी अभिवृत्तियों एवं रूढ़िवादी धारणाओं ने हमारे समाज को भ्रष्ट कर दिया है और देश को एक संकटग्रस्त अवस्था में लाकर खड़ा कर दिया है। मंडल आयोग की रिपोर्ट के विरुद्ध संघर्ष करने के स्थान पर युवाओं को इस भ्रष्ट राजनीतिक व्यवस्था के साथ संघर्ष करना होगा, जो उन वर्तमान राजनीतिक नेताओं को चुनौती दिए जाने से ही पूरा होगा जो मात्र सत्ता में बने रहने तथा कानूनों को अधिनियमित/संशोधित किए जाने के अधिकार से संपन्न होने के कारण अधिक तथा और अधिक आरक्षण कोटों, यहां तक कि मुस्लिम आरक्षण की बातें करने के साथ-साथ 'पदोन्नतियों' इत्यादि में भी आरक्षण की बातें करते हैं। यदि वे अपना भविष्य सुरक्षित करना चाहते हैं, यदि वे देश के भविष्य के अभिजात्यजन बनना चाहते हैं, तो उन्हें आत्म-केन्द्रित नेताओं के विरुद्ध अपनी आवाज बुलंद करनी होगी। उन्हें हमारे समाज की महत्वपूर्ण समस्याओं को शामिल करने के लिए अपने दृष्टिकोण को व्यापक बनाना होगा, बजाय इसके कि वे मात्र पिछड़ी जातियों/वर्गों इत्यादि के लिए किए जाने वाले आरक्षणों पर अपना ध्यान केन्द्रित करें। अगड़ी बनाम पिछड़ी जातियों के मुद्दे को उठाए जाने के स्थान पर उन्हें राजनीतिक दलों के निहित स्वार्थों के मुद्दों के विरुद्ध सामान्य तौर पर समाज तथा विशेषतौर पर युवाओं के युक्तिसंगत हितों को उठाना चाहिए। वे आरक्षण नीति में यह सुनिश्चित किए जाने के लिए कतिपय संशोधनों को प्रस्तावित कर सकते हैं कि इसके द्वारा मात्र कुछ जनजातियों, जातियों एवं अन्य पिछड़े वर्ग के परिवारों के द्वारा लाभ प्राप्त किए जाने के स्थान पर इसे अगड़े एवं पिछड़े दोनों ही वर्गों के पात्र लोगों की बड़ी संख्या को लाभान्वित करना चाहिए। दूसरे, गुणवत्ता एवं कुशलता के मामले में किसी प्रकार का समझौता नहीं किया जाना चाहिए। तीसरे, उन्हें पिछड़ी जातियों/वर्गों के युवाओं को इस मुद्दे पर अपने साथ लेना होगा और अपने मत के सम्बन्ध में उन्हें संतुष्ट करना होगा।

## निष्कर्ष (Conclusion)

यद्यपि भारत के कमजोर वर्गों को विद्रोह के लिए उठ खड़े होना है, क्योंकि वे अनुभव करते हैं, कि मात्र हिंसा ही उनकी आवाज सुने जाने की सुविधा प्रदान करती है, तो राष्ट्र को इसके लिए एक बहुत ही भारी कीमत चुकानी पड़ सकती है। हमारी सरकार तथा हमारे लोगों को इन विनम्र लोगों को सम्मान एवं आत्मसम्मान के साथ जीवित रहने देने के लिए इनके साथ एक निष्पक्ष व्यवहार प्रदान किए जाने का अवसर प्रदान करना होगा। इसी प्रकार से, आरक्षण के गुणों एवं अवगुणों पर की जाने वाली बहसों के द्वारा कुछ खास परिणाम नहीं प्राप्त किया जा सकेगा। इससे मात्र समस्या को और अधिक जटिलता प्राप्त होगी तथा देश के विभाजन का मार्ग प्रशस्त होगा। सत्ताधारी अभिजात्यवर्ग, सरकार, राजनीतिक दल तथा जनता को इन कारणों का गहराई से अध्ययन करना होगा, कि क्यों आरक्षण प्रकट रूप से आवश्यक बन गया है, तथा इस हानिकारक प्रथा को समाप्त करने के लिए क्या कुछ किए जाने की आवश्यकता है।

# 8

# युवा असन्तोष और आन्दोलन

## Youth Unrest and Agitations

जातीय, धार्मिक और भाषाई रूढ़धारणाओं के साथ-साथ हमारे देश में कई और रूढ़िबद्ध छवियां (stereotyped images) भी विद्यमान हैं। एक ऐसी छवि हमारे युवाओं की भी है। उनकी रूढ़िबद्ध छवि यह है, कि वे उग्रवादी, विद्रोही, क्रान्तिकारी, विवेकहीन और अपरिपक्व होते हैं। यह सही है कि युवा बाहरी प्रभावों के प्रति अतिसंवेदनशील होते हैं और दूसरों की नकल करते हैं, परन्तु इसका यह अर्थ नहीं होता कि युवा केवल विध्वंस, हत्या, आक्रमण और आतंकवाद में ही विश्वास करते हैं। जब समाज में सामाजिक संरचनाओं और संस्थाओं से, सामाजिक व्यवस्था में विरोधाभास से, राजनीति और राजनीतिज्ञों से, निर्णयों और निर्णय करने वालों से पूर्ण रूप से मोहभंग (disillusioned) हो चुका है और जब प्रत्येक व्यक्ति जीवन की सभी स्थितियों के पतन से, सामाजिक भेदभाव से, व्याप्त भ्रष्टाचार से, और अवैध साधनों द्वारा आर्थिक लाभों की खोज के प्रति सचेत है, तो युवाओं से ही क्यों आशा की जाती है, कि वे ही पारंपरिक नैतिक मूल्यों और ऊंचे आदर्शों के अनुसार चलें? वे किस प्रकार प्रेरणा के लिए तथाकथित आत्मघोषित (self-proclaimed) नेताओं की ओर देख सकते हैं?

युवा जब देखते हैं, कि उनके नेताओं की कथनी और करनी में एक चौड़ी खाई है; जब वे (नेता) बलिदान करने की बात करते हैं और स्वयं ऐशो-आराम का जीवन व्यतीत करते हैं; जब वे (नेता) नैतिकता की बात करते हैं और स्वयं तस्करों, अपराधियों और समाज विरोधी तत्वों से संबंध रखते हैं; जब वे शान्ति और सामंजस्य की अपील करते हैं और स्वयं दलीय (factional) झगड़ों में आनन्द लेते हैं; जब वे निर्धनों के लिए झूठे आंसू बहाते हैं और सदैव अमीरों के साथ रहते और उनका समर्थन करते हैं, तो उनमें नाराज़गी उत्पन्न होना स्वाभाविक है। इससे निराश और भ्रमित होकर कुण्ठित युवा एक सामाजिक विरोध प्रस्तुत करने के लिए कोई आन्दोलन चलाते हैं। कुछ राजनीतिज्ञ इन आन्दोलनों में रुचि लेना आरम्भ कर देते हैं और कुछ मामलों में इन आन्दोलनों को जीवित रखने के लिए असामाजिक तत्वों की सहायता लेते हैं। जब ये असामाजिक तत्व लूट और आगज़नी करते हैं, तो इन विध्वंसक गतिविधियों (destructive activities) के लिये युवाओं को दोषी ठहरा दिया जाता है। कुण्ठित युवा इस प्रकार और अधिक कुण्ठित हो जाते हैं और उनमें असंतोष और भी अधिक बढ़ जाता है।

### युवा असंतोष की अवधारणा (Concept of Youth Unrest)

असंतोष क्या है? सामाजिक असंतोष क्या है? युवा असंतोष क्या है? असंतोष का अर्थ है 'अशान्त स्थिति' (disturbed condition)। यह मोहभंग और नाराजगी की स्थिति है। सामाजिक असंतोष एक गुट, समुदाय या समाज के सामूहिक मोहभंग, नाराजगी और कुण्ठा की अभिव्यक्ति है। यदि एक विश्वविद्यालय के विद्यार्थियों में असंतोष है तो उसे 'विद्यार्थी असंतोष' की समस्या के रूप में नहीं लिया जाएगा। जब पूरे देश में विद्यार्थी प्रवेशों, पाठ्यक्रमों, परीक्षा प्रणाली और शैक्षिक समितियों में प्रतिनिधित्व जैसे सामूहिक मामलों पर कुण्ठित होते हैं, तभी हम यह कह सकते हैं कि हमारे समाज में

विद्यार्थी असंतोष की समस्या है। इसी प्रकार से एक उद्योग के श्रमिकों में असंतोष है, तो उसे औद्योगिक असंतोष नहीं कहा जाएगा, परन्तु यदि न्यूनतम वेतन, सुरक्षा उपायों, सेवा सुरक्षा और कुछ खास फैक्ट्री के अन्दर और बाहर सुविधाओं के मामलों को लेकर देश के विभिन्न उद्योगों में सभी श्रमिकों में सामूहिक असन्तोष है तो उसे 'औद्योगिक असंतोष' की समस्या कहा जाएगा। यही किसान असंतोष, जनजाति असंतोष और महिला असंतोष के लिए सच है। सामाजिक असंतोष की अवधारणा में "समाज में समूहों के आम विषयों से जो सामूहिक कुण्ठा और मोहभंग उत्पन्न होता है, उन पर बल दिया जाता है।"

इस आधार पर युवा असंतोष को इस प्रकार परिभाषित किया जा सकता है कि यह "समाज में युवाओं द्वारा सामूहिक कुण्ठा की अभिव्यक्ति है।" यह उस समय अभिव्यक्त होती है जबकि समाज में विद्यमान मानदंड युवाओं की दृष्टि में इतने अप्रभावी और हानिकारक हो जाते हैं, कि वे उन पर आघात पहुंचाने लगते हैं और उनमें इतना मोहभंग व्याप्त हो जाता है, कि उन्हें इन मानद्रंडों को परिवर्तित करने की आवश्यकता प्रतीत होने लगती है।

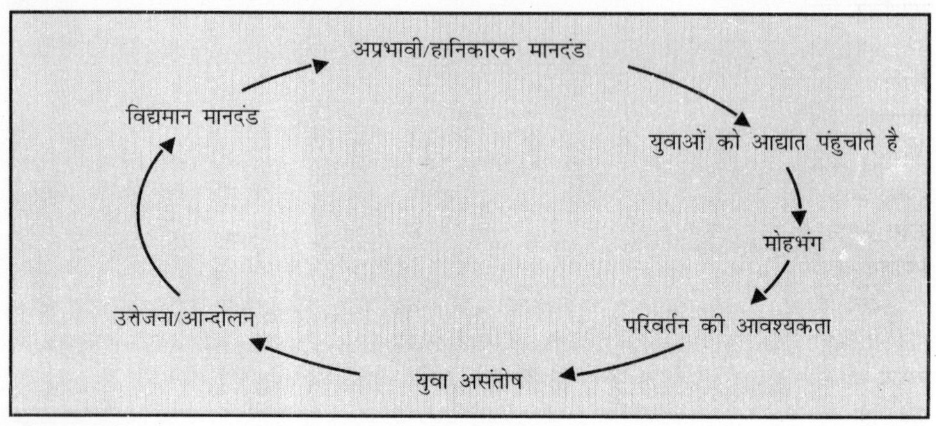


## युवा असन्तोष के लक्षण (Characteristics of Youth Unrest)

उपर्युक्त परिभाषा के आधार पर यह कहा जा सकता है कि युवा असंतोष के ये लक्षण होते हैं : (i) सामूहिक असन्तोष, (ii) दुष्प्रकार्यात्मक (dysfunctional) स्थितियां, (iii) सार्वजनिक चिन्ता (concern), और (iv) विद्यमान प्रतिमानों में परिवर्तन की आवश्यकता।

दूसरी ओर युवा आन्दोलन के यह लक्षण होते हैं : (i) अन्याय की भावना पर आधारित कार्य, (ii) युवाओं में सामान्यीकृत विश्वास का विकास और प्रसारण जो असन्तोष, कुण्ठा और वंचना के स्रोत की पहचान करता है, (iii) नेतृत्व का उभरना और कार्य के लिए संगठन (mobilisation), और (iv) उत्तेजना के प्रति सामूहिक प्रतिक्रिया।

इस चरण पर विद्यार्थी अनुशासनहीनता की अवधारणा की व्याख्या करना असंगत नहीं होगा। अनुशासनहीनता सत्ता की अवज्ञा (disobedience) है, या श्रेष्ठ व्यक्तियों का निरादर, या मानदंडों से विचलन, या नियन्त्रण को मानने से इंकार, या उद्देश्यों और/या साधनों का अस्वीकरण। 'विद्यार्थी अनुशासनहीनता' विद्यार्थियों द्वारा "अवांछनीय तरीकों का उपयोग" है। विश्वविद्यालय अनुदान आयोग द्वारा 1960 में नियुक्त समिति ने विद्यार्थी अनुशासनहीनता में तीन प्रकार के व्यवहार सम्मिलित किए : (i) प्राध्यापकों के प्रति निरादर, (ii) लड़कियों के साथ दुर्व्यवहार, और (iii) सम्पत्ति को नष्ट करना। इसके अतिरिक्त, उसने एक या कुछ विद्यार्थियों की नहीं बल्कि विद्यार्थियों के एक बड़े समूह की अनुशासनहीनता को सम्मिलित किया। कुछ विद्वानों ने इस परिभाषा को दोषपूर्ण माना है। उनका कहना

है कि तीन स्थितियां विद्यार्थियों में अनुशासनहीनता उत्पन्न करती हैं : (अ) विद्यार्थियों की (शैक्षणिक) संस्था के लक्ष्यों में रुचि समाप्त हो जाती है। ऐसी स्थिति में वे (उस संस्था के) सदस्य तो रहते हैं परन्तु उसके मानदंडों का अनुसरण नहीं करते, (ब) विद्यार्थी लक्ष्यों को मानते हैं परन्तु उन्हें इसका संशय रहता है कि संस्था उन लक्ष्यों को प्राप्त कर पाएगी। वे इसलिए संस्था को 'सुधारने' के लिए उसके मानदंडों से विचलन करते हैं, (स) संस्था के मानदंड लक्ष्यों के प्राप्त करने में असफल रहते हैं और इसलिए विद्यार्थी मानदंडों में परिवर्तन चाहते हैं।

युवा असंतोष तीन परिप्रेक्ष्यों में देखा जा सकता है : (1) युवाओं में असंतोष, (2) युवाओं के कारण अशान्ति, (3) देश में सामाजिक अशान्ति और उसका युवाओं पर प्रभाव। हम इस अध्याय में पहले और तीसरे पहलुओं पर ही विस्तृत परिचर्चा करेंगे परन्तु संक्षेप में हम दूसरे पहलू का उल्लेख भी करेंगे।

## युवा विरोध, उत्तेजना, और आन्दोलन (Youth Protests, Agitations and Movements)

सामाजिक विरोध/प्रतिवाद एक ऐसे विचार/व्यवहार/नीति की अस्वीकृति की अभिव्यंजना (expression of disapproval) है। जिसे रोकने या टालने में एक व्यक्ति शक्तिहीन होता है। यह प्रत्यक्ष कार्यवाही न होकर असंतोष व्यक्त करने का एक तरीका है। यह अन्याय के विरुद्ध घृणा (outrage) की अभिव्यक्ति है। सामाजिक विरोध के महत्वपूर्ण तत्व हैं : (i) कार्यवाही किसी शिकायत को व्यक्त करती है, (ii) यह (विरोध) अन्याय के प्रति दृढ़ विश्वास को इंगित करता है, (iii) विरोधी (protestors) सीधे ही अपने प्रयत्नों से इस स्थिति को नहीं सुधार सकते हैं, (iv) कार्यवाही लक्षित समूह (target group) को सुधारक कदम उठाने के लिए उकसाती है, और (v) विरोधी लक्षित समूह को प्रेरित करने के लिए बल प्रयोग, समझाना-बुझाना (pursuasiveness), सहानुभूति और डर के सम्मिश्रण का प्रयोग करते हैं।

यदि विरोधी लूटने में लिप्त होते हैं, तो वे धन-सम्पत्ति को प्राप्त करने के उद्देश्य से नहीं करते; यदि वे खिड़कियां तोड़ते हैं, तो वे बदला लेने की भावना से नहीं करते; यदि वे किसी व्यक्ति के विरुद्ध नारे लगाते हैं, तो वे उसे अपमानित करने के इरादे से नहीं करते। ये सब तरीके उनकी मांगों की पूर्ति नहीं होने और उनकी शिकायतों के प्रति निष्ठुर रुख अपनाने से उत्पन्न हुए रोष को व्यक्त करने के लिए अपनाए जाते हैं।

## युवा उत्तेजनापूर्ण आन्दोलन (Youth Agitations)

सामाजिक विरोध के कारण आक्रमण, उत्तेजनापूर्ण क्षोभ (agitation) और आन्दोलन हो सकते हैं। आक्रमण अकारण (unprovoked) हमला है। यह वह व्यवहार है जिसका उद्देश्य किसी व्यक्ति को हानि/चोट पहुंचाना है (डॉलर्ड, 1939)। डेविड मायर्स (1988: 395) ने आक्रमण की यह परिभाषा की है कि "यह ऐसा शारीरिक या मौखिक आचरण है, जो आघात पहुंचाता है, हानि पहुंचाता है, या नष्ट कर देता है।" इसमें आकस्मिक चोटें या अनजाने चोट लगना नहीं आता है; परन्तु इसमें निश्चित रूप से एक व्यक्ति के बारे में अप्रिय व चुभने वाली बात होती है, जिससे उसे चोट पहुंचती है। फेशबाक (1970) ने दो प्रकार के आक्रमण बतलाए हैं–शत्रुतापूर्ण (hostile) आक्रमण और सहायक (instrumental) आक्रमण। पहला तो रोष से उत्पन्न होता है और उसका उद्देश्य चोट पहुंचाना होता है। यह (पहला) अपने आप में ही एक लक्ष्य होता है। दूसरे का उद्देश्य भी चोट पहुंचाना होता है परन्तु वह किसी और लक्ष्य के लिए साधन मात्र होता है। शब्द 'आक्रमण' अधिकतर युद्धों के लिए प्रयोग में लाया जाता है, जबकि शब्द 'उत्तेजनापूर्ण आन्दोलन' युवाओं के सामूहिक व्यवहार के लिए अधिक उपयुक्त है।

*उत्तेजनापूर्ण आन्दोलन* (agitation) का उद्देश्य शिकायत और अन्याय को सत्तारूढ़ व्यक्तियों के ध्यान में लाना होता है। यह सत्ताधारियों को सचेत करने (to shake up), प्रभावित करने, उत्तेजित करने (to stir up), चिन्तित करने (to cause anxiety) और घबरा देने (to disturb) के लिए

किया जाता है। सामाजिक आन्दोलन एक फैले हुए समूह की गतिविधि है (activity) जो सामाजिक व्यवस्था में परिवर्तन लाने की ओर ले जाती है। टर्नर और किल्लन (1972: 246) के अनुसार सामाजिक आन्दोलन एक सामूहिकीकरण है जो समाज या समूह जिसका वह एक भाग है, में परिवर्तन को प्रोत्साहित करने अथवा रोकने के लिए निरन्तर प्रयास करता है। इसकी विशेषताएं हैं : (i) सामूहिक कार्य जो कि प्रारम्भ (initiate) किया जाता है, संगठित किया जाता है और जारी (sustained) रखा जाता है, (ii) विचारधारा, और (ii) सामाजिक परिवर्तन की ओर अभिमुख करना।

*दबाव-समूह* वह है, जो विद्यमान प्रतिमानों की व्याख्या इस प्रकार करवाना चाहता है जिससे उसे लाभ मिले। उत्तेजनापूर्ण आन्दोलन में दबाव-समूह के दांवपेच हमेशा होते हैं, परन्तु सामाजिक आन्दोलन में वे हो भी सकते हैं और नहीं भी। उत्तेजनापूर्ण आन्दोलन और सामाजिक आन्दोलन में अन्तर यह है, कि सामाजिक आन्दोलन उपद्रव का रूप ग्रहण कर सकता है, परन्तु प्रत्येक आन्दोलन में ऐसा नहीं होता। कई आन्दोलन शान्तिपूर्ण होते हैं; उदाहरणार्थ, महिलाओं का मुक्ति आन्दोलन, मद्यनिषेध आन्दोलन या परमाणु-विरोध आन्दोलन। ये शान्तिपूर्ण आन्दोलन सांस्कृतिक निष्क्रियता के परिणाम हैं।

*युवा उत्तेजनापूर्ण* आन्दोलन युवाओं का एक ऐसा व्यवहार है, जिसका लक्ष्य न तो किसी व्यक्ति को चोट पहुंचाना है न जनता की धनसम्पत्ति को नष्ट करना है, परन्तु यह सामाजिक विरोध है। यह न तो अन्तर्जात विध्वंसक प्रवृत्ति (innate destructive drive) है और न ही कुण्ठाओं के प्रति अन्तर्जात प्रतिक्रिया। इसे सीखना पड़ता हैं। युवा उत्तेजनापूर्ण आन्दोलन के कई रूप हैं : प्रदर्शन, नारेबाजी, हड़ताल, भूख-हड़ताल, रास्ता रोको, घेराव और परीक्षाओं का बहिष्कार। युवा उत्तेजनापूर्ण आन्दोलन की पूर्व शर्तें हैं : (i) संरचनात्मक तनाव, (ii) तनाव के स्रोत को पहचानना, (iii) प्रेरित करने वाला कारक, और (iv) एक नेता द्वारा कार्य को संगठित करना। युवा उत्तेजनापूर्ण आन्दोलनों के महत्वपूर्ण कार्य हैं : (i) सामूहिक चेतना और समूह एकता को उत्पन्न करना, (ii) युवाओं को नए कार्यक्रम और नई योजनाओं के लिए संगठित करना, और (iii) युवा व्यक्तियों को अपनी भावनाओं को व्यक्त करने और सामाजिक परिवर्तन के मार्ग पर कुछ प्रभाव डालने के लिए अवसर प्रदान करना।

उत्तेजनापूर्ण आन्दोलन हिंसक और अहिंसक दोनों हो सकते हैं। 1990 के दशक में 1980 के दशक की तुलना में विद्यार्थी आन्दोलन बहुत कम रहे। उदाहरण के लिए 1988 में भारत में 5,338 विद्यार्थी उत्तेजक आंदोलनों में से केवल 18 प्रतिशत हिंसक थे, इसकी तुलना में 1987 में 15 प्रतिशत उत्तेजनापूर्ण आन्दोलन, 1986 में 43 प्रतिशत, और 1985 में 19.0 प्रतिशत हुए। इसके अतिरिक्त 1988 में विद्यार्थियों के उत्तेजनापूर्ण आन्दोलनों में से 56.0 प्रतिशत ग़ैर-शैक्षिक विषयों से संबंधित थे (विश्वविद्यालय का नाम परिवर्तन करने जैसे), 19.0 प्रतिशत शैक्षिक विषयों से, और 25.0 प्रतिशत किन्हीं विशेष विषयों से (बस का किराया कम करने या साम्प्रदायिक तनाव जैसे) संबंधित थे। उत्तरी भारत के कई विश्वविद्यालयों/ महाविद्यालयों में अगस्त और सितम्बर 1990 में आरक्षण के मामले पर विद्यार्थियों के उत्तेजनापूर्ण आन्दोलनों की समस्या खड़ी हुई और वे लगभग दो महीने बंद रहे।

विद्यार्थियों के उत्तेजनापूर्ण आन्दोलनों का वर्गीकरण इस प्रकार भी किया जा सकता है : (अ) छात्र-हितोन्मुखी उत्तेजनापूर्ण आन्दोलन, और (ब) समाज-हितोन्मुखी उत्तेजनापूर्ण आन्दोलन। प्रथम में महाविद्यालय/विश्वविद्यालय स्तर और राष्ट्रीय स्तर की समस्याएं सम्मिलित हैं, जबकि द्वितीय में राज्य/देश की राजनीति, नीतियों, और कार्यक्रमों में रुचि लेना होता है। छात्र-हितोन्मुखी उत्तेजनापूर्ण आन्दोलन सामान्यतया असंतत (discontinuous) और समस्या-अभिमुख होते हैं, न कि मूल्य-अभिमुख। उदाहरणतया, विद्यार्थी किसी विश्वविद्यालय के कुलपति को हटाने के लिए आंदोलन करेंगे परन्तु वे भारत में कुलपतियों की चयन प्रणाली में परिवर्तन के लिए कभी संघर्ष नहीं करेंगे। इसी प्रकार वे किसी विशेष वर्ष में परीक्षाओं को स्थगित करने के लिए लड़ेंगे, परन्तु वे परीक्षा प्रणाली की पुनःसंरचना के लिए कभी आन्दोलन नहीं करेंगे।

## युवा असंतोष के कारण उत्तेजनापूर्ण आन्दोलन के विकास की प्रक्रिया (Process of Growth of Agitation Due to Youth Unrest)

उस जीवन-चक्र की व्याख्या की जा सकती है जिससे कई युवा उत्तेजनापूर्ण आन्दोलन अपनाते हैं। इसके विभिन्न चरण इस प्रकार हैं : (1) असंतोष (discontent) चरण यह विद्यमान स्थितियों के कारण असंतुष्टि और बढ़ती हुई अस्त-व्यस्तता (growing confusion) का चरण है; (2) प्रवर्तन (initiation) चरण- इसमें नेता प्रकट होता है, असंतोष के कारणों की पहचान होती है, उत्तेजना बढ़ती है और कार्य के प्रस्तावों पर चर्चा होती है; (3) औपचारिक रूप (formalisation) देने का चरण- इसमें कार्यक्रमों को बनाया जाता है, मैत्री संबंधों को स्थापित किया जाता है, और कुछ धर्मयोद्धाओं (crusadors) की सहायता भी मांगी जाती है; (4) जन-समर्थन चरण- इसमें युवा अशांति सार्वजनिक अशांति का रूप धारण कर लेती है। यह जनता में चेतना ही जाग्रत नहीं करती बल्कि जनता का संबंधित मामले में समर्थन भी प्राप्त करना चाहती है। प्रारम्भ में कार्यवाही एक क्षेत्र में शुरू होती है परन्तु फिर वह दूसरे क्षेत्रों में भी फैल जाती है। युवाओं को जनसमर्थन उस समय प्राप्त नहीं होता जबकि : (अ) मामला अस्पष्ट होता है, (ब) मामला ठीक से प्रकाश में नहीं लाया जाता, (स) मामला इतना महत्वपूर्ण नहीं होता जो कि जनता का ध्यान आकर्षित कर सके, (द) युवाओं द्वारा अपने दावों को प्रस्तुत करने में अप्रभावी रणनीतियां अपनाई जाती हैं, (ई) दूसरे गुटों द्वारा विरोध होता है; और (5) सरकारी कार्यवाही का चरण- इसमें सत्तारूढ़ शक्तियां मामले के महत्व को समझती हैं, असंतोष को सरकारी तौर पर स्वीकार करती हैं और मामले को सुलझाने के लिए रणनीतियों के प्रयोग पर सहमत हो जाती हैं। कभी-कभी सत्तारूढ़ दल द्वारा अपनाई गई रणनीतियों को युवा नेता अस्वीकार कर देते हैं और युवा सत्तारूढ़ व्यक्तियों की रणनीतियों का विरोध करने के लिए आन्दोलन शुरू करते हैं।

## भारत में महत्वपूर्ण युवा उत्तेजनापूर्ण आन्दोलन (Important Youth Agitations in India)

स्वतंत्रता के पश्चात हमारे देश में तीन महत्वपूर्ण युवा उत्तेजनापूर्ण आन्दोलनों के उदाहरण दिये जा सकते हैं, जो कि अपने हिसाब से प्रकार्यात्मक होते हुए भी घातक परिणामों के लिए जिम्मेदार हुए। ये थे– गुजरात में 1985 में हुआ आरक्षण विरोधी उत्तेजनापूर्ण आन्दोलन, असम में 1984 में हुआ अखिल असम विद्यार्थी संघ आन्दोलन, और उत्तरी भारत में 1990 में हुआ मंडल विरोधी आन्दोलन। ये आन्दोलन गुजरात में 1981 में आरक्षण विरोधी जातीय दंगों में, पंजाब और कश्मीर में 1985 और 1995 के बीच आतंकवाद में, और बिहार में झारखंड आन्दोलन में रही युवकों की भूमिका के अतिरिक्त हैं।

### *गुजरात का उत्तेजनापूर्ण आन्दोलन (Gujarat Agitation)*

गुजरात में 1985 में आरक्षण विरोधी युवा उत्तेजनापूर्ण आन्दोलन उस समय प्रारम्भ हुआ, जबकि राने आयोग (जिसे अप्रैल 1981 में नियुक्त किया गया था और जिसने अक्टूबर 1983 में अपनी सिफारिशें दे दी थीं) की सिफारिशों को स्वीकार करते हुए गुजरात सरकार ने सामाजिक और शैक्षणिक रूप से पिछड़े हुए वर्गों (SEBC) के विद्यार्थियों के लिए विधानसभा चुनावों से कुछ ही पहले मार्च 1985 में जल्दबाजी में आरक्षण कोटा में वृद्धि कर दी। कोटा 10 प्रतिशत से बढ़ाकर 28 प्रतिशत कर दिया गया, जो कि राने आयोग की अनुमति के अनुसार अधिकतम थी। राने कमीशन ने जाति के स्थान पर आय और व्यवसाय को पिछड़ेपन का मानदण्ड मानने पर बल दिया था और 10,000 रुपए प्रतिवर्ष की आय को एक मानदण्ड माना था। गुजरात सरकार ने पहले से ही अनुसूचित जनजातियों के लिए 14 प्रतिशत स्थानों का, अनुसूचित जातियों के लिए 7 प्रतिशत का, विकलांगों के लिए 3 प्रतिशत का, भूतपूर्व सैनिकों के बच्चों के लिए 1 प्रतिशत का और सामाजिक और शैक्षणिक रूप से पिछड़े वर्गों के लिए 10 प्रतिशत का आरक्षण किया हुआ था। SEBC के लिए 18 प्रतिशत और पदों में वृद्धि का अर्थ हुआ महाविद्यालयों में 53 प्रतिशत

स्थानों का कुल आरक्षण। चूंकि राज्य की (3.4 करोड़ की) 70 प्रतिशत जनसंख्या आरक्षण (53% स्थानों का) के दायरे में आती थी, इसलिए इसका अर्थ हुआ कि केवल 47 प्रतिशत स्थान ही राज्य की 30 प्रतिशत जनसंख्या के लिए खाली थे। इसके अतिरिक्त, महाविद्यालयों में प्रत्येक 100 स्थानों में से 30 स्थान दूसरे राज्यों के लिए आरक्षित थे। इन 30 स्थानों को ST , SC और SEBC के 37 आरक्षित स्थानों में जोड़ दिया जाए (प्रत्येक 100 स्थानों में से) तो इसका अर्थ होता था, कि शेष विद्यार्थियों के लिए केवल 33 स्थान ही उपलब्ध थे। निस्सन्देह विद्यार्थियों ने प्रतिक्रिया व्यक्त की और आरक्षण विरोधी उत्तेजनापूर्ण आंदोलन आरम्भ किया। दुर्भाग्यवश विद्यार्थियों के 18 मार्च 1985 को आयोजित शांतिपूर्ण गुजरात बन्द के बाद 19 मार्च 1985 को हिन्दू-मुस्लिम दंगे हुए, जब मुसलमानों ने हरिजनों के विरुद्ध आरक्षण विरोधियों का साथ देने से इंकार कर दिया। जब छह विद्यार्थियों को राष्ट्रीय सुरक्षा अधिनियम (NSA) के अन्तर्गत गिरफ्तार किया गया, तो आंदोलनकर्ताओं ने अपने आन्दोलन को और तेज कर दिया। उनमें सरकारी डॉक्टर भी सम्मिलित हो गए जिससे सरकार को बाध्य होकर हड़ताल पर गए तीन डॉक्टरों को निलंबित करना पड़ा। डॉक्टरों के निलंबन से आंदोलन की आग और भड़क उठी।

विद्यार्थियों के साथ अब उनके अभिभावक भी हो गए, जिन्होंने अहमदाबाद में एक छोटी संस्था बनाई और आरक्षण नीति को समाप्त करने के अपने बच्चों के प्रयत्नों में उनके साथ काम करने का निर्णय लिया। साम्प्रदायिक दंगों को शान्त करने के लिए जो कि इसी समय शुरू हुए थे, पुलिस ने अहमदाबाद के निम्न-मध्यम वर्ग के आवासीय क्षेत्रों में लोगों की अन्धाधुन्ध पिटाई कर दी। शीघ्र ही सरकार ने विद्यार्थी नेताओं, विपक्ष के नेताओं और अभिभावकों की संस्था के नेताओं से वार्ताएं आरम्भ कर दीं और आंदोलनकारियों की सब मांगों को स्वीकार कर लिया। उसने आरक्षण नीति पर पुनर्विचार करने पर भी अपनी सहमति दे दी। विद्यार्थी नेताओं की रिहाई और निलंबित डॉक्टरों की बहाली के लिए आंदोलनकारियों का हिंसा का दूसरा दौर शुरू हो गया। आन्दोलन ने राज्य के दूसरे भागों में भी उग्र रूप धारण किया। कई व्यक्ति हिंसा में मारे गए और बहुत से जख्मी और गिरफ्तार हुए। जबकि आन्दोलन कर रहे विद्यार्थियों ने एक सिपाही की हत्या कर दी (22 अप्रैल 1985 को), तो सिपाहियों ने विद्रोह कर दिया और काम करना बंद कर दिया। मारे गए सिपाही की शवयात्रा में सिपाहियों ने एक अप्रत्याशित कार्यवाही में उन पत्रकारों पर जो इस घटना का विवरण इकट्ठा कर रहे थे, आक्रमण कर दिया। उन्होंने एक गुजराती दैनिक के भवन को भी आग लगा दी। आन्दोलनकारियों ने कई दुकानों, मकानों, बैंकों, गाड़ियों और सरकारी दफ्तरों को जला दिया। अवसरवादी राजनीतिज्ञों ने जो सत्ता हथियाने की कोशिश में थे, न केवल आन्दोलनकारियों को भड़काया बल्कि मुख्यमंत्री के त्यागपत्र की भी मांग की। इस प्रकार जो विद्यार्थियों द्वारा आरक्षण विरोधी आन्दोलन के रूप में शुरू हुआ था, वह हिन्दू-मुस्लिम झगड़ों, हरिजन और उच्चजाति के बीच दंगों, और राजनीतिक कलह में परिवर्तित हो गया। आन्दोलन दो महीने तक चला और जब सरकार ने अपना कदम वापस लिया और आरक्षण नीति पर पुनर्विचार का वायदा किया, तभी शान्त हुआ।

इसी प्रकार हम मध्य प्रदेश में 1985 में युवाओं द्वारा किए गए आरक्षण-विरोधी उत्तेजनापूर्ण आन्दोलन के प्रकरण को ले सकते हैं। इस राज्य में 23 प्रतिशत स्थान अनुसूचित जनजातियों के लिए आरक्षित थे, 14 प्रतिशत अनुसूचित जातियों के लिए, 25 प्रतिशत पिछड़े वर्गों के लिए, 5 प्रतिशत सुरक्षा कर्मियों और भूतपूर्व सैनिकों के लिए, 5 प्रतिशत स्वतंत्रता सेनानियों के लिए, 4 प्रतिशत निर्धन अभ्यर्थियों के लिए, और 3 प्रतिशत उन अभ्यर्थियों के लिए जिनके पास कोई तकनीकी डिग्री थी। इस प्रकार चूंकि 77 प्रतिशत स्थान विभिन्न समूहों के लिए आरक्षित थे तो केवल 23 प्रतिशत स्थान दूसरे व्यक्तियों के लिए बचते थे। जब विद्यार्थियों ने आन्दोलन किया तो मुख्यमंत्री ने उनसे अपील की कि वे समाज के कमज़ोर वर्गों को बैसाखी देने की सरकार की आरक्षण नीति को 'समझें'। सरकार ने 'कुशल' उच्च जाति के विद्यार्थियों में सुलगते हुए विरोध को शान्त करने के लिए पर्याप्त सावधानी नहीं बरती। उसने विद्यार्थियों से इस प्रकरण पर चुनाव के एक दिन बाद 3 मार्च, 1985 को केवल चर्चा करने की

सहमति दी। इसलिए राज्य काफी समय तक अपनी जनसंख्या के विभिन्न समूहों के बीच हिंसक घटनाओं के सदमे से पीड़ित रहा।

## *असम युवा उत्तेजनापूर्ण आन्दोलन* (*Assam Youth Agitation*)

असम के युवाओं ने पूर्व बंगाल के शरणार्थियों के मामले को लेकर 1983-84 में उत्तेजनापूर्ण आन्दोलन आरम्भ किया और अन्त में राज्य की जनसंख्या के अधिकांश व्यक्ति उसमें सम्मिलित हो गए। असमवासियों ने सदैव केन्द्र की ओर से भेदभाव का अनुभव किया और उस ओर से अपने को उपेक्षित माना। उनमें यह भावना थी, कि राज्य के तीन बड़े उद्योग-चाय, तेल, और लकड़ी, असम की अर्थव्यवस्था के अभिन्न, शक्तिवर्धक और स्थायी अंग नहीं बन पाए। अपने तर्कों में वे आन्तरिक उपनिवेशवाद और स्थानीय साधनों को अन्यत्र स्थानों पर ले जाकर उनके विकास में लगाने के उदाहरण देते थे। यह राजनीतिक पीड़ा का स्रोत बन गया। यही नहीं, वहां असमियों और ग़ैर-असमियों के बीच और आदिवासियों और ग़ैर-आदिवासियों के बीच प्रतिस्पर्धाएं भी थीं। यदि केन्द्र द्रुतगामी आर्थिक विकास के लिए साधन उपलब्ध करा देता, तो भिन्न प्रजातिक संघर्ष की तीव्रता को नियन्त्रित और समरूपता की प्रक्रिया को प्रारम्भ किया जा सकता था, और इसे तेज किया जा सकता था। परन्तु असम उपेक्षित रहा। यह दावा किया गया कि असम में कुल राजस्व 7,000 करोड़ रुपए होता था, जिसमें से असम को केवल 500 करोड़ रुपए (7.1%) उपलब्ध कराया जाता था। इस कारण वहां के लोग सदैव आर्थिक रूप से पिछड़े रहे। केन्द्र सरकार द्वारा पड़ोसी राज्यों के शरणार्थियों को असम में प्रवेश देने की अनुमति दिये जाने से स्थिति उग्र हो गई और युवाओं ने विद्रोह कर दिया और इस प्रकार 'आसू' (AASU) आन्दोलन का श्रीगणेश हुआ। आन्दोलन की समाप्ति विद्यार्थियों के 1985 में विधान सभा के चुनाव जीतने और सरकार बनाने से हुई। इस देश के इतिहास में पहली बार विद्यार्थी राजनीतिक शासक बने।

फिर भी राज्य सरकार को यह भावना कष्ट देती रही, कि केन्द्र सरकार उसकी उपेक्षा करती है। युवा इतने उत्तेजित हो गए कि 'उल्फा' (ULFA) अस्तित्व में आई। 'उल्फा' के सक्रिय कार्यकर्ताओं ने न केवल राज्य की सत्ता को चुनौती दी, अपितु उन्होंने अलगाव के बीज बोये, बंदूक की नोक पर विपक्ष का मुंह बंद कर दिया, पैसा ऐंठा और राज्य में एक समानान्तर सरकार स्थापित कर दी। चूंकि राज्य सरकार उल्फा युवाओं के विद्रोह को कुचलने में असफल रही, केन्द्र ने राज्य सरकार को सत्ता से हटा दिया और राष्ट्रपति शासन लागू कर दिया। "ऑपरेशन बजरंग" 28 नवंबर, 1990 को उल्फा आन्दोलन को समाप्त करने और अलगाववादियों को पकड़ने के लिए चलाया गया। 1991 के ताजा चुनावों में कांग्रेस के सत्ता में आने पर और 1996 में AGP के आने पर भी जुलाई 1997 तक उल्फा आतंकवाद समाप्त नहीं हुआ।

जब किसी क्षेत्र के लोग पड़ोसी देश के लाखों शरणार्थियों के यकायक दबाव के कारण और केन्द्र सरकार की उपेक्षा की नीति के कारण आर्थिक, सामाजिक, सांस्कृतिक और राजनीतिक रूप से पीड़ित होते हैं, तो उन्हें सत्ता दल के राजनीतिक निर्णय नहीं लेने के विरुद्ध विरोध करने का अधिकार है। इस मामले में पूरे राष्ट्र का भयादोहन (blackmail) सहन नहीं किया जा सकता। यह सर्वविदित है, कि 'आसू' के असम में उत्तेजनापूर्ण आन्दोलन और तेल कंपनियों में हड़ताल के कारण राष्ट्र को करोड़ों रुपयों की हानि सहनी पड़ी थी। परन्तु प्रश्न यह है, क्या एक क्षेत्र जो विकसित होना चाहता है और अपने लक्ष्यों और आदर्शों को प्राप्त करना चाहता है, को विरोध के अधिकार से वंचित किया जाना चाहिए?

प्रजातन्त्र में जहां चुनावों पर करोड़ों रुपए व्यय किए जाते हैं, वहां समाज को सामाजिक विरोधों के कारण भी कुछ हानि उठानी पड़ती है। एक राज्य के लोगों को केवल इसलिए राष्ट्र विरोधी नहीं कहा जा सकता, कि वे किसी मामले को लेकर तीव्र विरोध करते हैं। नगालैंड आन्दोलन युवाओं ने शुरू नहीं किया था, परन्तु उन्होंने उसका सक्रिय रूप से समर्थन किया। नगालैंड में युवाओं द्वारा सड़कों पर कई नारे लगाये गए जो राष्ट्रीय एकता की घोषणा करते थे : "भारत एक गुलदस्ता है; नगालैंड केवल एक चमकीला फूल"। फिर भी विद्रोह और अलगाववाद को निश्चित रूप से सहन नहीं किया जा सकता।

## *मंडल विरोधी युवा उत्तेजनापूर्ण आन्दोलन* (*Anti-Mandal Youth Agitation*)

युवाओं के 1990 के उत्तेजनापूर्ण आन्दोलन और आत्मदाह के प्रकरणों को हाल के वर्षों में भुलाया नहीं जा सका है। जनता सरकार ने 7 अगस्त 1990 को अचानक मंडल आयोग की अन्य पिछड़ी जातियों/वर्गों के लिए 27 प्रतिशत आरक्षण के सुझावों को स्वीकृति प्रदान करने की घोषणा कर दी। सरकार ने वास्तव में इस राजनीति से प्रेरित घोषणा द्वारा संचित सामाजिक असंतोष और लोगों के विद्यमान राजनीतिक व्यवस्था के प्रति मोहभंग के सोख्तादान (tinder box) को माचिस दिखाने का काम किया। उत्तेजनापूर्ण आन्दोलन देहली में शुरू हुआ और शीघ्र ही उत्तर भारत के विभिन्न राज्यों में फैल गया। कई युवा विद्यार्थियों ने विरोध के रूप में आत्मदाह कर लिया और कइयों ने इसका प्रयास किया। मंडल आयोग की जाति पर आधारित आरक्षण की योजना की विवेकहीन स्वीकृति के विरुद्ध उत्तेजनापूर्ण आन्दोलन के पैमाने और तीव्रता से सरकार को बड़ा धक्का लगा और इस संकटावस्था की तीव्रता को शान्त करने के लिए उसने कुछ प्रस्ताव रखे। उसने घोषणा की कि आरक्षण केवल केन्द्र सरकार और सार्वजनिक क्षेत्र की इकाइयों की नौकरियों तक सीमित रहेगा। यह महाविद्यालयों और विश्वविद्यालयों के प्रवेशों पर लागू नहीं होगा। बिहार, और उत्तरप्रदेश जैसे राज्यों ने और दक्षिण भारत के लगभग सभी राज्यों ने इन आरक्षण नीतियों को स्वीकार कर लिया। जनता दल (एस) चन्द्रशेखर सरकार ने जो दिसंबर 1990 में सत्ता में आई, आरम्भ में इस नीति की ओर सावधानी का रुख अपनाया था। परन्तु इस जनता (एस) दल ने जिसने उत्तरप्रदेश में बलिया में 30 जनवरी और पहली फरवरी, 1991 को अपना राष्ट्रीय सम्मेलन आयोजित किया, उसमें उत्तर प्रदेश के मुख्यमंत्री को मंडल आयोग की रिपोर्ट की कार्यान्विति के लिए बाध्य किया। युवाओं को, जो इस विषय पर पहले से ही उत्तेजित थे, इस प्रकार की वचनबद्धताओं के प्रति विरोधात्मक प्रतिक्रिया अपनानी ही थी। परन्तु उनकी कुण्ठा कांग्रेस सरकार द्वारा सितंबर-अक्टूबर 1991 और फिर 8 सितम्बर 1993 में घोषित की गई नई आरक्षण नीति से कुछ दब गई। सितम्बर 1994 में उत्तर प्रदेश के पर्वतीय इलाके में युवाओं का आरक्षण विरोधी आंदोलन एक अलग राज्य उत्तराखंड की मांग में परिवर्तित हो गया।

## *अन्य उत्तेजनापूर्ण आन्दोलन में युवाओं की भूमिका* (*Role of Youth in Other Agitations*)

पंजाब में खालिस्तान के लिए उग्रवादियों का उत्तेजनापूर्ण आन्दोलन और जम्मू और कश्मीर में स्वतंत्र कश्मीर के लिए और बिहार में झारखंड राज्य के लिए जनजातियों की मांग भी संबंधित राज्यों में युवाओं की कुण्ठा के रूप में समझी जा सकती है।

पंजाब में रोज़गार निदेशालय द्वारा संकलित आंकड़े दर्शाते हैं, कि दिसंबर, 1984 तक अमृतसर के रोज़गार कार्यालयों में 59,360 व्यक्ति और गुरदासपुर में 65,619 व्यक्ति पंजीकृत थे। पंजीकृत व्यक्तियों की संख्या में दूसरे शहरों के आंकड़ों को जोड़ने से युवाओं में व्याप्त बेरोज़गारी का अनुमान लग सकता है। बड़े पैमाने पर बेरोज़गारी अवश्य कट्टरवाद के विकास में सहायक हुई है। राजनीतिक नेताओं ने भी यह स्वीकार किया है कि पंजाब में कट्टरवादिता की समस्या की जड़ें युवाओं के आर्थिक कष्टों (hardships) में है। इसी आधार पर पंजाब के वर्तमान राज्यपाल के पूर्व के कम से कम दो राज्यपालों ने युवाओं की बेरोज़गारी की समस्या के समाधान पर अपना ध्यान केन्द्रित किया और समस्या के राजनीतिक हल को भी उतना ही महत्व दिया।

कश्मीर में भी सही अर्थ में उग्रवादियों में सत्ता अब युवा पुरुषों के पास है। कई व्यक्ति जिन्हें पुलिस ने पाकिस्तान में प्रशिक्षण प्राप्त करने के लिए गिरफ्तार किया है युवा व्यक्ति हैं, जो 18-25 के आयु समूह में हैं। कश्मीर में स्वतंत्रता की मांग कर रहे व्यक्तियों में बड़ी संख्या में क्रुद्ध युवा पुरुष हैं, जिन्होंने बदला लेने की शपथ खाई है। परन्तु उनका आक्रोश सुव्यवस्थित नहीं है।

बिहार के छोटा नागपुर और सन्थाल परगना क्षेत्रों में एक अलग राज्य के लिए वहां की जनजातियों का आन्दोलन जो आमतौर पर झारखंड आन्दोलन कहलाता है, आधी सदी पुराना है। परन्तु 1990 की दशाब्दी में इस आन्दोलन से एक नई स्थिति उत्पन्न हो गई है, जब अखिल झारखंड विद्यार्थी संघ (SJSU) ने फरवरी, 1991 के प्रथम सप्ताह में 72 घंटे की सफल आर्थिक नाकेबंदी आयोजित की और दक्षिण बिहार से खनिज के आने को बंद कर दिया। केन्द्र गोरखालैंड के संरूप पर एक स्वायत्तशासी परिषद बनाने के लिए सहमत था, परन्तु झारखंडी अपनी सांस्कृतिक विरासत और स्पष्ट पहचान को जीवित रखने के लिए एक अलग राज्य के अलावा इससे कुछ भी कम नहीं मानने की ज़िद पर अड़े हैं। जनजाति के युवाओं की मान्यता है, कि हिन्दुओं के प्रभाव (बाहर की आन्तरिक क्षेत्रों में बस्ती के कारण) और ईसाई धर्म के फैलने से उनकी सदियों पुरानी सामाजिक सम्बद्धता (cohesiveness) पर दुष्प्रभाव पड़ा है। उनके विचार में कई संस्कृतियों के मिश्रण से बना हुआ वातावरण (नगरीकरण और औद्योगीकरण के कारण जो प्रकट हो रहा है) कहीं उन्हें अपने आप में मिला न ले।

छोटा नागपुर की जनजातियां बांध, कारखानों और खनिज सम्पदा के दोहन की अन्यायपूर्ण व्यवस्था का विरोध कर रही हैं। राज्य पुनर्गठन आयोग (State Reorganization Commission) ने झारखंड की मांग अव्यावहारिक और निराधार मानकर रद्द कर दी थी। परन्तु आदिवासी महासभा जो झारखंड दल की अग्रदूत थी, ने पृथक राज्य के नारे का उपयोग किया और पहले चुनावों में क्षेत्र के जनजाति बहुसंख्यक स्थानों पर कब्जा कर लिया। तभी से यह आन्दोलन जोर पकड़ रहा है, यद्यपि सही नेतृत्व का अभाव और संयुक्त संगठन का नहीं होना इस आन्दोलन की प्रमुख कमी रही है। एजेएसयू ने संयुक्त झारखंड दल (UJP) को असम में ASU के पैटर्न पर बनाया। इस प्रकार जनजाति युवा अब बिहार में अपनी शक्ति को दिखाने के लिए कृतसंकल्प हैं। केन्द्र सरकार ने अगस्त 2000 में झारखण्ड, छत्तीसगढ़ और उत्तरांचल के गठन के लिए लोकसभा में बिल पास कर दिए हैं और शीघ्र ही इन्हें लागू भी कर दिया। मध्य प्रदेश में छत्तीसगढ़ के गठन में सोलह जिलों के पृथक राज्य की स्थापना कर भारत में 26वां राज्य स्थापित हुआ (उत्तरांचल 27वां और झारखंड़ 28वां राज्य बने)।

विभिन्न राज्यों में युवाओं के इन सब उत्तेजनापूर्ण आंदोलनों और उनकी कुण्ठाओं को ध्यान में रखते हुए यह कहा जा सकता है, कि अधिकांश युवा इतने कुण्ठित और निराशावादी हो गए हैं कि उन्हें विश्वास हो गया है कि सरकार की आज की नीतियों और कार्यक्रमों से एक या कई दशकों के बाद भी देश के लोगों की स्थिति में सुधार होना संभव नहीं होगा। ऑपरेशन रिसर्च ग्रुप (ORG) के द्वारा युवा अनुभूति (youth perception) पर देश के 38 नगरों में 2,100 युवाओं के एक प्रतिदर्श पर अप्रैल, 1988 में एक अखिल भारतीय सर्वेक्षण किया गया। इस सर्वेक्षण के अनुसार युवाओं ने नौकरी के अवसरों में कमी होने पर अपनी चिन्ता व्यक्त की है (*दि हिन्दुस्तान टाइम्स,* 15 मई 1988)। 62 प्रतिशत से अधिक सूचनादाताओं ने कहा कि रोज़गार की स्थिति और अधिक बिगड़ गई है। लगभग 52.2 प्रतिशत को पक्का विश्वास था, कि भारत उन्नति और विकास के लिए सही मार्ग पर नहीं चल रहा है। दूसरे 36.7 प्रतिशत महसूस करते थे कि भारतीयों की दशा में अगले दस वर्षों में भी कोई सुधार नहीं होगा। लगभग 26 प्रतिशत के विचार में स्थितियां वास्तव में और अधिक बिगड़ जाएंगी। सर्वेक्षण से सरकार की नई शिक्षा नीति के प्रति भी मिश्रित प्रतिक्रिया प्रकट हुई। 37 प्रतिशत से कुछ कम के अनुसार यह नीति देश के लिए अच्छी और आवश्यक थी। इसके विपरीत 27 प्रतिशत ने ज़ोर देकर कहा, कि इस नीति के कोई परिणाम नहीं निकलेंगे। इस प्रकार जब देश के युवाओं में अधिकांश न केवल अपने भविष्य और सुरक्षा के बारे में, अपितु देश के आर्थिक भविष्य और सामाजिक प्रगति के बारे में निराशावादी हैं, तो क्या युवा उत्तेजनापूर्ण आन्दोलनों को रोका जा सकता है?

तत्पश्चात दो आंदोलन पहला 2011 में अन्ना हजारे का भ्रष्टाचार विरोधी आंदोलन और दूसरा 2012 में दिल्ली के सामूहिक बलात्कार कांड में पीड़िता के लिये न्याय की मांग हेतु देशव्यापी आंदोलन ने एक नयी आशा की किरण जगायी और एक नयी दिशा दिखाने वाले युवाओं के उद्देश्य प्रेरित आंदोलनों का भारत में युग प्रारंभ हुआ। अभी तक हमने भारत में दो प्रकार

के युवाओं को देखा - एक जो सरकार के पक्ष में और दूसरे वो जो सरकार विरोधी हैं। परन्तु इन आंदोलनों के दौरान हमने एक 'नये' युवा का जन्म होते देखा जो रूढ़िवादी पुरानी विचारधारा 'सब चलता है' के विपरीत प्रणाली में तुरन्त बदलाव चाहता है। यह वे लोग हैं जो देश में सार्थक आंदोलन के द्वारा अच्छे परिणाम प्राप्त कर रहे हैं। इसका मुख्य कारण सोशल मीडिया, हमारी राजनीतिक दुर्दशा तथा प्रणाली की विफलता है।

भ्रष्टाचार विरोधी अन्ना अभियान ने युवाओं को प्रेरित करने में एक बड़ी भूमिका निभाई। उन राजनीतिक रैलियों के विपरीत जिनमें भाड़े की भीड़ दिखाई देती है, इन सभाओं में मुख्य रूप से युवाओं ने भाग लिया जिनके लिए अन्ना-गांधी और रॉक स्टार की मिली-जुली छवि थे। यह आंदोलन इसलिए भी भिन्न थे, क्योंकि मुख्य रूप से युवाओं ने इनमें शामिल होकर भ्रष्टाचार के प्रति अपनी चिंता का प्रदर्शन किया। अतएव यह युवाओं की सक्रिय भूमिका थी, जिसने अन्ना आंदोलन को सफल बनाया।

इसी तरह 23 वर्ष की पैरामेडिकल इंटर्न छात्रा के साथ सामूहिक बलात्कार (जिसकी 13 दिन बाद सिंगापुर के अस्पताल में मृत्यु हो गई) जो 6 लोगों द्वारा राजधानी दिल्ली में 16 दिसंबर, 2012 की रात को चलती बस में किया गया, से युवाओं में भीषण आक्रोश उपजा। इस घटना के पश्चात देश के विभिन्न स्थानों तथा मुख्य रूप से दिल्ली में हुए भारी प्रदर्शनों में युवाओं ने भाग लिया। पुलिस द्वारा युवाओं को रोकने के लिये किए गए प्रयास भी उनकी उस पीड़ित युवती को न्याय दिलाने की भावना को डगमगा नहीं पाए। दिल्ली में यह प्रदर्शन मुख्य रूप से इंडिया गेट पर हुआ, जहां हजारों युवा प्रदर्शनकारियों पर लाठियां तथा पानी की बौछार व आंसू गैस के गोले छोड़े गए और गिरफ्तारियां भी हुईं। इसी तरह देश के अन्य भागों में भी जो आंदोलन हुए उनमें युवाओं ने ही भाग लिया। इस मुद्दे पर प्रिंट व सोशल मीडिया ने संवेदनशील तरीके से अपनी बात कही। लाखों युवाओं ने इस घटना की ऑनलाइन याचिका पर हस्ताक्षर किए। इन भारी प्रदर्शनों के देशव्यापी फैलने के कारण केन्द्र तथा राज्य सरकारों ने महिलाओं की सुरक्षा के लिये कई कदमों की घोषणा की। इन दोनों आंदोलनों में एक मुख्य बात देखने को मिली कि दोनों आंदोलनों की प्रकृति अहिंसक थी।

## युवा उत्तेजनापूर्ण आन्दोलनों के प्रकार (Types of Youth Agitations)

युवा उत्तेजनापूर्ण आन्दोलन सदैव हिंसक या दमनकारी (coercive) नहीं होते। कई बार वे प्रत्ययकारी (persuasive) तकनीक का भी उपयोग करते हैं। हम युवा उत्तेजनापूर्ण आन्दोलनों का निम्नांकित श्रेणियों में वर्गीकरण कर सकते हैं :

### *प्रत्ययकारी उत्तेजनापूर्ण आन्दोलन (Persuasive Agitations)*

इन उत्तेजनापूर्ण आन्दोलनों में युवा सत्तारूढ़ व्यक्तियों के साथ बैठकर अपनी समस्याओं पर उनसे चर्चा कर उनकी प्रतिक्रियाओं को बदलने का प्रयास करते हैं और अपने दृष्टिकोण पर उनकी सहमति के लिए दबाव डालते हैं। इन उत्तेजनापूर्ण आन्दोलनों का दायरा अपेक्षाकृत कम महत्वपूर्ण विषयों (परीक्षाओं को आगे सरकाना, प्रवेश तिथि को आगे बढ़ाना) से लेकर महत्वपूर्ण विषयों (स्थानों (seats) की संख्या बढ़ाना) और गंभीर विषयों (शैक्षिक समितियों में प्रतिनिधित्व देना, विद्यार्थियों को निर्णयात्मक प्रक्रियाओं के साथ सम्बद्ध करना) दोनों तक होता है। विरोध प्रदर्शन, नारेबाजी करना, सत्तारूढ़ व्यक्तियों को विद्यार्थियों/युवाओं के प्रतिनिधियों से मिलने और उनके विचारों और मांगों को समझने का प्रयत्न करने के लिए राज़ी करना उन तरीकों में से कुछ हैं, जो इस प्रकार के उत्तेजनापूर्ण आन्दोलनों में उपयोग में लाए जाते हैं। इस तरीके से व्यक्त किया गया रोष और अन्याय न केवल निष्क्रिय (passive) विद्यार्थियों/युवाओं को उत्तेजित करता है और उनमें जनसमर्थन (popular support) जाग्रत करता है, अपितु, असंतोष को 'अहानिकर' भावात्मक अभिव्यक्तियों (emotional outlets) में बहा देने में भी सहायक होता है।

### *विरोधात्मक उत्तेजनापूर्ण आन्दोलन* (Resistance Agitations)

इस प्रकार के उत्तेजनापूर्ण आन्दोलन का मुख्य उद्देश्य सत्तारूढ़ व्यक्तियों को अपने दायरे में रखना होता है। अधिकारियों द्वारा आरंभ किए जाने वाले कई परिवर्तन विद्यार्थियों/युवाओं को परेशान करने वाले (disturbing) लगते हैं और उन्हें लगता है कि या तो उनके बहुमूल्य वर्ष व्यर्थ में गंवाए जा रहे हैं या उनके न्यायसंगत (legitimate) अवसरों से उन्हें वंचित किया जा रहा है या उनकी जीविकाओं पर खराब असर पड़ने वाला है। उदाहरणार्थ, विश्वविद्यालय को इस निर्णय का कि उत्तरपुस्तिका के पुनर्मूल्यांकन पर घटा कर अंक दिये जाएं (यदि अभ्यर्थी के अंक घटा दिये जाते हैं, तो ये घटे हुए अंक उसकी अंकतालिका में भरे जाएंगे) तो विद्यार्थियों ने उत्तेजनापूर्ण आन्दोलन करके इसका विरोध किया, जिससे विश्वविद्यालय की शैक्षिक परिषद को यह निर्णय लेने के लिए बाध्य होना पड़ा कि पुनर्मूल्यांकन पर अंक कम नहीं किए जाएंगे। इसी प्रकार के निर्णय विश्वविद्यालय सेमेस्टर प्रणाली या आन्तरिक मूल्यांकन प्रणाली या 75 प्रतिशत उपस्थिति की अनिवार्यता प्रणाली के संबंध में लेने पड़े हैं। विरोधात्मक उत्तेजनापूर्ण आन्दोलन विद्यार्थियों की यह व्याकुलता व्यक्त करते हैं कि विश्वविद्यालय किस दिशा में चल रहा है।

### *क्रांतिकारी उत्तेजनापूर्ण आन्दोलन* (Revolutionary Agitations)

इन उत्तेजनापूर्ण आन्दोलनों का उद्देश्य शैक्षणिक या सामाजिक व्यवस्था में व्यापक परिवर्तन लाना होता है। उदाहरणतया, अधिकारियों को इसके लिए बाध्य करना कि किसी विद्यार्थी को अनुत्तीर्ण घोषित नहीं किया जाएगा, परन्तु उसे आगे की कक्षा में चढ़ा दिया जाएगा और उसे उसके अनुत्तीर्ण प्रश्नपत्र/विषय में तब तक बैठने का अवसर दिया जाएगा, जब तक वह उसमें उत्तीर्ण नहीं हो जाता। क्रान्तिकारी नेताओं की दृष्टि में मूल परिवर्तन तभी संभव है जबकि चालू प्रणाली को समाप्त कर दिया जाए और एक नई प्रणाली को व्यापक रूप से लागू किया जाए। क्रान्तिकारी उत्तेजनापूर्ण आन्दोलन के उदाहरण 1987 में चीन में हुए युवा उत्तेजनापूर्ण आन्दोलन, 1984 में असम में 'आसू' का उत्तेजनापूर्ण आन्दोलन, और 1989-91 में असम में बोडो का उत्तेजनापूर्ण आन्दोलन हैं। अन्तिम उत्तेजनापूर्ण आन्दोलन की विशेषताएं थीं : बढ़ता हुआ असंतोष और अव्यवस्था, नरमपंथियों (moderates) की सरकार गिराना, कट्टरपंथियों (extremists) द्वारा निर्णय लेना, आतंकवाद का साम्राज्य, और विदेशों से हथियार प्राप्त करने का प्रयास।

## युवाओं में उत्तेजनापूर्ण आन्दोलनों के प्रति ग्रहणशीलता (Youth Receptive to Agitations)

उत्तेजनापूर्ण गतिविधियों में निम्नलिखित पांच प्रकार के युवा भाग लेते हैं :

1. *सामाजिक रूप से पृथक (Socially Isolated):* युवा जो अलगाव का अनुभव करते हैं और समाज से अपने को कटा हुआ समझते हैं।
2. *व्यक्तिगत रूप से कुसमायोजित (Maladjusted):* युवा जो जीवन में संतोषजनक भूमिका प्राप्त करने में असफल रहते हैं; उदाहरणार्थ, वे जो अध्ययन में पर्याप्त रुचि उत्पन्न नहीं कर पाए हैं, बेरोज़गार अथवा अल्प-रोज़गार वाले हैं या असफल हैं। वे उत्तेजनापूर्ण आन्दोलनों में इसलिए सम्मिलित हो जाते हैं, क्योंकि उन्हें अपने जीवन में खालीपन को भरने की एक भावनात्मक आवश्यकता प्रतीत होती है।
3. *परिवार से असम्बद्ध (Unattached):* युवा जिनके अपने परिवारों से घनिष्ठ सम्बन्ध नहीं होते, उत्तेजनापूर्ण आन्दोलनों में भाग लेने के लिए प्रेरित होते हैं। वे युवा व्यक्ति जिनके अपने परिवार से घनिष्ठ और संतोषप्रद सम्बन्ध हैं, को उत्तेजनापूर्ण आन्दोलन में भाग लेने की कोई भावनात्मक आवश्यकता नहीं होती।

4. *सीमान्त (Marginals ):* युवा जो अपनी जाति व धार्मिक/भाषायी समूह द्वारा स्वीकार नहीं किए जाते या उनसे जुड़े हुए नहीं होते, चिन्तित, असुरक्षित और अप्रसन्न रहते हैं। ऐसे युवाओं को अपनी आत्मछवि और लोक-छवि की विसंगति (discrepancy) के निराकरण करने में कठिनाई होती है, जिसके परिणामस्वरूप वे कुछ सम्मान प्राप्त करने के लिए उत्तेजनापूर्ण आन्दोलनों में भाग लेते हैं।
5. *गतिशील/प्रवासी (Mobile/Migrant ):* प्रवासी युवाओं को बड़े समुदाय से जुड़ने के अवसर प्राप्त नहीं होते। उन्हें उत्तेजनापूर्ण आन्दोलनों से जुड़ने से आश्रय मिलता है।

बी.वी.शाह (1968: 57-63) ने तीन दशक पहले गुजरात में विश्वविद्यालय के विद्यार्थियों का एक अध्ययन किया था। उन्होंने यह बतलाने के लिए कि किस प्रकार के विद्यार्थी अधिक अनुशासनहीन होते हैं या जिनमें अधिक असंतोष मिलता है, विद्यार्थियों का उनके सामाजिक प्रस्थिति के आधार पर चार समूहों में वर्गीकरण किया :

1. *उच्च प्रस्थिति, अधिक योग्यता (high status, high ability)* : ये वे विद्यार्थी हैं जो किसी भी पाठ्यक्रम में प्रवेश के पात्र (eligible) हैं, जिनमें पूर्ण आत्मविश्वास है, जो सभी परिस्थितियों में स्वयं को अनुकूल बना सकते हैं और जो अध्ययन में तीव्र रुचि लेते हैं। वे अपनी योग्यताओं के कारण अपने उद्देश्य की प्राप्ति के विषय में विश्वास रखते हैं, परिश्रम करते हैं, कोई समस्या उत्पन्न नहीं करते, और हड़तालों और प्रदर्शनों से दूर रहते हैं।
2. *निम्न प्रस्थिति, अधिक योग्यता (low status, high ability)* : ये वे विद्यार्थी हैं जिनमें बहुत योग्यता होती है, वे परिपक्व होते हैं, जो सही और गलत के भेद को पहचानने का प्रयत्न करते हैं, परिश्रम करते हैं, अच्छे अंकों और श्रेणियों का अपने सामने लक्ष्य रखते हैं, उन गतिविधियों से जो उन्हें नुकसान पहुंचाएं अपने आपको दूर रखते हैं, क्योंकि नौकरियां और पदोन्नतियों के लिए उन्हें अपने ही ऊपर निर्भर रहना पड़ता है और हड़तालों एवं प्रदर्शनों में वे भाग नहीं लेते। फिर भी इस समूह में ऐसे युवा हैं, जिन्हें कि अपनी योग्यताओं के होते हुए भी सम्मान प्राप्त नहीं होता क्योंकि वे निर्धन वर्ग के या अनुसूचित जाति या अनुसूचित जनजाति के या पिछड़े वर्गों/जातियों के होते हैं। ये विद्यार्थी अपनी कुण्ठाओं के कारण उत्तेजनापूर्ण आन्दोलनों में भाग लेते हैं।
3. *उच्च प्रस्थिति, निम्न योग्यता (high status, low ability)* : ये वे विद्यार्थी हैं जिन्हें अपने प्रभाव के कारण वांछित पाठ्यक्रम में प्रवेश मिल सकता है। फिर भी वे अपनी निम्न योग्यता के कारण ऊंचे शैक्षिक स्तरों के अच्छे विद्यार्थियों के साथ प्रतिस्पर्द्धा नहीं कर सकते और इसलिए नए अशैक्षिक मूल्य एवं व्यवहार के संरूप अपना लेते हैं। उदाहरणतया, उन्हें परीक्षा में अनुचित साधनों के उपयोग में, कक्षा से अनुपस्थित रहने में, कक्षा में शोर मचाने में, महाविद्यालय में अधिक समय कैन्टीन में बिताने में, प्राध्यापकों पर दबाव के दावपेंच उपयोग करने में, परीक्षकों को घूस/धमकियां देने में, और उत्तेजनापूर्ण आन्दोलनों में भाग लेने एवं दूसरों को ऐसी गतिविधियों में लिप्त होने के लिए भड़काने में कोई बुराई नहीं दिखती।
4. *निम्न प्रस्थिति, निम्न योग्यता (low status, low ability)* : ये वे विद्यार्थी हैं जिनमें से कुछ उत्तेजनापूर्ण आन्दोलनों में रुचि लेते हैं परन्तु कुछ ऐसी गतिविधियों से अपने को दूर रखते हैं। यह उनके मित्र-समूह और उनकी व्यक्तिगत आकांक्षाओं पर निर्भर करता है। इस प्रकार दूसरी और तीसरी श्रेणियों के विद्यार्थियों में अधिक असंतोष पाया जाता है।

इसलिए यह निष्कर्ष निकाला जा सकता है कि विद्यार्थियों के असंतोष और उत्तेजनापूर्ण आन्दोलनों में तीन तथ्य महत्वपूर्ण हैं : (i) विद्यार्थियों की पारिवारिक पृष्ठभूमि, (ii) विद्यार्थियों की योग्यताएं, और (iii) शिक्षण व्यवस्था, यानी, प्राध्यापकों की योग्यताएं, अध्यापन तकनीकें, और पाठ्यक्रमों की विषयवस्तु (कि ये पाठ्यक्रम रोज़गार अभिमुख हैं या नहीं)। लिपसेट एक और भी कारक को महत्व प्रदान करते हैं, यानी उन वर्षों की संख्या को जो कि विद्यार्थी ने महाविद्यालय/विश्वविद्यालय में व्यतीत

किए हैं। जितने अधिक वर्ष वह इसमें व्यतीत करता है, उतना ही अधिक वह उत्तेजनापूर्ण आन्दोलन में भाग लेता है।

## युवा उत्तेजनापूर्ण आन्दोलनों की सीमाएं (Limitations of Youth Agitations)

युवा उत्तेजनापूर्ण आन्दोलन कितना ही विवेकपूर्ण या विवेकहीन हो, कम से कम चार बातें उसे सीमाबद्ध करती हैं : (1) भाग लेने वालों की संख्या, (2) आन्दोलन कर्ताओं की भावनाएं, (3) नेतृत्व, और (4) बाहरी नियन्त्रण।

यदि उत्तेजनापूर्ण आन्दोलन में भाग लेने की संख्या कम है, तो वह बहुत समय तक संभवतया नहीं चल सकता, परन्तु यदि संख्या अधिक है और सत्तारूढ़ व्यक्तियों का ध्यान आकर्षित करने के लिए काफी पर्याप्त है, तो आन्दोलन में स्थिरता आ जाएगी और सदस्यों में जोश और समर्पण (dedication) की भावनाएं भी जाग्रत हो जाएंगी।

दूसरे, आन्दोलनकर्ताओं की भावनाएं/रोष और पूर्वाग्रह भी उत्तेजनापूर्ण आन्दोलन को प्रेरणा प्रदान करते हैं। यदि आन्दोलनकर्ता अस्थिर प्रकृति के होते हैं, तो वे अपना विरोध बग़ैर अधिक आत्मसंयम के व्यक्त करेंगे, परन्तु यदि वे अधिक सहनशील हैं तो वे अपनी भावनाओं और आवेगों को व्यक्त नहीं करेंगे। युवा व्यक्ति उत्तेजनापूर्ण आन्दोलनों में बिना किसी अपराध भावना (guilt feeling) के मुखर (vocal) हो सकते हैं। उसके साथ-साथ उनकी अच्छे नेता/वक्ता के प्रति सहानुभूति और जोश भी कम हो सकता है। यदि आक्रामक समूह के सदस्यों की बड़ी संख्या समान भावनाएं रखती हैं, तो ये समूह आगे बढ़ सकता है, परन्तु यदि थोड़े से ही सदस्य समान भावनाएं रखते हैं, तो उस समूह के धीरे-धीरे आगे बढ़ने की संभावना होती है।

आन्दोलकर्ताओं के लोकाचार (mores) भी उनके व्यवहार को बराबर से प्रभावित करते हैं। क्या विद्यार्थी प्राध्यापकों के खिलाफ नारे लगाएंगे? क्या वे विश्वविद्यालय की सम्पत्ति को नष्ट करेंगे? क्या वे कुलपति को शारीरिक रूप से नुकसान पहुंचाएंगे? क्या वे असामाजिक तत्वों से सहायता लेंगे? क्या वे दमनकारी साधनों से जनता से चंदा लेंगे? इन सबका निर्णय आन्दोलनकर्ताओं के लोकाचार और नैतिक मूल्य तय करते हैं।

आन्दोलनकारी समूह के नेता का कार्य आन्दोलकारियों के नैतिक विचारों को अशक्त करने की बजाय उनको निष्प्रभावित (neutralise) एवं अलगाव (isolated) एवं पृथक करना होता है। युवा नेता उत्तेजनापूर्ण आन्दोलन की तीव्रता और दिशा को भी प्रभावित करता है। यदि उसे कुण्ठित, असंतुष्ट और क्रुद्ध युवा व्यक्तियों का सम्मिश्रण मिल जाए, तो एक कुशल नेता उनका मन परिवर्तित कर सकता है और उसके आक्रमण को उस 'शत्रु' की ओर मोड़ सकता है, जिससे वे पहले से ही घृणा करते हैं। इसी प्रकार एक नेता उत्तेजनापूर्ण आन्दोलन को रणनीतिक सुझाव या आदेश के द्वारा दूसरी दिशा में ले जा सकता है। चूंकि अधिकांश युवा उत्तेजनापूर्ण आन्दोलन संरचनाविहीन होते हैं और उनके कोई मनोनीत नेता नहीं होते, इसलिए नेतृत्व के लिए छीना-झपटी होती है। कोई भी केवल आधिकारिक ढंग से सुझाव देने में सक्रिय होकर नेता बन सकता है।

अन्त में, उत्तेजनापूर्ण आन्दोलन को बाहरी नियन्त्रणों के कारण कुछ सीमाओं का सामना करना पड़ता है। कुलपति प्रांगण में पुलिस को बुला सकता है, परन्तु हो सकता है कि कुछ ही पुलिस वाले भेजे जाएं। ऐसी स्थिति में आन्दोलनकर्ताओं पर अधिक नियन्त्रण नहीं हो पाएगा। परन्तु जब शहर में युवा आन्दोलनकर्ताओं को बड़ी संख्या में पुलिस या लाठी और बन्दूक अपने हाथ में लिए हुए पुलिसकर्मी घेर लेते हैं, तो उन्हें हार माननी पड़ सकती है। इसी प्रकार, ठंडा मौसम, बरसात, गर्मी और आन्दोलन के स्थान के निकट असहानुभूतिपूर्ण दर्शक भी आन्दोलनकर्ताओं को अपने प्रयत्न जारी रखने से रोक सकते हैं।

## युवा असंतोष और उत्तेजनापूर्ण आन्दोलनों के कारण (Causes of Youth Unrest and Agitations)

1960 की विश्वविद्यालय अनुदान आयोग समिति ने विद्यार्थियों के उत्तेजनापूर्ण आन्दोलनों के निम्नांकित कारण बतलाए थे : (1) आर्थिक कारण, जैसे शुल्क का कम करना, छात्रवृत्ति बढ़ाना, (2) प्रवेश, परीक्षाओं और अध्यापन के चालू प्रतिमानों में परिवर्तनों की मांग करना, (3) महाविद्यालयों/विश्वविद्यालयों में ठीक से काम नहीं होना, जैसे प्रयोगशालाओं के लिए रसायनों और उपकरणों या पुस्तकालयों के लिए पुस्तकें और पत्रिकाओं की खरीद नहीं करना, (4) विद्यार्थियों और प्राध्यापकों के बीच टकराव के सम्बन्ध (प्राध्यापकों पर कक्षाएं छोड़ने और अध्यापन के प्रति प्रतिबद्धता का न होने का आरोप), (5) प्रांगण में अपर्याप्त सुविधाएं, जैसे अपर्याप्त छात्रावासों, छात्रावासों में खराब भोजन, कैन्टीन का न होना, और पेयजल की सुविधाओं का अभाव, और (6) नेताओं को राजनीतिज्ञों द्वारा भड़काया जाना।

जोसफ डिबोना ने उत्तरप्रदेश में एक विश्वविद्यालय में उत्तेजनापूर्ण आन्दोलनों का अध्ययन किया और विद्यार्थियों के उत्तेजनापूर्ण आन्दोलनों के तीन कारण बतलाए : (1) *आर्थिक कारण* जिनमें भविष्य के बारे में असुरक्षा की भावना और देश की आर्थिक आवश्यकताओं और शैक्षणिक प्रणाली में दरार, यानी कि शिक्षा को रोज़गार-उन्मुख नहीं पाया जाना सम्मिलित थे, (2) *सामाजिक तथा मनोवैज्ञानिक कारण* जिनमें दोषपूर्ण शैक्षणिक प्रणाली, आकांक्षा और उपलब्धि के बीच दरार (80% अंक पाने के बाद भी अपने मनपसन्द विद्यालय में प्रवेश नहीं पा सकना) प्राध्यापक और विद्यार्थी के बीच सामाजिक दूरी, यथा-स्थिति की नीति, भ्रष्टाचार और अयोग्यता, और एक कक्षा में बहुत अधिक विद्यार्थी होना या एक विभाग/महाविद्यालय में सेक्शनों की अपर्याप्त संख्या, और (3) *राजनीतिक कारण* जिनमें राजनीतिक हस्तक्षेप और राजनीतिक नेताओं द्वारा उकसाहट सम्मिलित हैं। ये सब कारक यह बतलाते हैं कि विशेष रूप से छात्र असंतोष और उत्तेजनापूर्ण आन्दोलनों और सामान्यरूप से युवा उत्तेजनापूर्ण आन्दोलनों का प्रमुख कारण सामाजिक व्यवस्था में निहित है, न कि युवाओं के व्यक्तित्व में।

## *युवा उत्तेजनापूर्ण आन्दोलनों के कारणों के सिद्धान्त (Theories of the Causes of Youth Agitations)*

युवा उत्तेजनापूर्ण आन्दोलनों की व्याख्या करने के लिए दो प्रकार के सिद्धान्त सुझाये जा सकते हैं : मनोवैज्ञानिक और समाजशास्त्रीय। पहला व्यक्ति के व्यक्तित्व पर और दूसरा समाज पर बल देता है। दो महत्वपूर्ण मनोवैज्ञानिक सिद्धान्त हैं : (अ) असंतोष सिद्धान्त, और (ब) व्यक्तिगत असमायोजन सिद्धान्त; जबकि दो महत्वपूर्ण समाजशास्त्रीय सिद्धान्त हैं : (अ) सापेक्षिक वंचना सिद्धान्त, और (ब) संसाधन संग्रहण सिद्धान्त।

*असन्तोष सिद्धान्त* (Discontent Theory) : इसके अनुसार, उत्तेजनापूर्ण आन्दोलनों का मूल कारण असंतोष है। वे युवा जिनकी ऊंची आकांक्षाएं नहीं हैं या जो कुछ उनके पास है या जिसके मिलने की संभावना है, उससे वे संतुष्ट और सुखी हैं, आन्दोलनों में कोई रुचि नहीं लेंगे। परन्तु वे क्रुद्ध युवा जो घोर अन्याय से उत्पीड़ित महसूस करते हैं या वे जो विद्यमान ढांचों और अवसरों से थोड़ा सा भी नाराज़ होते हैं, सामूहिक रूप से सत्तारूढ़ व्यक्तियों पर कुछ परिवर्तन लाने के लिए दबाव डालेंगे। (चित्र 1)

यह कदाचित सही है, कि युवाओं के असंतोष के बिना कोई युवा उत्तेजनापूर्ण आन्दोलन नहीं होंगे। परन्तु असंतोष एक अपर्याप्त व्याख्या है। युवाओं की शिकायत और असंतोष के स्तर में और उनकी उत्तेजनापूर्ण गतिविधि के स्तर में निकट संबंध के बारे में कोई विश्वासोत्पादक (convincing) प्रमाण नहीं है। युवा व्यक्ति भारी असंतोष सहन कर सकते हैं और फिर भी वे उसका विरोध न करें। स्वतंत्रता के पश्चात भारत में युवाओं ने भ्रष्टाचार, असमानता, शोषण, राजनीतिक सांठ-गांठ, पुलिस

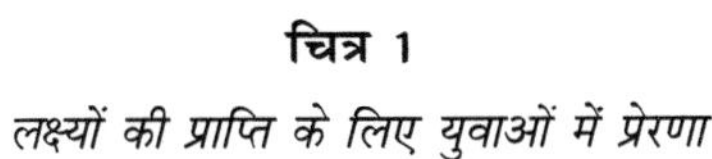

**चित्र 1**

*लक्ष्यों की प्राप्ति के लिए युवाओं में प्रेरणा*

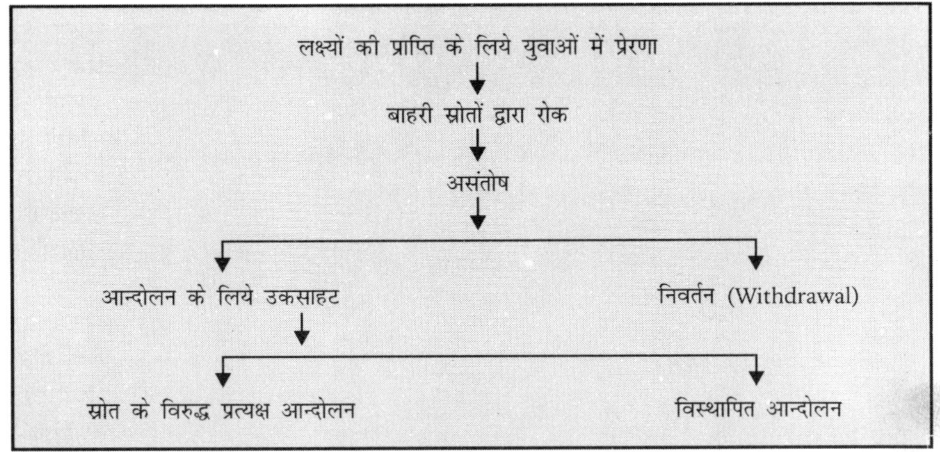


की नृशंसता, प्रशासनिक निर्दयता, धार्मिक कट्टरवाद को बिना किसी सामाजिक विरोध के सहन किया है। वस्तुतः सारे आधुनिक समाजों में इतना अधिक असंतोष होता है, जो उत्तेजनापूर्ण आन्दोलनों के लिए ईंधन का काम करता है (टर्नर और किलियन, 1972: 271)। असंतोष युवा उत्तेजनापूर्ण आंदोलनों के लिए एक आवश्यक शर्त हो सकती है, परन्तु पर्याप्त शर्त नहीं है।

*व्यक्तिगत असमायोजन सिद्धान्त* (Personal Maladjustment Theory) : इसके अनुसार उत्तेजनापूर्ण आन्दोलन करना व्यक्तिगत असफलता का बहाना मात्र है। आन्दोलनकर्ताओं को ऐसे अप्रसन्न, कुण्ठित युवा व्यक्तियों का जिनके जीवन में अर्थ और पूर्ति (fulfilment) का अभाव है, समर्थन प्राप्त होता है। हॉकर (1951) ने भी कहा है कि ऐसे व्यक्ति उत्तेजनापूर्ण आन्दोलनों और सामाजिक आंदोलनों के प्रति आकर्षित होते हैं जो ऊबे (bored) हुए हैं, असमायोजित व्यक्ति हैं, रचनात्मक होते हुए भी कोई रचना नहीं कर सकते, दोषी (guilty) हैं, पतनोन्मुख (downwardly mobile) हैं और वे जो अपने जीवन से अत्यन्त असंतुष्ट हैं। वे उत्तेजनात्मक गतिविधि (activity) से अपने खाली जीवन को अर्थ एवं उद्देश्य (meaning and purpose) प्रदान करते हैं। हॉर्टन (1984: 500) ने भी कहा है कि यह सत्याभासी व तर्कयुक्त लगता है, कि ऐसे युवा व्यक्ति जो अपने आप को अपूर्ण एवं कुसमायोजित होना अनुभव करते हैं, उत्तेजनापूर्ण गतिविधियों की ओर उनकी तुलना में अधिक आकर्षित होंगे जो संतुष्ट हैं और स्वयं को समंजित समझते हैं। ऐसे व्यक्ति जो अपने व्यक्तिगत जीवन को दिलचस्प एवं पूर्ण समझते हैं, ऐसी चीज की आवश्यकता कम होती है, जो उन्हें अपने व्यक्तिगत मूल्य और उपलब्धि का ज्ञान कराये क्योंकि ये उनके पास पहले से होती हैं। उत्तेजनापूर्ण आन्दोलन के समर्थक मुख्यतः समाज के कुण्ठित एवं कुसमायोजित व्यक्ति होते हैं।

यद्यपि कुसमायोजन सिद्धान्त तर्कयुक्त लगता है फिर भी वह ठीक से प्रमाणित नहीं है। किसी भी व्यक्ति की अपरिपूर्णता (non-fulfilment) को मापना आसान नहीं है। विश्वविद्यालयों और महाविद्यालयों के सब छात्र उत्तेजनापूर्ण आन्दोलनों को छात्र नेताओं और सक्रिय कार्यकर्ताओं की व्यक्तिगत असफलताओं के कारण होना नहीं कहा जा सकता। मंडल आयोग की रिपोर्ट के अगस्त 1990 में कार्यान्वयन के अवसर पर देश के विभिन्न भागों में हुए युवा उत्तेजनापूर्ण आन्दोलनों का कारण युवा व्यक्तियों का व्यक्तिगत कुसमायोजन नहीं कहा जा सकता।

*सापेक्षिक वंचना सिद्धान्त* (Relative Deprivation Theory) : यह सिद्धान्त स्टाउफर द्वारा 1949 में प्रस्तुत किया गया था। इस सिद्धान्त की असंतोष वंचना और सापेक्षिक वंचना में भेद बताकर

सही प्रकार से व्याख्या की जा सकती है। एक समूह 'वंचित' उस समय महसूस करता है, जब वह ऐसे लक्ष्य/उद्देश्य को प्राप्त नहीं कर पाता जो उसे आकर्षक एवं वांछनीय लगता है, परन्तु वह 'असंतुष्ट' उस समय महसूस करता है, जब वह इस उद्देश्य की प्राप्ति से हुई खुशी का पूर्वानुमान लगाता रहता है और फिर उसकी आशा की पूर्ति नहीं हो पाती। सापेक्षिक वंचना वह अनुभूति है जबकि व्यक्ति (एक समूह के सदस्य के रूप में) दूसरों से जिनसे उसने (समूह ने) अपनी तुलना की थी, अपने आपको कम सौभाग्यशाली महसूस करता है (डेविड मेयर्स, 1988: 402 और 408)। वह इस प्रकार प्रत्याशाओं और प्राप्तियों के बीच दरार होने की बात करता है। वह समूह जो कम (little) की अपेक्षा करता है और जिसके पास कम होता है, उस समूह की अपेक्षा कम वंचित महसूस करता है, जिसके पास अधिक होता है और इसके उपरान्त भी और अधिक की प्रत्याशा करता है।

सापेक्षिक वंचना अल्पविकसित संसार के अधिकांश भागों में बढ़ रही है। भारत में भी युवा महसूस करते हैं, कि अवसरों का अभाव, बेरोज़गारी, जाति पर आधारित आरक्षण, उच्च शिक्षा की सीमाएं, विशेषतौर पर तकनीकी और व्यावसायिक शिक्षा आवश्यक नहीं है और इन्हें हटाया जा सकता है। उनकी आकांक्षा बेहतर नौकरियों, आर्थिक सुरक्षा, पदोन्नति के अवसरों, सामाजिक गतिशीलता और उन सब चीजों के लिए जिनका कई और व्यक्ति उपभोग करते हैं, होती है। उनमें इन (बहुमूल्य) वस्तुओं की लालसा होती है, परन्तु उनमें यह समझ बहुत कम होती है कि उन्हें प्राप्त करने के लिए क्या कुछ नहीं करना पड़ता है। जहां युवाओं को उन चीजों की जिनकी उन्हें लिप्सा है, में से कुछ मिलने भी लगी हैं वहां भी यह भावना है कि यह संतोष असहनीय मंद गति से प्राप्त होते हैं। इन अभिलाषाओं की अत्यधिक स्फीति का कारण पारस्परिक नियंत्रणों का कमजोर होना है। विद्यमान सामाजिक ढांचों और सत्ताधारी में अभिजनों से यह आशा नहीं है, कि वे युवाओं की प्रत्याशाओं की पूर्ति कर पाएंगे। इस प्रकार जब युवा व्यक्ति अत्यधिक दुखी हो जाते हैं, तो उत्तेजनापूर्ण आन्दोलनों के होने की अत्यधिक संभावना होती है। डेवीज (1962) और गेशवेन्डर (1968) ने भी इसका समर्थन किया है, कि उत्तेजनापूर्ण आन्दोलन अधिकतर उस समय होते हैं, जबकि सुधार की कालावधि में नीचे की ओर ले जाने वाला मोड़ अवरोध उत्पन्न कर देता है, जिससे बढ़ती हुई प्रत्याशाओं और गिरती हुई उपलब्धियों के बीच एक असहनीय दरार पैदा हो जाती है।

सापेक्षिक वंचना सिद्धान्त तर्कयुक्त है, परन्तु प्रमाणित नहीं है। युवाओं में वंचना की भावनाओं का अनुमान लगाना सरल है, परन्तु उन्हें मापना कठिन है और इससे भी अधिक कठिन उसका एक कालावधि में नक्शा बनाना है। इसलिए यह कहा जा सकता है कि युवा उत्तेजनापूर्ण आन्दोलनों के कई कारणों में युवाओं में सापेक्षिक वंचना सुस्पष्ट रूप से गंभीर होते हुए भी केवल एक कारक है।

*संसाधन संग्रहण सिद्धान्त (Resource Mobilization Theory)*: उत्तेजनापूर्ण आन्दोलनों के कारणों के बजाय तकनीकियों पर बल देना है। यह उत्तेजनापूर्ण आन्दोलनों के प्रोत्साहित करने के लिए संसाधनों के प्रभावी उपयोग को महत्व देता है, क्योंकि सफल उत्तेजनापूर्ण आन्दोलन के लिए प्रभावी संगठन और विवेकपूर्ण रणनीति की आवश्यकता होती है। संसाधन संग्रहण के सिद्धान्तवादी (युवा) उत्तेजनापूर्ण आन्दोलनों की सफलता अथवा असफलता के लिए (युवा) नेतृत्व, संगठन और रणनीति को मुख्य निर्धारक मानते हैं (ऑबरशेल, 1973; विल्सन, 1973; गेल्नसन, 1975; मेकार्थी, 1979; वेल्श, 1981)। ये विद्वान स्वीकार करते हैं, कि शिकायतों और असंतोष के बिना उत्तेजनापूर्ण आन्दोलन नहीं के बराबर होंगे और कहते हैं कि इस असंतोष को एक प्रभावी उत्तेजनापूर्ण आन्दोलन का रूप देने के लिए संगठन की आवश्यकता होती है।

संसाधन जिन्हें जुटाने की आवश्यकता है, उनमें सम्मिलित हैं : जनता का समर्थन, नियम/कानून जो उसे उत्तोलक शक्ति (leverage) प्रदान कर सकें, संगठन और अधिकारीगण जो सहायक हो सकें, और लक्ष्य समूह जिन्हें ये लाभ आकर्षित कर सकें। इनकी तुलना आन्दोलनात्मक गतिविधि, विरोध जिसका पूर्वानुमान लगाया गया है, दूसरी कठिनाइयां जिन्हें दूर करना है, और संचालन की रणनीति जिसे विकसित करना है, से करनी होती हैं।

उदाहरण के लिए, असम में 1984-85 में 'आसू' का उत्तेजनापूर्ण आन्दोलन उस समय हुआ जब केन्द्र द्वारा राज्यों को और अधिक अधिकार देने के लिए आन्दोलन जोर पकड़ रहा था और जब देश के विभिन्न भागों में लोग केन्द्रीय राजनीतिक नेताओं के बांग्लादेश के मुसलमानों को शरण देने की बुद्धिमत्ता को चुनौती दे रहे थे। इसी प्रकार अगस्त 1990 में देहली, उत्तरप्रदेश, राजस्थान और मध्यप्रदेश में आरक्षण विरोधी उत्तेजनापूर्ण आन्दोलन पिछड़ी जातियों और वर्गों को केन्द्र सरकार की नौकरियों में 27 प्रतिशत आरक्षण देने के कारण उस समय हुआ, जब बड़ी संख्या में लोग और विभिन्न राजनीतिक दल इस कार्य के लिए सरकार की आलोचना कर रहे थे और इस प्रकार युवाओं को जनता की ओर से सहानुभूतिपूर्ण सहयोग मिला। असंतोष चारों ओर व्याप्त था और संसाधनों का संग्रहण पर्याप्त था।

संसाधन संग्रहण सिद्धान्त सब प्रकार के युवा उत्तेजनापूर्ण आन्दोलनों की व्याख्या नहीं करता। यदि हम उत्तेजनापूर्ण आन्दोलनों का प्रत्ययकारी (persuasive), क्रान्तिकारी, और विरोधात्मक उत्तेजनापूर्ण आन्दोलनों में वर्गीकरण करते हैं, तो संसाधन संग्रहण सिद्धान्त विरोधात्मक उत्तेजनापूर्ण आन्दोलनों पर ठीक नहीं बैठता। ये उत्तेजनापूर्ण आन्दोलन संगठन और रणनीति के बिना ही सफल हो जाते हैं। इसके अतिरिक्त संसाधन संग्रहण सिद्धान्त का प्रमाण अधिकांशतया भ्रामक होता है और इसका गोल्डस्टोन (1980) जैसे विद्वानों ने विरोध किया है।

इससे यह निष्कर्ष निकाला जा सकता है कि यह सम्भव है कि असंतोष, व्यक्तिगत असमायोजन, और संसाधन संग्रहण सभी युवा उत्तेजनापूर्ण आन्दोलनों में शामिल होते हैं, परन्तु अनिर्धारित अनुपातों में। इस प्रकार प्रत्येक सिद्धान्त तर्कनिष्ट है परन्तु प्रत्येक में स्पष्ट सबूत और प्रमाण का अभाव है। युवा उत्तेजनापूर्ण आन्दोलन में इतने चर (variables) सम्मिलित हैं कि संभवतया कोई भी सिद्धान्त कभी भी निर्णायक रूप से स्थापित नहीं हो पाएगा।

## युवा नेतृत्व (Youth Leadership)

नेतृत्व का उत्तेजनापूर्ण आन्दोलनों एवं आन्दोलनों की तीव्रता और दिशा पर भारी असर पड़ता है। युवा नेता के महत्वपूर्ण कार्य हैं : (1) अपने समूह के सदस्यों के साथ उत्तरदायी, विश्वसनीय और भद्र सम्बंध स्थापित करना। वह उनकी भावनाओं को महसूस करता है और उनकी भाषा बोलता है। (2) सदस्यों के साथ उनकी समस्याओं और शिकायतों का जोशीला तकाजा करके एक भावनात्मक घनिष्टता बनाना। वह उन्हें एक उद्देश्य से दूसरे उद्देश्य की ओर अपनी गतिविधि करने के लिए प्रेरित करता है, और (3) लक्ष्यों की प्राप्ति के लिए कार्यवाही का सुझाव देना। यह प्रदर्शनों, रास्ता रोको, घेराव, हड़ताल और कक्षाओं के बहिष्कार का रूप धारण कर सकता है। ये कार्य केवल उन्हीं नेताओं द्वारा सफलतापूर्वक संपादित किए जा सकते हैं, जिनमें कुछ विशेष गुण होते हैं और जिनकी कुछ पृष्ठभूमि होती है। चंचल सरकार (1960) को विभिन्न विश्वविद्यालयों के विद्यार्थी संघों के पदाधिकारियों और नेता बनाने वाले छात्रों के अध्ययन ने यह उद्घाटित किया है, कि संघ के नेता प्रमुख रूप से वे हैं : (1) जिनके पास पैसा है, (2) जिनकी ऊंची अकादमिक आकांक्षाएं नहीं हैं, (3) जिनको कुछ राजनीतिक समर्थन है, (4) जो अच्छे वक्ता हैं, और (5) जो जोड़-तोड़ कर सकते हैं।

उस्मानिया विश्वविद्यालय के छात्र नेताओं का साठ के दशक के प्रथम वर्षों में रोबर्ट शॉ का अध्ययन संकेत देता है (अलबेचः 90-95) कि : (1) उनकी औसत पारिवारिक आय भारतीय परिवार की औसत आय से अधिक है; (2) उनमें से दो-तिहाई उच्च मध्यम वर्ग के हैं और एक-तिहाई उच्च वर्ग के हैं; (3) बहुत बड़ी संख्या में वे उच्च जाति के और ऊंची सामाजिक स्थिति के परिवारों के हैं; (4) एक-तिहाई (34.0%) ने विश्वविद्यालय में तीन वर्ष से कम व्यतीत किए थे, एक-तिहाई (33.0%) ने तीन से छह वर्ष, दसवें भाग (11.0%) ने छह से नौ वर्ष और पांचवें भाग (22.0%) ने नौ वर्ष से अधिक (विश्वविद्यालय में) व्यतीत किए थे; (5) तीन बटे पांच भाग (57.0%) अध्ययन में औसत से नीचे थे, लगभग एक चौथाई (23.0%) औसत, और केवल एक बटे पांच भाग (20.0%) प्रतिभाशाली थे; (6) दो-तिहाई की कोई राजनीतिक आकांक्षाएं नहीं थी परन्तु एक-तिहाई की राजनीति में प्रवेश करने की और

विधान सभा के चुनाव लड़ने की कुछ आकांक्षाएं थी; (7) आधे से कुछ अधिक भाग (56%) किसी राजनीतिक दल की विचारधारा में विश्वास रखते थे, लगभग दसवां भाग (11.0%) स्वतंत्र विचारधारा के थे; और (8) एक बटे पांच भाग के व्यक्ति (20.0%) के पारिवारिक सदस्य या सम्बंधी राजनीति में सक्रिय थे परन्तु चार बटे पांच भाग वाले व्यक्तियों (80.0%) के परिवार के किसी सदस्य का राजनीति की ओर कोई रुझान नहीं था। इस प्रकार यह समझा जा सकता है कि छात्र या युवा नेता सामान्यतः वे होते हैं, जो आर्थिक रूप से अक्षम (handicapped) नहीं होते, शैक्षिक रूप से औसत होते हैं, राजनीतिक दृष्टि से महत्वाकांक्षी होते हैं और सामाजिक दृष्टि से विकृत नहीं होते।

## युवा उत्तेजनापूर्ण आन्दोलन और पुलिस (Youth Agitations and Police)

युवा उत्तेजनापूर्ण आन्दोलनों में पुलिस की भूमिका उस समय शुरू होती है, जब युवा हिंसा में लिप्त होते हैं, जनसम्पत्ति को नष्ट करते हैं, प्रशासनिक अधिकारियों का घेराव करते हैं, बंद का आह्वान करते हैं, और दुकानदारों को बाज़ार बन्द करने के लिए बाध्य करते हैं, भूख हड़ताल पर बैठते हैं या रास्ता रोकते हैं और यातायात को बंद करते हैं।

पारम्परिक तरीके जो साधारणतया पुलिस द्वारा इन स्थितियों में अपनाए जाते हैं, वे हैं : अशांति फैलाने वालों को गिरफ्तार करना, दर्शकों को चलते रहने का आदेश देना, अश्रु गैस का उपयोग करना और लाठी-चार्ज करना, अधिक पुलिस लाकर डर उत्पन्न करना, दंगाग्रस्त क्षेत्र के चारों ओर पुलिस का घेरा डालकर उसे अलग करना, लोगों को वहां से चले जाने का निर्देश देकर भीड़ को कम करना, इस प्रकार उत्तेजित समूह के महत्वपूर्ण भाग को जनता के समर्थन से वंचित करना। सामान्यतः पुलिस इन तरीकों से युवा उत्तेजनापूर्ण आन्दोलनों को नियन्त्रित करने में सफल हो जाती है। यदि वह असफल रहती है तो वह अपनी ही हिचकिचाहट और अनिश्चितता के कारण रहती है या वह परोक्ष रूप से दंगाइयों के प्रति सहानुभूति रखती है या वह असली उपद्रवियों को राजनीतिक अथवा अधिकारी वर्ग के हस्तक्षेप के कारण गिरफ्तार नहीं कर पाती।

पुलिस की आवश्यकताएं होती हैं : (i) आन्दोलनकर्ताओं के साथ प्रारंभिक तालमेल बैठाना। आन्दोलन के स्थान पर पहुंचने के बाद उन्हें आन्दोलनकर्ताओं को सीधे ही धमकी नहीं देनी चाहिए या उन्हें पीटना शुरू नहीं कर देना चाहिए। इसके विपरीत उन्हें यह महसूस कराना चाहिए कि वे कानून और व्यवस्था को बनाए रखने के लिए आए हैं, न कि बदला लेने के लिए; (ii) आन्दोलनकर्ताओं के साथ उनके नेता या सक्रिय सदस्यों से बात करके सम्पर्क स्थापित करना; (iii) 'एक का सबके साथ' संबंध को तोड़ना, यानी नेता और अनुयायियों के बीच के संबंध तोड़ना; और (iv) तर्क का उपयोग नहीं करके और आन्दोलनकर्ताओं को बुद्धि से अपील करने के बजाय उनकी भावनाओं से अपील करनी चाहिए।

यह सब संभव हो सकता है; (अ) स्थिति के जोड़तोड़ से प्रभावित करके या (ब) व्यक्तियों (आन्दोलनकारियों) को जोड़तोड़ से प्रभावित करके। यह जोड़तोड़ जैसा कि निम्नांकित तालिका में दर्शाया गया है, सकारात्मक या नकारात्मक हो सकता है :

*पुलिस द्वारा उत्तेजनापूर्ण आन्दोलनात्मक स्थिति को निबटाना (जोड़तोड़ द्वारा)*

| ***जोड़तोड़ का स्वरूप*** | ***स्थिति को जोड़तोड़ से प्रभावित करना*** | ***आन्दोलनकर्ताओं के इरादों को जोड़तोड़ से प्रभावित करना*** |
|---|---|---|
| सकारात्मक | प्रलोभन (inducement) | प्रत्ययकारिता (Persuasion) |
| नकारात्मक | बल प्रयोग (coercion) | वचनबद्धता का उत्प्रेरण (Activation of Commitment) |

पुलिस इस प्रकार के उपाय तभी अपना सकती है, जब वह (अ) तटस्थता, (ब) वफादारी, (स) नैतिक कर्तव्य, और (द) जिम्मेदारी में विश्वास करती है। निर्णय लेने की स्थिति (situation) में निर्णय लेने वालों (पुलिस) का निर्णय निर्भर करता है : (i) समस्या के समाधान के लिए स्वयं की

सम्बद्धता (involvement) की सीमा और (ii) स्थिति (आन्दोलन) से निबटने में अनिश्चितता का बोध (perception of uncertainty), पूर्वोदाहरणों (दूसरे अफसरों के द्वारा इससे पहले प्रयोग में लाए गए) का अनुसरण करके, या नए उपागमों का उपयोग करके। स्वयं की निम्न स्तर की सम्बद्धता और अनिश्चितता के भारी बोध के परिणामस्वरूप निर्णय लेने वाला (पुलिस अफसर) खराब (poor) निर्णय लेता है, जबकि स्वयं की ऊंचे स्तर की सम्बद्धता और अनिश्चितता के कम बोध के परिणामस्वरूप वह सही और उपयुक्त (adequate) निर्णय लेता है।

खराब निर्णय = स्वयं की निम्न स्तर की सम्बद्धता +अनिश्चितता का भारी बोध

उपयुक्त निर्णय = स्वयं की ऊंचे स्तर की सम्बद्धता +अनिश्चितता का कम बोध

वह पुलिस अधिकारी जो अपनी नैतिक आस्थाओं या मूल्यों के आधार पर निर्णय नहीं लेकर बाहरी दबाव में आकर निर्णय लेता है, जो अपने निर्णय के मूल्यांकन के लिए दूसरों पर निर्भर रहता है, जो अपने निर्णय से तभी संतुष्ट होता है, जबकि दूसरे व्यक्ति संतुष्ट होते हैं, जो उत्तेजनापूर्ण आन्दोलन को चुनौती नहीं मानता अपितु आए दिन का काम समझता है, जो उत्तेजनापूर्ण आन्दोलन को नियन्त्रित करने में या समस्या के समाधान में अपना बहुत कम महत्व मानता है और जो कुछ निर्णय लेने से उनके परिणामों के डर से कतराता है, उस पुलिस अधिकारी में समस्या के समाधान करने और उत्तेजनापूर्ण आन्दोलन को नियन्त्रित करने में स्वयं की सम्बद्धता कम होगी।

निर्णय लेने वाले (पुलिस अफसर) का निर्णय लेने की स्थिति में अनिश्चितता का बोध उसके पूर्वानुभव के अभाव के कारण भी हो सकता है, यानी कि उसने पूर्व में ऐसी स्थिति का सामना ही नहीं किया हो, या वह सही मात्रा में सूचना प्राप्त नहीं कर पाया हो, अर्थात् स्थिति जिसके बारे में निर्णय लेना है, उसके बारे में बहुत कम सूचना हो, या स्थिति के उद्देश्य, समय और दिशा अपर्याप्त रूप से प्रभावित की गई हो, या पुलिस अफसर में स्थिति के मूल्यांकन करने या निर्णय के विकल्पों में सही विकल्प चुनने की क्षमता नहीं हो।

दुर्भाग्यवश हमारी सत्ता में राजनीतिक विशिष्ट वर्ग ने पुलिस तंत्र को सुधारने की ओर ठीक से कभी ध्यान नहीं दिया। आज अधिक आवश्यकता है, इस क्षेत्र में अधिक व्यावसायिकता (professionalism) की (पी.डी.शर्मा, 1977) जिसकी विशेषताएं होंगी, विकेन्द्रीकरण (कानून-हिंसा के प्रशासन को व्यवस्था बनाए रखने के प्रशासन से अलग करना), स्वायत्तता (राजनीतिक नेताओं और अफसरशाही प्रशासकों के अवांछित हस्तक्षेप को रोकना), विशेषज्ञता (उत्तेजनापूर्ण आन्दोलनों, बाल-अपराध, साम्प्रदायिक दंगों आदि से निबटने के लिए पृथक पुलिस), आधुनिकीकरण (पुलिस को आधुनिक प्रौद्योगिकी एवं विकसित हो रही आधुनिक विचारधारा से सुसज्जित करना) आधुनिक विचारधारा जो सुधारात्मक और संरक्षात्मक है, न कि रौब जमाने वाली और जवाबदेही (accountability) (जनता, विचारधारा व कानून के प्रति न कि सत्ता में राजनीतिज्ञों के प्रति)।

## युवा उत्तेजनापूर्ण आन्दोलनों को नियन्त्रित करना (Controlling Youth Agitations)

हमने युवा उत्तेजनापूर्ण आन्दोलनों के प्रमुख कारणों और उनके महत्वपूर्ण सिद्धान्तों पर विचार किया है। यह सही है कि स्पष्टतया, अशान्ति और उत्तेजनापूर्ण आन्दोलनों को उत्पन्न करने वाली शक्तियों का पूर्ण उन्मूलन नहीं किया जा सकता। तो फिर युवा उत्तेजनापूर्ण आन्दोलनों को कैसे कम किया जा सकता है? क्या सिद्धान्त और शोध इन्हें नियन्त्रित करने के उपायों का सुझाव दे सकते हैं?

1. एक सामान्य युवा पुरुष व्यक्तिवादी, कल्पनाशील और प्रतिस्पर्धी होता है। वह केवल मार्गदर्शन चाहता है, जिससे उसका जोश और उत्साह नियन्त्रित हो सके। लड़कों को रोष अभिव्यक्त करना सिखाना चाहिए। यदि एक व्यक्ति रोष को दबाता है, तो उसे एक निकास ढूंढ़ना पड़ता है, जिससे उसे मन का गुबार निकालने का अवसर मिल जाए। मनश्चिकित्सक पारिभाषिक शब्दावली में इसका अर्थ होता है, कि किसी भी व्यक्ति की संचित आक्रामक शक्ति, चाहे वह कुण्ठाओं से

हो या मूल प्रवृत्ति के मनोवेगों से बनी हो, मुक्ति चाहती है। माता-पिता को भी चाहिए कि वे अपने बच्चों को भावनात्मक दबाव को विभिन्न प्रकार की गतिविधियों (activities) में निर्मुक्त (release) करने के लिए प्रोत्साहित करें। तथापि, कुछ विद्वानों ने इस शुद्धिकरण परिकल्पना (catharsis hypothesis) को अस्वीकार किया है। गीन और क्वैन्टी (1977) जैसे सामाजिक मनोवैज्ञानिकों ने कहा है कि आक्रमण और उत्तेजनापूर्ण आन्दोलन के शुद्धिकरण मत की पुष्टि नहीं हुई है। रॉबर्ट आम्स और उसके सहयोगियों की रिपोर्ट के अनुसार, फुटबॉल, कुश्ती और हॉकी के कनाडा और अमेरिका के दर्शक मैच देखने के पश्चात पहले की तुलना में अधिक विद्वेष का प्रदर्शन करते हैं (आम्स एट.एस., 1979; गोल्डस्टीन और आम्स, 1971; रसल, 1981, 1983)। अधिक सीधे शुद्धिकरण परिकल्पना के प्रयोगशाला परीक्षण में जैक होकेन्सन और उसके सहयोगियों (1961, 1962, 1966) ने पाया कि जब फ्लोरिडा राज्य विश्वविद्यालय के विद्यार्थियों को उन पर जिन्होंने उन्हें उत्तेजित किया था, प्रत्याक्रमण (counter-attack) करने की अनुमति दे दी गई तो उनकी उत्तेजना (उनके रक्तचाप के नापे जाने के अनुसार) शीघ्र ही सामान्य हो गई। बदला लेने से शान्त हो जाने का प्रभाव केवल बहुत विशिष्ट परिस्थितियों में ही होना प्रतीत होता है-जबकि लक्ष्य उसको ही यातना देने वाला होता है, उसका एवजी (substitute) नहीं, और जब बदला लेना न्यायसंगत है और लक्ष्य भयभीत करने वाला नहीं है, जिससे वह बाद में दोषी और चिन्तित महसूस नहीं करे। दूसरी ओर, दूसरे प्रयोगों में आक्रमण का परिणाम और अधिक आक्रमण होता है। इसलिए यह आवश्यक है, कि युवाओं की अपने गुस्से और आक्रमणकारी भावनाओं को दबाने में सहायता की जानी चाहिए। अपनी शिकायतों को उत्तेजनापूर्ण आन्दोलनों द्वारा व्यक्त करने के बजाय यह अधिक आवश्यक है, कि अपनी भावनाओं को गैर-उत्तेजक तरीके से व्यक्त किया जाए और दूसरों को (विशेषतः निर्णय लेने वालों और सत्ता के ठेकेदारों को) यह सूचित किया जाए कि किस प्रकार उनका व्यवहार और उनके निर्णय का दूसरों पर दुष्प्रभाव पड़ता है। कदाचित् यह कहना ठीक है कि "जब तुम ऐसे निर्णय लेते हो तो हमें झुंझलाहट होती है और गुस्सा आता है और उत्तेजक तरीकों का प्रयोग करने का मन करता है" लड़कों की भावनाएं इस प्रकार बदल जाएं, जिसके फलस्वरूप सत्ता में आसीन अभिजन आक्रमण को और अधिक बढ़ाने के स्थान पर उसमें सुधार/क्षतिपूर्ति कर दें। मेयर्स (1988: 437) ने भी कहा है कि व्यक्ति आक्रामक हुए बिना भी आग्रही (assertive) हो सकता है।

2. प्रौढ़ों को यह तथ्य स्वीकार करना पड़ेगा कि युवा समस्याओं का समाधान उन्हें साथ लिए बिना नहीं हो सकता। इसलिए माता-पिता, प्राध्यापकों, एवं प्रशासकों को छात्रों/युवाओं का सहयोग प्राप्त करना पड़ेगा। युवाओं/छात्रों, माता-पिता, प्राध्यापकों, शैक्षणिक प्रशासकों, राजनीतिज्ञों और राजनीतिक दलों को युवाओं की समस्याओं/शिकायतों को समझने और उन्हें तर्क संगत दिशा-निर्देश देने के लिए सहयोग करना चाहिए।
3. ऐसे प्रयत्न किए जाने चाहिए जिससे छात्रों/युवाओं और प्राध्यापकों और शैक्षणिक प्रशासकों के दिन-प्रतिदिन के संपर्कों में जो छोटे-छोटे उत्तेजक (irritants) उत्पन्न होते हैं, वे हट जाएं। प्रत्येक शिक्षा संस्था में एक ऐसी व्यवस्था होनी चाहिए, जो छात्रों की शिकायतों की पहचान करे और उनका समाधान करे। इस प्रकार की व्यवस्थाओं को केवल समस्याओं के भड़क जाने के बाद ही निबटाने की प्रक्रिया प्रारम्भ नहीं करनी चाहिए परन्तु, निरन्तर प्रयास करते रहना चाहिए कि ऐसी घटनाएं जिनसे उलझनें उत्पन्न होती हैं, रोकी जा सकें। ऐसी संस्थाओं (छात्रों/प्राध्यापकों आदि) की निरंतर बैठकें होनी चाहिए। शिकायतों के समाधान के लिये प्रभावी उपाय हो सकते हैं : (i) वरिष्ठ अधिकारियों तक पहुंच, (ii) शिकायत पर कार्यवाही जहां तक संभव हो कम से कम समय में अथवा एक निश्चित समय के ढांचे में हो, (iii) मॉनीटर प्रणाली की स्थापना और

प्राध्यापकों एवं अधीनस्थ प्रशासनिक स्टाफ की नियमित रूप से रिपोर्ट लेना, और (iv) कुलपति या डीन या जो व्यक्ति सत्ता में है, उसके द्वारा अकस्मात निरीक्षण।

4. सभी राजनीतिक दलों में छात्रों के राजनीति में भाग लेने के संबंध में एक आम आचार संहिता पर सहमति होनी चाहिए। यह उन्हें राष्ट्रीय विकास के भविष्य में दायित्वों का निर्वाह करने के लिए तैयार करेगी। इसका कोई अर्थ नहीं है कि पहले तो छात्रों को राजनीति से दूर रहने के लिए प्रेरित किया जाए और फिर उनसे आशा की जाए, कि वे समाज निर्माण की प्रक्रिया में जोश से भाग लें।
5. इस प्रश्न पर कि शैक्षणिक प्रशासन की प्रक्रिया में छात्रों के हिस्सेदारी की सीमा और उसका संरूप क्या हो, पर शीघ्रातिशीघ्र निर्णय होना चाहिए।
6. शैक्षणिक संस्थाओं में पुलिस हस्तक्षेप के संबंध में सुस्पष्ट नियम बनाए जाने चाहिये। एक विश्वविद्यालय पुलिस बल को गठित करने के बारे में सोचा जा सकता हैं। हम विशेष रूप से छात्रों से और सामान्य रूप से युवाओं से निबटने के लिए एक विशेष रूप से प्रशिक्षित पुलिसकर्मी भी रख सकते हैं।

अब समय आ गया है कि इस विशाल युवा शक्ति जो अब तक उपेक्षित रही है, को विकास के लिए एवं सामाजिक अन्याय को हटाने के लिए और राष्ट्रीय सामूहिक लक्ष्यों की प्राप्ति के लिए लगाया जाए। दमन और टकराव के वातावरण के स्थान पर आशा, विश्वास और आस्था के वातावरण की आवश्यकता को समझना चाहिए और युवाओं को संगठित करने की पहल करनी चाहिए।

## REFERENCES


Altbach, Philip, "Students and Politics", in S.M. Lipset (ed.), *Student Politics*, Basic Books, New York, 1967.

—. *Turmoil and Transition: Higher Education and Students' Politics in India*, Lalvani Publishing House, Bombay, 1968.

Bansod, Pushpa, "Crisis on the Campus", *Seminar*, Vol. 44, April, 1963.

Berkowitz, L. (ed.), *Advances in Experimental Social Psychology*, Vol. 10, Academic Press, New York, 1979.

Blumer, Herbert, "Collective Behaviour", in Alfred McClung Lee (ed.), *Principles of Sociology*, Barnes & Noble, New York, 1969.

Dibona, Joseph, "Indiscipline and Student Leadership in an Indian University", in S.M. Lipset, *Student Politics*, Basic Books, New York, 1967.

Dollard, J., Doob, L., Miller, N., Mowrer O.H. and Sears, R., *Frustration and Aggression*, Yale University Press, New Haven, 1939.

Feshbach, S., "Aggression", in David Myres (ed.), *Social Psychology*, McGraw Hill Book Co., New York, 1970.

Geen, R.G. and Quanty, M.B., "The Catharsis of Aggression: An Evaluation of a Hypothesis", in L. Berkowitz (ed.), *Advances in Experimental Social Psychology*, Vol. 10, Academic Press, New York, 1977.

Gore, M.S., *Education and Modernisation in India*, Rawat Publications, Jaipur, 1982.

Huffer, Eric, *The True Believer*, Harper & Row, New York, 1951.

Horton, Paul B. and Hunt, Chester L., *Sociology* (6th edn), McGraw Hill International Book Company, Singapore, 1984.

Myres, David G., *Social Psychology* (6th edn), McGraw Hill, New York, 1988.

Report of the UGC Committee on *The Problem of Student Indiscipline in India*, UGC, Delhi, 1960.

Sarkar, Chanchal, *The Unquiet Campus: Indian Universities Today*, The Statesman Press, New Delhi, 1960.

Shah, B.V., "Students' Unrest: A Sociological Hypothesis", *Sociological Bulletin*, Vol. 18, Bombay, March, 1968.

Sharma, P.D., *Indian Police: A Development Approach*, Uppal Publishing House, Delhi, 1977.

Shaw, Robert C., "Student Politics and Student Leadership in an Indian University: The Case of Osmania", in P.G. Altbach (ed.), *Turmoil and Transition*, Basic Books, New York, 1968.

Shils, Edward, "Indian Students: Rather Sadhus than Philistines", *Encounter*, Vol. 17, September, 1961.

Stouffer, S.A., *The American Soldier: Adjustment During Army Life*, Vol. 1, Princeton University Press, Princeton, 1950.

Turner, Ralph H. and Killian, Lewis M., *Collective Behaviour*, Prentice Hall, Englewood Cliffs, New Jersey, 1972.

Walsh, Edward J., "Resource Mobilisation and Citizen Protest in Communities", *Social Problems*, Vol. 29, October, 1981.

# 9

# बाल-दुर्व्यवहार और बाल-श्रम

## Child Abuse and Child Labour

पिछले छः दशकों के निरन्तर योजना, कल्याणकारी कार्यक्रमों, विधि-निर्माण और प्रशासनिक कार्य के उपरान्त भी भारत में अधिकांश बच्चे दुख और कष्ट में रह रहे हैं। अधिकांश परिवारों में माता-पिता उनकी उपेक्षा करते हैं, देखभाल करने वाले उन्हें मारते-पीटते हैं, और मालिक उनके साथ लैंगिक दुर्व्यवहार करते हैं। यद्यपि बच्चों के साथ यह भावनात्मक, शारीरिक, और लैंगिक दुर्व्यवहार की समस्या बढ़ रही है, फिर भी अपने देश में इसने समाजशास्त्रियों और मनश्चिकित्सकों का ध्यान पिछले आठ-दस वर्षों से ही आकर्षित किया है। जनता और सरकार ने अभी भी इसको गंभीर समस्या नहीं माना है। जन-आक्रोश एवं व्यावसायिक चिन्ता की रचनात्मक एवं वास्तविक कार्य में परिणति होना अभी बाकी है।

## बाल-दुर्व्यवहार (Child Abuse)

### अवधारणा और प्रकार (Concept and Types)

कुछ अध्ययनों ने 'बाल-दुर्व्यवहार' को यह कह कर कि "वे बच्चे जिन्हें गंभीर शारीरिक चोट दुर्घटना के कारण न लगकर जानबूझ कर लगाई गई है" (गार्डन और ग्रे, 1982: 15) सीमित कर दिया है। सामाजिक वैज्ञानिकों ने इस परिभाषा को स्वीकार नहीं किया है, क्योंकि 'गम्भीर' शब्द में अस्पष्टताएं हैं और शारीरिक चोट में विविधताएं हैं। कैम्प और उसके सहयोगियों ने (1978) बाल-दुर्व्यवहार की परिभाषा इस प्रकार की है : 'यह स्थिति उनसे सम्बंधित है, जिन्हें जानबूझ कर शारीरिक आक्रमण के द्वारा ज़ख्मी किया गया है'। इस परिभाषा का क्षेत्र सीमित है, क्योंकि यह दुर्व्यवहार को केवल उन शारीरिक हिंसा के कार्यों तक सीमित करती है, जिससे नैदानिक (diagnostic) चोट लगती है। इस प्रकार बच्चों की उपेक्षा और दुर्व्यवहार के कार्य जो चोट नहीं पहुंचाते, परन्तु इसके बराबर ही हानिकर होते हैं इस परिभाषा में सम्मिलित नहीं किए जा सकते। बाल-दुर्व्यवहार की किसी परिभाषा को मान्य नहीं समझा जा सकता, जब तक कि उसमें बच्चे की मानसिक चोट, उपेक्षा और उसके साथ किया गया दुर्व्यवहार सम्मिलित नहीं हो। बर्गस (1979: 143) ने बाल-दुर्व्यवहार की और अधिक व्यापक परिभाषा दी है। उसके अनुसार, बाल-दुर्व्यवहार ऐसे किसी भी बच्चे की ओर संकेत करता है "जिसे माता-पिता, अभिभावकों और मालिकों के कार्यों और अनाचरण की त्रुटियों के कारण बगैर दुर्घटना के शारीरिक और मनोवैज्ञानिक चोट लगती है..."। मौखिक दुर्व्यवहार, शारीरिक हिंसा की धमकियां और अत्यधिक शारीरिक दंड, जिन्हें डॉक्टरी उपचार की आवश्यकता नहीं होती, को भी बाल-दुर्व्यवहार की इस परिभाषा में सम्मिलित किया गया है।

बाल-दुर्व्यवहार को सामान्यतया तीन प्रमुख श्रेणियों में विभाजित किया जाता है : शारीरिक, लैंगिक और भावात्मक। प्रत्येक में अभिज्ञेय (recognizable) विशेषताएं हैं। इरविंग स्लोन (1983: 2-3) द्वारा बतलाए गए स्कूल जाने वाले आयु के बच्चे में शारीरिक दुर्व्यवहार के सूचक (indicators) हैं :

चोटें, जलाए जाने के कारण छाले, हड्डी का टूट जाना, जख्म और खरोंच, उदर (पेट) की चोट, और आदमी के काटने के निशान। शारीरिक दुर्व्यवहार के व्यवहारवादी सूचक हैं : दुर्व्यवहार से ग्रसित बच्चा प्रौढ़ों के सम्पर्क से चौकस रहता है, वह जब दूसरे बच्चे रोते हैं, आशंकित हो जाता/जाती है, वह व्यवहार में आक्रामकता दिखाता/दिखाती है, वह माता-पिता/देखभाल करने वालों से भयभीत लगता/लगती है, और वह घर जाने से डरता/डरती है, या घर जाने के समय पर रोता/रोती है।

*बाल लैंगिक (sexual) दुर्व्यवहार* की परिभाषा इस प्रकार की गई है : "यह आश्रित और अपरिपक्व बच्चों का उन यौन सम्बंधी गतिविधियों में लिप्त होना है, जिन्हें वे पूरी तरह नहीं समझते और जिसके लिए वे जानकार सहमति नहीं दे सकते" (हेनरी केम्प, 1978: 127)। जूविनाइल जस्टिस एक्ट, 1986 बाल लैंगिक दुर्व्यवहार को ऐसे परिभाषित करता है : "यह एक बालक (लड़कियों के लिए 18 वर्ष से कम और लड़कों के लिए 16 वर्ष से कम) और एक प्रौढ़ (जो कि उसके शिकार (victim) से आयु में काफी बड़ा है, और बालक पर शक्ति जमाने और उस पर काबू पाने की स्थिति में है, या वह एक जानकार या अनजान व्यक्ति भी हो सकता है) के बीच पारस्परिक क्रिया है, जिसमें बालक का इस्तेमाल अपराधकर्ता या अन्य व्यक्ति के लैंगिक उत्तेजन के लिए किया जा रहा है"। लैंगिक दुर्व्यवहार अक्सर शारीरिक सूचकों से ही पहचाना नहीं जाता। प्रायः बालक किसी विश्वसनीय व्यक्ति (मां, मित्र, पड़ोसी, संबंधी या बहन) को बतलाता है, कि वह यौन-आक्रमण की/का शिकार हुई/हुआ है। फिर भी लैंगिक दुर्व्यवहार के कुछ शारीरिक चिह्न ये हैं (स्लोन इरविंग, 1983: 6) : चलने या बैठने में कठिनाई, फटे हुए, दाग लगे हुए या रक्तरंजित अन्दर के कपड़े, दर्द या खुजली की शिकायतें, चोटें या रक्तस्राव, और गर्भ (किशोरावस्था में)। लैंगिक दुर्व्यवहार के कुछ व्यावहारिक सूचक भी होते हैं। लैंगिक दुर्व्यवहार से पीड़ित बच्चा ग़ैर मिलनसार या मंद बुद्धि वाला दिखाई दे सकता है, उसके अपने समकक्ष बच्चों के साथ कम संबंध हो सकते हैं, वह गतिविधियों में भाग लेने के लिए अनिच्छुक हो सकता है, उसका अपराधी व्यवहार हो सकता है, वह घर से भाग सकता है, या वह यौन संबंधी बेतुका या असाधारण ज्ञान प्रदर्शित कर सकता है।

हाल ही में, बालकों के साथ किए जाने वाले यौन दुराचार से सम्बन्धित एक डरावना समाचार, जो न्यूजीलैंड से प्राप्त हुआ है, ने सभी को हिला कर रख दिया है, विशेषतौर पर उन्हें जो खेतों में कार्य करते हैं। 11 वर्ष की आयु का एक बालक अपने स्कूली मित्र की 36 वर्षीया मां को गर्भवती करने के बाद अब पिता बन चुका है। ऑकलैंड में रहने वाले इस बालक को उस महिला ने गर्भवती होने के पूर्व लंबे समय तक अपने साथ बार-बार दोहराई जाने वाली यौन क्रियाओं में संलिप्त होने के लिए बाध्य कर दिया था। वह बालक को पीने के लिए बियर दे देती थी और फिर उसे अपने साथ संभोग करने के लिए बाध्य करती थी (*टाइम्स ऑफ इंडिया,* 20 जून, 2013)।

*भावात्मक दुर्व्यवहार* से तात्पर्य बच्चे की उपेक्षा और उसके साथ खराब सलूक है। 'उपेक्षा' की सही परिभाषा करना कठिन है क्योंकि उसमें बच्चों की शारीरिक, भावात्मक, नैतिक और सामाजिक आवश्यकताओं की अवहेलना हो सकती है। शारीरिक उपेक्षा की परिभाषा है : "सामान्य जीवन की परमावश्यक वस्तुओं, जैसे, खाना, कपड़ा, मकान, ध्यान और देखरेख को मुहैया कराने में और आक्रमण से बचाव करने में असफलता"। भावात्मक उपेक्षा में प्रेम और अनुराग की अभिव्यक्ति का अभाव और जानबूझ कर सम्पर्क और प्रशंसा नहीं करना दोनों आते हैं। नैतिक उपेक्षा में ऐसी स्थितियों में जोखिम में डालना (exposure) है (मद्यव्यसन, अश्लीलता, अवैध यौन संबन्ध) जो नैतिक आचरण का ऐसा संरूप प्रस्तुत करती हैं, जो समाज के प्रतिमानों से भिन्न हैं। सामाजिक उपेक्षा में बच्चे को प्रशिक्षित और अनुशासित नहीं करना सम्मिलित है (क्रेटकोसी, 1979: 120)। इसी प्रकार भावात्मक उपेक्षा या दुर्व्यवहार का वर्णन ऐसे किया जा सकता है कि "यह ऐसे बच्चे, जिसकी आयु एक समाज विशेष द्वारा बच्चों की निर्धारित आयु से कम है (भारत में लड़कियों के लिये 18 और लड़कों के लिये 16), के साथ उस व्यक्ति द्वारा उपेक्षित व्यवहार करना है, जो ऐसी परिस्थितियों में उस बच्चे के लालन-पालन, देखरेख और कल्याण के लिये उत्तरदायी है, जिनमें बच्चे के स्वास्थ्य और कल्याण को हानि पहुंच सकती है या उन्हें खतरा हो

सकता है''। यह परिभाषा 'अकारण की चूक' (omission) को दुर्व्यवहार मानती है, न कि 'कार्य की चूक' (commission) को। बच्चे की भावात्मक बदसलूकी में दोषारोपण करना अनादर करना, अस्वीकार करना, सहोदर भाइयों और बहनों के साथ निरंतर असमानता का व्यवहार करना और बच्चे के कल्याण में माता-पिता/अभिभावक को दिलचस्पी का निरंतर अभाव सम्मिलित है। भावात्मक बदसलूकी बिरले ही शारीरिक चिह्नों से प्रकट होती है। भावात्मक बदसलूकी के कुछ शारीरिक सूचक हैं : बोली (speech) में विकृति, शारीरिक विकास में पिछड़ापन, और उन्नति करने में असफलता का संलक्षण (इरविंग स्लोन, 1983: 87)। भावात्मक बदसलूकी की व्यवहार संबन्धी विशेषताएं ये हैं (मैक्सविल्ड डेनवर, 1961: 6-7) : आदतों में विकार (काट खाना, अंगूठा चूसना), आचरण में विकार (ध्वंसात्मक प्रकृति, निर्दयता, चोरी करना), नाड़ी सम्बंधी लक्षण (neurotic traits) (नींद के विकार, खेलने के प्रति अंतर्बाधा), मनो-नाड़ी संबंधित (psycho-neurotic) प्रतिक्रिया (हिस्टीरिया, भय, मनोग्रस्ति (obsession), व्यवहार में उग्रता, (अत्यधिक शिकायत करने वाला, अत्यधिक सहनशील या आक्रामक, बहुत अपेक्षा रखने वाला, अथवा बिल्कुल ही अपेक्षा नहीं रखनेवाला), भावात्मक और बौद्धिक विकास में पिछड़ापन, और आत्मदाह का प्रयास।

उपर्युक्त वर्णित तीन प्रकार के बाल-दुर्व्यवहारों के अलावा हम बच्चों के *सामाजिक दुर्व्यवहार* को भी संदर्भित कर सकते हैं, जैसे बच्चों का अपहरण किया जाना तथा उन्हें सड़कों पर भीख मांगने के लिए बाध्य किया जाना। हम ऐसे मामलों को प्रायः समाचार पत्रों में पढ़ते रहते हैं। उदाहरण के लिए, जनवरी 1997 में 76 बच्चों, जिनमें से अधिकांश बालिकाएं थीं तथा जो 5 से 12 वर्ष के आयु समूह के थे, को सऊदी अरब से भारत वापस लाया गया था। ये बच्चे कुछ समय के लिए मुम्बई में बाल सुधार गृहों में दुर्बल होते हुए दिन काट रहे थे। चूंकि उन्हें अनिश्चितकाल के लिए इन सुधारगृहों में नहीं रखा जा सकता था, क्योंकि उन्होंने कोई भी अपराध नहीं किया था, अतः उन्हें उनके माता-पिताओं के पास भेज दिया गया अथवा मुम्बई की सड़कों पर उसी प्रकार से भीख मांगने के लिए छोड़ दिया गया, जिस प्रकार वे सऊदी अरब में भीख मांगा करते थे। उनमें से कुछ ने तो अपने आप को जीवित रखने के उद्देश्य से अपराध का मार्ग भी अपना लिया हो सकता है। इस प्रकार के मामलों में जो कुछ भी महत्वपूर्ण है, वह यह है, कि ये बच्चे भारत से सऊदी अरब किस प्रकार पहुंच गए? यदि उन्हें कानूनी तौर पर अनुमति प्रदान की गई थी तो उन्हें मार्ग प्रदान करने के लिए किसने आवेदन प्रस्तुत किया था? क्या उन्हें उनके माता-पिताओं के द्वारा बेच दिया गया था? इन बच्चों के बाजुओं पर कुछ विशिष्ट प्रकार के गोदने (टैटू) के चिह्न अंकित किए गए थे और संभव है कि ये किसी प्रकार की 'ब्रांडिंग' का कार्य हो। क्या वेश्यावृत्ति का संचालन करने वाले अथवा भीख मंगवाने का धंधा संचालित करने वाले गिरोह विदेशों में बच्चों का निर्यात किए जाने के इस निर्दयी व्यापार में संलिप्त हो सकते हैं? क्या उनका उपयोग यौन सुख प्राप्त करने के लिए किया गया था? क्या उनका उपयोग सोने की तस्करी अथवा हवाला के कार्य संचालन के लिए किया गया था? बच्चों का इस प्रकार का दुरुपयोग गहन जांच किए जाने का आह्वान करता है।

और, हाल ही के समय में, बदमाशी विरोधी गठबंधन (Anti-bullying alliance) के द्वारा संपन्न किए गए मत सर्वेक्षण के अनुसार, *ऑनलाइन दुरुपयोग* भी इतनी सामान्य बात हो चुकी है कि ब्रिटेन में आधे से भी अधिक बच्चों ने इसे अपने दैनिक जीवन के एक अंश के रूप में स्वीकार कर लिया है। इतना ही नहीं, प्रत्येक 10 में से 4 माता-पिता उनकी सहायता करने में असमर्थ हैं। (*टाइम्स ऑफ इंडिया,* 22 अक्टूबर, 2013)। भारत में भी कमोबेश ऐसी ही स्थिति विद्यमान है।

## बाल-दुर्व्यवहार का प्रभाव क्षेत्र (Incidence of Child Abuse)

जनता और सरकार की बाल-दुर्व्यवहार की समस्या में दिलचस्पी नहीं होने के कारण, भारत में दुर्व्यवहार के प्रभाव को बतलाने के लिए कोई आंकड़े एकत्रित नहीं किए गए हैं। हालांकि, विभिन्न

संस्थाओं/एजेन्सियों के द्वारा समय-समय पर अध्ययन संपन्न किए जाते रहे हैं। उदाहरण के लिए, यूनिसेफ तथा 'सेव द चिल्ड्रेन' नामक संस्था के आदेश पर भारत सरकार के महिला एवं बाल विकास मंत्रालय ने बाल उत्पीड़न की घटनाओं के लिए एक भरोसेमंद तथा व्यापक समझ को विकसित करने के लिए, तथा देश में बाल उत्पीड़न की समस्या पर प्रभावी तरीके से रोक लगाए जाने एवं उसे नियंत्रित करने वाली नीतियों एवं कार्यक्रमों के निर्धारण किए जाने के उद्देश्य से हाल ही एक अध्ययन संपन्न किया है। अध्ययन के निष्कर्षों से यह स्पष्ट होता है, कि बच्चों का न केवल शारीरिक बल्कि यौन एवं भावनात्मक उत्पीड़न भी किया जाता है। उत्पीड़न के विभिन्न स्वरूपों के अंतर्गत तथा विभिन्न साक्ष्यों के समूहों के अंतर्गत छोटे बच्चों (5 से 12 वर्ष की आयु वाले) के उत्पीड़न के उच्च स्तरों को दर्ज किया गया है। बालिकाओं की तुलना में बालक समान रूप से उत्पीड़न के जोखिम से घिरे हुए हैं। विश्वासपात्र एवं अधिकार संपन्न लोग ही प्रमुख उत्पीड़नकर्ता हैं। तथा, उत्पीड़ित किए गए बच्चों के 70 प्रतिशत भाग के द्वारा ऐसे मामलों के बारे में किसी को भी सूचित नहीं किया जाता है।

जहां तक बच्चों के शारीरिक उत्पीड़न का सम्बन्ध है, ऐसा पाया जा चुका है कि :

1. प्रत्येक तीन में से दो बच्चे का शारीरिक उत्पीड़न किया गया होता है।
2. नमूनों के रूप में कुल 13 राज्यों में शारीरिक रूप से उत्पीड़ित किए गए 69 प्रतिशत बच्चों में से 54.68 प्रतिशत बालक थे।
3. नमूने वाले सभी 13 राज्यों में 50 प्रतिशत से अधिक बच्चे शारीरिक उत्पीड़न के किसी न किसी स्वरूप का शिकार हुए थे।
4. ऐसे बच्चों में से पारिवारिक परिस्थितियों के अंदर रहते हुए शारीरिक रूप से उत्पीड़ित किए गए कुल बच्चों में से 88.6 प्रतिशत का शारीरिक उत्पीड़न माता-पिताओं के द्वारा किया गया था।
5. स्कूल जाने वाले बच्चों के 65 प्रतिशत भाग ने शारीरिक दंड दिए जाने को सूचित किया था, अर्थात् प्रत्येक 3 में से 2 बच्चे शारीरिक दंड के शिकार हो चुके थे।
6. अन्य राज्यों की तुलना में आंध्र प्रदेश, असम, बिहार तथा दिल्ली जैसे राज्यों द्वारा लगभग सतत् आधार पर उत्पीड़न की ऊंची दर को सूचित किया गया है।
7. अधिकांश बच्चे ऐसे मामलों की सूचना किसी को भी नहीं देते।
8. 50.2 प्रतिशत बच्चों ने सप्ताह के सातों दिन कार्य किया हुआ था।

जहां तक बच्चों के यौन उत्पीड़न का सम्बन्ध है, अध्ययन के द्वारा स्पष्ट किया गया कि :

1. 53.22 प्रतिशत बच्चों ने सूचित किया कि वे किसी न किसी प्रकार के यौन उत्पीड़न का सामना कर चुके हैं।
2. आंध्र प्रदेश, असम, बिहार तथा दिल्ली के द्वारा बालकों तथा बालिकाओं दोनों के ही साथ किए गए यौन उत्पीड़नों के सर्वाधिक ऊंचे प्रतिशत की सूचना दी गई है।
3. 21.90 प्रतिशत उत्तरदाताओं ने यौन उत्पीड़न के क्रूर तरीकों का सामना किए जाने तथा 50.76 प्रतिशत ने अन्य प्रकार के यौन उत्पीड़नों का सामना किए जाने को सूचित किया।
4. बाल उत्तरदाताओं में से 5.69 प्रतिशत ने यौन हमला यौन शोषण के जारी रहते होने को सूचित किया।
5. असम, आंध्र प्रदेश, बिहार तथा दिल्ली के बच्चों के द्वारा यौन शोषण की घटनाओं की सर्वाधिक बड़ी संख्या सूचित की गई।
6. सड़कों पर रहने वाले बच्चों, मजदूरी करने वाले बच्चों तथा संस्थागत देखभाल में रहने वाले बच्चों के द्वारा यौन शोषण की सर्वाधिक घटनाओं के बारे में सूचित किया गया।
7. 50 प्रतिशत उत्पीड़न ऐसे लोगों के द्वारा किया जाता है, जो बच्चों को जानने वाले होते हैं, अथवा जो भरोसेमंद पद पर तथा उनकी देखभाल के लिए उत्तरदायी होते हैं।
8. अधिकांश बच्चे ऐसे मामलों के सम्बन्ध में किसी को भी सूचित नहीं करते।

जहां तक बच्चों के भावनात्मक उत्पीड़न का सम्बन्ध है, अध्ययन के द्वारा पाया गया कि :

1. प्रत्येक दूसरे बच्चे ने भावनात्मक रूप से उत्पीड़न का सामना कर चुके होने को सूचित किया।
2. बालकों तथा बालिकाओं के समान प्रतिशत के द्वारा भावनात्मक रूप से उत्पीड़ित किया जाना सूचित किया गया।
3. 83 प्रतिशत मामलों में माता-पिता ही उत्पीड़क थे।
4. 48.4 प्रतिशत बालिकाओं की ख्वाहिश थी कि वे लड़का होतीं।

इस प्रकार से स्थिति की गंभीरता यह मांग करती है कि बाल उत्पीड़न के मुद्दे को राष्ट्रीय एजेंडे में स्थान प्रदान किया जाए। अपनी ओर से सरकार ने ऐसे उपाय, जैसे बाल अधिकारों के संरक्षण हेतु राष्ट्रीय एवं राज्य आयोगों की स्थापना किए जाने हेतु समर्थ बनाने वाले कानून पारित किया जाना, एकीकृत बाल संरक्षण योजना, बच्चों के विरुद्ध अपराध विधेयक इत्यादि को अपनाया है। देश में बच्चों को संरक्षण प्रदान किए जाने को सुनिश्चित किए जाने की दिशा में ये कुछ महत्वपूर्ण कदम हैं। किन्तु स्पष्ट तौर पर, ये पर्याप्त नहीं होंगे, तथा सरकार, नागरिक समाज एवं समुदायों को एक-दूसरे के साथ सहयोग करने एवं बच्चों के लिए संरक्षणपूर्ण वातावरण तैयार करने की दिशा में कार्य करना होगा।

## बाल-दुर्व्यवहार की सैद्धान्तिक व्याख्याएं (Theoretical Explanations of Child Abuse)

विद्वानों ने बाल-दुर्व्यवहार के उत्प्रेरक कारकों को समझाने के लिए कई व्याख्याएं प्रस्तुत की हैं। इनमें से महत्वपूर्ण हैं : (i) मनोविकृति-सम्बन्धी व्याख्या; (ii) सामाजिक-सांस्कृतिक व्याख्या जिसमें सम्मिलित हैं; (a) सामाजिक-पारिस्थितिक व्याख्या, (b) सामाजिक निवासस्थानिक व्याख्या और (c) सामाजिक नियन्त्रण व्याख्या; (iii) संसाधन व्याख्या; (iv) सामाजिक-पारस्परिक प्रभाव व्याख्या; और (v) सामाजिक ज्ञान (social learning) व्याख्या।

*मनोविकृति-सम्बन्धी (Psychiatric) व्याख्या* केम्प (1972), स्टील और पोलोक (1968), गेल्स (1973) और पार्क और कोल्मर (1975) जैसे विद्वानों ने प्रस्तुत की है। यह बाल-दुर्व्यवहार को मानसिक रोग और व्यक्तित्व के दोषों या अन्तः व्यक्ति असामान्यताओं (intra-individual abnormalities) से जोड़ती है। यह गाली-गलौज करने वाले पिताओं के साथ अपने बचपन में हुए अनुभवों को व्यक्तियों के कमज़ोर व्यक्तित्व विकास और कम आत्मसंयम से भी जोड़ती है (वुल्फ, 1987: 45)। इस धारणा को कि व्यक्तित्व के विकार (personality disorder) बाल-दुर्व्यवहार के लिए उत्तरदायी हैं, ऐसे विवरणों से और समर्थन मिला है कि दुर्व्यवहार करने वालों में अक्सर आवेगी एवं/या असामाजिक कार्यों के करने की प्रवृत्ति होती है, जो कि रोकथाम की भूमिका से भी आगे बढ़ जाते हैं। इस व्याख्या के अनुसार एक पिता या माता अपने बच्चे के साथ दुर्व्यवहार करता/करती है, क्योंकि उसकी भावात्मक आवश्यकताओं की पूर्ति नहीं हुई है (जो कि असंतोष, रोष या झुंझलाहट से प्रदर्शित होती हैं), वे बच्चे की आवश्यकताओं और क्षमताओं को स्वयं (माता/पिता की) की आकांक्षाओं से संतुलित करने में असमर्थ होते हैं या उनके गाली-गलौज (abusive) की या वंचित पारिवारिक पृष्ठभूमि का उनकी अपने बच्चों की देख-रेख करने की क्षमता पर द्रुष्प्रभाव पड़ता है। (वॉल्फ, 1987: 45)।

प्रारम्भ में इस व्याख्या को कई क्षेत्रों से समर्थन प्राप्त हुआ, जिनमें विधायक और जनहित समूह सम्मिलित थे, क्योंकि इसमें दुर्व्यवहार का पूरा दायित्व सम्बद्ध व्यक्ति के सर मढ़ दिया था और समाज को शिक्षा, पर्याप्त आवास, परिवार सहायता कार्यक्रमों, रोज़गार के अवसरों आदि के अभाव (जो बाल-दुर्व्यवहार के खतरे में योगदान देते हैं), के लिए समाज को अपनी जिम्मेदारी से दोषमुक्त कर दिया था। तथापि हाल में हुए अनुसन्धानों ने बाल-दुर्व्यवहार में मनोरोग विज्ञान की भूमिका के होने का खण्डन किया है।

*सामाजिक-सांस्कृतिक व्याख्या (Socio-cultural explanation)* जो सत्तर के दशक में दी गई थी, में दृढ़तापूर्वक कहा गया है कि बाल-दुर्व्यवहार बाहरी शक्तियों या सामाजिक-जनसांख्यिकीय चरों

(variables) के कारण होता है। इस व्याख्या में तीन उप-व्याख्याएं सम्मिलित हैं : सामाजिक-पारिस्थितिक, सामाजिक निवासस्थानिक (habitability) और सामाजिक नियन्त्रण।

*सामाजिक-पारिस्थितिक व्याख्या (Social situational explanation)* के अनुसार, दुर्व्यवहार और हिंसा दो कारणों से जन्म लेते हैं : संरचनात्मक तनाव और सांस्कृतिक प्रतिमान। जैसे-जैसे सामाजिक संरचना जिसमें माता-पिता रहते हैं अधिक तनावपूर्ण होती जाती है (या अधिक तनावपूर्ण प्रतीत होती है) उतनी ही इसकी संभावना अधिक होती जाती है कि उत्तेजित करने वाली और तनावपूर्ण घटनाओं पर नियन्त्रण पाने के लिए पारिवारिक हिंसा उभरेगी। यदि झगड़े को निबटाने के लिए हिंसा को उपयुक्त तकनीक मानने को सांस्कृतिक समर्थन प्राप्त हो जाता है तो बच्चे के पालने में शारीरिक दंड के उपयोग को आधार मिल जाता है। यदि पिता/माता को बचपन में कठोर शारीरिक दंड दिया जाता रहा है, तो उसमें ऐसे व्यवहार को सामान्य मानने की अधिक प्रवृत्ति होगी और शारीरिक बल के विरुद्ध निरोध में कमी आ जाएगी (बांदुरा, 1973)। स्टीन मेट्ज और स्ट्रोस (1974) ने कहा है कि कम आय, बेरोज़गारी, एकाकीपन, अनचाहा गर्भ और पति/पत्नी/सास, ससुर से झगड़े ऐसे संरचनात्मक तनाव उत्पन्न करते हैं, जो झगड़े के निबटाने के लिए हिंसा को सांस्कृतिक समर्थन मिलने के साथ जुड़कर, घर पर बच्चों पर शक्ति का प्रयोग और हिंसा करने का कारण बनते हैं। ऐसे सामाजिक कारक जो सामाजिक तनाव उत्पन्न करते हैं कि बात करते हुए गिल (1970) ने सामाजिक वर्ग और परिवार के आकार का उल्लेख किया है। लाइट (1973: 556-598) ने बेरोज़गारी और गेरबेरिनो (1977: 725-735) ने सामाजिक अलगाव का उल्लेख किया है।

फील्डमेन (1982) के अनुसार, इस व्याख्या में प्रमुख समस्या यह है कि यह इस जांच-परिणाम का स्पष्टीकरण नहीं देती कि एक से ही वंचन और प्रतिकूल परिस्थितियों में कई माता-पिता अपने बच्चों के साथ दुर्व्यवहार करते हैं और अन्य नहीं करते।

*सामाजिक निवासस्थानिक व्याख्या (Social habitability explanation)* जेम्स गेरवेरिनो ने 1977 में प्रस्तुत की। इसके अनुसार बच्चे के साथ दुर्व्यवहार का स्वरूप उस पर्यावरण, जिसमें व्यक्ति और परिवार रहता है, की विशेषता पर निर्भर होता है या पर्यावरण में परिवार की सहायता के स्तर पर होता है। पारिवारिक सहायता जितनी कम होगी, उतना ही बच्चों के दुर्व्यवहार का खतरा अधिक होगा।

*सामाजिक नियन्त्रण व्याख्या (Social control explanation)* गेल्स द्वारा 1973 में प्रस्तुत की गई। इसके अनुसार माता-पिता अपने बच्चों पर हिंसा का प्रयोग इसलिए करते हैं, क्योंकि उन्हें अपने ऊपर प्रहार का कोई डर नहीं होता, न ही गिरफ्तार होने का (जब तक कि कोई पड़ोसी इसकी पुलिस में शिकायत न कर दे)। इस प्रकार हिंसा का प्रयोग उस समय किया जाता है जब (i) हिंसात्मक होने की कीमत प्रतिफल (reward) से कम होती है, (ii) पारिवारिक संबंधों पर प्रभावी सामाजिक नियन्त्रण के अभाव में कीमत कम हो जाती है (एक सदस्य के दूसरे के प्रति हिंसक होने की), और (iii) परिवार के ढांचे पारिवारिक संबंधों पर सामाजिक नियन्त्रण को कम कर देते हैं और इसलिए हिंसक होने की कीमत कम हो जाती है और प्रतिफल बढ़ जाते हैं (गेल्स और कोरनेल, 1985: 121)। लेसलेट (1978: 480) ने भी कहा है कि (अ) घर में असमानता सामाजिक नियंत्रण और हिंसक होने की कीमतों को कम कर देती हैं, और (ब) परिवार में गोपनीयता पारिवारिक संबंधों पर निष्पादित किए जाने वाले सामाजिक नियन्त्रण की मात्रा को कम कर देती है।

गेल्स (1973) ने कहा है कि कुछ प्रकार के बच्चों-जैसे अपंग, बदसूरत, अधिक अपेक्षा रखने वाले, असामयिक वयस्क को अपने माता-पिता द्वारा बदसलूकी का अधिक खतरा होता है। यह इसलिए होता है कि या तो वे अपने माता-पिता से अधिक अपेक्षाएं (आर्थिक, सामाजिक या मनोवैज्ञानिक रूप से) रखते हैं या माता-पिता को ऐसा महसूस होता है, कि उनके समय और शक्ति की लागत के बदले वे पर्याप्त तुष्टि (sufficient gratification) प्रदान नहीं कर रहे हैं। इस प्रकार जब पिता को यह लगता है कि पितृत्व की कीमत प्रतिफल से अधिक है, तो वह अपने बच्चों के प्रति हिंसा का प्रयोग करता है।

इवन नाई (1979) ने भी इसके पहले गेल्स की भांति पीटर ब्लाऊ के सिद्धान्त को बाल-दुर्व्यवहार को समझाने के लिए मान लिया था। उसने कहा है कि बच्चों को पीटना ऐसे परिवारों में कम सामान्य है, जिनके संबंधी और/या मित्र पास में रहते हैं। नाई के प्रस्ताव को नया रूप देते हुए गेल्स और कार्नेल (1985) ने यह कहा है कि बच्चों को पीटना उस स्थिति में अधिक सामान्य है, जहां संबंधी, मित्र और पड़ोसी (यानी कि जो पारिवार के सदस्य नहीं हैं) प्रतिदिन की पारिवारिक आपसी बातचीत की प्रथा के अंग बनने के लिए या तो उपलब्ध नहीं हैं, या असमर्थ हैं या अनिच्छुक हैं और इस प्रकार वे सामाजिक नियन्त्रण के औपचारिक अथवा अनौपचारिक अभिकर्ता के रूप में कार्य नहीं कर पाते। गेल्स की यह भी मान्यता है, कि पारिवारिक संबंधों में (यानी कि माता-पिता के रूप में कार्य करते हुए) जितनी लागत उनके अनुसार लगती है और उस लागत पर उनके अनुसार जितना लाभ मिलता है, इन दोनों जितना अन्तर होगा, उतनी ही यह संभावना अधिक होगी, कि वहां हिंसा होगी। यह इस बात को भी स्पष्ट करता है कि पांच से सात वर्ष की आयु के बच्चे, 14 से 16 वर्ष की आयु के बच्चों की तुलना में क्यों अधिक शिकार हो सकते हैं। छोटे बच्चों के माता-पिता को बड़े बच्चों के माता-पिता की अपेक्षा यह अधिक महसूस होता है, कि वे अपने बच्चों पर अधिक व्यय कर रहे हैं और उसके अनुपात में उन्हें सही अर्थ में कम (प्रतिफल) प्राप्त हो रहा है।

इस व्याख्या की इन कारणों से आलोचना की गई कि : (1) यह मानना असंगत है, कि माता-पिता के बच्चों से संबंध लेनदेन पर आधारित है और बच्चों से माता-पिता का व्यवहार लाभ और लागत के आकलन से निर्धारित होता है। (2) यदि ऐसा मान भी लिया जाए तो यह क्यों होता है, कि सभी माता-पिता तो ऐसा आकलन नहीं करते, केवल कुछ ही करते हों और सभी माता-पिता तो अपने बच्चों को नहीं पीटते, कुछ ही ऐसा करते हैं। क्या यह व्याख्या हिंसा के प्रयोग में व्यक्तित्व के कारक को अनदेखा नहीं कर देती? जो बच्चे काम करते हैं, उन्हें (काम नहीं करने वाले बच्चों की तरह) उनके माता-पिता द्वारा क्यों पीटा जाता है, जबकि वहां पर तो माता-पिता के रूप में कार्य करने की एवज में उन्हें कुछ प्रतिफल की प्राप्ति होती है?

*संसाधन व्याख्या (Resource explanation)* विलियम गुडे ने 1971 में दी। इसके अनुसार एक व्यक्ति का बल प्रयोग इस पर आधारित है कि वह संसाधनों-सामाजिक, व्यक्तिगत और आर्थिक-पर कितना नियन्त्रण या अधिकार रखता है। जितने अधिक संसाधन एक व्यक्ति के पास होंगे, उतना ही कम बल प्रयोग को वह खुले रूप से करेगा। इस प्रकार यदि एक पिता अपने परिवार में प्रभुत्वशाली व्यक्ति बनना चाहता है, परन्तु वह अधिक शिक्षित नहीं है, छोटी नौकरी करता है, उसकी आय कम है और उसमें अन्तर-वैयक्तिक निपुणताओं का अभाव है, तो वह अपनी प्रभुत्वशाली स्थिति को बनाए रखने के लिए अपने बच्चों के साथ हिंसा का प्रयोग कर सकता है।

*सामाजिक पारस्परिक क्रिया व्याख्या (Social interactional explanation)* बर्गीस ने 1979 में प्रतिपादित की। यह बाल-दुर्व्यवहार के कारणों का अध्ययन भूतपूर्व घटनाओं (उदाहरणतया, बचपन में दुर्व्यवहार की अवस्थिति) और वर्तमान की घटनाओं (उदाहरणतया बहुत अपेक्षा रखने वाला बच्चा) दोनों में व्यक्ति के परिवार और सामाजिक कारकों के पारस्परिक प्रभाव की भूमिका से करती है। माता-पिता की शिक्षा प्राप्ति का इतिहास, अलग-वैयक्तिक अनुभव और अन्तर्भूत क्षमताओं को पहले से ही प्रवृत्त (pre-disposing) विशेषताएं माना जाता है जो कि अपमानजनक संरूप में महत्वपूर्ण योगदान देते हैं। इस व्याख्या में दुर्व्यवहार के होने में बच्चे की अन्तर्निहित भूमिका को भी स्वीकार किया जाता है। जिन परिस्थितियों में बच्चे का पालन-पोषण होता है और जिन तरीकों का माता-पिता द्वारा प्रयोग किया जाता है, विशेषकर उनके दंड देने के तरीकों का, यह बतलाने में सहायक हो सकते हैं, कि कुछ विशेष निर्धारित परिस्थितियों में कुछ प्रौढ़ व्यक्ति अपमानजनक व्यवहार करने के लिए पहले से ही क्यों प्रवृत्त होते हैं।

यद्यपि यह व्याख्या परिवार या समाज के संदर्भ में दुर्व्यवहार करने वाले पिता के वर्तमान के व्यवहार से विशेषरूप से संबंधित है, फिर भी मनोवैज्ञानिक प्रक्रियाएं (mechanisms) जैसे घटनाओं का बोध और

व्याख्याएं (perceptions and interpretations of events) भी पिता-बच्चे की पारस्परिक क्रियाओं को प्रभावित करने में महत्वपूर्ण कारक माने जाते हैं (वुल्फ, 1987: 49)। पारस्परिक क्रियाओं वाली व्याख्या इस प्रकार आवश्यक रूप से केवल दृष्टिगोचर व्यवहार (observable behaviour) तक ही सीमित नहीं है (जैसे माता-पिता की आलोचनाएं या गुस्से के प्रदर्शन...) परन्तु इसमें संज्ञानात्मक (cognitive) एवं प्रभावशाली प्रक्रियाएं (जैसे बुद्धि, मनोवृत्तियां ...) भी सम्मिलित हैं, जो कि व्यवहार में परिवर्तनों के लिए माध्यम के रूप में कार्य (mediate) कर सकती हैं।

*सामाजिक ज्ञान (Social learning)* सिद्धान्त माता-पिता के रूप में कार्य करने के पाण्डित्य स्वरूप (learned nature of parenting) पर और इस तथ्य पर कि कई पिताओं में बच्चे के पालन के अत्यधिक जटिल कार्य को करने के लिए समुचित ज्ञान और प्रवीणता का अभाव होता है, बल देता है। उनमें (बच्चों के पालन के लिए) मूलभूत प्रवीणताओं का ही केवल अभाव नहीं होता अपितु तनाव से निबटने के लिए आवश्यक रणनीतियों का भी अभाव हो सकता है, जिसके कारण तनाव उत्तरोत्तर बढ़ता चला जाता है, और उसका सामना करने की क्षमता नहीं होती है।

## दुर्व्यवहार के शिकार (The Victims of Abuse)

राजस्थान में 1990 में जी.एस. केवलरमानी द्वारा बाल-दुर्व्यवहार पर दुर्व्यवहार के स्वरूप, विस्तार, संरूपों और कारणों का निर्धारण करने, दुर्व्यवहार करने वालों और उनके शिकारों की विशेषताओं का चित्रण करने और बच्चे की भूमिका पालन और विकास पर दुर्व्यवहार के प्रभाव का विश्लेषण करने के लिए एक आनुभविक अध्ययन किया गया (*चाइल्ड अब्यूज़,* 1992)। अध्ययन 10-16 आयु समूह के 167 बच्चों पर केन्द्रित था। 167 मामलों में से जिनका अध्ययन किया गया 124 शारीरिक दुर्व्यवहार के मामले थे, 23 लैंगिक दुर्व्यवहार के, और 103 भावात्मक दुर्व्यवहार के थे। इसके अतिरिक्त कुल मामले जिनका अध्ययन किया गया, उनमें 61.7 प्रतिशत लड़के और 38.3 प्रतिशत लड़कियां थीं। लड़कों में से 42.7 प्रतिशत कार्यरत थे और 57.3 प्रतिशत कार्यरत नहीं थे; लड़कियों में 46.9 प्रतिशत कार्यरत थीं और 53.1 प्रतिशत कार्यरत नहीं थीं। साक्षात्कार किए गए बच्चों के आयु समूह थे : 10-11 वर्षों वाले 20.4 प्रतिशत, 12-13 वर्षों वाले 25.7 प्रतिशत, 14-15 वर्षों वाले 24.6 प्रतिशत, और 16 वर्ष वाले 29.3 प्रतिशत।

तीन प्रकार के बाल-दुर्व्यवहार (अर्थात् शारीरिक, लैंगिक और भावात्मक) पर किए गए इस अध्ययन के महत्वपूर्ण निष्कर्ष निम्नांकित थे :

### *शारीरिक दुर्व्यवहार (Physical Abuse)*

(1) लड़कियों की अपेक्षा लड़कों की अधिक पिटाई होती है (अनुपात है, 1.3:1)। (2) स्कूल जाने वाले बच्चों को स्कूल नहीं जाने वालों की अपेक्षा शारीरिक दुर्व्यवहार का अधिक खतरा होता है। (3) अधिक आयु (14-16 वर्ष) के बच्चों के साथ कम आयु के बच्चों की अपेक्षाकृत अधिक शारीरिक दुर्व्यवहार होता है। (4) बच्चे जो कार्यरत नहीं हैं, उन्हें कार्यरत बच्चों की तुलना में अधिक पीटा जाता है। (5) बच्चे जिनके साथ कभी-कभी (occasional) दुर्व्यवहार होता है (एक महीने में दो या तीन बार) और उन बच्चों जिनके साथ बार-बार दुर्व्यवहार होता है (हफ्ते में एक या दो बार) या इससे भी अधिक (very frequently) दुर्व्यवहार होता है (हफ्ते में तीन या चार बार) का अनुपात 1:5.5 है। (6) अधिकांश दुर्व्यवहार के शिकार बच्चे निर्धन परिवारों के होते हैं (लगभग 60.0%) जिनकी मासिक आय 500 रुपए से कम होती है। केवल छोटी सी संख्या (लगभग 2.0%) संपन्न परिवारों की होती है यानी कि जिनकी आय 1500 रुपए या अधिक प्रति माह होती है। यह इस बात को दर्शाती है कि निर्धनता और शारीरिक दुर्व्यवहार का महत्वपूर्ण संबंध है। (7) बड़ी संख्या में इन मामलों में शारीरिक दुर्व्यवहार करने वाले परिवार के सदस्य (पिता, माता, सहोदर भाई और बहन होते हैं)। (8) लैंगिक दुर्व्यवहार करने वाले दूसरे लिंग के बच्चों की अपेक्षा अपने ही लिंग के बच्चों के साथ अधिक संख्या

में दुर्व्यवहार करते हैं। (9) पिताओं की अपेक्षा (40.0%) माताएं बच्चों से अधिक दुर्व्यवहार (60.0%) करती हैं। फिर भी पुरुषों का बच्चों के साथ दुर्व्यवहार महिलाओं की तुलना में अधिक कठोर होता है। (10) दुर्व्यवहार करने वाले माता-पिता आयु में अपने तीस या चालीस के दशकों में होते हैं, जबकि सहोदर भाई-बहन अपने बीस के दशक में। (11) बच्चों के पीटने के प्रमुख तरीके होते हैं, थप्पड़ और घूंसे मारना (40.0%), भिन्न-भिन्न चीजों से मारना (35.0%), लात मारना (19.0%), गला दबाना और/या घोंटना (10.0%), रस्सी से बांधना (3.0%), और बाल नोचना (2.0%)। (12) अधिकांश मामलों में (85.0%) पीटने से बच्चे के चोट नहीं लगती। (13) बच्चे के साथ शारीरिक हिंसा विभिन्न किस्मों की होती है। रोज़ाना (routine) पीटना और गैर-रोज़ाना (non-routine) पीटने से भिन्न होता है। पहले में तो माता-पिता यह सोचते हैं, कि बच्चा इसी के 'लायक' (deserve) है और बच्चे भी सोचते हैं, कि उन्होंने ही ''निमन्त्रण दिया था''। गैर-रोजाना पीटना वह होता है जो बच्चे के द्वारा भड़काया जाता है। द्वैतीयक (secondary) हिंसा वह है, जिसे माता और पिता में से एक न्यायपूर्ण और वैध समझाता है, परन्तु दूसरा (parent) अन्यायपूर्ण मानता है (केवलरमानी, 1992: 50-60)।

गैर-रोज़ाना हिंसा (non-routine violence) का इस प्रकार उपवर्गीकरण किया गया है : ज्वालामुखी (volcanic) हिंसा, मदिरा से संबंधित हिंसा, लिंग से संबंधित या ईर्ष्या-अभिमुख (jealousy oriented) हिंसा, अभिव्यंजक (expressive) हिंसा, सत्ता-अभिमुख या साधक (instrumental) हिंसा, और पीड़ित व्यक्ति द्वारा भड़काई (victim oriented) हिंसा। ज्वालामुखी-हिंसा वह है जिसका प्रयोग न तो वांछित उद्देश्य की प्राप्ति के लिए किया जाता है और न कार्य को वैध करने के लिए। यह उस समय होती है जब दण्डित करने वाला (पिता, मालिक) बाहरी कारणवश उत्पन्न तनाव, जैसे नौकरी छूटना, या किसी के द्वारा अपमानित होना या नुकसान हो जाना, के कारण धैर्य खो बैठता है। मदिरा से संबंधित हिंसा वह है, जहां हिंसा मदिरापान के कारण होती है। मदिरा आक्रामकता (aggression) को भड़काती है, व्यक्ति को विवेकहीन (irrational) बनाती है और अंतर्बाधा को समाप्त करने की अभिकर्ता (disinhibitory agent) बन जाती है, जो कि हिंसा के मनोवेगों को उभारती है। इस प्रकार की हिंसा केवल पुरुष-हिंसा होती है। ईर्ष्या-अभिमुख या लिंग संबंधी हिंसा वह है, जहां एक लिंग का/की पिता/माता दूसरे लिंग के बच्चे को ईर्ष्या से प्रेरित होकर मारता/मारती है। सौतेले बाप का अपनी लड़की को मारना, या सौतेली मां का अपने लड़के को मारना इस प्रकार की हिंसा के उदाहरण हैं।

अभिव्यंजक (expressive) हिंसा वह है, जिसमें शारीरिक बल का प्रयोग ही अपने आप में उद्देश्य है। साधक (instrumental) या सत्ता-अभिमुख (power-oriented) हिंसा वह है, जिसका उद्देश्य बच्चे को अपने व्यवहार में परिवर्तन लाने के लिए ही प्रेरित करना तथा उन पर सत्ता जमाना भी है। पीड़ित बालक द्वारा भड़काई हिंसा वह है, जिसमें हिंसा का शिकार अपने उत्पीड़न के लिए स्वयं योगदान देता है या तो अपने कार्यों से जो कि आक्रामक पिता द्वारा विचलित (deviant) समझे जाते हैं, या उनका (माता-पिता) विरोध भड़का कर।

### *लैंगिक दुर्व्यवहार (Sexual Abuse)*

(1) लड़कियां लड़कों की अपेक्षा लैंगिक दुर्व्यवहार की अधिक शिकार होती हैं (अनुपात 2.3:1)। (2) बड़े अनुपात में लैंगिक दुर्व्यवहार के शिकार उस समय होते हैं, जब वे 14 या 14 वर्ष से अधिक आयु के होते हैं। चौदह वर्ष से कम आयु के शिकार और 14 वर्ष से अधिक आयु के शिकार का अनुपात लगभग 1:5 है। (3) लिंग और दुर्व्यवहार करने वालों (abusers) की संख्या का घनिष्ठ संबंध है। लड़कों के साथ लैंगिक दुर्व्यवहार प्रायः एक व्यक्ति द्वारा किया जाता है, जबकि साधारणतया लड़कियों के साथ दुर्व्यवहार एक व्यक्ति से अधिक द्वारा किया जाता है। (4) बल प्रयोग अथवा शारीरिक क्षति बिरले ही होती है। पीड़ितों (victims) को दुर्व्यवहार करने वाले मनोवैज्ञानिक ढंग से

अपने प्रति वफादारी या प्रेम उत्पन्न करके या अपने ऊपर निर्भरता जता कर फुसला लेते हैं। (5) लैंगिक दुर्व्यवहार के पीड़ित (sexually abused) साधारणतया निम्न सामाजिक-आर्थिक परिवारों के होते हैं। (6) बच्चों के साथ लैंगिक दुर्व्यवहार का धर्म या जाति की सदस्यता से कोई संबंध नहीं होता है। इसके कुछ प्रमाण हैं, कि निम्न जाति की स्त्रियां उच्च जाति की स्त्रियों की अपेक्षा लैंगिक आक्रमण की अधिक शिकार होती हैं, परन्तु यह बचपन के लैंगिक दुर्व्यवहार की अपेक्षा बलात्कार से अधिक संबंधित हैं। (7) जहां पीड़ितों के आयु वितरण में अधिक एकरूपता (homogeneity) है, आक्रमणकारियों के आयु वितरण में अधिक विषमता (heterogeneity) है, जैसे, बहुत कम आयु का, युवा, प्रारम्भिक मध्यवय दीर्घ मध्यवय। (8) लगभग दो-तिहाई मामलों में (66.7%) दुर्व्यवहार करने वालों के पीड़ितों से द्वैतीयक संबंध होते हैं (मालिक, साथ काम करने वाले, अध्यापक, किरायेदार और परिचित व्यक्ति)। रक्त-संबंधी दुर्व्यवहार करने वालों की एक छोटी श्रेणी होती है। दूसरे शब्दों में अधिकतर बच्चे के साथ लैंगिक दुर्व्यवहार (93.0%) परिवार के बाहर होता है। (9) लड़के साधारणतया 'रोज़गार संबंधित दुर्व्यवहार' के पीड़ित होते हैं, जबकि लड़कियां साधारणतया 'परिचय संबंधित दुर्व्यवहार' की पीड़ित होती है। (10) रोजगार संबंधित लैंगिक दुर्व्यवहार दो-तिहाई साथ में काम करने वालों द्वारा किया जाता है, और एक तिहाई मालिकों द्वारा।

### *भावात्मक दुर्व्यवहार (Emotional Abuse)*

(1) लड़कियों की अपेक्षा लड़कों के साथ अधिक भावात्मक दुर्व्यवहार होता है, अनुपात है 1.3:1। (2) कार्यरत बच्चों को उतनी ही उपेक्षा होती है, जितनी कि जो कार्यरत नहीं हैं। स्कूल जाने वाले बच्चों के साथ स्कूल नहीं जाने वाले बच्चों की तुलना में अधिक दुर्व्यवहार होता है। भावात्मक दुर्व्यवहार के विभिन्न ढंगों में से देख-रेख का निरन्तर अभाव 62.0 प्रतिशत है, अनादर किया जाना 50.0 प्रतिशत में पाया जाता है, झूठा दोषारोपण 33.0 प्रतिशत में, अध्ययन और कल्याण की चिन्ता का अभाव 28.0 प्रतिशत में, बहिष्करण 18.0 प्रतिशत में, और सहोदर भाई-बहनों में असमान व्यवहार 17.0 प्रतिशत मामलों में। मात-पिता का अनुपात जो बच्चों में 'बिल्कुल दिलचस्पी नहीं लेते', 'कम दिलचस्पी लेते हैं', और 'साधारण दिलचस्पी लेते हैं' क्रमशः लगभग 5:3:1 है। (6) इन मामलों में बड़ी संख्या में (76%) जो माता-पिता बच्चे की उपेक्षा करते हैं, वे लोग होते हैं, जिनकी आय कम होती है और दायित्व कई होते हैं; जो अधेड़ अवस्था के, निरक्षर या कम शिक्षित होते हैं; और जो कम प्रतिष्ठा के रोजगार करते हैं। (7) मता-पिता की बड़ी संख्या जो अपने बच्चों से दुर्व्यवहार करते हैं, उन लोगों की होती है, जिनके व्यवहार की विशेषताएं आक्रामक, चिड़चिड़े और तानाशाही होने की होती हैं; और जिनमें निम्न-सम्मान और विरसता (alienation) की भावनाएं होती हैं और सामाजिक विशेषताओं से समानुभूति (empathy) करने की क्षमता का अभाव होता है।

## बाल-दुर्व्यवहार के कारण (Causes of Child Abuse)

बाल-दुर्व्यवहार का प्रमुख कारण अधिकांशतया प्रौढ़ दुर्व्यवहार करने वालों (माता-पिता, मालिक...) की अपने वातावरण (दोनों परिवार व कार्य स्थल) में अनुकूलन में असफलता या असमायोजन है, परन्तु कुछ सीमा तक इसके लिए वे प्रौढ़ भी होते हैं, जो पारिवारिक समाजीकरण के लिए उत्तरदायी हैं (केवलरमानी, 1992: 199)। इस विषय पर चर्चा करने से पहले हम बाल-दुर्व्यवहार की तीन विभिन्न श्रेणियों के कारणों का अलग-अलग से विश्लेषण करेंगे।

### *शारीरिक दुर्व्यवहार के कारण (Causes of Physical Abuse)*

भिन्न-भिन्न विद्वानों ने शारीरिक दुर्व्यवहार के भिन्न-भिन्न कारण बतलाए हैं। कुछ विद्वान व्यक्तिगत अपराधकर्ताओं के मनोरोग-विज्ञान (psycho-pathology) को मुख्य कारक मानते हैं, दूसरे पारिवारिक अन्तर्क्रिया के मनो-सामाजिक रोग-विज्ञान को प्रमुख कारण समझते हैं और कुछ और दूसरे घोर तनाव की स्थितियों पर विशेष बल देते हैं। तथापि, केवलरमानी द्वारा राजस्थान में किया गया आनुभविक

अध्ययन यह स्पष्ट करता है कि 'पारिवारिक तनाव सम्बन्धी कारक' बाल-दुर्व्यवहार की यथेष्ट कारण-व्याख्या (causal explanation) करते हैं। परिस्थिति के तनावों ने बच्चे के शारीरिक दुर्व्यवहार के प्रमुख कारणों के चार रूप इंगित किए हैं : (अ) पति-पत्नी के बीच संबंध, (ब) माता-पिता और बच्चों के बीच संबंध, (स) संरचनात्मक तनाव, और (द) बच्चे द्वारा उत्पन्न किया गया तनाव।

बच्चों को पीटने के जो चार प्रमुख कारण पाए गए वे हैं : बच्चों का निरन्तर माता-पिता की आज्ञा नहीं मानना (35.1%), माता-पिता के बीच झगड़े और बच्चे को बलि का बकरा बना कर पीटना (18.8%), बच्चे का अध्ययन में रुचि नहीं लेना (9.1%), बच्चे का अधिक समय घर से बाहर बिताना (8.4%), बच्चे को रोजी-रोटी कमाने से मना करना (6.5%), बच्चे का प्रायः अपने भाई-बहनों से लड़ना (5.2%), बच्चे का प्रायः स्कूल से अनुपस्थित रहना (5.2%), बच्चे का अपने माता-पिता/अभिभावकों को अपनी संपूर्ण कमाई को देने से इंकार करना (5.2%), बाहर के व्यक्तियों से दुर्व्यवहार की शिकायतें सुनना (3.9%), और बच्चे का विचलित (deviant) व्यवहार अपनाना जैसे चोरी करना, सिगरेट आदि पीना... (2.6%) (वहीः 58)। ये सब कारक (माता-पिता की अवज्ञा करना, माता-पिता के बीच झगड़े, घर से बाहर अधिकांश समय बिताना, बच्चे का अध्ययन कार्य में रुचि नहीं लेना...) अपराधकर्ताओं (perpetrators) के व्यक्तिगत व्यक्तित्व के दोषों को इतना नहीं बतलाते जितना कि उन प्रमुख कारकों को बतलाते हैं जिनके परिणामस्वरूप बाल-दुर्व्यवहार होता है। इसलिए यह कहा जा सकता है कि अपराधकर्ताओं के व्यक्तित्व की विशेषताओं को यद्यपि नकारा नहीं जा सकता है, फिर भी पारिवारिक वातावरण और तनावग्रस्त परिवार की स्थितियां बच्चे को पीटने में अधिक निर्णायक कारक होते हैं।

### *लैंगिक दुर्व्यवहार के कारण (Causes of Sexual Abuse)*

लैंगिक दुर्व्यवहार के चार कारण जो अधिकांशतया दिये जाते हैं वे हैं : अपराधकर्ताओं की समायोजन (adjustment) की समस्या, परिवार का विघटन, पीड़ित के विशेष गुण, और दुर्व्यवहार करने वालों की मनोवैज्ञानिक विकृतियां। तथापि, बाल-दुर्व्यवहार पर केवलरमानी द्वारा किया गया अध्ययन लैंगिक दुर्व्यवहार की समस्या को एक 'प्रणाली मॉडल' (System Model) के द्वारा समझाना चाहता है और इसको ऐसा व्यवहार मानता है, जो विभिन्न स्तरों पर कई कारकों से प्रभावित होता है, यानी, यह ऐसा व्यवहार है, जो कि कारकों के एक पुंज के संचित (cumulative) प्रभाव का परिणाम है। वास्तव में इस अध्ययन ने प्रणाली उपागम का उपयोग न केवल लैंगिक दुर्व्यवहार के अपितु शारीरिक और भावात्मक दुर्व्यवहार के अध्ययन के लिए भी किया। लैंगिक दुर्व्यवहार से संबंधित चार चर (variables) थे : पारिवारिक पर्यावरण, पारिवारिक संरचना, व्यक्तिगत प्रवृत्तियां, और स्थितियों से संबंधित कारक।

पारिवारिक पर्यावरण के विश्लेषण ने दर्शाया कि परिवार में भीड़-भाड़ लैंगिक दुर्व्यवहार से संबंधित नहीं है, परन्तु माता-पिता के झगड़े और अंतर्बाधाओं (inhibitions) की कमजोरी जिससे बच्चों की उपेक्षा होती है, परिवार में माता-पिता और बच्चे में स्नेहपूर्ण संबंधों का अभाव जिससे बच्चे को बल और संरक्षण प्राप्त नहीं होता, जीविका उपार्जित करने वाले पुरुष सदस्य का मद्यपान, उसमें उत्तरदायित्वता का अभाव, बच्चों पर पर्याप्त नियन्त्रण का अभाव, मां के किसी आदमी के साथ अवैध संबंध और उपपति का अपनी रखैल पर अधिकार, सौतेले पिता का आधिपत्य, और परिवार का सामाजिक अलगाव (यानी, परिवार का सामाजिक तंत्रों या समाज की गतिविधियों में भाग नहीं लेना) वे कारक थे, जो लैंगिक दुर्व्यवहार में अधिक महत्वपूर्ण थे।

कार्य-स्थल का वातावरण भी लैंगिक उत्पीड़न में योग देता है। केवलरमानी के अध्ययन में ऐसे कई मामले सामने आए जब छोटी आयु के पीड़ितों पर मालिकों ने आक्रमण किया और साथ काम करने वालों ने उनको उत्पीड़ित किया, जब वे घर/कार्य-स्थल/स्कूल में बिल्कुल अकेले थे। कम आयु वाली लड़कियों का अकेला होना अपराधकर्ताओं को अपराध करने के लिए उकसाता है।

## *भावात्मक दुर्व्यवहार के कारण* **(*Causes of Emotional Abuse*)**

भावात्मक दुर्व्यवहार के चार महत्वपूर्ण कारणों की पहचान की जा सकती है : निर्धनता, माता-पिता का अपूर्ण नियंत्रण, और परिवार में स्नेहपूर्ण संबंधों का अभाव, माता-पिता द्वारा अपने बचपन में दुर्व्यवहार का सामना करना या बाल-दुर्व्यवहार का अन्तर-पीढ़ी हस्तान्तरण और माता-पिता का मद्यपान। केवलरमानी ने भी भावात्मक दुर्व्यवहार में इन कारकों को महत्वपूर्ण पाया। दुर्व्यवहार करने वाले माता-पिता में आधे से अधिक की आय कम थी और उन्हें 5-12 परिवार के सदस्यों का भरण-पोषण करना पड़ता था। स्ट्रौस (1979) और डिश्नर (1984) ने भी बाल-दुर्व्यवहार में निर्धनता को महत्वपूर्ण बतलाया है। फिर भी अब लोग यह विश्वास करने लगे हैं, कि बाल-दुर्व्यवहार केवल एक निम्न एस.ई.एस. (सामाजिक-आर्थिक स्थिति) परिस्थिति नहीं है, यद्यपि वह सर्वाधिक निम्न एस.ई.एस. समस्या है। माता-पिता का 'अपूर्ण' (deficient) नियन्त्रण केवलरमानी द्वारा 52.0 प्रतिशत मामलों में पाया गया और दुर्व्यवहार का अन्तर-पीढ़ी हस्तान्तरण 79.0 प्रतिशत मामलों में। पेजलों (1984) ने भी बाल-दुर्व्यवहार में अन्तर-पीढ़ी हस्तान्तरण की भूमिका का उल्लेख किया है। तथापि, बर्गेस और यंगब्लेड (1985) ने इस विश्वास पर प्रश्न चिह्न लगाया है। अन्त में, केवलरमानी ने मदिरा को बाल-दुर्व्यवहार में महत्वपूर्ण कारक नहीं पाया। उसने केवल 26.0 प्रतिशत पिताओं को मदिरा के कारण दुर्व्यवहार करना बताया, जिनमें से 44.0 प्रतिशत प्रतिदिन मदिरापान करते थे यानी उसके आदी थे। तथापि मेटलिन्स (1981) ने बाल-दुर्व्यवहार में शराबी पिता की महत्वपूर्ण भूमिका बतलाई है।

## *बाल-दुर्व्यवहार के कारणों का समाकलित मॉडल* **(*Integrated Model of Causes of Child Abuse*)**

इस मॉडल का प्रमुख आधार वाक्य (premise) पिता, बच्चे और स्थिति में पारस्परिक निर्भरता है। यह मॉडल बाल-दुर्व्यवहार में चार कारणों पर अधिक बल देता है : (i) पारिवारिक वातावरण, (ii) संरचनात्मक तनाव, (iii) माता-पिता के व्यक्तिगत विशेष गुण, और (iv) उप-सांस्कृतिक सीख। मॉडल में पांच विभिन्न क्षेत्रों की जानकारी होनी चाहिए : (i) बाल विकास, (ii) समाजीकरण की प्रक्रियाएं, (iii) परिवार में अन्तर्क्रिया, (iv) सीखने के सिद्धान्त, और (v) रोष, आक्रमण, घृणा आदि के स्रोत।

ये क्षेत्र बतलाते हैं कि :

(अ) बाल-दुर्व्यवहार को इससे समझा जा सकता है कि माता-पिता किस सीमा तक अपने बच्चों के साथ नकारात्मक अथवा अनुपयुक्त नियन्त्रण की रणनीतियां अपनाते हैं। सामान्य तरीकों का उपयोग (बच्चे की सब आवश्यकताओं की पूर्ति, पर्याप्त नियन्त्रण, निश्चित रूप से अनुशासित करना, और सुस्पष्ट संवाद (communication)) बच्चे के (सामाजिक, भावात्मक और बौद्धिक) विकास में सहायक होते हैं जबकि 'असामान्य' तरीकों (बच्चे की आवशकताओं की उपेक्षा करना, अपर्याप्त नियंत्रण, नकारात्मक रूप से अनुशासित करना, अस्पष्ट संवाद और बल प्रयोग पर अत्यधिक विश्वास) से बच्चे का लालन-पालन करने से बच्चे के विकास में अन्तर्बाधा (inhibition) उत्पन्न होती है और यह बाल-दुर्व्यवहार का कारण बनता है।

आधिकारिक पितृत्व (authoritative parenting) (आदेश देने वाले माता-पिता), सत्तावादी पितृत्व (जो कि अपनी सत्ता का पूर्ण आज्ञापालन चाहते हैं), कृपालु पितृत्व (सभी इच्छाओं/रुचियों को तुष्टीकरण) और लापरवाही की पितृत्व (उदासीन और अनुत्तरदायी होना और उचित ध्यान नहीं देना) बच्चे के लक्षणों और व्यवहार को प्रभावित करते हैं। सत्तावादी पितृत्व का रूप अत्यधिक हानिकारक होता है और बाल-दुर्व्यवहार के लिए प्रेरक होता है।

(ब) तनाव असमायोजनपूर्ण प्रतिक्रियाओं को भी जन्म देते हैं क्योंकि दुर्व्यवहार करने वाले माता-पिता स्पष्ट रूप से सभी परिस्थितियों में हिंसात्मक नहीं होते। बेरोज़गारी और नौकरी से असन्तोष जैसे कारक भी एक व्यक्ति के व्यवहार को प्रभावित करते हैं और यह बाल-दुर्व्यवहार का कारण बनता है।

(स) माता-पिता के वैयक्तिक लक्षण जैसे अन्तर्निष्ठ विशेषताएं (चिड़चिड़ा स्वभाव, आत्मकेन्द्रित होना, कठोरता...), बच्चे को पालने की प्रवीणता का अभाव, और संसाधनों का अभाव (कम प्रतिष्ठा, कम शिक्षा और कम आय) भी बाल-दुर्व्यवहार के कारण होते हैं।

(द) उप-सांस्कृतिक सीख, यानी हिंसक घर में समाजीकरण, या बचपन में हिंसा को झेलना भी बाल-दुर्व्यवहार का एक और कारण है।

ये सब कारण आपस में मिलकर इसकी व्याख्या करते हैं कि किस प्रकार वे अपराधकर्ताओं के व्यवहार को प्रभावित करते हैं जो कि अन्ततः बाल-दुर्व्यवहार का कारण बनता है।

## दुर्व्यवहार का बच्चों पर प्रभाव (Effects of Abuse on Children)

बच्चों पर दुर्व्यवहार (शारीरिक, लैंगिक और भावात्मक) के क्या प्रभाव पड़ते हैं? बोल्टन और बोल्टन (1987: 93-113) ने बच्चों पर दुर्व्यवहार के आठ संभावित प्रभावों की पहचान की है, अर्थात्, आत्मावमूल्यन (Self-devaluation), निर्भरता, अविश्वास (mistrust), पुनर्उत्पीड़न (revictimisation), लोगों से गैर-मिलनसारी (withdrawal), भावात्मक आघात (trauma), विचलित व्यवहार, अन्तर-वैयक्तिक समस्याएं। केवलरमानी का बाल-दुर्व्यवहार पर अध्ययन बच्चों पर किए गए दुर्व्यवहार के पांच महत्वपूर्ण क्षेत्रों में प्रभाव को सामने रखता है।

पहला प्रभाव है स्वाभिमान का लोप होना। वे बच्चे जिनके साथ दुर्व्यवहार हुआ है, अपने लिए एक नकारात्मक रुख अपना लेते हैं। एल्मर (1987) ने इसे 'आत्मावमूल्यन', कहा है जबकि एगलैन्ड, स्रूप और एरिक्सन (1983: 460) ने इसे 'अल्प स्वाभिमान' (low self-esteem) कहा है। किनाई (1980: 686-696) ने इसकी 'अल्प आत्मधारणा' कह कर चर्चा की है, और जोर्थ और ओस्ट्रो (1982: 71-72) ने इसे 'खराब आत्मछवि' (poor self-image) के नाम से पुकारा है। बच्चों के पास अपराधकर्ताओं (perpetrators) के दुर्व्यवहार को सहने के अतिरिक्त और कोई विकल्प नहीं है। वह पिता जो उनके साथ दुर्व्यवहार करता है, उनका ही पिता है, इसलिए वे घर से भाग नहीं सकते। इसी प्रकार उन्हें अपने अभिभावकों और मालिकों का विद्वेष सहना पड़ता है, क्योंकि वे निर्धन और उन पर आश्रित होते हैं।

केवलरमानी ने अपनी उपकल्पना कि बच्चे के साथ दुर्व्यवहार करने से उसका स्वाभिमान घट जाता है, के परीक्षण के लिए तीन सूचकों का उपयोग किया। ये सूचक थे : बच्चे का स्कूल में अपने कार्य का स्वयं मूल्यांकन (स्कूल जाने वाले बच्चों का), कार्य करने वाले का अपने कार्य का मूल्यांकन (कार्यरत बच्चों के प्रकरण में), और घर पर मददगार के रूप में मूल्यांकन। उसने इन सूचकों से संबंधित पांच प्रश्न बनाए और पाया कि : (i) उन बच्चों में से, जिनके साथ शारीरिक/भावात्मक दुर्व्यवहार हुआ, बड़ा प्रतिशत (75.0%) यह मानता था, कि वे पढ़ाई में कमज़ोर हैं और/या परीक्षा में उत्तीर्ण होने के लिए उन्हें एक से अधिक प्रयास करना पड़ेगा। (ii) एक बड़ा प्रतिशत (84%) अपने को कार्य के प्रति उदासीन मानते थे और/या जिस कार्य में लगे हुए थे, उससे असन्तुष्ट थे। (iii) एक बड़ा प्रतिशत (86%) अपने को रोजमर्रा के घरेलू कार्यों में अपने माता-पिता/रखवालों के मददगार होने के स्थान पर अपने को कामचोर समझते थे (वहीः 115-120)। इन सबसे यह निष्कर्ष निकाला जा सकता है, कि दुर्व्यवहार सदैव एक बच्चे के आत्माभिमान को घटाता है।

दूसरा प्रभाव निर्भरता पर पड़ता है। यह पाया गया कि बच्चे की अपनी आवश्यकताओं के तुष्टीकरण (gratification) के लिए उसकी निर्भरता माता-पिता/रखवालों से हटकर अध्यापकों के पास चली जाती है। निर्भरता को क्रियाशील बनाने के लिए तीन सूचक थे : शारीरिक आवश्यकताओं (खाना, कपड़ा और स्वास्थ्य की देख-रेख) का तुष्टीकरण, भावात्मक और सामाजिक सहारा और पैसा कमाने के लिए कहीं काम करने की आवश्यकता। यह पाया गया, कि बाल पीड़ितों की एक बड़ी संख्या (50%) यह महसूस करती थी, कि उनकी शारीरिक आवश्यकताओं की पूर्ति संतोषजनक रूप से नहीं हो रही थी; (ii) पीड़ितों का एक बड़ा प्रतिशत (55%) अपने को अपने भावात्मक और सामाजिक

सहारे के लिए दूसरों पर आश्रित मानता था; (iii) उत्पीड़ित बच्चों के एक बड़े प्रतिशत (63%) को अपनी आवश्यकताओं की पूर्ति के लिए नौकरी करने को बाध्य होना पड़ता था। फिर भी यह उल्लेखनीय है, कि दुर्व्यवहार के उपरान्त भी उत्पीड़ित बच्चों की एक बड़ी संख्या दूसरों के स्थान पर अपने माता-पिता/रखवालों पर ही निर्भर थी।

तीसरा प्रभाव विचलित व्यवहार पर है। यह पाया गया है, कि दुर्व्यवहार का बड़ा प्रभाव बच्चे की सामाजिक-सांस्कृतिक अपेक्षाओं के अनुपालन पर पड़ता है और उत्पीड़ित बच्चों की एक बड़ी संख्या को ऐसे काम करने के लिए विवश किया जाता है, जो कि सामाजिक प्रतिमानों का उल्लंघन करते हैं, या जिन्हें 'विचलन' कहा जाता है। पांच सूचक जो केवलरमानी ने बाल-दुर्व्यवहार के विचलन पर प्रभाव के अध्ययन के लिए उपयोग में लिए वे थे : स्कूल से अनुपस्थिति, काम पर से अनुपस्थिति, मादक पदार्थों की लत, पैसा चुराना, और अपराधकर्ताओं के प्रति विद्वेषपूर्ण प्रतिक्रियाएं। अध्ययन ने बतलाया कि– (i) भावात्मक और लैंगिक रूप से उत्पीड़ितों का एक बड़ा प्रतिशत (58% से 80%) प्रायः स्कूल से अनुपस्थित रहता था; (ii) उत्पीड़ितों में से लगभग तीन-चौथाई (74% से 77%) प्रायः अपने काम से अनुपस्थित रहते थे; (iii) उत्पीड़ितों का लगभग दसवां भाग (8% से 10%) या तो मादक पदार्थों के आदी हो गए थे या उन्होंने सिगरेट पीना, तंबाकू खाना, या मदिरापान प्रारम्भ कर दिया था; (iv) लगभग पांचवें भाग (18%) ने पैसा चुराना आरम्भ कर दिया था; (v) उत्पीड़ितों की एक बड़ी संख्या (48% से 78%) में अपराधकर्ताओं के प्रति विद्वेषपूर्ण और आक्रामक भावनाएं थीं। इन सब से यह निष्कर्ष निकाला जा सकता है कि बाल-दुर्व्यवहार उत्पीड़ितों में विचलन उत्पन्न करता है, जो कि अपने आकार और किस्म में तरह-तरह का होता है।

चौथा प्रभाव सामाजिक और अन्तर-वैयक्तिक समस्याओं पर होता है। केवलरमानी के अध्ययन ने बतलाया कि बाल-दुर्व्यवहार से बच्चे में बातचीत करने और किसी चीज का सामना करने की योग्यता कम हो जाती है, घनिष्ठता और सामाजिक संबंधों को विकसित करने का अभाव होता है, अविश्वास, अलगाव और पारस्परिक क्रियायों के परिवेश से अपने को अलग करने की भावनाएं उत्पन्न होती हैं। इन प्रभावों की जांच के लिए जो प्रश्न पीड़ितों से पूछे गए वे थे : उनके खाली समय में गतिविधियां, माता-पिता और बहन-भाइयों से संबंध, लज्जित स्थितियां क्या होती हैं। तनाव के समय में अपने मित्रों को विश्वास में लेना, और उनकी अपने परिवारों को त्याग देने की अभिलाषा। यह पाया गया कि : (i) अधिकांश पीड़ित ऐसे स्थितियों से बचते हैं जिनमें आपस में बातचीत की संभावना होती है, यानी, वे अकेले रहना अधिक पसंद करते हैं और खाली समय अकेले ही व्यतीत करते हैं; (ii) पीड़ितों में से एक छोटा प्रतिशत ही अपने परिवार से संबंध विच्छेद करना या उसका परित्याग करना चाहता था; (iii) पीड़ितों के एक बड़े प्रतिशत (76%) के अपने माता-पिता/रखवालों और/या भाई-बहनों से उदासीन या द्वेषपूर्ण संबंध थे; (iv) पीड़ितों की एक छोटी संख्या (24%) के ही कोई मित्र/संबंधी थे जिन पर वे विश्वास कर सकते थे और जिनसे वे अपने दुख बांट सकते थे; (v) दुर्व्यवहार लज्जा उत्पन्न करता था, परन्तु उसका दायरा दुर्व्यवहार की किस्म के अनुसार भिन्न-भिन्न होता था। ये सब विचार यह इंगित करते हैं, कि बाल-दुर्व्यवहार के पीड़ित सदैव कुछ विशेष प्रकार की सामाजिक एवं अन्तर-वैयक्तिक समस्याएं उत्पन्न कर लेते हैं।

अन्तिम प्रभाव (बाल-दुर्व्यवहार का) पुनर्उत्पीड़न (revictimization) पर है, यानी, जिस बच्चे के साथ दुर्व्यवहार हुआ है, उसके साथ आवश्यक रूप से बार-बार दुर्व्यवहार होगा। अपने अध्ययन में केवलरमानी ने इस संदर्भ में जिन तीन सूचकों का उपयोग किया है वे हैं : दुर्व्यवहार की आवृत्ति, दुर्व्यवहार करने वाले अपराधकर्ताओं की संख्या, और बाल-दुर्व्यवहार के तरीकों और रूपों की संख्या। इन तीन सूचकों से संबंधित तीन प्रश्न थे : पीड़ित के साथ कितनी बार दुर्व्यवहार किया गया, क्या उसके साथ एक बार या एक से अधिक व्यक्तियों ने दुर्व्यवहार किया, और क्या उसके साथ एक ही प्रकार से दुर्व्यवहार हुआ या एक से अधिक प्रकारों से।

अध्ययन ने बतलाया कि : (i) बच्चों के ऊंचे प्रतिशत (65% से 84%) के साथ नियमित रूप से या बार-बार दुर्व्यवहार किया गया। (ii) शारीरिक और भावात्मक दुर्व्यवहार (परन्तु लैंगिक नहीं ) के पीड़ितों के एक बड़े प्रतिशत (53% से 58%) के साथ एक व्यक्ति से अधिक ने दुर्व्यवहार किया, और (iii) शारीरिक और भावात्मक दुर्व्यवहार के पीड़ितों के एक बड़े प्रतिशत (66% से 80%) के साथ एक से अधिक तरीकों से दुर्व्यवहार किया गया। इन सबसे यह निष्कर्ष निकाला जा सकता है, कि उस बच्चे के साथ जो एक बार दुर्व्यवहार से पीड़ित हुआ है, न केवल बार-बार और एक व्यक्ति से अधिक द्वारा दुर्व्यवहार होता है परन्तु उसको यह खतरा भी रहता है कि उसके साथ शारीरिक, भावात्मक और लैंगिक रूप से अधिक तरीकों से दुर्व्यवहार होगा।

## बाल-श्रम (Child Labour)

बाल श्रमिकों का शोषण होता है, वे रोज़गार की खतरनाक परिस्थितियों का जोखिम उठाते हैं, और कई घंटे काम करने के बदले उन्हें अल्प वेतन दिया जाता है। शिक्षा को छोड़ने के लिये बाध्य होकर, अपनी आयु से कहीं अधिक दायित्वों का निर्वाह करते हैं, उस आयु में दुनियादार बनकर जबकि उनकी आयु के अन्य बालकों को अभी अपने माता-पिता की सुरक्षा के कवच को छोड़ना बाकी है, ये बच्चे कभी नहीं जान पाते कि बचपन क्या होता है। संविधान में यह प्रतिष्ठापित है कि :

- चौदह वर्ष के कम आयु के किसी बालक को किसी फैक्ट्री में काम करने के लिए या किसी जोखिम वाले रोज़गार में नियुक्त नहीं किया जाएगा (धारा 24)।
- बाल्यावस्था और किशोरावस्था को शोषण और नैतिक एवं भौतिक परित्यक्ता से बचाया जाएगा (धारा 39(एफ))।
- संविधान के प्रारम्भ होने से 10 वर्षों की अवधि में सब बालकों की, जब तक वे 14 वर्ष की आयु को समाप्त नहीं कर लेते, राज्य निःशुल्क और अनिवार्य शिक्षा का प्रावधान करने का प्रयत्न करेगा (धारा 45)।

## भारत में बाल-श्रम की व्यापकता (Incidence of Child Labour in India)

सन् 2001 में कुल 102.9 करोड़ की जनसंख्या में से 36.40 लाख (अथवा 35.35%) बच्चे थे, जिनकी आयु 14 वर्ष से कम थी। 5 से 14 वर्ष आयु समूह में लगभग 25.60 लाख (अथवा 24.60%) बच्चे थे (प्रेमी, 2011: 79-80)। इस प्रकार सन् 1971 के बाद से 0 से 14 वर्ष के आयु समूह में आने वाले बच्चों के अनुपात में एक सुस्पष्ट गिरावट आ चुकी है, जिसका मुख्य कारण जन्म दर में कमी आना है। यद्यपि वैश्विक आधार पर बाल श्रमिकों की संख्या में सन् 2000 के बाद से एक-तिहाई तक की कमी आ चुकी है, जो 24.60 करोड़ से कम होकर 16.80 करोड़ हो चुकी है, तथापि यह अंतर्राष्ट्रीय समुदाय के द्वारा सहमति प्रदान कर दिए जाने के बावजूद अंतर्राष्ट्रीय श्रम संगठन के माध्यम से सन् 2016 तक बाल श्रम के सर्वाधिक बुरे स्वरूपों को समाप्त किए जाने के लक्ष्य को प्राप्त करने के लिए पर्याप्त नहीं है।

गरीब परिवारों के करोड़ों बच्चे अभी भी आर्थिक परिस्थितियों के कारण श्रमिक बल के साथ जुड़ने के लिए बाध्य कर दिए जाते हैं। अंतर्राष्ट्रीय श्रम संगठन की एक नई रिपोर्ट, 'Making Progress Against Child Labour (2013)' कहती है, कि बाल श्रमिकों की सर्वाधिक बड़ी पूर्ण संख्या (लगभग 7.80 करोड़) एशिया-प्रशांत क्षेत्र में पाई जाती है, किन्तु उप-सहारा अफ्रीका अभी भी ऐसा क्षेत्र बना रहना जारी रखे हुए हैं, जहां जनसंख्या के अनुपात के संदर्भ में बाल-श्रम की व्यापकता 21 प्रतिशत से भी अधिक की होते हुए सर्वाधिक है। अपेक्षाकृत गरीब देशों में बाल-श्रम की व्यापकता सबसे अधिक है किन्तु मध्यम आय वाले देशों में बाल श्रमिकों की सबसे बड़ी संख्या मौजूद है। सन् 2000 के बाद से बालकों के 25 प्रतिशत की तुलना में बालिकाओं के बीच बाल श्रमिकों की संख्या में 40 प्रतिशत तक की कमी आ चुकी है।

कृषि अभी तक ऐसा सर्वाधिक महत्वपूर्ण क्षेत्र बना हुआ है जहां बाल श्रमिकों (9.80 करोड़ बच्चों, अथवा 59%) को पाया जा सकता है, किन्तु अधिकांशतः अनौपचारिक अर्थव्यवस्था के अंतर्गत सेवाओं में (5.40 करोड़) तथा उद्योगों में (1.20 करोड़) भी संख्या नगण्य नहीं हैं।

सन् 2008 तथा 2012 के बीच, एशिया तथा प्रशांत, लैटिन अमेरिकी एवं कैरीबियाई तथा उप-सहारा क्षेत्रों में 5 से 17 वर्ष आयु के बच्चों के बीच बाल श्रमिकों की संख्या में गिरावट आई। एशिया एवं प्रशांत क्षेत्रों के द्वारा अभी तक सबसे बड़ी गिरावट को दर्ज किया गया है, जो सन् 2008 में 11.40 करोड़ से सन् 2012 में कम होकर 7.80 करोड़ हो चुकी है। उप-सहारा क्षेत्रों में भी बाल श्रमिकों की संख्या में (60 लाख तक की) गिरावट आई है, तथा लैटिन अमेरिका एवं कैरीबियाई क्षेत्रों में इसमें मामूली गिरावट (16 लाख तक) दर्ज की गई है। मध्य-पूर्व तथा उत्तरी अफ्रीका में 92 लाख बाल श्रमिक मौजूद हैं।

भारत में, सन् 2001 की जनगणना के अनुसार, 5 से 14 वर्ष आयु समूह के काम में लगे बच्चों की संख्या 1.26 करोड़ की थी, जो सन् 1991 की 1.13 करोड़ की तुलना में अधिक होते हुए उनकी कुल संख्या में वृद्धि होने को प्रकट करती है, हालांकि बच्चों (5 से 14) के द्वारा काम में सहभागिता की दर सन् 1991 के 5.4 प्रतिशत की तुलना में कम होकर सन् 2001 के दौरान 5 प्रतिशत हो चुकी है। राष्ट्रीय प्रतिदर्श सर्वेक्षण संगठन (NSSO) के हाल ही चक्र में लगाए गए अनुमान सुझाते हैं, कि देश में सन् 2004-05 के दौरान 89 लाख के लगभग बाल श्रमिक मौजूद थे, जिनकी श्रमशक्ति में सहभागिता की दर 3.4 प्रतिशत की थी। हालांकि, परिभाषा सम्बन्धी समस्याओं के कारण, बाल श्रमिकों के एक बड़े भाग की गणना किया जाना शेष रह गया है।

जनगणना के आंकड़े आगे यह भी प्रदर्शित करते हैं, कि संपूर्ण संख्या के साथ-साथ बच्चों के मुख्य श्रमिकों के साथ प्रतिशत में भी गिरावट आ चुकी है (सन् 1991 में 5 से 14 के आयु समूह में कुल जनसंख्या के 4.3% से सन् 2001 में उसी आयु समूह में 2.3%)। किन्तु लिंगभेद तथा निवास-स्थल के निष्प्रभावी होते हुए श्रमिकों के प्रत्येक वर्ग में सीमान्त श्रमिकों की संख्या में भारी वृद्धि हो चुकी है। परिणाम के रूप में, सन् 1991 में मुख्य श्रमिकों की 90.80 लाख की संख्या की तुलना में सन् 2001 में इसके 57.80 लाख तक कम हो जाने के बावजूद भी श्रमिक बल में बच्चों की कुल संख्या में वृद्धि हो चुकी है। इस वृद्धि के एक बड़े भाग को सीमान्त श्रमिकों में होने वाली वृद्धि के द्वारा गणना में शामिल कर लिया गया था, जो सन् 1991 के 22 लाख की तुलना में सन् 2001 में बढ़कर 68.90 लाख हो चुकी थी। मुख्य एवं सीमान्त श्रमिकों को यदि एक साथ मिला दिया जाए तो 5 से 14 वर्ष आयु समूह के बच्चों की कार्य सहभागिता दर (WPR) में कमी होकर यह सन् 1991 के 5.4 प्रतिशत से सन् 2001 में 5 प्रतिशत हो चुकी है। सन् 1991 तथा 2001 के बीच मुख्य बाल श्रमिकों की संख्या में गिरावट के साथ-साथ सीमान्त श्रमिकों में वृद्धि की प्रवृत्तियां बच्चों के द्वारा किए जाने वाले कामों की प्रकृति में आने वाले परिवर्तनों को इंगित कर सकती हैं। देश में श्रमिक बल के हाशियाकरण की एक सामान्य प्रवृत्ति विद्यमान है, तथा इसे जनगणना के आंकड़ों के द्वारा भी प्रतिबिंबित किया जा रहा है। इसे उस अंतिम दशक के दौरान अर्थव्यवस्था में रोजगार के सामान्य विकास में आई मंदी के संदर्भ में देखे जाने की आवश्यकता है, जिसे वैश्वीकरण के युग के रूप में वर्णित किया गया था।

बच्चों के रोजगार एवं उनके कार्य के घंटों को विनियमित किए जाने के लिए किया जाने वाला सर्वप्रथम कार्य था, सन् 1881 के कारखाना अधिनियम को पारित किया जाना। सन् 1929 में बाल रोजगार की न्यूनतम आयु का निर्धारण किए जाने हेतु एक आयोग की स्थापना की गई थी। इसकी सिफारिशों पर, 14 वर्ष से कम आयु वाले बच्चों को रोजगार पर रखे जाने पर प्रतिबंध लगाते हुए बाल श्रमिक अधिनियम, 1933 को पारित कर दिया गया। कारखाना अधिनियम, 1948 के द्वारा बाल श्रमिकों के लिए कुछ सुरक्षा उपायों का प्रावधान किया गया। सन् 1986 में, संसद के द्वारा कुछ विशिष्ट रोजगारों में बच्चों को रोजगार दिए जाने को प्रतिबंधित करते हुए तथा खतरनाक कार्यों में कार्य की परिस्थितियों को

नियंत्रित करते हुए बाल श्रमिक (विनियमन एवं निषेध) अधिनियम को अधिनियमित कर दिया गया। किशोर न्याय अधिनियम, 1986, जिसने विभिन्न राज्यों एवं संघ शासित प्रदेशों में लागू वर्तमान बाल अधिनियमों को प्रतिस्थापित कर दिया है तथा 2 अक्टूबर, 1987 से प्रभावी हो चुका है, बालकों के उत्पीड़न को रोके जाने, बच्चों के संरक्षण एवं देखभाल किए जाने, संसाधनों को जुटाए जाने, तथा उपेक्षित बच्चों की शिक्षा, प्रशिक्षण एवं पुनर्वासन के लिए सलाहकार परिषदों को गठित किए जाने एवं राज्य बाल निधियों की स्थापना किए जाने का प्रावधान करता है। किन्तु, इन समस्त उपायों के बावजूद भी बच्चों को रोजगार पर रखा जाना, प्रताड़ित एवं उत्पीड़ित किया जाना जारी है।

## बालकों द्वारा किए जाने वाले कार्य की प्रकृति (Nature of Child Work)

इस प्रकार, भारत के पास संपूर्ण विश्व में बाल श्रमिकों की सबसे बड़ी संख्या मौजूद है। उन्हें वस्त्र, जूता-चप्पल, ईंट-भट्टों, स्टेनलेस स्टील, होटलों तथा कपड़े की दुकानों सहित अनेक प्रकार के उद्योगों एवं व्यापारों में रोजगार पर रखा जाता है। उनमें से अनेक बच्चे निर्यातोन्मुख खतरनाक उद्योगों जैसे कालीन बुनाई, मूल्यवान रत्नों की पॉलिश किया जाना, काँच पिघलाना, पटाखा निर्माण इकाइयों, माचिस उद्योग, पीतल के बर्तन निर्माण, इलेक्ट्रोप्लेटिंग, रांगा खनन, पत्थर की खुदाई, ताला-निर्माण तथा बीड़ी लपेटे जाने, एवं चाय बागानों आदि में कार्य करते हैं। इसके अतिरिक्त, भारत में 85 प्रतिशत के लगभग बाल श्रमिकों तक तो पहुंच पाना भी कठिन है, क्योंकि वे छिपा कर तथा बाहरी दुनिया से संपर्क न कर सकने वाली स्थिति में रखे गए होते हैं तथा व्यापक तौर पर वे ग्रामीण तथा शहरी दोनों ही जगहों पर असंगठित क्षेत्र में परिवारों अथवा घरों में स्थित ऐसी इकाइयों कार्य कर रहे होते हैं, जो सामान्य तौर पर श्रम कानूनों की परिधि से बाहर होती हैं।

भारत में बाल श्रमिकों पर भारतीय साक्षरता परियोजना (ILP) की एक रिपोर्ट के अनुसार, सन् 2001 की जनगणना के आधार पर, विभिन्न उद्योग श्रेणियों के अंतर्गत अखिल भारतीय स्तर पर 5 से 14 वर्ष की आयु वाले कुल श्रमिक बल का वितरण यह प्रदर्शित करता है, कि बच्चों की अधिकतम संख्या (अर्थात् 48%) विनिर्माण क्षेत्र में रोजगाररत् है, जिसके बाद कृषि, शिकार, वानिकी तथा मछली के शिकार (20%), तथा थोक/खुदरा व्यापारों (10%) का क्रम है। शहरी क्षेत्रों में ऐसे बच्चों की संख्या, जो रेस्ताराओं एवं भोजनालयों में कार्य करते हैं, अथवा वे जो कूड़ा बीनने तथा माल की फेरी लगाने में संलिप्त हैं, बहुत बड़ी है, किन्तु अभी तक दर्ज नहीं की जा सकी है। और, इससे भी अधिक दुर्भाग्यशाली बच्चों के बीच वे भी हैं, जो खतरनाक उद्योगों जैसे पटाखा तथा माचिस बनाने की इकाइयों में रोजगार में लगे हुए हैं।

बाल अधिकारों के संरक्षण हेतु राष्ट्रीय आयोग (2013) के द्वारा संपन्न किए गए एक अध्ययन के अनुसार, भारत में उत्पादन किए जाने वाले पटाखों एवं माचिस उत्पादों के लगभग 70 प्रतिशत भाग का उत्पादन शिवाकाशी में किया जाता है। सन् 2011 में शिवाकाशी में 9,500 से भी अधिक पटाखों के कारखाने मौजूद थे, तथा उनके द्वारा पटाखों के कुल उत्पादन के 90 प्रतिशत भाग का उत्पादन किया गया था, तथा 500 माचिस कारखाने देश की माचिस की कुल मांग के 75 प्रतिशत की पूर्ति कर रहे थे। तमिलनाडु लंबे समय से अपनी बाल श्रमिक सम्बन्धी समस्याओं के कारण समाचारों की सुर्खियों में बना रहा है, जहां मासूम बच्चे पटाखों एवं माचिस उद्योगों की शोषक श्रम व्यवस्था के शिकार हो जाते हैं। प्रत्येक वर्ष, इन इकाइयों में आगजनी की ऐसी घटनाएं होती रहती हैं, जिनमें बच्चों सहित बड़ी संख्या में श्रमिक मारे जाते हैं।

5 से 15 वर्ष की आयु समूह के अधिकांश बच्चे प्रतिदिन 12 घंटों से भी अधिक कार्य करते हैं तथा मजदूरी के रूप में अत्यन्त ही मामूली धनराशि प्राप्त करते हैं। सामान्य तौर पर उन्हें कार्य/उत्पादन के आधार पर भुगतान किया जाता है, जो कि बहुत ही कम होता है और इस प्रकार से उन्हें परोक्ष रूप से तेजी से तथा लंबे समय तक काम करने के लिए बाध्य होना पड़ता है, जिससे उनका स्वास्थ्य एवं पोषण दोनों

ही दुष्प्रभावित होते हैं। अधिकांश बच्चों को शिक्षा के लाभों, जिसमें उनके स्वास्थ्य एवं विकास को बिना किसी प्रकार की हानि पहुंचाए उत्तम जीवनयापन को भी शामिल किया जाता है, से अनभिज्ञ पाया गया है। इसके स्वास्थ्य सम्बन्धी परिणाम भी होते हैं।

ऐसे 90 प्रतिशत बच्चों के बीच दमा, आंखों के संक्रमण तथा क्षयरोग प्रचलित हैं, जो गन-पाउडर को भरे जाने के काम में लगे हुए हैं तथा पटाखों एवं माचिसों की रासायनिक सामग्रियों के प्रत्यक्ष संपर्क में हैं। इस प्रकार के श्रमिक सामान्य तौर किसी भी प्रकार के सुरक्षात्मक वस्त्रों को नहीं धारण करते तथा उनकी पूरी-की-पूरी त्वचा प्रायः ही गंधक, एल्युमीनियम पाउडर तथा गन-पाउडर आदि से ढंकी रहती है।

इसी प्रकार से, भारतीय कालीन उद्योग में बच्चों पर किए गए एक अध्ययन, जिसे अंतर्राष्ट्रीय श्रमिक अधिकार निधि के द्वारा प्रारंभ किया गया था, की रिपोर्ट में यह पाया गया था, कि कुल श्रमिक बल में बच्चों की संख्या 7.13 प्रतिशत की है। करघों पर कार्य करने वाले बच्चों में से अधिकांश (82%) लड़के हैं, तथा उनकी बहुमत वाली संख्या (58%) का सम्बन्ध श्रमिक परिवारों के साथ है। केवल इतना ही नहीं, कालीन की ईरानी किस्मों में संलिप्त कुल श्रमिक बल की तुलना में बाल श्रमिकों का अनुपात अधिक ऊंचा है। यद्यपि, अध्ययन के अनुसार, सन् 1990 के दशक की तुलना में कालीन उद्योग में लगे हुए बाल श्रमिकों की संख्या में कमी आ चुकी है, किन्तु यह उस सीमा तक नहीं आई है, जिस तक सरकार एवं उद्योग के स्त्रोतों के द्वारा दावा किया गया है।

महानगरों के सर्वेक्षण सदमा पहुंचाने वाले रहस्योद्घाटन करते हैं। मुम्बई में सर्वाधिक बाल श्रमिक हैं। सहारनपुर में 10,000 बाल श्रमिक लकड़ी की नक्काशी के उद्यम में लगे हुए हैं और उन्हें 14 घंटे प्रति दिन काम करने के उपरान्त केवल एक रुपया प्रतिदिन मिलता है। वाराणसी में 5,000 बच्चे रेशम बुनने के उद्यम में कार्यरत हैं। देहली में भी 60,000 बच्चे दो या तीन रुपए की प्रतिदिन की मजदूरी पर ढाबों, चाय के स्टालों और रेस्तरां में काम करते हैं। खानों के क्षेत्र में श्रमिकों में 56 प्रतिशत 15 वर्ष से कम आयु के बच्चे हैं। अधिकांशतया बच्चों को अधिक पसंद किया जाता है, क्योंकि वे आज्ञापरायण होते हैं और इसलिए उनका शोषण किया जा सकता है।

बाल श्रम विकट रूप से बंधुआ श्रम से जुड़ा हुआ है। आन्ध्र प्रदेश में 21 प्रतिशत बंधुआ मजदूरों में 16 वर्ष से कम आयु के बच्चे हैं। कर्नाटक में 10.3 प्रतिशत और तमिलनाडु में 8.7 प्रतिशत इस आयु समूह के हैं। एक अध्ययन ने दिखलाया है, कि बंधुआ बनते समय कई मजदूर केवल पांच वर्ष के होते हैं। उड़ीसा में ऋण चुकाने का एक आम तरीका आठ से दस वर्ष की पुत्रियों को ऋणदाताओं को नौकरानी के रूप में बेचना है। देश के कई भागों में बंधुआ पिता जो 40 वर्ष से अधिक आयु के हैं, अपने पुत्रों को बंधुआ बना कर स्वयं को मुक्त करते हैं।

असम के चाय के बागानों में जहां 12 वर्ष से कम बच्चों की नियुक्ति पर प्रतिबन्ध हैं, लड़कियों को जो अपनी कार्यरत मां के लिए खाना लातीं हैं, प्रोत्साहित किया जाता है, कि वे रुक जाएं और काम में सहायता करें। खानों के कार्यों में बच्चे, अधिकांशतया लड़के, महत्वपूर्ण भूमिका निभाते हैं। आदमी खानों में खुदाई करते हैं और बच्चे कोयले को जमीन की ऊपरी सतह तक पहुंचाते हैं। बारह वर्ष से कम की आयु के बच्चे ज्यादा पसन्द किए जाते हैं, क्योंकि उनके कद के कारण वे सुरंगों में बिना झुके चल सकते हैं। असंगठित क्षेत्रों में बाल श्रमिकों को अधिक पसन्द किया जाना ज़्यादा आम है, क्योंकि इनको नौकर रखने से तुलनात्मक रूप से कानूनों के कपट से बचना अधिक सरल होता है। कारख़ानों के निरीक्षकों द्वारा निरीक्षण किए जाने के दौरान बच्चों को छिपा दिया जाता है, उनकी आयु उन्हें नौकरी के पात्र करने के लिये मनमाने ढंग से बढ़ा दी जाती है, या उन व्यक्तियों की, जो बालिग व्यक्ति की मजदूरी के पात्र हैं, मालिक कार्यों में चालाकी से कम उम्र दिखला देते हैं और इस प्रकार उन्हें अपने वैध हिस्से (मज़दूरी) से वंचित कर देते हैं।

## बाल श्रम के कारण (Causes of Child Labour)

भारत जैसे देश में जहां जनसंख्या के 40 प्रतिशत से अधिक व्यक्ति घोर दरिद्रता की स्थितियों में रह रहे हैं, वहां बाल श्रम एक बहुत ही पेचीदा विषय है। बच्चे दरिद्रता के कारण नौकरी करते हैं और उनकी कमाई के बिना (चाहे वह कितनी ही कम हो) उनके परिवारों का जीवन-स्तर और भी गिर सकता है। उनमें से कइयों के तो परिवार ही नहीं होते या सहारे के लिए उनसे आशा नहीं कर सकते। ऐसी परिस्थितियों में काम का विकल्प बेरोज़गारी, गरीबी या इससे भी अधिक खराब विकल्प अपराध है।

मालिक अपने दोष की भावनाओं को दबाने के लिए बच्चों को नौकर रखने को बड़ी दिलचस्प सफाइयां पेश करते हैं। वे कहते हैं कि नौकरी उन्हें भूखा मरने से रोकती है। यह उन्हें अपराध करने से रोकती है, जो कि नौकरी नहीं होने की दशा में वे करते। अधिकारीगणों का यह कहना है कि बाल श्रम का संपूर्ण उन्मूलन दुष्कर है, क्योंकि सरकार उन्हें पर्याप्त वैकल्पिक नौकरियां उपलब्ध नहीं करा सकती। सामाजिक वैज्ञानिक यह कहते हैं, कि बाल श्रम का प्रमुख कारण निर्धनता है। बच्चे या तो अपने माता-पिता की आय को बढ़ाते हैं या परिवार में वे अकेले ही वेतनभोगी होते हैं। योजना आयोग के द्वारा वर्ष 2011-12 के लिए भारत में गरीबी के लगाए गए अनुमानों, जिन्हें जुलाई 2013 में जारी किया गया था, के अनुसार भारत की कुल जनसंख्या का 21.9 प्रतिशत अथवा लगभग 27 करोड़ लोग गरीबी रेखा के नीचे जीवनयापन कर रहे थे। इनमें से, 21.7 करोड़ (25.7%) लोग ग्रामीण क्षेत्रों में निवास कर रहे हैं, तथा शेष 5.3 करोड़ लोग (13.7%) शहरी क्षेत्रों में। गरीबी रेखा के नीचे जीवनयापन करने वाले लोगों की सर्वाधिक बड़ी संख्या (5.98 करोड़) उत्तर प्रदेश में पाई गई है, जिसके बाद क्रमशः बिहार (3.58 करोड़), मध्य प्रदेश (2.34 करोड़) तथा महाराष्ट्र (1.98 करोड़) का स्थान है। इन लोगों को अपने बच्चों को कारखाने आदि में काम करने के लिए भेजने हेतु बाध्य किया जाता है। दूसरा कारण यह है, कि बाल श्रम सस्ते मज़दूर पाने के लिए निहित स्वार्थों द्वारा जानबूझ कर उत्पन्न किया जाता है। बाल श्रम के होने के लिए तीसरा कारण यह दिया जाता है, कि इससे उद्यमों को लाभ होता है। उदाहरणार्थ, उत्तरप्रदेश का ग़लीचे का उद्यम, जिसमें एक लाख बच्चे नौकर हैं, 150 करोड़ रुपए की विदेशी मुद्रा प्रतिवर्ष कमाता है। 1997 में निर्यात आय 350 करोड़ रुपए आंकी गई थी।

## बाल श्रमिकों की काम करने की स्थितियां (Working Conditions of Child Labourers)

बच्चे हानिकर प्रदूषित कारखानों में काम करते हैं, जिनकी ईंट की दीवारों पर कालिख जमी रहती है और जिनकी हवा में विषादजनक बू होती है। वे ऐसी भट्टियों के पास काम करते हैं जो 1400° सेल्सियस के तापमान पर जलती हैं। वे आर्सनिक और पोटेशियम जैसे खतरनाक रसायनों को काम में लेते हैं। वे कांच-धमन (glass blowing) की इकाइयों में कार्य करते हैं, जहां इस काम से उनके फेंफड़ों पर जोर पड़ता है जिससे तपेदिक जैसी बीमारियां होती हैं।

कार्यरत बच्चों में कई अपने परिवार में प्रमुख अथवा प्रधान वेतनभोगी होते हैं, जो अपने आश्रितों के भरण पोषण के लिए सदैव चिन्तित रहते हैं। प्रवासी बाल श्रमिक जिनके माता-पिता दूर किसी शहर अथवा गांव में रहते हैं, साधारणतया निराश रहते हैं। जब कारखाने पूरी तरह चालू रहते हैं, तो उन्हें 3,000 रुपए प्रतिमाह तक मिल जाते हैं और कमाई हुई सम्पूर्ण राशि वे अपने अभिभावकों को दे देते हैं, और वे अभिभावक उन्हें रात की पारी के लिए एक रुपया भी चाय के लिए नहीं देते। ऐसा भी कई बार होता है, कि जब उनके बदन में दर्द होता है, दिमाग परेशान होता है, उनके दिल रोते हैं और आत्मा दुखी होती है, उस समय भी मालिकों के आदेशों पर उन्हें 10 से 11 घन्टे लगातार काम करना पड़ता है।

देहली, तमिलनाडु, आन्ध्रप्रदेश और महाराष्ट्र के कारखानों में जाने से यह पता लगता है, कि बड़ी संख्या में बाल श्रमिकों की छातियां बैठी हुई हैं और हड्डियों के जाल पतले हैं, जिस कारण वे दुर्बल

दिखाई पड़ते हैं। वे चिथड़ों की गुड़िया की भांति लगते हैं, जो बिना नहाये और दुर्बल हैं। वे मोटे और खराब सिले हुए कपड़े पहनते हैं। उनमें से कई के हाथों, बांहों और टांगों पर खाज होती है। कुछ के सिर मुड़े होते हैं, क्योंकि कदाचित उनकी सिर की त्वचा पर कोई बड़ी छूत की बीमारी हो गई है।

बाल श्रमिकों की एक बड़ी संख्या छोटे कमरों में अमानुषिक स्थितियों और अस्वास्थ्यकर वातावरण में रहती है। इनमें से अधिकांश बच्चे बहुत ही निर्धन परिवारों के होते हैं। या तो वे स्कूल छोड़े हुए होते हैं या कभी भी स्कूल गए हुए नहीं होते। उन्हें बहुत कम मजदूरी मिलती है और वे अत्यन्त खतरनाक स्थितियों में काम करते हैं। जोखम भरी स्थितियां उन्हें नुकसान पहुंचाती हैं। बच्चों को फेफड़ों की बीमारियां, तपेदिक, आंख की बीमारियां, अस्थमा, ब्रौन्काइटिस, और कमर के दर्द होते हैं। कुछ आग की दुर्घटनाओं में जख्मी हो जाते हैं। कई बीस वर्ष की आयु में ही नौकरी करने योग्य नहीं रहते। यदि वे जख्मी अथवा अपंग हो जाते हैं, तो उन्हें मालिकों द्वारा निर्दयतापूर्वक निकाल दिया जाता है।

## भारत में बाल श्रमिकों के मामले में सुधार किया जाना (Amelioration of Child Labour in India)

बाल श्रमिकों की समस्या के द्वारा राष्ट्र के लिए एक बड़ी चुनौती का प्रस्तुत किया जाना जारी है। इस समस्या से निबटने के लिए सरकार अनेक अग्रसक्रिय कदम उठाती रही है। हालांकि, इस समस्या, जो अनिवार्य रूप से गरीबी एवं निरक्षरता के साथ विशिष्ट रूप से जुड़ी हुई एक सामाजिक-आर्थिक समस्या है, की विशालता तथा व्यापकता पर विचार करते हुए इसे आघात पहुंचाए जाने के लिए समाज के सभी वर्गों के द्वारा संगठित प्रयास किए जाने की आवश्यकता है।

सन् 2001 की जनगणना के अनुसार, 5 से 14 वर्ष की आयु समूह की 25.2 करोड़ की कुल बाल आबादी की तुलना में 1.26 करोड़ बच्चे रोजगार में लगे हुए हैं। ऐसे लगभग 12 लाख बच्चे हैं, जो उन खतरनाक पेशों/प्रक्रियाओं (अर्थात् 18 पेशे तथा 65 प्रक्रियाओं) में कार्य कर रहे हैं जो बाल श्रमिक (निषेध एवं विनियिमन) अधिनियम की परिधि के अंतर्गत आते हैं। हालांकि, राष्ट्रीय प्रतिदर्श सर्वेक्षण संगठन (एनएसएसओ) के द्वारा वर्ष 2004-05 में संपन्न किए गए एक सर्वेक्षण के अनुसार रोजगार में लगे बच्चों की संख्या के 90.75 लाख होने का अनुमान लगाया गया है। इससे यह प्रदर्शित होता है, कि सरकार के द्वारा किए गए प्रयासों से वांछित परिणाम प्राप्त हुए हैं।

कई वर्षों से, भारत सरकार ने शोषित बच्चों की आवश्यकताओं एवं अधिकारों को सम्बोधित किए जाने की दिशा में उठाए जाने वाले कदमों में कई गुना वृद्धि कर दी है। पहले सन् 1979 में, केन्द्र सरकार ने गुरुपदस्वामी समिति कही जाने वाली सर्वप्रथम समिति का गठन किया था, ताकि बाल श्रमिकों के मुद्दे का अध्ययन किया जा सके और इससे निबटने के लिए उपाय सुझाए जा सकें। समिति ने विस्तार से समस्या का परीक्षण किया तथा कुछ दूरगामी सिफारिशें प्रस्तुत कीं। इसने पाया कि जब तक गरीबी बरकरार रहेगी तब तक बाल श्रम को समाप्त किया जाना कठिन बना रहेगा, तथा इसीलिए किसी कानूनी उपाय के माध्यम से इसका उन्मूलन किए जाने का कोई भी प्रयास एक व्यावहारिक कदम नहीं होगा। समिति ने अनुभव किया, कि इन परिस्थितियों के अंतर्गत उपलब्ध एकमात्र विकल्प यह था कि खतरनाक क्षेत्रों में बाल श्रम को प्रतिबंधित कर दिया जाए, तथा अन्य क्षेत्रों में कार्य की परिस्थितियों को विनियमित तथा उनमें सुधार किए जाएं। इसने सिफारिश की कि रोजगार में लगे बच्चों की समस्याओं से निबटने के लिए एक बहुआयामी नीतिगत दृष्टिकोण की आवश्यकता है।

गुरुपदस्वामी समिति की रिपोर्ट के आधार पर बाल श्रम (निषेध एवं विनियमन) अधिनियम को सन् 1986 में अधिनियमित कर दिया गया। यह अधिनियम कतिपय विनिर्दिष्ट खतरनाक पेशों एवं प्रक्रियाओं में बच्चों को रोजगार दिए जाने को प्रतिबंधित करता है, तथा अन्य क्षेत्रों में कार्य की परिस्थितियों का विनियमन करता है। अधिनियम के अधीन गठित की गई बाल श्रम तकनीकी

परामर्शदात्री समिति के द्वारा प्रस्तुत की गई सिफारिशों के आधार पर खतरनाक पेशों तथा प्रक्रियाओं की सूची का सतत् आधार पर विस्तार किया जा रहा है।

उपर्युक्त दृष्टिकोण के अनुरूप, बाल श्रम पर एक राष्ट्रीय नीति का निर्धारण सन् 1987 में किया गया था। पहले उदाहरण के रूप में यह नीति खतरनाक पेशों एवं प्रक्रियाओं में काम करने वाले बच्चों के पुनर्वासन पर ध्यान केन्द्रित किए जाने के साथ-साथ एक क्रमिक एवं अनुक्रमिक दृष्टिकोण अपनाए जाने की मांग करती है। इस समस्या से निबटने के लिए इस नीति के अंतर्गत तैयार की गई कार्यवाही योजना इस प्रकार है :

- बाल श्रम अधिनियम तथा अन्य श्रम कानूनों के कठोरतापूर्वक प्रवर्तित किए जाने के लिए कानूनी कार्यवाही योजना ताकि यह सुनिश्चित किया जा सके, कि बच्चों को खतरनाक रोजगारों में नियुक्त न किया जाए तथा गैर-खतरनाक क्षेत्रों में काम करने वाले बच्चों की कार्य सम्बन्धी परिस्थितियों को बाल श्रम अधिनियम के प्रावधानों के अनुरूप विनियमित किया जा सके। यह अपने साथ आगे ऐसे अतिरिक्त पेशों एवं प्रक्रियाओं की पहचान किए जाने को भी शामिल करती है, जो बच्चों के स्वास्थ्य एवं सुरक्षा के प्रति हानिकारक हो सकते हों।
- बाल श्रमिकों को लाभान्वित करने के लिए विकास सम्बन्धी सामान्य कार्यों पर ध्यान केन्द्रित किया जाना : चूंकि गरीबी बाल श्रम का मूल कारण है, कार्यवाही योजना इन बच्चों एवं उनके परिवारों को सरकार की विभिन्न गरीबी उन्मूलन एवं रोजगार सृजन योजनाओं के अंतर्गत शामिल किए जाने की आवश्यकता पर बल देती है।
- परियोजना-आधारित कार्यवाही योजना अधिक संख्या में बाल श्रमिकों के अधिक संकेन्द्रण वाले क्षेत्रों में परियोजनाओं को प्रारंभ किए जाने की परिकल्पना करती है। इसके अनुपालन में, सन् 1988 में देश के उच्च बाल स्थानिकता वाले 9 जिलों में राष्ट्रीय बाल श्रम परियोजना (NCLP) को प्रारंभ किया गया था। इस योजना के द्वारा रोजगार से हटाए गए बच्चों के लिए विशिष्ट विद्यालयों के संचालन की परिकल्पना की गई है। विशिष्ट विद्यालयों में, इन बच्चों को औपचारिक/अनौपचारिक शिक्षा के साथ-साथ रोजगारपरक प्रशिक्षण, 150 रुपए प्रतिमाह का वजीफा, पूरक पोषण तथा नियमित स्वास्थ्य परीक्षण उपलब्ध करवाया जाता है, ताकि उन्हें नियमित रूप से मुख्यधारा वाले विद्यालयों में प्रवेश लेने के लिए तैयार किया जा सके। इस योजना के अंतर्गत, बाल श्रमिकों के लिए विशिष्ट विद्यालय संचालित किए जाने के उद्देश्य से जिलाधीशों को धनराशि प्रदान की जाती है। ऐसे अधिकांश लोगों को जिले में मौजूद गैर-सरकारी संगठनों के द्वारा संचालित किया जाता है। जनवरी, 2005 में राष्ट्रीय बाल श्रम परियोजना (NCLP) योजना का विस्तार भारत के 21 राज्यों के 250 जिलों तक कर दिया गया जिससे देश के कुल जिलों में से 42 प्रतिशत जिले इसमें शामिल किए जा चुके थे।

इस प्रकार, तद्नुसार ही विभिन्न सरकारें पुनर्वासन सम्बन्धी उपायों के अपनाए जाने के साथ-साथ कानूनी प्रावधानों को कठोरतापूर्वक लागू किए जाने के द्वारा इस समस्या से निबटने के लिए अग्रसक्रिय कदमों को उठाती रही हैं। राज्य सरकारें, जो समुचित कार्यान्वयन अधिकरण भी हैं, इन प्रावधानों के उल्लंघन किए जाने के मामलों की खोज करने के लिए नियमित निरीक्षण एवं छापे डालती रही हैं। चूंकि गरीबी ही इस समस्या का मूल कारण है, तथा अकेले प्रवर्तन के द्वारा ही इसका समाधान किए जाने में सहायता नहीं मिल सकती, अतः सरकारें इन बच्चों के पुनर्वासन तथा उनके परिवारों की आर्थिक स्थितियों में सुधार किए जाने पर बहुत अधिक बल प्रदान करती रही हैं।

एक अधिवक्ता के द्वारा प्रस्तुत की गई एक जनहित याचिका की निस्तारण करते हुए सर्वोच्च न्यायालय ने भी 10 दिसम्बर, 1996 को पारित किए गए अपने एक महत्वपूर्ण निर्णय के अंतर्गत बच्चों के शोषण को रोके जाने तथा उनके आर्थिक, सामाजिक एवं मानवीय अधिकारों की सुरक्षा किए जाने के उद्देश्य से खतरनाक रोजगारों में बाल श्रम पर प्रतिबंध लगा दिया, तथा एक बाल श्रमिक

पुनर्वासन कल्याण निधि की स्थापना किए जाने का आदेश दिया। उल्लंघनकर्ता नियोक्ता को क्षतिपूर्ति के रूप में 20,000 रुपए प्रति बच्चे की दर से धनराशि को इस निधि में जमा करवाना होगा। सर्वोच्च न्यायालय ने यह स्पष्ट कर दिया कि नियोक्ता के द्वारा आगे से बच्चों को रोजगार पर न रखे जाने की इच्छा व्यक्त किए जाने के बावजूद भी उसका उत्तरदायित्व समाप्त नहीं हो जाएगा। न्यायालय ने यह व्यवस्था किए जाने के लिए केन्द्र तथा राज्य सरकारों को विस्तृत दिशा-निर्देश जारी किए कि बच्चे के परिवार का कोई भी वयस्क सदस्य बच्चे के रोजगार के बदले में एक रोजगार प्राप्त कर सके।

हालांकि, राज्य के संसाधनों पर पड़ने वाले दबावों का अनुभव करते हुए न्यायालय ने सरकार को बाल श्रमिकों के प्रत्येक मामले में वैकल्पिक रोजगार को सुनिश्चित किए जाने के लिए नहीं कहा। इसके स्थान पर, समुचित सरकारों को किसी कारखाने अथवा खदान अथवा किसी भी अन्य खतरनाक रोजगार में कार्यरत् प्रत्येक बच्चे के लिए 5,000 रुपए की दर से धनराशि को इस निधि में जमा करना होगा (*द हिन्दुस्तान टाइम्स,* 11 दिसम्बर, 1996)। सर्वोच्च न्यायालय ने सम्बन्धित राज्यों को 6 महीनों के अंदर-अंदर बाल श्रमिकों पर एक सर्वेक्षण संपन्न कराए जाने के लिए भी निर्देश जारी किए, जिसके लिए न्यायालय ने बाल श्रमिकों के नियोक्ताओं के प्राथमिक मामलों के बीच 9 उद्योगों की पहचान की। ये उद्योग थे : शिवाकाशी, तमिलनाडु में माचिस उद्योग; सूरत, गुजरात में हीरा पॉलिश उद्योग; मूल्यवान पत्थर पॉलिश उद्योग, जयपुर, राजस्थान; फिरोजाबाद में कांच उद्योग, मुरादाबाद में पीतल उद्योग तथा मिर्जापुर-भदोही में हस्तनिर्मित कालीन उद्योग, अलीगढ़ में ताला उद्योग–ये सभी उत्तर प्रदेश में हैं; मरकापुर, आंध्र प्रदेश में स्लेट उद्योग, तथा मंदसौर, मध्य प्रदेश में स्लेट उद्योग। सर्वोच्च न्यायालय ने कहा, कि यदि माता-पिताओं के द्वारा बच्चे को शिक्षा के लिए नहीं भेजा जाता, तो उन्हें दिया गया रोजगार अथवा किया गया भुगतान वापस ले लिया जाएगा। निर्देशों का पालन न किए जाने के मामलों में न्यायालय ने दंडात्मक कार्यवाही किए जाने की चेतावनी दी। गैर-खतरनाक रोजगारों के संदर्भ में, न्यायालय ने समुचित प्राधिकारी को यह देखने के आदेश दिए कि बच्चों के द्वारा प्रतिदिन कार्य करने के घंटे 4 से 6 से अधिक न हों तथा कम से कम 2 घंटों को प्रतिदिन बच्चों की शिक्षा के लिए अलग रखा गया हो। यह प्राधिकारी यह भी सुनिश्चित करेगा कि शिक्षा की संपूर्ण लागत का वहन नियोक्ता के द्वारा किया गया हो।

## मूल्यांकन (An Evaluation)

बाल श्रम (निषेध और नियमन) कानून, 1986 [चाइल्ड लेबर (प्रोहिबिशन एन्ड रेगुलेशन) एक्ट, 1986] के बनने से यह आशा जाग्रत हुई थी, कि बाल श्रमिकों के भाग्य सुधरेंगे परन्तु इसने राज्य सरकारों या केन्द्र को सीमित रूप से भी किसी प्रकार का उद्देश्योन्मुखी कार्य करने के लिए प्रेरित नहीं किया। इस उदासीनता को श्रम मंत्रालय द्वारा अगस्त 1987 में घोषित कार्य योजना का दुर्भाग्यपूर्ण परिणाम सिद्ध करता है, जबकि इस कार्य योजना को श्रम मंत्रालय ने बाल श्रम की राष्ट्रीय नीति का एक अत्यावश्क अंग माना था। इस कानून को लागू करने के लिए बनाई गई योजना के अन्तर्गत दस परियोजनाएं बनाई गई थीं, जिनमें फिरोज़ाबाद का कांच उद्यम, मिर्ज़ापुर में गलीचे बुनने का उद्यम, सूरत में हीरों की पॉलिश करने का उद्यम और शिवाकाशी में माचिस बनाने का उद्यम जैसे अतिसंवेदनशील क्षेत्रों में कल्याण के निवेशों को उपलब्ध कराना था। उनमें से केवल एक प्रायोगिक आधार पर आरम्भ किया गया है। यह मानते हुए कि माचिस उद्योग में ही यह अकेली परियोजना जारी है, जिसे कार्य योजना से जोड़ दिया गया है, यह कहना उपयुक्त होगा कि इस नीति की घोषणा ने राज्यों और केन्द्र के उत्तरदायित्व को प्रस्तुत करने से अधिक कोई उपलब्धि प्राप्त नहीं की है। यदि इस पायलट परियोजना, जो लगभग 17 करोड़ के बाल श्रम के केवल 30,000 को लाभान्वित करने के लिए बनाई गई थी, का यह भाग्य है, तो इस कानून के अन्तर्गत शेष आने वालों का भाग्य असंगठित क्षेत्र में अल्पवेतन पर परिश्रम कर रहे संख्या में इनसे कहीं अधिक श्रमिकों के भाग्य से कोई अधिक अच्छा नहीं होगा। ऊपरी तौर से कार्य योजना के बनाने के पीछे यह विचार था, कि ऐसे क्षेत्रों में जहां

बाल श्रम प्रचालित है, नए कानून और दूसरे कानूनों के सम्बंधित प्रावधानों को जो बच्चों को प्रभावित करते हैं कार्यान्वित करके एक शुरुआत की जाए। अब इन परियोजनाओं की असफलता से ऐसा लगता है कि निर्धनता-विरोधी कार्यक्रमों को समाज के उन खण्डों तक ले जाना जहां से अधिकांश बाल श्रमिक आते हैं, की योजना भी सफल नहीं हो पाएगी।

इस सीमा तक कानून का बनना अप्रभावी सिद्ध हो सकता है, कि वह उन बच्चों को सुरक्षा प्रदान नहीं कर पाया जो बढ़ती हुई ग्रामीण दरिद्रता और शहरी क्षेत्रों में जीवन संघर्ष के कारण कमाई करने के लिए बाध्य होते हैं। कानून को इस युक्तियुक्त आधार वाक्य पर बनाया गया था, कि क्योंकि निर्धनता के मूल कारण को रातों रात मिटाया नहीं जा सकता, तो उसका व्यावहारिक उपागम यह है, कि बाल श्रम के व्यवसाय को नियंत्रित कर दिया जाए। इसके अनुसार 14 वर्ष से कम आयु के बच्चों को संगठित खण्ड के चुनिन्दा क्षेत्रों में नौकर रखने की अनुमति प्रदान कर दी गई और उसके साथ-साथ सुरक्षा उपाय भी रखे गए, जिससे उनका शोषण नहीं हो सके और इसके साथ-साथ उनकी शिक्षा एवं मनोरंजन की सुविधाओं का भी प्रावधान किया गया। परन्तु इस कानून में एक बड़ी कमी प्रवर्तन मशीनरी से संबंधित थी, जिसकी ढिलाई के कारण मालिकों ने कानून के प्रावधानों की निडर होकर अवहेलना की। यद्यपि नए कानून के उल्लंघन के लिए सजा को और अधिक सख्त कर दिया गया है, फिर भी बच्चों द्वारा मुहैया कराया गया सस्ता, नमनशील एवं अपरिवादी (non-complaining) श्रमिक वर्ग इस प्रथा को जारी रखने में निहित स्वार्थ को उत्पन्न करता है। जब तक एक कार्यकुशल और सख्त निरीक्षण मशीनरी नहीं होगी, तब तक मालिकों को कानूनी प्रावधानों का उल्लंघन करने से कोई नहीं रोक सकेगा, क्योंकि उन्हें इसकी पूरी जानकारी है, कि बाल श्रमिक स्वयं उसको छिपाने में सहर्ष सहअपराधी (accomplices) बन जाएंगे। कानून में दूसरी कमी यह है कि उसने इसकी परिभाषा नहीं की है, कि कैसी नौकरियों को जोखिमभरी (hazardous) नौकरियां कहा जा सकता है और जिस समिति को अनुज्ञेय (permissible) नौकरियों की पहचान के लिए गठित किया गया है, ने अधिक प्रगति नहीं की है।

कानून की अनुपालना (compliance) सुनिश्चित करने का एक ही तरीका है, कि इसके उल्लंघन की सजा को और अधिक कठोर बनाया जाए, इसमें आकस्मिक परीक्षण का प्रावधान सम्मिलित किया जाए और एक अलग से निगरानी प्रकोष्ठ का गठन किया जाए। मजदूरों के हितों के संबंध में सभी मालिकों के लिये यह अधिदेशात्मक (mandatory) कर दिया जाए, कि वे एक बाल श्रमिक, चाहे वह कारखाने में काम करता हो या घरेलू नौकर हो या दुकान पर काम करता हो, के बौद्धिक, व्यावसायिक और शैक्षिक कल्याण के लिये कदम उठाएंगे।

इस संदर्भ में उन नीतियों का, जो भले ही विशेष रूप से बच्चों के लिए नहीं हों परन्तु जो निर्धनता और असमानता का उपशमन (alleviate) करती हैं, और निर्णायक प्रभाव पड़ सकता है। इन नीतियों में कृषि संबंधी सुधार, रोज़गार उत्पन्न करने वाली परियोजनाएं, निर्धनों में उन्नत प्रौद्योगिकी का प्रसार, अनौपचारिक क्षेत्र का उन्नयन (promotion), सहकारी समितियों का गठन और सामाजिक सुरक्षा के कार्यक्रम सम्मिलित हो सकते हैं। कानून और नियमों की अनुपालना में प्रभावी प्रवर्तन (enforcement) मशीनरी को सहायता करनी चाहिए। इसके लिए आवश्यक है, कि श्रम-निरीक्षण और इससे संबंधित सेवाओं को सुदृढ़ बनाया जाए। आयु सत्यापन (verification) को सुविधाजनक बनाने के लिए राजकीय अधिकारी वर्ग को जन्म पंजीकरण की एक प्रभावी प्रणाली को जारी करना चाहिए। सब मालिकों के लिए यह अधिदेशात्मक कर देना चाहिए, कि वे ऐसे रजिस्टर और कागजात तैयार करें, जिनमें सभी नौकर बच्चों के नाम और आयु हो।

बच्चों को मजदूरी करनी पड़े यह दुख की बात है, परन्तु यह पूर्णतया अस्वीकार्य है, कि उन्हे ऐसी स्थितियों में काम करना पड़े जो उनके स्वास्थ्य और सुरक्षा के लिए खतरनाक हैं। बाल श्रम की समस्या के समाधान को तब तक के लिए भी नहीं टाला जा सकता, कि जब तक आर्थिक स्थितियों और सामाजिक संरचनाओं में मूलभूत सुधार हो जाए।

अल्पवेतन के लिए घंटों काम करते हुए ये छोटे बच्चे शोषण को जीवन का रूप (way of life) मान लेते हैं। वे केवल अपने दुःखों को जानते हैं। उनके चेहरों पर मौन अनुमोदन स्पष्ट झलकता है। प्रतिदिन उनकी संख्या बढ़ती जा रही है। यद्यपि यह सही है, कि मजदूरी बच्चों को जिन्दा रखने में मदद करती है, परन्तु क्या बच्चों को सरकार की वैकल्पिक रोज़गार दिलाने में असमर्थता और दरिद्रता को कम करने में असमर्थता का दण्ड भोगने के लिए बाध्य करना चाहिए? क्यों उन्हें वयस्कों की दुनिया में रहने के लिए, वयस्कों के उत्तरदायित्वों को झेलने के लिए और अगाध शोषण भोगने के लिए बाध्य किया जाना चाहिए?

बाल श्रमिकों के पास कोई आश्रय, कोई भोजन तथा कोई शिक्षा उपलब्ध नहीं होती। वे विभिन्न प्रकार के रोगों एवं त्वचा रोगों के संक्रमण के जोखिमों से घिरे होते हैं। वे लगभग प्रत्येक व्यक्ति–नियोक्ता, माता-पिता, पुलिस तथा यहां तक कि आम आदमी के द्वारा भी शोषित किए जाने के प्रति सुभेद्य होते हैं। वे मादक पदार्थों के तस्करों के सरल निशाने बन जाते हैं। यहां तक कि उनका यौन शोषण भी किया जाता है। इसीलिए, इस नीति के कतिपय सिद्धांतों का राज्यों के द्वारा अनुसरण किए जाने की आवश्यकता है, ताकि बच्चों को एक स्वस्थ तरीके से तथा स्वतंत्रता एवं गरिमापूर्ण स्थिति में विकसित होने के अवसर प्राप्त हो सकें तथा उनके बचपन एवं युवावस्था की शोषण तथा नैतिक एवं भौतिक परित्यक्तता से रक्षा की जा सके। हमें आशा करनी चाहिए, कि दिसम्बर, 1996 में सर्वोच्च न्यायालय के द्वारा पारित आदेशों एवं जारी किए गए दिशा-निर्देशों के द्वारा, तथा राज्य के द्वारा अपनाए गए उपायों के द्वारा 21वीं सदी के बच्चे स्वयं को ''स्वतंत्रता के स्वर्ग'' में पा सकेंगे।

## REFERENCES


Bandura, A., *Aggression: A Social Learning Analysis*, Prentice Hall, New Jersey, 1973.

Bolton, F.G. and Bolton, S.R.,*Working with Violent Families,* Sage Publications, New York, 1987.

Burgess, R.L., "Child Abuse: A Social Interactional Analysis", in Ben Lahey and Alan Kazdin (eds), *Advances in Clinical Child Psychology,* Vol. 2, Plenum Press, New York, 1979.

Egeland, B. et al., "The Developmental Consequence of Different Patterns of Maltreatment", *Child Abuse and Neglect,* Vol. 7, No. 4, 1983.

Elmer, E., *Children in Jeopardy: A Study of Abused Minors and their Families,* University of Pittsburgh Press, Pittsburgh, 1967.

Gelles, R.J. and Cornell, C.P., *Intimate Violence in Families,* Sage Publications, Beverly Hills, 1985.

Gelles, R.J., "Child Abuse as Psychopathology: A Sociological Critique and Reformulation", *American Journal of Ortho. Psychiatry,* Vol. 43, July, 1973.

Gil, D., *Violence against Children: Physical Child Abuse in the United States,* Harvard University Press, Cambridge, 1970.

Goode, William, "Force and Violence in the Family", *Journal of Marriage and Family,* Vol. 33, November, 1971.

Hjorth, C.W. and Ostrov, E., "The Self-image of Physically Abused Adolescents", *Journal of Youth and Adolescence,* Vol. 11, No. 2, 1982.

Joshi, Uma, "Child Abuse: A Disgrace in Our Society", *The Hindustan Times,* June 25, 1986.

Kempe, R.S. and Kempe, C.H., *Child Abuse,* Fontana, London, 1978.

Kewalramani, C.S., *Child Abuse,* Rawat Publications, Jaipur, 1992.

Khatu, K.K., *Working Children in India,* Operations Research Group, Baroda, 1983.

Kinard, E.M., "Emotional Development in Physically Abused Children", *American*

*Journal of Ortho. Psychiatry*, Vol. 50, 1980.

Maxwild, Denver, "Protective Services and Emotional Neglect", quoted by Irving Sloan, 1961.

Pagelow, M.D., *Family Violence*, Praeger Scientific, New York, 1984.

Park, R. and Collmer, C., *Child Abuse: An Interdisciplinary Analysis*, The University of Chicago Press, Chicago, 1975.

Premi, Mahendra K., *Population of India in the New Millennium: Census 2011* (2nd edn), NBT, New Delhi, 2011.

Shard, Neel K., *The Legal, Economic and Social Status of the Indian Child*, National Book Organization, New Delhi, 1988.

Sloan, Irving, *Child Abuse: Governing Law and Legislation*, Oceana Publications, New York, 1983.

Steinmetz, S.K. and Straus, M., *Violence in the Family*, Harper and Row, New York, 1974.

Strauss, M.A., "Family Patterns and Child Abuse", *Child Abuse and Neglect*, Vol. 3, 1979.

Wolfe, D.A., *Child Abuse*, Sage Publications, Beverly Hills, 1987.

# 10

# महिलाओं के विरुद्ध हिंसा

## Violence Against Women

आजकल शायद ही कोई विषय सामाजिक विज्ञानों में शोधकर्ताओं, केन्द्रीय और राज्य सरकारों, योजना दलों और सुधारकों का ध्यान इतना आकृष्ट करता हो, जितना कि महिलाओं की समस्याएं। महिलाओं की समस्याओं के अध्ययन के उपागम ज़रा-विज्ञान (gerontology) (वृद्ध होने की प्रक्रियाओं का अध्ययन) के अध्ययन से लेकर मनोरोग विज्ञान और अपराध विज्ञान तक होते हैं। परन्तु महिलाओं से संबंधित एक महत्वपूर्ण समस्या जिस पर ध्यान नहीं दिया गया है और जिससे बचा गया है, वह है महिलाओं के विरुद्ध हिंसा की समस्या।

### महिलाओं का उत्पीड़न (Women's Harassment)

महिलाओं के विरुद्ध हिंसा की समस्या कोई नई नहीं है। भारतीय समाज में महिलाएं एक लम्बे काल से अवमानित (humiliation), यातना और शोषण का शिकार रही हैं, जितने काल के हमारे पास सामाजिक संगठन और पारिवारिक जीवन के लिखित प्रमाण उपलब्ध हैं, उनके आधार पर यह कहा जा सकता है। आज शनैःशनैः महिलाओं को पुरुषों के जीवन में महत्वपूर्ण, प्रभावशाली और अर्थपूर्ण सहयोगी माना जाने लगा है; परन्तु कुछ दशक पहले तक उनकी स्थिति दयनीय थी। विचारधाराओं, संस्थागत रिवाजों, और समाज में प्रचलित प्रतिमानों ने उनके उत्पीड़न में काफी योगदान दिया है। इनमें से कुछ व्यावहारिक रिवाज आज भी पनप रहे हैं। स्वाधीनता के पश्चात हमारे समाज में महिलाओं के समर्थन में बनाए गए कानूनों, महिलाओं में शिक्षा के फैलाव और महिलाओं की धीरे-धीरे बढ़ती हुई आर्थिक स्वतन्त्रता के बावजूद असंख्य महिलाएं अब भी हिंसा की शिकार हैं। उनको पीटा जाता है, उनका अपहरण किया जाता है, उनके साथ बलात्कार किया जाता है, उनको जला दिया जाता है या उनकी हत्या कर दी जाती है या उन्हें आत्महत्या के लिए मजबूर किया जाता है। नेशनल क्राइम रिकॉर्ड ब्यूरो (NCRB) के द्वारा जारी नवीन आंकड़े बताते हैं कि राष्ट्रभर में महिलाओं के विरुद्ध अपराध में 2010 के बाद से 7.1 प्रतिशत की वृद्धि दर्ज हुई है। (*टाइम्स ऑफ इंडिया,* 27 अगस्त 2013)

यहां उल्लेख करना महत्वपूर्ण है, कि महिलाओं के प्रति अपराध की विचारधारा की कोई सरल या सर्वमान्य परिभाषा नही है, परन्तु नई *ऑक्सफोर्ड एडवांस लर्नर्स डिक्शनरी* (2005 का 7वां संस्करण) ने इसकी परिभाषा आपराधिक कृत्य या ऐसा कृत्य जो नैतिक या बड़ी गलती है, तथा कानून द्वारा सजा प्राप्त करने योग्य है।

भारतीय दंड संहिता (IPC) 1860 ने दोष (offence) शब्द का प्रयोग, अपराध (crime) के स्थान पर किया है। IPC की धारा 40 के अनुसार 'दोष (offence) ऐसा कृत्य है, जो इस संहिता के अनुसार सजा प्राप्त करने योग्य है। एक दोष (offence) दो प्रकार से होता है- किसी कृत्य के करने से या किसी कृत्य के न करने से। इसलिए ऐसे 'अपराध जो महिलाओं के विरुद्ध' हो या जिसमें 'महिलाएं पीड़ित' हों उन्हें महिलाओं के विरुद्ध अपराध माना गया (सिंह 2012) अपहरण, हत्या, पत्नी

उत्पीड़न, बलात्कार तथा छेड़खानी आदि महिलाओं के प्रति अपराध के उदाहरण हैं।

पुलिस रिसर्च ब्यूरो, दिल्ली द्वारा महिलाओं के विरुद्ध अपराध को दो श्रेणी में बांटा गया है– (i) इण्डियन पैनल कोड (IPC) के अन्तर्गत अपराध और (ii) स्थानीय व विशेष कानून के दायरे में आने वाले अपराध (देखें क्राइम इन इंडिया, नेशनल क्राइम रिकॉर्ड ब्यूरो, दिल्ली 1994ः 209)। ब्यूरो द्वारा पहली श्रेणी में 7 व दूसरी श्रेणी में 4 तरह के अपराध चिह्नित किए गए। IPC के तहत ये सात अपराध हैं– बलात्कार, अपहरण एवं भगा ले जाना, दहेज के लिए हत्या, प्रताड़ना (मानसिक एवं शारीरिक), उत्पीड़न, छेड़छाड़ और 21 वर्ष से कम उम्र की महिलाओं के साथ दुराग्रह। इसके अलावा ये चार अपराध भी स्थानीय व विशेष कानून के तहत आते हैं। ये हैं- सती प्रथा, दहेज प्रथा, महिलाओं का अश्लील चित्रण और अनैतिक देह व्यापार।

वे कौनसी महिलाएं हैं, जिन्हें उत्पीड़ित किया जाता है? उनको उत्पीड़ित करने वाले और हिंसा के अपराधकर्ता कौन लोग हैं? महिलाओं के विरुद्ध हिंसा के मूल कारण क्या हैं? कुछ विद्वानों ने, जिन्होंने पाश्चात्य समाज में इन पहलुओं का अध्ययन किया है, इस समस्या की व्याख्या के लिए 'व्यक्तित्व' उपागम और 'परिस्थिति' उपागम का उपयोग किया है। परन्तु इन दोनों उपागमों के कई बिन्दुओं को लेकर उनकी आलोचना हुई है।

## महिलाओं के विरुद्ध हिंसा की प्रकृति, विस्तार और विशेषताएं (Nature, Extent and Characteristics of Violence against Women)

महिलाओं के विरुद्ध हिंसा का वर्गीकरण इस प्रकार हो सकता है :

(i) *आपराधिक हिंसा* जैसे बलात्कार, अपहरण, हत्या...

(ii) *घरेलू हिंसा* जैसे दहेज संबंधी मृत्यु, पत्नी को पीटना, लैंगिक दुर्व्यवहार, विधवाओं और/या वृद्ध महिलाओं के साथ दुर्व्यवहार...

(iii) *सामाजिक हिंसा* जैसे पत्नी/पुत्रवधू को मादा भ्रूण (female foeticide) की हत्या के लिए बाध्य करना, महिलाओं से छेड़छाड़, सम्पत्ति में महिलाओं को हिस्सा देने से इंकार करना, अल्पवयस्क विधवा को सती होने लिए बाध्य करना, पुत्रवधू को और अधिक दहेज लाने के लिए सताना...

यदि हम विभिन्न एजेंसियों द्वारा दिये गए आंकड़ों का विश्लेषण करें तो पायेंगे, कि महिलाओं के प्रति अपराध के मामले प्रतिवर्ष बढ़ रहे हैं। एनसीआर (NCR) द्वारा जारी आंकड़ों के आधार पर एक गैर-सरकारी संगठन (NGO) द्वारा किए गए अध्ययन के अनुसार 1998 से 2011 के बीच 13 वर्षों में महिलाओं के प्रति अपराध में 74 प्रतिशत वृद्धि दर्ज की गई। घरेलू हिंसा के मामलों में वृद्धि की दर सबसे ज्यादा 140 प्रतिशत पर है, अपहरण 117 प्रतिशत, बलात्कार 60 प्रतिशत और छोड़छाड़ 40 प्रतिशत है। लगभग 30 प्रतिशत मामले पति और ससुराल वालों द्वारा क्रूरता के हैं (*द संडे गार्जियन,* 6 अप्रैल, 2013)। इसी तरह लोकसभा सचिवालय (No. 2/RN/Ref/2013) द्वारा प्रकाशित रिपोर्ट के अनुसार महिलाओं के प्रति अपराध की कुल घटनायें (दोनों IPL और SLL) जो 2007 में 1,85,312 थीं, 2011 में बढ़कर 2,28,650 हो गई। वर्ष 2012 मे, यह संख्या 2,44,270 थी इस प्रकार वर्ष के दौरान 7 प्रतिशत से अधिक की वृद्धि दर्ज की गई। अपराध के लिहाज से यह आंकड़ा इस प्रकार है– अपहरण (38,262), उनके शील (भंग) करने के इरादे के साथ महिलाओं पर हमला (45,351) महिलाओं के शील भंग के लिए किए गए अपमान (9,173), पति और उसके रिश्तेदारों द्वारा क्रूरता (1,06,527) और विदेशों से लड़कियों को छल से/धोखे से लाना (59) प्रतिशत के आधार पर हर वर्ष कुल अपराध क्रमशः 1.6, 1.9, 0.4, 4.5 और 0.0 हो रहे हैं (भारतीय दंड संहिता (IPC) के तहत)। यह कहा जाता है कि भारत में हर 20 मिनट में एक बलात्कार हर 25 मिनट में छेड़छाड़, हर 40 मिनट में अपहरण और हर 4 घंटों में दहेज हत्या होती है।

राजस्थान में भारतीय दंड संहिता मामलों का अनुपात राष्ट्रीय औसत के रूप में कुल अपराधों में महिलाओं के खिलाफ प्रतिबद्ध अधिक या कम ही रह गया है। राजस्थान पुलिस की वेबसाइट के

मुताबिक वर्ष 2012 में राज्य में कुल 1,07,948 अपराधो के मामले सूचित किए गए जिसमें से 21,975 (या 12.81%) महिलाओं के खिलाफ थे।

अपराधों के विरुद्ध महिला सैल (CAWC) और दिल्ली पुलिस स्टेशन में दर्ज महिलाओं के खिलाफ अपराध में वृद्धि और अन्य मामलों की संख्या में बढ़ोतरी से यह स्पष्ट है, कि महिलाओं के विरुद्ध अपराध में वृद्धि हुई है। शिकायतों की संख्या 2007 में 9853 से बढ़कर 2011 में 11,419 हो गई, लगभग 16 प्रतिशत की वृद्धि (*सिफी न्यूज* 16 दिसंबर 2012)। मामलों में यह वृद्धि जरूरी नहीं, कि बढ़ती रिपोर्टिंग की वजह से है, लेकिन यह केवल लैंगिक समानता और महिलाओं के अधिकार में बढ़ती जागरूकता का संकेत है, उनकी सुरक्षा के लिए बने नये कानून में पीड़िता का विश्वास है, और इस तरह की संस्थाएं जैसे महिला न्यायालय, पारिवारिक न्यायालय और गैर-सरकारी संगठन महिलाओं के लिए काम कर रहे हैं। लेकिन हम सभी को पता है, कि विभिन्न कारणों की वजह से सभी मामलों की सूचना नहीं दी जाती और न ही दर्ज होते हैं। घरेलू हिंसा जैसे पत्नी को पीटना या घर की महिलाओं के साथ जबरन अनाचार के मामलों की सूचना कभी नहीं दी जाती है। लेकिन संकलित मामलों की चर्चा करते हुए हमें महिलाओं के खिलाफ हिंसा की प्रकृति और विस्तार के बारे में कुछ अनुमान हो सकता है। हम छह व्यक्तिगत मामलों के विस्तार और लक्षणों का नीचे विश्लेषण करेंगे।

### *बलात्कार (Rape)*

यद्यपि कुछ साल पहले तक भारत में बलात्कार की समस्या को इतना गंभीर नहीं माना जाता था, जितना की पश्चिमी देशों में, विशेष रूप से अन्य देशों की तुलना में इसकी कम प्रसार दर को ध्यान में रखते हुए (उदाहरणार्थ अमेरिका में बलात्कार के अपराध प्रति लाख पर 26, कनाडा में 8 और ब्रिटेन में 5.5 हैं। इसकी तुलना में भारत में 0.5 प्रति एक लाख जनसंख्या है)। लेकिन अब भारत को दुनिया की 'बलात्कार की राजधानी' के रूप में जाना जाता है। और दिल्ली में सबसे ज्यादा बलात्कार के मामले सामने आए हैं। भारतीय शहरों में हर 4 बलात्कार में से एक दिल्ली में घटित होता है। NCRB की 2012 की *भारत में अपराध* पर रिपोर्ट के अनुसार बलात्कार भारत में सबसे तेजी से बढ़ता अपराध है और वर्ष 1971-2012 के बीच इसमें 902 प्रतिशत की वृद्धि हुई है। ये घटनाएं 2011 में 24206 से 2012 में बढ़कर 24930 हो गई अर्थात इनमें लगभग 3 प्रतिशत की वृद्धि हुई है।

रिपोर्ट के अनुसार बलात्कार निम्नलिखित द्वारा किए गए थे – माता-पिता/परिवार के नजदीकी सदस्य, अन्य रिश्तेदार, पड़ोसियों, अन्य ज्ञात, अज्ञात व्यक्तियों द्वारा। इसके अलावा किशोरों द्वारा बलात्कार की 1175 घटनाएं दर्ज हैं। इनमें से 881 केस 16 से 18 वर्ष किशोरों द्वारा, 391 केस 12-15 वर्ष के बच्चों द्वारा और 339 केस 7-12 वर्ष के बच्चों द्वारा किए गए थे। हर एक घंटे में देशभर में बलात्कार के 2.84 मामले दर्ज हुए थे, जिसमें से औसतन 3.55 व्यक्तियों को गिरफ्तार किया गया, जिन्हें गैंग रेप में दोषी पाया गया। (*EPW*, Vol. XLVIII, No. 31, अगस्त 3, 2013)।

गरीब लड़कियां ही अकेली बलात्कार का शिकार नहीं होती, अपितु मध्यम वर्ग की कर्मचारियों के साथ भी मालिकों द्वारा लैंगिक अपमान किया जाता है, अपराध संदिग्ध महिलाओं के साथ पुलिस अधिकारियों द्वारा, महिला मरीजों के साथ अस्पताल के कर्मचारियों द्वारा और रोजाना वेतनभोगी महिलाओं के साथ ठेकेदारों और बिचौलियों द्वारा। यहां तक की बहरी और गूंगी, पागल और अंधी और भिखारिनियों को भी नहीं छोड़ा जाता। निम्न मध्यम श्रेणी से आई हुई महिलाएं जो कि अपने परिवारों का प्रमुख रूप से भरण-पोषण करती हैं, लैंगिक दुर्व्यव्हार को खामोशी से और बिना विरोध किए सहन करती रहती है। यदि वे विरोध करती हैं, तो उन्हें सामाजिक कलंक और अपमान का सामना करना पड़ता है। इसके अतिरिक्त उन्हें पाप की पीड़ा और व्यक्तित्व के रोग भयंकर रूप से सताते हैं।

NCRB द्वारा जारी आंकड़ों के अनुसार देश में पिछले छः वर्षों में नाबालिगों के बलात्कार की घटनाएं बढ़ गयी हैं। 2007 में इस तरह के 5045 मामले दर्ज हुए थे, जबकि 2012 में यह आंकड़ा 8541 को छू गया। पिछले 10 सालों में बलात्कार के मामलों में 336 प्रतिशत की

उल्लेखनीय वृद्धि दर्ज की गई है (*टाइम्स ऑफ इण्डिया*, 27 अगस्त, 2013)। 2008 में मामलों की संख्या 5446 थी, 2009 में यह 5336 थी, अगले साल यह 5484 की संख्या को छू गई और 2011 में यह 7112 तक पहुंच गई। तथ्यों को लेकर कोई विवाद नहीं है, कि नाबालिगों के बलात्कार की अच्छी संख्या पुलिस में भी दर्ज नहीं की गई होगी (*द हिन्दू*, 19 जून 2013)।

## *भगा ले जाना और अपहरण करना* (Abduction and Kidnapping)

एक नाबालिग (18 वर्ष से कम लड़की और 16 वर्ष के कम आयु का लड़का) को उसके कानूनी अभिभावक की सहमति के बिना ले जाने या फुसलाने को 'अपहरण' कहते हैं। 'भगा ले जाने' का अर्थ है, एक महिला को इस उद्देश्य से ज़बरदस्ती, कपटपूर्वक या धोखेबाजी से ले जाना कि उसे बहका कर उसके साथ अवैध मैथुन किया जाए या उसकी इच्छा के विरुद्ध उसे किसी व्यक्ति के साथ विवाह करने को बाध्य किया जाए। अपहरण में उत्पीड़क की सहमति महत्वहीन होती है, परन्तु भगा ले जाने में उत्पीड़क की स्वैच्छिक सहमति अपराध को माफ करवा देती है।

अपहरण और भगा ले जाने के NCRB (2012) द्वारा जारी आंकड़े बताते हैं, कि सभी अपहरणों में 82.20 प्रतिशत महिलाएं निशाने पर थीं, इनमें से 70.90 प्रतिशत शादी और अवैध संभोग के लिए होते हैं, और जिनका अवैध संभोग के लिए अपहरण कर लिया गया इनमें 78.87 प्रतिशत 15 से 30 वर्ष आयु वर्ग में आती हैं और 83.99 प्रतिशत महिलाएं जिनका शादी के प्रयोजन के अपहरण कर लिया गया, वे भी इसी आयु वर्ग की है (*EPW*, Vol XLVIII No. 31, अगस्त 3, 2013)। अन्य उद्देश्य में गोद लेना भीख मांगना, वेश्यावृत्ति, फिरौती, बदला और गैर-कानूनी गतिविधि शामिल है।

अपहरण/भगा ले जाने की महत्वपूर्ण विशेषताएं जो मेरे प्रकरणों के अध्ययन ने उद्घाटित की, वे हैं : (1) अविवाहित लड़कियों के भगा ले जाने के शिकार बनने की संभावना विवाहित स्त्रियों की अपेक्षा अधिक होती है; (2) भगा ले जाने वाले व उनके शिकार अधिकांश प्रकरणों में एक-दूसरे से परिचित होते हैं; (3) भगा ले जाने वाले और उसके शिकार का प्रायः प्रारंभिक संपर्क सार्वजनिक स्थानों के बजाय उनके घरों अथवा पड़ोसों में होता है; (4) अधिकांशतया, भगा ले जाने में एक ही व्यक्ति लिप्त होता है। इस प्रकार अपराधी की ओर से धमकी या उत्पीड़क की ओर से विरोध भगा ले जाने के प्रकरणों में अधिक आम नहीं है; (5) भगा ले जाने के दो सबसे अधिक महत्वपूर्ण उद्देश्य मैथुन (सेक्स) और विवाह होते हैं। आर्थिक उद्देश्य से भगा ले जाने वालों की संख्या कुल भगा ले जाने वालों की संख्या की मुश्किल से एक-दशम होती है। (6) 80 प्रतिशत से अधिक प्रकरणों में भगा ले जाने के पश्चात लैंगिक आक्रमण होता है; और (7) माता-पिता का नियन्त्रण और परिवार में स्नेहपूर्ण संबंधों का अभाव भगा ले जाने वाले और पीड़ित के संपर्कों तथा लड़की के (पीड़ित के) किसी परिचित व्यक्ति (जिसे बाद में दबाव में आकर भगा ले जाने वाला कहा जाता है) के साथ घर से भाग जाने के निर्णायक कारण होते हैं (आहूजा 1966)।

## *दहेज से संबंधित हत्याएं* (Dowry Deaths)

दहेज हत्या या तो एक परेशान की गई पत्नी द्वारा आत्महत्या करके या लालची पति और ससुराल द्वारा हत्या करके होती है। जो वास्तव में माता-पिता, विधायकों, पुलिस अदालतों और पूरे समाज के लिए बातचीत का कारण बन गयी है। एक दिन भी नहीं गुजरता जब हम एक महिला को परेशान होने, अत्याचार होने या मारे जाने का दहेज के कारण आत्महत्या के लिए प्रेरित करने के बारे में न पढ़ें और अभी तक कितने आरोपी को दंडित किया गया (या सजा मिली है) दुल्हन जलाने के मामलों में कुछ हत्यारों को गिरफ्तार किया गया है, कुछ पर मुकदमा चलाया गया है, और आखिर में कुछ को सजा सुनायी गयी है।

यद्यपि दहेज निषेधाज्ञा कानून, 1961 (Dowry Prohibition Act, 1961) ने दहेज प्रथा पर रोक लगा दी है, परन्तु वास्तव में कानून केवल यही स्वीकार करता है, कि समस्या विद्यमान है। वास्तविक रूप से यह कभी सुनने में नहीं आता, कि किसी पति या उसके परिवार पर दहेज लेने के आग्रह को लेकर कोई मुकदमा चलाया गया हो। यदि कुछ हुआ है तो यह कि गत वर्षों में दहेज की मांग और उसके साथ-साथ

दहेज को लेकर हत्याएं बढ़ी हैं। यदि एक सन्तुलित अनुमान लगाया जाए तो भारत में दहेज न देने अथवा पूरा नहीं देने के कारण प्रतिवर्ष हत्याओं की संख्या लगभग 5,000 मानी जा सकती है। भारत सरकार की मई 2000 में दी गयी रिपोर्ट के अनुसार, भारत में वर्तमान में हर 90 मिनट में एक दहेज से संबंधित हत्या होती है, तथा एक दिन में 16 व एक वर्ष में लगभग 6,851 (*द हिन्दुस्तान टाइम्स*, मई 18, 2000) 8,233 2012 में। अधिकांश दहेज हत्याएं पति के घर के एकान्त में और परिवार के सदस्यों की मिलीभगत से होती हैं। इसलिए अदालतें प्रमाण के अभाव में दंडित न कर पाने को स्वीकार करती हैं। कभी-कभी पुलिस छानबीन करने में इतनी कठोर हो जाती है कि न्यायालय भी पुलिस अधिकारियों की कार्य-कुशलता और सत्यनिष्ठा पर संदेह प्रकट करते हैं।

दहेज हत्याओं की महत्वपूर्ण विशेषताएं जिनका मेरे आनुभविक अध्ययन से पता चला ये हैं : (1) मध्यम वर्ग की स्त्रियों के उत्पीड़न की दर निम्नवर्ग या उच्चवर्ग की स्त्रियों से अधिक होती है; (2) लगभग 70 प्रतिशत पीड़ित 21-24 वर्ष आयु-समूह की होती हैं, अर्थात् कि वे केवल शारीरिक रूप से ही नहीं, अपितु सामाजिक एवं भावात्मक रूप से भी परिपक्व होती हैं; (3) यह समस्या निम्न जाति की समस्या की अपेक्षा उच्चजाति की अधिक हैं; (4) वास्तविक हत्या से पहले युवा वधू को कई प्रकार से सताया/अपमानित किया जाता है जो कि पीड़ित के परिवार के सदस्यों के सामाजिक व्यवहार के अव्यवस्थित संरूप को दर्शाता है; (5) दहेज-हत्या के कारणों में सबसे महत्वपूर्ण समाज वैज्ञानिक कारक अपराधी पर वातावरण का दबाव या सामाजिक तनाव हैं, जो उसके परिवार के आन्तरिक और बाह्य कारणों से उत्पन्न होते हैं, अन्य महत्वपूर्ण मनोवैज्ञानिक कारक हत्यारे का सत्तावादी व्यक्तित्व, प्रबल प्रकृति, और उसके व्यक्तित्व का असमायोजन है; (6) लड़की के शिक्षा के स्तर और दहेज के लिए की गई उसकी हत्या में कोई पारस्परिक संबंध नहीं होता; और (7) परिवार की रचना नव वधू के जलाने में निर्णायक भूमिका अदा करती है।

## *पत्नी को पीटना (Wife Battering)*

महिलाओं के विरुद्ध हिंसा विवाह के संदर्भ में अधिक महत्वपूर्ण हो जाती है, जबकि पति, जिसके लिए यह समझा जाता है, कि वह अपनी पत्नी से प्रेम करेगा और उसे सुरक्षा प्रदान करेगा, उसे पीटता है। एक स्त्री के लिए उस आदमी द्वारा पीटा जाना जिस पर वह सर्वाधिक विश्वास करती थी, एक छिन्न-भिन्न करने वाला अनुभव होता है। हिंसा चांटे और लात मारने से लेकर हड्डी तोड़ना, यातना देना, मार डालने की कोशिश और हत्या तक हो सकती है। हिंसा कभी-कभी नशे के कारण भी हो सकती है, परन्तु हमेशा नहीं। भारतीय संस्कृति में हम बिरले ही पत्नी द्वारा पुलिस से पीटने के मामले की शिकायत करने की बात सुनते हैं। वह मौन रहकर अपमान सहती है और उसे अपना भाग्य मानती है। यदि वह विरोध करना भी चाहती है, तो नहीं कर सकती क्योंकि उसे डर होता है, कि उसके अपने माता-पिता भी विवाह के बाद उसे अपने घर में स्थाई रूप से रखने को मना कर देंगे।

पत्नी के पीटने की महत्वपूर्ण विशेषताएं जो मेरे स्वतः पहचाने हुए प्रकरणों के आनुभविक अध्ययन ने इंगित कीं, वे हैं : (1) पत्नियां जो 25 वर्ष की आयु से कम होती हैं, उनके उत्पीड़न का अनुपात अधिक होता है; (2) उन पत्नियों को, जो अपने पति से पांच वर्ष से अधिक छोटी होती हैं, अपने पति द्वारा पीटे जाने का खतरा अधिक रहता है; (3) कम आय वाले परिवारों की महिलाओं का अधिक उत्पीड़न होता है, यद्यपि परिवार की आय से उत्पीड़न को जोड़ना अधिक कठिन है; (4) परिवार के आकार और उसकी रचना का पत्नी के पीटने से कोई परस्पर संबंध नहीं होता; (5) साधारणतया पतियों के पीटने के कारण पत्नियों को कोई गहरी चोट नहीं लगती; (6) पत्नी को पीटने के महत्वपूर्ण कारण हैं : यौन-संबंधी असमायोजन, भावात्मक गड़बड़, पति का गर्वित अहम् या हीनभावना, पति का पियक्कड़ होना, ईर्ष्या और पत्नी की निष्क्रिय कायरता; (7) पीटने वाले के बचपन में हिंसा की विपदग्रस्तता पत्नी के पीटने में एक महत्वपूर्ण कारक होता है; (8) यद्यपि अनपढ़ पत्नियों की शिक्षित पत्नियों की अपेक्षा पति द्वारा पीटे जाने की संभावना अधिक होती है, फिर भी पीटने और

पीड़ितों के शैक्षिक स्तर में कोई महत्वपूर्ण संबंध नहीं हैं; और (9) यद्यपि उन पत्नियों का जिनके पति शराबी होते हैं, उत्पीड़न का अनुपात अधिक है। परन्तु यह देखा गया है, कि अधिकांश पति अपनी पत्नियों को नशे की हालत में न पीट कर उस समय पीटते हैं जब वे होश-हवाश में होते हैं।

## *एसिड हमले/तेजाब फेंकना* (*Acid Attacks*)

एसिड हमला, हिंसक हमले का एक रूप है। यह 'जान बूझकर अत्याचार या मारने के इरादे के साथ' एक व्यक्ति के शरीर पर तेजाब फेंकने के सोचे समझे कार्य के रूप में परिभाषित किया गया है। इन हमलों में इस्तेमाल होने वाले सब से आम प्रकार के तेजाब है- सल्फ्यूरिक, नाइट्रिक या हाइड्रोक्लोरिक तेजाब (एसिड)। इन हमलों के दीर्घकालिक परिणामों में दूरगामी सामाजिक, मनोवैज्ञानिक और आर्थिक कठिनाइयों के साथ अंधापन और चेहरे और शरीर के स्थायी जख्म शामिल हैं।

एसिड हमलों की जड़ घृणा है। इस तरह की घटनाओं में कई खलनायक होते हैं। ठुकराए हुए प्रेमी और क्रोधित प्रेमिकाओं से लेकर पराये भागीदार, क्रुद्ध साहूकार, पर पीड़ित हमेशा एक औरत होती है।

एक एसिड हमले का सबसे उल्लेखनीय प्रभाव आजीवन शारीरिक विकृति है। नतीजतन पीड़ित को शारीरिक चुनौतियों का सामना करना पड़ता है, जिसमें लम्बी अवधि की शल्य चिकित्सा व उपचार की आवश्यकता होती है। साथ ही मानसिक चुनौतियों का सामना भी करना पड़ता है, जिसमें शारीरिक सुधार के हर चरण में मनोवैज्ञानिक और सलाहकारों की सलाहों की महती आवश्यकता होती है। उनके जीवन पर यह दूरगामी प्रभाव, समाज में उनके मनोवैज्ञानिक, सामाजिक और आर्थिक व्यवहार्थता पर असर डालते हैं।

एसिड हमले में बचे लोगों को भी ठीक होने पर कई मानसिक स्वास्थ्य मुद्दों का सामना करना पड़ता है। इसमें चिंता, उदासी (निराशा) पीड़ा और आत्मसम्मान की कमी शामिल है। एसिड हमले से जीवित बचे व्यक्ति के लिए जीवन बाधाओ, दिल का टूटना और अलगाव से शुरू होता है, यह इतना कठिन होता है कि जिस दुनिया को एक बार जीतने का सपना देखा था, उसके बारे में सोचना तक बंद कर देते हैं। यहां तक कि अगर ये महिलाएं फिर से अपना जीवन जीने की कोशिश करती हैं, तो समाज और कानून प्रणाली इनके लिए बाधा उत्पन्न करते हैं (इनके लिए कोई चीज आसान नहीं होती)।

उपर्युक्त के अलावा एसिड से बचे लोगों के लिए विशेषकर महिलाओं के लिए कई बाधाएं मौजूद हैं। उदाहरणार्थ इस तरह के हमले आमतौर पर पीड़ितों को विकलांग कर देते हैं, उन्हें खाने और रोजमर्रा की गतिविधियों के लिए अपने पति या परिवार पर निर्भर होना पड़ता है। एसिड हमले में जीवित बचे व्यक्ति कम दृष्टि और चलने में असमर्थ होने के कारण काम खोजने में सक्षम नहीं हैं इस कारण यह निर्भरता और बढ़ जाती है। उनकी आर्थिक आवलम्बन का नकारात्मक प्रभाव उनके परिवारों/पत्नी/पति या कोई और उनकी देखभाल करते हैं, उनकी कठिनाइयों का कारण बनता है। इसके अलावा एसिड हमले में जीवित बचे व्यक्ति जो अकेले होते हैं, समाज से बहिष्कृत और विवाह प्रस्तावों के लिए अयोग्य घोषित कर दिये जाते हैं।

भारत उन देशों में से एक है जहां एसिड फेंकने या हमलों के मामले सबसे अध्कि होते हैं। यह अनुमान लगाया गया है कि भारत में हर साल लगभग 1000 एसिड हमले होते हैं। लेकिन दुर्भाग्य से इस बढ़ते हुए खतरे के खिलाफ महिलाओं के संघर्ष में कानूनी उदासीनता सबसे ज्यादा निराशाजनक पहलू है। निकिता दोवल की द *वीक* (20 मई 2012) में प्रकाशित कवर स्टोरी 'लास्ट वर्ल्ड' कहती है, वर्तमान में इसके हिंसात्मक आचरण के बावजूद एसिड हमलों में विशेष रूप से भारतीय दंड संहिता में संबंधित अनुभाग नहीं है। एसिड हमलों के मामलों को भारतीय दंड सहिता के अनुभाग 300, 322, 325 और 326 से निबटा रहे हैं। इसमें से केवल धारा 326 में ही संरक्षक वस्तु से हमले के मुद्दे की बात होती है, लेकिन इसे गंभीर चोट के रूप में माना गया है। हालांकि यह धारा आजीवन कारावास तक की सजा की अनुमति देती है, ज्यादातर दोषियों को केवल 3-4 वर्ष की जेल की सजा मिलती है। अगर आदेश दिया है, तो मुआवजा अक्सर आंशिक रूप से होता है।

विशेष रूप से महिलाओं पर एसिड हमलों पर अंकुश लगाने के लिए विभिन्न सरकारों ने दोनों, केन्द्रीय और राज्य स्तरों पर समय-समय पर कई कदम उठाये हैं। केन्द्र सरकार ने हाल ही में घोषणा की है, कि एसिड की बिक्री नियमित कर दी जाएगी, एक अन्य घटनाक्रम में सुप्रीम कोर्ट ने 8 जुलाई, 2013 को एक नाबालिग दिल्ली की रहने वाली एसिड हमले की शिकार लक्ष्मी द्वारा 2006 में दायर एवं जनहित याचिका पर सुनवाई की, आदेश दिया कि इरादतन अपराध को गैर जमानती माना जाए और पीड़ित की मुआवजा राशि 3 लाख रु तक बढ़ा दी जाए, जो वर्तमान में एक राज्य से दूसरे राज्य में 5000 रु से 1,50,000 के बीच है।

न्यायमूर्ति आर.एम. लोढ़ा की अध्यक्षता वाली पीठ ने 3 महीने के भीतर एसिड और अन्य संक्षारक पदार्थों की बिक्री को विनयमित करने के लिए नियम बनाने को राज्य को केन्द्र शासित प्रदेशों को निर्देश दे दिये हैं। अदालत ने कहा कि इस तरह के पदार्थों को खरीदने के लिए संबंधित अधिकारियों द्वारा जारी किए गए आवासीय पते से युक्त एक फोटो पहचान पत्र की आवश्यकता होगी, जो किसी भी मामले में 18 वर्ष से कम उम्र के व्यक्ति को नहीं बेचा जा सकता। आशा की जाती है, कि सुप्रीम कोर्ट के फैसले से इस जघन्य अपराध की शिकार बनने से लड़कियों को बचाने में लम्बा रास्ता तय करना पड़ सकता है।

अंत में, दुनिया में एसिड हमलों की बढ़ती घटनाओं के लिये अनुसंधान ने कई समाधान दिये हैं। कई देश बांग्लादेश को एक आदर्श मॉडल के रूप में देखते हैं, जहां एसिड हमलों की दर में कमी आई है और कई विधायी सुधारों में उनके नेतृत्व का अनुसरण करते हैं। हालांकि कई रिपोर्टों में एसिड हमले में जीवित बचे लोगों के लिए पुनर्वास सहायता पेश करने के लिए गैर सरकारी संगठन की बढ़ती कानूनी भूमिका की आवश्यकता पर प्रकाश डाला है। उसके अतिरिक्त लगभग सभी अनुसंधान इस सामाजिक मुद्दे से निबटने के लिए एसिड की बिक्री के सख्त नियमन की आवश्यकता पर बल देती हैं। स्टाप एसिड अटैक अभियान के संस्थापक आलोक दीक्षित का कहना है, 'हालांकि जब बात एसिड हमलों से संबंधित घटनाओं की होती है तो कानून ज्यादा फर्क नहीं कर सकता, ज्यादातर महिलाओं को लक्षित कर रहे हैं। यह एक सामाजिक बुराई है, और हमें एक समाज के रूप में एसिड हमलों के पीछे के मूल कारणों का पता लगाने की आवश्यकता है। इसके अलावा इन भीषण अपराध और पीड़ितों के सामने आने वाली शारीरिक और मनोवैज्ञानिक परिणामों के बारे में जागरूकता लाने की जरूरत है।

## *ऑनर किलिंग (Honour Killings)*

ऑनर किलिंग सदस्य परिवार/सामाजिक ग्रुप की अन्य सदस्यों द्वारा की गई हत्या है। यह मान्यता है कि व्यक्ति अपने किए कृत्यों के कारण परिवार/ग्रुप में शर्मिंदा है। इसका कारण विवाह करने से इनकार करना या एक ऐसा रिश्ता रखना जिसे परिवार अनुचित मानता है। शादी के बाद बाहर यौन संबंध रखना, बलात्कार की शिकार होना, अनुचित तरीकों से तैयार होना या पीड़ित/पीड़िता के समलैंगिक संबंधों की वजह से समाज में परिवार का अनादर या शर्मिंदा होना। अब्दुल्लाह पेनीयनकारा की राय में (*सिविल सर्विस इंडिया,* ई-पत्रिका, अगस्त 2013), ऑनर किलिंग को मौत की तरह परिभाषित किया, गया, जो माता-पिता की इच्छाओं के विरुद्ध विवाह, शादी करने के लिए, शादी से पहले और विवाहेत्तर संबंध होने पर, एक ही गोत्र के भीतर या जाति के बाहर शादी करने पर या अलग जाति के चचेरे भाई से शादी करने पर दी जाती है।

ऑनर किलिंग दहेज हत्या से अलग है, जो भारत में बहुत ही आम है, दहेज हत्या के मामले में अपराधियों का कहना है कि परिवार में महिला को स्वीकार करने के लिए पर्याप्त सामग्री (दहेज) नहीं दी गयी है। उस मामले में ससुराल वाले महिला को बार-बार उत्पीड़ित करते हैं, यह देखा गया है, कि पत्नी ससुराल द्वारा मार डालने के बजाय खुद आत्महत्या कर लेती है, इसलिए यह कहा जा सकता है कि अगर शारीरिक रूप से नहीं, तो वह मानसिक रूप से मारी दी गयी है।

एक रिपोर्ट के अनुसार, भारत में 1000 से अधिक युवा जबरन विवाह कर दिये जाने के कारण

अपने आत्मसम्मान के लिए मृत्यु (आत्महत्या) को अपना लेते हैं। ऐसी हत्याएं उन क्षेत्रों सबसे अधिक दर्ज की गयी हैं जहां खाप पंचायत सक्रिय हैं। इसमें झज्झर, जींद, फतेहाबाद और हरियाणा में रोहतक जिला, उत्तर प्रदेश में मेरठ, बागपत और मुजफ्फरनगर शामिल हैं। हालांकि सीधे अपराध में शामिल न होकर इन समूहों ने इस जघन्य अपराध के लिए उत्प्रेरक समर्थन प्रदान किया है।

आज के परिदृश्य में, यदि एक युवा दंपती अपनी जाति और समुदाय के बाहर विवाह करना चाहता है, तो उनके प्रयास को राज्य का सक्रिय समर्थन प्राप्त नहीं है। विशेष विवाह अधिनियम की प्रक्रियात्मक आवश्यकताएं संबंधित व्यक्ति के लिए मुश्किल पैदा करती हैं, मसलन शादी करने से पहले एक महीने की न्यूनतम प्रतीक्षा अवधि। युवा जोड़ों को सुरक्षा प्रदान करने में पुलिस द्वारा गैर हस्तक्षेप के उदाहरण माफी के साथ जारी हैं। चूंकि ऑनर किलिंग को कानून द्वारा मान्यता प्राप्त नहीं है, तो उनके परिमाण के बारे में कोई ठोस डेटा उपलब्ध नहीं है। हाल ही में विधि आयोग द्वारा प्रायोजित अध्ययन से पता चला है, कि चार साल की अवधि में 560 जोड़ों में से, जिन्हें धमकी दी गई थी, और राज्य संरक्षण की मांग कर रहे थे, उनमें से 121 व्यक्तियों को मार दिया गया। राज्य में से किसी को भी इन व्यक्तियों की रक्षा करने में असफल होने पर दंडित नहीं किया गया है।

जैसा कि स्पष्ट है, ऑनर किलिंग महिलाओं और लड़कियों के विरुद्ध है। हाल के वर्षों में देश में इस तरह की हत्याओं की बड़ी संख्या ने सरकार और समाज दोनों को, इस सामाजिक बुराई के बारे में सोचने और आगे ऐसा न हो, इसके लिए कदम उठाने के लिए बाध्य किया। सबसे पहले लोगों की मानसिकता बदलने की जरूरत है। इसका मतलब है, कि माता-पिता को हमेशा शादी से संबंधित बच्चों की इच्छाओं को स्वीकार कर लेना चाहिए, क्योंकि ये वे हैं, जिन्हें अपने जीवन साथी के साथ जीवन जीना है और अगर वे संतुष्ट हैं, वे एक भयानक विवाहित जीवन का नेतृत्व करेंगे और यहां तक कि अपने जीवन का अंत (आत्महत्या) कर लेंगे। दूसरा इस प्रकार की हत्याओं से निबटने के लिए हमें सख्त कानून की आवश्यकता है, क्योंकि यह एक ऐसा अपराध है जिसे माफ नहीं किया जा सकता और अगर जरूरत हुई तो हिन्दू विवाह अधिनियम में संशोधन किया जा सकता है। भारत के नये मुख्य न्यायधीश पी. सथासीवान ने भी ऑनर किलिंग को रोकने के लिए एक विशेष कानून का समर्थन किया। द *हिन्दू* से बातचीत करते हुए उन्होंने कहा कि 'विशेष कानून निश्चित रूप से एक स्वागत योग्य प्रयास है, क्योंकि यह पीड़ितों को अतिरिक्त सुरक्षा प्रदान करने में मदद करेगा। हालांकि प्रचलित कानून मानव हत्या के कृत्य को सजा देता है, यह इस तरह के प्रयोजन के लिए जमा सदस्यों को सीधे सजा नहीं देता है।' भारतीय दंड संहिता में प्रस्तावित विधेयक के कड़े प्रावधान उन लोगों के साथ मिलकर प्रभावी ढंग से ऑनर किलिंग का मुकाबला करेंगे और जो इस सामाजिक बुराई का शिकार है, उन असहाय युवा जोड़ों और उनके परिवारों की रक्षा करेंगे (द *हिन्दू*, 30 जून 2013)।

## विधवाओं के विरुद्ध हिंसा (Violence Against Widows)

सब विधवाएं एक ही प्रकार की समस्याओं का सामना नहीं करतीं। एक विधवा ऐसी हो सकती है, जिसके कोई बच्चा न हो और जो अपने विवाह के एक या दो वर्षों में ही विधवा हो गई हो; या वह ऐसी हो सकती है, जो पांच से 10 वर्ष के पश्चात विधवा होती है और उसके एक या दो बच्चे पालने के लिए हों, या ऐसी हो जो 50 वर्ष की आयु से अधिक हो। यद्यपि इन तीनों श्रेणी की विधवाओं को सामाजिक, आर्थिक और भावात्मक समंजन की समस्याओं का सामना करना पड़ता है, पहली और तीसरी श्रेणियों की विधवाओं की कोई जिम्मेदारी नहीं होती, जबकि दूसरी श्रेणी की विधवाओं को अपने बच्चों के लिए पिता की भूमिका भी अदा करनी पड़ती है। पहली दो श्रेणियों की विधवाओं को जैविक समंजन की समस्या का भी सामना करना पड़ता है। इन दो किस्मों की विधवाओं का अपने पति के परिवार में इतना आदर-सत्कार नहीं होता जितना कि तीसरी किस्म का। वास्तव में जहां एक ओर परिवार के सदस्य विधवाओं की पहली दो श्रेणियों से मुक्ति पाना चाहते हैं, वहीं दूसरी ओर तीसरी

श्रेणी की विधवा अपने पुत्र के परिवार में मूल व्यक्ति हो जाती है, क्योंकि उसको अपने पुत्र के बच्चों की देख-रेख का और काम पर जाने वाली पुत्रवधू की अनुपस्थिति में खाना पकाने का दायित्व सौंप दिया जाता है। विधवाओं की तीनों श्रेणियों की आत्मछवि और स्वाभिमान भी भिन्न होते हैं। एक विधवा की आर्थिक निर्भरता उसके स्वाभिमान और उसकी पहचान की भावना के लिए एक बड़ा खतरा पैदा कर देती है। परिवार की भूमिकाओं में उनके सास-ससुर और परिवार के अन्य सदस्यों द्वारा निम्न दर्जा प्रदान किए जाने से उनका स्वाभिमान कम होता है। विधवा होने का कलंक ही अपने आप में एक स्त्री को नकारात्मक रूप से प्रभावित करता है और उसका सम्मान अपनी ही दृष्टि में कम हो जाता है।

यदि हम सब प्रकार की विधवाओं को लें तो हम कह सकते हैं कि विधवाओं के विरुद्ध हिंसा में पीटना, भावात्मक उपेक्षा/यातना, गाली गलौज करना, लैंगिक दुर्व्यवहार, संपत्ति में वैध हिस्से से वंचन, और उनके बच्चों के साथ दुर्व्यवहार सम्मिलित हैं। विधवाओं के विरुद्ध हिंसा की महत्वपूर्ण विशेषताएं हैं : (1) युवा विधवाओं को अधेड़ विधवाओं की अपेक्षा अधिक अपमानित और तंग किया जाता है, और उनका शोषण और उत्पीड़न भी अधिक होता है; (2) साधारणतया, विधवाओं को अपने पति के व्यापार, हिसाब-किताब, सर्टिफिकेटों, बीमे की पॉलिसियों और प्रतिभूतियों के बारे में नगण्य के बराबर जानकारी होती है और वे अपने परिवार (प्रजनन के) के बेईमान सदस्यों की धोखेबाजी के षड्यंत्रों की आसानी से शिकार हो जाती हैं और वे (सदस्य) इस प्रकार उनकी विरासत में मिली सम्पत्ति और जीवनबीमा के फायदों को हड़पने का प्रयास करते हैं; (3) हिंसा के अपराधकर्ता अधिकांशतया पति के परिवार के सदस्य होते हैं; (4) उत्पीड़न के तीन सबसे अधिक महत्वपूर्ण उद्देश्यों में–शक्ति, संपत्ति और कामवासना–संपत्ति मध्यमवर्ग की विधवाओं के उत्पीड़न का निर्णायक कारक होता है, कामवासना निम्नवर्ग की विधवाओं के, और शक्ति मध्यमवर्ग और निम्नवर्ग दोनों की विधवाओं के उत्पीड़न का निर्णायक कारक होता है; (5) यद्यपि सास का सत्तावादी व्यक्तित्व और पति के भाई-बहनों का असमंजन विधवा के उत्पीड़न में महत्वपूर्ण कारक होते हैं, फिर भी सबसे अधिक महत्वपूर्ण कारक विधवा की निष्क्रिय कायरता (passive timidity) होता है; और (6) आयु, शिक्षा और वर्ग का विधवाओं के शोषण से महत्वपूर्ण पारस्परिक संबंध दिखाई देता है, परन्तु परिवार की रचना और उसके आकार से उसके कोई परस्पर संबंध नहीं होते।

## हिंसा के शिकार (Victims of Violence)

यदि हम महिलाओं के विरुद्ध हिंसा के सभी प्रकरणों को एक साथ लें तो हम पाएंगे कि हिंसा के साधारणतया शिकार वे महिलाएं होती हैं :

- जो असहाय और अवसादग्रस्त (depressed) होती हैं, जिनकी आत्मछवि खराब होती है, जो आत्मावमूल्यन से ग्रसित होती हैं, या वे जो अपराधकर्ताओं द्वारा की गई हिंसा के फलस्वरूप भावात्मक रूप से समाप्त हो चुकी हैं, या वे जो परार्थवादी विवशता (altruistic powerlessness) से ग्रस्त हैं;
- जो दबावपूर्ण पारिवारिक स्थितियों में रहती हैं या ऐसे परिवारों में रहती हैं, जिन्हें समाजशास्त्रीय शब्दावली में 'सामान्य' परिवार नहीं कहा जा सकता। सामान्य परिवार वे हैं जो संरचनात्मक रूप से पूर्ण होते हैं (दोनों माता-पिता जीवित हैं और साथ-साथ रह रहे हैं), आर्थिक रूप से निश्चिन्त हैं (सदस्यों की मूल और पूरक आवश्यकताओं की पूर्ति करते हैं), प्रकार्यात्मक रूप से उपयुक्त (adequate) हैं (वे बिरले ही लड़ते हैं) और नैतिक रूप से नैष्ठिक (conformist) हैं;
- जिनमें सामाजिक परिपक्वता की या सामाजिक अन्तर-वैयक्तिक प्रवीणताओं की कमी है, जिसके कारण उन्हें व्यवहार संबंधी समस्याओं का सामना करना पड़ता है;
- जिनके पति/ससुराल वालों का विकृत (pathological) व्यक्तित्व है; और
- जिनके पति बहुधा मदिरापान करते हैं।

## हिंसा के अपराधकर्ता (Perpetrators of Violence)

आमतौर पर महिलाएं जिन पुरुषों द्वारा गाली और मार से पीड़ित हैं, उन्हें वे जानती हैं। यह एक अध्ययन द्वारा प्रमाणित है, कि इंग्लैंड (यूनिवर्सिटी ऑफ वारविक, जोएना लिडेल) में भी 61 प्रतिशत महिलाएं अपने स्वयं के परिवार के सदस्यों द्वारा और 39 प्रतिशत अजनबियों द्वारा गाली/मार से पीड़ित होती हैं। दूसरी श्रेणी में 72 प्रतिशत महिलाएं अपने पति के हाथों हिंसा की शिकार होती हैं, जिन्हें वे अच्छे से और वह भी उन स्थानों पर जहां वे खुद को सुरक्षित मानती हैं। भारत में भी विभिन्न राज्यों में पुलिस में दर्ज वैवाहिक हिंसा अपराधों से संकेत मिलता है, कि वैवाहिक घर एक महिला के लिए हमेशा सुरक्षित जगह नहीं है (इसका मतलब यह नहीं है कि एक औरत उसके घर की तुलना में बाहर सुरक्षित है)। पुरुषों का तर्क है, कि आज एक महिला पत्नी के परम्परागत मानकों का पालन नहीं करती। क्या यह एक महिला की कुछ स्वतंत्रता की मांग करने पर उसके प्रति हिंसा करने को जायज ठहराने को प्रतिबिंबित नहीं करता। चाहे फिर वह शारीरिक, मानसिक, भावनात्मक हिंसा हो? क्या हम आज के युग में इस तरह के पुरुषप्रधान तर्क को स्वीकार करेंगे?

महिलाओं के निम्न सात प्रकार के उत्पीड़न हो सकते हैं :

- जो अवसादग्रस्त (depressed) होते हैं, जिनमें हीन-भावना होती है और आत्मसम्मान कम होता है;
- जिन्हें व्यक्तित्व के दोष होते हैं और जो मनोरोगी (psychopaths) होते हैं;
- जिनके पास संसाधनों, प्रवीणताओं (skills) और प्रतिभाओं (talents) का अभाव होता है और जिनका व्यक्तित्व समाजवैज्ञानिक रूप से विकृत (sociopathic) होता है;
- जिनकी प्रकृति में मालिकानापन (possessive), शक्कीपन, और प्रबलता (dominance) है;
- जो पारिवारिक जीवन में तनावपूर्ण स्थितियों का सामना करते हैं;
- जो बचपन में हिंसा के शिकार हुए थे; और
- जो बहुधा मदिरापान करते हैं।

## हिंसा के प्रकार (Types of Violence)

यदि हम महिलाओं के विरुद्ध हिंसा का वर्गीकरण करें तो हम हिंसा के छह प्रकार बता सकते हैं :

- हिंसा जो धन-अभिमुख होती है;
- हिंसा जो कमजोर पर सत्ता प्राप्त करना चाहती है;
- हिंसा जिसका उद्देश्य भोग-विलास है;
- हिंसा जो अपराधकर्ता की विकृति के कारण होती है;
- हिंसा जो तनावपूर्ण पारिवारिक परिस्थितियों के कारण होती है; और
- हिंसा जो पीड़ित प्रेरित (victim-precipitated) होती है।

## हिंसा के कारण (Motivations in Violence)

महिलाओं के विरुद्ध हिंसा की तीन कारकों के आधार पर व्याख्या की जा सकती है; (i) स्थितियां जिनके कारण हिंसापूर्ण व्यवहार होता है, (ii) पीड़ितों की विशेषताएं, और (iii) उत्पीड़ित करने वाले की विशेषताएं। महिलाओं के विरुद्ध हिंसा के चार कारण पहचाने जा सकते हैं : (अ) पीड़ित द्वारा भड़काना, (ब) नशा, (स) महिलाओं के प्रति शत्रुता की भावना, और (द) परिस्थिति वश प्रेरणा।

### *पीड़ित द्वारा भड़काना (Victim's Provocation)*

कभी-कभी हिंसा की शिकार महिला अपने व्यवहार से, जो कई बार अनजाने में होता है, अपने स्वयं के उत्पीड़न की स्थिति उत्पन्न कर देती है। पीड़ित महिला अपराधी के हिंसापूर्ण व्यवहार को उत्पन्न

करती है या प्रेरित करती है। उस (महिला) के कार्य शिकारी को हमलावर/आक्रामक में परिवर्तन कर देते हैं, और वह अपने आपराधिक इरादों को उसको लक्ष्य बनाने के लिए बाध्य हो जाता है। मेरे अपने सर्वेक्षण में, जिसमें बलात्कार, पत्नी को पीटना, भगा ले जाना, विधवाओं के साथ दुर्व्यवहार, और हत्याओं का अध्ययन किया गया था, यद्यपि अध्ययन-केन्द्र पीड़ित महिलाएं थीं, फिर भी कुछ अपराधियों/हमलावरों/आक्रामकों का साक्षात्कार किया गया था। आश्चर्य की बात यह थी, कि केवल कुछ ही हमलावर शर्म या चिन्ता की भावनाओं से ग्रसित दिखाई देते थे। अधिकांश में किसी प्रकार की भावात्मक घबराहट नहीं थी, और न ही वह भावना थी जिसे मनोवैज्ञानिक 'अशान्त पुरुषत्व' (troubled masculinity) की समस्या कहते हैं। इसके बजाय पत्नी को पीटने के प्रकरण में हमलावरों ने अपनी पत्नियों पर यह कह कर दोषारोपण किया कि वे पीछे से बुराई करती हैं, उन व्यक्तियों से बात करती हैं जिन्हें वे पसन्द नहीं करते, उनकी बहनों या माता-पिता या भाइयों के साथ दुर्व्यवहार करती हैं, घर की ओर ध्यान नहीं देती हैं, संबंधियों से अभद्र तरीके से बोलती हैं, किसी व्यक्ति के साथ अवैध संबंध रखती हैं, अपने सास-ससुर का कहना नहीं मानती हैं, उन्हें अपने झगड़ालूपन या दोषारोपण से गुस्सा दिलाती हैं या उनके मामलों में अत्यधिक हस्तक्षेप करती हैं। इसी प्रकार बलात्कार के प्रकरणों में ऐसे हमलावर थे, जिन्होंने पीड़ित के व्यवहार को लैंगिक संबंधों के लिए खुला निमंत्रण बतलाया था। ऐसा संकेत बतलाया, कि यदि वह (व्यक्ति) आग्रह करता रहेगा तो वह (महिला) प्राप्य हो जाएगी। यह मालूम करना महत्वपूर्ण है कि पीड़ित का अभिप्राय वास्तव में इस प्रकार के व्यवहार को आमन्त्रित करना था या नहीं या यह केवल उत्पीड़ित करने वाले का अपना ही अर्थ/अनुभूति थी, जिसके कारण उसने उसका (स्त्री का) शोषण किया। इसको यदि 'आचरण का कार्य' (act of commission) नहीं कहा जाए तो 'अनाचरण का कार्य' (act of omission) तो कहा ही जा सकता है, (क्योंकि पीड़ित ने तीव्र प्रक्रिया नहीं दिखाई)।

इस प्रकार 'निष्क्रिय' पीड़ित महिला उसी सीमा तक हिंसापूर्ण कार्य के होने में योगदान देती है, जितनी कि 'सक्रिय' पीड़ित महिला। हत्या के प्रकरणों में ऐसे कुछ प्रकरण सामने आए जहां हमलावरों के अनुसार हत्या की स्थिति उस समय उत्पन्न हुई जब बहस और कहा-सुनी में पीड़ितों ने ऐसी परिस्थितियां उत्पन्न कर दीं जिन्होंने उन्हें उन पर आक्रमण करने के लिए प्रेरित किया। भगाये जाने के प्रकरण में भी कुछ भगा ले जाने वालों ने बताया कि उनके 'पीड़ितों' ने उनके साथ भाग जाने ओर विवाह करने की इच्छापूर्वक सहमति दी थी, परन्तु जब माता-पिता की शिकायत पर वे गिरफ्तार कर लिए गए तो 'पीड़ित' महिला ने अपने माता-पिता द्वारा बाध्य किए जाने पर उन पर भगा ले जाने का आरोप लगा दिया। औसतन, 39.0 प्रतिशत प्रकरण स्वेच्छा से भगाये गए थे, 24.0 प्रतिशत जबरदस्ती भगाये जाने वालों के थे, 17.0 प्रतिशत सहायक भगाये जाने वाले थे (जिसमें 'पीड़ितों' ने न तो 'अभियुक्त' के साथ जाने की सहमति दी और न ही उसका विरोध किया, परन्तु अभियुक्त के उनके ऊपर प्रभाव से वशीभूत हो गई), और 20.0 प्रतिशत तनाव के कारण भगाये जाने प्रकरण थे (जिनमें पीड़ित ने अपनी इच्छा से घर छोड़ना मान लिया था परन्तु उसके पश्चात जब 'अपराधी' ने उसके साथ बलात्कार किया या उसके आभूषण बेच दिये या उसे होटल में छोड़ दिया तब उसे पश्चाताप हुआ)।

इस विश्लेषण से हम पीड़ितों का 'सक्रिय', 'निष्क्रिय' और 'आकस्मिक' के आधार पर वर्गीकरण कर सकते हैं। कम से कम दो प्रकार के पीड़ित ऐसी परिस्थिति उत्पन्न कर देते हैं जहां 'अपराधी', स्थिति एवं/या विवशता का 'पीड़ित' बन जाता है और 'पीड़ित' (स्त्री) के साथ इस प्रकार से व्यवहार करता है कि वह 'हमलावर' अथवा 'पीड़ा देने वाला' कहलाया जाने लगे।

### *नशा (Intoxication)*

हिंसा के कुछ प्रकरण उस समय होते हैं, जब आक्रामक नशे में और अत्युत्तेजक (wildly excited) एवं लड़ाई करने की मनोदशा में होते हैं और उनको यह समझ में नहीं आता, कि उनके कार्यों के क्या

परिणाम होंगे। उदाहरण के लिए, कुछ बलात्कार के प्रकरणों में अपराधियों ने पीड़ितों के साथ बलात्कार उस समय किया जब उन्होंने इतनी शराब पी ली थी, कि वे नशे और भावात्मक उत्तेजना की हालत में थे। वे अपना आत्मसंयम खो चुके थे और उनके आक्रामक स्वप्नचित्र कामवासना से प्रगाढ़ रूप से आपस में मिल गए थे, जिन्होंने बाद में अनुत्तरदायी कार्यों का रूप धारण किया। मदिरा से संबंधित यौन अपराध समय, स्थान और परिस्थितियों की अविवेचित उपेक्षा का उदाहरण देते हैं।

पत्नी को पीटने और हत्या के कुछ प्रकरणों में शराबीपन और हिंसा में ऐसा ही संबंध प्रदर्शित हुआ। मैंने अपने अध्ययन में पाया है, कि केवल 31.7 प्रतिशत प्रकरणों में (आहूजा, 1987: 130) पत्नी का पीटना और मदिरापान साथ साथ चलते हैं, हिल्वरमेन और मनसन (1978: 460-771) ने इसे 93.0 प्रतिशत प्रकरणों में पाया, वुल्फगैंग (1978) ने 67.0 प्रतिशत प्रकरणों में, और हिन्किलबर्ग (1973) ने 71.0 प्रतिशत प्रकरणों में।

हमें यह स्वीकार करना चाहिए, कि जब हम हिंसा और शराबीपन में परस्पर संबंध बताते हैं, तो हम रक्त में शराब के स्तरों के माप के स्थान पर केवल शराब के उपयोग की सूचना पर ही निर्भर रहते हैं। वास्तव में रक्त और शराब का गाढ़ापन (Blood Alcohol Concentration or BAC) पीटने को शराब के प्रभाव से सम्बद्ध करने का आधार होना चाहिए। यदि बी.ए.सी. अधिक होगा, तो व्यक्ति की दूसरों को शारीरिक चोट पहुंचाने की क्षमता कम हो जाएगी। फिर भी हम मानते हैं कि बी.ए.सी. का स्तर इतना होना चाहिए कि अपराधी इस सीमा तक ही अपने पर नियन्त्रण खोये कि वह अपने कार्यों के परिणामों के बारे में न सोच पाए। वह केवल इसी मनोदशा में हिंसात्मक होता है।

यह स्पष्ट नहीं है, कि क्या शराब हिंसापूर्ण व्यवहार को प्रत्यक्ष रीति से भड़काती है, या वह मुख्यरूप से पूर्व से ही विद्यमान आक्रमणशील प्रवृत्तियों की अन्तर्बाधा को समाप्त करने का काम करती है। दूसरी परिकल्पना कदाचित इस विचार (ब्लूमर, 1973: 73-87) को समर्थन देती है कि कुछ हिंसा के अपराधकर्ता व्यक्तियों के विरुद्ध हिंसा का प्रयोग करने से पहले साहस जुटाने के लिए शराब पीते हैं। परन्तु मेरे अध्ययन में एक भी केस ऐसा नहीं आया जिसमें हमलावर 'पीड़ित महिला' पर हमला करने के विशेष उद्देश्य से मदहोश हो गया हो। फिर भी हम ऐसा कोई प्रमाण नहीं दे सकते, कि केवल मदिरापान से ही हिंसापूर्ण व्यवहार भड़कता है। ऐसे कई व्यक्ति हैं जो मदिरापान करते हैं परन्तु हिंसात्मक नहीं होते। इसलिए महिलाओं के विरुद्ध हिंसा में शराब के प्रयोग को 'प्रमुख' कारक न मानकर केवल 'सहयोगी' कारक ही माना जा सकता है।

### *महिलाओं के प्रति विद्वेष (Hostility Towards Women)*

महिलाओं के विरुद्ध हिंसा के प्रतिवेदित (reported) मामलों में कुछ ऐसे हैं, जिनमें आक्रमणकारी किसी भी तर्क से प्रभावित नहीं होते और वे उनके विरुद्ध बड़ी क्रूरता से विद्वेषपूर्ण कार्य करने के अलावा और कुछ नहीं करते। उनमें से कुछ में महिलाओं के प्रति घृणा और द्वेष की भावनाएं इतनी गहराई से गड़ी हुई थीं, कि उनके हिंसापूर्ण कार्य का मूल उद्देश्य पीड़ित महिला को अपमानित करने के अतिरिक्त कुछ और नहीं कहा जा सकता। यदि परिस्थिति ही केवल प्रेरणा का कारक होती तो यह समझना कठिन हो जाता कि जब अधिकांश 'अपराधी' 'सामान्य' व्यक्ति समझे जाते हैं, तो वे हिंसक कार्य करने को क्यों बाध्य हो जाते हैं? कदाचित ऐसे प्रकरणों में पीड़ित को अपमानित करने से जो खुशी की अनुभूति होती है उसे प्राप्त करने की इच्छा उनमें अधिक प्रबल थी।

### *परिस्थिति-वश प्रेरणा (Situational Urge)*

इस श्रेणी में उन प्रकरणों को सम्मिलित किया जा सकता है जहां अपराध न तो पीड़ित के व्यवहार के कारण किया जाता है और न ही अपराधी के मनोरोगात्मक व्यक्तित्व के कारण, अपितु आकस्मिक कारकों के कारण, जो ऐसी परिस्थितियां उत्पन्न कर देते हैं, जिनके परिणामस्वरूप हिंसा होती है। उदाहरणार्थ, एक पत्नी के पीटने के प्रकरण में हो सकता है, कि पैसे के मामलों में झगड़ा या पति के

माता-पिता के साथ दुर्व्यवहार के कारण झगड़ा पति को पत्नी पर आक्रमण करने के लिए भड़का दे; या बलात्कार के प्रकरण में एक आदमी अकस्मात उसके पड़ोस के गांव की एक परिचित स्त्री से खेत में मिलता है, और बातचीत आरम्भ कर देता है और अन्ततः उससे अपनी बात मनवाना चाहता है; या एक पुरुष मालिक एक स्त्री कर्मचारी को अपने दफ्तर/कारखाने में शाम ढले अकेला पाकर उसका फायदा उठाता है; या एक युवा लड़की अपने पिता के घर से भाग जाती है, और एक ट्रक में चढ़ जाना स्वीकार कर लेती है, और ट्रक का ड्राइवर स्थिति का फायदा उठा कर उसके साथ बलात्कार कर लेता है। इन सब प्रकरणों में अपराधियों ने हिंसापूर्ण कार्यों की योजना नहीं बनाई थी, परन्तु जब उन्हें परिस्थिति सहायक या उकसाने वाली लगी तो उन्होंने हिंसा का प्रयोग किया। इन हिंसात्मक कार्यों के अतिरिक्त ये अपराधी विचलित व्यवहार का जीवन व्यतीत नहीं कर रहे थे।

### *व्यक्तित्व की विशेषताएं (Personality Traits)*

हिंसा-प्रवृत्त व्यक्तित्व की पहचान करने वाली विशेषताएं ये हैं : अत्यधिक शक्की, वासनामय, प्रभावी, विवेकहीन, व्यभिचारी, आसानी से भावात्मक रूप से अशांत, ईर्ष्यालु, स्वत्वात्मक (possessive) और बेइंसाफ। जो विशेषताएं प्रारंभिक जीवन में विकसित हो जाती हैं, वे वयस्कता में एक व्यक्ति के आक्रमणशील व्यवहार को प्रभावित करती हैं। आक्रामक का बच्चे के रूप में दुर्व्यवहार और/या बचपन में हिंसा के प्रभाव में आने को उसके हिंसात्मक व्यवहार का अध्ययन करते समय परीक्षण अवश्य करना चाहिए। उदाहरणार्थ, कुछ पत्नी को पीटने वालों के प्रकरण में उनके बचपन, किशोरावस्था और वयस्कता के प्रारंभिक वर्षों के अनुभव यह बतलाते हैं, कि उन्होंने सभी भावात्मक रूप से दुखद संकेतों के जवाब रोषपूर्ण एवं हिंसात्मक व्यवहार से देना सीखा। दुखी पारिवारिक जीवन, जिसमें शारीरिक निर्दयता या भयंकर भावात्मक तिरस्कार (rejection) रहा हो, अधिकांश आक्रमकों के प्रकरण में यह नियम बन जाता है। कुछ वयस्क आक्रामकों ने अपने बचपन/किशोरावस्था में अपने परिवार में ऐसी परिस्थितियों का सामना किया होता है, जिनमें उन्होंने सदैव माता-पिता को एक-दूसरे पर चिल्लाते हुए सुना और छोटे से छोटे बहाने पर उनके पिता द्वारा उनकी (बच्चों की) पिटाई हुई। अक्सर उनके पिता शराब के नशे में धुत घर लौटते और सारे घर में चिल्लाते हुए और चीजों को तोड़ते हुए घूमते रहते। एक हिंसापूर्ण घर में पलने के परिणामस्वरूप व्यक्तियों का अनिवार्य रूप से व्यवहार हिंसापूर्ण हो जाता है और ये व्यक्ति वयस्क जीवन में आक्रामक हो जाते हैं। एलफेरो (1978), पौट्स, हर्जबर्गर और हालैन्ड (1979) और फेंगन, स्टुवर्ट और हेन्सन (1981) ने भी हिंसात्मक पुरुषों और उनके बच्चों पर किए अपने आनुभविक अध्ययनों में भी इस प्रकार का पारस्परिक संबंध बतलाया है। इस प्रकार हम कह सकते हैं, कि आक्रामकों की बड़ी संख्या बाल दुर्व्यवहार और पारिवारिक हिंसा की शिकार होती है और बच्चे के रूप में यदि कोई हिंसा से प्रभावित होता है, तो साधारणतया उसकी वयस्कावस्था में हिंसात्मक हो जाने की संभावना बढ़ जाती है।

## हिंसापूर्ण व्यवहार की सैद्धान्तिक व्याख्या (Theoretical Explanation of Violent Behaviour)

मैंने विचलित/हिंसात्मक व्यवहार की सैद्धान्तिक व्याख्या विभिन्न विचारधाराओं का परीक्षण करके और अपने वैचारिक ढांचे को प्रतिपादित करके पिछले एक अध्याय (अध्याय 8, 'बाल दुर्व्यवहार' पर) में प्रस्तुत की है। हिंसा पर जो सैद्धान्तिक बातें सामने आती हैं वे हैं : क्या हिंसा भड़काने की एक सामान्य प्रतिक्रिया है, या वह किसी मानसिक विकृति को निकालने का एक तरीका है, या वह किसी उद्देश्य या पुरस्कार की प्राप्ति के लिए एक उपकरण है, या वह एक ऐसी प्रतिक्रिया है, जो उन प्रतिमानों के अनुरूप है जो इसके प्रयोग का समर्थन करते हैं? इन सबकी व्याख्या कर दी गई है। मेरा अपना

वैचारिक ढांचा (conceptual framework) एक समष्टिवादी (holistic) उपागम पर आधारित है और उसे "सामाजिक बन्धन" सिद्धान्त (Social Bond Theory) के रूप में प्रस्तुत किया गया है, जो हिंसापूर्ण व्यवहार को काफी हद तक समझाता है।

मनोचिकित्सीय (psychiatric) विचारधारा आक्रामक के व्यक्तित्व की विशेषताओं को आपराधिक हिंसात्मक व्यवहार का प्रमुख निर्णायक मानकर अपना अध्ययन केन्द्र बनाती है। सामाजिक-मनोवैज्ञानिक विचारधारा मानती है, कि आपराधिक हिंसा को उन बाहरी वातावरण के कारकों, जो एक आक्रामक पर प्रभाव डालते हैं, के विश्लेषण करने से सबसे अच्छे तरीके से समझा जा सकता है। यह मॉडल प्रतिदिन की पारस्परिक क्रियाओं के रूपों (जैसे तनावपूर्ण परिस्थितियां या परिवार के पारस्परिक क्रियाओं के संरूप) का भी परीक्षण करता है, जो हिंसा के पुरोगामी (precursors) होते हैं। बहुत से सिद्धान्त, जैसे नैराश्य-आक्रमण सिद्धान्त, विकृति सिद्धान्त, आत्म-अभिवृत्ति का सिद्धान्त, और अभिप्राय आरोपण सिद्धान्त भी सामाजिक-मनोवैज्ञानिक स्तर के विश्लेषण के क्षेत्र में आते हैं। समाजशास्त्रीय विचारधारा आपराधिक हिंसा का वृहद् स्तर पर विश्लेषण करती है। इनके अतिरिक्त हिंसा की उपसंस्कृति का सिद्धान्त, सीखने का सिद्धान्त, मानकशून्या (एनोमी) का सिद्धान्त, और संसाधन सिद्धान्त भी सामाजिक-सांस्कृतिक विश्लेषण के क्षेत्र में आते हैं।

महिलाओं के विरुद्ध हिंसा (अपराध) पर मेरे आनुभविक अध्ययन में एक नए सैद्धान्तिक उपागम को विकसित करने के लिए मेरे सामने दो विकल्प थे : एक तो 'हिंसा जो परिवार के अन्दर होती है' (intra-family violence) और 'हिंसा जो परिवार के बाहर होती है' (violence exogenous to family) को अलग-अलग से लेना और दूसरा, सब प्रकार की हिंसा को सम्मिलित करना और 'महिलाओं के विरुद्ध हिंसा' पर एक सिद्धान्त बनाना। मैंने दूसरे उपागम का उपयोग किया और इसमें मैंने हिरशी, शुल्टन, आदि समाजशास्त्रियों और अपराधशास्त्रियों की कुछ अवधारणाओं का प्रयोग किया।

एक व्यक्ति के विरुद्ध हिंसा आवश्यक रूप से 'किसी के द्वारा हिंसा' और 'किसी के विरुद्ध हिंसा' है। इस तरह महिलाओं के विरुद्ध हिंसा को 'एक व्यक्ति द्वारा एक व्यक्ति के विरुद्ध हिंसा' समझा जाना चाहिए। इसके विपरीत में 'एक समूह के विरुद्ध हिंसा' होती है। एक व्यक्ति द्वारा हिंसा में उस (हिंसा) की उत्पत्ति व स्वरूप को स्वयं व्यक्ति में और उसकी परिस्थिति में ही निर्धारित किया जाना चाहिए। इस उपागम में एक व्यक्ति के न केवल अन्तर्जात व्यवहार का परन्तु उपार्जित व्यवहार का भी अध्ययन करना चाहिए। हमारा 'सामाजिक बन्धन उपागम' दोनों प्रकार के व्यवहार और सामाजिक संरचनात्मक परिस्थितियों पर भी विचार करता है। इस पर पिछले अध्याय में चर्चा हो चुकी है। यह महिलाओं के विरुद्ध हिंसा के प्रकार और संरूपों की व्यक्तियों (अपराधियों) में उनके सामाजिक समंजनों, कुण्ठाओं और सापेक्षिक वंचनाओं (relative deprivations), और सामाजिक संरचनात्मक परिस्थितियों में विभिन्नताओं और पीड़ितों की 'प्रतिरोध शक्ति' को ध्यान में रखते हुए व्याख्या करता है।

मेरा तर्क है कि महिलाओं के खिलाफ हिंसा के कारण प्रमुखतः पांच कारकों से प्रभावित हो सकते हैं : (1) स्थिति का निर्माण, जिसके कारण हिंसापूर्ण व्यवहार होता है। (2) स्थितिजन्य सुविधाएं जो हिंसा को बढ़ावा देती हैं, (3) बदलते हुए घटक जो हिंसा का नेतृत्व करते हैं, (4) हिंसा करने वाले व्यक्ति द्वारा तनाव अनुभव करना उसकी व्यक्तिगत समस्यायें, (5) पीड़ित का व्यवहार, हिंसा से पहले, हिंसा करने वाले के साथ। इन सभी कारकों पर सम्मिलित दृष्टि रखने से हम महिलाओं के विरुद्ध हिंसा के सही कारणों तक पहुंच सकते हैं।

विशेष रूप से तीन कारक एक व्यक्ति को महिला के विरुद्ध हिंसा करने के लिए उत्प्रेरित करने की प्रमुख भूमिका निभाते हैं–(1) अपराधी का अपने बालपन में दुर्व्यवहार का शिकार होने का इतिहास जैसे दुखद परवरिश, माता-पिता द्वारा शारीरिक प्रताड़ना और भावानात्मक अस्वीकृति। (2) परिवार में तनावपूर्ण परिस्थितियों का सामना। (3) हताशा व निराशापूर्ण स्थितियां। पहला कारक इंगित करता है कि अपराधी का हिंसात्मक व्यवहार बचपन और किशोरावस्था के भावनात्मक पीड़ा के अनुभवों से उपजा है। यह 'पीढ़ीगत सिद्धान्त' की मान्यता पर आधारित है, कि हिंसक घर में वयस्क के रूप में बड़े होने पर व्यक्ति के हिंसक

होने की संभावना बढ़ जाती है। मेरे 'महिलाओं के खिलाफ हिंसा' अध्ययन का समर्थन ये तथ्य करते हैं, कि 78 प्रतिशत महिलाएं बचपन में हिंसा की शिकार हो गई थीं। साथ ही 'सोशल लर्निंग थ्योरी' का भी ये तथ्य समर्थन करते हैं, जिसके अनुसार एक हिंसक व्यवहार में लिप्त व्यक्ति ने तंत्र से मुकाबला/संघर्ष के रूप में सीखा है। महिलाओं की सहिष्णुता या सहन करने की आदत को 'लनर्ड हेल्पनेसलैस थ्योरी' और 'पारंपरिक समाजीकरण सिद्धान्त' से समझ जा सकता है। बाद के सिद्धान्त पारंपरिक मूल्यों और सेक्स भूमिका की विचारधारा से जुड़े हैं, जो महिला द्वारा विरोध न करने की स्थिति को दर्शाते हैं। चूंकि वह यह मानती है, कि पुरुष उससे बेहतर है अतएव उसे विरोध करने का कोई अधिकार नहीं है। इन सिद्धान्तों का कहना है, कि घटनाएं स्त्री के जीवन में पर्याप्त नियमितता के साथ होती हैं, जिसकी वजह से वह अवसाद (लाचारी) और कमजोर आत्म विश्वास की भावना से ग्रसित हो जाती है और मानने लगती है कि वह शिकार होने से बच नहीं सकती।

समग्र दृष्टिकरण का प्रयोग करते हुए, मैंने महिलाओं या महिलाओं के शोषण के खिलाफ हिंसा का समझने के लिए एक नए सैद्धांतिक मॉडल का प्रस्ताव दिया है। (आहूजा, 1996: 193-95) मेरा मॉडल एक महिला के व्यक्तित्व और सामाजिक वातावरण (जिसमें वह रहती और काम करती है) के बीच संबंध पर केन्द्रित है। मान लिया गया है, कि महिला का शोषण (बलात्कार, छेड़छाड़, पिटाई, दहेज के लिए उत्पीड़न, वेश्या का जीवन जीने के लिए अपहरण इत्यादि) महिला के व्यक्तित्व, दब्बूपन व कायरता और वातावरण का परिणाम है। हर महिला विविध विचारों और उम्मीदों के साथ अलग-अलग व्यक्तियों से बने एक सामाजिक वातावरण में रहती है। एक औरत का शोषण उसकी स्थिति और भूमिका के उसे व्यक्तिपरक धारणा और उसकी इच्छा, क्षमता और साहस के साथ चुनौती देने के प्रयासों पर निर्भर करेगा। दूसरे शब्दों में एक महिला का शोषण पांच बातों पर निर्भर करता है–(1) सामाजिक पृष्ठभूमि (उसकी उम्र, शिक्षा और प्रशिक्षण को संदर्भित करता है), (2) समर्थन का स्तर (उसके माता-पिता, सास-ससुर, साथियों और दूसरों के समर्थन पर निर्भर करता है), (3) दूसरों की उम्मीदें (उसका पति, माता-पिता, सास-ससुर, ससुराल वाले, बच्चे, परिजन, काम के सहयोगी, साथियों आदि), (4) आर्थिक आधार (उदाहरणार्थ वह निम्न, मध्यम या उच्च आय वर्ग के अन्तर्गत आता है या नहीं), (5) स्वयं की छवि (वह खुद को डरपोक, साहसी, असहाय, कमजोर, मजबूत आदि कैसा महसूस करती है, इस पर विचार करे)।

मेरा शोध है कि व्यक्ति की संरचनात्मक स्थिति (पारिवारिक संकट, हताशापूर्ण भूमिका, जीवन में दुर्भाग्यपूर्ण घटनाएं, अनुचित परवरिश) उसमें चिन्ताएं और तनाव पैदा करती हैं, जिसके कारण वह अपनी सामाजिक स्थिति के कारण खुद को समायोजित करने में विफल रहता है, अन्य व्यक्तियों और समूह के साथ दृढ़ता से खुद को संलग्न करने में विफल रहता है, अन्य व्यक्तियों और समूह के साथ दृढ़ता से खुद को संलग्न करने में विफल रहता है और कार्यवाही करने के लिए खुद को प्रतिबद्ध करने में असफल रहता है। परिणामस्वरूप कुंठायें, कमजोर सेक्स या महिलाओं सहित अन्य लोगों के प्रति उसके दृष्टिकोण को निर्धारित करती हैं। उनके व्यक्तित्व के लक्षण और शिकार की प्रतिरोधी क्षमता पर निर्भर करते हुए एक आदमी एक महिला के विरुद्ध हिंसा का प्रयोग करेगा। इसलिए मेरा सिद्धांत एक संयोजक दृष्टिकोण पर आधारित है, जो सामाजिक कारक जैसे तनावपूर्ण स्थितियां (परिवार के अंदर और बाहर) हिंसा से पीड़ितों और अपराधियों के व्यक्तित्व, सांस्कृतिक परिवेश यथा मानक दबाव और अस्पष्टता के बारे में विचार करता है।

## आत्म छवि, आत्म सम्मान और पीड़ितों का समायोजन (Self-Image, Self-Esteem and Adjustment of Victims)

आत्म छवि और भूमिका का मूल्यांकन व्यवहार के दो महत्वपूर्ण पहलू हैं। जब हर व्यक्ति कुछ सामाजिक अपेक्षाओं के अनुसार एक विशेष भूमिका निभाता है, तो इन उम्मीदों की पूर्ति के अनुसार समाज द्वारा आंका जाता है। एक हिंसा की शिकार पीड़ित महिला भी खुद का मूल्यांकन कर सकती है, जो बदले में उसकी

भूमिकाओं के प्रदर्शन में मदद/बाधा पैदा करता है। मुकेश आहूजा ने 1993 में हिंसा की शिकार 193 पीड़िताओं से आत्म छवि और आत्म सम्मान पर प्रत्येक में से दस प्रश्न पूछ कर उनकी आत्म छवि और आत्म सम्मान का अध्ययन किया (आहूजा, 1936: 113-135)। आत्म छवि पर प्रश्नों में दुर्व्यवहार, अपमान, नजरअंदाज एक बोझ की तरह महसूस करने पर, विद्रोही महसूस करने पर, घर से दूर चले जाने की भावना पर, किसी की पसंद का जीवन जीने आदि पर सवाल शामिल थे। उन्होंने पाया कि लगभग 1/3 (31%) पीड़ित उच्च आत्म छवि, 2/5 (41%) मध्यम आत्म छवि और लगभग 1/4 (28%) निम्न आत्म छवि से पीड़ित थे। शिक्षा, आय, उम्र और काम करने की स्थिति के लिए भत्ता बनाते समय उन्होंने यह निष्कर्ष निकाला, कि पीड़ित की आत्म छवि, उम्र उसके खिलाफ हिंसा की प्रकृति, उच्च शिक्षा और आय से प्रभावित होती है, लेकिन काम करने की स्थिति से नहीं।

आत्म सम्मान के संबंध में आमतौर पर यह माना जाता है, कि हिंसा/शोषण की शिकार महिलायें स्वयं के लिए नकारात्मक दृष्टिकोण विकसित कर लेती हैं व्हाट इंग्लैंड (1983) ने इसे 'निम्न आत्म सम्मान' कहा है और एल्वर (1987) ने 'आत्म अवमूल्यन' के रूप में वर्णित किया है।

किनार्ड (1980) ने 'निर्बल आत्म अवधारणा' के रूप में और जोंस और ओस्ट्रोव (1982) ने 'निर्बल आत्म सम्मान' के रूप में माना है। मुकेश आहूजा ने महिला पीड़ितों को दस सवाल पूछे (जीवन में सफलता/असफलता, परिवार और समाज में उच्च/निम्न स्थिति, खुश/दुःखी महसूस करना, स्वयं में आत्म विश्वास, स्वयं पर ध्यान रखते हुए मजबूत/कमजोर आदि के प्रश्न)। उन्होंने पाया कि 1/3 (30%) से थोड़े कम पीड़ितों का उच्च आत्म सम्मान था, 2/5 (40%) का मध्यम और 1/3 (30%) का निम्न आत्म सम्मान पाया गया। यह भी देखा गया कि आत्म छवि की तरह पीड़ितों का आत्म सम्मान भी अलग-अलग स्रोतों से मिले भावनात्मक समर्थन पर निर्भर करता था। आत्म छवि और आत्म सम्मान भी परिवार और समाज में समायोजन के साथ सहसंबंध पाए गए। उच्च आत्म सम्मान सकारात्मक व्यक्तित्व के आयाम हैं और यौन शोषण होने, अपहरण, पिटने और अपमानित होने जैसे सामाजिक और सांस्कृतिक कलंक होने के बावजूद रिश्तों और पारिवारिक समझौतों/समायोजन के कारण घटित हो रहे हैं।

मुकेश आहूजा के अध्ययन (1996: 137-138) के अनुसार अग्रांकित तथ्य पीड़ित महिलाओं के विरुद्ध हिंसा और शोषण के महत्वपूर्ण सामाजिक कारक हैं

1. *समस्याओं के स्रोत के रूप में समस्यायें* – जो महिलाएं हिंसा की शिकार हैं उनकी समस्याएं, जो सामाजिक संरचनाओं से उत्पन्न हैं, वे जहां रती हैं, कामकाज करती हैं और पारिवारिक समर्थन प्रणाली द्वारा तनाव होना।
2. *महिलाओं को हठधर्मी न होने की परम्परागत सोच* – पीड़ित होने के बाद सामाजिक भूमिकाओं और रिश्तों में पीड़ितों की भागीदारी स्वयं की पहल और आत्मविश्वास पर कम, परिवार के प्रमुख की इच्छा और सामाजिक दबाव पर अधिक निर्भर करता है (पुनर्स्थापना और संभाल के लिए)। उदाहरणार्थ घर के बाहर मुखर होने या सामाजिक कार्यों में भाग लेने से परम्परागत संस्कृति, महिला पीड़ितों को हतोत्साहित करती है।
3. *संसाधनों का अभाव और स्वयं की पीड़ा* – उच्च शिक्षा और मजदूरी के साथ काम जैसे संसाधन पीड़ित की आत्म छवि व आत्म सम्मान बढ़ाते हैं, जो काफी हद तक दूसरों के साथ उसके संबंध बदल देते हैं और जीवन और स्वास्थ्य लाभ के लिए परिवर्तन के तनावों का सामना करने में भी सक्षम बनाते हैं और परिवार और समाज में खुद को समायोजित कर लेती हैं।
4. *अनुराग/लगाव* – हिंसा की शिकार पीड़ितों की एक बड़ी संख्या ने समाज सेवा, धार्मिक प्रतिबद्धता आदि में स्वयं को संलग्न कर अपनी अलग-थलग और निंदा की जा रही अपनी भावनाओं पर काबू पाया।
5. *संरचनात्मक घुटन* – जीवन का नवीनीकरण, बहाल, पुनर्जीवन और सशक्त करने के जो कारक है वो हिंसा के शिकार के व्यक्तित्व में कम और सामाजिक ढांचे में अधिक पाए जाते हैं।

6. *विद्रोह को नकारना* – कुछ युवा और स्वतंत्र पीड़ितों में सामंजस्य के आधुनिक तरीकों के विद्रोह को अपनाने की गुप्त इच्छा है, लेकिन वे डर से विद्रोह करने में असफल रहे, जो उनके पति, सास-ससुर और माता-पिता के साथ संबंधों को तोड़ सकता है।
7. *आत्म सम्मान की स्थिति* – भावुक भावनाओं के साथ पीड़ित एक कमजोर जीवन जीते हैं पर विश्वास के साहस, चरित्र और चेतना के साथ पीड़ित अपने जीवन (काम) में स्वयं को तैयार करते हैं।

## *समायोजन चरण (Adjustment Phases)*

पीड़ित द्वारा लांछित (यथा बलात्कार, अपहरण, पीटना) होने के बाद नये जीवन में, नयी भूमिकाओं में समायोजन होने में बहुत चरण शामिल हैं। यद्यपि ये चरण आपस में मेल खाते हैं परन्तु इन्हें क्रम से अनुसरण करना दिखाई पड़ता है। बॉल्वी (*सामाजिक मुद्दे के जर्नल* के अंक 44, 3 नवंबर 1988: 45-46) द्वारा सदमे और रूपांतरण के लम्बे अंतराल के 4 चरणों की पहचान की गई है। बॉल्वी (1988) और आहूजा (1996: 139) का अनुसरण करते हुए हम महिला पीड़ितों के समायोजन की चार चरणों में शिनाख्त कर सकते हैं : (i) सदमा और दर्द, (ii) दर्द दूर करना, (iii) परिहार और अपमान, (iv) स्वीकार करना (देखिए चित्र 1)। यद्यपि सभी पीड़ित एकसा दर्द और धक्का महसूस नहीं करते, न ही समान स्तर का अपमान और प्रतिकार और न ही समायोजन का वैकल्पिक स्रोत खोजने की समान समस्या

**चित्र 1**

*महिलाओं के विरुद्ध हिंसा के पीड़ितों के नव जीवन हेतु सामंजस्य के विभिन्न चरण*

| | |
|---|---|
| **चरण 1** | सदमा और दर्द हिंसा की प्रकृति और अग्रांकित कारकों पर निर्भर करता है :<br>• उम्र<br>• शिक्षा<br>• रोजगार<br>• भावनात्मक लगाव |
| **चरण 2** | दर्द निवारण निर्भर करता है :<br>• समर्थन<br>• सुरक्षा |
| **चरण 3** | परिहार/अपमान किया जाता है<br>• परिवार द्वारा<br>• परिजन द्वारा<br>• मित्रों द्वारा<br>• परिचितों द्वारा |
| **चरण 4** | स्वीकारोक्ति<br>• धार्मिक सांत्वना<br>• सामाजिक चुनौतियों को स्वीकार करना<br>• तटस्थता<br>• अनुराग/लगाव और पहचान बदलना |

## निर्व्यक्तीकरण का मानसिक आघात और मानववादी उपागम (Depersonalisation Trauma and Humanistic Approach)

दो महत्वपूर्ण प्रश्न हैं : महिलाओं के विरुद्ध हिंसा के अपराधियों को दंडित करने के लिए क्या किया गया है, और महिलाओं के प्रति दुर्व्यवहार को रोकने के लिए क्या उपाय अपनाये जाने चाहिए? दहेज

विरोधी अधिनियम 1961 के अलावा मौजूदा कानूनों में भी कुछ संशोधन किए गए थे। एक अनुभाग दहेज के लिए क्रूरता और उत्पीड़न के विरुद्ध, 1983 में भारतीय दंड संहिता में शामिल किया गया था। और अन्य अनुभाग 1986 में दहेज मृत्यु के कारण से संबंधित शामिल हुआ। साक्ष्य अधिनियम में भी कुछ संशोधन नये अनुभाग शामिल करके किए गए। शादी के सात साल की अवधि के भीतर आत्महत्या (शादीशुदा महिला द्वारा) की संभावना में कमी हेतु और अन्य अनुभाग दहेज की मांग के फलस्वरूप महिला पर अत्याचार या उत्पीड़न के परिणाम में दहेज हत्या की संभावना के संदर्भ में शामिल किया गया। इन कड़े कानूनों को बावजूद जांच प्रक्रिया में कई खामियों, बेईमान लोगों की मिलीभगत, तथाकथित ऊंची पहुंच के लोगों के हस्तक्षेप और कई बाहरी कारकों के कारण दहेज के लिए हत्या और उत्पीड़न के आरोपियों की एक बड़ी संख्या को दोषी करार नहीं कर पा रहे हैं। ये सभी कारक कानून में कई प्रावधानों के प्रभाव (प्रभावशीलता) और अभाव (कठोरता) को कम करता है। जब तक अदालत जमानत पर रिहाई और सबूतों/तथ्यों की सख्ती से व्याख्या नहीं करेगी, तब तक यह संशय है कि कानून इस प्रकार के अपराध को कम कर सकेगा।

अपने समाज में महिलाओं के प्रति दुर्व्यवहार को रोकने के लिए और उनके विरुद्ध हिंसा को कम करने के लिए हमें क्या उपाय करने चाहिए? यह सुझाव वैध और तर्कसंगत हो सकता है कि स्त्रियों की सामान्य प्रतिष्ठा और शिक्षा, प्रभावी वैधानिक उपायों और परीक्षण और रोज़गार के अवसर देकर सुधारी जा सकती है तो यह महिलाओं के विरुद्ध हिंसा को कम करेगी, परन्तु यह अत्यन्त व्यापक सुझाव है। इसी प्रकार यह सुझाया जाता है, कि जनसंचार माध्यमों में महिलाओं के विरुद्ध हिंसा के प्रकरणों को बहुत अधिक महत्व नहीं दिया जाना चाहिए। यद्यपि जनसंचार माध्यमों में महिलाओं के विरुद्ध हिंसा को सेन्सर करने के नैतिक और मानवतावादी कारण हैं, परन्तु हमारे पास ऐसा कोई प्रमाण नहीं है, कि ऐसी कार्रवाई से आवश्यक रूप से हिंसा में कमी आ जाएगी। यही अपराधकर्ताओं को निवारक दण्ड देने और उसके संबंधियों द्वारा उसका सामाजिक बहिष्कार करने के बारे में भी सही है। ये उपाय उनके सामाजिक प्रभावों के लिए वांछनीय हो सकते हैं, परन्तु हमें विश्वास नहीं हो सकता, कि वे किसी सीमा तक महिलाओं के शोषण को कम कर देंगे। यह मालूम करने के कोई प्रमाण नहीं है, कि कौनसी नीतियों को प्राथमिकता दी जाए। फिर भी कई ऐसे उपाय हैं जिनके किए जाने से महिलाओं का उत्पीड़न कम हो सकता है।

पहले हम उस प्रकरण को लेते हैं जो पहले से कई महिला संगठनों और राजकीय एवं निजी/सार्वजनिक संस्थाओं का ध्यान आकर्षित कर रहा है। यह है पीड़ितों की सुरक्षा, मदद, और सलाह की आवश्यकताओं की पूर्ति करना। कुछ महिलाओं को (यद्यपि सब को नहीं) जिसकी सबसे अधिक आवश्यकता है, वह है आश्रय। महिलाएं जो तानाशाह सास-ससुर और शराबी पतियों के साथ रह रही हैं, अस्थायी अथवा स्थाई रूप से अपना घर छोड़ देंगी, यदि उनके पास कोई आश्रय उपलब्ध हो। स्वयंसेवी संगठनों को, जो स्त्रियों को ऐसे आवास मुहैया कराते हैं, अपनी परियोजनाओं का प्रचार करना चाहिए। यह ध्यान में रखना चाहिए, कि वर्तमान में जो महिलाओं के लिए घर (अकेले और/या विवाहित के लिए) हैं, वे आवश्यकतानुसार मांग को पूरा नहीं कर पाते हैं। उनमें अक्सर भीड़ भाड़ होती है, वित्तीय सहायता का अभाव होता है और वे सुरक्षा नियमों का पालन नहीं करते। महिला संगठन कई स्त्रियों के दुःखों के उपशमन में योगदान देंगी यदि वे उन्हें अल्पकालिक आवास की सुविधा प्रदान करती हैं और अन्ततः स्थाई मकान दिलवाने में मदद करती हैं, विशेषरूप से उन विवाहित स्त्रियों को जो कष्ट में हैं या बलात्कार, भगाये जाना, मार डालने की कोशिश जैसी हिंसा की शिकार हैं। विभिन्न प्रकार के अल्पकालिक आवास जो पीड़ित स्त्रियों और विधवाओं को दिये जा सकते हैं, उनका मूल्यांकन और तुलना करना अत्यावश्यक है।

दूसरा, पीड़ित महिलाओं को इसकी भी आवश्यकता है, कि उनकी रोज़गार ढूंढने, बच्चे की देखभाल की सुविधाओं को उपलब्ध कराने, और अस्थायी रूप से वित्तीय सहायता दिलवाने में सहायता की जाए। इस उद्देश्य के लिए परामर्श केन्द्र किसी केन्द्रीय स्थान पर खोले जा सकते हैं, परन्तु वे नारी-गृहों से दूर होने चाहिए, जिससे कि उनका अच्छा प्रचार हो सके और गृहों में रहने वालों की सुरक्षा को भी खतरा न हो।

तीसरा, महिलाएं, जो शोषण की शिकार हैं, की सहायता के लिए सस्ती और कम औपचारिक अदालतों की स्थापना भी एक उपाय हो सकता है। इस सुझाव का यह आशय नहीं है, कि ये अदालतें केवल महिलाओं के मामले ही निबटाएंगी। इनका कार्य-क्षेत्र और बड़ा होना चाहिए। वर्तमान में हमारे देश में पारिवारिक अदालतों की प्रणाली कुछ राज्यों में है। परन्तु इन अदालतों का प्रमुख रूप से उद्देश्य शादियों को टूटने से रोकना है। इन अदालतों का कार्य-क्षेत्र बढ़ाया जा सकता है और उसमें महिलाओं की सब प्रकार की घरेलू और गैर-घरेलू समस्याओं को सम्मिलित किया जा सकता है। यदि ऐसी अदालतें स्थापित की जाएं जिनमें ज़ज, मजिस्ट्रेट और वकील स्त्रियों के मामलों की जानकारी और उनमें रुचि रखते हों, या महिला जजों की अधिक नियुक्तियां की जायें, तो यह और भी अच्छा होगा। इससे कानून के व्यवसाय में स्त्रियों की संख्या बढ़ जाएगी। कई महिलाओं को अदालतें और कानून कम डरावने और अधिक सुगम्य (approachable) लगेंगे यदि उन पर आदमी कम छाये हुए होंगे। महिला ज़ज और वकील अपने पुरुष प्रतिरूपों से अपनी मनोवृत्तियों, विश्वासों और कानून की व्याख्या में बहुत अधिक भिन्न नहीं होंगी, फिर भी पीड़ित महिलाएं दूसरी महिलाओं के समक्ष उपस्थित होने में यह आशा करके अधिक प्रसन्न हो सकती हैं कि उनमें स्त्रियों की समस्याओं की अधिक समझ होगी।

चौथा, स्वयंसेवी संगठनों को, जो महिलाओं की निजी समस्याओं के बारे में उनके ससुराल वालों से या पुलिस या अदालतों से या संबंधित व्यक्ति से बात कर सके, सशक्त बनाना और उनकी संख्या बढ़ाना भी इतना ही आवश्यक है। यह इसलिए कि एक अकेली स्त्री की बात को कोई महत्व नहीं दिया जाता। वास्तव में, यदि वह अपने अधिकार मांगती है, या मौलिक विचार रखती है, या अपने विचारों को व्यक्त करती है, और अपनी उत्कुंठाओं को उजागर करती है, तो उस पर स्पष्टवादी होने का आरोप लगाया जाता है। परन्तु यदि महिलाओं का एक समूह एकत्र होता है, और स्त्री के दुख के विरुद्ध आवाज़ उठाता है, तो वे अपने विचारों को दृढ़तापूर्वक व्यक्त कर सकती हैं, और प्रभावी सिद्ध हो सकती हैं।

पांचवां, ऐसे संगठनों का प्रचार होना चाहिए जो महिलाओं को निःशुल्क कानूनी सहायता देते हैं जिससे कि निर्धन स्त्रियां उनके पास जाकर सहायता मांग सकें।

अन्तिम, महिलाओं के मामलों में माता-पिता के विचारों में परिवर्तन की भी आवश्यकता है। माता-पिता अपनी पुत्रियों-विवाहित या विधवा-जिन्हें उनके पति पीटते हैं या जिनके साथ उनकी ससुराल पक्ष वाले दुर्व्यवहार करते हैं, को अपनी इच्छा के विरुद्ध अपने पति के घर में रहने के लिए क्यों बाध्य करते हैं? जब माता-पिता को अपनी पुत्री के उत्पीड़न के बारे में मालूम होता है, तो वे उसे थोड़े समय के लिए, जब तक कि वह अपना प्रबन्ध न कर ले, अपने साथ रखने की अनुमति क्यों नहीं देना चाहते? उन्हें सामाजिक कलंक के लिए इतना चिंतित क्यों होना चाहिए, और अपने परिवार के लिए अपनी पुत्री का बलिदान क्यों करना चाहिए?

महिलाओं को भी अत्याचार के आगे क्यों झुकना चाहिए? वे क्यों नहीं समझतीं कि उनमें अपनी और अपने बच्चों की देख-रेख करने की क्षमता है? उनके यह समझ में क्यों नहीं आता कि उन्हें दी जा रही यातना से उनके बच्चों को भी भावात्मक आघात पहुंचता है? महिलाओं को अपने अधिकार पर दृढ़ रहना और अपने लिए नई भूमिकाएं स्वीकार करना सीखना है। उन्हें जीवन की ओर एक आशावादी दृष्टिकोण अपनाना चाहिए।

भारत में हाल ही आपराधिक कानून के लिए और अधिक दंडात्मक संशोधन पारित किया है जो महिलाओं के खिलाफ अपराध के मामलों के साथ संबद्ध है। उदाहरण के लिए दिल्ली में एक 22 वर्षीय कॉलेज जाने वाली छात्रा के सामूहिक बलात्कार ने न केवल जनता का आक्रोश बढ़ाया बल्कि इसने विभिन्न मंचों पर एक राष्ट्रीय बहस शुरू कर दी, जिसमें देश में बलात्कार के बढ़ते मामलों से निबटने और महिलाओं के लिए सुरक्षित माहौल बनाने की आवश्यकता पर जोर दिया गया। इस घटना के बाद कानून में सुधार पर सार्वजनिक बहस ने अप्रैल 2013 में आपराधिक कानून (संशोधन) अधिनियम 2013 के पारित होने का नेतृत्व किया। यही नहीं, न्यायपालिका ने भी उन महिलाओं के लिए जो किसी भी तरह के यौन अपराध की शिकार रही हैं, त्वरित सुनवाई सुनिश्चित करने के लिए

फास्ट ट्रैक अदालतों की स्थापना करके एक कदम आगे बढ़ाया है। लेकिन मामलों की संख्या में लगातार वृद्धि को देखते हुए यह रेखांकित होता है, कि मात्र एक कानून से समाज खुद को नहीं बदल सकता। महिलाओं के खिलाफ हिंसा बड़े सामाजिक और संस्थागत पूर्वाग्रहों को दर्शाती है। महिलाओं के लिए भारत को सुरक्षित बनाने में इस संस्कृति को बदलने की लड़ाई भी शामिल है।

## REFERENCES

Ahuja, Mukesh, *Widows*, New Age Publishers, Delhi, 1996.

Ahuja, Ram, *Crime against Women*, Rawat Publications, Jaipur, 1987.

—, *Sociological Criminology*, New Age Publishers, New Delhi, 1966.

Blumer, D., *Neuro-psychiatric Aspects of Violent Behaviour*, University of Toronto, Canada, 1973.

Borland, Marie (ed.), *Violence in the Family*, Manchester University Press, Manchester, 1976.

Chapman, J.K. and Gates, Margaret (eds), *The Victimization of Women*, Sage Publications, Beverly Hills, California, 1976.

Curtis, Lynn A., *Criminal Violence*, Luxington Books, Kentucky, 1974.

Finkelhor, David, Gelles, Richard, Hotaling, Gerald and Straus, Murraya, *The Dark Side of Families*, Sage Publications, Beverly Hills, California, 1983.

Hilberman, E. and Munson, M., "Sixty Battered Women", *Victimology: An International Journal*, Vol. 2, 1979–78.

Leonard, E.B., *Women, Crime and Society*, Longman, New York, 1982.

Roy, Maria (ed.), *Battered Women: A Psycho-Sociological Study of Domestic Violence*, Van Nostrand Reinhold, New York, 1977.

Singh, Awadhesh Kumar, *Violence against Women and Children*, Serials Publications, New Delhi, 2012.

Steinmetz, S.K. and Straus, M.A. (eds), *Violence in the Family*, Harper and Row, New York, 1974.

Tinkleberg, J.R., "Alcohol and Violence", in P.G. Bourne and R.E. Fox (eds), *Alcoholism: Progress in Research and Treatment*, Academic Press, New York, 1973.

Wilson, Elizabeth, *What is to be Done about Violence against Women*, Penguin, Hammondsworth, 1983.

Wolfgang, M.E., "Violence in the Family", in I.L. Kutash et al. (eds), *Perspectives in Murder and Aggression*, John Wiley, New York, 1978.

# 11

# निरक्षरता

## Illiteracy

स्वतंत्रता प्राप्ति के उपरांत भारत ने विरासत में एक ऐसी शिक्षा प्रणाली को प्राप्त किया, जो व्यापक पैमाने पर तथा अंतर-क्षेत्रीय असंतुलनों से युक्त थी। इस शिक्षा प्रणाली के द्वारा मात्र कुछ ही लोगों को शिक्षित किया जा रहा था, जिससे शिक्षित तथा निरक्षर लोगों की संख्या के बीच का अंतर बहुत अधिक बढ़ रहा था। सन् 1947 में देश की साक्षरता की दर मात्र 14 प्रतिशत की थी तथा महिला साक्षरता अपने निम्नतम कम होते हुए 8 प्रतिशत पर थी। इस प्रकार से सामान्य तौर पर ऐसा विश्वास किया जाता है, कि निरक्षरता को पर्याप्त रूप से दूर किए बिना भारत एक संसजण राष्ट्र नहीं बन सकता और अपने नागरिकों को वह जीवन नहीं उपलब्ध करवा सकता जिसके लिए वे लंबे समय से तरसते रहे हैं। इसमें किसी प्रकार का कोई आश्चर्य नहीं है, कि देश के विकास की प्रक्रिया में सामान्य तौर पर शिक्षा तथा विशेष तौर पर साक्षरता को उच्च प्राथमिकता क्यों प्रदान की गई है।

साक्षरता को किस प्रकार से परिभाषित किया जाता है? कोई भी ऐसा व्यक्ति जो किसी न किसी भाषा को पढ़ एवं लिख सकता हो, 'साक्षर' होता है। यूनेस्को (UNESCO) ने ऐसे किसी भी व्यक्ति को साक्षर के रूप में परिभाषित किया है "जो अपने दैनिक जीवन में समझने के साथ-साथ किसी छोटे साधारण अभिकथन को पढ़ एवं लिख सकता हो"। यूनेस्को का अनुसरण करते हुए, सन् 1991 की भारतीय जनगणना के द्वारा भी 'साक्षर' व्यक्ति को एक ऐसे व्यक्ति के रूप में परिभाषित किया गया है, जो न केवल पढ़ एवं लिख सकता हो बल्कि "समझने के साथ-साथ" किसी भी भारतीय भाषा में पढ़ एवं लिख सकता हो। ऐसे व्यक्ति, जो मात्र पढ़ सकते हैं, किन्तु लिख नहीं सकते, साक्षर नहीं होते। किसी भी व्यक्ति को साक्षर माने जाने के लिए उसके पास किसी विद्यालय में प्राप्त की गई औपचारिक शिक्षा का होना अनिवार्य नहीं है।

सन् 1968 में अपनाई गई राष्ट्रीय शिक्षा नीति पर पारित किए गए एक प्रस्ताव के अंतर्गत शिक्षा के आमूलचूल पुनर्निर्धारण को प्रस्तावित किया गया था, ताकि यह अपने साथ अग्रलिखित बिन्दुओं को संलिप्त कर सके : (1) प्रणाली का संपूर्ण रूपांतरण ताकि यह जनता के जीवन के साथ और अधिक घनिष्ठ रूप से सम्बन्धित हो सके, (2) शैक्षणिक अवसरों का विस्तार किए जाने हेतु एक सतत् प्रयास, (3) सभी चरणों पर शिक्षा की गुणवत्ता में उत्थान के लिए सतत् प्रयास, (4) विज्ञान एवं प्रौद्योगिकी के विकास पर एक बल, तथा (5) नैतिक एवं सामाजिक मूल्यों का सृजन। सन् 1986 की नीति में सभी वर्गों के लिए शिक्षा के समान अवसरों को उपलब्ध कराए जाने पर बल दिया गया था। सन् 1986 की नीति को सन् 1992 में संशोधित कर दिया गया। इसके अंतर्गत विभिन्न पेशेवर पाठ्यक्रमों के लिए एक साझा प्रवेश परीक्षा संपन्न कराए जाने की परिकल्पना की गई थी। सन् 2005 में सरकार ने एक नई नीति को अपनाया जिसके द्वारा मुख्य रूप से उच्चतर शिक्षा पर ध्यान केन्द्रित किया गया था।

सन् 1950 के बाद से शिक्षा के क्षेत्र में महत्वपूर्ण प्रगति की गई है। उदाहरण के लिए, भारत सरकार के मानव संसाधन विकास मंत्रालय के अनुसार स्वतंत्रता प्राप्ति के बाद से देश में विद्यालयों की

संख्या में एक उल्लेखनीय वृद्धि हो चुकी है। उदाहरण के लिए, 30 सितम्बर, 2010 तक विभिन्न श्रेणियों के विद्यालयों की संख्या इस प्रकार थी : पूर्व-प्राथमिक : 68413; प्राथमिक : 7,48,547; उच्च-प्राथमिक : 4,47,600; माध्यमिक : 1,28,370; तथा उच्च-माध्यमिक : 71,814। इसी प्रकार से, साक्षर लोगों की संख्या में भी एक प्रभावशाली वृद्धि को दर्ज किया गया है। सन् 2011 की जनगणना के अस्थायी आंकड़ों के अनुसार, 7 वर्ष तथा उससे ऊपर की आयु वाले साक्षर लोगों की संख्या 77,84,54,120 थी, जो गत दशक के साक्षर लोगों की संख्या की तुलना में उल्लेखनीय सुधार को प्रदर्शित करती है। 7 वर्ष तथा उससे अधिक की आयु वाले साक्षर लोगों के द्वारा वर्ष 2001 के 65 प्रतिशत की तुलना में सन् 2011 में कुल जनसंख्या के 74 प्रतिशत भाग का गठन किया गया। इस प्रकार से, संपूर्ण अर्थों में, 2001-2011 के दशक के दौरान 21,77,00,941 अतिरिक्त लोग साक्षर हो चुके थे।

साक्षरता की दर भी 9.21 प्रतिशत बिन्दुओं की वृद्धि का प्रदर्शन करते हुए सन् 2001 के 64.83 प्रतिशत से बढ़कर 74.04 प्रतिशत हो चुकी है। पुरुषों एवं महिलाओं के लिए साक्षरता की दर की गणना क्रमशः 82.14 प्रतिशत तथा 65.46 प्रतिशत पर की गई है। 2001-2011 के दौरान पुरुषों एवं महिलाओं के लिए साक्षरता की दर में होने वाली वृद्धि क्रमशः 6.88 तथा 11.79 प्रतिशत बिन्दुओं की रही है। भारत में विभिन्न वर्षों के दौरान साक्षरता की दरों को इस प्रकार दर्ज किया गया था : सन् 1951 : 18.33 प्रतिशत; 1961 : 28.30 प्रतिशत; 1971 : 34.45 प्रतिशत; 1981 : 43.57 प्रतिशत; 1991 : 52.21 प्रतिशत; 2001 : 64.83 प्रतिशत; तथा 2011 : 74.04 प्रतिशत।

शिक्षण सुविधाओं के मात्रात्मक विस्तार के साथ-साथ अब इसके गुणात्मक पहलू पर भी कहीं अधिक जोर दिया जा रहा है। सन् 1976 के पूर्व शिक्षा मात्र राज्यों का ही उत्तरदायित्व हुआ करता था, केन्द्र सरकार का सम्बन्ध मात्र समन्वयन तथा तकनीकी एवं उच्चतर शिक्षा में मानकों के निर्धारण तक ही सीमित था। सन् 1976 में, एक संवैधानिक संशोधन के द्वारा शिक्षा केन्द्र तथा राज्य सरकारों दोनों का ही संयुक्त दायित्व बन गई। 20वीं सदी के अंत तक 15-35 वर्ष के आयु वर्ग के लोगों के बीच सार्वभौमिक प्राथमिक शिक्षा उपलब्ध कराए जाने तथा निरक्षरता को मिटाए जाने के लक्ष्य को प्राप्त करने की दिशा में दृढ़संकल्पित प्रयास किए गए। एक ओर, सामुदायिक सहभागिता की योजना बनाई गई, तथा दूसरी ओर, प्राथमिक विद्यालयों में शिक्षा के लिए आधारभूत सुविधाओं को उपलब्ध कराए जाने के उद्देश्य से 'ऑपरेशन ब्लैकबोर्ड' (Operation Blackboard) के नाम से एक कार्यक्रम को लागू किया गया। सरकार 'सन् 2015 तक सबके लिए शिक्षा' के लक्ष्य को प्राप्त करने की दिशा में भी कार्य कर रही है। यह सभी बच्चों, युवाओं तथा वयस्कों को गुणवत्तायुक्त शिक्षा प्रदान करने के लिए सन् 2000 में अंतर्राष्ट्रीय समुदाय के द्वारा की गई एक प्रतिबद्धता भी है। अनौपचारिक शिक्षा तथा मुक्त अधिगम प्रणालियों को सभी स्तरों पर प्रोत्साहित किया जा रहा है। हालांकि, देश में से निरक्षरता को हटाए जाने के क्षेत्र में इसकी विशाल जनसंख्या के कारण कोई विशेष प्रगति नहीं की जा सकी है। हमारे देश में अभी भी निरक्षर लोगों की पाई जाने वाली बड़ी संख्या से ऐसा ही स्पष्ट होता है।

## भारत में निरक्षरता (Illiteracy in India)

सन् 2011 की जनगणना के अस्थायी आंकड़ों के अनुसार, भारत के 26 प्रतिशत अथवा कुल 27,27,50,015 लोग अभी भी निरक्षर हैं। सन् 2001 में कुल जनसंख्या का 35 प्रतिशत निरक्षर था। इस प्रकार, गत दशक के दौरान निरक्षरों की कुल संख्या में 3,11,96,847 की कमी आ गई। इस गिरावट में सर्वाधिक योगदान प्राप्त हुआ उत्तर प्रदेश से, जिसके बाद बिहार का स्थान था। इन दोनों ही राज्यों ने एक साथ मिलकर कुल 37.43 प्रतिशत की गिरावट का योगदान किया। निरक्षरों की संख्या में भारी कमी का प्रदर्शन करने वाले अन्य राज्य हैं क्रमशः पश्चिम बंगाल (9.44%), गुजरात (7.60%), महाराष्ट्र (7.15%), कर्नाटक (%), तमिलनाडु (5.82%), ओडिशा (5.80%), आंध्र प्रदेश (4.87%) तथा झारखंड (3.18%), छत्तीसगढ़ (0.81%) मध्य प्रदेश (0.80%)।

सन् 2001-2011 के दशक के दौरान पुरुष निरक्षरों की कुल संख्या में 1,40,74,650 तक की कमी आ चुकी है। राजस्थान, छत्तीसगढ़, मध्य प्रदेश तथा दमन एवं द्वीव को छोड़कर शेष सभी राज्यों एवं केन्द्र शासित प्रदेशों में पुरुष निरक्षरों की संख्या में गिरावट आ चुकी है। यहां तक कि ऐसे राज्यों/केन्द्र शासित प्रदेशों, जहां पुरुष निरक्षरों की संख्या में वृद्धि हुई भी है, वहां यह वृद्धि संपूर्ण अर्थों में कोई खास अधिक नहीं है। जिन राज्यों के द्वारा दशकीय आधार पर 5 प्रतिशत बिन्दुओं से अधिक की कमी का योगदान किया गया है वे इस प्रकार हैं : उत्तर प्रदेश (26.22%), बिहार (14.84%), गुजरात (7.39%), पश्चिम बंगाल (6.80%), महाराष्ट्र एवं कर्नाटक (5.86%)। इसी प्रकार से, सन् 2001-2011 के दौरान महिला निरक्षरों की संपूर्ण संख्या में भी 1,71,22,197 तक की गिरावट आ चुकी है। हालांकि, राजस्थान (9,29,566), मध्य प्रदेश (1,92,536), छत्तीसगढ़ (1,73,719) तथा मिजोरम (895) में महिला निरक्षरों की संख्या में वृद्धि हुई है। जिन राज्यों के द्वारा महिला निरक्षरों की कुल संख्या में कमी लाए जाने का योगदान दिया गया है वे क्रमशः इस प्रकार हैं : उत्तर प्रदेश (21.81%), बिहार (12.63%), पश्चिम बंगाल (11.61%), महाराष्ट्र (8.21%), गुजरात (7.77%), तमिलनाडु (7.31%), कर्नाटक (6.79%), ओडिशा (6.76%) तथा आंध्र प्रदेश (5.41%)।

साक्षरता की दरों में श्रेणीबद्धता के अर्थों में, सन् 2011 के अस्थायी आंकड़ों के अनुसार, जैसा कि पहले भी रहा है, केरल (93.91% के साथ) प्रथम स्थान पर बना हुआ है, जिसके बाद क्रमशः लक्षद्वीप (2.28%), मिजोरम (91.58%), त्रिपुरा (87.75%), गोवा (87.40%), दमन एवं द्वीव (87.07%), पुड्डुचेरी (86.55%), चंडीगढ़ (86.43%), राष्ट्रीय राजधानी क्षेत्र दिल्ली (86.34%), अंडमान एवं निकोबार द्वीप समूह (86.27%), हिमाचल प्रदेश (83.78%), महाराष्ट्र (82.91%) तथा सिक्किम (82.20%) का स्थान रहा है। सर्वाधिक निम्न साक्षरता दर के संदर्भ में बिहार (63.82% साथ) को प्रथम स्थान प्राप्त हुआ, जिसके बाद क्रमशः अरुणाचल प्रदेश (66.95%), राजस्थान (67.06%), झारखंड (67.63%) तथा आंध्र प्रदेश (67.66%) का क्रम था।

यदि भारत में निरक्षर लोगों के प्रतिशत की तुलना अन्य देशों के निरक्षर लोगों के प्रतिशत के साथ की जाती है, तो हमारा देश बहुत अधिक पिछड़ा हुआ प्रतीत होता है। सन् 1998 में यूनिसेफ के द्वारा किए गए एक अध्ययन के अनुसार निरक्षरता की सर्वाधिक ऊंची दर एशिया, अफ्रीका तथा लैटिन अमेरिका के कम विकसित देशों में पाई गई थी, जबकि ऑस्ट्रेलिया, जापान तथा यूरोप एवं उत्तरी अमेरिका के तकनीकी रूप से और अधिक उन्नत देशों में यह न्यूनतम थी। उदाहरण के लिए, अमेरिका तथा कनाडा की कुल निरक्षरता दर मात्र 1 प्रतिशत की है।

'सन् 2015 तक सबके लिए शिक्षा' के लक्ष्य की प्राप्ति भी कठिन ही प्रतीत होती है क्योंकि, विश्व बैंक के अनुसार, शिक्षा पर हमारे द्वारा किया जाने वाला सार्वजनिक व्यय अन्य देशों की तुलना में बहुत ही कम है। उदाहरण के लिए, सन् 2010 में भारत ने अपने सकल घरेलू उत्पाद (GDP) का मात्र 3.3 प्रतिशत भाग ही शिक्षा पर व्यय किया जो अमेरिका के 5.6 प्रतिशत, रूस के 5 प्रतिशत तथा फ्रांस के 5.9 प्रतिशत की तुलना में बहुत कम था। मात्र इतना ही नहीं, शिक्षा पर किए जाने वाले सकल व्यय में वृद्धि किए जाने के बावजूद भी वृद्धि की दर बजटीय व्यय, जीडीपी विकास अथवा मुद्रास्फीति की दर के साथ अपने तालमेल को एसंगत नहीं रख पा रही है। शिक्षा पर किया जाने वाला सार्वजनिक व्यय, जो वर्ष 1990-91 के दौरान देश की जीडीपी का 4 प्रतिशत था, तब से निरंतर कम ही होता रहा है। मात्र सन् 2000 के वर्ष के आसपास ही यह वापस 4 प्रतिशत तक पहुंच सका था, किन्तु उसके बाद से यह निरंतर कम ही होता रहा है और 6 प्रतिशत के प्रायः ही उल्लिखित किए जाने वाले लक्ष्य के कहीं आसपास तक भी नहीं पहुंच सका है। कुल राजस्व व्ययों के एक भाग के रूप में, वर्तमान दशक के दौरान भी एक गिरावट को ही देखा जा रहा है : 20वीं शताब्दी के समाप्त होते समय शिक्षा पर 14 प्रतिशत से अधिक का व्यय किया गया था, किन्तु वर्तमान शताब्दी के पहले दशक के दौरान लगभग 12 प्रतिशत ही व्यय किया गया है।

हमारे देश में महिलाओं के बीच निरक्षरता की समस्या सर्वाधिक खराब है, यद्यपि इन तमाम वर्षों के दौरान लैंगिक विभेदकों में काफी कमी आ चुकी है। जैसा कि पहले भी उल्लेख किया जा चुका है, कि यद्यपि सन् 2001-2011 के बीच महिला निरक्षरों की कुल सुख्या में संख्या 1,71,22,197 तक की कमी आ चुकी है, तथापि यह अन्य देशों की तुलना में काफी ऊंची बनी हुई है। सन् 2011 की जनगणना में पुरुष तथा महिला साक्षरता की दरों में दशकीय अंतर क्रमशः 6.88 तथा 11.79 प्रतिशत बिन्दुओं पर बना हुआ है। निरक्षरता के संदर्भ में बच्चों की स्थिति भी समान रूप से खराब है। कुल साक्षरता दरों में एक बड़े सुधार के बावजूद स्कूल से बाहर रहने वाले बच्चों की संख्या अभी भी बहुत अधिक बनी हुई है। सन् 1991 की साक्षरता की दर 52 प्रतिशत से बढ़कर सन् 2001 में 65 प्रतिशत हो चुकी है। पहली बार स्कूल छोड़ देने वाले गैर-साक्षरों की कुल संख्या में कमी आई तथा सरकार-संचालित प्राथमिक विद्यालयों में हुए सकल नामांकन सन् 1950 के दशक के 1.90 करोड़ की तुलना में सन् 2001 तक बढ़कर 11.40 करोड़ हो चुके थे। इन सबके बावजूद, 6 से 14 वर्ष की आयु के 20 प्रतिशत बच्चे अभी भी विद्यालयों में प्रवेश नहीं लेते हैं।

## निरक्षरता के कारण (Causes of Illiteracy)

निरक्षरता के प्रमुख कारण इस प्रकार हैं : (1) साक्षरता प्राप्त कर रही वयस्क जनसंख्या की निम्न दर के सापेक्ष जनसंख्या विकास की ऊंची दर; (2) छात्रों का नामांकन करने एवं उन्हें रोके रखने में प्राथमिक विद्यालयों का निष्प्रभावी होना; (3) निम्न-वर्गीय लोगों का या तो धनार्जन के लिए अथवा परिवार में शिशुओं की देखभाल के लिए बड़े बच्चों की सेवाओं का उपयोग करने सम्बन्धी पारंपरिक दृष्टिकोण, बजाय इसके कि उन्हें विद्यालय भेजा जाए; (4) गरीबी का उच्च-स्तर; (5) शिक्षा के विस्तार के लिए औपनिवेशिक शासकों की शिक्षा सम्बन्धी गैर-अनुकूल नीतियाँ; तथा (6) शिक्षा के लिए कम धन का आबंटन किया जाना।

भारतीय संदर्भ में, निरक्षरता के दो प्रमुख कारण हैं, विद्यालयों तथा साथ ही साथ शिक्षकों का अभाव। एनसीईआरटी के द्वारा जारी की गई 8वीं अखिल भारतीय शिक्षा सर्वेक्षण की रिपोर्ट के अनुसार देश में छात्र तथा अध्यापकों के बीच संपूर्ण प्राथमिक, उच्च-प्राथमिक तथा माध्यमिक स्तर पर अनुपात 1:32 का है। इसी के साथ-साथ, विद्यालयों में सफाई की स्थिति बहुत खराब है, जहां शौचालय तथा पेय जल की सुविधाएं ही मौजूद नहीं हैं। सर्वेक्षण द्वारा स्पष्ट किया गया है, कि ग्रामीण क्षेत्रों में स्थित कुल विद्यालयों के 1/5वें भाग के पास पेयजल की सुविधा ही उपलब्ध नहीं है तथा प्रत्येक 10 में से 3 विद्यालयों में उपयोग में लाए जाने योग्य शौचालय उपलब्ध नहीं हैं। यहां तक कि उनकी आधी संख्या के पास बच्चों के लिए खेल का मैदान भी नहीं है (*इंडियन एक्सप्रेस*, 23 जनवरी, 2013)।

## शिक्षा पर राष्ट्रीय नीति (National Policy on Education)

स्वतंत्रता प्राप्ति के उपरांत भारत में शिक्षा पर राष्ट्रीय नीति पर प्रथम प्रस्ताव को सन् 1968 में अपनाया गया था। जैसा कि प्रारंभ में ही उल्लेख किया जा चुका है, इसके अंतर्गत शिक्षा प्रणाली के आमूलचूल पुनर्निर्धारण को प्रस्तावित किया गया था। फिर, सन् 1986 में, संसद ने शिक्षा पर राष्ट्रीय नीति (एनपीई) को स्वीकृति प्रदान कर दी। इसके द्वारा एक राष्ट्रीय शिक्षा प्रणाली का निर्धारण किए जाने का प्रयास किया गया जिसके द्वारा : (1) संपूर्ण देश में शिक्षा के विभिन्न चरणों की समाप्ति पर क्षमता की तुलनात्मकता को स्थापित किए जाने हेतु एक पाठ्यक्रम सम्बन्धी रूपरेखा तैयार किया जाना, (2) समाज एवं संस्कृति के एकीकरण सम्बन्धी पहलू को पुनः लागू किया जाना, तथा (3) एक समतावादी, लोकतांत्रिक तथा धर्म-निरपेक्ष समाज के लिए आवश्यक मूल्य व्यवस्था की स्थापना किया जाना था। नई नीति उन विशिष्ट कदमों को ऐसे विस्तार से सूचीबद्ध करती है, जिनका वर्णन न केवल शिक्षा तक

पहुंच के लिए बल्कि समाज के वंचित वर्गों की स्थिति के सम्बन्ध में समानता की एक मांग से कम कुछ भी नहीं के रूप में किया गया है। यह निर्धारित करती है, कि शैक्षिक रूपांतरण, असमानताओं में कमी, प्राथमिक शिक्षा का सार्वभौमीकरण, वयस्क शिक्षा, तथा वैज्ञानिक एवं प्रौद्योगिकी सम्बन्धी अनुसंधानों को ऐसे राष्ट्रीय उत्तरदायित्वों के रूप में स्वीकार किया जाएगा, जिनके लिए पर्याप्त संसाधनों को उपलब्ध करवाया जाएगा।

राष्ट्रीय शिक्षा प्रणाली की अवधारणा का अर्थ यह है, कि एक नियत स्तर तक, सभी छात्रों, चाहे वे किसी भी जाति, लिंग अथवा स्थान से सम्बन्ध रखते हों, के पास एक तुलनात्मक गुणवत्तायुक्त शिक्षा तक पहुंच उपलब्ध होनी चाहिए। यह पूरे देश के सभी भागों के लिए 10+2+3 की एक साझा शैक्षणिक संरचना की परिकल्पना करती है। पहले के 10 वर्षों की शिक्षा में 5 वर्षों की प्राथमिक शिक्षा, 3 वर्षों की माध्यमिक शिक्षा तथा 2 वर्षों की उच्च-माध्यमिक शिक्षा शामिल की गई है। प्राथमिक शिक्षा के सम्बन्ध में, राष्ट्रीय शिक्षा नीति यह प्रस्तावित करती है, कि 11 वर्ष की आयु प्राप्त कर चुके सभी बच्चों को अनौपचारिक विधि के माध्यम 5 वर्षों का स्कूली अध्ययन प्रदान किया जाना सुनिश्चित किया जाएगा। इसी प्रकार से, यह प्रस्तावित करती है, कि सभी बच्चों को 14 वर्ष की आयु तक मुफ्त एवं अनिवार्य शिक्षा उपलब्ध कराई जाएगी।

निरक्षरता के उन्मूलन के सम्बन्ध में सन् 1986 की राष्ट्रीय शिक्षा नीति प्रस्ताव करती है कि 15-35 वर्ष आयु समूह के अंतर्गत वयस्क एवं सतत् शिक्षा के एक व्यापक कार्यक्रम को विभिन्न माध्यमों जैसे : (क) सतत् शिक्षा के लिए ग्रामीण क्षेत्रों में केन्द्रों की स्थापना, (ख) नियोक्ताओं तथा सरकार की सम्बन्धित एजेन्सियों के द्वारा श्रमिकों को शिक्षण, (ग) रेडियो, टेलीविजन एवं फिल्मों के माध्यम से जन एवं सामूहिक अधिगम, (घ) अधिगम समूहों एवं संगठनों का गठन, (ङ) दूरस्थ शिक्षा के कार्यक्रम, तथा (च) स्व-अधिगम में सहायता की व्यवस्था करना आदि को लागू किया जाएगा। सन् 1992 में, राष्ट्रीय शिक्षा नीति, 1986 को संशोधित किया गया तथा एक कार्यवाही योजना का सूत्रपात किया गया, जिसके द्वारा व्यवस्था की गई कि सन् 1995 तक लगभग 10 करोड़ लोगों को राष्ट्रीय वयस्क शिक्षा कार्यक्रम के अंतर्गत शामिल किया जाएगा।

तब, जब भारतीय संसद के द्वारा सन् 2005 में शिक्षा का अधिकार (RTE) विधेयक पारित किया गया, तो देश में शैक्षणिक सुधारों में एक नया अध्याय जोड़ दिया गया।

## शिक्षा का अधिकार (Right to Education)

सन् 1950 में, भारत ने संविधान के अंतर्गत राज्य के नीति-निर्देशक सिद्धांतों के अनुच्छेद 45 के अंतर्गत इस प्रावधान को शामिल किए जाने के द्वारा 14 वर्ष तक की आयु के समस्त बच्चों को मुफ्त एवं अनिवार्य शिक्षा प्रदान किए जाने की संवैधानिक प्रतिबद्धता व्यक्त कर दी थी।

12 दिसम्बर, 2002 को संविधान में किए गए 86वें संशोधन अधिनियम के लागू होने के साथ ही अनुच्छेद 21क को भी संशोधित कर दिया गया, ताकि शिक्षा के अधिकार को एक मूलभूत अधिकार के रूप में लागू किया जा सके। मुफ्त एवं अनिवार्य शिक्षा का बच्चों का अधिकार अंततः 1 अप्रैल, 2010 से लागू हो चुका है। इस अधिनियम के लागू किए जाने के साथ ही यह आशा की गई है, कि स्कूलों को छोड़ने, स्कूल के बाहर रहने वाले बच्चों, शिक्षा की गुणवत्ता तथा शिक्षित अध्यापकों की उपलब्धता जैसे मुद्दों को अल्प से मध्यकालीन योजनाओं में सम्बोधित किया जाएगा।

राष्ट्रीय बाल अधिकार सुरक्षा आयोग (NCPCR) को इस अधिनियम के प्रावधानों की निगरानी करने के लिए एक एजेन्सी के रूप में नामित किया गया है। अधिनियम के प्रमुख प्रावधान इस प्रकार हैं :

- 6 से 14 वर्ष तक के प्रत्येक बच्चे को अपने पड़ोस के किसी विद्यालय में मुफ्त एवं अनिवार्य शिक्षा प्राप्त करने का अधिकार होगा, के पूरा होने तक

- किसी भी बच्चे पर ऐसे किसी भी प्रकार के शुल्क अथवा प्रभार अथवा व्यय का भुगतान करने का कोई दायित्व नहीं होगा, जो उसे अपनी प्राथमिक शिक्षा को जारी रखने तथा पूरी करने से रोकता हो।
- जहां 6 वर्ष से अधिक की आयु का कोई बच्चा, जो किसी विद्यालय में प्रवेश नहीं प्राप्त कर सका हो अथवा प्रवेश प्राप्त करने के बाद अपनी प्राथमिक शिक्षा को पूरा न कर सका हो, तब उसे उसकी आयु के अनुसार समुचित कक्षा में प्रवेश प्रदान किया जाएगा।
- इस अधिनियम के प्रारंभ होने के तीन वर्षों की अवधि के अंदर-अंदर समुचित सरकार तथा स्थानीय प्राधिकरण किसी भी नियत क्षेत्र के अंतर्गत विद्यालय की स्थापना करेंगे, यदि इसकी स्थापना पहले से न की गई हो।
- इस अधिनियम के प्रावधानों का पालन करने के लिए धन उपलब्ध कराए जाने हेतु केन्द्र तथा राज्य सरकारों का संयुक्त उत्तरदायित्व होगा।

इस अधिनियम के प्रावधानों के अनुसार, केन्द्र सरकार ने पाठ्यक्रम तथा प्रारंभिक शिक्षा के मूल्यांकन हेतु प्रक्रिया निर्धारित करने तथा राष्ट्रीय पाठ्यक्रम की एक रूपरेखा विकसित करने के उद्देश्य से राष्ट्रीय शैक्षणिक अनुसंधान एवं प्रशिक्षण परिषद् (NCERT) को शैक्षणिक प्राधिकरण के रूप में अधिकृत किया है।

यह अधिनियम प्रत्येक बच्चे की शिक्षा तक पहुंच में सुधार करने की दिशा में एक आवश्यक कदम है। यह अधिनियम वंचित समूहों, जैसे बाल श्रमिकों, प्रवासी बच्चों, विशिष्ट आवश्यकतायुक्त बच्चों, अथवा ऐसे बच्चे जो सामाजिक, सांस्कृतिक, आर्थिक, भौगोलिक, भाषाई, लैंगिक अथवा ऐसे ही किसी अन्य कारक के कारण वंचनाओं की स्थिति में हो, के लिए भी विशिष्ट प्रावधान करता है।

## वयस्क शिक्षा कार्यक्रम (Adult Education Programme)

वयस्क शिक्षा के इतिहास में, वयस्क शिक्षा की अवधारणा निरंतर परिवर्तित होती रही है तथा विभिन्न नामों के अंतर्गत विकसित होती रही है। सन् 1947 तक मुख्य रूप से प्रयुक्त अवधारणा थी 'आधारभूत शिक्षा' की जो पारंपरिक दृष्टिकोण पर आधारित थी तथा जिसका ध्यान रात्रिकालीन विद्यालयों पर केन्द्रित था। सन् 1949 से 1966 के बीच प्रयुक्त अवधारणा थी 'नागरिक साक्षरता' की जो जीवनोन्मुख दृष्टिकोण पर आधारित थी तथा जिसमें सामाजिक शिक्षण पर ध्यान केन्द्रित किया गया था। सन् 1967 तथा 1977 के बीच, वयस्क शिक्षण में 'क्रियात्मक साक्षरता' की कार्योन्मुख दृष्टिकोण पर आधारित अवधारणा पर जोर दिया जाने लगा जिसके द्वारा क्रियात्मक साक्षरता कार्यक्रम, कृषकों के शिक्षण एवं श्रमिक विद्यापीठों पर ध्यान केन्द्रित किया गया था। सन् 1978 के बाद से सामाजिक परिवर्तन के दृष्टिकोण पर आधारित 'विकासोन्मुख साक्षरता' का उपयोग किया जाने लगा, जिसके द्वारा समग्र साक्षरता अभियानों पर ध्यान केन्द्रित किया गया था।

*आधारभूत साक्षरता (basic literacy)* की अवधारणा का उद्भव रात्रिकालीन विद्यालयों के विस्तार के साथ हुआ जिन्हें सन् 1929 से अनुदान सहायताएं प्राप्त हुईं। इस योजना का पाठ्यक्रम दो वर्षों की अवधि तक विस्तारित था तथा इसमें 3-आर अर्थात् ऐतिहासिक महत्व की कहानियों, तथा स्वास्थ्य, स्वच्छता एवं प्राथमिक चिकित्सा में साधारण पाठों को शामिल किया गया था। शिक्षा शाम के समय में 2 से 3 घंटों के लिए प्रदान की जाती थी। सन् 1938-39 के दौरान, विभिन्न प्रांतीय सरकारों के द्वारा प्रांतीय जन साक्षरता अभियानों की एक शृंखला का आयोजन किया गया। ऐसा अनुमान लगाया गया कि सन् 1938-42 के दौरान लगभग 1.38 करोड़ लोग साक्षर हो चुके थे।

*नागरिक साक्षरता (civic literacy)* की अवधारणा की परिकल्पना सन् 1949 में की गई थी तथा सन् 1952 में इसमें उस समय संशोधन किया गया, जब इसे सामुदायिक विकास कार्यक्रम के साथ जोड़ दिया गया था। पहली दो पंचवर्षीय योजनाओं के दौरान इसे संपूर्ण भारत में लागू किया गया था। ऐसा अनुमान लगाया गया था, कि पहली पंचवर्षीय योजना के दौरान 35 लाख तथा दूसरी योजना के दौरान लगभग 40 लाख निरक्षर लोग साक्षर हो चुके थे।

*क्रियात्मक साक्षरता (functional literacy)* की अवधारणा का उद्भव 1960 के दशक के दौरान हुआ था। "अधिगमकर्ता के पेशे से सम्बद्ध तथा सीधे विकास से सम्बन्धित साक्षरता" के रूप में परिभाषित की गई क्रियात्मक साक्षरता को सन् 1968 के दौरान कार्यवाही में परिवर्तित किया गया। प्रारंभिक तौर पर, इसे मात्र तीन जिलों में ही लागू किया गया था किन्तु बाद के अगले दस वर्षों के दौरान इसका विस्तार हुआ और सन् 1977 तक इसने कुल 397 में से 144 जिलों को अपने में सम्मिलित कर लिया। चौथी योजना के दौरान, लगभग 30 लाख किसानों ने क्रियात्मक साक्षरता कक्षाओं में प्रवेश ले लिया था।

सन् 1970 के दशक के प्रारंभ तक *विकासोन्मुख साक्षरता (development literacy)* की अवधारणा प्रकट हो चुकी थी। साक्षरता को न केवल पढ़ने, लिखने तथा गणित के कौशल के अधिगम की प्रक्रिया के रूप में बल्कि किसी भी व्यक्ति की स्वतंत्रता तथा उसके संपूर्ण विकास के प्रति एक योगदान के रूप में वर्णित किया जाने लगा था। सन् 1978 में सरकार ने एक राष्ट्रीय वयस्क शिक्षा कार्यक्रम (NYEP) का सूत्रपात किया। सन् 1980 का दशक भी भारत में विश्वविद्यालय वयस्क शिक्षा के विस्तार का चश्मदीद गवाह रहा, जब विश्वविद्यालय अनुदान आयोग (UGC) ने 93 विश्वविद्यालयों को अनुदान प्रदान किए।

## *राष्ट्रीय वयस्क शिक्षा कार्यक्रम* (National Adult Education Programme)

राष्ट्रीय वयस्क शिक्षा कार्यक्रम (एनएईपी) का प्रारंभ 2 अक्टूबर, 1978 के दिन किया गया था जिसके दो उद्देश्य थे : शिक्षा उपलब्ध कराना तथा सभी निरक्षर लोगों के बीच साक्षरता को प्रोत्साहित करना, विशेषतौर पर 15-35 वर्ष के आयु समूहों के बीच। यह कार्यक्रम केन्द्र सरकार, राज्य सरकारों, केन्द्र शासित प्रशासनों, स्वैच्छिक संगठनों, विश्वविद्यालयों, कॉलेजों एवं युवा केन्द्रों द्वारा किया गया एक संयुक्त एवं सहयोगपूर्ण प्रयास था। राष्ट्रीय वयस्क शिक्षा कार्यक्रम के अंतर्गत शिक्षा एक पैकेज है जो : (1) लक्षित निरक्षर जनसंख्या को साक्षरता कौशल प्रदान करने, (2) उनके क्रियात्मक विकास, एवं (3) पुनर्वितरक न्याय की रणनीति के कुशल कार्यान्वयन के लिए सरकार के कानूनों एवं नीतियों के सम्बन्ध में उनके बीच जागरूकता उत्पन्न करने की परिकल्पना करता है। महिलाओं, अनुसूचित जातियों/जनजातियों तथा समाज के अन्य कमजोर वर्गों, जो भारत की निरक्षर जनसंख्या के बड़े भाग का गठन करते हैं, के शिक्षण पर विशेष जोर दिया जा रहा है।

## *ग्रामीण क्रियात्मक साक्षरता कार्यक्रम* (Rural Functional Literacy Programme)

ग्रामीण क्रियात्मक साक्षरता कार्यक्रम (RFLP) राष्ट्रीय वयस्क शिक्षा कार्यक्रम का ही एक उप-कार्यक्रम है जिसका संपूर्ण निधिकरण केन्द्र सरकार के द्वारा किया गया है तथा जिसे राज्यों एवं केन्द्र शासित प्रदेशों के द्वारा क्रियान्वित किया गया है। इस कार्यक्रम के प्रमुख उद्देश्य इस प्रकार हैं : (1) अधिगमकर्ताओं में पढ़ने एवं लिखने की योग्यता का विकास करना, तथा (2) अधिगमकर्ताओं के बीच उनके अधिकारों तथा कर्तव्यों एवं सरकार के द्वारा क्रियान्वित की जा रहीं विभिन्न सामाजिक-आर्थिक विकास सम्बन्धी नीतियों से उनके द्वारा प्राप्त किए जा सकने योग्य लाभों के बारे उनमें जागरूकता उत्पन्न करना।

मई 1986 में ग्रामीण क्रियात्मक साक्षरता कार्यक्रम का प्रारंभ राष्ट्रीय सेवा योजना (NSS) तथा कॉलेजों एवं विश्वविद्यालय में अन्य छात्र स्वैच्छिक कार्यकर्ताओं को "ईच वन टीच वन" (प्रत्येक दूसरे को पढ़ाए) के सिद्धांत पर संलिप्त किए जाने के साथ किया गया था। मात्र 2 लाख स्वैच्छिक कार्यकर्ताओं की मामूली संख्या के साथ प्रारंभ किया गया यह कार्यक्रम सन् 1990 में यह बढ़कर 4.50 लाख तक का हो गया जो 4.20 लाख अधिगमकर्ताओं को अपने साथ शामिल कर रहा था। इस कार्यक्रम को अधिगमकर्ताओं की आवश्यकताओं एवं भाषाओं को निगाह में रखते हुए डिजाइन किया गया है। सरकार ने वयस्क शिक्षण की गुणवत्ता में सुधार करने के लिए 40 जिलों का चयन किया है। ऐसा मात्र इस प्रभाव के मूल्यांकन के पश्चात् ही किया गया है, जो कि एक बड़े पैमाने पर साक्षरता का प्रसार करने के लिए इस कार्यक्रम को न्यूनतम संभावित समय के अंतर्गत प्रारंभ किया जाएगा।

क्रियात्मक साक्षरता के व्यापक सर्वजनीन कार्यक्रम की प्रक्रिया में कई चरण संलिप्त हैं। ये चरण हैं : ऐसे मास्टर प्रशिक्षकों का चयन किया जाना, जिन्हें छात्र स्वैच्छिक कार्यकर्ताओं को प्रशिक्षित करना होगा; ऐसे छात्र स्वैच्छिक कार्यकर्ताओं का चयन करना, उन्हें अभिप्रेरित तथा गतिशील करना, जो साक्षरता कार्य के प्रति वास्तव में तथा ईमानदारीपूर्वक प्रतिबद्ध हों; 15 से 35 वर्ष आयु समूह के ऐसे निरक्षर लोगों की पहचान करना, जो किसी भी शैक्षणिक संस्थान के पड़ोस में निवास करते हों; छात्र स्वैच्छिक कार्यकर्ताओं तथा निरक्षर लोगों के बीच एक संपर्क का निर्माण करना तथा प्रत्येक स्वैच्छिक कार्यकर्ता के लिए एक कार्यक्षेत्र को सौंपा जाना; विद्यालयों के वरिष्ठ शिक्षकों/प्रधानाध्यापकों के द्वारा छात्र स्वैच्छिक कार्यकर्ताओं के कार्यक्रमों की निगरानी किया जाना; जहां स्वैच्छिक कार्यकर्ता साक्षरता प्रदान कर रहे हैं, वहां पदाधिकारियों के द्वारा दौरा किए जाने के द्वारा विभिन्न विकास सम्बन्धी विभागों/एजेन्सियों के साथ समन्वयन करना, अधिगमकर्ताओं को साक्षर होने के लाभों के बारे में बताया जाना, चार्टों, पोस्टरों तथा अन्य सामाग्रियों को अधिगमकर्ताओं को उपलब्ध कराया जाना, तथा अधिगमकर्ताओं की वास्तविक कठिनाइयों की पहचान किया जाना; तथा पुस्तकालयों एवं अध्ययन कक्षों के माध्यम से नव-साक्षर लोगों के लिए साक्षरता-उपरांत गतिविधियां उपलब्ध कराया जाना। मीडिया के द्वारा कवरेज एवं सहयोग तथा विश्वविद्यालयों के वयस्क एवं सतत् शिक्षा कार्यक्रम विभागों के माध्यम से कार्यक्रम के समग्र प्रभाव का मूल्यांकन किया जाना अत्यंत ही महत्वपूर्ण है।

## *वयस्क शिक्षा निदेशालय (Directorate of Adult Education)*

वयस्क शिक्षा निदेशालय, जो मानव संसाधन विकास मंत्रालय के प्राथमिक शिक्षा एवं साक्षरता विभाग का एक अधीनस्थ कार्यालय है, देश में वयस्क शिक्षा एवं साक्षरता कार्यक्रमों के राष्ट्रीय संसाधन केन्द्र के रूप में कार्य करता रहा है। यह राष्ट्रीय साक्षरता मिशन (NLM) की एक क्रियात्मक शाखा. है, जो मिशन के तत्वावधान में प्रारंभ की गई विभिन्न योजनाओं की निगरानी एवं मूल्यांकन के लिए उत्तरदायी है। निदेशालय को अधिगमकर्ताओं एवं नव-साक्षरों के लिए मॉडल शिक्षण सामग्रियों को विकसित करने तथा राष्ट्रीय साक्षरता मिशन के उद्देश्यों को आगे बढ़ाए जाने के लिए सभी प्रकार की मीडिया सम्बन्धी सुविधाओं का उपयोग किए जाने का कार्य भी सौंपा गया है। यह जन शिक्षण संस्थानों (जिन्हें पहले श्रमिक विद्यापीठ के नाम से जाना जाता था) को पेशेवर, शैक्षणिक एवं तकनीकी मार्गदर्शन उपलब्ध कराता है। निदेशालय की विभिन्न इकाइयों की प्रमुख गतिविधियां हैं :

- राष्ट्रीय साक्षरता मिशन के विभिन्न कार्यक्रमों के क्रियान्वयन के लिए शैक्षणिक तथा तकनीकी संसाधन सम्बन्धी सहयोग उपलब्ध करवाना।
- शिक्षण सामग्री विकसित करना।
- क्षेत्र में जारी कार्यक्रमों की आवश्यकताओं को ध्यान में रखते हुए प्रशिक्षण एवं अभिविन्यास कार्यक्रमों का आयोजन करना।
- साक्षरता अभियानों की प्रगति एवं स्थिति की निगरानी करना।
- राष्ट्रीय साक्षरता मिशन के उद्देश्यों को आगे बढ़ाए जाने हेतु माध्यमों का निर्माण एवं समस्त प्रकार के इलेक्ट्रॉनिक, मुद्रण, पारंपरिक एवं लोक माध्यम का उपयोग किया जाना।
- विभिन्न साक्षरता अभियानों की सफलता की कहानियों का मुद्रण एवं प्रकाशन करवाना।
- समस्त संसाधन केन्द्रों तथा अन्य संगठनों तथा एजेन्सियों के साथ समन्वयन, सहयोग एवं नेटवर्किंग करना।
- साक्षरता अभियानों से सम्बन्धित मूल्यांकनों एवं शोध सम्बन्धी गतिविधियों के निष्कर्षों का विश्लेषण करना।
- साक्षरता सम्बन्धी गतिविधियों से सम्बन्धित पेशेवर, शैक्षणिक एवं तकनीकी मार्गदर्शन प्रदान करना तथा जन शिक्षण संस्थानों की निगरानी करना।

## राष्ट्रीय साक्षरता मिशन (National Literacy Mission)

राष्ट्रीय साक्षरता मिशन (NLM) का प्रारंभ 5 मई, 1988 के दिन देश में 15-35 वर्ष आयु समूह के निरक्षर लोगों को एक समयबद्ध तरीके से कार्यात्मक साक्षरता प्रदान करने के उद्देश्य से एक तकनीकी मिशन के रूप में किया गया था। यह आयु समूह ध्यान के केन्द्र में बना रहा है, क्योंकि वे अपने जीवन के उत्पादक एवं पुनरोत्पादक अवधि से गुजर रहा होता है। राष्ट्रीय शिक्षा नीति, 1986, जिसे सन् 1992 में संशोधित किया गया, के द्वारा भी राष्ट्रीय साक्षरता मिशन को उन तीन उपकरणों में से एक के रूप में मान्यता प्रदान की गई है, जो देश से निरक्षरता के उन्मूलन हेतु लागू किए गए हैं। शेष अन्य दो हैं प्राथमिक शिक्षा का सार्वभौमीकरण (univeralization of elementary education) तथा गैर-औपचारिक शिक्षा (non-formaleducation)।

सन् 1990 की एर्नाकुलम साक्षरता अभियान की सफलता ने उस विधि को अति-आवश्यक सूत्र प्रदान कर दिया जिसके अंतर्गत मिशन अपने वांछित लक्ष्यों की प्राप्ति की दिशा में गतिशील हो सका। अभियान की वह विधि, जिसे मिशन के अंतर्गत एक प्रमुख रणनीति के रूप में अपनाया गया था, भारतीय परिस्थितियों के अंतर्गत सर्वाधिक उपयुक्त सिद्ध हो चुकी है। इन अभियानों के माध्यम से न केवल लाभार्थियों को 3-आर प्रदान किए जाते हैं, बल्कि उन्हें अपने परिवार, समाज तथा देश के प्रति उनके अधिकारों एवं कर्तव्यों से अवगत भी कराया जाता है ताकि वे समग्र रूप से देश के विकास में एक समुचित भूमिका निभा सकें। इस प्रकार, इन अभियानों को न केवल साक्षरता बल्कि परिवार कल्याण, टीकाकरण, माँ एवं शिशु स्वास्थ्य देखभाल, पर्यावरण के संरक्षण, सामुदायिक एकता, सहिष्णुता एवं राष्ट्रीय एकता इत्यादि का प्रसार करने के लिए भी प्रारंभ किया गया है।

इस मिशन का उद्देश्य 15-35 वर्ष आयु समूह के 8 करोड़ लोगों–सन् 1990 तक 3 करोड़ लोगों को तथा सन् 1995 तक 5 करोड़ अतिरिक्त लोगों को कार्यात्मक साक्षरता प्रदान करने का था। हालांकि, बाद में, मिशन का लक्ष्य सन् 2007 तक 75 प्रतिशत की साक्षरता दल की टिकाऊ सीमा को प्राप्त करने का बन गया।

मिशन 9-14 वर्ष से आयु समूह के बच्चों को भी अपनी परिधि में शामिल करता है, ऐसे क्षेत्रों में जिन्हें गैर-औपचारिक शिक्षा कार्यक्रमों के द्वारा समाहित नहीं किया गया है ताकि स्कूल के बाहर रहने वाले बच्चों को भी साक्षरता का लाभ प्राप्त हो सके। इन कार्यक्रमों का प्रमुख जोर महिलाओं, अनुसूचित जातियों/जनजातियों तथा अन्य पिछड़े वर्गों के बीच साक्षरता को प्रोत्साहित किए जाने पर भी रहा है।

अंततः, राष्ट्रीय शिक्षा मिशन यह सुनिश्चित करने का लक्ष्य रखता है, कि संपूर्ण साक्षरता अभियान (TLC) तथा उसके परिणाम उत्तर-साक्षरता कार्यक्रम (PLP) सतत् शिक्षा (CE) की दिशा में सफलतापूर्वक आगे बढ़ें, जो आजीवन अधिगम उपलब्ध कराते हैं, तथा एक अधिगामी समाज के सृजन हेतु उत्तरदायी हैं।

भारत सरकार के मानव संसाधन विकास मंत्रालय के द्वारा 1 सितम्बर, 2008 को जारी की गई एक प्रेस विज्ञप्ति के अनुसार, साक्षर किए जा चुके व्यक्तियों की संख्या 12.464 करोड़ की थी। जहां अधिगमकर्ताओं में से 60 प्रतिशत महिलाएं थीं, वहीं 23 प्रतिशत का सम्बन्ध अनुसूचित जातियों तथा 12 प्रतिशत का सम्बन्ध अनुसूचित जनजातियों से था। कुल 597 जिलों को साक्षरता कार्यक्रमों के अंतर्गत शामिल किया गया था। इसी प्रकार से, 221 जन शिक्षण संस्थानों तथा 26 राज्य संसाधन केन्द्रों की स्थापना की गई थी।

## *संपूर्ण शिक्षा अभियान (Total Literacy Campaign)*

जैसा कि ऊपर उल्लेख किया जा चुका है, केरल के एर्नाकुलम जिले में अभियान विधि की सफलता के बाद निरक्षरता के उन्मूलन के लिए राष्ट्रीय साक्षरता मिशन (NLM) संपूर्ण साक्षरता अभियान (TLC) की प्रमुख रणनीति रही है।

राष्ट्रीय साक्षरता अभियान में क्षेत्र-विशिष्ट, समयबद्ध, सहभागितापूर्ण, स्वैच्छिक कार्यों के द्वारा परिणाम, लागत प्रभावकारिता एवं परिणामोन्मुख होने जैसी कतिपय सकारात्मक विशेषताएं निहित रही हैं। यद्यपि अभियान के द्वारा साक्षरता एवं गणना के पूर्वनिर्धारित स्तरों को हासिल किए जाने पर जोर दिया जाता है, तथापि संपूर्ण साक्षरता अभियान के साथ कुछ ऐसी अन्य गतिविधियाँ, जैसे सार्वभौमिक नामांकन एवं विद्यालयों में रोके रखे जाने हेतु अभियान, टीकाकरण, पर्यावरण का संरक्षण, छोटे परिवार के नियम, महिला सशक्तीकरण इत्यादि भी जुड़ी हुई हैं।

संपूर्ण साक्षरता अभियान के पास 12 से 18 महीनों तक का समय उपलब्ध होना माना जाता है, जिसका आधा भाग तैयारियों के प्रति समर्पित रहता है तथा शेष आधा भाग शिक्षण/अधिगम सम्बन्धी गतिविधियों के प्रति। अपवादी रूप से, दुर्गम क्षेत्रों में, इस अवधि में समुचित विस्तार कर दिया जाता है। दो गतिविधियाँ, जैसे, वातावरण निर्माण तथा साथ ही साथ उसकी निगरानी एवं आंतरिक मूल्यांकन पूरे अभियान के दौरान जारी रहती हैं।

वातावरण निर्माण की प्रारंभिक गतिविधि का दरवाजे-दरवाजे पर किए जाने वाले सर्वेक्षण के द्वारा सघन पुष्टिकरण किया जाता है ताकि संभावित अधिगमकर्ताओं एवं स्वैच्छिक निर्देशकों की पहचान की जा सके। वयस्क शिक्षा हेतु उपयुक्त प्रावेशिक पुस्तिकाओं (तीन भागों में) को 'अधिगम की उन्नत गति एवं विषय-वस्तु' की नई शैक्षणिक तकनीकों के अनुसार राज्य संसाधन केन्द्रों के माध्यम से विकसित किया जाता है।

संपूर्ण शिक्षा अभियान के त्रिस्तरीय प्रबंधन ढांचे में जिले से ग्राम स्तरों तक से लोकप्रिय समितियाँ, विषय-विशिष्ट उप-समितियों के द्वारा समर्थित जिला साक्षरता समितियों (ZSS) तथा जिला एवं ब्लॉक स्तरीय प्रशासन के अधिकारीगण शामिल होते हैं।

साक्षरता अभियानों को जिला साक्षरता समितियों के द्वारा लागू किया जाता है, सामान्यतः इनकी अध्यक्षता जिला कलेक्टरों के द्वारा की जाती है। केन्द्र तथा राज्य दोनों ही सरकारें सामान्य जिलों के लिए 2:1 के अनुपात में वित्तपोषण में भाग लेती हैं जबकि जनजातीय उप-योजना क्षेत्र के अंतर्गत आने वाले जिलों के लिए केन्द्र तथा राज्यों के भाग का अनुपात 4:1 का है। वर्तमान समय में, संपूर्ण शिक्षा अभियान के लिए प्रति अधिगमकर्ता लागत 90 से 180 रुपयों के बीच है।

## उत्तर-साक्षरता कार्यक्रम (*Post-Literacy Programme*)

संपूर्ण साक्षरता अभियान की समाप्ति पर, जिला साक्षरता समिति (ZSS) के द्वारा 1 वर्ष की अवधि के लिए उत्तर-साक्षरता कार्यक्रम लागू किया जाता है।

किसी भी उत्तर-साक्षरता कार्यक्रम के प्रमुख उद्देश्यों में से एक है नवसाक्षरों को साक्षरता कौशल के समस्या समाधान के एक माध्यम के रूप में अनुप्रयोग को सीखना, ताकि अधिगम जीवनयापन एवं कार्य करने के प्रति सुसंगत बन जाए। संपूर्ण साक्षरता अभियान के दौरान उपलब्ध सीमित समय के अंतर्गत कार्यक्रम के कार्यक्षमता तथा जागरूकता सम्बन्धी घटकों पर पर्याप्त ध्यान केन्द्रित किया जाना संभव नहीं हो पाता है। इसीलिए, उत्तर-साक्षरता चरण के अंतर्गत ये उद्देश्य केन्द्र में आ जाते हैं।

उत्तर-साक्षरता कार्यक्रम के पहले कार्यों में से एक वह है, जिसे 'सफाया' (निरक्षरता का सफाया) अभियान कहा जाता है। ऐसे अधिगमकर्ता, जो पढ़ना छोड़ चुके हैं, अथवा संपूर्ण साक्षरता अभियान में साक्षरता के राष्ट्रीय साक्षरता मिशन सम्बन्धी स्तरों को नहीं प्राप्त कर सके हैं, को पुनः उपचार अथवा सफाया अभियान के माध्यम से उन्हें प्राप्त करने के योग्य बनाया जाता है।

प्राथमिक साक्षरता चरण के समापन तथा उत्तर-साक्षरता कार्यक्रम के प्रारंभ के बीच किसी भी समयांतराल, जिसका परिणाम नवसाक्षरों के प्रतिगमन के रूप में हो सकता है, को न छोड़े जाने को सुनिश्चित किए जाने हेतु राष्ट्रीय साक्षरता मिशन ने समयानुसार उत्तर-साक्षरता कार्यक्रम के नियोजन एवं प्रारंभ किए जाने पर बहुत अधिक जोर दिया है।

प्रथम चरण के अंतर्गत निर्देशित अधिगम के माध्यम से उत्तर-साक्षरता विशेषतौर पर साक्षरता कौशलों के पुनः उपचार, छात्रों को रोके रखने एवं समेकन किए जाने को अपना लक्ष्य बनाती है। दूसरे चरण में, अधिगमकर्ताओं को अनेक प्रकार की पूरक अध्ययन सामग्रियां तथा पुस्तकालय सेवाएं उपलब्ध कराई जाती हैं, प्रक्रिया के माध्यम से अपने अधिगम को जारी रखने में उनकी सहायता की जा सके।

राष्ट्रीय साक्षरता मिशन ने कौशल विकास कार्यक्रम को उत्तर-साक्षरता कार्यक्रम के साथ एकीकृत किए जाने पर जोर दिया है, ताकि नवसाक्षरों को उनकी आर्थिक स्व-निर्भरता के लिए कौशल अर्जित करने के योग्य बनाया जा सके।

उत्तर-साक्षरता कार्यक्रम को जिले में सतत् शिक्षा कार्यक्रम के लिए तैयारी के चरण के रूप में माना जाना है। उत्तर-साक्षरता कार्यक्रम की अवधि, जो पहले 2 वर्षों की थी, को अब मात्र एक वर्ष तक ही सीमित कर दिया गया है। वर्तमान समय में उत्तर-साक्षरता कार्यक्रम के लिए प्रति अधिगमकर्ता लागत को बढ़ाकर 90 से 130 रुपए प्रति वर्ष कर दिया गया है।

## *सतत् शिक्षा कार्यक्रम (Continuing Education Programme)*

दिसम्बर 1995 में भारत सरकार ने नवसाक्षरों के लिए सतत् शिक्षा की एक नई योजना को स्वीकृति प्रदान कर दी थी। इसके द्वारा संपूर्ण साक्षरता तथा उत्तर-साक्षरता कार्यक्रमों के प्रयासों को एक अधिगम सातत्य उपलब्ध करवा दिया गया। इस योजना को नवम्बर 1999 में संशोधित कर दिया गया, जिसके द्वारा सतत् शिक्षा केन्द्रों (CEC) की आधारभूत संरचना को बनाए रखा गया तथा इसकी परिधि एवं विषय-वस्तु का आगे और विस्तार कर दिया गया।

योजना के अंतर्गत सतत् शिक्षा केन्द्रों (CEC) की स्थापना पर प्रमुख रूप से जोर दिया गया है जो पुस्तकालय, अध्ययन कक्ष, अधिगम केन्द्र, प्रशिक्षण केन्द्र, सूचना केन्द्र, चर्चा मंडल, विकास केन्द्र, सांस्कृतिक केन्द्र, खेल केन्द्र तथा अन्य व्यक्तिगत रुचि प्रोत्साहन कार्यक्रम केन्द्र आदि जैसे अधिगम के अवसरों को उपलब्ध कराए जाने के एक केन्द्रीय बिन्दु के रूप में कार्य करेंगे। 2,000 से 2,500 तक की आबादी के लिए एक सतत् शिक्षा केन्द्र की स्थापना की जाती है। लगभग 10 से 15 सतत् शिक्षा केन्द्रों के एक समूह के लिए एक नोडल सतत् शिक्षा केन्द्र होता है, जो सतत् शिक्षा केन्द्रों के उन समूहों की गतिविधियों की निगरानी तथा निरीक्षण करता है। सतत् शिक्षा केन्द्रों की स्थापना के प्रावधानों के अलावा, सतत् शिक्षा की योजना अधिगमकर्ताओं की आवश्यकताओं को पूरा करने के लिए वैकल्पिक एवं नवाचारी दृष्टिकोणों को संलिप्त करने वाली विभिन्न प्रकार की गतिविधियों को प्रारंभ करने हेतु अवसर भी उपलब्ध कराती है। स्थानीय परिस्थितियों तथा उपलब्ध संसाधनों को ध्यान में रखते हुए विभिन्न लक्ष्य-विशिष्ट गतिविधियों जैसे समानार्थकता कार्यक्रमों (EP), जीवन गुणवत्ता सुधार कार्यक्रमों (QLIP), आय अर्जन कार्यक्रमों (AGP) तथा व्यक्तिगत रुचि प्रोत्साहन कार्यक्रमों (IIPP) को लाभार्थियों के विशिष्ट समूहों के लिए आयोजित किया जा सकता है।

सतत् शिक्षा के कार्यक्रमों को जिला साक्षरता समितियों (ZSS) के तत्वावधान में लागू किया जा रहा है, जो जिला, ब्लॉक तथा ग्राम पंचायत स्तर की समितियों के साथ मिलकर पूरे जिले में कार्यक्रम पर निगाह रखने के लिए उत्तरदायी हैं।

प्रत्येक सतत् शिक्षा केन्द्र को वार्षिक आधार पर आवर्ती एवं गैर-आवर्ती अनुदान के रूप में 25,000 रुपयों तथा नोडल सतत् शिक्षा केन्द्र को आवर्ती एवं गैर-आवर्ती अनुदान के रूप में 45,000 रुपयों की सहायता उपलब्ध कराई जाएगी, जिसके साथ कुछ ऐसे चुने हुए केन्द्रों के लिए मकान के किराए का अतिरिक्त प्रावधान भी किया जाएगा, जहां केन्द्र का संचालन करने हेतु कोई भी सरकारी अथवा सामुदायिक भवन उपलब्ध न हो। संशोधित योजना के अंतर्गत सहायक प्रेरक के लिए भी एक प्रावधान किया गया है जो सतत् शिक्षा कार्यक्रम के दौरान साक्षरता कक्षाओं को संपन्न कराए जाने के लिए प्राथमिक तौर पर उत्तरदायी होगा।

यह योजना क्रियान्वयन के पहले तीन वर्षों के दौरान राज्यों को शत्-प्रतिशत सहायता दिए जाने की परिकल्पना करती है। राज्य सरकारों को परियोजना के चौथे एवं पांचवें वर्षों के दौरान व्यय के 50 प्रतिशत को साझा करना होगा तथा तत्पश्चात् कार्यक्रम के प्रति संपूर्ण उत्तरदायित्व को अपनाना होगा।

राज्य साक्षरता मिशन प्राधिकरणों (SLMA) को अपने राज्यों से सम्बन्धित सतत् शिक्षा के लिए परियोजनाओं को अनुमोदित करने के लिए अधिकृत कर दिया गया है। जहां राज्य साक्षरता मिशन प्राधिकरणों का गठन नहीं किया गया है, वहां राज्य सरकार को अपनी सतत् शिक्षा परियोजनाओं का परीक्षण करने एवं राष्ट्रीय साक्षरता मिशन प्राधिकरण से उनकी सिफारिश करने की आवश्यकता होती है, जो इसके उपरांत अपने परियोजना स्वीकृति समिति (PAC) में परियोजनाओं पर चर्चा करता है और उन्हें स्वीकृति प्रदान करता है। परियोजना के आधार पर अनुदानों को क्रमिक जिला साक्षरता समितियों अथवा कार्यान्वयन एजेन्सी के पास प्रेषित किए जाने हेतु राज्य साक्षरता मिशन प्राधिकरणों/राज्य सरकारों के व्यवस्थापन पर छोड़ दिया जाता है।

## *महिला साक्षरता के प्रति राष्ट्रीय साक्षरता मिशन का योगदान (NLM's Contribution to Female Literacy)*

महिलाओं के लिए शिक्षा के अवसरों का प्रावधान भारत की स्वतंत्रता प्राप्ति के बाद से शिक्षा के क्षेत्र में किए गए राष्ट्रीय प्रयासों का एक महत्वपूर्ण भाग रहा है। हालांकि इन प्रयासों से बहुत अधिक प्रभावशाली परिणामों को प्राप्त नहीं किया जा सका है, लैंगिक असमानताएं असम्मत दृढ़ताओं के साथ अभी भी मौजूद हैं, जो ग्रामीण क्षेत्रों तथा वंचित समुदायों के बीच अधिक प्रचलित हैं। इसी चिंता के साथ ही भारत सरकार ने राष्ट्रीय साक्षरता मिशन का प्रारंभ सन् 1988 में किया, ताकि वयस्क निरक्षरता का उन्मूलन किया जा सके। सन् 1988 के बाद से राष्ट्रीय साक्षरता मिशन के तत्वावधान में प्रारंभ किए गए संपूर्ण साक्षरता अभियानों के द्वारा एक ऐसी रणनीति अपनाई गई है जो निम्नलिखित बिन्दुओं पर प्रयास किए जाने पर भारी जोर देती है :

- एक ऐसा वातावरण निर्मित किया जाए, जहां महिलाएं अपने जीवन को परिवर्तित करने के लिए स्वयं का सशक्तीकरण करते हुए ज्ञान एवं सूचना की मांग करें।
- महिलाओं में ऐसा आत्मविश्वास जगाया जाए, कि यदि वे सामूहिक रूप से कार्य करती हैं तो परिवर्तन संभव है।
- इस संदेश का प्रसार करना कि महिलाओं की शिक्षा उनके दमन के विरुद्ध संघर्ष किए जाने हेतु एक पूर्ववर्ती शर्त है।
- बालिकाओं की दुर्दशा को प्रकाश में लाया जाना तथा इस मुद्दे के समाधान के एक तरीके के रूप में प्राथमिक शिक्षा के सार्वभौमीकरण (UEE) की आवश्यकता पर जोर दिया जाना।

भारत के निरक्षरता के विरुद्ध अभियान की सर्वाधिक चौंकाने वाली विशेषताओं में से एक रही है। महिलाओं पर इसके द्वारा ध्यान केन्द्रित किया जाना तथा उन्हें संलिप्त किया जाना। उपलब्ध सूचनाओं के अनुसार लगभग 60 प्रतिशत के आसपास अधिगमकर्ता महिलाएं हैं तथा स्वैच्छिक कार्यकर्ताओं की एक भारी संख्या भी महिलाओं एवं युवतियों की ही है। लैंगिक अंतराल धीरे-धीरे किन्तु निश्चित रूप से कम हो रहा है। इसके बावजूद भी भारत की उपलब्धियां उन बाधाओं पर आज भी पर्दा नहीं डाल सकतीं, जिन पर विजय प्राप्त किया जाना अभी बाकी है।

जिन महत्वपूर्ण तरीकों से महिला साक्षरता तथा महिला सशक्तीकरण के प्रोत्साहन में साक्षरता अभियानों के द्वारा योगदान प्रदान किया गया है, उनमें से कुछ इस प्रकार हैं : (1) सामाजिक जागरूकता, (2) विद्यालयों में नामांकन, (3) आत्म-विश्वास तथा व्यक्तित्व विकास, (4) लैंगिक समानता तथा महिलाओं का सशक्तीकरण, (5) परिवार की हैसियत, (6) शैक्षणिक समानता, (7) उद्यमियों के रूप में महिलाएं, (8) घरेलू बचत एवं ऋणों तक पहुंच, तथा (9) स्वास्थ्य एवं सफाई।

## *राष्ट्रीय साक्षरता मिशन का मूल्यांकन (Evaluation of NLM)*

सन् 1993 में भारत सरकार ने अरुण घोष की अध्यक्षता में एक विशेषज्ञ समूह की स्थापना की जिसने भारत में संपूर्ण शिक्षा अभियान (TLC) के मूल्यांकन के कार्य को प्रारंभ किया। समूह के द्वारा सन् 1994 में अपनी रिपोर्ट प्रस्तुत की गई। इसकी प्रमुख सिफारिशें इस प्रकार से हैं :

- राज्यों/जिलों के द्वारा संपूर्ण साक्षरता सम्बन्धी उपलब्धियों की औपचारिक घोषणा को बंद किया जाए;
- 80 प्रतिशत सफलता का लक्ष्य अविश्वसनीय है तथा 55 से 60 प्रतिशत सफ़लता को अच्छी प्रगति माना जाए;
- साक्षरता कार्यक्रमों में पीआरआई लोगों तथा ग्राम पंचायतों एवं पंचायत समितियों के निर्वाचित प्रतिनिधियों की संलिप्तता में वृद्धि की जाए;
- परियोजनाओं के अनुमोदन के लिए प्रक्रिया का विकेन्द्रीकरण किया जाए;
- मूल्यांकन प्रक्रियाओं को कठोर बनाया जाए, तथा
- ऐसे स्थानों में, जहां गैर-औपचारिक शिक्षा का संचालन नहीं किया जा रहा हो, 9 से 14 वर्ष आयु समूह के लोगों को भी संपूर्ण शिक्षा अभियानों के अंतर्गत शामिल किया जाए।

यह रिपोर्ट कार्यक्रम की कतिपय शक्तियों एवं कमजोरियों को भी उजागर करती है जिनका उल्लेख नीचे किया जा रहा है-

*शक्तियां (Strengths)*

- यह एक कार्यक्रम के बजाय एक आंदोलन अधिक है।
- महिलाओं पर इसका एक जबरदस्त प्रभाव रहा है।
- संपूर्ण शिक्षा अभियान के द्वारा जाति एवं सामुदायिक सम्बन्धों पर एक सकारात्मक प्रभाव डाला गया है।
- साक्षरता आंदोलन के द्वारा प्राथमिक शिक्षा के लिए एक मांग उत्पन्न कर दी गई है।
- साक्षरता अभियानों के द्वारा एक न्यायपूर्ण एवं मानवतापूर्ण समाज को विकसित करने हेतु चिंता को सक्रिय कर दिया गया है।
- इनके द्वारा नौकरशाही को संवेदनशील बनाए जाने को आधार प्रदान किया गया है।
- संपूर्ण शिक्षा अभियान ने साक्षरता को राष्ट्रीय एजेन्डा में काफी ऊपर स्थापित कर दिया है।

*कमजोरियां (Weaknesses)*

- कुछ ऐसे स्थानों पर, जहां मात्र साक्षरता सम्बन्धी कौशलों के साथ अधिक पूर्वव्यस्तता बरती गई है, शिक्षण की गुणवत्ता प्रभावित हुई है।
- नाजुक साक्षरता कौशलों को और अधिक प्रभावी उत्तर-साक्षरता उपायों के माध्यम से समेकित किए जाने की आवश्यकता है।
- कुछ अभियानों को बिना पर्याप्त तैयारी के ही प्रारंभ कर दिया गया है।
- कुछ राज्यों में होने वाली प्रगति यत्र-तत्र एवं संदिग्ध है।
- शहरी क्षेत्रों में प्रगति कमजोर है।

## भारत में निरक्षरता का उन्मूलन (Eradicating Illiteracy in India)

स्वतंत्रता प्राप्ति के समय से ही भारत सरकार के लिए निरक्षरता का उन्मूलन किया जाना प्रमुख राष्ट्रीय चिंताओं में से एक रहा है। मार्च 1995 के दूसरे सप्ताह के दौरान कोपेनहेगन में 9 सर्वाधिक आबादीयुक्त

देशों के 'सबके लिए शिक्षा' (EFA) विषय पर आयोजित किए गए शिखर सम्मेलन के दौरान केन्द्रीय मानव संसाधन मंत्री के द्वारा शिक्षा के क्षेत्र में प्रमुख प्रगति के कार्यक्रमों के बारे में स्पष्ट किया गया। सरकार की भविष्य की योजनाओं का वर्णन इस प्रकार किया गया था : (1) शताब्दी के अंत तक 6 से 14 वर्ष तक की आयु के प्रत्येक बच्चे को विद्यालय में प्रवेश प्राप्त करने एवं शिक्षित होने का अवसर उपलब्ध होगा। (2) प्राथमिक विद्यालयों एवं शिक्षकों की संख्या में तीव्र गति से वृद्धि होगी। (3) ग्रामीण क्षेत्रों में, विद्यालय प्रत्येक गांव की पहुंच के अंदर होंगे। (4) प्राथमिक शिक्षा के सार्वभौमीकरण के अलावा माध्यमिक शिक्षा का व्यवसायीकरण किया जाएगा तथा उच्चतर शिक्षा को युक्तिसंगत बनाया जाएगा। इससे सीधे माध्यमिक स्तर से ही शिक्षा रोजगारोन्मुख बनेगी। (5) शिक्षा छोड़ देने वालों से निबटने के लिए सरकार के पास मुक्त विद्यालय प्रणाली का विस्तार किए जाने की एक योजना है। (6) वयस्क साक्षरता कार्यक्रम के क्षेत्र में, सरकार सन् 1997 तक 10 करोड़ लोगों को शामिल किए जाने की योजना रखती है। (पूर्वकाल में सरकारी सूत्रों ने उल्लेख किया था कि 6 से 14 वर्ष आयु समूह में सार्वभौमिक शिक्षा के लिए लक्षित समूह 15.2 करोड़ का है (सन् 1991 की कुल जनसंख्या के लगभग 18 प्रतिशत भाग का गठन करते हुए), जबकि 15 से 35 वर्ष आयु समूह के बीच वयस्क साक्षरता कार्यक्रम के लिए लक्षित समूह 25.4 करोड़ (सन् 1991 की जनसंख्या के लगभग 30% का गठन करते हुए), का है (*द हिन्दुस्तान टाइम्स*, 6 जून, 1995)। (7) शिक्षा पर व्यय किए जाने वाले धन की राशि में भारी वृद्धि की जाएगी, क्योंकि शताब्दी के समाप्त होने के समय सरकार सकल राष्ट्रीय उत्पाद (GNP) के 6 प्रतिशत भाग को शिक्षा पर व्यय कर रही होगी जो वर्तमान 3.7 प्रतिशत की तुलना में कहीं अधिक है। इससे वार्षिक आधार पर किया जाने वाला व्यय वर्तमान 28,000 करोड़ रुपयों के विपरीत 53,000 करोड़ रुपयों का हो जाएगा। (8) शिक्षा के प्रसार में गैर-सरकारी संगठनों तथा व्यक्तिगत पहलों को प्रोत्साहित किया जाएगा (*द हिन्दुस्तान टाइम्स*, 19 मार्च, 1995)।

जैसा कि पहले भी उल्लेख किया जा चुका है, निरक्षरता का उन्मूलन केन्द्र तथा राज्य दोनों ही सरकारों के स्तर पर मौजूद प्रमुख चिंताओं में से एक रहा है। हाल ही के वर्षों में निरक्षरता को समाप्त करने के लिए सरकारों के द्वारा विभिन्न पहलें की गई हैं। इनमें से कुछ इस प्रकार हैं :

## *प्राथमिक शिक्षा (Elementary Education)*

भारत में प्राथमिक शिक्षा 6 वर्ष की आयु से प्रारंभ हो जाती है। सरकार के द्वारा प्राथमिक शिक्षा को अनिवार्य एवं निःशुल्क बना दिया गया है। केन्द्र तथा राज्य सरकारें औपचारिक तथा अनौपचारिक प्राथमिक शिक्षा के प्रावधानों का विस्तार करती रही है, ताकि प्राथमिक शिक्षा के सार्वभौमीकरण (UEE) के लक्ष्य को हासिल किया जा सके। इस कार्यक्रम के अंतर्गत निम्नलिखित योजनाओं को प्रारंभ किया गया है :

- मदरसों में गुणवत्तायुक्त शिक्षा उपलब्ध कराए जाने हेतु योजना (SPQEM)
- शिक्षा गारंटी योजना (EGS)/वैकल्पिक एवं नवाचारी शिक्षा (AIE)
- कस्तूरबा गांधी बालिका विद्यालय (KGVB)

### *सर्व शिक्षा अभियान (Sarva Shiksha Abhiyan)*

सर्व शिक्षा अभियान (SSA) प्राथमिक शिक्षा के सार्वभौमीकरण (यूईई) को हासिल किए जाने की दिशा में भारत सरकार का एक प्रमुख कार्यक्रम है। यह कार्यक्रम ऐसी बस्तियों में नए विद्यालय खोले जाने की मांग करता है, जहां शिक्षण की कोई भी सुविधा उपलब्ध न हो तथा वर्तमान स्कूली ढांचों को अतिरिक्त कक्षाओं, शौचालयों, पेयजल, रखरखाव अनुदान तथा विद्यालय सुधार अनुदानों के द्वारा शक्तिशाली बनाए जाने की मांग करता है। सर्व शिक्षा अभियान का ध्यान बालिकाओं तथा विशिष्ट

आवश्यकता वाले बच्चों की शिक्षा पर विशेषतौर पर केन्द्रित है। सर्व शिक्षा अभियान डिजिटल विभाजन को दूर करने के लिए कंप्यूटर शिक्षा उपलब्ध कराए जाने की मांग भी करता है।

*अपराह्न भोजन योजना (Mid-Day Meal Scheme)*

नामांकनों में, विद्यालयों में बने रहने तथा उपस्थिति में वृद्धि करने तथा साथ-ही-साथ बच्चों में पोषण के स्तर में सुधार किए जाने के उद्देश्य से अपराह्न भोजन (MDM) योजना पूरे देश में 9.50 लाख विद्यालयों/ईजीएस केन्द्रों में 12 करोड़ के लगभग बच्चों तक पहुंचते हुए पूरे विश्व का सबसे बड़ा स्कूल पोषक कार्यक्रम बन चुका है।

## माध्यमिक शिक्षा (Secondary Education)

माध्यमिक शिक्षा की शुरुआत 9वीं कक्षा से होती है जो 11वीं एवं 12वीं की उच्चतर माध्यमिक शिक्षा तक ले जाती है। यह महत्वपूर्ण अवस्था बच्चों में उन क्षमताओं को विकसित करती है जो उन्हें उच्चतर शिक्षा एवं पेशेवर जीवन के लिए तैयार करती हैं। प्राथमिक शिक्षा के सार्वभौमीकरण (UEE) के संवैधानिक जनादेश तथा सर्व शिक्षा अभियान की सफलता का अनुसरण करते हुए यह आवश्यक हो चुका है कि माध्यमिक शिक्षा के सार्वभौमीकरण की दिशा में आगे बढ़ा जाए। इसके अंतर्गत आने वाली योजनाएं इस प्रकार हैं :

- राष्ट्रीय माध्यमिक शिक्षा अभियान (RMSA)
- बालिका छात्रावास योजना
- मॉडल स्कूल योजना
- विद्यालयों में सूचना एवं प्रसारण प्रौद्योगिकी
- राष्ट्रीय साधन-प्रतिभा छात्रवृत्ति
- किशोर शिक्षा कार्यक्रम

## उच्चतर शिक्षा (Higher Education)

उच्चतर शिक्षा का प्रारंभ 12वीं कक्षा के बाद होता है। देश में उच्चतर शिक्षा से सम्बन्धित प्रमुख नीतिगत निर्णय केन्द्र सरकार के द्वारा लिए जाते हैं। यह विश्वविद्यालय अनुदान आयोग को अनुदान प्रदान करती है तथा देश में केन्द्रीय विश्वविद्यालयों की स्थापना करती है। केन्द्र सरकार ही विश्वविद्यालय अनुदान आयोग की सिफारिशों के आधार पर शैक्षणिक संस्थानों को ''डीम्ड विश्वविद्यालय'' होने की घोषणा किए जाने हेतु भी उत्तरदायी है। तथा, राज्य सरकारें राज्य विश्वविद्यालयों एवं कॉलेजों की स्थापना के लिए उत्तरदायी होती हैं।

## वयस्क शिक्षा (Adult Education)

वयस्कों के बीच साक्षरता को राष्ट्र निर्माण के लिए एक महत्वपूर्ण आगत के रूप में मान्यता प्रदान की जा चुकी है। राष्ट्रीय साक्षरता मिशन (एनएलएम) की स्थापना मई 1988 में वयस्क शिक्षा के प्रति तात्कालिकता एवं गंभीरता की एक नई समझ प्रदान करने के उद्देश्य से की गई थी। वयस्क शिक्षा के अंतर्गत की गई कुछ अन्य पहलों में से कुछ इस प्रकार हैं :

- साक्षर भारत
- वयस्क शिक्षा के क्षेत्र में नवाचारी प्रस्ताव
- वयस्क शिक्षा एवं कौशल विकास के लिए स्वैच्छिक संगठनों को सहायता प्रदान करने की योजना
- वयस्क शिक्षा निदेशालय का गठन

## स्वैच्छिक संगठनों के द्वारा किए गए प्रयास (Efforts by Voluntary Organizations)

सरकार अकेले ही देश में निरक्षरता की समस्या को समाप्त नहीं कर सकती। निरक्षरता के संपूर्ण उन्मूलन के उद्देश्य को मात्र सरकारी प्रयासों के द्वारा ही हासिल किया जाना संभव नहीं है। सरकार निःसंदेहात्मक रूप से स्थिति का संज्ञान ले सकती है, एजेन्सियों, संस्थाओं एवं व्यक्तियों की पहचान कर सकती है, मानवीय सामग्री एवं वित्तीय संसाधनों को उपलब्ध कराए जाने हेतु एक उत्प्रेरक अभिकर्ता के रूप में कार्य कर सकती है, किन्तु यह स्वयं ही साक्षरता को प्रवर्तित नहीं कर सकती। इसीलिए, केन्द्र तथा राज्य दोनों ही सरकारों के प्रयासों को ऐसे स्वैच्छिक संगठनों एवं व्यक्तियों के द्वारा पूरक सहायता एवं शक्ति प्रदान करनी होगी जिनके पास एक सकारात्मक अवधारणा एवं प्रतिबद्धता मौजूद हो। दूसरे शब्दों में, हम सब को शिक्षा के लिए मात्र सरकार की विशिष्ट जिम्मेदारी की अवधारणा से बाहर निकलकर सरकार एवं समुदाय के बीच साझा उत्तरदायित्व की अवधारणा को अपनाना होगा।

समापन के लिए, हमारे संविधान का अनुच्छेद 45 "सभी बच्चों को, जब तक वे 14 वर्ष की आयु न प्राप्त कर लें, मुफ्त एवं अनिवार्य शिक्षा उपलब्ध कराए जाने का प्रयास" करने को संदर्भित करता है। जहां कई राज्य सरकारें अनिवार्य शिक्षा कानूनों को अधिनियमित कर चुके होने का दावा करती हैं, वहीं व्यवहार में किसी भी राज्य के द्वारा ऐसे किसी भी कानून को लागू नहीं किया गया है, जो स्थानीय अधिकारियों को स्कूल में उपस्थिति की अनिवार्यता के लिए बाध्य करते हों। वास्तव में, 'अनिवार्य' शिक्षा के सम्बन्ध में बात किए जाने के स्थान पर निर्णयकर्तागण अब 'सार्वभौमिक' शिक्षा के बारे में बातें कर रहे हैं। यहां तक कि सन् 1986 की नई शिक्षा नीति के द्वारा भी अनिवार्य स्कूलिंग के लक्ष्य से भटकने की ठोस अभिव्यक्ति की गई है। प्राथमिक शिक्षा का अब 'सार्वभौमीकरण' कर दिया गया है न कि उसे 'बाध्यकारी' बनाया गया है। शैक्षणिक पुनर्निर्धारण तथा 'नवीन' नीति अब मुफ्त विद्यालयीय भोजन, मुफ्त यूनिफार्म, मुफ्त पुस्तकों तथा कौशलोन्मुख शिक्षण जैसे 'प्रोत्साहनों' पर ध्यान केन्द्रित कर रही है। 7 वर्ष तथा उससे ऊपर के आयु समूहों में 105 करोड़ की अनुमानित जनसंख्या में से मात्र 77 करोड़ के आसपास लोगों को ही वर्ष 2011 की जनगणना के अस्थायी आंकड़ों के द्वारा साक्षर होना पाया गया है। पहली कक्षा में प्रवेश लेने वाले प्रत्येक 10 बच्चों में से मात्र 4 ही चार वर्षों तक की स्कूली शिक्षा पूरी कर पा रहे हैं। बच्चों को शिक्षित करने के अपने कर्तव्य से पल्ला झाड़ने के परिणामस्वरूप हमारा समाज तथा हमारी सरकार बचपन के उस अनुभव को प्रदान किए जाने से इंकार कर रहे हैं जो लाखों बच्चों के लिए खेल, प्रयोग, तथा आत्मखोज का माध्यम है। पूर्णकालिक अनिवार्य शिक्षण के प्रति औपचारिक प्रतिबद्धता से पीछे हटा जाना त्रुटिहीन रूप से एक आर्थिक विकास की दिशा के साथ-साथ देश में बाल श्रमिकों की समस्या को कम करने की दिशा में एक पतनोन्मुख कदम रहा है।

अतः, यह अर्थ निकाला जा सकता है कि कोई 30 करोड़ लोगों को साक्षर बनाये जाने का कार्य करने के लिए दृढ़ता की आवश्यकता है तथा इसके लिए अधिगमकर्ताओं एवं शिक्षकों दोनों के ही द्वारा प्रतिभा-संपन्न प्रयासों तथा उच्च श्रेणी की अभिप्रेरणा की भी आवश्यकता है। निरक्षरता की इतनी गंभीर समस्या कठोर उपायों का आह्वान करती है, बजाय उन आधे-अधूरे मन वाले दृष्टिकोणों के जिनका अनुसरण हम पिछले समस्त वर्षों के दौरान बिना किसी मूर्त परिणामों को प्राप्त किए श्रमसाध्यता के साथ करते रहे हैं। समस्या के व्यापक परिमाण के कारण बड़े पैमाने वाली निरक्षरता एवं बाल शिक्षा के साथ युद्धस्तर पर निबटना होगा। आखिरकार, शिक्षा किसी भी देश की मेरुदंड होती है।

# 12

# नगरीकरण

## Urbanization

पिछले कुछ दशकों में जनसंख्या में वृद्धि के साथ-साथ, जनसंख्या का ग्रामीण क्षेत्रों से नगरीय क्षेत्रों में स्थानान्तरण (shift) भी हुआ है। बढ़ते हुए नगरीकरण से अपराध और बाल-अपराध, मदिरापान और मादक वस्तुओं का सेवन, आवास की कमी, भीड़-भाड़ और गंदी बस्तियां, बेरोज़गारी और निर्धनता, प्रदूषण और शोर, संचार और यातायात नियन्त्रण, वेश्यावृत्ति, कॉलगर्ल्स, तस्करी, मिलावट जैसी समस्याएं उत्पन्न हुई हैं। परन्तु अगर नगर तनाव और दबाव के स्थान हैं, तो वे सभ्यता और संस्कृति विकास एवं प्रगति के केन्द्र भी हैं। वे सक्रिय (active), प्रवर्तितीय (innovative) और सजीव (alive) हैं। वे एक व्यक्ति को अपनी आकांक्षाओं को प्राप्त करने के अवसर प्रदान करते हैं। यदि हमारे देश का भविष्य ग्रामीण क्षेत्रों के विकास से जुड़ा है तो इतना ही वह नगरों और महानगरों के क्षेत्रों के विकास से जुड़ा है, परन्तु इन समस्याओं का विश्लेषण करने से पहले हमें मूलभूत अवधारणाओं को समझाना चाहिए।

### नगरीय, नगरीकरण और नगरीयता की अवधारणाएं (Concepts of Urban, Urbanization and Urbanism)

#### *नगरीय (Urban)*

'नगरीय क्षेत्र' या 'नगर' क्या है? इस शब्द का प्रयोग दो अर्थ में होता है-जनसांख्यिकीय रूप में (demographically) और समाजशास्त्रीय रूप में। पहले अर्थ में जनसंख्या के आकार, जनसंख्या की सघनता (density), और वयस्क पुरुषों में से अधिकांश के रोजगार के स्वरूप पर बल दिया जाता है, जबकि दूसरे अर्थ में विषमता (heterogeneity), अवैयक्तिकता (impersonality), अन्योन्याश्रय (inter-dependence), और जीवन की गुणवत्ता (quality of life) पर ध्यान केन्द्रित रहता है। जर्मन समाजशास्त्री टोनीज (1957) ने ग्रामीण और नगरीय समुदायों में भिन्नता सामाजिक संबंधों और मूल्यों के द्वारा बताई है। ग्रामीण गेमिनशेफ्ट (Gemeinschaft) समुदाय वह है, जिसमें सामाजिक बन्धन कुटुम्ब और मित्रता के निकट के व्यक्तिगत बंधनों पर आधारित होते हैं और परम्परा, सामंजस्य (consensus) और अनौपचारिकता पर बल दिया जाता है, जबकि नगरीय गैसिलशेफ्ट (Gesellschaft) समाज में अवैयक्तिक और द्वितीयक संबंध-प्रधान होते हैं और व्यक्तियों में विचारों का आदान-प्रदान औपचारिक, अनुबन्धित और विशेष कार्य या नौकरी जो वे करते हैं, उन पर आधारित होते हैं। गैसिलशेफ्ट समाज में उपयोगितावादी (utilitarian) लक्ष्यों और सामाजिक संबंधों के प्रतिस्पर्द्धा के स्वरूप पर बल दिया जाता है।

मैक्स वेबर (1961: 381) और जार्ज सिमल (1950) जैसे अन्य समाजशास्त्रियों ने नगरीय वातावरण में सघन आवासीय परिस्थितियों, परिवर्तन में तेजी, और अवैयक्तिक अन्तःक्रिया (impersonal interaction) पर बल दिया है। लुईस वर्थ (1938: 8) ने कहा है, कि

समाजशास्त्रीय उद्देश्यों के लिए एक नगर की यह कह कर परिभाषा की जा सकती है कि वह सामाजिक रूप से पंचमेल/विषमरूप (heterogeneous) व्यक्तियों की अपेक्षाकृत बड़ी (relatively large), सघन (dense), और अस्थायी बस्ती (settlement) है। रूथ ग्लास (1956) जैसे विद्वानों ने नगर को जिन कारकों द्वारा परिभाषित किया है वे हैं जनसंख्या का आकार, जनसंख्या की सघनता, प्रमुख आर्थिक व्यवस्था, प्रशासन की सामान्य रचना, और कुछ सामाजिक विशेषताएं।

भारत में 'कस्बे' (town) की जनगणना की परिभाषा 1950-51 तक लगभग एक ही रही; परन्तु 1961 में एक नई परिभाषा अपनाई गई। 1951 तक, 'कस्बे' में सम्मिलित थे : (1) मकानों का संग्रह जिनमें कम से कम 5,000 व्यक्ति स्थाई रूप से निवास करते हैं, (2) प्रत्येक म्युनिसिपेलिटी/कार्पोरेशन/ किसी भी आकार का अधिसूचित क्षेत्र, और (3) सब सिविल लाइनें जो म्यूनिसिपल इकाइयों में सम्मिलित नहीं हैं। इस प्रकार कस्बे की परिभाषा में प्रमुख फोकस जनसंख्या के आकार पर न होकर प्रशासनिक व्यवस्था पर अधिक था। 1961 में किसी स्थान को कस्बा कहने के लिए कुछ मापदण्ड लगाये गए। ये थे : (अ) कम से कम 5,000 की जनसंख्या, (ब) 1,000 व्यक्ति प्रति वर्ग मील से कम की सघनता नहीं, (स) उसकी कार्यरत जनसंख्या का तीन-चौथाई गैर-कृषिक गतिविधियों में होना चाहिए, और (द) उस स्थान की कुछ अपनी विशेषताएं होनी चाहिए और यातायात और संचार, बैंकें, स्कूलों, बाज़ारों, मनोरंजन केन्द्रों, अस्पतालों, बिजली, और अखबारों आदि की नागरिक सुख सुविधाएं होनी चाहिए। परिभाषा में इस परिवर्तन के फलस्वरूप 812 क्षेत्र (44 लाख व्यक्तियों के) जो 1951 की जनगणना में कस्बे घोषित किए गए थे, उन्हें 1961 की जनगणना में कस्बा नहीं माना गया।

1961 का आधार 1971, 1981, 1991 की जनगणनाओं में भी कस्बे की परिभाषा करते समय अपनाया गया। वर्ष 2001 की जनगणना के समय से 1,00,000 तथा उसके अधिक की जनसंख्या वाले नगरों एवं शहरों को 'प्रथम श्रेणी', 50,000 से 99,999 तक की जनसंख्या वाले नगरों एवं शहरों को 'द्वितीय श्रेणी', 20,000 से 49,999 तक की जनसंख्या वाले नगरों एवं शहरों को 'तृतीय श्रेणी', 10,000 से 19,999 तक की जनसंख्या वाले नगरों एवं शहरों को 'चतुर्थ श्रेणी', 5,000 से 9,999 तक की जनसंख्या वाले नगरों एवं शहरों को 'पंचम श्रेणी' तथा 5,000 से कम जनसंख्या वालों को 'षष्ठम श्रेणी' के रूप में वर्गीकृत किया गया है।

समाजशास्त्री "नगर" की परिभाषा में जनसंख्या के आकार को अधिक महत्व नहीं देते, क्योंकि न्यूनतम जनसंख्या के मानदण्ड काफी बदलते रहते हैं। इस प्रकार से वे जनसंख्या के आकार के स्थान पर विशेषताओं को अधिक महत्व देते हैं। थिओडॉर्सन (1969: 451) ने 'शहरी समुदाय' की परिभाषा इस प्रकार की है कि "यह वह समुदाय है, जिसकी जनसंख्या की सघनता (density) बहुत है, जहां गैर-कृषिक व्यवसायों की सर्वाधिकता (predominance) है, एक ऊंचे स्तर की विशेषज्ञता (specialisation) है जिसके फलस्वरूप श्रम-विभाजन जटिल होता है, और स्थानीय शासन की औपचारिक ढंग से व्यवस्था होती है। उसकी विशेषताओं में अवैयक्तिक द्वितीयक संबंध प्रचलित होते हैं और औपचारिक सामाजिक नियन्त्रणों पर निर्भरता रहती है"। राबर्ट रेडफील्ड (*अमेरिकन जर्नल ऑफ सोश्योलॉजी*, जनवरी, 1942) के अनुसार शहरी समाज की विशेषताएं ये होती हैं कि "वह एक बड़ी विषमरूप (heterogeneous) जनसंख्या होती है, उसका दूसरे समाजों से निकट संबंध होता है (व्यापार, संचार, आदि के जरिये), उसमें एक जटिल श्रम-विभाजन होता है, सांसारिक मामलों को पवित्र मामलों की अपेक्षाकृत अधिक महत्व दिया जाता है, और निश्चित लक्ष्यों के प्रति विवेकपूर्ण तरीके से व्यवहार को सुव्यवस्थित करने की अभिलाषा होती है। वे पारम्परिक मानदण्डों का अनुसरण नहीं करते।

## *नगरीकरण (Urbanization)*

जनसंख्या का ग्रामीण क्षेत्रों से नगरीय क्षेत्रों में जाना 'नगरीकरण' कहलाता है। इसके परिणामस्वरूप जनसंख्या का बढ़ता हुआ भाग ग्रामीण स्थानों में रहने के बजाय शहरी स्थानों में रहता है। थौमसन

वारन (*एनसाइक्लोपीडिया ऑफ सोशल साइन्सेज*) ने इसकी परिभाषा इस प्रकार की है : "यह ऐसे समुदायों के व्यक्तियों, जो प्रमुखरूप से या पूर्णरूप से कृषि से जुड़े हुए हैं, का उन समुदायों में जाना है जो साधारणतया (आकार में) उनसे बड़े हैं और जिनकी गतिविधियां मुख्यरूप से सरकार, व्यापार, उत्पादन या इनसे सम्बद्ध कारोबारों पर केन्द्रित हैं"। एन्डर्सन (1953: 11) के अनुसार, नगरीकरण एकतरफा प्रक्रिया न होकर दोतरफा प्रक्रिया है। इसमें केवल गांवों से शहरों में जाना नहीं होता, परन्तु इसमें प्रवासी के रुखों, विश्वासों, मूल्यों और व्यवहार के संरूपों में भी परिवर्तन होता है। उसने नगरीकरण की पांच विशेषताएं बताई हैं : मुद्रा अर्थव्यवस्था (money economy), सरकारी प्रशासन, सांस्कृतिक परिवर्तन, लिखित अभिलेख (records), और अभिनव परिवर्तन (innovations)।

## *नगरीयता (Urbanism)*

नगरीयता एक जीवन पद्धति (way of life) है। यह समाज का ऐसा संगठन है जिसमें श्रम का जटिल विभाजन, प्रौद्योगिकी के ऊंचे स्तर, उच्च गतिशीलता, आर्थिक कार्यों को सम्पन्न करने के लिए उसके सदस्यों की पारस्परिक आश्रतिता और सामाजिक संबन्धों में अवैयक्तिकता (impersonality) का समावेश होता है (थिओडॉर्सन, 1969: 453)।

## नगरीयता या नगरीय व्यवस्था की विशेषताएं (Characteristics of Urbanism or Urban System)

लुईस वर्थ (1938: 49) ने नगरीयता की चार विशेषताएं बतलाई हैं :

- *स्थायित्व (Transiency)* : एक नगर निवासी अपने परिचितों को भूलता रहता है और नए व्यक्तियों से संबन्ध बनाता रहता है। उसके अपने पड़ोसियों से एवं क्लब आदि जैसे समूहों के सदस्यों से अधिक मैत्रीपूर्ण संबन्ध नहीं होते इसलिए उनके चले जाने से उसे कोई चिन्ता नहीं होती।
- *सतहीपन (Superficiality)* : एक नागरिक कुछ ही व्यक्तियों से बातचीत करता है और उनसे भी उसके संबन्ध अवैयक्तिक और अनौपचारिक होते हैं। व्यक्ति एवं दूसरे से अत्यन्त अलग-अलग भूमिकाओं में मिलते हैं। वे अपने जीवन की आवश्यकताओं की पूर्ति के लिए अधिक व्यक्तियों पर निर्भर होते हैं।
- *गुमनामी (Anonymity)* : नगरवासियों के एक-दूसरे से घनिष्ठ संबन्ध नहीं होते। वैयक्तिक पारस्परिक परिचितता (acquaintanceship), जो अड़ोस-पड़ोस के व्यक्तियों में निहित होती है, नगर में नहीं होती।
- *व्यक्तिवाद (Individualism)* : व्यक्ति अपने निहित स्वार्थों को अधिक महत्व देते हैं।

रूथ ग्लास (1956: 32) ने नगरीयता की निम्नलिखित विशेषताएं बतलाई हैं : गतिशीलता, गुमनामीपन, व्यक्तिवाद, अवैयक्तिक संबन्ध, सामाजिक भेदीकरण (differentiation), अस्थायित्व, और यांत्रिक (organic) एकता। एन्डर्सन (1953: 2) ने नगरीयता की तीन विशेषताओं को सूचीबद्ध किया है : समंजननीयता (adjustability), गतिशीलता, और फैलाव (diffusion)। मार्शल क्लिनार्ड (1957) ने द्रुतगामी सामाजिक परिवर्तन, प्रतिमानों और मूल्यों के बीच संघर्ष, जनसंख्या की बढ़ती हुई गतिशीलता, भौतिक वस्तुओं पर बल, और अभिन्न अन्तर-वैयक्तिक सम्पर्क (intimate interpersonal communication) में अवनति (decline) को नगरीयता की महत्वपूर्ण विशेषताएं बतलाया है। के. डेविस (1953) ने नगरीय सामाजिक व्यवस्था की आठ विशेषताओं का उल्लेख किया है : सामाजिक विषमता (heterogeneity) (नगरीय क्षेत्रों में विभिन्न धर्मों, भाषाओं, जातियों, और वर्गों के व्यक्ति रहते हैं और वहां पर व्यवसाय में भी विशेषज्ञता होती है), द्वैतीयक संबंध, सामाजिक गतिशीलता, व्यक्तिवाद, स्थान संबंधी पृथक्करण (spatial segregation), सामाजिक सहनशीलता, द्वैतीयक नियन्त्रण, और स्वयंसेवी संस्थाएं।

लुईस वर्थ (1938: 124) ने नगरीयता की चार विशेषताएं बतलाई हैं : जनसंख्या में भिन्नता, कार्य की विशेषज्ञता, गुमनामी, अवैयक्तिकता, और जीवन और व्यवहार का मानकीकरण (standardization)। यद्यपि ये विशेषताएं नगरीय व्यक्ति और उसके जीवन का अतिरंजित चित्र दर्शाती हैं, फिर भी उनका विश्लेषण यहां आवश्यक हैं।

1. *जनसंख्या की विषमता (Heterogeneity of Population)* : विभिन्न क्षेत्रों से व्यक्तियों का प्रवास नगरों की बड़ी संख्या के लिए बहुत उत्तरदायी है। इसके कारण विभिन्न पृष्ठभूमियों और विश्वासों के व्यक्ति साथ-साथ रहते हैं। व्यक्तियों का यह मिश्रण अनौपचारिक नियन्त्रणों (लोकाचार और प्रथाएं) के संचालन को प्रभावित करता है और व्यक्तियों और समूहों के व्यवहार को नियन्त्रित करने के लिए औपचारिक रूप से बनाए हुए रचना-तंत्रों (mechanisms) पर निर्भरता बढ़ जाती है। व्यक्ति सामूहिक भावनाओं (common sentiments) में अब आस्था नहीं रखते और अन्य संस्कृतियों के नवीन विचारों से प्रवासियों के सम्पर्क द्वारा प्रभावित होकर वे पुराने विश्वासों और प्रयासों में अविश्वास प्रकट करते हैं और इस प्रकार के नए रुखों और जीवनशैलियों को अपना लेते हैं, जो उनकी आर्थिक प्रतिष्ठा (status) को बढ़ाने में और समंजन की समस्याओं से निबटने में उनकी सहायता करते हैं। परिवार और पड़ोस का प्रभाव कम हो जाता है और व्यक्तियों में इस प्रश्न पर, कि व्यवहार करने का 'सही' तरीका क्या है, झगड़ा होता है?

2. *कार्य और व्यवहार की विशेषज्ञता (Specialisation of function and behaviour)* : नगर की जनसंख्या की भिन्नता और उसका बड़ा आकार विशेषज्ञता के विकास को प्रोत्साहित करता है। चूंकि नगर में जीवन के कई पहलू होते हैं और एक व्यक्ति उनमें से कुछ में ही भाग ले सकता है तो वह उपेक्षाशील व चुनने-वाला (choosy) हो जाता है और केवल कुछ ही क्षेत्रों में रुचि लेता है। कार्य में विशेषज्ञता भिन्न भिन्न जीवन के संरूपों को प्रोत्साहित करती है। उदाहरणार्थ, डॉक्टरों, इंजीनियरों, व्यापारियों, वकीलों, प्रशासकों, कारखानों के श्रमिकों, अध्यापकों, बाबुओं, और पुलिस कर्मियों के भिन्न जीवन संरूप, भिन्न अभिरुचियां, और भिन्न जीवन दर्शन होते हैं। प्रत्येक विशेषज्ञ समूह समाज को अपना योगदान देता है और इस प्रकार श्रम का विभाजन हो जाता है। जैसे कपड़े का व्यापारी केवल कपड़ा बेचता है, परन्तु कपड़े के बनाने, प्रोसेस करने, और वितरण करने के लिये वह दूसरे कई विशेषज्ञों पर निर्भर रहता है, जिससे कि कपड़ा उसकी दुकान पर पहुंच जाए। इस प्रकार के श्रम का विभाजन एक व्यक्ति को अपने ज्ञान और क्षमताओं की तुलना में अधिक व्यापक सेवाओं से लाभान्वित करता है। नगर में प्रत्येक व्यक्ति विशेषज्ञों जैसे चिकित्सकों, मिस्त्रियों, दुकानदारों, दर्जियों, धोबियों आदि पर निर्भर हो जाता है। उसे हर व्यवसाय की तकनीक को सीखने की आवश्यकता नहीं होती।

   विशेषज्ञता व्यक्ति को कार्य करने, अपने को अभिव्यक्त करने और अपनी अन्तःशक्तियों का विकास करने के विविध अवसर प्रदान करती है। तथापि संपर्क अप्रधान और औपचारिक हो जाते हैं और सामूहिक जीवन व्यतीत करने और सामूहिक संबंधों की भावना समाप्त हो जाती है। दो व्यक्तियों के संबंध थोड़े समय के लिए होते हैं, जब तक वे एक-दूसरे के काम आते रहते हैं।

   एक ऐसी सामाजिक व्यवस्था में जहां जनसंख्या में भिन्नता है और व्यवहार के संरूपों में विविधता है, वहां एक निश्चित परिस्थितियों में उचित व्यवहार के कई विकल्पों के होने से संभ्रान्ति उत्पन्न होने की अधिक संभावना होती है। उदाहरण के लिए, एक विद्यार्थी दूसरे विद्यार्थी को अनुचित साधनों का प्रयोग करके प्रथम श्रेणी में आता हुआ देखता है, तो वह सोचता है कि क्या उसे भी वही चीज करनी चाहिए? एक व्यक्ति दूसरे व्यक्ति को 10,000 रुपए देते हुए और पुलिस उप-निरीक्षक की नौकरी मिलते हुए देखता है, उसे संभ्रान्ति (confusion) हो जाती है कि क्या उसे इस मामले की रपट करनी चाहिए और रिश्वत लेने वाले को गिरफ्तार करवा देना चाहिए या उसे उदासीनता का रुख अपनाना चाहिए? नगर के जीवन में ये नैतिक, सामाजिक और कानूनी दुविधाएं अत्यधिक होती हैं।

3. *गुमनामी और अवैयक्तिकता (Anonymity and impersonality)* : नगर में जनसंख्या की भारी सघनता (high population density) वैयक्तिक पहचान को नष्ट करती है, जिसके परिणामस्वरूप अकेलापन लगता है और व्यक्ति का किसी स्थान विशेष से संबंध होने की भावना समाप्त हो जाती है। सैकड़ों व्यक्ति सिनेमा घर में सिनेमा देखते हैं, साथ-साथ आनंद लेते हैं और हंसते हैं, परन्तु जब सिनेमा खत्म होता है, तो सामूहिक मनोवेग (common emotions) गुमनामी और अवैयक्तिकता में परिणित (disintegrate) हो जाते हैं। दूसरी ओर, यह गुमनामी ही व्यक्तिगत स्वतंत्रता का मर्म (crux) है। दूसरों में रुचि का अभाव एक व्यक्ति को अनुरूपता (conformity) के भारी दबावों से मुक्त करता है। कई प्रकरणों में उसका दूसरों के प्रति दायित्व पैसा भुगतान करने से समाप्त हो जाता है। वह जब एक क्लब जैसे स्वैच्छिक समूह का भी सदस्य बनता है, तो उस समय भी उसका सहयोग न्यूनतम हो सकता है। उसे दूसरे सदस्यों की स्वीकृति प्राप्त करने की आवश्यकता नहीं होती और ना ही अपने को उसकी अपेक्षाओं के अनुरूप ढालने की समायोजित करने की प्रक्रिया में लगाने की। वह दूसरों को भले ही देखता (observe) रहे, परन्तु यह आवश्यक नहीं कि उनकी प्रेरणाओं (stimuli) से प्रभावित हो।

गुमनामिता का एक लाभ यह है, कि व्यक्तियों की परख उनके माता-पिता के निम्नवर्ग के पद के अनुसार नहीं होती परन्तु उनका आकलन (evaluation) आकस्मिक संपर्कों में उनके दिखाव-बनाव (appearance) और व्यवहार से होता है। नगर के जीवन की गुमनामी और अवैयक्तिकता एक व्यक्ति को जो और ऊंचा पद प्राप्त करने की आकांक्षा रखता है, ऊंची प्रतिष्ठा के प्रतीकों से लाभ उठाने के अधिक अवसर प्रदान करती हैं। ऊंची प्रतिष्ठा के प्रतीकों, जैसे आकर्षक वस्त्र पहनना, अपने बोल-चाल और आचरण में सुधार करना, के द्वारा वह ऊंचे स्थानों पर आरूढ़ व्यक्तियों की स्वीकृति प्राप्त कर सकता है और उन्हें प्रभावित कर सकता है, उनसे संपर्क स्थापित कर सकता है और अन्ततः इन संपर्कों के द्वारा अपने वांछित लक्ष्यों को प्राप्त कर सकता है।

4. *व्यवहार का मानकीकरण (Standardisation of behaviour)* : शहरी जीवन व्यक्ति से उसके व्यवहार के मानकीकरण करने की अपेक्षा करता है जो अन्ततः उसे और दूसरों को (जिनके संपर्क में वह आता है) एक-दूसरे को समझने में मदद करता है और पारस्परिक संबंधों को अधिक सरल बनाता है। उदाहरणार्थ, एक दुकानदार से ग्राहकों का तांता एक ही प्रकार के प्रश्न पूछता है। ग्राहक फिर किस्तों में बंट जाते हैं- व्यक्ति जो भाव का मोल-तोल करता है, व्यक्ति जो गुणवत्ता (quality) चाहता है, व्यक्ति जो चीज देखता है, परन्तु उसे खरीदने का उसका कोई इरादा नहीं होता, आदि-आदि। अनुभवी दुकानदार शीघ्र ही यह समझ जाता है, कि वह किस किस्म के ग्राहक से निबट रहा है और वह ऐसे बेचने की रणनीति का उपयोग करता है जिसे वह उस विशेष किस्म के ग्राहक के लिए सर्वाधिक प्रभावी समझता है। यह दुकानदार और ग्राहक दोनों को बिक्री की कार्यवाही सरल और शीघ्र ढंग से करने में सहायक होता है। इस प्रकार की मानकित (standardized) अपेक्षाएं और व्यवहार शहरी जीवन के अंग हैं। बाजार, क्लब, रेस्तराँ, बसें, अखबार, टी.वी., और स्कूल/कॉलेज अधिकांश मानकित चित्र प्रदर्शित करते हैं। यदि एक व्यक्ति इस प्रकार के जीवन में नहीं ढल पाता है, तो वह अपने को अलग महसूस करता है और उसके सम्मुख समंजन की समस्या रहती है। नगर की जनसंख्या का बड़ा आकार व्यवहार के मानकीकरण पर विशेष बल देता है। परन्तु इसका यह अर्थ नहीं होता कि व्यक्तिगत अभिमुखीकरणों में भिन्नता (divergence in individual orientations) संभव नहीं है।

सारोकिन और जिमरमेन (1962: 56-57) ने शहरी सामाजिक व्यवस्था की निम्नांकित विशेषताओं की पहचान की है :

1. *गैर-कृषि व्यवसाय (Non-agricultural occupation)* : ग्रामीण अर्थव्यवस्था का प्रमुख आधार कृषि है, व्यापार और उद्योग शहरी अर्थव्यवस्था का आधार है। व्यवसाय की भिन्नता यह

सुनिश्चित करती है, कि ग्रामीण प्राकृतिक वातावरण में कार्य करते हैं जिसमें गर्मी, सर्दी और आर्द्रता (humidity) को अभिनव परिवर्तन वाली प्रवीणताओं (innovative skills) से नियन्त्रित किया जाता है। जेम्स विलियम्स (1958) के अनुसार, कृत्रिम वातावरण में काम करने से व्यक्तियों के विचार और व्यवहारों के संरूप प्रभावित होते हैं। इस प्रकार व्यावसायिक भिन्नताओं के कारण शहरी क्षेत्रों में हमें उदार एवं रूढ़िवादी, आधुनिक एवं परंपरावादी, और असामाजिक एवं सामाजिक व्यक्ति मिलते हैं।

2. *जनसंख्या का आकार (Size of population)* : शहरी समुदाय ग्रामीण समुदायों की अपेक्षा बहुत अधिक बड़े होते हैं। एक ओर नौकरी के अवसरों की उपलब्धता और दूसरी ओर भौतिक एवं शैक्षणिक, चिकित्सा और मनोरंजन की सुविधाएं व्यक्तियों को शहरों की ओर आकर्षित करते हैं।
3. *जनसंख्या की सघनता (Density of population)* : गांवों में व्यक्तियों को अपने कृषि के धंधों का निरीक्षण करने के लिए अपने खेतों के पास रहना पड़ता है, परन्तु शहरी क्षेत्रों में व्यक्तियों का आवास उनके दफ्तरों, बाज़ार, बच्चों के स्कूल/कॉलेज आदि के स्थान पर निर्भर होता है। इस कारण उन क्षेत्रों में जहां इन सुविधाओं की अधिकता है जनसंख्या की सघनता (density) अधिक होती है। भारत में जनसंख्या की औसत सघनता प्रति वर्गमील महानगरों में 3,000 और 5,000 व्यक्तियों के बीच होती है। इस अधिक सघनता के अपने फायदे और नुकसान हैं। लाभ तो ये हैं, कि सामाजिक संपर्क बढ़ते हैं, सभी आवश्यक सुविधाएं सरलता से प्राप्त हो जाती हैं और मित्रों का चयन करना अधिक सरल होता है। अलाभ ये हैं कि वहां पर रहने वालों के एक दूसरे से संबंध औपचारिक और अवैयक्तिक होते हैं और उनके मानसिक तनाव बढ़ जाते हैं।
4. *पर्यावरण (Environment)* : बर्नार्ड (1971) ने चार प्रकार के पर्यावरण का उल्लेख किया है : पहला, भौतिक (जलवायु); दूसरा, जैविक (जानवर) और पेड़-पौधे, तीसरा, सामाजिक, शारीरिक-सामाजिक (physio-social) (मशीनें, कलपुर्जे, उपकरण) और मनोवैज्ञानिक-सामाजिक (रीति-रिवाज़, परंपराएं, संस्थाएं, आदि) और चौथा, मिश्रित (आर्थिक, राजनीतिक और शैक्षणिक प्रणालियां)। शहरी वातावरण अधिक प्रदूषित होता है। इसके अतिरिक्त क्योंकि वह शैक्षणिक संस्थाओं से घिरा होता है और इसलिए अधिक शिक्षित होता है, इस कारण शहर में रहने वाला व्यक्ति अधिक विवेकी, धर्म-निरपेक्ष और प्रतियोगी (competitive) प्रकृति का होता है।
5. *सामाजिक विभेदीकरण (Social differentiation)* : शहरी क्षेत्रों में व्यक्तियों में व्यवसायों, धर्म, वर्ग, जीवन स्तरों और सामाजिक विश्वासों के आधार पर भेद किया जाता है। फिर भी वे एक-दूसरे पर निर्भर होते हैं और कार्यरत संपूर्ण इकाई (functioning whole) के रूप में कार्य करते हैं।
6. *सामाजिक गतिशीलता (Social mobility)* : शहरी क्षेत्र सामाजिक प्रतिष्ठा में परिवर्तन लाने के अवसर प्रदान करते हैं जिसके कारण गांवों की तुलना में शहरों में अधिक ऊर्ध्वगामी (upward) गतिशीलता होती है। गतिशीलता समतल (horizontal) या उदग्र (vertical) हो सकती हो। सामाजिक गतिशीलता के अतिरिक्त हमें शहरी क्षेत्रों में भौगोलिक गतिशीलता भी मिलती है।
7. *सामाजिक अंतःक्रिया (Social interaction)* : शहरी निवासियों में संबंध द्वितीयक और अवैयक्तिक होते हैं। व्यक्ति अपने विश्वासों और विचारधाराओं की अपेक्षा अन्य व्यक्तियों की प्रतिष्ठा और प्रवीणताओं के प्रति अधिक चिन्तित रहते हैं। नियन्त्रण इतना औपचारिक होता है, कि कई बार वह विचलित व्यवहार को उत्पन्न कर देता है।
8. *सामाजिक एकात्मता (Social solidarity)* : ग्रामीण क्षेत्रों में यांत्रिक (mechanical) सामाजिक एकात्मता की तुलना में शहरी क्षेत्रों में सावयविक (organic) सामाजिक एकात्मता होती है। ऐसी एकात्मता में यद्यपि प्रत्येक व्यक्ति की अपनी व्यक्तिकता और व्यक्तित्व होते हैं, फिर भी वह दूसरों पर उनकी विशिष्ट भूमिकाओं के कारण अधिक निर्भर रहता है।

नगरीयता की विशेषताओं के उपर्युक्त विवरण से ऐसा आभास होता है कि जैसे शहरों में व्यक्तिगत संबंध, प्राथमिक समूह और सामाजिक घनिष्ठता होती ही नहीं है। यदि जानबूझ कर विकसित

की गई संस्थाएं व्यक्तियों की आवश्यकताओं की पूर्ति करती हैं, तो प्राथमिक समूह भी सदस्यों को जन्म के आधार पर प्रवेश देते हैं। प्राथमिक समूह के सदस्य एक-दूसरे के मिलेजुले हितों के कारण आपस में बंधे रहते हैं। उनके संबंध अधिक भावात्मक और भावप्रवण (intense) होते हैं। प्राथमिक समूह में एक सदस्य द्वितीयक समूहों में विशिष्ट कार्य करने के विपरीत विविध कार्य करता है। उदाहरण के लिए, एक परिवार में मां बच्चों और परिवार के सदस्यों के लिए रसोइया, नर्स, नैतिक शिक्षक और तनावों के प्रबंधक के रूप में कार्य करती है। यद्यपि सामाजिक परिवर्तन ने परिवार, पड़ोस और समकक्ष व्यक्तियों के समूहों के बंधन कमजोर कर दिये हैं, फिर भी इन समूहों का पुराने तरीकों से कार्य करना बिल्कुल समाप्त नहीं हो गया है और मूल संबंध भी लुप्त नहीं हुए हैं। परिवार में अनिवार्य भूमिकाएं निभाना, पड़ोस में सामाजिक सहभागिता बनाए रखना, जाति के सार्वजनिक मामलों में सम्मिलित होना और अपने संबंधियों और मित्रों की सहायता के स्रोत के रूप में कार्य करना शहरी जीवन की अभी भी महत्वपूर्ण और सार्थक विशेषताएं हैं। भारत में कई अध्ययनों (जैसे कपाड़िया, सच्चिदानंद, आर.के.मुकर्जी और एम.एस.गोरे) ने यह दर्शाया है कि ग्रामीण व्यक्ति, जो शहरों में प्रवास कर जाते हैं, गांव में अपने परिवारों और संबंधियों से संबंध बनाए रखते हैं। शहरों में भी वे न केवल अपने गांव या आसपास के गांवों के व्यक्तियों की समस्याओं के समाधान में मदद करते हैं, बल्कि अपनी जाति के सदस्यों का भी ऐसी परिस्थितियों में साथ देते हैं। इससे उनका शहरी जीवन के अनुकूल बनना अधिक सरल हो जाता है।

## नगरीय क्षेत्रों की वृद्धि (Growth of Urban Areas)

यद्यपि नगरों का अस्तित्व प्राचीन समय से मिलता है, किन्तु अभी हाल तक वे जनसंख्या के अपेक्षाकृत एक छोटे भाग का ही प्रतिनिधित्व करते थे। अधिकांश व्यक्तियों का जीवन प्रमुख रूप से ग्रामीण समाज या गांव ही बनाते थे। नगरों और महानगरों की महाकाय वृद्धि विकास और जनसंख्या के बड़े भाग का नगरीय क्षेत्रों में जाना पिछले पांच एक दशकों का ही विशेष लक्षण रहा है। नगरीकरण औद्योगिक क्रान्ति का परिणाम था। इसने केन्द्रित स्थानों (centralised locations) पर श्रमिकों की बड़ी संख्या की मांग को उत्पन्न किया।

नगरों का विकास जन्म एवं मृत्यु दर और प्रव्रजन/स्थानान्तरण (migration) पर ही केवल निर्भर नहीं करता, परन्तु वह राजनीतिक, धार्मिक, ऐतिहासिक और आर्थिक कारकों से भी होता है। राजनीतिक केन्द्र राज्यों की राजधानी हो सकते हैं (भोपाल, जयपुर, मुंबई, कलकत्ता, आदि) या राजनीतिक गतिविधियों के क्षेत्र (देहली), या फौज के प्रशिक्षण स्थल (खड़गवासला), या रक्षा उत्पादन केन्द्र (जोधपुर); आर्थिक केन्द्र वे क्षेत्र होते हैं जहां व्यापार और वाणिज्य का वर्चस्व (predominance) होता है (अहमदाबाद, सूरत); औद्योगिक नगर वे स्थान हैं जहां कारखाने होते हैं (भिलाई, सिंगरौली, कोटा, लुधियाना); धार्मिक नगर वे हैं जहां व्यक्ति तीर्थयात्रा पर जाते हैं (हरिद्वार, वाराणसी, इलाहाबाद); और शैक्षणिक केन्द्रों पर शैक्षणिक संस्थाएं होती हैं (पिलानी)।

भारत में 1971 में शहरी जनसंख्या 10.91 करोड़ थी, 1981 में 16.01 करोड़, 1991 में 21.7, 2001 में 28.6 और 2011 में 37.7 करोड़ थी। जबकि 1921 में शहरी जनसंख्या देश की जनसंख्या की केवल 11.3 प्रतिशत थी; 1951 में यह बढ़कर 17.6 प्रतिशत, 1971 में 20.2 प्रतिशत, 1981 में 23.8 प्रतिशत और 1991 में 25.7 प्रतिशत हो गई (सेन्सस ऑफ इंडिया, 1991, सीरीज 1,2)। दूसरी ओर, 1911-21 के दशक में शहरी जनसंख्या 8.3 प्रतिशत बढ़ी, 1921-31 में वह 19.1 प्रतिशत बढ़ी, 1931-41 में 32.0 प्रतिशत, 1941-51 में 41.4 प्रतिशत, 1951-61 में 37.0 प्रतिशत, 1961-71 में 38.2 प्रतिशत, 1971-81 में 35.4 प्रतिशत और 1981-91 में 40.4 प्रतिशत बढ़ी। इस प्रकार 1941 और 1991 के बीच के पांच दशकों में शहरी जनसंख्या की वृद्धि दर 3.4 और 3.8 प्रतिशत के बीच प्रतिवर्ष रही। सन् 1985-90 के बीच, शहरी क्षेत्रों की औसत वार्षिक विकास दर 2.95 प्रतिशत थी जो इसी अवधि में

ग्रामीण क्षेत्रों के 1.65 प्रतिशत की तुलना में अधिक थी। शहरी क्षेत्रों के लिए विकास की दर में अगले दो दशकों के दौरान वृद्धि हो जाएगी, जबकि ग्रामीण क्षेत्रों की विकास दर में गिरावट आएगी। संयुक्त राष्ट्रसंघ के अनुमानों के अनुसार, भारत में शहरी क्षेत्रों के द्वारा वर्ष 2015-2020 के मध्य 3.03 प्रतिशत की विकास दर दर्ज की जा सकती है, जबकि इसी अवधि के दौरान ग्रामीण क्षेत्रों के द्वारा एक घटी हुई 0.34 प्रतिशत की दर दर्ज की जाएगी। संयुक्त राष्ट्रसंघ के अनुमानों के अनुसार ही सन् 2025 ई. तक भारत में शहरी क्षेत्रों में 45.2 प्रतिशत लोग (लगभग 63 करोड़) निवास कर रहे होंगे। यह सन् 1981 की भारत की जनसंख्या के लगभग बराबर है जो उस समय 68.4 करोड़ थी (द *हिन्दुस्तान टाइम्स*, 29 नवम्बर, 1995)।

सन् 2011 की जनगणना के अस्थायी योगों के अनुसार, भारत की कुल जनसंख्या (121.02 करोड़) में से शहरी जनसंख्या 37.71 करोड़ की थी, तथा पूर्ण संख्याओं में गत दशक के दौरान इसमें 9.1 करोड़ की वृद्धि हो चुकी है। महाराष्ट्र में 5.08 करोड़ (देश की कुल शहरी जनसंख्या का 13.48%) की सर्वाधिक बड़ी शहरी जनसंख्या मौजूद थी। इस प्रकार, शहरी क्षेत्रों में जनसंख्या की विकास दर 31.8 प्रतिशत की है।

एक लाख तथा उससे अधिक की जनसंख्या वाले इलाकों को 'नगरों', जिनकी जनसंख्या एक लाख से कम हो, के विपरीत 'शहर' का नाम दिया जाता है। जहां सन् 1931 में एक लाख से अधिक जनसंख्या वाले शहरों की कुल संख्या 32 थी, वहीं यह सन् 1951 में बढ़कर 72, सन् 1961 में 107, सन् 1981 में 216, सन् 1991 में 317 तथा सन् 2001 में 393 तक हो गई। इसी प्रकार से, 10 लाख से अधिक की जनसंख्या वाले बड़े शहरों की संख्या में भी वृद्धि हो गई जो सन् 1941 में 2 से सन् 1971 में 9, सन् 1981 में 12, सन् 1991 में 23 तथा सन् 2001 में 35 तक हो गई। तब, 50 लाख एवं इससे अधिक की जनसंख्या वाले मेगा शहरों की संख्या भी सन् 1991 में 4 से बढ़कर सन् 2001 में 6 हो गई–इस बार हैदराबाद तथा बेंगलूरू ने पहले से मौजूद मुम्बई, कोलकाता, दिल्ली एवं चेन्नई की सूची में अपने को शामिल करवा लिया (प्रेमी, 2011; 47 सेंसेस ऑफ इंडिया, 1991, 2001)। ऐसे विकास जनता के सामाजिक, आर्थिक एवं राजनीतिक जीवनों को प्रभावित करते हैं। भारत में सन् 2001 में प्रथम श्रेणी के कुल 476 शहरों में पश्चिम बंगाल में सर्वाधिक बड़ी संख्या (63) मौजूद थी, जिसके बाद उत्तर प्रदेश (55), आंध्र प्रदेश (50), महाराष्ट्र (41) तथा तमिलनाडु (35) का क्रम था (प्रेमी, 2011: 65)।

## नगरीकरण के सामाजिक प्रभाव (Social Effects of Urbanization)

नगरीकरण के सामाजिक प्रभावों का विश्लेषण उसके परिवार, जाति, महिलाओं की सामाजिक स्थिति, और ग्रामीण जीवन के सम्बन्ध से किया जा सकता है।

### *नगरीकरण और परिवार (Urbanization and Family)*

नगरीकरण केवल परिवार के ढांचे को ही प्रभावित नहीं करता परन्तु वह परिवार के आन्तरिक और अन्तर-परिवार के सम्बन्धों और उन कार्यों को जो परिवार करता है को भी प्रभावित करता है। शहरी परिवारों पर आई.पी. देसाई, कपाडिया, और एलन रास जैसे विद्वानों द्वारा किए गए आनुभविक अध्ययनों ने बतलाया है कि शहरी संयुक्त परिवार का स्थान धीरे-धीरे एकाकी परिवार ले रहा है, परिवार का आकार सिकुड़ रहा है, और रिश्तेदारी के सम्बन्ध केवल दो या तीन पीढ़ी तक ही सीमित हो गए हैं। गुजरात में महुवा कस्बे में 1955-57 में 423 परिवारों पर किए गए अध्ययन में आई.पी.देसाई (1964) ने पाया कि 5 प्रतिशत परिवार एकाकी थे (निवासीय रूप से और प्रकार्यात्मक रूप से), 74 प्रतिशत निवासीय रूप से एकाकी थे परन्तु प्रकार्यात्मक रूप से और/या मूल बातों में (सम्पत्ति में) संयुक्त, और 21 प्रतिशत निवास और कार्य (functioning) और सम्पत्ति में संयुक्त थे। 95.0 प्रतिशत संयुक्त परिवारों में से (कार्य और/या सम्पत्ति, और/या निवास में संयुक्त) 27 प्रतिशत प्रकरणों में संयुक्त होने का रूप कम था (वे कार्य करने में ही

संयुक्त थे), 17.0 प्रकरणों में संयुक्त होने का रूप उच्च था (अर्थात वे कार्य करने और सम्पत्ति के मामलों में संयुक्त थे), 30 प्रतिशत प्रकरणों में संयुक्त होने का रूप उच्चतर था (अर्थात वे कार्य करने, सम्पत्ति और आवास के मामलों में संयुक्त थे परन्तु वे दो पीढ़ी के परिवार थे), और 21.0 प्रतिशत प्रकरणों में संयुक्त होने का रूप उच्चतम था (अर्थात वे आवास, कार्य और सम्पत्ति में संयुक्त थे और वे तीन पीढ़ी के परिवार थे)। यह दिखलाता है कि यद्यपि शहरी परिवार का ढांचा बदल रहा है परन्तु परिवारों में व्यक्तिवाद की भावना नहीं बढ़ रही है।

कपाड़िया (1959) ने 1955 में गुजरात में ग्रामीण और नगरीय (नवसारी) क्षेत्रों में 1,162 परिवारों के अध्ययन में बताया कि जब ग्रामीण क्षेत्रों में प्रत्येक दो एकाकी परिवारों के पीछे तीन संयुक्त परिवार थे, नगरीय क्षेत्रों में एकाकी परिवार संयुक्त परिवारों से 10 प्रतिशत अधिक थे। एलीन रौस (1961) ने 1957 में बेंगलूर में मध्यम और उच्च वर्गों के 157 हिन्दू परिवारों के अध्ययन में पाया कि (1) तीन-पंचम (three-fifth) परिवार एकाकी थे और दो-पंचम संयुक्त; (2) संयुक्त परिवारों में 70 प्रतिशत छोटे संयुक्त परिवार थे (दम्पती+अविवाहित बच्चे+बच्चों के बिना विवाहित पुत्र, या बच्चे के साथ दो या दो से अधिक विवाहित भाई) और 30.0 प्रतिशत बड़े संयुक्त परिवार थे (अविवाहित बच्चों के माता-पिता+अविवाहित बच्चे+बच्चों के साथ विवाहित पुत्र); (3) आज की प्रवृत्ति (trend) पारंपरिक संयुक्त परिवार से अलग होकर एकाकी परिवार इकाई की ओर है; (4) शहरी भारत में अब छोटा संयुक्त परिवार पारिवारिक जीवन का सर्वाधिक प्रतिनिधिक रूप है; (5) परिवार के रूपों का एक चक्र (cycle) होता है; (6) व्यक्तियों की बढ़ती हुई संख्या अब अपने जीवन का कम से कम एक हिस्सा एकल (single) इकाइयों में व्यतीत करते हैं; और (7) व्यक्ति के दूर के संबंधियों से संबंध टूट रहे हैं या कमज़ोर हो रहे हैं।

आर.के.मुखर्जी (1973) ने भी पश्चिम बंगाल में 1960-61) में 4,120 परिवारों के अध्ययन के आधार पर कहा है कि संयुक्त परिवार का एकाकी परिवार द्वारा प्रतिस्थापन (replacement) एक अनिवार्य प्रक्रिया है।

यद्यपि अन्तः पारिवारिक और अन्तर पारिवारिक संबंधों में भी परिवर्तन आ रहा है, परन्तु इसका यह अर्थ नहीं है, कि बच्चे अपने बड़ों का अब आदर नहीं करते, या बच्चे अपने माता-पिता एवं भाई-बहनों की ओर अपने कर्तव्यों पर ध्यान नहीं देते, या पत्नियां अपने पतियों के अधिकार को चुनौती देती हैं। महत्वपूर्ण परिवर्तन यह है कि 'पति-प्रधान' (husband-dominant) परिवार का स्थान समतावादी/समानवादी (equalitarian) परिवार ले रहा है, जिसमें निर्णय लेने की प्रक्रियाओं में पत्नी भी भाग लेती है। माता-पिता भी बच्चे पर अपना अधिकार नहीं थोपते हैं और ना ही बच्चे आखें मूंद कर अपने माता-पिता के आदेशों का पालन करते हैं। बच्चों का रुख डर के बजाय आदर से प्रेरित होता है। आई.पी.देसाई ने भी यह माना है कि "युवा और बूढ़ी पीढ़ियों में तनाव के बावजूद बच्चों का अपने परिवारों से लगाव बिरले ही कमज़ोर होता है"। परन्तु रास के विचार में "परिवार के प्रति कर्तव्य की भावनाएं और परिवार के सदस्यों के प्रति भावात्मक लगाव निश्चित रूप से कमजोर हो जाएंगे और पितृसत्ता (authority of the patriarch) समाप्त हो जाएगी। जब ऐसा होगा तो संबंधियों के और बड़े समूह में पहचान के लिए कुछ भी बाकी नहीं रह जाएगा"। हमारा अपना विचार है, कि शहरी भारत में (और इस विषय में सारे भारत में) परिवार कभी भी नहीं टूटेगा परन्तु वह एक शक्तिशाली इकाई बना रहेगा।

## *नगरीकरण और जाति (Urbanization and Caste)*

नगरीकरण, शिक्षा, और व्यक्तिगत उपलब्धि (individual achievement) और आधुनिक प्रस्थिति की ओर अभिमुखीकरण का विकास (development of an orientation) जाति की पहचान को कम करता है। नगर के लोग ऐसे संबंधों के जाल (networks) में भाग लेते हैं, जिनमें कई जातियों के व्यक्ति होते हैं। रजनी कोठारी के अनुसार, व्यक्ति के प्रति वफादारी का स्थान एक-दूसरे को काटने वाली वफादारियों ने ले लिया है। आन्द्रे बितेइ (1966: 209-10) ने कहा है कि पाश्चात्य रंग में रंगे हुए अभिजन (elite) में वर्ग के बंधन जाति के बंधनों से कहीं अधिक महत्वपूर्ण होते हैं।

कुछ जातियों के शिक्षित सदस्य, जो आधुनिक व्यवसायों में हैं, कभी-कभी दबाव-समूह (pressure group) के रूप में संगठित हो जाते हैं। इस प्रकार एक जाति दूसरे दबाव समूहों के साथ राजनीतिक और आर्थिक संसाधनों के लिए एक सामूहिक इकाई (corporate body) की तरह प्रतिस्पर्द्धा करती है। इस प्रकार का संगठन एक नई प्रकार की एकात्मकता (solidarity) दर्शाता है। ये प्रतिस्पर्द्धा करने वाली इकाइयां जाति के ढांचों की अपेक्षा सामाजिक वर्गों की तरह अधिक कार्य करती है।

एक और परिवर्तन जो हम आज कल देखते हैं, वह है उपजातियों का विलयन (fusion) और जातियों का विलयन। कोलेन्डा (1984: 150-151) ने तीन प्रकार के विलयन की पहचान की है : (i) रोज़गार में और शहर की अपेक्षाकृत नई बस्तियों में विभिन्न उपजातियों और जातियों के व्यक्ति एक-दूसरे से मिलते हैं। वे प्रायः लगभग बराबर के दर्जे के होते हैं और इनमें पड़ोस की या कार्यालय समूह की एकता विकसित होती है। इस तरह की चीज बड़े शहरों में सरकारी बस्तियों में आमरूप से पाई जाती है; (ii) अन्तर-उपजातीय विवाह होते हैं और इससे उपजातियों के विलयन को प्रोत्साहन मिलता है। यह इसलिए होता है कि कई बार शिक्षित बेटी के लिए अपनी ही उपजाति में पर्याप्त रूप से शिक्षित वर नहीं मिलता, परन्तु करीब की उपजाति में मिल जाता है; और (iii) लोकतांत्रित राजनीति (democratic politics) उपजातियों और सन्निकट जातियों के विलयन को प्रोत्साहित करती है, जिससे बड़े आकार के दलों का संगठन बन सके। इसका एक उदाहरण तमिलनाडु के द्रविड़ मुनेत्र कषगम (DMK) और अन्ना द्रविड़ मुनेत्र कषगम (ADMK) के दलों का है जिनका संगठन उच्च गैर ब्राह्मण जातियों के सदस्यों द्वारा किया गया है।

शहर के लोग जाति के प्रतिमानों के अनुसार पूर्णरूप से नहीं चलते। खानपान संबंधों, वैवाहिक संबंधों, सामाजिक संबंधों और व्यावसायिक संबंधों में परिवर्तन हुआ है। बिहार में जाति व्यवस्था के एक अध्ययन में पाया गया कि नगरीकरण ने जाति व्यवस्था के एक अध्ययन में पाया गया कि नगरीकरण ने जाति व्यवस्था की सब विशेषताओं को समान रूप से प्रभावित नहीं किया है। पांच विभिन्न जातियों (ब्राह्मण, राजपूत, धोबी, अहीर, और चमार) के 200 व्यक्तियों के अध्ययन के आधार पर पाया गया कि सभी प्रत्यर्थियों ने अपनी ही जाति में विवाह किया था, यद्यपि शहरों में रह रहे प्रत्यर्थियों में से 20 प्रतिशत अन्तर्जातीय विवाहों के पक्ष में थे। इसके विपरीत ग्रामीण क्षेत्रों में 5.0 प्रतिशत थे। व्यवसाय के संबंध में शहर में एक भी प्रत्यर्थी अपने पारंपरिक जाति के धंधे में नहीं था, जबकि ग्रामीण क्षेत्रों में 81.0 प्रतिशत प्रत्यर्थी अभी तक अपने पारंपरिक धंधे से जुड़े हुए थे। इसी प्रकार जातीय एकता ग्रामीण क्षेत्रों की अपेक्षा शहरी क्षेत्रों में इतनी मजबूत नहीं थी। जातियों की पंचायतें शहरों में बहुत कमजोर थीं। धुरिये (1952), कपाड़िया (1959), बार्नबास, योगेन्द्र सिंह, आर.के.मुखर्जी, श्रीनिवास, योगेश अटल और एस.सी.दुबे ने भी जाति पर नगरीकरण के प्रभाव का उल्लेख किया है।

## *नगरीकरण और महिलाओं की प्रस्थिति (Urbanization and Status of Women)*

महिलाओं की प्रस्थिति ग्रामीण क्षेत्रों की तुलना में शहरी क्षेत्रों में अधिक ऊंची है। तुलनात्मक रूप से शहरी महिलाएं अधिक शिक्षित एवं उदार हैं। ग्रामीण क्षेत्रों में 46.13 प्रतिशत साक्षर महिलाओं के विपरीत शहरी क्षेत्रों में 1991 में 72.86 प्रतिशत महिलाएं थीं। उनमें से कुछ कार्यरत भी थीं। इस प्रकार उन्हें न केवल अपने आर्थिक, सामाजिक और राजनीतिक अधिकारों की जानकारी थी अपितु वे अपने अधिकारों का उपयोग अपने को अपमानित और शोषित होने से बचने में भी करती थीं। लड़कियों की शहरों में विवाह के समय की औसत आयु भी गांवों में विवाह की औसत आयु से अधिक थी।

फिर भी श्रम बाजार में महिलाएं अभी भी प्रतिकूल स्थिति में हैं। श्रम बाज़ार में महिलाओं के विरुद्ध पक्षपात रवैया अपनाया जाता है और अवसर की समानता के विरुद्ध होते हैं। अवसर की समानता को इस संदर्भ में व्यापक रूप में समझा जा सकता है। इसमें रोज़गार, प्रशिक्षण और उन्नति के अवसरों की समानता आती है। इस रूप में श्रम बाजार में, जहां लिंग वियोजन है, परिवर्तन संभव नहीं

है, क्योंकि श्रम बाजार के ढांचे यह मान कर चलते हैं, कि महिलाओं की जीवन-वृत्ति (career) के संरूपों में साधारणतया अन्तराल आते हैं और इसके विपरीत पुरुषों के सामान्य जीवन-वृत्ति के संरूपों (patterns) में निरन्तरता (continuity) होती है। श्रम बाजार में लिंग वियोजन के प्रतिबंधों के कारण महिलाओं की प्रवृत्ति सीमित व्यवसायों के दायरे में काम करने की होती है और इन व्यवसायों में प्रतिष्ठा और मजदूरी भी कम होती है। महिलाएं साधारणतया अध्यापन, नर्सिंग, सामाजिक कार्य, लिपकीय और क्लर्कों के रोजगार को अधिक चाहती हैं-जिन सब में प्रतिष्ठा कम होती है और पारिश्रमिक भी कम मिलता है। उन महिलाओं को भी, जो व्यावसायिक शिक्षा पाने में आने वाली बाधाओं को भी पार कर लेती हैं, प्रतिकूल स्थितियों का सामना करना पड़ता है क्योंकि उन्हें, व्यावसायिक जीवन-वृत्ति और घर की प्रतिस्पर्द्धा से भी मांगों से स्वयं को अनुकूल बनाने में कठिनाई होती है।

महिलाओं के लिए अविवाहित रहना या विवाह और जीवन-वृत्ति को सम्मिश्रित (combine) करना एक कठिन कार्य है। इस आम अपेक्षा के अलावा कि सब पत्नियों को गृह-स्वामिनी होना चाहिए यह भी पाया जाता है कि आवश्यकता पड़ने पर महिलाओं से अपनी जीवन-वृत्ति को त्याग देने को कहा जाता है और इस प्रकार उनके पतियों की जीवन-वृत्ति की अपेक्षा उनकी जीवन-वृत्ति को गौण समझा जाता है। इससे महिलाओं में कुण्ठाएं उत्पन्न हो जाती हैं और कुछ प्रकरणों में इससे मानसिक बीमारियां भी हो जाती हैं। परन्तु ग्रामीण महिलाओं को ऐसी समस्याओं का सामना नहीं करना पड़ता।

इसके अतिरिक्त यह भी देखा गया है, कि भारत में लड़कियों की उच्च स्तर की शिक्षा कम छोटे आकार वाले परिवार से महत्वपूर्ण ढंग से सम्बद्ध है। यद्यपि शिक्षा ने महिलाओं की विवाह की आयु बढ़ा दी है और जन्म दर को कम कर दिया है फिर भी इससे दहेज के साथ पारंपरिक संरूप वाली तयशुदा (arranged) विवाहों में कोई मूलभूत परिवर्तन नहीं हुआ है। मारग्रेट कॉरमेक (1961: 109) ने विश्वविद्यालय के 500 छात्रों के अध्ययन में पाया कि लड़कियां कॉलेज जाने और लड़कों से मिलने जुलने के लिए तैयार थीं परन्तु वे अपनी शादी अपने माता-पिता के द्वारा तय कराना चाहती थीं। महिलाएं नए अवसर चाहती हैं, परन्तु इनके साथ-साथ वे पुरानी सुरक्षाओं की भी मांग करती हैं। वे अपनी अभी हाल की प्राप्त स्वतंत्रता को पसंद करती हैं, परन्तु पुराने मूल्यों को भी बनाए रखना चाहती हैं।

तलाक और पुनर्विवाह नए तथ्य हैं, जिन्हें हम शहरी स्त्रियों में पाते हैं। आज महिलाएं कानूनी रूप से विवाह विच्छेद करने में अधिक पहल करती हैं, यदि उन्हें विवाह के उपरान्त समन्वय स्थापित करना कठिन लगता है। आश्चर्य यह है कि बड़ी संख्या में तलाक स्त्रियों द्वारा असामंजस्य और मानसिक यातना के आधार पर मांगा जाता है।

राजनीतिक रूप से भी शहरी महिलाएं आजकल अधिक सक्रिय हैं। उन महिलाओं की संख्या जो चुनाव लड़ती है, हर स्तर पर बढ़ी है। वे महत्वपूर्ण राजनीतिक पदों पर आरूढ़ हैं और स्वतंत्र राजनीतिक विचारधाराएं रखती हैं। इस प्रकार यह निष्कर्ष निकाला जा सकता है, कि जब ग्रामीण महिलाएं आर्थिक और सामाजिक रूप से पुरुषों पर निर्भर हैं, शहरी महिलाएं तुलनात्मक रूप से अधिक स्वतंत्र हैं।

## *शहरीकरण और ग्रामीण जीवन (Urbanization and Village Life)*

पिछली आधी शताब्दी से हमारे देश में शहरी विकास के कारण ग्रामीण व्यक्तियों का ऐसे शहरी क्षेत्रों में अपकेन्द्री (centrifugal) पलायन हुआ, जहां पर पहुंचने के लिए जनोपयोगी सेवाएं सुगमता से उपलब्ध थीं। कई व्यक्ति शहरों में इसलिए गए क्योंकि वहां रोजगार उपलब्ध थे। जो अभी भी गांवों में बसे हैं उन्हें भी शहरी जीवन की सुविधाएं उपलब्ध हैं यद्यपि वे शहरी केन्द्रों से मीलों दूर हैं। उत्कृष्ट राजमार्ग, बसें व मोटरें, रेडियो, टेलीविजन और अखबार ग्रामीणों को शहरी रोजगार, और शहरी आवास और ग्रामीण सम्पर्क ने न केवल सामाजिक संरूपों में कुछ परिवर्तन किए हैं, परन्तु जीवन की एक नई शैली से समन्वय भी स्थापित किया है। ग्रामीणों को अब शहरी जीवन के बारे में अधिक जानकारी है और उससे वे इस प्रकार प्रभावित हुए हैं कि अब वो जाति, धर्म आदि को अत्यधिक महत्व नहीं देते। वे अपने दृष्टिकोण में अधिक

उदार हो गए हैं। वे अब अलगाव में नहीं रहते। कई किसानों ने खेती की नई पद्धतियां अपना ली हैं। न केवल उनके मूल्यों और आकांक्षाओं में परिवर्तन आया है, परन्तु उनके व्यवहार में भी परिवर्तन हुआ है। जजमानी व्यवस्था कमजोर हो रही है और अन्तर्जातीय एवं अन्तर्वर्गीय संबंधों में परिवर्तन आ रहा है। विवाह, परिवार और जाति की पंचायतों की संस्थाओं में भी परिवर्तन है। बीमारियों के उपचार के लिए प्रारम्भिक तरीकों पर निर्भर रहने के बजाय वे अब आधुनिक एलोपेथिक दवाई का प्रयोग करते हैं। चुनावों में भी इसी प्रकार वे एक प्रत्याशी की धार्मिक अथवा सामाजिक प्रतिष्ठा के स्थान पर उसकी क्षमताओं और राजनीतिक पृष्ठभूमि को महत्व देते हैं।

परन्तु इसका यह अर्थ नहीं कि गांवों में अब परम्पराओं का कोई महत्व नहीं है। व्यक्तिवाद परिवारवाद (familism) का स्थान नहीं ले पाया है और न ही धर्म-निरपेक्षता उस बन्धन का स्थान ग्रहण कर पायी है जो धार्मिक है।

## नगरीकरण की समस्याएं (Problems of Urbanization)

शहरी समस्याएं अनन्त हैं। नशीले पदार्थों का व्यसन, भ्रष्टाचार, और बेरोज़गारी उनमें से कुछ हैं। हम उन सात गम्भीर समस्याओं के प्रभाव क्षेत्र और व्यापकता का विश्लेषण करेंगे जिनका इस पुस्तक के दूसरे अध्यायों में उल्लेख नहीं हुआ है। वे हैं : (i) आवास और गंदी बस्तियां, (ii) भीड-भाड़ और निर्व्यक्तीकरण (depersonalisation), (iii) पानी की आपूर्ति एवं जल-निकास (drainage), (iv) परिवहन एवं यातायात, (v) विद्युत की कमी, (vi) सफाई व्यवस्था, और (vii) प्रदूषण।

### *आवास और गंदी बस्तियां (Housing and Slums)*

शहर में व्यक्तियों का आवास या आवासहीनता (houselessness) को समाप्त करना एक गंभीर समस्या है। सरकार, उद्योगपति, पूंजीपति, साहसी व्यक्ति (entrepreneurs), विकासक (developers), ठेकेदार और मकानदार (landlords) निर्धन और मध्यम वर्ग के व्यक्तियों की आवासीय आवश्यकताओं की पूर्ति नहीं कर पाए हैं। सन् 2001 के 5.2 करोड़ की तुलना में आज 6.5 करोड़ से भी अधिक लोग झुग्गी-झोपड़ियों में निवास करते हैं (*द हिन्दू*, 1 अक्टूबर, 2013)। शहरी जनसंख्या के संदर्भों में, प्रत्येक छहे शहरी भारतीय निवासियों में से लगभग एक झुग्गी-झोपड़ी में निवास करता है। दूसरे शब्दों में, मोटे तौर पर लगभग 1.37 करोड़ परिवार अथवा शहरी परिवारों का 17.4 प्रतिशत भाग झुग्गी-झोपड़ी में निवास करता है (*द टाइम्स ऑफ इंडिया*, 22 मई, 2013)। राज्यवार, सन् 2011 में झुग्गी-झोपड़ियों में निवास करने वाले 1.10 करोड़ से अधिक परिवारों के साथ महाराष्ट्र में झुग्गी-झोपड़ी में निवास करने वालों की सबसे बड़ी जनसंख्या मौजूद थी, जिसके बाद आंध्र प्रदेश (1 करोड़), तथा पश्चिम बंगाल एवं उत्तर प्रदेश (60 लाख प्रत्येक) का स्थान था। दिल्ली में 17 लाख से भी अधिक निवासी झुग्गी-झोपड़ी में निवास करते हैं (*द हिन्दू*, 1 अक्टूबर, 2013)। इसका अर्थ यह है कि राष्ट्र के कुल परिवारों में से 17 प्रतिशत परिवार घरों से वंचित हैं। केवल इतना ही नहीं, राष्ट्रीय प्रतिदर्श सर्वेक्षण संगठन (NSSO) के अनुसार, लगभग ग्रामीण परिवारों का 28 प्रतिशत भाग तथा शहरी परिवारों का 6 प्रतिशत भाग आधे-*पक्के* घरों में निवास करता है तथा ग्रामीण परिवारों का लगभग 17 प्रतिशत एवं शहरी परिवारों का 2 प्रतिशत भाग *कच्चे* घरों में निवास करता है।

लाखों व्यक्तियों को अत्यधिक किराया देना पड़ता है, जो उनके साधनों से परे होता है। हमारी लाभ-अभिमुख अर्थव्यवस्था में निजी विकासकों और बस्तियों का निर्माण करने वालों को निर्धन और निम्न मध्यमवर्ग के व्यक्तियों के लिए शहरों में मकान बनाने से कुछ लाभ नहीं होता। वे इसके बजाय धनाढ्य एवं उच्च मध्यम वर्ग की आवासीय आवश्यकताओं की पूर्ति पर अपना ध्यान केन्द्रित करते हैं। इसके परिणामस्वरूप किराये बढ़े हैं और कुछ उपलब्ध मकानों के लिए किराये की प्रतिस्पर्द्धा रहती है। लगभग आधी जनसंख्या के पास खराब मकान हैं या वे अपनी आय का 20 प्रतिशत किराये पर व्यय करते हैं। कुछ राज्यों में आवासन मंडलों (Housing Boards) और नगर विकास प्राधिकरणों (City

अनत्दज्सहूँ ूल्प्दिगूगे) ने शहर की आवासीय समस्या का जीवन बीमा निगम, हुडको (HUDCO) और इस प्रकार की अन्य एजेंसियों की सक्रिय वित्तीय सहायता के द्वारा समाधान करने का प्रयास किया है। वे मकान की पूरी कीमत मासिक किस्तों तक में लेते हैं और 10 प्रतिशत से 12 प्रतिशत तक ब्याज लेते हैं। परन्तु इंजीनियर और ठेकेदार इन सरकारी प्रयासों से बहुत लाभ कमाते हैं। वे निर्माण में घटिया माल लगाते हैं और निर्धारित विनिर्देशों (specifications) का उल्लंघन करते हुए भवनों का निर्माण करते हैं। खरीदने वाले को शीघ्र ही मालूम हो जाता है कि छत टपकती है, चूना झड़ने लगता है, दीवारों में दरारें पड़ जाती हैं और बिजली के साज़-सामान (fittings) खराब होने लगते हैं। इस प्रकार के कार्यों से आवासन मंडल और वे थोड़े से ईमानदार अफसर, जो इस प्रकार की आवासीय परियोजनाओं से सम्बद्ध होते हैं, बदनाम हो जाते हैं। इसलिए कोई आश्चर्य नहीं कि आज भी शहरों में आवासीय समस्या केवल रोटी और कपड़े के बाद सबसे विकराल समस्या बनी हुई है।

10वीं योजना (2007-08) के अंत तक शहरी क्षेत्रों में घरों की अनुमानित कमी लगभग 2.471 करोड़ आवासी इकाइयों की थी। आगे, 11वीं योजना के दौरान 18.20 लाख घरों की अतिरिक्त आवश्यकता होने का अनुमान लगाया गया है, जो योजना अवधि (2007-12) के दौरान आवासों की कुल आवश्यकता को 2.653 करोड़ इकाइयों तक पहुंचा देता है।

देश के सभी मेट्रोपोलिटन शहरों में स्थिति कमोबेश एक समान ही है। सरकारी प्रयासों के बावजूद भी झुग्गी-झोपड़ी की जनसंख्या के द्वारा भविष्य में भारी वृद्धि का प्रदर्शन किए जाने की आशा है जो आवासीय समस्या तथा गंदगी की स्थिति को और अधिक गंभीर बनाने वाली है। झुग्गी-झोपड़ी वाले क्षेत्रों में जीवनयापन की स्थितियों का निरूपण अधिक भीड-भाड़, खराब पर्यावरणीय स्थितियों, स्वास्थ्य एवं परिवार कल्याण सेवाओं के अभाव तथा रिहायशी स्थल के न्यूनतम स्तरों के संपूर्ण अभाव के रूप में किया जा सकता है। इसके परिणामस्वरूप, झुग्गी-झोपड़ी में रहने वाले लोगों की स्थितियां गैर-झुग्गी-झोपड़ी क्षेत्रों के निवासियों की तुलना में कहीं अधिक दयनीय हैं।

आइए, हम उदाहरण के लिए दिल्ली की झुग्गी-झोपड़ी के मामले को ही लेते हैं। 'फोर्सेस' नामक एक स्वैच्छिक संगठन, जो भारत में बाल्य देखभाल सेवाओं पर कार्य करता है, के द्वारा सन् 2009 में संपन्न एक सर्वेक्षण के अनुसार, दिल्ली की कुल जनसंख्या के आधे से अधिक लोग (52%) आधारभूत सुविधाओं के अपर्याप्त प्रावधानों के साथ झुग्गी-झोपड़ी में रह रहे थे। दिल्ली के प्रति 1000 जीवित जन्म लेने वाले शिशुओं में से 40 की शिशु मृत्यु-दर (IMR) की तुलना में झुग्गी-झोपड़ियों में यह दर कहीं ऊंची 54 की थी।

झुग्गी-झोपड़ियों में टीकाकरण का स्तर निराशाजनक रूप से जनसंख्या के मात्र 34 प्रतिशत को ही उपलब्ध था तथा लोक अधिकारियों के द्वारा सुरक्षित पेयजल एवं स्वच्छता उपलब्ध कराए जाने में की जाने वाली लापरवाही के कारण अतिसार (75%) तथा रक्ताल्पता (63%) जैसे रोगों की घटनाएं बहुत अधिक थीं। जहां तक दिल्ली में शहरी गरीबों के बीच पोषण के स्तर का सम्बन्ध है, दिल्ली के भारत में दूसरे सर्वाधिक प्रति-व्यक्ति आय वाला राज्य होने के बावजूद यहां तीन वर्ष से कम आयु वाले बच्चों में से 35.4 प्रतिशत अवरोधित विकास, 15.5 प्रतिशत बर्बाद तथा 33.1 प्रतिशत सामान्य से कम वजन से पीड़ित थे।

रिपोर्ट के द्वारा आगे यह उल्लेख किया गया कि दिल्ली की झुग्गियों में निवास करने वालों में से 31 प्रतिशत के पास सफाई को कोई भी सुविधा तथा भूमिगत मलजल प्रवाह प्रणाली उपलब्ध नहीं थी। निर्माण श्रमिकों की दुर्दशा पर रिपोर्ट के द्वारा उल्लेख किया गया है कि 67 प्रतिशत बच्चे तथा 69 प्रतिशत महिला श्रमिक कुपोषित थे (*द हिन्दू*, 17 दिसम्बर, 2009)।

### *भीड़-भाड़ और निर्व्यक्तीकरण* (Crowding and Depersonalisation)

भीड़-भाड़ (जनसंख्या की सघनता) और व्यक्तियों की दूसरे व्यक्तियों की समस्याओं (जिनमें उनके पड़ोसियों की समस्याएं सम्मिलित हैं) के प्रति उदासीनता एक दूसरी समस्या है जो शहरी जीवन में उत्पन्न हो रही है।

कुछ घरों में इतनी भीड़-भाड़ है कि पांच या छह व्यक्ति एक कमरे में रहते हैं। कुछ शहरों के अड़ोस-पड़ोस में बहुत अधिक भीड़-भाड़ है। भीड़-भाड़ के कई हानिकारक प्रभाव होते हैं। यह विचलित व्यवहार को बढ़ावा देती है, बीमारियां फैलाती है और मानसिक बीमारियों, मदिरापान और साम्प्रदायिक दंगों के लिए परिस्थितियां उत्पन्न करती हैं। सघन शहरी आवास का एक प्रभाव भावशून्यता और उदासीनता होता है। शहर में रहने वाले दूसरों के मामलों में उलझना नहीं चाहते। यहां तक कि व्यक्ति दुर्घटनाग्रस्त हो जाते हैं, तंग किए जाते हैं, उन पर आक्रमण किया जाता है, भगाया जाता है और उनकी हत्या तक कर दी जाती है और ऐसे समय में अन्य व्यक्ति केवल खड़े हुए देखते रहते हैं।

## *जल आपूर्ति और जल-निकास (Water Supply and Drainage)*

हम ऐसे चरण पर पहुंच गए हैं, जहां पर किसी भी शहर में चौबीस घंटे पानी की आपूर्ति नहीं होती है। रुक-रुक कर आपूर्ति करने से खाली पानी की लाइनों में रिक्त स्थान (vacuum) उत्पन्न हो जाता है, जिससे लाइनों के रिसते हुए जोड़ (leaking joints) गंदे पदार्थों (pollutants) को खींच लेते हैं। चेन्नई, हैदराबाद, राजकोट, अजमेर और उदयपुर जैसे शहरों में नगरपालिकाएं एक दिन में एक घंटे से भी कम जल आपूर्ति करती हैं। कई छोटे कस्बों में प्रमुख जल आपूर्ति होती ही नहीं है और वे ट्यूबवैलों पर निर्भर रहते हैं। यहां तक कि सापेक्षिक रूप से नियोजित एवं सेवा-संपन्न जयपुर जैसे शहर को भी अपनी जलापूर्ति में वृद्धि करने के लिए 150 किलोमीटर तक की दूरी पर स्थित टोंक जिले के बीसलपुर बांध तक पहुंचने की आवश्यकता पड़ रही है। अधिकांश नगर एवं शहर, जहां प्रत्येक वर्ष अच्छी-खासी वर्षा हो जाती है, को भी जल की गंभीर कमी की यंत्रणा को झेलना पड़ रहा है। जिस बात की दुखद कमी है, वह है एक राष्ट्रीय जल नीति जिसके द्वारा कुल जल संसाधनों तक पहुँच स्थापित की जाएगी तथा फिर जल का आबंटन किया जाएगा।

जब हम पानी की आपूर्ति की दूसरी ओर देखते हैं, यानी, जल-निकास, तो हम स्थिति इतनी ही खराब पाते हैं। एक बात जो भारत के बारे में कम लोग जानते हैं वह यह है कि यहां एक भी शहर ऐसा नहीं है जहां पूर्णरूप से मल विसर्जन नाले हों। चंडीगढ़ जैसा नियोजित शहर भी इस विशिष्टता का दावा नहीं कर सकता क्योंकि उसमें और उसके आसपास के अनधिकृत निर्माण प्रमुख व्यवस्था के क्षेत्र से बाहर है। जल-निकास व्यवस्था के नहीं होने से गर्मी के महीनों में हरेक शहर में जमें हुए पानी के बड़े-बड़े गड्ढे देखे जा सकते हैं। जिस प्रकार हमें एक राष्ट्रीय जल नीति की आवश्यकता है, उसी प्रकार हमें एक राष्ट्रीय और क्षेत्रीय जल-निकास नीति की भी आवश्यकता है।

## *परिवहन और यातायात (Transportation and Traffic)*

परिवहन और यातायात की सभी भारतीय शहरों में तस्वीर ठीक नहीं है। अधिकांशत व्यक्ति बसों और टेम्पो का इस्तेमाल करते हैं और कुछ रेल का परिवहन व्यवस्था के रूप में प्रयोग करते हैं। स्कूटरों, मोटर साइकिलों, मोपेडों और कारों की बदली हुई संख्या यातायात समस्या को और भी अधिक खराब करती है। वे धुएं और शोर से हवा को प्रदूषित करते हैं। उदाहरण के लिए, दिल्ली आर्थिक सर्वेक्षण के अनुसार दिल्ली में वाहनों की संख्या में वर्ष 1999-2000 की 31.64 लाख की संख्या में 135 प्रतिशत बिन्दुओं का उछाल आया है और वर्ष 2011-12 में यह बढ़कर 74.53 लाख हो चुकी है। सन् 2001 से, विगत दस वर्षों के दौरान सवारी के रूप में कार तथा इसके ही समान अन्य वाहनों का उपयोग करने वाले परिवारों की संख्या के मामले में पुणे मुम्बई को भी पीछे छोड़ चुका है। राज्य के कुल 35 जिलों में से पुणे के पास ऐसे 13.2 प्रतिशत परिवार थे, जबकि 12.8 प्रतिशत के साथ मुम्बई उपनगरीय जिला दूसरे स्थान पर था तथा मुम्बई का मध्यवर्ती जिला 12.6 प्रतिशत के साथ तीसरे स्थान पर (*टाइम्स ऑफ इंडिया*, 16 अप्रैल, 2012)। वाहनों की ऐसी बड़ी संख्या स्वाभाविक रूप से वायु को प्रदूषित करती है। भारत में, बड़े शहरों में मौजूद कुल प्रदूषण के भारत का 10

प्रतिशत तथा कार्बनडाइऑक्साइड के 70 प्रतिशत, हाइड्रोजन कार्बाइड का 50 प्रतिशत, नाइट्रोजन ऑक्साइड का 30-40 प्रतिशत तथा एसपीएम का 30 प्रतिशत भाग का योगदान वाहनों के द्वारा किया जाना अनुमानित किया गया है।

देहली, मुंबई, चेन्नई और कलकत्ता जैसे महानगरों में चलती बसों की संख्या पर्याप्त नहीं है और यात्रा करने वालों को बस के लिए एक या दो घंटे तक प्रतीक्षा करनी पड़ती है जिसका अर्थ यह होता है कि उन्हें अपने कार्यस्थल पर पहुंचने के लिए सुबह दो घंटे पहले घर छोड़ना पड़ता है और शाम को दो घंटे बाद वे घर पहुंच पाते हैं। इस परेशानी का मुख्य कारण यह है, कि यात्रियों की कम आय उनको सस्ते मकानों वाले क्षेत्रों में रहने के लिए बाध्य करती है, जिसके परिणामस्वरूप उन्हें लम्बी यात्रा करनी पड़ती है। इसके अतिरिक्त चूंकि हमारे नागरिक जन परिवहन व्यवस्था के लिए अधिक किराये नहीं दे सकते, किराये को कम रखना पड़ता है। इस कारण शहर की बस सेवाओं को इतने वार्षिक नुकसान उठाने पड़ते हैं, कि वे वास्तव में बढ़ नहीं सकतीं या शहर की आवश्यकताओं को पूरा करने के लिए पर्याप्त संख्या में बसें चला नहीं सकतीं।

### *बिजली की कमी (Power Shortage)*

यातायात से निकट से जुड़ी समस्या बिजली की कमी है। एक ओर शहरों में बिजली के साजो-सामान का प्रचलन बहुत अधिक हो गया है और दूसरी ओर नए उद्योगों के स्थापित होने से पुराने उद्योगों के विस्तार से भी बिजली पर निर्भरता बढ़ गई है। अधिकांश राज्य अपनी आवश्यकतानुसार बिजली उत्पादन करने की स्थिति में नहीं हैं, जिसके परिणामस्वरूप उन्हें पड़ोस के राज्यों पर निर्भर रहना पड़ता है। दो राज्यों में बिजली की सप्लाई पर झगड़ा हो जाने से शहर में व्यक्तियों के लिए भयंकर बिजली की संकट-स्थिति उत्पन्न हो जाती है।

### *सफाई व्यवस्था (Sanitation)*

भारतीय शहरों में नगरपालिकाएं तथा नगर निगम भ्रष्टाचार तथा अक्षमताओं में इतना अधिक उलझे हुए हैं, कि उनके पास शहरी की सफाई, विशेषतौर पर कूड़ा हटाए जाने, नाले-नालियों की सफाई किए जाने तथा सीवर लाइनों को खोले जाने में रुचि लिए जाने को छोड़कर अन्य सभी बातों के लिए पर्याप्त समय उपलब्ध है। सफाईकर्मी मुश्किल और हिचकिचाहट के साथ ही अपने सौंपे गए कर्तव्यों का पालन करते हैं तथा हर कुछेक महीनों में पारश्रमिक इत्यादि के मुद्दों पर हड़ताल पर जाने की धमकियां देते रहते हैं। कूड़ा निस्तारण वाहनों का बेड़ा अपनी क्षमता के एक तिहाई अथवा आधे पर ही कार्य करता है। यदि कूड़ा हटाए जाने का कार्य किसी निजी क्षेत्र के ठेकेदार को सौंपा जाता है तो वे सदैव ही धन का भुगतान न किए जाने की शिकायत करते रहते हैं और छोटे-मोटे कारणों के आधार पर ही कार्य करना बंद कर देते हैं। इस प्रकार से, शहरों की आधारभूत सफाई की आवश्यकताओं से निबटने के लिए अभिप्रेरणा का संपूर्ण अभाव है। घनी बस्ती वाले शहरी क्षेत्रों में अनधिकृत झुग्गियों के विस्तार तथा इन झुग्गियों के निवासियों के बीच नागरिक समझ का अभाव कचरे एवं रोगों के बढ़ते हुए ढेर में और अधिक वृद्धि कर देता है। यहां तक कि हमारे देश के बड़े शहर भी सफाई के संकट को प्रतिबिंबित करते रहते हैं। शहरी भारत में उत्पन्न होने वाले कुल नगरपालिकीय ठोस अपशिष्ट अर्थात् 6.88 करोड़ टन प्रतिवर्ष अथवा 1,88,500 टन प्रतिदिन में से मुश्किल के साथ ही 50 से 60 प्रतिशत की ही सफाई हो पाती है। इसी प्रकार से, वर्तमान समय में, उत्पन्न होने वाले अपशिष्ट जल का मात्र 10 प्रतिशत ही उपचारित किया जाता है तथा शेष को बिना किसी उपचार के जल संसाधनों में प्रवाहित कर दिया जाता है। ऐसा तब है जब दिल्ली, कोलकाता, मुम्बई तथा चेन्नई जैसे शहरों के नगर निगमों का कुल बजट हजारों करोड़ रुपयों का होता है (उदाहरणार्थ, दिल्ली नगर निगम का वित्त-वर्ष 2013-14 के लिए बजट 33,436 करोड़ रुपयों का था)। नगरपालिका का तंत्र अन्य कॉलोनियों में

मलजल प्रवाह, जल अथवा अपशिष्ट संग्रहण आदि की संपूर्ण उपेक्षा करते हुए मात्र अतिविशिष्ट व्यक्तियों के क्षेत्रों में ही कार्य करता है। यूनिसेफ के अनुसार, खराब सफाई व्यवस्था तथा जल के प्रदूषण के कारण लाखों की संख्या में शहरी बच्चे अतिसार, डिप्थीरिया, टिटेनस, खसरा इत्यादि से मर जाते हैं अथवा पीड़ित रहते हैं। कई शहरों के द्वारा प्रत्येक वर्ष मलेरिया तथा फाइलेरिया के मामलों की बड़ी संख्याओं को सूचित किया जाता है। यदि हमारे नगरपालिका अधिकारी ईमानदारी से सफाई की समस्या का सामना करने के लिए समय समर्पित करें तथा यदि हमारी जनता स्वच्छता की आवश्यकता के प्रति और अधिक जिम्मेदार बन जाए तो इन रोगों के विरुद्ध हमारे संघर्ष के आधे से भी अधिक भाग पर सहजता से विजय पाई जा सकती है। सन् 1994 में हमारे देश के कुछ शहरों में प्लेग फैलने की घटना ने अधिकारियों तथा सामान्य जनता के बीच कुछ जागरूकता तो उत्पन्न कर दी है किन्तु पूरे शहर को मलजल प्रवाह, कूड़े के निस्तारण की व्यवस्था, नाले-नालियों की सफाई तथा सामुदायिक शौचालयों से युक्त किया जाना आदि ऐसी बड़ी समस्याएं हैं, कि स्वच्छ वातावरण, सामुदायिक स्वच्छता तथा शहर की सफाई आदि अभी भी गंभीर समस्याएं बनी हुई हैं तथा आने वाले दशकों में भी इनके ऐसा ही बने रहने की संभावना है।

स्वाभाविक रूप से, आधारभूत समस्या है अत्यधिक शहरीकरण तथा उसके परिणामस्वरूप शहरों का झुग्गीकरण। किन्तु, चूंकि हमारे राजनीतिज्ञ अप्रवासियों का उपयोग एक वोट बैंक के रूप में करते हैं, अतः वे आवश्यक नागरिक कार्यवाही किए जाने के प्रति चिंताहीन बने रहते हैं। नियोजन के स्तर पर समझ का अभाव, सम्बन्धित एजेन्सियों के बीच समन्वय का अभाव, नगरपालिकाओं का कुप्रबंधन तथा राज्य सरकारों द्वारा उपलब्ध कराए जाने वाले आवश्यक धन के अभाव आदि सफाई व्यवस्था के रखरखाव सम्बन्धी चक्र को समुचित रूप में बनाए रखने में बाधा बने रहेंगे। यदि शहरों के द्वारा सफाई व्यवस्था एवं मलजल प्रवाह के साथ निम्न-प्राथमिकता वाले क्षेत्र के रूप में व्यवहार किया जाना जारी रहता है तो शहरी क्षेत्रों में स्वास्थ्य सम्बन्धी संकटों पर विजय प्राप्त कर पाना आने वाले वर्षों में एक अत्यंत कठिन कार्य होगा। एक दीर्घकालिक उपचार के रूप में जिन बातों की आवश्यकता है वह है कूड़े के संग्रहण की नवीन तकनीकों का उपयोग किया जाना, कूड़े के निस्तारण के लिए नवीन तकनीक का उपयोग किया जाना, नगरपालिका की संरचना में एक आधारभूत परिवर्तन किया जाना तथा भूमि उपयोग का नियोजन किया जाना।

## प्रदूषण (Pollution)

हमारे शहर और कस्बे पर्यावरण को प्रमुख रूप से प्रदूषित करते हैं। कई शहर अपने पूरे गंदे पानी और औद्योगिक अवशिष्ट कूड़े का 40 प्रतिशत से 60 प्रतिशत तक असंसाधित रूप में (untreated) अपने पास की नदियों में बहा देते हैं। छोटे से छोटा कस्बा अपने कूड़े और मल को अपनी खुली नालियों के जरिये निकटतम नहर में बहा देता है। शहरी उद्योग वातावरण को अपनी चिमनियों से निकलते धुएं और जहरीली गैसों से प्रदूषित करता है। उच्चतर वायु प्रदूषण को दर्ज करने वाले क्षेत्र ऐसे अनेक रोगों से भरपूर होते हैं जो विशेषतौर पर 5 वर्ष से कम आयु के बच्चों तथा 50 वर्ष से अधिक आयु वाले लोगों को प्रभावित करते हैं। सल्फर डाइऑक्साइड, नाइट्रोजन डाइऑक्साइड इत्यादि की मिलीजुली क्रिया वाले प्रभाव इन रोगों का कारण होते हैं। विश्व स्वास्थ्य संगठन के अनुसार, दिल्ली की परिवेशी वायु गुणवत्ता इसे पूरे विश्व में से 12वें सर्वाधिक प्रदूषित शहर होने का गौरव प्रदान करती है।

शहरी क्षेत्रों में पर्यावरण प्रदूषण का मुद्दा इतना अधिक महत्वपूर्ण माना जाता है, कि यहां तक कि सर्वोच्च न्यायालय ने भी समय-समय पर पर्यावरण कानूनों के कठोरतापूर्वक लागू किए जाने सम्बन्धी आदेश जारी किए हैं। उदाहरण के लिए, जुलाई 1995 में इसने दिल्ली में 146 खतरनाक उद्योगों को नवम्बर-दिसम्बर 1996 तक बंद किए जाने अथवा उन्हें कहीं और बसाये जाने के आदेश जारी कर दिए। यहां तक कि दिसम्बर 1996 में इस आदेश से प्रभावित हुए श्रमिकों के द्वारा आंदोलन भी प्रारंभ कर दिए गए, किन्तु सर्वोच्च न्यायालय इन उद्योगों को राष्ट्रीय राजधानी क्षेत्र (NCR) में बने न रहने

देने तथा उन्हें पड़ोस के किसी राज्य में स्थानान्तरित किए जाने के अपने निर्णय पर अडिग बना रहा। जैसा कि एक नवीनतम अध्ययन के द्वारा दर्शाया गया है, दिल्ली में वायु प्रदूषण के प्रमुख योगदानकर्ता हैं सड़क की धूल (50%) तथा उद्योग (23%)–वाहन मात्र 7 प्रतिशत के लिए उत्तरदायी हैं (*हिन्दुस्तान टाइम्स*, 19 जनवरी, 2011 में उद्धृत)।

अक्टूबर 1996 में आंध्र प्रदेश में पर्यावरण संरक्षण पर दिए गए एक अन्य ऐसे ही मामले में सर्वोच्च न्यायालय ने समान रूप से ऐसी ही महत्वपूर्ण भूमिका निभाई थी। इस निर्णय के द्वारा 6,000 किलोमीटर की तटरेखा के साथ जुड़े हुए उच्च-ज्वारीय रेखा वाले क्षेत्रों में 500 मीटर अंदर तक झींगों (छोटी समुद्री मछली) के कल्चर किए जाने पर प्रतिबंध लगा दिया गया था तथा मार्च 1997 तक ऐसे समस्त प्रतिबंधित क्षेत्र के अंतर्गत आने वाली इसकी समस्त संरचनाओं का विनष्टीकरण किया जाना था। देश के द्वारा अकेले आंध्र प्रदेश एवं तमिलनाडु से किए जाने वाले झींगे के निर्यात के माध्यम से 600 करोड़ रुपयों से भी अधिक की विदेशी मुद्रा अर्जित की जाती है। केन्द्रीय प्रदूषण नियंत्रण बोर्ड के द्वारा लगाए गए एक अनुमान के अनुसार, अकेले पूर्वीय तटों में एक्वाकल्चर फार्मों से उत्पन्न होने वाला बहिस्त्रावी प्रवाह 23.70 लाख घन मीटर तक का था (*द हिन्दुस्तान टाइम्स*, 6 जनवरी, 1997)। हमारे द्वारा वातावरण में घोला जाने वाला जहर हवा, पानी तथा भोजन के माध्यम से ठीक हमारे ही पास वापस आता है जो कैंसर, रोग प्रतिरक्षा सम्बन्धी विकारों अथवा हार्मोन प्रणाली सम्बन्धित विकारों के रूप में धीरे-धीरे हमारे शरीर में प्रवेश करता और प्रकट होता है। इस बात में कोई आश्चर्य नहीं होगा यदि चिकित्सक यह दावा करें कि भारत में निरंतर खराब हो रही पर्यावरण सम्बन्धी परिस्थितियों के द्वारा चार मेट्रोपोलिटन शहरों – दिल्ली, मुम्बई, बेंगलूरू तथा चेन्नई में कैंसर की गिरफ्त में आने की संभावनाओं में वृद्धि हो चुकी है – कैंसर की गिरफ्त में आने की संभावनाएं किसी के भी जीवनकाल के दौरान 7 से 11 प्रतिशत तक बढ़ चुकी हैं। एक मोटे अनुमान के अनुसार सन् 2012 में भारत में कैंसर के रोगियों की संख्या 28 लाख तक थी। निश्चित रूप से, पर्यावरण अपक्षय से अमीरों की तुलना में गरीब अधिक दुष्प्रभावित होते हैं।

## शहरी समस्याओं के कारण (Causes of Urban Problems)

मैकबे और आर्थर शोष्टक (1978: 198-205), जिन्होंने अमेरिका में शहरी समस्याओं को चार कारकों से जोड़ा है, का अनुसरण करते हुए हम भारत में शहरी जीवन की समस्याओं के पांच निम्नांकित कारणों की पहचान कर सकते हैं : (i) शहर में और शहर से बाहर प्रवसन (migration), (ii) औद्योगिक विकास, (iii) सरकार की उदासीनता, (iv) दोषपूर्ण नगर योजनाएं, और (v) निहित स्वार्थ की शक्तियां।

### *प्रवसन (Migration)*

व्यक्ति नगरों की ओर पलायन इसलिए करते हैं, क्योंकि वहां पर रोजगार के अपेक्षाकृत ज्यादा अच्छे अवसर उपलब्ध होते हैं। भारत में प्रवसन के चार संरूप हैं : ग्रामीण से ग्रामीण, ग्रामीण से नगरीय, नगरीय से नगरीय और नगरीय से ग्रामीण। यद्यपि ग्रामीण से ग्रामीण प्रवसन अभी तक सबसे अधिक प्रचलित पलायन का रूप है, परन्तु ग्रामीण से नगरीय और नगरीय से नगरीय प्रवसन भी इतना ही महत्वपूर्ण है। वर्ष 2001 की जनगणना के अनुसार, 31.5 करोड़ प्रवासियों, जिनकी गणना उनके अंतिम निवास स्थान के आधार पर की गई थी, में से 9.8 करोड़ ने विगत 10 वर्षों के दौरान अपने निवास स्थानों को परिवर्तित कर लिया है। इनमें से, 8.1 करोड़ अंतर-प्रांतीय अप्रवासी थे। इस प्रवाह में महिला अप्रवासियों का प्रभुत्व रहा है। इन प्रवासियों में से अधिकांश का सम्बन्ध विवाह से था। महाराष्ट्र, दिल्ली, गुजरात एवं हरियाणा जैसे राज्यों के द्वारा बिहार एवं उत्तर प्रदेश से प्रवासियों को आकर्षित किया गया। इनमें 23 लाख अप्रवासियों के साथ महाराष्ट्र पहले स्थान पर रहा था।

ग्रामीण दरिद्रों के शहर में प्रवेश राजस्व के स्रोतों को कम करते हैं। दूसरी ओर आजकल धनवान

व्यक्ति उप-नगरीय क्षेत्रों में रहना अधिक अच्छा समझते हैं। धनवान व्यक्तियों के पलायन से नगर को वित्तीय हानि होती है। इस प्रकार का शहर में प्रवसन और शहर से दूर प्रवसन से समस्याएं बढ़ती हैं।

### *औद्योगिक विकास (Industrial Growth)*

विश्व बैंक की एक रिपोर्ट के अनुसार, भारत में जहां वार्षिक शहरी जनसंख्या विकास दर 2.32 प्रतिशत (2010) की थी, वहीं वर्ष 2010-11 में औद्योगिक विकास की दर 7.8 प्रतिशत प्रतिवर्ष की रही (वर्ष 2009-10 में यह 10.5% थी)। इस विकास के द्वारा शहरों में रोजगार की अतिरिक्त आवश्यकताओं की पूर्ति किए जाने की आवश्यकता थी। तृतीयक क्षेत्र प्रवासियों को शरण भी प्रदान करता है, हालांकि उनकी आय अर्जन का स्तर नीचा ही बना रहता है।

### *सरकार की उदासीनता (Apathy of the Government)*

हमारे नगरों की प्रशासनिक अव्यवस्था भी नगरवासियों की परेशानी के लिए उत्तरदायी है। नगरपालिका की सरकारें नगर के विकास के साथ साथ प्रगति नहीं कर पाई हैं चाहे वो स्थान की दृष्टि (spatially) से हो या प्रबन्ध की उपसंरचनाओं (management infrastructures) की दृष्टि से। भविष्य के लिए योजना बनाने के लिए न तो संकल्प है और ना ही क्षमता। जो अभी भी बना हुआ है, उसके प्रबन्ध के लिए भी कार्य-कुशलता और क्षमता नहीं है। जब तक हम शहरों की अपना शासन चलाने की क्षमता को नहीं सुधारते, तब तक हम शहरी गड़बड़ी पर काबू नहीं पा सकते। दूसरी ओर, राज्य सरकारें भी स्थानीय सरकारों पर शहरी समस्याओं के समाधान के लिए आवश्यक पैसा जुटाने पर कई प्रतिबंध लगा देते हैं।

### *दोषपूर्ण नगर योजना (Defective Town Planning)*

नागरिक सेवाओं के स्तर में व्यापक गिरावट का एक अधिक चौंकाने वाला कारक है, हमारे आयोजकों और प्रशासकों में बढ़ती हुई निस्सहायता की भावना। योजना आयोग से नीचे तक हमारे महानगरों के अनियन्त्रित विकास के प्रति एक भाग्यवादी स्वीकृति मालूम होती है। नगरीकरण के राष्ट्रीय आयोग के सदस्यों की मान्यता है कि कानपुर, दिल्ली, मुम्बई आदि शहरों तक के लिए कुछ भी नहीं किया जा सकता।

### *निहित स्वार्थ की शक्तियां (Vested Interest Forces)*

नगरीय समस्याओं का अन्तिम् कारण है निहित स्वार्थों की शक्तियां जो जनता के विरुद्ध कार्य करती हैं परन्तु निजी व्यापारिक स्वार्थों और लाभों को बढ़ाती हैं। जब ये शक्तिशाली विशिष्ट व्यक्ति अधिक पैसा बना सकते हैं, तो वे योजनाएं और कार्यक्रम बनाते समय इनकी परवाह नहीं करते कि इस प्रक्रिया में कितने व्यक्तियों को हानि होगी।

## नगरीय समस्याओं के समाधान (Solutions to Urban Problems)

यदि हम नगरीय समस्याओं का समाधान करना चाहते हैं, तो हमें कुछ उपाय करने पड़ेंगे। इस संबंध में निम्नांकित आठ उपायों के सुझाव दिये जा सकते हैं।

### *नगरीय केन्द्रों का योजनाबद्ध विकास और रोजगार के अवसरों का सृजन (Systematic Development of Urban Centres and Creation of Job Opportunities)*

हमारी नगरीय समस्याओं का एक महत्वपूर्ण समाधान तेजी से विकसित होते हुए नगरीय केन्द्रों का योजनाबद्ध विकास और निवेश के कार्यक्रम की योजना बनाना है, जिससे अगले 20 वर्षों में पूरे देश में बड़ी संख्या में सुवितरित व्यवहार्य (viable) नगरीय केन्द्र बन जाएंगे। अभी तक लोगों को वापस गांवों में ही रोके रखने के उद्देश्य से हम मनरेगा जैसी योजनाओं के माध्यम से ग्रामीण क्षेत्रों में मजदूरी प्रदान करने वाले रोजगार उपलब्ध कराए जाने सम्बन्धी कार्यक्रमों पर ही अपना ध्यान केन्द्रित करते रहे

हैं। जबकि ग्रामीण रोजगार उपलब्ध कराने का बहुत औचित्य है, परन्तु यह अपने आप में पर्याप्त नहीं है। कृषि क्षेत्र में लाभकर रोजगार एक सीमा के बाद उपलब्ध कराना संभव नहीं है। इस उद्देश्य के लिए हमें उन कार्यक्रमों पर बल देना होगा, जो व्यक्तियों के नगरों में भरण-पोषण के लिए बहुकार्यात्मक गतिविधियों के अवसर प्रदान कर सकें।

### *नगरीय योजना के साथ-साथ क्षेत्रीय योजना (Regional Planning along with City Planning)*

नगरीय योजना नगरों में ही लगभग केन्द्रित होती है। हम सदैव कस्बे और नगर की योजना की बात करते हैं, परन्तु सम्पूर्ण क्षेत्र के नियोजित विकास की कभी नहीं जिससे कि जनसंख्या का विवेकपूर्ण ढंग से विसर्जन हो सके और गतिविधियों का ठीक प्रकार वितरण हो सके। नगर की योजना बनाना एक तदर्थ समाधान है, परन्तु क्षेत्रीय योजना एक अधिक स्थाई समाधान हो सकता है। उदाहरण के लिए, नगरों में गंदी बस्तियों में रहने वालों को नगर विकास प्राधिकरणों के द्वारा मकान उपलब्ध करवाने के बजाय यदि क्षेत्रीय योजना के द्वारा प्रवासियों को अन्य क्षेत्रों में भेज दिया जाए, जहां आकर्षक रोजगार उपलब्ध हैं तो मौजूदा शहरों के विकास की गति रोकी जा सकती है। अब समय आ गया है, कि नौवीं पंचवर्षीय योजना में भारत सरकार राज्यों की क्षेत्रीय योजना संगठनों को स्थापित करने और अर्थपूर्ण क्षेत्रीय आवास योजनाओं को बनाने में सहायता करे।

### *उघोगों को पिछड़े क्षेत्रों में जाने के लिए प्रोत्साहित करना (Encouraging Industries to Move to Backward Areas)*

भूमि मूल्य निर्धारण नीति, जो भूमि के बड़े खंड बहुत कम मूल्य पर देती है, को पुनः नियोजित करना पड़ेगा, जिससे उद्योग पिछड़े क्षेत्रों/जिलों में जाने के लिए प्रोत्साहित हों। इससे महानगरों और बड़े नगरों का रेखीय विकास रुक जाएगा। बड़े नगरों में और उनके आस-पास की संभावित अधिक कीमत की भूमि को लेकर उसको बाद में पूरी कीमत वसूल करने की राज्य की नीति पर भी गंभीरता से विचार करना चाहिए।

### *नगरपालिकाओं को अपने वित्तीय संसाधन खोजना (Municipalities to Find Own Financial Resources)*

व्यक्ति नगरपालिकाओं को कर देने में आपत्ति नहीं करते, यदि उनका पैसा सड़कों के रख-रखाव के लिए, नालियों की व्यवस्था के लिए, पानी की कमी को कम करने के लिए और बिजली उपलब्ध कराने के लिए ठीक प्रकार से काम में लिया जाए। यह बात सर्वविदित है, कि नगरों में संसाधनों की कमी है। यदि नगरपालिका के भ्रष्ट कर्मचारियों को निवारक (deterrent) दंड दिया जाता है, तो कोई कारण नहीं कि नगरपालिका निगमों को नगरवासियों से पैसा जमा करने में कोई कठिनाई हो। एक नगर को अपने विकास पर किए गए व्यय का वहन स्वयं करना चाहिए। राज्य सरकार द्वारा भारी वित्तीय सहायता प्रदान करना कठिन होता जा रहा है। सम्पत्ति, पानी, और बिजली के करों को संशोधित करके पैसा इकट्ठा किया जा सकता है और आवश्यक सुख-सुविधाएं प्रदान करने के लिए अधिक पैसा प्रति व्यक्ति प्रतिवर्ष उपलब्ध कराया जा सकता है। जब कोई नया उद्योग या व्यापार नगर में या उसकी परिधि पर लगाया जाता है, तो उस पर भारी कर लगाया जा सकता है, जिससे कि नगरपालिका को अतिरिक्त धन प्राप्त हो सके।

### *निजी परिवहन को प्रोत्साहन (Encouraging Private Transport)*

नगर परिवहन पर राज्य का एकाधिकार क्यों होना चाहिए? जब परिवहन राज्य कर्मचारियों द्वारा चलाया

जाता है, तो यह पाया जाता है कि वे अत्यन्त अभद्र और कठोर हृदय हो जाते हैं। ट्रेड यूनिथन का समर्थन उन्हें बार-बार हड़ताल पर जाने को प्रोत्साहित करता है। अतः यह आवश्यक है कि निजी परिवहन क़ो प्रोत्साहित किया जाए। निजी क्षेत्र में चलाई गई बस और टेम्पो सेवाएं कुछ अधिक किराया वसूल करेंगी परन्तु यात्री अधिक अच्छी सेवाओं को दृष्टिगत रखते हुए इस पर आपत्ति नहीं करेंगे।

### *किराया नियन्त्रण कानूनों में संशोधन (Amendment of Rent Control Acts)*

कानून, जो नए मकान बनाने या मकानों को किराये पर देने पर रोक लगाते हैं, में संशोधन करना चाहिए। कौनसा ऐसा मकान मालिक होगा जो दो कमरों के मकान पर लगभग एक लाख रुपया लगाये और उसे दस से बीस साल के लिए 10,000-15,000 रुपए पर किराये पर दे और उसके पास यह भी अधिकार न हो कि वह किराया बढ़ा सके या उचित कारणों के होते हुए भी उसे खाली न करा सके। महाराष्ट्र और राजस्थान ने किराया नियन्त्रण कानून में संशोधन करने की पहल की है, जिससे हजारों मकान किराये पर उपलब्ध हो गए हैं। दूसरे राज्यों में भी इस प्रकार के कदम का स्वागत होगा।

### *व्यावहारिक आवासीय नीति का अपनाना (Adopting Pragmatic Housing Policy)*

भारत में, शहरी विकास एवं आवासन की नीतियां सन् 1950 के बाद से लंबी दूरियां तय कर चुकी हैं। वास्तव में, शहरी जनसंख्या के बढ़ते हुए दबाव तथा आवासों एवं मूलभूत सुविधाओं के अभाव स्वतंत्रता प्राप्ति के समय पर ही स्पष्ट दिखाई पड़ रहे थे। यद्यपि, लगभग प्रत्येक पंचवर्षीय योजना के अंतर्गत, शहरी समस्याओं के समाधान पर जोर दिया जाता रहा है, तथापि नियोजन के 6 दशकों के व्यतीत हो जाने के उपरांत भी कुछ ठोस कार्य नहीं किया जा सका है। इतना ही नहीं, सरकार ने बड़ी संख्या में नीतियों का निर्धारण भी किया है, जिनमें से एक नवीनतम है, राष्ट्रीय शहरी आवास एवं पर्यावास नीति, 2007 जिसकी मंशा समाज के सभी वर्गों को सस्ती कीमतों पर भूमि, आश्रय तथा सेवाओं की समान रूप से आपूर्ति को सुनिश्चित करने के विचार से देश में पर्यावासों के सतत् विकास की है। सरकारी नीति और योजना को अधिक व्यावहारिक होना चाहिए। इसका यह अर्थ नहीं कि एन.एच.पी. की परिकल्पना विवेकहीन है। एन.एच.पी. की रणनीति व्यापक है। उसमें यह प्रयत्न किया गया है, कि मकानों के बनाने के लिए वित्त सरलता से उपलब्ध हो सके और जमीन एवं मकान बनाने का माल उचित कीमतों पर मिल सके। उसमें भवन निर्माताओं को नए प्रकार के निर्माण के सामान का प्रयोग करने के लिए प्रोत्साहित करने का भी उद्देश्य है। इसके अतिरिक्त वह भू-स्वामित्व, भूमि अधिग्रहण, और नगरपालिका के अधिनियमों और किराये के कानूनों पर पुनर्विचार करने का प्रयत्न करता है। परन्तु ये सब पेचीदा समस्याएं हैं। एन.एच.पी. धनवान विकासकों, भूमिपतियों और ठेकेदारों की ओर अभिमुख है। एन.एच.पी. को राजसी (luxurious) मकानों के बनाने को हतोत्साहित करना चाहिए और सहकारी और सामूहिक आवासीय संस्थाओं को प्रोत्साहित करना चाहिए। उसे ग़रीबों और कम आय वाले व्यक्तियों के लिए विशेष परियोजनाएं विकसित करनी चाहिए। उसे मालिकों को कर्मचारियों के लिए मकान बनाने के लिए प्रोत्साहन देने के पक्ष में होना चाहिए। उसे अपनी 100 करोड़ रुपए की प्राधिकृत पूंजी, जो वित्तीय आवश्यकताओं की बिल्कुल पूर्ति नहीं कर पाएगी, को बढ़ाना चाहिए। जब तक एक अधिक व्यावहारिक एन.एच.पी. नहीं अपनाई जाती, तब तक निर्धारित लक्ष्यों की प्राप्ति असंभव होगी।

### *संरचनात्मक विकेन्द्रीकरण (Structural Decentralisation)*

नव-परिवर्तन वाले (innovative) आयोजकों और कुछ आमूलचूल परिवर्तनवादियों (radicals) का एक प्रस्ताव स्वायत्त शासन के ही संरचनात्मक विकेन्द्रीकरण की कल्पना करता है। इसमें 'पड़ोस-क्रिया समूहों' (neighbourhood-action groups) का सृजन हो सकता है, जिन्हें सामुदायिक केन्द्र कहा जाएगा और उनमें निवासी और नगरपालिका के प्रतिनिधि होंगे। ये केन्द्र पड़ोस की आवश्यकताओं की

पहचान करेंगे और उनकी पूर्ति की दिशा में कार्य करेंगे। उदाहरणार्थ, कई शहरों में कई नई बस्तियां स्थापित हो गई हैं, जिनमें 10,000 से 50,000 व्यक्ति रहते हैं। इस प्रकार ये बस्तियां अपने आप में ही छोटे कस्बे हैं। कुछ कर जैसे भवन कर, पथ कर, विद्युत कर, आदि नगरपालिकाओं को देने के बजाय सीधे ही इन सामुदायिक केन्द्रों को दिये जा सकते हैं। ये केन्द्र पड़ोस के मामलों को नगरपालिका निगम को भेजे बिना ही स्वयं इनका संचालन करेंगे, और जमा किए हुए पैसे से सड़कों, लाइटों आदि का रख-रखाव करेंगे। शहर में इस प्रकार के विकेन्द्रीय ढांचे के लिए यह तर्क है, कि वही व्यवस्था जो लाखों व्यक्तियों को उनकी जन नियति (civic destiny) पर अत्यधिक नियन्त्रण की अनुमति प्रदान करती है, वही उन संस्थाओं को, जो उनका जीवन व्यवस्थित करते हैं, व्यवस्थित करने में प्रभावी भूमिका निभाने से वंचित करता है। सामुदायिक केन्द्र उन्हें अपना अनन्य (exclusive) वातावरण बनाने का अवसर प्रदान करेंगे।

अतः यह कहा जा सकता है, कि नगरीकरण और नगरीयता (urbanism) के प्रभावों और नगरों की समस्याओं का कभी समाधान नहीं हो सकता, जब तक नगरीय योजना में सुधार नहीं होता और मौलिक उपाय नहीं किए जाते। ये लाभ के उद्देश्य पर आधारित नहीं होने चाहिए, जिससे कि कुछ निहित स्वार्थों को ही इसका लाभ मिल सके। भूमि, प्रौद्योगिकी और करों का उपयोग सभी व्यक्तियों के लाभ के लिए होना चाहिए, ना कि कुछ शक्तिशाली स्वार्थ समूहों के लिए। नगरवासियों को राजनीतिक दृष्टि से सक्रिय होना पड़ेगा और नगरों में विद्यमान आर्थिक एवं सामाजिक व्यवस्थाओं में परिवर्तन लाने के लिए संगठित होना पड़ेगा और आंदोलन करना होगा।

## REFERENCES

Anderson, N. and Iswaran, K., *Urban Sociology*, Asia Publishing House, Bombay, 1965.

Clinard, Marshall, *Sociology of Deviant Behaviour*, Holt, Rinehart & Winston, New York, 1957.

Gore, M.S., *Urbanization and Family Change*, Popular Prakashan, Bombay, 1968.

McVeigh, F.J. and Schostak, Arthur B., *Modern Social Problems*, Holt, Rinehart & Winston, New York, 1978.

Premi, Mahendra K., *Population of India in the New Millennium: Census 2001*, NBT, New Delhi, 2011.

Ross, Aileen, *Hindu Family in its Urban Setting*, Oxford University Press, New Delhi, 1961.

Sorokin, P. and Zimmerman, C.C., *Principles of Rural Urban Society*, Henry Holt, New York, 1962.

Tonnies, F., "Gemeinschaft and Gesellschaft", in Talcott Parsons et al. (eds), *Theories of Society*, Vol. 1, The Free Press of Glencoe, New York, 1887, 1957 and 1961.

Weber, Max, "The Urban Community", in Talcott Parsons et al. (eds), *Theories of Society*, Vol. 1, The Free Press of Glencoe, New York, 1961.

Wirth, Louis, "Urbanism as a Way of Life", *American Journal of Sociology*, Vol. 44, 1938.

# 13

# वैश्वीकरण तथा उपभोक्तावाद

## Globalization and Consumerism

दो कड़ियाँ, जो हमारे युग, विशेषतौर पर समकालीन समयों के असमंजस को परस्पर जोड़ती हैं, वैश्वीकरण तथा उपभोक्तावाद से सम्बन्धित हैं। दोनों ने ही सामाजिक, सांस्कृतिक तथा पर्यावरणीय क्षेत्रों में हस्तक्षेप किए हैं तथा यहां तक कि पहचान की समझ को भी परिवर्तित कर दिया है तथा व्यक्तिपरकता के नए स्वरूपों को जन्म दे दिया है।

फौरी तौर पर बोलते हुए, उपभोक्तावाद ने नागरिकों का रूपांतरण अंतर्राष्ट्रीय ग्राहकों में कर दिया है तथा वैश्वीकरण ने विभिन्न देशों के नागरिकों को वैश्विक नागरिकों में बदल दिया है। हालांकि, वैश्वीकरण की एक साधारण परिभाषा इस शब्द को एक ऐसी प्रक्रिया के रूप में परिभाषित करेगी, जिसके द्वारा व्यावसायिक अथवा अन्य संगठन अंतर्राष्ट्रीय प्रभावों को विकसित करते हैं अथवा एक अंतर्राष्ट्रीय पैमाने पर संचालन करना प्रारंभ करते हैं। इसी बीच, उपभोक्तावाद एक सामाजिक तथा आर्थिक व्यवस्था है, जो कहीं बड़ी मात्राओं में वस्तुओं एवं सेवाओं के क्रय किए जाने को प्रोत्साहित करती है।

उपभोक्तावाद वैश्वीकरण की अवधारणा के साथ जुड़ा हुआ है, अर्थात् संपूर्ण विश्व को एक अर्थव्यवस्था तथा बाजार बनाया जाना, तथा लोकप्रिय संस्कृति इन दोनों को जोड़ने में एक महत्वपूर्ण भूमिका निभाती है। एक दृष्टिकोण के अनुसार, उपभोक्तावाद एक वरदान है, क्योंकि लोकप्रिय संस्कृति लोगों में भौतिक वस्तुओं की इच्छा जाग्रत करती है, किन्तु एक दूसरा दृष्टिकोण उपभोक्तावाद को लाभ की प्रवृत्ति को बढ़ावा देने वाले के रूप में देखता है और इसीलिए शोषणकारी मानता है।

जार्ज सोरोस वैश्वीकरण को "वैश्विक वित्तीय बाजारों के विकास, अंतर्राष्ट्रीय निगम के विकास, तथा राष्ट्रीय अर्थव्यवस्थाओं पर उनके प्रभुत्व में वृद्धि के अर्थ" के रूप में लेते हैं (2002:1)। दूसरे शब्दों में, इसे अंतर्राष्ट्रीय व्यापार में बाधाओं, जैसे शुल्क, निर्यात शुल्क तथा आयात कोटा आदि में कमी किए जाने के द्वारा वस्तुओं तथा सेवाओं के उत्पादन के वैश्विक वितरण के रूप में समझा जाता है।

### वैश्वीकरण के इतिहास का अनुरेखण (Tracing the History of Globalization)

एक लोकप्रिय विचार के अनुसार, वैश्वीकरण की उत्पत्ति आधुनिक युग में विकास एवं संपर्कशीलता के एक परिणाम के रूप में द्वितीय विश्वयुद्ध की समाप्ति के पश्चात् हुई। उसके बाद जो कुछ भी हुआ वह देशों की सीमाओं के आर-पार व्यापार, विचारों तथा संस्कृति का परस्पर विनिमय था। हालांकि, एक विरोधी-तर्क इसकी उत्पत्ति को प्राचीन सभ्यता के साथ जोड़ता है, तथा सिंधु घाटी सभ्यता एवं सुमेरियाई सभ्यता के बीच के व्यापारिक सम्बन्धों की ओर इशारा करता है। उसके बाद ग्रीस, मिस्र, रोमन साम्राज्य सहित इसी प्रकार अनेक अन्य देशों के बीच व्यापार होने लगा था। यह व्यापार की ही आवश्यकता थी, कि विभिन्न व्यावसायिक मार्गों, जिसका रेशम मार्ग एक उदाहरण है, को विकसित किया जाए।

आंद्रे गुंडर फ्रैंक के अनुसार, "उस समय 1500 ई. के बाद श्रम तथा बहुपार्श्विक व्यापार के एक विश्वव्यापी विभाजन के साथ मात्र एक ही वैश्विक अर्थव्यवस्था थी" (1998: 52), जबकि जेरी

बेंटले का तर्क है कि 1500 ई. के पूर्व, ''व्यापारिक नेटवर्क यूरेशिया एवं उप-सहारा वाले अफ्रीका के लगभग समस्त क्षेत्रों तक पहुंच चुका था तथा वाणिज्य की बड़ी मात्रा ने कृषि एवं औद्योगिक उत्पादन के विशिष्टीकरण को प्रोत्साहित कर दिया था'' (1999: 7)। वास्तव में, जहां सन् 1500 के बाद की अवधि पर ''सही मायनों में वैश्विक इतिहास के एक वैश्विक युग'' के उद्घाटन के रूप में दृष्टि डालते हुए कुछ लोग वैश्वीकरण के विस्फोट को सन् 1492 के साथ जोड़ते हैं, जब क्रिस्टोफर कोलंबस ने मसालों की खोज में अमेरिका को ठोकर मार दी थी, और सन् 1498 के साथ भी, जब वास्को डि गामा ने अफ्रीका के चारों ओर एक परिक्रमा को पूरा कर लिया था और अरब तथा वेनिस के मसाला व्यापारियों से एकाधिकार को छीन लिया था'' (बेंटले, 1996: 768-969)।

19वीं शताब्दी में हुई औद्योगिक क्रांति वैश्वीकरण के इतिहास की प्रमुख अवधियों में से एक थी, वह इसलिए क्योंकि उस दौरान उत्पादों की मात्रा एवं गुणवत्ता में महत्वपूर्ण वृद्धि हुई थी तथा इसके कारण अधिक निर्यातों एवं बेहतर व्यावसायिक सम्बन्धों को आधार प्राप्त हुआ। यह उपनिवेशवाद एवं साम्राज्यवाद था, जिसने व्यापार में आगे और अधिक योगदान दिया। और फिर, प्रथम विश्वयुद्ध के साथ ही 'वैश्वीकरणपूर्व' के नाम से ज्ञात अवधि का समापन हो गया।

वैश्वीकरण, जैसा कि आधुनिक अर्थों में इसे समझा जाता है, द्वितीय विश्वयुद्ध के बाद अस्तित्व में आया। युद्ध के पश्चात् विश्व के नेताओं ने बाधाओं को समाप्त किए जाने तथा संपूर्ण विश्व के विभिन्न देशों के बीच व्यावसायिक सम्बन्धों को प्रोत्साहित किए जाने का निर्णय लिया। इसके अलावा, भारत, श्रीलंका तथा इंडोनेशिया जैसे देशों के द्वारा स्वतंत्रता प्राप्त कर लिए जाने के साथ ही राष्ट्रों के बीच आर्थिक सहयोग की आवश्यकता अनिवार्य हो गई।

अगला कदम था संयुक्त राष्ट्र संगठन की स्थापना किया जाना, और, इसके बाद, विश्व व्यापार संगठन एवं अंतरराष्ट्रीय मुद्रा कोष का गठन किया जाना। अंतरराष्ट्रीय मुद्रा कोष वैश्वीकरण के चार आधारभूत पहलुओं की पहचान करता है (आईएमएफ, 2000):

- *व्यापार एवं लेन-देन :* 20वीं शताब्दी के प्रारंभ होने के साथ ही अंतरराष्ट्रीय वाणिज्य एवं व्यापार फला-फूला, मुख्यतः उन्नत हो चुके परिवहन एवं संचार, विशिष्ट आर्थिक क्षेत्रों, सरकारों तथा देशों के बीच कर सम्बन्धी प्रतिस्पर्धाओं के कारण।
- *पूंजी का प्रवाह :* ऐसा माल, सेवाओं, तकनीकों तथा और कहीं अधिक महत्वपूर्ण रूप से पूंजी के सीमा-पार आवागमन में होने वाली तीव्र वृद्धि के कारण हुआ जिससे संपूर्ण विश्व की राष्ट्रीय अर्थव्यवस्थाएं आर्थिक रूप से निरंतर एक-दूसरे पर आश्रित होती चली गईं। इसे आर्थिक वैश्वीकरण के रूप में भी संदर्भित किया जाता है, जिसमें उत्पादन, बाजारों, प्रतिस्पर्धा, तकनीक, निगमों तथा उद्योगों को शामिल किया जाता है (जोशी, 2009)।
- *जनता का आवागमन :* वैश्वीकरण के परिणामस्वरूप देशों एवं राष्ट्रों के बीच अंतर-सांस्कृतिक संपर्क संभव हो सका है। शादी, यात्रा तथा पारगमन के लिए अंतरराष्ट्रीय अप्रवासन, इन सब ने लोगों को वैश्विक नागरिक के रूप में बदल दिया है।
- *ज्ञान का वितरण, सूचना तक पहुंच :* इंटरनेट पर दोनों, अर्थात् एक उत्पाद होने तथा वैश्वीकरण के उत्प्रेरक होने, के रूप में निगाह डाली जा सकती है।

हालांकि, एक बेहतर समझ के लिए हम वैश्वीकरण पर निम्नलिखित मुख्य श्रेणियों के अंतर्गत चर्चा कर सकते हैं:

1. *आर्थिक :* शांगकुऑन (2000) के अनुसार, आर्थिक वैश्वीकरण से आशय वस्तुओं एवं सेवाओं के सीमा-पार व्यापार, अंतरराष्ट्रीय पूंजी के प्रवाह तथा तकनीकों के व्यापक एवं तीव्र प्रसार के बढ़ते हुए पैमाने के एक परिणाम के रूप में वैश्विक अर्थव्यवस्थाओं की बढ़ती हुई परस्पर निर्भरता से है। यह बाजार की सीमाओं के निरंतर जारी विस्तार एवं साझा एकीकरण को प्रतिबिंबित करती है तथा सहस्त्राब्दी के मोड़ पर संपूर्ण विश्व में आर्थिक विकास के लिए एक

अपरिवर्तनीय प्रवृत्ति है। सभी प्रकार की उत्पादक गतिविधियों तथा बाजारीकरण, दोनों में सूचनाओं का तेजी से बढ़ता हुआ महत्व आर्थिक वैश्वीकरण की दो प्रमुख प्रेरक शक्तियां हैं।

2. *सांस्कृतिक :* सांस्कृतिक वैश्वीकरण विचारों, अभिवृत्तियों एवं मूल्यों का सीमाओं के आरपार तीव्र गति से होने वाला आदान-प्रदान है। सन् 1960 के दशक के प्रारंभ में कैनेडियाई साहित्यिक आलोचक मार्शल मॅकलुहान ने 'वैश्विक ग्राम' शब्द को लोकप्रिय बनाया था ताकि उस प्रभाव का वर्णन किया जा सके जो विश्व को तत्क्षण संपर्क करने एवं विचारों का आदान-प्रदान करने की योग्यता से प्राप्त हो सकेगा। विचारों को साझा किया जाना सामान्यतः विभिन्न संस्कृतियों एवं जीवनशैलियों से सम्बन्धित लोगों को अधिक परस्पर संपर्कशीलता एवं अंतर्क्रिया की ओर ले जाता है जिसके सकारात्मक तथा नकारात्मक दोनों ही परिणाम हो सकते हैं। परिणामस्वरूप, जैसे-जैसे तकनीक ने इस प्रक्रिया को गति प्रदान की है, वैसे ही इससे भारी मात्रा में विवाद भी उत्पन्न हो गए हैं।

3. *राजनीतिक :* वैश्विक पारिस्थितिकी परिवर्तनों, पहले से कहीं अधिक एक एकीकृत वैश्विक अर्थव्यवस्था, तथा अन्य वैश्विक प्रवृत्तियों के साथ वैश्विक स्तर पर राजनीतिक गतिविधियों में निरंतर वृद्धि हो रही है। वी.एम. मोघादम के अनुसार, राजनीतिक वैश्वीकरण "से आशय बहुपक्षवाद (जिसमें संयुक्त राष्ट्रसंघ एक प्रमुख भूमिका निभाता है) की दिशा में, एक उभरते हुए 'अंतरराष्ट्रीय सरकारी अमले' की दिशा में, तथा राष्ट्रीय एवं अंतरराष्ट्रीय गैर-सरकारी संगठनों, जो सरकारों पर निगरानी रखने का कार्य करते हैं तथा जिन्होंने अपनी गतिविधियों एवं प्रभावों में वृद्धि कर ली है, की ओर एक बढ़ती हुई प्रवृत्ति" से है (2005: 35)।

भारत के मामले में, विदेशी मुद्रा की कमी के परिणामस्वरूप उत्पन्न एक प्रमुख संकट के बाद अर्थव्यवस्था को नब्बे के दशक के प्रारंभ में खोला गया था। उसके बाद किए गए नए आर्थिक सुधारों को उदारवाद, निजीकरण तथा वैश्वीकरण (LPG) के शीर्षकों के अंतर्गत रखा गया। इस प्रकार से LPG मॉडल का उद्देश्य था भारतीय अर्थव्यवस्था को सर्वाधिक तीव्रगति से विकसित हो रही तथा विश्व में सर्वाधिक प्रतिस्पर्धापूर्ण अर्थव्यवस्था बनाया जाना। योजना के भाग के रूप में प्रारंभ किए गए बड़े उपायों में वित्तीय सुधारों के अलावा शामिल थे, अवमूल्यन, विनिवेश, औद्योगिक लाइसेंसिंग राज का समाप्त किया जाना, प्रत्यक्ष विदेशी निवेश की अनुमति प्रदान किया जाना तथा आयातों पर मात्रात्मक प्रतिबंधों को समाप्त किया जाना।

संस्कृति के क्षेत्र में भारत को भी अनावृत्त होने का एक अवसर प्राप्त हुआ। सांस्कृतिक वैश्वीकरण के एक भाग के रूप में मीडिया की अंतरराष्ट्रीय गतिशीलता, जिसने आर्थिक उदारीकरण का अनुसरण किया, ने केबल टेलीविजन की प्रस्तुतियों तथा राज्य-संचालित टेलीविजन के बीच प्रतिस्पर्धा के साथ-साथ हॉलीवुड की फिल्मों एवं हिन्दी फिल्मों के बीच भी प्रतिस्पर्धा को जन्म दे दिया। अर्जुन अप्पूदुरई ने प्रसिद्धिपूर्वक तर्क दिया कि वैश्वीकरण के परिणामस्वरूप, "संस्कृति जागरूक चयन, औचित्य एवं प्रतिनिधित्व के लिए एक क्षेत्र बन चुकी है" (2006: 44)। जहां भारतीय प्रवासियों ने संस्कृतियों के सीमापार आदान-प्रदान में एक महत्वपूर्ण भूमिका निभाई है, वहीं भारतीय संस्कृति का 'अमेरिकीकरण' वैश्विक विनिमय का एक सह-उत्पाद भी था।

## वैश्वीकरण के प्रभाव (Impact of Globalization)

निःसंदेह, वैश्वीकरण ने संपूर्ण विश्व में बढ़ती हुई प्रतिस्पर्धा को जन्म दे दिया है। ऐसे लाभदायक पहलू हैं, जो उत्पादकता एवं क्षमता में वृद्धि करते हैं। प्रतिस्पर्धा एवं बढ़ते हुए बाजार का क्षेत्र विशेषज्ञता तथा श्रम के एक उन्नत विभाजन की ओर ले जा सकता है। पैमानों एवं संभावनाओं की ऐसी अर्थव्यवस्थाएं भी विद्यमान हैं, जिनका लागतों तथा मूल्यों पर लाभदायक प्रभाव पड़ता है तथा जो आर्थिक विकास के लिए शक्तिशाली संवेग प्रदान करती हैं। दूसरी ओर, वैश्वीकरण की 'लागतें' विभिन्न

स्तरों पर संघर्षों को जन्म दे सकती हैं, विशेषतौर पर इसलिए क्योंकि वैश्वीकरण के लाभार्थियों में से अनेक आर्थिक सहयोग एवं विकास हेतु संगठन (OECD) के अमीर राष्ट्र रहे हैं। तीव्र गति से विकसित हो रही अर्थव्यवस्थाओं, विशेषतौर पर एशियाई, के द्वारा अमीर देशों के समूह में प्रवेश किए जाने, किन्तु अफ्रीका, लैटिन अमेरिका तथा यहां तक कि कुछ पूर्वीय एवं मध्य यूरोपीय देशों के भी और अधिक पिछड़ जाने के साथ ही शुद्ध परिणाम अभिसरण नहीं रहा है, बल्कि इसके बजाय आय का विश्वव्यापी छितराव रहा है। वितरण का मुद्दा मानक सम्बन्धी एक बड़ी चुनौती एवं वैमनस्य का स्रोत बन जाता है। कुछ क्षेत्रीय एवं वैश्विक अस्थिरताएं भी मौजूद हैं, जिनकी जड़ें अर्थव्यवस्थाओं की पारस्परिक निर्भरता में समाई हुई हैं। ये स्थानीय आर्थिक उतार-चढ़ावों तथा किसी ऐसे एक देश के संकट में क्षेत्रीय एवं यहां तक कि वैश्विक प्रभावों के साथ प्रकट होती हैं।

## *सकारात्मक बिन्दु (The Positives)*

1. *बेहतर संगठित बाजार :* किसी भी विकासशील अर्थव्यवस्था के लिए सुसंगठित एवं प्रभावोत्पादक बाजारों का होना अनिवार्य होता है। यदि ऐसे इच्छुक ग्राहक मौजूद हों जो ऐसे गुणवत्तायुक्त उत्पादों एवं सेवाओं को खरीदने के लिए भुगतान करने को तैयार हो, जो बिक्री के लिए उपलब्ध हैं, तो ऐसे संतुलन को बनाए रखा जा सकता है, जो एक कुशल बाजार को सुविधाजनक बनाता है। मुक्त अर्थव्यवस्थाओं एवं बेहतर व्यापार के साथ उत्पादों/सेवाओं का बाह्यस्रोतन संभव है तथा, उसके द्वारा, यदि संभव हो तो गुणवत्ता में सुधार भी, और वह भी घटी हुई लागत पर। एक कम विक्रय मूल्य का परिणाम बढ़ी हुई मांग तथा क्रयशक्ति हो सकता है।
2. *प्रगतिशील प्रतिस्पर्धा :* जितने अधिक उत्पादक होंगे, प्रतिस्पर्धा की मांग के अनुसार वस्तुओं एवं सेवाओं की गुणवत्ता भी उतनी ही बेहतर होगी। और, ऐसी किसी भी परिस्थिति से मात्र उपभोक्ता का ही लाभ होगा। जैसे-जैसे व्यापार अंतर्राष्ट्रीय सीमाओं को पार करता गया, वैसे-वैसे अधिकाधिक विकल्प उपलब्ध होते गए तथा मानक ऊंचे होते गए। यह भी कि प्रत्येक उत्पादक अपने उत्पाद में सुधार करने की एक सतत् प्रक्रिया के अधीन बना रहेगा तथा कई बार वह कीमतों को भी घटाएगा।
3. *मुक्त वाणिज्य एवं व्यापार को प्रोत्साहन :* विभिन्न दोहरे करों, शुल्कों तथा पूंजी पर नियंत्रणों को समाप्त किए जाने, परिवहन लागत में कमी लाए जाने तथा बुनियादी ढांचे को विकसित किए जाने ने मुक्त व्यापार को संभव बना दिया है। इसके अलावा, वैश्वीकरण का परिणाम अन्य देशों में अनेक व्यवसायों में संचालन को स्थापित किए जाने अथवा क्रय कर लिए जाने के रूप में भी सामने आया है। जब कोई विदेशी कम्पनी किसी देश में निवेश करती है, संभवतः किसी कारखाने अथवा शॉपिंग मॉल का निर्माण करके, तो इसे आगत निवेश कहा जाता है तथा कम्पनियाँ, जो अनेक देशों में संचालन करती हैं, को बहुराष्ट्रीय निगम (MNCs) अथवा अंतर्राष्ट्रीय निगम (TNCs) कहा जाता है। उदाहरण के लिए, अमेरिका की फास्ट-फूड शृंखला मैकडॉनल्ड एक बहुराष्ट्रीय निगम है, जिसके पास 119 देशों में लगभग 30,000 रेस्टोरेंट हैं। अंतर्राष्ट्रीय निगम विकास को गति एवं अर्थव्यवस्था को प्रगति प्रदान करते हैं।
4. *सांस्कृतिक आदान-प्रदान :* लोगों के विचारों, अनुभवों एवं जीवनशैलियों को परस्पर साझा किया जाना। लोग व्यंजनों एवं अन्य ऐसे उत्पादों का अनुभव कर सकते हैं जो इसके पहले उनके देशों में उपलब्ध न रहे हों।
5. *अधिक सहिष्णुता :* सामाजिक तौर पर हम एक-दूसरे के प्रति और अधिक खुले हुए तथा सहिष्णु हो गए हैं, तथा लोग, जो विश्व के दूसरे भागों में निवास करते हैं, अब किसी और ग्रह के प्राणी नहीं समझे जाते। ऐसी एक परिस्थिति का निर्माण कर दिया गया है जहां मानवाधिकार फल-फूल सकते हैं।

## *नकारात्मक बिन्दु* (The Negatives Points)

1. *परस्पर निर्भरता* : चूंकि सभी अर्थव्यवस्थाएं एक साथ सम्बद्ध हैं, अतः जब भी किसी एक बाजार में गिरावट आती है, तो विश्व की अर्थव्यवस्था धराशायी हो जाती है। उदाहरण के लिए, जब अमेरिका के बाजार किसी आपदा में घिर जाते हैं, तो अन्य देश भी प्रभावित होते हैं, क्योंकि अमेरिका की क्रयशक्ति समाप्त हो जाती है।
2. *आर्थिक प्रभुसत्ता की हानि* : प्रायः, ये शक्तिशाली देश, बहुराष्ट्रीय संस्थाएं तथा अंतर्राष्ट्रीय वित्तीय संस्थान होते हैं, जो अंततः किसी देश की अर्थव्यवस्था पर नियंत्रण प्राप्त कर लेते हैं, और इसके परिणामस्वरूप, राष्ट्रीय प्रभुसत्ता निरंतर एवं व्यवस्थित आधार पर क्षीण हो जाती है। ऐसे निराशावाद राष्ट्रवाद, लोकलुभावनवाद, अज्ञातजनों से नफरत तथा कट्टरपंथी एवं असहमतिपूर्ण राजनीतिक आंदोलनों के उद्भव का कारण रहा है।
3. *शोषण* : अंतर्राष्ट्रीय कानूनों का कठोरतापूर्वक प्रवर्तन किए जाने के अभाव का अर्थ है, कि अंतर्राष्ट्रीय निगम आर्थिक रूप से अपेक्षाकृत कम विकसित देशों (LEDCs) में इस प्रकार से कार्य संचालन कर सकते हैं, जिसे आर्थिक रूप से अधिक विकसित देशों (MEDC) में अनुमति नहीं प्रदान की जा सकती। इस बात का जोखिम बना रहता है कि खराब कार्य परिस्थितियां लागू कर दी जाएं और स्थानीय श्रमिकों को कम मजदूरी दी जाए।
4. *बाह्यस्त्रोतन (outsourcing)*: जहां यह किसी एक देश में जनसंख्या को रोजगार उपलब्ध कराता है, वहीं यह किसी अन्य देश से उन्हीं रोजगारों को छीन लेता है, जिससे ऐसे अनेक देश अवसरों के प्राप्त हुए बिना ही रह जाते हैं।
5. *पर्यावरणीय प्रभाव* : अनेक लोगों का विश्वास है, कि वैश्वीकरण उन सर्वाधिक महत्वपूर्ण कारकों में से एक है, जिनके द्वारा पर्यावरण अवनयन में अत्यधिक वृद्धि हो गई है। उद्योगों एवं कारखानों को चलाने के लिए आवश्यक कच्चे माल की मात्रा का पृथ्वी ग्रह के प्राकृतिक भंडारों पर प्रतिकूल प्रभाव पड़ रहा है तथा प्रदूषण ने हवा की गुणवत्ता को गंभीर रूप से दुष्प्रभावित किया है जो हमारे अपने जीवन को बचाए रखने के लिए अतिआवश्यक है।
6. *स्वदेशी की हानि* : विचारों एवं नवाचारों की पार-अंतःक्रिया एवं साझा किए जाने से स्वदेशी परंपरा एवं संस्कृति नष्ट हो गई है।

## उपभोक्तावाद (Consumerism)

उपभोक्तावाद एक सामाजिक एवं आर्थिक व्यवस्था है, जो एक व्यवस्थित सृजन तथा वस्तुओं एवं सेवाओं को अपेक्षाकृत अधिक मात्रा में क्रय किए जाने की इच्छा को प्रोत्साहित किए जाने पर आधारित है। एक सामाजिक मूल्य के रूप में, यह लोगों को आवश्यकता के प्रश्न पर विचार किए बिना ही इतनी अधिक वस्तुएं खरीदने के लिए प्रोत्साहित करती है, जितनी वे खरीद सकते हैं। और, जहां खरीदा जाना व्यवसायों, व्यक्तियों एवं कुल मिलाकर संपूर्ण समाज के लिए अनिवार्य है, उपभोक्तावाद लोगों की 'आवश्यकता' में विस्तार करने का प्रयास करते हुए उन्हें वस्तुओं को खरीदने के लिए प्रोत्साहित करता है। गुणवत्ता मात्रा की तुलना में कहीं अधिक महत्वपूर्ण है, इस बात की वकालत करते हुए यह उपभोक्ताओं को संतुष्ट करने का प्रयास करता है। इसके अतिरिक्त, उपभोक्तावाद व्यापक तौर पर मीडिया से सम्बन्धित एक विचार है जहां अरबों डॉलर प्रतिवर्ष लोगों को मात्र इस बात के प्रति संतुष्ट करने के लिए खर्च किए जा रहे हैं, कि यदि उनके पास किसी विशिष्ट कम्पनी का उत्पाद नहीं है, तो उनका जीवन अच्छा नहीं होगा। अनेक लोग तर्क देगें कि उपभोक्तावाद का उद्भव एक ऐसी ऐतिहासिक प्रक्रिया से हुआ है, जिसने एक पूंजीवादी समाज को जन्म दे दिया है। इसे उन विशालातम बाजारों एवं सांस्कृतिक प्रवृत्ति के द्वारा आकार दिया गया है, जो सदैव बढ़ते हुए उपभोग की मांग करते हैं तथा एक सीमा तक यह दिखावे के लिए किए गए ऐसे व्ययों द्वारा भी प्रेरित हैं, जो वस्तुओं एवं सेवाओं को आय अथवा संपदा का प्रदर्शन किए जाने एवं सामाजिक स्तर को बनाए रखने के लिए उदार हाथों से किए जाते हैं।

## उपभोक्तावाद की ऐतिहासिक पृष्ठभूमि (Historical Background of Consumerism)

आधुनिक उपभोक्तावाद की जड़ों को पीछे 18वीं शताब्दी तक देखा जा सकता है। "18वीं शताब्दी के पहले अनेक कारकों, प्राथमिक तौर पर, संगठित धर्म की प्रभुत्वशाली मूल्य प्रणाली ने उपभोक्तावाद को पलट कर मुकाबला करने के लिए बाध्य किया हुआ था। अनेक बड़े धर्मों, जिसमें ईसाईयत तथा बौद्ध शामिल थे, ने अपने अनुयायियों को प्रेरित किया कि, वे भौतिकवादी वस्तुओं, जो उनके निर्वाण प्राप्ति के लक्ष्य में हस्तक्षेप करती हैं, को प्राप्त करने के बजाय आध्यात्मिक लक्ष्यों की ओर अपना ध्यान केन्द्रित करें। कन्फ्यूशीयसवाद, जो चीन के ऊपरी तबके के विश्वास की अग्रणी व्यवस्था थी, ने भी उपभोक्तावाद को खारिज कर दिया" (स्टर्न्स, 2001: 3-5)।

जैसे-जैसे चीनी, मसालों की अनेक किस्मों तथा ऊँचे फैशन वाले वस्त्रों के साथ-साथ रंगबिरंगे रंगों की खोज होती गई तथा वे उपलब्ध होते गए, वैसे-वैसे इन गैर-जरूरी उत्पादों की मांग में एक स्पष्ट वृद्धि होती चली गई। "जहां इन उत्पादों के लिए मांग में वृद्धि हो गई, वहीं अधिकांश भाग के लिए, यह व्यक्तियों का मात्र अमीर वर्ग ही था, जो इन उत्पादों को क्रय कर सकने में सक्षम था" (पूर्वोक्तः 15-23)। सन् 1800 से 1920 के बीच विस्तारित समयावधि के दौरान, उपभोक्तावाद के विकास में अनेक की संख्या में महत्वपूर्ण घटनाएं घटित हुईं। सन् 1830 में, पेरिस में सबसे पहला डिपार्टमेंटल स्टोर खोला गया। सन् 1850 तक, पश्चिमी यूरोप तथा अमेरिका के अन्य बड़े शहरों में डिपार्टमेंटल स्टोरों का फैलाव हो चुका था। इसके अतिरिक्त, डाक द्वारा आदेश के सूचीपत्र सामने आने लगे और पहली विज्ञापन एजेन्सी का जन्म हो गया। विविध प्रकार की किस्मों वाली आयातित एवं उपभोक्ता वस्तुएं उपलब्ध हो गईं (पूर्वोक्तः 45-47)। समाज के मनोवैज्ञानिक विवरणों में हो चुके अनेक परिवर्तनों के साथ मिलकर इन घटनाओं ने उस उपभोक्तावाद के विस्फोट के मंच को तैयार कर दिया था जिसका प्रारंभ बाद में सन् 1920 के दशक में हुआ। कैनर एवं गोम्स ने उल्लेख किया था : "यह दूर-दूर तक स्पष्ट नहीं है, कि मनुष्यों में उपभोक्तावाद प्राकृतिक अथवा तत्क्षण रूप से उत्पन्न होता है" (1995: 81)। विज्ञापन एवं विपणन रणनीतियां उत्पादों के लिए एक जुनून पैदा करने में भूमिका निभाती हैं, और, इस प्रकार, उपभोक्तावाद को बढ़ावा देने में। कैनर एवं गोम्स निम्नलिखित प्रेक्षण प्रस्तुत करते हैं : "विज्ञापन सामान्य तौर पर सत्य की न तो अतिशयोक्ति करते हैं, और न ही उसे तोड़ते-मरोड़ते हैं, वे झूठ बोलते हैं। व्यापार, खेलकूद अथवा प्यार में किसी की भी सफलता कभी भी उनके टूथपेस्ट पर निर्भर नहीं करती। आधुनिक विपणन सम्बन्धी तकनीकें ऐसी रणनीतियों पर भरोसा करती हैं जिसे नाजी जर्मनी के प्रचार मंत्री जोसेफ गोएब्बेल्स ने *'द बिग लाई'* (बड़ा झूठ) कहा था। किसी भी झूठ को बार-बार दोहराते जाइए, भले ही यह कितना भी बेतुका क्यों न हो, लोग इस पर विश्वास कर ही लेंगे। असंख्य व्यावसायिक विज्ञापनों में पूरी तरह से संतुष्ट उपभोक्ता की छवि को दिखाते रहिए, और उपभोक्ता की झूठी छवि एक ऐसे असंभव लक्ष्य के रूप में आत्मसात हो जाती है, जिसकी (वे) 'सहज अभिलाषा' करते हैं" (पूर्वोक्तः 83)।

वैश्विक आधार पर, उपभोग का प्रत्यक्ष सम्बन्ध जनसंख्या में वृद्धि के साथ है। जैसे-जैसे और अधिक लोगों का जन्म होता जाता है, वैसे-वैसे इन लोगों की आवश्यकतापूर्ति के लिए संसाधनों की आवश्यकता में वृद्धि होती जाती है, तथा विनिर्माण करने वालों के लिए बाजार, बाजार तथा उत्पादों एवं सेवाओं की बिक्री में वृद्धि होना जारी रहता है।

## उपभोक्तावाद का प्रभाव (Impact of Consumerism)

उपभोक्तावाद ने अर्थव्यवस्थाओं के विकास के लिए वांछित गतिशीलता प्रदान कर दी है तथा इसने व्यावसायिक बाजारों में स्वस्थ प्रतिस्पर्धा को जन्म दिया है। दूसरी ओर, यह झूठे स्व के सृजन एवं उसे बनाए रखने, आध्यात्मिक रिक्तता, प्रकृति से अलगाव, तथा संवहनीयता जैसी समस्याओं की जड़ भी

है। उपभोक्तावाद के उत्थान के साथ-साथ हमारा वैश्विक समाज अपने स्वयं के बारे में अच्छा अनुभव करने तथा विश्व की अर्थव्यवस्थाओं को प्रेरित करने के एक साधन के रूप में बढ़ते हुए रूप से अपने ध्यान को वस्तुओं एवं सेवाओं के उपभोग किए जाने पर केन्द्रित कर चुका है (मैककिब्बेन, 1989; सुज़ूकी, 1997)। साथ ही, उपभोग के वर्तमान स्तर पारिस्थितिकी रूप से विनाशकारी एवं गैर-टिकाऊ है, जैसा कि कैनर एवं गोम्स के द्वारा नोट किया गया है : "अनेकानेक वस्तुओं का विनिर्माण, परिवहन, विपणन, पैकेजिंग तथा भंडारण अविश्वसनीय रूप से बहुत अधिक है" (1995: 84)।

## सकारात्मक बिन्दु (The Positives Points)

1. *उपभोक्तावाद अर्थव्यवस्था का उद्दीपन करता है :* लोग दुकानों तथा ऑनलाइन खरीदों पर निरंतर आधार पर धन व्यय करते हैं और, उसके द्वारा, बहुत बड़ी मात्रा में धनराशि स्थानीय एवं वैश्विक व्यवसायों में प्रवेश करती है। किसी भी अर्थव्यवस्था के लिए उद्दीपन सदैव एक आवश्यकता होती है।
2. *अधिक जागरूकता :* वर्तमान समय में उपभोक्ता अपने अधिकारों तथा कम्पनी के अधिकारों के प्रति अधिक जागरूक है और उन्हें इस बात की सही-सही जानकारी दी जा रही है वास्तव में वे क्या खरीद रहें हैं। चाहे ये पोषण सम्बन्धी सूचनाएं तथा स्वास्थ्य सम्बन्धी चेतावनियां हों अथवा इस बात का विवरण कि किसी उत्पाद को किन वस्तुओं से निर्मित किया गया है, सभी के लेबल एक स्पष्ट एवं सारभूत तरीके से समस्त सूचनाओं से युक्त होते हैं।
3. *अधिक विकास :* चयन करने के लिए अधिक से अधिक वस्तुएं एवं सेवाएं उपलब्ध हैं। साथ ही, चूंकि कम्पनियां बिक्री में सुधार करने के लिए प्रतिस्पर्धा प्रारंभ करती हैं, अतः नवाचार की गुंजाइश बनी रहती है।
4. *अधिक रोजगार :* बढ़ता हुआ उत्पादन रोजगार के अवसरों में वृद्धि करेगा।

## नकारात्मक बिन्दु (The Negatives Points)

1. *ऋणग्रस्त कर देना :* उपभोक्तावाद का एक नकारात्मक प्रभाव यह है कि यह किसी भी ऐसे व्यक्ति को, जो किसी ऐसे उत्पाद को खरीदने की क्षमता नहीं रखता जिनकी उसके समक्ष बौछार की जा रही हो, स्वयं को बहिष्कृत किया गया अनुभव करने के लिए छोड़ देता है। इससे लोगों के विचारों पर एक नकारात्मक प्रभाव पड़ता है और प्रायः यह ऐसे लोगों को ऋण लेने के लिए बाध्य कर देता है, जिसे वापस करना उनके वश में नहीं होता। इसका अर्थ यह होता है, कि उसके बाद लोग ऋणों से निबटते रहते हैं, जो उन्हें पहले की अपेक्षा और अधिक बुरी स्थिति में डाल देता है। यह एक दुष्चक्र है।
2. *आध्यात्मिक मूल्यों में गिरावट :* भौतिक संपदा ही इस तथ्य की निर्णायक कारक होती है कि क्या कोई समाज अत्यधिक विकसित है अथवा नहीं। आध्यात्मिक मूल्यों की अनदेखी कर दी जाती है। यह किसी व्यक्ति के लिए उपयुक्त नहीं हो सकती है, विशेषतौर पर ऐसे व्यक्ति के लिए जो आध्यात्मिक मूल्यों का प्रशंसक हो।
3. *पारिस्थितिकी असंतुलन :* अधिकाधिक माल बनाए जाने तथा और अधिक इमारतों का निर्माण किए जाने के लिए प्राकृतिक आवासों को नष्ट किया जा रहा है जिससे मौसम दुष्प्रभावित हो रहा है। वैश्विक तापन अंततः स्वास्थ्य सम्बन्धी समस्याओं के रूप में प्रकट होगा। औद्योगिक प्रदूषण लोगों को अनेकानेक प्रकार से प्रभावित कर रहा है।
4. *भूमि एवं संसाधनों का दुरुपयोग :* यह भली-भांते प्रलेखित किया जा चुका है, कि संसाधनों का ह्रास तथा पर्यावरणीय अवनयन सीधे तौर पर वस्तुओं एवं सेवाओं के उपभोग के साथ जुड़ा हुआ है (ब्राउन,2001; ब्रोवर एंड लियोन, 1999; गार्डनर एंड स्टर्न, 2002)। कार्यकर्ता वंदना

शिवा तर्क देती हैं : ''जंक-फूड शृंखलाएं, के.एफ.सी. तथा पिज्जा हट सहित, अपने पर्यावरणीय प्रभावों के कारण प्रमुख पर्यावरणीय समूहों द्वारा किए जाने वाले हमलों के अधीन हैं....। ऐसे रेस्तरांओं के लिए पशुधन एवं मुर्गियों का अत्यधिक प्रजनन वनोन्मूलन, भूमि अवनयन, तथा जलस्रोतों एवं अन्य प्राकृतिक संसाधनों के प्रदूषण का कारण होता है। लाल मांस, मुर्गी, अंडों तथा उत्पादित दूध के प्रत्येक पौंड वजन के लिए कृषि सम्बन्धी खेत लगभग पांच पौंड ऊपरी सतह की मृदा को खो देते हैं जिनकी भरपाई संभव नहीं है। मांस के प्रजनन के लिए आवश्यक जल की मात्रा है लगभग 190 गैलन प्रति पशु प्रतिदिन, अथवा किसी साधारण भारतीय परिवार के द्वारा एक दिन में प्रयुक्त किए जाने वाली मात्रा का दस गुना, यदि उसे पानी मिलता भी हो'' (2000: 70)।

5. *प्रदूषण :* बढ़ता हुआ उपभोग बढ़े हुए प्रदूषण के स्तरों की ओर ले जाता है। उदाहरण के लिए, ऑटोमोबाइल्स के मामले को ले लीजिए : उपभोक्तावाद के एक परिणाम के रूप में इसका अधिक उपभोग प्रदूषण में वृद्धि करेगा। अन्य उदाहरणों में शामिल हैं, औद्योगिक कचरा जिसे नदियों एवं महासागरों में फेंक दिया जाता है, पर्यटन उद्योग से निकलने वाला कचरा, कृषि से निकलने वाला कचरा, उपभोक्ता का कचरा जैसे कि घरेलू कचरा, उत्पादों की आवश्यकता से अधिक पैंकिंग, नई ''इस्तेमाल करो एवं फेंको संस्कृति'' तथा अन्यान्य। वंदना शिवा लिखती हैं : ''मात्र आप और मेरे बीच की बात है, क्या विश्व बैंक को गंदे उद्योगों को अपेक्षाकृत कम विकसित देशों की ओर और अधिक स्थानान्तरण को प्रोत्साहित नहीं करना चाहिए? सर्वाधिक कम मजदूरी वाले देश में विषैले कचरे के बड़े बोझ को झोंक दिए जाने के पीछे का आर्थिक तर्क निर्दोष है, और हमें इसका मुकाबला करना चाहिए..। अफ्रीका में कम जनसंख्या वाले देश व्यापक तौर पर कम प्रदूषित हैं; उनकी वायु की गुणवत्ता लॉस एंजिल्स अथवा मैक्सिको शहर की तुलना में संभवतः बहुत अक्षमतापूर्वक कम है। प्रोस्टेट के कैंसर के हालातों में दस लाख में से एक में परिवर्तन का कारण बनने वाले एक एजेंट पर किसी देश में चिंता किया जाना स्वाभाविक रूप से किसी ऐसे देश की तुलना में कहीं अधिक हो सकता है, जहां पांच वर्ष से कम आयु के बच्चों की मृत्यु दर 200 प्रति हजार हो'' (पूर्वोक्तः 65)।

6. *गरीबों की उपेक्षा :* बड़ी मात्रा में उपभोग में उन अमीर राष्ट्रों में वृद्धि होती है जो इन निर्यातों को सस्ती कीमतों पर प्राप्त करते हैं और इससे मांग में आगे और वृद्धि होती है। गरीब उत्पादकों को और अधिक दरकिनार कर दिया जाता है क्योंकि अमीर निर्यात उत्पादक इस मांग को पूरा करने के लिए और अधिक लाभ की मुहिम के लिए कहीं अधिक संसाधनों का प्रयोग करते हैं।

हालांकि, वैश्वीकरण तथा उपभोक्तावाद के बीच के सम्बन्धों को समझने के उद्देश्य से एक वैश्विक आधार पर संसाधनों एवं बाजारों तक संभावित पहुंच, संपूर्ण विश्व में उपभोक्ताओं का उत्पादन–जो पहले सहजतापूर्वक उपलब्ध नहीं था–तथा वैश्वीकरण की अनिवार्य समझ एवं उपभोक्तावाद की धारणा को ध्यान में रखा जाना महत्वपूर्ण है। ऊपर उल्लिखित कारकों के द्वारा कार्य किए जाने के कारण उपभोक्तावाद एक ऐसी प्रक्रिया बन जाती है, जो वैश्वीकरण के द्वारा उत्प्रेरित होती है, तथा अंततः दोनों मिलकर एक सह-सम्बन्धित तंत्र का निर्माण कर देते हैं।

वर्तमान समय में, अनेकानेक प्रकार के संसाधनों एवं उत्पादों का उपभोग किया जा रहा है, जो विलासिता की सामाग्रियों एवं तकनीकी नवाचारों को शामिल करने के लिए मूलभूत आवश्यकताओं की सीमा से परे निकल चुके हैं। हालांकि, न्यूनतम एवं मूलभूत आवश्यकता से परे ऐसे उपभोग को अनिवार्य तौर पर नकरात्मक रूप में ही नहीं देखा जाना चाहिए, जो कुछ भी समझा जाना चाहिए वह यह है, कि वर्तमान विश्व में उपभोग एवं उपभोक्तावाद के पीछे क्या निहित है (शाह, 2006)। वर्तमान विश्व में, उपभोग की कुछ विशेषताएं हैं : (1) उपभोग के चयन को मात्र कुछ खिलाड़ियों के द्वारा प्रभावित किया जा रहा है, (2) किन वस्तुओं का उत्पादन किया जाना है, और किनका नहीं का निर्णय मात्र कुछ खिलाड़ियों के द्वारा

किया जा रहा है, (3) उपभोग के नमूनों की एकरूपता को संपूर्ण विश्व में पैदा किया जा रहा है, तथा (4) भौतिक मूल्य लोगों के बीच के सम्बन्धों को प्रभावित कर रहे हैं (पूर्वोक्त)।

संयुक्त राष्ट्रसंघ प्रगति रिपोर्ट (1998) के अनुसार, उपभोग के विकल्पों पर वैश्विक प्राथमिकताएं एवं व्यय तथा उपभोग के नमूने निम्नलिखित तालिका में प्रदर्शित किए गए हैं :

| *वैश्विक प्राथमिकताएं* | *राशि (अमेरिकी अरब डॉलरों में)* |
|---|---|
| अमेरिका में सौंदर्य प्रसाधन | 8 |
| यूरोप में आइसक्रीम | 11 |
| यूरोप तथा अमेरिका में परफ्यूम | 12 |
| यूरोप तथा अमेरिका में पालतू पशुओं हेतु भोजन | 17 |
| जापान में व्यावसायिक मनोरंजन | 35 |
| यूरोप में सिगरेटें | 50 |
| यूरोप में अल्कोहलयुक्त पेय पदार्थ | 105 |
| विश्व में मादक औषधियाँ | 400 |
| विश्व में सैन्य व्यय | 780 |

और इसकी तुलना उस राशि से कीजिए जिसका अनुमान सभी विकासशील देशों में मूलभूत सामाजिक सेवाओं तक सार्वभौमिक पहुंच प्रदान करने के लिए अतिरिक्त लागत के रूप में लगाया गया था :

| *वैश्विक प्राथमिकताएं* | *राशि (अमेरिकी अरब डॉलरों में)* |
|---|---|
| सबके लिए प्राथमिक शिक्षा | 6 |
| सबके लिए जल एवं सफाई | 9 |
| सभी महिलाओं के लिए प्रजनन सम्बन्धी स्वास्थ्य | 12 |
| प्राथमिक स्वास्थ्य एवं पोषण | 13 |

सन् 2003 के लिए विश्व बैंक के आंकड़े सुझाते हैं कि उन पांच वर्षों के दौरान इन संख्याओं में मात्र नाममात्र का ही परिवर्तन हुआ है (पूर्वोक्त)। अतः, परिवर्तित उपभोग के नमूने वैश्वीकृत बाजारों के एक परिणाम के रूप में विश्व पर लागू हो गए हैं।

जैसा कि पहले उल्लेख किया जा चुका है, उपभोग एवं उपभोक्तावाद के वर्तमान समय में प्रचलित स्वरूप के पीछे एक सरंचित व्यवस्था है, जिसे एक वैश्विक अर्थव्यवस्था के ऐसे खिलाड़ियों के द्वारा संचालित किया जा रहा है, जिनके पास एक वैश्वीकृत अर्थव्यवस्था की वैश्विक बाजारू शक्तियों को नियंत्रण करने का अधिकार मौजूद है। इस संदर्भ के अंतर्गत, ऐसी प्रवृत्तियां विद्यमान हैं, जिनकी पहचान वैश्वीकरण एवं उपभोक्तावाद के चारों ओर की जा चुकी है, जिन्होंने उपभोक्तावाद को वर्तमान समय में एक मुद्दा बना दिया है (पूर्वोक्त)। वर्तमान समय में उपभोग की प्रवृत्तियों में से कुछ इस प्रकार है :

- उपभोग की असमानता (उच्च-आय से अल्प-आय उपभोक्ताओं को पुनर्वितरण नहीं)।
- स्वच्छ के बजाय प्रदूषणकारी वस्तुओं एवं उत्पादन प्रौद्योगिकी का उपयोग।
- गरीब उत्पादकों को सशक्त करने के लिए वस्तुओं को प्रोत्साहित किए जाने के बजाय ऐसी वस्तुओं को प्रोत्साहित किया जाना जो गरीब उत्पादकों को निरुत्साहित करती हों।
- मूलभूत आवश्यकताओं को पूरा किए जाने के बजाय उपभोक्ताओं के बीच दर्शकीय प्रदर्शन के उपभोग के प्रति प्राथमिकता उत्पन्न करना।

अतः, आज वैश्वीकरण एवं उपभोक्तावाद उपभोग-गरीबी-असमानता-पर्यावरण के गठजोड़ की गत्यात्मकता को गति प्रदान कर रहे हैं (पूर्वोक्त)। इसके अलावा, वैश्वीकरण तथा उपभोक्तावाद की दो

प्रमुख आलोचनाएं हैं, संपत्ति का असमान वितरण एवं उपभोग के अस्थिर नमूने (पूर्वोक्त)। उपभोक्तावाद की एक प्रमुख समस्या यह है, कि आज उपभोग के नमूने हर किसी की आवश्यकता को पूरा करने वाले नहीं हैं। उपभोग के इन नमूनों को प्रेरित करने वाली व्यवस्था असमानता के साथ-साथ अस्थिरता में भी योगदान करती है। इस प्रकार, वैश्वीकरण एवं उपभोक्तावाद दो महत्वपूर्ण मुद्दों को जन्म देते हैं : (1) ऐसे नमूने एवं प्रभाव जो असमानताओं को बढ़ावा देते हैं, तथा (2) अस्थिर उपभोग एवं पर्यावरणीय संसाधनों का ह्रास (पूर्वोक्त)।

प्रवीना राजकोबल (एन.डी.) ने तर्क दिया है कि उपभोक्तावाद वैश्वीकरण के समकालीन स्वरूपों के प्रति महत्वपूर्ण है तथा वैश्वीकरण एवं उपभोक्तावाद के बीच के सह-सम्बन्धों को समझा जाना भी अनिवार्य है : "इस सम्बन्ध को इस तथ्य में से समझा जा सकता है कि वैश्वीकरण संसाधनों तथा साथ ही साथ संपूर्ण विश्व के बाजारों तक पहुंच प्राप्त करने की योग्यता प्रदान करता है। इस तर्क से आगे और, यह जोर दिया जा सकता है कि उपभोक्तावाद का उद्भव मुक्त बाजार के उद्भव के समानान्तर है। वैश्वीकरण के नेतृत्व वाला उपभोक्तावाद अपनी प्रकृति में महत्वपूर्ण मुद्दों को जन्म देता है जिन पर बहस की जा सकती है : नमूने तथा प्रभाव जो असमानताओं को बढ़ावा देते हैं तथा पर्यावरणीय संसाधनों का अस्थिर उपभोग एवं ह्रास"।

निष्कर्ष के लिए, सर्वाधिक नूतन जुनून, जिसने हमारे देश की सरकार को अपने शिंकजे में ले लिया है, यह है कि उपभोक्तावाद एवं वैश्वीकरण को प्रोत्साहित किया जाए। आज, ध्यान सकल अर्थों में गणन की गई आर्थिक विकास की दर में वृद्धि किए जाने पर केन्द्रित है न कि उन लोगों के जीवन स्तर को ऊपर उठाए जाने पर जिन्हें इसकी सर्वाधिक आवश्यकता है। यह मान लिया गया है, कि अभिलाभों में से कुछ अंततः रिसते हुए गरीबों तक पहुंच ही जाएंगे। इसका कोई संकेत नहीं है; इसके स्थान पर, अमीर एवं गरीब के बीच की खाई बढ़ रही है। (यह भी तर्क दिया जाता है कि आज भारत के पास करोड़पतियों की सबसे बड़ी संख्या मौजूद है, किन्तु इसी के साथ-साथ गरीबी रेखा के नीचे जीवनयापन करने वाले लोगों की संख्या भी संपूर्ण विश्व में भारत में सर्वाधिक है)। बेरोजगारी, अशिक्षा तथा आर्थिक असमानता की मूलभूत समस्याओं को सम्बोधित नहीं किया गया है। कृषि, जो हमारी जनसंख्या के बड़े भाग को जीवन देती है, उपेक्षित है। इसका भाग्य किसानों के द्वारा की जा रही आत्महत्याओं की संख्या में होने वाली वृद्धि में प्रतिबिंबित हो रहा है।

उपभोक्तावाद के पंथ के शिकार न केवल गरीब हो रहे हैं; बल्कि हमारे समाज का प्रत्येक वर्ग इससे संक्रमित हो चुका है। अधिकाधिक खरीद करने के लिए सतत् विपणन अभियान ने बढ़ती हुई ऋणग्रस्तता को आधार प्रदान किया है। परिवार बाधित हो चुके हैं, शत्रु उत्पन्न हो गए हैं तथा सामाजिक तनाव बढ़ चुका है। बीमारी की जड़ वह विचार है, जो प्रगति एवं विकास को विशुद्ध भौतिक अर्थों में देखता है। किसी भी अन्य मूल्य की पहचान नहीं की जा रही है, निश्चित रूप से सामाजिक न्याय के नैतिक मूल्यों की तथा एक स्वस्थ समाज के अन्य गैर-भौतिक गुणों की भी।

## REFERENCES

Appudurai, Arjun, *Modernity at Large: Cultural Dimensions of Globalization*, University of Minnesota Press, Minneapolis, 2006.

Bentley, J.H., "AHR Forum: Cross-cultural Interaction and Periodization in World History", *American Historical Review*, Vol. 101, 1996, pp. 749–70.

—, "Asia in World History", *Education about Asia*, Vol. 4, 1999, pp. 5–9.

Brower, M. and Leon, W., *The Consumer's Guide to Effective Environmental Choices: Practical Advice from the Union of Concerned Scientists*, Three Rivers Press, New York, 1999.

Brown, L.R., *Eco-Economy: Building an Economy for the Earth*, W.W. Norton & Company, Inc., New York, 2001.

Frank, A.G., *ReOrient: Global Economy in the Asian Age*, University of California Press, Berkeley, 1998.

Gardner, G. and Stern, P., *Environmental Problems and Human Behavior* (2nd edn), Pearson Custom Publishing, Boston, MA, 2002.

Joshi, Rakesh Mohan, *International Business*, Oxford University Press, New Delhi, 2009.

Kanner, A.D. and Gomes, M.E., "The All-consuming Self", in T. Roszak, M.E. Gomes and A.D. Kanner (eds), *Ecopsychology: Restoring the Earth, Healing the Mind*, Sierra Club Books, San Francisco, CA, 1995.

McKibben, B., *The End of Nature*, Anchor Books, New York, 1989.

Moghadam, V.M., *Globalizing Women: Transnational Feminist Networks*, The Johns Hopkins University Press, Baltimore, MD, 2005.

Rajkobal, Praveena, "Globalization, Consumerism and Unsustainable Consumption", Background Paper (Final), IGD Program, SPARC Colombo University.

Shah, A., *Behind Consumption and Consumerism*, <www.globalissues.org/ TradeRelated/ Consumption.asp> 2006.

Shangquan, Gao, "Economic Globalization: Trends, Risks and Risk Prevention", *Economic and Social Affairs*, CDP/1, 2000.

Shiva, Vandana, *Stolen Harvest*, South End Press, London, 2000.

Soros, George, *On Globalization*, Public Affairs, New York, 2002.

Stearns, P.N., *Consumerism in World History: The Global Transformation of Desire*, Routledge, London, United Kingdom, 2001.

Suzuki, D., *The Sacred Balance: Rediscovering Our Role in Nature*, Greystone Books, Vancouver, British Columbia, 1997.

# 14

# अपराध और अपराधी

## Crime and Criminals

सन् 2012 के दौरान भारत में कुल 60,41,559 संज्ञेय (cognizable) अपराध किए गए थे, जिनमें से 23,87,188 अपराध भारतीय दंड संहिता श्रेणी के अधीन तथा 36,54,371 अपराध विशिष्ट एवं स्थानीय कानूनों (Special and Local Laws – SLL) की श्रेणी के अंतर्गत आते हैं। इस प्रकार, प्रत्येक घंटे के लिए लगभग 273 अपराधों की सूचनाएं प्राप्त होती हैं तथा 373 लोगों को भारतीय दंड संहिता (IPC) की विभिन्न धाराओं के अंतर्गत गिरफ्तार किया जाता है। एक दिन में पुलिस को 94 हत्याओं, 205 दंगों, 75 डकैतियों, 68 बलात्कारों एवं 130 अपहरणों के साथ निबटना पड़ता है (2012)। सन् 1953 से 2012 के बीच अपराधों में लगभग शत्-प्रतिशत अथवा 10.08 गुने (6.09 लाख से 60.41 लाख) की वृद्धि दर्ज की गई। इस प्रकार से 60 वर्षों की कुल अवधि के दौरान, मात्र 1954, 1955, 1963, 1968, 1975, 1979, 1982, 1993 तथा 2003 के वर्षों, जब अपराध की प्रवृत्ति में गिरावटों को दर्ज किया गया था, को छोड़कर भारतीय दंड संहिता के अंतर्गत किए गए कुल संज्ञेय अपराधों के द्वारा निरंतर वृद्धि की प्रवृत्ति का प्रदर्शन किया गया है (*क्राइम इन इंडिया,* 2012)। अपराधों की बढ़ती हुई प्रवृत्ति जनता के बीच खतरे की घंटी का कारण तो हो सकती है, किन्तु हमारी पुलिस एवं राजनेता निरंतर खराब हो रही कानून एवं व्यवस्था की स्थिति के प्रति संवेदनहीन बने हुए हैं। गैर-सत्ताधारी राजनीतिक दल आंकड़ों के साथ मात्र एक ही प्रकार का सम्बन्ध रखते हैं कि वे इनका उपयोग सत्ताधारी दल की नीतियों की आलोचना करने के लिए कर सकें ताकि सत्ताधारी दल को बदनाम और सत्ताच्युत किया जा सके, जिससे एक नए शासक अभिजात्य वर्ग को मौका प्राप्त हो सके।

समाजशास्त्री और अपराधशास्त्री मोटे तौर पर अपराध के कारणों का पता लगाने और दण्ड-न्याय व्यवस्था की प्रभाविकता के विश्लेषण में रुचि दिखाते हैं। हाल में, कुछ उग्र विचारों वाले (radical) विद्वान इन संकीर्ण दो बातों से आगे बढ़े हैं और उन्होंने कानूनों के पारित करवाने, पुलिस व्यवस्था को सुधारने, न्यायिक सक्रियावाद (activism), उत्पीड़ितों के हितों की सुरक्षा, कारागृहों की स्थिति में सुधार और विचलित व्यक्ति को मानवीय बनाने के संबंध में प्रश्न उठाये हैं।

### अपराध की अवधारणा (The Concept of Crime)

सर्वप्रथम हम अपराध और अपराधियों की परिभाषाओं पर विचार करें और अपराधों और अपराधियों के विभिन्न प्रकारों का पता लगाएंगे। सरकारी आंकड़े अपराधों की कानूनी परिभाषा पर आधारित हैं, दण्ड-न्याय की व्यवस्था कानूनी उपागम से समझी जाती है, अपराधियों पर किए गए आनुभविक अध्ययन कानून द्वारा परिभाषित अपराध को केन्द्र-बिन्दु बनाते हैं और चूंकि अपराध की कानूनी परिभाषा को सूक्ष्म, सुस्पष्ट, और माप के योग्य समझा जाता है, इसलिए हम सर्वप्रथम इस (अपराध की) कानूनी परिभाषा को समझें।

पॉल टप्पन (1960: 10) ने अपराध की परिभाषा इस प्रकार दी है कि यह 'एक साभिप्राय (intentional) कार्य है या अनाचरण है जो दण्ड कानून का उल्लंघन करता है और जो बिना किसी

सफाई और औचित्य (justification) के किया जाता है'। इस परिभाषा में पांच तत्व महत्वपूर्ण हैं : (1) किसी क्रिया को किया जाए या किसी क्रिया को करने में चूक होनी चाहिए, यानि की किसी व्यक्ति को उसके विचारों के लिए दण्डित नहीं किया जा सकता; (2) क्रिया (action) स्वैच्छिक होनी चाहिए और उस समय की जानी चाहिए जबकि कर्त्ता का अपने कार्यों पर नियन्त्रण है; (3) क्रिया साभिप्राय होनी चाहिए फिर चाहे अभिप्राय सामान्य (general) हो अथवा विशेष (specific)। एक व्यक्ति का विशेष अभिप्राय चाहे दूसरे व्यक्ति को गोली मारना व उसको जान से मारना न हो, परन्तु उससे इस जानकारी की आशा की जाती है, कि उसकी क्रिया से दूसरों को चोट लग सकती है या उनकी मृत्यु हो सकती है; (4) वह क्रिया फौजदारी कानून का उल्लंघन होनी चाहिए (जो कि गैर-फौजदारी कानून या दीवानी या प्रशासनिक कानून से भिन्न है) जिससे कि सरकार अभियुक्त के विरुद्ध कार्यवाही कर सके; और (5) वह (क्रिया) बिना किसी सफाई या औचित्य के की जानी चाहिए। इस प्रकार यदि यह सिद्ध हो जाता है कि क्रिया आत्मसुरक्षा के लिए या पागलपन में की गयी थी तो उसे अपराध नहीं माना जाएगा, चाहे उससे दूसरों को हानि हुई हो या चोट लगी हो। कानून की अनभिज्ञता को अधिकतर बचाव या सफाई नहीं माना जाता है।

हाल जिरोम (1947: 8-18) की परिभाषा के अनुसार अपराध "कानूनी तौर पर वर्जित और साभिप्राय कार्य है, जिसका सामाजिक हितों पर हानिकारक प्रभाव पड़ता है, जिसका अपराधिक उद्देश्य है और जिसके लिए कानूनी तौर से दण्ड निर्धारित है"। इस प्रकार उसकी दृष्टि में किसी कार्य को अपराध नहीं माना जा सकता जब तक उसमें ये पांच विशेषताएं नहीं हों : (1) कानून द्वारा वह वर्जित हो, (2) वह साभिप्राय हो, (3) वह (समाज के लिए) हानिकारक हो, (4) उसका अपराधिक उद्देश्य हो, और (5) उसके लिए कोई दंड निर्धारित हो।

अपराध की परिभाषा गैर-कानूनी और सामाजिक शब्दों में भी की गई है। माउरेर (1959) ने उसे एक 'असामाजिक कार्य' (anti-social act) कहा है। काल्डवेल (1956: 114) ने उसकी यह कह कर व्याख्या की है कि "वे कार्य या उन कार्यों को करने में चूक (failure to act) जो समाज में प्रचलित मानदण्डों की दृष्टि में समाज के कल्याण के लिये इतने हानिकारक हैं, कि उनके संबंध में कार्यवाही किसी निजी पहलशक्ति (initiative) या अव्यवस्थित प्रणालियों (haphazard methods) को नहीं सौंपी जा सकती परन्तु वह कार्यवाही संगठित समाज द्वारा परीक्षित प्रक्रियाओं (tested procedures) के अनुसार की जानी चाहिए"। थौर्सटन सेलिन (1970: 6) ने उसे "मानकीय समूहों (normative groups) के व्यवहार के आदर्श नियमाचारों (conduct norms) का उल्लंघन कहा है"। मार्शल क्लिनार्ड (1957: 22) ने यह दावा किया है कि मानदंडों के सभी विचलन अपराध नहीं होते। वह तीन प्रकार के विचलन (deviations) की बात करते है : (i) सहन किए जाने वाले (tolerated) विचलन, (ii) विचलन जिसकी नरमी से निन्दा की जाती है (mildy disapproved), और (iii) विचलन जिसकी कड़ी निन्दा की जाती है (strongly disapproved)। वह तीसरे प्रकार के विचलन को अपराध मानते है। इसको समझने के लिये हम एक उदाहरण ले सकते हैं। गांधी जी न केवल स्वयं जाति के प्रतिमानों से विचलित हुए, अपितु उन्होंने दूसरों को भी इन्हें नहीं मानने के लिये प्रेरित किया। फिर भी गांधी जी को 'विचलित व्यक्ति' (deviant) नहीं माना गया, क्योंकि उनका विचलन समाज के कल्याण के लिये था। जो विचलन समाज को हानि पहुंचाता है उसका ही कड़ा अननुमोदन (disapproval) होता है।

उन अपराधशास्त्रियों ने जिनका समाजशास्त्रीय परिप्रेक्ष्य है, यह दावा नहीं किया है कि अपराधशास्त्र में अपराध की कानूनी परिभाषा का कोई स्थान नहीं है। उन्होंने केवल ऐसी परिस्थितियों की ओर ध्यान आकर्षित किया है, जिनमें वे व्यक्ति जो अपराधिक व्यवहार करते हैं या तो पकड़े नहीं जाते या न्यायालयों द्वारा अपर्याप्त सबूत या कानून में बचाव के रास्तों या दबावों के कारण मुक्त कर दिये जाते हैं। अपराध की कानूनी और सामाजिक परिभाषाओं के बीच समाधानात्मक (reconciliatory)

दृष्टिकोण अपनाते हुए रीड (1975: 5) ने कहा है कि कानूनी परिभाषा का अपराध के आंकड़ों का संकलन करने के लिए और 'अपराधी' का लेबिल (label) देने के लिए उपयोग किया जा सकता है, परन्तु अपराध के कारणों के अध्ययन के लिए किए जा रहे अध्ययनों में ऐसे व्यक्तियों को भी अपने अपराधियों के प्रतिदर्शों (samples) में सम्मिलित किया जाना चाहिए जो अपना अपराध स्वीकार करते हैं, परन्तु न्यायालय से दोषी सिद्ध नहीं हुए हैं।

## अपराध, अपराधी और अपराधशास्त्र (Crime, Criminal and Criminology)

आजकल अपराध-विज्ञान में छह प्रश्न महत्वपूर्ण हैं (यंग, 1974: 249-252)। ये हैं :

1. एक व्यक्ति के अपराधी व्यवहार की किस प्रकार व्याख्या की जाती है? अपराध करते समय क्या अपराधी को स्वेच्छा से कार्य करता हुआ समझा जाता है या यह माना जाता है कि वह ऐसी शक्तियों से बाध्य हो जाता है, जो उसके नियन्त्रण से बाहर हैं?
2. सामाजिक व्यवस्था की कार्यप्रणाली को कैसा समझा जाता है? क्या समाज में व्यवस्था को विशाल बहुमत की स्वीकृति पर आधारित माना जाता है या वह अधिकांश जबरदस्ती से थोपा हुआ है?
3. अपराध की परिभाषा कैसे की जाती है? क्या अपराध को कामूनी संहिता का उल्लंघन माना जाता है या उसे ऐसा व्यवहार माना जाता है, जो एक विशेष समुदाय की सामाजिक संहिता का उल्लंघन करता है?
4. अपराध के विस्तार और वितरण को कैसे देखा जाता है? क्या अपराध को एक सीमित तथ्य के रूप में लिया जाता है, जो कि कुछ ही व्यक्ति करते हैं या विस्तृत तथ्य माना जाता है, जिसे जनसंख्या का एक बड़ा अंश करता है?
5. अपराध के कारणों की व्याख्या कैसे की जाती है? क्या अपराध के कारण मुख्यतया व्यक्ति में स्थित होते हैं (यानि कि उसके व्यक्तित्व में) या अपराध को अधिक विस्तृत समाज, जिसमें वह व्यक्ति रहता है, की उपज समझा जाता है?
6. अपराधियों के बारे में क्या नीति है? क्या अपराधी को दण्डित करने की नीति उपयुक्त है या अपराधी के उपचार की नीति को स्वीकार किया जाता है?

निम्नलिखित प्रश्न द्विभाजनों (dichotomies) के आधार पर बनाए जा सकते हैं :

- व्यक्ति का व्यवहार : स्वतन्त्र इच्छाशक्ति बनाम (versus) नियतिवाद
- सामाजिक व्यवस्था की कार्य प्रणाली : सर्वसम्मति बनाम बल प्रयोग
- अपराध की परिभाषा : कानूनी बनाम सामाजिक
- अपराध का विस्तार एवं वितरण : सीमित बनाम विस्तृत
- अपराध के कारण : व्यक्तिगत बनाम सामाजिक
- अपराधियों के प्रति नीति : दण्ड बनाम उपचार

फिटज़िराल (1975: 248-307) और जाक यंग (1974) का अनुसरण करते हुए इन छह प्रश्नों के सात विभिन्न उदाहरणों की द्विभागी प्रतिक्रियायों को दर्शाने के लिए निम्नांकित मान-चित्र (तालिका 1) दिया जा सकता है।

## भारत में अपराधों की प्रमुख विशेषताएं (Salient Characteristics of Crime in India)

अपराध सम्बन्धी आधिकारिक आंकड़ों की सीमाओं को ध्यान में रखते हुए संभवतः भारतीय समाज में अपराध के बारे में महत्वपूर्ण प्रतीत होने वाले तथ्यों को प्रस्तुत किए जाने का प्रयास गैर-बुद्धिमत्तापूर्ण होगा। यह कल्पना किए जाने योग्य है कि पर्याप्त एवं वैध तरीकों के साथ इनमें से अनेक 'तथ्यों' में

**तालिका 1**

*अपराध और अपराधियों के महत्वपूर्ण प्रश्नों पर विभिन्न उदाहरणों की प्रक्रियाएं*

| **प्रश्न और द्विभागीय (Dichotomous) प्रक्रियाएं** | **श्रेणीवाद** (Classicism) | **प्रत्यक्षवाद** (Positivism) **जैविक, मनोवैज्ञानिक, सामाजिक सिद्धान्त** | **रुढ़िवाद** (Conservatism) | **तनाव सिद्धान्त** (Strain Theory) | **नया विचलन सिद्धान्त** (New Deviancy Theory) | **उदारवादी सुधारवादी सिद्धान्त** (Liberalism Reformism Theory) | **मार्क्सवादी** (Marxism) |
|---|---|---|---|---|---|---|---|
| व्यक्तिगत व्यवहार का निर्धारण कैसे किया जाता है? (स्वतंत्र इच्छा शक्ति बनाम नियतिवाद) | स्वतंत्र इच्छा शक्ति (free will) | नियतिवाद (determinism) | स्वतंत्र इच्छा शक्ति | नियतिवाद | नियतिवाद | नियतिवाद | नियतिवाद |
| सामाजिक व्यवस्था की कार्यप्रणाली को कैसे समझा जाता है? (सर्वसम्मति बनाम बल-प्रयोग) | सर्वसम्मति (consensus) | सर्वसम्मति | बल-प्रयोग (coersion) | सर्वसम्मति | बल-प्रयोग | बल-प्रयोग | बल-प्रयोग |
| अपराध की परिभाषा (कानूनी बनाम सामाजिक) | कानूनी | सामाजिक | सामाजिक | सामाजिक | कानूनी | कानूनी | कानूनी |
| अपराध का विस्तार (सीमित बनाम विस्तृत) | सीमित | सीमित | विस्तृत | सीमित | सीमित | सीमित | सीमित |
| अपराध के कारण (व्यक्तिगत बनाम सामाजिक) | | | | | | | |
| अपराधी के प्रति नीति (दण्ड बनाम उपचार) | दण्ड | उपचार | दण्ड | * | * | उपचार | * |

* वे सामाजिक संरचनाओं और सामाजिक व्यवस्थाओं की कार्य प्रणाली को परिवर्तित करने पर बल देते हैं।

भारी परिवर्तन हो जाएगा। तथापि, हमारे देश में अपराधों के निम्नलिखित संक्षिप्त वर्णन के लिए पर्याप्त मात्रा में साक्ष्य उपलब्ध प्रतीत होते हैं :

1. जैसा कि प्रारंभ में ही उल्लेख किया गया है, सन् 2012 में भारत में किए गए कुल संज्ञेय अपराधों में से लगभग 23.87 लाख भारतीय दंड संहिता के अंतर्गत आते हैं (जिनमें चोरी, सेंधमारी, लूट, डकैती, हत्या, दंगा, अपहरण, धोखाधड़ी, विश्वास भंग इत्यादि शामिल हैं) तथा 36.54 लाख अपराध विशिष्ट स्थानीय कानूनों (SLL) (जैसे दहेज निषेध अधिनियम, प्रतिबंध अधिनियम, जुआ अधिनियम, उत्पाद शुल्क अधिनियम, शस्त्र अधिनियम, अनैतिक आचार निषेध अधिनियम, मादक औषधि एवं मनोत्तेजक पदार्थ अधिनियम, रेलवे अधिनियम, विस्फोटक पदार्थ अधिनियम, इत्यादि) के अंतर्गत आते हैं। इस प्रकार, दूसरे देशों की तुलना में हमारे देश में अपराध की दर बहुत ऊंची नहीं है। सन् 2012 के दौरान भारत में जहां प्रत्येक एक लाख की जनसंख्या पर अपराध की दर 497.9 (*क्राइम इन इंडिया,* 2012: 23) थी, वहीं कनाडा में यह 5,589, ब्रिटेन में 10,404, अमेरिका में 5,898, जापान में 1,510 तथा नीदरलैंड में 9,507 तक थी।
2. सन् 2012 में पुलिस के द्वारा दर्ज किए गए 60 लाख के लगभग संज्ञेय अपराधों के मामलों में से लगभग 40 प्रतिशत मामले भारतीय दंड संहिता के अधीन आने वाले अपराधों से सम्बन्धित थे, जबकि 60 प्रतिशत अपराधों का सम्बन्ध विशिष्ट स्थानीय कानूनों के साथ था।
3. भारतीय दंड संहिता सम्बन्धी अपराधों के पैटर्न इंगित करते हैं कि कुल अपराधों में से 12 प्रतिशत हिंसक अपराध (हत्या, बलात्कार, अपहरण आदि) थे, 18 प्रतिशत का सम्बन्ध संपत्ति (चोरी, सेंधमारी) से था, 10.2 प्रतिशत महिलाओं के विरुद्ध किए गए अपराध थे, 4.8 प्रतिशत आर्थिक अपराध (धोखाधड़ी, विश्वास-भंग, नकली माल बनाना) थे तथा 55 प्रतिशत अन्य अपराध थे, जिनमें अनुसूचित जाति/जनजाति एवं बच्चों के विरुद्ध किए गए अपराध, साइबर अपराध इत्यादि शामिल थे (*क्राइम इन इंडिया,* 2012)।
4. संपत्ति के सम्बन्ध में किए गए कुल अपराधों में से 14.1 प्रतिशत का सम्बन्ध चोरी तथा 3.9 प्रतिशत का सम्बन्ध सेंधमारियों के साथ था (क्राइम इन इंडिया, 2012)। इसका अर्थ है, कि संपत्ति सम्बन्धी अपराधों की संख्या व्यक्तियों के विरुद्ध किए गए अपराधों (हत्या, अपहरण आदि) की तुलना में अधिक थी। ऐसा ही अमेरिका के सम्बन्ध में भी सत्य है, जहां 77 प्रतिशत अपराधों का सम्बन्ध संपत्तियों के साथ है (सेंधमारी, चोरी, वाहन-चोरी इत्यादि), तथा मात्र 23 प्रतिशत अपराध की व्यक्तियों के विरुद्ध किए जाते हैं (बेकर, 1996: 211)।
5. सन् 2012 में विशिष्ट स्थानीय कानूनों के अधीन गिरफ्तार किए गए कुल व्यक्तियों में से लगभग एक-चौथाई (23.8%) को इन अधिनियमों के अंतर्गत गिरफ्तार किया गया था : निषेध अधिनियम–10.6 प्रतिशत, जुआ अधिनियम–9.1 प्रतिशत तथा उत्पादशुल्क अधिनियम–4.1 प्रतिशत। शेष तीन-चौथाई (76.2%) का सम्बन्ध अनैतिक व्यापार अधिनियम, मादक औषधि अधिनियम, विस्फोटक अधिनियम, दहेज निषेध अधिनियम, आवश्यक सामग्री अधिनियम, टाडा, तथा ऐसे ही अन्य अधिनियमों के साथ था (*क्राइम इन इंडिया,* 2012: 147)।
6. भारतीय दंड संहिता सम्बन्धी कुल अपराधों में से 40 प्रतिशत पांच उत्तरी राज्यों जैसे उत्तर प्रदेश (8.3%), महाराष्ट्र (8.5%), मध्य प्रदेश (9.2%), बिहार (6.1%), तथा राजस्थान (7.2%) में किए गए थे, जबकि लगभग 29 प्रतिशत अपराध दक्षिण के चार राज्यों तमिलनाडु (8.4%), कर्नाटक (5.6%), आंध्र प्रदेश (8.1%) तथा केरल (6.7%) में किए गए थे (*क्राइम इन इंडिया,* 2012: 200)।
7. सन् 2012 में किए गए लगभग 23.87 लाख भारतीय दंड संहिता सम्बन्धी अपराधों के लिए 32.70 लाख लोगों को गिरफ्तार किया गया, अर्थात्, औसतन, प्रत्येक अपराध के लिए 1.4

लोगों को। दूसरी ओर, विशिष्ट स्थानीय कानून के अंतर्गत किए गए लगभग 36.54 लाख अपराधों के लिए 41.50 लाख लोगों से भी अधिक को गिरफ्तार किया गया जो एक औसत के आधार पर प्रत्येक अपराध के लिए 1.1 व्यक्ति होता है।

8. महिलाओं की तुलना में पुरुषों के लिए अपराध की दर अपेक्षाकृत अधिक ऊँची है। उदाहरणार्थ, सन् 2012 में भारतीय दंड संहिता एवं स्थानीय विशिष्ट कानून की विभिन्न धाराओं के अधीन गिरफ्तार की गई महिलाओं की संख्या क्रमशः 6.5 प्रतिशत तथा 3.6 प्रतिशत थी (*क्राइम इन इंडिया*, 2012: 141)।
9. ग्रामीण अपराधकर्ताओं की तुलना में शहरी अपराधकर्ताओं का अनुपात काफी कम है।
10. अपराध की दर अपेक्षाकृत रूप से निम्न एवं निम्न-मध्यम सामाजिक-आर्थिक समूहों के बीच सर्वाधिक ऊंची है।
11. अपराध की दर 30-50 वर्ष आयु समूह के बीच सर्वाधिक (47.6%) है। अन्य आयु समूहों के अंतर्गत दोषियों का प्रतिशत इस प्रकार था : 18-30 वर्ष के आयु समूह में 36 प्रतिशत, 50 से अधिक वर्ष के आयु समूह में 16.4 प्रतिशत (*एनसीआरबी स्नैपशाट्स* – 2011)।
12. भारतीय अपराध परिदृश्य की अंतिम विशेषता संगठित अपराध में वृद्धि का होना है–अर्थात् आपराधिक गतिविधियों के लिए बड़े पैमाने वाले संगठनों का विकसित होना। जो कुछ भी अधिक संगठित रूप से किया जा रहा है वह है अवैध वस्तुओं एवं सेवाओं जैसे (मादक) औषधियाँ, भारत तथा अरब देशों में वेश्यावृत्ति के लिए लड़कियाँ, सोने की तस्करी इत्यादि का नियंत्रण एवं वितरण। इसके अलावा विभिन्न वैध व्यवसायिक गतिविधियों पर नियंत्रण प्राप्त करने के लिए माफिया समूहों के द्वारा संगठित प्रयास किए जाते हैं, जैसे कोयला खदानों का कार्य, उद्योगों में श्रमिक संघ तथा ऐसे ही अन्य कार्य। यद्यपि 'संगठित अपराध' की श्रेणी में आने वाले बड़े अपराधों की कुल संख्या संभवतः बहुत छोटी है, किन्तु इसकी लागत तथा शहरों में इसके पैटर्न एक विशिष्ट तत्व प्रदान करते हैं।

इन तथ्यों और विशेषताओं को बताने के पीछे यह संकेत देना है कि सामाजिक प्रतिमानों के अनुरूप होने की प्रेरणाएं कमजोर हो रही हैं और सामाजिक संबंधों और सामाजिक बंधनों का विघटन हो रहा है। हमारे समाज के प्रायः सभी श्रेणियों में अशान्ति बढ़ रही है। युवाओं, किसानों, औद्योगिक श्रमिकों, छात्रों, सरकारी कर्मचारियों और अल्पसंख्यकों में अशान्ति व्याप्त है। यह अशान्ति कुण्ठाओं और तनावों को बढ़ाती है, जिससे कानूनी और सामाजिक प्रतिमानों का उल्लंघन होता है। इस प्रकार हमारे समाज के विद्यमान उप-व्यवस्थाओं और संरचनाओं का संगठन और कार्यप्रणाली अपराध की वृद्धि के लिए उत्तरदायी है। अपराध के कारणों के बारे में विचारों के प्रभावशाली सेट कई विद्वानों ने विकसित किए हैं, जिनकी उत्पत्ति विशेषरूप से दुर्खीम ने की और फिर मर्टन, कोहिन, मिलर, क्लोवर्ड और ओहलिन जैसे विद्वानों ने इस पर काम किया। हम इन विचारों में से कुछ के विश्लेषण करने का प्रयास करेंगे।

## अपराधी व्यवहार की सैद्धान्तिक व्याख्याएं (Theoretical Explanations of Criminal Behaviour)

अपराधिक व्यवहार की सैद्धान्तिक व्याख्याओं का छह समूहों में वर्गीकरण किया गया है : (i) जैविक या स्वभाव-संबंधी व्याख्याएं, (ii) मानसिक अवसामान्यता (sub-normality), बीमारी और मनोवैज्ञानिक-रोगात्मक व्याख्याएं, (iii) आर्थिक व्याख्या, (iv) स्थलाकृतिक या भौगोलिक (topographical) व्याख्या, (v) (मानव) पर्यावरणवादी व्याख्या, और (vi) 'नवीन' और 'रैडिकल' (radical) व्याख्या।

**तालिका 2**

*अपराध के कारणों के सैद्धांतिक स्पष्टीकरण*

| *क्रम सं.* | *सैद्धांतिक स्पष्टीकरण* | *प्रतिपादक* | *वर्ष* | *मुख्य निबंध का अपराध परिणाम है* |
|---|---|---|---|---|
| 1 | पारंपरिक | बेक्कारिया | 1764 | (i) मनुष्य की तर्कसंगत प्रेरणा<br>(ii) सुखवाद अथवा दर्द/आनंद का सिद्धांत |
| 2 | जीवोत्पत्ति सम्बन्धी | | | विरासत में प्राप्त गुण |
| | (i) विकासवादी पूर्वजता सिद्धांत | लोमब्रोसो | 1876 | शारीरिक क्षतचिन्ह अथवा दोषपूर्ण अवयव |
| | (ii) गोरिंग का सिद्धांत | चार्ल्स गोरिंग | 1919 | दोषपूर्ण शारीरिक संरचनात्मक कारक |
| | (iii) हूतन का सिद्धांत | हूतन | 1939 | जैविक न्यूनता |
| | (iv) शारीरिक बनावट सिद्धांत | शेल्डन | 1940 | मेसोमार्फिक शरीर |
| 3 | मनोवृत्ति जनित | | | दोषपूर्ण व्यक्तित्व |
| | (i) मनोरोग सिद्धांत | विलियम हेली | 1915 | मानसिक विकार अथवा भावनात्मक विक्षोभ |
| | (ii) मनो-विश्लेषणात्मक सिद्धांत | एडलर, एब्राहमसेन इत्यादि | 1952 | सहज ज्ञान |
| 4 | समाज जनित | | | सामाजिक परिवेश से सीखा एवं अनुकूलित किया गया |
| | (क) प्रक्रियात्मक स्पष्टीकरण | | | |
| | (i) विभेदक साहचर्य सिद्धांत | सदरलैंड | 1939 | अपराधिक मानदंडों के साहचर्य एवं सामाजिक प्रभाव |
| | (ii) वर्गीकरण सिद्धांत | हावर्ड बेकर | 1963 | नियमों के अन्य लोगों के द्वारा लागू किए जाने के परिणाम तथा किसी 'अपराधी' पर प्रतिबंध |
| | (ख) संरचनात्मक स्पष्टीकरण | | | |
| | (i) आर्थिक सिद्धांत | फोर्नासारी एवं बोंगर | 1894, 1916 | आर्थिक परिस्थितियाँ |
| | (ii) भौगोलिक सिद्धांत | डेक्सटर, क्वेटलेट आदि | 1904 | भौगोलिक कारक जैसे जलवायु |
| | (iii) सामाजिक सिद्धांत | | | |
| | (क) एनोमी सिद्धांत | मेरटन | 1938 | लक्ष्यों एवं साधनों के बीच अलगाव के कारण उपभेद |
| | (ख) विभेदक अवसर सिद्धांत | क्लोवर्ड एवं ओहलिन | 1960 | सफलता-लक्ष्यों के वैध एवं अवैध साधनों के बीच विभेद |
| | (ग) अपचारी उपसंस्कृति सिद्धांत | कोहेन | 1955 | प्रधान मूल्यों की अस्वीकृति एवं अपचारी मूल्यों का विकास |
| | (घ) नियंत्रण का सिद्धांत | वाल्टर रेकलेस | 1967 | प्रतिकूल स्व-अवधारणा |

रीड (1976: 103-251) ने सैद्धान्तिक व्याख्याओं का इस प्रकार वर्गीकरण किया है : (1) क्लैसिकल (classical) और प्रत्यक्षवादी (positive) व्याख्याएं, (2) शारीरिक, मनश्चिकित्सीय और मनोवैज्ञानिक सिद्धान्त, और (3) समाजशास्त्रीय सिद्धान्त। इसने समाजशास्त्रीय सिद्धान्तों का दो श्रेणियों में उपवर्गीकरण किया है : (i) सामाजिक संरचनात्मक सिद्धान्त (जिनमें मर्टन, कोहेन, क्लोवार्ड एवं ओहलिन, माटजा, मिलर और क्विनी के सिद्धान्त असम्मिलित हैं); और (ii) सामाजिक प्रक्रिया सिद्धान्त (जिनमें सदरलैन्ड और हावर्ड बेकर के सिद्धान्त सम्मिलित हैं)।

हम सिद्धान्तों को चार समूहों में बांट कर इन पर विचार-विमर्श करेंगे : (1) पारंपरिक (classicist), (2) जैविकीय (biogenic), (3) मनोवैज्ञानिक (psychogenic), और (4) सामाजिक (sociogenic)।

## *पारंपरिक व्याख्या (Classicist Explanation)*

अपराध और दंड की क्लासिक व्याख्याएं अठारहवीं शताब्दी के दूसरे अर्ध में विकसित की गई थीं। वास्तव में, ये सैद्धान्तिक व्याख्याएं प्रबुद्ध विचारकों और राजनैतिक सुधारकों की प्रतिक्रिया के रूप में विकसित हुईं। ये व्यक्ति न्याय की मनमानी पद्धतियों और दण्ड की बर्बर संहिताओं, जो अठारहवीं शताब्दी तक प्रचलित थीं, के विरुद्ध थे। उन्होंने ऐसी कानून प्रणाली की मांग की जो कि अपराधियों के हितों की रक्षा करे और उनके अधिकारों और स्वतंत्रता को बचाये। वे राज्य की उत्पत्ति के अनुबन्ध (contract) सिद्धान्त (जिसे रूसो ने प्रस्तुत किया था) में विश्वास करते थे, अर्थात उन स्वतन्त्र व्यक्तियों के आचरण को नियन्त्रित करना जो समाज में स्वतंत्र एवं समान व्यक्तियों के बीच एक स्वतन्त्र और 'कानूनी' अनुबन्ध से एक दूसरे से बंधे हुए थे। इस प्रकार व्यक्तियों की कल्पना स्वतन्त्र, तार्किक (rational) और प्रभुसत्ता-सम्पन्न (sovereign) व्यक्तियों के रूप में की गई थी, जो अपने स्वार्थों को निश्चित करने और विवेकपूर्ण ढंग से अपने कार्यों के परिणामों को सोचने की क्षमता रखते थे। इसलिए उन्होंने राज्य/समाज को प्रभुसत्ता-सम्पन्न न मान कर ऐसा माना कि उसको व्यक्तियों द्वारा अपने व्यक्तिगत और आपसी हित के लिए अनुबन्ध से स्थापित किया गया है। इस प्रकार उन्होंने राज्य की शक्ति को व्यक्ति के अधिकारों एवं स्वतंत्रता और सुरक्षा की रक्षा के लिए सीमित करने का प्रयत्न किया।

क्लासिक व्याख्या को प्रस्तुत करने वाला एक इटेलियन विचारक बैकेरिया था जिस पर बेन्थम और जान हावर्ड जैसे विद्वानों के विचारों का प्रभाव पड़ा था। क्लासिक विचारधारा यह मानती थी कि (अ) मानव प्रकृति तार्किक एवं स्वतंत्र है और अपने स्वार्थ से निर्धारित होती है, (ब) सामाजिक व्यवस्था मतैक्यता और सामाजिक अनुबंध पर आधारित है, (स) अपराध सामाजिक प्रतिमान का उल्लंघन नहीं, बल्कि कानून संहिता का उल्लंघन है, (द) अपराध का वितरण सीमित है और उसका पता 'उचित प्रक्रिया' से लगाना चाहिए, (इ) अपराध व्यक्ति की तार्किक प्रेरणा (rational motivation) से होता है, और (फ) अपराधी को दण्ड देते समय 'संयम' का सिद्धान्त अपनाना चाहिए।

बैकेरिया की क्लासिक व्याख्या के प्रमुख आधारतत्व (शेफर स्टीफन, 1969: 106), जो उसने 1764 में विकसित किए थे, निम्न थे :

1. व्यक्ति का व्यवहार सप्रयोजन (purposive) और विवेकपूर्ण (rational) है और सुखवाद (hedonism) या सुख-पीड़ा के सिद्धान्त पर आधारित है, यानि कि वह ज्ञानपूर्वक (consciously) सुख चुनता है और पीड़ा से बचता है।
2. प्रत्येक अपराध के लिए ऐसा दंड निर्धारित होना चाहिए जो अपराध करने से मिलने वाली सुख प्राप्ति की अपेक्षा अधिक पीड़ाजनक हो।
3. दण्ड कठोर और निवारक (deterrent) नहीं होना चाहिए परन्तु वह अपराध के अनुपात में होना चाहिए और वह पूर्व निर्धारित (predetermined), शीघ्र, और सर्वविदित (public) भी होना चाहिए।
4. कानून सब नागरिकों के लिए समान होना चाहिए।

5. विधान मण्डलों को स्पष्ट कानून बनाना चाहिए और उसके उल्लंघन के लिए सुस्पष्ट दंड निर्धारित करना चाहिए। न्यायाधीशों को कानून की व्याख्या नहीं करनी चाहिए परन्तु यह निर्णय लेना चाहिए कि व्यक्ति ने अपराध (कानून का उल्लंघन) किया या नहीं। दूसरे शब्दों में न्यायालय को केवल निर्दोषता (innocence) या अपराध (guilt) का निर्धारण करना चाहिए और उसके पश्चात नियत दण्ड के आदेश प्रदान कर देने चाहिए।

क्लासिक व्याख्या की प्रमुख कमजोरियां थीं : (1) सब अपराधियों के साथ बिना उनकी आयु, लिंग या बुद्धि में भेद करके समान व्यवहार किया जाना; (2) अपराध की प्रकृति को कोई महत्व नहीं दिया गया (यानि कि अपराध जघन्य (felony) था या साधारण (misdemeanour) था)। इसी तरह अपराधी के प्रकार को भी कोई महत्व नहीं दिया गया था (यानि कि पहली बार का अपराधी था या आकस्मिक अपराधी था या पेशावर अपराधी था); (3) एक व्यक्ति के व्यवहार की व्याख्या केवल 'स्वतंत्र इच्छा-शक्ति' (free-will) के सिद्धान्त पर करना और 'उपयोगितावाद' (utilitarianism) के सिद्धान्त पर दंड प्रस्तावित करना अव्यवहारिक दर्शन है, जो अपराध को अमूर्त (abstract) रूप में देखता है और जिसके निष्पक्ष एवं आनुभविक मापन (measurement) में वैज्ञानिक उपागम का अभाव है; (4) न्यायसंगत (justifiable) अपराधिक कार्यों के लिए उसमें कोई प्रावधान नहीं था; और (5) बैकेरिया और बेन्थम को फौजदारी कानून में सुधार करने में अधिक रूचि थी, जैसे बजाय अपराध को नियंत्रित करने और अपराध-विज्ञान के सिद्धान्तों का विकास करने में दण्ड की कठोरता को कम करना, जूरी (jury) व्यवस्था के दोषों को हटाना, देश निकाला और फांसी देने के दण्ड को समाप्त करना और कारागृह दर्शन को अपनाना, और नैतिकता को नियमित करना।

नव-क्लासिकवादी (neo-classicist) अंग्रेज अपराधशास्त्रियों ने क्लासिक सिद्धान्त में 1810 और 1819 में संशोधन किया और उसमें न्यायिक विवेक (discretion) का प्रावधान किया और न्यूनतम और अधिकतम दण्ड के विचार को सन्निविष्ट (introduce) किया (बोल्र्ड, 1958: 25-26)। समान न्याय की अवधारणा को अवास्तविक बताते हुए उन्होंने अपराधियों का दण्ड निर्धारित करते समय आयु, मानसिक दशा और लघुकारक परिस्थितियों को महत्व देने का सुझाव दिया। सात वर्ष से कम आयु के बच्चों और मानसिक रोग से पीड़ित व्यक्तियों को कानून से मुक्त रखा। फिर भी इन परिवर्तनों के बावजूद नव-क्लासिकवादियों ने स्वतंत्र इच्छा-शक्ति और सुखवाद के सिद्धान्तों को स्वीकार किया। इसलिए इस विचारधारा को भी अपराधशास्त्र की वैज्ञानिक विचारधारा नहीं माना गया है।

## *जैविकीय व्याख्या (Biogenic Explanation)*

प्रत्यक्षवादियों (positivists) ने क्लासिकवादियों ओर नव-क्लासिकवादियों द्वारा समर्थित 'स्वतन्त्र इच्छा शक्ति' की अवधारणा को अस्वीकार करके 'नियतिवाद' (determinism) के सिद्धान्त पर बल दिया। लोम्ब्रोज़ो, फ़ैरी और गारोफैलो प्रमुख प्रत्यक्षवादी थे जिन्होंने अपराधिक व्यवहार के जैविकी से उत्पन्न होने वाले और वंशानुगत (hereditary) पहलुओं पर बल दिया। (आनुवंशिकता माता-पिता का योगदान है, जो 46 क्रोमोसोमों द्वारा किया जाता है। उनमें से दो शिशु के लिंग का निर्धारण करते हैं और 44 शरीर के अन्य गुणों पर प्रभाव डालते हैं। जीन्स (genes) का सम्मिश्रण (combination) और क्रमचय (permutation) शिशु के विशेष जीनोटाइप का निर्धारण करते हैं, यानि कि शरीर-रचना का जननिक (genetic) योगदान)।

लोम्ब्रोज़ो जो एक इटेलियन चिकित्सक और क्लिनिकल साइकिएट्री और क्रिमिनल एन्थ्रोपोलोजी का आचार्य था और जिसे 'अपराधशास्त्र का पिता' कहा जाता है, ने 1876 में विकासात्मक पूर्वजानुरूपता का सिद्धान्त (Theory of Evolutionary Atavism), जिसे शारिरिक अपराधी किस्म (Physical Criminal Type) या पैदाइशी अपराधियों का सिद्धान्त भी कहते हैं, प्रस्तुत किया। उसने दावा किया कि अपराधी का शारीरिक रूप गैर-अपराधी के शारीरिक रूप से भिन्न होता है (1911: 365)। एक अपराधी की कई शारीरिक असामान्यताएं (abnormalities) होतीं हैं। इसलिए वह कई

विशेषताओं और क्षत चिन्हों (stigmata) से पहचाना जा सकता है, जैसे असममित (asymmetrical) चेहरा, बड़े कान, बहुत अधिक लंबी बाहें, पिचकी हुई नाक, पीछे की ओर झुका हुआ ललाट, गुच्छेदार और कुंचित (crispy) बाल, पीड़ा की तरफ संज्ञाहीनता (insensibility), आंखों में खराबी और अन्य शारीरिक अनूठेपन (peculiarities)। लोम्ब्रोज़ो ने अपराधियों और गैर-अपराधियों के बीच न केवल शारीरिक विशेषताओं में अन्तर बताया परन्तु उन विशेषताओं का भी ज़िक्र किया, जो उनके द्वारा किए गए अपराधों की किस्मों के अनुसार अपराधियों में भेद दर्शाते हैं।

चार्ल्स गोरिंग, एक अंग्रेज मनश्चिकित्सक एवं दार्शनिक ने 1913 में अपने अध्ययन के आधार पर (जिसमें उसने 3000 अंग्रेज कैदियों और बड़ी संख्या में गैर-अपराधियों की विशेषताओं को जांचा) लोम्ब्रोज़ो के सिद्धान्त की आलोचना की। उसने दृढ़तापूर्वक कहा कि शारीरिक अपराधी किस्म (physical criminal type) जैसी कोई चीज नहीं होती है। फिर भी उसने स्वयं ने अपराध की वंशानुगत कारणों के आधार पर व्याख्या की (1919: 11) और इसमें उसने तथ्यों का सांख्यिकीय विवेचन (statistical treatment of facts) या जिसे सांख्यिकीय-गणित-रीति कहते हैं, का उपयोग किया। परन्तु गोरिंग के काम की भी आलोचना हुई क्योंकि (रीड, 1976: 120-21) (1) सांख्यिकीय विश्लेषण में उसने भी वही गलतियां की जिनके लिए उसने लोम्ब्रोज़ो की आलोचना की थी। उसने बुद्धिमानी (intelligence) को उपलब्ध साइमन-बाइनेट (Simon-Binet) परीक्षणों (tests) से नहीं मापा परन्तु अपराधियों की मानसिक योग्यता के बारे में अपने स्वयं के विचार से ज्ञात किया, (2) उसने अपराध पर पर्यावरण के प्रभाव को बिल्कुल अनदेखा कर दिया, (3) ग़ैर-अपराधियों का प्रतिदर्श, जिसमें विश्वविद्यालय के पूर्वस्नातक छात्र, अस्पताल के मरीज़, मानसिक रोगी, और सेना के जवान सम्मिलित थे, दोषपूर्ण था, और (4) वह लोम्ब्रोज़ो के विरुद्ध भयंकर रूप से पूर्वाग्रही (prejudiced) था।

यद्यपि फेरी और गारोफैलो ने भी लोम्ब्रोज़ो को समर्थन दिया था, परन्तु उसने (लोम्ब्रोज़ो ने) अपने जीवन के अन्तिम दिनों में अपने सिद्धान्त में परिवर्तन कर दिया और कहा कि सभी अपराधी 'जन्मजात अपराधी' नहीं होते। 'साधारण अपराधी' (जो सामान्य शारीरिक और मनोवैज्ञानिक बनावट के व्यक्ति होते हैं), आकस्मिक अपराधी, और संवेगात्मक अपराधी भी होते हैं।

लोम्ब्रोज़ो की सैद्धान्तिक व्याख्याओं के विरुद्ध प्रमुख आलोचनाएं हैं : (1) उसके तथ्यों का संकलन जैविक कारकों तक सीमित था और उसने मानसिक और सामाजिक कारकों पर ध्यान नहीं दिया; (2) उसका तरीका मुख्यतः वर्णनात्मक था, न कि प्रयोगात्मक; (3) उसके पूर्वाजानुरूपता (atavism) और विकृति (degeneracy) पर सामान्यीकरणों ने सिद्धान्त और तथ्य के बीच एक दरार बना दी। उसने अपने सिद्धान्त को ठीक बैठाने के लिए तथ्यों को तोड़ा मरोड़ा; (4) उसका सामान्यीकरण (पूर्वजानुरूपता के बारे में) एक अकेले प्रकरण से प्राप्त किया गया था और इसलिए वह अवैज्ञानिक है; और (5) उसके सांख्यिकी के उपयोग का परीक्षण वास्तव में आंकड़ों से नहीं किया गया था। इन आलोचनाओं के बावजूद अपराधशास्त्र के चिन्तन के विकास के लिए लोम्ब्रोज़ो का योगदान इस आधार पर माना गया है, कि उसने अपराध के स्थान पर अपराधी पर पुनः बल दिया।

जैविकी से उत्पन्न होने वाले चरों (variables) में हार्वर्ड के एक भौतिक मानवशास्त्री हूट्टन ने 1939 में फिर से रुचि पैदा कर दी। 3,203 पुरुष गैर-अपराधियों की छोटी संख्या की तुलना में 13,873 पुरुष कैदियों के 12 वर्ष के अध्ययन के आधार पर उसने यह निष्कर्ष निकाला कि अपराध का मूल कारण 'जैविकी हीनता' (biological inferiority) है। अपने अध्ययन (1939) से उसने जो चार निष्कर्ष निकाले वे थे : (1) अपराधिक व्यवहार वंशागत जैविकी हीनता का सीधा परिणाम है। इसकी विशेषताएं हैं : ढालू ललाट, पतले होंट, सीधे बाल, शरीर पर बाल, छोटे कान, लंबी पतली गर्दन, और ढालू कंधे, (2) विशेष प्रकार के अपराध विशेष किस्म की जैविकी हीनता के फलस्वरूप होते हैं। लंबे और पतले आदमियों का झुकाव हत्यारे और लूटेरे बनना होता है, लंबे और भारी

आदमियों का धोखेबाज बनना, छोटे कद के और पतले आदमियों का चोर और सेंधमार बनना, और छोटे कद वाले और भारी आदमी यौन अपराधों को करने की ओर प्रवृत्त होते हैं, (3) अपराधी जैविक रूप से हीन प्रवृत्ति वाले होते हैं, और (4) अपराध का निराकरण शारीरिक और मानसिक रूप से अनुपयुक्त व्यक्तियों के नसबंदी से ही संभव है।

इसके अतिरिक्त उसका यह मानना था, कि प्रत्येक समाज में थोड़े से प्रतिभाशाली व्यक्ति (few geniuses) होते हैं, सामान्य व्यक्तियों के झुंड (hordes of mediocres) होते हैं, ढेरों मन्दबुद्धि के (masses of morons) होते हैं, और बहुसंख्या में अपराधी (regiments of criminals) होते हैं। उसने जैविकी रूप से हीन व्यक्तियों के तीन प्रकार बतलाए : (i) जो जैविक रूप से अ-अनुकूलनीय (inadaptable) होते हैं, (ii) मानसिक रूप से अविकसित (stunted) होते हैं, और (iii) समाजशास्त्रीय रूप से विकृत (warped) होते हैं।

तथापि उसके सिद्धान्त की एल्बर्ट कोहिन, एल्फ्रेड लिन्डस्मिथ और कार्ल शूसलर (देखें, सदरलैन्ड, 1965: 118-19; वोल्ड, 1958: 59-64; गिबन्स, 1977: 139-40) ने ये तर्क देकर आलोचना की कि : (1) उसके गैर-अपराधियों के नियन्त्रित समूह आकार में छोटे थे और ऐसे प्रकारों का प्रतिनिधित्व करते थे, जिनसे मानसिक रूप से बेहतर (विश्वविद्यालय के छात्र) और शारिरिक रूप से अधिक बलवान (फायरमेन) होने की आशा की जा सकती थी; (2) अपराधियों का प्रतिदर्श (sample) प्रतिनिधिक नहीं था, क्योंकि उसमें केवल बंदी जनसंख्या को लिया गया था; (3) उसकी अनुसंधान पद्धति दोषपूर्ण थी; (4) उसके पास 'जैविक हीनता' का कोई सुनिश्चित मानदंड नहीं था; और (5) उसने इसका कोई प्रमाण प्रस्तुत नहीं किया कि शारीरिक हीनता वंशानुगत है।

शैल्डन ने 1940 में अपराध का सम्बन्ध शारीरिक बनावट या शरीर गठन से बतलाया। उसने व्यक्तियों को उनके शरीर गठन (या शरीर के प्रकारों) के आधार पर तीन समूहों में वर्गीकृत किया : एन्डोमौर्फिक (endomorphic), एक्टोमौर्फिक (ectomorphic) और मेसोमौर्फिक (mesomorphic)। पहले प्रकार के शरीर गठन वाले व्यक्ति (जिनकी छोटी हड्डियां, छोटे अंग, और नर्म, चिकनी और मखमल जैसी त्वचा होती है) आराम और ऐश का जीवन पसंद करते हैं और मूलतः बर्हिमुखी (extroverts) होते हैं; वे जिनकी दूसरे प्रकार की शरीर की बनावट होती है (जिनका शरीर दुबला-पतला, सुकुमार और कोमल होता है, और हड्डियां छोटी और कोमल होती हैं) अन्तर्मुखी (introverts) होते हैं, उन्हें क्रियागत (functional) शिकायतें रहती हैं; वे शोर के प्रति संवेदनशील होते हैं, जिन्हें चिरकालिक (chronic) थकावट महसूस होती है और जो भीड़ और व्यक्तियों से दूर भागते हैं; और जिनका शरीर गठन तीसरे प्रकार का होता है (जिनकी मांसपेशी और हड्डियां मजबूत होती हैं, सीना भारी होता है और कलाईयां और हाथ बड़े होते हैं) वे सक्रिय, गतिशील और आक्रामक होते हैं। शेल्डन ने शरीर के प्रकारों की लंबाई चौड़ाई मापने के लिए मापदण्ड बनाए थे, जिनमें व्यक्तियों के प्रत्येक भाग को एक से सात अंकों के बीच अंक दिये गए थे। तथापि शेल्डन की यह परिकल्पना कि अपराधी व्यवहार और शरीर के प्रकारों में संबंध होते है और अपराधी गैर-अपराधी की तुलना में अपने शरीर के गठन में कुछ अधिक मेसोमौर्फिक (mesomorphic) होते हैं, निश्चय से सिद्ध नहीं हो पाई है। अपराध एक सामाजिक प्रक्रिया है, वह जैविक रूप से निर्धारित व्यवहार का एक संरूप नहीं है।

यदि हम क्लासिकल विचारधारा के प्रमुख बिन्दुओं की तुलना प्रत्यक्ष (positive) विचारधारा से करें तो हम कह सकेंगे कि (1) पहले ने अपराध की कानूनी परिभाषा पर जोर दिया, दूसरे ने उसे अस्वीकार कर दिया; (2) पहला स्वतंत्र इच्छा-शक्ति के सिद्धान्त में विश्वास रखता था, दूसरा नियतिवाद में; (3) पहले ने आनुभविक शोध का उपयोग नहीं किया, दूसरे ने किया; (4) पहले ने अपराध पर जोर दिया (दण्ड को प्रस्तावित करके), दूसरे ने अपराधी पर; (5) पहले ने कुछ अपराधों के लिए मृत्यु दंड प्रस्तावित किया, दूसरे ने मृत्यु दंड हटाने की अनुशंसा की; (6) पहला एक निश्चित दण्ड के पक्ष में था, दूसरा अनिश्चित दण्ड के।

इन सिद्धान्तों के अतिरिक्त, समरूप (identical) जुड़वां बच्चों पर किए गए कुछ अध्ययनों ने भी आनुवंशिकता को अपराध में एक महत्वपूर्ण कारक मानने पर बल दिया है। लैन्गे (Lange, 1931) ने कई जेलों में जुड़वां बच्चों के व्यवहार की किसी भी संस्था से नहीं जुड़े हुए (uninstitutionalised) जुड़वां बच्चों के व्यवहार से तुलना की। उसने देखा कि समरूपी/एकाण्डी जुड़वां बच्चों (जो एक ही अण्डाणु के गर्भाधान से पैदा हुए थे) के प्रकरण में 15 जोड़ों (pairs) में से 10 सदृश (concordant) थे (जुड़वां जोड़े के दोनों सदस्यों की एक सी विशेषताएं थी) जबकि भ्रातृक (fraternal) जुड़वां बच्चों (जो अलग अलग अण्डाणु से पैदा हुए) के प्रकरण में 17 जोड़ों में 15 बेमेल थे (दोनों जुड़वां सदस्यों की विशेषताएं भिन्न भिन्न थीं)।

क्रेन्ज़ (रोजन्थाल 1970) ने जुड़वां बच्चों और अपराध के ऊपर किए गए अपने 1936 के अध्ययन में देखा कि समरूपी जुड़वां बच्चों में 66 प्रतिशत जुड़वां बच्चे सदृश थे और भ्रातृक जुड़वां बच्चों में 54 प्रतिशत अविरुद्ध थे। क्रिस्टियनसेन (1968) ने उन 6000 जोड़ों, जो डेनमार्क में 1880 और 1890 के बीच पैदा हुए थे, के अध्ययन में पाया कि अपराधी व्यवहार के संबंध में समरूपी जुड़वां बच्चे 66.7 प्रतिशत सदृश थे और भ्रातक जुड़वां बच्चों में 30.4 प्रतिशत।

वंशागत कारकों से अपराधिक व्यवहार की व्याख्या करने के विरुद्ध यह आलोचना है, कि समरूपी जुड़वां बच्चों के व्यवहार की समरूपताएं एक ही वातावरण में रहने के फलस्वरूप भी हो सकती है और इस कारण उनका संबंध आनुवंशिकता से बिल्कुल भी नहीं हो। द्वितीय, यदि आनुवंशिकता अपराध का कारण है, तो समरूपी जुड़वां बच्चों के ऐसे प्रकरण नहीं होने चाहिए, जहां एक अपराधी है और दूसरा नहीं। उसी तरह से पारिवारिक वंशावलियों (family lines) को वंशागत अपराधिकता (inherited criminality) का प्रमाण मानने वाले अध्ययन को भी अस्वीकार कर दिया गया है।

## *मनोव्यक्तिक व्याख्या (Psychogenic Explanation)*

मनोविज्ञान से उत्पन्न होने वाले सिद्धान्त अपराध को अपराधी के व्यक्तित्व में कुछ दोषों में या 'व्यक्ति के अन्दर' खोजते हैं। मनोवैज्ञानिक सिद्धान्त मन्द बुद्धिमत्ता (निम्नबुद्धि भागफल अथवा I.Q.) पर बल देता है, मनश्चिकित्सीय सिद्धान्त मानसिक रोगों पर बल देता है, और मनोवैश्लेषिक सिद्धान्त अविकसित अहम् या प्रेरणाओं (drives) और मूल प्रवृत्तियां (instincts) या अपराध भावनाओं (guilt-feelings) या हीन भावना पर बल देता है।

## *मनोवैज्ञानिक व्याख्या (Psychological Explanation)*

हेनरी गोडर्ड ने 1919 में बुद्धि परीक्षणों के परिणाम बतलाए और कहा (1918: 8-9) कि विचलन (delinquency) और अपराध का सबसे बड़ा अकेला कारण मन्द बुद्धिमत्ता है (बहुत निम्न IQ)। उसने कहा कि मन्द बुद्धिमत्ता वंशागत होती है और जीवन की घटनाओं से बहुत कम प्रभावित होती है। उसने इस पर बल दिया कि अपराधी पैदा नहीं होता परन्तु बनाया जाता है। परन्तु गोडर्ड इसमें विश्वास नहीं करता था, कि प्रत्येक मन्दबुद्धि वाला व्यक्ति अपराधी होता है। वह सम्भावित अपराधी हो सकता है, परन्तु उसके अपराधी बनने का निर्धारण दो कारक करते हैं : उसका स्वभाव और उसका पर्यावरण। इसलिये मन्दबुद्धिमत्ता वंशानुगत हो सकती है, परन्तु अपराधिकता वंशानुगत नहीं है।

1928-29 में सदरलैन्ड (1931: 357-75) ने बुद्धि परीक्षण के अध्ययनों की 350 रिपोर्टों का, जिसमें दो लाख अपराधियों का परीक्षण किया गया था, यह मालूम करने के लिए विश्लेषण किया कि अपराध और मानसिक कमियों में क्या संबंध हैं। उसने पता लगाया कि : (1) 1910-14 के बीच किए गए अध्ययनों में 50 प्रतिशत अपराधी मन्दबुद्धि वाले थे, परन्तु 1925-28 के काल के अध्ययनों में केवल 20 प्रतिशत ही ऐसे अपराधी पाए गए; (2) अपराधियों और गैर-अपराधियों की मानसिक आयु में नगण्य अन्तर था; (3) निम्न मनोवृत्ति वाले कैदियों और उच्च मनोवृत्ति वाले कैदियों में अनुशासन समान था; और (4) मन्दबुद्धि वाले और साधारण पैरोलियों (parolees) का पैरोल की

शर्तों के प्रति समंजन प्रायः बराबर था। इसलिए उसने यह निष्कर्ष निकाला कि मन्दबुद्धि वाले की निम्न मनोवृत्ति अपराधिकता का महत्वपूर्ण कारण नहीं है।

## *मनश्चिकित्सीय व्याख्या* (*Psychiatric Explanation*)

शिकागो में एक मनश्चिकित्सक विलियम हीली ने अपने चिकित्सक साथियों से इस बात पर असहमति व्यक्त की कि बाल-अपराध दोषपूर्ण शरीर-रचनाओं और शारीरिक कारकों के कारण होता है और इस पर बल दिया कि व्यक्तित्व के दोष और विकार या 'मनोवैज्ञानिक विशेषताएं' अपराध का कारण होती हैं। मोटे तौर पर मनोवैज्ञानिक विशेषताएं व्यवहार की उन विशेषताओं को जन्म देती हैं जो एक शिशु या छोटे बालक में परिवार में भावात्मक सम्पर्क से स्थापित हो जाती हैं। ये विशेषताएं हैं : बहिर्मुखता अथवा अन्तर्मुखता, प्रभाविता अथवा अधीनता, आशावाद अथवा निराशावाद, भावात्मक स्वतंत्रता अथवा निर्भरता, आत्मविश्वास अथवा उसका अभाव, अहंभाव अथवा समाज-भाव (sociocentrism), इत्यादि (जॉन्सन, 1978: 155)। अधिक सीमित अर्थ में साइकोजिनिक शब्द का अर्थ मानसिक विकार अथवा 'भावात्मक व्याकुलता' होता है। मनोवैज्ञानिक कारकों का विश्लेषण करते हुए हीली ने पाया कि अपराधियों में गैर-अपराधियों की तुलना में व्यक्तित्व के विकार अधिक पाए जाते हैं।

मनश्चिकित्सकों ने मानसिक विकारों अथवा मनोविकृतियों (psychoses) के तीन रूप बतलाए हैं (यानि व्यक्ति जो विसंपीड़न (decompression), वास्तविकता का तोड़-मरोड़ और वास्तविकता से संपर्क का अभाव प्रदर्शित करते हैं) : (1) खंडित मनस्कता (schizophrenia) (भ्रान्ति और निर्मूलभ्रमों (hallucination) के द्वारा वास्तविकता से पलायन (retreat) करने की प्रवृत्ति को दर्शाना), (ii) विक्षिप्त अवसादक रोग (maniac-depressive disorder) (जो मनोदशा में उतार-चढ़ाव दर्शाता है), और (iii) संविभ्रम (paranoia)। अनुमान है कि केवल 1.5 प्रतिशत से 2.0 प्रतिशत अपराधी मानसिक रोग (psychotic) से पीड़ित होते हैं और ऐसे अपराधियों में खंडित मानसिकता सबसे आम होती है।

न्यूयार्क में 1932 और 1935 के बीच 10,000 अपराधियों के ऊपर किए गए अध्ययन ने संकेत दिया कि केवल 1.5 प्रतिशत मानसिक रोग से पीड़ित (psychotic) थे, 6.9 प्रतिशत मनोस्नायु रोगी (psycho-neurotic) थे और 2.4 प्रतिशत मन्दबुद्धि वाले थे। इस प्रकार 82.3 प्रतिशत अपराधी 'सामान्य' थे। पाल शिल्डर द्वारा न्यूयार्क में 1937 में किए गए अध्ययन (*जर्नल आफ क्रिमिनल साइकोपेथोलोजी* अक्टूबर 1940: 152) ने संकेत दिया कि 83.8 प्रतिशत अपराधी 'सामान्य' थे। इलिनोयस (Illinois) ने अस्पताल में 500 पुरुषों के ऊपर ।केए गए डनहेम (1939: 352-61) के अध्ययन ने दिखाया कि खंडित मानसिकता का कारक अपराध के कारणत्व में नगण्य होता है। इस प्रकार ये सब अनुसन्धान यह बताते हैं कि मनश्चिकित्सीय सिद्धान्त अतर्कसंगत है (ब्रोमबर्ग और टाम्पसन, 1939: 70-89)।

हीली के अनुसन्धानों में भी गंभीर पद्धतिशास्त्र की त्रुटियां बताई गई हैं : (1) उसके प्रतिदर्श (samples) छोटे और अप्रतिनिधिक हैं; (2) उसके शब्दों (terms) की परिभाषा नहीं की गई है या अस्पष्ट रूप से की गई है; उदाहरणार्थ, 'सामान्य भावात्मक नियंत्रण' और 'अच्छी जीवन निर्वाह की स्थितियां'। इन कारकों को कैसे मापा जाए; (3) अनुसंधान यह बतलाने में असफल रहा है कि क्यों कुछ बच्चों में वे विशेषताएं जो अपराधियों की विशेषताएं होती हैं विद्यमान होते हुए भी वे अपराधी नहीं होते और क्यों कुछ बच्चों में वे विशेषताएं नहीं होतीं फिर भी वे अपराधी हो जाते हैं। इन तर्कों के आधार पर मनश्चिकित्सकीय सिद्धान्त स्वीकार नहीं किया गया है।

## *मनोवैश्लेषिक व्याख्या* (*Psycho-Analytical Explanation*)

सिगमन्ड फ्रायड ने जिसने मनोवैश्नेषिक सिद्धान्त उन्नीसवीं शताब्दी के अन्त में और बीसवीं शताब्दी के प्रारम्भ में विकसित किया अपराधी व्यवहार का कोई सिद्धान्त प्रस्तुत नहीं किया। परन्तु उसके उपागम और तीन तत्वों–इद (Id), अहम् (ego), और पराहम् (super-ego)–का एडलर, अब्राहमसेन,

आइछौर्न और फ्राइडलैन्डर जैसे अन्य व्यक्तियों ने अपराधिक व्याख्या करने के लिए प्रयोग किया। 'इद' एक व्यक्ति की अपरिष्कृत मूल प्रवृत्तियां (raw instincts) या इच्छा या आवेश (urge) है; 'अहम्' वास्तविकता है; और 'पराहम' एक व्यक्ति की अन्तरात्मा या नैतिक दबाव है। पराहम् निरन्तर इद को दबाने का प्रयास करता है जबकि अहम इद और पराहम् के बीच एक स्वीकार्य संतुलन है। इद और पराहम् मूलरूप से अचेतन हैं, जबकि अहम् व्यक्तित्व का चेतन भाग है।

मनोवैश्लेषिक चिन्तन के तीन प्रस्ताव हैं : (1) व्यवहार अधिकतर अचेतन मनोवैज्ञानिक-जैविकी शक्तियों (इच्छाओं या मूल प्रवृत्तियों) की उपज है; अपराधिकता उन द्वन्दों से उत्पन्न होती है जो इन मूल इच्छाओं से संबंधित हैं; अवांछनीय (अपराधिक) व्यवहारों में परिवर्तन करने के लिए एक व्यक्ति को उसकी अचेतन मूल कारणों की जानकारी प्राप्त करने के लिए प्रेरित करना चाहिए। एक सन्तुलित व्यक्तित्व में इद, अहम् और पराहम् में समन्वय होता है। परन्तु असामान्य प्रकरणों में (स्नायु-रोगियों में) असन्तुलन और असामंजस्य उत्पन्न हो जाता है। जब पराहम् पर्याप्त रूप से विकसित नहीं होता है तो दमन की हुई प्रवृतियां जब मुक्त होती हैं, तो वह असामाजिक व्यवहार की ओर मोड़ ले सकती हैं। अचेतन मस्तिष्क में संघर्ष अपराध की भावनाओं को जन्म देता है और इसके परिणामस्वरूप उन अपराध की भावनाओं को हटाने और पाप के विरुद्ध पुण्य का संतुलन बनाने के लिए दंडित करने की इच्छा जाग्रत होती है। व्यक्ति फिर अपराधिक कार्य करता है और अपने पकड़े जाने के लिए और दण्डित होने के लिए यह सुराग़ छोड़ता है (वोल्ड, 1958: 93)।

आइछौर्न (1955: 30) पहला विद्वान था, जिसने अपराधियों के अध्ययन करने के लिए फ्रायड के मनोवैश्लेषिक उपागम का उपयोग किया। उसने कई प्रकार के अपराधी पाए : कुछ स्नायुरोगी (neurotic) थे, कुछ आक्रामक (aggressive) थे और उनके पराहम् का विकास नहीं हुआ था, कुछ ऐसे थे, जिनमें अपनी प्रवृत्तियों (drives) के दमन करने की क्षमता नहीं थी और कुछ में अनुरक्ति की लालसाएं (craving for affection) विकृत थीं।

एल्फ्रेड एडलर अपराध की व्याख्या 'हीन-भावना' के द्वारा करता है। एक व्यक्ति 'ध्यान आकर्षित करने के लिए' अपराध करता है जिससे उसकी हीन-भावना की क्षतिपूर्ति हो जाए। परन्तु एडलर के सिद्धान्त की इसलिए आलोचना हुई कि उसने व्यक्ति के व्यवहार के बुद्धिसंगत पहलू पर बहुत अधिक बल दिया और अतिसरलीकरण कर दिया।

डेविड अब्राहमसेन (1952) ने अपराध की व्याख्या व्यक्ति की प्रवृत्तियों और परिस्थितियों के प्रति विरोध (resistence) से की। उसने एक फार्मूला विकसित किया :

$$\text{सी} = \text{टी} + \frac{\text{एस}}{\text{आर}}$$

जहां 'सी' अपराध (crime) के लिए है, 'टी' प्रवृत्तियों (tendencies) के लिए, 'एस' परिस्थिति (situation) के लिए और 'आर' विरोध (resistance) के लिए है। यदि व्यक्ति में जोरदार अपराधिक प्रवृत्तियां हैं और उन्हें रोकने की शक्ति कम है तो अपराधिक व्यवहार उत्पन्न होगा।

समाजशास्त्रियों ने अब्राहमसेन की व्याख्या पर अनुकूल प्रतिक्रिया व्यक्त नहीं की है और ना ही मनोवैश्लेषिक व्याख्या पर कि अपराधों के कारण अचेत (unconscious) होते हैं। उनका कहना है, कि कारणों को गणित की शब्दावली में तीन कारकों में घटा देना अतिसरलीकरण है। इसी तरह, यह व्याख्या कि अपराधी इस कारण अपराध करता है, क्योंकि उसकी अपराध भावनाओं के फलस्वरूप वह अवचेतन रूप से दण्डित होना चाहता है, सब अपराधों के लिए स्वीकार नहीं की जा सकती क्योंकि कुछ प्रकरणों में व्यक्ति अपराध करता है, अपराध स्वीकार करता है और फिर वह दण्डित होता है। मेनहाइम ने भी कहा है कि दण्ड अपराध के लिए निवारक के रूप में कार्य नहीं करता। इस प्रकार मनश्चिकित्सीय सिद्धान्त के विरुद्ध तर्क हैं : (1) मनश्चिकित्सीय सिद्धान्त में पद्धतिशास्त्र और विज्ञान के तर्क की त्रुटि है; (2) शब्दावली अस्पष्ट है क्योंकि इद, अहम, पराहम् की परिचालन

(operational) व्याख्याएं नहीं दी गई हैं; (3) प्रक्षेपीय (projective) तकनीकों का विश्लेषक आत्मपरक (subjective) व्याख्या कर सकता है; (4) अनुसंधान छोटे प्रतिदर्शों और अपर्याप्त नियन्त्रण समूहों पर आधारित हैं; (5) जब तक एक व्यक्ति उपागम का ध्यान-केन्द्र रहता है, तब तक व्यवहार के संरूपों के बारे में सामान्यीकरण (generalisations) नहीं किए जा सकते, और (6) वास्तव में, यह सिद्धान्त अपराधिक व्यवहार के कारणों के बारे में कुछ भी स्पष्ट नहीं करता है।

### *समाजोत्पत्तिक व्याख्या (Sociogenic Explanation)*

शारीरिक, मनश्चिकित्सीय और मनोवैज्ञानिक सैद्धान्तिक व्याख्याएं इस पर बल देती हैं कि या तो अपराध विरासत में मिलता है और किसी शारीरिक अथवा मानसिक कारक से होता है, या बचपन के दबे हुए अनुभवों का परिणाम हैं। इसके विपरीत समाजशास्त्री यह तर्क देते हैं कि अपराधिक व्यवहार सीखा जाता है और सामाजिक पर्यावरण के परिस्थितिवश होता है। समाजशास्त्रियों ने अपराध के कारणत्व का अध्ययन करने के लिए दो उपागमों का उपयोग किया है : पहला उपागम अपराध और समाज की सामाजिक संरचनाओं के बीच संबंध का अध्ययन करता है और दूसरा उपागम उस प्रक्रिया का अध्ययन करता है, जिससे एक व्यक्ति अपराधी बन जाता है। इस प्रकार समाजशास्त्रीय व्याख्याओं को दो श्रेणियों में बांटा जा सकता है : (1) संरचनात्मक व्याख्याएं जिनमें आर्थिक व्याख्या, भौगोलिक व्याख्या, और मर्टन और क्लिफोर्ड शॉ की समाजशास्त्रीय व्याख्याएं और कोहिन और क्लोवर्ड और ओहलि की उपसंस्कृति व्याख्याएं सम्मिलित हैं, और प्रक्रिया की व्याख्याएं जिनमें सदरलैण्ड, हावर्ड बेकर, और वाल्टर रेकलेस की व्याख्याएं सम्मिलित हैं।

### *आर्थिक व्याख्या (Economic Explanation)*

यह व्याख्या समाज में आर्थिक परिस्थितियों के द्वारा अपराधिक व्यवहार का विश्लेषण करती है। इस व्याख्या के अनुसार अपराधी आर्थिक वातावरण का उत्पाद है, जो उसे उसके आदर्श और लक्ष्य देता है। एक इटैलियन विद्वान फोर्नेसरी ने 1984 में अपराध और निर्धनता के बीच में संबंध की बात कही थी। उसने कहा था कि इटली की 60 प्रतिशत जनसंख्या निर्धन है और इटली के कुल अपराधों में से 85 प्रतिशत से 90 प्रतिशत अपराध यह निर्धन वर्ग करता है। एक डच विद्वान ने भी 1916 में अपराध और पूंजीवाद आर्थिक संरचना के बीच संबंध पर बल दिया था। पूंजीवादी व्यवस्था में आदमी केवल स्वयं पर ही सकेन्द्रित रहता है और इससे स्वार्थपरता (selfishness) उत्पन्न होती है। आदमी की रुचि केवल अपने ही लिए पैदा करने में होती है, विशेषरूप से अधिशेष (surplus) पैदा करने में जिसका विनिमय वह लाभ से कर सकता है। उसे अन्य व्यक्तियों की आवश्यकताओं में रुचि नहीं है। इस प्रकार पूंजीवाद सामाजिक दायित्वहीनता (social irresponsibility) को जन्म देता है, और इसके परिणामस्वरूप अपराध होता है।

एक अंग्रेज अपराधशास्त्री सिरिल बर्ट (1944: 147) ने 1938 में बाल-अपराध का विश्लेषण करते हुए यह पाया कि 19.0 प्रतिशत बाल-अपराधी अत्यन्त निर्धन परिवारों के हैं और 37.0 प्रतिशत सामान्य निर्धन परिवारों के। उसने निष्कर्ष निकाला कि यद्यपि निर्धनता अपराध में महत्वपूर्ण कारक है परन्तु यह अकेला ही कारक नहीं है। विलियम हीली ने 1915 में 675 बाल अपराधियों का अध्ययन किया और पाया कि उनमें 5.0 प्रतिशत निराश्रय (destitute) वर्ग के थे, 22.0 प्रतिशत निर्धन वर्ग के, 35.0 प्रतिशत सामान्य (normal) वर्ग के, 34.0 प्रतिशत सुखी (comfort) वर्ग के और 4.0 प्रतिशत अत्यन्त सुखी (luxury) वर्ग के थे। इस प्रकार क्योंकि 73.0 प्रतिशत बाल-अपराधी ऐसे वर्गों के थे, जो आर्थिक दृष्टि से सामान्य अथवा समृद्ध थे इसलिए निर्धनता को बाल-अपराध में अत्यन्त महत्वपूर्ण कारक नहीं माना जा सकता।

आर्थिक नियतिवाद के कार्ल मार्क्स के विचार ने इसका समर्थन किया कि संपत्ति के निजी स्वामित्व के कारण निर्धनता होती है जिससे उनमें जो उत्पादन के साधनों के मालिक हैं और उनमें जिनका वे आर्थिक लाभ के लिए शोषण करते हैं भेद किया जा सकता है। दूसरे प्रकार के निर्धनता के कारण अपराध करने लगते हैं। इस प्रकार यद्यपि मार्क्स ने विशेषरूप से अपराधिक कारणत्व का सिद्धान्त विकसित नहीं किया परन्तु उसका विश्वास था कि आर्थिक व्यवस्था ही केवल अपराध का निर्धारक तत्व है।

भारत में दो अध्ययनों का इस संदर्भ में उल्लेख किया जा सकता है। रत्तनशा ने पूना में 225 बाल-अपराधियों का अध्ययन किया और पाया (1947: 49) कि 20.0 प्रतिशत उन परिवारों के थे जिनकी आय (1946 में) 150-500 रुपए प्रतिमाह थी, 12.2 प्रतिशत उन परिवारों के थे जिनकी आय 500-1,000 रुपए प्रतिमाह थी, 4.8 प्रतिशत उन परिवारों के थे जिनकी आय 1,000-2,000 रुपए प्रतिमाह से अधिक थी। इस प्रकार यह अध्ययन बतलाता है कि अपराध में निर्धनता को बहुत अधिक महत्व नहीं दिया जा सकता। सदरलैण्ड (1965) ने भी कहा है कि : (1) निर्धन परिवारों में हम अधिक अपराधी इस कारण पाते हैं, क्योंकि उनका पता लगाना सरल होता है, (2) उच्च वर्गों के अपराधी गिरफ्तारी और दंड से बचने के लिये अपने प्रभाव और दबावों का उपयोग करते हैं, और (3) प्रशासकों की प्रतिक्रियाएं उच्च वर्ग के व्यक्तियों के प्रति अधिक पूर्वाग्रही होती हैं। इस प्रकार आजकल अधिकांश व्यवहार का अध्ययन करने वाले वैज्ञानिक अपराधिक व्यवहार में आर्थिक नियतिवाद के सिद्धान्त को स्वीकृत नहीं करते।

### *भौगोलिक व्याख्या (Geographical Explanation)*

यह व्याख्या अपराध का आंकलन भौगोलिक कारकों जैसे जलवायु, तापमान, और आद्रता (humidity) के आधार पर करती है। इसका समर्थन क्वेटलेट, डेक्सटर, मोन्टेस्क्यू, क्रोपोटोकिन, चैम्पनेफ और कई अन्य विद्वान करते हैं। क्वेटलेट के अनुसार, व्यक्तियों के विरुद्ध अपराध दक्षिण में अधिक होते हैं और गरमी के मौसम में इनकी संख्या में बढ़ोतरी हो जाती है, जबकि सम्पत्ति के विरुद्ध अपराध उत्तर में अधिक होते हैं और शीतकाल में इनकी संख्या बढ़ जाती हैं। चैम्पनेफ ने अपराध की प्रकृति और जलवायु के बीच के संबंध की परिकल्पना का समर्थन किया। उसका आधार था, उसका सन् 1825 और 1830 के मध्य फ्रांस में किया गया अध्ययन। उसने पाया कि उत्तरी फ्रांस में व्यक्तियों के विरुद्ध किए गए प्रत्येक 100 अपराधों के विपरीत 181.5 संपत्ति के अपराध हुए और दक्षिणी फ्रांस में व्यक्तियों के विरुद्ध हुए प्रत्येक 100 अपराधों के विपरीत 98.8 संपत्ति के अपराध हुए। संपत्ति के अपराधों पर 1825 और 1830 के मध्य किए गए अपने अध्ययन के आधार पर फ्रांसिसी विद्वान, लेकेसेन ने भी यह पाया कि संपत्ति के अपराधों की अधिकतम संख्या दिसम्बर में थी और उसके बाद जनवरी, नवंबर और फरवरी में थी। मौसम का व्यक्ति के व्यवहार के प्रभाव पर 1904 में किए गए अपने अध्ययन में अमरीकी विद्वान, डेक्सटर ने पाया कि अपराध और भौगोलिक पर्यावरण में एक दूसरे का निकट का संबंध है। एक रूसी विद्वान, क्रोपोटोकिन, ने 1911 में यह सिद्ध किया कि किसी भी महिने/वर्ष में हत्या की दर की भविष्यवाणी उससे पहले आने वाले महिने/वर्ष के औसत तापमान और आद्रता की गणना से की जा सकती है। इसके लिए उसने गणित-फार्मूला दिया, $2(7x + y)$ जहां 'x' तापमान है और 'y' आद्रता (humidity) है। पिछले महीने के औसत तापमान 'x' को 7 से गुणा करके और पिछले महीने की औसत आद्रता 'y' को जोड़ा जाए और इस कुल अंक का हम दो से गुणा कर दें तो हमें किसी महीने में की गई हत्याओं की संख्या प्राप्त हो जाएगी।

भौगोलिक व्याख्या की इस आधार पर आलोचना हुई कि भौगोलिक कारक व्यक्तिगत व्यवहार को प्रभावित कर सकते हैं परन्तु अपराध और भौगोलिक कारकों का सीधा संबंध जैसा विद्वानों ने दिया स्वीकार नहीं किया जा सकता। यदि ऐसा संबंध होता तो एक निश्चित भौगोलिक पर्यावरण में अपराध की प्रकृति और संख्या सदैव वही रहती जबकि ऐसा नहीं है। इस कारण यह सिद्धान्त अप्रामाणिक है।

## समाजशास्त्रीय व्याख्यायें (Sociological Explanations)

### *सदरलैण्ड का विभिन्न संपर्क सिद्धान्त (Sutherland's Theory of Differential Association)*

सदरलैण्ड ने 1939 में 'विभिन्न संपर्क' का सिद्धान्त प्रस्तुत किया। उसका कहना है कि अपराधिक व्यवहार की मुख्यतया दो व्याख्याएं प्रस्तुत की गई हैं : परिस्थिति-संबंधी और आनुवंशिक (genetic) या ऐतिहासिक। पहली अपराध की व्यख्या परिस्थिति (जो अपराध के समय होती है) के आधार पर की जाती है, और दूसरी (अपराध की) व्याख्या अपराधी के जीवन के अनुभवों पर आधारित है। उसने स्वयं ने दूसरे उपागम का उपयोग अपराधिक व्यवहार के सिद्धान्त को विकसित करने में किया। मान लें कि एक लड़का दुकान पर आता है और दुकानदार को वहां नहीं पाता। वह एक रोटी चुरा लेता है। इस प्रकरण में लड़का चोरी इसलिए नहीं करता क्योंकि वहां दुकानदार नहीं था और वह भूखा था परन्तु यह इसलिए होता है कि उसने पहले से ही यह सीख लिया था, कि एक व्यक्ति अपनी भूख को चीजों की चोरी करके मिटा सकता है। इस प्रकार परिस्थिति एक व्यक्ति को चोरी करने की प्रेरणा नहीं देती, परन्तु पहले से सीखे हुए दृष्टिकोण और विश्वास उसके लिए उत्तरदायी हैं।

सदरलैण्ड की प्रमुख अभिधारणा (1969: 77-79) है कि व्यक्ति अपने जीवन काल में कई असंगत और परस्पर-विरोधी सामाजिक प्रभावों का सामना करते हैं और कई व्यक्ति अपराध करने वाले व्यक्तियों के सम्पर्क में आ जाते हैं और उसके फलस्वरूप वे अपराधी हो जाते हैं। उसने इस प्रक्रिया को 'विभिन्न संपर्क' के नाम से पुकारा।

यह सिद्धान्त बताता है कि अपराधिक व्यवहार दूसरे व्यक्तियों के संपर्क की प्रक्रिया में सीखा जाता है, मुख्यरूप से छोटे, घनिष्ट समूहों में। इस विद्या में अपराध करने की तकनीकों का सीखना भी सम्मिलित है। प्रेरणाओं, प्रवृत्तियों, तार्किकीकरणों (rationalisations) और रुखों की विशिष्ट दिशा ऐसी कानूनी संहिताओं की परिभाषाओं से सीखी जाती है, जो अनुकूल या प्रतिकूल हैं। एक व्यक्ति अपराधी इसलिए हो जाता है क्योंकि उसे कानून के उल्लंघन करने की अनुकूल परिभाषाएं कानून के उल्लंघन की प्रतिकूल परिभाषाओं के अपेक्षाकृत अधिक मिल ज़ाती हैं। यह 'विभिन्न संपर्क' का सिद्धान्त है। विभिन्न संपर्क आवृति (frequency), कालावधि, प्राथमिकता और तीव्रता (intensity) में घट-बढ़ सकते हैं। अपराधिक और अनअपराधिक संरूपों के सम्पर्कों द्वारा अपराधी व्यवहार को सीखने की प्रक्रिया में उन सब विधियों की आवश्यकता होती है, जो किसी भी अन्य विद्या के लिए आवश्यक होती हैं। जबकि अपराधी व्यवहार सामान्य आवश्यकताओं और मूल्यों की अभिव्यक्ति है, परन्तु उसकी व्याख्या उन आवश्यकताओं और मूल्यों से नहीं की जा सकती है क्योंकि गैर-अपराधिक व्यवहार भी उन्हीं आवश्यकताओं और मूल्यों की अभिव्यक्ति है।

सदरलैण्ड के सिद्धान्त का समर्थन जेम्स शार्ट जूनियर ने अपने 176 स्कूल के बच्चों (126 लड़के और 50 लड़कियों) के 1955 में किए गए अध्ययन के आधार पर किया (रोज़ गियालोम बार्डो, 1960: 85-91)। शार्ट ने समाज में अपराध के अनुमानित प्रभावन (exposure), आवृति, कालावधि, प्राथमिकता, अपराधी मित्रों (peers) के साथ अन्तःक्रिया की तीव्रता और वयस्क अपराधियों की जानकारी और उनके साथ सम्पर्क को मापा।

परन्तु सदरलैण्ड के सिद्धान्त का विरोध कई विद्वानों ने किया जैसे शेल्डन ग्लूयक, मेबिल इलियट, काल्डवेल, डोनेल्ड क्रेसी, टपन, जार्ज वोल्ड, हर्बर्ट बलोच, जैफरी क्लेरेन्स, डेनियल ग्लेसर और अन्य। प्रमुख आलोचना यह है कि आनुभविकरूप से सिद्धान्तों की जांच और 'सम्पर्कों', प्राथमिकता, तीव्रता, कालावधि और संबंधों की आवृत्ति (frequency) का माप करना कठिन है। टपन के अनुसार, सदरलैण्ड ने अपराध में व्यक्तित्व की भूमिका का जैविकीय और मनोवैज्ञानिक कारकों की भूमिका पर भी ध्यान नहीं दिया है। जार्ज वोल्ड (1958: 194) ने कहा है कि अपराध में द्वितीयक संपर्क और औपचारिक समूहों

की भूमिका की अवज्ञा की गयी है। क्लेरेन्स रे जेफरी का मत है कि सदरलैण्ड का सिद्धान्त अपराध की उत्पत्ति को नहीं समझाता क्योंकि अपराध का होना आवश्यक है, तभी वह किसी से सीखा जा सकता है (जानसन, 1978: 158)। मेबिल इलियट (1952: 402) कहता है कि सदरलैण्ड का सिद्धान्त व्यवस्थित अपराधों को समझाता है, परन्तु परिस्थिति संबंधी अपराधों को नहीं। क्रेसी के अनुसार, सदरलैण्ड पूर्णरूप से सीखने की प्रक्रिया के जटिलता की खोज नहीं करता कि किस प्रकार वह भिन्न भिन्न व्यक्तियों को प्रभावित करती है। हर्बट ब्लोच (1962: 158) का यह मत है कि साहचर्यों का तुलनात्मक एवं मात्रात्मक माप करना वस्तुतः असंभव है। ग्लूयक (1951: 309) का कहना है कि व्यक्ति दूसरों से हरेक व्यवहार नहीं सीखता; कई कार्य स्वाभाविक रूप से सीख लिए जाते हैं। काल्डवेल कहता है कि व्यक्ति किस प्रकार के हैं यह इस पर निर्भर करता है कि उनके सम्पर्क किन व्यक्तियों से रहे हैं परन्तु शारीरिक या अन्तर्जात वंशानुगत ढांचे और पर्यावरण के प्रेरकों (stimuli) की तीव्रता का भी मूल्यांकन करना चाहिए।

डेनियल ग्लेसर (1956: 194) ने सदरलैण्ड के सिद्धान्त में कुछ संशोधन यह समझाने के लिए किया कि एक व्यक्ति किससे अपराध सीखता है। उसने इस नए सिद्धान्त का नाम 'विभिन्न पहचान का सिद्धान्त' (Differential Identification Theory) रखा और कहा कि एक व्यक्ति अपराधी व्यवहार को उस सीमा तक जारी रखता है, जहां तक वह असली या काल्पनिक व्यक्तियों से तादात्म्य (identification) स्थापित कर पाता है, जिनके परिप्रेक्ष्य के अनुसार उसका अपराधी व्यवहार स्वीकार्य (acceptable) मालूम पड़ता है। इससे और आगे वह कहता है कि विभिन्न सम्पर्क के सिद्धान्त में निरन्तर आने वाली समस्याओं में से एक यह है, कि अपराधिकता के सम्पर्क में आनेवाला प्रत्येक व्यक्ति अपराधिक संरूप को अंगीकार नहीं करता या उसका अनुकरण नहीं करता। इसलिए सम्पर्क की प्रकृति या गुण में वह क्या अन्तर है कि एक व्यक्ति जो एक समूह के मनोभावों और व्यवहार को स्वीकार कर लेता है परन्तु दूसरा व्यक्ति उस समूह के व्यवहार की विशेषताओं से परिचित तो हो जाता है परन्तु उन्हें अपनाता नहीं है।

## *मर्टन का एनोमी सिद्धान्त (Merton's Theory of Anomie)*

मर्टन ने जैविक और मनश्चिकित्सक सिद्धान्तों (कि अपराध वंशागत विशेषताओं का परिणाम है) के विरुद्ध प्रतिक्रिया व्यक्त करते हुए सर्वप्रथम 1939 में अमेरिकन सोशॉलाजिकल रिव्यू में छपे एक प्रपत्र (journal) में विचलित व्यवहार को समझाने का प्रयास किया। उसने 1949 और 1957 में अपने विचार को सविस्तार प्रतिपादित किया और सामाजिक और सांस्कृतिक संरचनाओं में भेद बतलाया। उसके अनुसार सांस्कृतिक संरचना उन लक्ष्यों और स्वार्थों का उल्लेख करती है जिनका लोग अनुसरण करते हैं, जबकि सामाजिक संरचना उन साधनों के अनुमोदित तरीकों का उल्लेख करती है, जो लक्ष्यों और स्वार्थों के अनुसरण को समंजित एवं नियन्त्रित करते हैं। समाज की सांस्कृतिक व्यवस्था व्यक्तियों को लक्ष्यों की प्राप्ति के लिए मानकीय रूप से (normatively) समंजित अथवा अनुमोदित व्यवहार के रूपों के द्वारा प्रयास करने का आदेश देती है। तथापि सामाजिक रूप से अनुमोदित साधनों के द्वारा इन लक्ष्यों की प्राप्ति के अवसर असमान रूप से विद्यमान रहते हैं। विचलित व्यवहार उस समय घटित होता है, जब सामाजिक संरचना एक व्यक्ति के इन लक्ष्यों की प्राप्ति के लिए अनुमोदित तरीकों को अपनाने को सीमित कर देती है या उन पर पूर्णरूप से प्रतिबन्ध लगा देती है। दूसरे शब्दों में लक्ष्यों और साधनों में विनियोजन तनाव उत्पन्न करता है जो क्रमशः व्यक्तियों की सांस्कृतिक रूप से अनुमोदित लक्ष्यों या संस्थागत (institutionalized) साधनों के प्रति कटिबद्धता (commitment) को कमज़ोर कर देता है, अर्थात इसके परिणामस्वरूप एनोमी की स्थिति उत्पन्न हो जाती है। इस प्रकार मर्टन के सिद्धांत के अनुसार कुछ सामाजिक संरचनाएं कुछ व्यक्तियों पर अनुरुपित (conformist) व्यवहार के स्थान पर प्रतिकूलित (non-conformist) व्यवहार करने के लिए निश्चित दबाव डालती हैं।

मर्टन (1968: 192-193) ने उन पांच अनुकूलन (adaptation) के ढंगों की पहचान की है, जो समाज के लक्ष्यों और साधनों के प्रति प्रतिक्रिया व्यक्त करने वालों के लिए उपलब्ध होते हैं : अनुपालन (conformity), अभिनव परिवर्तन/नवाचार (innovation), विधिवाद (ritualism), पश्चगमनता/अपयान (retreatism), और विद्रोह (rebellion)। अनुपालन समाज के लक्ष्यों और साधनों को भी स्वीकार करना बताता है। अभिनव परिवर्तन/नवाचार का अर्थ है लक्ष्यों को स्वीकार करना, परन्तु साधनों को अस्वीकार करना। उदाहरणार्थ, एक विद्यार्थी परीक्षा को उत्तीर्ण करने और डिग्री प्राप्त करने के लक्ष्य को तो स्वीकार करता है, परन्तु उत्तीर्ण होने के लिये अनुचित साधनों का उपयोग करता है। इस प्रकार मर्टन का कहना है कि निर्धनता से अपराध उत्पन्न नहीं होता परन्तु जब निर्धनता का प्रमुख लक्ष्य आर्थिक सफलता माना जाता है और इसकी प्राप्ति के लिये सांस्कृतिक तरीकों पर बल दिया जाता है और एक निर्धन व्यक्ति सांस्कृतिक मूल्यों के अभाव से इस प्रतिस्पर्द्धा में भाग नहीं ले पाता, उस समय उसका सामान्य परिणाम अपराधी व्यवहार होता है। विधिवाद/कर्मकाण्डवाद लक्ष्यों को अस्वीकार करता है, परन्तु साधनों को स्वीकार करता है। उदाहरणार्थ, एक विद्यार्थी कालेज तो जाता है परन्तु कक्षाओं में न जाकर कालेज केन्टीन में समय बिताता है। पलायनवादिता में दोनों लक्ष्यों और साधनों को अस्वीकार करना होता है। उदाहरण के लिये, जब एक व्यक्ति वैध साधनों से अपने लक्ष्य प्राप्त नहीं कर पाता और अपने पूर्व समाजीकरण के कारण अवैध साधनों को भी अपना नहीं सकता तो वह दोनों लक्ष्यों और साधनों को अस्वीकार कर देता है और शराबी या नशीले पदार्थों का आदी या आवारा हो जाता है। विद्रोह की विशेषता यह होती है कि इसमें लक्ष्यों और साधनों दोनों को अस्वीकार किया जाता है और नए लक्ष्यों और साधनों को अपनाया जाता है।

मर्टन के सिद्धान्त की कोहेन, क्लिनार्ड और लेमर्ट ने आलोचना की है। उनके प्रमुख तर्क हैं : (1) मर्टन का सिद्धान्त अपूर्ण है क्योंकि उसने यह नहीं बतलाया है कि कौन लक्ष्यों को अस्वीकार करेगा और कौन साधनों को; (2) केवल संरचनाओं को ही महत्व दिया गया है और व्यक्ति के व्यक्तित्व की उपेक्षा की गई है; (3) तनावों से आवश्यकरूप से विचलित व्यवहार उत्पन्न नहीं होता; (4) यह सिद्धान्त सामाजिक नियन्त्रण की महत्वपूर्ण भूमिका की अवज्ञा करता है; (5) मर्टन की मान्यता कि विचलित व्यवहार दोषपूर्ण अनुपात में (disproportionately) निम्न वर्गों के लोगों में अधिक पाया जाता है सही नहीं है; (6) परिसीमित जीवन के संयोग (life chances) एनोमी का परिणाम न होकर उसका कारण हो सकता है; (7) कोहेन ने यह तर्क दिया है कि मर्टन ने यह नहीं बतलाया है कि व्यक्ति के अनुकलन के रूप के निर्धारण के लिए कौन से निर्धारक तत्व हैं; (8) कोहेन ने यह भी कहा है कि मर्टन ने 'अनुपयोगी' (non-utilitarian) अपराध और बाल अपराध के कारण नहीं बतलाए हैं जिन्हें व्यक्ति समाज के विशिष्ट लक्ष्यों की प्राप्ति के लिए नहीं परन्तु केवल आमोद-प्रमोद के लिए करते हैं, जैसे कला वस्तुओं का विनाश (vandalism) या आनन्द उठाने के लिए सवारी करने के लिए कार की चोरी; और (9) अन्त में, यह सिद्धान्त सामाजिक-मनोवैज्ञानिक चरों या सामाजिक संरचनात्मक तत्वों पर भी ध्यान नहीं देता जो कदाचित यह समझा सकें कि व्यक्ति एक अनुकूलन (adaptation) को अपनाने के स्थान पर किसी दूसरे प्रकार के अनुकूलन को क्यों अपनाते हैं।

## *क्लोवार्ड और ओहलिन का 'विभिन्न अवसर' सिद्धान्त (Cloward and Ohlin's Theory of Differential Opportunity)*

क्लोवार्ड और ओहलिन ने सदरलैण्ड और मर्टन के सिद्धान्तों का समाकलन (integrate) कर दिया और 1960 में अपराधी व्यवहार के एक नये सिद्धान्त को विकसित किया। जबकि सदरलैण्ड अवैध साधनों के बारे में बात करता है और मर्टन वैध साधनों में विभिन्नताओं (differentials) की, क्लोवार्ड और ओहलिन सफलता (success) के लक्ष्यों के लिए वैध और अवैध दोनों साधनों की विभिन्नताओं के बारे में बात करते हैं। इस सिद्धान्त के महत्वपूर्ण तत्व हैं : (1) एक व्यक्ति का वैध और अवैध दोनों अवसरों की संरचनाओं

में स्थान होता है, यानी उसे दोनों प्रकार के अवसर उपलब्ध होते हैं, (2) अवैध अवसरों की तुलनात्मक उपलब्धता व्यक्ति के समंजन की समस्याओं के समाधान को प्रभावित करती है, और (3) जब उसे लक्ष्यों की प्राप्ति के लिए वैध अवसरों की कमी का सामना करना पड़ता है और अपनी आकांक्षाओं को कम करने (बदलने) में वह स्वयं को अक्षम पाता है, तो उसे तीव्र नैराश्य अनुभव होता है और इसके फलस्वरूप वह प्रतिकूल (non-conformist) विकल्पों को खोजने लगता है।

क्लारेन्स शिराग (1972: 167) ने क्लोवार्ड के सिद्धान्त को क्रमबद्ध रूप से व्यवस्थित किया और उसकी चार अभिधारणाएं (postulates) बताई : (1) मध्यम वर्ग के लक्ष्य, विशेषरूप से आर्थिक लक्ष्य, व्यापक हैं, (2) प्रत्येक संगठित समाज इन लक्ष्यों को प्राप्त करने के लिए वैध अवसर प्रदान करता है, (3) वैध साधनों तक पहुंच एक वर्ग से दूसरे वर्ग में कम ज्यादा होती है, (4) किसी निश्चित समाज में अवैध अवसर उपलब्ध हो सकते हैं और नहीं भी। परन्तु शिराग ने उपर्युक्त अभिधारणाओं पर आधारित क्लोवार्ड और ओहलिन के सिद्धान्त की दो बातों को लेकर आलोचना की है : (1) यह सिद्धान्त इस बात को नहीं समझाता कि क्यों निम्नवर्ग का एक युवा व्यक्ति अपराधी समूहों की गतिविधियों में लिप्त नहीं होता, और (2) लक्ष्यों को प्राप्त करने के लिए कौन अवैध साधनों का उपयोग करेगा? दूसरे प्रश्न का शिराग ने स्वयं उत्तर दिया है। वह कहता है कि तीन प्रकार के ऐसे व्यक्ति होते हैं जो विचलित व्यवहार कर सकते हैं या अपराधी समूहों में सम्मिलित हो सकते हैं : (1) वे जो अपनी असफलताओं और/या समायोजन (adjustments) की समस्याओं के लिए प्रचलित व्यवस्था (system) को दोषी ठहराते हैं, (2) वे जो यह सोचते हैं कि उनके पास पद संबंधी अथवा औपचारिक/आधिकारिक मानदण्ड (official criteria) तो हैं, परन्तु व्यावहारिक मानदण्ड नहीं हैं, और (3) वे जो परम्परागत प्रतिमानों या वैध व्यवस्था से विमुख हो गए हैं।

क्लोवार्ड और ओहलिन ने अपराध की तीन प्रकार की उपसंस्कृतियों की पहचान की है : अपराधिक, संघर्षग्रस्त, और पलायनवादी (retreatist)। पहली (उपसंस्कृति) उस व्यवस्थित क्रिया/गतिविधि पर बल देती है, जो आर्थिक लाभ की ओर अभिमुख (oriented) होती है; दूसरी हिंसा और बंदूक से लड़ने पर बल देती है; और तीसरी नशीले पदार्थ के उपयोग और अन्य नशीली वस्तुओं पर बल देती है। पहली संस्कृति की उन क्षेत्रों में उत्पन्न होने की प्रवृत्ति होती है, जहां सफल और बहुत बड़े अपराधी रहते हैं और उनकी परंपरागत समाज में बहुत प्रतिष्ठा (status) होती है और राजनैतिक तंत्र एवं कानून प्रवर्तन अधिकारियों (enforcement officials) से उनके अच्छे पारस्परिक संबंध होते हैं। यह उपसंस्कृति हिंसा का प्रदर्शन नहीं करती है। दूसरी उपसंस्कृति उन क्षेत्रों में पाई जाती है, जहां अपराधिक और परम्परागत तत्वों में कोई संबंध नहीं होते। इस उपसंस्कृति में प्रतिष्ठा पाने के एक तरीके के रूप में हिंसा और/या हिंसा की धमकी परिलक्षित होती है। ऐसे अड़ोस-पड़ोसों में युवा व्यक्ति अपने आपको गिरोंहों (gangs) में संगठित करके एक दूसरे से लड़ते हैं और हिंसा एवं कठोरता दिखा कर नाम कमाना चाहते हैं। तीसरी उपसंस्कृति उन क्षेत्रों में पाई जाती है जहां सड़क पर झगड़ा करना पुलिस के दमन के उपायों के कारण से बहुत खतरनाक हो जाता है या जहां हिंसा के विरुद्ध नैतिक एवं अन्य अन्तर्बाधाएं (inhibitions) होती हैं। जिन व्यक्तियों को अपराध और 'झगड़े' (conflict) के अवसर प्राप्त नहीं होते वे नशीले पदार्थों की दुनिया में चले जाते हैं।

शॉर्ट, टेनिसन और रिवर्स ने एक ही बस्ती में रहने वाले 500 नीग्रो और सफेद निम्नवर्ग के गिरोहों के लड़कों और मध्यम वर्ग के लड़कों, जो किसी गिरोह में सम्मिलित नहीं थे, के शिक्षा और व्यवसाय से संबंधित वैध एवं अवैध अवसरों की जानकारी प्राप्त करने के लिए किए गए अध्ययन के आधार पर क्लोवार्ड के सिद्धान्त का परीक्षण किया। अवसरों की जानकारी प्राप्त करने के लिए कुछ प्रश्न इस प्रकार के थे : (1) मैं जिस प्रकार का काम करना चाहता हूं, वह कदाचित इसलिए नहीं कर पाऊंगा क्योंकि मैं पर्याप्त रूप से शिक्षित नहीं हूं, (2) यदि मेरी तरह का बच्चा परिश्रम करता है तो वह नेतृत्व (lead) कर सकता है, (3) मेरा परिवार वह अवसर प्रदान नहीं कर सकता जो अधिकांश

बच्चों को प्राप्त है, (4) अधिकांश व्यक्तियों की स्थिति मुझसे अधिक अच्छी है, और (5) मुझ जैसे व्यक्ति के कालेज में शिक्षा प्राप्त करने के अच्छे अवसर हैं।

इन प्रश्नों के मिले उत्तरों के आधार पर रेकलेस ने पाया कि क्लोवार्ड का सिद्धान्त कुछ अंश तक सही है, यानि वह कुछ अपराधों को समझाता है, परन्तु सबको नहीं।

क्लोवार्ड और ओहलिन के सिद्धान्त की महत्वपूर्ण आलोचनाएं इस प्रकार हैं : (1) इस सिद्धान्त का प्रमुख दावा कि अवसरों के प्रकार होते हैं-वैध एवं अवैध - इतना सरल नहीं है जितना दिखलाई पड़ता है। इनमें अन्तर वास्तविक (real) तो है परन्तु 'प्रत्यक्ष' (concrete) न होकर 'विश्लेषणात्मक' (analytical) है। यानि कुछ ऐसी स्थितियां नहीं हैं जिन्हें वैध अवसर कहा जा सके और अन्य ऐसी स्थितियां जिन्हें अवैध अवसर कहा जा सके, परन्तु एक ही स्थिति सदैव दोनों प्रकार के अवसर होती हैं; उदाहरण के लिए छात्रों द्वारा कागज के छोटे टुकड़ों पर तैयार किए गए नोट्स का परीक्षा में अनुचित साधनों के रूप में उपयोग किया जा सकता है और उनका वैध साधन के रूप में परीक्षा से एक दो दिन पूर्व बिन्दुओं को याद करने के लिए उपयोग किया जा सकता है। इसी प्रकार बन्दूक का उपयोग दूसरे को मारने और स्वयं को बचाने के लिए किया जा सकता है; (2) क्लोवार्ड और ओहलिन का मानना है कि निम्नवर्ग के युवाओं की दो अभिमुखताएं (orientations) होती हैं : (अ) मध्यम वर्ग की सदस्यता की ओर अभिमुखता जिसे 'जीवन शैली (life-style) अभिमुखता' कहते हैं, और (ब) आर्थिक उन्नति की ओर अभिमुखता जिसे 'आर्थिक अभिमुखता' कहते हैं। क्लोवार्ड की यह अभिधारणा है कि अपराध उपसंस्कृति के लिए वे अभ्यर्थी होते हैं, जो अपनी निम्नवर्ग की सदस्यता बनाए रखना चाहते हैं परन्तु अपने आर्थिक दर्जे को सुधारना चाहते हैं (जान्सन, 1978: 179)। परन्तु गार्डन कहता है कि ये दोंनों अभिमुखताएं अलग अलग नहीं पाई जाती; (3) क्लोवार्ड ने विभिन्न प्रकार की उपसंस्कृतियों के प्रकट होने के लिए प्रारंभिक परिस्थितियों का उल्लेख नहीं किया है; (4) उसके सिद्धान्त में वर्ग का पूर्वग्रह है; (5) कुछ अवधारणाओं को परिचालित (operationalise) नहीं किया जा सकता; उदाहरणार्थ, अवसर संरचना, अवसर की जानकारी, वैधता का वंचन (denial) या दोहरी असफलता; और (6) व्यक्तित्व के कारक की पूर्णरूप से उपेक्षा की गई है।

### *कोहेन का मूल्य-अभिमुखीकरण या विचलित उपसंस्कृति का सिद्धान्त (Cohen's Theory of Value Orientation or Delinquent Sub-Culture)*

एल्बर्ट कोहेन का सिद्धान्त प्रमुखरूप से श्रमिक वर्ग के लड़कों की स्थिति के समायोजन (status adjustment) की समस्याओं के बारे में है। उसका विश्वास है (1955: 65-66) कि युवा व्यक्तियों की स्वयं के बारे में भावनाएं मुख्यरूप से इस पर निर्भर करती हैं, कि उनके बारे में दूसरों के क्या विचार हैं। जिन स्थितियों में उन्हें आंका जाता है सबसे अधिक विशेष रूप से स्कूल की स्थिति में, वहां बहुधा मध्यम वर्ग के मूल्यों और मानदण्डों की प्रधानता होती है, वास्तव में वही प्रमुख मूल्य व्यवस्था (value system) होती है। इन मानदण्डों में सफाई, शिष्टाचार, शैक्षिक बुद्धिमत्ता, मौखिक धारा प्रवाहिकता, ऊंचे स्तर की आकांक्षाएं और उपलब्धि के लिए प्रेरणा जैसी कसौटियां हैं। विभिन्न उद्गमों और पृष्ठभूमियों से आने वाले युवा व्यक्तियों को समाज के एक से ही प्रतिमानों से आंका जाता है, इस प्रकार निम्नवर्ग के युवा व्यक्तियों को एक से ही नियमों के सेट के अन्तर्गत प्रतिष्ठा और पसंदगी (approval) के लिए प्रतिस्पर्द्धा करनी पड़ती है। परन्तु इस प्रतिष्ठा के खेल में सफलता के लिए वह समानरूप से सुसज्जित नहीं होते। इस कारण एवं अन्य कारणों से निम्नवर्ग के बच्चों को असफलता और अनादर अनुभव करने की अधिक संभावना रहती है। इस समस्या से निबटने का एक तरीका यह है, कि वे इस खेल का परित्याग कर दें और पीछे हट जाएं और यह मानने से मना कर दें कि ये नियम उन पर लागू होते हैं। परन्तु यह इतना सरल नहीं है क्योंकि प्रबल/प्रभावी मूल्य व्यवस्था कुछ सीमा तक उनकी भी मूल्य व्यवस्था है। उनके सामने तीन विकल्प हैं : (1) 'कालेज के लड़के की प्रतिक्रिया' की तरह वह ऊर्ध्वगामी गतिशीलता (upward mobility) अपनाएं (अर्थात, मितव्ययी

(thrifty) व परिश्रमी होना, और मित्रों की गतिविधियों से अपने को अलग कर लेना), (ii) 'स्थिर कोने में खड़े लड़के (stable corner boy) की प्रतिक्रिया/व्यवहार' को अपनाए (वह ऊर्ध्वगामी गतिशीलता के विचार को नहीं त्यागता परन्तु वह न तो मितव्ययी होता है और ना ही मित्रों से अलग होता है और ना ही मध्यम वर्ग के व्यक्तियों या अपराधी लड़कों को अपना बैरी बनाता है), और (iii) 'अपराधी की प्रतिक्रिया' (delinquent response) अपनाना (जिसमें वह मध्यम वर्ग के मानदण्डों का पूर्णरूप से परित्याग कर देता है)। इन तीन विकल्पों में से अधिकांश बच्चे तीसरी प्रतिक्रिया को अपनाते हैं। वे प्रतिक्रिया गठन (reaction formation) का आश्रय लेते हैं। वे प्रबल मूल्य व्यवस्था को अस्वीकार कर देते हैं और नए मूल्यों का सृजन करते हैं जो अनुपयोगी होते हैं (क्यों कि उनसे उन्हें कोई आर्थिक लाभ प्राप्त नहीं होता), विद्वेषपूर्ण होते हैं (क्योंकि वे दूसरों की कीमत और पीड़ा से आनन्द उठाते हैं), और नकारात्मक (negativistic) होते हैं (क्योंकि वे समाज के बड़े भाग द्वारा मान्यता प्राप्त मूल्यों का विरोध करते हैं)।

कोहेन के उपरोक्त सिद्धान्त का आलोचनात्मक मूल्यांकन अपराधी उपसंस्कृति के सिद्धान्त और अपराध के सिद्धान्त दोनों रूपों में किया गया है। साइक्स एवं माट्ज़ा, मर्टन, रीस एवं रोड्स, कोब्रिन एवं फाइनस्टोन, किट्सयूज़ एवं डेट्रिक, और विलेन्सकी एवं लेबेन्क्स ने उसके शोध-प्रबन्ध के प्रस्तावों एवं आशयों (implications) का विरोध किया है। इस सिद्धान्त के विरुद्ध प्रमुख आलोचनाएं हैं : (1) एक गिरोह का सदस्य मध्यमवर्ग के मूल्यों और मानदण्डों को अस्वीकार नहीं करता परन्तु अपने अपराधी व्यवहार को तार्किक (rationalise) बनाने के लिए निष्प्रभावी (neutralise) करने की तकनीकें अपनाता है (साइक्स एवं माट्ज़ा, 1957); (2) यदि कोहेन के सिद्धान्त को स्वीकार कर लिया जाए तो निम्न-वर्ग के लड़कों में अपराध की दर उन क्षेत्रों में अधिक ऊंची होनी चाहिए जहां उन्हें मध्यम वर्ग के लड़कों के साथ सीधी प्रतिस्पर्धा करनी पड़ती है और यह दर उन क्षेत्रों में सबसे कम होनी चाहिए जहां निम्नवर्ग व्यापक है। परन्तु रीस एवं रोड्स (1961) ने पाया कि जितने निम्नवर्ग के लड़के स्कूल में और उनके आवासीय क्षेत्रों में कम थे उतनी ही उनके अपराधी बनने की संभावनाएं कम थीं; (3) किट्सयूज एवं डेट्रिक ने कोहेन के इस कथन को चुनौती दी है कि श्रमिक-वर्ग का लड़का अपने को मध्यम वर्ग के प्रतिमानों से आंकता है; (4) उसका अपराधी उपसंस्कृति को अनुपयोगी (non-utilitarian), विद्वेषपूर्ण और नकारात्मक बताना गलत है। मध्यम वर्ग की व्यवस्था के प्रति श्रमिक-वर्ग के लड़के की द्वेधवृत्ति (ambivalence) को, जो कोहेन ने 'प्रतिक्रिया गठन' की अवधारणा बताया है, वह सही नहीं है; (5) उसके सिद्धान्त का जो पद्धतिशास्त्र का आधार (methodological basis) है, वह ऐसा है कि उसके इस सिद्धान्त का परीक्षण नहीं हो सकता; और (6) इस सिद्धान्त में उपसंस्कृति के उद्गमन (emergence) और उसके 'अनुरक्षण' (maintenance) में जो संबंध बताया गया है वह अस्पष्ट है।

## *हावर्ड बेकर का लेबलिंग का सिद्धान्त (Howard Becker's Labeling Theory)*

बेकर ने 1963 में अपना सिद्धान्त प्रस्तुत किया। इसके पहले फ्रैन्क टेनिनबॉम (1938), एडविन लेमर्ट (1951), जान किट्सयूज़ (1962) और काई एरिकसन ने भी एक उपागम का उपयोग किया था और उसे 'सामाजिक प्रतिक्रिया उपागम' (Social Reaction Approach) या 'सामाजिक अन्तः क्रिया उपागम' (Social Interaction Approach) कहा था। यह मर्टन द्वारा उपयोग किए गए 'संरचनात्मक उपागम' या कोहेन एवं क्लोवार्ड और ओहलिन द्वारा उपयोग किए गए 'सांस्कृतिक उपागम' से भिन्न था। यह सिद्धान्त इस प्रश्न पर विचार नहीं करता कि एक व्यक्ति अपराधी क्यों बनता है, परन्तु यह बतलाता है कि समाज कुछ व्यक्तियों को अपराधी अथवा विचलित व्यक्ति कह कर क्यों वर्गीकरण करता है। कुछ व्यक्ति बहुत अधिक शराब पीते हैं और शराबी कहलाए जाते हैं, जबकि अन्य नहीं; कुछ व्यक्ति विचित्र व्यवहार करते हैं और उन्हें अस्पताल में भर्ती कर दिया जाता है जबकि

कुछ और को नहीं। इस प्रकार इस सिद्धान्त के अनुसार विचलन के अध्ययन में जो महत्वपूर्ण है वह सामाजिक दर्शकगण (audience) है न कि व्यक्ति। बेकर ने यह भी कहा कि अपराध में जो महत्वपूर्ण है वह एक व्यक्ति का कार्य नहीं परन्तु समाज की नियमों और अनुसमर्थनों (sanctions) के अनुसार प्रतिक्रिया है। काई एरिकसन ने यह भी कहा है कि एक अपराधी एक गैर-अपराधी से उस विशेषता के कारण निम्न होता है जो अन्य व्यक्ति उसको देते (assign) हैं। बेकर के अनुसार (1963: 9) विचलन एक आदमी के द्वारा कार्य करने की गुणवत्ता (quality of act) नहीं है, परन्तु वह 'अपराधी' पर अन्य व्यक्तियों द्वारा नियमों और अनुसमर्थनों को लागू करने का परिणाम है। विचलित व्यक्ति वह है जिस पर सफलतापूर्वक वह 'चिन्ह' (label) लगा दिया गया है। विचलित व्यवहार वह है, जिसे लोग ऐसा मानते हैं। अमेरिका में एक प्रयोग किया गया था (रीड, 1976: 232) जिसमें आठ सन्तुलित और स्वस्थ व्यक्ति जो भिन्न-भिन्न पृष्ठभूमि के थे देश के विभिन्न भागों के बारह अस्पतालों के मनोविकार (psychiatric) वार्डों में मानसिक रोग का बहाना बना के भर्ती हो गए। उन सबने अपने जीवन की परिस्थितियों का एक जैसा ही वर्णन दिया। एक के अतिरिक्त सभी को खंडित मनस्कता (schizophrenia) का रोगी माना गया। एक बार जब उन्हें पागल घोषित कर दिया गया, तो वहां के कर्मचारियों ने उन्हें पागल मान कर उनके साथ प्रतिदिन अन्तःक्रिया (interaction) शुरू कर दी। यह इस बात को प्रदर्शित करता है कि अन्य व्यक्तियों की प्रतिक्रिया ही एक व्यक्ति को एक विशेष रूप से वर्गीकृत करती है। अपराधियों के प्रकरण में समाज ही कुछ लोगों को अपराधी घोषित करता है, जबकि दूसरों को नहीं। यदि एक निम्नवर्ग का लड़का कार की चोरी करता है तो उसे 'चोर' कह कर वर्गीकृत किया जाता है, परन्तु यदि उच्च वर्ग का लड़का ऐसा करता है तो उसे 'शरारती विलास-प्रिय व्यक्ति' (pleasure-seeker) कहा जाता है।

एक दूसरे प्रयोग में जो अमेरिका में 1962 में रिचर्ड श्वार्टज और जिरोम सोलनिक द्वारा किया गया, एक व्यक्ति का, जिसका अपराधी इतिहास था, चार विभिन्न विवरणों के साथ सौ सम्भावित नियोक्ताओं (potential employees) से मिलवाया गया। यह चार विवरण थे; उसे अपराधी पाया गया था और उसे सजा हो गई थी; उसे अपराधी नहीं पाया गया था और वह छोड़ दिया गया था; उसे अपराधी पाया गया था परन्तु उसे छोड़ दिया गया था; वह अपराधी नहीं था, परन्तु उसे सजा हो गई थी। यह पाया गया कि नियोक्ता एक ऐसे व्यक्ति को नौकरी देने को तैयार नहीं थे, जिसका अपराधी इतिहास रहा था। इस प्रकार लेबलिंग के सिद्धान्त ने केन्द्रबिन्दु (focus) को उन पर स्थानान्तरित कर दिया जो लेबल लगाते हैं, यानि कि नियम बनाने और नियम लागू करने (enforcement) की प्रक्रिया पर।

बेकर के अनुसार लेबल (label) लगाया जाता है या नहीं इन तथ्यों पर निर्भर करता है : (1) वह समय जब क्रिया की जाती है, (2) क्रिया कौन करता है और शिकार/उत्पीड़ित कौन होता है, और (3) क्रिया के परिणाम। इस प्रकार कोई क्रिया विचलन है अथवा नहीं अंशतः क्रिया की प्रकृति पर निर्भर करता है और अंशतः इस बात पर कि अन्य व्यक्ति उसके बारे में क्या सोचते हैं। बेकर ने सुझाव दिया कि नियम तोड़ने वाले व्यवहार और विचलन में भेद किया जाना चाहिए। विचलन ऐसा गुण नहीं है जो कि स्वयं व्यवहार में पाया जाता है, परन्तु वह उस अन्तः क्रिया में होता है जो कि उस व्यक्ति के जो काम करता है और वह जो प्रतिक्रिया दिखलाते हैं के बीच होती है। बेकर ने यह भी सुझाव दिया है कि कुछ विशेष प्रकारों के समूहों के लेबलिंग की संभावना अन्यों की अपेक्षाकृत अधिक होती है, उदाहरणार्थ, वे समूह जिनके पास राजनैतिक शक्ति नहीं होती और इसलिए वे अधिकारियों पर कानून लागू नहीं करने के लिए दबाव नहीं डाल पाते, या वे समूह जो सत्ता में होने वाले व्यक्तियों को डरा-धमका सकते हैं, और वे समूह जिनका सामाजिक स्तर नीचा होता है।

उस व्यक्ति पर जिसे लेबल किया जाता है क्या प्रभाव पड़ते हैं? विचाराधीन व्यवहार (behaviour in question) पर सरकारी अधिकारिक प्रतिक्रिया ऐसी प्रक्रियाओं को जन्म दे सकती है, जिनमें कि 'अपराधी' व्यक्ति और अधिक अपराधिक व्यवहार में लिप्त हो जाए, और इसके अतिरिक्त

जो कम से कम उनके लिए परम्परागत (conventional) संसार में पुनः प्रवेश करने को और अधिक कठिन बना दें। दूसरी ओर यदि एक व्यक्ति को अपने अपराधिक कार्यों के लिये कोई सरकारी दण्ड नहीं मिलता तो वह उन्हें करना जारी रख सकता है और इस काल में उसे अपने व्यवहार को बदलने के लिये कोई सहायता नहीं मिलती (वीलर और केटिरल, 1966: 22-27)।

लेबलिंग के सिद्धान्त के विरुद्ध यह आलोचना है कि वह तर्क तो अच्छा देता है परन्तु अपराध का कारण नहीं बतलाता। वह कारण के प्रश्न की पूर्णरूप से अनदेखी करता है। जैक गिब्स (1982: 219) ने चार प्रश्न उठाये हैं : इस कथन में कौन से तत्व वास्तविक सिद्धान्त न होकर केवल परिभाषाएं मानी गई हैं? क्या मूल उद्देश्य विचलित व्यवहार को समझाना है या विचलन पर प्रतिक्रियाओं को समझाना है? क्या विचलित व्यवहार को केवल उस पर होने वाली प्रतिक्रिया द्वारा ही पहचाना जाए? तथ्यतः, किस प्रकार की प्रतिक्रिया व्यवहार को विचलन के रूप में पहचानती है?

## *वाल्टर रेकलेस का आत्मधारणा और नियंत्रण का सिद्धान्त (Walter Reckless's Theory of Self-Concept and Containment)*

वाल्टर रेकलेस (1967: 522) ने कहा है कि अपराधी व्यवहार को समझाने के लिए जिस महत्वपूर्ण प्रश्न का उत्तर देना है, वह यह है कि जब व्यवहार के विधिपालक और विधि-भंजक (law-violating) दो विकल्प हैं तो क्यों कुछ लोग एक व्यवहार अपनाते हैं और दूसरे दूसरा व्यवहार। वह कहता है कि व्यवहार के विकल्पों में एक व्यक्ति विशेष किसे चुनता है इसे समझाने के लिए मुख्य कारक 'आत्मधारणा' है। अनुकूल आत्मधारणा व्यक्ति को विधि-पालक (law-abiding) व्यवहार की ओर ले जाती है और प्रतिकूल आत्मधारणा उसे अपराधिक व्यवहार की ओर। रेकलेस ने आगे कहा है कि नियन्त्रण के दो महत्वपूर्ण पहलू हैं : आंतरिक नियंत्रण और बाहरी नियंत्रण। इन नियन्त्रण व्यवस्थाओं (control systems) के संतुलन (balance) पर यह निर्भर होता है कि एक व्यक्ति विचलित मार्ग पर अथवा अनुरूपित (conformist) मार्ग पर चलेगा। उसकी मान्यता है कि दृढ़ (strong) आन्तरिक नियंत्रण और सुदृढ़ करने वाले (reinforcing) बाहरी नियन्त्रण से मानकीय विचलन (normative deviancy) के विरुद्ध अलगाव हो जाता है, यानि कि इससे व्यक्ति सामाजिक-विधिसम्मत (social-legal) व्यवहार के प्रतिमानों का उल्लंघन नहीं करता।

1955 में रेकलेस और डिनिट्ज ने गोरे (white) 'अच्छे' (good) लड़कों का अध्ययन किया (जिनके बारे में उनके अध्यापक सोचते थे कि वे कोई गैर कानूनी कार्य नहीं करेंगे)। वे लड़के छठी कक्षा के थे और उनकी आयु 12 वर्ष की थी और उनका चयन ऐसे क्षेत्रों से किया गया था जहां बहुत अपराध होता था। जिस अनुसूची (schedule) द्वारा लड़कों के घरों से तथ्य एकत्रित किए गए उसमें 50 तथ्य (items) थे जिनकी रूप-रेखा 'आत्मधारणा' को आंकने के लिए बनाई गई थी। इसी प्रकार 1956 में उन्होंने 101 'खराब' लड़कों का साक्षात्कार करके (जिनके बारे में उनके अध्यापक सोचते थे कि वे अपराधी बनेंगे) उनकी आत्मधारणा का अध्ययन किया। इस अध्ययन के आधार पर उन्होंने निष्कर्ष निकाला कि अच्छी आत्मधारणा अनुकूल समाजीकरण और 'प्रबल आन्तरिक स्व (strong inner self) का प्रमाण होती है जो एक व्यक्ति को मध्यम वर्ग के मूल्यों की ओर ले जाती है। 'प्रबल आन्तरिक स्व' में आत्मसंयम, सुविकसित पराहम् (super-ego), कुण्ठा सहने की प्रबल शक्ति, विचलनों (diversions) का प्रतिरोध, वैकल्पिक संतोष (substitute satisfactions) को खोज लेने की क्षमता, और तनाव कम करने वाले तर्किकीकरण (rationalizations) आते हैं। बुरी आत्मधारणा प्रतिकूल समाजीकरण और 'निर्बल आन्तरिक दिशा' (week inner direction) बताती है, जो क्रमशः लड़के को बुरे साथियों और 'नुक्कड़ के समाज' (street corner society) को छोड़ने नहीं देती, उसको मध्यम वर्ग के मूल्यों को अपनाने नहीं देती और उसको इस बात की जानकारी देती है कि वैध अवसर की व्यवस्था की ऊर्ध्वगामी (upward) गति से वह कट चुका है।

इस सिद्धान्त के मूल्यांकन से प्रकट हुआ कि यद्यपि समाजशास्त्रियों द्वारा विचलित व्यवहार के क्षेत्र में केवल यही अनुसंधान है, जो व्यक्तित्व और स्व (self) के चरों (variables) को उपयोग करता है, फिर भी आत्मधारणा के माप का विरोध किया गया है और नियन्त्रण समूहों (control groups) के अभाव का भी उल्लेख किया गया है। प्रतिदर्शों पर भी आपत्ति की गई है। क्या 'अच्छे' लड़कों का चयन उनके स्कूलों के कार्यों से संबंधित था? उन लड़कों के बारे में क्या कहा जा सकता है जिनकी 'खराब' आत्मधारणाएं थीं परन्तु जो अपराधी नहीं हुए?

## अपराधियों का कारावास और सुधार (Confinement and Correction of Criminals)

हमारे समाज में अपराधियों को दंडित/उपचार करने के लिए प्रमुख रूप से दो तरीकों का उपयोग किया जाता है : कारावास और परिवीक्षा पर मुक्ति (release on probation), यद्यपि कुछ भयंकर अपराधियों को फांसी की सजा भी दी जाती है और कुछ छोटे अपराधियों पर जुर्माने भी किए जाते हैं।

### *कारागृह (Prisons)*

भारतीय कारागृहों में 1919-20 तक स्थितियां भयावह थीं। 1919-20 की भारतीय जेल सुधार कमेटी के सुझावों के पश्चात ही अधिकतम सुरक्षा कारागृहों (जैसे केन्द्रीय जेल, ज़िला जेल और उप-जेल) में परिवर्तन किए गए। इन परिवर्तनों में सम्मिलित थे : कैदियों का वर्गीकरण, वियोजन (segregation), शिक्षा, मनोरंजन, उत्पादन संबंधी कार्य करवाना, और परिवार और समाज से सम्पर्क रखने के अवसर। बाद में तीन राज्यों में तीन मध्यम-सुरक्षा कारागृह या आदर्श (model) कारागृह भी स्थापित किए गए जिनमें पंचायत राज, स्वसंचालित केन्टीन और मजदूरी पद्धति (wage system) पर बल दिया गया। परन्तु अन्ततः इन कारागृहों को केन्द्रीय कारागृहों में परिवर्तित कर दिया गया। न्यूनतम-सुरक्षा कारागृह या खुले कारागृह (open jails) 1952 में उत्तर प्रदेश में शुरु किए गए और तब से 1999 तक 18 (25 में से) राज्यों में 31 खुले जेल स्थापित किए जा चुके हैं। कैदियों को खुले जेल में प्रवेश के पहले कुछ शर्तें पूरी करनी पड़ती हैं, जैसे कैदियों को कारावास की एक तिहाई अवधि साधारण जेल में काटनी पड़ती है, अच्छे व्यवहार का लेखा प्रस्तुत करना पड़ता है, शारीरिक एवं मानसिक स्वस्थता रखनी होती है और 20 और 50 वर्ष के आयु-समूह में होना पड़ता है। खुले कारागृहों की क्षमता अलग-अलग जेलों में 100 और 3,000 के बीच घटती बढ़ती है। सबसे अधिक क्षमता (3,000) उत्तरप्रदेश में नैनीताल ज़िले के सितारगंज कैम्प में है और सबसे कम (सौ से कम) तमिलनाडू, असम, मध्यप्रदेश और गुजरात के खुले कारागृहों में है। कुछ खुले कारागृह केवल कृषि में ही प्रशिक्षण देते हैं और कुछ कृषि और उद्योग दोनों में। एक कैदी को खुले जेल में रहने की अवधि सामान्यतः दो से तीन वर्ष की होती है।

जहां तक अधिकतम सुरक्षा कारावासों का प्रश्न है, 31 दिसम्बर, 2011 तक भारत में कुल 1,382 कारावास थे, जिनकी कुल क्षमता 3,32,782 कैदियों को रखने की थी (एनसीआरबी स्नैपशॉट-2011)। इनमें से 123 केन्द्रीय कारावास थे, 333 जिला कारावास, 809 उप-कारावास तथा 30 विशिष्ट कारावास थे। जेल में बंदियों की कुल संख्या थी 3,72,926 जिसका 95.7 प्रतिशत (अर्थात् 3,56,902) पुरुष थे तथा मात्र 4.3 प्रतिशत (16,024) महिलाएं थीं। बंदियों की सर्वाधिक बड़ी संख्या अर्थात् 82,383 (अथवा 22.1%) उत्तर प्रदेश से थी, जिसके बाद मध्य प्रदेश (32,916), तथा बिहार (28,032) का स्थान था। लक्षद्वीप सबसे अधिक भीड़भाड़ (500%) वाली जेल थीं। कुल मिलाकर, 383 महिला दोषी एवं 1,177 विचाराधीन कैदी कारावासों में थे। विचाराधीन कैदियों की अधिकतम संख्या (40.1%) को तीन महीनों तक के लिए निरूद्ध किया गया था। कुल 1,28,592 दोषी कैदियों में से बहुतायत की संख्या में या तो अशिक्षित (37,912) थे अथवा 10वीं कक्षा के नीचे तक शिक्षित थे (57,098)। वर्ष 2011

में कुल मिलाकर 1,332 मौतों (1,244 प्राकृतिक एवं 88 अप्राकृतिक) की सूचना प्राप्त हुई थी। जहां दोष सिद्ध किए जा चुके 36 प्रतिशत कैदी 18 से 30 वर्ष की आयु समूह के थे, वहीं 47.6 प्रतिशत 30 से 50 वर्ष की आयु समूह के थे तथा 16.4 प्रतिशत 50 वर्षों अथवा उससे अधिक आयु के थे। इसके अतिरिक्त, लगभग 43,317 कैदियों को विभिन्न कौशलों जैसे सिलाई, काष्ठकला, कृषि इत्यादि में प्रशिक्षित किया गया था।

किसी भी कारावास की दुनिया उभयलिंगी (unisex) होती है, जहां प्रत्येक कैदी लांछित होता है तथा उसे अजनबियों के साथ-संग में कठोरतापूर्वक निर्धारित गतिविधियों को पूरा करना होता हैं। कैदीगण स्वतंत्रता, विशेषाधिकारों, भावनात्मक सुरक्षा तथा यहां तक कि यौन सम्बन्धों से भी वंचित कर दिए जाते हैं। इन मनोवैज्ञानिक एवं सामाजिक समस्याओं का सामना करने के लिए कैदी 'सहवासी व्यवस्था' (inmate system) की 'सहवासी संहिता' (inmate code) का अनुसरण करते हैं, जो कारावास प्रणाली की औपचारिक संहिता के ठीक विपरीत होता है। सहवासी संहिता/मानदंडों के कुछ उदाहरण इस प्रकार हैं : कठिन परिश्रम न करो, अधिकारियों के साथ सहयोग न करो, अन्य कैदियों के साथ लड़ाई/तर्क न करो, अधिकारियों को गुप्त बातें मत बताओ, भोजन, कपड़ा, काम तथा ऐसी ही अन्य बातों के प्रति सदैव ही असंतोष व्यक्त करते रहो। डोनाल्ड क्लीमर ने इन मूल्यों एवं मानदंडों का समावेशन 'कारावासीकरण' की प्रक्रिया के रूप में किया है। उनका तर्क है प्रत्येक कैदी का कारावासीकरण हो जाता है; कारावासीकरण विभिन्न अवस्थाओं में घटित होता है; कारावासीकरण का स्तर निम्न, मध्यम अथवा उच्च हो सकता है; कारावासीकरण आयु, कारावास की अवधि, अपराध की प्रकृति, बाहरी दुनिया के साथ सम्बन्धों, कोठरी के सहवासियों तथा कार्य के सहयोगियों; तथा कारावास में बिताए गए समय की लंबाई जैसे कारकों पर निर्भर करता है। कारावासीकृत कैदी को अकारावासीकृत एवं पुनःकारावासीकृत किया जा सकता है। सन् 1977-78 में राजस्थान में तीन केन्द्रीय कारावासों के अंदर 252 कैदियों पर किए गए एक अनुभवमूलक अध्ययन (आहुजा, 1981) के आधार पर कारावास प्रणाली के प्रभावों तथा प्रभावोत्पादकता का अध्ययन करते हुए यह पाया गया कि यद्यपि कारावासीकरण की प्रक्रिया भारतीय कारावासों में भी पाई गई थी, किन्तु प्रत्येक कैदी कारावासीकृत नहीं था, जैसा कि क्लीमर के द्वारा दावा किया गया था। तीन कारकों, जैसे, सहवासियों/अधिकारियों के साथ संपर्क, कर्मचारी/सहवासी मानदंडों के साथ पहचान, तथा सहवासियों/अधिकारियों के प्रति निष्ठा के आधार पर कारावास/सहवासी मानदंडों की अनुरूपता का अध्ययन करते हुए यह पाया गया कि 24 प्रतिशत कैदी अनुरूपतावादी (जिन्होंने कारावास के मानदंडों की पहचान कर ली थी, जो कर्मचारियों के प्रति निष्ठा से बंधे थे तथा जिनके कारावास अधिकारियों के साथ अच्छे सम्बन्ध थे) थे, 42 प्रतिशत गैर-अनुरूपतावादी, 27 प्रतिशत आंशिक तौर पर अनुरूपतावादी तथा 7 प्रतिशत पृथकतावादी थे। 15 प्रश्नों के प्रति दिए गए उत्तरों को अंक प्रदान किए जाने के द्वारा कैदी/कारावास मानदंडों के अपनाए जाने का विश्लेषण करते हुए यह पाया गया कि 48 प्रतिशत कैदी कैदी मानदंडों के अनुरूप थे, 45 प्रतिशत कारावास मानदंडों के तथा 7 प्रतिशत तटस्थ थे। यह प्रदर्शित करता है, कि कैदी मानदंडों को अपनाए जाने की दर लगभग वही है, जो कारावास मानदंडों को अपनाए जाने की है तथा कैदियों में से अधिकांश कारावास/कैदी मानदंडों का अपनाए जाने अथवा खारिज किए जाने को लेकर दुविधाग्रस्त स्थिति में फंसे हुए हैं। यह भी पाया गया कि जैसा कि क्लीमर के द्वारा दावा किया गया है, कारावासीकरण का सम्बन्ध आयु, अपराध की प्रकृति, कारावास की अवधि, तथा कारावास के चरण के साथ नहीं होता। हालांकि, इसका सम्बन्ध कैदियों के प्रकार के साथ था जिनके साथ कोई कैदी रहता अथवा कार्य करता है। इस प्रकार, क्लीमर के मॉडल को खारिज करते हुए किसी कारावास में कैदियों के समायोजन की प्रक्रिया को स्पष्ट करने के उद्देश्य से एक नए मॉडल को विकसित किया गया जिसे 'आत्म-छवि मॉडल' कहा जाता है। यह मॉडल चार तत्वों पर आधारित है : आत्म-छवि, मूल्य अनुरूपता, वास्तविक अनुरूपता तथा कैदी की प्रतिष्ठा।

तीन कारावासों में किए गए अध्ययन के आधार पर यह निश्चित किया गया कि कारावासों में कैदियों के सम्बन्ध में उदारीकरण तथा कठोरता की एक संतुलित नीति को अपनाया जाना चाहिए ताकि कारावास के माध्यम से अपराधकर्ताओं को दंडित/व्यवहरित किया जा सके। कारावास प्रणाली को और अधिक प्रभावकारी बनाए जाने तथा विचलकों को संशोधित किए जाने के लिए आवश्यक अन्य उपाय हैं : विचाराधीन कैदियों को एक ही कारावास में दोष सिद्ध हो चुके कैदियों के साथ नहीं रखा जाना चाहिए; कैदियों को अपनी पत्रावलियों तक पहुंच उपलब्ध कराई जानी चाहिए; कैदियों को बैरक/कार्य सौंपे जाने के पूर्व समुचित निदान किया गया होना चाहिए; कैदियों को अपनी पसंद का कार्य चुनने की आजादी होनी चाहिए; पैरोल पर रिहाई को अधिक सरल एवं और अधिक प्रभावी बनाया जाना चाहिए; उद्योगों को कारावासों तक आने के लिए प्रोत्साहित किया जाना चाहिए; अपनी शिकायतों को व्यक्त करने के लिए कैदियों को प्रभावी माध्यम उपलब्ध कराए जाने चाहिए; अनिश्चित सजा की एक प्रणाली को लागू किया जाना चाहिए; अल्पकाल (छह महीनों से कम) के लिए अपराधकर्ताओं को कारावास भेजे जाने को निरुत्साहित किया जाना चाहिए (वर्तमान समय में हमारे कुल कैदियों में से 85% अल्पकालिक हैं); एक कारावास उद्योग ब्यूरो की स्थापना राज्य स्तर पर की जानी चाहिए, तथा सलाहकार समितियों के माध्यम से कैदियों को कारावास के प्रबंधन के साथ सम्बद्ध किया जाना चाहिए (यह व्यवस्था कारावासों में पंचायती राज्य व्यवस्था से भिन्न होगी)। यह जानते हुए कि कारावास की स्थितियों की गंभीरता तथा अपराध की घटना के बीच कोई सम्बन्ध नहीं होता, हमें ऐसे कार्यक्रमों को विकसित करने के लिए प्रयास क्यों नहीं करने चाहिए जो कैदियों को अपने जीवन का एक नया अध्याय प्रारंभ करने के लिए प्रेरित कर सकें। आज हमें जिस बात की आवश्यकता है, वह है कारावास का एक विकल्प।

## *परिवीक्षा (Probation)*

परिवीक्षा कारागृह का विकल्प है। उसका आशय है अदालत द्वारा अपराधी की सजा को स्थगित करना (suspension) और कुछ शर्तों पर उसे रिहा करना जिससे वह समाज में परिवीक्षा अधिकारी की देख-रेख में या उसके बिना समाज में रह सके। यह प्रणाली भारत में 1958 में केन्द्रीय परिवीक्षा अधिनियम (Central Probation Act) बना कर लागू की गई थी। यद्यपि 1898 के सी.आर.पी.सी. की 562 धारा अपराधी को परिवीक्षा पर छोड़ने की अनुमति देती थी, किन्तु वह बाल अपराधियों एवं प्रथम अपराधियों (first offenders) पर ही लागू होता था। उसमें निरीक्षण (supervision) का कोई प्रावधान नहीं था और केवल प्रथम श्रेणी दण्डनायक ही परिवीक्षा प्रदान करने के लिए सक्षम थे। ब्रिटिश सरकार ने 1934 में राज्यों को परिवीक्षा पर रिहा करने के लिए स्वयं के कानून बनाने की अनुमति दी। मद्रास और मध्यप्रदेश ने 1936 में ऐसा अधिनियम बनाया, बंबई और उत्तरप्रदेश ने 1938 में, हैदराबाद ने 1953 में, और पश्चिम बंगाल ने 1954 में। परन्तु ये सभी अधिनियम बाल-अपराधियों पर लागू होते थे। 1958 का अधिनियम सभी अपराधियों पर लागू होता है। यह कानून तीन वर्ष की अधिकतम अवधि के लिए परिवीक्षा पर रिहाई की अनुमति देता है और उसमें अवधि को रद्द करने का भी प्रावधान है। कुछ राज्यों ने (जैसे राजस्थान, उत्तरप्रदेश, असम, और हिमाचल प्रदेश) परिवीक्षा को समाज कल्याण से जोड़ दिया है और अन्य ने (जैसे बिहार, बंगाल, पंजाब, आंध्रप्रदेश, तमिलनाडू और केरल) जेल विभाग से। मध्यप्रदेश ने उसे विधि विभाग से जोड़ा है, तो कर्नाटक में इसका अलग निदेशालय है। परिवीक्षा अधिकारी को दो कार्य सौंपे गए हैं : सामाजिक छान-बीन/अन्वेषण (investigation) और परिवीक्षार्थी का निरीक्षण। पूरे भारत में लगभग 500 परिवीक्षा अधिकारी हैं। औसतन, एक पर्यवेक्षण अधिकारी एक वर्ष में 10 प्रकरणों का अन्वेषण करता है और चार प्रकरणों का निरीक्षण।

परिवीक्षा प्रणाली में कारागृह प्रणाली की अपेक्षाकृत कुछ लाभ हैं। ये हैं : परिवीक्षा पर रिहा किए गए अपराधी पर कोई कलंक नहीं लगता; परिवीक्षार्थी का आर्थिक जीवन भंग नहीं होता; उसके परिवार

को कष्ट भोगना नहीं पड़ता; अपराधी कुण्ठित नहीं होता और आर्थिक रूप से यह कम महंगी है। इसमें कमियां ये हैं कि अपराधी उसी पर्यावरण में रहता है जहां उसने अपराध किया था; दण्ड का कोई डर नहीं होता; और परिवीक्षार्थियों पर कोई व्यक्तिगत ध्यान नहीं दिया जाता। परन्तु ये आलोचनाएं तर्कसंगत नहीं हैं। इसके अतिरिक्त परिवीक्षा को नए उपायों से अधिक प्रभावी बनाया जा सकता है। नए उपाय ये हो सकते हैं : परिवीक्षा की अवधारणा को बदलना और उसको सजा का स्थगन (suspension) मानने के स्थान पर सजा का विकल्प मानना (इससे परिविक्षार्थी को प्रारंभिक अपराध, जो स्थगित कर दिया गया था, के लिए कैदी नहीं बनाया जाएगा परन्तु उसे शर्तों के उल्लंघन के लिए दण्डित किया जाएगा); उन सब प्रकरणों में जिनमें अपराधियों को परिवीक्षा पर छोड़ दिया गया था, उनके सामाजिक अन्वेषण को अनिवार्य करना; सभी परिवीक्षार्थियों के लिए निरीक्षण (supervision) को अनिवार्य नहीं करना; रिहाई की शर्तों को लचीला बनाना; अनिश्चित सज़ा प्रणाली को लागू करना, और परिवीक्षा सेवाओं को किसी अन्य विभाग से न जोड़ कर राज्य स्तर पर उनका एक अलग निदेशालय स्थापित करना।

सुधार की समस्या को संक्षिप्त करते हुए यह निष्कर्ष निकाला जा सकता है, कि अपराधशास्त्रियों की रुचि सदैव दो बातों में ही है : प्रथम, सुधार व्यवस्था को अधिक कुशल बनाने के लिए प्रबंधकीय रुचि (managerial interest) और, द्वितीय, व्यवस्था को सुधारने के लिए मानवतावादी रुचि। ये दोनों रुचियां प्रायः असंगत मानी जाती हैं परन्तु 'सुधार आचार-शास्त्र' (rehabilitative ethics) के संदर्भ में यदि इनको देखा जाए तो हो सकता है, कि ऐसा नहीं लगे। उपचार अधिक कुशल होने के साथ साथ अधिक मानवतावादी भी हो सकता है।

## References


Ahuja, Ram, *Sociological Criminology*, New Age International Publishers, New Delhi, 1996.

—, *The Prison System*, Sahitya Bhawan, Agra, 1981.

—, "A Prisoner is a Human-being", *Times Weekly, Times of India*, Bombay, May 27, 1973.

Becker, Howard (ed.), *Social Problems: A Modern Approach*, John Wiley and Sons Inc., New York, 1966.

Bloch, Herbert A., *Man, Crime and Society*, Random House, New York, 1956.

Bonger, William A., *Criminality and Economic Conditions*, translated by Henry P. Horton, Little Brown and Co., Boston, 1916.

Burt, Cyril, *Young Delinquent*, University of London Press, London, 1944.

Caldwell, Robert G., *Criminology*, University of Pennsylvania Press, Philadelphia, 1956.

Clemmer, Donald, *The Prison Community*, Christopher Publishing House, Boston, 1940.

Clinard, Marshall B., *Sociology of Deviant Behaviour*, Holt, Rinehart & Winston Inc., New York, 1957.

Cloward, Richard and Ohlin, Lloyd, *Delinquency and Opportunity: A Theory of Delinquent Gangs*, The Free Press, Glencoe, Illinois, 1960.

Cohen, Albert K., *Delinquent Boys: The Culture of the Gang*, The Free Press, New York, 1955.

—, *Deviance and Control*, Prentice Hall Inc., Englewood Cliffs, New Jersey, 1966.

*Crime in India*, National Crime Records Bureau, New Delhi, 2012.

Elliot, Mabel, *Crime in Modern Society*, Harper & Bros., New York, 1952.

Fitzgerald, Mike, *Crime and Society*, Routledge, London, 1981.

Gibbons, Don, *Society, Crime and Criminal Careers* (3rd edn), Prentice Hall, New Jersey, 1977.

Giallombardo, Rose, *Juvenile Delinquency*, John Wiley & Sons, New York, 1966.

Johnson, Elmer H., *Crime, Correction and Society* (4th edn), The Dorsey Press, Homewood, Illinois, 1978.

Merton, R.K., *Social Theory and Social Structure*, The Free Press, New York, 1968.

Reid, Sue Titus, *Crime and Criminology*, The Drydon Press, Hinsdale, Illinois, 1976.

Ruttonshaw, G.N., *Juvenile Delinquency and Destitution in Poona*, Deccan College, Poona, 1947.

Schafer, Stephen, *Theories in Criminology*, Random House, New York, 1969.

Schrag, Clarence, "Delinquency and Opportunity: Analysis of a Theory", *Sociology and Social Research*, Vol. 46, 1962.

Sutherland, E.H. and Cressay, D.R., *Principles of Criminology* (6th edn), The Times of India Press, Bombay, 1965.

Tappan, Paul, *Crime, Justice and Correction*, McGraw Hill, New York, 1960.

Vold, George B., *Theoretical Criminology*, Oxford University Press, New York, 1958.

Voss, H.L. (ed.), *Society, Delinquency and Delinquent Behaviour*, Little Broun, 1972.

Wheeler, Stanton and Cottrell, Leonard S. Jr., *Juvenile Delinquency: Its Prevention and Control*, Russell Sage Foundation, New York, 1966.

Young, Jock et al., *Critical Criminology*, Routledge & Kegan Paul, London, 1975.

# 15

# बाल अपराध

## Juvenile Delinquency

बाल-अपराध के बारे में सामान्य व्यक्तियों और कुछ सामाजिक वैज्ञानिकों के विचार अपर्याप्त, दोषपूर्ण और भ्रामक हैं। कई कारणों में से एक यह है, कि वे यह मानते हैं कि बाल-अपराधी केवल अल्प-आयु के अपराधी हैं, अर्थात् वे ग़ैर-वयस्क अपराधी या बालक हैं, जो ऐसे दोषों में लिप्त होते हैं, जिनको यदि वयस्क करते हैं तो अपराध समझा जाता है और देश के कानून द्वारा निर्धारित 7 और 16 या 18 वर्ष की आयु के हैं। 1986 के जूविनाइल जस्टिस एक्ट (Juvenile Justice Act) के अनुसार आज बाल-अपराधियों की अधितम आयु लड़कों के लिए 16 वर्ष और लड़कियों के लिए 18 वर्ष है, परन्तु इससे पहले चिल्ड्रन एक्ट्स (Children Acts) के अनुसार यह विभिन्न राज्यों में भिन्न-भिन्न थी। उत्तरप्रदेश, गुजरात, केरल, महाराष्ट्र, पंजाब और मध्यप्रदेश जैसे राज्यों में यह 16 वर्ष थी, परन्तु बंगाल और बिहार जैसे राज्यों में यह 18 वर्ष थी। राजस्थान, असम और कर्नाटक जैसे राज्यों में यह लड़कों के लिए 16 और लड़कियों के लिए 18 वर्ष थी। फिर भी, आयु के अतिरिक्त अपराध की प्रकृति भी इतनी ही महत्वपूर्ण है।

युवा, जो भगोड़ापन/कर्मपलायन (truancy), आवारागर्दी, व्यभिचार, और बेलगामी (ungovernability) जैसे 'प्रस्थिति सम्बन्धी दोषों' (status offences) में लिप्त हैं, वे भी बाल-अपराध की परिभाषा में आतें हैं। न्यूमेयर, आइवन नाई और जेम्स शॉर्ट जूनियर, रिचर्ड जैन्किंस और वाल्टर रेकलेस ने भी बाल-अपराध की अवधारणा में 'व्यवहार के प्रकार' पर बल दिया है। वाल्टर रेकलेस (1956) के अनुसार बाल-अपराध शब्द का प्रयोग दण्ड संहिता के उल्लंघन एवं/या ऐसे व्यवहार के संरूपों के अनुसरण (pursuit) के लिए किया जाता है, जो बच्चों और कम आयु के किशोरों के लिए अनुचित माने जाते हैं। इस प्रकार आयु एवं व्यावहारिक उल्लंघन जो कानून में वर्जित हैं, दोनों ही बाल-अपराध की अवधारणा में महत्वपूर्ण हैं।

बाल अपराधी और वयस्क अपराधी में अन्तर एकल कार्य (case-work) उपागम की दृष्टि से महत्वपूर्ण है। दोनों में अन्तर आचरण, न्यायालय द्वारा प्रयोग किए गए तरीकों, निर्णय के बाद व्यक्ति की समाज में प्रतिष्ठा, यश और कानूनी अधिकारों से किया जाता है।

### बाल अपराधियों का वर्गीकरण (Classification of Juvenile Delinquents)

बाल अपराधियों का वर्गीकरण विभिन्न विद्वानों द्वारा विभिन्न आधारों पर किया गया है। उदाहरणार्थ, हर्श (1937) ने उन्हें किए हुए अपराधों के प्रकार के आधार पर छः समूहों में वर्गीकृत किया है : (1) असाध्यता (incorrigibility) (उदाहरण के लिए, देर से घर आना, आज्ञाल्लंघन...) (2) भगोड़ापन (घर या स्कूल से), (3) चोरी (छोटी चोरी से लेकर सशस्त्र लूटमार तक), (4) सम्पत्ति का ध्वंस (जिसमें सार्वजनिक और निजी दोनों सम्पत्तियां सम्मिलित है, (5) हिंसा (शस्त्रों) का प्रयोग (समाज के विरुद्ध करके), और (6) यौन अपराध (समलैंगिक कामुकता से लेकर बलात्कार तक)।

ईटॉन और पोक (1969) ने बाल अपराधियों का अपराध के प्रकार के अनुसार पांच समूहों में वर्गीकरण किया है। ये अपराध हैं : (1) छोटे उल्लंघन (जिनमें उपद्रवी आचरण और यातायात नियमों के छोटे उल्लंघन सम्मिलित हैं) (2) यातायात नियमों के भारी उल्लंघन (जिनमें मोटरों की चोरियां सम्मिलित हैं), (3) सम्पत्ति के उल्लंघन, (4) व्यसन (जिनमें शराबीपन और मादक पदार्थों की लत सम्मिलित है), और (5) शारीरिक चोट (जिसमें मानव हत्या और बलात्कार सम्मिलित हैं)।

रॉबर्ट ट्रोजेनोविज़ (1973: 59) ने बाल अपराधियों का वर्गीकरण इस प्रकार किया है : आकस्मिक (accidental), असमाजीकृत (unsocialized), आक्रामक, अनियमित (occasional), पेशेवर, और संगठित गिरोह वाले।

मनोवैज्ञानिकों ने बाल अपराधियों का उनकी व्यक्तिगत विशेषताओं या उनके व्यक्तित्व की मनोवैज्ञानिक गतिकी (psychological dynamics) के आधार पर पांच समूहों में वर्गीकरण किया है : मानसिक रूप से दोषपूर्ण (mentally defective), मानसिक रोग से पीड़ित (psychotic), नाड़ी रोग से पीड़ित (neurotic), परिस्थितिजन्य (situational) और सांस्कृतिक।

## प्रकृति एवं घटना (Nature and Incidence)

किशोरों के द्वारा किए गए कुल अपराधों में से मुश्किल से 2 प्रतिशत ही पुलिस एवं न्यायालयों की जानकारी में आ पाते हैं। राष्ट्रीय अपराध अभिलेख ब्यूरो (NCRB) के द्वारा संकलित किए गए एवं *क्राइम इन इंडिया,* 2011 के द्वारा प्रकाशित किए गए आंकड़े भारत में बाल अपराधों की घटनाओं के कुछ संकेत प्रदान करते हैं।

सन् 1999 तथा 2000 के दौरान देश में दर्ज किए गए कुल भारतीय दंड संहिता सम्बन्धी अपराधों में से किशोरों के द्वारा किए गए भारतीय दंड संहिता के अंतर्गत आने वाले अपराधों का अंश 0.5 प्रतिशत था। यहां यह उल्लेख किया जाना प्रासंगिक हो सकता है कि सन् 2000 तक किशोर अपराधों के आंकड़ों का संग्रहण किशोर अपराध अधिनियम,1986 के अंतर्गत दी गई किशोरों की परिभाषा के आधार पर किया जाता रहा है। 16 वर्ष से कम आयु वाले बालकों एवं 18 वर्ष से कम आयु वाली बालिकाओं को इस अधिनियम के अंतर्गत किशोर माना जाता है। सन् 2000 के नए अधिनियम के द्वारा सन् 1986 के अधिनियम को निरस्त कर दिया गया तथा नए अधिनियम के अनुसार दोनों ही की आयु को एक समान आयु 18 वर्ष कर दिया गया है।

सन् 2001 में भारतीय दंड संहिता के अंतर्गत किए गए अपराधों में यह भागीदारी बढ़कर 0.9 प्रतिशत हो चुकी है तथा सन् 2002 में यह मामूली रूप से बढ़कर 1 प्रतिशत हो गई किन्तु सन् 2003, 2004 तथा 2005 में यह दर स्थिर बनी रही। सन् 2006 में इसमें पुनः मामूली वृद्धि हुई और यह बढ़कर 1.1 प्रतिशत हो गई तथा सन् 2007 में स्थिर बनी रही। सन् 2008 में इस भागीदारी में 1.2 प्रतिशत तक मामूली वृद्धि हुई तथा सन् 2009 में यह घटकर 1.1 प्रतिशत पर आ गई। सन् 2010 में एक बार फिर इसमें गिरावट आई और यह 1 प्रतिशत हो गई तथा सन् 2011 में पुनः मामूली वृद्धि के साथ यह 1.1 प्रतिशत हो गई। सन् 2001 में हुई भारी वृद्धि को आंशिक तौर पर किशोरों को प्रदान की गई नई परिभाषा, जो आयु को 16 से बढ़ाकर 18 वर्ष किया जाना था, के साथ सम्बद्ध किया जा सकता है (*क्राइम इन इंडिया,* 2011: 131)।

ऐसा ही पैटर्न बाल अपराध की दर में भी देखा गया था। बाल अपराध दर सन् 2000 में 0.9 प्रतिशत थी जबकि सन् 2000-2011 के दौरान इसके द्वारा एक मिश्रित प्रवृत्ति का प्रदर्शन किया गया। विवरण को नीचे दी गई तालिका 1 में देखा जा सकता है :

सन् 2011 के दौरान भारतीय दंड संहिता के अंतर्गत किए गए किशोर अपराधों में सन् 2010 की तुलना में 10.5 प्रतिशत की वृद्धि हुई, क्योंकि सन् 2010 के दौरान भारतीय दंड संहिता के अंतर्गत किशोरों द्वारा किए गए कुल 22,740 अपराधों को दर्ज किया गया था, जिनकी संख्या सन् 2011 में बढ़कर 25,125 हो गई। सन् 2010 की तुलना में सन् 2011 में जिन अपराध शीर्षकों के अंतर्गत किशोर अपराधों में सर्वाधिक कमी दर्ज की गई वे हैं : 'डकैती के लिए तैयारी एवं एकत्रित

होना' (35.3%); 'लापरवाही के कारण मौत' (25.6%); तथा 'आपराधिक विश्वास-भंग' (14.0%), जबकि किशोर अपराधों में दर्ज की गई सर्वाधिक वृद्धि 'नकली माल की तैयारी' (81.1%), 'दहेज मृत्यु' (63.2%), 'आगजनी' (57.6%), तथा 'महिलाओं एवं बालिकाओं का अपहरण' (53.5%) जैसे शीर्षकों के अंतर्गत थी।

**तालिका 1**

*भारतीय दंड संहिता के अंतर्गत बाल अपराध की घटनाएं एवं दर, 2001-11*

| वर्ष | घटनाएं | | कुल अपराधों का प्रतिशत | अनुमानित मध्यवर्ती वर्ष की आबादी (लाख में) | बाल अपराधों की दर |
|---|---|---|---|---|---|
| | बाल अपराध | कुल संज्ञेय अपराध | | | |
| 2001** | 16509 | 1769308 | 0.9 | 10270 | 1.6 |
| 2002 | 18560 | 1780330 | 1.0 | 10506 | 1.8 |
| 2003 | 17819 | 1716120 | 1.0 | 10682 | 1.7 |
| 2004 | 19229 | 1832015 | 1.0 | 10856 | 1.8 |
| 2005 | 18939 | 1822602 | 1.0 | 11028 | 1.7 |
| 2006 | 21088 | 1878293 | 1.1 | 11198 | 1.9 |
| 2007 | 22865 | 1989673 | 1.1 | 11366 | 2.0 |
| 2008 | 24535 | 2093379 | 1.2 | 11531 | 2.1 |
| 2009 | 23926 | 2121345 | 1.1 | 11694 | 2.0 |
| 2010 | 22740 | 2224831 | 1.0 | 11858 | 1.9 |
| 2011*** | 25125 | 2325575 | 1.1 | 12102 | 2.1 |

*टिप्पणी :* सन् 2001 के बाद से किशोर अपराध अधिनियम की संशोधित परिभाषा के अनुसार 16-18 वर्ष आयु समूह के बालकों को किशोर माना गया है।

*स्रोत :* * भारत के महापंजीयक; ** सन् 2001 की जनगणना के अनुसार वास्तविक जनसंख्या; ***वास्तविक जनगणना-2011 जनसंख्या (अस्थायी)।

राज्य-वार, मध्य प्रदेश (4,997), महाराष्ट्र (4,775), छत्तीसगढ़ (2,178), आंध्र प्रदेश (1,837), राजस्थान (1,836) तथा गुजरात (1,618) के द्वारा भारतीय दंड संहिता के अंतर्गत किशोर अपराधों की अधिकतम घटनाओं को सूचित किया गया। यदि इन छहों राज्यों को एक साथ मिला दिया जाए तो देश में भारतीय दंड संहिता के अंतर्गत सूचित किए गए कुल किशोर अपराधों में इनका प्रतिशत 69.6 का होता है। सन् 2011 के दौरान महाराष्ट्र एवं मध्य प्रदेश के द्वारा क्रमशः 145 एवं 112 हत्या के मामलों को सूचित किया गया। देश में किशोर बलात्कार की सर्वाधिक घटनाएं मध्य प्रदेश द्वारा सूचित की गईं (271), जिसके बाद क्रम था, उत्तर प्रदेश (146) तथा महाराष्ट्र (125) का, जो देश में किशोरों द्वारा किए गए कुल सूचित बलात्कारों का क्रमशः 24.6 प्रतिशत, 13.3 प्रतिशत तथा 11.4 प्रतिशत था। देश में किशोरों द्वारा किए गए चोरी सम्बन्धी अपराधों की सर्वाधिक बड़ी संख्या की सूचना महाराष्ट्र द्वारा दी गई (1,256, 25%) (पूर्वोक्त : 132)।

सन् 2010 की तुलना में सन् 2011 में विशिष्ट स्थानीय कानूनों के अधीन किए गए किशोर अपराधों में 10.9 प्रतिशत की वृद्धि हुई। जहां सन् 2010 में विशिष्ट स्थानीय कानूनों के अंतर्गत किशोर अपराध के कुल 2,558 मामलों को सूचित किया गया था वहीं सन् 2011 में यह संख्या बढ़कर 2,837 हो गई, जबकि सन् 2009 की तुलना में सन् 2010 के दौरान 40.8 प्रतिशत की भारी गिरावट दर्ज की गई थी। भारतीय पासपोर्ट अधिनियम तथा वन अधिनियम के अंतर्गत पंजीकृत

किए गए मामलों में प्रत्येक में 66.7 प्रतिशत की तीव्र गिरावट दर्ज की गई, जबकि बाल विवाह निषेध अधिनियम एवं अनैतिक व्यापार (निवारण) अधिनियम के अंतर्गत दर्ज किए गए मामलों में क्रमशः 200 तथा 50 प्रतिशत की तीव्र वृद्धि को दर्ज किया गया (देखें तालिका 2)।

**तालिका 2**

*सन् 2010 के दौरान विशिष्ट स्थानीय कानूनों के अंतर्गत बाल अपराध*

| *क्र. स.* | *अपराध शीर्षक* | *के दौरान सूचित किए गए मामलों की संख्या* | | *सन् 2010 की तुलना में सन् 2011 में प्रतिशत में परिवर्तन* |
|---|---|---|---|---|
| | | *2010* | *2011* | |
| 1 | अपराध अधिनियम | 154 | 159 | 3.2 |
| 2 | मादक औषधि एवं मनोत्तेजक पदार्थ अधिनियम | 82 | 78 | -4.9 |
| 3 | जुआ अधिनियम | 326 | 424 | 30.1 |
| 4 | उत्पाद शुल्क अधिनियम | 249 | 198 | -20.5 |
| 5 | निषेध अधिनियम | 314 | 313 | -0.3 |
| 6 | विस्फोटक एवं विस्फोटक पदार्थ अधिनियम | 13 | 11 | -15.4 |
| 7 | अनैतिक व्यापार (निवारण) अधिनियम | 10 | 15 | 50.0 |
| 8 | भारतीय रेलवे अधिनियम | 2 | 2 | 0.0 |
| 9 | विदेशी व्यक्ति अधिनियम | 38 | 46 | 21.1 |
| 10 | नागरिक अधिकार संरक्षण अधिनियम | 0 | 0 | — |
| | (i) अनुसूचित जातियों के लिए नागरिक अधिकार संरक्षण अधिनियम | 0 | 0 | |
| | (ii) अनुसूचित जन-जातियों के लिए नागरिक अधिकार संरक्षण अधिनियम | 0 | 0 | — |
| 11 | भारतीय पासपोर्ट अधिनियम | 18 | 6 | -66.7 |
| 12 | आवश्यक वस्तु अधिनियम | 14 | 19 | 35.7 |
| 13 | आतंकवादी एवं विध्वंसात्मक गतिविधि अधिनियम | 0 | 0 | — |
| 14 | पुरावशेष एवं बहुमूल्य कलाकृति अधिनियम | 0 | 1 | — |
| 15 | दहेज निषेध अधिनियम | 3 | 4 | 33.3 |
| 16 | बाल विवाह निषेध अधिनियम | 1 | 3 | 200 |
| 17 | स्त्री अशिष्ट रूपण (प्रतिषेध) अधिनियम | 0 | 0 | — |
| 18 | कॉपीराइट अधिनियम | 21 | 21 | 0.0 |
| 19 | सती प्रतिषेध अधिनियम | 0 | 0 | — |
| 20 | अनुसूचित जाति/जनजाति (अत्याचार प्रतिषेध) अधिनियम | 28 | 34 | 21.4 |
| | (i) अनुसूचित जाति हेतु अत्याचार प्रतिषेध अधिनियम | 25 | 32 | 28.0 |
| | (ii) अनुसूचित जनजाति हेतु अत्याचार प्रतिषेध अधिनियम | 3 | 2 | -33.3 |
| 21 | वन अधिनियम | 9 | 3 | -66.7 |
| 22 | अन्य विशिष्ट स्थानीय कानून सम्बन्धी अपराध | 1276 | 1500 | 17.6 |
| 23 | विशिष्ट स्थानीय कानूनों के अंतर्गत कुल संज्ञेय अपराध | 2558 | 2837 | 10.9 |

(-) शून्य से विभाजन के कारण अनंत विचलन को इंगित करता है।

विशिष्ट एवं स्थानीय कानूनों (SLL) के अंतर्गत किए गए किशोर अपराधों की सर्वाधिक बड़ी संख्या तमिलनाडु द्वारा सूचित की गई (672) जो विशिष्ट एवं स्थानीय कानूनों (SLL) के अंतर्गत किए गए किशोर अपराधों की कुल संख्या का 23.7 प्रतिशत था, जिसके बाद क्रमशः छत्तीसगढ़ (514 मामले, 18.1%), गुजरात (464 मामले, 16.4%), महाराष्ट्र (296 मामले, 10.4%) तथा मध्य प्रदेश (276 मामले, 9.7%) का स्थान था। यदि इन पांच राज्यों को एक साथ मिला दिया जाए तो देश में विशिष्ट एवं स्थानीय कानूनों (SLL) के अंतर्गत किए गए किशोर अपराधों की कुल संख्या का यह 78.3 प्रतिशत भाग होता है। किशोरों के विरुद्ध जुआ अधिनियम के अंतर्गत पूरे देश में सूचित किए गए कुल 424 मामलों में से 33 प्रतिशत मामलों की सूचनाएं क्रमशः मध्य प्रदेश (140), छत्तीसगढ (123) के द्वारा प्रदान की गईं। गुजरात के द्वारा निषेध अधिनियम के अंतर्गत 215 (68.7%) मामलों को सूचित किया गया जिसके बाद क्रम था महाराष्ट्र 92 (29.4%) का, तथा दोनों ही राज्यों का संयुक्त योगदान 98.1 प्रतिशत का था। शस्त्र अधिनियम के अंतर्गत कुल सूचित किए गए 152 मामलों में से 46 मामलों की सूचना मध्य प्रदेश से प्राप्त हुई, जबकि विदेशी नागरिक अधिनियम के अधीन सूचित कुल 46 में से 26 मामले पश्चिम बंगाल द्वारा सूचित किए गए तथा आवश्यक वस्तु अधिनियम के अंतर्गत दर्ज किए गए 19 में से 12 मामले महाराष्ट्र से सम्बन्धित थे। अनुसूचित जाति/अनुसूचित जनजाति (अत्याचार प्रतिषेध) अधिनियम के अंतर्गत दर्ज किए गए 34 मामलों में से 7 को उत्तर प्रदेश में पंजीकृत किया गया। मध्य प्रदेश के द्वारा उत्पाद-शुल्क अधिनियम के अंतर्गत 195 दर्ज किए गए मामलों में से 65 की सूचना प्रदान की गई।

सन् 2011 के दौरान कुल 33,887 किशोरों को गिरफ्तार किया गया जिनमें से 31,909 बालक एवं 1,978 बालिकाएं थीं। कुल किशोरों में बालिकाओं का प्रतिशत 5.8 था, अर्थात्, सन् 2010 के उनके 5.1% के भाग की तुलना में 0.7 प्रतिशत बिन्दु अधिक।

गिरफ्तार किए गए कुल 33,887 किशोरों में से 30,677 (90.7%) को भारतीय दंड संहिता सम्बन्धी अपराधों के लिए गिरफ्तार किया गया था, जबकि 3,121 (9.3%) को विशिष्ट एवं स्थानीय कानूनों से सम्बन्धित अपराधों के लिए गिरफ्तार किया गया। गिरफ्तार किए गए किशोरों में चोरी (6,552), घायल करने (5,016), तथा सेंधमारी (3,334) के लिए सर्वाधिक बड़ी संख्या शामिल थी। यदि इन शीर्षकों को एक साथ मिलाकर देखा जाए तो यह भारतीय दंड संहिता के अंतर्गत गिरफ्तार किए गए किशोरों की कुल संख्या का 48.4 प्रतिशत होता है। सन् 2011 के दौरान विशिष्ट एवं स्थानीय कानूनों (SLL) के अंतर्गत गिरफ्तार किए गए कुल 3,121 किशोरों में से सर्वाधिक बड़ी संख्या (482) को जुआ अधिनियम के अंतर्गत गिरफ्तार किया गया जिसके बाद क्रम था निषेध अधिनियम (353), तथा उत्पाद-शुल्क अधिनियम (206)। विशिष्ट एवं स्थानीय कानून सम्बन्धी अपराधों के ये तीनों शीर्षकों को यदि एक साथ मिला दिया जाए तो यह विशिष्ट एवं स्थानीय कानूनों के अंतर्गत गिरफ्तार किए गए किशारों की कुल संख्या का 33.4 प्रतिशत होता है।

गिरफ्तार किए गए कुल किशोरों को सन् 2011 के दौरान विभिन्न न्यायालयों के समक्ष प्रस्तुत किया गया। सन् 2011 की समाप्ति के समय विचारण की प्रतीक्षा कर रहे किशारों का कुल प्रतिशत 32.7 था (33,887 में से 11,078)। अरुणाचल प्रदेश एवं नगालैंड के द्वारा गिरफ्तार किए गए किशोरों के शत्-प्रतिशत मामलों को निस्तारित कर दिए जाने की सूचना प्राप्त हुई। जबकि देश में गिरफ्तार किए गए कुल किशोरों (33,887) में से 11.9 प्रतिशत (4,045) के मामलों को परामर्श अथवा भर्त्सना के उपरांत निस्तारित कर दिया गया, वहीं 18.7 प्रतिशत (6,333) को माता-पिता/अभिभावकों की देखभाल के सुपुर्द कर दिया गया, 4.8 प्रतिशत (1,627) को संस्थानों में भेज दिया गया, 21.5 प्रतिशत (7,292) को विशेष सुधार गृहों में भेज दिया गया, 3.7 प्रतिशत (1,249) पर जुर्माने लगाए गए तथा 6.8 प्रतिशत (2,311) को या तो अपराधमुक्त कर दिया गया अथवा उनके मामलों का अन्य तरीकों से निस्तारण कर दिया गया (पूर्वोक्तः 135)।

## विशेषताएं (Characteristics)

भारत में किशोर अपराधों की कुछ महत्वपूर्ण विशेषताएं इस प्रकार हैं :

1. बालिकाओं की तुलना में अपराध की दरे बालकों में कहीं अधिक ऊंची हैं, अर्थात्, बालिकाएं बालकों की तुलना मे कहीं कम अपराध करती हैं। सन् 1987 तक किशोर अपराधों में बालिकाओं की संलिप्तता लगभग 6 से 7 प्रतिशत तक की थी। सन् 1988 में किशोरों की परिभाषा में किए गए परिवर्तन, जिसके द्वारा 16 से 18 वर्ष की आयु की बालिकाओं मात्र को ही किशोर माना जाता है, के कारण इस संख्या में अचानक ही 13.4 प्रतिशत तक की वृद्धि हो गई। यदि हम पूर्व के वर्षों के आंकड़ों को लेते हैं और नई परिभाषित सीमा के अंदर बालिकाओं के प्रतिशत की गणना करते हैं, तो यह 13.1 प्रतिशत आता है, जो सन् 1988 के 13.4 प्रतिशत के साथ भली-भांति तुलना किए जाने योग्य है। इस प्रकार, वर्तमान आंकड़े (2011) भारतीय दंड संहिता सम्बन्धी अपराधों के लिए प्रत्येक बालिका पर 19 बालकों का कुल अनुपात तथा विशिष्ट एवं स्थानीय कानून के लिए प्रत्येक बालिका पर 6 बालकों के कुल अनुपात को दर्शाते हैं। सन् 2010 में, यह अनुपात क्रमशः 1:20 तथा 1:10 का था। सन् 2011 में भारतीय दंड संहिता एवं विशिष्ट एवं स्थानीय कानून सम्बन्धी अपराधों के लिए कुल गिरफ्तार किए गए 33,887 किशोरों में से किशोरों के प्रति बालिकाओं का प्रतिशत मात्र 5.8 का था (पूर्वोक्तः 136)।
2. अपराध की दरों की प्रवृत्ति पूर्व-किशोरावस्था (12 से 16 वर्ष आयु समूह) के दौरान सर्वाधिक ऊंची प्रतीत होती है। सन् 1988 में किशोर अपराधों की आयु की नई परिभाषा के बाद से यदि हम सन् 1989 से 1994 तक के पांच वर्षों के औसत की गणना करते हैं तो लगभग दो-तिहाई अपराधी (66.9%) 12-16 वर्ष वाले इस आयु समूह के अंतर्गत आते हैं। इसके पूर्व (सन् 1978 से 1987 के बीच) यह पाया गया था कि अपराधियों की एक बड़ी संख्या (71%) का सम्बन्ध 18-21 वर्ष के आयु समूह (उत्तर-किशोरावस्था) के साथ था, 15 प्रतिशत का सम्बन्ध 16-18 वर्ष आयु समूह के साथ, 9 प्रतिशत का सम्बन्ध 12-16 वर्ष आयु समूह के साथ तथा 5 प्रतिशत का सम्बन्ध 7-12 वर्ष के आयु समूह के साथ रहा था। अब दो समूहों का प्रतिशत आधारित भाग परिवर्तित हो चुका है। लगभग 21.5 प्रतिशत का सम्बन्ध 7-12 वर्ष आयु समूह के साथ तथा 14.3 प्रतिशत का सम्बन्ध 16-18 वर्ष आयु समूह के साथ हो गया है। 12-16 वर्ष आयु समूह के इस भाग में सन् 1978-87 के 10 प्रतिशत की तुलना में सन् 1994 में 64.3 प्रतिशत तक की वृद्धि हो चुकी है, क्योंकि सन् 1988 के बाद से, 18-21 वर्ष आयु समूह को किशोर माने जाने की सीमा से पूरी तरह से बाहर कर दिया गया है। सन् 2011 में, मध्य प्रदेश तथा महाराष्ट्र के द्वारा 7-12, 12-16 तथा 16-18 आयु वर्षों के समूहों के द्वारा किए गए भारतीय दंड संहिता सम्बन्धी अपराधों की बड़ी संख्या को सूचित किया गया था, जबकि विशिष्ट एवं स्थानीय कानूनों की श्रेणी में 7-12 तथा 12-16 वर्षों के आयु समूहों के मामले में तमिलनाडु सबसे ऊपर था (पूर्वोक्तः 136)।
3. किशोर अपराध की घटनाओं की प्रवृत्ति ग्रामीण के स्थान पर शहरी अधिक है। छोटे शहरों एवं कस्बों की तुलना में मेट्रोपॉलिटन शहर (10 लाख से अधिक आबादी वाले) अधिक किशोर अपराधियों को जन्म देते हैं। सन् 2011 के दौरान इन शहरों में एर्नाकुलम के द्वारा भारतीय दंड संहिता की सर्वाधिक घटनाओं की संख्या (34,638) को सूचित किया गया, जिसके बाद क्रमशः मुम्बई (32,647), बैंगलूरू (30283), चेन्नई (21,346), अहमदाबाद (20,203) तथा इन्दौर (18,569) का स्थान था (पूर्वोक्तः 35)।
4. माता-पिता एवं अभिभावकों के साथ रहने वाले बच्चों का किशोर अपराधों में अधिक संलिप्त होना पाया गया है। सन् 2011 में गिरफ्तारी के समय पर अपराधियों में से तीन-चौथाई से भी अधिक (81.3%) को उनके माता-पिता के साथ रहने वाला पाया गया, जबकि आवासहीन बच्चों की प्रतिशत मात्र 5.7 था। यह किशोर अपराधों के सम्बन्ध में पारिवारिक वातावरण की भूमिका को प्रदर्शित करता है।

5. अपराध के लिए कमजोर शैक्षणिक पृष्ठभूमि प्रमुख गुण है। सन् 2011 में, विभिन्न अपराधों में संलिप्त रहे कुल किशोरों में से 6,122 अशिक्षित थे तथा 12,803 के पास प्राथमिक स्तर तक की शिक्षा थी। ये दोनों ही वर्ग एक साथ मिलकर उस वर्ष के दौरान गिरफ्तार किए गए कुल किशोरों के 55.8 प्रतिशत भाग का गठन करते हैं (पूर्वोक्तः 138)। इस प्रकार, अधिकांश अपराधी अशिक्षित एवं कम शिक्षित परिवारों से ही आते हैं।
6. कमजोर आर्थिक पृष्ठभूमि भी भारत में किशोर अपराधों की एक अन्य महत्वपूर्ण विशेषता रही है। किशोरों का एक बहुत बड़ा भाग (56.7%) गरीब परिवारों से आता है, जिनकी कुल वार्षिक आय 25,000 रुपयों से भी कम है। 25,000 से 50,000 रुपयों तक की वार्षिक आमदनी वाले परिवारों से सम्बन्धित किशोर अपराधियों का प्रतिशत 26.7 था, जबकि मध्य आयवर्ग से लेकर 50,000 से 2 लाख रुपयों की वार्षिक आय वाले समूहों से सम्बन्ध रखने वाले किशोरों का प्रतिशत 11.4 का था। ऊपरी-मध्यवर्ग (2 से 3 लाख) तथा उच्च-वर्ग (3 लाख से अधिक) की आय वाले परिवारों से आने वाले किशोरों की हिस्सेदारी कम रहते हुए क्रमशः 1.2 तथा 0.3 प्रतिशत पर थी। यह प्रदर्शित करता है कि किशोर अपराध निम्नवर्ग के बीच होने वाली एक प्रवृत्ति अधिक है। किशोर अपराधों तथा सामाजिक-आर्थिक व्यवस्था के साथ इसके सम्बन्धों पर हमारे देश में संपन्न किए गए लगभग सभी अध्ययनों के द्वारा यह दर्शाया जा चुका है कि समाज के निम्नतम स्तर पर जीवन जीने वाले लोगों के बीच दरें सर्वाधिक ऊंची रहीं हैं। जिस सीमा तक यह बात सच है वह विभिन्न परिस्थितियों के अंतर्गत परिवर्तित होती रहती है, किन्तु लगभग समस्त अध्ययनों में एक सामान्य बिन्दु यह पाया गया है कि जितना भी कोई अपराध अधिनिर्णयन प्रक्रिया के अंदर जाता है, सामाजिक-आर्थिक स्तरों का प्रभाव अपने प्रभावों के शक्तिशाली होने का प्रदर्शन करता है।
7. अधिकाधिक किशोर अपराधी पहली बार अपराध करने वाले होते हैं तथा 1/10 से मात्र कुछ ही अधिक दोबारा अपराध करने वाले अथवा भूतपूर्व अपराधी रहे हैं।
8. यद्यपि कुछ अपराध समूह के साथ मिलकर किए गए होते हैं, जिनमें कुछ व्यस्क सदस्य भी शामिल होते हैं, तथापि हमारे देश में संगठित व्यस्क अपराधियों का सहयोग प्राप्त किशोर अपराधी गिरोहों की संख्या बहुत अधिक बड़ी नहीं है।

## भारत में किशोर अपराध की आयु को कम किया जाना (Lowering the Age of Juvenile Delinquent in India)

हाल ही में मुम्बई सामूहिक बलात्कार मामले में एक 16 वर्षीय बालक को गिरफ्तार किया जाना तथा दिल्ली सामूहिक बलात्कार कांड में एक आरोपी, जो अपराध के समय किशोर था, को एक किशोर केन्द्र में मात्र 3 वर्षों की सजा दिए जाने की कार्यवाही ने देश में किशोर अपराधियों की आयु को कम किए जाने के सम्बन्ध में एक बार फिर से गहन एवं व्यापक बहस को जन्म दे दिया है। जैसा कि हम प्रारंभ में ही उल्लेख कर चुके हैं, हमारे देश में किशोर न्याय (बालकों का देखभाल एवं संरक्षण) अधिनियम, 2000 के अनुसार किशोर अपराधियों की आज अधिकतम आयु 18 वर्ष की है, जिसमें कोई लैंगिंक भेदभाव नहीं है। इसके पूर्व, सन् 1986 के किशोर न्याय अधिनियम के अंतर्गत यह आयु बालकों के लिए 16 वर्ष तथा बालिकाओं के लिए 18 वर्ष निर्धारित थी। यहां तक कि राज्यों के सम्बन्ध में यह उनके अपने कानूनों के अनुसार अलग-अलग थी। उदाहरण के लिए, उत्तर प्रदेश, गुजरात, केरल, महाराष्ट्र, पंजाब तथा मध्य प्रदेश में यह 18 वर्ष थी, जबकि राजस्थान, असम तथा कर्नाटक जैसे राज्यों में यह बालकों के लिए 16 वर्ष तथा बालिकाओं के लिए 18 वर्ष थी। सन् 2000 में नए अधिनियम के द्वारा सन् 1976 के अधिनियम तथा समस्त प्रांतीय कानूनों का निरसन कर दिया गया, तथा इस सम्बन्ध में संपूर्ण देश में एकरूपता ला दी गई।

यदि हम आंकड़ों को देखते हैं तो पाते हैं कि किशोरों के द्वारा किए गए अपराध, विशेषतौर पर महिलाओं के बलात्कार एवं अपहरण में विगत दशक के अंतर्गत देश में इनकी संख्या में कई गुने की वृद्धि हो गई है। जहां किशोरों के द्वारा किए जानेवाले बलात्कारों में 143 प्रतिशत की वृद्धि दर्ज की गई है, वहीं महिलाओं के अपहरण में 380 प्रतिशत तक का उछाल आ चुका है। केवल यही नहीं, 16 से 18 वर्ष आयु के किशोरों की अपराध में हिस्सेदारी में सन् 2002 के 48.7 प्रतिशत की तुलना में सन् 2012 में 66.5 प्रतिशत तक वृद्धि हो चुकी है।

किशोर अपराधियों की आयु को 18 वर्ष से घटाकर 16 वर्ष किए जाने का मुद्दा सबसे पहली बार सन् 2012 में सामने आया जब दिल्ली सामूहिक बलात्कार कांड के आरोपियों में से एक को 17 वर्ष की किशोर आयु का होना पाया गया जो व्यस्कता प्राप्त करने से मात्र कुछ ही महीनों की दूरी पर था। सन् 2000 के अधिनियम के अनुसार, 18 वर्ष से कम आयु के किसी भी व्यक्ति को अधिकतम तीन वर्षों का ही दंड प्रदान किया जा सकता है और वह भी किसी सुधारगृह में। जनता के आक्रोश को निगाह में रखते हुए भारत सरकार ने न्यायमूर्ति जे.एस.वर्मा की अध्यक्षता में बलात्कार सम्बन्धी कानूनों पर विचार करने के लिए एक समिति का गठन कर दिया, किन्तु दुर्भाग्यवश इसके द्वारा ऐसी कोई भी सिफारिश नहीं की गई। लगभग प्रत्येक व्यक्ति इस बात से सहमत होगा कि व्यवस्था के साथ ऐसा कुछ गलत अवश्य ही है, जो किसी ऐसे व्यक्ति को, जिसने किसी लड़की के साथ बलात्कार एवं ऐसा बर्बरतापूर्ण व्यवहार किया हो जिससे लड़की की मौत हो गई हो, मात्र तीन वर्षों के बाद स्वतंत्र रूप से घूमने की आजादी इसलिए प्रदान कर दी जाए, क्योंकि अपराध के समय वह एक 'किशोर' था। संपूर्ण विश्व में, कानूनों के द्वारा व्यस्कों एवं किशोरों के बीच में अंतर किए जाते हैं, किन्तु अनेक देश इस अंतर को संपूर्ण एवं कठोर नहीं बनाते। वे आयु को उस सीमा से नीचे किए जाने के द्वारा एक संतुलन स्थापित करते हैं, जिसके नीचे किसी व्यक्ति को अपराध की प्रकृति के प्रति किशोर माना गया हो। ऐसे लोग, जिनपर हत्या अथवा बलात्कार के आरोप लगे हों, के लिए आयु सीमाएं अपेक्षाकृत नीची होती हैं। एक अत्यधिक ज्ञात मामला सन् 1993 में ब्रिटेन में जेम्स बल्गर नामक बच्चे को यातना दिए जाने एवं उसकी हत्या किए जाने का था। जॉन वेनाबल्स एवं रॉबर्ट थाम्पसन नामक अपराधियों की आयु कम होने के बावजूद उनका विचारण व्यस्कों के समान ही किया गया था। अतः, हमारे देश में भी किसी भी व्यक्ति पर उसके द्वारा किए गए अपराध की गंभीरता के आधार पर विचारण किया जाना चाहिए तथा उसकी आयु को कतई ध्यान में नहीं रखा जाना चाहिए। इन सभी तथ्यों की पृष्ठभूमि में, अनेक समझदार लोगों ने इस सम्बन्ध में अपनी आवाजें उठाईं क्योंकि किसी भी ऐसे व्यक्ति को मात्र तीन वर्षों तक किसी बालगृह में रहने जैसी इतनी हल्की-फुल्की सजा दिया जाना अन्य आपराधिक-मस्तिष्क वाले युवाओं को भी प्रोत्साहित करेगा और यदि हम मुम्बई का सामूहिक बलात्कार कांड की घटना को देखते हैं, तो यह प्रवृत्ति पहले ही प्रारंभ हो चुकी है।

## प्रकार (Types)

बाल-अपराध विभिन्न ढंग के आचरण या व्यवहार के तरीके प्रदर्शित करता है। संरूपों में प्रत्येक का अपना सामाजिक संदर्भ होता है, कारण होते हैं, जो तथाकथित रूप से उसे उत्पन्न करते हैं और प्रत्येक संरूप के लिए उसके रोकने या उपचार हेतु उपयुक्त तरीके सुझाये जाते हैं। हावर्ड बेकर (1966: 226-38) ने बाल अपराध के चार प्रकारों का उल्लेख किया है : (अ) व्यक्तिगत बाल अपराध, (ब) समूह द्वारा समर्थित बाल अपराध, (स) संगठित बाल अपराध, और (द) परिस्थितिवश बाल अपराध।

### *व्यक्तिगत बाल-अपराध (Individual Delinquency)*

यह उस बाल-अपराध की ओर संकेत करता है, जिसमें अपराध कार्य करने में केवल एक बालक ही लिप्त होता है और उसका कारण उस बाल अपराधी के व्यक्तित्व में होता है। इस अपराधिक व्यवहार

की मनोचिकित्सकों ने अधिकांश व्याख्याएं दी हैं। उनका तर्क है कि बाल अपराध मनोवैज्ञानिक समस्याओं के कारण होता है, जो मुख्य रूप से दोषपूर्ण, अनुचित, रोगात्मक पारिवारिक अन्तःक्रिया के संरूपों से उत्पन्न होती हैं। हीली और ब्रौनर, एल्बर्ट बांडुरा और रिचर्ड वाल्टर्स, एडिवन पावर्स और हेलन विटमर, और हेनरी मेयर, एडगर बोर्गेटा के अनुसंधान इस उपागम पर आधारित हैं। हीली और ब्रौनर (1936) ने अपराधी युवाओं की उनके गैर अपराधी सहोदर भाइयों से तुलना की है और उनकी भिन्नताओं का विश्लेषण किया। उनका सबसे महत्वपूर्ण निष्कर्ष यह था कि उनके 13.0 प्रतिशत गैर-अपराधी भाईयों की तुलना में 90.0 प्रतिशत से अधिक अपराधियों का घरेलु जीवन दुखी था और वे अपने जीवन की परिस्थितियों से असंतुष्ट थे। दुख की प्रकृति भिन्न-भिन्न थी। कुछ सोचते थे, कि उनके मां-बाप ने उन्हें अस्वीकार कर दिया है और अन्य भाईयों की तुलना में वे अपने को हीन समझते थे या उनके प्रति ईर्ष्या रखते थे। वे अपराध इसलिए करते थे, क्योंकि इसमें वे अपनी समस्याओं का समाधान पाते थे, क्योंकि इससे (अपराध करने से) वे या तो अपने माता-पिता का ध्यान आकर्षित करते थे या अपने समकक्ष व्यक्तियो का समर्थन प्राप्त करते थे या अपनी दोषी भावनाओं को घटाते थे। बाद में किए गए अध्ययनों ने पारिवारिक संबंधों के उन महत्वपूर्ण पहलुओं की पहचान की जिनके कारण अपराध होते हैं। बांडुरा और बाल्सर्ट ने श्वेत बाल अपराधियों के आक्रामक कार्यों की ऐसे गैर-अपराधी लड़कों के ऐसे ही कार्यों से तुलना की जिनमें आर्थिक कष्ट का कोई स्पष्ट संकेत नहीं मिलता था। उन्होंनें पाया कि अपनी माताओं से संबंधों के मामले में बाल-अपराधियों और गैर अपराधियों में बहुत कम अन्तर था। इस प्रकार माता-पुत्र संबंधों की अपेक्षा पिता-पुत्र संबंध अपराध में अधिक निर्णायक प्रतीत होते थे क्योंकि अपराधी लड़के अपने पिताओं में अच्छी भूमिका-आदर्शों (role models) के अभाव के कारण नैतिक मूल्यों का अन्तःकरण नहीं कर पाए थे। इसके अतिरिक्त उनका (पिताओं का) अनुशासन भी अधिक कठोर और सख्त था।

### *समूह द्वारा समर्थित बाल अपराध (Group-Supported Delinquency)*

इस प्रकार के अपराध दूसरों की संगति में किए जाते हैं और इसका कारण व्यक्ति के व्यक्तित्व में स्थित नहीं होता और न ही अपराधी के परिवार में, अपितु व्यक्ति के घर और पड़ोस की संस्कृति में होता है। थ्रेशर एवं शॉ और मैके के अध्ययन इस प्रकार के अपराध पर किए गए हैं। किशोरों का अपराधी हो जाना किस कारण होता है, इसका पता लगाने के दौरान उन्होंने यह मुख्य निष्कर्ष निकाला कि यह उनका पहले से ही हो चुके अपराधियों के साथ सम्पर्क और संगति के कारण होता है। इसे बाद में बहुत स्पष्ट रूप से कहा सदरलैंड ने जिसने 'विभिन्न सम्पर्क (differential association) का सिद्धान्त' विकसित किया। मन से उत्पन्न होने वाली (psychogenic) व्याख्याओं के विपरीत विचारों का यह सेट उन समस्याओं, जो अपराध करने के लिए प्रेरित कर सकते हैं, की अपेक्षा इस पर ध्यान केन्द्रित करता है कि क्या सीखा जाता है और किससे सीखा जाता है?

### *संगठित बाल अपराध (Organised Delinquency)*

यह उन बाल अपराधों का उल्लेख करता है जो औपचारिक रूप से संगठित गुटों को विकसित करके किए जाते हैं। इन बाल अपराधों का विश्लेषण अमरीका में 1950 के दशक में किया गया और अपराधी उपसंस्कृति की अवधारणा को विकसित किया गया। यह अवधारणा उन मूल्यों और प्रतिमानों का उल्लेख करती है, जो कि गुट के सदस्यों के व्यवहार को नियंत्रित (guide) करते हैं, अपराध करने को प्रोत्साहित करते हैं, ऐसे कार्यों के आधार पर प्रतिष्ठा प्रदान करते हैं और उन लोगों से विशिष्ट संबंधों का उल्लेख करते हैं जो उन समूहीकरणों के बाहर होते हैं, जो समूह के प्रतिमानों से प्रभावित होते हैं। कोहेन वह पहला व्यक्ति था जिसने इस प्रकार के अपराध का उल्लेख किया। इसके बाद क्लोवार्ड और ओहलिन, और कुछ अन्य आए।

## *परिस्थितिवश बाल अपराध (Situational Delinquency)*

उपर्युक्त बाल अपराध के प्रकारों में एक बात समान है। इन सब में अपराध की जड़ों को गहरा माना जाता है। व्यक्तिगत अपराध में (मन से उत्पन्न होने वाली व्याख्या के अनुसार) बाल अपराध की जड़ें मुख्यतया बालक के अन्दर होती हैं। समूह द्वारा समर्थित और संगठित अपराधों (समाज से उत्पन्न होने वाली व्याख्या) में जड़ें या तो (अपराध की) समाज की संरचना में स्थित होती हैं, जिसमें उन पारिस्थिति की क्षेत्रों पर बल होता है, जहां बाल अपराध व्याप्त है या उस व्यवस्थित तरीके पर जिसमें सामाजिक संरचना कुछ व्यक्तियों को सफलता के लिए मुकाबला न कर पाने हेतु कमजोर स्थिति में रखती है। परिस्थितिवश अपराध एक भिन्न परिप्रेक्ष्य प्रस्तुत करता है। यहां यह मान्यता है कि अपराध की जड़ें गहरी नहीं होतीं और अपराध के लिए प्रेरणाएं और उसे नियन्त्रित करने के साधन बहुधा अपेक्षाकृत सरल होते हैं। एक युवा व्यक्ति अपराधिक कार्य अपराध के प्रति गहरी वचनबद्धता के बिना करता है, क्योंकि उसमें मनोवेग नियन्त्रण कम विकसित होता है और/या पारिवारिक नियन्त्रण कम सुदृढ़ होते हैं और क्योंकि पकड़े जाने पर भी उसके पास खाने के लिए अपेक्षाकृत बहुत कम होता है। डेविड माटज़ा एक वह विद्वान है जिसने इस प्रकार के बाल अपराध का उल्लेख किया है। फिर भी परिस्थितिवश बाल अपराध की अवधारणा अविकसित है और अपराध कारणत्व की समस्या में इसे अधिक प्रासांगिक नहीं माना जाता। इसे दूसरे प्रकारों के बाल अपराध का प्रतिस्थापन (replacement) न मानकर संपूरक (supplement) माना जाता है।

## अन्तर्ग्रस्त कारक (Factors Involved)

शोधकर्ता सामान्यतया इस बात से सहमत हैं कि बच्चे के अपराधों में कई कारक महत्वपूर्ण भूमिका निभाते हैं। हम इन कारकों को दो समूहों में बांट सकते हैं : व्यक्तिगत कारक और परिस्थिति संबंधी कारक। पहले में विनम्रता, अवज्ञा (defiance), विरोध, आवेगशीलता (impulsiveness), असुरक्षा की भावना, भय, आत्मनियंत्रण का अभाव, और भावात्मक द्वन्द्व (emotional conflict) जैसी व्यक्तिगत विशेषताएं सम्मिलित है, जबकि दूसरे को हम पांच समूहों में उपविभाजित कर सकते हैं : परिवार, साथी, स्कूल का वातावरण, सिनेमा और कार्य का वातावरण।

## *परिवार (Family)*

कई सिद्धान्तवादी बाल अपराध के विकास में परिवार को सबसे अधिक महत्वपूर्ण कारक मानते हैं। वर्ग की प्रतिष्ठा, शक्ति समूह-बंधन (power group relations) और वर्ग की गतिशीलता (class mobility) भी परिवार के वातावरण से प्रत्यक्ष अथवा परोक्ष रूप से संबंधित है। मनोवैज्ञानिक जैसे इर्विंग काफमेन (1959: 15), सिडनी बर्मन (1964: 142) और आगस्ट आईछौर्न (1969: 16) अपराध के कारणों में मुख्यतया बचपन के अनुभवों, भावात्मक वंचनाओं (deprivations), बच्चे के पालने की प्रक्रियाओं जो व्यक्तित्व के निर्माण को प्रभावित करते हैं, को महत्व देते है। मनौवैज्ञानिकों के अनुसार असामान्य (abnormal) व्यवहार की अभिव्यक्ति, जो असामाजिक रूप में व्यक्तिगत चरों (variables), जैसे प्रेरणा (motivation), प्रवृत्ति (drive), मूल्य और आवश्यकताओं की पहचान को महत्व देते हैं।

समाजशास्त्री के लिए सामाजिक वातावरण, सामाजिक व्यवस्था संबंधी कारक, और उन संस्थाओं की कार्य प्रणाली जो बाल अपराध को प्रभावित करती हैं, अधिक महत्वपूर्ण होते हैं। इस प्रकार मनोवैज्ञानिक आन्तरिक नियंत्रण पर अधिक बल देते हैं और समाजशास्त्री बाह्य नियन्त्रण पर।

सामाजिक वातावरण, जो बाल अपराध को उत्पन्न करता है, का विश्लेषण छिन्न-भिन्न परिवार, पारिवारिक तनाव, माता-पिता द्वारा अस्वीकृति (rejection), माता-पिता का नियन्त्रण, और पारिवारिक आर्थिक स्थिति के संदर्भ में किया जा सकता है। एक 'सामान्य' (normal) परिवार वह है, जो संरचनात्मक रूप से (structurally) संपूर्ण है (जहां माता-पिता दोनों जीवित हैं), कार्यात्मक रूप

**चित्र 1**

*बाल अपराध मे कारक*

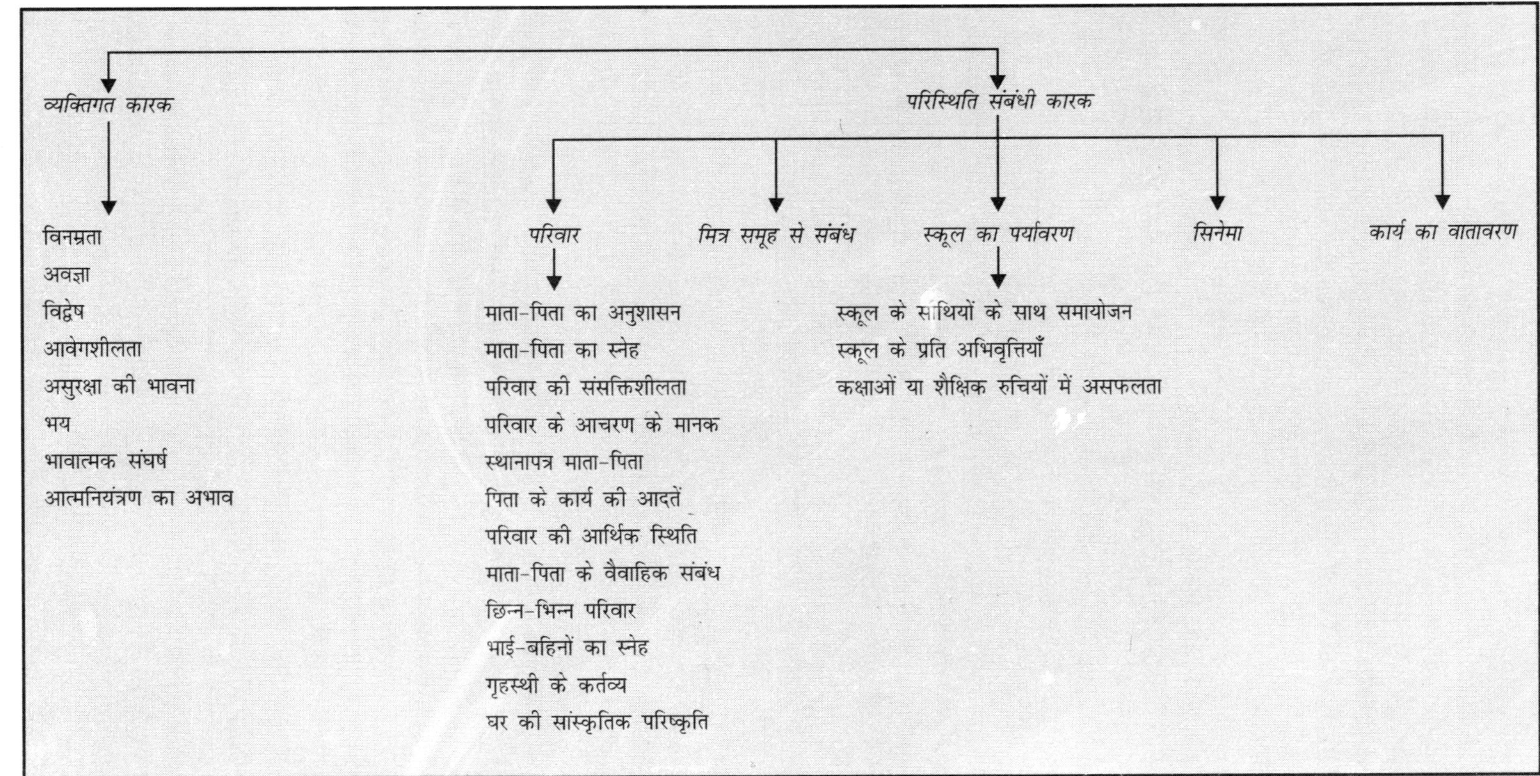

(funcionally) से पर्याप्त है (जहां प्रत्येक सदस्य अपनी अपेक्षित भूमिकाएं निभाता है जिस कारण झगड़े कम हो जाते हैं), आर्थिक रूप से (economically) सुरक्षित है (जिससे सदस्यों की महत्वपूर्ण आवश्यकताएं पूरी हो जाती हैं) और नैतिक रूप से (morally) सशक्त है (जहां प्रत्येक सदस्य संस्कृति के नैतिक मूल्यों का अनुसरण करता है)। वह परिवार असामान्य होता है, जिसमें इन विशेषताओं में किसी का भी अभाव होता है।

*छिन्न-भिन्न या टूटा परिवार* (broken family), जहां माता पिता में से कोई भी एक माता-पिता के संबंध विच्छेद होने या तलाक या मृत्यु होने के कारण से अनुपस्थित होता है तथा बच्चे को प्रेम देने और उसे नियन्त्रण में रखने में असफल रहता है। शेल्डन और ग्लूएक (1968: 12) ने बाल अपराधियों और गैर बाल अपराधियों के अपने अध्ययन में पाया कि अध्ययन किए हुए बाल अपराधियों में से आधे से अधिक का लालन पालन माता पिता में से किसी एक ने किया था। जबकि गैर बाल अपराधियों में केवल 10 प्रतिशत का ही लालन पालन माता पिता में से किसी एक ने किया था। मोनेहन (1957: 250-58), ब्राउनिंग (1960: 37-44), गोल्ड मार्टिन, स्लोकम एवं स्टोन (1965) और पीटरसन एवं बेकर (1965) ने भी पाया कि गैर बाल अपराधियों की अपेक्षा बाल अपराधियों की कहीं अधिक संख्या छिन्न-भिन्न परिवारों से थी।

*पारिवारिक तनाव* (family tension) भी अपराध व्यवहार में एक प्रमुख योग देने वाला कारक होता है। अब्राहमसेन (1960: 43) ने पाया कि पारिवारिक तनाव विरोध और घृणा से उत्पन्न होता है। तनाव से भरे हुए पारिवरिक वातावरण में बच्चा सुरक्षित और संतुष्ट महसूस नहीं करता। लंबे समय से चलता तनाव परिवार की समरसता (cohesiveness) को कम कर देता है और माता पिता के संतोषजनक शिशुपालन और पारिवारिक समस्या निवारण के लिए प्रेरक वातावरण प्रदान करने की क्षमता को प्रभावित करता है। मैककार्डस और जोला (1959) ने भी पाया कि समरस परिवार कम बाल अपराधियों को जन्म देते हैं। वे परिवार, जहां तनाव और विरोध व्याप्त होते हैं, भविष्य के बाल अपराधियों के अच्छे जन्म स्थल बन जाते हैं। ग्लूएक्स (1968: 8) ने पाया कि सात गैर-अपराधी परिवारों में से एक की तुलना में तीन बाल अपराधी परिवारों में से एक परिवार विघटित हुआ जब माता-पिता में से एक ने तनाव से भरे और झगड़ालू संबंधों के कारण परिवार को छोड़ दिया।

*माता-पिता की अस्वीकृति* (parental rejection) या भावात्मक वंचना का बाल अपराध से गहरा संबंध होता है। यदि अस्वीकृत अथवा उपेक्षित बच्चे को घर में प्रेम और स्नेह और इसके साथ-साथ समर्थन नहीं मिलेगा और उसकी देख रेख नहीं होगी तो वह अक्सर परिवार के बाहर विचलित प्रकृति समूहों का आश्रय लेगा। अध्ययनों ने पाया है कि माता-पिता और बच्चे की एक दूसरे की अस्वीकृति सकारात्मक संबंध पर सुस्पष्ट रूप से प्रभाव डालती है और अन्त में इसका परिणाम अपराधी व्यवहार होता है। जैन्किस (1957: 528-37) ने पाया कि माता-पिता की अस्वीकृति का बच्चे की अन्तरात्मा (conscience) के विकास पर सीधा प्रभाव पड़ता है। उसने कहा है कि समुचित अन्तरआत्मा का अभाव और उसके साथ अस्वीकृत किए जाने से उत्पन्न विरोध की भावनाएं आक्रमणशीलता की ओर ले जाती है। एन्ड्री (1960: 64) ने भी यह माना है कि गैर अपराधियों की तुलना में अपराधियों को मात्रा और गुणात्मकता दोनों ही रूप में माता-पिता का प्रेम कम मिलता है।

जिस प्रकार टूटे परिवार, पारिवारिक तनाव, और माता-पिता द्वारा अस्वीकृति पारिवारिक संरचना की क्षमता को प्रभावित कर सकते हैं, उसी प्रकार माता-पिता का नियन्त्रण या अनुशासन के रूप भी अपराधी व्यवहार के विकास में अपनी भूमिका अदा कर सकते हैं। बच्चों के लालन-पालन में माता-पिता द्वारा जिस प्रकार के अनुशासन को काम में लाया जाता है, वह परिस्थिति और बच्चे के अनुसार भिन्न होता है। अनुशासन के प्रति अधिकारवादी (authoritarian) उपागम बच्चे के समकक्ष समूह के संबंधों को प्रभावित करता है, क्योंकि इस कारण बच्चा अपने साथ के बच्चों के साथ मुक्त भाव से अन्तःक्रिया नहीं कर पाता। इसके विपरीत, बहुत अधिक उदारता से बच्चे में अपने व्यवहार को संचालित करने के लिए आवश्यक नियन्त्रण उत्पन्न नहीं होंगे। अनुचित अथवा पक्षपाती अनुशासन से

बच्चे में समुचित अन्तरआत्मा नहीं बन पाती। वह अनुचित अनुशासन को ऐसा आदर्श (model) बनने से रोकता है जिसका बच्चा अनुकरण कर सके। यह (अनुचित अनुशासन) किशोर (adolescent) को भी अपने माता-पिता को पीड़ा नहीं पहुंचाने और अपराधी व्यवहार नहीं अपनाने की इच्छा को निर्बल करता है। ग्लूएक्स (1968: 15-16) ने पाया कि बाल अपराधियों के माता-पिता मौखिक रूप से बात करने की अपेक्षा शारीरिक दंड का उपयोग अधिक करते हैं। बाल अपराधियों के माता-पिता में गैर बाल अपराधियों के माता-पिता की तुलना में अपने अनुशासन के उपायों में कम संगति रहती है। यदि अनुशासित करने के उपायों का इस प्रकार वर्गीकरण किया जाए–प्रेम अभिमुख अनुशासन, दण्डात्मक अनुशासन, ढीला अनुशासन, अनियमित (erratic) अनुशासन (दण्डात्मक और ढीला)–तो पिछले तीन प्रकार का संबंध बाल अपराध से है।

*भावात्मक अस्थिरता* (emotional instability) और व्यवहारिक गड़बड़ियां (behavioural disturbances) : ये यदि एक या दोनों माता-पिता में होती है, तो इससे भी बच्चे में अपराधी व्यवहार उत्पन्न होता है। उन माता-पिता का बच्चा जो निरन्तर झगड़ते रहते हैं, अक्सर परिस्थिति का अनुचित लाभ उठाता है और बहुत अधिक दुर्व्यवहार करने के उपरान्त भी बच निकलता है।

अन्त में, *पारिवारिक अर्थशास्त्र* (family economics) भी बाल अपराध में एक महत्वपूर्ण योगदान देने वाला कारक है। बच्चे की भौतिक आवश्यकताओं की पूर्ति में परिवार की असमर्थता असुरक्षा उत्पन्न कर सकती है और बच्चे पर परिवार के नियन्त्रण की मात्रा को प्रभावित कर सकती है क्योंकि वह प्रायः सांसारिक सहारा और सुरक्षा घर से बाहर खोजता है। पीटरसन और बेकर (1965) ने बतलाया है कि बाल अपराधियों के घर अक्सर भौतिक दृष्टि से खराब हालत में होते हैं जो लड़के के अपने स्वयं के बारे में विचार को प्रभावित कर सकते हैं और घिनौनी चीज के रूप में सामने आकर उन्हें घर से परे कर सकते हैं। फिर भी यह बतलाना आवश्यक है कि आर्थिक स्थिति और भौतिक संपत्तियां मध्यम और उच्च वर्ग में व्याप्त अपराध को स्पष्ट नहीं करतीं। परिवार की आर्थिक स्थिति एक बहु समस्यात्मक परिवार के कई योगदान देने वाले कारकों में से एक हो सकती है।

## पड़ोस (Neighbourhood)

बच्चे पर पड़ोस का प्रभाव ग्रामीण क्षेत्रों की अपेक्षा शहरी क्षेत्रों में अधिक होता है। परिवार के बाद बच्चा दिन का बड़ा भाग अपने पड़ोस में बिताता है। पड़ोस मूल व्यक्तित्व की आवश्यकताओं में रुकावट उत्पन्न कर, सांस्कृतिक संघर्षों को उत्पन्न करके और असामाजिक मूल्यों को बढ़ावा देकर अपराध की ओर ले जाने में अपना योगदान दे सकता है। दूसरी ओर वह सामाजिक मूल्यों का रख रखाव करके घर के प्रभाव को बढ़ा सकता है। घनी आबादी वाले पड़ोस, जहां मनोरंजन की सुविधाएं अपर्याप्त होती हैं, बच्चों के खेलने की प्राकृतिक प्रबल इच्छाओं का दमन करते हैं और अपराधी गिरोहों के बनने को प्रोत्साहित करते हैं। सिनेमा घर, सस्ते होटल और विडियो हाल जो पड़ोस में होते हैं, दुराचार और अपराध को जन्म देने वाले स्थान बन जाते हैं।

## सिनेमा और अश्लील साहित्य (Cinema and Pornogrphic Literature)

सिनेमा और कामिक पुस्तकें जिनमें व्यभिचार, ध्रूमपान, मदिरापान और क्रूरता का चित्रण होता है, बच्चों और किशोरों के अपरिपक्व मस्तिष्क पर गहरा प्रभाव डालते हैं। कई बार वे अपराध और अपचार (delinquency) करने का ढंग भी सिखाते हैं। हमारे देश के विभिन्न भागों से कई बच्चे साधारण चोरी, सेंध लगा कर चोरी, और अपहरण करने के लिए उन्हीं शैलियों का उपयोग करने पर गिरफ्तार किए जाते हैं। उन्होंने स्वीकार किया है, कि उन्होंने ऐसी प्रक्रियाओं को सिनेमा में देखा है। इन चलचित्रों से ऐसी मनोवृत्तियां बन जाती हैं, जो सरलता से पैसा बनाने की इच्छाओं को जाग्रत करके, उसकी प्राप्ति के लिए सन्दिग्ध तरीके सुझाकर, अपने को जोखिम में डालने की प्रवृत्ति को बढ़ावा देकर, कामवासनाओं को भड़काकर और दिवा स्वप्न देखने की आदत बना कर अपराधी व्यवहार उत्पन्न करते हैं।

## बाल अपराध का समाजशास्त्र (Sociology of Juvenile Delinquency)

वे समाजशास्त्री जिन्होंने अपराध के अपराधशास्त्रीय ज्ञान में योगदान दिया है ये हैं : मर्टन, फ्रेडरिक थ्रेशर, क्लिफोर्ड शॉ एवं हेनरी मीड, जार्ज हर्बर्ट मीड, एल्बर्ट कोहेन, क्लोवार्ड एवं ओहालिन, वाल्टर मिल्टर, और डेविड माट्ज़ा। हमने अनेक सिद्धान्तों का पिछले अध्याय में विस्तार से वर्णन किया है, इसलिए उनका हम यहां तत्काल संदर्भ के लिए संक्षिप्त में ही विवरण प्रस्तुत करेंगे।

मर्टन का ''व्याधिकी सिद्धान्त'' (Anomie Theory) (1938: 672-682) यह है कि जब संस्थागत साधनों, जो परिवेश में उपलब्ध हैं, और उन लक्ष्यों, जिनका अपने परिवेश में आकांक्षा रखना व्यक्तियों ने जान लिया है, में विसंगति उत्पन्न हो जाती है, तब तनाव और कुण्ठा पैदा होते हैं और प्रतिमान टूट जाते हैं और विचलित व्यवहार जन्म लेता है। इस प्रकार मर्टन विचलन में व्यक्तिगत प्रेरक कारकों पर विचार नहीं करता है (यानि उसके द्वारा सुझाये गए व्यवहार के पांच वैकल्पिक ढंगों में से किसी एक का चयन करने में) या वह यह नहीं समझा पाता कि एक सी ही परिस्थितियों में सभी व्यक्ति विचलन को क्यों नहीं चुनते।

फ्रैडिक थ्रेशर का ''गिरोह सिद्धान्त'' (Gang Theory) (1936: 381) सामूहिक अपराध को संकेन्द्रित करता है और समान लोगों के सुस्पष्ट प्रभाव की व्याख्या करता है जैसा कि कोहेन, क्लोवार्ड और मिलर के सिद्धान्तों ने बाद में किया। थ्रेशर यह नहीं कहता कि गिरोह अपराध का कारण है, परन्तु वह कहता है, कि गिरोह अपराध में मदद करता है। उस प्रक्रिया को समझाते हुए जिसके द्वारा एक समूह कुछ व्यावहारिक विशेषताएं अपना लेता है और फिर उन्हें अपने सदस्यो को हस्तान्तरित कर देता है, वह कहता है कि एक गिरोह की उत्पत्ति सहज खेल के समूहों और दूसरे समूहों से झगड़े से किशोरावस्था के वर्षों में होती है, फिर यह अपने सदस्यों के अधिकारों की रक्षा के लिए और उन आवश्यकताओं की पूर्ति के लिए जो उनका वातावरण और परिवार पूरा नहीं कर सकता, एक गिरोह में परिवर्तित हो जाता है। धीरे-धीरे यह गिरोह स्पष्ट विशेषताएं बना लेता है, जैसे उसके कार्यप्रणाली का ढंग और यह अपराध के तरीकों का प्रसार करता है और आपसी स्वार्थों और अभिवृत्तियों को बनाता है और अपने सदस्यों को सुरक्षा प्रदान करता है। थ्रेशर ने इस पर बल दिया है, कि गिरोह की सभी गतिविधियां आवश्यक रूप से भ्रामक नहीं होतीं और गिरोह के सदस्यों का काफी समय सामान्य व्यायाम की गतिविधियों एवं किशोरों के अन्य उद्यमों में व्यतीत होता है। उसकी अभिधारणा इस प्रकार विशेष रूप से इसका वर्णन करती है, कि अपराधी व्यवहार के लिये परिवेश का दबाव किस रूप में प्रेरक होता है।

शॉ और मैके के ''सांस्कृतिक प्रसार सिद्धान्त'' (Cultural Transmission Theory) (1931: 386) की यह मान्यता है, कि अपराध का प्रसार व्यक्तिगत और सामूहिक सम्पर्कों से होता है और प्रभावी समाजिक नियन्त्रण की ऐजन्सियों का अभाव बड़े नगरों के कुछ भागों में अपराध की भारी संख्या को योगदान देता है। ये अपचार क्षेत्र (delinquency areas) निम्न आय और भौतिक रूप से बिगड़े हुए (physically deteriorated) जीर्ण शीर्ण क्षेत्र होते हैं, जहां के सदस्य आर्थिक वंचन से ग्रस्त होते हैं। इसके अतिरिक्त इन क्षेत्रों के लड़के आवश्यक रूप से असंगठित, असमंजित अथवा असामाजिक नहीं होते। उन पर इन क्षेत्रों में व्याप्त अपराध की पंरपराओं का प्रभाव उनको अपराधी बना देता है। इस प्रभाव के नहीं होने पर वे अपराध के बजाय दूसरी गतिविधियो से संतुष्ट हो जाते हैं। शॉ और मैके यह मानते हैं कि अन्य कारक कुछ किशोरों को अपराधिक गतिविधियों में लिप्त कर सकते हैं, परन्तु वे यह सोचते हैं, कि यह कारक उन आर्थिक और सामाजिक कारकों जो समाज में विद्यमान हैं, की तुलना में गौण है। अपराध के इस सीखे हुए तथ्य को सदरलैण्ड के सिद्धान्त में भी विकसित किया गया है।

जार्ज हर्बर्ट मीड के ''भूमिका सिद्धान्त और स्व का सिद्धान्त'' (Role Theory and Theory of the Self, 1934: 577-602) यह बतलाते हैं कि व्यक्तियों की केवल एक सीमित संख्या ही क्यों अपराधिक विशिष्टताएं करती है, जबकि व्यक्तियों में से अधिकांश विधिपालक होते हैं। वह कहता है कि अपराधी बनने में और अपराधिक विशिष्टता धारण करने में कानून के उल्लंघन करने वालो से

केवल संपर्क ही नहीं अपितु और कोई अन्य बातें भी सम्मिलित होती हैं। ये सम्पर्क व्यक्ति के लिए सार्थक होने चाहिए और उस भूमिका और आत्मधारण (self concept), जिसके प्रति वह प्रतिबद्ध होना चाहता है, को समर्थन देने वाले होने चाहिए।

एल्बर्ट कोहेन के "श्रमिक वर्ग का लड़का और मध्यम वर्ग की भूमिका के माप का सिद्धान्त" (Working Class Boy and Middle Class Measuring Rod Theory, 1955: 119) ने माना है कि अपराध प्रमुख रूप से एक श्रमिक वर्ग की घटना है। वह कहता है कि श्रमिक वर्ग का लड़का जब कभी मध्यम वर्ग के संसार में जाता है तो वह अपने को प्रस्थिति के सोपान में तल (bottom) पर पाता है। उस अंश तक, जहां तक वह मध्यम वर्ग की प्रस्थिति को महत्व देता है या तो इस कारण कि वह मध्यम वर्ग के व्यक्तियों के अच्छे मूल्यांकन का सम्मान करता है, या इस कारण कि कुछ अंश तक उसने मध्यम वर्ग के मानदण्डों का स्वयं आन्तरीकरण कर लिया है, वह समायोजन की समस्या का सामना करता है। अपराधी उपसंस्कृति समायोजन की समस्याओं पर (यानि प्रस्थिति की समस्याओं की) प्रस्थिति के उन मापदंडों को बतलाकर जिन्हें ये बच्चे प्राप्त कर सकते हैं, विचार करती है। उस व्यवहार को नहीं सीखने से जो कि उन्हें सफलता के लिए प्रतिस्पर्द्धा के संघर्ष से निबटने के वास्ते तैयार कर दें, श्रमिक वर्ग के लड़के कुण्ठित हो जाते हैं, मध्यम वर्ग के मूल्यों और मानदण्डों के विरुद्ध प्रतिक्रिया करते हैं, और उनके प्रतिपक्ष को यानि अनुपयोगी, विद्वेषपूर्ण और नकारात्मक मूल्यों को अपना लेते हैं। समूह अथवा गिरोह की अपराधिक गतिविधि मध्यम वर्ग की संस्थाओं पर आक्रमण को वैध बना देती है और उसका समर्थन करती है।

क्लोवार्ड और ओहलिन का "सफलता और अवसर की संरचनाओं का सिद्धान्त" (Success and Opportunity Structures Theory) (1960: 86) सदरलैण्ड, मर्टन और मीड के सिद्धान्तों की विसंगतियों के बारे में बात करता है और आवश्यकताओं को पूरा करने के लिए उन विकल्पों की किस्मों को बतलाता है, जो तनाव और वैध विकल्पों के अभाव के कारण उपलब्ध हैं। अपने लक्ष्यों पर पहुंचने के लिए वैध उपायों की सीमाबद्धताओं का अनुभव करके और अपनी आकांक्षाओं को कम करने में अपने को असमर्थ पाकर निम्न वर्ग के युवाओं में तीव्र उत्कण्ठाएं जाग्रत होती हैं, जिसके परिणामस्वरूप उन्हें असमंजनकारी (non-conformist) और अवैध विकल्पों की खोज करने के लिए बाध्य होना पड़ता है। क्लोवार्ड और ओहलिन के सिद्धान्त का आनुभविक रूप से परीक्षण और मूल्यांकन करना कठिन है।

वाल्टर मिलर का "निम्न वर्ग का लड़का और निम्न वर्ग की संरचना का सिद्धान्त" (Lower Class Boy and Lower Class Structure Theory) (1985: 6) अपराधी उपसंस्कृति को अस्वीकार करता है और निम्न वर्ग की संस्कृति की ही बात करता है जो कि आप्रवासन (immigration), देशान्तरण (migration) और गतिशीलता (mobility) की प्रक्रिया के कारण उत्पन्न होती है। वे व्यक्ति जो इन प्रक्रियाओं के कारण पिछड़ जाते हैं, निम्न वर्ग में समाविष्ट हो जाते हैं। उनके व्यवहार का एक अलग संरूप (pattern) होता है (जो आवश्यक रूप से अन्य किसी वर्ग के विरुद्ध प्रतिक्रियाशील (reactive) नहीं होता) और वह सुस्पष्ट विशेषताओं (निम्न वर्ग की), जैसे उदण्डता, चतुरता, उत्तेजना, नियति (fate), और स्वायत्तता पर आधारित होता है। सड़क का समूह (street group) निम्न वर्ग के किशोर लड़के को उदण्डता से कार्य करने का और नर-गतिविधियों में लिप्त होने के अवसर प्रदान करता है। इस प्रकार उसकी कई गतिविधियां उसकी वास्तविक पुरुष (real man) बनने की अभिलाषा के चारों ओर घूमती है। मिलर के सिद्धान्त की प्रमुख आलोचना यह है कि जन संचार की आज सुविधा उपलब्ध होने के कारण यह विश्वास करना कठिन है कि पृथक निम्न वर्ग की संस्कृति जिसका मिलर वर्णन करता है, इतने विशुद्ध रूप में बनी रह सकती है। निम्न वर्ग का अन्य वर्गों से प्रभावित होना आवश्यक है।

डेविड माट्जा का "अपराध और ड्राफ्ट सिद्धान्त" (Delinquency and Draft Theory) (1964: 11) प्रत्यक्षवादी मत (Positive School) के नियतिवादी अभिमुखन को अस्वीकार करता है

कि अपराधी व्यवहार लगभग पूर्ण रूप से स्वतंत्र है (जैसा कि क्लासिकल स्कूल मानता है) और न ही वह सम्पूर्ण रूप से नियन्त्रित है (जैसा कि प्रत्यक्षवादी मत मानता है), परन्तु वह नियन्त्रित होने और स्वतंत्र होने के बीच में है। बहाव (drift) स्वतंत्रता और नियन्त्रण के बीचोबीच है। इसलिए किशोर अपराधिक और परम्परागत कार्य के बीच बहता रहता है। यद्यपि किशोर की अधिकांश गतिविधियां विधिपालक (law-abiding) होती हैं, फिर भी वह समय-समय पर अपराध की ओर बह जाता है क्योंकि सामान्य परम्परागत नियन्त्रणों, जो प्रायः अपराध को रोकता है, बहाव की प्रक्रिया के परिणामस्वरूप निष्प्रभावी हो जाता है। जब कभी वह अपराध करता है तो वह रूढ़िवादिता की ओर चला जाता है। इस प्रकार माट्ज़ा अपराध की इच्छा (will to crime) पर बल देता है। यह इच्छा ही है जो इस बात को बताती है कि क्यों कुछ किशोर अपराध व्यवहार को चुनते है, जबकि उनके अधिकांश समकक्ष किशोर उसी परिवेश में समाज द्वारा स्वीकार्य अनुकूलन के ढंगों को चुनते हैं। वह यह भी बतलाता है कि अपराध क्यों 'या ये या वह' (either-or) प्रस्ताव नहीं है अधिकांश किशोर परम्परा और अपराध के बीच नैरन्तर्य (continuum) में कहीं विचरते हैं। अपराध के प्रति पूर्ण प्रतिबद्धता असामान्य है।

अब हम यदि बाल अपराध के सभी समाजशास्त्रीय सिद्धान्तों को एक साथ लें, तो यह कहा जा सकता है कि सभी समाजशास्त्रियों ने सामाजिक संरचना के वातावरण और सीखने (learning) की प्रक्रिया पर बल दिया है। इसके विपरीत मनोवैज्ञानिक हैं जो अपराध में व्यक्ति और उसके अभिप्रेरक (motivational) संरूपों को महत्वपूर्ण समझते हैं।

## अपराधियों के उपचार के तरीके (Methods of Treating Delinquents)

अपराधी के उपचार के लिए कई उपागमों और तरीकों का उपयोग किया जा सकता है। कुछ महत्वपूर्ण तरीके हैं : (1) मनिश्चकित्सा (psychotherapy), (2) यथार्थ (reality) चिकित्सा, (3) व्यवहार चिकित्सा, (4) क्रिया (activity) चिकित्सा, और (5) पर्यावरण चिकित्सा। दण्ड को उपचार ढंग (treatment method) नहीं माना जाता है, क्योंकि इसको अब उपचार का व्यवहार्य तरीका (viable technique) नहीं समझा जाता, यद्यपि कुछ अब भी सोचते है कि दंड भविष्य में अपराधी कार्य करने में प्रतिरोधात्मक सिद्ध होता है। प्रतिबन्ध और डांट (reprimand) अपनाए गए प्रमुख उपचार के प्रभावी पूरक हो सकते हैं, परन्तु दंड अपने आप में लक्ष्य नहीं हो सकता।

किशोरों के उपचार के लिए दो मूल उपागम हैं : व्यक्तिगत उपचार और सामूहिक उपचार। इनमें से व्यक्तिगत तरीका मनोवैज्ञानिक, मनश्चिकित्सक, समाजशास्त्री और सामाजिक कार्यकर्ता अपनाते हैं, यद्यपि मनोवैज्ञानिक कई बार सामूहिक तरीके का भी उपयोग करते हैं। समाजशास्त्री प्रायः अपराध के लिए सामाजिक अभियान्त्रिकी (social engineering) उपागम का उपयोग करते हैं, अर्थात् वे सामाजिक संरचना की उन परिस्थितियों का अध्ययन करते हैं, जिससे अपराध की उत्पत्ति होती है, जबकि मनोवैज्ञानिक व्यक्ति का उपचार करते हैं और अन्तर वैयक्तिक गतिकी (inter-personal dynamics) पर बल देते हैं। समाजशास्त्र को सैद्धान्तिक विद्या (theoretical discipline) माना जाता है, जो अपराध और अपचार के कारणों और प्रभावों पर अनुसंधान करता है। सामाजिक कार्य का पेशा समाजशास्त्रियों का 'प्रायोगिक क्षेत्र' (practical arm) है (ट्रोजनोविच, 1973: 220)। इस प्रकार उपरोक्त छः चिकित्सीय तरीके सामान्यतः मनोवैज्ञानिकों, मनश्चिकित्सकों और सामाजिक कार्यकर्ताओं द्वारा उपयोग में लिए जाते हैं। हम प्रत्येक तरीके पर अलग-अलग संक्षिप्त में विचार करेंगे।

*मनिश्चकित्सा* (psychotherapy) : भावात्मक और व्यक्तित्व की समस्याओं का मनोवैज्ञानिक तरीके से उपचार करती है, अर्थात् अभियोगार्थी (अपराधी) के भूत में महत्वपूर्ण व्यक्तियों (जैसे माता-पिता) के प्रति अभिवृत्तियों और भावनाओं को परिवर्तित करके। जब किशोर के अपने माता-पिता के साथ प्रारंभिक सम्बन्ध संतोषजनक नहीं रहते, तो उसका भावात्मक विकास अक्सर धीमा पड़ जाता है, जिसके फलस्वरूप वह अपने शिशुकाल की लालासाओं को संतुष्ट करने के प्रयास प्रायः आवेगशील

हो जाता है और अपने परिवार में सामान्य रूप से संतुष्ट नहीं रहता। मनिश्चकित्सा के द्वारा बाल अपराधी को चिकित्सक के द्वारा यह अनुमति दी जाती है, कि वह प्रेम और स्वीकृति के वातावरण में काम करें, जहां उस बालक को कड़ी अस्वीकृति या शारीरिक दण्ड का कोई डर नहीं हो। यह अन्तरण (transference) स्थापित होने के कारण होता है, जिसमें कि रोगी (client) और चिकित्सक सूचना को आदान प्रदान करने में निश्चिन्त महसूस करते हैं। इस प्रकार यह चिकित्सा संघर्षों को सुलझाने में सुविधा प्रदान करती है और अभियोगी के व्यवहार के अनुकूलन (adaptation) के लिए सकारात्मक विकल्प प्रस्तुत करती हैं।

*यथार्थ चिकित्सा* (reality therapy) इस विचार पर आधारित है कि वे व्यक्ति जो अपनी मूल आवश्यकताओं की पूर्ति नहीं कर पाते ग़ैर-ज़िम्मेदार तरीके से काम करते हैं। यथार्थ चिकित्सा का उद्देश्य अपराधी व्यक्ति को ज़िम्मेदार तरीके से काम करने में सहायता प्रदान करना है, अर्थात् असामाजिक कार्य करने से रोकना है। उदाहरणतया, यदि लड़का अध्यापक की कठोरता के कारण स्कूल की कक्षाओं में उपस्थित नहीं होता, तो उसे यह समझाया जाता है, कि अध्यापक कठोर नहीं है, परन्तु उसके जीवन को बनाने में उसको सहायता देना चाहता है। यहां वर्तमान का भूत (past) से सम्बन्ध विच्छेद कर दिया जाता है, क्योंकि भूत को बदला नहीं जा सकता। यह चिकित्सा कोई भी दे सकता है (पुलिस अफसर, परामार्शदाता, अध्यापक, सामाजिक कार्यकर्ता, परिवार का सदस्य या मित्र) क्योंकि यह अस्पष्ट मनश्चिकित्सीय शब्दों पर, व्यापक परीक्षण या समय व्यय करने वाले प्रकरण परामर्शों पर बल नहीं देती। यह तरीका मनोचिकित्सीय तरीके से इस प्रकार भिन्न है, कि पिछला भूतकाल के व्यवहार से संबंधित है जबकि यह वर्तमान के व्यवहार से संबंधित है। जबकि मनोचिकित्सा इस पर आधारित है, कि व्यक्ति उस समय तक अपने वर्तमान के व्यवहार को नहीं बदल सकता जब तक कि वह भूतकाल की घटनाओं से, उसे स्पष्ट रूप से जोड़ नहीं ले। यथार्थ चिकित्सा का आधार यह है, कि भूत नगण्य है। इस चिकित्सा में बच्चे को एक जिम्मेदार व्यक्ति माना जाता है और न एक अभागा बच्चा। इससे बच्चे में शक्ति का संचार होता है। बच्चे से नियमों की अनुपालना की अपेक्षा की जाती है, परन्तु जब वह किसी नियम को तोड़ता है, तो उसे अस्वीकृत नहीं किया जाता।

*व्यवहार चिकित्सा* (behaviour therapy) अपराधी के सीखे हुए व्यवहार में नई सीखने की प्रक्रियाओं के विकास के द्वारा परिवर्तन करना है। व्यवहार सकारात्मक या नकारात्मक प्रभावों के द्वारा अर्थात् पुरस्कारों या दण्डों के द्वारा बदला जा सकता है। नकारात्मक या अप्रिय प्रभाव (जैसे प्रतिबन्ध) नकारात्मक व्यवहार को कम (यानि, अपराधी कार्यवाही को) अथवा विलुप्त (eliminate) कर देते हैं, जबकि सकारात्मक या प्रिय प्रबलन (जैसे पुरस्कार) सकारात्मक व्यवहार (जैसे नौकरी या समूह में सफलता) को बनाए रखते/बढ़ाते हैं। इसके लिए प्रत्येक व्यक्ति को प्रभावित करने वाली चीजों को मालूम करना पड़ता है, अर्थात् वे पहलू जिन्हें व्यक्ति (अपराधी) व्यक्तिगत संतोष प्राप्त करने के लिए पाने की कोशिश करता है। पैसा, प्रशंसा, स्नेह, खाना, विशेषाधिकार, स्कूल में प्रवेश, बच्चों के साथ खेलने की स्वतंत्रता और अच्छे वस्त्र सकारात्मक प्रभाव देने वाले माने जा सकते हैं जबकि धमकियां, करावास, उपहास, शारीरिक दण्ड और पैसे से वंचित करना नकारात्मक प्रभाव देने वाले हैं। व्यवहार में परिवर्तन लाने के लिए दोनों प्रभाव देने वालों को काम में लाया जा सकता है।

*क्रिया चिकित्सा* (activity therapy) : कई बच्चों में परम्परागत व्यक्तिगत अथवा सामूहिक स्थिति में प्रभावी रूप से बातचीत करने की मौखिक क्षमता नहीं होती। क्रिया चिकित्सा में 6-8 बच्चों के समूह को विशेष समय/स्थान पर खेलने या किसी कलात्मक प्रयास में भाग लेने हेतु एकत्रित/निमंत्रित किया जाता है। वातावरण स्वछंद (permissive) होता है और बच्चे अपनी इच्छानुसार अपना समय व्यतीत कर सकते हैं। इस प्रकार एक साधारण स्नायु-रोगी (neurotic) बालक स्वछंद/अनुज्ञात्मक वातावरण में बहुत निर्मुक्त महसूस करता है जहां वह सृजनात्मक कार्य, खेल या शैतानी में अपना विरोध एवं आक्रमण प्रकट कर सकता है। चूंकि उसके व्यवहार से प्रतिशोध, दण्ड या अस्वीकृति उत्पन्न नहीं होती, इसलिए उसकी दबी हुई भावनाओं को उपयुक्त मुक्ति मिल जाती है।

*परिवेश चिकित्सा* (milieu/environment therapy) ऐसे वातावरण को बनाने का प्रयत्न करती है, जो अर्थपूर्ण परिवर्तन और संतोषजनक समायोजन में मदद करें। इसका उन व्यक्तियों के लिए उपयोग किया जाता है, जिनका विचलित व्यवहार प्रतिकूल जीवन की परिस्थितियों के विरुद्ध प्रतिक्रिया है।

उपर्युक्त तरीकों का उपयोग करने के अतिरिक्त तीन और तरीकों का उपयोग बाल अपराधियों के उपचार में किया जाता है। ये हैं : (1) सामाजिक प्रकरण-कार्य (Social case work), अर्थात् असमंजित बच्चे को उसकी समस्याओं का सामना करने में सहायता करना। कई पहलुओं में समान होते हुए भी तकनीकी तौर पर सामाजिक प्रकरण-कार्य मनोचिकित्सा से भिन्न है। सामाजिक प्रकरण-कार्यकर्ता परिवीक्षा अधिकारी, कारागृह परामर्शदाता, मानसिक स्वास्थ्य कार्यकर्ता या अस्पताल का सामाजिक कार्यकर्ता हो सकता है, जबकि मनोचिकित्सक अनिवार्य रूप से व्यवसाय से डाक्टर होता है। प्रकरण-कार्यकर्ता अभियोगार्थी (client) का प्रकरण इतिहास, उसकी पृष्ठभूमि, परिवेश और उसके परिवार, मित्रों और स्कूल के साथियों के साथ संबंधों की छान-बीन करने के लिए तैयार करता है और उसकी व्यक्तिगत शक्तियों और कमजोरियों का मूल्यांकन करता है, जिससे कि एक उपचार योजना बनाई जा सके और उसका कार्यान्वयन हो सके। फिर भी यह तरीका प्रायः अपराधियों के साथ सफल नहीं होता क्योंकि एक ओर अपराधी का सहयोग पाना कठिन होता है, क्योंकि उसे प्रकरण कार्यकर्ता में विश्वास नहीं होता और दूसरी ओर अपराधी का परिवार भी विरोध करता है और प्रकरण-कार्यकर्ता की छान-बीन से उसे आशंका होने लगती है, (2) व्यक्तिगत परामर्श, अर्थात् अपराधी को उसकी तात्कालिक परिस्थिति से अवगत कराना और उसकी समस्या के समाधान के लिए पुनः शिक्षित करना। इस तरीके में अभियोगार्थी के व्यक्तित्व में मूलभूत परिवर्तन करने का कोई प्रयास नहीं किया जाता, (3) व्यावसायिक परामर्श-इसका प्रमुख उद्देश्य अपराधी के जीवन के विकल्पों, नौकरी के विशेष विवरण और योग्यताओं और सफल रोजगार के लिए आवश्यक प्रशिक्षण के बारे में जानकारी को बढ़ाना है। सकारात्मक रुख, निपुणताएं और आदतें जो कि कार्य स्थिति (work situation) में बच्चा विकसित और परिष्कृत करता है, समाज तक ले जाई जा सकती हैं और निश्चित रूप से उसके दूसरों के साथ संबंधों को प्रभावित कर सकती हैं।

## बाल संस्थाओं में अभिरक्षा/हिरासत (Custody in Juvenile Institutions)

रिमाण्ड होम्स, सर्टिफाइड स्कूल, रिफॉर्मेटरी स्कूल, बोर्स्टल स्कूल, और प्रोबेशन हॉस्टिल वे महत्त्वपूर्ण संस्थाएं हैं जिन्हें भारत में बाल-अपराधियों के हिरासत, संरक्षण और सुधार के लिए काम में लिया जाता है।

बाल अधिनियम (Children Acts) विभिन्न राज्यों में बाल अपराधियों के उपचार और सुरक्षा के लिए और उनकी अभिरक्षा, मुकदमों और दण्ड के लिए बहुत पहले बनाए गए थे। मद्रास (वर्तमान में तमिलनाडू) ने ऐसा अधिनियम 1920 में बनाया, बंगाल ने 1922 में, और बंबई (महाराष्ट्र) ने 1924 में बनाया। अन्ततोगत्वा सभी राज्यों में ये अधिनियम बनाए गए। बाल अपराधियों के अतिरिक्त ये अधिनियम उपेक्षित, निराश्रय और सामाजिक रूप से अक्षम (handicapped) बच्चों, उत्पीड़ित बच्चों और उच्छृंखल (uncontrollable) बच्चों पर भी लागू होते थे। परन्तु अब इन अधिनियमों का स्थान बाल न्याय अधिनियम, 1986 (Juvenile Justice Act, 1986) ने ले लिया है। स्थिति की समीक्षा यह बतलाती है, कि चिलड्रन एक्ट, 1960 जो कि केन्द्र प्रशासित क्षेत्रों के लिए लोक सभा ने पारित किए थे, के अतिरिक्त नागालैन्ड को छोड़कर सभी राज्यों ने अपने कानून बना रखे थे। तथापि देश के 55 जिलों पर बाल अधिनियमों (Children Acts) में से कोई भी लागू नहीं होता था। 1986 का नया अधिनियम जो कि विभिन्न राज्यों और केन्द्र प्रशासित क्षेत्रों के 25 विभिन्न बाल अधिनियमों का स्थान लेता है, अब पूरे देश पर लागू होता है।

बाल अधिनियमों में पूरे देश में एक समान कानून के अभाव के कारण कई कमियां थीं। इनमें से कुछ अनिवार्य ये हैं : (1) बच्चे की परिभाषा में उच्च आयु सीमा प्रत्येक राज्य में भिन्न थीं; (2) सारे राज्यों में बाल अदालतों का प्रावधान नहीं था; (3) संस्थापक सुविधाओं में क्षमता, स्टाफ और कार्यक्रमों

को नियंत्रित करने के लिए कोई सुपरिभाषित मानदण्ड और प्रतिमान नहीं थे; (4) मूल आवश्यकताओं, रहने की स्थितियों (living conditions) या चिकित्सा सेवाओं के कोई न्यूनतम मानदण्ड नहीं थे; (5) अधिकांश राज्यों में उपेक्षित बच्चों को बाल अपराधियों के साथ ठूंस दिया जाता था।

*बाल न्याय (बालकों की देखभाल एवं सरंक्षण) अधिनियम, 2000* भारत में किशोर न्याय के लिए आधारभूत कानूनी ढांचा है। यह देश में किशोर अपराधों की रोकथाम एवं उपचार की दिशा में एक विभेदक दृष्टिकोण उपलब्ध कराता है। यह कानून, जिसे बाल अधिकार सम्मेलन के अनुपालन में तथा सन् 1986 के किशोर न्याय अधिनियम के निरसन के बाद लागू किया गया है, को सन् 2006, 2010 एवं 2011 में भी संशोधित किया जा चुका है। विगत कुछ वर्षों के दौरान देश में किशोरों की संलिप्तता वाले बलात्कारों के बढ़ते हुए मामलों को ध्यान में रखते हुए भारत सरकार किशोरों की आयु सीमा को 18 से घटाकर 16 वर्ष किए जाने के लिए आगे और संशोधन किए जाने पर भी विचार कर रही है।

सन् 2000 का अधिनियम अव्यस्क अपराधियों, जिन्हें 'अपचारी', 'कानून से संघर्षरत् किशोर' अथवा 'देखभाल एवं संरक्षण की आवश्यकता वाले बच्चे' कहा जाता है, से सम्बन्धित मामलों से निबटने के लिए वैधानिक प्रावधानों को समाहित करता है। इसकी धारा 2(ट) कहती है, कि एक 'कानून से संघर्षरत् एक किशोर' का अर्थ एक ऐसे किशोर से होता है, जिसने कथित रूप से कोई अपराध संपन्न किया हो। किशोर की आयु के निर्धारण के सम्बन्ध में अधिनियम किसी सक्षम अधिकारी–सामान्यतः किशोर न्याय बोर्ड के द्वारा एक 'विधिवत् जांच' की मांग करता है। इस अधिनियम के अंतर्गत निर्धारित नियम यह व्यवस्था करते हैं, कि किसी आरोपी की आयु पर चिकित्सकीय राय मात्र तब ही प्राप्त की जाए, जब वह 10वीं अथवा उसके समकक्ष की पढ़ाई का कोई प्रमाणपत्र अथवा इसकी अनुपस्थिति में जन्म प्रमाणपत्र को प्रस्तुत करने में विफल रहा हो।

इसके अलावा, पिछले कानून के समान ही, यह अधिनियम भी अनेक गंभीर कमियों से भरा हुआ है। उदाहरण के लिए, जब किसी कथित अपराध के लिए किसी किशोर को गिरफ्तार किया जाता है, तब उसे तुरंत ही किशोर न्याय बोर्ड के समक्ष प्रस्तुत किया जाना अनिवार्य होता है। कानून कहता है, कि अपराध पर ध्यान दिए बिना ही बोर्ड को उसे जमानत पर रिहा कर देना चाहिए, जो किसी प्रतिभूति के साथ अथवा उसके बिना भी दी गई हो सकती है। यहां तक कि, इस अधिनियम के अंतर्गत दुर्लभ मामलों में से दुर्लभतम मामले के लिए कोई भी प्रावधान नहीं किया गया है। हालांकि, कतिपय प्रावधान बोर्ड के मजिस्ट्रेट के पास कुछ विवेकाधिकार छोड़ देते हैं, ताकि वह अपवादी मामलों में आदेश पारित कर सके। धारा 15(छ), जिसे संशोधन के बाद प्रविष्ट किया गया है, उल्लेख करती है कि बोर्ड 17 से 18 वर्ष की आयु वाले किसी किशोर को किसी विशिष्ट गृह में दो वर्षों से कम न रहने वाली अवधि के लिए रखे जाने का आदेश दे सकता है।

धारा 16 उन दंडात्मक आदेशों के सम्बन्ध में चर्चा करती है, जिन्हें किशोरों के विरुद्ध पारित नहीं किया जा सकता तथा आजीवन कारावास अथवा मृत्युदंड अथवा यहां तक कि कारावास की किसी अवधि पर भी संपूर्ण प्रतिबंध आरोपित करती है। इसी के साथ-साथ इस धारा का परंतुक कहता है कि यदि ''बोर्ड संतुष्ट है कि किया गया अपराध इतनी गंभीर प्रकृति का है अथवा उसका आचरण एवं व्यवहार ऐसा रहा है कि यह उसके अथवा किसी ऐसे विशिष्ट गृह के अन्य किशोरों के हित में नहीं होगा जिस विशिष्ट गृह में उसे भेजा जाना हो, तथा यह कि इस अधिनियम के अंतर्गत प्रावधान किए गए अन्य उपायों में से कोई भी उपयुक्त अथवा पर्याप्त न हो'' तो यह उसे किसी समुचित संस्थान में रखे जाने के लिए राज्य सरकार से सहायता की मांग कर सकता है। बोर्ड से ऐसी रिपोर्ट प्राप्त होने पर सरकार किसी ऐसे स्थान पर किशोर को संरक्षणपूर्ण हिरासत में रखे जाने की व्यवस्था कर सकती है, किन्तु तीन वर्षों से अधिक अथवा जब तक कि वह 18 वर्षों का न हो जाए, के लिए नहीं।

यहां तक कि यदि कोई किशोर अपनी सजा के दौरान 18 वर्ष की आयु पूरी कर लेता है, तो भी वह बालगृह अथवा प्रेक्षणगृह में निवास करना जारी रखेगा। केवल इतना ही नहीं, अधिनियम की धारा 44 किशोरों को प्रेक्षणगृहों से रिहा किए जाने के बाद राज्य सरकारों द्वारा देखभाल संस्थानों की स्थापना अथवा उन्हें मान्यता प्रदान किए जाने का भी प्रावधान करती है। हालांकि, 17 वर्ष से अधिक किन्तु

18 वर्ष से कम आयु वाले किसी किशोर के लिए वहां रुकने की अवधि को तीन वर्षों अथवा जब तक वह 20 वर्ष का न हो जाए, तक के लिए सीमित कर दिया गया है।

भारत में, अपराध के आरोपी किशोरों अथवा किसी अपराध के लिए निरूद्ध किए गए किशोरों को किशोर न्याय बोर्ड (JJB) के समक्ष प्रस्तुत किया जाता है, जिनकी स्थापना किशोर न्याय (बालकों की देखभाल एवं सरंक्षण) अधिनियम, 2000 (संशोधित 2006) की आवश्यकता के अनुसार सभी राज्यों में की गई है। इस अधिनियम तथा अपराध संहिता प्रक्रिया के प्रावधानों के अंतर्गत बच्चों को नियमित आपराधिक न्यायालयों में नहीं लाया जाना होता है। पृथक न्यायालय का उद्देश्य सामाजिक-कानूनी पुनर्वास एवं सुधार है, न कि दंडित किया जाना।

किशोर न्याय बोर्ड में एक मेट्रोपॉलिटन मजिस्ट्रेट अथवा प्रथम श्रेणी का एक न्यायिक मजिस्ट्रेट तथा दो सामाजिक कार्यकर्ता शामिल होते हैं, जिनमें से कम से कम एक को महिला होना चाहिए। ये तीनों लोग एक साथ मिलकर एक इकाई के रूप में कार्य करने के लिए एक पीठ (कमेटी) का गठन करते हैं। यद्यपि कि उनकी भूमिकाएं भिन्न-भिन्न होती हैं, तथापि उन्हें बच्चे के सर्वश्रेष्ठ हित में समन्वयन करने की आवश्यकता होती है। जहां किसी बच्चे को किसी अपराध का दोषी पाया गया हो, सामाजिक कार्यकर्ता उस बच्चे के पुनर्वास के लिए कार्यवाही के सर्वोत्तम प्रकार का निर्धारण करने में महत्वपूर्ण होते हैं। किशोर न्याय बोर्ड का उद्देश्य 4 महीनों की अवधि के अंदर मामलों का समाधान करने का होता है। लंबित मामलों की संख्या का समाधान बैठकों की संख्या में वृद्धि किए जाने के द्वारा किया जा सकता है।

सामान्यतः किसी भी बच्चे को किशोर न्याय बोर्ड के समक्ष किसी पुलिस अधिकारी अथवा विशिष्ट किशोर पुलिस इकाई (SJPU) के किसी व्यक्ति के द्वारा प्रस्तुत किया जाता है। कोई भी संगठन अथवा पुलिस अधिकारी जो बच्चे को न्यायालय के समक्ष लाता है, को सर्वप्रथम उसकी स्थानीय पुलिस इकाईयों को सूचित करना चाहिए। पुलिस के पास बच्चे को, यदि वह गिरफ्तार किया गया हो, न्यायालय के समक्ष प्रस्तुत करने के लिए 24 घंटों का समय होता है। पुलिस अथवा पुलिस अधिकारी, जो बच्चे को किशोर न्याय बोर्ड के समक्ष प्रस्तुत करता है, को गिरफ्तारी/निरूद्ध किए जाने की एक रिपोर्ट पूरी किए जाने की आवश्यकता होती है। बच्चे को एक बार किशोर न्याय बोर्ड के समक्ष प्रस्तुत कर दिए जाने के बाद उसे निकटतम प्रेक्षण गृह में पंजीकृत कर दिया जाता है। अधिकांश परिस्थितियों के अंतर्गत किशोर न्याय बोर्ड के द्वारा किशोर को जमानत पर रिहा किया जा सकता है। यदि पुलिस बच्चे से कुछ पूछ-ताछ करना चाहती है, अथवा कोई शिनाख्त परेड संपन्न करवाना चाहती है, तो किशोर न्याय बोर्ड को ऐसी अनुमति प्रदान करने का आदेश देना होता है और इसे मात्र उस गृह के अधीक्षक की उपस्थिति में ही संपन्न किया जा सकता है। प्रभारी गृह परिवीक्षा अधिकारी (PO) भी बच्चे पर एक रिपोर्ट प्रस्तुत करेगा।

पुलिस तथा परिवीक्षा अधिकारी की रिपोर्ट के साथ किशोर न्याय बोर्ड बच्चे के पक्ष की सुनवाई करेगा। यदि बच्चा दोषी होना स्वीकार करता है, तो किशोर न्याय बोर्ड बच्चे के लिए समुचित आदेशों को पारित करेगा। बलप्रयोग को रोकने के लिए किशोर न्याय बोर्ड बच्चे की दोषी होने की स्वीकृति को खारिज कर सकता है, यदि उसे ऐसा लगता है कि उसे बाध्य किया गया है। यदि किशोर दोषी होना स्वीकार नहीं करता, जो किशोर न्याय बोर्ड को गवाहों एवं आरोप लगाने वालों का न्यायालय के समक्ष परीक्षण किए जाने के लिए आह्वान किए जाने के द्वारा आगे की जांच अवश्य करनी चाहिए। किशोर को न्यायालय के समक्ष लाए गए साक्ष्य को सम्बोधित किए जाने तथा गवाहों को न्यायालय तक लाए जाने का अवसर प्रदान किया जाता है। साक्ष्य के अनुसार किशोर न्याय बोर्ड मामले का निस्तारण करते हुए ऐसा आदेश पारित करेगा जैसा कि यह उचित समझता हो। किशोर न्याय बोर्ड एक बाल-मित्र स्थान हैं, जिसे बच्चे के लिए डराने वाला अथवा उसका दमन करने वाला नहीं होना चाहिए।

## रिमान्ड होम या प्रेक्षण ( अवलोकन ) गृह (Remand Homes or Observation Homes)

यह गृह उन बच्चों के लिए होते हैं, जिनकी जांच न्यायालयों में लम्बित (pending) है, परन्तु उनका उपयोग बेघर, निराश्रय एवं उपेक्षित बच्चों को रखने के लिए भी किया जाता है। उनके यहां पर निवास

का उनकी व्यक्तित्व की विशेषताओं और व्यवहार के मूल्यांकन के लिए किया जाता है। इस प्रकार इन गृहों को कारावास स्थानों के बजाय प्रेक्षक गृहों के रूप में देखा जाता है। रिमान्ड गृहों की महत्वपूर्ण विशेषताएं ये हैं : पृथक्करण, शिक्षा, प्रशिक्षण, मनोरंजन की सुविधाएं, स्वास्थ्य की देख-भाल, नियंत्रित अनुशासन, और प्रभावी निरीक्षण। बच्चा क्योंकि अवलोकन गृह या रिमाण्ड गृह में पहली बार कानून के संपर्क में आता है, इसलिये यदि उसके परिवेश को सहायक नहीं बनाया जाता, तो बच्चा न्यायालय के प्रति शक्की और अवज्ञाकारी हो सकता है।

भारत में, रिमांड/प्रेक्षणगृह समस्त राज्यों में मौजूद नहीं हैं। सन् 1993 के आंकड़ों के अनुसार, कुल 25 राज्यों तथा एक केन्द्र शासित क्षेत्र में से मात्र 14 में रिमांड गृह पाए गए थे। रिमांड गृहों की सबसे बड़ी संख्या महाराष्ट्र में पाई गई है जिसके बाद गुजरात, कर्नाटक, तमिलनाडु, केरल, उत्तर प्रदेश, बिहार, आंध्र प्रदेश तथा पश्चिम बंगाल का स्थान है। लगभग 154 रिमांड/प्रेक्षण गृहों में से आधे से कुछ अधिक का संचालन सरकार के द्वारा तथा आधे से कुछ कम का संचालन स्वैच्छिक संगठनों के द्वारा किया जाता है। बालकों एवं बालिकाओं के लिए अलग-अलग गृह हैं। रिमांड गृहों में रहने वालों की कुल संख्या में से 15 से 20 प्रतिशत किशोर अपराधियों की है तथा शेष बेघर, विस्थापित एवं उपेक्षित बच्चे हैं। कुल अधिवासियों में से दो-तिहाई 7-14 वर्ष आयु समूह से सम्बन्धित हैं, जबकि शेष एक-तिहाई या तो सात वर्ष से नीचे के हैं अथवा 14 से 18 वर्षों के बीच की आयु के हैं।

### *मान्यता प्राप्त या सुधारक स्कूल* (Certified or Reformatory Schools)

उन बच्चों को जिन्हें न्यायालय से निरोधादेश (detention orders) दिये जाते हैं सुधारक स्कूलों में न्यूनतम तीन वर्षों के लिए और अधिकतम सात वर्षों के लिए रखा जाता है। उन निवासियों का जो 18 वर्ष के हो जाते हैं, स्थानान्तरण बोर्स्टल स्कूलों में कर दिया जाता है। ये स्कूल जो केवल लड़कों के लिए होते हैं, जेल विभाग के निरीक्षण में रहते हैं। प्रत्येक स्कूल, जिनमें 80-100 निवासियों की क्षमता होती है, को 4-5 शयनगृहों (dormitories) में विभाजित किया जाता है और प्रत्येक शयनागृह में 4-5 कक्ष (cells) होते हैं। प्रत्येक स्कूल में एक अधीक्षक (superintendent), उप-अधीक्षक, उप-जेलर, सहायक जेलर, डाक्टर, 3-4 प्रशिक्षक, 2-3 अध्यापक और कुछ वार्डन होते हैं। सिलाई, खिलौने बनाने, चमड़े का सामान बनाने और कृषि में प्रशिक्षण दिया जाता है। प्रत्येक प्रशिक्षण कार्यक्रम दो वर्ष का होता है। निवासी को कच्चा माल स्कूल से मिलता है और उसके द्वारा बनाई गई चीजें बाजार में बेची जाती हैं और मुनाफा उसके खाते में जमा करा दिया जाता है। जब जमा राशि एक निर्धारित रकम तक पहुंच जाती है, तो निवासी को केवल राज्य के उपयोग के लिए ही चीजें बनानी होती हैं। निवासी को बुनियादी शिक्षा छठी कक्षा तक मिलती है और उसे वर्ष के अन्त में परीक्षा में बैठना होता है, जिसका संचालन स्कूलों के निरीक्षक करते हैं। यदि निवासी छठी कक्षा से आगे पढ़ना चाहता है, तो उसका प्रवेश बाहर के स्कूल में करा दिया जाता है। चूंकि निवासियों को किसी काम के लिए बाध्य नहीं किया जाता, इसलिए वे परिवार के सदस्यों की तरह रहते हैं। तथापि, कोई अनुवर्ती (follow-up) रिकार्ड निवासियों के रिहाई के बाद स्कूलों द्वारा नहीं रखे जाते। दूसरे, प्रशिक्षण कार्यक्रम काफी पुराने और रूढ़िवादी हैं।

### *बाल सुधार गृह* (Borstal Schools)

बीसवीं शताब्दी के दूसरे दशक में किशोर अपराधियों को वयस्कों से पृथक रहने का प्रावधान किया गया था, जिससे कि सुधार सेवाएं अधिकारवादी (authoritarian) वातावरण से मुक्त हों और किशोर अपराधियों के लिए सुधार सम्भव हो सके। इस प्रकार बोर्स्टल स्कूल 16-21 वर्षों की आयु समूह के किशोर अपराधियों के लिए स्थापित किए गए। देश में 1996 तक बोर्स्टल स्कूल केवल नौ राज्यों में थे। तमिलनाडू (1926), आन्ध्र प्रदेश (1926), बिहार (1926), पंजाब (1926), मध्य प्रदेश (1928), महाराष्ट्र (1929) उत्तर प्रदेश (1938), केरल और कर्नाटक (1943)। 31 दिसम्बर,

2013 तक भारत में कुल 21 संचालित किए जा रहे बाल सुधार गृह विद्यालय मौजूद हैं, जिनकी कुल क्षमता 2,218 अधिवासियों की है। प्रत्येक विद्यालय की क्षमता में 100 से लेकर 350 तक की विभिन्नता है। यद्यपि ये विद्यालय महानिरीक्षक कारावास के सामान्य अधीक्षण के अधीन कार्य संचालन करते हैं, तथापि प्रत्येक विद्यालय के पास अपनी निजी आगंतुक समिति उपलब्ध है, जिनमें एक सत्र न्यायाधीश, एक जिला मजिस्ट्रेट, जिला स्तरीय विद्यालय अधिकारी तथा 4 गैर-सरकारी सदस्यगण शामिल होते हैं। किसी भी अधिवासी को दो वर्षों से कम तथा पांच वर्षों से अधिक के लिए नहीं रखा जाता है। इस प्रकार, इन विद्यालयों में मात्र उन्हीं अपराधियों को ही भेजा जाता है, जिन्हें तीन वर्षों से अधिक की अवधि प्रदान की गई हो। प्रत्येक विद्यालय गृहों में विभाजित होता है तथा प्रत्येक गृह का अपना एक गृहस्वामी होता है। प्रत्येक गृह को आगे और समूहों में विभाजित कर दिया जाता है और प्रत्येक समूह का एक निगरानीकर्ता होता है। इन निगरानीकर्ताओं का चयन स्वयं अधिवासियों के बीच से ही किया जाता है। इन विद्यालयों में एक श्रेणीकरण की व्यवस्था भी होती है जैसे : साधारण, स्टार तथा विशिष्ट स्टार श्रेणियाँ। जो अधिवासी नियमों का उल्लंघन करते हैं, उन्हें दंडात्मक श्रेणी में अवनत कर दिया जाता है, किन्तु सामान्य मामलों में, उन्हें एक से दूसरी श्रेणी में प्रोन्नत किया जाता रहता है। कोई भी अधिवासी विद्यालय से रिहा किए जाने का पात्र तब तक नहीं होता, जब तक कि वह विशिष्ट स्टार श्रेणी न प्राप्त कर चुका हो। विद्यालय में प्रवेश के समय पर उसे पहले तीन महीनों तक प्रेक्षित किया जाता है, तथा कुछ साधारण कार्य जैसे बागवानी आदि दिए जाते हैं। साधारण श्रेणी में रखे जाने के दौरान उसे कुछ प्रशिक्षण कार्यक्रम सौंपे जाते हैं, जो उसकी शिक्षा एवं क्षमताओं पर आधारित होते हैं। प्रत्येक प्रोन्नति के साथ कुछ आजादी तथा अधिक अधिकार जुड़े होते हैं। दैनिक दिनचर्या में दो घंटों की प्राथमिक शिक्षा तथा 5-6 घंटों का रोजगारपरक प्रशिक्षण शामिल होता है। प्रत्येक अधिवासी को अपने घर जाने के लिए एक वर्ष में 15 दिनों का अवकाश प्रदान किया जाता है। सामान्यतः, अधिवासी अपने परिवार के सदस्यों के साथ पत्राचार तथा उनकी मुलाकातों के द्वारा निरंतर उनके संपर्क में बना रहता है। कुछ विद्यालयों के द्वारा पंचायत प्रणाली का सृजन भी किया गया है, तथा इस प्रकार उन्होंने अधिवासियों को विद्यालयों के प्रबंधन के साथ सम्बद्ध कर दिया है। अनेक मामलों में, अधिवासियों को विद्यालय में उनकी अवधि पूर्ण होने के पूर्व भी रिहा किया गया है। बाल सुधार गृह से रिहाई के पूर्व रिहाईयुक्त कैदी सहायता समिति को सूचित किया जाता है ताकि वे रिहा किए गए अधिवासी के लिए रिहाई के बाद की देखभाल का कार्यक्रम निर्धारित कर सकें।

### *परिवीक्षा छात्रावास/गृह (Probation Hostels/Homes)*

ये संस्थाएं अपराधियों के परिवीक्षा अधिनियम (Probation of offenders Act) के अन्तर्गत स्थापित हुईं और उनका काम उन अपराधियों का, जो परिवीक्षा पर रिहा किए गए हैं और जो परिवीक्षा अधिकारी के पर्यवेक्षण में रहते हैं, आवासीय देख-भाल और उपचार करना है। निवासियों को बाजार जाने की और पसन्द की नौकरियां करने में पूर्ण स्वतंत्रता प्रदान की जाती है।

सब प्रकार की बाल संस्थाओं का मूल्यांकन यह बतलाता है, कि यद्यपि निवासियों की जीवन शैली संतोषजनक है और उन्हें अधिक स्वतंत्रता दी जाती है, परन्तु संस्थाओं में भीड़-भाड़ रहती है, प्रबन्ध का केन्द्रीयकरण है, प्रशिक्षण कार्यक्रम अत्यन्त रूढ़िवादी है और व्यक्तियों पर व्यक्तिगत ध्यान नहीं दिया जाता है। उनके लिए बजट का आवंटन भी बहुत कम है। बाल सुधारक संस्थाओं के मूल्यांकन के लिए 1968 में एस.डी. गोखले के निर्देशन में इंडियन काउन्सिल ऑफ सोशल वैलफेयर ने एक अध्ययन किया था। इस अध्ययन में (1969: 83-89), 1958 और 1963 के बीच रिहा किए गए 229 निवासियों का साक्षात्कार लिया गया। उसमें यह पाया गया कि (1) इन संस्थाओं में दिया गया प्रशिक्षण निवासियों को नौकरी मिलने में सहायक नहीं होता, (2) संस्थाएं औपचारिक स्कूल/कालेज शिक्षा के लिए सुविधाएं उपलब्ध नहीं करतीं, (3) परामर्श और प्रकरण-कार्य (case-work) सुविधाएं अपर्याप्त

हैं, (4) निवासियों पर व्यक्तिगत ध्यान नहीं दिया जाता, और (5) संस्थाओं के पास सीमित बजट होता है, जिससे पर्याप्त योजना नहीं बन पाती।

सामाजिक रूप से बाधित (handicapped) बच्चों के लिए राजस्थान में 27 संस्थाओं (जिनमें बाल सुधार गृह, अवलोकन गृह, परिवीक्षा गृह और बाल गृह सम्मिलित है) के 1975-76 में एम.एस. बेदी द्वारा किए गए अध्ययन ने भी यह बतलाया कि (1) संस्थाओं की सुविधाओं का पूरी तरह उपयोग नहीं किया जाता और उनके अधिभोग (occupancy) की दर उनकी क्षमता से कही कम हैं, (2) व्यावसायिक प्रशिक्षण की गुणवत्ता और विषय वस्तु बहुत कम है। वह एक निवासी को संस्था से रिहा करने के उपरान्त उसे आर्थिक रूप से पुनर्निवासित होने में सक्षम नहीं बनाती, (3) निवासियों के लिए जगह और भौतिक सुविधाएं केन्द्रीय समाज कल्याण बोर्ड द्वारा निर्धारित प्रतिमानों से बहुत कम है, (4) संस्था में रहने की अवधि में सुरक्षा सेवाएं (तगड़े और आक्रामक निवासियों के विरुद्ध एवं साथी निवासियों द्वारा समलिंगकामी (homosexual) आक्रमण के विरुद्ध एवं खाने की एवं अन्य चीजों को छीनने के विरुद्ध) और संस्था से रिहा होने के बाद (पुराने सहापराधियों, पुलिस उत्पीड़न और अनैतिक, अवैध व्यापारियों के विरुद्ध) उपलब्ध नहीं कराई जाती, और (5) निवासियों को परिवार के सदस्यों, सम्बन्धियों और मित्रों के साथ सम्पर्क रखने की सुविधाएं अपर्याप्त हैं।

## निवारक कार्यक्रम (Preventive Programmes)

बाल अपराध प्रमुख रूप से एक शहरी तथ्य है, इसलिए बाल अपराध को रोकने के लिए और खास तौर से शहरी जीवन की जटिलताओं के कारण निजी और सरकारी ऐजेन्सियों को इसमें शामिल करना पड़ेगा।

बाल-अपराध के रोकने के लिए तीन उपागम हैं : (1) ऐसी गतिविधियों का आयोजन करना जो बच्चों के व्यक्तित्व का स्वस्थ विकास करें और उनका समायोजन करें, (2) बच्चों के ऐसे वातावरण को नियंत्रित करें जो बाल-अपराध में योगदान देता है, और (3) बच्चों के लिए विशेष निवारक सेवाएं आयोजित करें। पहला उपागम बाल-अपराध के रोकने को इनसे जोड़ता है : (i) समाज के संस्थात्मक ढांचे में व्यापक सुधारों से ; उदाहरण के लिए, परिवार, पड़ोस, स्कूल में सुधार (ii) निर्धनता से ग्रसित परिवारों के आय स्तरों को ऊंचा उठाना, (iii) बच्चों को नौकरी के अवसरों को उपलब्ध करना, (iv) स्कूलों को स्थापित करना, (v) नौकरी की स्थितियों को सुधारना, (vi) पड़ोस में मनोरंजन की सुविधाएं उपलब्ध कराना, (vii) वैवाहिक संबंधों को पारिवारिक परामर्श सेवाओं के माध्यम से सुधारना, (viii) अन्य उपायों के साथ नैतिक और सामाजिक शिक्षा प्रदान करना। दूसरे प्रकार की निवारक गतिविधियों में सम्मिलित सामुदायिक संगठन, कल्याण और बच्चों की देख-रेख करने वाली ऐजिन्सियां हैं। तीसरे प्रकार की निवारक गतिविधियों में परिवीक्षा और पैरोल की सेंवाएं, मान्यता प्राप्त एवं बोर्स्टल स्कूल, बाल गृह, परिवीक्षा छात्रावास, आदि है। निवारक कार्यक्रमों का भी इस प्रकार वर्गीकरण किया गया है (टोजनोविज, 1973: 188) : (1) विशुद्ध (pure) निवारण या प्राथमिक निवारण, जो कि बाल-अपराध को उसके होने से पहले रोकता है, और (2) पुनर्निवासीय निवारण या द्वितीय निवारण जो उन बच्चों के लिए हैं जिन्हें न्यायालय बाल-अपराधी घोषित कर चुका है।

पीटर लेजिन्स (1967: 3) ने निवारक कार्यक्रमों का इस प्रकार वर्गीकरण किया है : (1) दण्डात्मक (punitive) निवारण, (2) दोष निवारक (corrective) निवारण, और (3) भौतिकीय (mechanical) निवारण। पहला दण्ड की धमकी है, जो इस विचार पर आधारित है कि दण्ड अपराधिक कार्यों को रोक देगा; दूसरा उस प्रयास की ओर संकेत करता है जो कि संभावित (potential) कारणों को अपराधी व्यवहार के वास्तविक रूप से होने से पहले ही हटा देता है; और तीसरा संभावित अपराधी के मार्ग में बाधाएं (जैसे अधिक सुरक्षा के उपायों या अधिक पुलिस सुरक्षा) डालने पर बल देता है, जिससे कि उसे अपराध करने में कठिनाई हो।

बाल अपराध के निवारण के लिए भारत में पचास और अस्सी के दशकों के बीच और नब्बे दशक के आरंभिक वर्षों में ये ऐजेन्सियां कार्यरत थीं : जैसे, स्वयंसेवी बाल संस्थाएं जो बाल कल्याण को देखती थीं,

स्कूल, समाज कल्याण विभाग, उद्धार गृह, अनाथालय और मनश्चिकित्सा केन्द्र। स्वयंसेवी संगठनों के प्रयत्न कम समन्वित (coordinated) थे, जबकि सरकारी विभागों के अधिक नियोजित एवं सुव्यवस्थित रूप से आयोजित थे।

सरकारी संस्थाओं (बाल गृह, मान्यता प्राप्त स्कूल आदि) के पुनर्वासीय निवारण के लिए कार्य प्रणाली का अधिनिरीक्षण पिछले पृष्ठों में दिया जा चुका है (संस्थाओं में अभिरक्षा की परिचर्चा के साथ)। यहां हम विशुद्ध निवारण कार्यक्रमों की संक्षेप में चर्चा करेंगे। सबसे महत्वपूर्ण क्षेत्र, जहां सरकार को शिक्षा, मनोरंजन और व्यावसायिक प्रशिक्षण की सुविधाएं बाल-अपराधों को रोकने के लिए उपलब्ध कराने की आवश्यकता है, शहरों में गंदी बस्तियों के क्षेत्र हैं। बड़े शहरों में जनसंख्या का एक बड़ा भाग गंदी बस्तियों में रहता है। यदि थ्रेशर, शॉ और मैके, कोहेन एवं क्लोवार्ड और ओहलिन की पर्यावरण से बाल अपराधों की सीखने और पड़ोस की संसक्तिशीलता (cohesiveness) के अभाव से संबंधित सिद्धान्तों का कुछ औचित्य है, तो यह आवश्यक है, कि सरकार इन क्षेत्रों में बच्चों के कल्याण के लिए और उनके सामुदायिक जीवन में अच्छे समाकलन के लिए कुछ कार्यवाही करे।

परिवार एक दूसरी संस्था है, जिसकी ओर अधिक ध्यान देना आवश्यक है। बाल-अपराध में कार्यात्मक अपर्याप्त परिवारों, संरचनात्मक रूप से अधूरे या छिन्न-भिन्न परिवारों, निर्धन परिवारों, अनैतिक परिवारों और अनुशासन विहीन परिवारों की भूमिका को पहले ही सविस्तार प्रतिपादित किया जा चुका है। जब तक इन विघटित परिवारों को पुनः संघटित नहीं किया जाता, जब तक पर्यावरण संबंधी चिकित्सा उपलब्ध नहीं कराई जाती, तब तक कुण्ठित और भावात्मक रूप से विक्षुब्ध बच्चों को अपराधियों से संबंध स्थापित करने से नहीं रोका जा सकता।

पुलिस द्वारा बच्चों के लिए चलाई जा रही मनोरंजन इकाईयां एक नई अवधारणा है। मुम्बई और देहली जैसे नगरों में पुलिस विभाग की बाल इकाईयों ने इन कार्यों को अपने हाथ में लिया है। इसी प्रकार से पुलिस और स्कूल के बीच सम्पर्क कार्यक्रम पुलिस और बच्चों के बीच विद्वेष और पारस्परिक संशय (suspicion) को समाप्त करने, पुलिस की अध्यापकों को समस्यात्मक युवाओं से निबटने में सहायता करने, और सामान्यतः पुलिस की छवि को सुधारने में सफल होगा।

मादक पदार्थों के सेवन के हानिकारक प्रभावों के बारे में भ्रामक सामाजिक व्यवहार में लिप्त होने के बारे में बच्चों को शिक्षित करना बाल-अपराध को रोकने का एक अन्य उपाय है। पिछले वर्षों में मादक पदार्थों का व्यसन स्कूल के बच्चों और गंदी बस्तियों के रहने वालों में बढ़ गया है। ऐसे बच्चों को जो मादक पदार्थों का प्रयोग कर रहे हैं, परामर्श सेवाएं उपलब्ध कराना, विशेष रूप से अवैध मादक पदार्थों के प्रयोग और सामान्यतः बाल-अपराध का सामना करने में, एक प्रभावी उपाय होगा।

भगोड़े बच्चों के लिए कायक्रमों पर भी ध्यान देना आवश्यक है। इन बच्चों के लिए कर्मचारियों की सहायता और निर्देशन से अपनी स्वयं की स्थितियों पर विचार करने का अवसर प्रदान करने के लिए बड़े नगरों और कस्बों में गृहों (homes) को स्थापित करने की आवश्यकता है। ये गृह भागे हुए बच्चों और उनके माता-पिता एवं अभिभावकों के बीच वास्तविक सम्पर्क को बढ़ावा देने में सहायक हो सकते हैं, जिससे कि गंभीर समस्याओं का निवारण हो सके।

इससे यह निष्कर्ष निकाला जा सकता है कि बाल-अपराध के रोक और नियन्त्रण के सभी पहलुओं के बारे में एक सही सरकारी नीति के लिए सूक्ष्म अन्वेषण पद्धतियों के द्वारा योजना एवं मूल्यांकन दोनों की आवश्यकता है। इसके लिए सरकारी ऐजेन्सियों, विश्वविद्यालयों, पुलिस, न्यापालिका और सामाजिक कार्यकर्ताओं के बीच समन्वय भी आवश्यक है।

## REFERENCES

Abrahamsen, David, *The Psychology of Crime*, Columbia Press, New York, 1960.

Becker, Howard S., *Social Problems: A Modern Approach*, John Wiley & Sons Inc., New York, 1966.

Berman, Sidney, "Anti-social Character Disorder", in Ruth S. Cavan (ed.), *Readings in Juvenile Delinquency*, J.B. Lippincott and Co., Philadelphia, 1964.

Cloward, Richard and Ohlin, Llyod E., *Delinquency and Opportunity: A Theory of Delinquent Gangs*, The Free Press, Glencoe, Illinois, 1960.

Cohen, Albert, *Delinquent Boys: The Culture of the Gang*, The Free Press, Glencoe, Illinois, 1960.

*Crime in India*, National Crime Records Bureau, New Delhi, 2011.

Giallombardo, Rose, *Juvenile Delinquency*, John Wiley & Sons Inc., New York, 1960.

Gibbons, Don C., *Deviant Behaviour* (2nd edn), Prentice Hall Inc., Englewood Cliffs, New Jersey, 1976.

Glueck, Sheldon and Glueck, E., *Delinquents and Non-Delinquents in Perspective*, Harvard University Press, Cambridge, 1968.

Gokhale, S.D., *Impact of Institutions on Juvenile Delinquents*, United Asia Publications Ltd., Bombay, 1969.

Knadten, Richard D. and Schaper, Stephen, *Juvenile Delinquency: A Reader*, Random House, New York, 1970.

Lejins, Peter, "The Field of Prevention", in William Amos and Charles Welfond (eds), *Delinquency Prevention Theory and Practice*, Prentice Hall, New Jersey, 1967.

Matza, David, *Delinquency and Drift*, John Wiley & Sons Inc., New York, 1964.

Merton, Robert K., *Social Theory and Social Structure*, The Free Press, Glencoe Illinois, 1957.

Miller, Walter, "Lower Class Culture as a Generating Milieu of Gang Delinquency", *Journal of Social Issues*, No. 3, 1958.

Monahan, Thomas P., "Family Status and the Delinquent Child", *Social Forces*, Vol. 35, No. 3, 1957.

Neumayer, Martin H., *Juvenile Delinquency in Modern Society*, D. Van Nostrand co., Inc., 1977.

Peterson, D.R. and Becker, W.C., "Family Interaction and Delinquency", in Herbert C. Quay (ed.), *Juvenile Delinquency*, Van Nostrand, Princeton, 1965.

Rao, Venugopal, *Juvenile Delinquency: Role of the Police*, working paper in a seminar organized by CBl, Ministry of Home Affairs, Delhi, November 25–27, 1965.

Reckless, Walter G., *Handbook of Practical Suggestions for the Treatment of Adult and Juvenile Offenders*, Government of India, New Delhi, 1956.

Shaw, Clifford and McKay, Henry D., *Social Factors in Juvenile Delinquency*, U.S. Government Printing Office, Washington, 1931.

—, *Juvenile Delinquency and Urban Areas*, The University of Chicago Press, Chicago, 1942.

Tappan, Paul W., *Crime, Justice and Correction*, McGraw Hill, New York, 1960.

Thrasher, Frederick, *The Gang*, The University of Chicago Press, Chicago, 1936.

Trojanowicz, Robert C., *Juvenile Delinquency: Concepts and Control*, Prentice Hall Inc., Englewood Cliffs, New Jersey, 1973.

# 16

# घरेलू हिंसा

## Domestic Violence

एक घर, जो महिला के लिए सबसे सुरक्षित जगह होनी चाहिए, वहां उसे किसी निकट व्यक्ति, जिस पर वह सबसे ज्यादा भरोसा करती है, से हिंसा और आतंक का सामना करना पड़ता है। यदि ऐसा होता है तो उसे घरेलू, हिंसा की श्रेणी में रखेंगे। ये महिलाएं शारीरिक एवं मानसिक दोनों स्तरों पर भुगतती हैं। वे अपने व अपने बच्चों के निर्णय लेने में, रक्षा करने में असमर्थ हो जाती हैं। आगे के परिणामों के डर से अपनी व अपने बच्चों की रक्षा हेतु अपनी आवाज नहीं उठा पाती और कभी-कभी तो अपने बुनियादी मानव अधिकारों तक से वंचित रह जाती है।

### परिभाषा (Definition)

घरेलू हिंसा की परिभाषा उस संदर्भ पर निर्भर करती है, जिसमें इस शब्द का प्रयोग किया जाता है। आम भाषा में यह हिंसा या शारीरिक शोषण है, पति या साथी द्वारा, एक महिला के विरुद्ध एक आदमी द्वारा की जाती हो। इन्नोसेंटी डाइजेस्ट (जून 2000) के अनुसार, एक तरह की हिंसा जो साथी और अन्य पारिवारिक सदस्यों द्वारा कहीं भी, किसी भी रूप में की जाती हो।

गनले और चेस्टर (1996) के अनुसार, 'घरेलू हिंसा' एक आक्रामक और हिंसक व्यवहार का पैटर्न है, जिसमें शारीरिक, यौनिक, वाणी और मनोवैज्ञानिक साथ ही आर्थिक शोषण शामिल है, जो वयस्क या किशोर अपने अंतरंग साथी का करते हैं।

एक अन्य स्रोत (www.domesticviolence.org) के अनुसार, घरेलू हिंसा और भावनात्मक शोषण का व्यवहार इस रूप में वर्णित है, कि एक रिश्ते में व्यक्ति दूसरे को नियंत्रित करता है। साथी शादीशुदा या अविवाहित, विषमलैंगिक लड़के या लड़कियां एक साथ या अलग रहते हैं, हो सकते है। शोषण के उदाहरण हैं : (i) नीचा दिखाना, (ii) साथी को परिवार या दोस्तों में संपर्क करने से रोकना, (iii) पैसे की रोक, (iv) साथी को नौकरी करने से रोकना, (v) शारीरिक हानि पहुंचाना या धमकी देना, (vi) यौन उत्पीड़न, (vii) पीछे से धमकी देना। (viii) अन्य व्यक्ति या रिश्तेदारों से प्रताडित करवाना।

कोई भी उम्र, लिंग, जाति, संस्कृति, धर्म, शिक्षा, रोजगार या वैवाहिक स्थिति की हो ऐसी हिसां का शिकार हो सकता है। हालांकि पुरुष और महिला दोनों शिकार हो सकते हैं, लेकिन इनमें ज्यादातर में महिलाएं हैं। हाल ही में विश्व स्वास्थ्य संगठन (WHO) द्वारा किये गये शोध (2013) में लंदन स्कूल ऑफ हाइजिन और साउथ अफ्रीकन मेडिकल रिसर्च काउंसिल ने बताया कि 15 वर्ष और अधिक उम्र की 30 प्रतिशत महिलाएं शारीरिक और यौन उत्पीड़न यंत्रणा से गुजरती हैं, ये शोषण उनके साथी द्वारा किया जाता है। शोषण के प्रकार और प्रतिशत प्राय: व्यापक रूप से भिन्न है। उदाहरण के लिए मध्य अफ्रीका के उप सहारा में 2/3 प्रतिशत महिलाएं पीड़ित हुई। उत्तरी अमेरिका में हर पांच में से एक महिला अपने अंतरंग साथी/पति/प्रेमी द्वारा हिंसा की शिकार है।

अध्ययन के अनुसार महिलाओं के अलावा घरों में बच्चों के साथ भी घरेलू हिंसा/दुर्व्यवहार/शोषण हो रहा है या वे उपेक्षा के शिकार हो रहे हैं। यदि एक बच्चे को शारीरिक रूप से नुकसान नहीं पहुंचाया है, तो वह भावनात्मक और व्यवहार की समस्याओं से पीड़ित हो सकता है।

## दुर्व्यवहार के प्रकार (Types of Abuse)

वर्तमान शोध बताते हैं, कि परिवार में विभिन्न प्रकार के दुर्व्यवहार हो सकते हैं। यह आपराधिक हो सकते हैं, जिसमें शारीरिक उत्पीड़न (मारना, धक्का देना, shoving आदि) यौन शोषण (अवांछित या मजबूरी में की गई यौन गतिविधि)। इसके अलावा भावनात्मक/मनोवैज्ञानिक/आर्थिक/वित्तीय दुरुपयोग भी आपराधिक हिंसा में शामिल हैं।

### *शारीरिक (Physical)*

जब हम घरेलू हिंसा के बारे में बात करते हैं, तो ज्यादातर लोगों के मन में शारीरिक हिंसा की बात पहले आती है। WHO नेटवर्क के VPA (वायलैंस प्रीवेन्शन एलाइन्स) जो हिंसा की रोकथाम के लिए अन्तर्राष्ट्रीय संगठन के रूप में समाज के नागरिकों के लिए कार्यरत है, वह शारीरिक हिंसा को इस तरह परिभाषित करता है 'शारीरिक बल या शक्ति का किसी अन्य व्यक्ति/समूह या समुदाय के खिलाफ वास्तविक रूप सें या धमकी देकर चोट, मृत्यु, मनोवैज्ञानिक नुकसान के परिणामों में इस्तेमाल करना।' इसमें शारीरिक पीड़ा दर्द, चोट, धमकी, या शारीरिक दर्द की भावनाओं को पैदा करने के उद्देश्य का व्यवहार शामिल है। इस तरह के कृत्यों में मारना, धक्का देना, थप्पड़ मारना, शारीरिक नुकसान पहुंचाना आदि शारीरिक शोषण में शामिल हैं। जीने के लिए आवश्यक कार्यों से वंचित करना या करने के लिए मजबूत करना, मर्जी के खिलाफ दवा/शराब का सेवन करने में संलग्न करना।

### *यौन (Sexual)*

किसी को धमकी, शारीरिक बल द्वारा कुकर्म करने के लिए मजबूर करना। बलात्कार करना। किसी भी अवांछित यौन गतिविधियों में संलग्न करना। अधिनियम के अन्तर्गत एक पति या पत्नी का अंतरंग साथी अगर आम सहमति या इच्छा के विरुद्ध यौन गतिविधियां व हिंसा करता है, तो वह हिंसा है। अवांछित यौन टिप्पणी, कामुकता, किसी भी व्यक्ति द्वारा बलात्कार के खिलाफ है। यौन हिंसा केवल अजनबियों के बीच हो जरूरी नहीं। वास्तव में अधिकतर बलात्कार जानने वाले व्यक्तियों के बीच होता है। कई देशों में कानून अपनी पत्नी को यौन संबंध के लिए मजबूर करने के भी विरुद्ध है। यह वैवाहिक बलात्कार कहा जाता है। अन्य रूपों में यौन गतिविधि (मौखिक सेक्स, समलैंगिकता आदि) के लिए मजबूर करना, जानवरों के साथ यौन संबंध के लिए मजबूर करना शामिल है। जबरन यौन गतिविधियों में शामिल करना इत्यादि भी यौन हिंसा माना जाता है।

### *भावनात्मक/मनोवैज्ञानिक (Emotional/Psychological)*

भावनात्मक शोषण जिसे मानसिक शोषण भी कहा जाता है, निजी या सार्वजनिक रूप से अपमानजनक व्यवहार करने को कहते हैं। यह किसी भी रूप में हो सकता है, उसे कमतर महसूस कराना, ब्लैकमेल करना, दोस्तों, परिवार के सामने नीचा दिखाना, जानबूझकर उसे पैसे या अन्य बुनियादी संसाधनों और आवश्यकताओं से दूर करना, उसकी स्वतंत्रता और खुशी को नकारकर उसे चोट पहुंचाना। भावनात्मक शोषण में मौखिक दुर्व्यवहार भी शामिल है, जो इस रूप में परिभाषित किया गया है कि धमकी भरा व्यवहार, पीड़ित के आत्मसम्मान/या स्वतंत्रता को नियंत्रित करना। इस धमकी में सार्वजनिक अपमान, चोट या नुकसान पहुंचाना रिश्ता छोड़ने

या मान डालने की बात, पीड़ित को लगातार आलोचना, कोसना आत्मसम्मान को नुकसान पहुंचाना, अन्य रूपों में भावनात्मक शोषण शामिल है।

भावनात्मक रूप से दूसरे भी महत्वपूर्ण हैं, जितने स्वयं और खुद अपने मालिक हैं पर दूसरे व्यक्ति को यह महसूस कराना कि वे नहीं हैं, उन पर नियंत्रण करना दुर्व्यवहार करना है। अक्सर भावनात्मक हिंसा के दौर से गुजर रही महिलाओं या पुरुषों को, जो अवसाद से ग्रस्त होते हैं, आत्महत्या का जोखिम, नशीली दवाओं और शराब आदि के सेवन की लत पड़ जाती है।

### *आर्थिक/वित्तीय (Economic/Financial)*

आर्थिक या वित्तीय हिंसा का एक रूप है, जब एक अंतरंग साथी के आर्थिक संसाधनों का अन्य साथी द्वारा उपयोग में लेना/या ये हो सकता है कि एक पति द्वारा अपने आर्थिक संसाधनों के दोहन को रोकने या उपयोग की मात्रा सीमित करने के पीछे का मकसद शोषण की शिकार की क्षमता कम करना हो। इस प्रकार उसे मजबूर करना कि शिक्षा प्राप्त करने, कॅरिअर में आगे बढ़ने से रोकना, रोजगार खोजना, संपत्ति प्राप्त करने से रोकना। इसके अलावा प्रताड़ित करने के और भी तरीके जैसे उसके पैसे खर्च/बचत पर नजर रखना, बिना उसकी सहमति के उसके संसाधनों को खर्च करना।

उपर्युक्त के अलावा देश के अनुसार घरेलू हिंसा के अनेक रूप हैं, जैसे एसिड फेंकना या हमला, दुल्हन को जलाना, दहेज के लिए हत्या करना आदि अपराधों की विस्तार से चर्चा अलग से अध्याय में की गई है।

### कारक तत्व (Causative Factors)

घरेलू हिंसा के कई कारण हैं। मुख्य रूप से यह पितृसत्ता के आधारभूत ढांचे के कारण व्यक्तित्व लक्षण और मानसिक व्यवहार से यानी सामाजिक, मनोविज्ञान से जुड़ा है। यह कई कारणों जैसे परिवार संरचना, व्यवहार आदि से हो सकता है–

(1) माता–पिता, समाज का व्यवहार, बचपन से देखना,
(2) पिछले कई अनुभवों से रिश्तों में दुर्व्यवहार करना,
(3) क्रोध या परपीड़न के मनोवैज्ञानिक विकार,
(4) वैवाहिक बंधन में असुरक्षा की भावना,
(5) काम पर हताशा

घरेलू हिंसा के अन्य कारणों में महिलावादी समाजशास्त्री जैसे बुजावा एवं बुजावा (शीरवाडकर 2009: 145 से उद्धत) ने समाज में सत्ता का असमान वितरण, नीचा पद या पुरुष के अधीनस्थ पद होना। उनके अनुसार लिंग आधारित भूमिकाओं का ऐतिहासिक व सामाजिक स्वीकृति का होना घरेलू हिंसा में महिलाओं के प्रति आक्रामकता में योगदान देती है।

महिलाओं के खिलाफ हिंसा के व्यापक संदर्भ में संयुक्त राष्ट्र आयोग ने अपनी वियना घोषणा में कहा कि हिंसा के चार सामान्य कारण मौजूदा अनुभवजन्य साख्य से तैयार किये जा सकते हैं–

- परिवार में हिंसा मुख्य रूप से पुरुषों द्वारा महिलाओं पर होती है।
- परिवार और समाज में हिंसा की शिकार महिलाएं (कमजोर लिंग), कम या अधिक उम्र (बच्चे, बुजुर्ग), शारीरिक अक्षमता (विकलांग) हो सकते हैं।
- आर्थिक, रोजगार, प्रकृति की निर्भरता आदि असंतुलन के कारण है।
- हिंसा करने वाला अपराधी पीड़ित के बुनियादी मानवीय सम्मान यथा मौलिक स्वतंत्रता, शांति और सुरक्षा का अधिकार को कायम रखने में विफल रहता है।
- हिंसा हमेशा विभिन्न रूपों में मौजूद है पर पिछले एक दशक के दोनों परिमाण के मामले में एक गंभीर मुद्दा होना स्वीकार किया गया।

घरेलू हिंसा पर बहस को बड़े पैमाने पर नहीं लाया जा रहा, क्योंकि यह मुख्य रूप से व्यक्ति की निजी प्रकृति की बात है और परिवार के भीतर हल किया जाना है।

हाल ही में लोकप्रिय रियलिटी टेलीविजन शो 'सत्यमेव जयते' ने 'घर पर खतरे' शीर्षक से इस प्रकरण को मुद्दा बनाते हुए पूरा एक शो दिया। मीडिया और समाज को कई चौंकाने वाले तथ्यों से अवगत कराया। दो में से एक भारत सरकार स्वास्थ्य और परिवार कल्याण और योजना आयोग के अलग-अलग अध्ययन से पता चला कि भारत में घरेलू हिंसा की शिकार महिलाएं 80 से 40 फीसदी के बीच हैं। (www.satyamevjay.in/issue07/learnmore22Aug2013)

## समाधान के लिए दृष्टिकोण (Coping Mechanism)

घरेलू हिंसा सूक्ष्म व जटिल घटना है, इसके समाधान के लिए विश्लेषणात्मक दृष्टिकोण की आवश्यकता है। घरेलू हिंसा में महिलाओं की आर्थिक निर्भरता को प्रभावित करने वाले कारकों, जोखिम और कामुकता के मुद्दे, व्यावहारिक दृष्टिकोण, राज्य, न्यायपालिका और समाज की नीति को कानून की भूमिका के साथ पेश किया गया है। शादी और परिवार के व्यापक दृष्टिकोण को देखते हुए इस बुराई का साथ मुकाबला मुश्किल हो जाता है।

निजी क्षेत्र में राज्य और न्यायपालिका हस्तक्षेप नहीं कर सकते अत: वैकल्पिक स्थिति में समाजशास्त्रीय दृष्टिकोण की खोज को प्रेरित किया जाता है। वर्तमान में नारीवादी समूहों या गैर सरकारी संगठनों द्वारा कानूनी परामर्श और कल्याण उन्मुख सेवायें व सहायता, घरेलू हिंसा की शिकार महिलाओं को प्रदान की जाती है। लेकिन इस तरह की सेवायें समस्या की विशाल प्रकृति को ध्यान में रखते हुए सीमित है। इसके अलावा ये सेवायें सक्रिय नहीं हैं जब तक वे यह सहायता एक औरत के दृष्टिकोण के अनुसार प्रदान नहीं करते। इस संबंध में पर्याप्त शोध नहीं हो रहा है कि महिलाओं में घरेलू हिंसा का क्षेत्र समष्टि के माध्यम से अर्थात् स्वयं सहायता समूहों के अनुसार देखा जाए। (शीरवाडकर 2009: 238-40)

रंजना कुमारी शीरवाडकर (2009: 220-21) के अनुसार घरेलू हिंसा का मुकाबला करने के लिए प्रजातंत्रीय संस्थान चाहिए। इस संबंध में तीन चरण हो सकते हैं : (1) परिवार की अनुमति के बीच लिंगों में कोई भेदभाव न होना और महिलाओं को निर्णय लेने में बराबर का भागीदार होना, (2) कोई भेदभाव नहीं होना, (3) राज्य में महिलाओं का बराबर का प्रतिनिधित्व।

पोनाचा (शीरवाडकर 2009: 25-26) अपने शोधपत्र में लिखते हैं: 'घरेलू हिंसा से निबटने के लिए मोटे तौर पर रणनीतियां तीन तरीके से की जा सकती हैं– शोध एवं प्रलेखन, सामाजिक प्रतिक्रिया और पीढ़ियों की जागरूकता। पहला कदम हिंसा की प्रकृति के अध्ययन हेतु शोध और प्रलेखन कार्य। यह हिंसा के सामाजिक विश्लेषण और कानूनी प्रणाली के उपयोग और सीमाओं की व्याख्या करता है, साथ ही संगठन के सामाजिक कार्यकर्ता और फील्ड स्टाफ के द्वारा निवारक रणनीतियां अपनाया जाना क्या संभव हो सकेगा, इसकी भी विवेचना करता है। दूसरा हिंसा की रोकथाम के लिए सामाजिक कार्य यथा हिंसा की शिकार महिलाओं के लिए रोजगार अवसर और कौशल प्रशिक्षण। यह महिला सशक्तिकरण के साथ ही उन्हें उनके अधिकारों की जानकारी देना और सरकार द्वारा चलाये जा रहे कल्याणकारी कार्यक्रमों से अवगत रखना है। और अंत में पीढ़ियों में जागरूकता कार्यक्रम जिसके अंतर्गत मीडिया अभियान और प्रचार कार्यक्रमों के द्वारा महिला अधिकारों को फैलाना जो लिंग आधारित कानून और आपराधिक न्याय प्रणाली की पुनर्रचना कर सके।'

पोनाचा आगे लिखते हैं 'प्रतिक्रियाशील उपाय भी तीन रूप में वर्गीकृत किया जा सकता है : (1) केस और अनुभवों का शोध एवं प्रलेखन, कानूनी प्रणाली और केस जांचने की प्रक्रिया की खामियों को समझने के लिए। (2) पीड़ित को भावनात्मक, आर्थिक और कानूनी समर्थन देना ताकि वो अपने और बच्चों के जीवन का पुनर्निर्माण करने में सक्षम हो सके। (3)

घरेलू हिंसा के खिलाफ पूरे समुदाय की लामबंदी, एकजुट करने के उपाय ताकि पीड़ित महिला को समर्थन मिल सके। साथ ही आश्रय स्थल, अल्पकालिक घर, कानूनी सहायता एवं परामर्श तथा बच्चों की देखभाल सुविधाओं की भी जरूरत है।

## भारतीय परिप्रेक्ष्य (The Indian Scenario)

यह सचमुच आश्चर्य की बात है, कि शिक्षा और जागरूकता के प्रसार के बावजूद घरेलू हिंसा पूरी दुनिया में बढ़ रही है। विश्व स्वास्थ्य संगठन (WHO) के अध्ययन यह बताते हैं, कि पूरी दुनिया के सभी देशों में घरेलू हिंसा मौजूद है। भारत में भी सभी प्रकार के शोषण, घरेलू हिंसा के रूप में सामान्यतः शामिल हैं, मसलन शारीरिक, यौनिक, वाचिक, भावनात्मक और आर्थिक। पहली बार 2005-2006 में राष्ट्रीय परिवार और स्वास्थ्य सर्वे-3 (NHFS-3) देश में घरेलू हिंसा की चिंता को आधिकारिक तौर पर दर्ज किया, उसके अनुसार :

- 3 में से एक महिला को पति द्वारा थप्पड़ मारे जाने की की रिपोर्ट है।
- 12 से 15 प्रतिशत बांह मोड़ने, धक्का देने, हिलाने, लात मारने, घसीटने या मारने या उन पर कुछ फेंका जाने की शिकायत दर्ज कराती है।
- 10 प्रतिशत पति द्वारा शारीरिक रूप से यौन संबंध के लिए मजबूर करने की शिकायत दर्ज करती हैं।
- सात में से एक विवाहित महिला पति द्वारा शारीरिक चोट देने की शिकायत दर्ज करती है।
- ज्यादातर महिलाओं ने पति द्वारा हिंसा का अनुभव विवाह के 2 वर्ष के भीतर किया है।

वर्ष 2012 में महिलाओं के खिलाफ अपराधों ने एक नई ऊंचाई को हुआ। लगभग 2,44,270 विवाद पंजीकृत हुए (NCR, भारत सरकार) जिनमें से 1,06,527 विवाद पति या उसके रिश्तेदारों की क्रूरता से संबंधित थे। लेकिन यहां यह उल्लेख करना भी प्रासंगिक है कि दर्ज केस केवल एक नोक का प्रतिनिधित्व करते है उन लाखों विवादों का जो पीड़ितों द्वारा सामाजिक और संस्थागत दबावों के चलते सामने नहीं लाये जाते। सबसे बुरी समस्या यह है, कि पीड़ित पीड़ा महसूस नहीं करते।

भारत में जिस तरह से महिलाओं का पालन किया जाता है, वह बताता है कि मात्र चौथाई महिलाएं ही पति द्वारा घरेलू हिंसा के जवाब में बाहर मदद तलाश करती हैं।

भारत में वर्ष 1983 में घरेलू हिंसा को आपराधिक श्रेणी में पहचाना गया। इंडियन पैनल कोड (IPC) की धारा 498-A के अंतर्गत घरेलू हिंसा से संबंधित दुर्व्यवहार का कृत्य पत्नी पर पति या उसके परिवार द्वारा किया जाता है। 2006 तक घरेलू हिंसा के लिए कोई अलग से कानून नहीं था। घरेलू हिंसा के साथ विशिष्ट जटिलताएं जुड़ी हैं। यह पारिवारिक मुद्दा है। महिलाओं के साथ दुर्व्यवहार के हर विवाद में पति को कैद या सजा देना सही नहीं है। दशकों की विचार-विमर्श प्रक्रिया और सुधार के बाद एक समेकित घरेलू हिंसा कानून जो घरेलू हिंसा से महिलाओं का संरक्षण अधिनियम, 2005 लाया गया जो 2006 से प्रभावी हुआ।

## *महिलाओं के संरक्षण हेतु घरेलू हिंसा अधिनियम, 2005 (Protection of Women from Domestic Violence Act, 2005)*

26 अक्टूबर, 2006 को महिलाओं को घरेलू हिंसा से बचाव के लिए अधिनियम लाया गया। इसका उद्देश्य ऐसी महिलाओं के संवैधानिक और वैधानिक अधिकारों का प्रभावी संरक्षण करना है, जो पारिवारिक हिंसा या घरेलू हिंसा की शिकार है। इस कानून की धारा-3 में घरेलू हिंसा से तात्पर्य व्यक्ति का ऐसा कार्य या आचरण या व्यवहार जो पीड़ित महिला के स्वास्थ्य, जीवन, शरीर-मन को क्षतिग्रस्त करता है चाहे वह शारीरिक/यौन/मौखिक/भावनात्मक या आर्थिक दुर्व्यवहार हो।

इस अधिनियम के मुख्य तत्व वैवाहिक बलात्कार को रोकना और पति अथवा साथी द्वारा भावनात्मक, शारीरिक या आर्थिक शोषण को रोकना है। संक्षेप में इस अधिनियम के मुख्य तत्व है :

- अधिनियम में साझा गृहस्थी या कौटुम्बिक गृह में रह रहे व्यक्तियों के बीच समरक्तता वैवाहिक, दत्तक नातेदारी या विवाह जैसे संबंधों में रह रही महिला और संयुक्त परिवार के सदस्य शामिल होते हैं। इस प्रकार लिव इन रिलेशन में रह रही महिलाओं को भी घरेलू हिंसा अधिनियम में संरक्षण प्रदान है। इसमें बहनें, विधवा, माताएं, आदि जो शोषक के साथ रह रही हैं, शामिल हैं।
- घरेलू हिंसा के अन्तर्गत शारीरिक, यौन, भावनात्मक, मौखिक, आर्थिक दुर्व्यवहार भी शामिल है। रिश्तेदारों द्वारा महिला का दहेज उत्पीड़न भी इसमें शामिल है।
- इस अधिनियम का एक मुख्य तत्व महिला को घर में सुरक्षा दिलाना है। एक औरत का अधिकार है सुरक्षित आवास। अधिनियम महिला को विकास का अधिकार प्रदान करता है, चाहे वह विवाहित है या साझा में रह रही है, उसका घर पर अधिकार है। अदालत द्वारा पारित किया गया आदेश एक औरत के निवास के आदेश के खिलाफ नहीं जा सकता।
- कानून के तहत घरेलू हिंसा अधिनियम अन्य किसी भी निदिष्ट अधिनियम की शक्ति से परिकल्पित सहायता या रास्ता हेतु है और महिला की सुरक्षा और उसे प्रताड़ित करने से रोकने के लिए है।
- कार्यस्थल पर दुर्व्यवहार भी घरेलू हिंसा में शामिल है या किसी ऐसे स्थान पर जहां शोषक और शोषित का आना-जाना हो। किसी सम्पत्ति जिसे दोनों द्वारा प्रयोग में लाया जाता हो, को नुकसान पहुंचाना इत्यादि।
- अधिनियम महिला को सहायता प्रदान करने के लिए संरक्षक अधिकारी की नियुक्ति, गैर सरकारी संगठनों द्वारा सहायता, कानूनी सहायता, सुरक्षित आश्रय प्रदान करता है।
- अधिनियम के अंतर्गत आदेश का उल्लंघन करने वाले या महिला के प्रति अपराध करने वाले को एक वर्ष या अधिक का कारावास या 20 हजार रुपए तक जुर्माना या दोनों हो सकते है।

वास्तव में किसी भी बाहरी व्यक्ति का सभी समाजों में परिवार के मामलों में व्यक्तिगत हस्तक्षेप उचित नहीं माना जाता है। भारत में घरेलू हिंसा को सामाजिक स्वीकृति मिलने से स्थिति जटिल और बदतर है। यूनिसेफ के ग्लोबल रिपोर्ट कार्ड 2012 भारतीय पुरुषों पर किये गये सर्वेक्षण में एक चौंकाने वाला तथ्य जाहिर हुआ है। 15 से 19 वर्ष के किशोरों को पत्नी की पिटाई जायज लगती है, तो 53 प्रतिशत भारतीय किशोरियों को भी यह पति द्वारा पत्नी को पीटा जाना जायज लगता है। (*टाइम्स ऑफ इंडिया*, 25 अप्रैल 2013)।

सार्वजनिक स्थानों पर महिलाओं की सुरक्षा के सवाल खड़े किये जाते हैं पर आंकड़े बताते है कि महिलाएं अपने ही घर में असुरक्षित हैं। निष्कर्ष रूप से यह कहा जा सकता है कि घरेलू हिंसा या परिवार में हिंसा एक बड़ा सामाजिक मुद्दा है और जब तक इसके समाधान के लिए गंभीर प्रयास नहीं किये जाएंगे, तब तक महिलाओं को न्याय नहीं मिलेगा। यह हिंसा, पीड़ित और उसे तकलीफ पहुंचाने वाले पक्ष, दोनों को रोकनी होगी। जरूरत पड़ने पर महिला को साहस जुटा कर इसे नहीं कहना चाहिए और बाहर निकलना चाहिए। पर हिंसा को रोकने की मुख्य जिम्मेदारी उस स्रोत की है, जहां से यह आ रही है– आदमी, जो इससे बाहर आ सकता है, ला सकता है।

## REFERENCES

Bokil, Milind, "Ending Domestic Violence: Self-Help Groups Can Help", in Swati, Shirwadkar (ed.), *Family Violence in India: Human Rights, Issues, Actions and International Comparisons*, Rawat Publications, Jaipur, 2009.

Buzawa, Eve S. and Buzawa, Carl G., *Domestic Violence: The Criminal Justice Response, (Studies in Crime, Law and Justice)*, Vol. 6, Sage, New Delhi, pp. 15–19.

Ganley, A.L. and Schechter, S., *Domestic Violence: A National Curriculum for Children's Protective Services,* Family Violence Prevention Fund, San Francisco, CA, 1996.

Poonacha, Veena, "On the Fringes of Human Rights Discourse: Violence against Women in Intimate Relationships", in Swati Shirwadkar (ed.), *Family Violence in India: Human Rights, Issues, Actions and International Comparisons,* Rawat Publications, Jaipur, 2009.

Kumari, Ranjana, 'Globalizing India and Domestic Violence against Women", in Swati, Shirwadkar (ed.), *Family Violence in India: Human Rights, Issues, Actions and International Comparisons,* Rawat Publications, Jaipur, 2009.

Shirwadkar, Swati (ed.), *Family Violence in India: Human Rights, Issues, Actions and International Comparisons*, Rawat Publications, Jaipur, 2009.

# 17

# मद्यपान

## Alcoholism

मद्यपान की समस्या कुछ दशकों पहले तक एक नैतिक समस्या एवं सामाजिक अनुत्तरदायित्व का लक्षण समझा जाता था। कुछ राज्यों में 1960 के दशक में मद्य-निषेध की नीति लागू होने के बाद यह एक अवैध कार्य के रूप में देखा जाने लगा। अब यह कुछ विद्वानों द्वारा एक विचलित व्यवहार से अधिक एक जटिल, दीर्घकालिक और अत्यन्त महंगी बीमारी एवं समस्या समझी जाती है। इसके शिकार व्यक्ति को दण्डात्मक सलूक के स्थान पर विशेषज्ञों द्वारा उपचार की आवश्यकता होती है, जैसे, मनिश्चकित्सों, डाक्टरों व सामाजिक कार्यकर्ताओं की तथा उनकी जो उसके व्यक्तित्व की पुनः संरचना में सहायता प्रदान करें।

मद्यपान और मादक पदार्थों के व्यसन की समस्या में काफी समानता है। दोनों में अल्पकालिक सुखद मनोदशा उत्पन्न करने के लिए मूलतः रसायनिक वस्तुओं को आदतन उपयोग किया जाता है। दोनों के परिणाम अत्यन्त गंभीर हो सकते हैं। दोनों के आदतन व्यक्तियों को दंड के बजाय चिकित्सा की आवश्यकता होती है। तथापि इन समानताओं के बावजूद, दोनों समस्याएं काफी भिन्न हैं और उन पर अलग-अलग परिचर्चा होनी चाहिए। भारत में पियक्कड़ बिरले ही हैं और अधिकांश कम पीने वाले व्यक्ति ही हैं। आदतन पीने वाले और मद्यसारिक (alchoholics) अल्पसंख्या में हैं। मद्य सेवन इतना खतरनाक नहीं है, जितना मादक द्रव्यों के सेवन की आदत।

शराब उत्तेजक (stimulant) नहीं है, यह केन्द्रीय स्नायु तंत्र (central nervous system) पर शमक (depressant) अथवा अवरोधक (inhibitor) के रूप में प्रभाव डालती है। शराब व्यवहार पर प्रथागत नियंत्रण को कम कर देती है और शराब पीने वाला कम नियंत्रित हो जाता है एवं अधिक स्वच्छन्द (free) महसूस करता है। परन्तु कभी-कभार भी शराब के पीने से उसकी आदत पड़ने की संभावना होती है और पीने वाला उसे बहुधा और अधिक मात्रा में पीना आरम्भ कर सकता है, जिसके घातक एवं अनर्थकारी परिणाम हो सकते हैं। यह उसे शारीरिक रूप से प्रभावित कर सकती है, उसकी काम करने की और कमाने की क्षमता को नष्ट कर सकती है, उसके पारिवारिक जीवन को बर्बाद कर सकती है, और उसके मनोबल को पूर्णरूप से गिरा सकती है। एक निरीह (innocent) मनोरंजन इस प्रकार पीने वाले के पूरे जीवन को बिगाड़ सकता है। परन्तु मद्यपान के कारणों और प्रभावों के विश्लेषण करने से पहले हमें कुछ मूल अवधारणाओं को समझना चाहिए।

### अवधारणा (The Concept)

मद्यपता या मद्यपान (alcoholism) वह स्थिति है, जिसमें एक व्यक्ति मदिरा लेने की मात्रा पर नियन्त्रण खो बैठता है, जिससे कि वह पीना आरम्भ करने के पश्चात उसे बन्द करने में सदैव असमर्थ रहता है (जौन्सन, 1973: 519)। केलर एवं एफ्रोन (1955: 619-644) के अनुसार मद्यपान का लक्षण मदिरा का इस सीमा तक बार-बार पीना है, जो कि उसके प्रथागत उपयोग या समाज के

सामाजिक रिवाजों के अनुपालन से अधिक है और जो पीने वाले के स्वास्थ्य या उसके सामाजिक अथवा आर्थिक कार्य करने को प्रभावित करता है।

मद्यसारिक 'यदा-कदा पीने वाले' (occasional dirnker) से भिन्न होता है। कोई भी व्यक्ति जो मदिरा का सेवन करता है 'पीने वाला' होता है, जबकि 'बाध्यताकारी (compulsive) पीने वाला, जो मदिरा पिये बिना नहीं रह सकता, 'मद्यसारिक' कहलाता है। रिचर्ड वास्किन (1964: 362) के अनुसार एक मद्यसारिक 'अत्यधिक पीने वाला' (excessive drinker) होता है, जिसकी मदिरा पर निर्भरता इस सीमा तक पहुंच चुकी होती है, कि उसके परिणामस्वरूप उसमें स्पष्ट मानसिक गड़बड़ हो जाती है या उसके शारीरिक एवं मानसिक स्वास्थ्य, उसके अन्तरवैयक्तिक संबंधों और उसके निर्विघ्न सामाजिक एवं आर्थिक कार्य करने की क्षमता में बाधा पड़ती है; या वह होता है जो कि इस प्रकार के परिणामों के प्रारम्भिक लक्षण दर्शाता है। क्लाइन बेल (1956: 17) ने 'मद्यसारिक' (alcoholic) की परिभाषा यह कह कर की है, कि यह वह व्यक्ति है जिसके शराब पीने से उसके जीवन के महत्वपूर्ण पुनः समंजनों (readjustments) और अन्तरवैयक्तिक संबंधों में प्रायः या निरन्तर बाधा उत्पन्न होती है।

मोटे तौर पर मद्यपान की विशेषता चार कारकों द्वारा जानी जाती है : (1) मदिरा का अत्यधिक सेवन, (2) व्यक्ति की अपने पीने पर बढ़ती हुई चिन्ता, (3) पीने वाले का अपने पीने पर नियन्त्रण खो देना, और (4) अपने सामाजिक संसार में कार्य करने में गड़बड़ (disturbance) पैदा होना।

रिचर्ड ब्लूम (1973: 508) ने पीने का दो संदर्भों में उल्लेख किया है : (i) निर्धारित सामाजिक संरूप (pattern) के संदर्भ में जहां पीना समाज की संस्कृति से जुड़ा हुआ है और वह प्रतिदिन की दिनचर्या का अंग समझा जाता है (उदाहरण के लिए, इटली, अमरीका) और व्यक्तियों को उसमें कोई मनोवैज्ञानिक विभव/संभावना (potential) प्रतीत नहीं होती; (ii) मदिरा सेवन को संस्कृति और समाज के लिए विघटनकारी माने जाने और व्यक्तियों द्वारा उसमें आदी होने की संभावना देखने (जैसे भारत में) और पीने को विलास और पलायन (escape) का साधन समझने के संदर्भ में। शराब पीने वालों का वर्गीकरण 'गैर-व्यसनी' (non-addicts), 'व्यसनी' (addicts), और 'चिरकालिक मद्यसारिक' (chronic alcoholic) के रूप में किया गया है। गैर-व्यसनियों को 'प्रयोगकर्ताओं' (experimenters) और 'नियमितों' (regulars) की श्रेणी में रखा जाता है। डान केहलन ने मदिरा पीने वालों का पीने की आवृत्ति (frequency) (मदिरा पीने की मात्रा) के आधार पर पांच प्रकार का वर्गीकरण किया है :

1. बिरले (rare) प्रयोक्ता, जो एक वर्ष में एक या दो बार पीते हैं।
2. अनित्य (infrequent) प्रयोक्ता, जो दो-तीन महीनों में एक या दो बार पीते हैं।
3. हल्का (light) प्रयोक्ता, जो एक महीने में एक या दो बार पीते हैं।
4. मध्यम (moderate) प्रयोक्ता, जो एक महीने में तीन या चार बार पीते हैं।
5. भारी (heavy) प्रयोक्ता, जो प्रतिदिन या दिन में कई बार पीते हैं।

अन्तिम श्रेणी के पीने वालों को 'संख्त (hardcore) पीने वाले' कहा जाता है।

## मद्यपान की सीमा (Extent of Alcoholism)

हाल ही के वर्षों में भारत में शराब के उपभोग में प्रतीयमान वृद्धि का प्रदर्शन किया गया है, यद्यपि वैश्विक स्तरों की तुलना में यहां उपभोग के स्तर अभी भी काफी नीचे ही हैं। विश्व स्वास्थ्य संगठन के अनुसार, विश्वव्यापी आधार पर, जहां दर्ज किया गया प्रति व्यस्क व्यक्ति उपभोग सन् 1990 से शुद्ध शराब के 4.3–4.7 लीटर के आसपास स्थिर बना हुआ है, वहीं भारत के लिए तत्स्थानी आंकड़े मात्र 0.6 लीटर पर थे (सन् 2005 में)। हालांकि, पूरे देश में किए गए कुछ अध्ययनों के अनुसार, प्रति वर्ष प्रति वयस्क 2 लीटर प्रति व्यक्ति का उपभोग किया गया (सन् 2003 के बिक्री के सरकारी आंकड़ों तथा जनसंख्या के आंकड़ों के आधार पर की गई गणना के अनुसार)। बिना दर्ज किए गए उपभोग, जो कुल उपभोग का 40 से 50 प्रतिशत तक होता है, का समायोजन किए जाने के बाद इसके 4 लीटर के आसपास होने की संभावना है।

विगत कुछ वर्षों के दौरान किए गए शोध से निर्णायक रूप से यह प्रदर्शन किया जा चुका है, कि लगभग प्रत्येक तीन में से एक वयस्क मदिरा का सेवन करता है। यह अनुमान लगाया गया है, कि भारत में लगभग 7 करोड़ मदिरा के उपयोगकर्ता हैं जिनमें 1.20 करोड़ ऐसे उपयोगकर्ता हैं जो मदिरा पर आश्रित हैं, किन्तु इसमें लाखों की संख्या में सामाजिक पियक्कड़ों को शामिल नहीं किया जाता। हाल ही में संपन्न किए गए मादक औषधि के एक राष्ट्रीय परिवारिक सर्वेक्षण के द्वारा मात्र 21 प्रतिशत व्यस्क पुरुषों के द्वारा ही मदिरा का उपभोग किया जाना दर्ज किया गया। देश में मदिरा के उपभोग के कुल वर्णक्रम में मात्र 50 प्रतिशत के लगभग को ही दर्ज किया जाता है, तथा शेष बिना दर्ज किया गया उपभोग होता है।

कुल मिलाकर कम उपभोग रहने के बावजूद भी मदिरा के उपभोग के प्रतिमान पूरे देश में अलग-अलग होते हैं। उदाहरण के लिए, भारत के उत्तर-पूर्वीय एवं दक्षिणी राज्यों तथा गोवा में देश के अन्य भागों की तुलना में मदिरा का उपयोग अपेक्षाकृत अधिक किया जाता है। वर्तमान समय में मदिरा के उपयोग का प्रचलन गुजरात के पश्चिमी राज्य (आधिकारिक रूप से निषेध लागू राज्य) में 7 प्रतिशत के निम्न आंकड़े से लेकर उत्तर-पूर्वीय राज्य अरुणाचल प्रदेश में 75 प्रतिशत तक बना हुआ है।

इसमें एक चरम लैंगिंक अंतर भी बना हुआ है। महिलाओं के बीच प्रचलन को स्थाई रूप से 5 प्रतिशत से भी कम होने का अनुमान लगाया गया है, किन्तु उत्तर-पूर्वीय राज्यों जैसे असम, अरुणाचल प्रदेश तथा सिक्किम में यह प्रतिशत कहीं अधिक ऊंचा है। राष्ट्रीय मानसिक स्वास्थ्य एवं तंत्रिका विज्ञान संस्थान (NIMHANS), बैंगलूरू (2011) की रिपोर्ट स्पष्ट करती है, कि लगभग 30-35 प्रतिशत व्यस्क पुरुष तथा लगभग 5 प्रतिशत व्यस्क महिलाएं मदिरा का उपयोग करती हैं (पुरुषों से महिलाओं का अनुपात 6:1 का है)।

भारत निर्मित विदेशी शराब (IMFL) तथा बीयर युवा आयु समूहों के बीच पसंदीदा पेय पदार्थों में से हैं, जबकि देशी शराब तथा रुमरे ग्रामीण भारत में आम हैं। घरों में बनाई गई अथवा स्थानीय तौर पर चुआई गई शराब का चुने हुए समुदायों, विशेष तौर पर उत्तर-पूर्वीय भागों, गोवा इत्यादि में लोकप्रिय बने रहना जारी है। महत्वपूर्ण रूप से अर्द्ध-शहरी/परिवर्ती क्षेत्रों में अधिक उपयोग को दर्ज किया गया है। रोचकतापूर्वक, ये ऐसे क्षेत्र हैं जहां आय के स्तरों में निरंतर वृद्धि हो रही है, तथा, इस प्रकार वे मदिरा उपयोग के फैलते हुए जाल तथा इसकी हानियों में प्रवेश करते जा रहे हैं।

मदिरा के उपयोग का सीधा सम्बन्ध शिक्षा, सामाजिक वर्ग एवं पेशे के साथ भी जुड़ा हुआ है। गरीब समुदायों के बीच मदिरा का उपयोग एक ओर तो मदिरा पर किए जाने वाले खर्चों की वृद्धि में योगदान देता है, वहीं दूसरी ओर मदिरा से जुड़ी समस्याओं का प्रबंधन किए जाने के लिए खर्च किए जाने वाले संसाधनों की वृद्धि में भी योगदान करता है।

मदिरा का उपयोग प्रारंभ किए जाने की औसत आयु जो सन् 1980 के दशक के दौरान 28 वर्षों की थी, सन् 2007 में घटकर 17 वर्षों की हो गई। एक बार प्रारंभ कर दिए जाने पर औसत अवधि 10 वर्षों से भी अधिक समय के लिए जारी रहती है। जो कुछ भी प्रायोगिक तौर पर तथा आनंद की प्राप्ति के लिए शुरु किया जाता है, प्रायः एक व्यसनकारी प्रक्रिया बन जाता है। पीने की मात्रा में भी आयु एवं समय के साथ-साथ वृद्धि होती जाती है। सामाजिक पियक्कड़ समय के साथ-साथ सामान्यतः खतरनाक एवं तर्कहीन पियक्कड़ जाते हैं। नियमित रूप से मदिरा का उपयोग करने वालों में से 50 प्रतिशत से भी अधिक खतरनाक पीने वालों की श्रेणी में भी शामिल हो जाते हैं।

भारत को सामान्यतौर पर एक पारंपरिक 'शुष्क' अथवा 'परहेजी' संस्कृति वाले देश के रूप में माना जाता है। फिर भी, इसके पास विश्व में सबसे बड़े मदिरा निर्माण उद्योगों में से एक इकाई मौजूद है। यहां तक कि दक्षिण-पूर्वीय एशिया क्षेत्र में भी यह मदिरा का सबसे अग्रणी उत्पादक (65%) है तथा इस क्षेत्र में मदिरायुक्त पेय पदार्थों के कुल आयात में लगभग 7 प्रतिशत का योगदान करता है। *अल्कोहल एटलस ऑफ इंडिया,* जिसका प्रकाशन इंडिया अल्कोहन पॉलिसी एलायंस (IAPA)

(2010) के द्वारा किया गया है, के अनुसार देश में शराब के उत्पादन में निरंतर वृद्धि हुई है, जब सन् 1992-93 में 88.72 करोड़ लीटर के उत्पादन की तुलना में सन् 1999-2000 के दौरान उत्पादन दोगुना होकर 165.4 करोड़ लीटर तक पहुंच गया तथा सन् 2006-07 में यह तीनगुना होकर 230.0 करोड़ लीटर हो गया।

राष्ट्रीय मानसिक स्वास्थ्य एवं तंत्रिका विज्ञान संस्थान की रिपोर्ट (2011) आगे इंगित करती है, कि भारत में उत्पादित शराब का बड़ा भाग मुख्य रूप से गन्ने के शीरे से किए गए उत्पादन का होता है। मोटे तौर पर भारत में कुल उत्पादित शराब का 52 प्रतिशत भाग पेय प्रयोजनों के लिए होता है। पिये जा सकने योग्य शराब के स्वरूपों में भारत निर्मित विदेशी मदिरा (IMFL) तथा देशी मदिरा का कुल उपभोग किए गए शराब में 60 से 70 प्रतिशत का योगदान होता है।

शराब सरकारों के लिए राजस्व के महत्वपूर्ण संसाधनों में से एक है। सन् 2008-09 के दौरान उत्पादशुल्क से प्राप्त राजस्व लगभग 4 अरब रुपयों से भी अधिक था। इसका लगभग 90 प्रतिशत भाग का योगदान मदिरायुक्त पेय पदार्थ उद्योग के द्वारा किया गया था।

## मद्यसारिक बनने की प्रकिया (Process of Becoming an Alcoholic)

एक पीने वाले को मद्यसारिक बनने के लिए विभिन्न चरणों से गुज़रना पड़ता है। एक अमेरिकन मनश्चिकित्सक, जैलिनेक, (1946: 368) के अनुसार, एक मद्यसारिक को सात अवस्थाओं के क्रम से गुज़रना पड़ता है : (1) अन्धकार की दशा (black-outs), जिसमें व्यक्ति अपनी व्यक्तिगत समस्याओं का हल नहीं निकाल पाता, (2) गुप्त रूप से पीना, जिसमें वह बग़ैर किसी के देखे मदिरा का सेवन करता है, (3) बढ़ी हुई सहनशीलता, जिसमें वह पीने के अधिक बढ़े हुए प्रभावों को सहन करता है, (4) नियन्त्रण का अभाव, जिसमें वह मदिरा नहीं पीने की इच्छा पर नियन्त्रण नहीं रख पाता, (5) एक बहाने के तरीके (alibi system) का विकास, जिसमें वह धीरे-धीरे अपनी सामाजिक भूमिकाओं की ओर ध्यान नहीं देना आरम्भ कर देता है, (6) समय-समय पर केवल पीने का ही कार्यक्रम रखना, जिसमें वह नियमित रूप से पीना जारी रखता है और (7) नियमित रूप से प्रातःकाल में पीना, जिसमें वह नियमित रूप से सुबह पीना आरम्भ कर देता है।

जैलिनेक ने मद्यसारिक बनने की प्रक्रिया का भी निम्नांकित चार चरणों में उल्लेख किया है (गोल्ड और स्केरपिटी, 1967: 469) :

1. *मद्यसारिक के पूर्व की लक्षणात्मक अवस्था (Symptomatic phase)* : इस अवस्था में सामाजिक स्वीकृति का लाभ उठाते हुए व्यक्ति तनावों को कम करने और अपनी व्यक्तिगत समस्याओं को हल करने के लिए पीना आरम्भ कर देता है। पीने को राहत से जोड़ते हुए वह उन अवसरों की खोज में रहता है, जिनमें वह पी सके। जैसे-जैसे वह जीवन के संघर्षों का सामना करने की शक्ति को खोना आरम्भ कर देता है, वैसे-वैसे उसके पीने की आवृत्ति (frequency) बढ़ती जाती है।
2. *अतिव्ययी अवस्था (Prodigal phase)* : इस अवस्था में पीने की आवृत्ति में वृद्धि के साथ-साथ पीने की मात्रा में भी वृद्धि होती जाती है। तथापि उसमें दोष भावना उत्पन्न हो जाती है। उसे इसका आभास होने लगता है कि शनैः शनैः वह एक असामान्य व्यक्ति होता जा रहा है।
3. *संकटमय अवस्था (Crucial phase)* : इस अवस्था में उसका पीना सुप्रकट हो जाता है। वह सामाजिक दबावों का सामना करने के लिए और स्वयं को आश्वस्त करने के लिए कि उसने अपने ऊपर नियन्त्रण नहीं खोया है, युक्तिकरण को विकसित करता है। तथापि वह अपने आत्मसम्मान को नहीं खोता। जब उसकी शारीरिक एवं सामाजिक अवनति दूसरे व्यक्तियों के सम्मुख प्रकट हो जाती है, तो वह धीरे-धीरे अपने आपको उनसे विलग करना आरम्भ कर देता है।
4. *दीर्घकालिक अवस्था (Chronic phase)* : इस अवस्था में वह सुबह भी पीना आरम्भ कर देता है। उसे लंबे समय तक नशा रहता है, उसकी सोचने की शक्ति क्षीण हो जाती है, उसमें अनिर्वचनीय

(indefinable) भय और कम्पन उत्पन्न होने लगते हैं और कुछ विशेष प्रवीणताओं का क्षय हो जाता है। वह सदैव पीने की ही सोचता रहता है और मदिरा के बिना अशान्त रहता है।

जैलिनेक ने भी मद्यसारिकों (alcoholics) के पीने के इतिहास की अवस्थाओं का अध्ययन किया और आसक्ति (addictive) का एक विशिष्ट संरूप विकसित किया। उसने विशिष्ट मद्यसारिक व्यवहार और उसके आविर्भाव के समय-क्रम (time sequence of appearance) को सूची-बद्ध किया। एक मद्यसारिक की कुछ विशिष्ट व्यवहारों के प्रथम बार घटित होने की उसके द्वारा पाई गई औसत आयु इस प्रकार थी (लेन्डिस, 1959: 214-15) : वह 18.8 वर्ष की आयु में पीना आरम्भ करता है, गुप्त रूप से पीना 25.9 वर्ष की आयु में करता है, असंयत व्यवहार में 27.6 वर्ष की आयु में आ जाता है, मित्रों को खोना 29.7 वर्ष की आयु में आरम्भ करता है, मदिरा की गुणात्मकता की ओर से 30 वर्ष की आयु में उदासीन होता है, कार्यकाल (working time) को 30.4 वर्ष की आयु में खोना आरम्भ करता है, पारिवारिक नापसन्दगी (disapproval) का सामना 30.5 वर्ष की आयु में करता है, नौकरी से हाथ 30.9 वर्ष की आयु में धो बैठता है, दिन के समय में पीने में 31 वर्ष की आयु में संलग्न हो जाता है, असामाजिक व्यवहार 31.3 वर्ष की आयु में करने लगता है, कम्पनों (tremors) का सामना 32.7 वर्ष की आयु में करता है, भयभीत 32.9 वर्ष की आयु में होने लगता है, शामक (sedatives) 35.5 वर्ष की आयु में लेता है, धार्मिक आवश्यकताएं उसे 35.7 वर्ष की आयु में अनुभव होने लगती हैं, डाक्टरी परामर्श 35.8 वर्ष की आयु में लेता है, अस्पताल में 36.8 वर्ष की आयु में भर्ती होता है, नियन्त्रण की असमर्थता 38.1 वर्ष की आयु में स्वयं से स्वीकार करता है, और सबसे निम्न बिन्दु पर 40.7 वर्ष की आयु में पहुंचता है (यानि तल को छूता है)

उपरोक्त विशेषताओं का विश्लेषण करते हुए यह प्रतीत होता है, कि व्यक्ति सामाजिक दायित्व को खोता हुआ चला जाता है; अपने व्यक्तित्व पर धीरे-धीरे नियन्त्रण खोता हुआ पाया जाता है और फिर बाद के चरणों में वह प्रत्येक सम्भावित स्त्रोत से, जो धर्म से लेकर दवाई और अस्पताल में भर्ती होने तक होता है, निराशोन्मुख होकर सहायता खोजता हुआ दिखलाई पड़ता है।

मद्यसारिकों का तीन समूहो में वर्गीकरण किया जा सकता है : *स्थिर (steady)*, *आवर्ती (periodic)*, और *पठार (plateau)*। *स्थिर मद्यसारिक* वह है, जो निरन्तर मदिरा में सन्तृप्त रहता है। *आवर्ती मद्यसारिक* वह है, जो लंबी समयावधियों तक नहीं पीता और फिर रंगरेलियां मनाता है। अधित्यका व *पठार मद्यसारिक* वह है, जो उपर्युक्त दोनों किस्मों में से प्रत्येक से अधिक जानबूझ कर पीता है और मदिरा से अधिकतम प्रभावों को चाहने की ओर प्रवृत्त होता है। उसे हर समय संतृप्ति का एक विशेष स्तर बनाए रखने की इच्छा होती है, परन्तु उसमें अपनी मदिरा को प्रभाव को लंबे समय की अवधि तक फैलाने की क्षमता होती है (लैन्डिस, 1959: 212)।

सामाजिक स्थिति में मद्यसारिकों का वर्गीकरण निम्न तल और उच्च तल प्रकारों में किया जाता है। पहला उस व्यक्ति की ओर संकेत करता है जो सामाजिक स्थिति के तल पर पहुंच गया है, जबकि दूसरा वह है, जो अपने पीने के बावजूद भी काफी आदरणीय स्थिति बनाए रखता है।

समाजशास्त्रीय दृष्टि से मदिरापान में जो महत्वपूर्ण है, वह है मदिरा को स्वीकृत करने के लिए सामाजीकरण। भारतीय संस्कृति मदिरा सेवन करने वालों को सामान्य नहीं मानती। इस कारण व्यक्ति मानसिक रूप से मदिरा को सामाजिक जीवन का महत्त्वपूर्ण भाग मानने के लिए तैयार नहीं है। जबकि पाश्चात्य समाज में 'ड्रिन्क लीजिए' (Have a drink) या 'क्या आप ड्रिन्क लेना चाहेंगे' (Would you care for a drink) जैसे अनुरोध शाम की सभा में आम हैं। भारत में दूसरी ओर हम प्रायः 'एक प्याला चाय लीजिये' की बात करते हैं। इस प्रकार मद्यपान हमारी संस्कृति में एक गंभीर सामाजिक विषय है। यद्यपि मादक वस्तुओं की तुलना में पीना कई माता-पिताओं, जो स्वयं पीते हैं, के द्वारा कम हानिकारक और नगण्य तक माना जाता है, फिर भी मदिरा को सम्मानजनक नहीं समझा जाता। कभी-कभी शराब पीने को सहन किया जा सकता है, परन्तु निरन्तर पीने की निन्दा की जाती है। हमें

इसलिए उस व्यक्ति में जो मदिरा का सेवन संयम से करता है और उसमें जो 'समस्यात्मक पीने वाला' है के बीच स्पष्ट रूप से भेद करना चाहिए, या उनके बीच भी भेद करना चाहिए जो उत्तरदायित्वपूर्ण रूप से पीते हैं और जो इस ढंग से पीते हैं, जिससे वे स्वयं के लिए, अपने परिवार और समाज के लिए समस्याएं उत्पन्न कर देते हैं।

पिछले कुछ दशकों के दौरान पुलिस बल में मद्यपान में वृद्धि हुई है। पंजाब के एक वरिष्ठ पुलिस अधिकारी (अरुण उरांव) द्वारा किए गए अध्ययन में सामने आया कि पंजाब के 37.06 प्रतिशत पुलिसकर्मी मदिरा का सेवन करते हैं (*हिन्दुस्तान टाइम्स,* 8 जुलाई 1995)। इसमें कांस्टेबल पद के पुलिसकर्मियों का प्रतिशत 26.42 था। अभ्यसत पीने वालों में विशाल बहुमत पुलिस स्टेशनों पर तैनात पुलिसकर्मियों का है। इसका प्रमुख कारण पुलिस स्टेशनों पर शराब की आसान उपलब्धता है, जो उन्हें उपहार स्वरूप मिलती रहती है। एक अध्ययन के अनुसार पुलिसकर्मियों में मद्यपान के कारण हैं : काम का बोझ, वरिष्ठ अधिकारियों द्वारा उत्पीड़न, पारिवारिक समस्यायें, बुरी संगत और भ्रष्टाचार। पुलिस में मद्यपान हिंसा और भ्रष्टाचार को जन्म देती है।

मद्यसारिक में निहित खतरे का माप उसकी रक्त धारा में मदिरा की मात्रा की प्रतिशतता से किया जाता है। एक बार मदिरा पीने की मात्रा से एक व्यक्ति के रक्त में मदिरा का स्तर 0.035 प्रतिशत होता है, परन्तु दो बार की मात्रा से उसमें 0.05 प्रतिशत का स्तर होता है। यद्यपि कानूनन उसे मदोन्मत नहीं माना जाता, परन्तु वह उसके मन्द प्रभावों को महसूस करता है और उसकी गाड़ी (कार, स्कूटर, साइकिल) चलाने की समर्थता कम हो जाती है। यदि व्यक्ति के रक्त में मदिरा का स्तर 0.1 प्रतिशत है, तो उसे उस समय कानूनी दृष्टि से 'मदोन्मत' (drunk) समझा जाता है, जब गाड़ी चलाने की दुर्घटना में फंस जाता है। उसके विवेक, दृष्टि और मांसपेशी (muscle) का समन्वय क्षीण हो जाता है। 0.25 प्रतिशत के स्तर पर व्यक्ति को 'बिल्कुल मदोन्मत' समझा जाता है, जबकि 0.3 प्रतिशत से 0.4 प्रतिशत के स्तर पर उसे 'गंभीर रूप में मदोन्मत' माना जाता है। इससे कुछ व्यक्ति मूर्च्छा की स्थिति में आ जाते हैं। अन्त में, 0.5 प्रतिशत से 0.8 प्रतिशत के मदिरा स्तर से एक व्यक्ति का सांस लेना कठिन हो जाता है और हृदय गति कम हो जाती है, और मृत्यु हो सकती है (मैकवे एवं शोस्टक, 1978: 110)।

मद्यपान की बड़ी समस्याओं में से एक यह है, कि व्यक्ति अपने-आप को मद्यसारिक नहीं मानता। एक अमेरिका के मनोश्चिकित्सक, रॉबर्ट वी.सेलिन्जर ने प्रश्नों की एक परीक्षण-सूची बनाई है। यदि इन प्रश्नों में से कुछ के भी उत्तर 'हॉ' में हैं, तो व्यक्ति को उसे आने वाली विपत्ति की चेतावनी समझना चाहिए। परीक्षण-सूची के कुछ प्रश्न इस प्रकार हैं : (1) क्या पीने के कारण काम पर जाने में आपको देरी हो जाती है? (2) क्या पीना आपके पारिवारिक जीवन को दुखी बना रहा है? (3) क्या पीने से आपकी प्रतिष्ठा प्रभावित हो रही है? (4) क्या आपने पीने के बाद ग्लानि का अनुभव की है? (5) क्या पीने के कारणवश आपको वित्तीय समस्या हुई है? (6) क्या पीने के परिणामस्वरूप आप निम्न स्तर के साथियों की ओर प्रवृत्त होते हैं? (7) क्या आपका पीना आपको अपने परिवार के कल्याण की ओर से लापरवाह बनाता है? (8) क्या पीने के बाद से आपकी महत्वाकांक्षा कम हुई है? (9) क्या प्रतिदिन एक निश्चित समय पर आपको पीने की तीव्र इच्छा होती है? (10) क्या पीने से आपको सोने में कठिनाई आती है? (11) क्या पीने के बाद से आपकी कार्य-कुशलता कम हुई है? (12) क्या पीना आपकी नौकरी या व्यापार को जोखिम में डाल रहा है? (13) क्या आप अपना आत्मविश्वास बढ़ाने के लिए पीते हैं?

## मदिरा के व्यसन के कारण (Causes of Alcohol Abuse)

मद्यपान के कारणों की व्याख्या करते समय जो महत्वपूर्ण बात ध्यान में रखनी चाहिए वह यह है, कि जो मदिरा का सेवन करते हैं, उनमें से 90 प्रतिशत मद्यसारिक नहीं बनते। मद्यपान की कुंजी 'कारण' (motive) में है, जिससे व्यक्ति दुबारा पीता है। इसलिए मद्यपान को केवल व्यक्तित्व की संरचना जैसे

कारकों के आधार पर समझना ग़लत होगा। कोई आश्चर्य नहीं है, कि मानसिक (psychogenic) दृष्टिकोण को मद्यपान की अतिसरल की गई व्याख्या माना जाता है। एक मनोवैज्ञानिक विचार यह है कि लगभग सभी मद्यसारिक बचपन में भावात्मक आवश्यकताओं के वंचन से ग्रसित होते हैं। क्लाइमबेल (1956: 45) ने कहा है कि माता-पिता की अभिवृत्तियों के चार प्रमुख प्रकार होते हैं जो वयस्कता के मद्यपान से जुड़ी होती हैं। ये सब अभिवृत्तियां बच्चे को मानसिक आघात पहुंचाती हैं और उसमें भावात्मक वंचना उत्पन्न करती हैं, ये हैं : (1) सत्तावाद (authoritarianism), (2) प्रकट अस्वीकरण (over-rejection), (3) नीतिवाद (moralism) और (4) सफलता की पूजा। ये कारक असुरक्षित व्यक्तित्व के, जो मदिरा का शिकार हो जाता है, बनने में महत्वपूर्ण हैं। इस तथ्य से स्पष्ट होता है कि मद्यसारिकों के मनोवैज्ञानिक अध्ययन बार-बार व्यक्तित्व के गुणों का निम्नांकित उल्लेख करते हैं : अन्तरवैयक्तिक सम्बन्धों में ऊंचे स्तर की चिन्ता, भावात्मक अपरिपक्वता, सत्ता के प्रति द्वैधवृत्ति (ambivalance), कुण्ठा के प्रति कम सहनशीलता, आत्मसम्मान की कमी, अलगाव और दोष की भावनाएं (क्लाइनबेल 1956: 49)। ये मनोवैज्ञानिक लक्षण मद्यपान के परिणाम नहीं हैं, अपितु मद्यपान के कारण हैं। ये कई मद्यसारिकों में उनके अत्याधिक पीने के आरम्भ करने से प्रायः पहले ही विद्यमान होते हैं।

कुछ विद्वानों के अनुसार मद्यपान और व्यक्तित्व के असमायोजन में निश्चित संबंध दिखलाई पड़ता हैं। आरम्भ में एक व्यक्ति जीवन की अपनी समस्याओं से आश्रय लेने के लिए या अपनी मुसीबतों से अल्पकालिक राहत पाने के लिए पीता है। धीरे-धीरे वह अधिक से अधिक बार पीना आरम्भ कर देता है और उस पूर्ण रूप से निर्भर हो जाता है। तथापि, मनोवैज्ञानिकों का मानना है, कि केवल वे ही व्यक्ति निरन्तर पीने लगते हैं, जो भावात्मक रूप से अपरिपक्व होते हैं या जिनमें आत्मविश्वास नहीं होता है।

समायोजन की वे कौन सी समस्याएं हैं, जिनसे चिन्ता, तनाव, दोष, और कुण्ठा उत्पन्न होती हैं? बेकन (1959: 208) के अनुसार प्रमुख ये समस्याएं हैं : व्यक्ति का अपना मूल्यांकन; दूसरों के आदर और प्रेम को अर्जित करना और उसको बनाए रखना; स्वाग्रह (self-assertion) के कारण दूसरों से संघर्ष; पूर्णतया आक्रामक होने से झगड़ा; स्वामित्व से जुड़ी प्रतिष्ठा, व्यक्तिगत सुरक्षा के बारे में व्यापक सुरक्षा क्योंकि ये पैसे से जुड़े हुए हैं; विशिष्ट लक्षणों की प्राप्ति के लिए स्वीकार किए गए उत्तरदायित्व; और यौन संबंधी मामले।

मदिरा सेवन के समाजशास्त्रीय कारण मूलतः वही हैं, जो मादक पदार्थ लेने के हैं। तथापि, मदिरा सेवन और अवैध मादक पदार्थों के लेने के कारणों में भेद किया जा सकता है। क्योंकि मदिरा अवैध मादक पदार्थों के अपेक्षाकृत सामाजिक रूप से अधिक स्वीकार्य है, इसलिए मदिरापान से व्यक्ति भय, परेशानियां और चिन्ताएं कम हो जाती हैं। इसके अतिरिक्त मदिरा अवैध मादक पदार्थों की तुलना में अधिक आसानी से मिल जाती है। वह कई मादक पदार्थों जैसे हेरोइन, कोकीन और एल.एस.डी. से अधिक सस्ती भी है। मदिरा पीने के प्रमुख समाजशास्त्रीय कारण हैं : (1) पर्यावरण से संबंधित दबाव, (2) मित्रों के दबाव, और (3) प्रबल उपसंस्कृति।

प्रश्न यह है, कि क्यों कुछ व्यक्ति विशेष पर्यावरण के दबाव के कारण पीना पसन्द करते हैं, जबकि अन्य ऐसा नहीं करते? यहां निश्चित रूप से व्यक्ति के अनुभव में व्यक्तित्व और सांस्कृतिक कारक प्रमुख अनुकूलन (conditioning) तत्व होते हैं। सांस्कृतिक वर्जनाएं और मद्य-निषेध की नीति के कारण मदिरा की अनुपलब्धता कई व्यक्तियों को उसके प्रयोग के जोखिम से दूर रखती है। इससे यह निष्कर्ष निकाला जा सकता है, कि मद्यपान की व्याख्या एकल कारक (single-factor) उपागम के स्थान पर सम्पूर्णवादी (holistic) कारक के द्वारा ही की जा सकती है।

यह प्रश्न किया जा सकता है, कि क्या संस्कृति में ही ऐसे दबाव ढूंढे जा सकते हैं जो मद्यपान को प्रोत्साहित करते हों और उसे रोकते हों। यह कहा जाता है कि कुछ सांस्कृतियां ऐसी हैं, जो दूसरों की अपेक्षा अधिक अच्छे तरीके से व्यक्ति पर प्रभावी नियंत्रण रखती हैं। अमरीका में एक अनुसंधान बताता है कि यहूदियों

में (13%) कैथिलिकों (21%) और प्रोटेस्टेन्टों (41%) की तुलना में बहुत कम मद्यत्यागी (teetotallers) हैं। फ्रान्स, जर्मनी और अमरीका में शराब का काफी प्रचलन है। हाल में ही मद्यपान इन देशों के व्यक्तियों के जीवन में एक प्रमुख संकट बन गया है। एक बार व्यक्ति सांस्कृतिक स्वीकृतियों के कारण मदिरा का सेवन प्रारम्भ कर देते हैं, तो वे उसका बार-बार सेवन करते हैं, विशेषतया असुरक्षा एवं चिन्ताओं की स्थितियों में।

वर्तमान उपागम यह है, कि मद्यपान को चरित्र और प्रेरणा के संदर्भ में समझा जाना चाहिए। मद्यसारिक एक रोगी पुरुष है। उसे उपहास, निराकरण या निन्दा (condemnation), से नहीं देखा जाना चाहिए। वह उस समय तक मनोग्रन्थियों (complexes), अभिवृत्तियों और आदतों का शिकार रहता है, जब तक कि उसके आत्मनाश की प्रक्रिया अपरिहार्य नहीं हो जाती।

## मद्यपान की समस्याएं (Problems of Alcoholism)

शराब अब भारतीय समाज में एक आम शब्द बन गया है। वैश्वीकरण, शहरीकरण, औद्योगीकरण, मीडिया प्रभाव और जीवन शैली के बदलने के कारण मद्यपान अब भारतीयों के जीवन में वृहद और अप्रतिबंधित ढंग से प्रवेश कर रहा है। मद्यपान की समस्याएं – व्यक्तिगत दुख, पारिवारिक बजट, पारिवारिक क्लेश, मजदूरी की हानि, स्वास्थ्य का बिगड़ना, दुर्घटनाएं और हर्जाने के दावे, जेल में हवालात के दौरान उपचार के खर्चे, न्यायालयों में पैसे का नुकसान और अपराध की प्रवृत्ति–प्रायः अनर्थकारी हैं। सामाजिक विचलन और सामाजिक समस्याएं मदिरा के उपयोग और दुरुपयोग से उपजती हैं। यद्यपि हमारे देश में खुले आम अधिक नशे में होने के कारण वार्षिक गिरफ्तारियों की संख्या अधिक नहीं है, परन्तु यह सर्वविदित है, कि बड़ी संख्या में मद्यसारिक इसलिए गिरफ्तार नहीं किए जाते, क्योंकि गिरफ्तारी इस समस्या का अच्छा हल नहीं माना जाता। बड़ी संख्या में व्यक्ति जो बलात्कार, सेंध लगाकर चोरी, हत्या और साधारण चोरी के लिए गिरफ्तार किए जाते हैं, वे लोग होते हैं जो कि मदिरा के नशे में इन्हें करते हैं। मदिरा राजमार्ग की दुर्घटनाओं का प्रमुख कारक है। इसके अतिरिक्त इससे प्रतिवर्ष हजारों मृत्यु हो जाती है।

अस्पतालों में भर्ती की बड़ी प्रतिशतता, विशेषतया मानसिक अस्पतालों में, उन व्यक्तियों की होती है जिन्हें मद्यसारीय विकृति (alcoholic disorder) या मदिरा के पीने से समस्या (drinking problem) होती है। अन्य सामाजिक रूप से विचलित कार्य जो मदिरा/मादक पदार्थों से संबंधित होते हैं, वे हैं : चोरियां, रिश्वतें, पत्नी को पीटना और आत्महत्याएं। आत्महत्या पर हुए अध्ययन बताते है कि मद्यसारिकों (मादक पदार्थ और शराब का उपयोग करने वालों) में गैर मद्यसारिकों (मादक पदार्थ और शराब का उपयोग नहीं करने वालों) की अपेक्षा आत्महत्या की दर 50 गुना अधिक है।

मद्यसारिकों या मादक पदार्थ प्रयोक्ताओं (users) द्वारा कई अन्य व्यक्ति भी प्रभावित होते हैं जैसे, पत्नी, माता-पिता, बच्चे, भाई-बहिन, घनिष्ठ मित्र, साथ में काम करने वाले। इसलिए यह समस्या देश में लाखों व्यक्तियों को प्रभावित करती है। मद्यसारिकों और मादक पदार्थों के प्रयोक्ताओं के परिवार सबसे अधिक कष्ट पाते हैं। यहां तक कि पारिवारिक हिंसा, पारिवारिक अशान्ति और तलाक तक उनके कारण होते हैं। शराब पीना व्यापार, कार्यालय-कार्यकुशलता और कारखाने के उत्पादन को भी प्रभावित करता है। अनुपस्थिति, कम उत्पादकता और कमजोर विवेक जिससे कार्य-संबंधी दुर्घटनाएं होती हैं, से सरकार को करोड़ों रुपए की हानि होती है। अधिकांश कारखानों के मालिक कारखानों/कार्यालयों में कार्यरत कर्मचारियों की इन समस्याओं में रुचि नहीं दिखाते अथवा उनके होने से इंकार करते हैं, जिससे कि वे उनकी रोक थाम के लिए प्रभावी उपायों को लागू करने की दिक्कत से बच सकें।

मदिरा पीने वाला यह सोचता है कि मदिरा उसके तनाव, दोष, चिन्ता और कुण्ठा को कम कर देगी। परन्तु वास्तविकता यह है कि वह उसकी कार्य कुशलता (operational efficiency) को सामाजिक अस्तित्व (social existence) स्तर या मात्र अस्तित्व (bare existence) के लिए आवश्यक

न्यूनतम स्तर से भी नीचे कर देती है। एक शराब पीने वाले को यह भ्रामक विश्वास होता है कि मदिरा समाज में संबंधों और अन्तर वैयक्तिक गतिविधि को अधिक सरल बना देगी। परन्तु वास्तव में मदिरा व्यक्ति के सम्पर्कों में भागीदारी को समाप्त कर देती है और इस प्रकार व्यक्ति को सामाजिक रूप से निर्बल कर देती है। वह सामाजिक रूप से मूल्यवान विचारों को क्षति पहुंचाती है।

मद्यपान के परिणामों में से एक यह है, कि इसके द्वारा अवैध शराब की बिक्री में वृद्धि हो गई है। स्वतंत्रताप्राप्ति के समय से पूरे देश में सैंकड़ों की संख्या में त्रासदियां घटित हो चुकी हैं, जिनमें अवैध रूप से उत्पादन की गई शराब पीने के कारण हजारों की संख्या में लोगों की मौतें हो चुकी हैं। नकली *सुरा* के शिकार निरपवाद रूप से गरीब लोग ही होते हैं। सन् 1989 में बड़ौदा में हुई अवैध शराब त्रासदी में लगभग 132 जाने गई थीं तथा 200 के लगभग लोग शारीरिक रूप से पीड़ित हुए थे; 6 नवम्बर, 1991 को अवैध शराब पीने से उत्तरी-पश्चिमी दिल्ली की चार मलिन बस्तियों में रहने वाले 200 लोगों की मृत्यु हो गई थी; 1 जनवरी, 1992 के दिन इसी से मिलती-जुलती अवैध शराब के पीने से दक्षिण मुम्बई में 100 के लगभग लोग मारे गए; मार्च 1992 में तमिलनाडु में लगभग 60 लोगों की मौत हुई; 200 के लगभग लोग ओडिशा के कटक जिले में 7 मई, 1992 को मारे गए; 19 नवम्बर, 1994 के दिन दक्षिण बिहार के हजारीबाग तथा दो अन्य जिलों में नकली शराब का सेवन करने के बाद लगभग 52 लोग मारे गए तथा 400 से भी अधिक बीमार हो गए; तथा अक्टूबर, 1996 में तमिलनाडु के पुडुककोट्टाई में नकली शराब की त्रासदी में 33 लोगों की मौत हो गई। बंगाल में हुई एक अन्य नकली शराब त्रासदी के अंतर्गत इसके 24 परगना जिले में दिसम्बर, 2012 के दौरान कम से कम 143 लोग मारे गए। इसी वर्ष के दौरान, ओडिशा के कटक एवं भुवनेश्वर जिलों में अवैध शराब के उपभोग से लगभग 28 लोगों की मृत्यु हो गई। तथा, हाल ही में (16 अक्टूबर, 2013) उत्तर प्रदेश के आजमगढ़ जिले के मुबारकपुर क्षेत्र में नकली शराब पीने के बाद 30 से अधिक लोगों की मौत हो गई। ऐसी आपदाओं का भविष्य में भी घटित होना जारी रहेगा। किन्तु, किसी ने भी भारत निर्मित विदेशी मदिरा का उपयोग करने के बाद हुई मौत के बारे में कभी भी नहीं सुना होगा। देशी शराब के अनेकों ब्रांड होते हैं हालांकि ये सभी एक ही गुणवत्ता एवं मूल्य की होती हैं। देशी शराब में अल्कोहल की मात्रा 28 प्रतिशत के आसपास होती है, जबकि *सुरा* में यह 32 प्रतिशत होती है। सामान्यतः संशोधित स्प्रिट को डिनेचुराइज किए जाने के लिए पाइरीडाइन का उपयोग किया जाता है। इसे साइट्रिक एसिड के द्वारा निष्प्रभावी किया जाता है। चूंकि संशोधित स्प्रिट का लाइसेंस होता है, कभी-कभी इसे मिथाइलयुक्त स्प्रिट के साथ मिश्रित कर दिया जाता है। यह जहरीला पेय दीर्घकाल में नेत्र-दृष्टि, लीवर, किडनी को क्षतिग्रस्त कर देता है। प्रशासन अवैध शराब पिए जाने सम्बन्धी त्रासदियों के प्रति उदासीन बना रहेगा तथा सरकार भी इस समस्या से निपटने के प्रति भावुकतापूर्ण रवैया अपनाए रहेगी। अधिक से अधिक ऐसी त्रासदी में मारे गए लोगों के परिवारों को यह 1 लाख रुपयों अथवा ऐसी ही किसी अनुग्रह राशि प्रदान कर देगी। अवैध शराब निर्माताओं की विश्वासघाती भूमिका, उनका बाहुबल एवं धनबल सांप्रदायिक दंगों में दर्ज किए जाने सम्बन्धी एक तथ्य होता है। हमारे देश के अनेक शहर अवैध शराब निर्माताओं-पुलिस-राजनीतिज्ञ गठजोड़ में फंसे हुए हैं। अवैध शराब के निर्माण में होने वाले लाभ का अनुमान वास्तविक निवेश के 9 से 12 गुना होने का अनुमान लगाया गया है। कोई आश्चर्य नहीं है कि समाज-विरोधी तत्व अवैध शराब के निर्माण, परिवहन एवं वितरण को अपना व्यवसाय बना लेते हैं। सन् 1981 में राज्य की निषेध नीति की जांच करने के लिए गुजरात सरकार के द्वारा गठित न्यायमूर्ति मियाभॉय आयोग ने सन् 1983 में अपनी रिपोर्ट प्रस्तुत की और अवैध शराब निर्माताओं तथा राजनीतिज्ञों के गठजोड़ को स्पष्ट किया तथा इस तथ्य को भी स्पष्ट किया कि राज्य (गुजरात) में लगभग सारे अवैध शराब निर्माता ऐसे समाज-विरोधी तत्व थे जो उनका पर्दाफाश करने वाले किसी भी व्यक्ति को आतंकित किए जाने में सक्षम थे।

हाल ही में, ऐसा पाया गया है कि शराब पर प्रतिबंध और अधिक मौतों का कारण बन जाता है। वर्ष 2009-11 के लिए सरकारी आंकड़ों अनुसार, गैर-निषिद्ध राज्यों की तुलना में निषेधयुक्त राज्यों का स्थान अवैध शराब सम्बन्धी त्रासदियों की सारणी में सबसे ऊपर था। उदाहरण के लिए, गुजरात, तमिलनाडु, कर्नाटक तथा आंध्र प्रदेश जैसे सभी राज्य, जिनमें पूर्ण अथवा आंशिक प्रतिबंध लागू है, के द्वारा अवैध शराब सम्बन्धी त्रासदियों में होने वाली अधिकांश मौतों को दर्ज किया गया। आंकड़े दर्शाते हैं कि सन् 2009 से 2011 के बीच नकली शराब के कारण तमिलनाडु के द्वारा 1,095 मौतों को दर्ज किया गया, जबकि कर्नाटक उससे काफी दूरी पर 599 मौतों के साथ दूसरे स्थान पर था, जिसके बाद पंजाब तथा पश्चिम बंगाल का क्रम था–दोनों के द्वारा 400 से अधिक मौतों को दर्ज किया गया–तथा 396 मौतों के साथ गुजरात पांचवें स्थान पर रहा। इसके विपरीत, गोवा जैसे राज्य, जहां वैध शराब के उपयोग को कम कर लगाए जाने के द्वारा प्रोत्साहित किया जाता है, में इस अवधि के दौरान नकली शराब सम्बन्धी त्रासदियों की कोई भी घटना सामने नहीं आई तथा राज्य ने मौतों के आंकड़े को शून्य में दर्ज किया है (*टाइम्स ऑफ इंडिया,* 22 अक्टूबर, 2013)।

## मद्यपान की सामाजिक लागतें (Societal Costs of Alcoholism)

यहां तक कि यदि कोई मद्यपान की सामाजिक लागतों की गणना करने का प्रयास भी करता है, तो भी वह ऐसा करने में सक्षम नहीं होगा। क्योंकि राष्ट्रीय मानसिक स्वास्थ्य एवं तंत्रिका विज्ञान संस्थान (NIMHANS) (2011) के अध्ययन के अनुसार, मदिरापान से जुड़ी सामाजिक लागतों को मोटे तौर पर प्रत्यक्ष एवं अप्रत्यक्ष, मूर्त तथा अमूर्त के रूप में वगीकृत किया जा सकता है। प्रत्यक्ष लागतों में उपचार से सम्बन्धित चिकित्सा लागतें, परिवहन लागतें, पुनर्वास सम्बन्धी लागतें तथा मृत्यु की स्थिति में अंतिम संस्कार सम्बन्धी लागतें शामिल होती हैं। अप्रत्यक्ष लागतों में संपत्ति को होने वाली हानि, मुकद्मेबाजी का खर्च, बीमा की हानि तथा अन्य को शामिल किया जाता है। अमूर्त लागतें वे होती हैं, जो कार्य से अनुपस्थित रहने, घटती हुई उत्पादकता, काम से अनुपस्थिति, चिकित्सा अवकाश, बच्चों के स्कूल छूट जाना तथा अनेक अन्य से सम्बन्धित होती हैं। इसके अलावा, सरकार को भी मदिरा के उपयोग से उत्पन्न हानिकारक प्रभावों के प्रबंधन के लिए भी भारी मात्रा में व्यय करने पड़ते हैं। इन सबकी सामूहिक लागत का अनुमान लगाया जाना अत्यन्त कठिन है।

## मद्यसारिकों का उपचार (Treatment of Alcoholics)

मद्यपान मादक पदार्थों की लत से अधिक उपचार योग्य है। कई सफल उपचार कार्यक्रम किए जा चुके हैं। उपयोग और दुरुपयोग के मध्य क्योंकि एक सततता बनी रहती है, इसलिए मदिरापान की विभिन्न श्रेणियों के लिए भिन्न-भिन्न प्रकार की योजनाएं होती हैं। मुख्यतः मनिश्चिकित्सा, पर्यावरण चिकित्सा, व्यवहार चिकित्सा, और डाक्टरी चिकित्सा इसके लिए सुझाई जाती हैं और विभिन्न प्रकार के पियक्कड़ों के लिए उपयोग में लाई जाती हैं। डाक्टरी चिकित्सा में अस्पताल और क्लिनिक मदिरा के आदी मरीजों को 'एन्टाब्यूज' नामक दवाई देते है (जिसे तकनीकी रूप से टैट्रा इथाइलश्यू रेम्डिसुल फाइड कहते हैं) (वाल्श और फर्फी, 1958: 151)। यह दवाई कीमती नहीं है और मुंह से ली जाती है। यह कोई असर नहीं करती जब तक कि मरीज शराब नहीं पीता; शराब पीने की स्थिति में उसके तीव्र और अप्रियकर लक्षण होते हैं, परन्तु खतरनाक नहीं होते। इस प्रकार एन्टाब्यूज पीने वाले को आवर्तन (relapse) के विरुद्ध रोकती है।

मनश्चिकित्सा में पुनर्सामाजीकरण (resocialization) को परामर्श एवं सामूहिक चिकित्सा के द्वारा प्रबलित (reinforce) किया जाता है। पर्यावरण चिकित्सा में, पीने वाले को पर्यावरण बदलने के लिए बाध्य किया जाता है जिससे कि उसके व्यवहार पर सरलतापूर्वक नियन्त्रण रखा जा सके। व्यवहार चिकित्सा में उसके भय और अवरोध (inhibitians) को हटाया जाता है, जिससे वह आत्मविश्वास और आत्मनिर्भरता को

विकसित कर सके। इस प्रकार निम्नांकित उपचार के उपायों का पीनेवालों (drinkers) और मद्यसारिकों (alcoholics) के उपचार के लिए प्रमुख रूप से उपयोग किया जाता है :

1. *अस्पतालों में निर्विषीकरण (detoxication in hospitals)* : मदिरा के व्यसनियों के लिए पहला कदम निर्विषीकरण करना है। मद्यसारिकों को डाक्टरी देखभाल और निरीक्षण की आवश्यकता होती है। उनके प्रत्याहार (withdrawal) लक्षणों, जैसे ऐंठन (convulsions) और मतिभ्रम (hallucinations) के उपचार के लिए प्रशान्तकों (tranquillizers) का उपयोग किया जाता है। उनके शारीरिक पुनर्निवास के लिए अधिक प्रभाव वाले विटामिनों और द्रव्य इलेक्ट्रोलाइट पासंग (fluid electrolyte balance) का भी उपयोग किया जाता है।
2. *परिवार की भूमिका (role of family)* : मद्यसारिक के परिवार को उसके उपचार और पुनर्वास में सम्मिलित करने से सफलता की संभावनाएं 75 प्रतिशत से 80 प्रतिशत तक बढ़ जाती हैं। पारिवारिक सदस्य उपदेश नहीं देते, ना ही वे मद्यसारिक पर दोषारोपण या उसकी निन्दा करते हैं। वे समस्याओं को कम करते हैं, सद्भावनापूर्ण और निःस्वार्थ सहायता और मार्ग दर्शन प्रदान करते हैं और मद्यसारिक को कभी नहीं छोड़ते हैं।
3. *अनामी मद्यसारिक (alcoholics anonymous – AA)* : सबसे अधिक प्रभावी सामाजिक चिकित्साओं में जो सामूहिक अन्तःक्रिया का उपयोग करती हैं, अनामी मद्यसारिक संगठन है। यह पूर्व मद्यसारिकों का एक संगठन है, जो चालीस के दशक के प्रारम्भ में शुरू हुआ और आज उसके लाखों सदस्य हैं। भारत में उसकी शखाएं केवल हाल ही में कुछ महानगरों में खुली हैं। अनामी मद्यसारिक के सदस्य अन्य मद्यसारिकों को अपने अनुभवों में भागी बनाते हैं और उनकी सामान्य समस्याओं के समाधान और मदिरापान से मुक्त होने के प्रयास में उनको शक्ति और आशा प्रदान करते हैं। वह व्यक्ति, जो पीने की आदत को वश में करने में ऊपरी तौर पर अपने को असमर्थ पाकर निरुत्साहित महसूस करता है, दूसरों से, जिन्होंने इसी प्रकार की बाधाओं को पार किया है, उदाहरण और प्रोत्साहन से साहस बटोरता है। सदस्यता के लिए केवल एक शर्त पीने को समाप्त करने की इच्छा है। अनाम मद्यसारिक प्रमुख रूप से देहली, मुम्बई और कलकत्ता जैसे महानगरों में पाए जाते हैं। सभाएं केवल इस रूप में चिकित्सा का कार्य करती हैं, कि पियक्कड़ उन व्यक्तियों के सामने अपनी समस्याओं को व्यक्त कर सकते हैं जो उनके साथ काम करते हैं और जो उनकी कमजोरी से लड़ने में और आत्मसम्मान और घनिष्ठता की भावना को सशक्त करने में उनकी सहायता करते हैं।
4. *उपचार केन्द्र (treatment centres)* : ये केन्द्र कुछ नगरो में अस्पताल के उपचार के विकल्पों के रूप में विकसित किए गए हैं। प्रत्येक केन्द्र में लगभग 10-20 आवासी होते हैं। यहां न केवल अनुकूल पर्यावरण में परामर्श दिया जाता है, अपितु आवासियों को पीने के विरुद्ध नियमों का भी पालन करना पड़ता है।
5. *शिक्षा के माध्यम से मूल्यों में परिवर्तन करना (changing values through education)* : कुछ स्वयंसेवी संगठन मद्यसारिकों को अत्यधिक पीने के खतरों से सावधान करने के लिए कुछ शैक्षणिक एवं सूचना कार्यक्रमों का आयोजन करते हैं। सामाजिक कार्यकर्ता पियक्कड़ों को जीवन का सामना करने और पीने के बारे में सामाजिक मूल्यों और रुखों में परिवर्तन लाने में मदद करते हैं।

## मद्यनिषेध (Prohibition)

गांधी जी शराब के उपयोग को एक प्रमुख सामाजिक बुराई के रूप में मानते थे, तथा वे भारत में संपूर्ण निषेध के पक्ष में थे। इस विचार के साथ ही भारत के संविधान में राज्य नीति के निर्देशात्मक सिद्धांतों के अंतर्गत अनुच्छेद 47 को शामिल किया गया जो उल्लेख करता है, "राज्य मात्र चिकित्सकीय प्रयोजनों को छोड़कर नशीले पेयपदार्थों एवं औषधियों, जो स्वास्थ्य के प्रति हानिकारक हैं, के उपयोग पर निषेध लगाने

का प्रयास करेगा।'' स्वतंत्रता प्राप्ति के उपरांत, कुछ राज्यों ने ईमानदारीपूर्वक तथा कुछ ने आधे-अधूरे मन से निषेध कार्यक्रम को प्रारंभ किया। विगत पांच दशकों अथवा ऐसी ही अवधि के दौरान, उनमें से अधिकांश ने निषेध को त्याग दिया है हालांकि अधिकांश नेतागण कार्यक्रम के प्रति दिखावटी समर्थनों को जारी रखे हुए हैं। मामला यहां तक पहुंच चुका है कि कुछ राज्यों में तो यहां तक कि मुख्यमंत्री, मंत्रीगण तथा उनके नजदीकी सम्बन्धी ही शराब के निर्माण करने वाले कारखानों का संचालन कर रहे हैं तथा उनके समर्थकों एवं रिश्तेदारों को शराब के लाइसेंस प्रदान किए जाने के द्वारा उपकृत किया गया है। इस प्रकार से अलग-अलग राजनीतिज्ञों ने शराब के निर्माण एवं बिक्री में अपने-अपने निहित स्वार्थों को विकसित कर लिया है। निषेध लागू न किए जाने के लिए अपनी तरफ से किए जाने वाले बचाव में वे यह आधार प्रस्तुत करते हैं, कि उनकी सरकारों को भारी मात्रा में राजस्व की हानि वहन करनी होगी, जिसके बिना वे अपने विकास सम्बन्धी कार्यक्रमों को प्रारंभ नहीं कर सकते।

स्वतंत्रता प्राप्ति के पश्चात्, मद्रास प्रांत एवं बाम्बे राज्य ने सन् 1948 तथा 1950 के बीच निषेध को लागू किया था, तथा मद्रास राज्य, महाराष्ट्र, गुजरात तथा आंध्र प्रदेश के 11 जिलों तथा असम, मध्य प्रदेश, उड़ीसा (अब ओडिशा), कर्नाटक तथा केरल के काफी व्यापक क्षेत्रों में सन् 1958 से 1969 के बीच पूर्ण निषेध लागू था। सन् 1954 तक भारत की कुल आबादी का एक-चौथाई भाग निषेध के अधीन आ चुका था, तथा इसी वर्ष के दौरान निषेध जांच समिति का गठन अप्रैल 1958 में किया गया था, क्योंकि लक्ष्य था राष्ट्रीय निषेध को प्राप्त किया जाना। हालांकि, शराब की बिक्री से प्राप्त होने वाले उत्पाद शुल्क राजस्व के कारण राज्य को होने वाली राजस्व की भारी हानि ने अधिकांश राज्य सरकारों को दीर्घकालिक निषेध लागू किए जाने के प्रति निरुत्साहित कर दिया। राज्यों को प्राप्त होने वाले कुल राजस्व में शराब का योगदान 10 प्रतिशत का था, तथा पंजाब के मामले में तो यह एक-तिहाई तक था। सन् 1964 में, केन्द्र ने राज्य सरकारों को निषेध लागू किए जाने के कारण उन्हें होने वाली उत्पादशुल्क राजस्व की हानि के 50 प्रतिशत भाग की भरपाई करने का प्रस्ताव दिया। अधिकांश राज्यों ने प्रस्ताव को स्वीकार नहीं किया तथा निषेध को उठा लिया, हालांकि, गुजरात ने इसे कायम रखा। सन् 1977 में मोरारजी देसाई सरकार के अधीन निषेध के लिए एक बार फिर से प्रयास किए गए, किन्तु यह राष्ट्रव्यापी निषेध का लक्ष्य प्राप्त कर पाने में विफल रही। निषेध के नकारात्मक प्रभावों, जिनमें बड़े पैमाने पर नकली एवं सस्ती शराब की बिक्री किया जाना, संगठित अपराधों में वृद्धि तथा शराब के लिए काला बाजार के विकसित होने के कारण अवैध शराब का निर्माण, निषेध को लागू किए जाने के लिए बड़ी संख्या में आवश्यक पुलिस बल तथा शराब उद्योग से जुड़े लोगों को होने वाली रोजगार की हानि इत्यादि भी शामिल थे, ने निषेध के लिए की जाने वाली मांग को कम कर दिया तथा शराब के विनियमन के लिए आह्वान को जन्म दे दिया। अंबुमणि रामदॉस ने मई 2004 से अप्रैल 2009 के बीच केन्द्रीय स्वास्थ्य एवं परिवार कल्याण मंत्री के रूप में कार्य करते हुए एक राष्ट्रीय अल्कोहल नीति तथा राष्ट्रव्यापी निषेध लगाए जाने का आग्रह किया था।

जैसा कि पहले उल्लेख किया जा चुका है, हाल ही के समय में एक नई प्रवृत्ति को देखा गया है : वर्ष 2009 से 2011 तक की अवधि के लिए सरकारी आंकड़े पुष्टि करते हैं, कि शराब के विरुद्ध गैर-निषेध वाले राज्यों की तुलना में संपूर्ण निषेध वाले गुजरात जैसे राज्यों के द्वारा नकली शराब से होने वाली मौतों के विषम आनुपातिक अंश का सामना किया जा रहा है। वास्तव में, हमारी सरकारें यह महसूस कर पाने में विफल रही हैं कि शराब की बिक्री से प्राप्त होने वाला राजस्व मद्यपान के सामाजिक परिणामों के कारण किए जाने वाले व्ययों की तुलना में कहीं कम है। एक अध्ययन के अनुसार, कर्नाटक राज्य में यह पाया गया कि मद्यपान की सामाजिक लागत शराब से प्राप्त किए गए राजस्व की तुलना में कई गुना अधिक हो चुकी है। मदिरा आश्रित लोगों के एक छोटे से नमूने के आधार पर यह अनुमान लगाया गया है कि होने वाली हानियों की राशि 18.39 अरब रुपयों की थी जबकि इसकी तुलना में प्राप्त राजस्व मात्र 8.6 अरब रुपयों का था। एक अध्ययन के द्वारा अनुमान लगाया गया कि

वर्ष 2004 के लिए भारतीय समाज के द्वारा मदिरा के उपयोग के विभिन्न परिणामों के कारण अनुमानित तौर पर 244 अरब रुपयों की हानि उठाई गई हो सकती है, जबकि सरकार के द्वारा प्राप्त राजस्व मात्र 216 अरब रुपयों का ही हो सकता है, जो यह प्रश्न खड़ा करता है "क्या हम जो कुछ अर्जित कर रहे हैं, उससे अधिक गवां रहे हैं?"

मामलों की वर्तमान स्थिति का सारांश इस प्रकार से व्यक्त किया जा सकता है : "हर कोई निषेध चाहता है, किन्तु कोई भी इसे लागू किया जाने की इच्छा नहीं रखता"। कोई आश्चर्य नहीं है कि कुछ राज्य सरकारों के द्वारा नियुक्त की गई कुछ समितियों/आयोगों ने 'चरणबद्ध' संपूर्ण निषेध की सिफारिशें की हों। क्या राजनीतिज्ञ मदिरा के दिग्गजों के उस प्रस्ताव को अस्वीकार कर सकने का साहस कर सकते हैं जो कहता है–"तुम हमें शराब की दुकानों का लाइसेंस दो और हम तुम्हें चुनावों एवं पार्टी कोष के लिए दान देगें"। केरल में, भारत निर्मित विदेशी शराब (IMFL) लॉबी ने सरकार को 200 करोड़ रुपए देने का वादा किया था (सन् 1996 के प्रारंभ में) ताडी (arrack) पर प्रतिबंध लगा दिया जाए तथा 5,000 से अधिक ताडी की दुकानों को बंद कर दिया जाए।

## महिलाओं की भूमिका (Role of Women)

शहरी तथा ग्रामीण दोनों ही क्षेत्रों में महिला कार्यकर्ता, महिलाओं के संगठन तथा यहां तक कि सामान्य गृहणियां भी पुरुषों को शराब के उपयोग के विरुद्ध संतुष्ट करने तथा निषेध को लागू करने के लिए सरकार को बाध्य करने के संघर्ष का नेतृत्व कर सकती हैं। वे राजनीतिक दलों से अपने चुनावी घोषणापत्रों में संपूर्ण निषेध को शामिल किए जाने की मांग कर सकती हैं। ऐसा सन् 1993 में हुआ था, जब नव-शिक्षित महिलाओं के एक छोटे से समूह ने आंध्र प्रदेश के नेल्लोर जिले के डब्बागुंटा नामक गांव में अपने पुरुषों की शराब पीने की आदत से परेशान होकर शराब की एक दुकान पर हमला कर दिया, दुकान मालिक को मारकर भगा दिया तथा देशी मदिरा के स्टॉक को ही नष्ट कर दिया। एक छोटे से धूलआसक्त गांव की असंगठित महिलाओं के द्वारा लगाई गई यह चिंगारी संपूर्ण आंध्र प्रदेश के महिलावर्ग की कल्पना में स्थान पा गई, जहां से देश के अन्य राज्यों में भी यह आंदोलन फैल गया।

## मद्यपान पर नियंत्रण (Control on Alcoholism)

निषेध के मॉडल की विफलता के साथ, प्रांतीय सरकारी नियंत्रण अब शराब के व्यवसाय के विनियमन पर केन्द्रित हो चुके हैं। ये राज्य सरकारें, मुक्त लाइसेंस प्रणाली के अंतर्गत, शराब के व्यापार को लाइसेंसिंग तथा नियंत्रण के अधीन निजी उपक्रमों पर छोड़ दे रही हैं, जिसका नाममात्र का सामाजिक उद्देश्य आपराधिक अथवा सवालिया वित्तीय इतिहास रखने वाले लोगों की भूमिका को समाप्त किया जाना तथा लाइसेंसशुदा शराब की दुकानों की भौतिक स्थलों का नियंत्रण किया जाना है। प्रत्येक राज्य सरकार जब ठेकों की नीलामी करती है तो प्रतिवर्ष करोड़ो रुपयों का राजस्व अर्जित करती है।

स्वच्छन्दभावी लोग तर्क देते हैं, कि जब तक सामाजिक ढांचा तथा आर्थिक व्यवस्था असमानता, बेरोजगारी, गरीबी, अन्याय, तथा भूमिका-उपभेदों तथा तनावों को जन्म देना जारी रखेगें तब तक मद्यपान जारी रहेगी। चूंकि हमारे समाज में संचालित हो रही वर्तमान सामाजिक व्यवस्था अधिकाधिक कुंठाओं एवं वंचनाओं को जन्म दे रही है, अतः पीने की दर भविष्य में मात्र बढ़ने ही वाली है। इसीलिए जिस बात की आवश्यकता है वह हैं – अधिक रोजगार पैदा किए जाने, उचित प्रतिस्पर्धा की अनुमति दिए जाने, तथा नियुक्तियों एवं पदोन्नतियों में भ्रष्टाचार एवं भाई-भतीजावाद को कम किए जाने के लिए नीतियों एवं कार्यक्रमों का निर्धारण किए जाने की। यदि लोगों का जीवन अर्थपूर्ण तथा संतुष्ट बना दिया जाता है तो मदिरा की आवश्यकता या तो रहेगी ही नहीं अथवा न्यूनतम हो जाएगी। दूसरे, शराब के द्वारा प्रदान किए जाने वाले नुकसान एवं घाव के बारे में शिक्षा प्रदान किया जाना किसी भी व्यक्ति तथा समाज को जीवन प्रदान कर सकता है जो शराब के उपयोग के नियंत्रित करने में सहायता प्रदान करेगा। माता-पिता शराबी होने से सम्बन्धित खतरों की शिक्षा प्रदान कर सकते हैं तथा साथ ही

साथ कहना न मानने वालों को दंडित कर सकते हैं तथा आवश्यक भय उत्पन्न कर सकते है। माता-पिता की शिक्षा का सम्बन्ध शराब न पिए जाने के अनुकूल अभिवृत्तियों एवं व्यवहारों को आकार दिए जाने के साथ होना चाहिए। अंततः, स्कूलों एवं कॉलेजों के द्वारा भी युवा छात्रों को शराब तथा शराब के व्यसन के मनोवैज्ञानिक एवं सामाजिक दुष्प्रभावों के बारे में शिक्षित किया जाना चाहिए।

यह वास्तव में ही एक त्रासदी है, कि हमारी सरकारें तथा राजनीतिक दल उन आदर्शों का अनुसरण करने में सक्षम नहीं रहे हैं, जिनकी कल्पना स्वतंत्रता संग्राम के संघर्ष के दौरान हमारे द्वारा की गई थी। गांधी जी ऐसे स्वतंत्र भारत की कभी भी कल्पना नहीं कर सकते थे, जो निषेधविहीन रहा हो। उनके लिए, निषेध स्वतंत्रता आंदोलन का एक अभिन्न अंग था। उन्होंने स्पष्ट तौर पर यह घोषणा कर दी थी कि यदि उन्हें देश का तानाशाह नियुक्त किया जाता है, तो पहले घंटे के दौरान उनकी पहली कार्यवाही होगी कि बिना किसी क्षतिपूर्ति का भुगतान किए शराब की सभी दुकानों को बंद कर दिया जाए। अपने दावों में वे इतने बलशाली थे, कि यहां तक कि वे निषेध को लागू किए जाने के लिए भुगतान की जाने वाली किसी लागत के रूप में लोगों को अशिक्षित रहने देने के लिए भी तैयार थे। उनके अनुसार, शराब पीने की बुराई चोरी, यहां तक कि वेश्यावृत्ति से भी खराब थी, क्योंकि यही इन दोनों बुराईयों की जड़ भी थी।

इस प्रकार, यह निष्कर्ष प्राप्त किया जा सकता है कि मद्यपान की समस्या एक संगठित हमले का आह्वान करती है जिसमें उपचार, सामाजिक उपायों, शिक्षा एवं शोध को शामिल किया जा सकता है।

## REFERENCES

Clinebell, Howard J., *Understanding and Counselling the Alcoholic*, Abingdon Press, New York, 1956.

Gold, Herry and Scarpiti, Frank (eds), *Combating Social Problems*, Holt, Reinhart & Winston, New York, 1967.

Jellinek, E.M., "Phases in Drinking History of Alcoholics", *Quarterly Journal of Studies on Alcohol*, Vol. 7, June, 1946.

Johnson, Elmer H., *Social Problems of Urban Man*, The Dorsey Press, Homewood, Illinois, 1973.

Keller, Mark and Vera, Efron, "The Prevalence of Alcoholism", *Quarterly Journal of Studies on Alcohol*, Vol. 16, December, 1955.

Landis, Paul H., *Social Problems*, J.B. Lippincott Co., Chicago, 1959.

McVeigh, Frank and Shostak, Arthur, *Modern Social Problems*, Holt, Rinehart & Winston, New York, 1978.

NIMHANS, "Alcoholism-related Harm: Implications for Public Health and Policy in India", Bangalore, 2011.

Shepard, J.M. and Voss, H.L., *Social Problems*, Macmillan Publishing Co. Inc., New York, 1978.

Walsh, Maty E. and Furfey, Paul H., *Social Problems and Social Action*, Prentice Hall Inc., Englewood Cliffs, New Jersey, 1958.

Waskin, Richard (ed.), *Social Problems*, McGraw Hill & Co., New York, 1964.

# 18

# मादक पदार्थों का दुरुपयोग एवं व्यसन

## Drug Abuse and Drug Addiction

'मादक पदार्थों को "न" कहिए और जीवन को "हाँ" कहिए; 'मादक पदार्थों का दुरुपयोग जीवन का दुरुपयोग है'; 'आजाद पैदा हुए, आजाद जिएं'। ये ऐसे संदेश हैं जिन्हें कल्याण मंत्रालय के स्वापक नियंत्रण ब्यूरो तथा प्रत्येक महत्वपूर्ण व्यक्ति के द्वारा भारत में मादक पदार्थों पर मोहित हो चुके युवाओं के लिए जारी किया गया है। क्या मादक पदार्थों का दुरुपयोग वास्तव में हमारे देश में इतनी बड़ी सामाजिक समस्या बन चुका है?

### पथभ्रष्ट व्यवहार (Aberrant Behaviour)

मादक पदार्थों के दुरुपयोग को पथभ्रष्ट व्यवहार के साथ-साथ एक सामाजिक समस्या के रूप में भी देखा जा सकता है। पथभ्रष्ट व्यवहार के मामले में इसे किसी व्यक्ति के सामाजिक अपसमायोजन के साक्ष्य के रूप में माना जाता है, जबकि, दूसरे मामले में इसे व्यापक हो चुकी एक ऐसी परिस्थिति के रूप में देखा जाता है जो समाज के लिए खतरनाक परिणामों से युक्त है। अनेक पश्चिमी देशों में मादक पदार्थों के दुरुपयोग को लंबे समय से एक महत्वपूर्ण सामाजिक समस्या के रूप में स्वीकार किया जाता रहा है लेकिन भारत में ऐसा मात्र पिछले तीन दशकों से ही हुआ है कि इसे एक गंभीर सामाजिक समस्या के रूप में स्वीकार किया जाने लगा है। ऐसा कहा जाता है कि भारत मादक पदार्थों का न केवल एक महत्वपूर्ण पारगमन केन्द्र (जहां कुछ देशों से मादक पदार्थों को तस्करी से लाया और दूसरे देशों को भेजा जाता है) बन चुका है, बल्कि यहां मादक पदार्थों के दुरुपयोग का प्रचलन भी खतरनाक ढंग से बढ़ रहा है। एक अनुमान के अनुसार, अकेले भारत में ही 'हेरोइन' के लगभग 10 लाख व्यसनी लोग मौजूद हैं। भारत में मादक पदार्थों के अवैध व्यापार के द्वारा प्रतिवर्ष 10 से 20 हजार करोड़ रुपए पैदा किए जाने का अनुमान है। इसी प्रकार, जब्त किए जाने वाले अवैध मादक पदार्थों की मात्रा में विगत वर्षों के दौरान कई गुना वृद्धि हो चुकी है। अवैध मादक पदार्थों का उपयोग आज सड़क पर घूमने वाले आवारा छोकरों तथा निचले वर्गों तक ही सीमित नहीं रह गया है, बल्कि मध्य एवं उच्च-वर्ग के अधिकाधिक युवा भी मादक पदार्थों का शिकार हो रहे हैं।

इन सबके बावजूद, भारत में मादक पदार्थों के दुरुपयोग को अभी भी एक पथभ्रष्ट व्यवहार के रूप में ही माना जाता है न कि एक समाजविरोधी अथवा एक गैर-अनुरूपी व्यवहार के रूप में। इससे, किसी का भी यह अर्थ होता है कि कोई भी पथभ्रष्ट व्यक्ति समाज के सामाजिक मानदंडों के अनुसार अपने अपराधों को छिपा लेता है, मानदंडों की वैधता पर प्रश्न किए बिना उनका उल्लंघन करता है, और मानदंडों में परिवर्तन किए जाने का प्रस्ताव किए बिना ही उनके उल्लंघन करने के लिए दिए जाने वाले दंडों से बचने का प्रयास करता है। ऐसा विश्वास किया जाता है कि पथभ्रष्ट व्यक्ति अपने निजी हितों की पूर्ति करने हेतु तत्पर रहता है।

मेर्टन (1979: 829-32) ने मानदंड के उल्लंघनों के विभिन्न प्रकारों को प्रदर्शित करने के लिए 'पथभ्रष्ट' तथा 'गैर-अनुरूपी व्यवहारों के बीच भेद किया है। 'गैर-अनुरूपी' व्यक्ति मानदंडों (लक्ष्यों तथा/अथवा साधनों) की वैधता को चुनौती देता है और वह सार्वजनिक तौर पर इन्हें अस्वीकार करता है तथा नए मानदंडों की प्रतिस्थापना की वकालत करता है, किन्तु 'पथभ्रष्ट व्यक्ति' न तो मानदंडों की वैधता पर प्रश्न खड़े करता है और न ही नए मानदंडों द्वारा पुराने मानदंडों को प्रतिस्थापित किए जाने की माँग करता है। कोई आश्चर्य नहीं है कि समाजशास्त्री भारत में मादक पदार्थों के दुरुपयोग को एक पथभ्रष्ट व्यवहार के रूप में, तथा मादक पदार्थों के उपयोगकर्ताओं एवं व्यसनियों को एक ऐसे पथभ्रष्ट व्यक्ति के रूप में ही देखते हैं जो गैर-अनुरूपियों के विपरीत सामाजिक परिस्थितियों में सुधार अथवा मानवजाति को लाभ पहुंचाए जाने में कोई रुचि नहीं रखता।

विगत तीन दशकों के दौरान भारत में चिकित्सा विज्ञानियों, मनोविज्ञानियों तथा समाजविज्ञानियों के द्वारा मादक पदार्थों के दुरुपयोग पर अनेक शोध संपन्न किए जा चुके हैं। लेखक ने राजस्थान में सन् 1976 तथा 1986 में कॉलेज/विश्वविद्यालय के छात्रों के बीच मादक पदार्थों के दुरुपयोग पर दो अध्ययन संपन्न किए थे, जिनका उद्देश्य न केवल मादक पदार्थों के दुरुपयोग की सीमा की समस्या का विश्लेषण किया जाना था बल्कि इसके कारणों का अध्ययन किया जाना तथा इसे नियंत्रित किए जाने हेतु उपाय सुझाना भी था। इन शोधकार्यों के निष्कर्षों का परीक्षण करने के पूर्व हमें पहले मादक पदार्थों के दुरुपयोग सम्बन्धी शब्दावली की आधारभूत अवधारणाओं को समझने का प्रयास करना चाहिए

## मूल अवधारणाएं (Basic Concepts)

द्रव्य, द्रव्य दुरुपयोग, द्रव्य निर्भरता, द्रव्य व्यसन, और उपभोग स्थगन संलक्षण (abstinence syndrome) कुछ ऐसी अवधारणाएं हैं जिनकी स्पष्टता आवश्यक है। 'द्रव्य' एक रासायनिक पदार्थ है, जिसके कुछ विशिष्ट शारीरिक और/अथवा मनोवैज्ञानिक प्रभाव होते हैं। यह व्यक्ति की साधारण शारीरिक प्रक्रियाओं व प्रकार्यों को बदलता है। परन्तु यह परिभाषा बहुत व्यापक है। चिकित्सकीय संदर्भ में 'द्रव्य' एक वह पदार्थ है जो चिकित्सक द्वारा नुस्खे के रूप में नियत किया जाता है, और जो किसी रोग, बीमारी व पीड़ा के उपचार व रोकथाम के लक्ष्य से निर्मित किया जाता है, जिसमें वह अपनी रासायनिक प्रकृति द्वारा जीवित प्राणी (living organism) की संरचना व प्रकार्यों पर आवश्यक प्रभाव डाल सके। मनोवैज्ञानिक व समाजशास्त्रीय संदर्भों में, 'द्रव्य' एक वह शब्द है, जो उस आदत-निर्माण (habit forming) पदार्थ के लिए उपयोग किया जाता है जो मस्तिष्क व नाड़ीमण्डल (nervous system) को प्रत्यक्ष रूप से प्रभावित करता है। सुतथ्यतः (precisely) यह एक रासायनिक पदार्थ को दर्शाता है जो शरीर के कार्य, मनःस्थिति, अनुभवजन्यता (perception) व चेतना को प्रभावित करता है, जिसमें दुरुपयोग की क्षमता है और जो व्यक्ति या समाज के लिए हानिकारक हो सकता है (जूलियन, 1977)। इस परिभाषा के आधार पर द्रव्य का बारम्बार सेवन इतना खतरनाक समझा जाता है और कभी-कभी इतना अनैतिक व असामाजिक माना जाता है कि यह आम जनता में अनेक प्रकार के प्रतिकूल मनोभव जाग्रत करता है। परन्तु कुछ द्रव्य सापेक्षिक रूप से अघातक तथा व्यसनरहित होते हैं और उनमें हानिकारक शारीरिक प्रभाव भी नहीं पाए जाते हैं। ऐसे द्रव्यों का उपयोग हेरोइन, कोकीन व एल.एस.डी. जैसे अवैध द्रव्यों के उपयोग से तथा शराब, तम्बाकू, बार्बिटयुरेट व ऐम्फेटामाइन जैसे वैध द्रव्यों के सेवन से सुस्पष्ट विपरीत होता है, क्योंकि यह सभी अवैध और दुरुपयोग किए जाने वाले वैध द्रव्य इनके सेवन करने वाले व्यक्तियों पर स्पष्ट हानिकारक शारीरिक प्रभाव डालते हैं।

*द्रव्य दुरुपयोग* (drug abuse) का अर्थ है अवैध द्रव्य का सेवन तथा वैध द्रव्य का अनुचित प्रयोग (misuse) जिससे शारीरिक व मानसिक हानि होती है। इसमें गांजा व हशीश का धूम्रपान, हेरोइन, कोकीन व एल.एस.डी. का सेवन, मार्फीन का इंजेक्शन लेना, शराब पीना, आदि सम्मिलित हैं। कभी-कभी इसे 'बुलन्द द्रुतगति पर होना' (high on speed), 'आमोद यात्रा' (trip), व

'आनन्दोत्कम्प' (getting kicks) भी कहा जाता है।

*द्रव्य निर्भरता* (drug dependence) द्रव्य का आदी होना व नित्य सेवन करना सूचित करता है। 'निर्भरता' शारीरिक भी हो सकती है और मानसिक भी। शारीरिक निर्भरता द्रव्य के बार-बार सेवन करने से पैदा होती है जब द्रव्य की उपस्थिति के कारण शरीर अपने को समायोजित करता है। परन्तु इस (द्रव्य) के बन्द कर देने से व्यक्ति दर्द, पीड़ा, उलझन, व्यथा व बीमारी का सामना करता है।

*व्यसन* (addiction) शब्द अधिकांशतः शारीरिक निर्भरता दर्शाता है। अतः 'व्यसन' व 'शारीरिक निर्भरता' एक ''वह स्थिति है जिसमें शरीर को अपने कार्य संचालन के लिए द्रव्य का निरन्तर सेवन चाहिए''। द्रव्य के बन्द कर देने से शरीर के कार्य निष्पादन में हस्तक्षेप होता है तथा द्रव्य में पाए जाने वाले विशिष्ट प्रतिरूप के अनुसार बन्द होने के लक्षण दिखाई देने लगते हैं। वंचना (deprivation) के प्रति पूर्ण प्रतिक्रिया को 'उपभोग स्थगन संलक्षण' (abstinence syndrome) कहा जाता है।

द्रव्य का दीर्घ स्थायी सेवनकर्ता एक यह विचार विकसित करता है कि वह अपने द्रव्य की मात्रा को निरन्तर बढ़ाता जाए, जिससे उसमें वह प्रभाव पैदा हो जो पहली खुराक लेते समय हुआ था। इस तथ्य को 'सहनशीलता' कहा जाता है। यह (सहनशीलता) बाहरी पदार्थ की उपस्थिति में शरीर की अपने को अनुकूल करने की क्षमता को दर्शाती है। परन्तु सभी व्यक्तियों में सभी द्रव्यों के लिए सहिष्णुता विकसित नहीं होती, यद्यपि कुछ द्रव्यों के लिए (उदाहरणार्थ मार्फीन) व्यसनी सहनशीलता को शीघ्रता से गठित कर लेते हैं। 'प्रति-सहनशीलता' (cross tolerance) का अर्थ है कि एक द्रव्य के लिए सहिष्णुता उसी प्रकार के अन्य द्रव्यों के लिए भी सहनशीलता पैदा करती है।

*मनोवैज्ञानिक निर्भरता* तब उत्पन्न होती है, जब व्यक्ति द्रव्य पर उससे उत्पन्न होने वाले 'सुख' (pleasure) की अनुभूति पर निर्भर करने लगता है। मनोवैज्ञानिक निर्भरता के लिए 'आदी होना' (habituation) शब्द का प्रयोग किया जाता है। 'आदी होने' और 'व्यसन' में अन्तर यह है कि जितना व्यसन विवशताकारी (compulsive) है, उतनी आदत नहीं है। किसी द्रव्य के लिए व्यसन का अर्थ है कि शरीर उस द्रव्य के विषैले/नशीले (toxic) प्रभावों पर इतना निर्भर हो जाता है कि उसके बिना वह रह नहीं सकता।

द्रव्य व्यसन के मुख्य लक्षण हैं : (i) द्रव्य लेते रहने की अत्यधिक इच्छा या आवश्यकता तथा उसे किसी भी तरीके से प्राप्त करना; (ii) मात्रा (dose) बढ़ाने की प्रवृत्ति; (iii) द्रव्यों के प्रभावों पर मनोवैज्ञानिक व शारीरिक निर्भरता; (iv) व्यक्ति व समाज पर हानिप्रद प्रभाव।

## दुरुपयोग योग्य मादक पदार्थों की प्रकृति एवं प्रभाव (Nature and Impact of Abusable Drugs)

दुरुपयोग योग्य मादक पदार्थों को 8 वर्गों में विभाजित किया जा सकता है: उत्तेजक, अन्तःश्वसनीय, भाँग-आधारित, अवसादक, अफीम-आधारित तथा मार्फीन यौगिक, उपचय सांद्राभ (steroid), विभ्रमजनक तथा नुस्खा-निर्धारित औषधियां।

*उत्तेजक* पदार्थ (stimulants) शरीर के तंत्रिका-तंत्र की गति को तेज कर देता है और उर्जा का आभास उत्पन्न कर देता है। आपको जाग्रत अनुभव करवा सकने की इनकी क्षमता के कारण इन्हें 'अपर्स' भी कहा जाता है। उत्तेजक अवसादकों के विपरीत प्रभाव से युक्त होते हैं। जब उत्तेजकों का असर दूर होता है तो उपयोगकर्ता को विशेषतौर पर बीमार तथा शरीर में ऊर्जा न होने जैसा अनुभव होता है। ऐसे मादक पदार्थों का निरंतर उपयोग उपयोगकर्ता पर अत्यन्त नकारात्मक प्रभाव डाल सकता है। इन औषधियों के अत्यधिक नकारात्मक अतिरिक्त प्रभावों तथा जीवन पर पड़ने वाले इनके प्रभावों को रोकने के उद्देश्य से प्रायः मादक पदार्थ नशा उपचार केन्द्रों की सिफारिश की जाती है। कोकीन, मेथैमफेटामाइन्स, एम्फेटामाइन्स, रिटालिन एवं साइलर्ट आदि प्रमुख उत्तेजकों में से हैं।

*अन्तःश्वसनीय* पदार्थों (inhalants) को सूंघा अथवा फूंका जाता है तथा यह उपयोगकर्ता को तुरंत प्रभाव दिखाता है। दुर्भाग्यवश, ऐसे त्वरित प्रभाव का परिणाम मानसिक क्षति का होना भी हो सकता है।

जब अन्तःश्वसनीय पदार्थों को सूंघा जाता है तो शरीर ऑक्सीजन से वंचित हो जाता है जिसके कारण हृदयगति तीव्र हो जाती है। अन्य प्रभावों में शामिल होते हैं लीवर, फेफड़े तथा किडनी सम्बन्धी समस्याएं, गंध अनुभव करने की क्षीण क्षमता, चलने में कठिनाई एवं भ्रम। अन्तःश्वसनीय पदार्थों में शामिल हैं गोंद, पेंट, थिनर, पेट्रोल, लाफिंग गैस तथा एयरोसॉल स्प्रे।

*भांग आधारित* पदार्थों से उत्साह की भावना उत्पन्न होती है, यह भ्रम तथा स्मृति सम्बन्धी समस्याओं, चिंताओं तथा बढ़ी हुई हृदयगति तथा साथ ही साथ चौंकाने वाला तथा मंद प्रतिक्रिया समय का कारण हो सकता है। इन मादक पदार्थों में हशीश एवं मारिजुआना शामिल होते हैं।

*अवसादक पदार्थ* (depressants) आपके शरीर के केन्द्रीय तंत्रिका-तंत्र की गतिविधि को मंद कर देते हैं। ये मादक पदार्थ 'डाउनर्स' भी कहलाते हैं क्योंकि वे शरीर को धीमा कर देते हैं तथा राहत का अनुभव प्रदान करते हुए प्रतीत होते हैं। अवसादक मादक पदार्थ तनाव एवं क्रोध से राहत प्रदान करने के लिए नुस्खा-पर्ची में लिखी जाने वाली औषधियों के रूप में उपलब्ध होते हैं, यद्यपि तंद्रा (उनींदापन) का अनुभव प्रायः ही इनका अतिरिक्त प्रभाव होता है। इन मादक पदार्थों से अनुभव की जाने वाली 'राहत' शरीर द्वारा किया जाने वाला एक स्वस्थ अनुभव नहीं होता है, तथा इन मादक पदार्थों के दुरुपयोग को रोकने के लिए मादक पदार्थ सम्बन्धी उपचार की सिफारिश की जाती है। प्रमुख अवसादकों में शामिल हैं बार्बिट्यूरेट्स, बेंजोडायजेपाइन्स, फ्लूनिट्राजेपाम, गामा-हाइड्रॉक्सीब्यूटरेट, मेथाक्यूलोन, एल्कोहल तथा ट्रैंक्वेलाइजर्स।

*अफीम-आधारित तथा मार्फीन यौगिक* तंद्रा, भ्रम, मिचलाहट, जोश की भावना, श्वसन सम्बन्धी जटिलताएं उत्पन्न कर सकते हैं तथा दर्द से राहत प्रदान कर सकते हैं। इनमें शामिल हैं कोडीन, फेनटैनील एवं फेनटैनील एनालॉग्स, हेरोइन, मार्फीन, अफीम, ऑक्सीकोडोन एचसीएल, हाइड्रोकोडोन बाइटारट्रेट, एसीटामिनोफेन।

*उपचय सांद्राभ* (anabolic steroids) का उपयोग शारीरिक प्रदर्शनों में सुधार करने के साथ-साथ मांसपेशियों में वृद्धि करने तथा शक्ति बढ़ाए जाने के लिए किया जाता है। सांद्राभों के नकारात्मक प्रभावों में शामिल हैं गंजापन, सिस्ट, तैलीय बाल एवं त्वचा, मुंहासे, हृदयाघात, स्ट्रोक तथा आवाज में परिवर्तन। शत्रुता अथवा द्वेष भी उपचय सांद्राभों के प्रायः पड़ने वाले अतिरिक्त प्रभावों में से एक है। इस प्रकार के मादक पदार्थों में शामिल हैं एनाड्रॉल, ऑक्सैनड्रिन, ड्यूराबोलिन, स्टैनजोल तथा डायनाबॉल।

*विभ्रमजनक पदार्थ* (hallucinogens) मस्तिष्क को परिवर्तित कर देते हैं तथा ऐसी वस्तुओं को दिखाई पड़ने का अनुभव करवाते हैं जिनका वास्तव में अस्तित्व ही नहीं होता। विभ्रमजनक पदार्थ शरीर के आत्मनियंत्रण जैसे वाणी एवं गति को प्रभावित करते हैं तथा प्रायः मन में द्वेष उत्पन्न करते हैं। इन मादक पदार्थों के अन्य अतिरिक्त प्रभावों में हृदयगति का रुक जाना, बढ़ी हुई हृदयगति, उच्च-रक्तचाप तथा शरीर के हार्मोनों में परिवर्तन आदि शामिल हैं। इन मादक पदार्थों में एलएसडी (लाइसर्जिक एसिड डाइएथाइलामाइड), मेस्कालाइन, सिलोसाइबिन, कैनाबिस तथा मैजिक मशरूम को शामिल किया जाता है।

*नुस्खा-निर्धारित औषधियां,* यदि सही तरीके से तथा किसी शिक्षित चिकित्सक के मार्गदर्शन में उपयोग में लाई जाएं तो अत्यधिक सहायक सिद्ध हो सकती हैं। इन औषधियों का उपयोग शल्य-चिकित्सा में सहायक के रूप में, चिकित्सकीय परिस्थितियों के अंतर्गत उपचार हेतु तथा विभिन्न लक्षणों के नियंत्रण हेतु किया जा सकता है। हालांकि, नुस्खा-निर्धारित औषधियों का अनुचित उपयोग तथा दुरुपयोग अत्यंत ही खतरनाक भी हो सकता है। इस प्रकार की औषधियों में ओपियॉड्स (कोडीन, ऑक्सीकोडोन, मार्फीन), केन्द्रीय तंत्रिका तंत अवसादकों (बार्बिट्यूरेट्स, बेंजोडायजेपाइन्स) तथा उत्तेजकों (डेक्सट्रोएमफेटामाइन, मेथाइलफेनीडेट) को शामिल किया जाता है।

## मादक पदार्थों के दुरुपयोग की सीमा एवं प्रकृति (Extent and Nature of Drug Abuse)

हमारे देश में अवैध मादक पदार्थों का उपयोग तथा वैध औषधियों का दुरुपयोग कितना व्यापक है? हाल ही में किए गए सर्वेक्षणों के अनुसार, भारत में लगभग 7.5 करोड़ लोग मादक पदार्थों के व्यसनी हैं। इस संख्या में खौफनाक ढंग से वृद्धि हो रही है। पोस्ट ग्रेजुएट इंस्टीट्यूट ऑफ मेडिकल एजूकेशन एंड रिसर्च (PGIMIR) के द्वारा संपन्न किए गए एक अध्ययन के द्वारा यह दावा किया गया है कि 16 से 25 वर्ष की आयु वाले युवा वर्ग में मादक पदार्थों के दुरुपयोग में वृद्धि हुई है। शोधकर्ताओं के द्वारा सन् 1978 से 2008 तक की 30 वर्षों की अवधि के दौरान संग्रहीत किए गए आंकड़े दर्शाते हैं कि जहाँ इस अवधि के पहले दशक (1978-88) के दौरान रोगियों का 22 प्रतिशत भाग 16 से 25 वर्ष की आयु वर्ग का था, वहीं तीसरे दशक (1999-2008) के दौरान यह प्रतिशत बढ़कर 31.5 हो गया। अध्ययन यह भी प्रदर्शित करता है कि अफीम आधारित मादक पदार्थों पर निर्भरता के मामलों में विगत दशकों के दौरान वृद्धि हुई है और यह पहले दशक के कुल मामलों के 36.8 प्रतिशत से बढ़कर अंतिम दशक के दौरान 53.2 प्रतिशत तक हो गया था (*इंडियन एक्सप्रेस,* 12 मई, 2012)।

यह अधिकांश युवा पीढ़ी ही है जो आसानी से इसका शिकार बन जाती है। जो कुछ भी बड़े शहरों के उच्च-आय वर्ग की एक छोटी आबादी के युवाओं के बीच कभी-कभार के उपयोग के रूप में प्रारंभ किया गया था आज समाज के हर वर्ग में घुसपैठ कर चुका है। भारत में निर्मित औषधियाँ, हेरोइन एवं एल्कोहल आदि सर्वाधिक दुरुपयोग किए जाने वाले मादक पदार्थों में से हैं। ऐसा कहा जाता है कि लगभग 500 अरब डॉलर के आसपास के व्यापार के साथ यह विश्व का तीसरा सबसे बड़ा व्यवसाय है जिसका स्थान पेट्रोलियम एवं हथियारों के व्यापार के बाद आता है। वास्तव में, भारत में, सांस्कृतिक मूल्य परिवर्तित हो रहे हैं, गरीब वर्ग आर्थिक कमी से पीड़ित है जबकि इसी समय में उच्च वर्ग में तेजी से प्रगति हो रही है। घटते हुए पारिवारिक समर्थन (बढ़े हुए काम एवं पश्चिमी जीवन के कारण) के साथ मिलकर यह सब मादक पदार्थों के दुरुपयोग एवं व्यसन की ओर ले जा रहे हैं।

इसके अलावा, विगत कुछ दशकों में भारत में औद्योगीकरण तथा शहरीकरण में वृद्धि होते देखी गई है जिसके कारण शहरों की ओर बड़े पैमाने पर आप्रवासन हुआ है। यह उनकी पारंपरिक संस्कृति एवं जीवनशैली के धीरे-धीरे कमजोर पड़ने का कारण बन रहा है। भारतीयों का अकेला रहना एवं उनकी नई जीवनशैली उन्हें आधुनिक जीवनशैली के तनावों एवं दबावों के प्रति अत्यधिक संवेदनशील बना रही है। ये तनाव एवं दबाव किसी भी व्यक्ति को अपने विचारों को शांत करने तथा दिन-प्रतिदिन के जीवन से निबटने के लिए मादक पदार्थों का सहारा लेने का कारण बन सकते हैं।

स्वापक औषधियों तथा मनःप्रभावी पदार्थों के प्रति भारत के दृष्टिकोण को इसके संविधान के अनुच्छेद 47 में निहित किया गया है जो जनादेश देता है कि 'मात्र चिकित्सकीय प्रयोजनों को छोड़कर राज्य ऐसे नशीले पेय पदार्थों एवं औषधियों के उपभोग पर प्रतिबंध लगाए जाने का प्रयास करेगा जो स्वास्थ्य के लिए घातक हों। इस बुराई पर अंकुश लगाए जाने के लिए कठोर प्रावधानों के साथ स्वापक औषधि एवं मनःप्रभावी पदार्थ अधिनियम, 1985 को अधिनियमित किया गया था। यह अधिनियम, मात्र चिकित्सकीय अथवा वैज्ञानिक प्रयोजनों को छोड़कर, स्वापक औषधियों तथा मनःप्रभावी पदार्थों के निर्माण, उत्पादन, व्यापार तथा उपयोग आदि पर प्रतिबंध लगाता है। यह अपराधियों के लिए 10 वर्ष के कारावास, जो 20 वर्षों तक बढ़ाया जा सकता है तथा 1 लाख से 2 लाख रुपए तक बढ़ाए जा सकने वाले अर्थदंड का भी प्रावधान करता है। अवैध मादक पदार्थों की तस्करी से अर्जित की गई संपत्ति को जब्त कर लिए जाने के प्रावधान से इसे आगे और संशोधित कर दिया गया है।

इसके अलावा, प्रवर्तन, कानूनी एवं न्यायिक प्रणालियों में नवाचारी परिवर्तनों को शामिल करने वाले अनेक उपायों को भी प्रभावी बना दिया गया है। मादक पदार्थों से जुड़े अपराधों के लिए मृत्युदंड

का लागू किया जाना एक प्रमुख निवारक उपाय है। मादक पदार्थों के उपयोग में समग्र कमी लाए जाने के लिए विभिन्न सरकारी एजेन्सियों एवं गैर-सरकारी संगठनों के द्वारा विशिष्ट कार्यक्रमों को शामिल करते हुए व्यापक रणनीति तैयार की गई है तथा शिक्षा, परामर्श, उपचार एवं पुनर्वास कार्यक्रमों जैसे उपायों के द्वारा इसे आगे और अधिक पूरक सहयोग प्रदान किया गया है। अंतर्राष्ट्रीय स्तर पर, भारत के 13 देशों, जिनमें पाकिस्तान तथा बर्मा शामिल हैं, के साथ मादक पदार्थों की तस्करी पर द्विपक्षीय समझौते भी हैं।

## अनुभवजन्य अध्ययन (Empirical Studies)

भारत में जनसंख्या के तीन अलग-अलग वर्गों के बीच संपन्न किए गए अनुभवजन्य अध्ययन मादक पदार्थों के दुरुपयोग के प्रचलन की सीमा का संकेत प्रदान करते हैं। ये अध्ययन ह : (1) कॉलेज/विश्वविद्यालय एवं हाई-स्कूल छात्रों का अध्ययन, (2) औद्योगिक श्रमिकों का अध्ययन, तथा (3) ग्रामीण क्षेत्रों के लोगों का अध्ययन।

### *कॉलेज/विश्वविद्यालय विद्यार्थियों के अध्ययन (Study of College/University Students)*

कॉलेज/विश्वविद्यालय विद्यार्थियों में मादक द्रव्यों के दुरुपयोग सम्बन्धी अध्ययनों को तीन श्रेणियों में विभाजित किया जा सकता है : (अ) एकल अध्ययन, (ब) संयुक्त अध्ययन, और (स) बहु-केन्द्रीय अध्ययन। एकल अध्ययन बनर्जी (कलकत्ता में 1963 में), दयाल (दिल्ली में 1972 में), चिटनिस (मुम्बई में 1974 में), और वर्मा (पंजाब में 1977 में) आदि द्वारा किए गए हैं। संयुक्त अध्ययन सेठी और मनचन्दा द्वारा (उत्तर प्रदेश में 1978 में), दुबे, कुमार और गुप्ता द्वारा (1969 और 1977 में) और कलकत्ता विश्वविद्यालय के सम्प्रयुक्त मनोविज्ञान विभाग द्वारा (1988 में) किए गए हैं। बहु-केन्द्रीय अध्ययन 1976 (सात शहरों में) और 1986 में (नौ शहरों में) केन्द्रीय सरकार के कल्याण मन्त्रालय द्वारा मोहन (अखिल भारतीय आयुर्विज्ञान संस्था, दिल्ली) के समन्वय (coordination) में करवाये थे। ऐसा ही अध्ययन 1996 में भी कल्याण मन्त्रालय द्वारा करवाया गया था। अगर कॉलेज/विश्वविद्यालय के विद्यार्थियों में किए गए सभी अध्ययनों को इकट्ठा लें, तो कहा जा सकता है कि द्रव्य दुरुपयोग की प्रचलित दर (शराब, निकोटीन, आदि मिलाकर) विभिन्न शहरों में 17 और 25 प्रतिशत के बीच मिलती है। परन्तु यदि शराब, सिगरेट व पीड़ा-नाशक द्रव्यों को निकाल दें, तो मादक द्रव्यों के सेवन की मात्रा केवल 4 और 6 प्रतिशत के बीच मिलती है। इन अध्ययनों के अन्य प्रमुख निष्कर्ष इस प्रकार हैं : (i) मादक द्रव्यों का सेवन पेशेवर और गैर-पेशेवर विषयों में अलग-अलग मिलता है। जब सेठी और मनचन्दा ने अपने अध्ययन में पाया कि ग़ैर-मेडिकल विद्यार्थियों की तुलना में मेडिकल विद्यार्थी मादक द्रव्यों का सेवन अधिक करते हैं, इस लेखक ने अपने जयपुर के दो अध्ययनों में (1976 और 1986 में) पाया कि मेडिकल विद्यार्थियों में मादक पदार्थों का सेवन अधिक नहीं है। 1976 के अध्ययन में पाया गया कि द्रव्यों का सर्वोच्च सेवन विधि (law) के विद्यार्थियों में (26.1%) मिलता है और इसके बाद वाणिज्य (23.6%), कला और सामाजिक विज्ञान (17.5%), मेडिकल (14%), विज्ञान (13.6%), और इंजीनियरिंग (4.6%) के विद्यार्थियों में। तथापि, 1986 के अध्ययन में मादक द्रव्यों का सर्वोच्च सेवन वाणिज्य में मिला (31.0%) और इसके बाद कला और सामाजिक विज्ञान (27.2%), विज्ञान (20.3%), मेडिकल (7.3%), इंजीनियरिंग (6%), और विधि (4.8%) में। (2) जो विद्यार्थी वर्तमान में मादक द्रव्यों का सेवन करते हैं, उनमें से लगभग 90 प्रतिशत प्रयोगकर्ता (experimenters) हैं (जो हफ्ते में एक बार या इससे कम मादक द्रव्य लेते हैं), 9 प्रतिशत नियमित (regulars) हैं (जो हफ्ते में कई बार द्रव्य लेते हैं), और केवल 1 प्रतिशत व्यसनी (addicts) हैं (जो द्रव्य लिए बिना रह नहीं सकते)। (3) लगभग 75 प्रतिशत विद्यार्थी केवल शराब और/अथवा तम्बाकू लेते हैं, लगभग 15 प्रतिशत शराब और/अथवा तम्बाकू के साथ अन्य कोई

एक द्रव्य भी लेते हैं, और केवल 6 प्रतिशत और 10 प्रतिशत के बीच शराब और/अथवा तम्बाकू नहीं लेते परन्तु अन्य कोई द्रव्य लेते हैं। (4) सेवन करने वाले द्रव्यों की प्रकृति की दृष्टि से अगर हम शराब और सिगरेट को छोड़ दें, तब यह कहा जा सकता है कि 20 प्रतिशत विद्यार्थी पीड़ानाशक द्रव्य (pain-killers), 35 प्रतिशत तन्द्राकर पदार्थ (हेरोइन, कोकीन, गांजा व चरस, आदि), 5 से 7 प्रतिशत के बीच उत्तेजक पदार्थ (stimulants) और 1 प्रतिशत से कम भ्रमोत्पादक पदार्थ (hallucinogens) अथवा एलएसडी का सेवन करते हैं। इस प्रकार मादक द्रव्यों का प्रयोग करने वाले विद्यार्थियों में से तीन-चौथाई से अधिक आनन्दप्रद (recreational) द्रव्यों का सेवन करते हैं अथवा आराम (relaxation) और कौतुक (fun) के लिए द्रव्य लेते हैं, पांचवां हिस्सा शारीरिक रोगों के निवारण के लिए डॉक्टरों द्वारा निर्धारित द्रव्य लेते हैं, और केवल 2 प्रतिशत और 3 प्रतिशत के बीच वास्तविकता से बचने के लिए दुरुपयोगीय द्रव्य (drugs of abuse) लेते हैं।

अतः क्योंकि ऊर्ध्वगामी (up) द्रव्यों की तुलना में निम्नगामी (down) द्रव्य अधिक प्रचलित हैं, इस नतीजे पर पहुंचा जा सकता है कि युवक 'जागने' (waking up) के बजाय 'सोना' (going to sleep) अधिक पसन्द करते हैं। (5) मादक द्रव्यों का सेवन करने वाले विद्यार्थियों की पृष्ठभूमि इस प्रकार है : (i) स्नातक विद्यार्थियों में द्रव्य सेवन उतना ही पाया जाता है जितना स्नातकोत्तर विद्यार्थियों में, (ii) सार्वजनिक स्कूलों में पढ़ने वाले विद्यार्थियों में सरकारी स्कूलों में पढ़ने विद्यार्थियों की अपेक्षा मादक द्रव्यों का सेवन अधिक मिलता है, (iii) छात्रावासों के साथ संलग्न शिक्षण संस्थाएं बिना छात्रावास वाली शिक्षण संस्थाओं से द्रव्यों का सेवन करने वाले विद्यार्थी अधिक उत्पन्न करती हैं, (iv) शैक्षणिक निराशा मादक द्रव्यों के सेवन का प्रमुख कारण नहीं है, यानी कि परीक्षा में उच्च या निम्न श्रेणी मादक द्रव्य सेवन के प्रचलन को प्रभावित नहीं करती, (v) मादक द्रव्यों के सेवन और शैक्षणिक एवं शैक्षणोत्तर क्रियाओं में रुचि में प्रत्यक्ष सम्बन्ध है, (vi) माता-पिता से अधिक जेब खर्च लेने वाले धनी युवकों में निम्न आय-समूहों के युवकों की तुलना में मादक द्रव्यों के सेवन की प्रवृत्ति अधिक पायी जाती है, (vii) यद्यपि ग्रामवासी विद्यार्थियों की अपेक्षा नगरीय विद्यार्थियों में मादक द्रव्यों का सेवन अधिक मिलता है, तथापि इस तथ्य की उपकल्पना नहीं की जा सकती है कि नगरीय पालन-पोषण मादक द्रव्य सेवन का मुख्य कारण है, और (viii) मादक द्रव्य सेवन सम्बन्धी विचलित व्यवहार बिना धर्म, जाति या भाषा की पृष्ठभूमि के सभी विद्यार्थियों को खींचता है।

मादक द्रव्यों का सेवन करने वाले विद्यार्थियों के सभी लक्षणों को एक साथ लेकर मादक द्रव्य सेवन में कुछ अधिक जोखिम वाली श्रेणियों की पहचान की जा सकती है। ये हैं : उच्च आय वाले समूह, 16 से 21 वर्ष का आयु-समूह, सार्वजनिक स्कूल, तथा छात्रावास में संलग्न शिक्षण संस्थाएं।

अनुसन्धानकर्ता यह भी संकेत करते हैं कि लगभग 60 प्रतिशत विद्यार्थी मित्रों के सुझावों पर मादक द्रव्य लेते हैं, 5 प्रतिशत परिवार के सदस्य या किसी रिश्तेदार के सुझाव पर, 10 प्रतिशत डॉक्टरों के सुझावों पर, और 25 प्रतिशत स्वयं की इच्छा/सुझाव पर। अतः प्रारम्भिक कारक के आधार पर मादक द्रव्य सेवनकर्ताओं में अधिकांश सेवनकर्ता 'अप्रतिरोधकारी' (submissive), कुछ, 'आत्म-निर्देशित' (self-directive), और बहुत कम 'अनुकूली' (adaptive) प्रकार के होते हैं।

## *उच्च माध्यमिक विद्यार्थियों पर अनुसन्धान (Researches on High School Students)*

स्कूलों में पढ़ने वाले विद्यार्थियों में मादक द्रव्यों के दुरुपयोग सम्बन्धी दो महत्त्वपूर्ण अध्ययन मोहन, सुन्दरम और चावला द्वारा दिल्ली में 1978 में और रस्तोगी द्वारा 1979 में किए गए थे। 1986 में एक और अध्ययन चार महानगरों–दिल्ली, कलकत्ता, मद्रास, और मुम्बई–में मोहन, प्रधान, चक्रवर्ती और रामचन्द्रन द्वारा किया गया था। 1978 में डी. मोहन द्वारा 2,000 उच्च माध्यमिक स्कूलों के विद्यार्थियों के अध्ययन से ज्ञात हुआ कि यद्यपि 63 प्रतिशत विद्यार्थी मादक द्रव्यों का सेवन कर रहे थे परन्तु अधिकांश पीड़ा-नाशक द्रव्यों का, सिगरेट का और शराब का सेवन करते थे। केवल 0.2 प्रतिशत और 0.4 प्रतिशत के बीच शामक, उत्तेजक व तन्द्राकर मादक पदार्थ ले रहे थे। इससे स्पष्ट है कि उच्च माध्यमिक स्कूलों के विद्यार्थियों में मादक द्रव्यों का सेवन बहुत सीमित है।

### *औद्योगिक श्रमिकों पर अनुसन्धान* (Researches on Industrial Workers)

गंग्राडे और गुप्ता ने दिल्ली में 1970 के दशक में 4,000 औद्योगिक श्रमिकों का एक अध्ययन किया था जिसमें उन्होंने पाया कि श्रमिकों में मादक द्रव्यों की प्रचलन दर केवल 10.4 प्रतिशत थी, जो कॉलेज विद्यार्थियों की अपेक्षा बहुत कम है। इसके अतिरिक्त उन्होंने पाया कि : (i) मादक द्रव्य सेवनकर्ताओं में से बहुत ने इनका सेवन बिना चिकित्सकीय नुस्खे के आरम्भ किया था, (ii) सेवनकर्ताओं में से अधिकांश 20 और 30 आयु-वर्ग में थे, (iii) तीन-चौथाई से अधिक श्रमिकों ने श्रमिक बनने के उपरान्त ही मादक द्रव्यों का सेवन आरम्भ किया था, (iv) दो-तिहाई ने मित्रों और सह-श्रमिकों के सुझाव पर मादक पदार्थ लेना शुरू किया था, और (v) उप-सांस्कृतिक पृष्ठभूमि, उच्च आय, शिक्षा का निम्न स्तर, और मित्र-समूहों का दबाव औद्योगिक श्रमिकों के मादक द्रव्य-सेवन के मुख्य कारक हैं।

सेवन किए जाने वाले मादक द्रव्यों की प्रकृति के संदर्भ में गंग्राडे ने पाया कि अध्ययन किए गए श्रमिकों के निदर्श में से 65 प्रतिशत (अथवा कुल श्रमिक जनसंख्या में से 10%) शराब, 18 प्रतिशत चरस, 8 प्रतिशत भांग, 7 प्रतिशत गांजा, और 2 प्रतिशत अफीम लेते हैं। एक श्रमिक एक महीने में (दो दशक पहले) लगभग 40 रुपए मादक द्रव्यों पर खर्च करता था।

### *ग्रामीण क्षेत्रों में अनुसन्धान* (Researches in Rural Areas)

ग्रामवासियों में मादक द्रव्य दुरुपयोग सम्बन्धी पहला अनुसन्धान 1971 में पश्चिमी बंगाल के एक गांव में एलनागर, मैत्रा और राव द्वारा किया गया था, और उसके उपरान्त दुबे द्वारा 1972 में और फिर उसी वर्ष वर्गीज और बेग द्वारा किया गया था। उन्होंने शराब व्यसन केवल 1 प्रतिशत और 2 प्रतिशत के बीच मामलों में पाया। बहरहाल, 1974 और 1979 के बीच किए गए अध्ययन गांवों में मादक द्रव्यों के दुरुपयोग की अच्छी तस्वीर प्रस्तुत करते हैं। 1974 में पंजाब के गांवों में देब और जिन्दल द्वारा किए गए अध्ययन में 15 वर्ष से ऊपर के वयस्कों में से 74 प्रतिशत में शराब का सेवन पाया गया। 1978 में पंजाब के कुछ गांवों में गुरमीत सिंह के अध्ययन से ज्ञात हुआ कि 29 प्रतिशत व्यक्ति (10 वर्ष से ऊपर की आयु के) मादक द्रव्यों का सेवन कर रहे थे, 40 प्रतिशत तम्बाकू का, 26 प्रतिशत शराब का, 19 प्रतिशत अफीम का, और 20 प्रतिशत गांजा व भांग का। 1979 में 10 वर्ष की आयु के ऊपर लगभग 2,000 व्यक्तियों की जनसंख्या वाले आठ गांवों में सेठी और त्रिवेदी के अध्ययन में पाया गया कि द्रव्य सेवन की दर 25 प्रतिशत थी। उन्होंने 6 प्रतिशत व्यक्तियों में व्यसन, 82 प्रतिशत में शराब का सेवन, 16 प्रतिशत में गांजा, चरस का उपभोग, और 11 प्रतिशत में अफीम का सेवन पाया। 1977 में पंजाब में तीन सीमावर्ती जिलों–अमृतसर, फिरोजपुर और गुरुदासपुर–के छह ब्लॉकों में मोहन, प्रभाकर और शर्मा ने 15 वर्ष से ऊपर आयु वाले 3,600 व्यक्तियों की कुल जनसंख्या वाले अथवा 1,276 घरों का अध्ययन किया था। इस अध्ययन के मुख्य निष्कर्ष थे : (i) अध्ययन किए गए घरों में से 18 प्रतिशत में मादक द्रव्यों का सेवन करने वाला एक भी व्यक्ति नहीं था, 60 प्रतिशत घरों में एक व्यक्ति था, 16 प्रतिशत में दो व्यक्ति थे, और 6 प्रतिशत में तीन या अधिक सेवनकर्ता थे, (ii) पुरुषों द्वारा सेवन करने वाला मादक द्रव्य 50 प्रतिशत मामलों में शराब था, 19 प्रतिशत में तम्बाकू, 6 प्रतिशत में अफीम और 1 प्रतिशत में गांजा, भांग व चरस। महिलाओं में (15 वर्ष से ऊपर आयु और विवाहित) 4 प्रतिशत मामलों में तम्बाकू, 1 प्रतिशत में शराब, 1 प्रतिशत में पीड़ा-नाशक द्रव्य, 0.5 प्रतिशत में शान्ति प्रदान करने वाले द्रव्य (tranquillizers), और 0.5 प्रतिशत में अफीम का सेवन किया जाता था। इन तथ्यों के आधार पर यह कहा जा सकता है कि गांवों में मादक पदार्थों का सेवन मुख्यतः मर्दानी (masculine) क्रिया है।

यदि देब, गुरमीत सिंह, सेठी और मोहन चारों के अध्ययन इकट्ठे लिए जाएं, तो यह पाया जाता है कि ग्रामवासियों में सबसे अधिक सेवन शराब का और उसके बाद तम्बाकू व अफीम का मिलता है, जबकि गांजा, चरस का दुरुपयोग केवल 1 प्रतिशत से 2 प्रतिशत मामलों में ही मिलता है।

यदि उपरोक्त वर्णित सभी अध्ययनों को (विद्यार्थी, श्रमिक, ग्रामवासी व गन्दी बस्तियां) इकट्ठा कर लिया जाए तो यह कहा जा सकता है कि 1980 तक मादक द्रव्यों का सेवन बहुत अधिक नहीं था, परन्तु 1980 के उपरान्त देश में हेरोइन की उपलब्धि इतनी बढ़ गई कि स्मैक और अन्य अवैध द्रव्यों का सेवन विद्यार्थियों, कच्ची बस्ती निवासियों, ट्रक-चालकों, रिक्शा-चालकों व श्रमिकों आदि में बढ़ता ही गया। अगर इन व्यसनियों का निर्विषीकरण (detoxication) भी किया जाता है, यानी कि इन्हें द्रव्यों पर निर्भरता से मुक्त किया जाता है, तो भी 100 में से 90 अपनी आदत को छोड़ने में सफल नहीं होते, तथा वे अपने खर्चीले व्यसन के समर्थन के लिए छोटे-छोटे अपराध करते रहते हैं। एक अनुमान के अनुसार, आज मुम्बई में मादक द्रव्यों के सेवन से प्रति दिन पांच व्यक्तियों की मृत्यु होती है और हर दिन देश में 100 छोटी आयु के व्यक्ति (12 से 20 साल के बीच के) मादक द्रव्यों का सेवन आरम्भ करते हैं। (1991 में जनवरी के दूसरे सप्ताह में अन्तर्राष्ट्रीय नारकोटिक्स कंट्रोल बोर्ड द्वारा प्रकाशित की गयी एक संयुक्त राष्ट्रीय सर्वेक्षण रिपोर्ट के अनुसार) 1990 में मादक द्रव्यों का सेवन जब कुछ विकसित देशों में कम हुआ, कुछ विकासशील देशों में बढ़ गया। इस सर्वेक्षण के अनुसार (*हिन्दुस्तान टाइम्स,* जनवरी 11, 1991) रूस में द्रव्य दुरुपयोगियों की, विशेष कर गांजा, चरस सेवन करने वालों की संख्या पिछले पांच वर्षों में लगभग दुगनी होकर 1,40,000 तक पहुंच गयी। यूरोप में हेरोइन का सेवन लगभग नगण्य रहा, परन्तु कोकीन का सेवन बढ़ गया। उत्तर अमेरिका और कनाडा में गांजा व चरस और कोकीन की मांग काफी रही। 18-29 की आयु-समूह की महिलाओं में मादक द्रव्यों का सेवन भयोत्पादक रूप से बढ़ गया। अमेरिका में 1990 में मादक द्रव्य दुरुपयोग का सामाजिक और आर्थिक खर्च प्रति वर्ष 60 बिलियन डॉलर आंका गया था। परन्तु साथ में आरोपणीय मृत्यु दर व अस्पतालों में भर्ती के आधार पर यह भी कहा गया कि हेरोइन और कोकीन का उपयोग कम होता जा रहा है। अफ्रीका में पिछले कुछ वर्षों में मादक द्रव्यों का सेवन पूरे महाद्वीप में फैल गया है। दक्षिण अफ्रीका में हेरोइन की आसानी से उपलब्धि के कारण इसका दुरुपयोग काफी अधिक हो गया है। पूर्वी और दक्षिण-पूर्वी एशिया में 1988-89 में 1987-88 की अपेक्षा अफ़ीम का उत्पादन दुगना होकर लगभग 2,000 टन हो गया तथा 1990-91 में भी इतना ऊंचा स्तर रहा। चीन में दक्षिण सीमावर्ती क्षेत्रों में पायी जाने वाली हेरोइन का दुरुपयोग अन्य भागों में भी फैल रहा है। जापान में कोकीन का जब्त करना पांच गुणा बढ़ गया है। मलेशिया में हेरोइन का दुरुपयोग बहुत पाया जाता है तथा इसके व्यसनियों की संख्या लगभग एक लाख आंकी गयी है। बैंकॉक में हेरोइन के व्यापक दुरुपयोग के साथ एड्स (AIDS) भी फैल रहा है, परन्तु नए पंजीकृत दुरुपयोगियों की संख्या कम हो रही है। ऑस्ट्रेलिया में हेरोइन व्यसनियों की संख्या का अनुमान 90,000 और 1,30,000 के बीच लगाया गया है। दक्षिण एशिया में बांग्लादेश में मादक द्रव्यों का सेवन इतना बढ़ गया है कि वहां की राजधानी ढाका में ही 50,000 दुरुपयोगियों की संख्या आंकी गयी है। भारत में भी प्रमुख शहरों में मादक पदार्थों के सेवनकर्ताओं की संख्या में वृद्धि मिल रही है।

कुछ वर्ष पूर्व कल्याण मन्त्रालय दिल्ली द्वारा करवाये गए एक अध्ययन में (रिपोर्ट जुलाई 1995 में प्रकाशित की गयी) पाया गया कि मादक द्रव्यों का सेवन करने वालों की अधिक संख्या (44%) युवा है। अध्ययन किए गए कुल द्रव्य सेवकों में से 5.54 प्रतिशत 12-17 वर्ष आयु-समूह के थे, 13.86 प्रतिशत 18-23 आयु-समूह के, 30 प्रतिशत 24-30 आयु-समूह के, 35 प्रतिशत 31-45 आयु-समूह के, 13.1 प्रतिशत 46-60 आयु-समूह के, और 3.50 प्रतिशत 60 वर्ष से ऊपर के थे। फिर, 21.55 प्रतिशत अशिक्षित थे, 11.08 प्रतिशत केवल पढ़-लिख ही सकते थे, 14.50 प्रतिशत प्राथमिक पास थे, 14.31 प्रतिशत मिडिल पास थे, 12.90 प्रतिशत माध्यमिक पास थे, 14.73 प्रतिशत उच्च माध्यमिक पास थे, 6.58 प्रतिशत स्नातक थे, और 3.95 प्रतिशत स्नातकोत्तर पास थे। व्यवसाय की दृष्टि से 17.93 प्रतिशत छोटे व्यवसाय में लगे थे 17.25 प्रतिशत कृषक थे, 13.15 प्रतिशत प्रतिदिन मजदूरी करने वाले थे, 11.52 प्रतिशत सरकारी नौकरियों में थे, 10.57 प्रतिशत कृषक मज़दूर थे, 3.3 प्रतिशत रिक्शा व ऑटो-रिक्शा चालक थे, 3.44 प्रतिशत पेशेवर थे और 22.84 प्रतिशत अन्य किसी व्यवसाय में लगे थे। आय के संदर्भ में 11.51 प्रतिशत की मासिक आय

500 रुपए से कम थी, 28.87 प्रतिशत की 500-1000 रुपए के मध्य, 26.78 प्रतिशत की 1,000-3,000 रुपए के मध्य, 9.61 प्रतिशत की 3,000-5,000 रुपए के मध्य, 1.16 प्रतिशत की 5,000 रुपए से ऊपर और 22.07 प्रतिशत की आय ज्ञात नहीं हो सकी थी। अन्त में यह पाया गया कि 41.66 प्रतिशत शराब के सेवक थे, 14.7 प्रतिशत ब्राउन शुगर के, 14.33 प्रतिशत अफीम के, 6.8 प्रतिशत गांजा के, 5.12 प्रतिशत हेरोइन के, 3.36 प्रतिशत भांग के, 2.38 प्रतिशत चरस के, 1.43 प्रतिशत मार्फीन के और 10.22 प्रतिशत अन्य किसी द्रव्य के थे (*राजस्थान पत्रिका*, 13 जुलाई 1995)।

मोटे आधार पर यह कहा जा सकता है कि यदि पूर्ण रूप से विचार किया जाए तो मादक द्रव्यों के दुरुपयोग की पूर्वप्रवृत्ति (predisposition) उन व्यक्तियों में मिलती है : (i) जिनको मर्दानी भूमिका निभाने में कठिनाई है, (ii) जिनमें प्रभावहीनता की भावना, असफलता की आशंका, व सामान्य अवसाद अधिक मिलता है, (iii) जो आसानी से हताश व कुण्ठित हो जाते हैं एवं अधिकांशतः व्याकुल रहते हैं, और (iv) जो नैराश्य और चिन्ताओं को असहनीय पाते हैं।

## द्रव्य दुरुपयोग की अभिप्रेरणा (Motivation in Drug Usage)

मादक पदार्थों के दुरुपयोग के कारण क्या हैं? कारणों को चार श्रेणियों में वर्गीकृत किया जा सकता है : (1) मनोवैज्ञानिक कारण, जैसे तनाव को कम करना, अवसाद (depression) को शान्त करना, अन्तर्बाधाओं (inhibitions) को हटाना, कौतूहल को पूरा करना, खिन्नता और ऊब को दूर करना, तथा अनुभूति (perception) को तीव्र करना। (2) सामाजिक कारण, जैसे सामाजिक अनुभवों को सुसाध्य बनाना, मित्रों द्वारा स्वीकार किया जाना, तथा सामाजिक मूल्यों को चुनौती देना। (3) शारीरिक कारण, जैसे, जागते रहना, कामुक अनुभवों को उभारना, पीड़ा निवारण, और नींद पा लेना। (4) विविध कारण, जैसे, अध्ययन को उत्कृष्ट बनाना, धार्मिक अन्तर्दृष्टि तेज करना, आत्म-ज्ञान बढ़ाना, तथा व्यक्तिगत समस्याएं हल करना, आदि।

मेरे अपने अध्ययन (4,081 कॉलेज/विश्विद्यालय विद्यार्थी) से ज्ञात हुआ कि जो 1,469 विद्यार्थी द्रव्यों का सेवन कर रहे थे, उनमें से 85.5 प्रतिशत मनोवैज्ञानिक कारणों की वजह से, 15.2 प्रतिशत शारीरिक कारणों की वजह से, 10.9 प्रतिशत सामाजिक कारणों की वजह से और 28.4 प्रतिशत विविध कारणों की वजह से सेवन कर रहे थे।

विस्तृत विश्लेषण ने यह स्पष्ट किया कि : (1) द्रव्य सेवन करने वाले विद्यार्थियों में सर्वाधिक संख्या उनकी है जो आमोद-प्रमोद के प्रति समर्पित हैं तथा सनसनीखेज और तीव्र अनुभव की खोज में रहते हैं, (2) कुछ विद्यार्थी छुटकारा पाने के कारण व व्यथा कम करने के कारण द्रव्य लेते हैं, और (3) बहुत थोड़े से विद्यार्थी वे हैं, जिन्होंने पीड़ा से छुटकारा पाने के लिए चिकित्सकीय उपचार में द्रव्य लेने आरम्भ किए थे, और अब उनको उपचार समाप्ति बाद भी लेते रहते हैं।

इन निष्कर्षों के आधार पर हम मनोरोग-चिकित्सकों के इस विचार पर आपत्ति जता सकते हैं कि मादक द्रव्यों के सेवनकर्ता एक ऐसा व्यक्तित्व प्रदर्शित करते हैं, जिसमें प्रबल निर्भरता की आवश्यकताएं (dependency needs) एवं अक्षमता व अपर्याप्तता की अधिघोषित अनुभूतियां (pronounced feelings) पायी जाती हैं। यहां पर यह स्पष्ट करना तथ्य से दूर नहीं होगा कि आलफ्रेड लिन्डस्मिथ (1940: 120) ने भी 'मनोरोगमय व्यक्तित्व' अथवा 'मनोविकृतिमय प्रवृत्ति' के सिद्धान्त की आलोचना की है।

मेरा विचार है कि द्रव्य दुरुपयोग एक सीखा हुआ व्यवहार है जो व्यक्तियों द्वारा तथा मित्रों, जान-पहचान के लोगों, परिवार के सदस्यों और अन्य लोगों से अन्तःक्रिया द्वारा तीन तरीकों से सीखा जाता है : समझाने-बुझाने (persuasion) द्वारा, अचेतन अनुकरण द्वारा, और ध्यान प्रवण चिन्तन (reflective thinking) द्वारा। द्रव्य प्राप्त करने के साधनों के विश्लेषण से ज्ञात हुआ है कि : (1) मादक द्रव्य

अधिकांशतः ग़ैर-मेडिकल साधनों से (मित्र, परिचित व्यक्ति, परिवार के सदस्य, घर की अलमारी) प्राप्त किए जाते हैं, (2) मेडिकल साधनों से द्रव्य लड़कों की अपेक्षा लड़कियों द्वारा अधिक प्राप्त किए जाते हैं, और (3) ग़ैर-मेडिकल साधन में 'मित्र' सबसे अधिक उल्लेखित व्यक्ति पाया जाता है।

द्रव्य दुरुपयोग के कारणों के विश्लेषण की तरह 'द्रव्य-त्याग' के कारणों का विश्लेषण करना भी आवश्यक है, यानी कि, सेवन न करने वाले व्यक्ति मादक द्रव्य क्यों नहीं लेते? जो पहले द्रव्य लेते थे और अब नहीं लेते, उन्होंने मादक-द्रव्य लेना क्यों छोड़ दिया? विद्यार्थियों के मेरे स्वयं के अध्ययन से द्रव्य-त्याग और द्रव्य लेना बन्द करने के निम्न कारण प्राप्त हुए : व्यक्तिगत (49.3%), शारीरिक (23.8%), सामाजिक (22.4%), धार्मिक (22.3%), और आर्थिक (4.1%)। व्यक्तिगत कारणों में निम्न कारण सम्मिलित थे : रुचि/जिज्ञासा का अभाव, द्रव्य के लिए व्यक्तिगत अरुचि या घृणा, और द्रव्यों की असुलभता व अनुपलब्धता; शारीरिक कारणों में निम्न कारण सम्मिलित थे : शारीरिक/मानसिक खतरों का जोखिम अथवा बिगड़ता हुआ स्वास्थ्य, द्रव्य पर निर्भरता का क्षतिभय, और 'आमोद यात्रा' पर रहने का खराब अनुभव; सामाजिक कारण थे : मित्रों का दबाव, माता-पिता का प्रभाव, सामाजिक तिरस्कार का खतरा; धार्मिक कारण था : नैतिक सिद्धान्त; और आर्थिक कारण था व्यक्ति के पास द्रव्य खरीदने के लिए पैसे नहीं थे या उसके लिए द्रव्य बहुत महंगे थे।

## द्रव्य दुरुपयोग में परिवार और मित्र-समूह की भूमिका (Role of Family and Peer Group in Drug Abuse)

परिवार और मित्र-समूह से सम्पर्क व्यक्ति की उस दिशा को प्रभावित करने वाले प्राथमिक तत्व हैं जो वह अपने जीवन में अपनाता है व बनाए रखता है। कॉलेज/विश्वविद्यालय के विद्यार्थियों में द्रव्य दुरुपयोग पर मेरे अपने अध्ययन की एक उपकल्पना थी कि "द्रव्य-सेवन 'स्नेहपूर्ण (affectionate) पारिवारिक सम्बन्धों' के स्वरूप गुणावस्था (quality) से प्रभावित होता है"। यह अवधारणा (स्नेहपूर्ण पारिवारिक संबंध) निम्न आधार पर प्रयोग की गयी थी : (1) माता-पिता अपने बच्चों के जीवन में रुचि लेते हैं तथा वे अपने (माता-पिता) कर्तव्यों और दायित्वों के प्रति सजग हैं, (2) मादक द्रव्य सेवनकर्ताओं के माता और पिता के बीच, उनके (सेवनकर्ताओं) और उनके माता-पिता के बीच, तथा उनके और उनके भाई-बहनों के बीच सम्बन्ध तालमेल, समन्वय और घनिष्टता पर आधारित हैं, (3) माता-पिता का नियंत्रण न बहुत उग्र हो और न बहुत ढीला जिससे बच्चे को आत्म-अभिव्यक्ति के लिए अवसर मिल सके, (4) परिवार आकार आय की दृष्टि से इतना प्रबन्धकीय हो कि परिवार में कोई भी बच्चा जीवन की आवश्यकताओं की आपूर्ति से पीड़ित न हो, (5) माता-पिता सामाजिक और नैतिक प्रतिमानों का इतना पालन करें कि बच्चों के लिए वे उदाहरण प्रस्तुत कर सकें, और (6) बच्चे माता-पिता में आस्था व सुरक्षा का विचार प्रदर्शित करें तथा अपनी समस्याओं के समाधान में उनकी सलाह व सहायता लेकर उन्हें अपने विश्वास में लें।

अध्ययन से एक निष्कर्ष निकला कि मादक द्रव्यों के सेवनकर्ताओं के अधिक परिवार 'सामान्य' नहीं हैं तथा पारिवारिक सम्बन्ध भी 'स्नेहपूर्ण' नहीं हैं। द्रव्य उपयोग और माता-पिता से दूर रहने के मध्य सम्बन्ध के परीक्षण से ज्ञात हुआ कि द्रव्य-सेवन में माता-पिता के साथ निवास उतना ही महत्वपूर्ण है जितना छात्रावास में आवास। दूसरे शब्दों में, द्रव्य दुरुपयोग में परिवार की पृष्ठभूमि महत्वपूर्ण है। बच्चों के मादक द्रव्यों के संसार में प्रवेश करने के झुकाव में परिवार नियंत्रण की प्रकृति, माता-पिता द्वारा बच्चों पर अनुशासन, माता-पिता द्वारा बच्चों के मित्रों, अवकाश संबंधी क्रियाओं व उनके जीवनक्रम में भविष्य में रुचि लेना व माता-पिता में बच्चों के प्रति उत्तरदायित्वों की चेतना, बहुत उत्कृष्ट कारक हैं। परिवार के सदस्यों के शराब पीने, धूम्रपान करने व मादक द्रव्यों का सेवन करने सम्बन्धी व्यवहार बच्चों द्वारा द्रव्य लेने पर असर डालता है। अतः यह कहा जा सकता है कि मादक द्रव्यों के सेवन में परिवार पर्यावरण एक मुख्य कारक है।

परिवार की तरह मित्र-समूह का दबाव भी मादक द्रव्य दुरुपयोग में प्रभावी है। मादक द्रव्य सेवनकर्ताओं में लगभग 81 प्रतिशत के ऐसे मित्र थे, जो मादक द्रव्यों का सेवन करते थे। फिर, 44 प्रतिशत ऐसे मादक द्रव्य सेवनकर्ता थे जो मित्रों द्वारा ही मादक द्रव्य-सेवन में दीक्षित किए गए थे। लगभग 31 प्रतिशत मादक द्रव्य सेवनककर्ता ऐसे थे जो मित्रों के साथ ही मादक द्रव्य लेते थे। लगभग 63 प्रतिशत मादक द्रव्य सेवनकर्ताओं को मादक द्रव्यों के बारे में पहला प्रतिशतान मित्रों से ही प्राप्त हुआ था और 17 प्रतिशत ने मादक द्रव्य का पहली बार सेवन मित्र के घर में किया था। इस सब से स्पष्ट है कि मादक द्रव्य सेवन सम्बन्धी व्यवहार पर मित्र-समूह संस्कृति का प्रमुख प्रभाव है।

उपर्युक्त विश्लेषण के आधार पर यह कहा जा सकता है कि मादक द्रव्य दुरुपयोग के मुख्य कारण निम्न हैं : दोषपूर्ण पारिवारिक पर्यावरण, हीन मानसिक अवस्था, दमनात्मक सामाजिक व्यवस्था व सत्ता संरचना जैसे, सामाजिक कारक, विचलित उपसंस्कृतियां (कच्ची बस्तियां, कॉलेज/छात्रावास उपसंस्कृति), मित्र-समूह दबाव, व्यक्तित्व संबंधी कारक (निर्भर व्यक्तित्व), और आमोद-प्रमोद (pleasure) व परिहास (fun) का अनुसरण।

## कारण सम्बन्धी सिद्धान्त (Theories of Causation)

मादक द्रव्यों के दुरुपयोग के कारण-सम्बन्धी सिद्धान्तों को चार श्रेणियों में विभाजित किया जा सकता है : शारीरिक, मनोवैज्ञानिक, सामाजिक-मनोवैज्ञानिक और समाजशास्त्रीय।

'शारीरिक' सिद्धान्त के अनुसार, व्यक्ति शारीरिक दोषों व रोगों के कारण एवं द्रव्य के रासायनिक लक्षणों पर शारीरिक अनुकूलन की वजह से मादक द्रव्यों का सेवन करते हैं। मोरडोन्स, स्लिकवर्थ, रैन्डाल्फ और निमविच ऐसे विद्वान हैं, जिन्होंने मादक द्रव्यों का सेवन रासायनिक प्रतिक्रियाओं के संदर्भ में समझाया है। परन्तु यह सिद्धान्त यद्यपि 1910 और 1920 के दशकों में विस्तृत रूप से स्वीकार किया गया था, वर्तमान में इसे तब से अपर्याप्त माना जाता है, जब से आनुभविक अध्ययनों ने मादक द्रव्य सेवनकर्ताओं के मनोवैज्ञानिक व समाजशास्त्रीय लक्षणों की द्रव्य-सेवन में भूमिका की ओर ध्यान दिलवाया है।

मनोवैज्ञानिकों ने मादक द्रव्य-सेवन व द्रव्य-निर्भरता को मुख्यतः 'प्रबलीकरण' (reinforcement) सिद्धान्त, 'व्यक्तित्व' सिद्धान्त, 'शक्ति' सिद्धान्त, व 'क्षीण स्व' (weakened self) सिद्धान्त के आधार पर समझाया है। 'प्रबलीकरण' सिद्धान्त में अबराहम विलकर (स्टार्क, 1975: 102) ने बताया है कि मादक द्रव्यों की सुखद अनुभूतियां उनके उपयोग को बढ़ावा देती हैं। 'व्यक्तित्व' सिद्धान्त ने मादक पदार्थों के सेवन को मनोवैज्ञानिक आवश्यकताओं की पूर्ति अथवा कुछ मनोवैज्ञानिक दोषों/कमजोरियों के लिए क्षतिपूर्ण करने के आधार पर समझाया है। यह (सिद्धान्त) मादक द्रव्य निर्भरता से जुड़े हुए कुछ विशिष्ट व्यक्तित्व सम्बन्धी लक्षणों की चर्चा करता है तथा द्रव्य-निर्भरता के कारण में 'निर्भर व्यक्तित्व' पर बल देता है। चेन (1969: 13-30), नाइट (1937: 538), और राबर्ट फ्रीड बेल्स (1962: 157), जो इस सिद्धान्त के मुख्य समर्थक हैं, की मान्यता है कि निर्भर व्यक्तित्व वाले व्यक्तियों को दूसरों से भावात्मक समर्थन व ध्यान चाहिए और इनके अभाव में वे उसे मादक द्रव्यों के सेवन से स्थानापन्न करते हैं। चेन ने न्यूयॉर्क में नारकोटिक्स के अध्ययन में पाया कि जिन व्यक्तित्व-लक्षणों वाले व्यक्ति मादक पदार्थों का सेवन करते हैं, वे लक्षण हैं : निष्क्रियता, निम्न आत्माभिमान, आत्म-निदेशन की सीमित क्षमता, अन्य व्यक्तियों में अविश्वास, कुण्ठाओं और तनावों का सामना करने में कठिनाई, पौरुषी पहचान (masculine identification) की अपर्याप्तता तथा बचपन के संघर्षों के समाधान की असफलता। डैविड मैक्लेलैण्ड (1972) ने 'व्यक्तित्व' सिद्धान्त को चुनौती देते हुए 'शक्ति सिद्धान्त' (Power Theory) प्रस्तुत किया है, जिसके आधार पर उसने द्रव्य दुरुपयोग (शराब) को व्यक्ति की शक्ति-आवश्यकता की अभिव्यक्ति के संदर्भ में समझाया है। 'हल्का' (light) और कभी-कभी शराब पीने वाले व्यक्ति को शराब पीने से बढ़ी हुई सामाजिक शक्ति की अनुभूति मिलती है, जबकि भारी (heavy) शराबी को बढ़ी हुई व्यक्तित्व शक्ति की

अनुभूति मिलती है। 'क्षीण स्व' (weakened self) सिद्धान्त अथवा 'भय' (fear) सिद्धान्त में स्टैंटन पीले (1975) ने कहा है कि मादक द्रव्यों का व्यसन आधुनिक जीवन की परिस्थितियों के प्रति भय और असुरक्षा की अनुभूतियों के कारण है।

ये सब मनोवैज्ञानिक सिद्धान्त तीन आधारों पर अपूर्ण बताये जा सकते हैं : (1) वे यह समझाने में असफल हैं कि वे (व्यक्तित्व) लक्षण जो केवल मादक द्रव्य सेवनकर्ताओं में हैं उनमें किस प्रकार विकसित होते हैं, (2) वे (सिद्धान्त) यह समझाने में भी असफल हैं कि यह संलक्षण (syndrome) आत्महत्या आदि अन्य व्यवहार के स्थान पर शराब व अन्य मादक द्रव्यों के सेवन की ओर ही क्यों ले जाता है, और (3) ये सिद्धान्त उन व्यक्तित्व सम्बन्धी लक्षणों की पहचान में असफल रहे हैं जो मात्र द्रव्य व्यसनियों व शराबियों में पाए जाते हैं और इन लक्षणों वाले सभी व्यक्ति मादक द्रव्यों का उपयोग क्यों नहीं करते?

हावर्ड बेकर (1963) और काइ एरिकसन (1964: 21) ने सामाजिक-मनोवैज्ञानिक '*लेबलिंग*' सिद्धान्त में बताया है कि एक व्यक्ति व्यसनी व शराबी के लेबल लगने के दबाव के कारण मादक द्रव्य सेवनकर्ता व शराबी बन जाता है। परन्तु यह सिद्धान्त यह समझाने में असफल रहा है कि व्यक्ति मादक द्रव्य-व्यवहार में पहले कैसे फंसते हैं, जिसके कारण उन्हें सामाजिक दृष्टि से 'विचलित व्यसनी' कहा जाता है।

'समाजशास्त्रीय' सिद्धान्त की मान्यता है कि परिस्थितियां अथवा सामाजिक पर्यावरण व्यक्ति को मादक द्रव्यों का व्यसनी बनाते हैं। सदरलैण्ड के *विभिन्न सम्पर्क* सिद्धान्त के आधार पर यदि मादक द्रव्य-सेवन समझाया जाए, तो उसके अनुसार मादक द्रव्यों का लेना दूसरे व्यक्तियों से सीखा हुआ व्यवहार है, विशेष रूप से छोटे घनिष्ठ समूहों से। '*सामाजिक सीखने*' का सिद्धान्त, जो कि विभिन्न सम्पर्क सिद्धान्त और प्रबलीकरण सिद्धान्त का विस्तृत रूप है, एकर्स और बर्जेस द्वारा प्रतिपादित किया गया था। 'प्रबलीकरण' सिद्धान्त जब यह मानता है कि मादक द्रव्यों पर निर्भरता मात्र एक 'प्रतिबद्ध सीखना' (conditioned learning) है, सामाजिक सीख का सिद्धान्त सीखने की प्रक्रिया में कार्य करने वाले बलयुक्तकर्ता जोर देने वालों के सामाजिक स्रोतों का मूल्यांकन करता है। प्रबलीकरण उन व्यक्तियों के सम्पर्क से होता है जो मादक द्रव्य-सेवन के पक्ष में होते हैं। '*तनाव*' (strain) सिद्धान्त व्यक्तियों पर उस जोरदार दबाव पर बल देता है जो उन्हें आन्तरीकृत (internalised) प्रतिमानों से विचलित होने के लिए बाध्य करते हैं। मर्टन के अनुसार, इस दबाव का स्रोत लक्ष्यों और साधनों के बीच विसंगति है। जो व्यक्ति अपने लक्ष्यों को वैध साधनों द्वारा प्राप्त नहीं कर पाते वे इतने हताश हो जाते हैं कि शराब और अन्य मादक द्रव्यों का सेवन करना आरम्भ कर देते हैं। मर्टन उन्हें 'पलायनवादी' (retreatists) कहता है। 'उपसंस्कृति' सिद्धांत के अनुसार समाज में विभिन्न समूह विभिन्न प्रकार के प्रतिमानों से समाजीकृत होते हैं और 'विचलन' वह निर्णय है जो बाहरी समूह द्वारा थोपा जाता है। अतः जो व्यवहार विचलित दिखाई देता है, वह वास्तव में एक समूह द्वारा ग्रहण किए गए प्रतिमानों के प्रति अनुरूपता (conformity) है जो (प्रतिमान) अन्य समूह द्वारा अस्वीकार किए गए हैं। जब युवक यह दावा करते हैं कि उस समाज में गांजा, चरस, भांग पर रोक लगाने वाले व्यसनकर्ता पाखण्डी हैं, जहां शराब पीना सामाजिक दृष्टि से जायज है और जब व्यसनकर्ता व्यक्ति गांजे व चरस को शराब की तुलना में अधिक भयानक घोषित करते हैं, तब वास्तव में दो उपसंस्कृतियों में यह संघर्ष होता है कि किसके प्रतिमानों को चालू रहना चाहिए। इस प्रकार मादक द्रव्यों का सेवन युवा और व्यसनियों के उप-सांस्कृतिक मूल्यों में संघर्ष का परिणाम है।

उपर्युक्त सभी समाजशास्त्रीय सिद्धान्तों का अपना-अपना परिप्रेक्ष्य है। परन्तु प्रत्येक सिद्धान्त अनेक प्रश्नों के उत्तर देने में अक्षम रहा है। मैंने अपने '*सामाजिक बंधन*' *(Social Bond) उपागम* में (1982: 120) मादक द्रव्यों के दुरुपयोग को 'असमायोजन' (प्रस्थिति में), 'असंलग्नता' (सामाजिक समूहों के प्रति), व 'अबद्धता' (सामाजिक भूमिकाओं के प्रति) के कारण व्यक्ति और समाज के बीच पाए जाने

वाले सामाजिक बंधन के कमजोर होने के आधार पर समझाया है। व्यक्ति की अन्य व्यक्तियों के साथ संलग्नता (attachment), उसकी सामाजिक भूमिकाओं के लिए प्रतिबद्धता (commitment), तथा उसका विभिन्न स्थितियों में समायोजन (adjustment) ही उसके 'अच्छे व वांछित' के प्रति मूल्यों को, उसके व्यवहार के प्रतिरूपों को एवं अपनी संस्कृति के प्रबल मूल्यों के विचलन को निर्धारित करते हैं। इन तीनों कारकों को अथवा इनकी प्रकृति का विश्लेषण करके ही हम ड्रग्स के दुरुपयोग पर नियंत्रण पाने के लिए संरचनात्मक व संस्थात्मक उपायों का उल्लेख कर सकते हैं।

## मादक पदार्थों की तस्करी से संघर्ष, व्यसनग्रस्त लोगों के उपचार एवं मादक पदार्थों के दुरुपयोग को रोकने हेतु उपाय (Measures to Combat Drug Trafficking, Treating Addicts and Preventing Drug Abuse)

विगत लगभग तीन से चार दशकों से भी अधिक समय से भारत विशेषतौर पर मध्य-पूर्व क्षेत्र से पश्चिमी देशों को एक पारगमन मार्ग के रूप में की जाने वाली मादक पदार्थों की तस्करी की समस्या से जूझता रहा है। इस पारगमन मार्ग के होने के परिणामस्वरूप मुम्बई, दिल्ली, कोलकाता तथा चेन्नई जैसे मेट्रोपॉलिटन शहर मादक पदार्थों की तस्करी के प्रति संवेदनशील हो चुके हैं। लगभग रोज ही हम मादक पदार्थों की तस्करी के सम्बन्ध में समाचार पढ़ते हैं। स्वापक अधिकारी देश के लगभग प्रत्येक हिस्से में करोड़ों रुपयों के मूल्य वाले मादक पदार्थों को पकड़ते रहते हैं। हालांकि, हाल ही के समय में, पंजाब, पाकिस्तान से आने वाले मादक पदार्थों के एक बड़े पारगमन मार्ग तथा गंतव्य के रूप में उभर चुका है। राज्य में मादक पदार्थों की तस्करी एक नई ऊंचाई पर पहुंच चुकी है। स्वापक नियंत्रण ब्यूरो की नवीनतम रिपोर्ट यह स्पष्ट करती है कि अकेले पंजाब में जब्त की जाने वाली ऊँचे मूल्य की हेरोइन शेष देश में जब्त किए जाने वाले मादक पदार्थों से अधिक मूल्य की थी। मार्च 2013 की समाप्ति तक विभिन्न एजेन्सियों द्वारा 35,000 करोड़ रुपए मूल्य की 814 किलोग्राम हेरोइन जब्त की जा चुकी थी जबकि यदि अन्य राज्यों को एक साथ मिला दिया जाए तो कुल जब्त हुई मात्रा 700 किलोग्राम तक ही थी। पंजाब में जब्त की जाने वाली हेरोइन का अधिकांश हिस्सा पाकिस्तान से आता है क्योंकि यह राज्य अंतर्राष्ट्रीय सीमा के लगभग 550 किलोमीटर भाग को साझा करता है (*डेक्कन हेराल्ड*, 19 अगस्त, 2013)। यहां तक कि तस्करों ने देश की राजधानी को भी नहीं छोड़ा है तथा इसे देश में मादक पदार्थों की तस्करी का एक केन्द्र बना दिया है।

मादक पदार्थों से अर्जित किए जाने वाले 'लाभों' को अनेक प्रकार से प्रयोग में लाया जाता है : (1) राजनीतिज्ञों को धन उपलब्ध कराए जाने हेतु तथा नौकरशाही, न्यायपालिका, पुलिस, जेल एवं मीडिया में लॉबी विकसित करने के लिए; (2) ऐसे छद्म निगमों में निवेश किए जाने के लिए जो वैध व्यावसायिक संगठनों का अधिग्रहण करते हैं; (3) आतंकवाद के लिए हथियार खरीदने हेतु (ऐसा पाया गया है कि कश्मीर तथा पंजाब में आतंकवादियों तथा एलटीटीई एवं आईएसआई जैसे संगठन हथियार खरीदने के लिए धन प्राप्त करने हेतु मादक पदार्थों की तस्करी को मुख्य संसाधन के रूप में प्रयुक्त करते हैं); तथा (4) खुफिया एजेन्सियां भी आतंकवादी गतिविधियों में सहायता के लिए मादक पदार्थों तस्करों का सहारा लेती हैं। किन्तु, सच्चाई यह है कि ये सभी 'लाभ' और कुछ भी नहीं बल्कि लोकतांत्रिक प्रक्रियाओं को समापन किया जाना ही है।

मादक पदार्थों की तस्करी का मुकाबला करने के लिए सरकार द्वारा अपनाए गए विभिन्न उपायों में से एक था सन् 1985 में एक अधिनियम, जिसे स्वापक औषधि एवं मनःप्रभावी पदार्थ अधिनियम कहा जाता है, को अधिनियमित किया जाना। यह 14 नवम्बर, 1985 से प्रभावी किया गया था तथा सन् 1987 में तस्करों पर शिकंजा कसने के उद्देश्य से इसमें संशोधन किया गया था। जैसा कि पहले भी उल्लेख किया जा चुका है, यह न्यूनतम 10 वर्षों तक के कठोर कारावास तथा 1 लाख रुपयों तक के अर्थदंड का प्रावधान करता है जिसे 20 वर्षों तक के कठोर कारावास तथा 2 लाख 2 लाख रुपयों तक के अर्थदंड तक बढ़ाया जा सकता है। दोहराए जाने वाले अपराधों के सम्बन्ध में यह अधिनियम

न्यूनतम 15 वर्षों तक के कठोर कारावास, जो 30 वर्षों तक बढ़ाए जाने योग्य है तथा साथ ही न्यूनतम 1.5 लाख रुपयों के अर्थदंड, जिसे 3 लाख रुपयों तक बढ़ाया जा सकता है, का भी प्रावधान करता है। न्यायालयों को इन सीमाओं से अधिक का अर्थदंड लगा सकने का भी अधिकार प्रदान किया गया है जिसके लिए उन्हें अपने निर्णयों में कारणों को दर्ज करना होगा।

यह अधिनियम मादक पदार्थों के व्यसनियों से भी सम्बन्धित है। यह निजी उपभोग के लिए किसी भी स्वापक औषधि अथवा मनःप्रभावी पदार्थ को अल्प मात्रा में अपने पास अवैध रूप से रखने के लिए एक वर्ष के कारावास अथवा अर्थदंड अथवा दोनों से दंडित किए जाने की व्यवस्था करता है। यह न्यायालय को किसी व्यसनग्रस्त व्यक्ति को नशामुक्त किए जाने अथवा उसकी आदत छुड़वाए जाने हेतु किसी अस्पताल अथवा सरकार के द्वारा संचालित अथवा मान्यताप्राप्त संस्थान से चिकित्सकीय उपचार करवाने के लिए रिहा करने का अधिकार भी प्रदान करता है। इन बातों को ध्यान में रखते हुए, अधिनियम सरकार से इतनी बड़ी संख्या में केन्द्रों की स्थापना करने की माँग करता है, जितने कि सरकार व्यसनग्रस्त लोगों की पहचान, उपचार, शिक्षा, बाद की देखभाल, पुनर्वास एवं सामाजिक एकीकरण के लिए उचित समझती हो।

भारत सरकार के कल्याण मंत्रालय के द्वारा भी मादक पदार्थों के दुरुपयोग पर एक चार-सूत्रीय कार्यवाही योजना तैयार की गई है : (1) पहचान, प्रेरणा, परामर्श, उपचार तथा बाद की देखभाल के लिए समुदाय आधारित कार्यवाही, (2) मादक पदार्थों के दुरुपयोग के परिणामों के सम्बन्ध में जागरूकता उत्पन्न किया जाना, (3) सेवा-प्रदाताओं के लिए प्रशिक्षण तथा (4) कार्यक्रम के क्रियान्वयन में गैर-सरकारी संगठनों की सहबद्धता तथा परामर्श एवं नशा-मुक्ति सुविधाओं की स्थापना के लिए उन्हें धनराशियां उपलब्ध करवाना। एक समय पर राष्ट्रीय सामाजिक सुरक्षा संस्थान मादक पदार्थों के दुरुपयोग की रोकथाम में संलिप्त सरकारी तथा गैर-सरकारी एजेन्सियों के कार्यकर्ताओं को प्रशिक्षित करने में संलिप्त हुआ करता था। पिछले एक दशक के दौरान, पूरे देश में सैकड़ों की संख्या में नशा-मुक्ति केन्द्र खुल चुके हैं। निजी नर्सिंग होम तथा सरकारी अस्पतालों के द्वारा भी नशाग्रस्त व्यक्तियों का उपचार करने हेतु नए विभाग खोल दिए गए हैं।

कुछ राज्य सरकारों ने भी विश्वविद्यालय अधिकारियों पर अपने छात्रावासों तथा संकुलों में शराब पिए जाने तथा मादक पदार्थों के दुरुपयोग के विरुद्ध एक विशेष सतर्कता बढ़ाए जाने का प्रभाव डालने के उद्देश्य से इन कार्यक्रमों को अपना लिया है। स्वैच्छिक क्षेत्र में भी, विभिन्न शहरों में अनेकों की संख्या में परामर्श तथा मार्गदर्शन केन्द्रों की स्थापना की जा चुकी है। ये केन्द्र उपचार के स्रोतों के सम्बन्ध में सूचनाएं प्रदान करने, पुनर्वास एजेन्सियों के साथ समन्वय करने, आंकड़ों का संग्रहण किए जाने, जानकारियों का प्रसार करने, प्रवर्तन एजेन्सियों के साथ सम्पर्क बनाए रखने तथा व्यक्तिगत एवं सामूहिक उपचार के द्वारा मनोवैज्ञानिक सहायता प्रदान करने जैसे कार्यों में लिप्त हैं।

हालांकि, हमारे देश में नशा-मुक्ति कार्यक्रम ने कोई महत्वपूर्ण प्रगति नहीं की है। तथापि, मादक पदार्थों की मांग में कमी लाए जाने के उद्देश्य से सामाजिक न्याय एवं सशक्तिकरण मंत्रालय, भारत सरकार द्वारा वर्ष 1985-86 से ही एल्कोहल तथा पदार्थों (मादक) की रोकथाम के लिए एक योजना को क्रियान्वित किया जाता रहा है जिसके अंतर्गत 41 परामर्श केन्द्र तथा 401 नशा-मुक्ति केन्द्र देश में व्यसनग्रस्त व्यक्तियों को परामर्श प्रदान करने, उपचार करने तथा उनका पुनर्वास करने के लिए कार्य कर रहे हैं। इस क्षेत्र में कार्य कर रहे गैर-सरकारी संगठनों के बीच क्षमता-निर्माण तथा उनके प्रशिक्षण हेतु मंत्रालय के द्वारा राष्ट्रीय सामाजिक सुरक्षा संस्थान में एक राष्ट्रीय मादक पदार्थ दुरुपयोग रोकथाम केन्द्र (NCDAP) की भी स्थापना की गई है। इसके अतिरिक्त, केन्द्र तथा राज्यों में सरकारों को रोकथाम, नशामुक्ति तथा मादक पदार्थ के दुरुपयोगकर्ताओं के पुनर्वास से सम्बन्धित मुद्दों के सभी पहलुओं पर राय प्रदान करने के लिए भारत सरकार ने नशामुक्ति एवं पुनर्वास पर एक राष्ट्रीय परामर्शदात्री समिति (NCCDR) का भी गठन किया है।

## मादक द्रव्य दुरुपयोग पर नियंत्रण (Control over Drug Abuse)

मादक द्रव्यों के दुरुपयोग पर निम्न उपाय अपना कर नियन्त्रण किया जा सकता है :

1. *मादक द्रव्यों के बारे में शिक्षा देना* : रोकथाम सम्बन्धी शैक्षणिक उपायों के लिए लक्ष्य जनसंख्या (target) कॉलेज/विश्वविद्यालय के युवा छात्र, विशेष कर छात्रावासों में तथा माता-पिता के नियन्त्रण से दूर रहने वाले छात्र, कच्ची बस्तियों में रहने वाले लोग, औद्योगिक श्रमिक, ट्रक-चालक व रिक्शा-चालक होने चाहिए। शिक्षा देने की विधि ऐसी होनी चाहिए कि लोग अपने को सक्रिय रूप से उनमें जोड़ें और मूल्यवान सूचना का मुक्त आदान-प्रदान हो सके। वह शिक्षा अधिक प्रभावशाली होगी जो व्यक्तियों को कृत्रिम सुखभ्रान्ति के बारे में अयथार्थ और भ्रामक सूचना त्यागने में सहायक होगी तथा भावदशा-परिवर्तित (mood-modifying) द्रव्यों के शारीरिक व मनोवैज्ञानिक प्रभावों, उनके औषधीय लक्षणों और चिकित्सकीय लाभों के बारे में अधिकृत तथ्य प्राप्त करने में मदद करेगी। माता-पिता यह शिक्षा देने में मुख्य भूमिका निभा सकते हैं।
2. *चिकित्सकों की अभिवृत्तियों को बदलना* : डॉक्टरों द्वारा बहुत से द्रव्यों के औषध-निर्देश देने संबंधी अभिवृत्तियों में परिवर्तन मादक द्रव्यों के दुरुपयोग नियंत्रण में बहुत सहायता कर सकता है। डॉक्टरों को द्रव्यों के अतिरिक्त प्रभावों की अवहेलना न करने में विशेष सतर्कता अपनानी होगी। यद्यपि द्रव्य उपचार में सहायता करते हैं, किन्तु उन पर अधिक निर्भरता के खतरे बहुत गम्भीर हैं। एक बार जब रोगी को डॉक्टर से पीड़ा व रोग की चिकित्सा के लिए औषध-पत्र (prescription) मिल जाता है, तो वह डॉक्टर से परामर्श करना बन्द कर देता है और जब भी वह पीड़ा/रोग को पुनः अनुभव करता है, तब वह पहले वाले निर्धारित द्रव्यों को अंधाधुंध व असीमता से लेता रहता है। इस प्रकार लोग चिकित्सक के स्थान पर औषध-प्रयोग पर अधिक निर्भर करने लगते हैं जो अन्ततः भयंकर होता है।
3. *अनुपरीक्षण (Follow-up) अध्ययन करना* : निर्विषीकरण प्रोग्राम के अन्तर्गत उपचार किए गए व्यसनियों का अनुपरीक्षण अध्ययन अति आवश्यक है।
4. *षड्यन्त्रियों को प्रतिरोधक दण्ड देना* : पुलिसकर्मी और अन्य कानून लागू करने वाले व्यक्ति जो मादक द्रव्य बेचने वालों के साथ षड्यन्त्र (collusion) में पाए जाते हैं, उन्हें प्रतिरोधक दण्ड देना बहुत जरूरी है।
5. *बच्चों के बीच मादक पदार्थों का दुरुपयोग नियंत्रित करने के लिए माता-पिताओं को एक महत्वपूर्ण भूमिका निभाने की आवश्यकता है।* चूंकि माता-पिता द्वारा उपेक्षा, आवश्यकता से अधिक दुश्मनी, अस्वीकृतियाँ तथा उनमें वैवाहिक सामंजस्य का अभाव मादक पदार्थों के दुरुपयोग को स्थाई बनाता है, अतः माता-पिता को अपने पारिवारिक वातावरण को सौहार्दपूर्ण तथा सामंजस्यपूर्ण बनाए रखने पर और अधिक ध्यान देने की आवश्यकता है। चूंकि व्यसन रातों-रात नहीं पनपता और इसमें अध्ययन, गतिविधियों तथा शौकों में रुचि का घटना, गैर-जिम्मेदारीपूर्ण व्यवहार अपनाना, चिड़चिड़ापन, आवेगपूर्ण आचरण तथा स्तब्धतापूर्ण अभिव्यक्ति जैसे लक्षण उत्पन्न होने की प्रक्रिया शामिल होती है, अतः माता-पिता चौकन्ने रहते हुए इन प्राथमिक संकेतों को पहचान सकते हैं तथा यह सुनिश्चित कर सकते हैं कि उनका बच्चा इस आदत से दूर हो जाए।

   मादक पदार्थों के दुरुपयोग को रोकने में माता-पिता की भूमिका इस प्रकार हो सकती है : (i) बच्चों के साथ खुलकर बात-चीत करें, उनकी समस्याओं को गंभीरतापूर्वक सुनें, और उन्हें सिखाएं कि समस्याओं से किस प्रकार निपटना है, (ii) बच्चों की गतिविधियों एवं उनके मित्रों के समूह में रुचि लें, (iii) स्वयं मादक पदार्थ अथवा एल्कोहल का सेवन न कर बच्चों के लिए एक उदाहरण प्रस्तुत करें, (iv) घर में मौजूद नुस्खा-निर्धारित औषधियों का हिसाब रखें, तथा

(v) मादक पदार्थों के सम्बन्ध में यथासंभव अधिक से अधिक जानकारी हासिल करें।

6. *अध्यापकगण भी मादक पदार्थों के दुरुपयोग की रोकथाम में निम्नलिखित तरीकों से काफी सहायता प्रदान कर सकते हैं :* (i) वे छात्रों के साथ औपचारिक तथा खुलेपन के साथ मादक पदार्थों के दुरुपयोग से जुड़े खतरों के बारे में चर्चाएं कर सकते हैं; (ii) वे स्वयं अपने छात्रों की अभिरुचियों तथा गतिविधियों में रुचि ले सकते हैं; (iii) वे छात्रों को मादक पदार्थों के दुरुपयोग की किसी भी घटना के सम्बन्ध में सूचना साझा करने के लिए प्रोत्साहित कर सकते हैं; (iv) वे किशोरों की समस्याओं के सम्बन्ध में बातें कर सकते हैं और उनका समाधान करने के लिए छात्रों का मार्गदर्शन कर सकते हैं; (v) वे रोजगार के विकल्पों के चयन एवं लक्ष्यों के निर्धारण में छात्रों की सहायता कर सकते हैं; (vi) वे छात्रों को अपनी परेशानियों (परिवार, समकक्ष समूह, धन इत्यादि से सम्बन्धित) पर उनके साथ चर्चा करने के लिए प्रोत्साहित कर सकते हैं तथा अपनी सर्वोत्तम योग्यताओं के अनुसार इन समस्याओं का समाधान किए जाने में उनकी सहायता कर सकते हैं।

निष्कर्ष के तौर पर यह कहा जा सकता है कि मादक पदार्थों का दुरुपयोग मानवता के प्रति एक बढ़ता हुआ खतरा बन चुका है। मादक पदार्थ कानून प्रवर्तन एजेन्सियों के लिए एक जटिल समस्या प्रस्तुत करते हैं, जबकि मादक पदार्थों के तस्कर एवं माफिया गलत तरीके से अर्जित की गई संपदा एवं प्रभाव के साथ लैस होकर हमारे देश के सामाजिक ताने-बाने के साथ खिलवाड़ करते हैं। मादक पदार्थों के उपयोगकर्ता अपने अवसादों, कुंठाओं तथा क्रोध के लिए त्वरित उपचार प्राप्त करने के उद्देश्य से इन मादक पदार्थों का सेवन करते हैं और शारीरिक, आर्थिक, भावनात्मक के साथ-साथ सामाजिक रूप से भी पीड़ित होते हैं। सन् 1991 से प्रत्येक वर्ष 26 जून को मादक पदार्थों तथा अवैध तस्करी के अंतर्राष्ट्रीय विरोध दिवस के रूप में मनाया जाता है ताकि मादक पदार्थों के उपयोगकर्ताओं के साथ-साथ उन लोगों के बीच भी जागरूकता उत्पन्न की जा सके जो मादक पदार्थों के विरुद्ध संघर्ष करने में संलिप्त हैं। नीतियों तथा कार्यवाही में हमारा मुख्य है न केवल मादक पदार्थों की आपूर्ति को नियंत्रित किया जाना बल्कि मादक पदार्थों की माँग को भी कम किया जाना। रोकथाम, उपचार एवं पुनर्वास इन सभी के लिए एक सकारात्मक एवं जीवन-समर्थक अभियान की आवश्यकता होती है। मनुहार, अभिप्रेरणा, जबरदस्ती, मजबूरी तथा दंड आदि ऐसे उपाय हैं जिनका का उपयोग किया जाना होगा ताकि मादक पदार्थों के दुरुपयोगकर्ताओं को मादक पदार्थों के प्रति लालसा का प्रतिरोध करने वाला तथा मादक पदार्थों से मुक्त एक समग्र जीवन जीने वाला व्यक्ति बनाया जा सके। परिवार एवं स्वैच्छिक संगठन भी व्यसन-मुक्त हो चुके लोगों को सामाजिक जीवन की मुख्यधारा में वापस लाए जाने में एक महत्वपूर्ण भूमिका निभा सकते हैं।

संयुक्त राष्ट्रसंघ ने सन् 1990 में एक वैश्विक कार्यवाही कार्यक्रम को अपनाया था, जिसे राष्ट्रीय, क्षेत्रीय तथा वैश्विक स्तरों पर लागू किया जाना था। और अधिक संवाद पर ध्यान केन्द्रित किए जाने, सूचनाओं का और अधिक प्रभावी ढंग से आदान-प्रदान किए जाने तथा सरकारों की ओर से प्रतिबद्धताओं को नवीकृत किए जाने के अलावा इसके द्वारा अपनाए जाने वाले चार विशिष्ट सुझाव दिए गए थे : पहला, रोकथाम को विश्वव्यापी आधार पर मादक पदार्थों को नियंत्रित किए जाने वाले प्रयासों का अभिन्न अंग बनाया जाना चाहिए। दूसरे, बहुआयामी मादक पदार्थ नियंत्रण कार्यक्रम, जिसमें सरकार एवं समाज के सभी वर्ग शामिल हों, का निर्धारण किया जाना चाहिए। तीसरे, अंतर्राष्ट्रीय मादक पदार्थ नियंत्रण संधियों की पुष्टि की जानी चाहिए तथा सहयोग के लिए वैश्विक रूपरेखा के आधार के रूप में इन्हें लागू किया जाना चाहिए। ये संधियाँ मादक पदार्थों के प्रभावी नियंत्रण सम्बन्धी सहयोग के लिए एक कानूनी आधार उपलब्ध करवा सकती हैं। अंततः, अवैध मादक पदार्थों की समस्या को सीमित किए जाने के लिए पड़ोसी सरकारों को शामिल करने वाली क्षेत्रीय साझेदारियों का उपयोग एक प्रभावी तंत्र के रूप में किया जाना चाहिए। इस प्रकार, मादक पदार्थों का दुरुपयोग मात्र सहयोगपूर्ण एवं समर्पित प्रयासों के माध्यम से ही सीमित किया जा सकता है।

## REFERENCES

Ahuja, Ram, *Sociology of Youth Subculture*, Rawat Publications, Jaipur, 1982.

Akers, Ronald L., *Deviant Behaviour: A Social Learning Approach*, Wadsworth, Belmont, CA, 1973.

Becker, Howard S., *The Outsiders*, Free Press, New York, 1963.

Blachly, Paul H., *Drug Abuse*, Charles C. Thomas, Illinois, 1970.

Carey, Jarnes L., *The College Drug Scene*, Prentice Hall, Englewood Cliffs, New Jersey, 1968.

Chein, Isodore, *"Psychological Functions of Drug Use"*, in H. Steinberg (ed.), *Scientific Basis of Drug Dependence: A Symposium*, Churchill Livingstone, London, 1969.

Hirschi, Travis, *Causes of Delinquency*, University of California Press, Berkeley, 1969.

Jullian, Joseph, *Social Problems*, Prentice Hall, Englewood Cliffs, New Jersey, 1977.

Lindesmith, Alfred, "The Drug Addict as a Psychopath", *American Sociological Review*, Vol. 5, December, 1940.

McClelland, David, *The Drinking Man*, Free Press, New York, 1977.

Merton, Robert K. and Nisbet, Robert A., *Contemporary Social Problems* (3rd ed.), Harcourt Brace Jovanovich, New York, 1979.

Nowlis, Helen H., *Drugs on the College Campus*, Anchor Books, New York, 1969.

Peele, Stanton and Brodsky, Archie, *Love and Addiction*, Taplinger, New York, 1975.

Stark, Rodney, "Alcoholism and Drug Addiction", in Rodney Stark (ed.), *Social Problems*, Random House, Toronto, 1975.

Young, Lock, *The Drugtakers: The Social Meaning of Drug Use*, MacGibbon & Kee, London, 1971.

# 19

# एड्स

# AIDS

## अवधारणा (Concept)

एड्स यानी एक्वायर्ड इम्यूनों डेफिशियेन्सी सिण्ड्रोम (Acquired Immuno Deficiency Syndrome) ऐसी बीमारी है, जो एक वाइरस, जिसे एच.आई.वी. (Human lmmuno Deficiency Virus) कहते हैं, के द्वारा होती है। यह वाइरस घातक और खतरनाक होता है, क्योंकि यह मानव शरीर में प्रतिरोधक प्रणाली (immune system) (शरीर में रोग से लड़ने की शक्ति) को नष्ट कर और शरीर में बिना स्पष्ट लक्षण के वर्षों तक रहता है। यह वाइरस (विषैला जीवाणु) बैक्टीरिया से भी छोटे होते हैं और सूक्ष्मदर्शी यन्त्र से भी देखे नहीं जा सकते। वाइरस कई प्रकार से दूसरे व्यक्तियों में प्रवेश कर सकते हैं। एड्स वाइरस संक्रमण (infection) की अन्तिम स्थिति होती है। एच.आई.वी. संक्रमण से प्रभावित होकर एड्स विकसित होने में आठ से दस वर्ष का समय लगता है। अब तक एड्स के इलाज के रूप में कोई टीका नहीं खोजा जा सका है या लोगों के एच.आई.वी. से बचाव के लिए कोई उपाय नहीं किया गया है। एक अमरीकी वैज्ञानिक ने जुलाई 1996 में यह दावा किया था, कि इसका निदान है। यह निदान 'काम्बीनेशन थेरेपी' पर आधारित है, जिसकी कीमत 25,000 डालर बतायी गयी है।

अमेरिका, फ्रांस, बेल्जियम, युगाण्डा, जाम्बिया, तन्जानियाँ, जिम्बाबे आदि जैसे देशों में 1980 के दशक में एड्स का उदय हो गया था। प्रथम एड्स बीमारी के मामले का एक 45 वर्षीय व्यक्ति 1959 में अमेरिका में प्रकाश में आया था, यधपि इसका अधिक ज्ञान जून 1981 में कैलीफोर्निया में प्राप्त हुआ। भारत में एच.आई.वी. संक्रमण का प्रथम मामला मई 1986 में मद्रास (चेन्नई) में रिपोर्ट किया गया। पुणे के राष्ट्रीय जीवाणु विज्ञान संस्थान (The National Institute of Virology) और वैल्लोर के क्रिस्चियन मेडिकल कॉलेज ने 1987 में दिल्ली के भारतीय चिकित्सालय अनुसंधान परिषद के एड्स टास्क फोर्स की सिफारिश पर सूक्ष्म संक्रिया विश्लेषण (operations) प्रारम्भ किए। इसने बहुत जोखिम वाले 3,027 व्यक्तियों की सूक्ष्म जांच (screening) की और अच्छी संख्या में लोगों को सेरो पाजिटिव (sero positive) पाया (थॉमस, 1994: 12)।

## विस्तार (Magnitude)

वर्तमान समय में एच.आई.वी. संपूर्ण विश्व में प्रत्येक 50 सेकेंड में एक नए संक्रमण की दर से फैल रहा है। एच.आई.वी./एड्स किसी वर्ग, समुदाय, धर्म, आयु वर्ग, लिंग अथवा पेशे तक ही सीमित नहीं है, हालांकि, भारतीय स्वास्थ संगठन (IHO) के अनुसार महिलाओं एवं बच्चों को इसके खतरे के प्रति अधिक संवेदनशील होने पर विश्वास किया जाता है। (*हिन्दुस्तान टाइम्स,* 7 अप्रैल, 1995)। एच.आई.वी. संक्रमण सभी धर्मों एवं समूहों में फैंला हुआ है।

समस्या की भयावहता, तथा संपूर्ण विश्व में इसके द्वारा उत्पन्न चिंताओं का अनुभव सबसे पहली बार जनवरी, 1988 के अंतिम सप्ताह के दौरान किया गया था जब लंदन में एक ऐतिहासिक एवं अप्रत्याशित

सम्मेलन का आयोजन किया गया। यह स्वास्थ्य विशेषज्ञों सहित 148 राष्ट्रों के स्वास्थ्य मंत्रियों का एक ऐसा वैश्विक शिखर सम्मेलन था, जिसमें इतने बड़े स्तर पर अकेले एक ही रोग के संलक्षणों पर चर्चा की गई। इस सम्मेलन से प्रकट हुई ऐतिहासिक लंदन घोषणा (London Declaration) में उल्लेख किया गया : 'वर्तमान समय में किसी टीके अथवा एड्स से रोगमुक्ति के अभाव में, राष्ट्रीय एड्स कार्यक्रम का एकमात्र सर्वाधिक महत्वपूर्ण घटक *सूचना* एवं *शिक्षा* है।' (पार्वी, 1992: 89)।

सन् 1992 के मध्य में अमेरिकी क्षेत्र में एच.आई.वी. संक्रमित मामलों की सबसे बड़ी संख्या (2.77लाख) पाई गई, जिसके बाद अफ्रीकी क्षेत्र (1.51 लाख) तथा दक्षिण-पूर्व एशियाई क्षेत्र का क्रम था। दक्षिण-पूर्व एशिया में जून 1993 तक 1,589 मामलों के साथ थाईलैंड सबसे आगे था, जिसके बाद क्रमशः भारत में 336, म्यांमार में 47, इंडोनेशिया में 31, श्रीलंका में 24, नेपाल में 18 तथा बांग्लादेश में 2 मामले पाए गए (*द हिन्दुस्तान टाइम्स*, 7 दिसम्बर, 1993)। यू.एन. एड्स अंतर्राष्ट्रीय रिपोर्ट के वर्ष 2012 के संस्करण में प्रकाशित आंकड़ों के अनुसार एच.आई.वी. के वैश्विक प्रचलन में सन् 2011 में मामूली रूप से वृद्धि हुई। हालांकि, नए संक्रमणों की संख्या में मामूली गिरावट का प्रदर्शन किया गया। गतवर्ष, संपूर्ण विश्व की वयस्क आबादी के 0.778 प्रतिशत भाग को एच.आई.वी. से पीड़ित होने के रूप में दर्ज किया गया, जो सन् 2010 के 0.775 प्रतिशत की तुलना में अधिक था। वर्ष-दर-वर्ष नए संक्रमणों में कमी आई और यह 25,88,840 से गिरकर 24,98,754 हो गए। उप-सहारा क्षेत्र किसी न किसी प्रकार से सर्वाधिक बुरी तरह प्रभावित क्षेत्र बना रहा, हालांकि, वहाँ वयस्कों में इसका प्रचलन 4.91 प्रतिशत से घटकर 4.85 प्रतिशत हो गया। पूर्वीय यूरोप तथा मध्य-पूर्व के द्वारा वयस्क में प्रचलन में सर्वाधिक आनुपातिक वृद्धि को देखा गया, जबकि दक्षिण एवं दक्षिण-पूर्व एशिया ने कहीं अधिक सुस्पष्ट गिरावट को देखा। तालिका 1 वर्ष 2002-11 के दौरान एच.आई.वी. के वैश्विक प्रचलन को प्रदर्शित करती है।

जैसा कि पहले ही उल्लेख किया जा चुका है, भारत में एच.आई.वी. के पहले मामलों का निदान सन् 1986 में मद्रास (अब चेन्नई) की यौनकर्मियों के बीच किया गया था। तब से, देश एक 'अल्प' से 'संकेन्द्रित' महामारी वाले देश के रूप में उभर चुका है। सन् 2009 में, अनुमानित तौर पर 24 लाख लोग (15 से 49 वर्ष आयु के) एच.आई.वी. के साथ जीवित थे, जिनकी संख्या सन् 2001 में सूचित किए गए 25 लाख लोगों से मामूली रूप से कम थी। हालांकि, एच.आई.वी. के साथ जीवित व्यक्तियों की संख्या के मामले में भारत मात्र दक्षिण अफ्रीका एवं नाइजीरिया से ही पीछे है (यूएनएड्स, 2010)। राष्ट्रीय एड्स नियंत्रण संगठन (NACO) की वर्ष 2009-10 के लिए जारी रिपोर्ट के अनुसार एच.आई.वी. के साथ जीवित व्यक्तियों में महिलाओं का प्रतिशत 38 था जबकि बच्चों का प्रतिशत 4.4 था।

फरवरी 2010 तक एच.आई.वी. का संक्रमण मुख्य रूप से (87%) यौन क्रियाओं के माध्यम से ही फैल रहा था। संक्रमण के अतिरिक्त मार्गों में शामिल हैं, प्रसवकालीन क्रियाएं, असुरक्षित रक्त एवं रक्त उत्पाद, संक्रमित सुइयां तथा सिंरिजेस एवं संक्रमण के गैर-निर्दिष्ट/अन्य माध्यम।

देश के अनेक जिलों में उच्च-व्याप्तता वाले अनेक अलग-अलग क्षेत्रों की पहचान किए जा चुके होने के आधार पर एच.आई.वी. महामारी के विषम वितरण स्पष्ट हैं। कुल मिलाकर, देश के 108 जिलों में (>1%) कम-खतराग्रस्त आबादी में एच.आई.वी. प्रचलित है, जिनका प्रतिनिधित्व प्रसव-पूर्व चिकित्सालयों में आने वाली महिलाओं के द्वारा किया गया है, जबकि 87 जिलों में एच.आई.वी. का प्रचलन (>5%) प्रमुख रूप से प्रभावित एक अथवा अधिक आबादियों के बीच व्याप्त है। एच.आई.वी. के साथ जीवित लोगों में से 60 प्रतिशत लोग आंध्र प्रदेश, कर्नाटक, महाराष्ट्र, तमिलनाडु, उत्तर प्रदेश तथा मणिपुर जैसे 6 उच्च-प्रचलन वाले राज्यों में थे।

एक संकेन्द्रित एच.आई.वी. महामारी के साथ भारत का एच.आई.वी. प्रचलन प्रमुख रूप से प्रभावित आबादियों के बीच ऊंचा बना रह रहा है (सामान्य आबादी के 6 से 8 गुना तक)। महिला यौन कर्मियों के बीच उच्च एच.आई.वी. प्रचलन को दक्षिण में पाया गया है तथा उत्तर-पूर्व में इसकी प्रवृत्ति

में वृद्धि हो रही है। इंजेक्शन द्वारा मादक पदार्थ ग्रहण करने वालों के बीच उच्च-एच.आई.वी. प्रचलन भी उत्तर-पूर्व के राज्यों में पाया गया है। हालांकि, इसकी प्रकृति स्थानीय है, तथा विभिन्न उत्तर-पूर्वीय राज्यों में इसकी बढ़ती एवं कम होती हुई प्रवृत्ति को दर्ज किया गया है, जो इस प्रकार से महामारी के दोहरे चरित्र का संकेत प्रदान करती है। सन् 2006 में, इंजेक्शन द्वारा मादक पदार्थ ग्रहण करने वालों (IUDs) के बीच उच्च एच.आई.वी. प्रचलन के नए स्थानों के रूप में पंजाब, तमिलनाडु, पश्चिम बंगाल, केरल एवं महाराष्ट्र जैसे राज्यों की पहचान भी की जा चुकी है। पुरुष से पुरुष (MSM) यौन संबंध रखने वालों के बीच एच.आई.वी. का प्रचलन कर्नाटक, आंध्र प्रदेश, मणिपुर, महाराष्ट्र, दिल्ली, गुजरात, गोवा, ओडिशा, तमिलनाडु एवं पश्चिम बंगाल में सबसे अधिक था। राष्ट्रीय स्तर पर, एच.आई.वी. का प्रचलन महिला यौन कर्मियों के साथ संभोग करने वालों तथा आबादी के अन्य समूहों की तुलना में इंजेक्शन द्वारा मादक पदार्थ लेने वालों तथा पुरुषों के साथ यौनक्रिया करने वाले पुरुषों में अधिक था। फिर भी, यौन कर्म का एच.आई.वी. संक्रमण का एक बड़े स्रोत के रूप में सक्रिय रहना जारी है, क्योंकि यौन कर्मियों के द्वारा अपने ग्राहकों की एक बड़ी संख्या को संक्रमित किया जा रहा है।

**तालिका 1**

*व्यस्कों के बीच एच.आई.वी. का प्रचलन, 2002-2011*

(% में)

| क्षेत्र | 02 | 03 | 04 | 05 | 06 | 07 | 08 | 09 | 10 | 11 |
|---|---|---|---|---|---|---|---|---|---|---|
| पश्चिमी एवं मध्य यूरोप तथा उत्तरी अमेरिका | 0.33 | 0.34 | 0.34 | 0.35 | 0.35 | 0.36 | 0.36 | 0.36 | 0.36 | 0.36 |
| दक्षिण एवं दक्षिण-पूर्व एशिया | 0.33 | 0.33 | 0.33 | 0.32 | 0.32 | 0.31 | 0.30 | 0.30 | 0.29 | 0.28 |
| ओसेनिया | 0.23 | 0.24 | 0.24 | 0.24 | 0.24 | 0.24 | 0.25 | 0.25 | 0.25 | 0.25 |
| मध्य-पूर्व | 0.14 | 0.14 | 0.14 | 0.14 | 0.14 | 0.14 | 0.14 | 0.14 | 0.15 | 0.15 |
| लैटिन अमेरिका | 0.40 | 0.40 | 0.39 | 0.39 | 0.39 | 0.38 | 0.38 | 0.38 | 0.38 | 0.38 |
| पूर्वीय यूरोप | 0.57 | 0.60 | 0.63 | 0.66 | 0.68 | 0.71 | 0.72 | 0.74 | 0.76 | 0.79 |
| पूर्वीय एशिया | 0.05 | 0.05 | 0.06 | 0.06 | 0.07 | 0.07 | 0.07 | 0.08 | 0.08 | 0.08 |
| कैरेबियन | 1.16 | 1.14 | 1.11 | 1.08 | 1.05 | 1.03 | 1.01 | 0.99 | 0.98 | 0.97 |
| उप-सहारा अफ्रीका | 5.81 | 5.70 | 5.56 | 5.41 | 5.27 | 5.14 | 5.04 | 4.96 | 4.91 | 4.85 |
| अंतर्राष्ट्रीय | 0.80 | 0.80 | 0.80 | 0.79 | 0.78 | 0.78 | 0.77 | 0.77 | 0.78 | 0.78 |

*स्रोत : यूएनएड्स।*

भारत में इस महामारी को फैलाने में योगदान कर सकने वाले जोखिमों एवं जोखिम सम्बन्धी कारकों में लैंगिक भेदभाव, कलंक एवं भेदभाव, तथा अपर्याप्त मानव संसाधन तथा ऐसे तकनीकी सहयोग, जो रोकथाम, देखभाल एवं सहायता कार्यक्रमों की मंद गति से प्रगति का कारण होते हैं, को शामिल किया जा सकता है। इसके अलावा, क्षमताओं एवं व्यवस्थाओं को शक्ति प्रदान किए जाने की आवश्यकता है ताकि कुछ विशिष्ट एच.आई.वी. कार्यक्रमों जैसे रणनीतिक सूचना प्रबंधन प्रणाली, एआरटी की सामूहिक निगरानी, तथा एच.आई.वी. के द्वारा प्रभावित अथवा संक्रमित बच्चों पर गुणवत्तायुक्त आंकड़ों को सुनिश्चित किए जाने के साथ ही साथ संचालन एवं कार्यान्वयन सम्बन्धी प्रशासनिक ढांचे आदि को प्रभावी रूप से लागू किया जा सके।

## अत्यन्त जोखिम वाले समूह और वाइरस संचरण के स्रोत (High Risk Groups and Means of Transmitting the Virus)

एच.आई.वी. उस अर्थ में छूत की बीमारी नहीं है, जिसमें चेचक, टी.बी., हैजा, प्लेग या माता/खसरा हैं। यह मुख्यतः यौन रास्तों से और रक्त से रक्त का सम्पर्क होने से फैलती है। यह कहा जा सकता है कि एच.आई.वी. मुख्यतः चार स्रोतों से फैलता है : (i) संक्रमित साथी से यौन सम्बन्ध–समलिंगीय और विषम लिंगीय दोनों, (ii) एच.आई.वी. संक्रमण युक्त रक्त या रक्तीय उत्पादनों के शरीर में प्रवेश कराने से (transfusion of blood), (iii) संक्रमित सुई या सिरिन्जों से दवा चढ़ाने से; और (iv) संक्रमित माँ से गर्भस्थ शिशु में। यहां प्रत्येक बच्चे के जन्म पर 30 से 50 प्रतिशत अवसर संचार के होते हैं। पुणे के एक अध्ययन में यह पाया गया कि 80 प्रतिशत मामले यौनाचार से, 5 प्रतिशत रक्त चढ़ाने से और 7 प्रतिशत मामले इन्जेक्शन में संक्रमित सिरिन्ज के प्रयोग के कारण हुए थे। नेको (National AIDS Control Organisation) द्वारा रिपोर्ट किए गए 1,108 मामलों में से 75.2 प्रतिशत मामले विषम लिगीय यौनाचार से, 11.1 प्रतिशत मामले रक्त चढ़ाने से, और 8.7 प्रतिशत मामले नसों में दवाई का इन्जेक्शन (intravenous) से सम्बद्ध थे; (*द हिन्दुस्तान टाइम्स*, 6 जून 1995)। इस प्रकार यह मिथक जैसा विश्वास है, कि एच.आई.वी. संक्रमण मच्छर, एक दूसरे को चूमने, पकड़ने/आलिंगन करने से, हाथ मिलाने से, छींकने और थूकने से, सार्वजनिक प्रसाधनों (public toilets) का प्रयोग करने से, तरणताल (swimming pools) से, एक ही प्लेट में खाने से, कपड़ों और चादरों से, एक ही स्कूल या काम के स्थानों पर जाने से फैलता है। डाक्टरों, नर्सों तथा अन्य स्वास्थ्यकर्मियों के एच.आई.वी. और एड्स के रोगियों के सम्पर्क में आने से संक्रमित होने की कोई रिपोर्ट कहीं से नहीं है।

भारतीय स्वास्थ्य संगठन के अनुसार घरेलू महिलाएं एच.आई.वी. संक्रमण फैलाने के लिए अधिक संवदेनशील होती हैं। 1994 में मुम्बई के वाडिया अस्पताल के सहयोग से भारतीय स्वास्थ्य संगठन (IHO) द्वारा 25,000 मध्यवर्गीय गर्भवती महिलाओं की सूक्ष्म जांच (screening) के अध्ययन में, 210 महिलाओं में एच.आई.वी. वाइरस परीक्षण के बाद धनात्मक पाया गया। लगभग 90 महिलाओं के पति भी एच.आई.वी. से संक्रमित थे, यद्यपि विवाहित महिलाओं की एच.आई.वी. की स्वयं की जोखिम बहुत निम्न पाई गई, जबकि उनके पतियों का जोखिम व्यवहार उनके लिए अधिक संवेदनशील था। एच.आई.वी. से युक्त 90 प्रतिशत युगलों में पाया गया कि पति विवाहोत्तर यौन सम्बन्धों के कारण एच.आई.वी. संक्रमण के सम्पर्क में आया था। इसमें आश्चर्य नहीं कि एच.आई.वी. धनात्मक होने पर परीक्षण के बाद महिलाओं को भविष्य में गर्भ धारण से बचने की सलाह दी गई और लगभग सभी ने गर्भ निरोधक उपायों या नसबन्दी को अपनाया।

अब हम वाइरस संचरण (transmission) के प्रमुख स्रोतों का विश्लेषण करेंगे अर्थात् वैश्याओं, समलैंगिकों, नसों में नशीले इन्जेक्शन लगवाने वालों, रक्तदान करने वालों, निदानीत्य परीक्षण प्रयोगशालाओं (pathological laboratories) और एच.आई.वी. संक्रमण से युक्त बच्चों को जन्म देने वाली माताओं का विश्लेषण करेंगे।

### *वैश्याएं (Prostitutes)*

वैश्याएं यौन बेचती हैं। ऐसा समझा जाता है, कि सन् 1989 में भारत के कुल 817 विभिन्न भागों में फैले लाल बत्ती क्षेत्रों में लगभग 20 लाख वैश्याएं थीं। इसमें कालगर्ल्स की संख्या शामिल नहीं है। (*सोशल वेलफेअर*, दिल्ली, जून 1990)। वैश्याओं और कालगर्ल्स में से अधिकतर संख्या एच.आई.वी. से संक्रमित हैं, जो अपने ग्राहकों में संक्रमण (infection) फैलाती रहती हैं। एक अनुमान के अनुसार 1989 से 1991 तक के केवल तीन वर्षों में ही मुम्बई में वैश्याओं में एच.आई.वी. संक्रमण का स्तर 30 प्रतिशत बढ़ गया। एक दृष्टिकोण यह भी है, कि वैश्याओं में संक्रमण से स्वयं

प्रभावित होने की जोखिम अधिक है और अपने ग्राहकों में संक्रमण संचारित करने की जोखिम कम होती है। अतः वैश्याओं में निरोधक कार्यक्रमों का लक्ष्य बनाने के साथ साथ उनके ग्राहकों की ओर भी ध्यान दिया जाना आवश्यक है।

### *समलैंगिक* (Homosexuals)

समलैंगिकों को भारत में भी अमेरिका, ब्रिटेन आदि देशों के समान ही हिकारत की दृष्टि से देखा जाता है। फिर भी यह सत्य है कि 'बम्बई दोस्त' जैसे खुशमिजाज़ लोगों की संस्थाएं समलैंगिकों के प्रति बदलते दृष्टिकोण को दर्शाती हैं। यद्यपि IPC के अन्तर्गत समलैंगिकता अभी भी अपराध है, लेकिन लम्बे समय से समलैंगिकता के विषय में चली आ रही वर्जनाओं (taboos) को अब तोड़ा जा रहा है। समलैंगिक कारागार, सुधारगृहों, बचाव गृहों (rescue homes) आदि में पाए जाते हैं। 1994 में दिल्ली की तिहाड़ जेल में कण्डोमों का वितरण इस कदर गम्भीर चर्चा का विषय बना कि मामला न्यायालय में भी लेजाया गया। समलैंगिकता के माध्यम से एच.आई.वी. संक्रमण का खतरा वास्तविक खतरा है।

### *नशेड़ी* (Drug Addicts)

जो लोग इन्जैक्शन के द्वारा मादक पदार्थ लेते हैं, वे संक्रमित सुई के द्वारा एच.आई.वी. संक्रमण फैलाने की अधिक सम्भावना पैदा करते हैं। मादक पदार्थों का प्रयोग छात्रों, उद्योग कर्मिकों, ट्रक, आटोरिक्शा, साइकिल रिक्शा चालकों और गन्दी बस्तियों में रहने वाले लोगों में तेजी से फैल रहा है। एक अच्छी संख्या में यह नशेड़ी इतने अधिक अभ्यस्त हो जाते हैं, कि वे स्वयं को इन्जैक्शन लगाना प्रारम्भ कर देते हैं। कभी-कभी तो एक ही सिरिन्ज कई लोगों द्वारा प्रयोग की जाती है जिससे एच.आई.वी. संक्रमण की सम्भावना और भी बढ़ जाती है। मणिपुर में जहां 40 से 50 प्रतिशत नसों में इन्जैक्शन द्वारा नशीले पदार्थों का प्रयोग करने वाले एच.आई.वी. धनात्मक से पीड़ित हैं, उनमें से अनेक को जेल भेज दिया गया है। कुछ मामलों में तो उनके माता-पिता ने ही भेजा है। उनमें सरकारी वरिष्ठ अफसरों के बच्चे तथा व्यापारियों, राजनीतिज्ञों और शिक्षाविदों के बच्चे भी हैं। (*सेमीनार*, अगस्त 1992: 13)

### *रक्तदान दाता* (Blood Donors)

ये लोग भी एच.आई.वी. संक्रमण संचरित करते हैं। नवम्बर 2012 में देश में 2,545 अधिकृत रक्त बैंक थे, जिसमें से 981 सरकारी थे। कुछ पेशेवर रक्तदान कर्ता भी हैं, जिनके रक्त में एच.आई.वी. वाइरस होता है। जब उनका रक्त रोगियों में बिना परीक्षण किए चढ़ाया जाता है तब एच.आई.वी. का संचरण हो जाता है। नैदानिक प्रयोगशालाएं भी इसी प्रकार एच.आई.वी. संक्रमण करती हैं, जबकि वे बिना वैज्ञानिक परीक्षण किए रक्त की आपूर्ति करती हैं।

### *गर्भवती महिलाएं* (Pregnant Women)

जिन महिलाओं में एच.आई.वी. धनात्मक होता है, वे नवजात शिशुओं को एच.आई.वी. वाइरस प्रेषित कर देती हैं। एक ओर तो लगभग 65 प्रतिशत गर्भवती महिलाएं रक्त अल्पता होती हैं और उन्हें रक्त चढ़ाने की आवश्यकता होती है और दूसरी ओर वैश्याएं प्रति वर्ष 50 लाख बच्चों के जन्म देती हैं। इस प्रकार वे एच.आई.वी. संचरण के लिए दो प्रकार से संवेदनशील होती हैं।

### *ब्लेड* (Shaving Blade)

दाढ़ी बनाने में प्रयोग किया जाने वाला ब्लेड, विशेष रूप में नाइयों द्वारा, भी एच.आई.वी. फैलाने में सबसे बड़ा खतरा है।

## सर्वसामान्य बीमारी की उत्पत्ति (Origin of the Disease)

रीनी सेबेतियर (1988: 34-35) ने वाइरस की उत्पत्ति के विषय में तीन व्याख्याएं दी हैं : एक, यह एक अत्यन्त प्राचीन रोग से उत्पन्न हुई जो विज्ञान के लिए भी लम्बे समय तक अज्ञात रही। दो, यह मानव से भिन्न प्रजाति (species) से उत्पन्न हुई जैसे लंगूर/बन्दर जो प्राकृतिक वाइरस से पीड़ित रहते थे। तीन, यह प्रयोगशालाओं में अचानक उत्पन्न हो गई जब प्रयोग किए जा रहे थे। उपर्युक्त तीन व्याख्याओं में से प्रथम व्याख्या विद्वानों ने स्वीकार की है। एक अमेरिकन चिकित्सक ने, जिसने नैदानिक उन्मुकृता (clinical immunology) में विशेष अध्ययन किया था, 1981 में कुछ समलैंगिक स्वस्थ पुरुषों के एक समूह में अत्यन्त असाधारण गुण देखे। उसने देखा कि उनके शरीरों पर एक प्रकार के कीटाणुओं (germs) का हमला हो रहा था, जो हमारे वातावरण में हमेशा मौजूद रहते हैं। लेकिन ये कभी भी सामान्य मनुष्य पर हमला नहीं करते। सामान्यतः यह कीटाणु उन व्यक्तियों में देखे जाते हैं जिनकी प्रति-रक्षा व्यवस्था (immunisation system) नशीले पदार्थ लेने के कारण नष्ट हो जाती है या जिनको कैन्सर उपचार के दौरान विकिरण (radiation) उपचार दिया गया हो। उसकी खोज ने समस्त वैज्ञानिक जगत को सावधान कर दिया। एक फ्रेन्च वाइरस वैज्ञानिक (virologist) ने रोगियों में से एक नए प्रकार के वाइरस को अलग करने की सूचना 1983 में दी जो इस नवीन बीमारी से पीड़ित था। रोग को उत्पन्न करने वाले इस वाइरस की पहचान पर अमेरिका व अन्य देशों के जीव वैज्ञानिकों और वाइरस वैज्ञानिकों द्वारा आगे भी अनुसन्धान किया गया और इस वाइरस का नाम एच.आई.वी. (Human Immuno Deficiency Virus) दिया गया। इस वायरस की प्रवृत्ति है कि यह एक मानव शरीर से दूसरे मानव शरीर में घूमता रहता है, एक शरीर पर आक्रमण करने के बाद अपनी लक्ष्य कोशिकाओं (target cells) की ओर प्रवेश करता है और वहां वर्षों तक लगातार सुरक्षित और अदृश्य पड़ा रहता है, जब तक कि वह संक्रमण को बीमारी में नहीं बदल देता। विडम्बना यह है कि एच.आई.वी. के लक्षण से युक्त संक्रमित व्यक्ति की पहचान करना सबसे मुश्किल काम है, क्योंकि वे सामान्य दिखते हैं और सामान्य अनुभव करते हैं और डाक्टर के पास भी शायद ही कभी जाते हैं। परीक्षण के बिना इस प्रकार के संक्रमण का पता लगाना कठिन है।

## बीमारी के विकास के चरण (Stages of the Development of the Disease)

एड्स एक ऐसी बीमारी है जो धीमी गति से होती है। सैन्द्धान्तिक रूप से एच.आई.वी. संक्रमण के विकास के चार चरण पता लगाए गए हैं (मालवीय, 1992: 16-20)।

### *प्रारम्भिक एच.आई.वी. संक्रमण (Initial HIV Infection)*

इस चरण में शरीर में एच.आई.वी. वाइरस के प्रवेश के साथ व्यक्ति रक्त विकार अनुभव करता है, जो कुछ सप्ताह बाद इन्फ्लुएन्ज़ा (influenza) से मिलता जुलता हो जाता है। शरीर में प्रतिरक्षा (immunisation) व्यवस्था एक प्रकार का सार पदार्थ (substance) पैदा कर देती है (anti-bodies) जो एच.आई.वी. वाइरस का नाश नहीं कर पाती। इसके बाद महीनों और वर्षों तक कोई नई विशेषता विकसित नहीं होती। लेकिन इस अवधि में व्यक्ति यौन सुइयों और रक्त चढ़ाने की प्रक्रिया के माध्यम में एच.आई.वी. संक्रमण को फैला सकता है।

### *निरन्तर बढ़ती ग्रन्थियां (Persistantly Enlarged Glands)*

एच.आई.वी. के संक्रमण की अगली सीढ़ी में व्यक्ति के बगल और गर्दन में दर्द विहीन ग्रन्थियां बढ़ने लगती हैं जिनमें कोई भी लक्षण स्पष्ट नहीं होते हैं। ये ग्रन्थियां महीनों और वर्षों तक स्वास्थ्य पर खराब प्रभाव डाले बिना बनी रहती हैं। यह विशेषताएं विकसित देशों में एड्स के प्रारम्भिक लक्षणों में से मानी जाती हैं, लेकिन विकासशील देशों में क्योंकि इन लक्षणों को साधारण संक्रमण से अलग नहीं किया जा सकता अतः लोग उपचार के लिए जल्दी जाने की बात सोचते ही नहीं हैं।

### *एड्स से सम्बन्धित भावना (AIDS Related Complex)*

इस चरण में वाइरस प्रतिरक्षा व्यवस्था को नष्ट कर देता है, जो दस्त लगना, पसीना आना, वजन कम होना और अत्यन्त कमजोरी जैसे लक्षण पैदा करता है।

### *पूर्ण विकसित एड्स (Full-Blown AIDS)*

यह स्थिति एच.आई.वी. से संक्रमित होने के 9 या 10 वर्ष तक औसतन पहुंचती है। शरीर की प्रतिरोधकता (immunity) पूरी तरह से नष्ट हो जाती है और कई संक्रमण (infections) और केन्सर उत्पन्न हो जाते हैं। रोगी हर समय थका हुआ महसूस करता है और कमजोर हो जाता है। यह स्थिति डाक्टरों द्वारा आसानी से पहचानी जाती है। इस स्थिति के बाद व्यक्ति 3 या 4 वर्ष से अधिक जिंदा नहीं रहता।

ए.एन. मालवीय (1992: 18) का मत है कि एच.आई.वी. संक्रमण की बीमारी की ओर प्रगति एक मामले से दूसरे में भिन्न होती है। औसत रूप से 20 प्रतिशत संक्रमित व्यक्तियों में 5 साल के अन्त में बीमारी के लक्षण प्रकट होते हैं, 50 प्रतिशत में 10 साल के अन्त में और 30 प्रतिशत में 20 वर्ष के बाद।

यह पता कैसे लगे कि कौन सा व्यक्ति एच.आई.वी. से संक्रमित हो गया है? इस संक्रमण की उपस्थिति का पता लगाने के लिए कुछ परीक्षण हैं। जब कभी कोई व्यक्ति किसी बीमारी से पीड़ित होने लगता है, तब उसमें एक प्रकार के व्याधिजन (pathogens) उत्पन्न हो जाते हैं। इन व्याधिजनों की पहचान की जाती है, ताकि मानव शरीर के भीतर की प्रतिरक्षा व्यवस्था (immunisation systems) आन्तरिक सुरक्षा के माध्यम से उन्हें नष्ट कर सके। एच.आई.वी. वाइरस इस उनमुक्ति व्यवस्था को प्रभावित करती है और एक पदार्थ एंटी बाडीज (anti-bodies) को जन्म देती है। शरीर में इनकी उपस्थिति (HIV anti-bodies) संक्रमण बताती है, जिसे रक्त के नमूनों को परीक्षण के द्वारा पहचाना जा सकता है।

दो सामान्य परीक्षण इस प्रकार हैं : एक को ऐलिसा (ELISA) कहा जाता है और दूसरे को पश्चिमी ब्लाट परीक्षण (Western Blot Test) कहा जाता है। पहला परीक्षण सरल है और परिणाम कुछ ही घन्टों में आता है। दूसरा परीक्षण अत्यन्त मंहगा, लम्बा और श्रम वाला है। यह पहले परीक्षण को सत्यापित करने के लिए किया जाता है और पहले से 50 गुणा अधिक खर्चीला है। इन दिनों एलिसा परीक्षण दो भिन्न-भिन्न निर्माताओं द्वारा निर्मित किट (kit) द्वारा किया जा रहा है और जो परिणाम निकलते हैं वे एच.आई.वी. के संक्रमण की पुष्टि करते हैं।

## रोग के प्रभाव (Implications of Disease)

इस जीवनकाल और शायद उसके बाद भी इस सार्वदेशिक व्याधि (pandemic) के दुष्प्रभावों का अनुमान लगाना कठिन है। प्रारम्भ में जो बीमारी कुछ समलैंगिकों तक ही सीमित दिखाई देती थी उसी ने एक दशक में सम्पूर्ण विश्व में लाखों स्त्री-पुरुषों और बच्चों को अपने शिकंजे में कस लिया। एड्स कोई स्वास्थ्य सम्बन्धी समस्या मात्र नहीं है बल्कि यह तो सामाजिक समस्या है, जिसके सामाजिक, सांस्कृतिक और आर्थिक पक्ष होते हैं। यह मूल सामाजिक संस्थाओं के लिए वैयक्तिक, पारिवारिक और सामुदायिक स्तर पर खतरा है। इसके आर्थिक परिणाम भी गम्भीर होते हैं, क्योंकि स्वास्थ्य पर राष्ट्र का आधा व्यय तक एड्स की रोकथाम में ही लग सकता है, यदि एड्स के रोगियों की आवश्यकताओं को पूरा किया जाने लगे। एड्स विशेष तरीके से लोगों के आर्थिक और सामाजिक रूप से उत्पादनशील वर्षों में आक्रमण करता है, जबकि वे दूसरों की देखभाल और परवरिश के लिए उत्तरदायी होते हैं। परिणामस्वरूप, जब धनार्जन करने वाले मर जाते हैं, वे परिवार को जीवन यापन के साधनों से विहीन छोड़ जाते हैं। इस प्रकार एच.आई.वी. संक्रमण से प्रभावित लोग न केवल प्रारम्भ में संवेगात्मक आघात से और बाद में सामाजिकता से अलगाव

और अन्त में एक या दो वर्षों तक शारीरिक समस्याओं से पीड़ित होते हैं, बल्कि आर्थिक दृष्टि से भी वे बर्बाद हो ज़ाते हैं। एड्स पीड़ित लोग अपने धन्धे से हाथ धो बैठते हैं, अपने परिवारजनों व समुदाय से अलग कर दिए जाते हैं और मित्रों द्वारा अस्वीकार कर दिए जाते हैं। डाक्टरों द्वारा इलाज करने से अस्वीकार कर दिए जाते हैं, स्कूलों, विश्वविधलयों से बहिष्कृत हो जाते हैं, यहां तक कि अपमानित भी होते हैं। उनके परिवारों को भी आर्थिक, सामाजिक और मनौवैज्ञानिक दृष्टि से कष्ट उठाना पड़ता है। युवा और विवाहित एड्स रोगियों की पत्नियां विधवापन भोगतीं हैं और बच्चे अनाथ हो जाते हैं। इस प्रकार एच.आई.वी. और एड्स के असंख्य दुष्प्रभाव होते हैं।

## संक्रमित लोगों की देखभाल (Caring for the Infected)

जैसा कि पहले उल्लेख किया जा चुका है, सन् 2009 में भारत में 24 लाख लोग एच.आई.वी. संक्रमण के साथ जीवन जी रहे थे। ये आंकड़े यह संकेत प्रदान करते हैं कि इस रोग का प्रबंधन एक कठिन कार्य है। एड्स के रोगियों की देखभाल के लिए वर्तमान समय में उपलब्ध सुविधाएं खेदजनक रूप से अपर्याप्त हैं। देश में सबसे पहले एच.आई.वी./एड्स के मामले की रिपोर्ट प्राप्त होने के तुरंत बाद ही सरकार ने समस्या की गंभीरता की पहचान कर ली थी तथा इस महामारी से निबटने के लिए उपायों की एक श्रृंखला को प्रारंभ कर दिया था। एक उच्च-अधिकारप्राप्त राष्ट्रीय एड्स समिति का गठन सन् 1986 में ही कर दिया गया था तथा एक राष्ट्रीय एड्स नियंत्रण कार्यक्रम को एक वर्ष बाद ही प्रारंभ कर दिया गया था। प्रारंभिक वर्षों के दौरान कार्यक्रम के द्वारा व्यापक जनसंवाद कार्यक्रमों के द्वारा जनजागरूकता उत्पन्न करने, रक्त चढ़ाए जाने के प्रयोजनों के लिए रक्त का परीक्षण किए जाने तथा महामारी के केन्द्रों में निगरानी सम्बन्धी गतिविधियों को संपन्न कराए जाने पर ध्यान केन्द्रित किया गया। सन् 1992 में सरकार ने भारत में एड्स की रोकथाम एवं नियंत्रण के लिए एक बहु-वर्गीय रणनीति का सूत्रपात किया। इसे राष्ट्रीय स्तर एवं प्रांतीय/केंद्र शासित प्रदेशों के प्रांतीय स्तर पर राष्ट्रीय एड्स नियंत्रण संगठन (NACO) के द्वारा लागू किया जाता है।

इन उपायों के परिणामस्वरूप, महामारी के शुरू होते समय जागरूकता के स्तर, जो लगभग नगण्य सा था, में शहरी क्षेत्रों में भारी वृद्धि हुई हालांकि ग्रामीण क्षेत्रों में जागरूकता का स्तर नीचा ही बना रहा। उच्च-जोखिम वाले समूहों जैसे व्यवसायिक यौन कर्मियों, पुरुषों के साथ यौन कर्म करने वाले पुरुषों तथा इंजेक्शन से मादक पदार्थ का उपयोग करने वालों के बीच कुछ अत्यन्त ही सफल हस्तक्षेप कार्यक्रमों को गैर-सरकारी संगठनों की समर्पित संलिप्तता के माध्यम से लागू किया गया। जिला स्तर पर यौन संक्रामक रोगों (STDs) के शीघ्र निदान एवं समुचित प्रबंधन के द्वारा यौन संक्रामक रोग (STD) चिकित्सालयों को शक्तिशाली बनाए जाने के द्वारा यौन संक्रामक रोगों (STDs) के नियंत्रण पर भी जोर दिया गया है। इसके अलावा, विगत कुछ वर्षों के दौरान सामाजिक विपणन के माध्यम से उत्तम गुणवत्तायुक्त कंडोमों की उपलब्धता में महत्वपूर्ण वृद्धि हुई है।

ब्लड बैंकों के आधुनिकीकरण एवं शक्तिशाली बनाए जाने, ब्लड बैंकों के लिए लाइसेंस प्रणाली लागू किए ज़ाने एवं पेशावर रक्त दानकर्ताओं को चरणबद्ध तरीके से बाहर किए जाने के द्वारा रक्त सम्बन्धी सुरक्षा के लिए अनेक महत्वपूर्ण कदम भी उठाए गए हैं। घटक पृथक्करण सुविधाओं को प्रारंभ किए जाने के द्वारा रक्त चढ़ाए जाने के लिए रक्त के समुचित चिकित्सकीय उपयोग में भी सहायता प्राप्त हुई है। इससे रक्त आधान के जरिए उत्पन्न होने वाले संक्रमणों के प्रतिशत में भी कमी के परिणाम प्राप्त हुए हैं।

एच.आई.वी. के द्वारा प्रभावित एवं उसके साथ जी रहे लोगों के अधिकारों के संरक्षण के लिए एक एच.आई.वी./एड्स विधेयक का मसौदा केन्द्रीय स्वास्थ्य मंत्रालय के द्वारा सन् 2006 में ही तैयार कर लिया गया था किन्तु यह पारित किए जाने के लिए संसद के पटल पर प्रस्तुत किए जाने हेतु अभी भी प्रतीक्षा ही कर रहा है।

परामर्श केन्द्रों को स्थापित किए जाने की भी आवश्यकता है जहां चिकित्सकीय परामर्शदाता बीमार के साथ सम्पर्क बना सकें, (एच.आई.वी. संवाहक और एड्स के रोगी), उन्हें मनो-सामाजिक समर्थन दे

सकें और दवा तथा विशेष भोजन आदि का ज्ञान दे सकें, और संवाहन के रोकथाम के विषय में जानकारी दे सकें। जैकब जौन (*सेमीनार,* अगस्त 1992: 43) का मत है, कि परामर्श सम्बन्धी आवश्यकताओं का चार विस्तृत क्षेत्रों में वर्गीकरण किया जा सकता है : (i) *परीक्षणपूर्व परामर्श* – एच.आई.वी. परीक्षण की आवश्यकता को समझने के लिए और व्यक्तियों को एच.आई.वी. संक्रमण से बचने के उपाय सुझाने के लिए, (ii) *परीक्षण के बाद परामर्श* – उनके लिए जिनके परिणाम निषेधात्मक आए हों तथा व्यवहार में परिवर्तन पर जोर देने के लिए, (iii) उनके लिए *परामर्श* जिनका एच.आई.वी. परीक्षण धनात्मक (positive) रहा है और उन्हें संवेगात्मक आघात और उदासी से बचाने में सहायता के लिए, तथा अन्य लोगों को इलाज, बचाव तथा संक्रमण से बचने के उपाय सुझाने के लिए, (iv) पूर्ण रूपेण रोगग्रस्त रोगियों को *परामर्श* देने के लिए जो बीमारी के अन्तिम चरण में पहुंच गए है। सहानुभूति से इन रोगियों की देखभाल करने से यह रोगी सम्मान से मरने में समर्थ हो सकते है। यहां रोगी के परिवार की मदद करना भी उतना ही आवश्यक है, क्योंकि परिवार के सदस्य आर्थिक संसाधनों के सीमित हो जाने के कारण तनावग्रस्त होंगे।

विविध अवस्थाओं में भूमिका निर्वाह में परामर्शदाता को सामाजिक, चिकित्सकीय व अन्य एजेंसियों के निकट सम्पर्क में रहना पड़ता है। इसके लिए प्रभावी दक्षता और प्रशिक्षण की आवश्यकता है। यह स्वाभाविक है, कि उपलब्ध संसाधनों के रहते एक बड़ी संख्या में परामर्शदाता भर्ती और प्रशिक्षित नहीं किए जा सकते। इसलिए इन भूमिकाओं के लिए प्रशिक्षण के लिए डाक्टरों, नर्सों, मनोवैज्ञानिकों, सामाजिक कार्यकर्ताओं, पैरामेडिकल स्टाफ के लोगों को ही उपयुक्त समझना होगा। यह भी स्मरणीय है, कि परामर्श के लिए प्रशिक्षण देने हेतु लगातार व्यावहारिक निरीक्षण एवं उच्च कोटि के प्रशिक्षु-प्रशिक्षक अनुपात का होना आवश्यक है।

## यौन सम्पर्क से संवाहित बीमारियों और एड्स के बीच सम्बन्ध (Link between Sexually Transmitted Diseases and AIDS)

यौन सम्पर्क द्वारा फैलने वाली बीमारियां (STD) एच.आई.वी. का एक व्यक्ति से दूसरे व्यक्ति में प्रवाहित होना सरल बना देतीं है। गुप्तांगों का नासूर (Cancroid) क्लैमिडया (Chlamydia), सुजाक (Gonorrhea), आतशक (Syphilis) और केशोच्छेदी उन्माद (Trichotillomoniasis) आदि बीमारियां एच.आई.वी. संक्रमण की जोखिम को दो से नौ गुना तक बढ़ा देती हैं। सिफलिस और एच. आई. वी. संक्रमण पर अध्ययन किए गए 11 में से 9 में दोनों में सम्बन्ध पाया गया। विषम लैंगिक पुरुषों में सिफलिस से एच.आई.वी. संक्रमण की जोखिम तीन गुणा से आठ गुणा अधिक हो जाती है। दुलपित्ति (Herpes) महिलाओं और विषमलैंगिकरति वाले पुरुषों में एच.आई.वी. संक्रमण के जोखिम को दो गुना कर देती है। छः अध्ययनों में पाया गया कि क्लैमिडया, सुजाक, और केशोच्छेदी उन्माद, (Trichotillomoniasis) महिलाओं में तीन से पांच गुणा एच.आई.वी. संक्रमण की जोखिम को बढ़ा देते हैं। (Population Reports, Series L, No. 9, June 1993 : 6)।

यौन सम्पर्क से संवाहित बीमारियां (STD) अक्सर उपचार द्वारा ठीक हो जाती हैं। अफ्रीका जैसे देशों में जहां इन बीमारियों का उपचार नहीं हो पाता, उनमें अमेरिका और यूरोप के देशों की अपेक्षा जहां इनका उपचार होता है, विषमलैंगिकरतिशील जनसंख्या में एच.आई.वी. की मौजूदगी देखी गई है। यौन सम्पर्क से संवाहित बीमारियां लगभग उतनी ही सर्वव्यापी हैं, जितनी मलेरिया–जिसके प्रतिवर्ष लगभग 2.50 करोड़ नवीन मामले पाए जाते हैं, जिनमें से कम से कम 10 लाख एच.आई.वी. संक्रमण से युक्त होते हैं। अतः यह आवश्यक है कि एस.टी.डी लक्षणों से युक्त रोगियों का निदान जल्दी किया जाए और प्राथमिक सावधानी क्लिनिक (primary care clinics) में अच्छी दवाओं से उनका नियंत्रण किया जाए। इस प्रकार एस.टी.डी के रोगियों की देखभाल को निम्नलिखित उपायों द्वारा सुधारा जा सकता है : (i) जिनका उपचार होने से रह गया उनमें संक्रमण के स्तर का पता लगाने के लिए सर्वेक्षण करना, (ii) क्लिनिकों को अतिथि सत्कार योग्य बनाना, (iii) एक ही बार आने पर रोगियों का निदान और उपचार करना, (iv) संवेदनशील तथा सहायक परामर्श, (v) एस.टी.डी के

विषय में शैक्षिक अभियान चलाना, और (vi) अधिक जोखिम वाली जनसंख्या के लिए सेवा उपलब्ध कराना। इस प्रकार के उपाय अधिक संख्या में फैलने वाले एच.आई.वी. तथा एड्स को रोक सकेंगे।

## स्वैच्छिक संगठनों की भूमिका (Role of Voluntary Organisations)

एच.आई.वी. संक्रमण से युक्त या वर्षों से एड्स से पीड़ित रोगियों को जिस प्रकार के बड़े पैमाने पर किए जाने वाले कार्य की आवश्यकता है, उसकी केवल अकेले सरकार से अपेक्षा नहीं की जा सकती कि वह समस्त कार्यक्रमों को स्वयं करे। स्वैच्छिक संगठनों को 'व्यवहार परिवर्तन' के कार्यक्रमों में शामिल करना पड़ेगा। विश्व स्वास्थ्य संगठन ने भी इसकी आवश्यकता पर बल दिया है। लेकिन वर्तमान में ऐसा प्रतीत होता है कि स्वैच्छिक संगठन स्वयं को एड्स को रोकने के प्रयासों में सहयोग करने के लिए या तो इच्छुक नहीं है या फिर स्वयं को असमर्थ समझते हैं। यह जानते हुए कि एच.आई.वी. संक्रमण अपर्याप्त स्वास्थ्य के देखभाल, महिलाओं की पराधीनता, अशिक्षा, निर्धनता और ऐसी ही परम्परागत समस्याओं से उत्पन्न होता है, स्वैच्छिक संगठन निश्चय ही इन सामाजिक यथार्थों से स्वयं को जोड़ सकते हैं। एच.आई.वी. संक्रमण के प्रति लोगों की संवेदनशीलता को प्रभावित करने वाले सामाजिक कारकों पर ध्यान केन्द्रित करते हुए स्वैच्छिक संगठन इस बीमारी द्वारा ग्रस्त हो जाने के भय से त्रस्त लोगों को सूचना, सेवा और अन्य सामाजिक सहयोग प्रदान कर सकते हैं। संक्रमण लगने से पूर्व भी सामुदायिक स्तर पर कार्य करने वाला सामाजिक कार्यकर्ता एच.आई.वी. संक्रमण के फैलने के विषय में जानकारी प्रदान कर सकता है। श्यामला नटराज (1992: 48) ने एक उदाहरण दिया है। यह भली भांति मान्य तथ्य है कि महिलाएं पुरुषों की अपेक्षा एच.आई.वी. संक्रमण के लिए अधिक ग्राह्य हैं। इसका कारण चिकित्सकीय न होकर सामाजिक वातावरण में निहित है, जो वास्तव में इस ग्राह्यता को प्रोत्साहन देता है। एक वैश्या को ही ले लिया जाए। वह अपने ग्राहकों से सावधानी के उपाय अपनाने के लिए नहीं कह सकती। स्वैच्छिक संगठनों द्वारा ऐसी महिलाओं को सुरक्षित यौनाचार की जानकारी दिये जाने से ऐसा वातावरण बनेगा जिससे इन महिलाओं के लिए विकल्प खुलेंगे और वे उसी प्रकार कार्य कर सकेंगी। स्वैच्छिक संगठनों की सफलता इस बात पर निर्भर करेगी, कि वे लोगों को ऐसे संवदेनशील लोगों की भागीदारी को रोकने और प्रेरित करने की कितनी सामर्थ्य रखते हैं। वाइरस से संक्रमित होने के बाद मनोवैज्ञानिक और सामाजिक समर्थन की आवश्यकता उतनी ही महत्त्वपूर्ण है, जितनी कि चिकित्सकीय और गैर सरकारी संगठन इन सेवाओं को भली भांति प्रदान कर सकते हैं। जब लाखों लोग एक बीमारी से पीड़ित हों, तब चिकित्सकीय प्रणाली पर पूर्ण निर्भरता असफल होगी। साथ-साथ यह भी आवश्यक है कि समुदाय भी बीमारों की देखभाल में सम्मिलित हों और समुदाय के भीतर ही संसाधन खोजे जाएं। इस प्रकार की सहायता के लिए स्वैच्छिक संगठन इस ओर वास्तविक प्रयास कर सकते हैं। बीमारों की सहायता करने के अलावा वे बीमारों के बच्चों, परिवार और अन्य आश्रित लोगों की मदद कर सकते हैं, जो एकाकीपन और भेदभाव के शिकार हो जाते हैं।

## बचाव कार्यक्रम (Protective Programmes)

अमेरिका में प्रारम्भ में जब एड्स के एक मामले का पता लगा तब यह कहा गया कि यह बीमारी पश्चिमी देशों की है और भारत में नहीं हो सकती। कुछ ही वर्षों के बाद जब 1986 में भारत में मद्रास में पहला मामला प्रकाश में आया, कई राज्यों में समझा गया, कि यह बीमारी उन राज्यों में नहीं पहुंचेगी। 1995 में जब देश में 40 लाख एच.आई.वी. संवाहकों और 1036 एड्स रोगियों के होने का अनुमान था, तथा 1999 में क्रमशः 71,000 और 5,000 का था और यह सम्भावना है, कि इस विश्व में एच.आई.वी. संवाहकों की सबसे बड़ी संख्या (विश्व के कुल एच.आई.वी. जनसंख्या की लगभग एक चौथाई) भारत में होगी, हमारी केन्द्रीय और राज्य सरकारों को इस वाइरस से लड़ाई के लिए स्पष्ट युक्तियां सोचनी होंगी। यह सम्भावना कम है कि भविष्य में एड्स से इलाज के लिए कोई टीका खोज लिया जाएगा। अतः इसका फैलाव केवल व्यवहार में परिवर्तन के लिए निरोधक शिक्षा के माध्यम से ही नियंत्रित किया जा सकता है।

एड्स और एच.आई.वी. संक्रमण को रोकने और बचाव के लिए कुछ उपाय सुझाए गए हैं। ये हैं: **एक**, क्योंकि एड्स में संक्रमित लोगों के साथ यौनाचार सर्वाधिक खतरनाक है, इसलिए सबसे बड़ी आवश्यकता इस बात की है, कि लोगों को कन्डोम व यौन सहयोगियों की अधिकसंख्या से बचाव के द्वारा 'सुरक्षित यौनाचार' (safe sex) के लिए शिक्षा दी जाए। यह टी.वी., रेडियों, समाचार पत्र व प्रचार के अन्य साधनों से किया जा सकता है। शैक्षिक संस्थाओं में भी कोर्स सामग्री के माध्यम से आवश्यक जागृति पैदा की जा सकती है। लोगों को आवश्यक ज्ञान प्रदान कराने के लिए एड्स परामर्श समिति भी स्थापित की जा सकती है। आवश्यक जानकारी प्रदान कराने के लिए समय-समय पर सेमिनार, सिम्पोजियम और कार्यशालाएं भी आयोजित किए जा सकते हैं। **दो**, डाक्टरों और नर्सों के लिए भी कुछ प्रशिक्षण की आवश्यकता है ताकि वे एड्स और एच.आई.वी. संक्रमण के कुछ लक्षणों की जानकारी रोगियों को दे सकें। **तीन**, यौन संक्रमित बीमारियों (STD) से पीड़ित व्यक्ति भी एच.आई.वी. संक्रमण संवाहन के लिए काफी खतरनाक हैं। यद्यपि आंकड़े सीमित हैं, ऐसा प्रतीत होता है, कि भारत में निर्धन जनजाति, शहरी निर्धन, गन्दी बस्तीं निवासियों, और ग्रामीण निर्धन वर्ग में एस.टी.डी की अधिक घटनाएं हैं, और यह स्थितियां वाइरस के विस्तार के लिए उपजाऊ भूमि प्रदान करती हैं। 1986 से 1994 तक एस.टी.डी. के मामलों में एच.आई.वी. संक्रमण की रिपोर्ट की गई दरों में तिगुनी वृद्धि हुई है। एड्स की तरह ही एस.टी.डी. का भी उपचार किया जा सकता है। इसलिए एस.टी.डी की रोकथाम के लिए कार्यक्रमों को उच्च वरीयता दी जानी चाहिए। **चार**, रक्त या रक्त उत्पादन, शरीर में चढ़ाए जाने से पूर्व का परीक्षण किया जाना चाहिए। **पांच**, एच.आई.वी. परीक्षण उन लोगों के लिए निःशुल्क और गुप्त होना चाहिए जो अति जोखिम वाले क्रियाकलापों में शामिल होते हैं और जो स्वयं भी जानना चाहते हों, कि वे स्वयं एच.आई.वी. संक्रमित हैं या नहीं और जिन्हें एच.आई.वी. संक्रमण की ठीक से सूक्ष्म जांच के बिना ही रक्त चढ़ा दिया जाता है। परन्तु निदान के लिए परीक्षण की राह में अनेक नैतिक समस्याएं आती हैं। क्या एच.आई.वी. जोखिम वाले व्यक्तियों को परीक्षण के लिए प्रोत्साहित किया जाए? इस प्रकार प्रोत्साहन कितना शक्तिशाली हो? जिनका परीक्षण किया जाए, उन्हें परामर्श किस प्रकार दिया जाए? क्या परीक्षण परिणाम गुप्त रखे जा सकते हैं और रखे जाने चाहिए? मान लिया जाए कि एक गर्भवती महिला परीक्षण के लिए आती है और एच.आई.वी. संक्रमण से प्रभावित पाई जाती है। क्या उसको गर्भपात के लिए बाध्य किया जाए या उसको अपना गर्भ जारी रखने की अनुमति दी जा सकती है, क्योंकि अध्ययन ने दर्शाया है, कि माँ से बच्चे में एच.आई.वी. संवाहन की 25 प्रतिशत से 50 प्रतिशत सम्भावना है। इस प्रकार की समस्याएं बहुत दुविधा पैदा कर देती हैं, जिन्हें सरलता से सुलझाया नहीं जा सकता है। इन विषयों पर विचार के बाद शीघ्र ही नीति निर्धारण की आवश्यकता है। **छः**, डाक्टरों को यह सुनिश्चित करना चाहिए कि इन्जेक्शन लगाने के साधन अच्छी तरह संक्रमण रहित कर लिए गए हैं। **सात**, लाल बत्ती क्षेत्रों में वैश्याओं को कन्डोम या तो निःशुल्क या सस्ती दर पर उपलब्ध कराए जाने चाहिए। **आठ**, नशीले पदार्थों के सेवन कर्ताओं को नसों में इन्जेक्शन लगाने से बचने के लिए प्रेरित किया जाना चाहिए। अंतिम, स्वैच्छिक संगठनों को नवीन विधियों और सामुदायिक सम्पर्क विधि से विभिन्न संक्रमणशील समूहों को एड्स की जानकारी का प्रचार प्रसार करना चाहिए।

हमारे देश में डाक्टरों और स्वास्थ्य रक्षा केन्द्र एच.आई.वी./एड्स विषय में पूर्वाग्रह से ग्रस्त हैं, फलस्वरूप, रोगियों को अस्पतालों में भर्ती नहीं किया जाता और वार्डों में उनको देखने की उपेक्षा भरा इलाज किया जाता है। इसकी बड़ी तीखी प्रतिक्रियाएं हुई हैं। ऐसी प्रतिक्रियाओं के खराब परिणाम हुए हैं। प्रभावी उपायों द्वारा इस प्रकार के भय और उन्माद से छुटकारा मिल सकता है। परिवारों और पड़ौस में व्यक्तियों और सामाजिक कार्यकर्ताओं को परामर्श भी आवश्यक है, क्योंकि उन्हें ही बीमारों और शेष लोगों की प्रभावी जिम्मेदारी उठानी है।

एड्स और एच.आई.वी. संक्रमण उस व्यवहार के माध्यम से संवाहित (transmit) होते हैं जो गुप्त, छिपा हुआ और निजी होता है। अतः संक्रमण या उसका सन्देह भी भेदभाव और कलंक को जन्म देता है। भेदभाव के शिकार वे लोग होते हैं, जो अत्यन्त जोखिम वाले समूहों से सम्बद्ध रखते हैं (जैसे,

वैश्याएं, नशेड़ी और समलैंगिक)। इन लोगों को यह मानते हुए वर्गीकृत किया जाता है, कि उनकी पहचान उन्हीं से होती है। इस प्रकार का वर्गीकरण व्यक्तियों के अधिकारों को ही चुनौती नहीं देता बल्कि वर्गीकृत व्यक्ति एड्स निरोध के नाम पर सताए जाते हैं। इससे उन वयक्तियों तक पहुंचने के प्रयासों को धक्का लगता है और एड्स से लड़ाई में उनका सक्रिय सहयोग नहीं मिलता।

हमारे देश में एड्स से लड़ने के लिए धन जुटाना कठिन कार्य है, क्योंकि सम्भावित व्यय लड़खड़ाने वाला है। एक ओर तो एड्स नियंत्रण के लिए अन्य स्वास्थ्य सम्बन्धी समस्याओं की अपेक्षा अधिक धन उपलब्ध कराना अन्य वरीयताओं के घातक हो सकता है, जबकि दूसरी ओर यदि उचित धन की व्यवस्था न की जाए तो आर्थिक परिणाम और भी अधिक हानिकारक हो सकते हैं। दस वर्ष पूर्व (1990 में) भारत को एड्स के नियंत्रण के लिए विश्व बैंक से 850 लाख डालर का ऋण प्राप्त हुआ था, और 1 सितम्बर 1999 में फिर 1910 लाख डालर मिले हैं। लेकिन क्या इस प्रकार की धनराशियां पर्याप्त होंगी? अधिक धन के साधनों के प्राप्त करने के अतिरिक्त, राजनैतिक इच्छा शक्ति को उत्पन्न करना आवश्यक है, सम्मिलित कार्यवाही का संचालन करना होगा, और आवश्यक जागृति पैदा करने के लिए सुदृढ़ विधियों का पता लगाना होगा। एच.आई.वी. संक्रमण और एड्स की सार्वदेशिक बीमारी से निबटने के लिए अब तक के किए गए प्रयत्न पूर्ण रूपेण अपर्यात्प तो नहीं कहे जा सकते। फिर भी अभी बहुत प्रयास व प्रयत्न आवश्यक है। आज, कल की अपेक्षा अच्छा है, और आने वाला कल हमारी कामना है। कुछ समस्याओं से तो कानून बना कर निबटा जा सकता है (जैसे, रक्त परीक्षण आवश्यक करके, एच.आई.वी. रोगियों के स्तर को गुप्त रखकर, गैर भेदभाव वाली सुविधाएं देकर, डाक्टरों के लिए एच.आई.वी./एड्स रोगियों को सेवाएं देना आवश्यक बनाकर, आदि) और कुछ विषयों को आवश्यक सामाजिक वातावरण बनाकर सामाजिक रूप से बाध्य बनाकर तथा कुछ सेवाएं प्रदान करके भी सुलझाए जा सकते हैं।

## REFERENCES

Cantwell, Alan, *AIDS: The Mystery and the Solution*, Aries Rising Press, Los Angeles, 1991.

Cahill, Kevin M. (ed.), *The AIDS Epidemic*, St. Martin Press, New York, 1983.

Feldman, D.A. and Johnson, T.M. (eds), *The Social Dimensions of AIDS: Methods and Theory*, Praeger Publishers, New York, 1986.

Gong, Victor (ed.), *Understanding AIDS: A Comprehensive Guide*, Rutgers University Press, New Brunswick, 1985.

Gupta, Sudhir (ed.), *AIDS: Associated Syndromes*, Plenum Press, New York, 1986.

Malaviya, A.N., *Seminar*, Special Issue on AIDS, August, 1992, pp. 16–20.

Nag, Moni, *Sexual Behaviour and AIDS in India*, Vikas, Delhi, 1996.

Panos, Dossiers, *AIDS and the Third World*, Panos Institute, London, 1988.

Parvi, Khorshed M., *Challenge of AIDS*, National Book Trust, New Delhi, 1992.

Renee, Sabatier (ed.), *Blaming Others: Prejudice, Race and Worldwide AIDS*, Panos Institute, London, 1988.

Thomas, Gracious, *AIDS in India*, Rawat Publications, Jaipur, 1994.

UNAIDS, *Report on the Global AIDS Epidemic*, 2010.

Vita, D., Vincent, T., Hellman, S. and Rosenberg, S. (eds), *AIDS: Etiology, Diagnosis, Treatment and Prevention*, J.B. Lippincott, New York, 1985.

World Health Organization, *Guidelines for Counselling about HIV Infection and Disease*, WHO AIDS Series 8, WHO, Geneva, 1990.

# 20

# आतंकवाद

## Terrorism

आतंकवाद एक ऐसी समस्या है, जिसका भारत में हम तीन दशकों से अधिक से सामना कर रहे हैं। इससे पहले नागा और मिजों विद्रोहियों से निबटते समय हमने उत्तर-पूर्वी भारत में विद्रोह की समस्या और बंगाल में नक्सलवादियों के आतंकवाद का सामना किया था। आज आतंकवाद को ऐसी समस्या माना जाता है, जो न केवल राष्ट्रीय किन्तु अन्तर्राष्ट्रीय राजनीति को भी अस्थिर कर रही है। जिन कारकों ने आतंकवाद को व्यक्तियों द्वारा वांछित लक्ष्यों तथा उद्देश्यों को प्राप्त करने के लिए एक महत्वपूर्ण साधन बनाया है, वे हैं : 'उद्देश्य' की विशुद्धता में दृढ़ विश्वास (purity), कट्टर निष्ठा (fanatical), हिंसात्मक आदर्शवाद, आत्म-बलिदान की इच्छा, तानाशाही (absolutism) की भावना, और विदेशों से वित्तीय एवं भौतिक सहायता।

### अवधारणा (The Concept)

आतंकवाद, उग्रवाद, गृहयुद्ध, क्रांति, गुरिल्ला युद्ध, धमकी एवं उग्रवाद जैसे शब्दों को प्रायः परस्पर अदल-बदल कर एवं अत्यन्त ही ढीले-ढाले ढंग से प्रयुक्त किया जाता रहा है। इन सबमें जो समान है वह है 'हिंसा'। आतंकवाद धमकी की एक संगठित प्रणाली है। इसे मोटे तौर पर "समुदाय अथवा इसके किसी विशिष्ट वर्ग के बीच राजनीतिक प्रयोजनों के लिए भय उत्पन्न किए जाने के उद्देश्य से डिजाइन किए गए हिंसक व्यवहार" के रूप में परिभाषित किया जाता है। इसे "एक ऐसी विधि जिसके द्वारा कोई संगठित समूह अथवा दल अपने वांछित उद्देश्यों को मुख्य रूप से हिंसा के व्यवस्थित उपयोग के माध्यम से प्राप्त किए जाने का प्रयास करता है" के रूप में भी परिभाषित किया गया है। *(सामाजिक विज्ञान विश्वकोश)*।

संयुक्त राष्ट्रसंघ महासभा प्रस्ताव (UN Security Council Resolution) 49/60, जिसे 9 दिसम्बर, 1994 के दिन स्वीकार किया गया था, आतंकवाद का वर्णन करने वाले एक प्रावधान को समाहित करता है : "राजनीतिक प्रयोजनों के लिए सामान्य जनता, व्यक्तियों अथवा विशिष्ट व्यक्तियों के किसी समूह के बीच आतंक की एक स्थिति को उकसाने की मंशा अथवा योजना के साथ किए गए आपराधिक कार्य किसी भी स्थिति के अंतर्गत अनुचित हैं, चाहे उन्हें न्यायोचित ठहराए जाने के लिए किसी भी राजनीतिक, दार्शनिक, वैचारिक, नस्लवादी, जातिवादी, धार्मिक अथवा अन्य प्रकृति को ही क्यों न लागू किया गया हो।"

संयुक्त राष्ट्रसंघ सुरक्षा परिषद् प्रस्ताव 1566 (2004) के अनुसार, 'आतंकवाद' शब्द में सामान्य जनता अथवा व्यक्तियों अथवा विशिष्ट व्यक्तियों के समूहों में भय की स्थिति उत्पन्न करने अथवा नागरिकों को जान से मारने अथवा उन्हें गंभीर शारीरिक क्षति पहुंचाए जाने अथवा बंधक बनाए जाने की मंशा से किए गए ऐसे कार्यों को शामिल किया जाता है, जो किसी आबादी अथवा सरकार अथवा

किसी अंतर्राष्ट्रीय संगठन को किसी कार्य को करने अथवा करने से दूर रहने के लिए बाध्य करने के उद्देश्य से धमकी दिए जाने के द्वारा किए गए हों।

अमेरिका ने संघीय आपराधिक संहिता (Federal Criminal Code) के अंतर्गत आतंकवाद को परिभाषित किया है। संयुक्त राष्ट्रसंघ संहिता का शीर्षक 18 आतंकवाद को परिभाषित करता है तथा आतंकवाद के साथ सम्बद्ध अपराधों को सूचीबद्ध करता है। अध्याय 113 (ख) की धारा 2331 आतंकवाद को "गतिविधियां जो हिंसक ... अथवा जान को खतरा उत्पन्न करने वाले कार्यों से सम्बन्धित हों ... जो अमेरिका अथवा किसी अन्य देश के आपराधिक कानूनों के उल्लंघन में किए गए हों ... तथा जिनकी मंशा (1) किसी नागरिक आबादी को धमकी दिए जाने अथवा बलप्रयोग किए जाने; (2) धमकी अथवा बलप्रयोग के द्वारा किसी सरकार की नीति को प्रभावित किए जाने; अथवा (3) व्यापक विनाश, हत्याओं अथवा अपहरणों के द्वारा किसी सरकार के कार्य निष्पादन को प्रभावित किए जाने; तथा (ग) अमेरिका के क्षेत्रीय अधिकारक्षेत्र के अंदर प्राथमिक रूप से उत्पन्न होने वाले हो" के रूप में परिभाषित करती है। अमेरिकी देशभक्ति अधिनियम, 2001 के अनुसार आतंकवादी गतिविधियों में निम्नलिखित को शामिल किया जाता है :

- धमकी दिया जाना, वायुयानों, जलयानों, बसों अथवा अन्य वाहनों के अपहरण का षड़यंत्र अथवा प्रयास किया जाना;
- किन्हीं "सुरक्षाप्राप्त" व्यक्तियों जैसे सरकारी अधिकारियों पर हिंसा से जुड़े किसी कार्य को करने की धमकी दिया जाना, षड़यंत्र किया जाना अथवा प्रयास किया जाना; तथा
- "किसी शस्त्र अथवा खतरनाक उपकरण" के उपयोग के द्वारा किया गया कोई अपराध, जब अपराध की मंशा "मात्र निजी मौद्रिक लाभ" के बजाय सार्वजनिक सुरक्षा को अथवा भारी मात्रा में संपत्ति को क्षति पहुंचाए जाने की रही हो।

यूरोपीय संघ (EU) आतंकवाद से संघर्ष पर रूपरेखा सम्बन्धी निर्णय (2002) के अनुच्छेद 1 के अंतर्गत कानूनी/आधिकारिक प्रयोजनों के लिए आतंकवाद को परिभाषित करता है। यह प्रावधान करता है कि आतंकवादी अपराध ऐसे निश्चित आपराधिक कार्य होते हैं जिन्हें व्यक्तियों तथा संपत्ति के विरुद्ध किए गए गंभीर अपराधों को समाहित करने वाली एक व्यापक सूची में शामिल किया गया है, जो अपनी प्रकृति एवं संदर्भ को ध्यान में रखते हुए किसी ऐसे देश अथवा किसी अंतर्राष्ट्रीय संगठन को हानि पहुंचा सकते हैं, जहां वे किसी आबादी को गंभीर रूप से धमकाने; अथवा किसी सरकार अथवा किसी अंतर्राष्ट्रीय संगठन को किसी कार्य को करने अथवा करने से दूर रहने के लिए गलत तरीके से बाध्य करने; अथवा किसी देश अथवा अंतर्राष्ट्रीय संगठन के आधारभूत राजनीतिक, संवैधानिक, आर्थिक अथवा सामाजिक ढांचे को गंभीर रूप से अस्थिर करने अथवा नष्ट करने के उद्देश्य के साथ प्रतिबद्ध हों।

आतंकवादी कार्यवाहियों का निशाना (target) वे व्यक्ति होते हैं, जो व्यक्तिगत कर्ता के रूप में अथवा सत्ता के प्रतिनिधि के नाते ऐसे समूह अथवा संगठन के उद्देश्यों की परिपूर्ति में बाधा डालते हैं। एक 'आतंकवादी' वह है, जो अपने संगठन द्वारा निर्धारित किए गए दण्ड को उन व्यक्तियों पर लागू करता है जो क्रान्तिवादी कार्यक्रम में बाधा पहुंचाने के लिए दोषी माने जाते हैं। आतंकवादी धमकी नहीं देता है, अपितु मृत्यु या विध्वंसकता (destruction) उसके कार्य के कार्यक्रम का भाग है। यदि उसे बन्दी बना लिया जाता है, तो वह अपनी निर्दोषता को सिद्ध करने का प्रयत्न नहीं करता, अपितु वह अपने सिद्धान्तों को प्रचारित करता है।

यद्यपि आतंकवाद, विद्रोह (insurgency) और क्रान्ति (revolution) के दीर्घकालीन उद्देश्य एक से है, अर्थात् विद्यमान शासन अथवा व्यवस्था को समाप्त कर देना, परन्तु उनके अल्पकालिक उद्देश्य, रणनीति या प्रणाली भिन्न हो सकती है।

एक मत यह है कि उपर्युक्त परिभाषाएं उस आतंकवाद से संबंधित हैं जो 'राज्य के विरोधियों' द्वारा अपनाया जाता है। एक दूसरा आतंकवाद होता है जो 'राज्य के तंत्र' द्वारा अपनाया जाता है। उपर्युक्त

परिभाषाओं में आतंकवाद की पिछली किस्म सम्मिलित नहीं है। आतंकवाद की कला के सबसे बड़े कार्यान्वित करने वालों, जैसे हिटलर, स्टालिन, माओ, याहिया खान, मुसोलिनी, और फ्रैन्को को इन परिभाषाओं को मद्देनजर रखते हुए 'आतंकवादी' नहीं कहा जा सकता। राज्य के द्वारा किया गया आतंकवाद उस हिंसा का उल्लेख करता है, जो इतर-कानूनी (extra-legal) तरीकों पर आधारित होता है। फिर भी यह स्पष्ट कर देना चाहिए कि राज्य द्वारा की गई सब हिंसाएं आतंकवाद नहीं होतीं। वास्तव में, एक संगठित राज्य को कभी-कभी कुछ उद्देश्यों के लिए हिंसा का प्रयोग करना पड़ता है। प्रजातान्त्रिक राज्य सामान्यतया अपने उद्देश्यों को प्राप्त करने के लिए कानून तंत्र का उपयोग करते हैं; केवल सर्वसत्तात्मक राज्य (totalitarian states) ही आतंक का उपयोग करते हैं। परन्तु सभी सर्वसत्तात्मक राज्य आतंकवादी नहीं होते। उसी प्रकार प्रजातान्त्रिक राज्य भी कभी-कभी आतंक का उपयोग कर सकते हैं।

आतंकवाद की सामान्य परिभाषा में हिंसा की वे सभी किस्में सम्मिलित नहीं हैं, जिनका संगठित समूह प्रयोग करते हैं। वह हिंसा जो विशुद्ध व्यक्तिगत उद्देश्यों के कारण की जाती है, आतंकवाद से अलग है। इसमें डकैती और लूटमार जैसे संगठित अपराध भी नहीं आते। परन्तु वे सब हत्याएं और डकैतियाँ, जो नक्सलवादियों जैसे सैद्धान्तिक गुटों के द्वारा की जाती है, आतंकवाद के क्षेत्र में आती हैं।

आतंकवाद को 'अभित्रास' (intimidation) और 'विद्रोह' (revolution) से अलग किया गया है। 'अभित्रास' में, अभित्रास करने वाला फिरौती प्राप्त करने के लिए चोट (injury) की धमकी देता है परन्तु 'आतंकवाद' और 'विद्रोह' में आतंकवादी और विद्रोही वास्तव में हिंसा का उपयोग करते हैं। आतंकवाद व्यक्तियों के बीच की लड़ाई नहीं है, अपितु वह सामाजिक समूहों एवं राजनैतिक शक्तियों के बीच संघर्ष है। उसका व्यक्तियों को व्यक्ति होने के नाते से डराने से कोई सरोकार नहीं है। आतंकवादी उन व्यक्तियों को दण्डित करते हैं, जिन्हें उनका संगठन उस कार्यक्रम में बाधा पहुंचाने का दोषी मानते हैं, जिसका लक्ष्य अवांछित सामाजिक या सरकारी प्रणाली को हटाना है। पॉल विल्किंसन (1974) के अनुसार, राजनीति में आतंकवाद ब्लैकमेल, जबरदस्ती और अल्पसंख्यकों के संकल्प को बहुसंख्यकों के निर्णय के विरुद्ध और उसके ऊपर लागू करने का हथियार है।

आतंकवाद उत्तेजिक भीड़ व 'सामूहिक हिंसा' (mob violence) से भी भिन्न है। सामूहिक हिंसा अनियोजित व अनियन्त्रित होती है। वह ऐसे तात्कालिक कारण से हो सकती है, जो न तो तर्क संगत हो और न ही नियोजित हो। उसका उद्देश्य सरकारी सत्ता के मनोबल को गिराना और उसकी शक्ति को कमज़ोर करना होता है। फिर भी कभी-कभी आतंकवाद सामूहिक हिंसा को भी अपना तरीका बना सकता है।

आतंकवाद और 'विद्रोह' व उपप्लव (insurgency) में यह अन्तर है, कि विद्रोही को स्थानीय जनता के बड़े भाग का समर्थन होता है, जबकि एक आतंकवादी के लिए यह आवश्यक नहीं है। इसके अतिरिक्त विद्रोही उस देश का नागरिक होता है, जो अपने देश की संवैधानिक सरकार के विरुद्ध विद्रोह करता है और गुरिल्ला युद्ध के द्वारा सरकार को हटाने के लिए संघर्ष करता है; जबकि दूसरी ओर आतंकवादी उस देश का, जहां वह क्रियाशील है, नागरिक हो सकता है या नहीं भी हो सकता है (सक्सेना, 1985: 14-35)।

उपर्युक्त परिभाषाएं आतंकवाद की छः मूल परिभाषाई तत्वों को प्रस्तुत करती हैं। इनमें ये सम्मिलित हैं : (1) भय का प्रयोजन, यानि मूल लक्ष्य (target) (व्यक्ति/समूह) के मस्तिष्क में भय उत्पन्न करना, (2) सहायक (instrumental) या तात्कालिक पीड़ित/शिकार (immediate victims), (3) मुख्य लक्ष्य (जनसमुदाय या व्यापक समूह और अन्य), (4) सहायक लक्ष्य की परिणामस्वरूप मृत्यु और संपत्ति की हानि या नाश, (5) हिंसा, और (6) राजनैतिक उद्देश्य।

आतंकवाद कई रूपों में प्रकट होता है– बाज़ार, रेल्वे स्टेशन, बस स्टैण्ड या बस में अपरिष्कृत (crude) व घर में बनाया हुआ बम, हैन्ड ग्रिनेड या अन्य विस्फोटक को रखने से लेकर महत्वपूर्ण व्यक्तियों का अपहरण और हत्या तक। आतंकवादियों का मुख्य उद्देश्य उनसे बदला लेना है, जिन्हें वे अवरोध अथवा शत्रु अथवा अत्याचारी समझते हैं।

## प्रकार (Types)

आतंकवाद के पांच प्रकार बताये गए हैं (महेन्द्रा बेद, द *हिन्दुस्तान टाइम्स,* मार्च 22, 1993) : (1) राज्य द्वारा प्रायोजित (state-sponsored) आतंकवाद जो अधिकांशः एक कमज़ोर राज्य द्वारा प्रयोग किया जाता है; (2) गुट द्वारा प्रायोजित (faction sponsored) आतंकवाद जो एक सामान्य अन्तर्राष्ट्रीय अभिव्यक्ति है, जो राज्यप्रतिरोध या पृथक्तावादी आन्दोलन के एक अंग के रूप में पैदा होता है; (3) अपराध-सम्बन्धित (crime-related) आतंकवाद जो आतंक फैलाने के लिए हिंसा को एक साधन के रूप में प्रयोग करता है और जो प्रेरणा (motivation) के लिए राजनैतिक सत्ता के स्थान पर धन का उपयोग करता है; (4) नार्को (Narco) आतंकवाद जो रुपयों के लिए मादक पदार्थों के धंधे को समर्थन देता है; और (5) विवाद प्रेरित (Issue-motivated) आतंकवाद जो परमाणु हथियारों पर निषेध, भूमि संघर्षों, औद्योगिक प्रतिष्ठानों, चुनावों में जीतने, आदि विवादों से प्रेरित होता है।

## विशेषताएं (Characteristics)

आतंकवाद अनियमित (random) और क्रूर उत्पीड़न, जोर-जबरदस्ती या जान-माल के नुकसान की तकनीक है। इसका प्रयोग ऐसे उपराष्ट्रीय समूहों द्वारा किया जाता है, जो तनाव की भिन्न-भिन्न स्थितियों में काम करते हुए वास्तविक अथवा भ्रांतिमूलक लक्ष्यों को प्राप्त करना चाहते हैं। आतंकवाद की मुख्य विशेषताएं ये हैं :

- यह राज्य या समाज के विरुद्ध होता है।
- इसका राजनैतिक उद्देश्य होता है।
- यह अवैध और गैरकानूनी होता है।
- यह न केवल पीड़ित को अपितु सामान्य व्यक्तियों को डराने और उनमें भय एवं आतंक उत्पन्न करने की चेष्टा उन्हें अवपीड़ित एवं वश में करने के अभिप्राय से करता है।
- जन साधारण में इससे बेबसी और लाचारी की भावना पैदा होती है।
- यह बुद्धिसंगत विचार को समाप्त कर देता है।
- इससे लड़ने या भागने की प्रतिक्रिया होती है।
- इसमें की गई हिंसा में मनमानी (arbitrariness) होती है, क्योंकि पीड़तों (victims) का चयन बेतरतीब और अन्धाधुन्ध होता है।

## उद्देश्य (Objectives)

आतंकवादियों के उद्देश्य प्रत्येक आन्दोलन के साथ बदल सकते हैं, परन्तु आतंकवाद के मुख्य उद्देश्य सभी आतंकवादी आन्दोलनों में एक ही होते हैं। ये हैं : (1) शासन को प्रतिक्रिया और अतिप्रतिक्रिया दिखाने के लिए प्रेरित करना। सरकार/समाज को आतंकवादियों की मांग को मनवाने के लिए बाध्य करने हेतु प्रतिक्रिया की आवश्यकता होती है। अति-प्रतिक्रिया या अन्धाधुन्ध प्रतिक्रिया की आवश्यकता शासन द्वारा दमन किए जाने को दिखाने के लिए करनी पड़ती है जिससे कि जनता उस (शासन) से विमुख हो जाए और उस (जनता) की सहानुभूति उन्हें (आतंकवादियों को) प्राप्त हो जाए। सरकार द्वारा अति विशिष्ट व्यक्तियों और सरकारी संस्थाओं की सुरक्षा के लिए सुरक्षा बलों का उपयोग साधारण जनता की सुरक्षा के लिए उपलब्ध सुरक्षाबलों को कम कर देता है, जिससे जनता में असुरक्षा और लाचारी की भावना बढ़ जाती है और आतंक फैल जाता है; (2) जनता के समर्थन को संगठित करना और संभावित समर्थकों को और अधिक आतंकवाद के लिए प्रेरित करना, या/और अधिक व्यक्तियों को उसमें अधिक लिप्त करना। विदेशी क्षेत्र में आतंकवादी गतिविधियों का उद्देश्य मित्र बनाने के स्थान पर व्यक्तियों को प्रभावित करना होता है। इन स्थानों पर मुख्य उद्देश्य शक्ति प्रदर्शन होता है एवं शासन

द्वारा जनता की सुरक्षा करने और व्यवस्था को कायम रखने में असमर्थता दर्शाना होता है; (3) विरोधियो और मुखबिरों को खत्म करना और आन्दोलन के लिए खतरे को दूर करना और अपने अनुयायियों के अनुसरण को सुनिश्चित करना; और (4) अपने उद्देश्य और शक्ति का प्रचार करना एवं उसे अतिरंजित (magnify) करना।

बलजीत सिंह (एलेग्जैंडर और फिन्गर, 1977: 8) के अनुसार, आतंकवाद के व्यापक उद्देश्य इस प्रकार हैं : (i) जनसमर्थन प्राप्त करना, (ii) शासन की सैन्य एवं मनोवैज्ञानिक शक्ति को विघटित और ध्वंस करना, और (iii) आन्तरिक स्थिरता को तोड़ना और विकास को रोकना। यदि इस आधार को स्वीकृत किया जाता है, कि राजनैतिक आतंक मुख्यतः सैन्य-सामग्री के स्थान पर मानस (psyche) को अपना लक्ष्य बनाता है, तो चुनिन्दा महत्वपूर्ण परन्तु अलोकप्रिय अधिकारियों और राजनीतिज्ञों को जान से मारने से आतंकवादियों का मनोबल बढ़ सकता है, जनता में सहानुभूति उत्पन्न हो सकती है और शासन को दमन के ऐसे उपाय करने के लिए उकसा सकता है, जिससे जनता और अधिक विमुख हो जाए।

जे. मिलन (1971: 9) ने राजनैतिक आतंकवाद के पांच मुख्य अल्प कालिक उद्देश्य सुझाये हैं : (i) सामान्य आतंकवादियों का मनोबल बढ़ाना (ii) आन्दोलन का प्रचार करना, (iii) जनता की स्थिति भ्रान्तिमूलक एवं मनोवैज्ञानिक अलगाव, (iv) विरोधी शक्तियों को हटाना, और (v) सरकार को भड़काना।

## उत्पत्ति और विकास (Origin and Development)

राजनैतिक आतंकवाद सत्ता के उपकरण (instrument of power) के रूप में 1973 की फ्रांसिसी क्रान्ति के दौरान विकसित हुआ। आतंक से इस क्रान्ति में दो पहलुओं का समावेश हुआ : एक समूह में चिन्ता की स्थिति, और उस उपकरण, जिसने भय और हिंसात्मक कार्यों को उकसाया, का लक्ष्य राज्य के राजनैतिक व्यवहार को प्रभावित करना था। फ्रांसिसी क्रान्ति के पश्चात, राजनैतिक आतंकवाद ने 1921 तक कोई उल्लेखनीय सफलता प्राप्त नहीं की, जबकि आयरलैण्ड में आ.आर.ए. ने उसका प्रयोग ब्रिटिश के विरुद्ध किया। विश्व युद्ध द्वितीय शुरु होने के बाद (यानि, 1939 के बाद) राजनैतिक आतंकवाद अंतर्राष्ट्रीय परदे पर पुनः प्रकट हुआ। भारत के अतिरिक्त इसका प्रयोग अल्जीरिया, साइप्रस और कैन्या में राजनैतिक स्वाधीनता के लिए ऐसी गतिविधियों द्वारा किया गया जिनमें उत्पीड़न, तोड़-फोड़, अपहरण और हत्या सम्मिलित थीं।

साठ के दशक में राजनैतिक आतंकवाद ने दूसरी अवस्था में पदार्पण किया। बलजीत सिंह (एलेग्जैन्डर और फिन्गर, 1977: 7) के अनुसार, आतंकवाद में साठ के दशक में जो दो सबसे अधिक महत्वपूर्ण परिणात्मक परिवर्तन हुए, वे थे : उसका पर-राष्ट्रीय (transnational) रूप और उसका एक आत्मनिर्भर रणनीति की तरह उभरना, यानि आतंकवादियों ने बड़े राजनैतिक कार्यक्षेत्र के बिना स्वतंत्र रूप से कार्य करने का प्रयास किया। यह संचार और आधुनिक नगरीय सभ्यता में क्रान्ति आने से संभव हो पाया। 1969 और 1975 के बीच चालीस से अधिक देश आतंकवादी गतिविधियों से ग्रस्त थे।

एलेग्जैंडर और फिन्गर (1977: xi) का मत है कि आतंकवाद के प्रमुख कारण आधुनिक सभ्यता की प्रकृति में ही हैं और आधुनिक औद्योगिक प्रणाली में निहित हैं। इन्होंने आतंकवाद की उत्पत्ति और विकास के लिए निम्नांकित कुछ कारण दिये हैं :

1. आज का जटिल प्रौद्योगिकी समाज आतंकवाद के अकल्पित और बेरहम आक्रमणों का आसानी से शिकार हो सकता है, क्योंकि परिवहन केन्द्र, संचार सुविधाएं, कारखाने और कृषि मैदान समर्पित एवं कृत संकल्प आतंकवादियों के बेतरकीब आक्रमणों से सदैव बचाये नहीं जा सकते;
2. अत्यधिक परिष्कृत हथियार जैसे प्रेक्षपणास्त्र (missiles) और सुदूर नियन्त्रण शस्त्र विभिन्न आतंकवादी आन्दोलनों के लिए प्राप्त करना अब अपेक्षाकृत सरल है। भविष्य में आतंकवादी समूहों की पहुंच संभवतः रासायनिक एवं अणु शस्त्रों और मृत्यु एवं विनाश के उपकरणों तक भी हो जाएगी;

3. आधुनिक युद्ध क्षमताओं के साथ 'शक्तिहीन' आतंकवादी समूह उपराष्ट्रीय समूहों में परिवर्तित हो गए हैं और उनकी इतनी भयानक शक्ति हो गई है, कि वे राज्यों के अन्दर राज्य बनाने के योग्य हो गए हैं, जिससे वैध सरकारों के शासन करने या बने रहने की शक्ति कमजोर हो गई है (श्रीलंका में लिट्टे, भारत में खालिस्तान कमांडो, हिजबुल मुजाहिदीन और इजराइल में पी.एल.ओ. ऐसे शक्तिशाली उपराष्ट्रीय समूहों के कुछ उदाहरण है)।
4. संचार और परिवहन अवसरों ने आतंकवाद के अन्तर्राष्ट्रीय जाल को कुछ अंश तक केन्द्रीकृत संगठनात्मक संरचना के आधार पर विकसित किया है। सैद्धान्तिक रूप से जुड़े हुए समूहों और समान राजनैतिक स्वार्थों वाले समूहों के बीच सहयोग ने ऐसे संबंध बनाए हैं, जिनके वित्तीय सहायता, प्रशिक्षण, सैन्य सामग्रियों की आपूर्ति, संगठनात्मक सहायता और संयुक्त आक्रमण सम्मिलित हैं। 'मित्रता' (comradeship) का यह प्रतिरूप अन्तर्राष्ट्रीय हिंसा के क्षेत्रों का अनिवार्यता से विस्तार कर रहा है।
5. संचार के माध्यमों में आई क्रान्ति के द्वारा आतंकवादी केवल तात्कालिक पीड़ितों (victims) को ही अपनी हिंसा का निशाना नहीं बना पाते बल्कि उसकी दिशा को अधिक व्यक्तियों की ओर भी मनोवैज्ञानिक उत्पीड़न और ब्लैकमेल के लिए मोड़ सकते हैं। संचार माध्यमों के द्वारा प्रसार होने वाली सूचनाएं भी आतंकवादी तकनीकों और प्रेरणाओं को अन्य आतंकवादी समूहों को निर्यात करती हैं।

इन कारकों के अतिरिक्त, दूसरे कारक जिन्होंने आतंकवाद को काफी मात्रा में योगदान दिया है ये हैं : (i) निर्बल राष्ट्रों की शक्तिशाली राष्ट्रों को अशक्त करने की इच्छा। उनकी यह इच्छा उन्हें शक्तिशाली राष्ट्रों के उप-राष्ट्रीय समूहों की आतंकवादी गतिविधियों को समर्थन देने के लिए प्रेरणा देती है। इसके अलावा आतंकवादी समूहों को धार्मिक एवं सांस्कृतिक आधार पर धनवान अनिवासियों द्वारा भी वित्तीय सहायता से समर्थन देने का प्रोत्साहन मिलता है; (ii) आतंकवादियों द्वारा तस्करी और मादक पदार्थों के व्यापार के तरीकों का उपयोग करने की सम्भाव्यता और इस प्रकार आधुनिक हथियारों को खरीदने के लिए पैसा जमा करना; (iii) पूर्व और पश्चिम के बीच और वामपंथी और दक्षिणपंथी विचारधाराओं के बीच संघर्ष; (iv) सारे संसार के समूहों में धार्मिक, भाषाई, प्रजातीय और राष्ट्रीय चेतना का बढ़ना; (v) अपनी स्वतंत्रता और आत्मनिर्णय के वैध अधिकार के लिए संघर्ष कर रहे अल्पसंख्यकों में वंचना और कुण्ठा की भावनाएं; और (vi) नागरिकों द्वारा देशों में सत्तारूढ़ दमनात्मक सरकारों और तानाशाहों के विरोध में वृद्धि।

राजनैतिक आतंकवादियों द्वारा अपनाई गई रणनीतियां और चालें सामान्यतया तीन समूहों को अपना निशाना बनाती है : जनसाधारण, सत्तारूढ़ सरकार, और स्वयं आतंकवादी संगठन।

## परिप्रेक्ष्य (Perspectives)

आतंकवाद को विभिन्न विद्वानों ने विभिन्न परिप्रेक्ष्यों में देखा है। हम इस प्रकार के चार परिप्रेक्ष्यों की पहचान कर सकते है : ऐतिहासिक, राजनैतिक, समाजशास्त्रीय और वैधानिक (चित्र 1)।

*ऐतिहासिक परिप्रेक्ष्य* का केन्द्र-बिन्दु हैं, आतंकवाद की उत्पत्ति, विकास और उसकी विभिन्न अवस्थाओं में गुणात्मक परिवर्तन। बलजीत सिंह (एलेग्जैन्डर और फिन्गर, 1977: 5-17) एक वह विद्वान है, जिसने आतंकवाद के विश्लेषण के लिए इस उपागम का प्रयोग किया है।

*राजनैतिक परिप्रेक्ष्य* में (जैम्स मुलर) राजनैतिक आतंकवाद को राजनैतिक हिंसात्मक आन्दोलन माना जाता है, जो राष्ट्रीय अथवा अन्तर्राष्ट्रीय स्तर पर राजनैतिक समूह (समूहों) द्वारा संगठित किया जाता है।

*वैधानिक परिप्रेक्ष्य* राज्य के कानून और अन्तर्राष्ट्रीय कानून पर विभिन्न राज्यों में अन्तर्राष्ट्रीय आतंकवाद से निबटने के लिए सहयोग पर संकेन्द्रित करता है।

*समाजशास्त्रीय परिप्रेक्ष्य* में आतंकवाद के विश्लेषण के लिए जौर्डन पाइस्ट (एलेग्जैन्डर और फिन्गर, 1977: 19) इनको केन्द्र बिन्दु बताते हैं : (i) आतंकवाद में आतंकवादियों, उनके निशाने

**चित्र 1**

*आतंकवाद के परिप्रेक्ष्य*

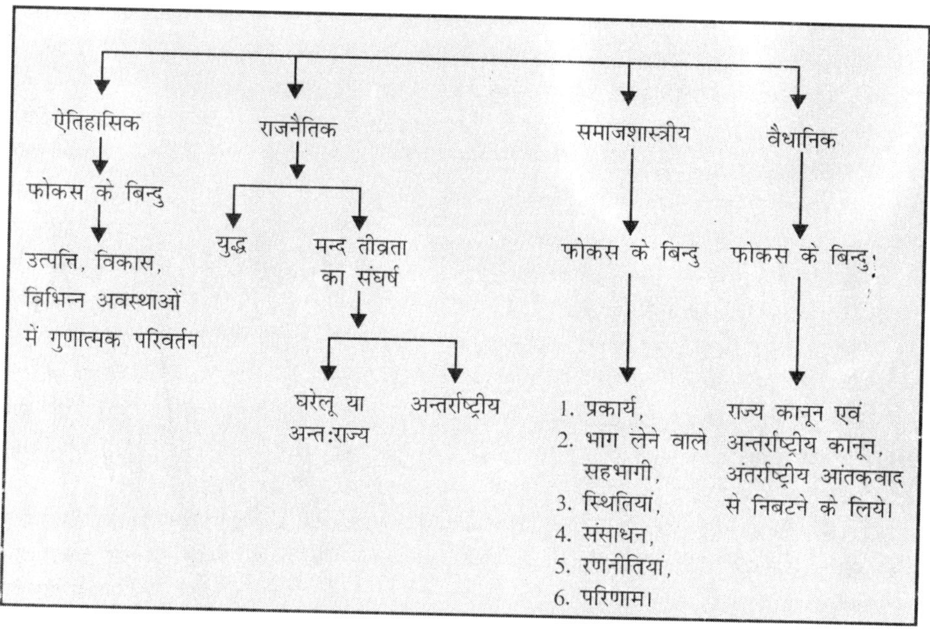


(targets), शिकार (victims), आदि के रूप में लिप्त सहभागियों के प्रकार, (ii) भाग लेने वालों के उद्देश्य (iii) वास्तविक अन्तरक्रिया की स्थितियाँ, (iv) प्रत्येक किस्म के भागीदार के पास संसाधनों के प्रकार, (v) आतंक के लिए उपयोग में लाई गई रणनीतियां (हत्याएं, अपहरण, बम विस्फोट, लूट और हाईजैकिंग), और (vi) आतंकवादी प्रक्रिया का परिणाम (मृत्यु, चोटें, सम्पत्ति का विनाश ...)।

## जन समर्थन (Mass Support)

आतंकवादियों की विचारधारा, लक्ष्य और प्रणाली के जनसमर्थन की प्रकृति और सीमा क्या है? कई बार ऐसा होता है, कि जनता एक विशेष विचारधारा को स्वीकार कर लेती है, परन्तु लक्ष्य को नहीं करती या लक्ष्य को स्वीकार कर लेती हैं, परन्तु आतंकवाद के प्रस्तावकों की रणनीतियों को नहीं। जब कोई लक्ष्य से भी सहमत है, तो भी यह आवश्यक नहीं कि वह आन्दोलन को समर्थन दे या एक सीमा से आगे जाए। इस प्रकार जनसमर्थन की मात्रा और गुणवत्ता एक आतंकवादी आन्दोलन से दूसरे आतंकवादी आन्दोलन से भिन्न होती है। वर्मा (तिवारी, 1930: 233) ने जनसमर्थन की विशेषताओं के कुछ सूचक (indicators) दिये हैं। ये हैं : विचारधारा या प्रकरण को समर्थन देना, प्रणाली से सहमत होना, पैसा और सामग्री का देना, रैलियों में भाग लेना, हथियार और गोलाबारूद की आपूर्ति करना, आश्रय या शरण देना, मौखिक या लिखित (मीडिया आदि में) समर्थन, और आन्दोलन में सक्रिय भागीदारी (हिंसात्मक समर्थन) वर्मा ने इन सूचकों को आरोही क्रम में क्रमबद्ध भी किया है और असैनिक संघर्ष की तीन किस्में बतलाई हैं : आतंकवाद, विद्रोह और क्रान्ति। विद्रोह या गुरिल्ला युद्ध की विशेषता यह होती है, कि इसमें विद्रोहियों या गुरिल्लों की संख्या कम होती है और इन्हें जनसंख्या के एक बड़े भाग का समर्थन प्राप्त होता है। यह उस समय होता है जबकि उद्देश्य उपनिवेशी शासन को हटाना होता है या विदेशी शासक का प्रतिरोध करना होता है। क्रान्ति की विशेषता यह होती है कि इसमें भाग लेने वालों की बड़ी संख्या होती है जनविद्रोह होता है।

भारत में आतंकवाद ने युवाओं को अधिक आकर्षित किया है, विशेषतया, बेरोजगार, विभ्रान्त और आदर्शवादी युवाओं को। जब तक ऐसे उद्देश्य रहते हैं, जो तीव्र भावनाओं को उत्तेजित करते हैं, तब तक आदर्शवादी युवा एक उद्देश्य के लिए आतंकवाद के रोमांचक स्वप्नों को देखने के लिए प्रेरित होंगे। जब एक राष्ट्र निहित स्थानों में लिप्त भ्रष्ट नेतृत्व के कारण अपने उद्देश्य से विमुख हो जाएगा, तो कुण्ठाएं और वंचन आक्रामक युवकों की उग्र प्रवृत्तियों की ओर ले जाएंगे, जैसे नक्सलवाद, या पंजाब में उस राज्य की समस्याएं, या कश्मीर में धार्मिक समस्याएं। ऐसे आतंकवादी समूहों, जिन्होंने भारत के बाहर युवाओं को आकर्षित किया है, के कुछ उदाहरण हैं : आयरलैणड में आई.आर.ए., जोर्डन में ब्लैक सेप्टम्बरिस्टस, जर्मनी में मीन हॉफ, श्रीलंका में लिट्टे, और जापान में रेड आर्मी।

## समर्थन का आधार (Support Base)

आतंकवाद की सफलता काफी हद तक उसके समर्थन के आधार पर निर्भर होती है, जिसमें केवल राजनैतिक एवं सामाजिक समर्थन ही सम्मिलित नहीं होता अपितु पैसे, हथियार और प्रशिक्षण का समर्थन भी होता है। आतंकवादी विभिन्न स्रोतों से पैसा प्राप्त करते हैं, जैसे आदमियों से 'दान एवं कर', बैंक डकैतियों, मादक वस्तुओं की तस्करी और क्रय से, और बन्धक व्यक्तियों और अपहरण किए हुए विमानों से फरौती एकत्रित करके। व्यक्तियों से प्रायः हथियार लूटे जाते हैं या पुलिस चौकियों से छीने जाते हैं, या विदेशों से खरीदे जाते हैं। उदाहरणार्थ, पी.एल.ओ. विद्रोही अरब राज्यों, चीन और रूस से हथियार प्राप्त करते हैं। भारत में खालिस्तानी आतंकवादी और कश्मीरी उग्रवादी प्रशिक्षण और हथियार कई पड़ोसी देशों से प्राप्त कर रहे हैं। दक्षिण भारत में कुछ समूह/संगठन 1983 के श्रीलंका में हुए दंगों के पश्चात सक्रिय हो गए थे। तमिलों के जातीय संबंध भारत में श्रीलंका के तमिलों के प्रति स्थानीय सहानुभूति प्रदान करते हैं। लिट्टे की उग्रवादी गतिविधियां हमारे दक्षिण भारत में एक या दो राज्यों के लिए कण्टक बन गई हैं। अब यह सिद्ध हो गया है कि लिट्टे उग्रवादी राजीव गांधी की 21 मई, 1991 को हुई हत्या के लिए भी उत्तरदायी थे।

## भारत में आतंकवाद (Terrorism in India)

वैश्विक शांति सूचकांक, 2013 के अनुसार निवास करने के प्रयोजन से भारत 25 शांतिपूर्ण देशों में से एक है। देश को 162 ऐसे देशों में से 142वें स्थान पर रखा गया था, जिनके द्वारा सन् 2012 में आंतरिक संघर्षों के दौरान प्रतिदिन 2 से भी अधिक अथवा कुल 799 जीवन गवाएं जा चुके हैं। (*टाइम्स आफ इंडिया,* 12 जून, 2013)।

भारत में आतंकवाद निश्चित रूप से राजनीति की उत्पत्ति है। भारत को जिन चार प्रकार के आतंकवाद का सामना करना पड़ा/पड़ रहा है वे हैं : पंजाब में खालिस्तान-उन्मुख आतंकवाद, कश्मीर में आतंकवाद, बंगाल, बिहार/झारखंड, छत्तीसगढ़ एवं आंध्र प्रदेश में नक्सलवादी आतंकवाद, तथा असम में उल्फा आतंकवाद। पूर्वकाल में हम इस समस्या का सामना नागालैंड (1951), मिजोलैंड (1966), मणिपुर (1976), त्रिपुरा (1980) तथा बंगाल में गोरखालैंड (1986) के दौरान कर चुके हैं। पंजाब में सिक्ख आतंकवाद "अलगाव के द्वारा एक धार्मिक देश" के एक स्वप्न पर आधारित था; नागालैंड एवं मिजो आतंकवाद "पहचान के संकट (identity crisis)" पर आधारित थे; मणिपुर एवं त्रिपुरा के आतंकवाद "शिकायत की स्थिति" पर आधारित थे तथा बंगाल, बिहार/झारखंड एवं आंध्र प्रदेश में नक्सलवादी आतंकवाद "वर्ग शत्रुता (class enemity)" पर आधारित हैं। केन्द्रीय गृहराज्य मंत्री के अनुसार वर्तमान समय में पूरे देश में कम से कम 66 आतंकवादी/अलगाववादी समूह सक्रिय हैं। इन संगठनों में से कम से कम पांच, जैसे लश्कर-ए-तैयबा, इंडियन मुजाहिदीन, हिज्ब-उल-मुजाहिदीन, हरकत-उल-जिहादी एवं अल-बदर देश के भीतरी भागों में मौजूद हैं, विशेषतौर पर दिल्ली, महाराष्ट्र, गुजरात, कर्नाटक, केरल तथा राजस्थान में। इसी से मिलती-जुलती संख्या जम्मू एवं कश्मीर में सक्रिय है जिसमें सूची में सबसे ऊपर रहने

वाले नामों में लश्कर-ए-तैयबा तथा हिज्ब-उल-मुजाहिदीन के साथ कुल 10, असम, मेघालय एवं नागालैंड (प्रत्येक में चार), त्रिपुरा तथा मिजोरम (प्रत्येक में दो) तथा पंजाब (तीन) सक्रिय हैं। संयोगवश, इस सूची में वामपंथी आतंकवादी संगठनों जैसे सीपीआई (मार्क्सवादी) को शामिल नहीं किया गया है (*टाइम्स आफ इंडिया*, 28 अगस्त, 2013)।

## पंजाब में आतंकवाद (Terrorism in Punjab)

पंजाब में सिक्ख आतंकवाद ''शिकायतों की स्थिति'' पर आधारित नहीं था, बल्कि ''सिक्खों की पहचान के संकट'' अथवा देश से अलगाव एवं बँटवारे के द्वारा एक ''धार्मिक देश'' के विचार पर आधारित था। वर्ष 1984-85 के दौरान यहां आतंकवाद एक खतरनाक चरण में प्रवेश कर चुका था। इसके पूर्व, सन् 1982-83 के दौरान बड़ी संख्या में निर्दोष लोगों, जिनमें से अधिकांश हिन्दू थे, को एक दुस्साहसपूर्ण कार्यवाही के दौरान मार डाला गया था। बाद की अवस्था में, हिन्दुओं के साथ-साथ सिक्खों की हत्याएं भी की गईं। पूजा स्थलों को उग्रवादियों के द्वारा शस्त्रागारों में परिवर्तित कर दिया गया था। न केवल दिल्ली, हरियाणा एवं उत्तर प्रदेश में बड़ी संख्या में बम विस्फोट किए गए, जिनमें बड़ी संख्या में जनजीवन की हानि हुई बल्कि अतिविशिष्ट लोगों जैसे अकाली दल के अध्यक्ष संत लोगोंवाल की अगस्त 1985 के दौरान गुरुद्वारे के अंदर हत्या तथा पंजाब के मुख्यमंत्री बेअंत सिंह को सन् 1995 में उनकी कार में एक मानव बम के द्वारा मार दिया गया।

सन् 1984 से 1992 के बीच बस से यात्रा कर रहे चुनिंदा गैर-सिक्ख यात्रियों के नरसंहार, एयर-इंडिया के बोइंग 'कनिष्क' को बम से उड़ा दिया जाना तथा लगभग 300 के आसपास निर्दोष भारतीयों को मार दिया जाना, 11,543 राजनीतिक नेताओं, पत्रकारों एवं यहां तक कि निर्दोष लोगों तथा 1,667 पुलिसकर्मियों की हत्याएं किया जाना, जून 1991 में लुधियाना के निकट बुड्ढोवल रेलवे स्टेशन पर रेलगाड़ी में 114 हिन्दू यात्रियों की हत्या किया जाना, पंजाब के अंदर तथा बाहर दोनों ही जगहों पर बैंकों को लूटा जाना, जून 1991 (जिसे बाद में फरवरी 1992 तक स्थगित कर दिया गया) के दौरान प्रतिदिन एक प्रत्याशी की दर से चुनाव लड़ रहे 24 प्रत्याशियों की हत्या किया जाना, ये सभी आतंकवाद के ऐसे कार्य थे, जिनकी सभी लोगों के द्वारा बहुत अधिक निंदा की गई। सन् 1981 से 1993 के बीच पंजाब में नागरिकों, सुरक्षा बलों एवं उग्रवादियों सहित मारे गए लोगों की संख्या को तालिका 1 में प्रदर्शित किया गया है।

भारत को बिगाड़ने एवं कमजोर, अस्थिर और यहां तक कि हमारे देश को खंडित करने में रुचि रखने वाली साम्राज्यवादी शक्तियां खालिस्तान की मांग का समर्थन, प्रोत्साहन एवं उसे उकसाने का कार्य करती रही हैं। पंजाब में आतंकवादियों की सहायता करने वाला आंतरिक कारक था हिन्दू संप्रदायवाद का विस्तार होना। हिन्दू संप्रदायवादियों ने आतंकवादियों के समस्त अपराधों के लिए पूरे के पूरे सिक्ख समुदाय को ही उत्तरदायी ठहरा दिया। उन्होंने बदले एवं जवाबी हमले के नारों को बुलंद करना जारी रखा। उनके (संप्रदायवादियों के) यह आक्षेप कि ''सिक्ख अथवा हिन्दू'' ने अलगाववादियों को यह तर्क प्रदान कर दिया, कि जब तक खालिस्तान नहीं बना दिया जाता, सिक्खवाद हिन्दू धर्म में अवशोषित होता रहेगा। श्रीमती इंदिरा गांधी की हत्या के समय पर दिल्ली में हुए सिक्ख विरोधी दंगों के परिणामस्वरूप 300 से भी अधिक सिक्ख मारे गए। इस तथ्य, कि ऐसे लोगों के विरुद्ध कोई कार्यवाही नहीं की गई जो इन दंगों में संलिप्त रहे थे, का भी फायदा पंजाब के उग्रवादियों के द्वारा आतंकवाद को फैलाने तथा अपनी कार्यवाहियों के लिए आम समर्थन हासिल करने के लिए उड़ाया गया।

खालिस्तान उन्मुख आतंकवादियों के द्वारा अपनाई गई रणनीतियां एवं युक्तियां इस प्रकार थीं : (1) अपने स्वयं के आदेश जारी किए जाने के द्वारा प्रशासन के अधिकारों को महत्वहीन किया जाना तथा कहना न मानने वालों की हत्या किए जाने के द्वारा अपनी शक्ति का प्रदर्शन किया जाना, (2) स्वयं को सिक्खों एवं सिक्ख धर्म के रक्षक के रूप में प्रस्तुत किया जाना, (3) निर्दोष लोगों की हत्याएं

**तालिका 1**

*पंजाब में हत्याएं, 1981-1993*

| आतंकवादियों के द्वारा मारे गए लोग | 1981 | 1982 | 1983 | 1984 | 1985 | 1986 | 1987 | 1988 | 1989 | 1990 | 1991 | 1992 | 1993 |
|---|---|---|---|---|---|---|---|---|---|---|---|---|---|
| हिन्दू | 10 | 8 | 35 | 237 | 45 | 324 | 425 | 858 | 442 | 743 | 744 | – | – |
| सिक्ख | 3 | 5 | 40 | 122 | 17 | 196 | 478 | 1044 | 734 | 1694 | 1874 | – | – |
| योग | 13 | 13 | 75 | 359 | 62 | 520 | 903 | 1949 | 1176 | 2437 | 2618 | 1519 | 45 |
| आतंकवादियों के द्वारा मारे गए पुलिसकर्मी | 2 | 2 | 20 | 20 | 8 | 42 | 95 | 110 | 152 | 493 | 496 | 251 | 23 |
| मारे गए आतंकवादी | 14 | 7 | 13 | 77 | 2 | 78 | 328 | 373 | 699 | 1324 | 2177 | 2109 | 748 |
| गिरफ्तार आतंकवादी | 84 | 178 | 296 | 1630 | 491 | 1581 | 3750 | 3882 | 2466 | 1759 | 1949 | 1473 | 898 |
| मुठभेड़ें | 0 | 5 | 3 | 80 | 20 | 109 | 410 | 416 | 582 | 706 | 1282 | 1389 | 527 |

*स्रोत : हिन्दुस्तान टाइम्स, 21 जनवरी, 1996*

किया जाना तथा बैंकों तथा दुकानों को लूटा जाना और आतंक पैदा करना, (4) पंजाब में निवासी हिन्दुओं को अन्य राज्यों में पलायन करने के लिए बाध्य करना तथा अन्य राज्यों में निवास कर रहे सिक्खों को पंजाब में आकर बसने के लिए अवसर उपलब्ध कराया जाना, तथा (5) पंजाब में धन एकत्रित करने के लिए तस्करों के साथ गठजोड़ स्थापित करना।

मार्च 1993 एवं मार्च 1994 के बीच सरकार एवं पुलिस के द्वारा अपनाए गए उपायों के पश्चात् पंजाब में आतंकवाद अब लगभग पूरी तरह से नियंत्रित किया जा चुका है, हालांकि वहां अभी भी कुछ ऐसे सिक्ख समूह मौजूद हैं, जो पृथक सिक्ख राज्य की मांग करते रहते हैं। 31 अगस्त, 1995 के दिन पंजाब के मुख्य मंत्री तथा 15 अन्य लोगों की एक बम विस्फोट में हत्या किए जाने को कुछ लोगों के द्वारा पंजाब के भयानक अतीत के भूत की वापसी के रूप में वर्णित किया गया था। कुछ लोगों ने अनुभव किया कि 2 दिसम्बर, 1996 के दिन जम्मू जा रही झेलम एक्सप्रेस में अंबाला स्टेशन के निकट किए गए विस्फोट, जिसमें 12 लोग मारे गए और 31 लोग जख्मी हुए, पंजाब में आतंकवाद की वापसी किए जाने का इशारा था। अन्य लोगों ने इसे पंजाब तथा कश्मीर दोनों ही जगहों पर उग्रवाद को पुनर्जीवित किए जाने के आईएसआई की एक पहल के रूप में देखा। किन्तु ऐसे भी लोग मौजूद हैं जिन्होंने यह तर्क दिया कि पंजाब में आतंकवाद दोबारा नहीं पनप सकता। आज पंजाब में जनता की भावना ने आतंकवाद को थका दिया है। किसी प्रकार का क्रोध नहीं है, बल्कि मात्र एक कष्टदायक भय है, जो एक मानसिक अवस्था बन चुका है। 'बाबे के राज' (आतंकवादियों के लिए स्थानीय भाषा में) में, लोगों ने भय को आत्मसात् कर लिया था और इसके साथ जीवन जीना सीख लिया था। आतंकवादियों के एक-एक शब्द ग्रामीणों के लिए आदेश के समान थे। गरीब ग्रामीणजन अपनी सुरक्षा, अपने बच्चों की सुरक्षा, अपने खेतों की सुरक्षा तथा अपने मवेशियों, दुकानों एवं संपत्ति की सुरक्षा के मद्देनजर इन आदेशों का पालन करते थे। पंजाब में लोगों की व्यथा मात्र यही नहीं थी, कि आतंकवादियों ने लगातार देश को फिरौती के अधीन कर रखा था बल्कि अपने भ्रष्ट तंत्र के द्वारा प्रशासन ने व्यवस्था में लोगों का विश्वास नष्ट कर दिया था और पुलिसिया राज के जुल्म कई गुना तेजी से बढ़ रहे प्रतीत हो रहे थे। ऐसी अराजकता की स्थिति में लोगों की वेदना को मौन करा दिया गया था।

## नक्सलवाद (Naxalism)

अपनी सुरक्षा के प्रति भारत जिन अनेक खतरों का सामना करता रहा है, उनमें से नक्सलवाद की पहचान सर्वाधिक बड़े खतरों में से एक के रूप में की गई है। स्वतंत्रताप्राप्ति के बाद के भारत में किसी भी अन्य विद्रोह की तुलना में यह देश की अवहेलना करना जारी रखे हुए है। नक्सलवादी आंदोलन का आरंभ पश्चिम बंगाल में सत्तर के दशक के प्रारंभ में हुआ था और तब से ही यह मध्य एवं पूर्वीय भारत के ग्रामीण इलाकों में अपने विस्तार को जारी रखे हुए है। सन् 1969 में इसे उस समय प्रोत्साहन प्राप्त हुआ जब सीपीआई (एमएल) का जन्म चीन के उकसावे के आधार पर हुआ, जो भारत को कमजोर करने में रुचि रख रहा था। नक्सलवादी विचारधारा के लिए सैद्धांतिक समर्थन अप्रैल 1969 में आयोजित कम्यूनिस्ट पार्टी आफ चाइना की नौवीं कांग्रेस से प्राप्त हुआ, जब माओं के विचारों को मार्क्सवाद-लेनिनवाद की सर्वाधिक ऊंची अवस्था होना घोषित किया गया। इन विचारों का उपयोग करते हुए नक्सलवादी नेता चारू मजूमदार ने घोषणा कर दी थी, "चीन के अध्यक्ष हमारे अध्यक्ष हैं"। पश्चिम बंगाल से नक्सलवादी आंदोलन भूमिहीन मजदूरों के लिए संघर्ष के उद्देश्य से बिहार में फैल गया। हालांकि, वर्ग शत्रुओं के विनाश के लिए मजूमदार के आह्वान को कृषक वर्ग एवं शिक्षित मध्यम-वर्ग से बहुत अधिक प्रतिक्रिया प्राप्त नहीं हो सकी, तथापि अनेक युवा नक्सलवादियों पुरुषों एवं महिलाओं ने भू-स्वामियों, साहूकारों तथा पुलिस अधिकारियों की हत्या किए जाने का कार्य करना जारी रखा। भारत सरकार के गृह मामलों के मंत्रालय के द्वारा नक्सलवादियों (जिन्हें माओवादी भी कहा जाता है) के उद्देश्यों को "हिंसक साधनों के द्वारा राजनीतिक शक्ति प्राप्त किए जाने के अंतिम उद्देश्य के साथ ... राज्य की वैधता" को नष्ट करने वाले कार्य के रूप में

वर्णित किया गया है। उन्हें भारत के गैर-कानूनी गतिविधियां (निवारक) अधिनियम, 1967 के अंतर्गत एक आतंकवादी संगठन भी माना जाता है।

नक्सलवादी पुलिस प्रतिष्ठानों एवं सार्वजनिक बुनियादी ढांचों पर हमला करते रहे हैं, जिससे सम्बन्धित क्षेत्रों में असुरक्षा एवं अस्थिरता उत्पन्न होती रही है। अकेले सन् 2006 से 2010 के बीच ही लगभग 9,000 घटनाओं में 3,000 निर्दोष लोग मारे गए। पुलिस ने भी 4,000 के लगभग विद्रोहियों को मार डाला तथा 6,000 के लगभग को गिरफ्तार किया। यह आंदोलन इसलिए भी बदनाम हो गया, क्योंकि पेशावर अपराधियों ने इसमें प्रवेश कर लिया था। सन् 1972 के बाद नक्सलवादी आंदोलन पश्चिम बंगाल से निकलकर बिहार से आंध्र प्रदेश, केरल, ओडिशा, तमिलनाडु तथा त्रिपुरा तक फैल गया। सन् 1988 से 1997 के बीच आंध्र प्रदेश तथा बिहार में स्थिति सर्वाधिक खराब बनी रही। हाल ही के समय में नवगठित राज्यों जैसे झारखंड एवं छत्तीसगढ़ सबसे बुरी तरह से प्रभावित रहे हैं। विगत 8 वर्षों के दौरान नक्सलवादियों के द्वारा किए गए सर्वाधिक घातक हमलों में (indiatimes.com, 27 मई, 2013) शामिल हैं :

- *9 फरवरी, 2006 :* 8 केन्द्रीय औद्योगिक सुरक्षा बल के जवान उस समय मारे गए जब नक्सलवादी विद्रोहियों ने एक एनएमडीसी के गोदाम पर हमला किया तथा छत्तीसगढ़ में जगदलपुर में बैलाडैला के समीप एक गांव से विस्फोटक उठा ले गए।
- *7 सितम्बर, 2007 :* आंध्र प्रदेश के नेल्लोर जिले में हुए हमले में आंध्र प्रदेश के भूतपूर्व मुख्यमंत्री एन. जनार्दन रेड्डी तथा उनकी पत्नी साफ बच गए, जबकि कांग्रेस के तीन कार्यकर्ताओं की जाने गईं।
- *5 मार्च, 2007 :* झारखंड मुक्ति मोर्चा के लोकसभा सदस्य सुनील कुमार महतो को माओवादियों के द्वारा गोली से मार दिया गया। उनके दो बॉडीगार्ड तथा दल के सहयोगी भी झारखंड में जमशेदपुर में एक गांव में एक फुटबाल मैच देखते हुए किए गए इस हमले में मारे गए।
- *1 जुलाई, 2008 :* माओवादी विद्रोहियों ने बिहार के रोहतास जिले के सासाराम में स्थित एक चौकी तथा एक पुलिस स्टेशन पर हमला किया, जिसमें पुलिसकर्मियों सहित 9 लोगों को मौत के घाट उतार दिया और हथियारों एवं गोलाबारूद के साथ फरार हो गए।
- *8 अक्टूबर, 2009 :* महाराष्ट्र के गढचिरौली जिले में लाहेरी पुलिस स्टेशन में माओवादियों के द्वारा किए गए एक हमले में 17 पुलिसकर्मी मारे गए।
- *26 सितम्बर, 2009 :* विद्रोहियों ने भाजपा के बालाघाट से संसद सदस्य बली राम कश्यत के पुत्रों को छत्तीसगढ़ के जगदलपुर में पैरागुडे गांव में जान से मार दिया।
- *13 अप्रैल, 2009 :* 10 पैरामिलेट्री के जवान पूर्वीय ओडिशा में उस समय मारे गए जब माओवादियों ने करतपुर जिले में एक बॉक्साइट की खदान पर हमला किया।
- *6 अप्रैल, 2010 :* छत्तीसगढ़ के दंतेवाला जिले के मुकराना जंगलों में किए गए एक बड़े एवं सर्वाधिक बर्बरतापूर्ण हमले के दौरान लगभग 75 केन्द्रीय सुरक्षा पुलिस बल के जवानों की हत्या कर दी गई।
- *25 मई, 2013 :* भारी हथियारों से लैस माओवादियों ने छत्तीसगढ़ के बस्तर जिले में कांग्रेस के नेताओं के एक काफिले पर किए गए हमले में कांग्रेस के वरिष्ठ नेता महेन्द्र कर्मा सहित 27 लोगों की हत्या कर दी तथा वी.सी. शुक्ला सहित 31 अन्य लोगों को घायल कर दिया।
- *27 अगस्त, 2013 :* कम से कम तीन सीमा सुरक्षा बल के जवानों की हत्या तथा दो को उस समय घायल कर दिया गया जब ओडिशा के कोरापुट जिले में नक्सलवादियों ने उनके वाहन को एक उन्नत विस्फोटक उपकरण के द्वारा उड़ा दिया (रेडिफ.कॉम, 28 अगस्त, 2013)।
- *17 अक्टूबर, 2013 :* एक अन्य दुस्साहसपूर्ण हमले में संदिग्ध माओवादियों ने एक वाहन को उड़ाए जाने के लिए एक केन बम का विस्फोट किया जिससे औरंगाबाद में पथारा गांव के समीप

इसमें सवार सभी सातों लोगों की जान चली गई। इन सभी हमलों में अधिकांशतः पुलिसकर्मी एवं राजनीतिज्ञ ही मारे गए।

शोषित गरीब एवं जनजातीय लोग भूतपूर्व जमींदारों, साहूकारों एवं अन्य शोषणकर्ताओं से स्वयं की रक्षा करने के लिए नक्सलवादी आतंकवाद का अनुसरण करना जारी रखे हुए हैं। सरकार नक्सलवादी आतंकवाद को विशुद्ध रूप से मात्र कानून एवं व्यवस्था की समस्या मानते हुए इससे निबट रही है, जबकि न्यूजीलैंड के कैंटरबरी विश्वविद्यालय की अल्थिया कार्बन ने इंडियाफ्यूचरआफचेंज.कॉम पर डाले गए अपने निबंध में लिखा है, कि समस्या के बहुआयामी पहलू को दृष्टि में रखते हुए एक त्रिआयामी दृष्टिकोण को अपनाया जाना चाहिए : सैन्य बलों, समाजिक एवं आर्थिक विकास के बीच संतुलन तथा पक्षों के बीच वार्तालाप।

### *कश्मीर में आतंकवाद (Terrorism in Kashmir)*

भारत सन् 1990 के दशक के प्रारंभ से ही इस समस्या का सामना करता रहा है तथा इसी मुद्दे पर पाकिस्तान के साथ दो युद्ध भी लड़ चुका है, किन्तु सरकारें कठोर निर्णय लिए जाने तथा एक निश्चित सुसंगत नीति विकसित कर पाने में सक्षम नहीं हो सकी हैं। हमारे नीति-निर्मातागण अपेक्षाकृत नरम विकल्पों की मृगतृष्णा के पीछे दौड़ते रहे हैं, तथा आतंकवादियों के साथ निबटने में एक कमजोर इच्छाशक्ति वाले दृष्टिकोण का अनुसरण करते रहे हैं। कश्मीर में आतंकवाद ने सन् 1988 के बाद से एक नया स्वरूप ग्रहण कर लिया। उग्रवादियों ने अपनी पृथक पहचान को रेखांकित करने के लिए एक रक्तरंजित संघर्ष प्रारंभ कर दिया। पड़ोसी देशों, विशेषतौर पर पाकिस्तान, जो घाटी में अशांति को जारी रहते हुए देखने के लिए कृतसंकल्प है, के द्वारा आज भी आतंकवादियों को प्रशिक्षण एवं हथियार मुहैया कराए जा रहे हैं। लोगों का जबरन इतना अधिक मन-परिवर्तन करवा दिया गया है, कि वे पुलिस एवं अर्द्ध-सैनिक बलों के द्वारा ज्यादतियां किए जाने की बातें करते हैं। उग्रवादियों के लिए, लोगों के द्वारा की जाने वाली सरकार की आलोचना का अर्थ यह है, कि लोग उनकी अपेक्षा से कहीं अधिक उनकी सहायता करने के इच्छुक हैं। दूसरी ओर, हिन्दुओं को आतंकवादियों के द्वारा कश्मीर छोड़ देने के लिए बाध्य कर दिया गया है। एक रिपोर्ट में ऐसा दावा किया गया है, कि सन् 1988 से 1991 के बीच लगभग दो लाख हिन्दू लोग कश्मीर घाटी से पलायन कर चुके हैं। हिन्दुओं का दावा है, कि सन् 1996 के मध्य तक सरकार के प्रत्येक क्षेत्र में कट्टरपंथियों एवं आतंकवादियों ने अपनी घुसपैठ कर ली थी तथा यह कि जो कुछ भी शासन चल रहा था वह सरकार की व्यवस्था के अनुसार न होकर आतंकवादियों की इच्छा के अनुसार चल रहा था। उनका दावा था कि पाकिस्तान-समर्थक ताकतों ने घाटी पर कब्जा जमा लिया है और एक तरीके से, प्रशासन ध्वस्त हो चुका है तथा आतंकवादी चाहते हैं, कि वे घाटी छोड़ दें। अब नागरिक मुसलमान यह दावा करते हैं, कि वे निर्दोष हैं तथा उन्हें अनावश्यक रूप से प्रताड़ित किया जा रहा है। आतंकवादियों ने मौद्रिक लाभों एवं राजनीतिक उद्देश्यों के लिए वसूली एवं अपहरण का मार्ग अपना लिया है। अक्टूबर-नवम्बर 1993 में 40 के लगभग आतंकवादियों (तीन विदेशियों सहित) ने हजरतबल मस्जिद को 31 दिनों के लिए अपने कब्जे में रखा हुआ था। उन्होंने 20 नागरिकों को भी बंधकों के तौर पर रोक रखा था। जुलाई 1995 में, अल-फरान के आतंकवादी समूह ने पांच विदेशियों का अपहरण कर लिया और उन्हें बंदी बनाए रखा जिनके बदले में कुछ कट्टर आतंकवादियों की रिहाई की मांग की गई। कुछ हफ्तों के बाद नार्वे के एक नागरिक बंधक का सिर कलम कर दिए जाने के बाद अल-फरान ने शेष बचे चार पर्यटकों को लगभग दो वर्षों तक बंदी बनाए रखा, जबकि सरकार मात्र यही अनुमान लगाती रही कि बंधक अभी भी जीवित हैं अथवा नहीं। घाटी में हथियारों का कोई अभाव नहीं है, और न ही इन्हें संचालित किए जाने के लिए वहां कुंठाग्रसत युवाओं की कमी है। हिज्ब-उल-मुजाहिदीन के द्वारा 20,000 लोगों की शक्ति उपलब्ध होने का दावा किया गया था, जिसमें से कम-से-कम 10,000 लोगों को सीमा के उस पार तथा घाटी

में प्रशिक्षित किया जा रहा था। जम्मू एवं कश्मीर लिबरेशन फ्रंट (JKLF) पाकिस्तान के साथ विलय का विरोध करते हुए अभी भी एक स्वतंत्र राज्य (आजाद कश्मीर) की अवधारणा के साथ दृढ़ बना हुआ है, जबकि अन्य आतंकवादी समूह जैसे लश्कर-ए-तैयबा एवं जैश-ए-मोहम्मद एक पाकिस्तानी कश्मीर के पक्ष में हैं। एक समय पर सभी आतंकवादियों ने एक यह भावना विकसित कर ली थी, कि उन्हें एक साझा शत्रु–भारतीय शस्त्र सेना के विरुद्ध एकजुट होना है।

कुछ सूत्रों का दावा है, कि दो वर्षों पहले तक अन्य देशों जैसे पाकिस्तान, अफगानिस्तान, सूडॉन, लीबिया, बांग्लादेश, लेबनान, सउदी अरब तथा तुर्की के मुसलमान लोग कश्मीर में जारी आतंकवादी गतिविधियों में संलिप्त थे (*इंडिया टुडे*, 15 मई, 1994: 45-66)। पाकिस्तान के द्वारा कश्मीर में आतंकवाद की सहायता किए जाने एवं उसे बढ़ावा दिए जाने को उसकी सरकार की सोची-समझी नीति होना कहा जाता है। यह कश्मीर की आजादी को तीन संदर्भों में महत्वपूर्ण मानता है : पहला, कश्मीर पर तनाव उत्पन्न किए जाने से घरेलू कुंठाओं की ओर से लोगों का ध्यान दूसरी तरफ भटकाया जा सकता है; दूसरे, कश्मीर का मुद्दा इस्लामी दलों एवं सेना तथा आईएसआई में मौजूद अपने निष्ठावान लोगों का समर्थन प्राप्त करने की अनुमति प्रदान करता है, तथा तीसरे, कश्मीर शासन को मध्य एशिया के बाजारों में पहुंच प्राप्त करने के लिए एक महत्वपूर्ण बिन्दु के रूप में सहायक हो सकता है। इस बात में कोई आश्चर्य नहीं है, कि क्यों पाकिस्तान कश्मीर की स्वतंत्रता के लिए जिहाद को बढ़ावा दिए जाने में सदैव ही रुचि बनाए रखता है।

हालांकि, ऐसा भी एक समय था, विशेषतौर पर 2004 के बाद, जब घाटी व्यापक तौर पर शांतिपूर्ण बनी रही। आतंकवादी गतिविधियों की संख्या में अचानक ही एक ठहराव सा आ गया और घाटी में पर्यटन के फलने-फूलने से लोगों ने यहां एक बार फिर से बिना किसी भय के भ्रमण के लिए आना-जाना प्रारंभ कर दिया। किन्तु, सन् 1999 में राज्य के पश्चिमी भाग के कारगिल क्षेत्र में घुसपैठियों एवं भारतीय सेना के बीच एक बार भारी संघर्ष प्रारंभ हो जाने तथा कश्मीर विधान सभा तथा नई दिल्ली में भारतीथ संसद पर सन् 2001 में किए गए हमले के साथ ही दोनों देशों के बीच एक बार फिर से युद्ध जैसी स्थिति का निर्माण हो गया।

*टाइम्स आफ इंडिया* (24 अगस्त, 2013) में प्रकाशित एक रिपोर्ट के द्वारा यह स्पष्ट किया गया कि विगत दस वर्षों के समय में सन् 2004 के बाद से पहली बार की जाने वाली हत्याओं की कुल संख्या के द्वारा एक बार फिर से वृद्धि के ग्राफ का प्रदर्शन किया गया है, जो जम्मू एवं कश्मीर में हिंसा की वापसी का संकेत देता है। 18 अगस्त, 2013 तक जहां सुरक्षा बलों के बीच होने वाली घातक दुर्घटनाओं में पांच गुना वृद्धि को देखा गया वहीं गत वर्ष की इसी अवधि की तुलना में इस वर्ष के दौरान नागरिक दुर्घटनाओं में भी 25 प्रतिशत की वृद्धि देखी जा सकती है।

यहां तक कि 18 अगस्त तक मारे गए आतंकवादिथों की संख्या भी बढ़कर 38 हो चुकी थी, जो गत वर्ष की इसी अवधि की 36 की संख्या की तुलना में अधिक थी।

केन्द्रीय गृह मंत्रालय के द्वारा संकलित किए गए जम्मू एवं कश्मीर में हिंसा के नवीनतम आंकड़ों के अनुसार, 36 सुरक्षाबल कर्मी इस वर्ष के दौरान अभी तक आतंकवाद/आतंक सम्बन्धी दुर्घटनाओं में अपनी जीवन गवां चुके हैं, जो सन् 2012 में 15 तथा गतवर्ष की इसी अवधि के अंतर्गत दर्ज की गई मात्र 7 हत्याओं की तुलना में 414 प्रतिशत की वृद्धि को दर्ज करता है।

जम्मू एवं कश्मीर में हिंसा के सूचकांक में वृद्धि का होना रणनीति पर एक बार फिर से विचार किए जाने की मांग करता है। सैन्य रणनीति के अलावा राजनीतिक, आर्थिक, एवं सांस्कृतिक रणनीतियों को भी कश्मीर के विद्रोहों के साथ संघर्ष किए जाने के लिए उपयोग में लाया जाना होगा। विश्वास के पुलों का निर्माण दूर-दर्शी राजनीतिक पहलों के प्रारंभ किए जाने के द्वारा किया जाना होगा।

## *उल्फा आतंकवाद (ULFA Terrorism)*

सन् 1980 के बाद आगे के समय में असम में आतंकवाद उभर कर सामने आया। असमिया लोगों के द्वारा 'विदेशियों' को वहां से हटाए जाने तथा मतदाता सूची से उनके नामों को काटे जाने का मुद्दा पहले ही उठाया जा चुका था। जब सरकार कोई भी कार्यवाही करने में विफल रही तो फरवरी 1983 के चुनावों के दौरान आंदोलन किए गए, जिनके दौरान 5,000 लोगों को अपनी जानें गवांनी पड़ीं। अखिल असम छात्र संघ आंदोलन के बाद जब सन् 1986 में असम गण परिषद् सत्ता में आई तो ऐसा अनुभव किया गया, कि अब राज्य का विकास होगा। किन्तु विभिन्न धड़ों के कारण शीघ्र ही असम गण परिषद् का विभाजन हो गया। संयुक्त अल्पसंख्यक मोर्चा (UMF) तथा असम संयुक्त स्वतंत्रता मोर्चा अर्थात् उल्फा (ULFA) जैसे दो उग्रवादी संगठन उभर कर सामने आ गए। अखिल बोडो छात्र संघ (ABSU) ने भी एक पृथक राज्य की मांग कर डाली, जिसका परिणाम भारी हिंसा के रूप में प्रकट हुआ। उल्फा ने हत्या, लूट एवं अपहरण के अपने अभियान को तेज कर दिया। आतंकवादी गतिविधियों के द्वारा न केवल गैर-असमिया लोगों में बल्कि असमिया लोगों के बीच भी आतंक फैल गया। अलगाववादी आतंकवाद संगठनों के विरुद्ध की गई सेना की कार्यवाही–जिसे आपरेशन बजरंग का नाम दिया गया था–के द्वारा इसे इस सीमा तक नियंत्रित कर लिया गया कि जून 1991 में हुए चुनावों में आतंकवादी गतिविधियों ने किसी प्रकार का हस्तक्षेप नहीं किया। ऐसी आशा की गई, कि जून 1991 में नई कांग्रेस सरकार के गठन से उल्फा बोडो सुरक्षा बल तथा एएसडीसी जैसे संगठन पराजित अथवा कमजोर हो जाएगें और यह कि नई सरकार राज्य में आतंकवादी संगठनों की आतंकवादी गतिविधियों को सीमित करने में सक्षम हो सकेगी। किन्तु राज्य के विभिन्न भागों में किए गए लोगों के अपहरण एवं हत्याओं तथा लूटपाट ने इन सभी आशाओं को झुठला दिया। 8 वर्ष पुराना बोडोलैंड आंदोलन औपचारिक रूप से सन् 1994 में उस समय समाप्त हो गया, जब बोडो जन कार्यवाही समिति (BPAC) तथा अखिल बोडो छात्र संघ (ABSU) ने असम राज्य के अंदर एक बोडोलैंड स्वायत्त परिषद् को स्वीकार करने पर सहमति प्रदान कर दी। इस परिषद् (40 सदस्यों वाली) को 38 विनिर्दिष्ट किए गए विषयों से समबन्धित विकास की योजनाएं बनाने तथा असम के सात जिलों में फैले हुए लगभग 15,000 वर्ग किलोमीटर क्षेत्र पर न्यायाधिकार क्षेत्र प्रदान किए जाने के लिए पूर्ण स्वायत्तता प्रदान की जानी थी। हालांकि, सन् 1995, 1996 तथा यहां तक कि 1997 में भी बोडो आंदोलनों के जारी रहने ने यह संकेत प्रदान कर दिया कि सरकार एवं बोडो लोगों के बीच किए गए समझौते से अपेक्षित फल नहीं प्राप्त किया जा सका है। यहां तक कि नई असम गण परिषद् सरकार, जो सन् 1996 में सत्ता में आई, तथा बाद की अनुवर्ती सरकारें भी जातीय हिंसा को रोक पाने में विफल रहीं तथा अभी भी लगभग रोज ही हम समाचारपत्रों में राज्य में हिंसात्मक कार्यवाहियों के सम्बन्ध में पढ़ते रहते हैं।

भारत में (पंजाब, कश्मीर, असम इत्यादि में) आतंकवाद के उपर्युक्त वर्णित राजनीतिक पहलू के अलावा इसका एक अन्य पहलू भी है, जिसे 'इस्लामिक पहलू' कहा जा सकता है। भारत एकमात्र ऐसी प्रमुख शक्ति है, जो सउदी अरब से लेकर इंडोनेशिया तक फैले हुए 'इस्लामी नवचंद्र' के बीच सबसे अलग प्रतीत होने वाला राष्ट्र है। सन् 1970 तथा पाकिस्तान के स्वर्गीय प्रधानमंत्री जुल्फिकार अली भुट्टो के 'इस्लामी बम' की वार्ता की उपज यह प्रवृत्ति ईरानी क्रांति के साथ एक बार फिर उभर कर सामने आ गई। अरब में कट्टरपंथी ताकतों के उदय ने अनेक देशों जैसे मिस्र तथा अल्जीरिया की सरकारों के प्रति प्रमुख रूप से खतरा उत्पन्न कर दिया। खाड़ी युद्ध तथा सोवियत संघ के साथ-साथ पूर्वीय यूरोप में साम्यवादी विचारधारा के पतन नवीनतम ऐतिहासिक पहचान रहे हैं। यदि इन घटनाओं की समाप्ति पश्चिम-विरोधी समूहों (जैसे फिलिस्तीनी लोगों) के प्रति वित्तीय सहयोग, हथियारों तथा सुरक्षित स्थान के रूप में हुई, वहीं इनके द्वारा 'विचारधारा-विहीन' मध्य एशियाई गणराज्यों के उद्भव भी हुए। मध्य एशियाई राष्ट्रों का तुर्की एवं ईरान के धार्मिक-सांस्कृतिक प्रभावों के अधीन आना तथा

उन तक पहुंच बनाने के लिए पाकिस्तान द्वारा सउदी अरब के समर्थन से किए गए प्रयास दक्षिण एशियाई क्षेत्र के लिए नई घटनाएं हैं। कश्मीरी आतंकवादियों को इस्लामी देशों का समर्थन इसी विचारधारा पर आधारित है।

पंजाब, कश्मीर तथा उत्तर-पूर्व के अलावा कभी-कभी देश के अन्य भागों से भी आतंकवादियों की गतिविधियों के बारे में सुना जाता रहा है। उदाहरण के लिए, मार्च 1993 में आतंकवादियों ने मुम्बई में श्रृंखलाबद्ध धमाकों के द्वारा 235 लोगों को मार डाला तथा 1,200 लोगों को घायल कर दिया। मार्च 1993 में इसी से मिलते-जुलते हमलों में कोलकाता में 86 लोग मारे गए थे। नवम्बर, 2008 में मुम्बई को एक बार फिर से पाकिस्तान-प्रायोजित आतंकवादी हमले का सामना करना पड़ जब वहां 164 लोग मारे गए तथा कम से कम 308 लोग जख्मी हुए। इसके पहले, 13 मई, 2008 के दिन एक श्रृंखलाबद्ध बम हमले में जयपुर में 63 लोग मारे गए और 216 से भी अधिक लोग जख्मी हुए थे।

## टाडा (TADA)

आतंकवादियों एवं आतंकवाद से निबटने के लिए भारत सरकार ने सन् 1985 में एक अधिनियम अधिनियमित किया, जिसे आतंकवादी एवं विध्वंसात्मक गतिविधियां निवारण अधिनियम (Terrorists and Disruptive Activities Prevention Act – TADA) कहा जाता है। आतंकवादियों को सजा दिलाए जाने का प्रावधान किए जाने के अलावा इस अधिनियम के द्वारा ऐसे नामित न्यायालयों का भी प्रावधान किया गया, जो आरोपी व्यक्तियों के सामान्य अधिकारों की कटौती कर सकते थे।

फरवरी 1950 में निवारक निरोध अधिनियम, 1950 को अपनाए जाने के लिए संसद में प्रस्तुत कार्यवाही के बाद से हमारी सरकार ने एक लंबा समय तय कर लिया है। इस अधिनियम ने सन् 1971 में आंतरिक सुरक्षा रखरखाव अधिनियम (MISA) एवं सन् 1980 में राष्ट्रीय सुरक्षा अधिनियम (NSA) का स्थान ले लिया। टाडा, जिसे सन् 1985 में पारित किया गया, इन कुरुप कानूनों का विकृत उत्पाद था। ऐसा कहा जाता है, कि तत्कालीन गृहमंत्री सरदार पटेल ने सन् 1950 में निवारक निरोध विधेयक को प्रस्तुत किए जाने के पूर्व दो रात जागते हुए गुजारी थीं। सन् 1969 में एक न्यायाधीश ने इस अधिनियम को "लोकतांत्रिक संविधान के प्रतिकूल" होने के रूप में वर्णित किया था, जबकि एक अन्य ने इस कानून को "कानून, समानता एवं स्वतंत्रता को नकारे जाने" के रूप में निरूपित किया था। सन् 1979 में, एक न्यायालय ने बिना विचारण के व्यक्तियों को निरूद्ध किए जाने को हमारे संविधान की मूलभूत अवधारणाओं के साथ पूरी तरह से असंगत होने के रूप में वर्णित किया था। किन्तु टाडा के अधिनियमन को न्यायपालिका के द्वारा बिना बहुत अधिक गंभीर प्रतिरोध के स्वीकार कर लिया गया। टाडा के द्वारा जमानत पर प्रतिबंध लगा दिया गया, तथा प्रमाणित करने का दायित्व आरोपी व्यक्ति पर डाल दिया गया। वास्तव में इसका ईजाद प्रत्येक व्यक्ति की स्वतंत्रता को कम से कम एक तथा संभवतः और अधिक समय के लिए भी शासन में बैठे हुए व्यक्तियों (पुलिस एवं मजिस्ट्रेटों) की दया पर छोड़ दिए जाने के उद्देश्य से किया गया था। इस प्रकार से टाडा आतंकवादियों को अभियोजित किए जाने अथवा विचारण तक लाए जाने से सम्बन्धित एक दंडात्मक कानून नहीं था। इसके द्वारा न्यायायिक हिरासत में नजरबंद किए जाने तथा बिना किसी भी औपचारिक आरोप के एक वर्ष तक जांच की स्वीकृत दिए जाने की अनुमति प्रदान कर दी गई। एक बार नजरबंदी के अंतर्गत आ जाने के बाद आरोपी दबावों के खतरों से घिर जाता था; यहां तक कि उसके द्वारा किसी पुलिस अधिकारी के समक्ष की गई स्वीकारोक्ति भी साक्ष्य माने जाने के योग्य थी। सारी कार्यवाहियों को बंद कमरों के अंदर संपन्न किया जाता था।

सन् 1985 में इसके अधिनियमन के समय से ही टाडा विभिन्न चरणों से होकर गुजर चुका है। सन् 1989, 1991 तथा 1993 में इसमें संशोधन किए गए। सन् 1985 के बाद आगे के वर्षों के दौरान टाडा को लागू करने वाले राज्यों की संख्या में भी वृद्धि हो गई। जहां सन् 1985 में मात्र 4

राज्यों एवं 2 केन्द्र शासित प्रदेशों ने इसके प्रावधानों को लागू किया था, वहीं सन् 1991 में राज्यों की संख्या बढ़कर 17 हो गई, तथा सन् 1992 में यह 20 हो चुकी थी। मई 1995 में, जब टाडा की समयावधि समाप्त हो गई, इसका स्थान लेने के लिए संसद के समक्ष एक नया विधेयक प्रस्तुत किया गया, उस समय 25 में से 22 राज्यों तथा 7 में से दो केन्द्र शासित क्षेत्रों में टाडा लागू था। किन्तु आश्चर्यजनक रूप से मई 1995 तक टाडा के अधीन राजद्रोह के लिए बहुत ही कम आतंकवादियों को दोषी सिद्ध किया जा सका था। जो कुछ दोष सिद्धियां की भी गई वे मात्र अवैध हथियारों एवं गोलाबारूद को अपने कब्जे में रखने के लिए की गई थीं। इस बात में कोई आश्चर्य नहीं है, कि यह दावा किया गया था, कि आतंकवाद के विरुद्ध संघर्ष करने में टाडा के द्वारा कुछ भी हासिल नहीं किया जा सका है। टाडा को धोखा दिए जाने का सर्वाधिक सुस्पष्ट उदाहरण था, असम में संपन्न किया गया आपरेशन ब्लैक थंडर जिसमें गिरफ्तार किए गए सभी 46 आरोपियों को एक तकनीकी आधार पर रिहा कर दिया गया था।

सन् 1985 से अगस्त 1994 के बीच टाडा के अधीन पूरे देश में गिरफ्तार किए गए व्यक्तियों की संख्या 67,509 थी तथा जनवरी 1995 तक यह 70,411 हो चुकी थी। कुल गिरफ्तार किए गए व्यक्तियों में से 67.3 प्रतिशत को जमानत पर रिहा कर दिया गया था। अभिलेखों से आगे यह स्पष्ट होता है, कि इस अधिनियम के अंतर्गत किए गए कुल निरोधों में से 12 प्रतिशत से भी कम के मामलों को विचारण के लिए भेजा गया तथा मात्र 0.81 प्रतिशत का परिणाम दोष सिद्ध होने में प्राप्त हो सका था। इस प्रकार से टाडा का गलत तरीके से अनुप्रयोग एवं दुरुपयोग किया जाना एक नियम सा बन चुका था, तथा इसका निरसन किए जाने के पक्ष में आवाजें जोर पकड़ने लगी थीं, क्योंकि इससे अपेक्षित लाभ की तुलना में इसके दुरुपयोग के उदाहरणों की संख्या बहुत अधिक बढ़ चुकी थी।

उठाया गया प्रश्न था : क्या आतंकवाद के विरुद्ध संघर्ष करने में टाडा के द्वारा प्रत्यक्ष रूप से एक उपयोगी कार्य का प्रदर्शन किया जा सका है? कम से कम पंजाब, कश्मीर, महाराष्ट्र तथा दिल्ली में कुछ वरिष्ठ पुलिस अधिकारी ऐसा ही सोचते हैं। उनका पक्ष था कि इस अधिनियम का निरसन किया जाना "रोग के साथ-साथ इलाज को भी समाप्त कर दिए जाने" जैसा होगा। किन्तु ऐसे लोग भी थे, जिनका तर्क था कि जमीनी हकीकतें संकेत देती हैं, कि प्रगतिशील रूप से टाडा के द्वारा चलाए गए उग्रवाद-विरोधी अथवा आतंकवाद-विरोधी अभियानों के द्वारा बहुत कम ही हासिल किया जा सका है। उनका तर्क था कि समान रूप से कठोर कानूनों की मौजूदगी (जैसे जम्मू एवं कश्मीर सार्वजनिक सुरक्षा अधिनियम) ने टाडा को व्यापक तौर पर फालतू बना दिया है। अधिक महत्वपूर्ण बात यह है कि निवारक निरोधक कानून के क्रूरतापूर्ण उपयोग ने धार्मिक रूप से अल्पसंख्यक समुदाय के किसी भी औसत व्यक्ति को विमुख सा कर दिया और लोकतांत्रिक प्रशासन के संस्थानों में उसके विश्वास को नष्ट कर दिया सा प्रतीत होता है। एक केन्द्रीय मंत्री ने तो यहां तक कह दिया : "गुजरात, महाराष्ट्र तथा देश के अनेक अन्य भागों में अल्पसंख्यक समुदाय से सम्बन्ध रखने वाले शिकार हुए निर्दोष लोगों की एक बड़ी संख्या का, प्रायः ही बिना यह जाने कि उनके विरुद्ध लगाए गए आरोप किस प्रकृति के हैं, टाडा के अधीन जेलों में पड़े रहना जारी है।" एक अन्य केन्द्रीय मंत्री ने भी कहा है, कि टाडा का गलत प्रयोग इसके निरसन की मांग किए जाने के लिए पर्याप्त आधार प्रदान करता है। अल्पसंख्यक आयोग ने भी 1994 के प्रारंभ में धार्मिक अल्पसंख्यकों के विरुद्ध टाडा के गलत प्रयोग के बारे में स्पष्ट किया था। राष्ट्रीय मानवाधिकार आयोग ने अगस्त 1994 में टाडा के निरसन के लिए उत्तरोत्तर उच्च स्वर में बढ़ती हुई मांगों के प्रति अपने अधिकारों का सहयोग प्रदान कर दिया। यहां तक कि टाडा की कतिपय धाराओं की वैधता के विरुद्ध सर्वोच्च न्यायालय में तर्क प्रस्तुत करते हुए राष्ट्रीय मानवाधिकार आयोग ने इस अधिनियम की संपूर्ण समीक्षा किए जाने की मांग कर दी, क्योंकि यह संविधान में परिकल्पित कानून के शासन की धारणा के साथ इस अधिनियम को असंगत मानता है।

सरकार का तर्क था, कि 35,000 से भी अधिक लोगों ने आतंकवादी हिंसाओं, अधिकांशतः जम्मू एवं कश्मीर तथा पंजाब जैसे संवेदनशील सीमावर्ती राज्यों, के कारण अपनी जानें गवांई हैं। यद्यपि सर्वोच्च

न्यायालय ने मार्च 1994 में टाडा की वैधता को उचित ठहराया किन्तु सरकार को निर्देश जारी किया कि वह इसे सामान्य न्यायशास्त्र के साथ संगत बनाए जाने के लिए इसमें कुछ परिवर्तनों को प्रभावी बनाए।

हालांकि, टाडा को समाप्त किए जाने के लिए सरकार पर नागरिक अधिकार कार्यकर्ताओं, मानवाधिकार आयोग, बड़ी संख्या में राजनीतिज्ञों, अल्पसंख्यक समुदायों के नेताओं तथा सामान्य जनता की ओर से भारी दबाव डाला गया। नरसिम्हा राव सरकार के दो मुस्लिम केन्द्रीय मंत्रियों ने तो टाडा के जारी रहने की अनुमति प्रदान किए जाने की स्थिति में त्यागपत्र दे डालने की धमकी भी दे दी थी।

अधिनियम के प्रति की जाने वाली मुख्य आलोचनाएं इस प्रकार थीं : (1) राज्य सरकारों के द्वारा अल्पसंख्यक समुदायों के विरुद्ध इसका व्यापक पैमाने पर दुरुपयोग किया जा रहा है। (2) आम जनता को प्रताड़ित करने के लिए पुलिस के द्वारा इसका दुरुपयोग किया जा रहा है। (3) चूंकि 1 प्रतिशत से भी कम मामलों की समाप्ति दोष-सिद्धि के साथ नहीं हो सकी है, अतः ऐसे कानूनविहीन कानून को त्याग दिया जाना ही बेहतर है। (4) इसने आपराधिक कानून के उन सामान्य सिद्धांतों का उल्लंघन किया है, कि किसी भी पुलिस अधिकारी के समक्ष की गई स्वीकारोक्ति साक्ष्य के रूप में मान्य होगी तथा जमानत पर अभियुक्त की रिहाई अत्यधिक कठिन है। (5) इसके द्वारा कुछ प्रकार के हथियारों को कब्जे में रखे जाने जैसे छोटे अपराधों के लिए भी एक लंबी कारावास की अवधि, जो 5 वर्षों से कम न हो, का प्रावधान किया है।

जो लोग टाडा के लागू रहने को जारी रखना चाहते थे तथा किसी वैकल्पिक कानून को अधिनियमित किए जाने के पक्ष में नहीं थे, ने अपने-अपने तर्क प्रस्तुत किए : (1) वे इस बात से सहमत नहीं थे, कि टाडा का उपयोग मात्र अल्पसंख्यक समुदायों के विरुद्ध ही किया जा रहा है। जब पंजाब में टाडा को लागू किया गया था, उस समय किसी ने भी आपत्ति नहीं की थी बल्कि जब आतंकवादी एवं उग्रवादी आंदोलनों को रोकने के लिए इसका विस्तार कश्मीर, असम तथा उत्तर-पूर्व के अन्य राज्यों तक किया गया था, मात्र तब ही प्रमुख रूप से अल्पसंख्यक समुदाय के द्वारा इसके वापस लिए जाने के लिए 'हल्ला-गुल्ला' मचाया जाना प्रारंभ किया गया। तथ्यों एवं आंकड़ों को प्रस्तुत करते हुए उन्होंने बताया कि टाडा के अधीन लगभग 70,000 लोगों को गिरफ्तार किया गया जिनमें से मात्र 4.62 प्रतिशत लोग ही अल्पसंख्यक समुदाय से सम्बन्धित थे। (2) नए प्रस्तावित कानून के साथ आतंकवाद एवं तस्करी के साथ प्रभावी रूप से नहीं निबटा जा सकता। (3) यदि टाडा का दुरुपयोग किया गया था, तो क्या गारंटी है कि इस नए अधिनियम का भी दुरुपयोग नहीं किया जाएगा। (4) जिस बात की आवश्यकता है वह यह है कि टाडा का निरसन किए जाने के बजाय इसकी कमियों को दूर किया जाए। (5) यदि टाडा के अधीन गिरफ्तार किए गए व्यक्तियों की संख्या 9 में से मात्र 4 अथवा 5 ऐसे राज्यों में ही अधिक थी, जिनके द्वारा वास्तव में आतंकवाद, बम विस्फोट, हत्याओं तथा अपहरण इत्यादि की गंभीर समस्या का सामना किया गया है, वहीं अन्य राज्यों में गिरफ्तार किए गए व्यक्तियों की संख्या 100 से भी कम ही थी। (6) जब इस अधिनियम को संशोधित किए जाने अथवा इसे निरसित किए जाने के प्रति केन्द्र सरकार के द्वारा राज्य सरकारों से विचारों की मांग की गई थी, तो 22 में से 17 राज्यों ने केन्द्र को सूचित किया था कि इस अधिनियम की समय सीमा को बढ़ा दिया जाए।

इन अलग-अलग विचारों पर विचार करते हुए केन्द्र सरकार ने टाडा को 23 मई, 1995 को समाप्त हो जाने की अनुमति प्रदान कर दी और इसकी अवधि को बढ़ाए जाने का प्रयास नहीं किया। एक नया विधेयक, जिसे आपराधिक कानून (संशोधन) विधेयक का नाम दिया गया, को 18 मई, 1995 के दिन टाडा का स्थान लेने के लिए राज्यसभा में प्रस्तुत किया गया, जिसके द्वारा टाडा के कम से कम चार ऐसे प्रावधानों को समाप्त किए जाने का प्रयास किया गया था जिन्हें सर्वाधिक घृणित माना जा रहा था तथा जिनका पुलिस के द्वारा कथित रूप से दुरुपयोग किया जा रहा था। इसमें बड़ी संख्या में सुरक्षा उपायों को भी शामिल किया गया। हालांकि, जून 1995 में

सरकार के द्वारा यह वादा किए जाने के साथ ही इस विधेयक को अचानक ही वापस ले लिया गया, कि विभिन्न राजनीतिक दलों के साथ विचार-विमर्श करने के बाद सरकार एक नया विधेयक प्रस्तुत करेगी। यह नया विधेयक सन् 2002 में संसद के समक्ष प्रस्तुत किया गया जिसे आतंकवाद निवारण अधिनियम, 2002 का नाम दिया गया।

## पोटा (Prevention of Terrorism Act – POTA)

आतंकवाद निवारण अधिनियम, 2002, जो एक आतंकवाद-विरोधी कानून भी है, का अधिनियमन अनेक आतंकवादी हमलों, विशेषतौर पर संसद पर किए गए हमलों की पृष्ठभूमि में किया गया था। इस अधिनियम के द्वारा आतंकवाद निवारण अध्यादेश (POTA), 2001 तथा आतंकवादी एवं विध्वंसात्मक गतिविधियां (निवारण) अधिनियम (TADA), 1985 को प्रतिस्थापित कर दिया गया तथा सत्ताधारी राष्ट्रीय जनतांत्रिक गठबंधन (NDA) के द्वारा इसका समर्थन कर दिया गया। हालांकि, बाद में संयुक्त प्रगतिशील गठबंधन (UPA) की मिली-जुली सरकार के द्वारा सन् 2004 में इसका निरसन कर दिया गया।

इस अधिनियम के द्वारा एक 'आतंकवादी कार्यवाही' तथा एक 'आतंकवादी' को परिभाषित किया गया था, तथा इसके द्वारा अधिनियम के अंतर्गत वर्णित जांच से सम्बन्धित अधिकारियों को विशेष अधिकार प्रदान किए गए थे। यह सुनिश्चित करने के लिए कि कतिपय अधिकारों का दुरुपयोग न किया जाए तथा मानवाधिकारों का उल्लंघन न होने पाए, अधिनियम के अंतर्गत सुरक्षा सम्बन्धी विशिष्ट उपाय समाहित किए गए थे।

टाडा में निहित प्रावधानों के अनुरूप ही इस कानून के द्वारा प्रावधान किया गया था, कि किसी भी संदिग्ध व्यक्ति को न्यायालय में आरोपपत्र प्रस्तुत किए बिना 180 दिनों तक के लिए निरूद्ध किया जा सकता है। इसके द्वारा प्रवर्तन एजेन्सियों को गवाहों की पहचान को गुप्त रखने तथा पुलिस के समक्ष की गई किसी स्वीकारोक्ति को अपनी गलती स्वीकार किए जाने के रूप में माने जाने की अनुमति भी प्रदान की गई थी। भारतीय कानून के अधीन कोई भी व्यक्ति न्यायालय में ऐसी किसी भी स्वीकारोक्ति को मानने से इंकार कर सकता है, किन्तु पोटा के अंतर्गत वह ऐसा नहीं कर सकता। हालांकि, कानून के द्वारा कुछ सुरक्षा सम्बन्धी उपाय प्रस्तुत किए गए हैं। इस अधिनियम के अंतर्गत गठित विशिष्ट न्यायालय से जमानत के किसी आदेश अथवा निर्णय के विरुद्ध उसी न्यायाधिकार क्षेत्र वाले उच्च-न्यायालय की दो न्यायाधीशों की पीठ के समक्ष अपील की जा सकती है। यह भी कि टाडा के विपरीत इसमें निवारक नजरबंदी की अनुमति प्रदान करने वाला कोई भी प्रावधान उपलब्ध नहीं है।

अधिनियम के प्रावधानों के द्वारा प्रांतीय एवं केन्द्रीय दोनों समीक्षा समितियों की संभावना का उल्लेख किया गया है, किन्तु उनके गठन अथवा उपयोग के सम्बन्ध में बहुत कम ही विवरण प्रस्तुत किए गए हैं। चूंकि राज्य सरकारों के द्वारा इस अधिनियम का व्यापक पैमाने पर दुरुपयोग प्रारंभ कर दिया गया, अतः केन्द्र सरकार ने अंततः इस अधिनियम से सम्बन्धित प्रत्येक मामलों की सुनवाई के लिए एक समीक्षा समिति की स्थापना कर दी। शुरुआत में, समिति ने एक विशुद्ध परामर्शदात्री क्षमता के साथ कार्य किया।

दिसम्बर, 2003 में एक भारी बहुमत के साथ भारत की संसद ने इस अधिनियम को एक अध्यादेश के साथ संशोधित कर दिया, जिसे न्यायायिक समीक्षा की गुंजाइश का विस्तार किए जाने के लिए डिजाइन किया गया था। नए अध्यादेश ने समीक्षा आयोगों को किसी भी 'पीड़ित व्यक्ति' के प्रथम दृष्टया मामले पर पुनर्विचार करने तथा राज्य सरकारों तथा पुलिस पर बाध्यकारी आदेश जारी कर सकने का अधिकार प्रदान कर दिया। यद्यपि ये संशोधन प्रारंभिक समीक्षा समिति की विशुद्ध रूप से परामर्शदात्री क्षमता के प्रति किए गए एक सुधार थे, तथापि केन्द्रीय समीक्षा समिति व्यापक तौर पर प्रभावहीन ही बनी रही, क्योंकि किसी भी प्रारंभिक शिकायत के अभाव में यह कोई जांच प्रारंभ ही नहीं कर सकती थी तथा इसके पास स्पष्ट रूप से निरूपित जांच सम्बन्धी अधिकारों का भी अभाव था।

इसके अलावा, समीक्षा समिति के संसाधन भी सीमित थे, तथा इसका संचालन किसी भी नियंत्रित समय-सीमा के अंतर्गत नहीं किया जा रहा था। पर्याप्त स्वायत्तता, संसाधनों, अथवा दिशा-निर्देशों के बिना समिति मात्र एक भ्रामक सुरक्षा उपाय ही बनी रही।

समीक्षा समिति की सीमाओं को ध्यान में रखते हुए संभावना यह थी कि मात्र ऐसे लोगों, जिनके केन्द्र सरकार के साथ राजनीतिक संपर्क हों, की ही सुनवाई की जाएगी। आगे, यहां तक कि केन्द्र सरकार के द्वारा राजनीतिक दबाव तथा समीक्षा समिति की अनुकूल परामर्श सम्बन्धी राय के बावजूद भी तमिलनाडु सरकार ने एमडीएमके के वाइको को बिना किसी आरोप के 4 महीनों से भी अधिक नजरबंदी के अधीन, तथा बाद में उन्हें जमानत प्राप्त होने के पूर्व अतिरिक्त 14 महीनों के लिए भी नजरबंद रखा।

एक बार अधिनियम के कानून बन जाने के बाद कानून के व्यापक तौर पर दुरुपयोग किए जाने की अनेक रिपोर्टें सामने आ चुकी थीं। पोटा का मनमानीपूर्ण ढंग से उपयोग अपने राजनीतिक विरोधियों का दमन करने के लिए किया गया था। इसे अधिनियमित किए जाने के मात्र 4 महीनों के बाद ही राज्य के कानून प्रवर्तन अधिकारियों ने इस अधिनियम के अंतर्गत पूरे देश में 250 लोगों को गिरफ्तार कर लिया और इस संख्या में निरंतर वृद्धि होती रही। मात्र 8 महीनों के बाद ही पोटा को लागू करने वाले 7 राज्यों के द्वारा 940 से भी अधिक लोगों को गिरफ्तार किया जा चुका था तथा उनमें से कम से कम 560 लोग जेलों में पड़े हुए थे। वाइको जैसे अनेक प्रख्यात व्यक्तियों को इस अधिनियम के अंतर्गत गिरफ्तार कर लिया गया था।

7 अक्टूबर, 2004 को संप्रग सरकार के अधीन केन्द्रीय मंत्रिमंडल ने आतंकवाद निवारण (निरसन) अधिनियम, 2004 पारित किए जाने के द्वारा इस अधिनियम को निरस्त कर दिया।

अब एक प्रश्न यह उठता है कि : सभी बातों पर विचार कर लिए जाने के बाद क्या देश को किसी असाधारण कानून की आवश्यकता है? स्वीकृत राय यह है, कि आवश्यकता है। विशिष्ट कानून उन जीवन-रक्षक औषधियों के समान होते हैं, जिन्हें मात्र ऐसे समय पर ही दिया जाता है, जब अन्य औषधियां विफल हो चुकी हों। संविधान के निर्माताओं ने बिना किसी संदेह के बुद्धिमत्तापूर्वक इसके अंतर्गत आकस्मिक प्रावधानों को शामिल किया था, किन्तु उन्होंने ऐसी आशा कभी भी नहीं की थी कि ऐसा समय भी आ जाएगा, जब हमारे देश को आतंकवाद की अनेक किस्मों-राजनीतिक, सांप्रदायिक, वैचारिक, धार्मिक एवं जातीय इत्यादि का सामना भी करना पड़ेगा और उनका मुकाबला करने के लिए विशिष्ट कानूनों की आवश्यकता भी पड़ेगी। समय ने उनके अति-आशावादी होने को सकल रूप से सिद्ध कर दिया है। आतंकवादियों के द्वारा प्रयुक्त हिंसा, राज्यों के अलगाव के लिए मांग, भारत में आतंकवादियों को धन, हथियार तथा प्रशिक्षण की आपूर्ति किए जाने में पड़ोसी देशों की बढ़ती हुई भूमिका आदि ने यह आवश्यक बना दिया है, कि इन परिस्थितियों के साथ निबटने के लिए विशिष्ट कानूनों को अधिनियमित किया जाए। असाधारण कानूनों की आवश्यकता पर एक अर्थपूर्ण बहस कराई जानी चाहिए जिसे राष्ट्र के बहुमत का समर्थन प्राप्त होगा।

## दूसरे देशों में आतंकवाद (Terrorism in Other Countries)

आतंकवादी गतिविधियां विश्व के विभिन्न भागों में पाई जाती हैं। उदाहरणार्थ, आयरलैंड में आइरिश रिपब्लिकन आर्मी (IRA) की आतंकवादी गतिविधियां आयरलैंड में ब्रिटिश आतंक के राज्य के विरुद्ध बदले के कार्य पर आधारित है। आतंकवादी आयरलैंड में अंग्रेजों का नियन्त्रण समाप्त करना चाहते हैं और आयरलैंड के एकीकरण और जनता के आत्म-निर्णय के अधिकार को संस्थापित करना चाहते हैं। इसी प्रकार, आतंकवाद श्रीलंका, इजराइल, स्पेन, जर्मनी, जापान, फिलिप्पिन्स, कनाडा, अर्जेन्टीना, फ्रान्स, इटली, पुर्तगाल और लेटिन अमेरिका में है। महत्वपूर्ण आतंकवादी गुटों में से कुछ ये हैं : श्रीलंका में लिट्टे, जापान में रेड आर्मी और चुकाकू हा, इजराइल में फिलिस्तीनी गुरिल्ले, स्पेन में बास्क, इटली में रेड ब्रिज, इराक में कुर्द, सीरिया, इराक और लीबिया में अबू निदाल संगठन, फिलिपीन्स में हुकवाला हेप्स और मोरोज, जर्मनी में बादर-मीनहोफ, तुर्की में करदिश पार्टी, यू.एस. में

सिम्बायानीज लिबरेशन आर्मी, कनाडा में क्यूबकोड्स, और भारत में पंजाब में बब्बर खालसा और कश्मीर में हिज़बुल मुजाहिद्दीन।

इन आतंकवादी समूहों के द्वारा प्रयोग में लाई जाती आतंकवाद की वैधता को अनेक सामाजिक-आर्थिक और राजनैतिक कारकों से मापा जा सकता है और इस बात से भी कि क्या यह उनके राजनैतिक संघर्ष में संघर्ष के और अब अन्य तरीकों को असफल रूप से आज़माने के बाद आखिरी हथियार माना गया। दूसरी ओर, आतंकवाद अपनी वैधता खो देता है, यदि यह सिद्ध हो जाता है कि उपलब्ध वैध तरीकों को आतंकवाद के उपयोग का सहारा लेने के पूर्व अनदेखा किया गया।

हाल में, अन्तर्राष्ट्रीय आतंकवाद भी लोकप्रिय हो गया है। एक देश के आतंकवादियों को दूसरे व्यक्तियों और समूहों, जो उनके उद्देश्य के प्रति सहानुभूति रखते हैं, का समर्थन प्राप्त हो सकता है, या यह दूसरे राज्य की सरकारों से मिल सकता है, जैसे कि अरब राज्यों द्वारा, फिलिस्तीनी समूहों को दिया गया समर्थन, या राष्ट्रपति गद्दापी का आयरलैंड में आई.आर.ए. और फिलिप्पिन्स में मोरोज को समर्थन।

सरकारी आतंकवाद के उदाहरण रुस, चीन और कम्बोडिया में मिलते हैं। रुस के आतंकों के तीन प्रसिद्ध उदाहरण 1905-07 में ज़ार के शासन का आतंक, 1917-18 में बोल्शेविक आतंककारी शासन और 1934-35 में स्टेलिन के काल का आतंक। चीन के देशवासियों ने 1923 में चांग काई शेख के सफेद आतंक का सामना किया, 1950-53 में माओ के आतंक का जिसमें 10 से 20 मिलियन आदमी जान से मारे गए और 1966-69 में सांस्कृतिक क्रान्ति के दौरान जिसमें छात्र शक्ति और पीपुल्स लिबरेशन आर्मी का माओ की व्यक्तिगत प्रभुत्व को पुनर्जीवित करने लिए उपयोग किया गया। कम्पूचिया में (जिसे पहले कम्बोडिया के नाम से जाना जाता था) सरकारी आतंक 1975 में हुआ जिसमें आठ मिलियन की कुल जनसंख्या में से दो मिलियन व्यक्तियों की हत्या कर दी गई। सरकारी आतंक के उदाहरण 1971 में पूर्वी पाकिस्तान में, 1983-85 में ईरान में और 1933-34 में नाज़ी जर्मनी में भी पाए गए हैं।

आश्चर्य यह है कि आतंकवाद विभिन्न देशों में अब भी उन्नतावस्था में है, यद्यपि संयुक्त राष्ट्रीय चार्टर (U.N. Charter), हेलसिंकी एक्ट (Helsinki Act), अन्तर्राष्ट्रीय कानून के सिद्धान्तों की घोषणा (Declaration of Principles of International Law) और जनेवा कन्वेनशन, 1977, में इसे न्यायबद्ध (outlaw) घोषित किया गया है। 1970 में एकत्रित आंकड़ों में पाया गया कि 80 प्रतिशत आतंकवादी क्रियाएं सम्पत्ति के विरुद्ध और 20 प्रतिशत व्यक्तियों के विरुद्ध होती हैं। 1980 में यह क्रियाएं 50-50 प्रतिशत थीं।

संयुक्त राज्य साधारण सभा (UN General Assembly) ने दिसम्बर 1985 में एक प्रस्ताव पारित किया जिसमें उसने आतंकवाद के सभी तरीकों और कार्यों, जहां कहीं भी किए जाएं और जो कोई भी उन्हें करे, की भर्त्सना की गई। उसने सभी देशों का आह्वान किया कि वे दूसरे देशों में आतंकवादी कार्यों को संगठित करने, भड़काने, सहायता पहुंचाने या हिस्सा लेने से अपने आपको रोकें या अपने प्रदेशों में ऐसी गतिविधियों को मौन स्वीकृति नहीं दें जो ऐसे कार्यों को करने की दिशा में हों। उसने सभी राज्यों से यह भी आग्रह किया कि वे एक दूसरे को सार्थक सूचनाएं देकर और ऐसे कार्यों में लिप्त व्यक्तियों को दंडित करें या उनका प्रत्यर्पण (extradition) करें और इसके लिए आपस में संधि करें।

## आतंकवाद के कारणों की सैद्धान्तिक व्याख्या (Theoretical Explanation of Causes of Terrorism)

गुर (1977: 47) का अनुसरण करते हुए, आतंकवाद के कारणों की सापेक्षिक वंचन के सिद्धान्त (Theory of Relative Deprivation) के आधार पर व्याख्या की जा सकती है। इस सिद्धान्त के अनुसार राजनैतिक सामूहिक हिंसा को उस अन्तर के परिणामस्वरूप माना जा सकता है, जो कि व्यक्तियों के एक विशेष समुदाय की मूल्य-आशाओं और मूल्य क्षमताओं के बीच उत्पन्न होता है। गुर ने वंचनों के तीन प्रकार बतलाए हैं :

1. *अवनति वंचन* (Declivity deprivation) उस समय उत्पन्न होता है, जब एक जनसंख्या विशेष के मूल्यों की क्षमताओं का ह्रास बहुत अधिक हो जाता है परन्तु मूल्य अपेक्षाएं वही रहतीं है। बोल्शेविकों की रुस में 1917 में सामूहिक राजनैतिक हिंसा इस प्रकार के वंचन के कारण हुई। प्रथम विश्व युद्ध के पश्चात् रूस के व्यक्ति असंतुष्ट थे और सरकार की युद्ध में रूस की संलग्नता को समाप्त करने में विफलता के कारण एक समूह (लेनिन और उसका दल) जो तत्काल शांति का आश्वासन देता था, लोगों में अति लोकप्रिय हो गया।
2. *आकांक्षाओं का वंचन* (Aspirational deprivation) उस समय प्रकट होता है, जबकि जनसंख्या विशेष की मूल्य क्षमताएं तो वहीं रहती हैं, परन्तु मूल्य अपेक्षाएं बढ़ जाती हैं। कश्मीर घाटी में आतंकवाद इस प्रकार वंचन के कारण है। इसी प्रकार, असम में उल्फा आतंकवाद असमियों के प्रति जारी भेदभाव और पूर्वाग्रह के विरोध में तत्काल समानता की मांग का परिणाम है।
3. *उत्तरोत्तर वंचन* (Progressive deprivation) उस समय होता है, जब मूल्य अपेक्षाओं में वृद्धि हो जाती है और मूल्य क्षमताओं में अवनति। खालिस्तानोन्मुखी आतंकवाद इसका सबसे अच्छा उदाहरण है।

   आधुनिकता और 'जाति विस्फोट' (ethnicity explosion) से तुलनात्मक वंचन की व्यापक भावनाएं जाग्रत होती हैं।

## आतंकवादी (The Terrorists)

उपर्युक्त समस्त चर्चाएं हमें आतंकवादी व्यक्तित्व के आधारभूत प्रश्न तक ले जाती हैं। ऐसी कौन सी परिस्थितियां और कारक होते हैं, जो ऐसे किसी भी व्यक्तित्व को जन्म देते हैं? ऐसा कोई भी व्यक्तित्व किस प्रकार से उत्पन्न होता है और ऐसे बिन्दु पर पहुंच जाता है, जहां से वापसी संभव नहीं होती? यह अपने आसपास की वस्तुनिष्ठ वास्तविकता के प्रति असंवेदनशीलता तथा दया एवं करुणा के प्रति प्रतिक्रियाविहीन बनते हुए मात्र विनाश की एक मशीन के रूप में किस प्रकार से उभर कर सामने आता है? ऐसे किसी भी व्यक्तित्व को किस प्रकार से सुधारा जा सकता है एवं उसमें नैतिक स्वास्थ को पुनः बहाल किया जा सकता है? कुछ विद्वान यह तर्क दे सकते हैं कि ये तकनीक सम्बन्धी प्रश्न हैं, जो विज्ञान एवं मनोविज्ञान की परिधि के अंतर्गत आते हैं, न कि समाज विज्ञान के अंतर्गत। किन्तु कुछ अन्य उन्हें सामाजिक मनोविज्ञान की समस्याओं के रूप में देख सकते हैं। सच तो यह है कि कोई भी आतंकवादी बन कर जन्म नहीं लेता। इसीलिए, हमें आतंकवादी के व्यक्तित्व में आनुवांशिक जीन्स, रक्त इत्यादि की भूमिका को पूरी तरह से खारिज करना होगा। समान रूप से, एक मसले-कुचले हुए बचपन अथवा किसी बुरे पड़ोस तथा वातावरण की कहानी किसी आतंकवादी के व्यवहार को स्पष्ट नहीं करने जा रही है। ऐसे प्रत्येक दुव्यवहृत युवा, जो एक आतंकवादी बन जाता है, के समक्ष तमाम ऐसे अन्य युवा मौजूद हैं, जिन्होंने ऐसे कोई जख्म और सदमें नहीं खाए हों, और वास्तव में वे सामाजिक व्यवस्था का एक भाग बन गए हैं। हाल ही में किए गए अध्ययनों के द्वारा प्रदर्शित किया गया है, कि विकसित देशों में आतंकवादियों में से 80 प्रतिशत से भी अधिक अपेक्षाकृत भली-भांति संपन्न परिवारों से सम्बन्धित थे (डी.एस. मैनी, *द हिन्दुस्तान टाइम्स*, 9 अप्रैल, 1995)। अतः, प्रत्येक आतंकवादी व्यक्तित्व एक अलग मामला होता है, यद्यपि अंततः यह अपनी जाति के समस्त चिन्हों को रखने वाले के रूप में ही जाना गया हो सकता है।

मनोवैज्ञानिकों ने आतंकवादी मस्तिष्क की कार्यप्रणाली को स्पष्ट करने तथा आतंकवादी व्यक्तित्व के निर्माण से सम्बन्धित सिद्धांतों के सम्बन्ध में काफी प्रगति की है। उदाहरण के लिए, लारेंस जेलिक फ्रीडमैन द्वारा "आतंकवाद पर दृष्टिकोण" शीर्षक पर किया गया लेखन इस सम्बन्ध में चार परिकल्पनाओं को प्रस्तुत करता है (देखें डी.एस.मैनी, पूर्वोक्त) : (क) *आत्मसम्मान की अभिपुष्टि*, जहां एक एक अहंकार को गहरा आघात पहुंचा है तथा पहचान से इंकार कर दिया गया है; (ख)

*व्यक्तित्वलोप,* अर्थात् किसी समूह की सेवा में अपने व्यक्तित्व का समर्पण कर दिया जाना (ग) *अंतरंगता स्थापित करने की एक विधि,* अर्थात् मान्यता लागू करवाने के एक माध्यम के रूप में आतंकवादी बनना तथा इस प्रकार से किसी के शिकार के साथ व्यक्तिपरक सम्बन्ध स्थापित करना; तथा (ग) *'हिंसा के जादू' में एक विश्वास रखना,* जिसके अंतर्गत गोपनीयता, रहस्यमयता एवं आश्चर्य आतंकवादी को एक अज्ञात क्षेत्र की ओर प्रेरित करने का कार्य करते हैं। इसी सूची में मैनी अन्य कारकों को शामिल करते हैं जैसे : (1) स्थानीय जादू तथा अंडरवर्ल्ड के साथ एक बड़ी व्यवसायिक सम्बद्धता, (2) अपमान की क्षतिपूर्ति करने के लिए बदला लेने का एक स्वरूप, (3) मसीही (भ्रमोत्पादक) राजनीति के एक पहलू के रूप में, (4) कार्यवाही करने हेतु एक असहिष्णु आग्रह के रूप में, (5) एक स्थानापन्न यौन गतिविधि के रूप में, तथा (6) एक सामूहिक अंहकार के रूप में (ऐसी मानसिक अवस्था जिसके अंतर्गत व्यक्ति मात्र स्व-पूजन करता है)। ये सभी तथ्य संकेत प्रदान करते हैं कि आतंकवाद की प्रवृत्ति शोथग्रस्त भावना, विचार एवं जनून तथा कार्यवाही एवं शून्यमनस्कता का जटिल मकड़जाल हैं।

इस प्रकार से आतंकवादियों का वर्गीकरण किए जाने में कतिपय मनमानी का किया जाना अवश्यसंभावी है। उदाहरणार्थ, जहां मनोविज्ञान के अमेरिकी प्रोफेसर फ्रेड्रिक जे. हैकर ने तीन प्रकार के आतंकवादियों : पागल; अपराधी एवं जेहादियों का उल्लेख किया है, वहीं रूसी विद्वान विक्टर विटियुक (*लेफ्टिस्ट टेररज्मि,* 1985) ने इनका वर्गीकरण 'आदर्शवादी', 'गतिरोधकारी' तथा 'भटकी हुई आत्मा' के रूप में किया है। जहां संभावनाएं इस बात की हैं, कि कोई भी व्यक्ति एक मंदगति वाली प्रक्रिया के अधीन आतंकवादी बन सकता है, वहीं इस बात की भी संभावना भी है कि किसी परिस्थिति विशेष, जैसे व्यक्तिगत आघात, कोई सांप्रदायिक आघात अथवा राजनीतिक त्रासदी इत्यादि के प्रति किसी आवेग के अधीन तथा किसी जुनूनी प्रतिक्रिया के कारण कोई अचानक ही आतंकवादी बन जाए। उदाहरण के लिए पंजाब के आतंकवादियों के संदर्भ में ये सभी कारक किसी न किसी सीमा तक वैध थे। विभिन्न विरोधाभासों एवं मजबूरियों के अधीन जो कुछ भी किसी आतंकवादी को बनाए रखता है, वह उसका कोई उद्देश्य, विचार अथवा कोई स्वप्न ही होता है। अंततः, यह कोई नेता, कोई आकर्षक व्यक्तित्व ही होता है, जो उसे किसी समूह के साथ बांधे रखता है ताकि वह सक्रिय बना रहे क्योंकि उसका स्वयं का अधिकार अवास्तविक और भ्रामक होता है तथा वास्तविकता में तोड़मरोड़ करने का उसका अधिकार एक घटती हुई वीथिका सा होता है। उसके स्वप्नों को एक पृष्ठपोषण की आवश्यकता होती है तथा वह अपनी ही छवि से पोषण प्राप्त करता है। इसके बाद ही वह एक आतंकवादी बना रहना जारी रखता है, यहां तक कि उसके नेता के परिदृश्य से हट जाने, मारे जाने अथवा मृत्युदंड दे दिए जाने के बाद भी।

फिर किसी आतंकवादी के बुद्धिमानी एवं सामान्यता के पथ पर वापसी की क्या संभावनाएं होती हैं? किसी आतंकवादी दर्शन के विकसित होने के दौरान, चूंकि वह उस उद्देश्य के लिए अपने जीवन की बलि देने के लिए भी इच्छुक बना रहता है, वह अपने संपूर्ण जीवनकाल के दौरान आतंकवादी ही बना रहता है। तथापि, जीवन की कठोरताएं और सुधारवादी प्रक्रियाएं उसकी वापसी में योगदान कर सकती हैं। माँ का प्यार, किसी धर्म-निरपेक्ष राजनीतिज्ञ का आह्वान, किसी महिला का आकर्षण इस प्रक्रिया की गति को तीव्र कर सकता है। किन्तु इसके बावजूद भी उसके आतंकवाद के जीवन में पुनः वापस कूद पड़ने की संभावनाएं सदैव ही बनी रहती हैं।

## आतंकवाद का सामना करने के मॉडल (Combating Terrorism: Various Models)

आतंकवाद इतनी गंभीर समस्या है, कि उसे अकेले राजनीतिज्ञों पर ही नहीं छोड़ा जा सकता। जनता में सार्वजनिक जागरूकता एवं व्यक्तियों पर दबाव ही इसका एक मात्र हल है। एक बात जो हमें समझनी चाहिए वह है, कि आतंकवाद एक उस बीमारी की तरह है जो समय से जाती है और इसमें धैर्य की आवश्यकता है।

मूलतः आतंकवाद का सामना करने के तीन मॉडल हैं : भारतीय, अमेरिकन और इज़रायली। इन तीनों मॉडलों की पारस्परिक तुलना आवश्यक है।

## *इज़रायली मॉडल* (The Israeli Model)

इज़रायल में आतंकवाद पिछले चार दशकों से चल रहा है। मार्च, 1994 की संधि के बाद अब वह समाप्त हुआ है। प्रारम्भ में, लगभग डेढ़ दशक (1953 से 1967 तक) फिलिस्तीनी जो जार्डन के पश्चिम और गाजा की पट्टी में रह रहे थे, अपना विरोध इज़रायल में चुपचाप घुस कर सीमा पर आक्रमण करके किया करते थे। इज़रायल इसका उत्तर हवाई हमलों और टैंकों से जार्डन में घुसकर और फिलिस्तीनी कैम्पों के विध्वंस करके करता था। चूंकि इन हमलों से जार्डन की सेना और संपत्ति को बड़े पैमाने पर नुकसान होता था, इसलिए जार्डन में जनमत पी.एल.ओ. को समर्थन देने के विरुद्ध हो गया। जार्डन के साथ-साथ दूसरे अरब देशों ने भी अपनी भूमि से पी.एल.ओ. को उसकी गतिविधियों पर रोका। जार्डन ने सितम्बर 1970 में फिलिस्तीनियों के विरुद्ध परिष्करण (purgation) अभियान छेड़ा और उनके 15,000 आदमी जान से मार दिये। जब इज़रायल ने 1982 में लेबनान पर आक्रमण किया तो लेबनान में भी पी.एल.ओ. का अड्डा समाप्त कर दिया। इसके पश्चात फिलिस्तीनियों ने इज़रायली गैर-सैनिक वायुयानों के अपहरण करने की और इज़रायली नागरिकों को अपहरण करके और इजरायल में उनके बंदियों की रिहाई की मांग करने की युक्तियां अपनाई। इजरायली सरकार इस प्रकार की आतंकवादी धमकियों के आगे कभी नहीं झुकी और बदले के रूप में फिलिस्तीनी कैम्पों पर हमला किया। यद्यपि इजरायल की आतंकवादियों से वार्ता नहीं करने की नीति की कई बार आलोचना की गई, परन्तु इजरायल अपने स्थान से नहीं डिगा और यह मानता रहा कि यदि उसने हाईजैंकिग और अपहरणों के आगे घुटने टेक दिये तो वे कई गुना बढ़ जाएंगे। इस प्रकार आतंकवादी हिंसा से निबटने के लिए इज़रायली रणनीति के चार मूल घटक हैं : (1) आतंकवादियों से वार्ता से इंकार, (2) आतंकवादियों के अड्डों पर प्रतिकारात्मक हमले, (3) कड़े सुरक्षा के उपाय, (4) फिलिस्तीनियों (निर्दोष भी), जो आतंकवादियों से सम्बद्ध थे और फिलिस्तीनियों से हमदर्दी रखने वाले थे, के विरुद्ध अप्रत्यक्ष हिंसा। इस प्रकार आतंकवाद का सामना करने के लिए इज़रायली मॉडल निष्क्रिय सुरक्षात्मक उपायों के स्थान पर 'प्रति आतंक' (counter terror) और 'आतंक-विरोध' पर आधारित था।

## *अमेरिकन मॉडल* (The American Model)

संयुक्त राज्य के विश्वव्यापी आर्थिक स्वार्थ हैं और आतंकवाद के प्रति वह असुरक्षित है। अमेरिका का आतंकवाद से लड़ने का सबसे शक्तिशाली अस्त्र उसका आर्थिक प्रभाव रहा है, जैसे व्यापार और प्रौद्योगिकी निर्यात को समाप्त कर देना। जब यह असफल हो जाता है, तो यू.एस. उस शत्रु देश पर, जो आतंककारियों का समर्थन करता है, बमबारी करता है। यह तरीका क्यूबा के लिए 1962 में अपनाया गया था और लीबिया के लिए 1986 में जबकि उसके नेता कर्नल गद्दापी ने आतंकवादी आन्दोलनों जैसे पी.एल.ओ. या उत्तरी आयरलैंड के आ.आर.ए. या फिलिपीन के एच.यू. के. विद्रोहियों या लैटिन अमेरिका के आतंकवादी समूहों का समर्थन किया था। इसी तरीके का अमेरिका द्वारा उस समय प्रयोग किया गया था, जब वियतनाम युद्ध में उसने कम्बोडिया पर उसके वियतनाम को आश्रय देने पर आक्रमण किया था। इस प्रकार आतंकवाद का सामना करने के लिए अमेरिकन मॉडल 'प्रति आतंक अभियान' और आक्रमण था।

## *भारतीय मॉडल* (The Indian Model)

भारत 1960 के दशक से हिंसा और आतंक की गंभीर समस्याओं का सामना कर रहा है। उत्तर-पूर्व के 60 और 70 के दशकों में सरकार द्वारा विद्रोह का अधिकतर सामना राजनीतिक तरीकों से किया गया। जम्मू और कश्मीर में हिंसा केवल आतंकवाद के बजाय विद्रोह की श्रेणी में अधिक आती है। पंजाब में

सेना का 6 जून 1984 का 'आपरेशन ब्लू स्टार' और असम में, 'आपरेशन ब्लैक थन्डर' जो आतंकवाद के विरुद्ध किए गए पूर्णतया असफल रहे। वे आतंकवाद-विरोधी उपाय थे (जिन्हें प्रमुख रूप से पुलिस शक्तियों द्वारा और आंशिक रूप से सैन्य शक्तियों द्वारा कार्यान्वित किया गया) ना कि प्रति-आतंक उपाय। पहले उपायों में नीतियों के प्रमाणक (hall-mark) हैं : प्रायः सड़क पर जांच-पड़ताल, अति संवेदनशील बिन्दुओं पर संतरी, और वी.आई.पीज. के लिए व्यापक सुरक्षा। ये उपाय अत्यंत महंगे हैं। केवल प्रधानमंत्री की सुरक्षा की कीमत ही देश को 200 करोड़ रुपए प्रति वर्ष बतलाई जाती है। उन देशों से, जो हथियारों की बड़ी मात्रा में आपूर्ति करते हैं, या आतंकवादियों को आश्रय देते हैं या वित्तीय सहायता प्रदान करते हैं, स्पष्टीकरण नहीं मांगा गया है। यहां पर बल निष्क्रिय उपायों जैसे सीमा पर तारबंदी अथवा नरमी से विरोध दायर किया जाता है। कोई आश्चर्य नहीं कि दस वर्ष उपरान्त भी भारत आतंकवाद को नियन्त्रित नहीं कर पाया है। सरकार अधिकतर आतंकवादियों की मांगों के आगे झुक जाती है, जैसा कश्मीर, आन्ध्रप्रदेश और बिहार में हुआ।

इस प्रकार आतंकवाद से लड़ने के लिए जो तीन मॉडल हैं (इज़रायली, अमेरिकन और भारतीय) वे वैचारिक दृष्टि से एवं प्रकृति में भिन्न हैं। अमेरिकन मॉडल 'प्रति आतंक' का मॉडल है, जो कि आतंकवादी-विरोधी मॉडल है। भारतीय मॉडल आतंकवादी विरोधी मॉडल है। इज़रायली मॉडल 'प्रति आतंक और आतंकवादी-विरोधी उपायों का सम्मिश्रण' है। आतंकवादी संकट आतंकवाद-विरोधी अशवा प्रति आतंक उद्‌गमों से समाप्त नहीं किया जा सकता। पुलिस और सैनिक उपायों के अतिरिक्त सामाजिक-राजनीतिक विषयों को भी हाथों में लेना है। उन देशों और कम से कम उन पडौसी देशों के अड्डों, जो आतंकवादियों को समर्थन दे रहे हैं, पर आक्रमण करना चाहिए और उन्हें नष्ट कर देना चाहिए। ऐसे देशों से व्यवहार करने की नीति निवारक (deterrent) होनी चाहिए।

भारत सरकार आतंकवाद की समस्या का सामना जनता की सहानुभूति जुटा कर या उन देशों पर जो आतंककारियों को समर्थन दे रहे हैं, दोषारोपण करके नहीं कर सकती। एक शत्रु देश का आतंककारियों को सहायता देना एक ऐसी बात है, जिसको कोई व्यवस्थित सरकार आधुनिक युग में अनदेखा नहीं कर सकती। हमारे देश को आतंककारियों से निबटने के लिए अपने स्वयं का तरीका ढूंढना पड़ेगा।

कुछ तरीके, जो इस संबंध में हमारी सरकार के लिए सहायक हो सकते हैं (सक्सेना, 1985: 33-34) वे हैं :

- पुलिस द्वारा आतंकवादियों के विरुद्ध सूचना एकत्रित करने में नागरिकों का सहयोग प्राप्त करना।
- आतंकवादियों के पास वित्तीय साधनों को उनकी गतिविधियों को रोकने के लिए घटाना।
- आतंकवादियों के किसी भी समूह की किन्हीं भी मांगों को अस्वीकार करना।
- बंदी आतंककारियों को शीघ्र और न्यायिक दंड देना। दंड देने में जितनी देर होती है और जितनी देर उन्हें मुकदमे के दौरान जेल में रखा जाता है, उतनी ही उनकी (आतंकवादियों की) छूट की संभावना होती है।
- आतंकवादियों, उनके साथियों, उनकी कार्यशैली और उनके वित्तीय और हथियारों के स्रोतों आदि के बारे में सूचना एकत्र करने में अधिक प्रभावी गुप्तचर तरीकों का उपयोग।
- महत्वपूर्ण स्थानों पर निरन्तर सुरक्षा उपायों में सुधार।
- आतंकवादियों से निबटने वाले बलों (forces) को अधिक वैज्ञानिक प्रशिक्षण देना।

## आतंकवाद का समाजशास्त्र (Sociology of Terrorism)

आतंकवाद किस प्रकार राजनैतिक ढांचे या सामाजिक संगठनों को विघटित करता है? आतंकवाद किस प्रकार सामाजिक परिवर्तन की गति को तेज करने के एक तरीके की तरह कार्य करता है? आतंकवाद किस प्रकार एक कुण्ठित अल्पसंख्यक समूह और सत्तारूढ़ राजनैतिक अभिजनों के बीच या ऐसा समूह जो वंचित महसूस करता है और ऐसा समूह जिसका बल प्रयोग पर एकाधिकार है, के बीच सामाजिक

संबंध की व्याख्या करता है? आतंकवाद का संपूर्ण (holistic) समाजशास्त्रीय परिप्रेक्ष्य तभी संभव हो सकता है, जबकि हम बड़े पैमाने की राजनैतिक घटनाओं पर न केवल उनकी कुल संख्या बल्कि उनके प्रभाव के बारे में चर्चा करें, अर्थात जब हम अपना ध्यान केवल मात्रात्मक (quantitative) वृहत्-राजनीति (macro-politics) पर नहीं, अपितु गुणात्मक (qualitative) लघु-राजनीति (micro-politics) पर केन्द्रित करें।

आतंकवाद जनसंख्याओं को हतोत्साहित (demoralise) एवं विघटित करता है और समाजों को छिन्न-भिन्न कर देता है, यद्यपि यह भी सही है कि कुछ स्थानों पर यह समकलनात्मक तन्त्र (integrative mechanism) के रूप में भी कार्य करता है और आदमियों को एक सार्वजनिक लक्ष्य के लिए एक दूसरे से जोड़ता है। आतंकवाद से कानून और व्यवस्था की समस्या खड़ी हो सकती है, अर्थात् धार्मिक सम्बद्धता या उप-सांस्कृतिक अन्तरों के कारण एक समूह का दूसरे समूह द्वारा जान से मारने या अपहरण की, परन्तु यह सामाजिक तन्त्रों को विघटित नहीं करता। आतंकवाद ऐतिहासिक परिवर्तन को गति देने का एक विशिष्ट तरीका नहीं हैं। किसी भी आतंकवादी आन्दोलन ने कभी भी अपने लक्ष्य प्राप्त करने में सफलता नहीं पाई है। इसलिए आतंकवाद ऐतिहासिक घटनाओं की दिशा को निर्धारित नहीं करते।

आतंकवाद को समझने के लिए यह मापना आवश्यक है, कि आतंकवादियों के अपने वांछित लक्ष्यों की प्राप्ति के लिए कितनी हिंसा की, पुलिस और सुरक्षा बलों ने आतंकवाद को रोकने के लिए कितने बल का प्रयोग किया और किस प्रकार की हिंसा का प्रयोग किया। भारत मेंआतंकवाद को इस परिप्रेक्ष्य में देखने से यह विदित होता है कि एक वर्ष में बिहार में जान से मारे गए और अपहरण किए गए व्यक्तियों की संख्या पंजाब में आतंकवादियों द्वारा जान से मारे गए और अपहरण किए गए व्यक्तियों की संख्या से कहीं अधिक है। जब एक आतंकवादी सामाजिक न्याय के नाम से किसी व्यक्ति की जान लेता है, तो उसे एक स्तर पर सामाजिक स्पष्टीकरण (social accounting) की समस्या का सामना करना पड़ता है और दूसरे स्तर पर नैतिक दबाव का। आतंक के उपयोग से राज्य की सत्ता को उखाड़ने के परिणामों की भी बात उठ सकती है। यदि यह माना जाए कि हम राजनैतिक-सामाजिक तन्त्रों की सामान्य प्रशासनिक गतिविधियों के अंतरिम विघटन को स्वीकार कर लेते हैं, तो क्या हमें उन्हीं परिणामों का सामना नहीं करना पड़ता है, जिनका सामना हम किसी सामाजिक या प्राकृतिक संकट के समय करते हैं? क्या आतंकवादियों द्वारा एक या दो या कुछ महत्वपूर्ण राजनैतिक नेताओं को जान से मारने से राजनीति का ढांचा बदल सकता है? सब मिलाकर, समाज में राजनैतिक प्रक्रिया में बाधा नहीं आती और न ही इस प्रकार की हत्याओं से उसमें अवरोध उत्पन्न होता है। इस प्रकार, मात्रात्मक रूप से आतंकवादियों द्वारा की गई हत्याएं भले ही हैं महत्वपूर्ण न हों, परन्तु उनसे गुणात्मक मानसिक आघात (traumas) तो होते ही हैं। आतंकवादियों द्वारा इंदिरा गांधी या राजीव गांधी की हत्याओं से हमें ऐसी समस्या का सामना करना पड़ा। परिणामस्वरूप हम आतंकवादी गतिविधियों को 'असफल' न मानें; परन्तु उसके साथ-साथ हम उन्हें सीमित संख्या में होने के कारण 'सफल' भी नहीं कह सकते हैं। समाजशास्त्रीय रूप से इस प्रकार आतंकवादी सामाजिक व्यवस्था को ध्वस्त न कर पाएं, परन्तु वे प्रशासनिक अधिकारियों और सत्ताधारियों (power elite) की वैध क्षमताओं को कमज़ोर करके उस व्यवस्था को प्रतीकात्मक रूप से शिथिल अवश्य कर देते हैं। हवाईजहाज़ पर चढ़ते समय एक व्यक्ति अपने सामान के परीक्षण के लिए या एक महत्वपूर्ण व्यक्ति से मिलने के लिए सुरक्षा के लिए किए गए उपायों को सहने के लिए राजी हो जाए, परन्तु फिर भी उसे यह पूर्ण अधिकार है कि वह इन सामाजिक कीमतों के बारे में प्रश्न उठाये। इस प्रकार के प्रतीकात्मक परिवर्तन जो आतंकवाद के परिणामों के कारण होते हैं, उत्तेजित भले ही करें, परन्तु उनकी अल्पकालिक प्रकृति सामाजिक आंकलन के लिए निरपवाद रूप से महत्वपूर्ण है। इस प्रकार आतंकवाद का सामाजिक प्रभाव, जो कि दीर्घकालीन आधार पर समाज को संपूर्ण रूप से प्रभावित कर दे, किसी भी विश्लेषणात्मक माप की पद्धति में मुख्य केन्द्र

बिन्दु होना चाहिए। इसलिए यह निष्कर्ष निकाला जा सकता है, कि यह मानना कि आतंकवाद समाज को विघटित करता है या व्यवस्था के जीवित रहने पर दुष्प्रभाव डालता है, बहुत सही नहीं होगा।

तथापि, आतंक को रोकने के लिए कुछ तन्त्रों (mechanisms) की रचना आवश्यक है। आतंकवाद और राजनैतिक हिंसा आज भारतीय समाज के लिए अभिशाप हो गए हैं। दोनों देश को अराजकता (anarchy) और अस्तव्यस्तता (chaos) की ओर ले जा रहे हैं। आतंकवादी धर्म और क्षेत्र के नाम पर, भाषा और संस्कृति के नाम पर हत्या करते हैं। अब समय आ गया है, जबकि व्यक्तियों में, विशेषरूप से युवाओं में, व्यापक कुण्ठा और वंचन की भावना को रोका जाए। एक ओर सरकार को बहुत कड़े रूप से आतंककारियों से निबटना है और दूसरी ओर अल्पसंख्यकों को सुरक्षा प्रदान करनी है और सही प्रजातंत्र के चलने के लिए उपयुक्त वातावरण उत्पन्न करना है। आतंकितों (terrorised) को आतंकित करने वाले आतंककारियों के आतंक से मुक्त करना होगा।

## कट्टरवाद (Fundamentalism)

कुछ लोग 'कट्टरवाद' शब्द को आतंकवाद के पर्याय के रूप में प्रयुक्त करते हैं, क्योंकि यह चरमपंथियों की एक विचारधारा, स्वयं के सही होने का दंभ, तथा अपने कारण एवं उद्देश्य के नैतिक रूप से सही होने की एक भावना होती है। यह विश्वासकर्ता को आश्वस्त करती है, कि अन्य लोग एवं उनके उद्देश्य गलत हैं, और उन्हें सुधारा जाना चाहिए, यहां तक कि बल प्रयोग को अपनाए जाने के द्वारा तथा उन्हें पराजित अथवा परिवर्तित किया जाना चाहिए तथा, यदि आवश्यकता हो, तो उन्हें समाप्त भी कर दिया जाना चाहिए (एहसान अहरारी, *एशियाटाइम्स.कॉम,* 9 अक्टूबर, 2004, शेठ, 2005: 38 में उद्धृत)। द ऑनलाइन फ्री शब्दकोष ने कट्टरवाद को "सामान्यतौर पर रूढ़िवादी सिद्धांतों के कठोरतापूर्वक अनुपालन के द्वारा, तथा प्रायः अन्य दृष्टिकोणों के प्रति असहिष्णुता एवं धर्म-निरपेक्षता के विरोध के द्वारा उन सिद्धांतों की ओर वापसी की विशेषता से युक्त एक धार्मिक आंदोलन अथवा दृष्टिकोण" के रूप में परिभाषित किया है।

यद्यपि कमोबेश सभी धर्मों में कट्टरपंथियों की लहर के दाग मौजूद होते हैं, किन्तु कोई भी धर्म राजनीति के साथ इतना गहराई से जुड़ा हुआ नहीं है, जितना इस्लाम। यही कारण है कि आजकल के समय में कट्टरवादिता के उदाहरणों के रूप में सर्वाधिक चर्चित उदाहरण इस्लामी कट्टरवाद का ही है, हालांकि ईसाइ कट्टरवाद एवं हिन्दू कट्टरवाद इत्यादि भी अस्तित्व में हैं।

सन् 1970 के दशक से संपूर्ण विश्व में धार्मिक कट्टरवाद में वृद्धि हुई है। यह कारकों एवं शक्तियों जैसे राजनीतिक, सामाजिक, आर्थिक इत्यादि की अनेक किस्मों एवं सहक्रियाओं से उभरा है।

## REFERENCES


Alexander, Y. and Finger, S.M., *Terrorism: Interdisciplinary Perspectives,* John Jay Press, New York, 1977.

Athal, Anil A., "Terror Tactics", *Gentleman,* April, 1991, pp. 56–60.

Crenshaw, Martha (ed.), *Terrorism, Legitimacy and Power: The Consequences of Political Violence,* Wesleyen University Press, Moddletown, 1983.

Gurr, Ted Robert, *Why Men Rebel,* Princeton University Press, Princeton, 1970.

Mallin, Jay, *Terror and Urban Guerrillas,* University of Miami Press, Coral Gables, 1971.

Marwah, Ved, *Uncivil Wars: Pathology of Terrorism in India,* HarperCollins India, Delhi, 1996.

Naunihal, Singh, *The World of Terrorism,* South Asian Publishers, New Delhi, 1989.

Rapoport, D.C. and Alexander, Y. (eds), *The Morality of Terrorism: Religious and Secular Justification*, Pergamon Press, Elmsford, 1982.

Saxena, N.S., *Terrorism: History and Facets in the World and in India*, Abhinav Publications, New Delhi, 1985.

Sheth, Pravin N., *Global Terrorism: Meeting Borders, Hardened Walls*, Rawat Publications, Jaipur, 2005.

Sterling, Clarie, *The Terror Network*, Holt, Rinehart & Winston, New York, 1981.

*Terrorism: International Journal*, Vols. 1–6, 1977–1983.

Wardlaw, Grant, *Political Terrorism: Theory, Tactics and Countermeasure*, Cambridge University Press, London, 1984.

Wilkinson, Paul, *Political Terrorism*, Macmillan & Co., London, 1974.

# 21

# भ्रष्टाचार

## Corruption

भ्रष्टाचार एक जटिल सामाजिक समस्या है, जो सभी समाजों को प्रभावित करती है। भारत भी इसका अपवाद नहीं है। अब इसे एक वैसे *नरम* देश के रूप में नहीं माना जाता जैसा कि कभी राजनीतिक वैज्ञानिकों के द्वारा माना जाता था। अब यह एक चौरतंत्र (kleptocracy) बन चुका है, एक *प्रतिफल* देश बन चुका है, जहां प्राप्त की जा सकने वाली किसी भी वस्तु को किसी मूल्य के बदले में प्राप्त किया जा सकता है। यहाँ, ऐसा कहा जाता है, कि अपने आप कुछ भी नहीं होता। उदाहरण के लिए, यदि कोई व्यक्ति एक सरकारी नौकरी चाहता है, तो उसे पात्रता के मानदंडों को पूरा करने के बावजूद भी उच्च-अधिकारियों को लाखों रुपए देने होगें। प्रत्येक सरकारी कार्यालय में कार्य करवाने के लिए किसी को भी या तो सम्बन्धित कर्मचारी को धन देना पड़ता है अथवा किसी सिफारिश की व्यवस्था करनी पड़ती है। खाद्य एवं नागरिक आपूर्ति विभाग में बेईमान श्रमिकों के द्वारा उत्पादों में मिलावट तथा घटतौली की जाती है, जो निर्दोष जनता के स्वास्थ्य एवं जीवन से खिलवाड़ किए जाने के द्वारा उपभोक्ताओं को धोखा देते हैं। संपत्ति कर के निर्धारण में किसी को भी घूस देनी पड़ती है, भले ही घर का निर्माण नियम एवं कायदे के अनुसार ही क्यों न करवाया गया हो।

भारत में राजनीतिक भ्रष्टाचार सबसे बुरा है। किसी भी नवनिर्वाचित विधानसभा सदस्य को सत्ताधारी दल का समर्थन करने के लिए करोड़ों रुपयों के साथ-साथ मंत्री पद का प्रस्ताव भी दिया जाता है। आज, भ्रष्टाचार ने एक आम समस्या का ऐसा रूप ग्रहण कर लिया है, कि यहां तक कि विधिसम्मत कार्य करवाने के लिए भी लोग घूस दिए जाने से परहेज नहीं करते।

### अवधारणा (Concept)

विश्व बैंक के द्वारा भ्रष्टाचार को मोटे तौर पर निजी लाभ के लिए सार्वजनिक पद के उपयोग किए जाने के रूप में परिभाषित किया गया है। साधारण भाषा में, इसे "घूस सम्बन्धी एक कार्य" के रूप में वर्णित किया जा सकता है। इसे "निजी लाभ के लिए सार्वजनिक अधिकार का इस तरह उपयोग किए जाना जिससे कानून का उल्लंघन होता हो अथवा समाज के मानदंडों से अलग हटा जाता हो" के रूप में भी वर्णित किया गया है। डी.एच. बैले ने इसे "निजी लाभ, जिनका मौद्रिक होना अनिवार्य नहीं है, के मूल्य के परिणाम के रूप अधिकारों के दुरुपयोग" के रूप में स्पष्ट किया है (डगलस एंड जॉनसन, 1971 में उद्धृत)। एंडरिस्की इसे "ऐसे तरीकों से निजी लाभ के लिए सार्वजनिक अधिकारों का उपयोग किया जाना जो कुछ औपचारिक नियम अथवा कानून का अतिक्रमण करते हों" के रूप में मानते हैं (मेशेल, 1983 में उद्धृत)। सेफ्टेल ने प्रेक्षित किया है कि "भ्रष्टाचार ऐसा व्यवहार है, जो निजी लाभ के लिए सार्वजनिक भूमिका अथवा पद के उपयोग को शासित करने वाले मानदंडों एवं कर्त्तव्यों से किया गया विचलन हो" (मेशेल, 1983 में उद्धृत)। यह निजी लाभ कतिपय कार्यवाहियों के विरुद्ध लगाए गए निषेधों की उपेक्षा करने, कार्यवाही करने के लिए वैध विवेकाधिकार का उपयोग किए जाने, अथवा कार्यवाही करने के दायित्वों को पूरा किए जाने के द्वारा प्राप्त किया जाता है। जे.

नाई (1967: 410) उल्लेख करते हैं कि "भ्रष्टाचार निजी लाभ के लिए सार्वजनिक पदों के गलत उपयोग अथवा दुरुपयोग को दर्शाता है" भ्रष्टाचार को "आर्थिक अथवा प्रास्थिति सम्बन्धी लाभों के लिए सार्वजनिक भूमिका के औपचारिक कर्तव्यों से विचलन" के रूप में भी वर्णित किया गया है।

इस प्रकार, अपने व्यापक अर्थों में, भ्रष्टाचार है, ईमानदारी की कमी–चाहे वह बौद्धिक, नैतिक अथवा वित्तीय कुछ भी हो। और, जब ईमानदारी विफल होती है, पूरा समाज ढह जाता है।

समाज में भ्रष्टाचार अनेक रूपों में फैला हुआ है। इनमें से कुछ प्रमुख हैं : घूस (नकद अथवा वस्तु अथवा उपहार के रूप में प्रस्तावित किया गया धन जो देने वाले के पक्ष में किसी अवैधानिक अथवा बेईमानीपूर्ण कार्य करवाने हेतु लालच के रूप में दिया गया हो), गबन (किसी दूसरे के धन का स्वयं के लिए उपयोग करना), संरक्षण (संरक्षक के द्वारा दिया गया गलत समर्थन/प्रोत्साहन तथा इस प्रकार अपने पद का दुरुपयोग), तथा पक्षपात (अनावश्यक रूप से एक को दूसरे पर प्राथमिकता प्रदान करना)।

## भ्रष्टाचार : एक ऐतिहासिक परिप्रेक्ष्य (Corruption: A Historical Perspective)

भ्रष्टाचार एक वैश्विक प्रघटना है। चिरकाल से लगभग प्रत्येक समाज में यह किसी न किसी रूप में पाया जाता रहा है। प्राचीन समय में, मिश्र, बेबीलोनियाई तथा यहूदी समाजों में न्यायाधीशों ने घूस ली थी। रोम में, सार्वजनिक पदों के लिए चुनावों में घूस एक आम बात थी। फ्रांस में, 15वीं शताब्दी के दौरान न्यायिक पदों की बिक्री की गई थी। 17वीं तथा 18वीं शताब्दियों में इंग्लैण्ड को एक 'सिंक-होल' के रूप में वर्णित किया गया था। 19वीं शताब्दी में भी ब्रिटेन में भ्रष्टाचार इतना अधिक व्यापक था कि गिब्बन ने इसे संवैधानिक स्वतंत्रता के सर्वाधिक अचूक लक्षण के रूप में वर्णित कर डाला (*सेमिनार,* संख्या 421, सितम्बर 1994)।

भारत में भी, भ्रष्टाचार किसी न किसी रूप में चिरकाल से ही प्रचलित रहा है। कौटिल्य ने अपने *अर्थशास्त्र* (सामासात्री, 1967: 15-17) में सरकारी सेवकों के द्वारा राजस्व में से गबन किए जाने का उल्लेख किया है। उन्होंने सरकारी सेवकों के द्वारा अपनाए जाने वाले लगभग चालीस प्रकार के गबनों तथा भ्रष्ट व्यवहारों का उल्लेख किया है। अशोक के शासन के दौरान, भ्रष्टाचार एक छोटे पैमाने पर प्रचलित था (मजूमदार, 1960: 113)। मध्ययुगीन समाज में, भ्रष्टाचार के लिए गुंजाइश न्यूनतम थी, क्योंकि करों के संग्रहण के लिए मात्र कुछ अधिकारी ही मौजूद होते थे। जितने समय में उन्होंने संपदा एकत्रित की, उन्हें प्रतिबंधित किए जाने के स्थान पर प्रसंशित किया गया। अंग्रेज शासन के दौरान, न केवल भारतीय अधिकारियों बल्कि उच्च-पदस्थ अंग्रेज अधिकारियों के द्वारा भी घूस स्वीकार की जाती थी। क्लाइव तथा वारेन हेस्टिंग्स को तो यहां तक भ्रष्ट पाया गया था, कि इंग्लैण्ड वापसी होने पर एक संसदीय समिति के द्वारा उनका विवरण किया गया था। प्रथम तथा द्वितीय विश्वयुद्ध के दौरान आर्थिक गतिविधियों के विस्तार ने देश में भ्रष्टाचार के नए मार्गों को खोल दिया (हल्लाया, 1948: 13-51)। युद्धकालीन नियंत्रणों, प्रतिबंधों तथा अभावों ने घूस, भ्रष्टाचार एवं पक्षपात के लिए प्रचुर मात्रा में अवसर प्रदान किए। स्वतंत्रता प्राप्ति के उपरांत, हालांकि राष्ट्रीय स्तर पर शीर्षस्थ राजनीतिक अभिजात्य वर्ग कुछ समय के लिए ईमानदार बना रहा, लेकिन तीसरे तथा चौथे आम चुनावों के पश्चात् नए राजनीतिक अभिजात्य वर्ग ने अपने ईमानदार होने सम्बन्धी जनता के विश्वास को गवां दिया। यहां तक कि छोटे-मोटे कार्यों के लिए भी समस्त सार्वजनिक संस्थाओं में सभी स्तरों पर सरकारी कर्मचारियों द्वारा भारी मात्रा में घूस लेना प्रारंभ कर दिया। आज, केन्द्र तथा राज्य दोनों के ही स्तरों पर, ईमानदार छवि से युक्त राजनीतिज्ञों तथा अधिकारियों की संख्या को उंगलियों पर गिना जा सकता है। यहां तक कि प्रधानमंत्री पर भी भ्रष्ट व्यवहारों का आरोप लगाया जा चुका है (कोलगेट घोटाले, 2013 में)।

ट्रांसपरेंसी इंटरनेशनल के भ्रष्टाचार संवेदन सूचकांक के अनुसार सन् 2015 में विश्व के 176 देशों में से भारत का स्थान 85वां था। आज, भारत में भ्रष्टाचार विश्व की प्रचलित दरों से ठीक दोगुना होते हुए अभी तक के अपने चरम स्तर पर है। वैश्विक आधार पर, जहां सन् 2012 में सार्वजनिक सेवाओं तथा

संस्थानों का उपयोग किए जाने के लिए 27 प्रतिशत लोगों ने घूस दी थी, वहीं भारत में ऐसा करने वाले लोगों का प्रतिशत 54 था। भारत में राजनीतिक दलों को सबसे अधिक भ्रष्ट पाया गया है, जिनकी भ्रष्टाचार की दर 5 के पैमाने पर 4.4 तक है (जिनमें से 1 न्यूनतम भ्रष्ट है जबकि 5 सबसे अधिक)।

घूस की सबसे बड़ी राशि (62%) का संग्रहण पुलिस के द्वारा किया गया, जिसके पश्चात् पंजीकरण एवं परमिट में संलिप्त लोगों के द्वारा (61%), शैक्षणिक संस्थानों (48%), तथा भूमि सम्बन्धी सेवाएं (38%)। भारत की न्यायपालिका की भी घूस लेने में संलिप्तता पाई जा चुकी है। ये निष्कर्ष ट्रांसपरेंसी इंटरनेशनल के वैश्विक भ्रष्टाचार बैरोमीटर, 2013 के द्वारा 107 देशों में 1.14 लाख लोगों पर संपन्न किए गए एक सर्वेक्षण पर आधारित हैं (*द टाइम्स ऑफ इंडिया,* 10 जुलाई, 2013)।

## लोकसेवकों के बीच भ्रष्टाचार (Corruption Among Public Servants)

लोकसेवकों के बीच भ्रष्टाचार सदैव ही किसी न किसी रूप में विद्यमान रहा है यद्यपि अलग-अलग समय तथा स्थान के साथ इसका आकार, आयाम, बनावट एवं रंग परिवर्तित होता रहा है। किसी समय में, गलत कार्य करवाने के लिए घूस दी जाती थी जबकि आज सही समय पर सही कार्य करवाने के लिए भी घूस दी जाती है।

सार्वजनिक सेवाओं में किन कार्यों को 'भ्रष्ट' कहा गया है? यद्यपि 'भ्रष्टाचार' शब्द के व्यापक अर्थ होते हैं, तथापि कानून के प्रावधानों के अंतर्गत लोकसेवकों के बीच व्यवहार के निम्नलिखित प्रतिरूपों को 'भ्रष्ट' के रूप में वर्णित किया जा सकता है (मलहोत्रा, 1992: 254-256) : (1) किसी आधिकारिक क्षमता में किए गए कार्य के लिए पुरस्कार के रूप में परितोषिक स्वीकार करना, (2) अवैध रूप से किसी वस्तु अथवा मौद्रिक लाभ प्राप्त करना, (3) सार्वजनिक संपत्ति का धोखाधड़ीपूर्वक गबन, (4) किसी के अपने ज्ञात आय के स्रोतों से अधिक के अनुपात में वित्तीय संसाधनों अथवा संपत्ति के कब्जे में होना, (5) आधिकारिक पद का दुरुपयोग अथवा गलत उपयोग करना, (6) मूल्यवान वस्तु खरीदने के लिए किसी ऐसे व्यक्ति, जिसके साथ किसी का सरकारी व्यवहार हो, से इस 'ज्ञात' समझौते के आधार पर धन 'उधार' लेना 'उधार लिया गया धन' लौटाया नहीं जाएगा, (7) 'पदासीन व्यक्तियों' के द्वारा ऐसे व्यक्तियों से उपहार स्वीकार करना जिनके साथ उनके 'पदाधीन' सम्बन्ध हों, (8) सरकार को भुगतान के लिए देय बकायों/कर/शुल्क से बचने में नियमों की अवहेलना करते हुए किसी नागरिक की जानबूझकर सहायता करना, (9) किसी ऐसे आधार पर अपने कर्तव्य के निर्वहन से इंकार करना जिससे दूसरे पक्ष को लाभ प्राप्त हो सके (उदाहरणार्थ, किसी अपराधी को संरक्षण प्रदान करने के लिए पुलिस अधिकारी के द्वारा वाद पंजीकृत न किया जाना)।

सरकारी विभागों/मंत्रालयों में व्यापक भ्रष्टाचार लगभग एक परंपरा बन चुका है। केन्द्र सरकार में कम से कम पांच ऐसे मंत्रालय हैं जिन्हें धन पैदा करने के लिए सोने की खान माना जाता है। ये हैं : रक्षा, रेलवे, पेट्रोलियम, उर्जा, संचार तथा पीडब्ल्यूडी। इन मंत्रालयों का वार्षिक बजट अरबों रुपयों का होता है। जहां रक्षा खरीदों में 15 से 40 प्रतिशत तक की दलाली असामान्य नहीं है वहीं तेल एवं प्राकृतिक गैस का आयात भारी मात्रा में रिश्वत को जन्म देता है। हाल ही में, हमने संचार (2जी) तथा रेलवे मंत्रालयों के उदाहरणों को भी देखा है जहा लाखों करोड़ रुपयों की संलिप्तता वाले घोटालों को उजागर किया गया है। दोनों ही मामलों में, सम्बन्धित मंत्रियों का संलिप्त होना पाया गया है। जहां 2जी घोटाले की राशि लगभग 1,76,000 करोड़ रुपयों (सीएजी के अनुसार) की है, वहीं रेलवे घोटाले में मंत्री के भतीजे पर रेलवे बोर्ड के सदस्य को सदस्य इलेक्ट्रिकल के पद पर पदोन्नत किए जाने के लिए 90 लाख रुपए लिए जाने का आरोप लगाया गया है। यह उल्लेख किया जाना प्रासंगिक होगा कि सदस्य इलेक्ट्रिकल के पास बहुत अधिक वित्तीय अधिकार उपलब्ध होते हैं जो रेलवे बजट के द्वारा किए जाने वाले कुल व्यय के लगभग 35 प्रतिशत अर्थात् लगभग 2,500 करोड़ रुपए के आसपास होते हैं।

चार अन्य विभाग, जहां भ्रष्टाचार चरम पर है, इस प्रकार हैं : लोकनिर्माण, आबकारी, पुलिस, उत्पाद-शुल्क तथा राजस्व। लोकनिर्माण विभाग को सिविल इंजीनियरिंग सम्बन्धी कार्यों जैसे इमारतों का

निर्माण, सड़कों का रख-रखाव, नालों की खुदाई, बांधों का निर्माण तथा इसी प्रकार के अनेकानेक कार्यों के लिए किए गए बजट तथा योजना प्रावधानों का एक बड़ा भाग प्राप्त होता है। इस विभाग में भ्रष्टाचार ऊपर से नीचे तक सभी चरणों में प्रचलित है जैसे चयन, माल की खरीद, कार्य का निष्पादन, बिलों का भुगतान तथा विवादों का समाधान। ऐसा कहा जाता है, कि परियोजना के लिए स्वीकृत की गई कुल लागत का लगभग 70 प्रतिशत कार्य में निवेश किया जाता है, 20 प्रतिशत ठेकेदार का लाभ होता है तथा 10 प्रतिशत विभिन्न अधिकारियों की जेबों में जाता है।

पुलिस विभाग को सर्वाधिक भ्रष्ट विभाग कहा जाता है, जहां सिपाही से लेकर ऊपर के पदों पर बैठे अधिकारियों के द्वारा घूस ली जाती है। जो कुछ भी आश्चर्यजनक है वह यह है कि पुलिस अपराधी तथा शिकायतकर्ता दोनों से ही धन लेती है। पुलिस के पास उपलब्ध अधिकार इतने अधिक व्यापक हैं, कि वे किसी भी ईमानदार व्यक्ति पर आरोप लगा सकते हैं, उसे गिरफ्तार कर सकते हैं तथा प्रताड़ित कर सकते हैं। छोटी-मोटी बातों पर गरीब लोगों (जैसे रिक्शाचालक, मजदूर, दुकानदार, रेहड़ी वाले इत्यादि) को पीटने तथा उनकी जेब में मौजूद सारे पैसे छीन लेने, ट्रक-चालकों से पैसा वसूलने, दुकानदारों से 'हफ्ता' (निर्धारित साप्ताहिक राशि) वसूलने तथा इसी प्रकार के अन्य कार्य भ्रष्टाचार के आम मामले हैं।

जहां कहीं भी महत्वपूर्ण निर्णय लिए जाते हैं, जैसे करों का निर्धारण तथा संग्रहण, अनुबंधों को स्वीकृत किया जाना, बिलों को पास किया जाना, चेकों को जारी किया जाना, आपूर्तियों को स्वीकृत किया जाना इत्यादि के मामले में भ्रष्टाचार की गुंजाइश अपेक्षाकृत अधिक होती है। अधिकारियों को एक पूर्व-निर्धारित प्रतिशत का भुगतान कर दिया जाता है तथा इस राशि को प्रतिष्ठान में सभी लोगों के द्वारा बांट लिया जाता है। उदहारण के लिए, रेलवे में वैगनों के आबंटन, विनश्वर माल के पार्सलों की बुकिंग, क्षतिपूरक दावों को स्वीकार किया जाना इत्यादि के लिए पैसों का भुगतान किया जाता है। कई प्रतिष्ठानों में, अनुबंध दिए जाते समय एक नियम के तौर पर एक निर्धारित प्रतिशत प्राप्त कर लिया जाता है। इसी प्रकार से, कमीशन का भुगतान करने में विफलता का परिणाम बिल को स्वीकार किए जाने तथा चेकों को प्राप्त करने में बिलंब के रूप में होता है। प्रायः बेईमान ठेकेदार एवं आपूर्तिकर्ता, जो घटिया किस्म का माल आपूर्ति करने अथवा बड़े कार्य के लिए स्वीकृति प्राप्त करने की इच्छा रखते हैं, अपने गलत तरीकों से अर्जित किए गए लाभ के एक छोटे से भाग को अपना कार्य करवा लेने के लिए खर्च कर देते हैं। कर-चोरी, मानक से घटिया निर्माण, छोटी मात्राओं में माल की आपूर्ति, तथा सरकारी वाहनों की मरम्मत के लिए भारी रकम वसूल किया जाना आदि भ्रष्टाचार के अन्य उदाहरण हैं।

भ्रष्टाचार न केवल ऊपरी स्तरों पर देखे जाने योग्य है, बल्कि यह पूरी तरह से नीचे तक फैला हुआ है। टेलीफोन, राज्य विद्युत परिषदों तथा जल-संस्थानों जैसे सरकारी विभागों में सहायक तथा कनिष्ठ अभियंताओं, मध्यम एवं निम्न श्रेणी के अधिकारियों, पुलिस में अधिकारी, राजस्व तथा उत्पादशुल्क विभागों में इंस्पेक्टर, सचिवालयों में लिपिक तथा रेलवे में कनिष्ठ कर्मचारी बड़े अथवा छोटे फायदे के बदले में घूस स्वीकार करते हैं। अनेक प्रतिष्ठानों में, कनिष्ठ अधिकारियों ने एक अलिखित नियम के रूप में घूस की दरें निर्धारित कर रखी हैं। हालांकि, ऐसी राशि विभाग से विभाग के बीच में अथवा अनुबंध/सौदे की प्रकृति के अनुसार अलग-अलग हो सकती है। उदाहरण के लिए, लोकनिर्माण विभाग (पीडब्ल्यूडी, जिसे घृणित ढंग से अंग्रेजी में 'प्लंडर विदाउट डैंजर अर्थात् 'खतरे के बिना लूट' कहा जाता है) में कोई भी कनिष्ठ अभियंता कुल अनुबंध राशि का 5 प्रतिशत मांगता है, तो एक सहायक अभियंता 3 प्रतिशत जबकि एक अधिशासी अभियंता को मात्र 2 प्रतिशत के साथ संतुष्ट होना पड़ता है। इसी प्रकार से अन्य विभागों, जैसे आयकर, पुलिस इत्यादि में कमोबेश समान स्थिति ही विद्यमान है, जहां घूस के रूप में 10 से 20 प्रतिशत की राशि को अलग रख दिया जाता है, चाहे नकद भुगतान के लिए अथवा किसी वस्तु के रूप में। सरकारी कार्यालयों में, किसी बात के लिए अनुमति प्रदान कर दिए जाने के बाद भी सम्बन्धित लिपिक स्वीकृति पत्र टाइप करने अथवा उसे डाक

द्वारा प्रेषित करने से इंकार कर देगा, यदि उसे सौदे की राशि के 1 से 2 प्रतिशत तक घूस न दे दी जाए। सबसे निचले स्तर पर, यहां तक कि चपरासी भी किसी अधिकारी को यह सूचित करने के लिए कि कोई भेंटकर्ता उनसे मिलना चाहता है, 10 से 50 रुपए तक की बख्शीश ले लेता है। हाल ही में किए गए एक अध्ययन, जिसे सेंटर फार मीडिया स्टडीज तथा एमआरडीए के द्वारा संयुक्त रूप से लुधियाना, दिल्ली, अहमदाबाद, इंदौर, मुम्बई, कोलकाता, विजयवाडा, बैंगलूरू तथा चेन्नई जैसे लगभग एक दर्जन से अधिक परिवहन केन्द्रों में लगभग 1200 से अधिक ट्रक-चालकों के साथ संपन्न किया गया था, के अनुसार यह स्पष्ट हुआ है कि भारत की सड़कों पर प्रतिवर्ष लगभग 22,000 करोड़ रुपयों की घूस का भुगतान किया जाता है तथा इसका 90 प्रतिशत भाग पुलिसकर्मियों तथा परिवहन विभाग के कर्मचारियों के पास जाता है (*टाइम्स आफ इंडिया,* 25 नवम्बर, 2013)। सरकारी विभागों में भ्रष्टाचार इतना अधिक व्यापक है कि यहां तक कि प्रधानमंत्री राजीव गांधी को भी एक सार्वजनिक सभा में यह उल्लेख करना पड़ा था कि सरकार के द्वारा किसी भी सार्वजनिक कार्यक्रम के लिए स्वीकृत किए गए प्रत्येक 100 रुपयों में से जनता को मात्र 20 रुपयों का ही लाभ प्राप्त हो पाता है। कोई आश्चर्य नहीं है कि भारत के शासन के प्रति भ्रष्टाचार सबसे घातक खतरे के रूप में उभर चुका है। इसके द्वारा सार्वजनिक जीवन के समस्त क्षेत्रों को अपने अंदर समेट लिए जाने की धारणा विद्यमान है। भारत में किसी लोक अधिकारी – चाहे पुलिस अथवा सिविल – के रूप में प्रशासन की उपस्थिति को आज भ्रष्टाचार, शोषण तथा दमन का पर्याय माना जाता है।

भारत में घूस की मात्रा में प्रतिवर्ष इतनी तेजी से वृद्धि होती जा रही है कि कुछ लोगों ने इसे मजाक में 'घूसवादी राष्ट्र' कह कर संबोधित करना प्रारंभ कर दिया है। *बिजनेस स्टैंडर्ड* (13 जुलाई, 2013) में प्रकाशित एक लेख में, व्यापारियों, राजनीतिज्ञों तथा नौकरशाहों के बीच एक घिनौनी सांठगांठ को उजागर करते हुए वीना संधू तथा टी.ई. नरसिम्हन लिखते हैं : "घूस की दुनिया अंधेरी तथा उजागर करने में कठिनाईपूर्ण है ...। ऐसे किसी भी परिदृश्य में, देश में घूस के परिमाण का मात्र अंदाजा ही लगाया जा सकता है, सर्वश्रेष्ठ रूप से अनुमान लगाया जा सकता है, किन्तु इसकी सटीक गणना किया जाना असंभव है।"

स्वतंत्रता-प्राप्ति के बाद से भारत में राजनीतिज्ञों तथा नौकरशाहों ने घूस के रूप में धन की अपार मात्रा का संग्रहण किया है। सन् 2012 में, केन्द्रीय अन्वेषण ब्यूरों के साथ पंजीकृत किए गए 1,048 मामलों में से 790 अर्थात् 75 प्रतिशत से भी अधिक लोकसेवकों के द्वारा घूस लिए जाने में संलिप्त होने से सम्बन्धित थे। इसी प्रकार से, केन्द्रीय सतर्कता आयोग (CVC) को सन् 2011 की 17,047 शिकायतों की तुलना में सन् 2012 के दौरान 37,000 से अधिक शिकायतें प्राप्त हुईं, जोकि गतवर्ष की तुलना में 113 प्रतिशत से भी अधिक थीं (*संडे टाइम्स आफ इंडिया,* 1 सितम्बर, 2013)। सन् 2011 में केन्द्रीय सतर्कता आयोग ने रेलवे कर्मचारियों के विरुद्ध 8,805 शिकायतें प्राप्त कीं जिसके बाद बैंक कर्मचारियों के विरुद्ध 8,430 तथा आयकर कर्मचारियों के विरुद्ध 5,026 शिकायतों का क्रम था (संधू तथा नरसिम्हन, 2013)।

## राजनीतिक भ्रष्टाचार एवं घोटाले (Political Corruption and Scams)

यह एक सुविदित तथ्य है कि न केवल भारत में बल्कि सभी देशों में राजनीतिज्ञों की एक बड़ी संख्या भ्रष्ट है। किसी भी राजनीतिज्ञ का भ्रष्टाचार में संलिप्त होना उजागर होने पर लोगों को किसी प्रकार के आघात का अनुभव नहीं होता। ईमानदार राजनीतिज्ञ आज एक दुर्लभ प्रजाति बन चुकी है। भ्रष्ट राजनीतिज्ञ न केवल कर मुक्त, सकुशल एवं बिना दंडित हुए छूट जाते हैं, बल्कि वे राजनीतिक मंच पर एक सम्माननीय नेता के रूप में अकड़ दिखाने का प्रबंध भी कर लेते हैं। लाल बहादुर शास्त्री तथा सरदार बल्लभ भाई पटेल जैसे राजनीतिज्ञों का उदाहरण दुर्लभ है जिनके देहांत के समय पर उनके बैंक खातों में मामूली सी राशि जमा थी। हमारी इस भूमि पर जहां एक चोर, जो लंबे समय तक बेरोजगार रहने के पश्चात् अपने भूखे बच्चों का पेट

भरने के लिए चोरी करता है को तत्परता से जेल में बंद कर दिया जाता है, लेकिन जो देश को लूटते हैं, वे संपूर्ण आडंबर के साथ सम्माननीय नागरिकों के रूप में स्वांग करते हैं मात्र इसलिए क्योंकि वे राजनीतिक के पुरोधा होते हैं अथवा सत्ता के केन्द्र के समीप होते हैं।

धन एवं बाहुबल न केवल चुनावों को जीतने में सहायता प्रदान करते हैं बल्कि राजनीति को कहीं अधिक लाभदायक व्यवसाय बनाए जाने में भी सहायता प्रदान करते हैं। ऐशोसिएशन फार डेमोक्रेटिक रिफार्म (ADR) – चुनाव सुधारों पर कार्य करने वाली एक विचारक संस्था–के द्वारा किया गया एक विश्लेषण दर्शाता है कि सन् 2004 के बाद से संसद तथा राज्यों की विधान-सभाओं के लिए चुनाव लड़ने वाले 62,847 प्रत्याशियों की औसत संपत्ति 1.37 करोड़ रुपयों की रही है तथा जो निर्वाचित हुए हैं उनकी 3.83 करोड़ रुपयों की। इससे भी कहीं अधिक रोचक यह है कि विधायकों, जिनके ऊपर आपराधिक आरोप हैं, की संपत्ति में कहीं अधिक वृद्धि होकर यह 4.30 करोड़ हो गई तथा उनमें से भी जो हत्या, अपहरण एवं बलात्कार जैसे संगीन मामलों में लिप्त थे 4.38 करोड़ रुपयों की औसत संपत्ति के ढेर के साथ सबसे ऊपर थे (*टाइम्स ऑफ इंडिया,* 30 जुलाई, 2013)।

इसी प्रकार से, ADR ने अपनी प्रेस विज्ञप्ति (10 जुलाई, 2013) में प्रकट किया था कि देश में कुल 4,807 वर्तमान संसद सदस्यों तथा विधायकों में से 1,460 (अथवा 30%) के ऊपर आपराधिक मामले पंजीकृत हैं तथा उनमें से 688 (अथवा 14%) गंभीर आपराधिक मामलों में संलिप्त हैं। लोकसभा के कुल सदस्यों (अर्थात् 543) में से 162 (अर्थात् 30%) के विरुद्ध आपराधिक मामले हैं जिनमें गंभीर अपराधों के 76 मामले शामिल हैं। राज्य-सभा के सदस्यों (अर्थात् 232) लिए यही आंकड़ा क्रमशः 40 तथा 16 का है। और, राज्यों में, वर्तमान कुल 4,032 विधायकों में से 1,258 (अर्थात् 31%) के विरुद्ध आपराधिक मामले हैं, जिनमें से 596 (अर्थात् 15%) गंभीर प्रकृति के हैं।

हाल ही में अपने एक ऐतिहासिक निर्णय में भारत के सर्वोच्च न्यायालय ने जनप्रतिनिधि अधिनियम के अंतर्गत एक विसंगति को उस समय दुरुस्त करने का प्रयास किया जब इसने धारित किया कि ऐसा कोई कारण मौजूद नहीं है, कि किसी निर्वाचित प्रतिनिधि को, जब वे अधिनियम के अंतर्गत विनिर्दिष्ट अपराधों के लिए दोषी सिद्ध किए जा चुके हों, अपील लंबित होने पर अयोग्य घोषित किए जाने से विशेष रूप से संरक्षण प्रदान किया जाए। दुःखद रूप से, बजाय इसे मान्यता प्रदान किए जाने के तथा आपराधिक तत्वों को बाहर किए जाने के एक अवसर के रूप में इसका उपयोग किए जाने के भारत सरकार ने सर्वोच्च न्यायालय के इस निर्णय को एक अध्यादेश जारी किए जाने के द्वारा पलटने का चयन किया है। किन्तु, बढ़ते हुए सार्वजनिक आक्रोश का सामना करते हुए तथा कांग्रेस उपाध्यक्ष राहुल गांधी की इच्छाओं के समक्ष झुकते हुए केन्द्रीय मंत्रिमंडल ने बाद में दोषी सिद्ध हो चुके संसद सदस्यों/विधानसभा सदस्यों को तुरंत अयोग्य घोषित किए जाने से संरक्षण प्रदान करने वाले इस विवादास्पद अध्यादेश/विधेयक को रद्दी की टोकरी में डाल दिया। सत्ताधारी कांग्रेस नेता राशिद मसूद ऐसे पहले संसद सदस्य बन गए, जिन्हें भ्रष्टाचार के एक मामले में दोषी सिद्ध होने पर अयोग्य घोषित कर दिया गया।

हमारे देश में विगत दो दशकों अथवा ऐसे ही समय के दौरान अनेक घोटालों तथा वित्तीय अनियमितताओं, जिनमें भारी मात्रा में दलाली, फायदा तथा घूस दिया जाना शामिल है, को सूचित किया गया है। अधिकांशतः, ये मुख्य-मंत्री, मंत्री, महत्वपूर्ण पद पर बैठे नेतागण, नौकरशाह तथा बड़े व्यापारी रहे हैं, जिनकी घोटालों में संलिप्तता को सूचित किया गया है। किन्तु 'अपर्याप्त साक्ष्यों' की आड़ में दोषियों को खोजे जाने, पता लगाए जाने, उनपर संदेह किए जाने, अभियोजित किए जाने तथा दंडित किए जाने के लिए कुछ भी ठोस कार्यवाही नहीं की गई है। यहां हम सर्वाधिक कुख्यात घोटालों को स्पष्ट करेगें जो स्वतंत्रताप्राप्ति के पश्चात् भारत में उजागर हुए हैं (तालिका 1 भी देखें)।

### *अंतुले न्यास पे-आफ घोटाला, 1981 (Antulay Trust pay-off Scam, 1981)*

महाराष्ट्र के तत्कालीन मुख्यमंत्री ए.आर. अंतुले ने राज्य के संसाधनों पर आश्रित व्यवसायों से कथित रूप से 30 करोड़ रुपए बटोरे।

**तालिका 1**

*स्वतंत्रताप्राप्ति के पश्चात् भारत में प्रमुख भ्रष्टाचार घोटाले (1981-2013)*

| वर्ष | घोटाला | प्रकृति | संलिप्त राशि (करोड़ रुपयों में) | संलिप्त व्यक्तिगण |
|---|---|---|---|---|
| 1981 | पे-आफ | अवैध रूप से करोड़ों रुपए एकत्रित किया जाना | 30 | महाराष्ट्र के मुख्यमंत्री |
| 1987 | एचडीडब्ल्यू | जर्मनी की पनडुब्बी कम्पनी के द्वारा भारी दलाली का भुगतान किया गया था | 20 | |
| 1987 | बोफोर्स | सेना के लिए स्वीडन की कम्पनी से तोपों की खरीद | 64 | उच्च-पदस्थ राजनीतिज्ञ |
| 1991 | तेलगी | जाली स्टैम्प पेपरों की छपाई | 43,000 | अब्दुल करीम तेलगी |
| 1992 | प्रतिभूति | बैंक एवं शेयर बाजार में गड़बड़ी किया जाना | 10,000 | हर्षद मेहता, शेयर बाजार का खिलाड़ी |
| 1994 | चीनी आयात | ऊँची कीमतों पर चीनी का आयात किया जाना | 650 | केन्द्रीय खाद्य मंत्री |
| 1995 | जेएमएम | संसद में मताधिकार का प्रयोग करने के लिए धन लिया/दिया जाना | 2.8 | प्रधानमत्री, मंत्रीगण, संसद सदस्य तथा उद्योगपति |
| 1996 | हवाला | पक्षपात प्राप्त करने के लिए घूस दिया जाना | 810 | विभिन्न दलों के शीर्षस्थ राजनीतिज्ञ एवं नौकरशाह |
| 1996 | चारा (बिहार) | सार्वजनिक निधि के लेनदेन में बड़े पैमाने पर गबन एवं धोखाधड़ीपूर्ण लेनदेन | 950 | मुख्यमंत्री, मंत्रीगण, राजनीतिज्ञ, नौकरशाह एवं माफिया समूह |
| 1996 | यूरिया | तुर्की की एक कम्पनी को करोड़ों रुपयों का अग्रिम भुगतान किया जाना जिसके बदले में दो वर्षों तक भी कोई आपूर्ति नहीं की गई। हालांकि, इसका एक भाग सितम्बर, 1996 में आपूर्ति किया गया था किन्तु खराब गुणवत्ता के कारण इसे वापस कर दिया गया। | 233 | भूतपूर्व प्रधानमंत्री/केन्द्रीय मंत्रियों तथा एनएफएल के निदेशकों के पुत्र एवं सम्बन्धीगण |
| 1996 | बैंक | सन् 1991 से 1995 के बीच बैंक के द्वारा वित्तीय अनियमितताएं | 2,358 | राजनीतिज्ञ, नौकरशाह तथा बैंक अधिकारी |

*लगातार ...*

*... लगातार*

| | | | | |
|---|---|---|---|---|
| 2001 | शेयर बाजार | निवेशकों के साथ छल किया जाना | 1,50,000 | केतन पारिख, शेयर बाजार के खिलाड़ी |
| 2002 | ताज हेरिटेज कॉरीडोर | आगरा में ताजमहल के निकट ताज कॉरीडोर का निर्माण | | उत्तर प्रदेश के मुख्यमंत्री तथा मंत्रीगण |
| 2002 | खाद्यान्न (उत्तर-प्रदेश) | गरीबों के लिए सुरक्षित करोड़ों रुपए मूल्य के खाद्यान्न को खुले बाजार में बेचा जाना | 35,000 | प्रदेश के राजनीतिज्ञ/नौकरशाह |
| 2005 | खाद्यान्न के बदले तेल | एक अंतर्राष्ट्रीय कार्यक्रम से अवैध भुगतान प्राप्त किया जाना | | भूतपर्वू केन्द्रीय विदेश मंत्री तथा उनका पुत्र |
| 2006 | आईपीओ | आईपीओ में शेयरों को अवैध रूप से आरक्षित किए जाने हेतु वित्तदाताओं तथा शेयर बाजार के खिलाड़ियों के द्वारा जाली एवं बेनामी डीमैट खातों का उपयोग | 61 | इंडिया बुल्स की रूपल बेन बंसल |
| 2008 | कैश फार वोट (मतदान के लिए नकदी घोटाला) | लोकसभा में विश्वास मत जीतने के लिए संसद सदस्यों को घूस दिया जाना | | संप्रग सरकार |
| 2009 | मधु कोडा | धन शोधन | 4,000 | झारखंड के मुख्यमंत्री |
| 2009 | सत्यम | कम्पनी के खातों में हेरफेर तथा मिथ्याकरण | 24,000 | कम्पनी के चेयरमैन |
| 2010 | सीडब्ल्यूजी | बढ़ी हुई कीमतों पर सौदे किए गए | | संयोजक समिति के चेयरमैन |
| 2010 | 2-जी स्पेक्ट्रम | स्पेक्ट्रम के लिए अवैध लाइसेंसों का जारी किया जाना | 1,76,000 | केन्द्रीय संचार मंत्री तथा मंत्रालय के शीर्षस्थ नौकरशाह |
| 2012 | एनआरएचएम (उत्तर-प्रदेश) | एनआरएचएम से प्राप्त राशि की भारी लूट तथा वसूली | 10,000 | राज्य के राजनीतिज्ञ एवं वरिष्ठ नौकरशाह |
| 2012 | कोल-गेट | कोयला खंडों के आबंटन में कम्पनियों को अनावश्यक लाभ प्रदान किया जाना | 1,85,591 | प्रधानमंत्री कार्यालय, मंत्रीगण तथा नौकरशाह |
| 2013 | रेल-गेट | पदोन्नति के लिए घूस स्वीकार किया जाना | 10 | केन्द्रीय रेल मंत्री तथा उनका भतीजा एवं रेलवे बोर्ड के एक सदस्य |
| 2013 | सरधा समूह चिट फंड | जाली योजनाओं का संचालन | 20,000 | |
| 2013 | अगस्ता वेस्टलैंड हेलीकॉप्टर सौदा | सेना के लिए हेलीकॉप्टरों की खरीद | 74.50 | |

### *एचडीडब्ल्यू घोटाला, 1987 (HDW Scam, 1987)*

जर्मनी के पनडुब्बी निर्माता को इन आरोपों के बाद काली-सूची में डाल दिया गया था कि भारत में सन् 1987 में हुए सौदे में कथित रूप से 420 करोड़ रुपयों की दलाली का भुगतान किया गया है।

### *बोफोर्स घोटाला, 1987 (Bofors Scam, 1987)*

यह भ्रष्टाचार सम्बन्धी एक बड़ा घोटाला था जिसमें प्रधानमंत्री राजीव गांधी एवं अनेक अन्य ऐसे लोगों को संलिप्त किया गया था जिनपर 155 एमएम फील्ड होवाइट्ज़र की आपूर्ति की निविदा को प्राप्त करने के लिए स्वीडन की बोफोर्स से घूस प्राप्त करने का आरोप लगाया गया था। भ्रष्टाचार का पैमाना भारत के द्वारा पहले देखे गए ऐसे किसी भी अन्य कांड से कहीं अधिक बुरा था तथा यह नवम्बर 1989 के आम चुनावों में गांधी की सत्ताधारी भारतीय राष्ट्रीय कांग्रेस की पराजय का प्रत्यक्ष आधार बना। स्वीडन की कम्पनी ने शीर्षस्थ राजनीतिज्ञों को भारतीय मुद्रा में 640 मिलियन रुपए (12 मिलियन अमेरिकी डॉलर) की घूस का भुगतान किया था।

### *तेलगी घोटाला, 1991 (Telgi Scam, 1991)*

सर्वाधिक बड़े घोटालों में से एक, जिसके 43,000 करोड़ रुपयों का होने का अनुमान लगाया गया था, तथा जिसमें धोखेबाज अब्दुल करीम तेलगी ने जाली स्टैम्प पेपरों की छपाई की तथा बैंकों एवं विदेशी निवेशकों, बीमा कम्पनियों, शेयर बाजार के खिलाड़ियों एवं अन्य लोगों को बेचने के लिए 300 एजेंटों को नियुक्त किया था तथा लगभग 200 करोड़ रुपए कमाए थे।

### *प्रतिभूति घोटाला, 1992 (Securities Scam, 1992)*

हर्षद मेहता ने बैंकों तथा शेयर बाजार में हेराफेरी की तथा एसीसी जैसे शेयरों की कीमत को 500 से बढ़ाकर 10,000 रुपए कर दिया। दलालों का कुल दावा चौंका देने वाले 10,000 करोड़ रुपयों का हो गया था।

### *चीनी आयात घोटाला, 1994 (Sugar Import Scam, 1994)*

इस घोटाले में, तत्कालीन केन्द्रीय खाद्य मंत्री कल्पनाथ राय पर ऊंची कीमतों पर चीनी आयात करने का आरोप लगाया गया था, जिससे देश को 750 करोड़ रुपयों की हानि उठानी पड़ी थी।

### *जेएमएम घोटाला, 1995 (JMM Scam, 1995)*

यह एक घूसकांड था, जिसमें जुलाई 1993 में संसद में नरसिम्हा राव सरकार के विरुद्ध अविश्वास प्रस्ताव को पराजित करने के लिए अपने मताधिकार का प्रयोग करने हेतु झारखंड मुक्ति मोर्चा के चार तथा जनता दल के तीन संसद सदस्यों में से प्रत्येक पर 40 लाख रुपए लिए जाने का आरोप था। एक भूतपूर्व प्रधानमंत्री, चार केन्द्रीय मंत्री तथा दो मुख्यमंत्री एवं दो उद्योगपतियां पर भी भ्रष्टाचार तथा आपराधिक षड़यंत्र का आरोप लगाया गया था।

### *हवाला घोटाला, 1996 (Hawala Scam, 1996)*

इस घोटाले, जिसके 810 करोड़ रुपयों का होने का अनुमान लगाया गया था, में भाजपा के एल.के. आडवाणी, कांग्रेस के वी.सी.शुक्ला तथा जेडीयू के शरद यादव शामिल थे, जिन्होंने कथित रूप से हवाला कारोबारियों से 18 मिलियन डॉलर की घूस प्राप्त की थी।

### *चारा घोटाला, 1996 (Fodder Scam, 1996)*

यह घोटाला सन् 1996 में बिहार के चायबासा शहर में उजागर हुआ जब पशुपालन विभाग के द्वारा बिहार में पशुओं का चारा, मशीने तथा पशुपालन उपकरण खरीदे जाने के लिए सुरक्षित 950 करोड़

रुपयों के लगभग की राशि का गबन किया गया। भूतपूर्व मुख्यमंत्री जगन्नाथ मिश्रा सहित मुख्यमंत्री लालू प्रसाद यादव को त्यागपत्र देने पर बाध्य होना पड़ा था।

*यूरिया घोटाला, 1996 (Urea Scam, 1996)*

यह घोटाला सन् 1996 में देश में उर्वरक की कमी होने के बाद प्रकाश में आया, व्यापारियों के एक समूह ने राष्ट्रीय उर्वरक लिमिटेड के शीर्ष अधिकारियों के साथ सांठगांठ करके उस यूरिया के आयात के लिए सरकार से 233 करोड़ रुपए लूट लिए जिसका आयात कभी हुआ ही नहीं।

*बैंक घोटाला, 1996 (Bank Scam, 1996)*

इस घोटाले में सन् 1991 से 1995 के बीच सार्वजनिक क्षेत्र के बैंकों के द्वारा की गई अनियमितताएं शामिल थीं जिससे 2,358 करोड़ रुपयों की हानि हुई थी। भारत तथा सिंगापुर में अनेक लोगों को उनकी *बेनामी* कम्पनियों के नाम पर मनमाने ढंग से ऋण प्रदान कर दिए गए थे। बैंक के अधिकारियों के अलावा अनेक राजनीतिज्ञ एवं नौकरशाह भी इसमें संलिप्त थे।

*शेयर बाजार घोटाला, 2001 (Stock Market Scam, 2001)*

शेयर बाजार के बादशाह केतन पारिख ने निवेशकों के साथ छल करने के लिए यूटीआई, कोलकाता शेयर बाजार तथा अपने निजी सूचकांक के-10 का उपयोग किया। जब यह घोटाला उजागर हुआ, यह सूचित किया गया था, कि इसने बाजार की पूंजी में से 1.5 लाख करोड़ रुपए गायब कर दिए थे।

*ताज हेरिटेज कॉरीडोर घोटाला, 2002 (Taj Heritage Corridor Scam, 2002)*

यह एक कथित घोटाला है जिसमें उत्तर प्रदेश की तत्कालीन मुख्यमंत्री मायावती तथा उनके मंत्रिमंडल के एक मंत्री नसीमुद्दीन सिद्दिकी पर भ्रष्टाचार के आरोप लगे थे। ताज कॉरीडोर परियोजना की मंशा ताजमहल के आसपास पर्यटन सम्बन्धी सुविधाओं को उन्नत किए जाने की थी तथा इसे उनके मुख्यमंत्रित्व काल के दौरान ही क्रियान्वित किया जाना था।

*उ.प्र. खाद्यान्न घोटाला, 2002-10 (UP Foodgrain Scam, 2002–10)*

उत्तर प्रदेश खाद्यान्न घोटाला, जिसे सभी घोटालों की जननी भी कहा जाता है, सन् 2002 से 2010 के बीच घटित हुआ था। अन्योदय अन्न योजना, जवाहर रोजगार योजना तथा मध्याहन भोजन योजना जैसे अनेक कार्यक्रमों के अंतर्गत गरीबों को सार्वजनिक वितरण प्रणाली के माध्यम से वितरित किए जाने वाले 35,000 करोड़ रुपए मूल्य के खाद्यान्नों को खुले बाजार में बेच डाला गया था। इसमें से कुछ को नेपाल तथा बांग्लादेश की सीमाओं पर पकड़ा गया था, जब सन् 2010 में सुरक्षा बलों ने धान एवं दालों जैसे 1.17 करोड़ रुपयों मूल्य के खाद्यान्नों को नेपाल में तस्करी करके ले जाते हुए जब्त कर लिया था, जिसके अलावा 60.62 लाख रुपयों मूल्य के खाद्यान्नों को भारत-बांग्लादेश की सीमा पर भी जब्त किया गया था। पहली बार यह घोटाला सन् 2003 में गोंडा जिले में संपूर्ण ग्रामीण रोजगार योजना के लिए दिए गए खाद्यान्न के वितरण के दौरान उजागर किया गया था। घोटाले में एक प्रारंभिक जांच का आदेश करने के बाद तत्कालीन मुख्यमंत्री मुलायम सिंह यादव ने इस जांच को वापस ले लिया। विशेष जांच दल (SIT), जिसका गठन मुलायम सिंह सरकार के द्वारा सन् 2006 में किया गया था, के द्वारा 5000 से अधिक प्राथमिकियां दर्ज कराई गईं थीं। भारत में घोटालों की शृंखला में नवीनतम, जिसे प्रारंभ में 'उ.प्र. चावल घोटाला' कह कर संदर्भित किया गया, उनमें से सबसे बड़ा हो सकता है, यहां तक कि यह 2-जी स्पेक्ट्रम घोटाले से भी पार जा सकता है। इस घोटाले में 2,00,000 करोड़ रुपयों से भी अधिक के धान की गड़बड़ी किया जाना शामिल है। यह एक ऐसा घोटाला था, जो लगभग 7 वर्षों तक चलता रहा तथा इसमें 300 प्राथमिकियां दर्ज की गईं।

### *तेल के बदले खाद्यान्न घोटाला, 2005 (Oil for Food Scam, 2005)*

इस घोटाले में कुछ राजनीतिज्ञों को अंतर्राष्ट्रीय तेल के लिए खाद्यान्न कार्यक्रम में संलिप्त हुए पाया गया था। वोल्कर रिपोर्ट, जिसे संयुक्त राष्ट्रसंघ के द्वारा नियुक्त किया गया था, के द्वारा अवैध भुगतान प्राप्त करने के लाभार्थी के रूप में तत्कालीन केन्द्रीय विदेशमंत्री नटवर सिंह तथा उनके पुत्र जगत सिंह का नाम लिया गया था।

### *आईपीओ घोटाला, 2006 (IPO Scam, 2006)*

यह शेयर बाजार से सम्बन्धित स्वतंत्रता प्राप्ति के पश्चात् प्रकट हुआ सर्वप्रथम घोटाला था, जिसके 61 करोड़ रुपयों तक होने का अनुमान लगाया गया था। वित्तप्रदाताओं एवं इंडियाबुल्स की रूपल बेन बंसल के नेतृत्व में शेयर बाजार के खिलाड़ियों के द्वारा आईपीओ शेयरों को अवैध रूप से आरक्षित कर लेने के लिए बेनामी तथा जाली डीमैट खातों का उपयोग किया गया था। इसका शिकार छोटे निवेशक हुए जब उन शेयरों को पहले ही दिन सूचीबद्ध मूल्य एवं निर्गम मूल्य के बीच के अंतर का बड़ा लाभ उठाते हुए बेच दिया गया।

### *कैश फार वोट घोटाला, 2008 (Cash for Vote Scam, 2008)*

इस कांड में, केन्द्र में सत्ताधारी गठबंधन, संप्रग, जिसका नेतृत्व सोनिया गांधी के द्वारा किया जा रहा था, पर 22 जुलाई, 2008 के दिन विश्वास मत जीतने के उद्देश्य से संसद सदस्यों को कथित रूप से घूस दिए जाने का आरोप लगाया गया था। लोकसभा में भारतीय कम्यूनिस्ट दल (मार्क्सवादी) के नेतृत्व वाले वाम मोर्चे के द्वारा भारत-अमेरिका परमाणु सौदे के मुद्दे पर सरकार से समर्थन वापस ले लिए जाने के बाद उत्पन्न स्थिति के बाद मतदान होना था।

### *मधु कोडा घोटाला, 2009 (Madhu Koda Scam, 2009)*

इस घोटाले में, प्रवर्तन निदेशालय ने मधु कोडा, जो झारखंड के मुख्यमंत्री थे, पर 4,000 करोड़ रुपयों तक की अनुमानित रकम का धन-शोधन करने का आरोप लगाया था। प्रवर्तन निदेशालय ने मुम्बई तथा कोलकाता में उनके होटलों तथा कम्पनियों पर छापेमारी की तथा थाईलैंड, इंडोनेशिया, सिंगापुर तथा दुबई में भी उनके स्वामित्व वाली संपत्तियों को खोज डाला। कथित रूप से उनके पास लाइबेरिया में 8.5 करोड़ रुपयों मूल्य की कोयले की खदानों का भी स्वामित्व था। किसी समय एक मजदूर रह चुके कोडा के पूरे विश्व में 1800 बैंक खाते थे।

### *सत्यम घोटाला, 2009 (Satyam Scam, 2009)*

यह एक कारपोरेट घोटाला था जहां सत्यम कंप्यूटर्स के चेयरमैन रामलिंग राजू ने स्वीकार किया कि कम्पनी के खातों में हेराफेरी की गई थी। अंतर्राष्ट्रीय कारपोरेट समुदाय सदमाग्रस्त हो गया तथा तथा स्वयं को ठगा गया महसूस कर रहा था जब 7 जनवरी, 2009 को राजन ने त्यागपत्र दे दिया और स्वीकार किया कि उसने खातों में 1.47 अरब डॉलर मूल्य की हेराफेरी की है।

### *राष्ट्रमंडल खेल घोटाला, 2010 (CWG Scam, 2010)*

राष्ट्रमंडल खेल घोटाला संभवतः भारत के सर्वाधिक ज्ञात घोटालों में से एक है। सुरेश कलमाडी, जो राष्ट्रमंडल खेलों की आयोजक समिति के अध्यक्ष थे, ही प्रमुख आरोपी थे। इसमें अनुबंधों का बढ़ाचढ़ा कर उल्लेख किया जाने को संलिप्त करते हुए अनेक की संख्या में भ्रष्ट सौदों का किया जाना शामिल था। उदाहरणार्थ, कलमाडी ने 141 करोड़ रुपयों का अनुबंध स्विस टाइमिंग को उसके समय-सम्बन्धी उपकरणों के लिए प्रदान कर दिया था; इस सौदे को 95 करोड़ रुपयों से बढ़ा दिया गया था।

*2-जी स्पेक्ट्रम घोटाला, 2010 (2G Spectrum Scam, 2010)*

मोबाइल फोन के लिए 2-जी लाइसेसों का आबंटन किए जाने में विभिन्न दूरसंचार कम्पनियों से सरकारी अधिकारियों के द्वारा अवैध रूप से कम पैसा वसूले जाने ने 2-जी स्पेक्ट्रम घोटाले को जन्म दिया। नियंत्रक एवं महालेखापरीक्षक (CAG) के अनुसार, घोटाला लगभग 1,76,000 करोड़ रुपयों का था जबकि केन्द्रीय अन्वेषण ब्यूरो (CBI) का अनुमान मात्र 30,984 करोड़ रुपयों का है। CBI के द्वारा दाखिल आरोपपत्र में आरोपी के रूप में नामजद किए गए राजनीतिज्ञों में जो नाम शामिल हैं उनमें ए. राजा, तत्कालीन संचार मंत्री तथा एम.के. कनिमोझी, राज्य सभा सदस्या तथा तमिलनाडु के भूतपूर्व मुख्यमंत्री करुणानिधि की बेटी प्रमुख हैं।

*उत्तर प्रदेश एनआरएचएम घोटाला, 2012 (Uttar Pradesh NRHM Scam, 2012)*

मायावती के शासनकाल में इस घोटाले से राज्य सरकार को 10,000 करोड़ रुपयों की हानि सहन करनी पड़ी थी। राजनीतिज्ञों एवं नौकरशाहों के द्वारा कथित रूप से राष्ट्रीय ग्रामीण स्वास्थ्य मिशन (NHRM), जो ग्रामीण क्षेत्रों में स्वास्थ्य सम्बंन्धी देखभाल की सेवाओं में सुधार करने का केन्द्र सरकार का एक कार्यक्रम है, में से भारी मात्रा में धन की लूट की गई। मायावती की बहुजन समाजवादी पार्टी के अनेक मंत्रियों की जांच CBI के द्वारा की जा रही है। यह घोटाला लखनऊ में दिन-दहाड़े दो मुख्य-चिकित्साधिकारियों (CMOs) की हत्या किए जाने के बाद प्रकाश में आया था।

*कोल-गेट, 2012 (Coalgate, 2012)*

कोलगेट भी कहा जाने वाला यह घोटाला उन घोटालों में से एक है, जिसमें प्रधानमंत्री का कार्यालय कथित रूप से संलिप्त रहा है। CAG ने वर्ष 2004-2009 के बीव सबसे ऊंची निविदा के स्थान पर विभिन्न कम्पनियों को मनमानीपूर्ण ढंग से 155 कोयला खंडों का आबंटन किए जाने तथा देश के खजाने को 1,85,591 करोड़ रुपयों की हानि पहुंचाते हुए उन्हें नाजायज लाभ प्रदान किए जाने का आरोप लगाया है।

*रेलगेट, 2013 (Railgate, 2013)*

रेलगेट के नाम से कुख्यात इस घोटाले में रेलमंत्री पवन कुमार बंसल तथा उनके भतीजे विजय सिंगला को रेलवे बोर्ड के एक सदस्य को सदस्य इलेक्ट्रिकल के रूप में पदोन्नत किए जाने के लिए कथित रू ा से 90 लाख रुपयों की घूस लिए जाने के आरोप के लिए संलिप्त किया गया था।

*सारधा समूह चिटफंड घोटाला, 2013 (Saradha Group Chit Fund Scam, 2013)*

हाल ही में उजागर हुए इस सारधा समूह चिटफंड घोटाले के कारण आम आदमी को 20,000 करोड़ रुपयों की हानि उठानी पड़ी है। इस घोटाले के कारण, जिसमें जाली योजनाओं का संचालन किया जाना शामिल है, पूरे पश्चिम बंगाल राज्य में अनेक लोगों ने आत्महत्याएं कर ली हैं।

*अगस्ता वेस्टलैंड हेलीकॉप्टर सौदा घोटाला, 2013 (Augusta Westland Chopper Deal Scam, 2013)*

यह भारत में घटित सर्वाधिक नूतन घोटाला है। इस सौदे में लगभग 74.5 करोड़ रुपयों की राशि शामिल है।

## न्यायायिक भ्रष्टाचार (Judicial Corruption)

न्यायपालिका हमारे संविधान के द्वारा कल्पित की गई ऐसी सर्वाधिक महत्वपूर्ण संस्था है, जिसका उद्देश्य स्वच्छ एवं उत्तम प्रशासन की गारंटी प्रदान करना है। शासन के तीन महत्वपूर्ण

स्तंभों–कार्यपालिका, विधायिका तथा न्यायपालिका–में से एक यह संस्था कानून की व्याख्या किए जाने की महत्वपूर्ण भूमिका का निर्वहन करती है। यह इसे संविधान की भावना की व्याख्या करने तथा कानून के आधारभूत ढांचे को सुस्पष्ट करने का अधिकार प्रदान करता है। अतः, यह स्वाभाविक ही है, कि न्यायपालिका अपनी स्वयं की संस्थागत अखंडता का सरंक्षण किए जाने के द्वारा अपनी विश्वसनीयता तथा प्रभावकारिता को बनाए रखे, इसे यह अवश्य ही सुनिश्चित करना चाहिए कि न्यायपालिका के निचले स्तरों से लेकर पीठों तक अपनी निर्दोष ईमानदारी तथा दक्षता वाले लोग ही आसीन किए जाएं।

भारत में न्यायिक भ्रष्टाचार का मुद्दा विशेषतौर पर सन् 2005 के बाद जीवंत हो उठा जब सूचना का अधिकार अधिनियम (RTI) पारित कर दिया गया। सन् 2010 के घोटाले, जिसने अपने साथ भूतपूर्व प्रधान न्यायाधीश न्यायमूर्ति के.जी.बालाकृष्णन के विरुद्ध भ्रष्टाचार के आरोप को भी शामिल कर लिया, ने इस मुद्दे की तात्कालिकता तथा इसके व्यापक प्रचार-प्रसार को भी साथ में ही जोड़ लिया। यहां तक कि न्यायाधीश स्वयं ही हाल में न्यायापालिका में प्रचलित भ्रष्टाचार की आलोचना करते रहे हैं। प्रकटतः, ऐसा प्रतीत होता है कि उच्चतर न्यायपालिका के अंदर बहुत बड़ा आत्म-मंथन जारी है। यह सब नागरिकों के बीच आज हमारे सार्वजनिक जीवन के सभी स्तरों पर नैतिकता के अभाव के प्रति बढ़ती हुई चिंता को प्रतिबिंबित कर सकते हैं।

हमारी न्याय प्रणाली का एक सबसे अधिक चौंका देने वाला पहलू है निर्णयों पर पहुंचने में अत्यधिक बिलंब किया जाना, जो प्रायः ही न्याय से इंकार किया जाना ही होता है। लंबित मुकदमो की कुल संख्या लगभग 3 करोड़ है तथा निस्तारण की वर्तमान दर, यहां तक कि यदि न्यायालयों को नए मुकदमो न स्वीकार करने हों तब भी, के अनुसार वर्तमान में जारी मामलों के निस्तारण में 300 वर्षों तक का समय लगेगा (विट्टल, 2012: 148)।

जैसा कि ऊपर उल्लिखित किया गया है, प्रभावी रूप भ्रष्टाचार को रोकने के लिए न्यायपालिका का प्रबंधन करने वाले व्यक्तियों को निश्चित रूप से ईमानदार एवं स्वतंत्र-विचारों से संपन्न होना होगा तथा बिना किसी भय अथवा जोश के न्याय प्रदान करना होगा। इसके अलावा, एक विनिर्दिष्ट समय के अंतर्गत मामलों का निस्तारण भी इसकी उत्पादकता में वृद्धि करेगा। अंततः, न्यायपालिका के बुनियादी ढांचे को शक्तिशाली बनाया जाना चाहिए।

## कारपोरेट क्षेत्र में भ्रष्टाचार (Corruption in Corporate Sector)

भ्रष्टाचार के दुष्चक्र में कारपोरेट क्षेत्र एक अत्यन्त ही महत्वपूर्ण संपर्क की कड़ी है जिसमें *नेता-बाबू-लाला-झोला-दादा* आदि शामिल हैं (पूर्वोक्तः 190)। भारत में उद्यमिता की एक लंबी परंपरा रही है। सरकार तथा व्यापार के बीच की कड़ी का भी संपूर्ण विश्व में एक लंबा इतिहास रहा है। शासन की क़िसी भी प्रणाली के अंतर्गत, व्यवसायिक उद्यम तथा उनके स्वामी एक महत्वपूर्ण भूमिका निभाते हैं। बाजार-आधारित प्रतिस्पर्धा के कारण उदारवाद के बाद की अवधि की कल्पना कम हो चुके भ्रष्टाचार वाले युग के रूप में की गई थी। किन्तु, दुर्भाग्यवश, भारत में ऐसा नहीं हो सका; इसके स्थान पर भाई-भतीजा वाले पूंजीवाद को बढ़ावा देते हुए भ्रष्टाचार अधिक शातिर रूपों में परिवर्तित हो गया।

हाल ही के वर्षों के घोटालों ने शासन में कारपोरेट क्षेत्र की भूमिका को फिर से सभी की तेज निगाह में ला दिया है। यदि कारपोरेट क्षेत्र भ्रष्ट है, तो यह अपनी वित्तीय शक्ति से अन्य क्षेत्रों को भी सहजतापूर्वक भ्रष्ट बना सकता है। इसीलिए, उत्तम कारपोरेट शासन एक आवश्यकता बन चुका है। और यह कारपोरेट नेतृत्व की योग्यता पर निर्भर करता है। न केवल प्रत्येक निर्णयन प्रक्रिया में पारदर्शिता होनी चाहिए बल्कि लिए गए निर्णय के प्रति जवाबदेही भी होनी चाहिए, बदले में जिसका अर्थ होता है हितधारकों तथा अंशधारकों दोनों के ही हितों की रक्षा किया जाना। एक स्वच्छ कारपोरेट क्षेत्र को बनाए रखने के उद्देश्य को हासिल करने के लिए विनियामक अत्यंत ही महत्वपूर्ण होते हैं। उन्हें निश्चित रूप से निष्पक्ष तथा स्वतंत्र होना चाहिए। विट्ठल (पूर्वोक्तः 195) के अनुसार, कारपोरेट स्वच्छता को निम्नलिखित उपायों से बनाए रखा जा सकता है :

1. कानूनी आवश्यकताएं जो कतिपय मानदंडों, प्रक्रियाओं एवं प्रणालियों के अनुपालन को अनिवार्य बनाती हों;
2. अंशधारकों तथा मीडिया को सतर्क किया जाना जो कदाचारों को उजागर कर सकते हों; तथा
3. एक स्वतंत्र न्यायपालिका जो मामलों को नियंत्रण के बाहर हो जाने पर हस्तक्षेप कर सकती हो।

हमें आशा करनी चाहिए कि उदारवाद के दो तथा परमिट-लाइसेंस राज के चार दशकों से भी अधिक के अपने अनुभवों के साथ कारपोरेट क्षेत्र तथा सरकार भविष्य के लिए एक व्यवहारिक तथा स्वच्छ मॉडल को विकसित करने में में समर्थ हो सकेगें।

## भ्रष्टाचार के कारण (Causes of Corruption)

भ्रष्टाचार अथवा सार्वजनिक बेईमानी के कारणों के रूप में अनेक की संख्या में कारकों का उल्लेख किया जा चुका है। *पहला* है राजनीतिक अभिजात्यवर्ग का उद्भव जो एक राष्ट्रोन्मुख के बजाय हितोन्मुख कार्यक्रमों एवं नीतियों में विश्वास करता है। वास्तव में, अंग्रेजी *राज्य* (शासन) के बाद के शासन को "मंत्रियों तथा नौकरशाहों का *राज*" कह कर वर्णित किया गया है। स्वतंत्रताप्राप्ति के बाद के दो दशकों के दौरान राजनीतिक अभिजात्य वर्ग इस सीमा तक ईमानदार, समर्पित तथा राष्ट्रोन्मुख था, कि उन्होंने सदैव ही देश की प्रगति के लिए कार्य किया। बाद में, विशेषतौर पर सन् 1967 के चौथे आम चुनावों के उपरांत, केन्द्र तथा राज्यों में ऐसे व्यक्तियों ने राजनीतिक शक्ति प्राप्त कर ली, जिन्होंने मात्र निहित स्वार्थों, जैसे, स्वयं, परिवार, जाति, क्षेत्र, दल तथा ऐसे ही अन्य के हितों के लिए ही कार्य किया। उनकी नीतियां एवं कार्यक्रम संयोगवश राष्ट्रोन्मुख रहे हो सकते हैं किन्तु अनिवार्य रूप से वे 'हितों पर आधारित' थें उन्होंने नौकरशाहों को भी इसी परंपरा का अनुसरण करने के लिए प्रोत्साहित किया। हमारे देश में नौकरशाहों का एक बहुसंख्यक भाग 'कर्मकांडी' रहा है और वह समाज के लिए 'विकासोन्मुख' नीतियों की तुलना में अपने भत्तों तथा विशेषाधिकारों के प्रति अधिक चिंतित रहा है। इस प्रकार से राजनीतिज्ञों तथा नौकरशाहों ने अपने अधिकारों एवं पदों का उपयोग अवैध लाभ प्राप्त करने के लिए किया जाना प्रारंभ कर दिया। ऐसे नए व्यापारी नेता, जो सत्ताधारी लोगों के साथ बांटकर भी लाभ कमाए जाने की इच्छा रखते थे, भी लोकसेवकों के बीच भ्रष्ट व्यवहारों को अंधाधुंध रूप से बढ़ावा दिए जाने में समान रूप से उत्तरदायी हो गए। भ्रष्टाचार सरकारी अधिकारियों के निर्णय लेने के अधिकार से भी जन्म लेता है, जैसे, लाइसेंस जारी किया जाना, आयकर निर्धारण किया जाना, विस्तार दिया जाना इत्यादि। नियमों के स्थान पर यह नियमों की व्याख्या किया जाना होता है, जो अधिकारियों को घूस लेने तथा घूस को अपनी जेब में रखने की योग्यता प्रदान करता है। अनेक अधिकारी मात्र किसी स्थान विशेष पर अपनी नियुक्ति करवाने के लिए हजारों एवं लाखों रुपयों का इसलिए भुगतान करते हैं क्योंकि वे स्थान उन्हें अवैध पारितोषिक के रूप में हर महीने हजारों एवं लाखों रुपए कमा सकने के योग्य बना देगें। *दूसरा* कारण है सरकार की आर्थिक नीति। हाल ही में उजागर हुए घोटालों में से अधिकांश ऐसे क्षेत्रों में घटित हुए हैं जहां या तो खरीद सम्बन्धी नीतिया अथवा उनकी कीमतों को सरकार के द्वारा नियंत्रित किया गया था। चीनी, उर्वरक, तेल, सैन्य-हथियार, इलेक्ट्रॉनिक उपकरण, स्पेक्ट्रम इत्यादि इसके कुछ उदाहरणों में से हैं। कुछ वर्षों पूर्व एक अनिवासी भारतीय व्यापारी ने न्यायालय में यह दावा किया था, कि उसे एक भूतपूर्व भारतीय प्रधानमंत्री के द्वारा भारत को पल्प बेचे जाने का ठेका दिए जाने के लिए दिए गए मौखिक आश्वासन के साथ ही चन्द्रास्वामी को धन का भुगतान करना पड़ा था। इसी प्रकार की घूस का भुगतान बोफोर्स, दूरसंचार तथा अनेक अन्य घोटालों में भी किया गया था। वास्तविक मुद्दा है अर्थव्यवस्था को दिग्भ्रमित सरकारी नियंत्रणों के शिंकजे से स्वतंत्र किए जाने का। किन्तु इसके लिए निजीकरण के प्रति एक उतावलेपन से भरा एक दृष्टिकोण भी नहीं चलेगा। स्पष्ट एवं पारदर्शी नियमों की आवश्यकता है। कतिपय व्यक्तियों (जैसे मंत्री, अथवा महा-निदेशक अथवा सचिव) के द्वारा किया जाने वाला मनमानीपूर्ण निर्णयन भ्रष्टाचार को आमंत्रण है। महाराष्ट्र में 'एनरॉन' परियोजना इसलिए समस्याग्रस्त हो गई, क्योंकि सौदे की वार्तालाप एवं शर्तें रहस्यमयता से घिरी हुई थीं। *तीसरे,* भ्रष्टाचार अभाव के कारण जन्म लेता है। जब आवश्यकता वाली

वस्तुओं की आपूर्ति कम होती है तो सत्ता में बैठे हुए लोग उनकी नियमित आपूर्ति को सुनिश्चित करने अथवा उनकी लागत में वृद्धि किए जाने के लिए 'मूल्य' की मांग करते हैं। ऐसा वहां होता है जहां मांग बहुत अधिक हो किन्तु दैनिक उपभोग की सामाग्रियों जैसे सीमेंट, चीनी, तेल इत्यादि की आपूर्ति कम हो। *चौथे*, भ्रष्टाचार ऐसे लोगों के मूल्यों की प्रणाली एवं नैतिक गुणों में होने वाले परिवर्तनों के कारण भी उत्पन्न तथा साथ-ही-साथ बढ़ता भी है, जो प्रशासन चलाते हैं। नैतिकता, सेवा, ईमानदारी तथा बलिदान जैसे पुराने आदर्शों को एक कालभ्रमित आदर्श के रूप में माना जाता है, तथा 'आवश्यकता' के रूप में 'अनुग्रह' को स्वीकार किया जाना किसी मूढ़ता अथवा धर्मपथ से भ्रष्ट व्यवहार होने के बजाय उचित माना जाता है। *पांचवे*, भ्रष्टाचार को निष्प्रभावी प्रशासनिक संगठन के साथ जोड़ा जा सकता है। सतर्कता का अभाव, मंत्रालय के कर्मचारियों को असीमित अधिकार, गैर-जवाबदेही, दोषपूर्ण सूचना प्रणाली इत्यादि अधिकारियों को न केवल भ्रष्ट होने बल्कि भ्रष्ट व्यवहारों का अनुसरण किए जाने के बावजूद भी बिना प्रभावित हुए बने रहने की गुंजाइश प्रदान करते हैं।

भ्रष्टाचार के कारणों को आर्थिक, सामाजिक, राजनीतिक, विधायी एवं न्यायिक वर्गों में भी वर्गीकृत किया जा सकता है। *आर्थिक* कारणों में शामिल हैं : उच्च जीवनशैली के लिए उन्माद, मुद्रास्फीति, लाइसेंस प्रणाली, मुनाफाखोरी की प्रवृत्तियाँ, तथा व्यवसायिक समुदाय में नैतिकता का अभाव। *सामाजिक* कारणों में शामिल हैं : जीवन का भौतिकवादी दृष्टिकोण, सामाजिक मूल्यों का क्षय, अशिक्षा, अर्जनशील सांस्कृतिक गुण, सामंतवादी खुमार, जनता की सहनशीलता, सार्वजनिक उदासीनता तथा शोषणकारी सामाजिक संरचना। *राजनीतिक* कारणों में शामिल हैं, राजनीतिक संरक्षण, निष्प्रभावी राजनीतिक नेतृत्व, राजनीतिक उदासीनता, राजनीतिक अनैतिकता, चुनावी निधिकरण, राजनीतिज्ञों के साथ गठजोड़, तथा राजनीतिक उपसंस्कृति। *विधायी* कारक हैं, अपर्याप्त कानून, कानून में कमियाँ, तथा कानून को लागू किए जाने में लापरवाही। *न्यायिक* कारणों में शामिल हैं, महंगी न्याय प्रणाली, न्यायिक उदासीनता, न्यायाधीशों के मध्य प्रतिबद्धता का अभाव, तथा तकनीकी आधारों पर अभियुक्तों को बार-बार दोषमुक्त किया जाना।

इस प्रकार, भ्रष्टाचार के लिए उत्तरदायी सर्वाधिक महत्वपूर्ण कारक है मनुष्यों का स्वभाव। आम लोगों में विलासिता एवं आराम हासिल करने के लिए बड़ी भूख होती है तथा इसी के परिणामस्वरूप वे स्वयं को ऐसी समस्त अनैतिक गतिविधियों में संलिप्त कर लेते हैं, जिनका परिणाम मौद्रिक अथवा भौतिक लाभों के रूप में प्राप्त होता है। इसके अलावा, नैतिक तथा आध्यात्मिक मूल्यों को शिक्षा प्रणाली के अंतर्गत सर्वाधिक महत्व नहीं प्रदान किया गया है, जो समाज के पतन के लिए अत्यधिक उत्तरदायी है। इसी के साथ-साथ, अपराधियों को दिया जाने वाला दंड भी अपर्याप्त है।

## भ्रष्टाचार का प्रभाव (Impact of Corruption)

भ्रष्टाचार के सम्बन्ध में बात करते समय क्या हमें मात्र बड़े वित्तीय सौदों तथा घोटालों अथवा राजनीतिक, नौकरशाही सम्बन्धी, औद्योगिक, संस्थागत इत्यादि प्रकार के बारे में ही चिंता करनी चाहिए, अथवा हमें भ्रष्टाचार के उन मामलों के सम्बन्ध में भी चिंता करनी चाहिए जो प्रकट तो नहीं होते किन्तु हमारे दैनिक जीवन में व्याप्त हैं तथा हमारी नैतिकता के तानेबाने को कमजोर कर रहे हैं। कुछ लोग अनुभव करते हैं कि हमें भ्रष्टाचार को विभिन्न श्रेणियों में निथारना चाहिए। जहां एक विचार के अनुसार, 'राशि' को भ्रष्टाचार के कार्य का मानदंड होना चाहिए, वहीं दूसरे विचार के अनुसार, ध्यान 'आवश्यकता' पर केन्द्रित किया जाना चाहिए। एक बड़े लाभ को हासिल करने के लिए मात्र कुछ रुपयों को व्यय किया जाना चिंता करने योग्य मामला नहीं होता। इसके अलावा एक अन्य विचार यह है, कि वांछित 'सेवा' के लिए भुगतान किया गया 'मूल्य' उचित है। भ्रष्टाचार का प्रवेश मात्र तब ही होता है, जब मूल्य का भुगतान तो कर दिया गया हो परंतु उसके लिए कोई सेवा न प्रदान की गई हो। किन्तु खाद्य पदार्थों में मिलावट किया जाना तथा हमें नकली दवाएं बेचा जाना तथा इसी प्रकार के अन्य कार्यों के सम्बन्ध में क्या कहा जाए? सामान्यतः, हमारे दैनिक जीवन में ऐसे मामलों को 'भ्रष्टाचार' नहीं माना जाता। क्या किसी परीक्षा में नकल किया जाना भ्रष्टाचार है? क्या किसी परीक्षक के द्वारा अपने

सहयोगी अथवा मित्र अथवा रिश्तेदार से प्राप्त 'सिफारिश' (किन्तु बिना धन स्वीकार किए) के पश्चात् किसी उत्तर-पुस्तिका में प्राप्तांकों में वृद्धि किया जाना भ्रष्टाचार होता है? अपने बचाव में परीक्षकगण कहते हैं कि वे तो मात्र 'अनुगृहीत' कर रहे हैं तथा 'अनुग्रहण' किस प्रकार से भ्रष्टाचार हो सकता है? अनेक लिपिकगण कार्यालय जाते हैं तथा उपस्थिति रजिस्टर पर हस्ताक्षर करते हैं, किन्तु वे कभी भी अपनी कुर्सी पर नहीं पाए जाते। वे मात्र तब ही 'उपलब्ध' होते हैं जब उन्हें उनके द्वारा आगे बढ़ाई जाने वाली फाइल के लिए धन देने का प्रस्ताव किया जाता है। यह भ्रष्टाचार है।

कुछ लोगों का कहना है कि जब अमेरिका, जापान, इंग्लैंड, फ्रांस, कनाडा तथा जर्मनी जैसे सर्वाधिक विकसित देशों तक में भी भ्रष्टाचार पाया जाता है, तो फिर भारत के बारे में हमें अनावश्यक रूप से क्यों परेशान होना चाहिए? ये लोग यह भूल जाते हैं कि विकसित देशों में भ्रष्टाचार की प्रकृति हमारे देश में पाए जाने वाले भ्रष्टाचार की प्रकृति से भिन्न है। इन देशों में भ्रष्टाचार मात्र व्यवसायिक दिग्गजों के सर्वोच्च स्तरों पर ही विद्यमान है, जबकि भारत में हमें रेलवे आरक्षण के लिए, न केवल पेशावर संस्थान में बल्कि प्राथमिक विद्यालय में एक बच्चे के प्रवेश के लिए, एक गैस सिलेंडर खरीदने के लिए, बिना हेलमेट के दो-पहिया वाहन चलाने के लिए, बकाया बिल को पास करवाने के लिए, कर का रिफंड प्राप्त करने के लिए तथा ऐसे ही अन्य कार्यों को करवाने के लिए घूस देनी पड़ती है। इस प्रकार, जहां दूसरे देशों में अवैध वस्तुओं को प्राप्त करने के लिए घूस देना पड़ती है, वहीं भारत में वैध एवं अधिकृत वस्तुओं को प्राप्त करने के लिए भी घूस देनी पड़ती है। और वास्तव में परेशान करने वाली बात यह है, कि भ्रष्टाचार को अब नागरिकों तथा सरकारी अधिकारियों के बीच की एक सामान्य अंतःक्रिया के रूप में स्वीकार कर लिया गया है। ये सब मिलकर एक आम आदमी के दैनिक जीवन को प्रभावित करते हैं। इस प्रकार से, हमें इस प्रकार के भ्रष्ट कार्यों के प्रति भी चिंतित होना होगा।

हमें यह नहीं भूलना चाहिए कि भ्रष्टाचार ने हमारे समाज को अनेक प्रकार से प्रभावित किया है : (1) इसने देश के आर्थिक विकास को मंद कर दिया है। (2) इसने समाज में हिंसा तथा अराजकता को जन्म दे दिया है, क्योंकि भ्रष्ट व्यक्ति के पास कानून के क्रियान्वयनकर्ताओं को अपनी सेवा करने के लिए प्रभावित करने की शक्ति मौजूद होती है। (3) इसने जातिवाद, भाषावाद तथा सांप्रदायिकता को बढ़ावा दिया है। (4) इसने नैतिकता को समाप्त तथा व्यक्तिगत चरित्र को नष्ट कर दिया है। (5) इसने अकुशलता, भाई-भतीजावाद तथा अकर्मण्यता के स्तर को ऊपर उठा दिया है तथा प्रशासन के समस्त क्षेत्रों में अनुशासनहीनता को जन्म दे दिया है, जिससे आम आदमी का जीवन कष्टप्रद हो गया है। (6) इसने जनसाधारण की दृष्टि में अधिकारियों की विश्वसनीयता को कम कर दिया है। (7) इसने देश में काले-धन में वृद्धि कर दी है। (8) इसने खाद्य-पदार्थों में मिलावट, नकली औषधियों तथा अनेक उपभोक्ता वस्तुओं के अभाव को उत्पन्न कर दिया है। (9) इसने केन्द्र के साथ-साथ राज्य सरकारों को भी अस्थिर कर दिया है। अतः, हमें दृश्य एवं अदृश्य दोनों ही प्रकार के भ्रष्टाचार के ऐसे मामलों पर ध्यान केन्द्रित करना होगा, जो हमारी अतरात्मा को झकझोर देते हैं।

## भ्रष्टाचार को रोकने के लिए अपनाए गए उपाय (Measures Taken to Contain Corruption)

भारत में भ्रष्टाचार का मुकाबला करने के लिए निर्धारित की गई रूपरेखा व्यापक तौर पर दो दृष्टिकोणों पर आधारित रही है। ये हैं भ्रष्टाचार-विरोधी कानूनों को प्राख्यापित किया जाना तथा पुलिस एवं उसके समान अन्य कानून प्रवर्तक संस्थाओं को भ्रष्टाचार से सम्बन्धित अपराधों की जांच और अधिक कुशल एवं प्रभावी रूप से करने के लिए अधिकारों से संपन्न किया जाना।

### *भ्रष्टाचार निवारण अधिनियम, 1988 (Prevention of Corruption Act, 1988)*

भारत में भ्रष्टाचार-विरोधी कानूनों के बीच भ्रष्टाचार निवारण अधिनियम, 1988 सर्वाधिक महत्वपूर्ण है। इसके द्वारा भ्रष्टाचार निवारण अधिनियम, 1947 के प्रावधानों, भारतीय दंड संहिता तथा अपराध प्रक्रिया

संहिता, एवं आपराधिक विधि अधिनियम, 1952 की कुछ धाराओं को एक साथ मिला दिया गया। इसके पीछे निहित एकमात्र विचार यह था, कि समस्त सुसंगत प्रावधानों को एक अधिनियम के अंतर्गत ले लिया जाए। यह पाते हुए कि द्वितीय विश्वयुद्ध के दौरान तथा उसके उपरांत लोकसेवकों के बीच घूस तथा भ्रष्टाचार में भारी वृद्धि हो चुकी है तथा अनेक बेईमान अधिकारियों ने अकूत संपदा एकत्रित कर ली है, तथा भारतीय दंड संहिता एवं अपराध प्रक्रिया संहिता के वर्तमान प्राव्रधान इस समस्या से निपट पाने हेतु अपर्याप्त हो चुके हैं, भ्रष्टाचार निवारण अधिनियम, 1947 को पारित किया गया था। अपराध प्रक्रिया संहिता में, लोकसेवकों से सम्बन्धित अपराध संज्ञेय नहीं हैं, किन्तु सन् 1947 के अधिनियम ने न्यायालय के लिए आरोपी के विरूद्ध *अपराध की कतिपय परिकल्पनाओं* का बनाया जाना अनिवार्य कर दिया। सन् 1947 के अधिनियम ने सिद्ध करने का दायित्व अभियोजन से आरोपी पर स्थानांतरित कर दिया। आरोपी के विरूद्ध जांच किसी ऐसे अधिकारी के द्वारा की जानी थी, जो उप-अधीक्षक पुलिस की श्रेणी से नीचे के पद का न हो। सन् 1947 के अधिनियम ने घूस लिए जाने, गबन करने, मौद्रिक लाभ प्राप्त करने, आय के अनुपात से अधिक संपत्ति रखने, तथा आधिकारिक पद का दुरुपयोग किए जाने जैसे भ्रष्टाचार सम्बन्धी कार्यों को अपराध घोषित कर दिया। हालांकि, अभियोजन का अधिकार मात्र विभागीय अधिकारियों में निहित था न कि केन्द्रीय अन्वेषण ब्यूरो में।

सन् 1988 के अधिनियम ने 'लोकसेवक' शब्द की परिधि का विस्तार कर दिया तथा बड़ी संख्या में कर्मचारियों को इसी परिधि के अंदर ला दिया। केन्द्र सरकार तथा संघ शासित प्रदेश की सरकारों के कर्मचारियों के अलावा सार्वजनिक उपक्रमों, राष्ट्रीकृत बैंकों, केन्द्र तथा राज्य सरकार से वित्तीय सहायता प्राप्त करने वाली सहकारी समितियों के पदाधिकारियों, विश्वविद्यालय अनुदान आयोग (UGC), उप-कुलपतियों, केन्द्र तथा राज्य सरकार से वित्तीय सहायता प्राप्त करने वाले संस्थानों में प्रोफेसरों तथा वैज्ञानिकों, अथवा यहां तक कि स्थानीय प्राधिकरणों के कर्मचारियों को भी लोकसेवक के रूप में घोषित कर दिया गया है। हालांकि, संसद सदस्यों तथा विधान सभा सदस्यों, भले ही वे 'सार्वजनिक कर्तव्यों' का निर्वहन करते हैं, को अधिनियम की परिधि से बाहर रखा गया है। यह अधिनियम ऐसे समस्त 'भ्रष्ट' कार्यों को अपने अंतर्गत शामिल करता है जिन्हें सन् 1947 के अधिनियम के द्वारा शामिल किया गया था (घूस, गबन, मौद्रिक लाभ लिया जाना, आय के अनुपात से अधिक संपत्ति रखा जाना इत्यादि)। यह अधिनियम मात्र जम्मू एवं कश्मीर को छोड़कर संपूर्ण भारत में लागू होता है, तथा देश के बाहर अथवा देश में रहने वाले समस्त भारतीय नागरिकों पर लागू होता है।

यदि किसी लोकसेवक के विरुद्ध न्यायालय में अपराध सिद्ध हो जाता है तो यह न्यूनतम 6 महीनों किन्तु 5 वर्षों से अधिक नहीं के कारावास के साथ दंडनीय है। इस प्रकार से 6 महीनों का कारावास अनिवार्य है तथा इस सम्बन्ध में न्यायालयों के पास कोई विवेकाधिकार नहीं है। यदि लोकसेवक को आदतन अपराध करने वाला पाया जाता है, तो उसे न्यूनतम 2 वर्षों तथा अधिकतम 7 वर्षों के लिए अर्थदंड के साथ दंडित किया जा सकता है।

## *धन शोधन निवारण अधिनियम, 2002 (Prevention of Money Laundering Act, 2002)*

धन शोधन निवारण अधिनियम, 2002 को जनवरी 2003 में अधिनियमित किया गया था। अपने अंतर्गत बनाए गए नियमों के साथ यह अधिनियम 1 जुलाई, 2005 से प्रभावी हो चुका है। अधिनियम धनशोधन के अपराध को किसी भी ऐसे व्यक्ति जो अपराध से हुई आय तथा इसे बेदाग संपत्ति के रूप में प्रस्तुत करने जैसी किसी भी प्रक्रिया अथवा गतिविधि में प्रत्यक्ष अथवा परोक्ष रूप से संलिप्त होने का प्रयास करता है अथवा जानबूझकर सहायता करता है अथवा जानते हुए एक पक्ष बनता है अथवा वास्तव में संलिप्त है, धन शोधन के अपराध के दोषी होने के रूप में परिभाषित करता है। यह बैंकिंग कम्पनियों, वित्तीय संस्थानों तथा इनके ग्राहकों की पहचान के समस्त अभिलेखों के सत्यापन, एवं

समस्त लेनदेनों के रखरखाव करने तथा ऐसे लेनदेनों की सूचना निर्धारित प्रारूप में वित्तीय खुफिया इकाई-भारत (FIU-IND) को दिए जाने वाले माध्यस्थों के लिए दायित्वों का निर्धारण करता है। यह वित्तीय खुफिया इकाई-भारत के निदेशक को बैंकिंग कम्पनी, वित्तीय संस्थान अथवा माध्यस्थ पर अर्थदंड लगाए जाने का अधिकार भी प्रदान करता है, यदि वे अथवा उनका कोई अधिकारी अधिनियम में उपरोक्त वर्णित प्रावधानों के अनुसार कार्य करने में विफल रहता है।

अधिनियम प्रवर्तन निदेशालय के कुछ अधिकारियों को धन शोधन के अपराध से जुड़े कतिपय मामलों की जांच करने तथा धन शोधन में संलिप्त संपत्ति की कुर्की करने का भी अधिकार प्रदान करता है। अधिनियम के द्वारा न्यायाधिकार क्षेत्र, कुर्की किए जाने तथा कुर्क की गई संपत्तियों को जब्त करने का आदेश दिए जाने आदि को सुनिश्चित करने के लिए इसके द्वारा प्रदत्त अधिकार एवं प्राधिकार का अनिवार्य रूप से उपयोग किए गए। उद्देश्य से एक न्यायनिर्णायक प्राधिकारी की स्थापना किए जाने की कल्पना की गई है। यह एक अपीली न्यायाधिकरण की स्थापना किए जाने की कल्पना भी करता है, ताकि न्यायनिर्णयन प्राधिकरण एवं निदेशक-वित्तीय खुफिया इकाई-भारत जैसे अधिकारियों के आदेशों के विरुद्ध की गई अपीलों पर सुनवाई की जा सके।

अधिनियम एक अथवा एक से अधिक सत्र न्यायालयों को विशिष्ट न्यायालयों के रूप में नियुक्त किए जाने की कल्पना भी करता है, ताकि अधिनियम के अंतर्गत दंडनीय अपराधों तथा ऐसे अपराधों के लिए भी विचारण किया जा सके जिसके लिए आरोपी पर अपराध प्रक्रिया संहिता, 1973 के अधीन उसी विचारण में आरोप लगाए जा सकते हों। यह अधिनियम केन्द्र सरकार को भी भारत के बाहर किसी अन्य देश की सरकार के साथ अधिनियम के प्रावधानों को लागू किए जाने के उद्देश्य से, अधिनियम के अंतर्गत किसी भी अपराध को रोकने के लिए सूचनाओं के आदान-प्रदान अथवा उस देश में तत्समान लागू कानून के अधीन अथवा अधिनियम के अंतर्गत किसी अपराध की जांच के सम्बन्ध में किए जाने वाले अनुबंध में प्रवेश करने की अनुमति प्रदान करता है।

इसके अलावा, हाल ही में अधिनियमित किया गया *सूचना का अधिकार अधिनियम, 2005* भी कुछ ऐसे प्रावधानों से युक्त है, जिनका उपयोग भ्रष्टाचार को रोकने के लिए किया जा सकता है। इसके प्रमुख उद्देश्यों में शामिल हैं भ्रष्टाचार को रोका जाना, नागरिकों को सूचना प्राप्त किए जाने अधिकार प्रदान किए जाने के द्वारा लोकसेवकों को जवाबदेह बनाया जाना तथा पारदर्शिता में सुधार लाया जाना। सन् 2010 में अन्ना हजारे के भ्रष्टाचार विरोधी आंदोलन के समय से भारी जनाक्रोश को देखते हुए सरकार ने कानूनों में सुधार प्रस्तावित कर दिए हैं। एक भ्रष्टाचार निवारण (संशोधन) विधेयक, 2013, जो कुछ वर्तमान कमियों को दूर करने का प्रयास करता है, पाइपलाइन में है। सूचित रूप से यह किसी दलाल को शामिल किए जाने के उद्देश्य से घूस की परिभाषा को और व्यापक बनाएगा तथा किसी भी अधिकारी की घूसखोरी को रोकने में विफल रहने के लिए किसी व्यवसायिक संस्था को उत्तरदायी बनाएगा। यह अभियोजन के लिए एक समय-सीमा को भी निर्धारित करेगा (देखें राजाध्यक्ष एवं काबली, 'नॉट इजी टू किल द गोल्डन घूस', *संडे टाइम्स ऑफ इंडिया,* 14 जुलाई, 2013)।

## केन्द्रीय सतर्कता आयोग (Central Vigilance Commission)

सन् 1960 में भारत सरकार के द्वारा के. संथानम की अध्यक्षता में भ्रष्टाचार निवारण पर एक समिति को नियुक्त किया गया था। इस समिति ने सन् 1962 में अपनी रिपोर्ट प्रस्तुत कर दिया था। इसमें की गई सिफारिशें भ्रष्टाचार के विभिन्न पहलुओं से सम्बन्धित थीं। सन् 1964 में समिति की सिफारिशों के आधार पर ही केन्द्रीय सतर्कता आयोग (CVC) का गठन किया गया था, ताकि केन्द्र सरकार तथा अन्य कर्मचारियों के विरुद्ध भ्रष्टाचार के मामलों की जांच की जा सके। केन्द्रीय सतर्कता आयोग एक असंवैधानिक निकाय है जिसके न्यायाधिकार क्षेत्र एवं क्रियाकलापों में संसद के बजाय सरकारी आदेश के द्वारा संशोधन किए जा सकते हैं। यह केन्द्र सरकार के राजपत्रित अधिकारियों, संघ शासित क्षेत्रों, सार्वजनिक उपक्रमों तथा राष्ट्रीयकृत बैंकों के अधिकारियों के विरुद्ध भ्रष्टाचार के मामलों से निबटता है। यह सरकार से स्वतंत्र है तथा

संघ लोक सेवा आयोग के समान ही एक स्वायत्त संस्था के रूप में कार्य करता है। यह एकल-व्यक्ति की अध्यक्षता वाला आयोग है जिसकी अध्यक्षता केन्द्रीय सतर्कता आयुक्त के द्वारा की जाती है, जिसे एक सचिव, पांच शाखा अधिकारियों तथा विभागीय जांचों के लिए ग्यारह आयुक्तों (CDIs) के द्वारा सहायता प्रदान की जाती है।

केन्द्रीय सतर्कता आयोग के मुख्य कार्य हैं : (1) किसी लोकसेवक के विरुद्ध भ्रष्टाचार की किसी शिकायत पर जांच प्रारंभ करना; (2) भ्रष्टाचार में संलिप्त आरोपी व्यक्ति के विरुद्ध की जाने वाली कार्यवाही के प्रकार के सम्बन्ध में अनुशासनात्मक प्राधिकारी को परामर्श देना; (3) केन्द्रीय अन्वेषण ब्यूरो को एक नियमित मुकदमा पंजीकृत करने का निर्देश देना; तथा (4) मंत्रालयों/विभागों/बैंकों/सार्वजनिक उपक्रमों में सतर्कता तथा भ्रष्टाचार विरोधी कार्यों की सामान्य जांच एवं निरीक्षण करना।

## *राजनीतिज्ञों तथा सार्वजनिक कम्पनियों के भ्रष्टाचार पर आयोग/समितियां*

## *(Commissions/Committees on Corruption of Politicians and Public Companies)*

विगत 40 वर्षों (अर्थात् 1955 से 1997 के बीच) में भारत सरकार के द्वारा राजनीतिज्ञों एवं सार्वजनिक कम्पनियों के विरुद्ध भ्रष्टाचार के आरोपों की जांच करने के लिए दो दर्जन से भी अधिक आयोगों की नियुक्ति की जा चुकी है। इनमें से 9 आयोगों को विभिन्न राज्यों के मुख्यमंत्रियों के विरुद्ध सन् 1963 से 1983 की अवधि के बीच नियुक्त किया गया था। ये थे : पंजाब के मुख्यमंत्री सरदार प्रताप सिंह कैरों के विरुद्ध दास आयोग (1963), जम्मू एवं कश्मीर के मुख्यमंत्री बख्शी गुलाम मोहम्मद के विरुद्ध आयंगर आयोग (1965), ओडिशा के मुख्यमंत्री बीजू पटनायक के विरुद्ध खन्ना आयोग (1967), गोवा के मुख्यमंत्री दयानंद बांदोदकर के विरुद्ध कपूर आयोग (1968), असम के मुख्यमंत्री वी.के. महताब के विरुद्ध मुधोकर आयोग (1968), तमिलनाडु के मुख्यमंत्री ए. करुणानिधि के विरुद्ध सरकारिया आयोग (1976), कर्नाटर के मुख्यमंत्री देवराज अर्स के विरुद्ध ग्रोवर आयोग (1977), आंध्र प्रदेश के मुख्यमंत्री वेंगला राव के विरुद्ध विमादा लाल आयोग (1977), तथा पंजाब के मुख्यमंत्री जैल सिंह के विरुद्ध गुरुदेव सिंह आयोग (1979)।

मंत्रियों के विरुद्ध नियुक्त किए गए 5 आयोग इस प्रकार थे : केन्द्रीय वित्तमंत्री टी.टी. कृष्णामचारी (तथा वित्त सचिव एवं जीवन बीमा निगम के अध्यक्ष भी) के विरुद्ध छागला आयोग (1956), बिहार के 5 मंत्रियों के विरुद्ध अय्यर आयोग (1967), बिहार के 13 मंत्रियों के विरुद्ध माधोलकर आयोग (1968), केरल के मंत्री आर.के. कुंजू के विरुद्ध एक आयोग (1969) तथा केन्द्रीय रक्षा मंत्री बंसीलाल के द्वारा किए गए अनुबंधों के विरुद्ध रेड्डी आयोग (1977)।

भ्रष्टाचार के आरोपों पर नियुक्त 5 अन्य आयोग थे : मोरारजी देसाई के पुत्र कांति देसाई तथा भारत के प्रधानमंत्री चरणसिंह की पत्नी गायत्री देवी के विरुद्ध सरकारी मामलों में हस्तक्षेप करने के लिए भ्रष्टाचार तथा गैर-संवैधानिक अधिकारों को धारण किए जाने के आरोपों पर वैद्यलिंगम आयोग (1979), केरल तथा तमिलनाडु में स्प्रिट घोटाले के विरुद्ध कैलाशम एवं रे आयोग (1981), बोफोस सौदे में भ्रष्टाचार के आरोपों पर शंकरानंद समिति (1990) तथा प्रतिभूति घोटाले में जानकीरमन समिति (1992)।

हाल ही में (1995) तमिलनाडु एवं पश्चिम बंगाल के दो मुख्यमंत्रियों के विरुद्ध भ्रष्टाचार के आरोप लगाए गए थे। यहां तक कि तमिलनाडु के राज्यपाल ने तो अप्रैल 1995 में जनता पार्टी के अध्यक्ष को तमिलनाडु के तत्कालीन मुख्यमंत्री को उनके विरुद्ध भ्रष्टाचार निवारण अधिनियम के अंतर्गत लगाए गए 38 आरोपों में से 2 के लिए अभियोजित करने हेतु अनुमति भी प्रदान कर दी थी। इन दोनों आरोपों में से एक में अगस्त 1993 में 365 करोड़ रुपयों के कोयले का आयात किया जाना शामिल था, तथा दूसरा राज्य सरकार से जमीन के एक बड़े भूखंड, जिसका अनुमानित बाजार मूल्य 4.27 करोड़ रुपए था, को मात्र 1.82 करोड़ रुपयों में खरीदे जाने से सम्बन्धित था। मुख्यमंत्री पर सितम्बर 1995 में अपने दत्तकपुत्र के विवाह पर 50 से 100 करोड़ रुपए व्यय करने का भी आरोप लगाया गया था। इसके अलावा एक अन्य मुख्यमंत्री, जिनपर अप्रैल 1995 में भ्रष्टाचारी व्यवहार करने का आरोप लगाया गया था, 18 वर्षों से भी

अधिक समय के लिए पश्चिम बंगाल के मुख्यमंत्री रह चुके हैं। ये आरोप त्रिपुरा के भूतपूर्व मुख्यमंत्री तथा वयोवृद्ध मार्क्सवादी नेता के द्वारा लगाए गए थे।

सरकारी पदाधिकारियों तथा राजनीतिक हस्तियों एवं अपराधी गिरोहों एवं माफिया संगठनों के बीच संपर्क का आकलन किए जाने के द्वारा भारत में भ्रष्टचार का अध्ययन करने के लिए जुलाई 1993 में वोहरा समिति का गठन किया गया था। समिति ने अक्टूबर 1993 में अपनी रिपोर्ट प्रस्तुत कर दी। सरकार ने 18 महीनों तक इस रिपोर्ट को दबाए रखा किन्तु संसद में विपक्षी दलों के द्वारा डाले गए दबाव में आकर रिपोर्ट को अगस्त 1995 में संसद के दोनों सदनों के समक्ष रखा गया। रिपोर्ट के द्वारा राजनीतिज्ञों तथा अपराधियो के बीच के गठजोड़ पर एक कटु टिप्पणी की गई है। इसमें उल्लेख किया गया है, कि ''माफिया का जाल देश की व्यवस्था को असंगत बनाते हुए वास्तव में एक समानांतर सरकार चला रहा है''। समिति ने यहां तक उल्लेख किया है कि कुछ संसद सदस्य तथा राज्य विधान सभाओं के सदस्यगण गिरोहों तथा सशस्त्र सेनाओं के द्वारा राजनीतिक शक्ति प्राप्त कर चुके हैं। समिति ने सभी एजेन्सियों से प्राप्त सूचनाओं को समानुक्रमित किए जाने तथा देश में ऐसे अपराधी संगठनों, तस्कर गिरोहों तथा देश में आर्थिक गुटों के विरुद्ध त्वरित, प्रभावी एवं निवारणीय कार्यवाही किए जाने की सिफारिश की है, जिन्होंने कई वर्षों के दौरान सभी स्थनीय स्तरों पर सरकारी पदाधिकारियों एवं नौकरशाहों तथा राज्य एवं केन्द्र के स्तरों पर राजनीतिज्ञों एवं मीडिया कर्मियों के साथ संपर्कों का एक व्यापक जाल तैयार कर लिया है।

भारत के 18 राज्यों (आंध्र प्रदेश, असंम, बिहार, छत्तीसगढ़, दिल्ली, गुजरात, झारखंड, हरियाणा, हिमाचल प्रदेश, कर्नाटक, केरल, मध्य प्रदेश, महाराष्ट्र, ओडिशा, पंजाब, राजस्थान, उत्तराखंड तथा उत्तर प्रदेश सहित) ने मंत्रियों, विधायकों तथा अन्य सार्वजनिक पदाधिकारियों के विरुद्ध भ्रष्टाचार के आरोपों की जांच करने के लिए लोकायुक्त की संस्था को गठित कर दिया है। राष्ट्रीय स्तर पर ऐसा कोई भी संस्थान अभी तक नहीं है, जो मंत्रियों की ईमानदारी पर एक निगरानी करने वाली संस्था के रूप में कार्य कर सके, यद्यपि सन् 1992 में तथा पुनः 1994 में तत्कालीन प्रधानमंत्री ने वादा किया था कि स्वीडन तथा कुछ यूरोपीय देशों में लोकपाल के समान एक संस्था की स्थापना केन्द्रीय स्तर पर कानून के द्वारा की जाएगी। लोकसभा में अनेक बार लोकपाल विधेयक को प्रस्तुत किया गया–सन् 1968, 1977, 1985, 1989, 1996, 1998, 2001, 2005 तथा 2008 में–ताकि लोकपाल की नियुक्ति की जा सके, किन्तु अभी तक इसकी पुष्टि नहीं की जा सकी है।

हाल ही में, अन्ना हजारे के भ्रष्टाचार विरोधी आंदोलन से उत्पन्न भारी जनाक्रोश के बाद वर्तमान संप्रग-2 सरकार ने दिसम्बर 2011 में लोकपाल विधयेक को लोकसभा में फिर से प्रस्तुत किया था, किन्तु प्रधानमंत्री को इसके दायरे में लाए जाने के सम्बन्ध में विभिन्न राजनीतिक दलों के द्वारा उठाई गई आपत्तियों के बीच यह एक बार फिर से पारित नहीं हो सका। विधेयक को पारित किए जाने में वास्तविक बाधा है, राजनीतिक इच्छाशक्ति के अभाव का होना। लोकपाल का ऐसा कोई विकल्प नहीं है जिसके न्यायाधिकार क्षेत्र को प्रधानमंत्री सहित उच्च पदों पर पदासीन लोगों के विरुद्ध भ्रष्टाचार की जांच करने तक ही सीमित कर दिया जाए। भ्रष्टाचार निवारण अधिनियम के अंतर्गत अभियोजन भी मात्र तब ही संभव है, जब शिकायतकर्ता सरकार से अनुमति प्राप्त कर ले जो कि स्वाभाविक कारणोंवश शायद ही प्रदान की जाती है। कोई भी नागरिक विशिष्ट न्यायालय अधिनियम का सहारा तब तक नहीं ले सकता, जब तक सरकार इस बात से सहमत न हो जाए कि कार्यवाही करने के लिए *प्रथम दृष्टया* मामला मौजूद है। ये दोनों ही बाधाएं लोकपाल में अनुपस्थिति होगीं जिसके समक्ष किसी के भी द्वारा एक शपथपत्र दाखिल किए जाने के आधार पर किसी मामले को प्रारंभ किया जा सकता है।

## भ्रष्टाचार के विरुद्ध संघर्ष (Combating Corruption)

क्या हमारे समाज में भ्रष्टाचार को रोक पाना संभव है? अधिकांश राजनीतिज्ञ जब सत्ता में पहली बार आते हैं, तो वे भ्रष्टाचार को समाप्त करने के लिए अपनी प्रतिबद्धता की घोषणा करते हैं, किन्तु शीघ्र ही

वे स्वयं भ्रष्ट हो जाते हैं तथा अपार संपदा एकत्रित करना प्रारंभ कर देते हैं। सन् 1984 में जब राजीव गांधी प्रधानमंत्री बने, उन्होंने भी भ्रष्टाचार के विरुद्ध युद्ध की घोषणा कर दी, किन्तु शीघ्र ही वे स्वयं भी बोफोर्स घूसकांड के शिकार बन गए। इस प्रकार से भ्रष्टाचार का संस्थानीकरण हो चुका है।

यदि हम वास्तव में भ्रष्टाचार से लड़ाई लड़ना चाहते हैं, तो इससे जुड़े अनेक ऐसे मिथक हैं, जिन्हें खंडित किया जाना होगा। इनमें से कुछ हैं : भ्रष्टाचार जीवन का एक तरीका बन चुका है और इसके सम्बन्ध में अब कुछ भी नहीं किया जा सकता; अथवा यह कि भ्रष्टाचार स्वतंत्रताप्राप्ति के बाद की एक घटना है तथा यह लोकतंत्र में जनता को बहुत अधिक स्वतंत्रता एवं लाइसेंस प्रदान किए जाने का परिणाम है; अथवा यह कि अविकसित देशों के गरीब लोग आमतौर पर स्वभाव से ही बेईमान तथा विश्वास न किए जाने योग्य होते हैं तथा सरलता से लालच में आ जाते हैं, जबकि विकसित देशों के लोग अपेक्षाकृत कम भ्रष्ट हैं; अथवा यह कि भ्रष्टाचार मात्र निचले तथा अधीनस्थों के स्तरों पर ही विद्यमान है; अथवा यह कि भ्रष्टाचार शिक्षितों की तुलना में अशिक्षितों के बीच ही अधिक पाया जाता है; अथवा यह कि भ्रष्टाचार मुख्य रूप से राजनीतिज्ञों के कारण ही फैलता है। ये सभी भ्रम बहुत अधिक प्रसिद्ध हैं तथा भ्रष्टाचार को रोकने के उपायों की योजना बनाते समय हमें उनके विरुद्ध सजग रहने की आवश्यकता है।

भ्रष्टाचार को कम करने के लिए कुछ तरीके सुझाए गए हैं। ये हैं : *पहला,* हमें कानून, प्रक्रिया तथा प्रशासन पर ध्यान केन्द्रित करने की आवश्यकता है। विशिष्ट स्थितियों में विशिष्ट प्रास्थिति के साथ बैठे व्यक्तियों के संगठन एवं व्यवहार से सम्बन्धित कानूनों एवं नियमों का होना अनिवार्य है। 'बुरे' कानूनों/नियमों को परिवर्तित अथवा समाप्त किया जाना होगा। यदि कानून/नियम बहुत अधिक कठोर, जटिल एवं अस्पष्ट होते हैं, तो ये भ्रष्टाचार को जन्म देते हैं। कानून ऐसे नहीं होने चाहिए कि वे विवेकाधिकार के प्रयोग के लिए भारी गुंजाइश प्रदान करते हों। विवेकाधिकार को अधिकारी के पद तथा उसे सौंपी गई भूमिका के अनुरूप होना चाहिए। 'प्रशासनिक' कारकों में संरचनात्मक तथा क्रियात्मक दोनों ही पहलू शामिल होते हैं। किसी संस्था का ढांचा किस प्रकार का है, यही भ्रष्टाचार के लिए खामियों का निर्धारण करेगा। 'कामकाज' कार्य की उस 'जारी' प्रक्रिया को संदर्भित करता है, जो कार्य की मात्रा एवं गुणवत्ता दोनों, तथा अधीक्षण एवं खामियों के परिमाण इत्यादि को संदर्भित करता है। *दूसरा,* कृत्रिम कमियां तथा अभाव, जो अवैध पारितोषण की सुविधा प्रदान करता है, को नियंत्रित किया जाना होगा। *तीसरे,* सतर्कता में वृद्धि की जानी चाहिए। यह एक मिथक है, कि सतर्कता दक्षता को बाधित करती है; इसके विपरीत यह इसमें सुधार लाती है। संदिग्ध निष्ठा वाले संदेहास्पद अधिकारियों को संवेदनशील पदों से दूर रखा जाना चाहिए। भ्रष्टाचार के संवेदनशील बिन्दुओं पर औचक निरीक्षण किए जाने चाहिए। *चौथा,* उदारवादी नीति को अत्यन्त सावधानीपूर्वक लागू किया जाना चाहिए। अंततः, उदारवाद एवं मुक्त बाजार भ्रष्टाचार को कम कर सकता है, किन्तु वर्तमान 'उदार स्वीकृतियां' किसी 'मूल्य' के बदले में ही प्रदान की जाती हैं। पूंजीवादी देश जैसे अमेरिका, जापान, दक्षिण कोरिया, इंडोनेशिया, थाईलैंड तथा मलेशिया को व्यापक तौर पर भ्रष्ट समाजों के रूप में माना जाता है। जापान में, हम बार-बार भ्रष्टाचार के कांडों के बारे में सुनते रहते हैं, जो पाखंड एवं बेईमानी के संस्थानीकरण को उजागर करते हैं। *पांचवा,* चुनावों में किए जाने वाले खर्चों को कठोरतापूर्व नियंत्रित किया जाना चाहिए। *अंततः,* भ्रष्टाचार को सफलतापूर्वक रोकने के लिए जनता का सहयोग प्राप्त किया जाना होगा। हम अंतिम दो उपायों को विस्तार से स्पष्ट करेंगें।

लोगों के द्वारा भ्रष्टाचार के मामलों को पुलिस को क्यों सूचित नहीं किया जाता? ऐसा इसलिए है, क्योंकि वे भयभीत (क्योंकि भ्रष्टजन उन्हें हानि पहुंचा सकते हैं), उदासीन (क्योंकि उनका कर्तव्य समाज का सुधार करना नहीं है), तथा निराशावादी (क्योंकि भ्रष्ट लोग प्रभावशाली तथा शक्तिशाली लोग हैं और उनके विरुद्ध कोई भी कार्यवांही नहीं की जाएगी) हैं। तथापि, ये ही वे लोग हैं, जो भ्रष्टाचार के मामलों को सम्बन्धित अधिकारियों की जानकारी में लाने का प्रयास नहीं करते। ये ही वे लोग हैं जिनमें असहजता का एक अनुभव विद्यमान है, जो अपराध की भावना से ग्रसित हैं तथा जिनके मन को समुदाय के लिए कुछ अच्छा कार्य करने से आनंद प्राप्त होता है। भ्रष्टाचार एक ऐसा राक्षस है, जिसे लोगों के सामूहिक प्रयासों के द्वारा ही पराजित किया जा सकता है। यदि वे यह सुनिश्चित कर लें कि

बेईमान राजनीतिज्ञों को विधायिका में निर्वाचित नहीं होने देना है, तो आधा युद्ध जीत लिया जाएगा। किन्तु बड़ा प्रश्न यह है : क्या ऐसा कभी हो सकेगा?

भारत जैसे लोकतांत्रिक देश में, क्या कभी जनता यह अनुभव करेगी, कि उन्हें भ्रष्टाचार जैसी बुराई से संघर्ष करने में एक महत्वपूर्ण भूमिका निभाने की आवश्यकता है? वास्तव में, भ्रष्टाचार का बड़ा भाग लोगों की सहनशीलता अथवा इसके विरुद्ध संपूर्ण जनाक्रोश के अभाव के साथ-साथ इसका विरोध करने के लिए किसी शक्तिशाली जनमंच के मौजूद न होने के कारण विद्यमान है। जहां अनेक बौद्धिक, शिक्षित, सुविदित एवं मुखर नागरिकगण देश में इस राक्षसी समस्या के सम्बन्ध में चिंताग्रस्त बने हुए हैं, वहीं वे अपने विरोध को इसके विरुद्ध एक शक्तिशाली सार्वजनिक राय का रूप प्रदान करने में विफल रहे हैं। जिम्मेदार तथा प्रबुद्ध नागरिकों के द्वारा किया गया एक ठोस प्रयास निश्चित रूप से भ्रष्टाचार के स्तर को एक गंभीर आघात पहुंचा सकता है। यहां तक कि हमारे विश्वविद्यालय में युवजन भी समाजोन्मुख लक्ष्यों का बीड़ा उठा सकते हैं तथा इस बुराई को समाप्त करने के लिए आंदोलनों का आयोजन कर सकते हैं।

इसके अलावा भी भ्रष्टाचार को रोके जाने के जो अन्य तरीके हो सकते हैं उनमें ऐसी विधियों को लागू किया जाना, जो राजनीतिक दलों को एक उचित तरीके से चुनावी चंदा प्राप्त करने की योग्यता प्रदान करें, अथवा केन्द्र सरकार के द्वारा किसी चुनाव निधि के माध्यम से चुनाव के व्यय का वहन किए जाने को शामिल किया जा सकता है। जर्मनी, नार्वे तथा स्वीडन सहित यूरोप के कुछ विकसित देशों में इस प्रणाली का अनुसरण किया जा रहा है। राजनीतिक दलों का वित्तपोषण राज्य के द्वारा विगत चुनावों में उन्हें प्राप्त मतों के आधार पर किया जा सकता है। राशि को प्रति मत के आधार पर जैसे प्रति मत 2 रुपए इत्यादि के आधार पर निर्धारित किया जा सकता है। चुनावों को राज्य द्वारा वित्तपोषित किए जाने के विचार पर हाल ही के समय में कई बार हमारी संसद में चर्चा की जा चुकी है किन्तु न केवल पहले की सरकारों बल्कि वर्तमान सरकार यह अनुभव करती है कि सरकार के पास नकदी का अभाव है। किन्तु यह बिल्कुल भी सत्य नहीं प्रतीत होता। हमारे विशालाकार वार्षिक बजट में, यह कुल बजट आबंटन का बमुश्किल 1-2 प्रतिशत ही होगा। यदि सरकार सोचती है कि यह छुद्र राशि अलग नहीं रखी जा सकती, तो मतदाताओं पर शिक्षा उप-कर के समान एक चुनाव उप-कर लगाया जा सकता है।

राज्य द्वारा चुनावों का यह वित्तपोषण निःसंदेहात्मक रूप से बड़ी सीमा तक भ्रष्टाचार को कम कर सकेगा। राज्य द्वारा चुनावों का वित्तपोषण न केवल भ्रष्ट व्यापारियों एवं हितधारक समूहों के द्वारा दिए जाने वाले योगदानों को समाप्त करेगा बल्कि यह विधानसभाओं में निष्ठावान व्यक्तियों को पहुंचाते हुए, विभिन्न राजनीतिक दलों के द्वारा व्यय की गई धनराशि को एक समान बनाते हुए और ऐसे ही अन्य लाभों के साथ स्वतंत्र एवं निष्पक्ष चुनावों में भी योगदान करेगा।

उपर्युक्त उपायों के अलावा, जैसा कि पहले भी उल्लेख किया जा चुका है, सत्ता के उच्चतम पदों पर भ्रष्टाचार के आरोपों की जांच करने हेतु लोकपाल की नियुक्ति किया जाना भ्रष्टाचार को रोके जाने का एक प्रभावी उपाय सिद्ध हो सकता है। वर्तमान समय में, अधिकांश राज्यों में अनेक अक्षमताओं के द्वारा लोकायुक्तों को नपुंसक बना दिया गया है। उनके अनुभवों से सीख हासिल करते हुए लोकपाल के अधिकारों को और व्यापक बनाया जाना चाहिए। उसकी सिफारिशों में एक संवैधानिक बल होना चाहिए। इन्हें संसद के पटल पर रखा जाना चाहिए तथा मीडिया के द्वारा पर्याप्त रूप से प्रसारित-प्रचारित किया जाना चाहिए। लोकपाल सर्वोच्च न्यायालय का कोई एक अकेला अवकाशप्राप्त न्यायाधीश अथवा दो अथवा तीन न्यायाधीश हो सकते हैं। उसे/उन्हें कार्यपालिका के स्थान पर चार व्यक्तियों अर्थात् प्रधानमंत्री, भारत के प्रधान न्यायाधीश, लोकसभा के अध्यक्ष तथा नेता प्रतिपक्ष की चार सदस्यों वाली एक समिति के द्वारा चुना जाना चाहिए। लोकपाल के पास अपनी इच्छानुसार प्रयुक्त किए जाने के लिए एक स्वतंत्र जांच तंत्र उपलब्ध होना चाहिए।

समाज से भ्रष्टाचार के उन्मूलन के लिए कुछ और सुझाव दिए जा सकते हैं। ये हैं : (1) राजनीतिक प्रतिबद्धता; (2) प्रशासनिक जवाबदेही; (3) प्रक्रियागत सरलीकरण; तथा (4) नागरिक समाज की सक्रियता।

यह निष्कर्ष प्राप्त किया जा सकता है, कि आज भ्रष्टाचार लोगों को आश्चर्यचकित नहीं करता। यहां तक कि गलत कार्य प्रकट हो जाने के बाद भी मंत्रीगण तथा अधिकारी बेदाग छूट जाते हैं। अधिक से अधिक, उनका

स्थानांतरण कर दिया जाता है। जब तक भ्रष्टाचार कानूनी, नैतिक तथा सामाजिक प्रतिबंधों को आकर्षित करने में विफल रहेगा, तब तक इसे समाप्त किए जाने अथवा कम किए जाने की कोई आशा नहीं है। ऐसा संभव है कि भ्रष्टाचार को पूरी तरह से जड़ से न उखाड़ा जा सके, परंतु यह निश्चित रूप से संभव है कि इसे कम किया जा सके अथवा बर्दाश्त करने की सीमा के अंदर लाया जा सके। भ्रष्टाचार एक कैंसर है, जिससे मुक्ति पाने के लिए प्रत्येक भारतीय को प्रयास करना चाहिए। अपनी ईमानदारी एवं निष्ठा के लिए ज्ञात ईमानदार एवं समर्पित लोगों को सार्वजनिक जीवन में लाया जाना, लोकप्रिय रूप से उदारवादी नीति कहे जाने वाली अर्थव्यवस्था पर सरकारी नियंत्रण में कमी, तथा चुनावी खर्चों पर नियंत्रण, भ्रष्टाचार के लिए तीन सर्वाधिक महत्वपूर्ण नुस्खें हो सकते है। जनता ने लंबे समय से भ्रष्ट व्यक्तियों को सहन किया है। अब समय आ चुका है कि समर्पित राजनीतिक शासकों के द्वारा भ्रष्टाचार को रोके जाने को गंभीरतापूर्वक लिया जाए।

## REFERENCES


Choudhry, P.C., "Corruption", *Seminar,* No. 421, September, 1994.

Douglas, Jack D. and Johnson, Robert, *Deviance,* Lippincott Co., Philadelphia, 1971.

Hallaya, M., *Corruption in India,* 1948 (quoted by P.C. Choudhry in *Seminar,* No. 421, September, 1994).

Kohli, Suresh, *Corruption in India,* 1975 (quoted by P.C. Choudhry in *Seminar,* No. 421 September, 1994).

Levine, Victor T., *Political Corruption: The Guana Case,* Transaction Publishers, New Brunsuick, New Jersey, 1957.

Machael, Clarke (ed.), *Corruption: Causes and Consequences,* Frances Pinter London, 1983.

Majumdar, K.C., *Ancient India,* Motilal Banarasidass, New Delhi, 1960.

Malhotra, K.L., *Facets of Vigilance,* Malhotra Publications, Delhi, 1988 and 1992.

Mathur, K.M., "Corruption in Administration", Working Paper for DIG Police Seminar held at Internal Security Academy, Mount Abu, from October 12 to October 17, 1992.

Monteiro, J.B., *Corruption,* Manaktalas, Bombay, 1966.

Nye, J., "Corruption and Political Development: A Cost-Benefit Analysis", *American Political Review,* Vol. 61, No. 2, 1967.

Samasastry, R., *Arthasastra* (translated), Mysore Printing House, Mysore, 1967.

Sandhu, Veena and Narasimhan, T.E., "Kickback Nation", *Business Standard,* 13 July 2013.

Santhanam Committee Report on "Prevention of Corruption", Government of India, 1964.

*Sunday Times of India,* Calcutta, 27 November-3 December, 1994.

Szeftel, Morris, "Corruption and the Spoil System in Zambia", in Machael Clarke (ed.), *Corruption: Causes and Consequences,* Frances Pinter, London, 1983.

Vittal, N., *Ending Corruption: How to Clean up India,* Penguin/Viking, New Delhi, 2012.

Writh, Ronald and Simpkins, Edgar, *Corruption in Developing Countries,* Allen & Unwin, London, 1963.

# 22

# जनजातीय असंतोष

## Tribal Unrest

भारत का समाज एक मिश्रित समाज है और इन सबको एक साथ जोड़े रखने वाली केन्द्रीय कड़ी है, समूहों का 'सह-अस्तित्व' (co-existence) जो आर्थिक, सामाजिक-सांस्कृतिक एवं बौद्धिक विकास के भिन्नतापूर्ण है। हालांकि, इसका संतुलन विभिन्न लोगों के बीच टकराव तथा सामंजस्य के बीच दोलन करता रहता है। स्थापित राज्यों तथा अपने ही नियमों एवं रिवाजों के साथ जीवन-यापन करने वाले स्वतंत्र जनजातीय समुदायों के सह-अस्तित्व का इतिहास अभी तक दर्ज किए गए भारत के इतिहास के प्राचीनतम समयों तक जाता है। जनजातीय लोगों को सामान्य तौर पर *आदिवासी* कहा जाता है, जिसका अर्थ धरती के ''मूल निवासी'' होता है। पूरे देश में ऐसी लगभग 705 जनजातियां फैली हुई हैं। सन् 2011 की जनगणना के अनुसार, 10.04 करोड़ जनजातीय लोगों में से लगभग 80 प्रतिशत आंध्र प्रदेश, ओडिशा, झारखंड, छत्तीसगढ़, मध्य प्रदेश तथा उत्तरी महाराष्ट्र की मध्य भारतीय पट्टी में निवास करते हैं। कुछ ऐसी 'विमुक्त एवं खानाबदोश जनजातियाँ' भी हैं, जिन्हें भारत में जनगणना के अंतर्गत कभी भी शामिल नहीं किया गया है।

### प्रकृति की घनिष्ठ निकटता में रहना (Living in Close Proximity of Nature)

ऐसे भी समयों पर, जब उप-महाद्वीप की आबादी बहुत कम और उन्नत सभ्यता के केन्द्रों की सीमाओं के परे थी, वनों में घिरे हुए एवं पहुंच से दूर ऐसे विशालाकार भू-भाग थे जहां भौतिक एवं सांस्कृतिक विकास के विभिन्न स्तरों पर आबादियां बिना एक दूसरे के क्षेत्रों का अतिक्रमण किए साथ-साथ निवास किया करती थीं। यहां तक कि हिन्दू संस्कृति के महानतम उत्फुल्लन के समयों में भी आदिवासी जनजातियों को जातिगत समाज की कक्षा में आकर्षित किए जाने के कोई संगठित प्रयास नहीं किए गए थे।

वास्तव में, जातिगत भेद के स्थायित्व तथा अनिवार्यता के विचार पर आधारित एक सामाजिक दर्शन के द्वारा परिष्कृत सभ्यताओं की परिधि में आदिम जीवनशैली की दृढ़ता में कुछ भी अजनबी अथवा असंगत सा नहीं देखा गया। निःसंदेह, ऐसे क्षेत्र मौजूद थे, जहां उन्नत आबादियों द्वारा जनजातीय क्षेत्रों में की जाने वाली घुसपैठ का परिणाम आदिवासियों एवं हिन्दुओं के बीच एक घनिष्ठ अंतःक्रिया के रूप में प्रकट हुआ। ऐसे क्षेत्रों में, सांस्कृतिक भेद धुंधले पड़ गए, और जनजातीय समुदाय क्रमिक रूप से जाति-व्यवस्था में समा गए, यद्यपि सामान्य तौर पर निम्न स्तरों पर ही। उदाहरण के लिए, केरल की चेरूमन तथा पानयर अछूत जातियां संभवतः किसी एक समय पर स्वतंत्र जनजातियां थीं, और उनके शारीरिक गुणों में वे अभी भी ऐसे पड़ोसी जनजातीय समूहों के साथ मेल खाती हैं, जो जाति-व्यवस्था के बाहर ही बने रह गए।

उन आदिवासियों, जिन्होंने अपनी जनजातीय पहचान को कायम रखा और हिन्दू धर्मसंघ के साथ मिल जाने का विरोध किया, ने आत्मसात हो चुके समूहों की तुलना में बेहतर प्रदर्शन किया और उनके साथ अछूत होने जैसा व्यवहार नहीं किया गया, भले ही वे गौमांस खाने जैसी आदतों में संलिप्त रहे, जिसे हिन्दू

लोगों ने अधर्म माना हुआ था। उदाहरण के लिए राज गोंड, जिसके शासकों में से कुछ ने राजपूत राजकुमारों के साथ सत्ता के लिए प्रतिस्पर्धाएं की, अपने हिन्दू पड़ोसियों की निगाहों में अपनी सामाजिक स्थिति में बिना किसी गिरावट के गाय की बलि देते और उसका मांस खाते थे। हिन्दुओं ने जनजातीयों की सामाजिक एवं सांस्कृतिक पृथकता को मान्यता प्रदान की और कभी भी व्यवहारों के हिन्दू प्रतिरूपों को अपनाए जाने के प्रति जोर नहीं डाला, तथा जनजातीय जीवन शैली के लिए यह सम्मान तब तक कायम रहा, जब तक दोनों समुदायों के बीच के संपर्क आकस्मिक प्रकृति के बने रहे। यद्यपि कि जनजातीय लोगों को अजनबी एवं खतरनाक समझा जाता था, तथापि उन्हें पर्वतों तथा वनों के एक भाग के रूप में स्वीकार कर लिया गया था, और एक कमोबेश टकराव-रहित सह-अस्तित्व संभव हो गया था, क्योंकि जनसंख्या का किसी भी प्रकार का दबाव एवं मांग नहीं थी, और इसीलिए आदिवासियों को उनकी भूमि से वंचित किए जाने की न तो कोई आवश्यकता ही थी और न ही कोई कारण।

यह स्थिति संपूर्ण मुगलकाल तक कायम रही। अब और तब, मुगल सेना का अभियान, जो किसी जनजातीय देश के जंगलों में किसी अल्पावधि के लिए चलाया भी जाता था, वहां के निवासियों को संक्षिप्त रूप में राजकुमारों एवं इतिहासकारों के संज्ञान में आता था, किन्तु लंबी अवधियों के लिए पर्वतीयजन एवं वनवासियों को बिना किसी छेड़छाड़ के ही छोड़ दिया गया था।

## उपनिवेशवाद का प्रभाव (The Impact of Colonialism)

हालांकि, ब्रिटिश शासन के अंतर्गत एक नई स्थिति का जन्म हुआ। ऐसे क्षेत्रों, जो पहले शाही शासकों के प्रभावी नियंत्रण के बाहर रहे थे, पर एक केन्द्रीकृत प्रशासन के विस्तार ने अनेक आदिवासी जनजातियों को उनकी स्वायत्तता से वंचित कर दिया और यद्यपि अधिकांश अंग्रेज शासकों की जनजातीय लोगों के अधिकारों तथा उनकी पारंपरिक जीवनशैली में किसी प्रकार का हस्तक्षेप करने की मंशा नहीं थी, तथापि उन बाहरी क्षेत्रों में कानून एवं व्यवस्था की स्थापना ने आदिवासियों को कहीं अधिक उन्नत लोगों के दबावों का सामना करने के लिए बाध्य कर दिया। ऐसे क्षेत्र, जो वास्तव में पहले प्रशासन से बाहर थे, और इसीलिए ऐसे बाहरी लोगों के लिए सुरक्षित भी थे, जो वहां के आदिवासी निवासियों के विश्वास एवं सम्मान के पात्र नहीं थे; व्यापारी एवं साहूकार अब स्वयं को वहां अंग्रेज शासन के संरक्षण में स्थापित कर सकते थे। प्रायः, उनके पीछे वहां के वे नए उपनिवेशी लगे हुए थे, जो वहां आदिवासियों की भूमि के बड़े भागों को अधिग्रहीत करने में सफल रहे थे।

भूमि से अलगाव की प्रक्रिया जनजातीय आबादी व्यवस्थाओं पर भूमि की अवधि तथा राजस्व संग्रहण की उस व्यवस्था के लागू किए जाने के साथ प्रारंभ हुई जिसे उन्नत क्षेत्रों में विकसित किया गया था और सरकार ने बिना किसी मंशा के जनजातीय भूमि को अन्य जातीय समूहों को हस्तांतरित किया जाना सुविधाजनक बना दिया। आदिवासियों की स्थिति में गिरावट, जो प्रायद्वीपीय भारत के अनेक भागों में लगभग 19वीं शताब्दी के प्रारंभ से ही शुरू हो चुकी थी और 20वीं शताब्दी तक जारी रही, इस तथ्य के बावजूद उत्पन्न हुई कि अनेक अंग्रेज अधिकारियों की सहानुभूति जनजातीय लोगों के साथ थी और उनमें से कुछ, जो जनजातीय अधिकारों के सर्वाधिक प्रबल समर्थक थे, भारतीय नागरिक सेवा के अधिकारियों के बीच में थे। इसके बावजूद अनेक प्रतिवेदनों में निहित सुधार सम्बन्धी सिफारिशों को शायद ही कभी पूरी तरह से लागू किया गया, और जहां कहीं इन्हें कानून में शामिल भी किया गया, वे सदैव प्रभावी सिद्ध नहीं हो सके।

अपने पूर्वजों की भूमि से क्रमिक रूप से अलग किए जाने का विरोध किए जाने में असमर्थ हो चुके अनेक क्षेत्रों के आदिवासियों ने या तो स्वयं को पर्वतों के अंदरूनी क्षेत्रों में तथा सीमान्त भूमि के टुकड़ों की ओर वापसी कर लिए जाने के द्वारा समर्पण कर दिया, अथवा, यदि ऐसी कोई शरणस्थली नहीं बची थी, तो उनके पास उसी भूमि, जो कभी उनके पूर्वजों की संपत्ति रही थी, पर किराएदारों, बँटवारा काश्तकारों, अथवा कृषि मजदूरों वाली आर्थिक स्थिति को स्वीकार कर लेने के सिवा और कोई विकल्प उपलब्ध नहीं रह गया था।

ब्रिटिश भारत का मात्र एक ऐसा भाग था, जहां गैर-हस्तक्षेप एवं सरंक्षण की एक नीति ने जनजातीय आबादियों को अपनी भूमि अपने पास बनाए रखने के साथ-साथ अपनी पारंपरिक जीवनशैली को भी कायम रखने का सामर्थ्य प्रदान कर दिया था। उत्तर-पूर्वीय भारत के पर्वतीय क्षेत्र, जो एक घोड़े के विशालाकार नाल के आकार में ब्रह्मपुत्र घाटी से सटे हुए हैं, में नागा, मिशमिस, आदिस, मिरिस, अपा तानिस एवं निशिस जैसी जनजातियां बीहड़ पहाड़ों तथा संकरी घाटियों वाले उन विशाल क्षेत्रों के अकेले अधिवासी थे, जिनमें असम के मैदानों में बसे हुए लोगों ने कभी भी घुसपैठ नहीं की थी। पर्वतों एवं मैदानों के बीच में वस्तु-विनिमय के आधार पर कम मात्रा में व्यापार पादगिरि से सम्बन्धित जनजातीय लोगों के द्वारा संचालित किया जाता था, किन्तु अधिकांश पर्वतीय लोगों ने ब्रह्मपुत्र घाटी में कभी भी कदम नहीं रखा था। जब 19वीं शताब्दी के उत्तरार्द्ध में तथा 20 शताब्दी के पहले दशक के दौरान अंग्रेजों ने पर्वतीय क्षेत्रों के एक भाग के ऊपर अपने प्रशासनिक नियंत्रण का विस्तार किया, तब उन्होंने मैदानी इलाके के लोगों के वहां प्रवेश को प्रोत्साहित नहीं किया, बल्कि प्रशासन की एक ऐसी व्यवस्था का आविष्कार किया जिसके द्वारा पर्वतीय लोगों को अपने मामलों की देखभाल अपनी परंपरागत रेखाओं पर ही करनी होती थी।

उदाहरण के लिए, सन् 1930 के दशक के दौरान नागा पर्वतीय जिले का संपूर्ण प्रशासन मात्र एक उप-आयुक्त, जो कोहिमा में रहा करता था, तथा एक उप-मंडलीय अधिकारी, जिसका मुख्यालय मोकोकचुंग में था, के हाथों में होता था। कुछ लिपिकों तथा असम राइफल्स की एक छोटे से सैन्यबल की सहायता से ये दोनों अधिकारी एक ऐसे बड़े पर्वतीय क्षेत्र में शांति एवं व्यवस्था को कायम रखते थे, जहां अश्वमार्ग ही संचार का एकमात्र साधन हुआ करता था। मैदानी इलाके के किसी भी व्यक्ति को पर्वतों में भूमि अधिग्रहीत करने की अनुमति नहीं थी, तथा भूमि की अवधि से सम्बन्धित एक स्वदेशी व्यवस्था को बिना किसी परिवर्तन के बनाए रखा गया था। इस नीति ने पर्वतीय लोगों को शोषण तथा भूमि से पृथक्करण से संरक्षण प्रदान किया।

## स्वतंत्रता प्राप्ति के पश्चात का परिदृश्य (Post-Independence Scenario)

यह कतई आश्चर्यजनक नहीं है, कि सन् 1947 के बाद के वर्षों के दौरान प्रशासन की एक कहीं अधिक स्पष्ट तथा कम लचीली व्यवस्था को लागू किए जाने ने अत्यन्त ही गंभीर अशांति को जन्म दे दिया, क्योंकि जनजातीय लोगों, जो अपने मामलों का संचालन करने के अभ्यस्त हो चुके थे, के द्वारा स्थानीय रिवाजों की समझ के अभाव वाले छोटे-मोटे अधिकारियों की बड़ी संख्या के द्वारा किए जाने वाले हस्तक्षेप के विरुद्ध हिंसात्मक प्रतिक्रियाएं की गईं। नागा तथा मिजो के विद्रोहियों के कारणों पर चर्चा करने के लिए यह उपयुक्त स्थान नहीं है, जो इस तथ्य को लिखे जाने के समय किसी भी प्रकार से पूरी तरह से समाप्त नहीं हो सका है, किन्तु आदिवासी जनजातियों एवं सत्ताधारी सरकारों के बीच के सम्बन्धों का कोई भी विश्लेषण तब तक पूरा नहीं हो सकता, जब तक उन विद्रोहों में से कम से कम कुछ पर विचार न कर लिया जाए जिनके द्वारा जनजातीय आबादियों ने उन लोगों से पीछा छुड़ाने का प्रयास किया है, जिन्होंने उनके अधिवासों पर आक्रमण किया है, उनके पूर्वजों की भूमि को हड़प लिया है और निर्दयतापूर्वक उनके श्रमिकों की मेहनत के फल को उनसे छीन लिया है।

कोई भी, जो उस दमन एवं शोषण से परिचित है जिसका शिकार आंध्र प्रदेश के तेलंगाना जैसे क्षेत्रों के आदिवासियों को वहां के भूमि हड़पने वालों, भू-स्वामियों, बेईमान व्यापारियों तथा साहूकारों तथा, खेदपूर्वक, अनेक छोटे-मोटे अधिकारियों के हाथों होना पड़ा है, को मात्र इस तथ्य से आश्चर्य नहीं प्रतीत होना चाहिए, कि प्रायः जनजातीय समूह अपने दमनकारियों कि विरुद्ध हिंसक विद्रोहों के द्वारा खड़े तो होते रहे किन्तु इस प्रकार से आयोजित विद्रोह बहुत कम और बहुत अल्पकालिक थे। यदि अरुणाचल प्रदेश अथवा गारो अथवा मिकिर पर्वतों जैसे पर्वतीय क्षेत्रों में बसी जनजातियों में से किसी को भी ऐसे गंभीर अन्याय से दो-चार होना पड़ा होता, जैसे कि गोंड, कोलमा, कोया तथा रेड्डियों को

पीड़ित होना पड़ा है, तो हत्या एवं हिंसा रोज की बात हो गई होती, किन्तु डेक्कन की जनजातियों में से अधिकांश कुल मिलाकर इतनी सभ्य और अनाक्रामक हैं, कि उनमें से कुछ के द्वारा कानून को अपने हाथों में लिए जाने के लिए उन्हें चरम स्तर तक उकसाया जाना आवश्यक है।

आदिवासी जनजातियों के द्वारा सरकार के अधिकार के विरुद्ध किए जाने वाले विद्रोह शासक एवं शासित लोगों के बीच के सर्वाधिक दुःखद टकरावों में से रहे हैं। टकराव चाहे जिस मार्ग पर जा रहा हो, यह सदैव ही कमजोर का सशक्त के विरुद्ध, अशिक्षित एवं असूचित लोगों को एक परिष्कृत व्यवस्था की संगठित शक्तियों के विरुद्ध एक निराशापूर्ण संघर्ष मात्र ही होता है। दोनों ही पक्षों को जीवन की हानियां हो सकती हैं, किन्तु ये सदैव आदिवासी ही होते हैं, जो बर्बादी एवं आर्थिक संकट का शिकार होते हैं। यहां हम उन लड़ाकू सीमान्त विद्रोही जनजातियों के भूतकाल में हुए उद्भव को संदर्भित नहीं कर रहे हैं, जिनके उद्देश्य मूलतः राजनीतिक थे, किन्तु उन्हें संदर्भित कर रहे हैं, जो प्रायद्वीपीय भारत की प्राचीनकालीन आदिवासी जनजातियों में से विद्रोही रहे हैं, जैसे बिहार में संथाल विद्रोही, खांडेश में भील विद्रोही, तथा पूर्वी गोदावरी जिले में रंपा विद्रोही। यह सभी उद्भव रक्षात्मक आंदोलनों से सम्बन्धित थे; यही उन जनजातियों के लिए अंतिम विकल्प था, जो अपनी भूमि तथा आर्थिक संसाधनों पर बाहरी लोगों के द्वारा अतिक्रमण किए जाने से उपजी निराशा से अभिप्रेरित थे। इस प्रकार से इन सभी बातों से बचा गया हो सकता था, यदि अधिकारियों के द्वारा आदिवासियों की शिकायतों का संज्ञान लिया गया होता तथा उन्हें समाधान उपलब्ध कराया गया होता, वैसा नहीं जैसा कि विद्रोहों के अधिकांश मामलों में ऐसा घटित हो जाने के *उपरांत* किया गया बल्कि वैसा जो जनजातीय लोगों पर पड़ रहे दबवों के हिंसात्मक रूप में फूट पड़ने को रोकने के लिए इसके *पूर्व* किया गया हो सकता था।

## कानून (Legislations)

पूर्वीय गोदावरी एजेन्सी ट्रैक्ट की जनजातीय आबादी की स्थितियों को सुधारने के दृष्टिकोण के साथ समय-समय पर पारित किए गए विभिन्न आदेशों को अंततः एजेन्सी ट्रैक्ट्स ब्याज एवं भूमि हस्तांतरण अधिनियम, 1917 के नाम से ज्ञात कानून में समाहित कर दिया गया। इस अधिनियम के विनियमन ने अन्य जनजातीय क्षेत्रों में भी समरूपी कानूनों के लिए एक मॉडल तैयार कर दिया, और इसीलिए हम इसकी कुछ प्रमुख धाराओं को उद्धृत करेगें। जनजातीय लोगों को साहूकारों के शोषण से बचाने के लिए अधिनियम के द्वारा प्रावधान किया गया कि (क) किसी भी ऋण अथवा दायित्व पर किसी पर्वतीय जनजातीय के सदस्य के विरुद्ध ब्याज की अनुमति अथवा डिक्री 24 प्रतिशत प्रतिवर्ष से अधिक की दर से नहीं प्रदान की जाएगी और न ही उसके विरुद्ध किसी चक्रवृद्धि ब्याज अथवा किसी समपार्श्विक (collateral) लाभ की अनुमति दी जा सकती है; (ख) किसी पर्वतीय जनजातीय के सदस्य के किसी भी ऋण अथवा दायित्व के विरुद्ध अनुमति अथवा डिक्री प्रदान किए गए ब्याज की कुल राशि मूल राशि से अधिक नहीं होगी।

यहां तक कि जनजातीय लोगों से बाहरी लोगों को भूमि के हस्तांतरण पर प्रतिबंध लगाने वाली धाराएं और भी अधिक महत्वपूर्ण थीं। इससे सम्बन्धित धारा (4) में निम्नलिखित प्रावधान निहित हैं :

1. किसी भी अन्य कानून के नियम अथवा अधिनियमन के प्रतिकूल होते हुए भी एजेन्सी ट्रैक्ट के अंदर स्थित किसी भी अचल संपत्ति के पर्वतीय जनजाति के किसी सदस्य के द्वारा किए गए हस्तांतरण पूर्णतः अकृत एवं शून्य होगें जब तक कि ऐसा पर्वतीय जनजाति के किसी अन्य सदस्य के पक्ष में न किया गया हो अथवा जिसके लिए एजेन्ट अथवा किसी अन्य विहित अधिकारी की लिखित में पूर्व-अनुमति न प्राप्त कर ली गई हो। (एजेन्ट राजस्व अधिकारी हुआ करता था जो किसी सामान्य जिले के कलेक्टर के समकक्ष होता था।)
2. जहां किसी संपत्ति का हस्तांतरण उप-धारा (1) के विरुद्ध किया गया हो, एजेन्ट किसी भी हितधारक के द्वारा आवेदन दिए जाने पर संपत्ति के हस्तांतरण के अंतर्गत उस पर कब्जाधारक

किसी भी व्यक्ति के विरुद्ध बेदखली की डिक्री जारी कर सकता है और इसे पुनः हस्तांतरणकर्ता अथवा उसके वारिसों को लौटा सकता है।

हालांकि, यह स्वीकार करना निष्पक्ष ही है कि सन् 1917-47 की अवधि के दौरान, पूर्वीय गोदावरी एजेन्सी ट्रैक्ट में जनजातीय लोगों की स्थिति सापेक्षिक रूप से बेहतर थी, और यह कि जनजातीय भूमि पर बाहरी लोगों के द्वारा किया गया व्यापक आक्रमण मात्र सन् 1947 के बाद ही उत्पन्न हुआ।

आदिवासी जनजातियों के विशेष संरक्षण की आवश्यकता एजेन्सियों के रूप में अधिसूचित किए गए क्षेत्रों तक ही सीमित नहीं थी, तथा सन् 1919 में भारत सरकार अधिनियम, 1919 के नाम से जाने जाने वाले एक अधिनियम के द्वारा प्रावधान किया गया कि, "गवर्नर-जनरल परिषद् में ब्रिटिश भारत के किसी भी क्षेत्र को 'पिछड़ा ट्रैक्ट' होने की घोषणा कर सकते हैं, तथा भारतीय विधानमंडल के किसी भी अधिनियम को ऐसे पिछड़े ट्रैक्टों में तभी लागू किया जाना चाहिए, जब गवर्नर-जनरल ऐसा निर्देश जारी करें।"

सन् 1919 का कानून भारत सरकार अधिनियम, 1935, तथा भारत सरकार (अपवर्जित एवं आंशिक अपवर्जित क्षेत्रों) व्यवस्था, 1936 का पूर्वगामी था। 'अपवर्जित क्षेत्र' जनजातीय आबादियों के द्वारा अधिवासित पिछड़े हुए क्षेत्र थे, जिन पर स्वतंत्र-उपनिवेश अथवा प्रांतीय विधानमंडलों के अधिनियमों को मात्र प्रांत के गवर्नर की सहमति के साथ ही लागू किया जाना था। इस प्रावधान की मंशा थी, उन्नत क्षेत्रों के लिए डिजाइन किए गए कानूनों का विस्तार ऐसे पिछड़े क्षेत्रों में किए जाने से रोका जाना, जहां आदिकालीन जनजातियां अपनी विशिष्ट परिस्थितियों के प्रति प्रतिकूल कानूनों से विपरीत रूप से प्रभावित हो सकती थीं। हालांकि जब भारतीय राष्ट्रवादियों ने इसके अंदर कुछ चुनिंदा क्षेत्रों में ब्रिटिश नियंत्रण को बनाए रखने की रणनीति विचार को देख लिया, तो स्वतंत्रताप्राप्ति के पश्चात् भारत सरकार ने उत्तर-पूर्वीय सीमा प्रांतों पर अनेक क्षेत्रों के सम्बन्ध में कुछ-कुछ ऐसी ही समान नीति को अपना लिया।

सन् 1950 के भारतीय संविधान ने भी अनुसूचित जनजाति की अधिसूचना तथा एक विशिष्ट कानून के द्वारा उनके संरक्षण के लिए प्रावधान कर दिया। अनुसूचित क्षेत्रों के प्रशासन के सम्बन्ध में प्रत्येक ऐसे राज्य, जो किसी अनुसूचित क्षेत्र को शामिल करता है, का राज्यपाल भारत के राष्ट्रपति को वार्षिक आधार पर अथवा जब कभी भी आवश्यकता हो, एक रिपोर्ट प्रस्तुत करने के लिए बाध्य है। राज्यों के द्वारा अनुसूचित जनजातियों की आवधिक आधार पर सूचियां तैयार की जाती हैं और संसद के द्वारा इसकी पुष्टि की जानी होती है। चूंकि अनुसूचित जनजातियां विभिन्न प्रकार के लाभ प्राप्त कर रही हैं, अतः, पिछड़े वर्गों की ओर से उन्हें इस सूची में शामिल किए जाने के लिए भारी दबाव डाला जाता रहा है, और यहां तक कि सन् 1977 तक विभिन्न राज्यों के द्वारा नए जुड़ावों को प्रस्तावित भी किया गया था और संसद द्वारा इसकी पुष्टि भी कर दी गई थी।

राष्ट्रीय जनजातीय नीति (NTP), जिसे सबसे पहली बार राजग सरकार के द्वारा सन् 2004 में प्रस्तावित किया गया था, को एक समत्ववादी दृष्टिकोण अपनाए जाने के लिए नागरिक समाज से भारी विरोध का सामना करना पड़ा था। मुख्यधारा वाली आबादी के साथ जनजातीय लोगों को शामिल किए जाने के लिए प्रयास किए जाने और इस प्रकार उनके अधिकारों का उल्लंघन किए जाने तथा उनकी विशिष्टता को कमजोर किए जाने हेतु इसकी आलोचना की गई। अनुसूचित क्षेत्रों तक पंचायत विस्तार अधिनियम अथवा भूमि अधिग्रहण अधिनियम जैसे अन्य लागू किए जाने योग्य कानूनों पर विचार न किए जाने तथा उसके स्थान पर बिना किसी वास्तविक प्रतिबद्धता के भूमि अधिकारों जैसे उपायों के सम्बन्ध में ढुलमुल तरीके से बातें किए जाने के आधार पर इसके एक स्वचलित दस्तावेज होने के लिए इसके ऊपर त्यौरियां भी चढ़ाई गई थीं।

सन् 2006 में, संप्रग सरकार के सत्ता में आने के तुरंत बाद, जनजातीय मामलों के मंत्रालय ने एक नई नीति का मसौदा तैयार कर लिया। मसौदे के द्वारा 'समावेशन' के उन मुद्दों के साथ निबटा

गया, जो उनकी अनूठी पहचान को कमजोर कर रहे थे तथा, इसके स्थान पर 'एकीकरण' के एक दृष्टिकोण का उपयोग किया गया। उदाहरण के लिए, उत्तर-पूर्वीय भारत में, 100 से भी अधिक जनजातियां जातीय रूप से अल्पसंख्यक स्थानांतरी कृषि पर आश्रित हैं। मेघालय की आधी से अधिक आबादी, विशेषतौर पर खासी जनजाति, अपनी उत्तरजीविता के लिए कृषि की इस प्रणाली का उपयोग करती है। जहां सन् 2004 के मसौदे ने उन्हें यह स्पष्ट करते हुए कि जनजातीय लोगों का 'भूमि के साथ एक संपत्ति के रूप में भावनात्मक लगाव नहीं प्रतीत होता है', उन्हें इस 'आदिमकालीन' विधि को त्याग देने के लिए बाध्य कर दिया, वहीं वर्तमान मसौदा यह स्वीकार किए जाने के द्वारा, कि अंदरूनी क्षेत्रों में कृषि किए जाने का यही एकमात्र संभावित तरीका है, जो वास्तव में प्राकृतिक संसाधनों के सामूहिक स्वामित्व को प्रोत्साहित करता है, इस मुद्दे को यथार्थवादितापूर्वक देखता है। जहां सन् 2004 का मसौदा अस्पष्ट सुझावों जैसे 'शिक्षित जनजातीय चिकित्सकों को जनजातीय क्षेत्रों में सेवा प्रदान करने हेतु प्रोत्साहित किया जाना' आदि को प्रस्तुत करता है, वहीं नया मसौदा जनजातीय आबादी के लिए स्वदेशी तथा आधुनिक औषधि को एकीकृत किए जाने को प्रस्तावित करता है। ऐसे परिवर्तनों ने सन् 2006 के मसौदे को समकालीन जनजातीय मुद्दों, जैसे वनों से निष्कासन, ऋणग्रस्तता तथा टकराव एवं अशांति, जिन्हें पहले कभी सम्बोधित नहीं किया गया था, को वास्तव में सम्बोधित किया है। फिर भी, जिस कमी से यह सबसे अधिक दुष्प्रभावित है, वह है किसी भी कार्यवाही सम्बन्धी बिन्दुओं का अभाव अथवा कार्यवाही करने के लिए एक समयबद्ध रणनीति।

मसौदे को स्वीकृति के लिए 31 मई, 2007 को केन्द्रीय मंत्रिमंडल के समक्ष प्रस्तुत किया गया था, जिसके बाद इसे मंत्रियों के एक समूह के पास संदर्भित कर दिया गया। विगत संसदीय सत्र के दौरान जनजातीय मामलों के केन्द्रीय राज्य मंत्री तुषार चौधरी ने पुष्टि की कि मंत्रियों के समूह ने अब अंतिम मसौदे को स्वीकृति के लिए मंत्रिमंडल के पास अग्रसरित कर दिया है। इसकी त्वरित स्वीकृति अब नई संप्रग सरकार की राजनीतिक प्रतिबद्धता पर निर्भर करती है, जिसने राष्ट्रीय जनजाति नीति की स्वीकृति को चुनावी जीत के बाद किए गए अपने वादों में स्पष्ट रूप से एक प्राथमिकता के रूप में सूचीबद्ध किया था।

फिर राष्ट्रीय जनजातीय नीति का भारत के संदर्भ में क्या महत्व है? स्वतंत्रताप्राप्ति के बाद से, जनजातीय लोगों के सम्बन्ध में प्रमुख नीतिगत पहलें नेहरू के द्वारा 'पंचशील' (एक जनजातीय नीति को विकसित करने हेतु पांच बिन्दुओं वाला दिशा-निर्देश) के नाम से तथा अनुसूचित जनजातियों को संरक्षण प्रदान करने वाले संवैधानिक प्रावधानों के माध्यम से की गईं। अनुसूचित जनजातियों के विभिन्न पहलुओं से सम्बन्धित विभिन्न कानून एवं योजनाओं का सूत्रपात किया गया, इनमें से प्रत्येक अस्पष्ट एवं परस्पर एक दूसरे की विरोधी थीं। इसने भारत में आदिवासियों की बहिष्कार तथा अलगाव की भावना को और गहरा कर दिया, जो स्वयं को जनजातीय अशांति के रूप में प्रकट करती रही है। छत्तीसगढ़ में नक्सलवाद का उद्भव, और इससे भी नया, लालगढ़ में, इसी जनजातीय असंतोष के आधार पर ही फलता-फूलता रहा है। पिछली संप्रग सरकार के जनजातीय मामलों के मंत्री पी.आर. किंडिया ने प्रेक्षित किया, "यह एक विरोधाभास है, कि गरीब जनजातीय लोग ऐसे क्षेत्रों में निवास कर रहे हैं जो खनिजों, वन-संसाधनों एवं अन्य प्राकृतिक उपहारों से मालामाल हैं। समाधान आर्थिक वंचन को सम्बोधित करते हुए अनुसूचित जनजातीय लोगों को प्राकृतिक एवं वित्तीय संसाधनों पर अधिकारों के सौंपे जाने में निहित है।"

किन्तु इस ऐतिहासिक नीति का निर्धारण किए जाने की प्रक्रिया में अनुसूचित जनजातीय लोगों के लिए कौन सा स्थान रहा है? मसौदा नीति पर अपनी टिप्पणियों तथा पृष्ठपोषण को उपलब्ध कराए जाने के लिए संपूर्ण देश में आदिवासी संगठनों तथा कार्यकर्ताओं को 20 दिनों (21 जुलाई से 10 अगस्त, 2006) का समय दिया गया था। दिल्ली विश्वविद्यालय के प्रोफेसर विनय श्रीवास्तव स्पष्ट करते हैं, कि क्यों यह मसौदा जनजातीय लोगों के बीच विश्वास उत्पन्न नहीं कर सका : "जनजातीय

जीवनप्रणाली की गत्यात्मक वास्तविकता मसौदे में से गायब है। इसके 'जनजातीय आवाज' का अभाव है। संपूर्ण पाठ्य 'हम-वे' के भेद में उलझा हुआ है–जनजातियों को क्या दिया जाना चाहिए इसके लिए 'हम' क्या सोचते हैं।'' इसकी स्वीकृति के पूर्व इस अनिवार्य कमी को दूर करने के लिए, आदिवासी संगठनों एवं समुदायों के साथ राष्ट्रीय एवं क्षेत्रीय परामर्शों की एक शृंखला आयोजित किए जाने का प्रयास किया जाना चाहिए।

भारत में वर्तमान राजनीतिक बहसों की व्यापक शृंखला में यह एक महत्वपूर्ण रुप से निहित है : एक 'अनुसूचित जनजाति' कौन है? इस शब्द की प्रकृति के सम्बन्ध में अनेक अस्पष्टताओं को देखते हुए अनुसूचित जनजातियों पर किसी भी व्यापक नीति के अंतर्गत इस शब्द पर एक आधिकारिक स्पष्टीकरण दिया जाना चाहिए। हालांकि, राष्ट्रीय जनजातीय नीति अभी तक मात्र जनजातियों को अनुसूचित किए जाने के लिए प्रयुक्त किए गए मानदंड–''आदिम गुण, विशिष्ट संस्कृति, भौगोलिक पृथक्करण, संपर्क एवं पिछड़ेपन की शर्म'' की पुरानी एवं अपमानजनक प्रकृति को ही स्पष्ट करती है। नई नीति को वंचन एवं बहिष्करण के दृष्टिकोण से नए मानदंडों का निर्धारण करने की आवश्यकता है।

वैश्वीकरण की चलायमान स्थिति में, देश में आदिवासी नई आकांक्षाओं तथा समस्याओं का सामना कर रहे हैं और इसीलिए उनके पास अपनी सांस्कृतिक एवं राजनीतिक पहचान को बनाए रखने अथवा उसका पुनर्निर्माण करने का विकल्प उन्हीं पर छोड़ दिया जाना चाहिए। राज्य सभा के भूतपूर्व सदस्य तथा शेतकारी संगठन के नेता शरद जोशी का कहना है : ''एक राष्ट्रीय जनजातीय नीति को प्रत्येक जनजातीय समाज के द्वारा या तो पुरानी जीवनशैली को चुनने अथवा आधुनिक जीवन की ओर बढ़ने, अथवा दोनों ही जीवनशैलियों तक पहुंच कायम करने की स्वतंत्रता के सिद्धांत पर आधारित होना चाहिए।'' संयुक्त राष्ट्रसंघ के 143 सदस्य राष्ट्रों के साथ भारत ने भी सितम्बर, 2007 में स्वदेशी लोगों के अधिकारों पर घोषणा को अपना लिया था। इस घोषणा का अनुच्छेद 3 उल्लेख करता है : ''स्वदेशी लोगों के पास आत्म-निर्णय का अधिकार होता है। इस अधिकार के प्रभाव से वे अपनी राजनीतिक स्थिति का स्वतंत्रतापूर्वक निर्धारण करते हैं तथा अपने आर्थिक, सामाजिक तथा सांस्कृतिक विकास का स्वतंत्रतापूर्वक अनुकरण करते हैं।'' और फिर भी, राष्ट्रीय जनजातीय नीति आत्म-निर्णय के उस अधिकार को प्रस्तावित किए जाने से अभी कोसों दूर है, जिसके आधार पर जनजातीय समुदायों के द्वारा अपने विकास के मार्ग को एक मूलभूत अधिकार के रूप में चुने जाने में उनकी सहायता की जा सके।

जहां यह नीति देश में समकालीन जनजातीय स्थिति के एक समग्र विचार को समाहित कर पाने की दिशा में एक उल्लेखनीय प्रयास है, वहीं नीति को स्वीकृति प्रदान किए जाने में होने वाली अत्यधिक देरी, ठोस लक्ष्यों को निर्धारित कर पाने में इसकी असमर्थता, तथा सहभागितापूर्ण दृष्टिकोण का अभाव इसे अपर्याप्त बना कर छोड़ देता है। इसके पहले कि इसे एक सच्ची राष्ट्रीय नीति को प्रतिबिंबित करने के लिए पटल पर रखा जाए, संप्रग सरकार के लिए 'आम आदमी' के सशक्तीकरण के अपने वादों को पूरा करने के लिए भारत की जनजातियों की आवाजों को उच्च एवं स्पष्ट तौर पर अवश्य ही सुनना चाहिए।

## जनजातीय असंतोष के कारण (Causes for the Tribal Unrest)

जनजातीय अशांति के निम्नलिखित मुख्य कारण हैं :

1. *कानून एवं जनजातीय लोग :* संविधान के द्वारा निर्धारित किए गए प्रावधानों के द्वारा जनजातियों को मुश्किल से ही न्याय उपलब्ध कराया गया है। यह लगभग सभी कानूनों–वन, प्रथम, राजस्व, उत्पाद-शुल्क, आपराधिक अथवा सिविल कानूनों–के मामले में सही सिद्ध होता है जिनमें प्राथमिक तौर पर दो प्रमुख कमियां हैं : इनके द्वारा भूमि, वन एवं संसाधनों पर जनजातीय अधिकारों का हरण कर लिया गया है, तथा दूसरे, ये पारंपरिक कानूनी व्यवस्था तथा संसाधनों अथवा सामाजिक व्यवस्थाओं के संदर्भ में जनजातीय लोगों की प्रबंधन सम्बन्धी व्यवस्थाओं को

मान्यता प्रदान करने में विफल रहे हैं। यहां तक कि ऐसे कानून, जो जनजातीय हितों के संरक्षक हैं, को भी दृढ़तापूर्वक लागू नहीं किया गया है जिसके परिणामस्वरूप भूमि से अलगाव आज के समय में भी सर्वाधिक गंभीर संकट के रूप में प्रचलित है। गैर-जनजातीय लोगों के शोषण का मुकाबला करने में जनजातीय लोगों की अज्ञानता तथा अवश्यता अब कानूनों तथा अपने अधिकारों पर जोर दिए जाने के प्रति क्रमिक जागरूकता की ओर स्थानांतरित हो चुकी है।

2. *सरकार की विकास सम्बन्धी नीतियाँ :* यदि कोई जनजातीय क्षेत्रों में सरकार के द्वारा विकास सम्बन्धी हस्तक्षेप की ऐतिहासिक प्रक्रिया की तह में जाता है, तो वह पर्वतीय क्षेत्रों में 'विकास' को परिभाषित किए जाने में एक अत्यधिक तर्कहीन, निष्ठारहित तथा अदूरदर्शितापूर्ण प्रयास को देख सकता है। सरकारी नीतियां सदैव से ही अनुसूचित क्षेत्रों से सम्बन्धित कानूनों के प्रतिकूल रहीं हैं तथा इन कानूनों को लागू किए जाने के प्रति बहुत ही कम सम्मान प्रदान किया गया है। इसके अतिरिक्त, भूमि, जल अथवा वनों के प्रचुर संसाधनों को बाहरी समाजों एवं लोगों के लाभों के लिए उपयोग में लाया गया है, किन्तु वहां स्थानीय समुदायों का विकास कभी भी नहीं किया गया। आगे, उन्हें मात्र विस्थापित ही किया गया है, एक नहीं अनेक बार, और उनके संसाधनों अथवा आजीविका को पहुंची हानि के लिए उन्हें नाममात्र के लिए अथवा बिल्कुल भी क्षतिपूर्ति प्रदान नहीं की गई है। ऐसा सिंचाई, पेयजल, विद्युत अथवा किसी भी अन्य विकास सम्बन्धी परियोजनाओं के मामले में सच है।

   सरकार की वर्तमान नीतियां निजी कम्पनियों अथवा उद्योगों, जैसे खनन उद्योग, पर्यटन, कागज मिलों, फिल्म अथवा लकड़ी आधारित उद्योगों आदि को व्यवसायिक रूप से समृद्ध होने देने में उनकी सहायता करने के लिए पीछे की ओर हटते हुए उन कानूनों का उल्लंघन करने, उन्हें धोखा देने अथवा संशोधित कर देने की हैं, जो गरीब जनजातीय लोगों के हितों की सुरक्षा करते हैं। सरकार की ऐसी विवेकहीन विकास सम्बन्धी नीतियों के साथ होने वाला अनुभव जनजातीय लोगों, विशेषकर युवाओं में घृणा उत्पन्न करते हुए उन्हें उग्रवाद को प्रोत्साहित करने वाले आह्वानों की ओर ढकेल रहा है।

3. *विकास सम्बन्धी गतिविधियों की गैर-जनजातीय प्रकृति :* किसी भी विकास सम्बन्धी दृष्टिकोण की अंतर्निहित प्रकृति गंभीरता से लिया जाने वाला एक पहलू होती है। जनजातीय क्षेत्रों में सरकारी तंत्र पर प्रभुत्व रखने वाले गैर-जनजातीय लोग जनजातीय लोगों के कल्याण के लिए डिजाइन किए गए विभिन्न कार्यक्रमों के प्रति न केवल कड़वाहट का अनुभव करते हैं, बल्कि वे स्थानीय व्यापारियों, ठेकेदारों तथा पुलिस के साथ शोषणकारी सम्बन्धों को भी स्थापित कर लेते हैं। इसका परिणाम जनजातीय लोगों तक वास्तव में बहुत ही कम लाभों के पहुंचने के रूप में प्रकट होता है। जहां जनजातीय लोग प्राकृतिक संसाधनों की जीवनदायी शक्तियों के रूप में पूजा करते हैं, वहीं गैर-जनजातीय लोगों का दृष्टिकोण उपयोगितावादी तथा अल्प-कालिक दोहन का होता है। जनजातीय-प्रकृति सम्बन्धी सहजीविता के प्रति यह उपेक्षा जनजातीय उत्तरजीवित के प्रति न केवल एक खतरा प्रस्तुत कर रही है वरन् जनजातीय क्षेत्रों में संसाधानों के होने वाले ह्रास का कारण भी बन रही है।

   जनजातीय लोगों की अज्ञानता ने उन गैर-जनजातीय लोगों के द्वारा संचालित व्यापार एवं व्यवसायों को फलने-फूलने के लिए लाभ प्रदान किया है जो जनजातीय क्षेत्रों में आर्थिक एवं राजनीतिक शक्तियों तथा सरकारी तंत्र के कार्य करने की लगाम अपने हाथों में रखते हैं। चाहे प्रत्यक्ष अथवा परोक्ष रूप से ही सही, जनजातीय लोगों की भूमियों तथा संसाधनों पर उनका पूरा नियंत्रण बना रहता है। राजनीतिज्ञों तथा पुलिस के गठजोड़ के साथ अधिकारों के इस हनन ने जनजातीय लोगों को उन उग्रवादी शक्तियों की सहायता से जवाबी हमला करने के लिए साहसी बना दिया है जिनके वे पुनः शिकार बन जाते हैं।

4. *प्रवृत्तियां तथा पूर्वाग्रह (Attitudes and Prejudices) :* जनजातीय क्षेत्रों में नियुक्त सरकार के अधिकारी एवं कर्मचारी जनजातीय लोगों के साथ एक गैर-जनजातीय समाज के समस्त पूर्वाग्रहों के साथ संपर्क करते हैं। जनजातीय लोगों को ऐसे असभ्य गंवार समझा जाता है जो जीवन के बाहरी तंत्रों के प्रति अपनी अज्ञानता के कारण क्रूर अंधविश्वासों तथा रीति-रिवाजों में डूबे हुए हैं। उनकी संस्कृति तथा सामाजिक व्यवस्थाओं को हेय दृष्टि से देखा जाता है और यही वह नम्रता है जिसे वे जनजातीय लोगों के साथ तब जोड़ते हैं, जब वे किसी जनजातीय गांव का भ्रमण करते हैं। इस दुर्व्यवहार के कारण जनजातीय लोगों के बीच एक क्रोध है, जो विरोध प्रदर्शनों के विभिन्न स्वरूपों में अब स्वयं का प्रकट कर रहा है।
5. *विकास सम्बन्धी अप्रभावी कार्यक्रम :* सरकारी प्रशासन की ओर से जनजातीय लोगों के आधारभूत मुद्दों को सम्बोधित किए जाने में एकाग्रता का एक प्रत्यक्ष अभाव है। जनजातीय लोगों के लिए क्रियान्वित किए गए अनेक कार्यक्रम लोगों की क्षेत्रीय आवश्यकताओं पर निगाह डालते हैं और अशांति के प्राथमिक कारणों, मुख्यतः भूमि से अलगाव तथा भूमि से सम्बन्धित समस्याओं, की ओर उदासीनता का प्रदर्शन करते हैं। भूमि एवं वन से पृथक न किए जा सकने की सीमा तक जुड़े हुए जनजातीय लोग गैर-जनजातीय लोगों के साथ तथा अपनी भूमियों के ऊपर अपना ही नियंत्रण पुनः वापस प्राप्त कर पाने में गंभीर समस्याओं का सामना करते हैं। वर्तमान प्रशासन इस पहलू की उपेक्षा करना ही पसंद करता है।

## संभावित उपाय (Possible Remedies)

जितना कि यह निराशाजनक है, उतना ही जनजातीय क्षेत्र की विक्षोभकारी स्थिति को पटरी पर लाए जाने की गुंजाइश भी है। जो कुछ भी आवश्यक है, वह है अशांति के कारणों का उपचार किए जाने में सरकार के द्वारा गंभीर प्रयासों में रुचि लिया जाना। जिन कुछ कारकों पर निगाह डाली जा सकती है वे इस प्रकार हैं :

1. *एक संवेदनशील प्रशासन :* सरकार को यह स्वीकार करना होगा कि जनजातीय लोगों का एक विशिष्ट सामाजिक-सांस्कृतिक ढांचा है और विकास सम्बन्धी कार्यक्रमों को डिजाइन तथा क्रियान्वित करते समय प्रशासन को इन व्यवस्थाओं को समझना तथा उनका सम्मान करना होगा। कार्यक्रमों को जनजातीय आवश्यकताओं के प्रति सहानुभूतिपूर्ण होना चाहिए जो उनके वास्तविक मुद्दों तथा टकरावों को सम्बोधित करते हों। इस बात पर जोर दिया जाना चाहिए कि मशीनरी जनजातीय समुदायों के प्रति बिना किसी सामाजिक तथा राजनीतिक पूर्वाग्रहों के कार्य करे। उदाहरण के लिए, ऐसे किसी भी टकराव अथवा विक्षोभ, जो जनजातीय एवं गैर-जनजातीय लोगों के बीच उत्पन्न होता है, के साथ पुलिस, राजस्व तथा अन्य अधिकारियों के द्वारा जनजातीय-विरोधी तथा गैर-जनजातीय समर्थक दृष्टिकोण के साथ नहीं निबटा जाना चाहिए।
2. *जनता को और अधिक अधिकार :* जनजातीय क्षेत्रों का शासन योजनाओं में अपनाई गई विधियों के अनुसार नहीं चलाया जा सकता। पारंपरिक कानून बनाम सार्वभौमिक कानून के टकराव, संसाधनों पर नियंत्रण पर टकराव तथा पूरे देश में जनजातीय क्षेत्रों में जनजातीय-गैर-जनजातीय विवादों ने नए पंचायती राज अधिनियम को बनाए जाने का आधार प्रदान किया है, जो अनुसूचित क्षेत्रों में स्थानीय स्व-शासन तथा ग्राम सभा के सशक्तीकरण पर बल देता है। राज्य सरकारों को पूरी गंभीरता के साथ बिना किसी कमी-बेशी के इस अधिनियम को लागू करना चाहिए।
3. *विकास सम्बन्धी संतुलित नीतियां :* जनजातीय क्षेत्रों में नियोजित किए गए किसी भी कार्यक्रम अथवा परियोजना के सम्बन्ध में राज्य सरकारों को जनता के अनुकूल विकास सम्बन्धी नीति का अनुसरण करना चाहिए। सर्वप्रथम इसे क्षेत्र के समग्र विकास की योजना के अंतर्गत लोगों को विस्थापित किए जाने, उनकी आजीविका को नष्ट किए जाने और मात्र दिखावटी विकास को अपनाए जाने के स्थान पर स्थानीय समुदायों की सामाजिक तथा आर्थिक प्रगति पर विचार करना चाहिए।

4. *कानूनों तथा नीतियों में विसंगतियां :* संवैधानिक कानूनों में मौजूदा विसंगतियों तथा राज्य सरकारों की नीतियों में परिवर्तनशील प्रवृत्तियाँ, जो संरक्षण प्रदान करने वाले कानूनों का उल्लंघन करती हैं, जनजातीय समुदायों के सम्बन्ध में असमान एवं भेदभावपूर्ण कार्यक्रमों का कारण बन रही हैं। यदि कानून तथा नीतियों को लागू किए जाने में स्पष्टता का अनुसरण किया जाता है, तो लोगों एवं संगठनों को सरकार की परियोजनाओं पर प्रश्न खड़े करने की कोई आवश्यकता नहीं होगी।
5. *शिक्षा :* जनजातीय लोगों की अज्ञानता तथा अशिक्षा किसी भी विकास के लिए मूलभूत समस्याएं हैं। सरकार को जनजातीय लोगों के बीच साक्षरता तथा शिक्षा लाए जाने के लिए एक जोरदार गतिविधि सम्बन्धी प्रयास भी करने चाहिए। सरकारी संस्थाएं जैसे सूचना एवं प्रौद्योगिकी विकास एजेन्सी (ITDA) का उत्तरदायित्व है, कि वह जनजातीय लोगों को उनके कानूनों एवं कार्यक्रमों से अवगंत कराए ताकि सभी पहलुओं में शिक्षा को हासिल किया जा सके।

## विकास सम्बन्धी गतिविधियों पर उग्रवाद का प्रभाव (Impact of Extremism on Development Activities)

जनजातीय क्षेत्र उस समय तक पूरी तरह से बंद तथा सरकार के द्वारा उपेक्षित थे जबतक उग्रवादी शक्तियों के विद्रोह ने सरकार को जनजातीय क्षेत्रों के विकास तथा जनजातीय लोगों की स्थितियों में सुधार किए जाने पर अपना ध्यान केन्द्रित करने के लिए विवश नहीं कर दिया। यह उग्रवादी आंदोलन का ही एक परिणाम था, कि सरकार ने ITDA जैसी कल्याणकारी संस्थाओं की स्थापना की तथा प्रशासनिक उपचारों जैसे एकल-रेखीय प्रशासन, विशेष उप-कलेक्टर इत्यादि को लागू किया और 1970 के भूमि हस्तांतरण विनियमन अधिनियम को लागू किया। इस अर्थ में उग्रवाद जनजातीय लोगों के लिए अत्यन्त लाभदायक रहा और इसने उन्हें कुछ समस्याओं से राहत प्रदान कर दी। सरकार के द्वारा समाधान किए गए भूमि सम्बन्धी मुद्दे भी उग्रवादी शक्तियों से पड़ने वाले इस दबाव का ही परिणाम थे।

रोचकतापूर्वक, उग्रवादियों की रणनीतियों में होने वाले नवीनतम परिवर्तन एक लोकप्रिय एवं कल्याणकारी दृष्टिकोण से युक्त प्रतीत होते हैं, जबकि अभी तक ये एक राजनीतिक एवं सामाजिक आंदोलन भर ही रहे थे। आज, उग्रवादी घोषणा कर रहे हैं कि वे ऋण प्रदान किए जाने तथा बैंकिंग सुविधाओं को उपलब्ध कराए जाने, चिकित्सा सहायता, सिंचाई तथा कृषि सम्बन्धी कार्यक्रमों इत्यादि जैसी गतिविधियों में जनजातीय लोगों को सहायता प्रदान करेगें। वे लोगों को फिर से वनों को उत्पन्न किए जाने के लिए भी प्रोत्साहित कर रहे हैं, किन्तु मात्र उन्हीं प्रजातियों के साथ जो उनके द्वारा चुनी गई हैं। यह देखा जाना होगा कि भूमिगत लोगों के द्वारा प्रस्तुत समानान्तर विकास के इस दृष्टिकोण का जनजातीय लोगों एवं सरकार पर क्या प्रभाव पड़ता है। हालांकि, ऐसा देखा गया है, कि नक्सलवादी समूहों के कुछ वर्ग जनजातीय स्थिति के साथ मनमानीपूर्ण तरीके अपना रहे हैं, जिसके परिणामों को वृहद् समाज के द्वारा अपने संज्ञान में लिया जाना होगा।

# 23

# बंधुआ मज़दूर

## Bonded Labour

अपने स्वार्थ और व्यक्तिगत हित के लिए दूसरे व्यक्ति को लगातार अपने बंधन में रखने वाला व्यक्ति स्पष्ट रूप से क्रूरता और निर्दयता का व्यवहार करता है। यह किसी विशेष क्षेत्र या देश में नहीं अपितु सदियों से वैश्विक रूप से सभी स्थानों पर बाइबल युग से आज तक चला आ रहा है। ऑस्ट्रेलिया स्थित वॉक फ्री फाउन्डेशन द्वारा प्रकाशित पहली वैश्विक गुलाम सूची में सम्पूर्ण विश्व के 26 लाख गुलामों में से भारत 13.9 लाख आधुनिक गुलामों के साथ वरीयता सूची में प्रथम स्थान पर है। आधुनिक गुलामों में परम्परागत गुलाम शामिल हैं, जो ऋण अनुबन्ध, जबरदस्ती श्रम अथवा जबरदस्ती विवाह में लगाये गए, बच्चों को बेचना और तस्करी करते हैं। अंतरराष्ट्रीय श्रम संगठन (ILO) के 2013 के अनुमानों के अनुसार संपूर्ण विश्व में 21 लाख लोग बंधुआ मजदूर हैं। आज अंतरराष्ट्रीय श्रम संगठन ने अनुमान लगाया है कि न्यूनतम 11.7 लाख बंधुआ मजदूर एशिया पैसेफिक क्षेत्र में हैं, जिनमें अधिकतर ऋण बंधक हैं। तथापि यह शब्दावली समय-समय पर और स्थान-स्थान पर बदलती रहती है। गुलाम, खेत जोतने वाला, कृषि मजदूर, दास या बंधक मजदूर। भारत में इस तरह मनुष्य का मनुष्य पर शोषण भिखारी और रैयत (ryot) के नाम से वर्षों से चलता रहा। 'बंधुआ मजदूर' शब्दावली अभी हॉल के वर्षों में प्रचलित हुई है। भारत में बंधुआ मजदूरी संविधान की धारा 21 और 23 के तहत कानूनी रूप से निषिद्ध है। इसके लिए एक विशेष कानून बंधक मजदूर कानून 1976 में बनाया गया। वैधानिक चेतावनियों के बावजूद भारत में लाखों बंधुआ मजदूरों का शोषण किया जा रहा है। वे अवहेलना पीड़ा और अवसाद, नितान्त चुप्पी से झेल रहे हैं। वास्तव में बंधुआ मजदूरी भारतीय समाज में सामंती श्रेणी के समाज का अवशेष है। समाज सुधारकों एवं कार्यकर्ताओं, एन.जी.ओ. और सरकार ने विगत तीन दशकों से इसमें महत्वपूर्ण रुचि लेने लगे हैं, क्योंकि यह विचार सामाजिक आदर्श के समान अधिकारवादी और मानवीय अधिकारों से असंगत है। न केवल वयस्क पुरुष और महिलाएं अपितु बच्चे भी इस बंधकता से पीड़ित होकर दंडित हैं।

### अवधारणा (The Concept)

यहां, हमें दो शब्दों को समझना आवश्यक है : 'बंधुआ मज़दूरी प्रथा' (bonded labour system) और 'बंधुआ मज़दूर' (bonded labour)। 'बंधुआ मज़दूरी प्रथा' ऋण दाता (creditor) और ऋण प्राप्तकर्ता (debtor) के बीच के सम्बन्धों को बताता है, जो अपने दैनिक जीवन की आर्थिक अनिवार्यताओं को पूरा करने के लिए ऋण लेता है, और ऋणदाता द्वारा प्रस्तुत शर्तों को स्वीकार कर लेता है। समझौते की प्रमुख शर्त यह होती है कि ऋण लेने वाला अपनी सेवाओं या अन्य किसी की सेवाओं या अपने परिवार के सभी सदस्यों की सेवाओं को निश्चित या अनिश्चित समय के लिए 'बन्धक' (mortgage) या गिरवी रखने को सहमत हो जाता है। इस प्रकार के समझौते के आधार पर

बना सम्बन्ध इतनी असमान शर्तों पर होता है, कि जब अन्य प्रकार के श्रम के बदले में बाज़ार में उसके श्रम के बराबर का पारिश्रमिक होना चाहिए, 'बंधुआ मज़दूरी प्रथा' के अन्तर्गत यह सेवा कर्ज चुकाने के लिए या फिर कर्ज पर देय ब्याज की राशि चुकाने के लिए की जाती है। कर्ज़दार या तो स्वतंत्रता से काम करता है, या फिर पारिश्रमिक न्यूनतम मज़दूरी (न्यूनतम मज़दूरी अधिनियम में उल्लिखित) अथवा बाज़ार में चल रहे पारिश्रमिक से कम होता है।

1976 के बंधुआ मज़दूरी (उन्मूलन) अधिनियम में बंधुआ मज़दूरी प्रथा को इस प्रकार परिभाषित किया गया है, बाध्य मज़दूरी (forced labour) की वह प्रथा जिसके अन्तर्गत एक कर्ज लेने वाले ऋणदाता को अपनी सेवाएं या परिवार के किसी अन्य सदस्य की सेवाएं या अन्य किसी व्यक्ति की सेवाएं, जो उसका आश्रित हो, अर्पित करता है। यह सेवा निश्चित या अनिश्चित समय के लिए होगी तथा उसके बदले में वह या तो पारिश्रमिक नहीं लेगा या मामूली पारिश्रमिक लेगा, जो ऋण या अन्य किसी प्रकार के आर्थिक आधार के रूप में प्राप्ति के बदले में होगा, या जो उसके द्वारा या उसके किसी पूर्वज द्वारा लिया गया हो, या फिर किसी सामाजिक दायित्व (obligation) के रूप में किया जाना हो या उत्तराधिकार के रूप में प्राप्त दायित्व निर्वाह करने के लिए किया जाना हो। इस समझौते के अन्य परिणाम भी होते हैं, जैसे, ऋण लेने वाले को रोजगार करने की स्वतंत्रता से रोक, देश के किसी भाग में आने जाने की स्वतंत्रता से वंचित रहना, और अपनी सम्पत्ति के किसी भाग को या अपने श्रम उत्पाद को बाजार मूल्य पर बेचने के अधिकार से वंचित रहना।

'बंधुआ मज़दूर' शब्द की परिभाषा "राष्ट्रीय श्रम आयोग" द्वारा इस प्रकार दी गई है : "वह मज़दूर जो ऋण लेने के कारण किसी निश्चित समय के लिए बन्धक रहता है"। अनुसूचित जाति और अनुसूचित जनजाति के आयुक्त ने अपनी 24वीं रिपोर्ट में बंधुआ मज़दूर की व्याख्या इस प्रकार की है : "वे व्यक्ति जो ऋण लेने के कारण अपने ऋणदाताओं के लिए या तो बिना पारिश्रमिक लिए या फिर मामूली पारिश्रमिक लेकर काम करने के लिए बाध्य हों (शर्मा, 1990: 52)

'बंधुआ मज़दूर' उन 'संविदा मज़दूर' (contract) से भिन्न होते हैं जो उद्योगों, खानों, बागानों और गोदी (docks) में कार्य करते हैं। 'संविदा मज़दूर' में वे कामगार शामिल होते हैं, जो संस्थान द्वारा प्रत्यक्ष रूप से भर्ती नहीं किए जाते हैं, जिनके नाम पारिश्रमिक देयक (pay roll) में अंकित नहीं होते हैं, और जिन्हें मालिक द्वारा प्रत्यक्ष भुगतान नहीं किया जाता। सिद्धान्त में, संविदा मज़दूर 1948 के फैक्ट्री अधिनियम, 1952 के खदान अधिनियम, 1951 के बागान श्रमिक अधिनियम, और 1948 के गोदी मज़दूर अधिनियम की परिधि में आते हैं, ताकि उन्हें भी वे ही लाभ दिए जा सकें जो सीधे काम पर लगे मज़दूरों को दिये जाते हैं। बंधुआ मज़दूरों और संविदा मज़दूरों को काम पर लगाने के लाभ लगभग एक समान ही हैं : (i) मज़दूर कम कीमत पर काम पर लगाए जाते हैं; (ii) सेवायोजक (employers) श्रमिकों को कोई अतिरिक्त लाभ नहीं देते; और (iii) सेवायोजक विभिन्न अधिनियमों के अन्तर्गत प्रदत्त कल्याण और सुरक्षा उपायों को अपने श्रमिकों को देने के बोझ से नहीं दबे होते। हमारे देश में संविदा मज़दूर व्यवस्था एक अधिनियम (संविदा मज़दूर अधिनियम – नियम एवं उन्मूलन) के अन्तर्गत सितम्बर 1970 में समाप्त कर दी गई थी।

बंधुआ मज़दूर की दो मूल विशेषताएं हैं : ऋणग्रस्तता और बलात् मज़दूरी (forced labour)। बलात् मज़दूरी पिता से पुत्र को, या पीढ़ी दर पीढ़ी वंशानुक्रम में प्राप्त हो सकती है। बन्धक अवधि में, कर्जदार अन्यत्र कहीं रोज़गार से नहीं लग सकता। आर्थिक संदर्भ में इसका अर्थ हुआ कि "वह बाजार में, बाजार मूल्य पर अपना श्रम नहीं बेच सकता"। बंधुआ मज़दूरी प्रथा अधिकतर गांवों में खेतिहर मज़दूरों में पाई जाती है, यद्यपि आजकल इसका विस्तार पत्थर खदानों, बीड़ी फैक्ट्रियों, काँच के कारखानों, तथा कपड़े धोने की वस्तुओं के उद्योगों में, कालीन, रत्नों और कई अन्य कारखानों में भी हो गया है।

बंधुआ मजदूर भारत में विविध स्थानों पर विभिन्न नामों से पुकारे जाते हैं। उदाहरण के तौर पर आंध्रप्रदेश और कर्नाटक में वे 'जीथम', गुजरात और मध्यप्रदेश में 'हाली', मध्यप्रदेश के बस्तर जिले में 'कस्बाडी', हैदराबाद में 'बघेला', राजस्थान में 'सागरी', बिहार में 'कमियां', या 'कम्योती', उड़ीसा में 'गोठी', तमिलनाडु में 'पाण्डियाल', केरला में 'अदिया', 'पनिया' और कटुनेकेन, और उत्तरप्रदेश में 'कोल्टा'। ताजा सर्वे के अनुसार अकृषि क्षेत्रों में बंधुआ मजदूरों की बहुत संख्या पायी गयी हैं। चिह्नित हुए हैं। (अ) बंधक मजदूर जो परम्परागत सामाजिक संबंधों के अवशेष हैं। (ब) कृषि में बंधुआ मजदूरी (स) असंगठित और अनौपचारिक क्षेत्र में ग्रामीण और शहरी बंधुआ मजदूरी। (द) बाल बंधुआ मजदूरी।

## बंधुआ मज़दूरी के कारण (Causes of Bonded Labour)

यद्यपि बंधुआ मज़दूरी व्यवस्था के उदय, विकास और फलने फूलने के कारण आर्थिक ही हैं, लेकिन सामाजिक और आर्थिक कारक भी इस प्रथा को समर्थन देते हैं। *आर्थिक* कारणों में अत्यधिक निर्धनता, रोजी-रोटी चलाने के लिए काम प्राप्त करने का असामर्थ्य, परिवार के भरण-पोषण के लिए भूमि का छोटा आकार, बाढ़, प्लेग व अन्य बीमारियां जिनसे मनुष्यों और पशुओं की मृत्यु होती है, वर्षा की कमी, कुओं का सूखना, वन उत्पादों से न्यून आय, मुद्रा स्फीति और निरन्तर कीमतों का ऊंचा होना हैं। *सामाजिक* कारकों में विवाह, मृत्यु, दावत, बच्चे के जन्म आदि अवसरों पर अत्यधिक व्यय, जिससे कर्जा अधिक बढ़ जाता है। कभा-कभी गांव के कुछ लोगों द्वारा किए जाने वाले शोषण से तंग आकर लोगों को दूसरे स्थानों पर जाने को तथा न केवल सेवा योजक की शर्तों पर काम करने को तैयार होना पड़ता है बल्कि प्रभावशाली लोगों की शरण में अपना बचाव करने के लिए भी बाध्य होना पड़ता है। *धार्मिक* तर्कों का प्रयोग निम्न जाति के लोगों को आश्वस्त करने के लिए करना पड़ता है, कि धर्म के अनुसार उन्हें उच्च वर्ण के लोगों की सेवा करनी ही है। अशिक्षा, अज्ञान, अपरिपक्वता और दक्षता की कमी तथा व्यावसायिक प्रशिक्षण ऐसे विश्वासों को दृढ़ बनाते हैं। विस्तृत रूप से कहा जा सकता है कि बन्धकता (bondage) मुख्यतः आर्थिक और सामाजिक दबावों के कारण उत्पन्न होती है। (शर्मा, 1990: 52)।

## विधान (The Legislation)

बंधुआ मज़दूरी प्रथा घातक और आवश्यकता से अधिक आकर्षक है, जो भारत के कई राज्यों में मौजूद थी। स्वतंत्रता के पश्चात इस प्रथा को राष्ट्रीय जीवन को नारकीय बनाने की अनुमति नहीं दी गई। अतः 1950 में जब भारत का संविधान बनाया गया, इसमें धारा 23 को स्थापित किया गया, जिसमें मानव व्यापार, बेगार और इसी प्रकार के बलात् श्रम का निषेध कर दिया गया। परन्तु इस धारा को प्रभावी बनाने का कोई गम्भीर प्रयत्न नहीं किया गया तथा बंधुआ मज़दूरी प्रथा को उखाड़ फेंकने का रास्ता नहीं बन पाया। 1919 में अन्तर्राष्ट्रीय श्रम संगठन द्वारा ग्रहीत बलात् श्रम (उन्मूलन) गोष्ठी का समर्थन नवम्बर 1954 में भारत द्वारा भी किया गया। भारत के कुछ राज्यों में भी बंधुआ मज़दूरी के उन्मूलन के लिए कुछ कानून बनाए गए। उदाहरणार्थ, बिहार कामियान्ती अधिनियम, 1920 में पारित किया गया, मद्रास एजेन्सी ऋण बन्धन नियम, 1940 में, मध्य प्रदेश में बस्तर में कबाड़ी प्रथा नियम, 1943 में, हैदराबाद भगेला समझौता नियम, 1943 में, उड़ीसा ऋण बन्धन उन्मूलन कानून, 1948 में, राजस्थान सागरी प्रथा उन्मूलन अधिनियम, 1961 में (जो 1975 में संशोधित किया गया) और बंधुआ मज़दूरी प्रथा उन्मूलन अधिनियम, 1975 में केरल में पारित हुए। इनमें से अधिकतर कानूनों में विशेष रूप से यह उल्लेख किया गया था (मद्रास, उड़ीसा, हैदराबाद और बिहार की तरह) कि नियम लागू होने के बाद से ऋणदाता और ऋण प्राप्तकर्ता के बीच का समझौता पूर्णरूपेण निरस्त समझा जाए यदि (a) समझौते की सभी शर्तें लिखित में नहीं हैं और सम्बन्धित अधिकारी के पास इसकी एक

प्रतिलिपि फाइल नहीं की गई है, (b) श्रम का लिखित समय या समझा जाने वाला समय एक वर्ष से अधिक हो गया हो, (c) ऋण पर ब्याज एक वर्ष से अधिक साधारण ब्याज न लिखा हो, और (d) ब्याज की दर 6.25 प्रतिशत प्रतिवर्ष से अधिक हो। लेकिन जुलाई 1975 में 20 सूत्री कार्यक्रम की घोषणा के पश्चात राष्ट्रीय स्तर पर काफी मात्रा में गम्भीरता से और अत्यधिक आवश्यक मानकर लागू करना शुरू किया गया। अक्टूबर 1975 में अध्यादेश जारी किया गया, जिसको फरवरी 1976 में एक अधिनियम पारित करके स्थानापन्न किया गया, जिसे बंधुआ मज़दूरी व्यवस्था (उन्मूलन) अधिनियम कहा गया। 1976 में केन्द्रीय सरकार द्वारा इस कानून को बनाए जाने के बाद से सभी राज्यों के तत्सम्बन्धित कानून निष्प्रभावी हो गए।

इस (1976) अधिनियम के अन्तर्गतः (i) बंधुआ मज़दूरों का पता लगाया जाना, (ii) बंधुआ मज़दूरों की मुक्ति; (iii) अपराधियों के विरुद्ध कार्यवाही जैसे उन ऋणदाताओं के विरुद्ध जिन्होंने कर्जा लेने वालों को समझौते के लिए बाध्य किया; (iv) जिला और तहसील स्तरों पर सतर्कता समितियों की बैठकें करना; (v) निर्धारित पंजिकाओं का रखना; और मजिस्ट्रेटों को न्यायिक अधिकार दिया जाना, आदि शामिल हैं। यह अधिनियम बंधुआ मज़दूरों के पुनर्वास का भी उल्लेख करता है जिन्हें ऋणदाताओं से मुक्ति मिल गई हो। 1976 अधिनियम को 1985 में संशोधित किया गया जिसमें स्पष्ट किया गया था कि, संविदा मज़दूर या अन्तर्राज्यीय आव्रजक मज़दूर ही बंधुआ मज़दूर समझे जाएंगे, यदि वे बंधुआ मज़दूरी व्यवस्था (उन्मूलन) अधिनियम, 1976 की शर्तों को पूरा करते हों।

1976 के इस अधिनियम के क्रियान्वयन में मुख्य समस्या बंधुआ मज़दूरों की पहचान करने की है। न तो तहसील और जिला स्तर पर प्रशासक अपने क्षेत्रों में बंधुआ मज़दूरों के होने की बात मानते हैं और न ही ऋणदाता स्वीकार करते हैं कि बंधुआ मज़दूर उनकी सेवा में हैं और न ही मज़दूर यह कहने को तैयार होते हैं, कि उन्हें लम्बे समय से बंधुआ मज़दूरी के लिए बाध्य किया जाता रहा है। ग़ैर-राजनीतिक सामाजिक कार्यकर्ता समूहों से सम्बद्ध सामाजिक कार्यकर्ता और स्वैच्छिक संगठन ही बंधुआ मज़दूरों की पहचान करने में सफल होते हैं। एक और परेशानी जो इस समस्या को उत्पन्न करती है, वह मुक्त बंधुआ मज़दूरों का आर्थिक पुनर्वास है। आर्थिक पुनर्वास में : उनके लिए काम तलाश करना, उन्हें न्यूनतम मज़दूरी दिलाना, उन्हें विभिन्न कुशल कार्यों (बागवानी, पशुपालन, आदि) के लिए प्रशिक्षण दिलाना, उनके परम्परागत कला और उद्योग को प्रोत्साहित करना, कृषि योग्य भूमि आवंटित करना, आवंटित भूमि को विकसित करने में उनकी मदद करना, कच्चा माल बनाने के लिए जमीन या कम कीमत वाले रहने के लिए मकान उपलब्ध कराना, उनके लिए बैंक से ऋण की व्यवस्था कराना, वन उत्पादों को उपयोगी वस्तुओं को बनाने की प्रक्रिया में उनकी मदद करना, उन्हें और उनके बच्चों को शिक्षा देना, स्वास्थ्य की देखभाल का प्रबन्ध करना, आदि शामिल हैं। यह सब आसान काम नहीं है। मनोवैज्ञानिक पुनर्वास के अतिरिक्त राज्य सरकारों से भी उनके मनोवैज्ञानिक और चारित्रिक पुनर्वास का प्रबन्ध करने और केन्द्रीय तथा राज्य सरकारों की विभिन्न योजनाओं में तालमेल बैठाए जाने की अपेक्षा की जाती है। पुनर्वास की योजना बनाते समय मुक्त मज़दूरों को विविध विकल्प चुनने की अनुमति दी जानी चाहिए (शर्मा, 1990: 54)।

## बन्धन की अवधि में वेदना और पीड़ा (Misery and Suffering in Bondage)

उच्चतम न्यायालय के मुख्य न्यायाधीश न्यायमूर्ति पी.एन.भगवती ने बंधुआ मज़दूरी को "परा-जीवधारी (non-beings), सभ्यता से बनवासी (exiles), पशुओं से भी खराब जीवन जीने वाला कहा है (क्योंकि पशु कम से कम आजादी से कहीं भी घूम सकते हैं, भूख, लगने पर कहीं भी मुंह मार सकते हैं), झपट सकते हैं, लेकिन समाज से बहिष्कृत ये लोग बन्धन में रखे जाते हैं और उनकी आजादी भी छीन ली जाती है। उन्हें या तो गन्दे स्थानों में या फिर खुले आकाश के नीचे रहना और जो कुछ मिल जाए उसी को खाकर सन्तुष्ट रहना पड़ता है, भले ही यह भोजन उनके भूखे पेट को पूरी तरह न भर पाए। कोई दूसरा विकल्प न होने के कारण वे बन्धन के ऐसे अन्धकारपूर्ण ग़रीबी और भूख के गड्ढे में

धकेल दिए जाते हैं जहां से उस निर्दयी शोषक समाज में उन्हें बचाए जाने की कोई आशा नहीं रहती (*योजना*, मई 1-15, 1987: 32-33)।

राष्ट्रीय सैम्पल सर्वे संगठन (NSSO) के 32वें सम्मेलन में 16 प्रमुख शहरों में अनुमानित 3,43,000 बंधुआ मजदूरों का आंकड़ा दिया गया। इनमें से 98 प्रतिशत ऋण बंधक और 2 प्रतिशत सामाजिक प्रथाओं के अन्तर्गत बंधक थे। जिनमें सबसे अधिक आन्ध्रप्रदेश, कर्नाटक और तमिलनाडु में थे, उसके बाद क्रमशः उड़ीसा, उत्तरप्रदेश, बिहार और मध्य प्रदेश में। मानवीय अधिकार रिपोर्ट 2003 के अनुमान के अनुसार कर्नाटक और वाराणसी के जिलों में सिल्क धागा और बुनाई उद्योग में 3,50,000 बाल बंधुआ श्रमिक काम करते हैं। तमिलनाडु में इस दिशा में कोई सार्थक प्रयास नहीं किया गया, मात्र इस गलतफहमी के चलते कि ये हताश बच्चों का मामला है। परन्तु सच्चाई यह थी कि ये 'सुमंगली थितम' और भी कई रूप की आड़ में उजागर नहीं हो रही थी। तमिलनाडु राज्य कानूनी सेवा प्राधिकरण (TNSLSA) द्वारा राज्य से बंधुआ मजदूरी के उन्मूलन के लिए एक विशेष कार्यक्रम की शुरुआत की गई। (माधुरी, *टाइम्स ऑफ इण्डिया* के अंक 7 अगस्त 2013 में उद्धृत)। जिला कानूनी सेवा प्राधिकरणों (DLSAS) के सचिवों का कोर ग्रुप, बंधुआ मजदूरी हेतु जिला टास्क फोर्स (DTBL) कहा जाता है, के रूप में गठित करने को कहा गया। ताकि यह उद्देश्य हासिल किया जा सके। DTBL अपने आप में ऐसा प्रथम टास्क फोर्स है, जिसमें सिविल जज जूनियर डिवीजन की रैंक का कानूनी अधिकारी नियुक्त किया जाएगा, साथ ही दो पैनल वकील, एक एन.जी.ओ. सदस्य (जो बंधुआ मजदूरी के उन्मूलन और पीड़ितों के पुनर्वास के क्षेत्र में कार्य करेगा), जिला कलेक्टर द्वारा नामांकित अधिकारी (तहसीलदार के रैंक से नीचे नहीं होगा) एक या दो पैरालीगल वालन्टियर्स और स्थानीय पंचायत अध्यक्ष/सदस्य। DTBL टीम अपने आवंटित जिलों में बंधुआ मजदूरी प्रणाली सम्बन्धी सूचना एकत्र करेगी और फिर उन्हें बचाने, छुड़ाने और पुनर्वास के लिए योजना बनायेगी।

केरल जैसे राज्य में जहां भूमि सुधार कानून द्वारा लागू किया गया, वहां बंधुआ मजदूरी प्रथा लगभग समाप्त है। यह देखा गया कि अधिकांश बंधुआ मजदूर कृषि मजदूर के रूप में गांवों में कार्य कर रहे हैं या फिर आदिवासी समाज के ग्रामीण क्षेत्र में कुल मजदूरों में 33 प्रतिशत अकृषि गतिविधियों में 42 प्रतिशत कृषक और 25 प्रतिशत खेत मजदूर थे। खेत मजदूरों में 48 प्रतिशत अनुसूचित जाति (SCs) और 33 प्रतिशत अनुसूचित जनजाति (STs) थे। अकुशल और असंगठित होने के कारण खेत मजदूर के पास अपने जीवनयापन के लिए थोड़ा होता है। बंधक खेत मजदूर ग्रामीण क्षेत्र के निचले पायदान पर होते हैं। गांव में सामाजिक और आर्थिक स्तर भूमि और जाति के आधार पर होता है, जो सामाजिक और आर्थिक रूप से लोगों पर राज करता है। अतः बंधुआ मजदूर वेहद दयनीय और दुःखद स्थितियों में रहते हैं। वे सामाजिक शोषण का शिकार बनते हैं, क्योंकि उन्हें भोजन, कपड़े, मुफ्त तम्बाकू मिलनी चाहिए पर व्यवहार में वे छोड़ा हुआ भोजन, कपड़े पाते हैं, और परिवार द्वारा दुत्कारे जाते हैं। वे 12 से 14 घण्टे प्रतिदिन कार्य करने के लिए और गाय और भैंसों के बाड़े में रहने के लिए, मजबूर किए जाते हैं। और यदि वे बीमार पड़ते हैं, तो उन्हें मुश्किल से ही स्वास्थ्य-सुधार के लिए कुछ उपलब्ध कराया जाता है।

बंधुआ मजदूरी की पीड़ा की ताजा कहानी *हिन्दू* (19 सितम्बर 2012 में प्रकाशित) अखबार में सामने आई। एक व्यक्ति ने स्वयं को और अपनी पत्नी को बंधुआ मजदूर के रूप में मात्र रु. 45,000 के ऋण के एवज में बेच दिया। यह ऋण 4 वर्ष गांव के भूमालिक से लिया था। वह कार्य क्षेत्र में निर्दयता के कारण मर गया और उसका कर्जा चुकाना बाकी था अतः उसकी पत्नी को जाति से बाहर कर दिया गया, जब तक उसने कर्जा नहीं चुकाया। एक अन्य उदाहरण वर्ष 1984 में जो श्रीलंका आये तमिलनाडु के कोडईकनाल जिले का है, जो स्वदेश लौटने के लिए बंधक थे। 1964 की सिरमावो-शास्त्री संधि और 1975 में सिरमावो-शास्त्री संधि के अनुसार स्वदेश लौटने के समझौते से संबधित 1984 के मध्य में 1.11 लाख परिवारों के 4.45 लाख व्यक्ति भारत के तमिलनाडु प्रांत

में लौटे जिनमें से 1.07 लाख परिवार (या तकरीबन 4 लाख व्यक्ति)। तमिलनाडु में बस गए। इनमें से अधिकांश मजदूर श्रीलंका में अकुशल श्रमिक थे और यहां तमिलनाडु में भी बेघर थे। वे राजनीतिक रूप से असंगठित, आर्थिक रूप से आश्रित अपने अधिकारों से अनभिज्ञ और नेतृत्व की ओर से असंगठित थे। 8,000 श्रमिक जो कोडईकनाल के श्रमिक शिविर में थे सड़क और इमारतों के निर्माण कार्य में लगाये गए थे। उन्हें खदान मजदूरों के रूप में लगाया गया। इनमें से 2,500 को सिंथेटिक फाइबर बनाने वाली 2 कम्पनियों में लगाया गया। जल्द ही अपनी दरिद्रता के कारण इन मजदूरों ने ठेकेदार और महाजनों के आगे हथियार डाल दिये। वे अमानवीय स्थितियों में फूस के झोपड़ों में रहते थे। उन्हें साप्ताहिक राशन दुकानों से मिलता था, पर उनकी स्वास्थ्य देखभाल हेतु कोई व्यवस्था नहीं थी। वहां पानी की कमी थी जिससे उनके बच्चे नहाने से वंचित हो जाते थे और हमेशा गन्दे दिखते थे। कार्य स्थितियां विपरीत थीं और वे 10 से 14 घण्टे प्रतिदिन कार्य करते थे। उस समय कई सर्वे किए गए, जो यह बताते हैं कि औसत आजीविका मात्र 240 से 290 रु. प्रति व्यक्ति थी। बंधक की तत्व यात्रा के लिए अग्रिम प्रतिदिन के खर्चे हेतु नकद राशि ठेकेदार के द्वारा दिये गए ऋण में दिन प्रतिदिन बढ़ती जाती थी। उन्हें ठेकेदारों द्वारा कम्बल दिये जाते थे जो छोड़ने पर वापस करने हेतु थे। उनके द्वारा खाली कागज पर अंगूठा लगाने के लिए बंधुआ मजदूरों से जबरदस्ती की जाती थी और ठेकेदार अपनी मनमर्जी से उसे भरते थे। असहयोग करने वाले श्रमिकों को ठेकेदार के भाड़े के गुंडों से पिटवाया जाता था। स्वामी अग्निवेश के नेतृत्व में *बंधुआ मुक्ति मोर्चा* की अपील पर सुप्रीम कोर्ट द्वारा अप्रैल 1986 में 3 सदस्यीय कमीशन बैठाया गया। जो इस बंधुआ मजदूरी की स्थिति स्पष्ट करेगी। कमीशन ने कार्य और रहने की परिस्थितियों को इतना भयानक बताया कि सुप्रीम कोर्ट ने तमिलनाडु सरकार को ठेकेदार प्रणाली समाप्त करने का निर्देश दे दिया, जो सभी कामगारों के शोषण की बुराई का उत्तरदायी था। उन्होंने आवश्यक रूप से प्लांटेशन लेबर एक्ट 1951 लागू करने का आदेश दिया। और बंधुआ मजदूरी प्रणाली (उन्मूलन) को उनकी आजादी और पुनर्वास पर कार्य करने हेतु प्रेरित किया। तमिलनाडु सरकार पर पुनर्वास कार्यक्रम हेतु दबाव बनाया गया।

1979 और 1983 के बीच भारत सरकार को सौंपी गई कम से कम चार रिपोर्टों में यह दर्शाया गया है, कि भारत में किस प्रकार यह घृणास्पद और दयनीय बंधुआ मज़दूर प्रथा अस्तित्व में थी और देश के आर्थिक और सामाजिक जीवन को विकृत करती रही। यह रिपोर्टें इस प्रकार थीं : (a) बिहार के मुंगेर ज़िले में 'बंधुआ मज़दूरों का पुनर्वास' पर भारत सरकार के श्रम मंत्रालय से सम्बद्ध ग्रामीण विकास केन्द्र की रिपोर्ट, (b) उत्तराखंड के टिहरी गढ़वाल में 'बंधुआ मज़दूरों की पुनर्वास योजना के मूल्यांकन का अध्ययन' पर श्रम मंत्रालय के भारतीय लोक प्रशासन संस्थान (Indian Institute of Public Administration) की रिपोर्ट, (c) उत्तर प्रदेश, मध्य प्रदेश, आन्ध्र प्रदेश, कर्नाटक, उड़ीसा, बिहार, राजस्थान, तमिलनाडु, और केरल में मुक्त बंधुआ मज़दूरों के पुनर्वास, मुक्ति और पहचान से सम्बद्ध स्थल अध्ययन (spot studies) पर आधारित भारत सरकार (श्रम कल्याण) के महानिदेशक, लक्ष्मीधर मिश्रा की रिपोर्ट, और (d) 7 से 9 फरवरी 1983 तक 'बंधुआ मज़दूरों की पहचान और पुनर्वास' पर आयोजित राष्ट्रीय संगोष्ठी की रिपोर्ट।

मार्च, 1989 तक चिह्नित और कुछ मुक्त किए गए बंधुआ मज़दूरों की 2.42 लाख संख्या में से 26 प्रतिशत कर्नाटक में, 20 प्रतिशत उड़ीसा में, 16 प्रतिशत तमिलनाडू में, 14 प्रतिशत आन्ध्र प्रदेश में, 11 प्रतिशत उत्तर प्रदेश में, 5 प्रतिशत बिहार में, 4 प्रतिशत मध्य प्रदेश में, 3 प्रतिशत राजस्थान में, 0.5 प्रतिशत महाराष्ट्र में, 0.3 प्रतिशत केरल में और 0.2 प्रतिशत हरियाणा में मुक्त हुए (*योजना*, वहीः 23)।

## पुनर्वास (Rehabilitation)

बंधुआ मजदूर चिह्नित करना और उन्हें मुक्त कराना राज्य सरकार का वैधानिक कार्य था, पर नवम्बर 1987 के बाद स्वैच्छिक संगठन आगे आएं और चिह्नित करना (पहचान करना) और पुनर्वास कार्यक्रम को

आगे बढ़ाया। केन्द्रीय श्रम मंत्रालय के अनुसार पिछलें 37 वषा में लगभग 3,00,000 लोग इस सरकारी प्रयास से लाभान्वित हो चुके। (*बिजनेस स्टैंडर्ड* 31 मई 2013)। इन आंकड़ों का आधार वे दस्तावेज हैं, जो बंधुआ मजदूरों द्वारा सरकार से लाभ पाने के लिए जारी सार्टिफिकेट हेतु इन मजदूरों ने उपलब्ध कराये थे। यानी वे बंधुआ मजदूर जो किसी कारणवश जरूरी कागजात उपलब्ध करवा कर सर्टिफिकेट हासिल नहीं कर सकते। इन आंकड़ों में शामिल नहीं हैं। पर यह अनिश्चय इंगित करता है, कि सरकार का ये प्रयास उतना प्रभावी नहीं रहा। भारत सरकार की अनूठी योजना नरेगा जो वर्ष में 100 दिन के रोजगार की गारंटी देती है, ने ग्रामीण मजदूरों की सुरक्षा और स्थायित्व के लिए निश्चय ही बड़ा कदम उठाया है। पर हम यह नहीं दावा कर सकते कि सरकार की इस योजना से बंधुआ मजदूर प्रथा समाप्त होगी। बंधुआ मजदूर अपने पुराने ऋण अनुबंध के कारण अपने वर्तमान मालिक को नहीं छोड़ पाते न ही मुक्त हो पाते हैं। परिणामतः वे सरकार द्वारा चलायी जा रही, मनरेगा जैसी बड़ी योजनाओं के लाभ से वंचित रह जाते हैं जो उनके कल्याण के लिए बनी हैं। सरल रूप में वे ऐसी योजनाओं से जुड़ने के लिए स्वतंत्र नहीं हैं। किसी भी योजना का प्रथम चरण बंधुआ मजदूर को प्रभावी रूप से संबोधित करना और एक मजबूत पहचान प्रणाली द्वारा उनकी स्वतन्त्रता के लिए प्रयास करना होना चाहिए। उनकी स्वतन्त्रता के बाद ही मनरेगा जैसे कल्याणकारी कार्यक्रम इस उपेक्षित समुदाय के लिए लाभकारी बनेंगे।

निम्नांकित तालिका 1 में 1996 के सर्वे में चिह्नित बंधुआ मजदूरों की संख्या प्रस्तुत है, तत्पश्चात् जो विशेष रूप से पहचान और पुनर्वास से 31 मार्च 2004 तक लाभान्वित हुए :

**तालिका 1**

*1996 के सर्वे के अनुसार चिह्नित बंधुआ मजदूर और तत्पश्चात् पहचान और पुनर्वास से 31 मार्च 2004 तक लाभान्वित*

| *राज्य* | *1996 के सर्वे में चिह्नित* | *31 मार्च 2004 तक पहचाने और मुक्त कराये गए* | *पुनर्वास* |
|---|---|---|---|
| आंध्र प्रदेश | 0 | 37,988 | 31,534 |
| बिहार | 106 | 13,370 | 12,552 |
| कर्नाटक | 19 | 63,373 | 57,121 |
| मध्य प्रदेश | 18 | 12,822 | 11,897 |
| उड़ीसा | 0 | 50,010 | 46,882 |
| राजस्थान | 0 | 7,488 | 6,331 |
| तमिलनाड् | 25,008 | 65,573 | 65,573 |
| महाराष्ट्र | 2 | 1,398 | 1,319 |
| उत्तर प्रदेश | 237 | 28,195 | 28,195 |
| केरल | 0 | 823 | 710 |
| हरियाणा | 0 | 551 | 49 |
| गुजरात | 0 | 64 | 64 |
| अरुणाचल प्रदेश | 3,626 | 3,526 | 2,992 |
| छत्तीसगढ़ | 0 | 124 | 124 |
| पंजाब | 0 | 69 | 69 |
| उत्तरांचल | 0 | 5 | 5 |
| कुल | 29,016 | 2,85,379 | 2,65,417 |

*स्रोत :* सामान्य निदेशक, श्रम कल्याण, भारत सरकार का श्रम मंत्रालय।

पुनर्वास भौतिक और मनोवैज्ञानिक, दोनों प्रकार का होता है। भौतिक पुनर्वास आवश्यक रूप से आर्थिक होता है जबकि मनोवैज्ञानिक पुनर्वास आश्वासन की प्रक्रिया के माध्यम से करना पड़ता है। दोनों साथ-साथ चलने चाहिए। मनोवैज्ञानिक पुनर्वास की प्रारम्भिक आवश्यकता यह है कि मुक्त बंधुआ मज़दूरों को उनके पुराने आवास से निकाला जाए और उन्हें ऐसे स्थान पर पुनर्स्थापित किया जाए, जहां वे बंधुआ मज़दूर रखने वाले मालिकों के विनाशकारी चंगुल से पूर्ण रूप से मुक्त हों। जब तक उन्हें यह आश्वासन न दिया जाए कि बन्धन से मुक्ति के बाद ऋण उनके भाग्य चक्र को नहीं चलाएगा, तब तक यह सम्भावना बनी रहेगी कि वे पुनः अपने ऋणदाता की दासता में चले जाएं।

मूलरूप से पुनर्वास के तीन चरण होते हैं : (i) मुक्ति के तुरन्त बाद भौतिक सहायता, (ii) मुक्त मज़दूरों को नया जीवन प्रारम्भ करने के लिए अल्पकालिक सहायता; (जैसे, मकान के लिए स्थान का आवंटन, मकान बनाने के लिए सहायता, कृषि भूमि के भूखण्ड का आवंटन, बैलों की जोड़ी और आवश्यक यंत्र आदि की आपूर्ति करना, रोज़गार के अवसर प्रदान करना, आदि); और (iii) दीर्घकालिक उपाय (जैसे, ऋण उपलब्ध कराना, नवीन कुशलताओं में प्रशिक्षण दिलाना, मौजूदा कुशलताओं को विकसित करना, पारिश्रमिक मूल्य समर्थन उपलब्ध करना, वयस्क सदस्यों को अनौपचारिक तथा बच्चों को औपचारिक शिक्षा को सुनिश्चित करना, चिकित्सा प्रबंध करना, नागरिक अधिकारों की रक्षा सुनिश्चित करना, आदि। इस प्रकार पुनर्वास ही मुक्त बंधुआ मज़दूरों को ऐसा सामाजिक स्तर प्रदान करेगा, ताकि वे अपने को सभ्य समाज की मुख्य धारा में चिह्नित कर सकेंगे और मानव अस्तित्व के योग्य सम्मान का अनुभव कर सकेंगे।

1994-95 में "सामुदायिक संगठन, पुनर्वास, और विकास कार्यवाही" (Action for Community Organisation, Rehabilitation and Development) ACCORD नाम के एक स्वैच्छिक संगठन ने तमिलनाडु में नीलगिरी में पांच जनजातियों (पनिया, बेहाकुर, उम्बास, कट्टनायकन, मोटूकुरूम्ब, और इरूला) को बंधुआपन के कष्टों और भूमि वञ्चना (land deprivation) से मुक्ति दिलाने में सहायता की (*द हिन्दुस्तान टाइम्स*, मई 13, 1995)। यह परिवर्तन लाने में अकॉर्ड (ACCORD) को दस वर्ष का समय लगा। इस जनजाति के लोग, जो अठारहवीं और उन्नीसवीं सदी से ही गुलामी के बन्धनों में जकड़े हुए थे, गुलामी प्रथा उन्मूलन के बाद भी बंधुआ मज़दूर बने रहे थे। वार्षिक ओणम त्योहार पर ज़मींदार लोग जनजातीय लोगों के लिए वार्षिक बेगार निश्चित कर देते थे, जिसमें उन्हें कुछ धान, दो जोड़ी कपड़े और कुछ अन्य चीजें दी जाती थीं। बंधुआ मज़दूरी की मृत्यु की घण्टी तब बजी, जब साठ के दशक के मध्य में पड़ौसी केरल से कुछ मलयाली निवासी निचले नीलगिरी प्रदेश में अधिक अन्न उपजाऊ आन्दोलन चलाए जाने के फलस्वरूप केरल से आए। इसका सकारात्मक परिणाम यह हुआ कि एक साल तक धान के लिए काम करने वाली प्रथा रुक गई। फिर भी इसका नकारात्मक परिणाम यह था, कि इन निवासियों ने जनजातियों को ठगना शुरू कर दिया और धीरे-धीरे जंगल भूमि पर कब्जा करना शुरू कर दिया। अकॉर्ड ने चाय बागान के जनजातीय उत्पादकों की न केवल ऋण दिलाने में मदद की बल्कि दिसम्बर, 1988 में एक 'संगम' बनाने में भी मदद की जिसमें जनजातीय एकता के उद्देश्य से लगभग 20,000 जनजातीय लोगों ने भाग लिया। इस 'संगम' ने उनके कष्टों को कम किया, बंधुआ शोषण से सुरक्षा प्रदान की, उनके अधिकारों को दिलाने में मदद की, और अस्पताल, स्कूल, स्वास्थ्य केन्द्र खुलवाने में मदद की। अब अकॉर्ड 'संगम' को सभी विकास कार्यों को ही सौंपने की योजना बना रहा है।

प्रति वर्ष तमिलनाडु में हजारों की संख्या में प्रवासी मजदूर नौकरी की तलाश में आते हैं, जो गरीब, अनपढ़ और चुनाव करने में बेबस होते हैं। इनमें से कई चावल मिल, ईंट भट्टा और उत्पादक यूनिट में लग जाते हैं। गैर सरकारी संस्थान अन्तर्राष्ट्रीय न्याय मिशन के अनुसार 2,452 व्यक्ति और 737 परिवार कांचीपुरम, वैलूर, तिरुवेल्लोर, चित्तूर और तिरुवानामलाई में वर्ष 2008 में बतौर बंधुआ मजदूर पाए गए।

## *प्रभावी पुनर्वास में खामियां* (*Lacunae in Effective Rehabilitation*)

विभिन्न राज्यों में बंधुआ मज़दूरों के पुनर्वास कार्यक्रमों को गुणात्मक रूप से देखने से हमें पता चलता है, कि कुछ राज्य, जैसे उड़ीसा, उत्तर प्रदेश, केरल, और आन्ध्र प्रदेश में पुनर्वास और पहचान के कार्यक्रम स्वागत योग्य रहे हैं, लेकिन कुछ में नवीन परिवर्तनों को शुरू करने की आवश्यकता है। कार्यक्रमों के क्रियान्वयन में निम्नलिखित स्पष्ट खामियों को फौरन दूर किए जाने की आवश्यकता है :

*प्रथम,* किसी भी कार्यक्रम को किसी मंत्रालय/विभाग का कार्यक्रम समझे जाने की अपेक्षा विभिन्न मंत्रालयों/विभागों के तालमेल की आवश्यकता है, जैसे कृषि, पशुपालन, सिंचाई, वन, मत्स्य पालन, आदि ताकि कार्यक्रमों को एकीकृत राष्ट्रीय कार्यक्रम माना जाए। *द्वितीय,* क्योंकि सामाजिक वातावरण और सामाजिक संरचना जो गांवों में लम्बे समय से चले आ रहे हैं और आज भी प्रमुख रूप से ग्रामीण जीवन और अर्थव्यवस्था पर हावी हैं, अतः इनकी प्रतिबद्धता के साथ जांच किए जाने और बदले जाने की आवश्यकता है। *तृतीय,* विकास से सम्बद्ध विभाग (IRDP, NREP, TRYSEM, RLEGP आदि) योजनाओं के बोझ से इतने दबे हुए हैं कि उनके कार्यक्रम समयबद्ध और लक्ष्य-परक ही रहते हैं, और उनमें लाभार्थियों की आवश्यकताओं, रुझानों और वरीयताओं का कोई विचार नहीं होता। इसलिए आवश्यकता इस बात की है कि इन कार्यक्रमों को लक्ष्य-परक (target-oriented) बनाए जाने की अपेक्षा लक्ष्य-समूह परक (target-group oriented) बनाया जाए। *चतुर्थ,* दुर्बल सतही संरचना (infrastructure) और योग्य और प्रतिबद्ध कर्मचारियों और संसाधनों की कमी के कारण लाभार्थियों (beneficiaries) को लम्बी अवधि तक सुरक्षा प्रदान नहीं की जाती; परिणामतः प्रायः मूल्यवान सम्पत्ति भी दायित्व बन जाती है। *पंचम,* बिचौलिए (middlemen) परजीवी (parasites) की तरह कार्य करते रहते हैं और पुनर्वास के सीमित लाभों का स्वयं लाभ उठा लेते हैं। इसलिए आवश्यकता इस बात की है कि योजनाएं सावधानीपूर्वक तथा विवेकपूर्ण ढंग से विविध आवश्यकताओं को जोड़ कर बनाई जाएं और पहले से ही उपलब्ध निचली सतह पर संसाधनों को ध्यान में रखा जाए। *छठे,* मुक्त बंधुआ मज़दूर जो समाज की निम्नतम सतह से होते हैं, और जो अत्यन्त निर्धनता और अकिंचनता का प्रतिनिधित्व करते हैं, अपनी इच्छा की योजना बनवाने में असमर्थ होते हैं जो उनके लिए सर्वाधिक लाभकारी हो। उनके लाभ के लिए योजना बनाने में लगे सम्बन्धित अधिकारियों पर उनकी निर्भरता पुनर्वास के वास्तविक लाभों से उन्हें वंचित रखती है। इस निर्भरता को कम किए जाने की आवश्यकता है। *अन्तिम,* पूर्व बंधुआ मज़दूर रखने वालों, लोगों, और विभिन्न विभागों के अधिकारियों की बंधुआ मज़दूरों के प्रति धारणाएं बिल्कुल भी नहीं बदली हैं। जब मज़दूरों को उनके पूर्व मालिक, जमींदारों द्वारा पीटा जाता है, उनकी भूमि जबरन ले ली जाती है, उनके बच्चों को स्कूल जाने के लिए जमींदार के धान के खेतों से नहीं गुजरने दिया जाता, उनके जानवरों को शोषणकर्ताओं द्वारा खोल लिया जाता है और जब वे पुलिस से शिकायत करते हैं, इलाज के लिए डॉक्टर के पास जाते हैं, सम्बद्ध विभागों के अधिकारियों से शिकायत करते हैं, तब वे लोग (पुलिस, डॉक्टर, अधिकारी) उनकी करुणाभरी गाथाओं से थोड़े से भी प्रभावित नहीं होते, और निरुत्तर, संवेदनहीन और उनकी सहायता करने से कतराते हैं। अधिकारियों और लोगों के दृष्टिकोण में परिवर्तन के बिना मुक्त हुए मज़दूर समाज के प्रभावशाली वर्ग के लोगों के सामूहिक संगठित आक्रमण के सामने टिक नहीं सकते। उनकी अज्ञानता, अशिक्षा, और अपने अधिकारों की रक्षा के लिए संघर्ष करने की अक्षमता उन्हें आजादी और विकास के लोगों का आनन्द उठाने से हमेशा रोकेंगे।

बंधुआ मज़दूर बने लोगों के लाभ के लिए सामाजिक व्यवस्था और संरचना को बदलना आसान नहीं है। इस सम्बन्ध में दो उदाहरण लिए जा सकते हैं। एक जनजातीय व्यक्ति को अपने विवाह या अपने पुत्र के विवाह में वधू-मूल्य (bride-price) देने के लिए धन चाहिए। वह अपनी सेवाओं को गिरवी रखकर ऋण प्राप्त करता है और इस प्रकार बंधुआ मज़दूर बन जाता है। इसी प्रकार मान लें कि एक व्यक्ति को अवैध शराब बनाने के अपराध में अर्थदण्ड दिया जाता है। उसके पास क्योंकि जुर्माना देने

के लिए धन नहीं है, तब वह एक प्रभावशाली व्यक्ति से अपनी सेवाएं गिरवी रखकर ऋण लेता है और बंधुआ मज़दूर बन जाता है। अब, क्या वधू-मूल्य प्रथा को समाप्त किया जाना सम्भव है? क्या किसी अपराध के लिए न्यायालय द्वारा अर्थदण्ड दिया जाना गलत कार्य है? ग़रीबों की अनेक आर्थिक आवश्यकताएं ऋण लिए बिना पूर्ण नहीं हो सकती हैं। ऐसे मामलों में ऋण लेने के लिए समझौते की शर्तों का सावधानी से जांचा जाना आवश्यक है ताकि श्रम को बन्धक बनाए जाने से रोका जा सके और बंधुआ मज़दूरी प्रथा को नियंत्रित किया जा सके।

विकास के लिए सामूहिक दृष्टिकोण (group approach) निश्चय ही बंधुआ मज़दूरों को एक सूत्र में बांधेगा, उनके साधनों को एकजुट करेगा, विभिन्न एजेंसियों, बैंकों और विभागों से सहायता मिलेगी और उन्हें एक उद्देश्य और स्थायी पुनर्वास के लिए एकजुट करेगा। ऐसा ''सामूहिक प्रयास'' भूमि आधारित, शिल्प आधारित, या सफलता के लिए सम्पत्ति आधारित हो सकता है। इसके लिए उचित लाभार्थियों के चयन, जहां उन्हें बसाया जाए उस स्थान का चयन, उन्हें सिखाए जाने वाली कुशलताओं का चयन, और लाभार्थियों में निर्माण चेतना और अपने पुनर्वास, प्रगति और उन्नति के लिए संयुक्त उपक्रम करने की इच्छा शक्ति जाग्रत करना आवश्यक है।

महत्त्वपूर्ण समस्या यह है कि यदि मुक्त बंधुआ मज़दूर पुनर्वासित नहीं किए जाते हैं, तो उनके कष्ट बढ़ेंगे। उनके सामने प्रश्न यह होगा : वे भूख या गुलामी, स्वतंत्रता और सुरक्षा, कठिन परिश्रम या दासता, परिवार के पोषण के लिए अपराध और फलतः कारावास का भय, में से क्या चुनें? दो दशक पूर्व जब पुनर्वास का समस्त भार राज्य सरकारों को दे दिया गया था, 1983 में केन्द्र सरकार ने भी श्रम मंत्रालय के माध्यम से योजना प्रायोजित की। केन्द्रीय योजना में राज्य सरकारों को एक वर्ष में चार या पांच करोड़ का प्रावधान है, जिसमें समान अनुदान के आधार पर विशेष योजनाएं बनाने का प्रावधान है। योजना आयोग की एक रिपोर्ट कहती है कि पुनर्वास कार्य की प्रगति अति मन्द है। सरकारी अधिकारियों में आगे बढ़ने के उत्साह की कमी है, या वे पहचान करने और पुनर्वास के कार्यक्रमों के प्रति उदासीन हैं। सामाजिक कार्यकर्ताओं को भी अपने काम में अनेक बाधाओं का सामना करना पड़ता है। आशा की जाती है, कि केन्द्र सहायता और स्वैच्छिक संगठनों के शामिल हो जाने से बंधुआ मज़दूरों की पहचान करने और उनके पुनर्वास का काम प्रभावी हो जाएगा।

1982 में उच्चतम न्यायालय ने भी 'बाध्य श्रम' (forced labour) को ऐसे मज़दूरों के मौलिक अधिकारों का हनन घोषित कर दिया था और 1983 में ''निर्धारित न्यूनतम मज़दूरी से कम श्रम को'' 'बाध्य श्रम' घोषित किया था। 1984 में उच्चतम न्यायालय ने पुनः राज्य सरकारों द्वारा बंधुआ मज़दूरी (उन्मूलन) अधिनियम 1974 के प्रावधानों को लागू करने की असफलता की दशा में इसको संविधान का उल्लंघन कहा। इससे मुक्ति के बाद पुनर्वास को राज्य सरकारों का दायित्व कहा ताकि मुक्त मज़दूरों को फिर से निर्धनता, असहायता और निराशा के कारण दासत्व स्वीकार न करना पड़े। (शर्मा 1990: 56) इस प्रकार के न्यायिक समाधानों से आशा की जाती है, कि राज्य सरकारों और स्वैच्छिक संगठनों के बंधुआ मज़दूरों की उनके सेवायोजकों के चंगुल से मुक्ति के प्रयासों को बल मिलेगा।

## राष्ट्रीय मानवीय अधिकार संगठन की पहल (Initiatives of the National Human Rights Commission)

सिविल लिबर्टी की पब्लिक यूनियन vs तमिलनाडु राज्य और अन्य की रिट याचिका में सुप्रीम कोर्ट ने निर्देश दिया कि राष्ट्रीय मानवीय अधिकार संगठन (NHRC), 1997 बंधुआ मजदूर प्रणाली (उन्मूलन) अधिनियम, 1976 में निगरानी हेतु शामिल किया जाए। तब से NHRC उन राज्यों में, जहां बंधुआ मजदूरी की रोकथाम की जानी है, अपना ध्यान रखता है। 2011 के दौरान इसने स्थिति को भांपते हुए अग्रांकित गतिविधियां कीं :

1. बंधुआ मजदूरों के लिए कोर ग्रुप का निर्माण।
2. बंधुआ मजदूर प्रणाली के उन्मूलन हेतु राष्ट्रीय स्तर पर सेमिनार का आयोजन 2011 में नई दिल्ली में ऐसा एक सेमिनार आयोजित किया गया।
3. बंधुआ मजदूरी में प्रवृत्त राज्यों में संवेदीकरण (sensitization) कार्यशाला का आयोजन, जिसमें जिला मजिस्ट्रेट, सब डिवीजनल मजिस्ट्रेट, एसएसपी (SSPs) और श्रम विभाग के अन्य अधिकारियों को शामिल किया गया। संगठन द्वारा ऐसी 3 कार्यशालाओं का आयोजन किया जा चुका है।
4. बंधुआ मजदूर प्रवृत्त क्षेत्रों का अचानक निरीक्षण।
5. बंधुआ मजदूरी पर अनुदेश पुस्तिका (Instructional Manual) का निर्माण।
6. राज्यों में बंधुआ मजदूरी की निगरानी का संशोधित प्रारूप।
7. बंधुआ मजदूरी पर केन्द्र एवं राज्य सरकार की वर्तमान योजनाओं का अवलोकन।
8. राज्य सरकारों को बंधुआ मजदूर प्रवृत्त ज़िलों में उन्मुखीकरण प्रशिक्षण (Orientation Training) कार्यक्रम आयोजित करने की सिफारिश करना।
9. राज्यों को राज्य स्तरीय निगरानी एवं सहयोग समिति, मुख्य सचिव की अध्यक्षता में, सरकार के विभिन्न विभागों के सचिवों को सदस्य के रूप में लेकर, गठित करने की सिफारिश करना।

वर्ष 2000 में NHRC ने एस.आर. संकरन की अध्यक्षता में एक विशेषज्ञ दल गठित किया। जिसके द्वारा बंधुआ मजदूर जिलों, उद्योगों और व्यवसायों को चिह्नित करना कानून और उसकी पालना के विभिन्न पहलुओं को देखना था। इस विशेषज्ञ दल ने वर्ष 2001 में NHRC को अपनी रिपोर्ट सौंप दी, जिसमें ये निष्कर्ष निकाला कि यद्यपि श्रम मंत्रालय द्वारा 13 राज्यों और 172 जिलों को बंधुआ मजदूरी में प्रवृत्त बताया गया है, तथापि ये प्रणाली लगभग सभी राज्यों में प्रचलित है (NHRC, 2001)।

## गम्भीर चिन्ता (Effective Concern)

बंधुआ मज़दूरों की दुर्दशा एक गम्भीर सामाजिक समस्या के रूप में जारी है, और जनता, सरकार, न्यायपालिका, सामाजिक वैज्ञानिकों और सामाजिक कार्यकर्ताओं सभी के लिए चिन्ता का विषय बनी हुई है। यदि 17 लाख अपराध प्रतिवर्ष जिनके लिए लगभग 26 लाख व्यक्तियों को आई.पी.सी (IPC) के तहत गिरफ्तार किया जाता है (1998 के आंकड़े) भारतीय समाज के लिए गम्भीर मामले माने जाते हैं, तो 30 लाख बंधुआ मज़दूरों की मुक्ति भी महत्त्वपूर्ण समस्या के रूप में देखी जानी चाहिए। इसके लिए यह आवश्यक है, कि धन से सहायता करने वाली विभिन्न एजेन्सियों के द्वारा अनुसन्धान प्रायोजित किए जाएं, ताकि यह सुनिश्चित किया जा सके कि समस्या का विस्तार और लक्षण क्या हैं, पहचान में कठिनाइयों की जांच हो सके, विविध पुनर्वास योजनाओं की क्या उपयोगिता है, केन्द्र, राज्य सरकारों और स्वैच्छिक संगठनों के बीच समन्वित क्रियाकलापों का बनाना, 1976 अधिनियम को संशोधित करने की आवश्यकता, सम्बन्धित अधिकारियों की जवाबदेही का निर्धारण किया जाना, और मुक्त मज़दूरों की उत्तररक्षा (after-care) कार्यक्रमों का प्रारम्भ किया जाना सुनिश्चित किया जा सके। जब तक बंधुआ मज़दूरों को स्वार्थी तत्वों के शोषण से बचाने के गम्भीर प्रयास नहीं किए जाते, तब तक यह समस्या समाज के लिए एक परेशानी का कारण बनी रहेगी। कानूनों के माध्यम से बंधुआ मज़दूरी का सम्पूर्ण उन्मूलन भविष्य में सम्भव न भी हो, फिर भी विधान का सहारा न लेना उनकी दशा को और भी दयनीय बना सकता है। निर्धनता, अशिक्षा, बेरोजगारी, जो बंधुआ मज़दूरी के उदय के मूल कारण हैं, इनको समाप्त करना भी कोई आसान काम नहीं है। बंधुआ मज़दूरों के लिए भविष्य की योजनाएं, कार्यक्रम और प्रोजेक्ट बनाने में विभिन्न स्तरों पर विस्तृत दृष्टिकोण और ठोस कार्यवाही की आवश्यकता होगी।

इस प्रकार बंधुआ मज़दूरी की समस्या के साथ सामाजिक, मनोवैज्ञानिक और कानूनी स्तर पर संघर्ष करना होगा। हमें शोषितों को शिक्षित करना है, न कि दबाव की तरकीबें अपनाना है। हमें शोषकों को बताना होगा कि भारत जैसे प्रजातन्त्र में कानून अपना काम स्वयं करता है। जनता में प्रतिबद्ध जनमत तैयार

करना होगा। हमें न केवल बुद्धिजीवियों को बल्कि सभी जागरूक नागरिकों को यह सन्देश फैलाने के लिए शामिल करना होगा। हमें कानूनों को सख्ती से लागू करना होगा। हमें राजनीतिज्ञों को भी इस समस्या को रुचि के साथ मिशनरी भावना से समाधान करने के लिए प्रभावित करना है। कुछ सामाजिक व आर्थिक रूप से शक्तिशाली व्यक्तियों के द्वारा किए जाने वाले शोषण पर आधारित, जो कष्ट में पड़े बंधुआ मज़दूरों का व्यापार करते हैं, वे हमारे देश का शर्मनाक भविष्य संजोये हुए हैं। एक छोटे से ऋण के लिए समाज के आर्थिक रूप से पिछड़े वर्ग को बन्धन में रखना भारतीयों को दिए गए सामाजिक-आर्थिक समानता की व्यवस्था के वचनों के विरुद्ध है। इस प्रथा का समूल विनाश मानव सम्मान की मूल आवश्यकता है और यह हमारे संवैधानिक मूल्यों के अनुरूप होगा।

## REFERENCES


Indian School of Social Sciences, *Bonded Labour in India,* India Book Exchange, Calcutta, 1976.

*Indian Labour Journal,* August, 1989.

Report of the National Commission on Labour, Government of India, 1969.

Sharma, A.N., "Bonded Labour", in *Welfare of Special Categories of Labour,* Tata Institute of Social Sciences, Bombay, 1990, pp. 51–56.

Srivastava, Ravi S., "Bonded Labour in India: Its Incidence and Pattern", ILO Working Paper, June, 2005.

*Yojana,* Special Issue on "Could We Break Their Shackles", Vol. 31, No. 8, May 1–15, 1987.

# 24

# कृषि-संकट एवं किसानों की आत्महत्या

## Agrarian Distress and Farmers' Suicides

भारत एक कृषि आधारित अर्थव्यवस्था है, जिसकी श्रमिक आबादी का लगभग दो-तिहाई भाग प्रत्यक्ष अथवा परोक्ष रूप से कृषि पर निर्भर है। यद्यपि देश के सकल घरेलू उत्पाद में कृषि एवं उससे जुड़े हुए क्षेत्रों का योगदान विगत कई वर्षों के दौरान निरंतर गिरता रहा है (जो वर्ष 1950-51 में 51.9 प्रतिशत से वर्ष 2012-13 में 13.7 प्रतिशत रह गया) तथापि अभी भी यह सबसे बड़ा क्षेत्र बना हुआ है तथा देश के समग्र सामाजिक-आर्थिक विकास में एक महत्वपूर्ण भूमिका निभा रहा है। (*इकॉनामिक टाइम्स,* अगस्त 30, 2013)। अपनी राजनीतिक स्वतंत्रता प्राप्त करने के मात्र कुछ दशकों के अंदर ही भारत ने खाद्यान्नों के उत्पादन में आत्मनिर्भरता हासिल कर ली। देश का खाद्यान्न उत्पादन वर्ष 1951-52 के 5.2 करोड़ टन से बढ़कर वर्ष 2011-12 में 25.7 करोड़ टन से अधिक हो गया।

भारत में हाल ही में कृषि क्षेत्र में उत्पन्न संकट मुख्य रूप से सन् 1990 के दशक में प्रारंभ किए गए आर्थिक सुधारों के समय से राष्ट्रीय नीति में कृषि अर्थव्यवस्था को हाशिए पर डाल दिए जाने का परिणाम है। इसके अलावा, किसानों की ऋणग्रस्तता भी कृषि क्षेत्र में संकट का प्रमुख कारण है। राष्ट्रीय प्रतिदर्श सर्वेक्षण संगठन (NSSO) के द्वारा संपन्न किए गए एक सर्वेक्षण के 59वे चक्र के एक भाग के अनुसार, भारत के किसानों में से लगभग आधे ऋणग्रस्त हैं। भारत में कृषि में संलिप्त 89.35 मिलियन ग्रामीण परिवारों में से लगभग 43.42 मिलियन अर्थात् 48.6 प्रतिशत कर्ज में डूबे हुए हैं।

इस प्रकार से, कृषि से कम आमदनी तथा गैर-कृषि अवसरों के अभाव भी ग्रामीण भारत में व्यापक सामाजिक-आर्थिक दुर्भावना का संकेत प्रदान करते हैं। श्रीजीत मिश्रा (2007) के अनुसार, वर्तमान कृषि संकट की विशेषताओं को निम्नवत् स्पष्ट किया जा सकता है :

- *पहला,* उत्पादन के साथ-साथ लगभग सभी फसलों की उत्पादकता की वृद्धि-दर में 90 के दशक के मध्य से गिरावट ही रही है। आगे, कृषि से हुए उत्पादन का मूल्य 90 के दशक के अंत से लगातार गिरता ही रहा है।
- *दूसरे,* जनसंख्या के एक बहुत बड़े भाग की कृषि पर आवश्यकता से अधिक निर्भरता है (वर्ष 2004-05 में ग्रामीण व्यक्तियों का लगभग 64 प्रतिशत ऐसे परिवारों से था, जिनके सदस्यों की प्रमुख गतिविधि की स्थिति या तो कृषि में स्व-नियोजित होने अथवा कृषि-मजदूर होने की थी)। इससे यह भी संकेत प्राप्त होता है, कि ग्रामीण गैर-कृषि रोजगार के अवसर सीमित हैं।
- *तीसरे,* जोत के आकार-वर्ग में आती हुई कमी तथा सीमान्त जोतों को बढ़ता हुआ प्रभावाधिक्य (वर्ष 2000-01 कृषि जनगणना के अनुसार 63%), कृषि से कमजोर आमदनी के साथ मिलकर संकेत प्रदान करता है, कि कृषक परिवार के लिए आय बहुत ही कम है।
- *चौथे,* बहुचर्चित हरित क्रांति का अधिक ध्यान सिंचित परिस्थितियों के अंतर्गत आने वाले धान एवं गेहूं पर ही केन्द्रित रहा है, जिसमें वर्षापोषित अथवा शुष्क भूमि की स्थितियों वाली फसलों एवं क्षेत्रों की उपेक्षा कर दी गई (जो कि वर्ष 2003-04 के दौरान देश में 141 मिलियन हेक्टयर के निबल

बुआई क्षेत्र का 3/5 भाग था)। नई तकनीकों (जिनमें जैव-प्रौद्योगिकी के उपयोग भी शामिल हैं) को उपलब्ध कराए जाने एवं विनियमित किए जाने तथा विस्तार सेवाओं के एक अभासी अभाव में संस्थानों के विस्तृत संजाल का उपयोग किए जाने में भी विफलता ही रही है।

- *पांचवे,* योजना संसाधन आबंटन में कृषि की उपेक्षा सिंचाई एवं अन्य सम्बन्धित बुनियादी ढांचे में सार्वजनिक निवेश किए जाने में गिरावट का एक कारण रही है।
- *छठें,* औपचारिक स्रोतों से कृषि क्षेत्र को ऋण की आपूर्ति अपर्याप्त रही है जो ऊंचे ब्याज के बोझ पर अनौपचारिक स्रोतों पर भारी निर्भरता का कारण है।
- *सातवां,* परिवर्तनशील तकनीकों एवं बाजार की परिस्थितियों के साथ-साथ किसान के लिए उत्पाद तथा साथ ही साथ बाजार की अनिश्चितताओं के खतरों में वृद्धि होती जा रही है।

## किसानों की आत्महत्या (Farmers' Suicides)

भारत में किसानों की आत्महत्या सन् 1990 के दशक में भारी चिंता का केन्द्र बन गई, जब *हिन्दू* अखबार के पत्रकार पी.साईनाथ ने सबसे पहली बार आत्महत्याओं की एक बड़ी संख्या को उजागर किया। सबसे पहला राज्य, जहां आत्महत्याओं की सूचना दी गई थी, महाराष्ट्र था। शीघ्र ही समाचारपत्रों ने आंध्र प्रदेश से ऐसी ही रिपोर्टें देना प्रारंभ कर दिया। प्रारंभिक सरकारी रिपोर्टों में इनसे इंकार किया गया, किन्तु जैसे-जैसे अधिकाधिक मामले सामने आते गए, सरकार ने यह स्वीकार करना प्रारंभ कर दिया कि भारत में किसान भारी तनाव के अधीन हैं।

प्रारंभ में ऐसा विश्वास किया जाता था, कि आत्महत्याओं में से अधिकांश कपास उपजाने वालों के बीच हो रहीं हैं, विशेषतौर पर विदर्भ के किसानों के बीच। राज्य अपराध अभिलेख ब्यूरो के द्वारा उपलब्ध कराए गए आंकड़े यह संकेत देने के लिए पर्याप्त थे, कि ऐसा मात्र कपास के किसानों के बीच नहीं था, बल्कि एक पेशावर वर्ग के रूप में पीड़ित किसानों के साथ हो रहा था भले ही उनकी जोत का आकार कुछ भी रहा हो। इसके अलावा, ये मात्र विदर्भ के ही नहीं बल्कि संपूर्ण महाराष्ट्र के किसान थे, जिन्होंने आत्महत्या की महत्वपूर्ण रूप से ऊंची दर का प्रदर्शन किया था। सरकारी आंकड़ों के अनुसार सन् 2002 एवं 2006 के बीच प्रतिवर्ष 17,500 किसानों ने स्वयं को मार डाला था। महाराष्ट्र के अलावा, अन्य राज्यों, जहां आत्महत्याएं की गईं, में आंध्र प्रदेश, कर्नाटक, केरल एवं पंजाब शामिल थे। राष्ट्रीय अपराध अभिलेख ब्यूरो (NCRB) के अनुसार, सन् 2006 में महाराष्ट्र राज्य 4,453 किसान आत्महत्याओं के साथ 17,060 के अखिल-भारतीय योग के एक चौथाई का भागीदार था। NCRB ने यह भी उल्लेख किया था, कि सन् 2008 में भारत में कम से कम 16,196 किसानों के द्वारा आत्महत्याएं की गई हैं जो सन् 1997 से अभी तक के योग को 1,99,132 तक पहुंचा देता है। सरकारी आंकड़ों के अनुसार, 5,000 से भी अधिक किसानों ने सन् 2005 एवं 2009 के बीच महाराष्ट्र में आत्महत्याएं कीं जबकि 1,313 मामलों की सूचनाएं सन् 2005 एवं 2007 के बीच आंध्र प्रदेश से प्राप्त हुई थीं।

कर्नाटक में, वर्ष 2005-06 से अगस्त 2009 तक यह संख्या 1,003 पर थी। NCRB के आंकड़ों के अनुसार, गुजरात में वर्ष 2005-2009 के दौरान आत्महत्याओं की संख्या 387 थी, जबकि केरल में यह 905, पंजाब में 75 तथा तमिलनाडु में 26 थी। अप्रैल 2009 में, छत्तीसगढ़ राज्य ने ऋण एवं फसल खराब होने के कारण 1,500 किसानों के द्वारा आत्महत्या किए जाने की सूचना दी थी। सन् 2009 में कम से कम 17,368 भारतीय किसानों ने आत्महत्याएं की थीं जो कि विगत 6 वर्षों में सबसे ज्यादा आंकड़ा है।

## कारण (Causes)

विभिन्न विद्वानों के द्वारा किए गए शोध के द्वारा देश में किसानों के द्वारा आत्महत्याओं के विभिन्न प्रकार के कारणों की पहचान की गई है। कृषि-ऋणग्रस्तता को इसके लिए सर्वाधिक महत्वपूर्ण कारण के रूप

में उद्धृत किया गया है। बढ़ती हुई लागतों एवं कम होते हुए लाभों की स्थिति में ही संस्थागत ऋणों में आती हुई कमियां तथा शोषणकारी अनौपचारिक कर्ज के जाल किसानों के बीच व्यापक होती हुई ऋणग्रस्तता का कारण रहे हैं। सन् 2003 में NSSO के 59 चक्र में किसानों की स्थिति निर्धारण सर्वेक्षण से यह स्पष्ट हुआ कि देश के लगभग आधे किसान ऋणग्रस्त हैं। यह प्रवृत्ति पंजाब, हरियाणा, महाराष्ट्र, तमिलनाडु, केरल तथा कर्नाटक जैसे लागत प्रधान कृषि वाले राज्यों में अधिक थी तथा आंध्र प्रदेश में सर्वाधिक 82 प्रतिशत थी।

मद्रास विकास अध्ययन संस्थान के के. नागराज ने स्पष्ट किया है, कि "90 के दशक के मध्य के बाद से आगे की कीमतें एवं कृषि आय धाराशाई हो गई। जैसे-जैसे लागत बढ़ती गई–यहां तक कि बैंक ऋण भी कम होते गए–वैसे-वैसे ऋणग्रस्तता भी बढती गयी। जहां पश्चिम में निगमित किसानों के लिए सब्सिडियों में वृद्धि हो रही थी, हमने अपने किसानों को दिए जाने वाले कुछ, अत्यन्त न्यूनतम समर्थन एवं सब्सिडियों में कटौती कर दी। कृषि में निवेश समाप्त हो जाने का अर्थ यह भी था, कि इस जाल से बाहर निकल पाना सबसे कठिन है और था।" (संगलाड एंड हड्डुर, 2011)। ए. वैद्यनाथन (2006) भी उल्लेख करते हैं कि किसानों की आत्महत्याएं ऋणग्रस्तता के ऊंचे स्तरों से सम्बन्धित हैं।

सामाजिक कार्यकर्ता वंदना शिवा (voltairenet.org, 23 May 2009) के अनुसार, ऋणग्रस्तता में होने वाली तीव्र वृद्धि ही किसानों के द्वारा अपना जीवन समाप्त किए जाने की जड़ रही है। कर्ज नकारात्मक अर्थव्यवस्था का एक प्रतिबिंब है। दो कारकों ने किसानों के लिए कृषि को एक सकारात्मक अर्थव्यवस्था से नकारात्मक अर्थव्यवस्था में रूपांतरित कर दिया है : उत्पादन की बढ़ती हुई लागतें तथा कृषि उत्पादों की गिरती हुई कीमतें। इन दोनों ही कारकों की जड़ें व्यापार उदारीकरण एवं निगमित भूमंडलीकरण में निहित हैं। शिवा आगे लिखती हैं कि वे कारकों, जो भारत में 2लाख आत्महत्याओं का कारण रहे हैं, व्यापार उदारीकरण एवं निगमित भूमंडलीकरण की उन नीतियों की जड़ों में हैं जो किसानों में निराशा उत्पन्न करते हुए उन्हें एक बढ़ती हुई ऋणग्रस्तता में ढकेला जाना सुनिश्चित करते हैं।

विपरीत तौर पर, मध्य प्रदेश मानवाधिकार आयोग के अनुसार, ऋणग्रस्तता ही किसानों के बीच आत्महत्या का एकमात्र कारण नहीं है, किन्तु कम से कम 20-25 अन्य बाध्यकारी कारण भी मध्य प्रदेश में सैंकड़ों किसानों को स्वयं की जान लेने के लिए प्रेरित करते रहे हैं। (*टाइम्स आफ इंडिया,* दिसम्बर 11, 2011)। सत्यनारायण एवं संजय (2014) के द्वारा किए गए पंजाब के एक अन्य अध्ययन में यह स्पष्ट हुआ, कि अकेला ऋण ही आत्महत्याओं की पर्याप्त शर्त नहीं रही है, किन्तु ऋण की वसूली की प्रक्रिया तथा नियामक समर्थन एवं अंहकारी प्रवृतियां भी पर्याप्त कारणों के रूप में पाई गई हैं। वास्तव में, किसानों के बीच आत्महत्याओं की प्रवृत्ति एक ऐसी जटिल प्रवृत्ति है, जिसके लिए किसी एक विशिष्ट कारण को स्पष्ट किया जाना अत्यन्त कठिन है।

अरुणा बुर्ते, संगीता रेगे तथा पद्मा देवस्थली (2008, संगलाद एंड हड्डुर, 2011) का मत है कि किसान फसल प्रतिदर्शों, बाजार के उतार-चढ़ावों तथा उपज वृद्धि के लिए कीटनाशकों के उपयोग में होने वाले अचानक परिवर्तनों का सामना कर पाने में असक्षम रहे हैं। यह बाजारू ताकतों के द्वारा अभिप्रेरित कृषि नीति के प्रत्यक्ष परिणाम हैं। जब फसल खराब हो जाती है, वे कर्ज में डूब जाते हैं, जिसका भुगतान करने के लिए उनके पास कोई साधन नहीं होता। वे परिवार के लिए पालनकर्ता की भूमिका निभा पाने में सक्षम नहीं रह जाते। आत्महत्या करने वाले किसी एक किसान को समझने के दौरान इन सभी कारकों को ध्यान में लिया जाना चाहिए।

संयुक्त परिवार के महत्व पर बल देते हुए आर.एस.देशपांडे (2002) जोर देते हैं, कि संयुक्त परिवार प्रणाली में प्रत्येक सदस्य सुरक्षित था। पुराने दिनों में संयुक्त परिवार संकट के समय में अपने सदस्यों को नैतिक समर्थन प्रदान किया करते थे। आत्महत्या करने वाले अधिकांश किसान एकल परिवारों (nuclear family) से आते हैं। यहां तक कि अपने स्मरणीय योगदान 'सुसाइड' में दुरखीम उस सह-सम्बन्ध के बारे में बतलाते हैं, जो परिवार के आकार तथा आत्महत्या की घटनाओं के बीच

विद्यमान है। उनके अनुसार, ''परिवार के आकार तथा आत्महत्या की प्रवृत्ति के बीच एक विपरीत सम्बन्ध'' विद्यमान है।

दुर्खीम (1952: 355) लिखते हैं : ''कोई भी व्यक्ति लगातार परिवारिक वातावरण के परोपकारी अनुशासन के अधीन रहने की तुलना में अकेले तथा स्वयं के लिए छोड़ दिए जाने पर नैतिक तौर पर लगभग निश्चित तौर पर अधिक आश्वस्त होता है।'' देशपांडे (2002) यह भी अनुभव करते हैं, कि सामाजिक संस्थाओं (social institutions) की उन लोगों, जो टूटन के कगार पर हैं, के बीच आत्मविश्वास भरने एवं स्थापित कर पाने की विफलता किसानों के बीच आत्महत्या के प्रमुख उत्तरदायी कारणों में से एक रही है।

अपने पत्र में संगलाद एवं हड्डुर (2011) ने यह भी स्पष्ट किया है, कि फसलों का खराब हो जाना, बढ़ती हुई कीमतें, वित्तीय तनाव, वैज्ञानिक तरीकों को अपनाए जाने की अनिच्छा, मानसिक रोग तथा अवसाद, पानी एवं बिजली की कमी इत्यादि किसानों के द्वारा की जाने वाली आत्महत्याओं के सहायक कारक रहे हैं।

ए.आर. वसावी (2005) ने अपने पत्र, एक सामाजिक-मानवविज्ञान दृष्टिकोण का निर्धारण, में भारत के उन पांच राज्यों से प्राप्त आंकड़ों की समीक्षा की है जहां किसानों के द्वारा सन् 1998 से आत्महत्याएं की जाती रहीं हैं। सामाजिक ढांचागत एवं प्रतीकात्मक अर्थों के साथ स्थूल एवं सूक्ष्म आर्थिक कारकों का संपर्क स्थापित करते हुए यह लेख उन तरीकों पर प्रकाश डालता है, जिनके द्वारा नए जोखिमों की एक श्रृंखला तथा विरोधाभासी सामाजिक प्रवृत्तियां किसानों के जीवनों को संकटपूर्ण स्थितियों में ढकेल देती हैं। संकट की ऐसी परिस्थितियां उस व्यवसायिक कृषि के सामाजिक ढांचाकरण के द्वारा और अधिक गंभीर हो जाती हैं जो 'किसानों के वैयक्तिकरण' का कारण रही हैं। नव-उदारवादी भारत के व्यापक संदर्भ, जहां कृषि सम्बन्धी मुद्दे तथा किसान एक 'उन्नत पार्श्वीकरण' की अवस्था में हैं, के साथ जुड़कर यह प्रवृत्तियां उन संकटों को उत्पन्न करने का कारण बनती हैं जिनके अंतर्गत किसानों की एक बड़ी संख्या के द्वारा अपनी जानें ली गई हैं। श्रीजीत मिश्रा (2007) के अनुसार, देश में किसानों की आत्महत्याओं की बढ़ती हुई घटनाएं एक बड़े संकट का प्रतीक हैं, जो कहीं अधिक व्यापक है।

कुछ अन्य विद्वानों ने सूखे को भी किसानों की आत्महत्याओं के एक प्रमुख कारण के रूप में उद्धृत किया है। भारत में कृषि लगभग मानसून पर ही निर्भर है, क्योंकि देश की 80 प्रतिशत कृषि भूमि मानसून के मौसम के दौरान आने वाली वर्षा पर ही आश्रित रहती है, अतः अपर्याप्त वर्षा सूखे का कारण हो सकती है जो फसल की विफलता को कहीं अधिक आम बात बना देती है। ऐसे क्षेत्रों में, जिनके द्वारा सूखे का अनुभव किया जा चुका है, फसल की उपज में गिरावट आ चुकी है तथा पशुओं के लिए भोजन दुर्लभ हो गया है। कृषि से जुड़े ऐसे क्षेत्रों, जो सूखे से प्रभावित हो चुके हैं, के द्वारा इसके परिणामस्वरूप अपनी आत्महत्याओं की दरों में वृद्धि होते हुए देखा गया है। आंध्र प्रदेश के विशिष्ट संदर्भ में आंदोलनकारी समूह दावा करते हैं, कि आत्महत्याओं का कारण उन खाद्यान्न सट्टेबाजों के द्वारा उत्पन्न किया गया था, जो अनाजों की कीमतों में गड़बड़ियां करते हैं, तथा जीएम कम्पनियों के द्वारा जो महंगे कपास के बीज एवं उर्वरक बेच रहे हैं। उनके अनुसार, जीएम बीजों को क्रय करने के लिए कुछ किसान ऐसे अप्रबंधनीय ऋणों में फंस जाते हैं, जबकि अन्य खाद्य पदार्थों की कीमतों में होने वाले उतार-चढ़ाव से संकटग्रस्त रहते हैं। और, जब यह सब उनके लिए बहुत अधिक कठिन हो जाता है, तो उनमें से कुछ अपना जीवन समाप्त कर लेने का निर्णय कर लेते हैं। संक्षेप में, भारत तीव्र गति से एक प्राथमिक शहरी, औद्योगिक समाज में रूपांतरित हो रहा है जिसमें इसकी आय का प्रमुख स्रोत उद्योग है, तथा सरकार एवं समाज दोनो ही गांवों, विशेषकर किसानों की स्थितियों के सम्बन्ध में उदासीन हो चुके हैं। इस प्रकार, या तो सरकार अथवा नागरिक समाज से किसी भी उत्तरदायित्वपूर्ण परामर्श के अभाव में ऐसे अनेकों किसान थे, जिन्हें यह नहीं पता था, कि इस परिवर्तनशील अर्थव्यवस्था में किस प्रकार से जीवित रहा जाए। ऐसे तनावों ने अनेक को एक ऐसे कोने में ढकेल दिया, जहां आत्महत्या ही उनका विकल्प बन चुका था।

## रोकथाम सम्बन्धी रणनीतियां (Prevention Strategies)

देश के विभिन्न भागों में किसानों के द्वारा की गई आत्महत्याओं के पश्चात् केन्द्र सरकार तथा सम्बन्धित राज्य सरकारें दोनों ने ही तनावों से निबटने के उपायों की घोषणाएं कर दी हैं। किन्तु, दुर्भाग्यवश, ये उपाय किसानों को आत्महत्या करने से पूरी तरह से नहीं रोक सके हैं। विभिन्न राज्यों से किसानों के द्वारा आत्महत्याएं करने की सूचनाएं निरंतर प्राप्त हो रही हैं। वास्तव में, कृषि में व्यवस्थित जोखिम कुछ दशकों पहले की तुलना में आज गुणात्मक एवं मात्रात्मक दोनों ही रूप से अलग-अलग हो चुका है। बढ़ता हुआ, व्यवसायीकरण तथा आगतों में भारी निवेश के साथ-साथ तकनीकों एवं पारंपरिक मौसम के जोखिम के साथ ऋण सम्बन्धी जोखिम। इसके साथ ही उदारवाद ने बाजार सम्बन्धी जोखिमों को भी जोड़ दिया है। इन सबकों को 90 के दशक के समय से राज्य के घटते हुए समर्थन के द्वारा बल प्रदान किया गया है। कृषि, संस्थागत ऋण, अनुसंधान एवं विस्तार सेवाओं, एक तर्कसंगत विपणन संरचना तथा स्वस्थ ग्रामीण विकास व्यय, जो इन समस्त जोखिमों पर नियंत्रण प्राप्त कर पाने के लिए आवश्यक हैं, में किए जाने वाले सार्वजनिक निवेश में 90 के दशक से गिरावट आती रही है। स्वयं योजना आयोग ने नव-उदारवाद की अवधि के दौरान कृषि क्षेत्र में किसानों के भाग्य में एक प्रत्यक्ष ठहराव को स्वीकार किया है, और ऐसे तनावों में से अधिकांश, जिनका सामना आज किसानों को करना पड़ रहा है, प्रदर्शनीय रूप से जानबूझकर किए गए वे नीतिगत परिवर्तन हैं, जो आर्थिक सुधारों के पीछे विद्यमान रहे हैं (पोसानी, 2009)।

कुछ विद्वानों एवं विशेषज्ञों ने किसान समुदायों के बीच आत्महत्याओं को प्रभावी रूप से कम करने सम्बन्धी उपायों के सुझाव भी दिए हैं। उदाहरण के लिए, वंदना शिवा के अनुसार, किसानों के द्वारा आत्महत्या को रोकने सम्बन्धी रणनीति में जीएमओ से एक स्थानांतरण तथा जैविक के लिए गैर-नवीकरणीय बीजों, खुले परागणकृत बीज की किस्मों, जिसे किसान बचा एवं साझा कर सकते हैं, रासायनिक खेती से जैविक खेती की ओर तथा गलत मूल्यों पर आधारित अनुचित व्यापार से वास्तविक एवं उचित मूल्यों पर आधारित व्यापार की ओर किया जाने वाला परिवर्तन आदि को शामिल किया जा सकता है, और जिन किसानों ने ऐसा परिवर्तन कर लिया है, वे आज मोनसैंटों के बीटी-कपास उत्पादन करने वाले किसानों की तुलना में 10गुना अधिक आय अर्जित कर रहे हैं। इसी प्रकार से, श्रीजीत मिश्रा (2007) का विचार है, कि जोखिम शमनकारी रणनीतियों को ऋण के परे जाना चाहिए। दीर्घकालीन रणनीतियां कृषि से और अधिक स्थिर आय की मांग करती हैं, और अधिक महत्वपूर्ण रूप से गैर-कृषि स्रोतों से। निजी ऋण एवं आगत बाजारों को विनियमित किए जाने की आवश्यकता है। तकनीकी एवं वित्तीय गुरुओं के लिए चुनौती यह है, कि वे ऐसे नए नवाचारी उत्पादों को उपलब्ध कराएं जिनसे लागत में कमी आती हो जबकि आय में वृद्धि होती हो। किसानों को संगठित किए जाने के संस्थागत शून्य का समाधान स्वयं-सहायता समूहों (SHGs) के संघ अथवा वैकल्पिक संरचनाओं के माध्यम से किए जाने की आवश्यकता है।

संगालाद एवं हड्डुर (2011) ने निम्नलिखित उपायों का सुझाव दिया है :

- किसान परामर्श केन्द्रों को मंडल पंचायत स्तर पर स्थापित किया जाना चाहिए जिसमें एक सामाजिक कार्यकर्ता, मनोवैज्ञानिक, कृषि-वैज्ञानिक, चिकित्सक तथा मंडल पंचायत के निर्वाचित प्रतिनिधि जैसे प्रशिक्षित कर्मियों को नियुक्त किया जाना चाहिए।
- किसानों को कीटनाशकों तथा उर्वरकों के उपयोग के सम्बन्ध में कृषि विशेषज्ञों के द्वारा समुचित प्रशिक्षण प्रदान किया जाना चाहिए।
- विभिन्न फसलों से बेहतर उपज प्राप्त करने के लिए वैज्ञानिक कृषि तथा अपने उत्पादों के बेहतर मूल्य प्राप्त करने के सम्बन्ध में किसानों के बीच जागरूकता उत्पन्न की जानी चाहिए।
- किसानों की आत्महत्या को रोकने के लिए जिला एवं राज्य दोनों ही स्तरों पर एक परामर्शदात्री समिति गठित की जानी चाहिए ताकि परामर्श केन्द्रों के सदस्यों को परामर्श दिया जा सके और उनका निरीक्षण किया जा सके।

- कॉलेज स्तरीय राष्ट्रीय स्वयं सेवा इकाईयों के लिए गांवों में शिविर आयोजित करना तथा किसान समुदाय के बीच आत्महत्या के दुष्प्रभावों एवं परिवार के अन्य सदस्यों पर पड़ने वाले इसके प्रभावों के सम्बन्ध में जागरूकता उत्पन्न करना अनिवार्य बनाया जाना चाहिए।
- किसानों को कृषि सम्बन्धित गतिविधियों के साथ-साथ अन्य सम्बद्ध गतिविधियों जैसे दुग्ध-पदार्थ, मुर्गीपालन, मछलीपालन इत्यादि अपनाने के लिए प्रोत्साहित किया जाना चाहिए।
- रिश्तेदारों, मित्रों, पड़ोसियों तथा आस्था समुदायों के सदस्यों के नेटवर्क को प्रोत्साहित करना ताकि पृथक्करण को कम किया जा सके, जो आत्महत्याओं के लिए सर्वाधिक शक्तिशाली कारकों में से एक है।

निष्कर्ष के लिए, यह उल्लेख किया जा सकता है कि उपरोक्त चर्चा से प्राप्त नीति निहितार्थ अपेक्षाकृत बड़े संकट पर जोर दिए जाने के लिए आह्वान करता है। हालांकि, इस प्रवृत्ति को किसानों की उन वास्तविक समस्याओं का समाधान करने में सरकारी संस्थानों की सक्रिय सहभागिता के माध्यम से विपरीत दिशा में मोड़ा जा सकता है, जो उन्हें आत्महत्याओं की ओर प्रेरित करती हैं। नागरिक समाज का सामाजिक उत्तरदायित्व अथवा संलिप्तता भी किसानों की सहायता करने में लंबी दूरी तक साथ निभा सकते हैं।

## REFERENCES

Durkheim, Emile, *Suicide: A Study in Sociology*, tr. John A. Spoulding and George Simpsons,London: Routledge and Kegan Paul.

Mishra, Srijit, "Risks, Farmers' Suicides and Agrarian Crisis in India: Is There a Way Out?" Mumbai: Indira Gandhi Institute of Development Research, Worling Paper 2007-014, September 2007.

Posani, Balamuralidhar, "Crisis in the Countryside: Farmer Suisides and the Political Economy of Agrarian Distress in India", Working Paper 09-95, Development Studies Institute, London School of Economics and Political Science, 2009.

Sangalad, Purnanand Nagappa and Hudder, Malakajappa Gynappa, "Agrarian Distress and Farmers' Suicides in Karnataka: Strategy for Prevention", *International Multidisciplinary Research Journal*, 1/3:01-05, 2011 (available online:http//irjs.info).

Satyanarayana, A. and Sanjay, "Does Indebtedness Lead to Suicides among Cultivators?", in Ishwar Modi, *Polity, Civil Society and Development*, Jaipur: Rawat, 2014.

Vasavi, A.R., "Suicides and the Making of India's Agrarian Distress", paper presented at the seminar on "Agrarian Distress and Farmers' Suicides in India" organized by the Governance and Policy Space Project of the Centre for Economic and Social Studies, Hyderabad from 24 to 26 February, 2005 at Acharya Nagarjuna University, Guntur (Andhra Pradesh).

# 25

# कालाधन

## Black Money

विगत कुछ वर्षों से कालेधन से संबंधित जन उद्घोषणाएं चलन में आई हैं। कालाधन आर्थिक एवं सामाजिक दोनों तरह की समस्या है, किन्तु इसे सामाजिक संदर्भ में बुरे सामाजिक प्रभाव डालने वाली समस्या माना गया है, जैसे सामाजिक असमानता, सामाजिक वंचनाएं, इत्यादि, और इसी संदर्भ में आगे इसे समानान्तर अर्थव्यवस्था, भूमिगत अर्थव्यवस्था या अनधिकृत अर्थव्यवस्था के रूप में समझा जा सकता है, जो सरकार की आर्थिक नीतियों का परिणाम है, एवं जिसका देश की अर्थव्यवस्था, राष्ट्र की सामाजिक विकास योजना पर दुष्प्रभाव पड़ता है। लेकिन गरीबी की समस्या उनको प्रभावित करती है, जो गरीब हैं। इसी तरह बेरोजगारी की समस्या उनको प्रभावित करती है जो बेरोजगार हैं, शराबखोरी और नशा प्रभावित करता है, उनको जो इसका उपयोग करते हैं, जो उनको प्रभावित नहीं करती, जिनके पास कालाधन है, बल्कि समाज के सामान्य व्यक्ति को प्रभावति करती है। इसमें कोई आश्चर्य नहीं कि इसे अलग तरह की समस्या कहा गया है।

### कालेधन की अवधारणा (The Concept)

कालाधन कर-अपवंचित आय है। यह कानूनी और गैर-कानूनी दोनों तरीकों से अर्जित की जा सकती है। इसका कानूनी स्रोत यह है कि आय अर्जित करने वाले व्यक्ति कर-उद्देश्यों के लिए अपनी समस्त आय को प्रकट नहीं करते। उदाहरणार्थ, सरकारी डॉक्टर का भत्ता (non-practising allowance) लेते हुए भी निजी अभ्यास करना, अध्यापकों का ट्यूशन, परीक्षा और पुस्तकों की रॉयल्टी से अर्जित धन अपनी आयकर विवरणी में न दर्शाना, वकीलों का अपने आय-व्यय खाते में दर्शायी गई राशि से कहीं अधिक वसूल करना, आदि। गैर-कानूनी स्रोत में रिश्वत, तस्करी, कालाबाजारी, नियंत्रित मूल्यों पर वस्तुओं का विक्रय, मकान-दुकान के लिए पगड़ी लेना, मकान को ऊंची बढ़ी हुई कीमतों पर बेचना, किन्तु लेखा-पुस्तकों में काफी कम मूल्य दर्शाना, आदि।

काले धन को सफेद धन में बदलना तथा सफेद धन को काले में बदलना सम्भव है। उदाहरणार्थ, जब कोई व्यक्ति वस्तु खरीदे बिना ब्रिकीकर भुगतान करके दुकानदार से रसीद प्राप्त कर लेता है, ऐसी स्थिति में वह कालाधन बना लेता है, क्योंकि रसीद के आधार पर उसको प्रतिपूर्ति (reimbursement) भुगतान मिल ही जाता है। इस मामले में वास्तव में जिस धन का भुगतान किया ही नहीं गया वह कालाधन है। ऐसे मामले में दुकानदार वही वस्तु दूसरे व्यक्ति को बिना रसीद दिए बेच देता है। दूसरी ओर यदि कोई व्यक्ति कुछ खरीदता है, जैसे टीवी या एसी आदि और इसके लिए अपना 35,000 रुपए सफेद धन देता है और 30,000 रुपए की रसीद लेता है, तो बेचने वाले के लिए 5,000 रुपए की शेष राशि कालाधन होगी। इस मामले में सफेद धन कालाधन हो जाता है।

### कालेधन का फैलाव (Magnitude of Prevalence of Black Money)

किसी भी समाज में कालेधन के प्रचलन के महत्व का आकलन करना सरल नहीं है। अमेरिका, ब्रिटेन, नार्वे, स्वीडन, और इटली में अर्थशास्त्रियों ने विभिन्न उपाय किए, लेकिन कालेधन में लगे हुए धन

का आकलन नहीं कर सके। नार्वे और स्वीडन में प्रश्नावली विधि से लोगों से उत्तर निकलवाने का प्रयत्न किया गया कि क्या उन्होंने क्रेता या विक्रेता के रूप में गैर-कानूनी क्रियाकलापों में भागीदारी की थी। इटली में भूमिगत अर्थव्यवस्था का अनुमान वास्तव में रोज़गार में लगे हुए और आधिकारिक रूप से रिपोर्ट किए गए श्रमबल के आकार के बीच अन्तर का पता लगाने का प्रयत्न किया गया था। इससे भूमिगत अर्थतंत्र क्षेत्र में उत्पादकता निर्धारण क्षेत्र में सहायता मिली। ब्रिटेन ने सकल राष्ट्रीय उत्पाद (GNP) के सरकारी अनुमान को उपभोग पक्ष की आय पक्ष की तुलना के लिए बनाए गए अनुमान से समानान्तर अर्थव्यवस्था का मूल्यांकन करने का प्रयास किया। अमेरिका में गट्टमैन ने माना कि केवल नकद धन ही गैर-कानूनी लेन-देन में प्रयोग होता है। उसने एक निश्चित अवधि में आर्थिक लेन-देन के लिए वांछित मुद्रा (required currency) और उसी अवधि में बैंकों से बाहर चलन में आ रही वास्तविक (actual) मुद्रा राशि के बीच के अन्तर का पता लगाने का प्रयत्न किया।

भारत में कालेधन का अनुमान लगाने के लिए दो तकनीकों का प्रयोग किया जाता है- (i) एन. काल्दोर की तकनीक जिससे आयकर की छूट की सीमा से ऊपर बढ़ती गैर वेतन आय का पता चलता है, और (ii) एडकर फेइज (Edgar Feige) की प्रणाली से आय का लेन-देन मुद्रा जमा अनुपात के आधार पर तथा अर्थव्यवस्था का कालाधन इससे प्राप्त करना।

काल्दोर ने रिपोर्ट में गैर वेतन आय को राष्ट्रीय आय के आधार पर निम्न भागों में बांटा है- (i) दिहाड़ी और वेतन, (ii) स्वरोजगार की आय, (iii) मुनाफा, ब्याज, किराया आदि। उन्होंने सारी गैर वेतन आय को शुद्ध घरेलू उत्पाद में मजदूरी और वेतन को छोड़कर प्राप्त की है। टैक्स के लिए मूल्यांकन वास्तविक गैर वेतन आय का अनुमान करके मूल्यांकन की कुल गैर वेतन आय पर पहुंचने के क्रम में प्रत्येक क्षेत्र के लिए बनाया गया था। टैक्स उपायों के अन्तर्गत काली कमाई के आकार का आकलन कर छूट की सीमा के ऊपर होने की गैर अनुमानित आय और वास्तविक गैर वेतन आय के बीच का अन्तर करना।

प्रत्यक्ष कर जांच समिति ने काल्दोर की अपनाई गई विधि का कुछ संशोधन के साथ पालन किया। वान्चू समिति (Wanchoo Committee) ने अपनी रिपोर्ट देते हुए वर्ष 1961-62 के लिए 2,686 करोड़ गैर वेतन आय का अनुमान लगाया है, और गैर वेतन आय का वास्तव में कर के मूल्यांकन में रुपए 1,857 करोड़ का आदेश है। उसके अनुसार आय जो आयकर से बचे उसका रुपए 811 करोड़ का आदेश या छूट और कटौती के लिए कुछ संशोधन करने के बाद वान्चू समिति ने पाया कि अनुमानित आय (कालाधन) जिस पर कर छोड़ दिया गया है, 'वो शायद 700 करोड़ और रुपए 1,000 करोड़ वर्ष 1961-62 और 1965-66 के लिए क्रमशः 1961-62 से 1968-69 तक राष्ट्रीय आय में प्रतिशत वृद्धि के आधार पर 1968-69 के लिए अनुमान है, कि जिस आय पर कर छोड़ दिया गया था, वह अनुमानित 1,800 करोड़ रुपए थी।

डी.के. रांगनेकर, वान्चू समिति के सदस्य ने, वान्चू समिति द्वारा किए गए अनुमान से असहमति जताई। उनके अनुसार वान्चू समिति के अनुमानित 811 करोड़ की तुलना में 1961-62 के लिए कर मुक्त आय 1,150 करोड़ रुपए थी। वान्चू समिति के 1965-66 के लिए अनुमानित रुपए 1,000 के खिलाफ 2,350 करोड़ रुपए और 1968-69 और 1969-70 के लिए क्रमशः अनुमानित 2,833 करोड़ रुपए और 3,080 करोड़ रुपए थे।

विख्यात अर्थशास्त्री ओ.पी. चौपड़ा ने 17 वर्ष की अवधि (1960-61 से 1976-77 तक) के लिए बेहिसाब आय के अनुमान की शृंखला तैयार की। उनकी प्रणाली वान्चू समिति से अलग थी, छूट की सीमा के ऊपर की आय में उल्लेखनीय वृद्धि 1973 से देखी गई। चौपड़ा के अध्ययन के अनुसार, 1960-61 में बेहिसाब आय 916 करोड़ रुपए थी जो बढ़ कर 1976-77 में 8,098 करोड़ रुपए हो गयी।

सार्वजनिक वित्त और नीति राष्ट्रीय संस्थान (National Institute of Public Finance and Policy – NIPFP) ने एक आचार्य के मार्गदर्शन में एक अध्ययन किया। इस अध्ययन ने काली आय की एक व्यापक परिभाषा दी और स्पष्टता के प्रयोजन के लिए इसे बेहिसाब आय कहा जाता है।

काली कमाई का अनुमान तैयार करते समय अध्ययन में अवैध गतिविधियों के माध्यम से उत्पन्न आय जैसे तस्करी, काला बाजारी में लेन-देन और रिश्वत और दलाली की स्वीकृति आदि को बाहर रखा है।

तालिका 1 में दिखाये अनुसार काली कमाई के विभिन्न घटकों के अध्ययन ने अलग-अलग वर्षों के लिये कालेधन की मात्रा बताई है-

**तालिका 1**

*भारत में कालेधन का अनुमान*

| *वर्ष* | *अनुमान* | *सकल घरेलू उत्पाद प्रतिशत (GDP %)* |
|---|---|---|
| 1975-76 | 9,958 से 11,870 | 15 से 18 |
| 1980-81 | 20,362 से 23,678 | 18 से 21 |

NIPFP के अध्ययन से इस नतीजे पर पहुंचे कि कुल सकल घरेलू उत्पादन (GDP) की कारक लागत 1,73,420 करोड़ रुपए से 36,784 करोड़ रुपए की कुल काली आय का सृजन सम्पन्न हुआ, हालांकि 50 प्रतिशत या सकल घरेलू उत्पाद का भी 100 प्रतिशत रखने से कुछ असाधारण अनुमानों की तुलना में सकल घरेलू उत्पाद का कम से कम 30 प्रतिशत होने का पता चला है।

कुछ हद तक विश्वास के आधार पर अध्ययन सुझाव देता है, कि कालेधन का सृजन भारतीय अर्थव्यवस्था में (वर्ष 1983-84 से) सकल घरेलू उत्पाद (GDP) से लागत मूल्य पर 18 प्रतिशत से कम नहीं था या बाजार मूल्यों से GDP का 16 प्रतिशत था। जबकि NIPFP की रिपोर्ट ने वर्ष 1980-81 के लिए सकल घरेलू उत्पाद GDP का 20 प्रतिशत काली अर्थव्यवस्था (तस्करी और अवैध गतिविधियों को न गिनते हुए) बताया है। सूरज बी. गुप्ता एक प्रख्यात अर्थशास्त्री जो NIPFP के अध्ययन में कुछ गलत मान्यताओं को सामने लाये और 1980-81 के लिए सकल घरेलू उत्पाद का 42 प्रतिशत और 1987-88 के लिए 51 प्रतिशत काली आय अनुमानित की। अरुण कुमार ने गुप्ता की विधि के साथ-साथ NIPFP के अध्ययन के कुछ दोष बताये और उन्होंने वर्ष 1990-91 के लिए 35 प्रतिशत और 1995-96 के लिए 40 प्रतिशत काली आय का अनुमान लगाया।

**तालिका 2**

*कालेधन के अनुमान में विविधता*

| *वर्ष* | *चौपड़ा* | | *गुप्ता व गुप्ता* | *गुप्ता व मेहता* | *घोष, अन्य सभा* | *रांगनेकर* |
|---|---|---|---|---|---|---|
| | *वान्चू* | *स्वयं* | | | | |
| 1970-71 | 4.8 | 5.2 | 22.3 | – | 7.6 | – |
| 1971-72 | 5.1 | 6.2 | 28.7 | – | 7.8 | – |
| 1972-73 | 4.0 | 3.8 | 31.9 | – | 7.8 | – |
| 1973-74 | 4.9 | 8.1 | 27.1 | – | 7.4 | 9.3 |
| 1974-75 | 5.9 | 12.4 | 20.9 | 13.8 | 8.1 | 9.3 |
| 1975-76 | 5.6 | 8.9 | 25 | – | 8.4 | 10 |
| 1976-77 | 5.7 | 10.2 | 37.6 | – | 8.7 | 11.3 |
| 1977-78 | – | – | 38.4 | – | 8.7 | 21.1 |
| 1978-79 | – | – | 48.1 | 19.8 | – | 13.5 |
| 1979-80 | – | – | – | – | – | 14.4 |

कालेधन सृजन के आकलन का अन्तिम औपचारिक अध्ययन 1985 में NIPFP के द्वारा वित्त मंत्रालय के आदेश पर आयोजित किया गया। 1985 से पहले के दशक के लिए काली आय के वैकल्पिक अनुमान जो कि NIPFP की रिपोर्ट में संकलित है, जैसे की तालिका 2 में दिखाये गए हैं, आकलन में बदलाव की सीमा दर्शाता है। (राजस्व विभाग, वित्त मंत्रालय, भारत सरकार, कालेधन पर श्वेत पत्र, मई 2012)

बाद में भारत सरकार ने कालेधन पर एक आकलन पर पहुंचने के लिए तीन प्रबुद्ध मंडल से कहा – सार्वजनिक वित्त और नीति के राष्ट्रीय संस्थान, राष्ट्रीय वित्तीय प्रबंधन संस्थान और एप्लाइड आर्थिक अनुसंधान की राष्ट्रीय परिषद। तीनों ने विभिन्न प्रणालियां अपनाई और नये अनुमान दिये। 1985 के बाद से पहली बार, तदनुसार भारत में कालेधन सकल घरेलू उत्पाद का 30 प्रतिशत तब ऊंचा हो सकता है जो समानान्तर अर्थव्यवस्था के आकार में 28 लाख करोड़ है (*बिजनेस स्टेन्डर्ड*, जनवरी 13, 2013)।

## विदेशों में जमा कालेधन का आकलन (Estimates of Black Money Stashed Abroad)

यह देखना उपयोगी हो सकता है, कि भारत कालेधन या कालेधन की छाया अर्थव्यवस्था में तुलनात्मक रूप में विश्व के अन्य देशों से कहां तक है। विश्व बैंक विकास अनुसंधान समूह द्वारा गरीबी और असमानता पर यूरोप और मध्य एशिया के क्षेत्र में जुलाई 2010 में 1999 से 2007 तक 162 देशों की 'छाया अर्थव्यवस्था' का अनुमान लगाया है। इसने सूचना दी कि यह 1999 में 34 प्रतिशत की तुलना में इन 162 देशों में छाया अर्थव्यवस्था का भारित औसत आकार 31 प्रतिशत या सरकारी सकल घरेलू उत्पाद GDP के प्रतिशत के रूप में भारत के लिए यह आंकड़े दुनिया के अनुकूल तुलना में क्रमश 20.7 और 23.2 प्रतिशत थे। अध्ययन प्रयोजन के लिए वस्तुओं और सेवाओं के सभी बाजार आधारित कानूनी उत्पादन शामिल करने के लिए छाया अर्थव्यवस्था को परिभाषित किया गया था, जो जानबूझकर अग्रांकित में से किसी के लिए सरकारी अधिकारियों से बचा रहे हैं–

1. आय के भुगतान, मूल्यवर्धित या अन्य करों से बचने के लिए
2. सामाजिक सुरक्षा योगदान के अनुपात से बचने के लिए
3. कुछ कानूनी श्रम बाजार के भुगतान से बचने के लिए
4. अधिकतम काम के घंटे और सुरक्षा मानकों के लिए
5. कुछ प्रशासनिक प्रक्रियाओं का पालन करने से बचने के लिए – जैसे सांख्यिकीय, प्रश्नावली या अन्य प्रशासनिक रूपों को पूरा करने के रूप में।

कालेधन के कुल आकार के मामले में कई विद्वान और अध्ययन हैं, जिन्होंने भारतीयों के कालेधन की सीमा का अनुमान लगाया है जो विभिन्न तरीकों का प्रयोग कर स्विस बैंक में जमा है और यहां तक कि एक ही वर्ष के लिए कालेधन के अलग-अलग आंकड़े आ चुके हैं। मीडिया रिपोर्ट में हाल ही के वर्षों का सर्वे किया गया है, जिसमें बताया गया है, कि विदेशों में भारतीयों का बेहिसाब धन है। इसलिए देश के बाहर व भीतर कालेधन की भयावहता का आकलन असंभव है।

हालांकि ताजा आंकड़ों के अनुसार, स्विस नेशनल बैंक भारत को भारत के धन की स्विस बैंकों में जमा के अनुसार स्थिति को अनुमानित करता है, 70वें स्थान पर पहुंच गया, जो 9,000 करोड़ रुपए है (1.42 करोड़ स्विस फ्रांस मुद्रा) यानी 35 प्रतिशत गिरावट, 2012 में 4,900 करोड़ रुपए। यह इसलिए क्योंकि मुख्य रूप से स्विस बैंकिंग प्रणाली की गोपनीयता की प्रसिद्ध दीवार के खिलाफ वैश्विक शिकंजे के कारण अपने अन्तर्राष्ट्रीय ग्राहकों हेतु अनाकर्षक बना दिया। जबकि ब्रिटेन ने ऐसे कोष हेतु अपना खाता चालू रखा, अमेरिका ने भी। चीन का स्थान 26वां था और पाकिस्तान भी एक स्थान आगे 69वां था (*टाइम्स ऑफ इण्डिया,* 21 जून, 2013)।

## कालाधन उत्पन्न होने के कारण (Causes of Generating Black Money)

### *अयथार्थवादी कर कानून और कर धोखाधड़ी (Unrealistic Tax Laws and Tax Frauds)*

करों और शुल्कों (duty) में वृद्धि कुछ लोगों को उनसे बचने के लिए बाध्य कर देती है। वर्तमान नियम (जून 2013) के अनुसार 2,00,000 रुपए तक की आय आयकर से मुक्त है। आज के मुद्रा स्फीति के युग में क्या कोई मध्यम वर्ग व्यक्ति इस सीमा के भीतर रहकर जीवित रह सकता है? एक राज मिस्त्री या बढ़ई शहर में 500 रुपए प्रतिदिन लेते हैं। गोलगप्पे वाला तथा पानवाला भी इससे ज्यादा प्रतिदिन कमाता है। यह मानते हुए कि यह लोग वर्ष में 365 दिन कार्य कर लेते हैं, तब भी इनकी आय निर्धारित आयकर सीमा से अधिक आती है। पर इनमें से कितने लोग आय कर देते हैं? एक फिल्म अभिनेता/अभिनेत्री जो एक फिल्म के करोड़ों रुपए लेते हैं, उसको अपनी कमाई का 30 प्रतिशत कर देना होता है। कर देने के बजाय वह दोहरे लेखे रखता है, और कर भुगतान से कतराता है और कालेधन का स्वामी हो जाता है। एक डॉक्टर जिसकी निजी अभ्यास से 5,000 रुपए से ज्यादा प्रतिदिन आय होती है, एक शल्यचिकित्सक (surgeon) एक शल्यक्रिया (ऑपरेशन) के 5,000 रुपए लेता है और महीने में कम से कम 10 ऑपरेशन करता है। एक एडवोकेट एक पेशी के 5,000 रुपए वसूल करता है, एक दुकानदार 10,000 रुपए से ज्यादा का रोज का व्यापार करता है, एक ठेकेदार का व्यापार चक्र 10 करोड़ रुपए वार्षिक है, एक उद्योगपति जिसका वार्षिक लाभ लाखों रुपए में आता है–सभी अपनी वास्तविक आय में से 30 प्रतिशत का आयकर देने से बचने के लिए बाध्य हैं। अप्रत्यक्ष कर, जैसे उत्पाद शुल्क, ब्रिकी कर, चुंगी सीमा शुल्क, आदि भी कर प्रवचंना और कालेधन को प्रोत्साहित करते हैं।

बड़ी कम्पनियों और निगमों में कर चोरी करोड़ों में होती है। केन्द्रीय उत्पाद शुल्क आयुक्तालय और सेंट्रल एक्साइज इंटेलिजेंस के महानिदेशक ने एक साथ मिलकर 2009-10 में 3,088 मामलों में 5392.82 करोड़ रुपए की उत्पाद शुल्क चोरी का पता लगाया। जबकि इस अवधि के दौरान 3967 मामलों में 8,718.90 करोड़ रुपए की सेवा कर की चोरी हुई।

निम्न तालिका में कर चोरी के मामलों में इन दोनों एजेंसियों के प्रदर्शन का पता चलता है–

**तालिका 3**

*कर चोरी प्रवंचना पर और कमिश्नरेट की रिपोर्ट (आबकारी उत्पाद व सेवा कर)*

| वर्ष | DGCEI | | कमिश्नरेट | |
|---|---|---|---|---|
| | कुल नकद | अनुमानित राशि | कुल नकद | अनुमानित राशि |
| 2007-08 | 941 | 4568.86 | 4966 | 2783.86 |
| 2008-09 | 880 | 3392.85 | 4490 | 4342.98 |
| 2009-10 | 924 | 49999.57 | 5785 | 8247.27 |

*स्रोतः* www.dgcei.nic.in

इसी तरह वर्ष 2009-10 की जांच के दौरान कुल स्वैच्छिक भुगतान 374.42 करोड़ रुपए था।

1996 में अन्तिम तीन महीनों में एक शीर्षस्थ कम्पनी (ITC) के द्वारा फेरा (FERA) उल्लंघन लगभग 300 करोड़ रुपए का प्रकाश में आया। यदि यह बात एक सुप्रसिद्ध उद्यम फर्म के साथ हो सकती है, तो क्या अन्य पीछे रहेंगे? मनमोहन सिंह के कुछ मंत्रियों (जैसे रेलवे और संचार मंत्री) में से प्रत्येक के करोड़ों रुपए से अधिक के भ्रष्टाचार के मामलों में लिप्त होने की घटनाएं देश में कालेधन के उदय और राजनीतिज्ञों तथा बड़े व्यापारियों के बीच सांठ-गांठ की ओर संकेत करती हैं।

1996 में विश्व आर्थिक मंच (World Econcmic Forum) के संसार के 49 देशों के 200 व्यापार प्रबन्धकों (business executives) द्वारा भ्रष्टाचार की विशेष विषय सूची पर कर अपवंचना के मुद्दे पर किए गए सर्वेक्षण में भारत को 40वां स्थान मिला था (बेईमानों में) और ईमानदारी सुनिश्चित करने वाले उद्यमियों में 46वां स्थान (*इंडिया टुडे*, 30 नवम्बर 1996: 97)

यदि आय कर और कम कर दिया जाए तो धन छिपाने की प्रवृत्ति कम हो और इस प्रकार राजस्व में वृद्धि हो सकती है। परन्तु क्या यह उचित होगा? यह 1993-94 में परिलक्षित हुआ था, जबकि आयकर की अधिकतम सीमा 40 प्रतिशत से नीचे कर दी गई थी। इसके अलावा दुकानदारों और स्वरोजगार में लगे लोगों के लिए कर राशि निश्चित कर देने के परिणामस्वरूप अधिक आयकर वसूल हुआ, क्योंकि अधिक से अधिक लोग करतन्त्र में शामिल हो गए।

## *उत्पाद शुल्क की विविध दरें (Different Rates of Excise Duty)*

एक समान उत्पादों पर भी उत्पाद कर की दरें अलग-अलग हैं। उदाहरणार्थ, वस्त्र और सिगरेट उत्पादन में उत्पादों की त्रुटिपूर्ण श्रेणीबद्धता से कर अपवंचना को प्रोत्साहन मिलता है। वस्त्रों में, विविध किस्मों के वस्त्रों के लिए अलग-अलग उत्पाद शुल्क लिया जाता है। वस्त्र निर्माता नियमित रूप से वस्त्र उत्पाद की गुणवत्ता गिरा देते हैं और कम दर का उत्पाद शुल्क देते हैं। जो विशाल कालेधन का सृजन करते हैं। सिर्फ अचल सम्पत्ति के क्षेत्र में वर्ष 2008-09 में खोज से पाया गया कि कर चोरी 200 प्रतिशत उछाल पर है, जो यह दर्शाता है, कि कालेधन की नकद अर्थव्यवस्था में विनिर्माण क्षेत्र एक अहम् भूमिका अदा करता है। न केवल प्रत्यक्ष कर अपितु उत्पादन क्षेत्र आबकारी चोरी के केन्द्र पर भी है। उत्पाद शुल्क, उत्पाद शुल्क उस रेट से नहीं बढ़ा है, जिस रेट से क्षेत्र में वृद्धि हुई है। उत्पाद शुल्क संग्रह वर्ष 2009-10 में 1.23 लाख करोड़ और 1.06 लाख करोड़ बजट पर थी। इसके विपरीत उत्पादन में 9 प्रतिशत की वृद्धि वर्ष 2007-08 से 4 वर्ष तक हुई है (*दी इकॉनोमिक टाइम्स*, 17 नवम्बर, 2009) यह एक उदाहरण है, जो बताता है, कि कर में विविधता कालेधन के सृजन में कैसे सहायता करती है।

## *नियंत्रण नीति (Control Policy)*

कालेधन का एक और कारण है, सरकार की मूल्य नियंत्रण नीति। नियंत्रण के लिए वस्तुओं के चयन तथा उनके मूल्य निर्धारण में सरकार मांग और पूर्ति के निहित लचक को ध्यान में कम रखती है। उदाहरणार्थ, 1991 के लिए सम्प्रयुक्त आर्थिक अनुसंधान राष्ट्रीय परिषद (National Council of Applied Economic Research, NCAER) की रिपोर्ट के अनुसार 1965-66 से 1974-75 की नौ वर्ष की अवधि में सीमेन्ट, स्टील, कागज, वनस्पति, स्वचालित वाहन टायरों और उर्वरकों जैसी छः वस्तुओं में मूल्य नियंत्रण लागू करने के फलस्वरूप भारतीय अर्थव्यवस्था में 840 करोड़ रुपए मूल्य का कालाधन उत्पन्न हो गया। इसी प्रकार चीनी पर नियंत्रण के फलस्वरूप 1991-92 में लगभग 400 करोड़ रुपए का कालाधन बन गया।

विदेशी विनिमय के नियमितिकरण से भी आयातों में अधिक मूल्य लगाने व निर्यातों में कम मूल्य लगाने तथा मुद्रा की कालबाजारी को प्रोत्साहन मिलता है। अतः नियंत्रण के उपाय तथा अर्थव्यवस्था जितनी अधिक नियमित होगी, इसके उल्लंघन के प्रयत्न भी उतने ही अधिक होंगे जो जमाखोरी, धोखाधड़ी, कृत्रिम अभाव एवं परिणामतः कालेधन में वृद्धि होगी।

## *कोटा व्यवस्था (Quota System)*

कोटा व्यवस्था कालेधन का एक और स्रोत है। आयात कोटा, निर्यात कोटा और विदेशी मुद्रा विनिमय कोटा अधिक मूल्य पर बेचकर उनका दुरुपयोग किया जाता है। अयथार्थ नियंत्रण ऐसी संस्कृति को बढ़ावा दे रहा है, जो उद्यमियों को कर कानून तोड़ने के लिए उकसाते हैं, विशेषरूप से फेरा (FERA) कानून। कुछ वर्ष पूर्व (1992-93 में) जब सरकार ने निर्यातकों को सीमा शुल्क का भुगतान किए

बिना वस्तुओं को आयात करने की स्वीकृति देने की योजना बनाई तो इस योजना से भी धन बनाने की तरकीबें निकाली गईं, जैसे अधिक लाभ प्राप्त करने तथा निर्यात के लिए कर में छूट के प्रावधानों का लाभ उठाने के लिए निर्यात वस्तुओं का अधिक मूल्य दर्शाना, आदि। 1992-96 की अवधि में राजस्व खुफिया निदेशालय (Directorate of Revenue Intelligence) तथा सीमा अधिकारियों ने 605 ऐसे मामलों का पता लगाया। एक निर्यातक घराने ने (Ganapati Exports) तो 85 करोड़ रुपए का लाभ अर्जित किया। (*इंडिया टुडे*, नवम्बर 30, 1996)

### *अभाव (Scarcity)*

कालाधन अभाव तथा त्रुटिपूर्ण सार्वजनिक वितरण व्यवस्था के कारण भी बढ़ता है। जब आवश्यक वस्तुओं की कमी होने लगती है, तो लोगों को नियंत्रित मूल्य से अधिक मूल्य चुकाना पड़ता है, जो कालेधन को बढ़ाता है। रसोई गैस, सीमेन्ट, केरोसीन, चीनी, रिफाइण्ड तेल, आदि की कमी का फल गैर-कानूनी सौदेबाजी और कालाधन होता है।

### *मुद्रा स्फीति (Inflation)*

अन्तर्राष्ट्रीय बाजार में पेट्रोल आदि जैसी वस्तुओं के मूल्यों में वृद्धि, सरकार द्वारा लगाए गए शुल्कों व करों में वृद्धि, वस्तुओं की कीमतों में वृद्धि, अलिखित धन से लोगों द्वारा प्रत्यक्ष उपभोग की स्थिति बनाना, उत्पादन से सट्टे की ओर संसाधनों को मोड़ना यह सब स्थितियां मुद्रा स्फीति बढ़ाती हैं और कालाधन बनाती हैं।

### *चुनाव तथा राजनीतिक कोष बनाना (Election and Political Funding)*

देश में प्रत्येक चुनाव में हजारों करोड़ रुपए लग जाते हैं। लोकसभा का चुनाव लड़ने के लिए एक उम्मीदवार आजकल 5 करोड़ रुपए से ज्यादा और विधानसभा चुनाव के लिए एक करोड़ रुपए से ज्यादा खर्च करता है। अनुमान है, कि अकेले लोकसभा चुनाव के लिए राजनीतिक दल चुनाव खर्च के रूप में 10,000 करोड़ रुपए तक भुगतान करते हैं। राजनीतिज्ञों को भी अपने चुनाव क्षेत्रों में विकास के लिए व्यापार संसाधनों पर भी निर्भर रहना पड़ता है। संख्या बल को बढ़ाने के लिए कालाधन इस व्यवस्था में बनाया जाता है। राजनीतिज्ञों को धन का सहयोग देने के लिए ईमानदार उद्यम घरानों के पास भी अलिखित धन पैदा करने के अलावा कोई उपाय नहीं रहता। उम्मीदवार को क्योंकि कानूनी रूप से सीमित खर्च की ही स्वीकृति होती है, और कम्पनियां अपने लाभ में से केवल 5 प्रतिशत (कम्पनी एक्ट 1956, धारा 293ए के अनुसार) ही राजनीतिक दलों को चुनाव खर्च के लिए दान के रूप में दे सकती हैं, इसलिए चुनाव खर्च अधिकतर कालेधन वालों द्वारा ही वहन किया जाता है। यह लोग राजनीतिक संरक्षण तथा आर्थिक छूट की अपेक्षा करते हैं, जो कि सत्ताधारी राजनीतिक अभिजात वर्ग की सुविधा अनुसार वस्तुओं पर कृत्रिम नियंत्रण, वितरण के साधनों में कमी आदि के रूप में प्राप्त होते हैं। यह सब तरीके कालेधन को जन्म देते हैं।

### *अचल भूसम्पत्ति का लेनदेन (Real Estate Transactions)*

अचल सम्पत्ति लेन-देन को हमेशा कालेधन को उत्पन्न करने के बड़े माध्यम के रूप में देखा जाता है। लेन-देन मूल्य स्टाम्प शुल्क से बचने के लिए उदासीन है, और नकदी अवशोषित करते हैं। यही कारण है कि काफी सीमा तक कर चोरी के मामलों की अधिकतम संख्या इस क्षेत्र से संबंधित है–123, 2008 में (*इकोनॉमिक टाइम्स*, 17 नवम्बर, 2009)

इन दिनों बढ़ती कीमतों के कारण मकान/जमीन खरीदना लाभप्रद समझा जाता है। शहरी क्षेत्रों में आवासीय स्थानों की कमी के कारण ग्रामीण कृषि भूमि को शहरी आवास भूमि में बदलने की प्रवृत्ति बढ़ रही है। कृषि भूमि पर आवासीय कॉलोनी स्थापित करना गैर कानूनी है। पंज्यीकरण पत्रों (registration deeds) बस्ती निर्माताओं (colonizers) के द्वारा दर्शाया जाने वाला मूल्य वास्तविक

बाजार मूल्य से कही कम होता है। इससे भूमि विक्रेता को पूंजी प्राप्ति कर से (capital gain tax) से बचने में सहायता मिलती है। मुद्रांक शुल्क (stamp duty) की ऊंची दरें - जो कि विभिन्न राज्यों में 14.5 प्रतिशत से 28 प्रतिशत की सीमा के बीच हैं। सम्पत्ति के कम मूल्य और असूचित सौदे या दोनों के प्रमुख कारण हैं। सुझाव यह है, कि यदि शुल्क 2 से 3 प्रतिशत कम कर दिये जाएं, तो कर प्रवंचना नहीं होगी। दूसरी बाधा है शहरी भूमि सीमा अधिनियम जो भूमि की पूर्ति कम करता है, और कालाबाजारी को जन्म देता है।

विकिपीडिया के अनुसार भारत में अचल सम्पत्ति क्षेत्र ने अपने सकल घरेलू उत्पाद का लगभग 11 प्रतिशत का गबन किया है। माना जाता है, कि भारत का एक तिहाई कालेधन का लेन-देन रियल एस्टेट क्षेत्र में होता है। आशा की जाती है, कि प्रस्तावित रियल एस्टेट बिल के इस क्षेत्र में कालेधन भारी प्रवाह को रोकने में काफी मदद करेगा।

### *निजीकरण (Privatisation)*

निजीकरण ने निजी क्षेत्र के साथ ही साथ मंत्रियों और नौकरशाहों के लिए कालाधन बनाने के नये क्षेत्र खोल दिये हैं। एक ताजा (हाल ही के) उदाहरण, संचार मंत्रालय द्वारा 2जी स्पेक्ट्रम आवंटन का है, जिसमें संबंधित मंत्री ने विभागीय सहयोगियों पर अपनी इष्ट कंपनियों को अनुबंध देने के लिए दबाव डाला। इसी तरह कोयला खदानों के आवंटन के माध्यम से पीएमओ सहित कई मंत्रियों पर बड़ा कालाधन बनाये जाने का आरोप लगाया गया है। उम्मीद है, कि निजीकरण के माध्यम से कालाधन बनाने के और मामले भी प्रकाश में आएंगे।

### *कृषि आय (Agricultural Income)*

राजनीतिक आधार पर शासकों की कृषि आय को आयकर के घेरे में लाने की अनिच्छा ने भी कालेधन की वृद्धि में योगदान किया है। बड़े औद्योगिक घराने गत कुछ दशकों से बड़े कृषि फार्म खरीदकर उन पर कुछ न कुछ उगाकर एक बड़े तरीके से कृषि क्षेत्र में प्रवेश कर गए हैं, और उस पर कुछ उत्पादन नही करते। अन्य स्रोतों से एकत्र किया गया कालाधन कृषि आय मद में दिखाकर सफेद धन में बदलने का प्रयास किया जाता है। कृषि आय पर कर लगाकर इस घटना को रोका जा सकता है।

## आर्थिक प्रभाव (Economic Impact)

कालाधन देश की अर्थव्यवस्था को अपूरणीय (irrepairable) हानि पहुंचाता है, और इसका प्रभाव आम आदमी पर अधिक पड़ता है। कुछ प्रमुख आर्थिक प्रभाव हैं : मुद्रा स्फीति दबाव में वृद्धि, विकास कार्य में बाधा, संसाधनों में अव्यवस्था, कर आधार का सीमितिकरण, और समानान्तर अर्थव्यवस्था का उदय। देश का आर्थिक सन्तुलन खतरे में पड़ जाता है, सामान्य व्यापार के क्रियाकलाप प्रभावित होते हैं, तथा वित्तीय संस्थानों और वाणिज्य संस्थाओं के संसाधन विकृत और इधर-उधर हो जाते हैं। (देखें, *क्राइम इन इंडिया*, 1995: 330)

## सामाजिक प्रभाव (Social Effects)

आर्थिक प्रभावों के अतिरिक्त, कालेधन के अनेक सामाजिक दुष्परिणाम भी होते हैं। जहां आर्थिक दृष्टि से कालाधन राजकोष में जाने वाली देय राशि को रोकता है, आर्थिक असमानता बढ़ाता है, और आर्थिक विकास कार्यक्रमों को बाधा पहुंचाता है, वहां सामाजिक दृष्टि से यह सामाजिक असमानता को बढ़ाता है, भ्रष्टाचार के जन्म स्थल का काम करता है, ईमानदार लोगों में कुण्ठा पैदा करता है, तस्करी, रिश्वत जैसे अपराधों को जन्म देता है, तथा समाज के गरीब और कमजोर वर्ग के उत्थान के कार्यक्रमों पर कुप्रभाव डालता है। यह यथार्थ दरों, जैसे विकास दर, मुद्रा स्फीति दर, बेरोजगारी दर, गरीबी, आदि के सही आकलन को विकृत करता है, जो पुनः इनको रोकने की सरकारी नीतियों को प्रभावित करता है।

## नियंत्रण के उपाय (Measures of Control)

गत 50 वर्षों में सरकार ने कालेधन को बाहर लाने के उद्देश्य से अवसर प्रदान करने के लिए अनेक योजनाओं की घोषणा की है। इनमें से कुछ योजनाएं हैं : (1) विशेष धारक बॉण्ड को चलाकर, (2) उच्च मुद्रांक वाले मुद्रा नोटों को कम करके, (3) छापे मारकर, और (4) स्वैच्छिक घोषणा की योजनाओं, आदि। जुलाई 1991 में केन्द्रीय वित्तमंत्री ने एक नयी योजना प्रस्तावित की थी–राष्ट्रीय गृह बैंकिंग योजना–जिससे कालाधन निकलवा कर राष्ट्रीय आर्थिक योजनाओं में लगाया जा सके। इस योजना के अन्तर्गत अलिखित धन को धन के स्रोत की घोषणा किए बिना एन.आई.एच.बी (NIHB) में (10,000 रुपए की न्यूनतम सीमा से) कितनी भी धनराशि जमा कराने का अवसर प्रस्तावित किया गया था। इसके अन्तर्गत खातेदार को अपने खाते से 60 प्रतिशत तक की राशि निकालने की अनुमति दी गई थी। जबकि 40 प्रतिशत तक खर्च करने की व्यवस्था निम्न योजनाओं के लिए की गई थी, जैसे, कच्ची बस्ती उद्धार और गरीबों के लिए मकान बनाने में। धनराशि का आहरण करने की अनुमति तब थी, जबकि उस राशि के प्रयोग के उद्देश्य का स्पष्टीकरण किया जाए। इन लोगों पर 40 प्रतिशत की दर पर कर लगाया गया था, जबकि शेष राशि को खुली अर्थव्यवस्था में पुनः लगा दिया गया। 1997-98 के बजट में कर के रूप में 30 प्रतिशत धन की अदायगी कालेधन को कानूनी बनाने के लिए दिए जाने पर क्षमादान भी प्रस्तावित किया गया था। 1978 में 1,000 रुपए के नोटों का चलन बंद होने से 29 करोड़ रुपए की मुद्रा बाहर हो गई। इसी तरह 1931, 1955 और 1975 की स्वैच्छिक प्रकटीकरण योजनाओं से खुलासा खाते के 24.9 करोड़ रुपए मिले। 1986 में शुरू की प्रकटीकरण योजना सिर्फ 67 करोड़ रुपए लायी। 1991 की योजना में मुश्किल से 50 करोड़ रुपए मिले।

कुछ विद्वानों का मानना है, कि इन सभी उपायों ने बर्फ की चट्टान के ऊपर से स्पर्श मात्र किया है। आजादी के बाद पचास वर्षों की अवधि में इन सभी उपायों से मात्र 5,000 करोड़ रुपया ही खींचा है। इन योजनाओं का मुख्य दोष यह है, कि वे पहले से ही बनी हुई कालेधन की स्थिति को केवल स्पर्श ही कर पाती हैं लेकिन वे कालेधन की उत्पत्ति की जड़ में नहीं जातीं और यही कारण है, कि इतनी समस्याओं के बावजूद भी लोग कालाधन रखने का जोखिम उठाने को तैयार रहते हैं। जब तक इस समस्या का समाधान नहीं होता, कालेधन का संकट बढ़ता ही रहेगा।

यह सुझाव दिया गया है, कि कालेधन और समानान्तर अर्थव्यवस्था की समस्या, कुछ क्षेत्रों में कर घटाकर, आय की स्वैच्छिक घोषणा के लिए प्रोत्साहन देकर, आर्थिक खुफिया तंत्र को चुस्त-दुरुस्त करके, विभिन्न स्तरों पर प्रशासनिक भ्रष्टाचार को रोककर, मकान बनाने पर खर्च किए गए धन को कर से मुक्त रखकर, नियंत्रण नीतियों से छुटकारा पाकर नियंत्रण किया जा सकता है। अलग-अलग किए गए प्रयत्नों का अधिक लाभ नहीं होगा, बल्कि परस्पर क्रियान्वित उपाय तथा दृढ़ राजनीतिक इच्छाशक्ति और राजनीतिक अभिजात वर्ग की प्रतिबद्धता काफी हद तक सफल सिद्ध हो सकते हैं।

## REFERENCES

Chopra, O.P., "Unaccounted Income: Some Estimates", *Economic and Political Weekly*, Vol. XVII, Nos. 17 & 18, April 24 and May 1, 1982.

Gupta, P. and Gupta, S., "Estimates of the Unreported Economy in India", *Economic and Political Weekly*, Bombay, Vol. XVII, No. 13, January 16, 1982.

Mahajan, V.S., *Recent Developments in Indian Economy*, Deep and Deep Publications, New Delhi, 1984, pp. 56-60.

Pendse, D.R., "Black Money: Its Nature and Causes", *The Economic Times*, March 19, 1982.

Varghese, K.V., *Economic Problems of Modern India*, Ashish Publishing House, New Delhi, 1985, pp. 242-254.